KLEPPNER'S ADVERTISING PROCEDURE, 18E

克莱普纳广告学

第18版

[美] W.罗纳德·莱恩（W. Ronald Lane）
卡伦·怀特希尔·金（Karen Whitehill King）◎ 著
汤姆·赖克特（Tom Reichert）

程言 王佳雯 刘倩 张华 李思汀 ◎ 译
程平 丁俊杰 ◎ 审校

中国人民大学出版社
·北京·

译者序

英国作家道格拉斯说："透过广告，可以发现一个国家的理想。"美国前总统罗斯福说："不做总统，就做广告人。"广告人喜欢在各种场合引用这两句话。

不管引用意图为何（也许是为了佐证自己所从事行业的伟大，也许是为了给自己工作的艰难鼓劲），这两句话足以说明，广告在人类的社会生活中占有非常重要的地位，它与一个国家的社会生活、经济生活息息相关，是人类社会生活和经济生活最直接的反映。广告对经济的驱动、广告对社会的反映、广告与传播媒体的融合，最终都表现为广告与时代发展的互动。虽然随着互联网的出现和数字技术的日趋进步，广告的生态环境已经发生了极大的变化，原生广告、病毒式广告等新的广告形式不断涌现，但广告的核心没变。

正如本书英文版前言所言，《克莱普纳广告学》（第 18 版）仍然坚持其 85 年来的一贯传统，继续给读者提供新的材料，以帮助他们抓住那些影响广告和营销传播策划与实施的巨大变化。本书将通过广告专业人员的视角和大量的广告与促销技巧佳作，向读者介绍这个充满刺激的领域。

但第 18 版也有一些新的变化，增加了新的作者、新的内容和新的案例，比如对数字媒体的探讨，从而使得本书的内容更加顺应广告业的变化和发展，更加全面和完善，更加新鲜和实用。

记得 12 年前，当我们第一次看到《克莱普纳广告学》（第 15 版）时，心中暗想，要是我们能翻译这本书该多好呀，那种感觉就如同两个贪心的孩子错过了一件心爱的玩具。

也许是一种缘分，我们收到了中国人民大学出版社的邀约，承担《克莱普纳广告学》(第18版)的翻译工作。但是，当那件心爱的玩具真正摆在眼前时，欣喜之余，我们反而开始担心，担心自己的时间是否能满足出版社的要求，担心自己的能力是否能准确地传达出作者的本意——毕竟我们只能在业余时间来做这项工作，而这又是一本专业性极强的大部头经典著作。

为了如期、高质量地翻译完这本百余万字的著作，我们组建了翻译团队并进行了分工。全书共24章，由程言翻译第一至第十一章，张华翻译第十二章、第十四至第十六章，刘倩翻译第十三章，王佳雯翻译第十七至第二十三章，李思汀翻译第二十四章，程平、丁俊杰承担全书的统稿和审校工作。

翻译是一项艰辛的工作，凡是认真对待翻译的人，都知道其中的滋味。整个翻译过程中，我们如履薄冰，既要力求译稿的专业、准确，又要追求最大限度的信达雅。我们时常为了一句话、一个短语的翻译是否贴切由讨论变为争吵，甚至有时纠结到停滞不前几天、十几天。

时间紧，任务重，如何在限定时间内与“多、快、好、省”之间寻求平衡一直是我们面对的挑战。搁笔那一刻，我们既大松一口气，同时又诚惶诚恐，唯恐因为我们能力不足而伤害了原著。

时光如梭，几年过去。书稿中的一些术语现在或许有了很妥帖的对应表述，一些品牌名称、企业名称或许也有了在我国注册的正式中文译名。这些遗憾，或许只能留待以后弥补了。

丁俊杰　程　平

初稿于2018年初春

定稿于2019年初

简要目录

目　录

前 言

在商业和营销界，很少有哪个领域的操作环境像广告和促销那么动荡变化。《克莱普纳广告学》(第 18 版）仍然坚持其 85 年来的一贯传统，继续给读者提供新的材料，以帮助他们抓住那些影响广告和营销传播策划与实施的巨大变化。本书将通过广告专业人员的视角和大量的广告与促销技巧佳作，向读者介绍这个充满刺激的领域。

本版创新之处

- **新作者** 本版纳入了新作者汤姆·赖克特的观点，汤姆是佐治亚大学的教授，在广告历史、内容及效果方面颇有建树。不仅如此，他还在本版中分享了自己在媒介销售方面的专业经验，主要集中在第一章、第二章、第四章、第十三章、第二十三章和第二十四章。
- **对数字广告的充分探讨和举例** 第十三章展现了数字媒介的新面貌，在本版中，我们对数字媒介和广告的讨论贯穿始终；与此同时，我们还举出了许多数字创意实例。第十九章中的“视频与广告”新增了关于在线及其他视频用途的内容。
- **当代最佳广告** 本版中有 100 多个新增加的广告实例，它们充分代表了当今最出色的广告讯息：从网站，到旗帜广告，再到传统杂志和电视广告。
- **行业新视角** 全书收集了十几个来自广告专业人士对数字广告、媒介 / 传播策划、国际广告、调研、客户策划、调度、创意等问题的专业观点。
- **创意新案例** 第十二章探讨了宝洁公司 Fairy 品牌的创新性国际媒介 / 传播案例；第十五章则探讨了弗吉尼亚理工大学的“新优势”，突出表现了调研在大学广告策划中所扮演的角色；第十七章详细讲解了皮博迪奖的广告概念的生发过程；第十八章则在“优势”板块里对里士满天主教教区的案例进行了非同一般的介绍。其他新鲜案例包括原创摩托精神（第二十一章“优势”板块）以及奥兰多 / 橘县会议及游客管理局、斯莫基烧烤餐厅、西半球旅行动议（第二十二章）。
- **新鲜例子和品牌故事** 本版以丰富的最新营销及广告实践实例，讲解了广告如何适应科技和经济变化。每一章都纳入了新营销实践的案例，例如，第十九章的“优势”板块就节选了《小红书》系列的

第三章 品牌策划和广告螺旋 91

克莱普纳观点 3.2

迈克·马丁（Mike Martin）
欧文+马丁公司太空实验-B所有人/创作总监

应用绝不能盖过创意

传播世界正在以光速改变着。一眨眼的工夫，就有 10 个新的 iPhone 应用程序像变魔术一样涌现出来。随着社交网络的出现，消费者能够随时随地与他人保持联系，关注自己钟爱的品牌。不论我们身在何方，掌上设备都能让我们即时收取信息，让生活有条不紊、丰富多彩。为了保持品牌的新鲜度及其与消费者之间的联系，营销人员迫不及待地拥抱新兴技术，这完全是意料之中的事。

但问题在于，如果与核心品牌创意缺乏清晰的关联，利用新技术往往是花大钱办小事，最终毁掉客户对广告公司的信任。广告公司面临的挑战是，如何才能确保首先满足品牌资产建设的需求，然后再去满足对新技术的需求。

营销人员一直处在管理层的压力之下，他们要传递创新理念，要向外界证明自己的品牌最前卫。但具有讽刺意味的是，如果广告公司拿出一套新的精彩但制作成本高昂的印刷广告，这套广告多半会因为预算受限而被否决；然而，只要用到了新技术，同样制作成本高昂，即使毫无品牌术含量，这个项目也能一路绿灯通过。

如果投入新技术的宝贵营销资金回报很小，甚至可能伤害品牌，广告公司不仅有权利也有责任向客户说“不”。当今广告公司最艰难的一项工作，就是避免客户自毁长城。这需要八面玲珑、互相尊重，真诚地看着客户的眼睛，告诉他们这个激动人心的新技术不适合“这个”品牌。这种感觉就像是从一个垂涎三尺的小孩手中将棒棒糖夺过来。

迈克·马丁

但这并不是广告公司拒绝新技术的理由。毕竟，展示新媒体样本已经成了当今广告公司的必杀技。关键在于，时常退后一步看看，问问自己是不是被这个有趣的新玩具牵着鼻子走了，将客户的营销资金投到它身上是否值得，它是否有助于业务发展，是否能为品牌增值。最终，你的客户肯定会感谢你。

Courtesy of Mike Martin, Skylab-B, Atlanta.

大多数都具备创造独特情感氛围的潜力。你知道英特尔计算机处理器都能做什么吗？它们是如何运作的？它们为什么比竞争对手更优秀？大多数人所知道的就是希望自己的电脑装了“英特尔”。

3. *大品牌了解自己*：真正的起点是走进消费者中，了解他们喜欢或讨厌这个品牌的什么，他们将什么东西与这个品牌概念的核心联系到一起。要想保持品牌的长久活力、让它充满生机，你就必须来点新鲜的，来点出人意料的，必须和品牌核心定位相连。
4. *大品牌创造或重建整个产品品类*：你会发现，像迪士尼、苹果、耐克和星巴克这类品牌的共同之处就在于它们都给自己设定了一个明确的目标，那就是成为它们各自产品品类中的老大，迪士尼就是家庭娱乐和家庭价值观品类的龙头老大。大品牌会提高门槛——在体验中加入更强的目的感。
5. *大品牌触动情感*：打造大品牌的企业有一个共同之处，那就是他们不仅本身

一部分。

对广告业重大变化的讨论一直贯穿全书，虽然我们让本版保持了与以往版本相似的结构，但第 18 版的结构还是做了些微调整，具体如下：

第一编

作者们坚信，应当从社会、文化和经济这些造就了现代营销和促销的元素出发，来学习广告学，因此，第一编以一种历史观，将广告置于营销传播的氛围中来讲解。

- 第一章　讲解了广告和营销作为大社会中的一员是如何发展壮大的，我们看到了工业革命、崛起的中产阶级以及民主原则在政治和经济领域的出现。本章还讲解了那些造就了现代营销体系的人物和事件。
- 第二章　概括了目前用于触达预期买主的多种渠道，同时讲解了广告主以及地方性零售商、大型全球性企业所用的广告和营销传播方式。

第二编

第二编讲解了广告策划和品牌调研的基础，即所有广告取得成功的基础。

- 第三章　介绍了广告螺旋的概念以及在瞬息万变的市场中保持品牌活力所需要的战略。
- 第四章　概括了如何识别和了解那些对特定产品感兴趣、对广告主而言最有利可图的目标市场。

第三编

第三编强调广告的商业运作以及广告公司与客户之间脆弱且针锋相对的关系。

- 第五章、第六章　探讨了广告和管理职能的复杂化。如今，广告更有可能被整

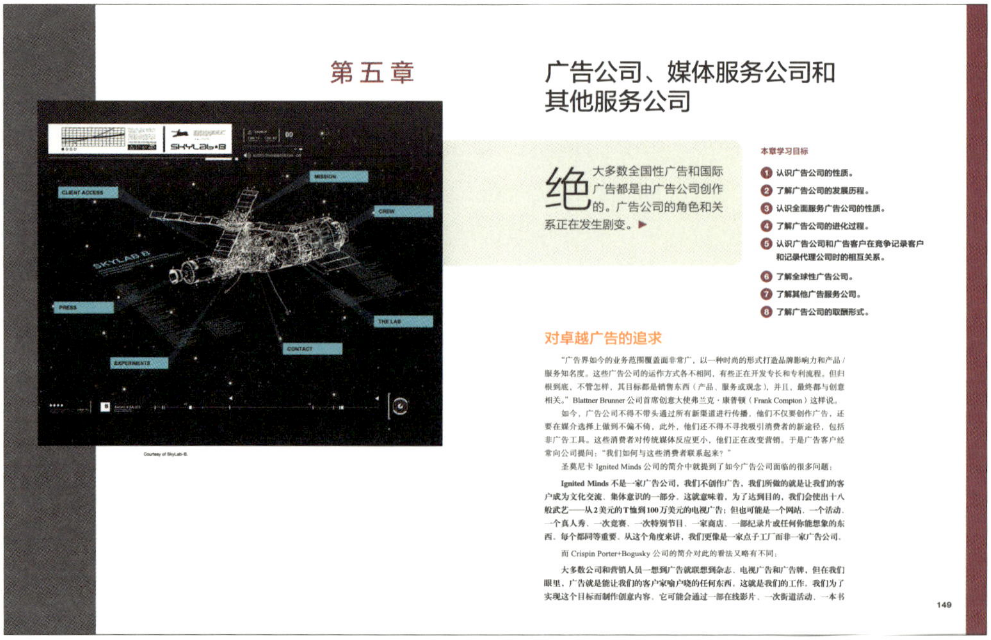
第五章

广告公司、媒体服务公司和其他服务公司

绝大多数全国性广告和国际广告都是由广告公司创作的。广告公司的角色和关系正在发生剧变。▶

Courtesy of SkyLab·B

本章学习目标

1. 认识广告公司的性质。
2. 了解广告公司的发展历程。
3. 认识全面服务广告公司的性质。
4. 了解广告公司的进化过程。
5. 认识广告公司和广告客户在竞争记录客户和记录代理公司时的相互关系。
6. 了解全球性广告公司。
7. 了解其他广告服务公司。
8. 了解广告公司的取酬形式。

对卓越广告的追求

“广告界如今的业务范围覆盖面非常广，以一种时尚的形式打造品牌影响力和产品/服务知名度。这些广告公司的运作方式各不相同，有些正在开发专长和专利流程。但归根到底，不管怎样，其目标都是销售东西（产品、服务或观念），并且，最终都与创意相关。”Blattner Brunner 公司首席创意大使弗兰克·康普顿（Frank Compton）这样说。

如今，广告公司不得不带头通过所有新渠道进行传播，他们不仅要创作广告，还要在媒介选择上做到不偏不倚，此外，他们还不得不寻找吸引消费者的新途径，包括非广告工具。这些消费者对传统媒体反应更小，他们正在改变营销。于是广告客户经常向公司提问：“我们如何与这些消费者联系起来？”

圣莫尼卡 Ignited Minds 公司的简介中就提到了如今广告公司面临的很多问题：

Ignited Minds 不是一家广告公司，我们不创作广告，我们所做的就是让我们的客户成为文化交流、集体意识的一部分。这就意味着，为了达到目的，我们会使出十八般武艺——从 2 美元的 T 恤到 100 万美元的电视广告；但也可能是一个网站、一个活动、一个真人秀、一次竞赛、一次特别节目、一家商店、一部纪录片或任何你能想象的东西。每个都同等重要。从这个角度来讲，我们更像是一家点子工厂而非一家广告公司。

而 Crispin Porter+Bogusky 公司的简介对此的看法又略有不同：

大多数公司和营销人员一想到广告就联想到杂志、电视广告和广告牌，但在我们眼里，广告就是能让我们的客户家喻户晓的任何东西。这就是我们的工作。我们为了实现这个目标而制作创意内容，它可能会通过一部在线影片、一次街道活动、一本书

149

合进整体营销传播活动之中，从而导致管理关系发生改变。本书还从广告主和广告公司的角度讨论了广告业的组织。

第四编

第四编讨论了如何利用销售讯息触达消费者。本编的各章讨论了传统媒介以及触达消费者的新型途径。

- 第七章　概括了媒介策划职能和媒介 / 传播策划人在传递广告讯息时的作用，以此入手开始讲解媒介。
- 第八章至第十四章　对触达消费者所用的各种媒介和传播基本方法进行了讨论。我们可以看到，媒介就像网站、iPods 和手机一样形态各异。这几章还讨论了每种媒介的传播优势和弱势，讨论了在消费者拥抱新技术和媒介公司合并为大型多媒体巨无霸之际，媒介如何融合。

第五编

最后，通过大力推介产品解决消费者问题的能力，预期目标被转换成了买主。在洞察消费者需求、产品选择及媒介偏好的基础上，本编主要探讨了如何通过调查，满足创意需求。

- 第十五章至第二十二章　强调策划和调研对酝酿创意乃至完成广告的必要性。与大家普遍认同的观点相反，伟大的广告很少是灵机一动的结果，而是长期艰苦劳动和学习的产物。

第六编

第六编涉及全球性和跨文化广告以及广告的经济、社会和法律因素。

- 第二十三章　讲解了广告和营销的全球属性，全球化不再停留在理论层面，而已经变成了全世界很多企业的日常战略。此外，广告主也必须更加重视美国的跨文化因素。
- 第二十四章　着重强调，在公众要求广告主更加诚实公平、政府机构提供消费者保护的情况下，广告所受到的若干法律、法规以及伦理约束。本章不仅讨论了规章制度和管理措施，还强调了大多数广告主在过去半个世纪里所承担的公共责任。

本书的主要目的

本书从三个角度，对广告从业人员的角色进行了清晰、全面的讲解。首先，我们探讨了企业的营销和广告部门；其次，我们观照了广告人；最后，我们讲解了在产品及其目标受众之间发挥桥梁作用的媒介执行人员。要想让自己的广告生涯成功，就必须掌握一系列技巧。因此，我们在书中综合了营销、传播、心理学、社会学、人类学以及社会科学研究等与广告实践相关的各种知识。

第十六章 广告讯息的创作

M&M's® and the M&M's Characters are registered trademarks of Mars, Incorporated and its affiliates. These trademarks are used with permission. Mars, Incorporated is not associated with Pearson Prentice Hall. Advertisements printed with permission of Mars, Incorporated.

有人说广告战略就是一切。“有时创意领先，有时战略领先，”英国创意总监托尼·考克斯（Tony Cox）说，“但要想取得理想的结果，它们必须紧密配合、协调一致。”不管采用哪种媒介，好的广告文案，一定是好广告的必备条件之一。▶

本章学习目标

1. 认识创意工作计划。
2. 了解压缩式讯息与扩展式讯息的区别。
3. 掌握讲故事的技巧。
4. 掌握广告的结构。
5. 掌握文案风格。
6. 掌握广告口号。
7. 了解新的广告形态与内容讯息。

“好创意的核心就是坚信，没有什么比洞察人类本性更有力量，人性就是驱使个人、支配其行为的那种冲动，即使他可以用语言掩饰自己的动机。”

——比尔·伯恩巴克

消费者接触点整合

现在，我们来讲如何整合和巩固消费者在各媒体接触点上——无论是平面媒体、网络媒体还是电视媒体——碰到的讯息，它们在性调、讯息传达以及视觉上的一致性称为接触点整合。滚石网站上，芝宝广告（见图 16.1）无处不在，随时给观众创造链接到 zippo.com 网站的机会。它们表现为整合讯息，帮助广告主与消费者建立联系。这种接触点整合是星巴克、麦当劳、耐克等品牌的典型标志。曾供职于博达大桥广告公司的卢·森特利佛（Lou Centlivre）说：“那些能深入人心而非仅仅进入大脑、能让人或哭或笑或平静地说‘是的，这就是我的真实感受’的创意人员将成为超级明星。”而宝洁公司前首席执行官约翰·佩珀（John Pepper）则说：“25 年来，我发现我们品牌的利润增长与我们品牌的文案之间的关联性不是 25%，也不是 50%，而是 100%。我从没见过宝洁公司旗下的哪个品牌可以在不靠精彩广告的情况下多年保持盈利增长。”[1]

483

学习参考

CourseSmart　除购买本书纸质版外，您还可以购买与纸质版内容完全相同的电子版，只需支付纸质版建议价的 50%，这对希望省钱的读者而言无疑是一个激动人心的新选择。有了 CourseSmart eTextbook，您便可以搜索本书、做在线笔记、打印讲座读书作业、标记重要段落供复习。查询详情或购买 CourseSmart eTextbook，请访问 www.cousesmart.com。

致　谢

John Adams, *The Martin Agency, Richmond*
Annisa Mae Al-Timimi, *Blue Sky Agency, Atlanta*
Michele Barker, *The Martin Agency, Richmond*
Peter Bell, *Smokey Bones Bar & Fire Grill, Orlando*
Sheri Bevil, *Lane Bevil+Partners, Atlanta*
David Botsford, *The Botsford Group, Atlanta*
Chuck Brasfield, *Boy Scouts of America, Atlanta*
Kelly Caffarelli, *Home Depot Foundation, Atlanta*
Joel Cardwell, *The Florida Times-Union, Jacksonville*
Adam Carmean, *Schlotzsky's, Athens, GA*
Brett Compton, *Brunner, Atlanta*
Frank Compton, *Brunner, Atlanta*
John Conaghan, *Newspaper Association of America*
Phil Corley, *Pathway Communities, Atlanta*
Mary Beth Cowardin, *Elmer's, Columbus, OH*
Peter Cressy, Ph.D., *Distilled Spirits Council*
Lisa Delaney, *Arras Group*
Kelly Kenton Fink, *Bowen Family Homes, Atlanta*
Sylvia Fox, *Brunner, Atlanta*
Guy Gabriele, *Idea Engineering, Santa Barbara, CA*
Kimberly A. Greenia, *The Home Depot, Atlanta*
Jennifer Griffith, Ph.D., *Grady College, University of Georgia, Athens*
Steven Guyer, *Experian CheetahMail, New York*
Chris Hartley, *Blue Rhino, Winston-Salem, NC*
Chris Hooper, *Fitzgerald+Co., Atlanta*
Ron Huey, *Huey+Partners, Atlanta*
Mike Hughes, *The Martin Agency, Richmond*
Sarah Hughes, *Ignited Minds, Del Ray, CA*
Gilad Kat, *Mediacom, Tel Aviv, Israel*
Tom G. Kuypers, *Bed Bath & Beyond, Farmington, NY*
Steven Lang, *Cox Radio/Athens*
Jim Learned, *Elevation, Washington, DC*
Donna LeBlond, *Grady College, University of Georgia, Athens*
Amy Lokken, *McRae Communications, Atlanta*
John Ludwig, *Push, Inc., Orlando*
Monica Luck, *Georgia Department of Transportation, Atlanta*
Brad Majors, *Your Brand Rep, LCC., Greenville, SC*
Tim Mapes, *Delta Air Lines, Atlanta*

Rob Marbury, *Max2O, Atlanta*
Kelly Markey, *Neathawk Dubuque & Packett, Richmond*
Hugh Martin, Ph.D., *Ohio University*
Mike Martin, *Skylab-B, Atlanta*
Heather McBride, *Push, Inc., Orlando*
Andrew McLean, *Groupm*
Parker Middleton, Ph.D., *Grady College, University of Georgia, Athens*
Josslyn Mikow, *Ogilvy Worldwide, San Francisco*
Russ Mischner, *The Home Depot, Atlanta*
Ernie Mosteller, *Brunner Digital, Washington, DC*
Jim Mountjoy, *LKM, Charlotte, NC*
Roger Neathawk, *Neathawk Dubuque & Packett, Richmond*
Greg Nyilasy, Ph.D., *Hall and Partners*
Robert Passikoff, *Brand Keys Inc.*
Don Perry, *Chick-fil-A, Atlanta*
Tom Robinson, *Robinson & Associates, Tupelo, MS*
Sunayana Sarkar, *Starcom MediaVest Group, New York*
Scott Scaggs, *Trone, High Point, NC*
Megan Sovern, *Goodby. Silverstein & Partners, San Francisco*
Jeanne Spencer, *Idea Engineering, Santa Barbara, CA*
Gary Swain, *Orlando/Orange County Convention and Visitors Bureau, Orlando*
Richard C. Wahl, *Push, Inc., Orlando*
Robert Willett, *Willett Design, Athens, GA*
Matt Wilson, *SBC Advertising, Columbus, OH*

作者简介

奥托·克莱普纳（1899—1982）

奥托·克莱普纳（Otto Kleppner）毕业于纽约大学，以文案身份开始其广告生涯。在从事了若干类似的工作后，奥托成了普伦蒂斯霍尔出版社（Prentice Hall）的广告经理，正是在这里，他才开始想到他自己也“可以写一本书”；几年后，他又觉得自己完全可以开一家广告公司。这两个念头都大张旗鼓地实现了。他的广告公司大获成功，拥有一批顶尖客户［如帝王苏格兰威士忌（Dewar's Scotch Whisky）、哈珀波本威士忌（I.W.Harper Bourbon）以及辛雷（Schenley）旗下的其他品牌，萨博汽车（Saab Cars），双日读书俱乐部（Doubleday Book Clubs）等等］；他写的书被广告专业的学生视为圣经；而他的著作则用八种语言出版。

克莱普纳先生是美国广告公司协会（American Association of Advertising Agencies，简称 4As）的活跃人物，曾任美国管理委员会（Control Committee）理事、成员，美国政府、公众与教育家关系委员会（Committee of Government, Public and Educator Relations）主席以及纽约政务会（New York Council）长官。因在广告教育上的突出贡献而荣获尼科尔斯杯（Nichols Cup）（即现在的克莱恩杯，Crain Cup）。

W. 罗纳德·莱恩

W. 罗纳德·莱恩（W. Ronald Lane）涉足过广告的各个方面，其广告和营销生涯是从为制药商服务开始的，后来他成了一家药品连锁店的营销经理。他曾以创意和客户主管的身份为可口可乐、美国全国肉鸡协会（National Broiler Council）、美汁源等大型广告主以及西北卡罗来纳旅游（Western North Carolina Tourism）、卡拉威花园商店（Callaway Gardens Country Store）等小型广告主服务。

因对广告教育和广告业的贡献，莱恩曾荣获美国广告联盟（American Advertising Federation，AAF）突出广告教育家奖。他曾在美国广告公司协会主办的高级广告研究院（Institute of Advanced Advertising Studies）担任协调人 6 年，曾为广告 - 营销公司 SLRS 传播公司的合伙人，在美国广告联盟学术委员会（Academic Committee）效力长达 20 年，并一直担任美国广告联盟学术部主任兼董事局董事，以及理事、主管委员会（Council of Governors, Executive Committee）和美国广告联盟基金会成员。他曾多次担任艾迪奖评委，是《广告时代》（*Advertising Age*）创意工作室成员，还是 ACEMJC 信托委员会成员。目前，莱恩是莱恩比维尔伙伴公司（Lane Bevil+Partners）的高级合伙人。

卡伦·怀特希尔·金

卡伦·怀特希尔·金（Karen Whitehill King）为佐治亚大学格雷迪新闻与大众传播学院广告与公共关系系主任、广告学教授，获伊利诺伊大学传播学博士学位。在 UGA 广告俱乐部工作期间，她一直以客座传播研究员的身份参与亚特兰大疾病控制与预防中心的艾滋病公共服务项目，同时还在纽约的灵狮公司做客座教授。

卡伦的研究方向包括广告产业问题与健康传播，曾在《广告杂志》（*Journal of Advertising*）、《广告研究杂志》（*Journal of Advertising Research*）、《公共政策与营销杂志》（*Journal of Public Policy and Marketing*）、《广告现行问题与研究杂志》（*Journal of Current Issues and Research in Advertising*）、《新闻与大众传播季刊》（*Journalism and Mass Communication Quarterly*）、《报纸研究杂志》（*Journal of Newspaper Research*）、《保健营销与新闻学杂志》（*Journal of Health Care Marketing and Journalism*）以及《大众传播教育者》（*Mass Communication Educator*）等一流学术期刊发表自己的研究成果，曾任《美国广告学术大会 1994 公报》（*1994 Proceedings of the American Academy of Advertising Conference*）一书的编辑，还与人合著了一本教学参考书《媒介购买模式》（*Media Buying Simulation*）。

在加盟格雷迪新闻与大众传播学院之前，卡伦是博达大桥芝加哥公司的调查总监兼媒介策划 / 买手，服务的客户包括卡夫（Kraft）、库尔斯（Coors）、西尔斯（Sears）、光束（Sunbeam）以及国际收割机公司（International Harvester）。1999 年，卡伦因在 UGA 广告俱乐部和美国广告联盟项目竞争团队的出色表现而荣获美国广告联盟第七区“唐纳德·G. 希尔曼教育家”提名。

汤姆·赖克特

汤姆·赖克特（Tom Reichert）为佐治亚大学格雷迪新闻与大众传播学院广告与公共关系系广告学教授，获亚利桑那大学传播学博士学位、密苏里大学新闻学学位，正是在密苏里大学的第一堂广告课上，汤姆第一次接触到《克莱普纳广告学》一书。

自 1993 年起，汤姆一直活跃在广告教学、研究和写作领域，专攻社会营销、广告中的性、政治广告以及媒介销售。就广告的应用以及广告对专业实践和文化的影响等重大问题，汤姆已撰写或编写了七本书籍，他独立撰写了《广告性史》（*The Erotic History of Advertising*），合作并参与编写了《广告中的性：性诉求洞察》（*Sex in Advertising: Perspectives on Erotic Appeal*）、《消费文化中的性：媒介和营销中的色情内容》（*Sex in Consumer Culture: The Erotic Content of Media and Marketing*）。此外，汤姆还在《广告杂志》、《广告现行问题与研究杂志》以及《新闻与大众传播季刊》上发表了自己的研究成果。

在获得博士学位前，汤姆是南加利福尼亚州的一份大型都市日报《橘县记录》（*The Orange County Register*）的广告销售人员，他还曾在美国众议院议员吉姆·科尔比（Jim Kolbe）1994 年再次竞选时担任竞选战役的新闻秘书助理，同时担任一家政治咨询公司的研究员。在成为佐治亚大学教授之前，他在北得克萨斯州的亚拉巴马大学任教。

克莱普纳

广告学

第 18 版

广告的地位

我们应该将社会、文化和经济功能作为研究当代广告的切入点，正是这些因素构成了现代营销和推广活动的基础。第一部分将向读者呈现历史概貌，将广告置于营销传播的大环境下加以探讨。

- **第一章**将讲解广告和营销如何发展成为大社会的一个组成部分，尤其是在工业革命、中产阶级崛起以及民主原则进入美国政治和经济领域的背景下。本章将向读者还原那些曾经创造了美国现代营销体系的人物和事件。
- **第二章**将让读者对目前触达预设买主的各种渠道有一个总体的了解，同时还将展示广告主们所用的广告和营销传播方法——这些广告主小至社区零售商，大至全球性跨国企业。

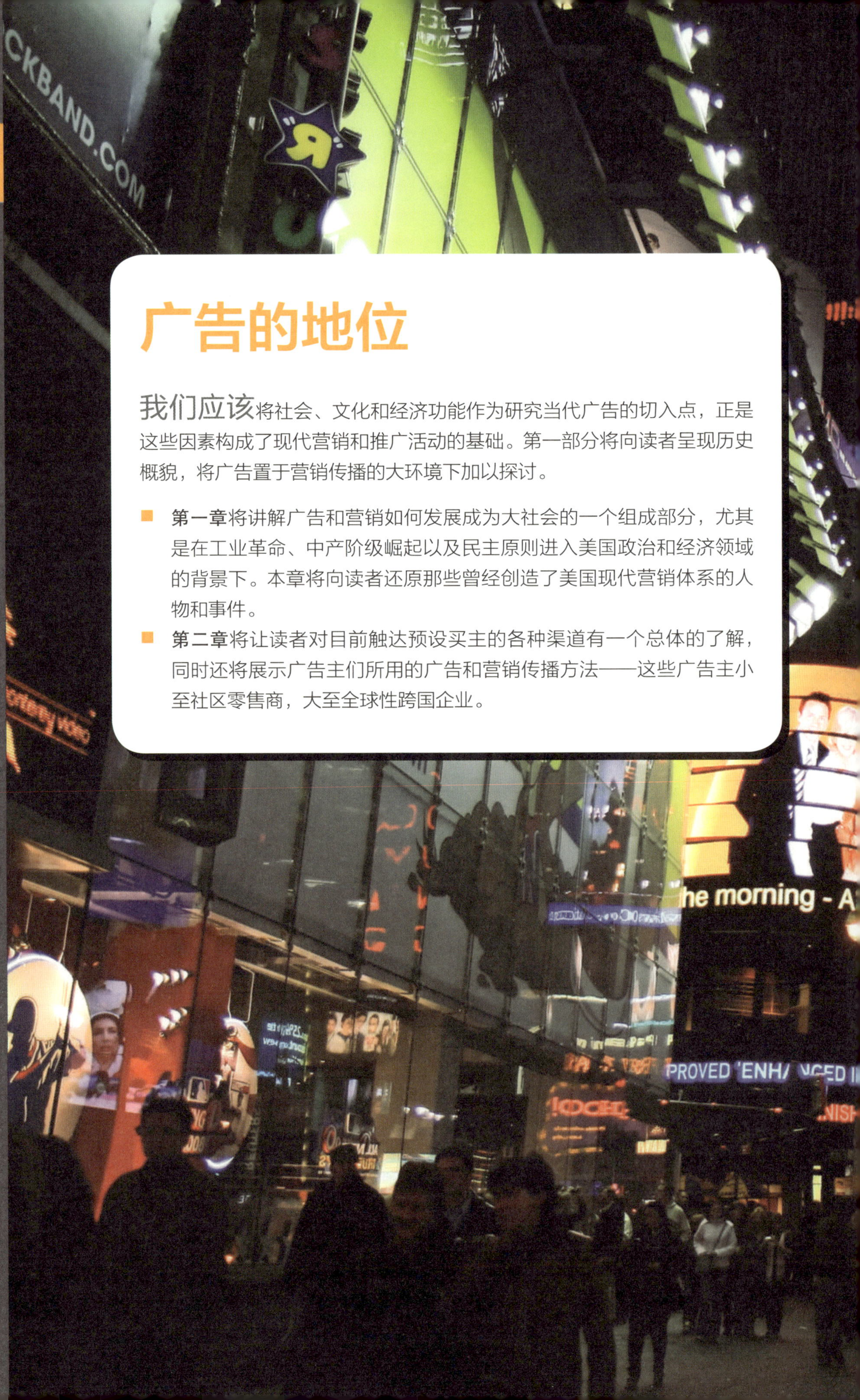

VOTE!
TOSHIBA
CHEVROLET
ERNST & YOUNG
News Corporation
Panasonic

第一章

"Up and Going," 1885, Library of Congress, Prints and Photographs Division (LC-USZ62-2588).

当今广告业的背景

成功的广告主之所以成功，是因为他们都敏于了解历史上塑造了当今及未来广告业，塑造了广告营销传播角色的那些力量。▶

本章学习目标

1. **认识促进现代美国广告业崛起的主要因素。**
2. **探讨调研和责任在广告发展中的重要性。**
3. **了解广告历史上的四个时期。**
4. **认识广告与平面媒体之间的关系。**
5. **了解广告代理公司及其职业精神的起源。**
6. **了解对广告业影响深远的两次立法。**
7. **探讨广告在第一次世界大战和第二次世界大战中所起的作用。**
8. **了解 20 世纪 80 年代对广告影响深远的四次发展。**
9. **了解影响当代广告业的因素。**

在过去的 150 年中，美国人对广告的态度经历了四个阶段：喜欢、冷淡、欢迎和拒绝。曾经一度，广告人被人追捧、备受尊敬，是资本主义经济和商业中的贵族；但很多时候，他们却因推销劣质商品、辜负民众信任而饱受舆论的批评和严格的管制。如今，许多美国人在接触广告时仍然心存芥蒂，对营销商介入自己的生活持怀疑和抵触的态度。然而，在做购买决策时，消费者们又会寻求商品信息，并迫切地卷入自己感兴趣的相关广告。

本章将探讨广告和消费者之间的关系，为读者理解美国广告的历史渊源和发展奠定基础。我们将看到，广告始终在不断地适应政治、经济和科技的变革，因此它的发展也总是与朝气蓬勃、高度发展的经济相呼应。我们还将了解促进美国广告发展的环境因素，包括大众传播的发展、中产阶级的崛起、高效的运输系统以及大规模生产的发展。

促进现代广告业崛起的动力

1 认识促进现代美国广告业崛起的主要因素。

早在史前时期，商品交换以及将买卖双方连接起来的需求就已经出现，我们有公元前 5000 年留下的商品交易的证据，还有一些最早期的画着原始手艺人的岩画。现代广告起源于 19 世纪中期的美国，在随后的一个世纪中，广告人不断引进一些复杂的东西，如通过动机研究来界定消费者行为，通过媒介分析来触达目标消费者，通过创意战略来增强销售讯息传播。为了认识现代广告的起源，我们必须探寻它得以产生的条件。

首先，我们必须明白广告是一件传播工具，它只有与另外两个组成部分结合，才能发挥最大的作用：

1. *集中交换*（centralized exchange）。当商品和服务从非集中交换转变为集中交换时，即从买卖双方的直接交易转变为以商人为中间人的交易时，就需要广告来促使潜在消费者意识到商品的功能。
2. *供过于求的经济现象*。广告的首要目的是通过推荐新商品或建议消费者用现有商品解决其所面临的问题来创造需求。当消费者面临的问题显而易见而某个特定产品显然可以解决这个问题时，广告只需告诉消费者该商品的价格和购买途径即可。然而，在各商家奋力争夺消费者钱包的这样一种经济状态下，广告不仅要告诉潜在消费者产品的存在，还要给消费者提供购买该品牌而非其他竞争品牌的理由。“在物质匮乏的社会……任何东西都无须广告。人们签下购车合同，然后苦等三年甚至更久，所以最后无论拿到什么样的车都会欣然接受。”[1]

集中交换
一种侧重于通过专门的中间商而非买卖双方直接交换商品的贸易与营销系统。

尽管**集中交换**和供过于求都是广告业不可或缺的组成部分，但在美国南北战争后的 50 年里，其他因素的参与也为这个数十亿美元规模的产业奠定了基础。首先是民主意识的形成。虽然在 18 世纪的美国，妇女的投票权以及非洲裔美国人的公民权等基本人权尚未得到保障，但公共教育却提高了民众的文化素养并激发了人们对政治进程的兴趣，这无疑为报纸和杂志的发展创造了需求、提供了支持。

其次，19 世纪后期，随着工业革命席卷美国，广告也呈现出一片欣欣向荣的景象。批量生产不仅提高了生产效率，还催生了高速印刷机，从而使那些刊登广告的杂志和报纸得以批量发行，而广告又为媒介提供了经济基础。与此同时，工业革命也催生了对高薪技术工人的需求，使他们从农村进入城市中心，随之而来的，是他们对日益发展的印刷媒体所提供的信息的需求。

只有当生产商的商品流通能超越有限的地理区域时，批量生产的效益才可能实现。火车的出现不仅将全国各地连接起来，更是为快速发展的制造业创造了一种全新的全国物流配送方式。在快速通信的配合下，铁路让整个国家在经济和文化上实现了沟通。但是，直到全国性品牌出现，广告和营销才开始兑现它们的承诺。

在横跨美国的铁路物流系统的支持下，在全国性杂志的广告宣传下，全国性品牌对于那些以产品差异和消费者品牌忠诚为基础的复杂的广告和营销结构来说无疑是一针兴奋剂。全国性品牌商品改变了买卖双方的关系，使之从单纯的商品交换转变为以产品质量和产品识别为基础的营销系统。这些全国性品牌给生产商赋予了撬动零售商的力量，如果不是 20 世纪 90 年代超级零售商的出现，这种力量还将再持续 100 年。

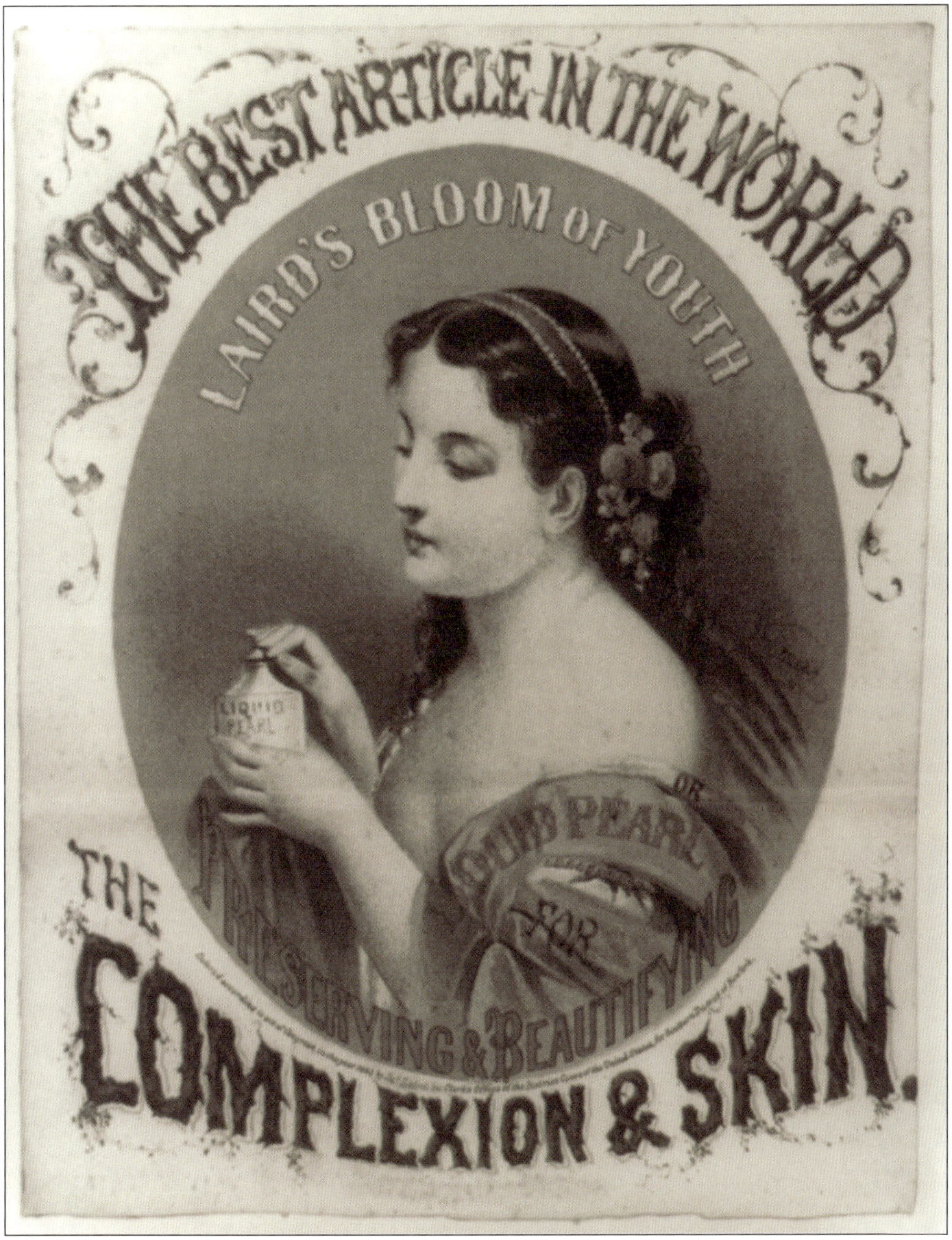

"Best Article," 1863, Library of Congress, Prints and Photographs Division [LC-USZ62-99068].

图 1.1

1863 年的这条广告的诉求和当代化妆品广告的诉求有什么区别吗？

尽管莱尔德公司（Laird）没有经受住时间的考验，但是它在 1863 年为其护肤品牌“青春绽放”和“液体珍珠”制作的广告（见图 1.1）却使所有消费者都相信，使用这些产品能够倒转时光、恢复青春肌肤。

全国性品牌时代以及销售和营销它们的广告和分销系统不容小觑。虽然广告并没有创造集中、高效的全国性营销系统，但它的确为实现这个战略提供了一个最起码的条件。企业家们纷纷争当品牌商品市场的急先锋，希望借此赚取利润。人们通常认为，开全国性营销先河的是桂格麦片（Quaker Oats），但其实丹尼尔·嘉宝（Daniel Gerber），威廉·肖勒（Dr. William Scholl），盖尔·博登（Gail Borden），理查德·西尔斯（Richard Sears）以及费德里克·美泰克（Frederick Maytag）等人也都通过他们创立的品牌而留下了传奇故事。

到 1920 年，品牌产品的集中，全国性物流的实现，日益壮大的中产阶级及其足以支撑这些产品市场的收入水平，为广告业的产生提供了充分的支持，使当时的广告业显现出一些现代广告代理公司和当今企业广告部门的基本功能。

现代广告时期：调研与责任

2 探讨调研和责任在广告发展中的重要性。

20 世纪初，大多数广告都缺乏下面这两样东西：

1. 促销讯息创作过程中的道德规范。
2. 有效可靠的广告效果调查。

乍看起来，这两样东西似乎与广告联系不大。然而，从哲学的角度来看，它们实际上密切相关。凭借着欧洲 18 世纪启蒙运动时期打下的基础，广告积极参与风起云涌的民主运动，正是在那段时间，广告引入了一种新的理念，即个人完全有能力从谎言中辨明真相。在这个思想开放的行业，谎言很容易被识破并遭到抵制。在这样的环境中，对信息进行管制毫无必要。不仅如此，针对潜在消费者的消费动机调查对完全“理性”的消费者也影响甚微。

但到 19 世纪后期，舆论开始转变立场，呼吁更好地保护消费者的权益。最早燃起硝烟的是专利药品管制。这些药品对病人毫无作用，甚至有时还会对人体造成伤害。含有高浓度酒精、鸦片及可卡因的药物不仅无法治愈疾病，还会让人上瘾。毫无疑问，必须对药品进行严格的监控，必须对医药广告进行管理。但推崇广告管制的众多狂热支持者对广告的指责和无良广告主对产品的吹嘘一样极端，他们对广告的谴责持续了大半个世纪。由于广告调查会使人对科技的力量产生无谓的恐惧，比如潜在广告和营销行为研究，结果导致一大批广告评论员强烈要求缩减或限制广告调查以及由此产生的广告讯息。

回顾那一段时间，我们会发现，对普通消费者而言，广告调查在操纵思想、潜意识或其他方面并不存在任何威胁。如果说有的话，那就是早期的绝大多数调查结果几乎都由于缺乏经验而遭人耻笑。比如，“有几家代理公司炫耀……他们在 20 世纪 20 年代后期进行的消费者态度调查，但他们简陋、草率的调查方法却使人怀疑这些‘调查’是否能提供准确的反馈。有一家广告代理公司宣称，他们只需要自己的所有员工向其朋友发放调查问卷，就能经济、快速地得到调查结果”[2]。

20 世纪 20 年代后期，尽管调查方法相当原始，仍然有为数不多的广告人，如克劳德·霍普金斯（Claude Hopkins），开始采用直邮广告和赠券广告的调查方法来搜集有效的广告信息。与此同时，也有一些富有远见的广告主在分析受众对广告的反应，旁氏公司（Pond’s）就是其中之一。但直到 20 世纪 50 年代，精密的广告调查才得到普遍的认同（见图 1.2）。

起源

从远古时期开始，渴望表现似乎就是人类的天性。从 5 000 年前直到现在这个卫星时代，在有记录的广告史中，100 年前，美国这个最大的工业国的崛起，标志着一

图 1.2

1885年的国际面包粉（International Baking Powder）这条广告让人怀疑它是否动用过调查。

个具有重大意义的时代的开始。然而早期的广告实在是太引人注目了，我们不可能视而不见。

公元前 3000 年，巴比伦的泥板可能是目前已知的最早的广告，上面刻着药商、抄写员和鞋匠的标记。从底比斯废墟中发掘出的纸莎草纸证明，古埃及人拥有更加便利的书写工具（遗憾的是，纸莎草纸上记载的是奖励人们归还逃奴的公告）。希腊则和很多地方一样，依赖于街头叫喊人。每当满载着葡萄酒、香料和金属的船只驶进海港，这些叫喊人就要四处奔走通告。通常，一名街头叫喊人身边会跟一名乐师，以免走调。后来，在许多西方国家，街头叫喊人便成了最早的公共信息传播媒介，这种方式一直延续了好几个世纪。（讲到这里必须补充一下，公元 1100 年左右，一位法国旅馆老板想出了一个促销葡萄酒的方法：先让街头叫喊人吹号聚集人群，然后向他们派

"Edison's Greatest," 1896, Library of Congress, Prints and Photographs Division [LC-USZC4-1297].

图 1.3

与爱迪生的维太放映机这条广告相比，当今的广告是否促进了新媒介的发展？

发样品！）

罗马商人同样具有广告意识。庞贝废墟中就有刻着标记的石头和赤陶广告，上面表现了商店销售的物品：一家肉店的一排火腿，一家牛奶场的一头奶牛，一家鞋店的一只靴子。庞贝人还掌握了用壁画讲故事的技巧，经过时间的考验，这些户外广告（outdoor advertising）形式最终成了生命力顽强的广告模式。户外广告不仅没有随着罗马帝国的衰败而消失，反而在 17 世纪和 18 世纪时成了欧洲旅馆的装饰品。那时，人们大多不识字，于是，易于识别的标识（logo）便成了小旅馆之间展开竞争的利器。这就是为什么很多老旅馆，尤其是英国的，会起那么独特的名字，比如“三只松鼠”“月中人”“墙洞”。1614 年，英国出台了一部法律，规定广告牌的长度不得超出房屋外立面八英尺（因为已经有很多房屋的前脸被过长的标牌拉倒了）。这可能是最早的广告法了。还有一部法律要求广告牌离地面的高度必须保证骑士能够骑马从下面经过。1740 年，第一个户外印刷海报——通称**广告牌**（hoarding）——在伦敦诞生。图 1.3 为 1896 年的一幅海报，该海报运用了十分鲜艳的颜色来突出托马斯·爱迪生（Thomas Edison）的维太放映机的特点。

广告牌

最早的户外印刷标记——现代户外广告的前身。

我们先通过追溯广告历史来了解现代广告的基本知识，我们将它大概分为四个

RC Maxwell Company Collection—Database #M0548, Emergence of Advertising On_Line Project John W. Hartman Center for Sales, Advertising & Marketing History, Duke University Rare Book, Manuscript, and Special Collections Library http://library.duke.edu/digitalcollections/eaa/.

图 1.4

和今天一样，广告主会充分利用任何可资利用的户外空间吸引消费者。

时期：

1. ***前营销时期***（premarketing era）。从以物易物的史前时代到 17 世纪中期，买卖双方一直停留在原始的交易方式上。在这一时期的绝大部分时间里，泥板文书、街头叫喊人以及旅馆标志等“媒体”一直都是宣传商品和服务的最佳方式。直到后几十年里，早期的印刷术才作为现代大众传播媒体出现。
2. ***大众传播时期***（mass communication era）。从 18 世纪到 20 世纪上半叶，广告主触达的细分人群越来越多。大众报纸于 19 世纪 30 年代首次出现，接着，大批全国性杂志相继出现。到 20 世纪 20 年代，为了向每个美国家庭发送免费的广告，广播开始投入使用。在大众传播时期，我们可以看到广告主开始针对消费者的需求进行品牌区分（见图 1.4）。
3. ***调查时期***（research era）。20 世纪 20 年代，广告主开始利用大量先进技术触达和刺激普通受众。从 20 世纪 90 年代开始至今，随着媒体的逐渐个性化，广告主开始将注意力转移到更为复杂的技术上去，更加精细地区别和接触目标受众，针对不同群体和个人发送不同的讯息。早期广告调查比较注重广义的人口统计数据，如消费者年龄、性别以及地理位置。如今的广告调查则纳入了更为详细的消费者资料，包括他们的生活方式和消费动机，更倾向于探

3 了解广告历史上的四个时期。

前营销时期

史前时代—18 世纪。在这一时期，买卖双方以非常原始的方式进行交易。

大众传播时期

18 世纪—20 世纪上半叶。广告主能够通过大众媒体触达更多的人。

调查时期

近年来，广告主通过复杂的调查方法细分受众群的能力越来越强。

寻消费者购买商品背后的动机，而不是研究普通受众的共性。

交互时期

消费者逐渐掌握传播的主导权，能够自行决定收到促销讯息的时间和地点。

4. ***交互时期***（interactive era）。20 世纪以前，典型的广告模式是通过大众媒体与被动的消费者进行单向沟通。但很快，一个以互动交流为基础的新模式得到了广泛的认可，这种模式可以使消费者积极地参与交流过程。比如，2008 年美国有 8 200 多万人通过博客、播客、YouTube 视频或社交网络的朋友互动上传在线内容。到 2013 年，这个数字超过 1 亿，超过网络用户总数的一半。人们对媒体内容也有更多主导权。由于宽带的普及以及新技术的使用，消费者不仅能自由观看自己喜爱的电视节目，还能下载，到 iTunes 上购买或用录像机刻录下来。从更加敏锐的市场反应机制，到基于网络的促销与广告战役的融合，营销人员正在很多方面上积极回应这些变化。[3] 显然，大众媒体和广告主必须做出重大改变，这样才能适应从媒体主导到消费者主导的变化，适应一对一沟通渠道的发展。对这些内容的探讨将贯穿本书的媒介部分和创意部分。

由于我们首先探讨的是广告的发展，因此我们必须牢记营销、整体商业气候、社会习俗与传统以及公众的广告态度之间的相互联系。广告已经成为经济发展中的重要组成部分，因此广告从业人员必须遵纪守法，接受公众的密切监督。在过去 20 年里，广告团体的社会责任感逐渐增强，这可能是商业气候中最重要的改变。广告界的许多惯例如今被摒弃，广告主们意识到，公众的信任才是广告取得成功的关键。本章的后面部分将探讨那些塑造了当代广告的力量。

广告创意的缘起

上一节我们提到，最初的广告公司和广告位经纪人差不多——先在报纸上购买大幅版面，然后再拆成小块卖给广告主。然而，经济环境的改变促使广告公司及其客户不得不将重心转向创意。20 世纪的头 20 年，广告开始强调以创意打动消费者，诱导性广告的重要性得以突显。归结起来，主要有以下几个原因。

1. 到 1900 年，产品产量已经达到很高水平，许多产品品类中出现了激烈的品牌竞争，如肥皂和食品。在宝洁（Procter & Gamble）、家乐氏（Kellogg）、亨氏（H.J. Heinz）等大公司的带领下，很多消费产品品类成功地完成了向品牌产品的转移。品牌间的激烈竞争有史以来第一次导致广告主在投放产品广告的同时大量派发促销品，并在广告中引入感性诉求。

2. 许多极具创新精神的营销主，比如纽约沃纳梅克百货商店（Wanamaker Department Store）的创始人约翰·沃纳梅克（John Wanamaker）就意识到产品卖的不仅是使用功能，还有品位和奢华，于是他聘请了约翰·鲍尔斯（John Powers），而很多人认为鲍尔斯是第一位真正意义上的广告文案人。20 世纪之初，随着广告公司逐渐向全面服务转型，它们越来越注重自身的创意专长。

行为研究

为判断购买行为的潜在动因而进行的市场调查。

3. 广告开始借鉴社会科学研究方法来判断触达消费者的最有效途径。1921 年，沃尔特·汤普森（J. Walter Thompson）聘请了约翰霍普金斯大学的约翰·沃森（John Watson）。"**行为研究**（behavioral research）之父"沃森是较早对消费者购买行为的潜在动因进行研究的人之一。即使早在这个时期，智威汤逊

From the on-line databases of the John W. Hartman Center for Sales, Advertising & Marketing History, Duke University. Http://library.duke.edu/specialcollections/hartman/index.html.

图 1.5

早期的广告主已经意识到洞察消费者需求和欲望的必要性。

（J. Walter Thompson，JWT）这类广告公司已经认识到了解消费者需求和欲望的重要性（见图 1.5）。

4. 小艾尔弗雷德·斯隆（Alfred Sloan Jr.）在沃森和其他人的理论基础上，帮助行业巨头通用汽车公司（General Motors，GM）战胜了其最大的竞争对手福特公司（Ford）。在斯隆看来，汽车是地位的象征，通用汽车的广告力图扭转福特汽车灌输给人的那种观念——汽车是廉价的交通工具，让人们相信买车就要买高档的，买最新款的尾翼和亮闪闪的装饰品，因为汽车产品每年都在推出新型号。斯隆最大的功劳在于他引入了“计划退出”理念，即产品的退出不是因为功能减退而是因为它不再彰显地位。

事实上，到 20 世纪 50 年代，所有的跨国公司都接受了这一理念，即一家公司的成功，更有赖于其品牌在消费者心目中的地位而非产品的功能优势。“如果销售不是依靠产品的价格和功能优势，而是依靠产品所赋予的身份象征、人为刺激的需求以及外形包装的改变，那么品牌带来的利益将比产品带来的利益更为久远，毕竟产品有生命周期，而品牌，只要管理得法，就能代代相传。”[4]

平面媒体的发展

4 认识广告与平面媒体之间的关系。

尽管广告的发展离不开产品供应和强劲的销售讯息，但如果不是消费者对质量、价格以及产品和服务讯息的期待，如果不是有了到达消费者的各种手段，产品和销售讯息都不可能获得成功。广告的早期发展史离不开早期的平面媒体，广告讯息正是通过后者发布出去的。通过讨论我们可以发现，广告和大众媒体之间的关系显然具有象征意义：随着平面媒体发行量的上升，广告主触达的买主越来越多，而越来越多的广告收益则使媒体得以在很大程度上摆脱政府和特殊利益集团的束缚。

报纸作为广告媒介

圣职招聘公告

英国 16—17 世纪的手写海报——现代广告的前身。

报纸历来是信息和广告的最主要的传播媒介，直到 20 世纪，报纸的绝对地位才开始遭到其他传播媒介的挑战。早在公元前 59 年，罗马人每天都会张贴政府发布的新闻，这种新闻被称为每日纪闻（acta diurna），而神职人员发布的求职广告，即圣职招聘公告（siquis），则被认为是现代招聘广告的先驱。“**圣职招聘公告**”一词来自拉丁语 *si quis*（即“征人”），许多公告都以此开头。尽管“圣职招聘公告”这种叫法沿用了很多年，但其内容其实很快就扩展了，有招领失物的，有寻找逃跑学徒的……很像现在的分类广告。[5]

尽管中国人可能早在公元 8 世纪就发明了某种形式的印刷术，但直到 1440 年约翰尼斯·古登堡（Johannes Gutenberg）发明活字印刷术，印刷业才真正在西方开展起来。在印刷业出现之后的十几年中，报纸的前身——宣传册和阔幅说明书为更加正式的出版形式开辟了道路。1665 年，第一份英文报纸《牛津公报》（*Oxford Gazette*）发行。1690 年，本杰明·哈里斯（Benjamin Harris）创办的第一份殖民地报纸《公共事件》（*Publick Occurrences*）在波士顿发行，但在发行了一期后即被政府查封。1704 年，第一份含有广告的报纸《波士顿新闻信》（*Boston Newsletter*）在美国发行。很快，报纸便在美国普及，到 1800 年时，美国所有大城市都有了日报和周刊。

便士报

美国大众报纸的先驱，19 世纪 30 年代首次出现。

19 世纪 30 年代，随着理查德·霍（Richard Hoe）发明的轮转印刷机投入使用，本杰明·戴（Benjamin Day）的《纽约太阳报》（*The New York Sun*）开创了**便士报**（penny press）的时代，从此，大众可以享有廉价的报纸了，这是有史以来第一次读者和广告主同时拥有更广阔的传播渠道。在美国内战期间，美国国内出现了对时事和新闻前所未有的需求，到 19 世纪 80 年代，美国发行的报纸已超过 11 000 种（如今只有大约 8 000 种日报和周报仍在发行）。到 1990 年，许多报纸，如《纽约世界报》（*New York World*）和《芝加哥论坛报》（*Chicago Tribune*），发行量都超过 50 000 份。为了使自己的商品吸引到更多的消费者，广告主们会赞助这些发行量大的报纸。那一时期报纸创建的广告盈利模式迄今仍为大多数媒体所使用。

杂志

最早的殖民地杂志很难发展为主流传播媒体。1741 年，威廉·布拉福德（William Bradford）在美国出版了第一本杂志，就叫《美国杂志》（*American Magazine*），总共发行了三期，其主要对手本杰明·富兰克林（Benjamin Franklin）的《综合杂志》（*General Magazine*）也在同年开始发行，但也只发行了六期就悄无声息地消失了。

尽管杂志很难获益，但18世纪后期仍然涌现出一批后继者。到1800年，发行的杂志已超过100种，它们主要针对受过良好教育的精英群体，出版与文学、政治以及宗教有关的文章。与报纸不同，杂志通常在全国或地区范围内发行，因此，交通不便和高昂成本会进一步阻碍杂志的迅速发展。虽然1794年美国国会出台了法律为杂志的邮寄开绿灯，但直到1879年《邮政法案》（Postal Act）出台，杂志才真正开始享受邮寄方面的优惠政策。

尽管杂志在发展之路上步履维艰，但像《哈珀斯月刊》（*Harper's Monthly*）、《大西洋月刊》（*Atlantic Monthly*）以及《世纪》（*Century*）等刊物却大受欢迎；而另一些杂志，如《星期六晚邮报》（*The Saturday Evening Post*）之类，则更加大众化。但直到19世纪后期，现代消费者杂志的编辑基础和广告基础才得以成形。当时的很多杂志利用本杰明·戴以及其他便士报发行人开发的商业计划支持民粹主义议程，并开始将注意力转向美国民众的生活，刊登了许多涉及健康、时尚和美食的文章。此外，那一时期的许多著名作家，如马克·吐温（Mark Twain）和亚瑟·柯南·道尔爵士（Sir Arthur Conan Doyle），也经常为这些杂志写文章。与报纸不同，杂志的受众遍布全国，影响力绝不仅仅局限于一隅。

从很多方面来看，杂志无疑是多种传播方式的集合体，相当于电报的慢版，在美国内战后让这个幅员辽阔的国家产生了一种民族认同感。“杂志这种载体可以同时报道同样的事实，在各地受到同等对待，男人和女人、北方和南方、东方和西方，都可以阅读并判断同样的内容，不会再因为从不同的地方接收到不同的信息、地方偏见而形成不同的信念，做出不同的决定。”[6]

19、20世纪之交，《妇女家庭杂志》（*Ladies' Home Journal*）的发行量突破100万大关，其他大型杂志，如《蒙西斯》（*Munsey's*）和《麦克卢尔斯》（*McClure's*），发行量都超过了50万。那时的许多大出版商都展开广告战役，以应对专利药广告的泛滥、肉类加工业等行业的社会改革以及行业垄断。

在这些出版物上投放广告的是那些畅销全国的品牌的生产商，如桂格燕麦和尤尼塔饼干（Uneeda Biscuit）。那一时期，杂志刊登100页甚至100页以上的广告是常事。对生产商来说，杂志是唯一能够触达全国消费者的媒介；而对大多数杂志来说，广告则是自己成功的关键，因为订阅费只能覆盖出版成本的一小部分，不足的部分要靠广告来弥补。20世纪20年代，大多数大型刊物都会刊登高品质的彩色广告。1923年亨利·卢斯（Henry Luce）和布里顿·哈登（Briton Hadden）创办了《时代周刊》（*Time*），在此之前，杂志一直是全国性广告主的黄金媒介——它们全国发行，文章和广告可信，彩色印刷，而且能以低廉的成本到达千万读者手中。

批量生产的成熟

18世纪中期，英国纺织业中出现了**批量生产**（mass production）的雏形。而在美国，独立战争期间的军火制造首次使用了通用部件。美国内战后期，随着工厂成批地生产纺织品、家具甚至食品这类产品，美国工业迅速采用了许多批量生产技术。比如，到19世纪50年代，盖尔·博登开始销售康涅狄格州（Connecticut）的工厂生产的罐装炼乳。

批量生产

采用专业化和通用部件来提高生产效率的一种生产技术。

J. Walter Thompson House Ads Collection, Emergence of Advertising in America, Item number J0105 John W. Hartman Center for Sales, Advertising & Marketing History, Duke University. Http://library.duke.edu/specialcollections/hartman/index.html.

图 1.6

随着美国人开车上路，户外广告得到了进一步发展。

尽管美国批量生产的起步来势汹汹，但直到汽车出现才奠定了美国的工业基础（见图 1.6）。像凯迪拉克（Cadillac）的创始人亨利 · 利兰（Henry Leland），又如路易斯 · 雪佛兰（Louis Chevrolet）、阿尔伯特 · 钱皮恩（Albert Champion）、沃尔特 · 克莱斯勒（Walter Chrysler）、约翰 · 道奇（John Dodge）和霍勒斯 · 道奇（Horace Dodge）两兄弟等许多创新者，都对汽车业的发展做出过贡献，但真正让汽车走进美国普通民众生活的，是亨利 · 福特（Henry Ford）。他研发的福特 T 型车每辆售价还不到 600 美元。1908 年，第一代 T 型车共售出 1 万辆；到 1913 年，销量已超过 25 万辆。福特是一个目光敏锐的人，他发现要实现批量生产，必须依靠高产量、低价格和促销。20 世纪初，美国工业迅速采用了福特的成功经验。

向制造业经济的转向对美国的政治、文化和社会产生了巨大的影响。充足的商品供应显著改善了美国民众的生活方式，提高了他们的生活水平。事实上，那些曾经只有少数富人才买得起的商品，现在每个美国人都买得起了。制造业想要不断壮大，就必须不断扩大需求。“为了鼓励这类消费，广告业迅速发展，与此同时，交通、仓储和物流的迅速改善又催生了连锁百货巨头和大型超市，美国社会开始从‘节俭主义’走向‘极端消费主义’。”[7]

图 1.7

随着专业上的成熟，广告俱乐部如雨后春笋般出现。

广告公司

5 了解广告代理公司及其职业精神的起源。

通常认为，是沃尔尼·帕尔默（Volney Palmer）在 1841 年创办了第一家广告公司。但事实上，他不过是一个广告位经纪人，以折扣价从报社批发大幅版面，再加价分别卖给各个广告主。1869 年，乔治·罗厄尔（George Rowell）出版了《罗氏美国报纸指南》（*Rowell's American Newspaper Directory*），向读者提供报纸的发行量估算，从此，媒体开始公布价目表和实际发行量。在当今这个碎片化的传媒界，我们正看见那种经纪模式的些微回归。

19 世纪末，智威汤逊广告公司、艾耶父子广告公司（N. W. Ayer & Sons）以及 Batten and Company（天高公司 BBDO 的前身）等很多大型广告公司都能提供创意、媒介投放以及基本调查服务，为日后成为全面服务型广告公司而不断完善功能。1917 年，**美国广告公司协会**（American Association of Advertising Agencies, 即 4As）成立，共有 111 家广告公司加入了该协会（见图 1.7）。如今，4As 已拥有 500 多家会员公司，它们约占全部广告市场份额的 75%。20 世纪 30 年代，麦肯集团（McCann-Erickson）和智威汤逊等广告公司成立了海外公司，开始走上广告全球化的道路。

美国广告公司协会　美国广告公司的全国性组织。

广告界传奇人物马里恩·哈珀（Marion Harper）于 1954 年创办了埃培智集团（Interpublic Group），寻求将各家广告公司聚合成一家控股公司，以便为实力雄厚的客户提供服务。到 1960 年，埃培智集团不仅掌握了一大批广告公司，还成立了很多子公司来进行广告调查、电视制作和公关工作。《广告时代》曾写道，哈珀的计划“或许是一个全新的广告经营策略”[8]。埃培智集团的这个举动代表着大型广告公司向整合营销的正式转型。我们将在第五章着重探讨当代广告公司的作用。

进入 20 世纪的美国

6 了解对广告业影响深远的两次立法。

19 世纪，美国在工业、广告业以及社会方面的变革举世瞩目。在短短的 100 年里，美国就完成了城市化，废除了奴隶制度，在全国范围内实现了铁路通车和通信畅通，迅速成为世界强国。但不管这些变革多么令人惊叹，它们都只是另一场伟大变革的前奏。1900 年，60% 的美国人居住在农场，包括在纽约市内的 2 000 个农场。1895 年，纽约只有大概 300 辆车，而到 1905 年，这个数字已上升到 78 000。[9] 从此，美国社会和企业发生了翻天覆地的变化。

然而，这一时期的所有变革并非都是正面积极的。内战后几十年，受自由主义政策的影响，美国开始出现极端自由主义的商业氛围。迄今，人们仍然认为格兰特（Ulysses S. Grant）政府（1869—1877）是美国历史上最腐败的政府之一。20 世纪初，大财团的扩张和广告的泛滥将社会搞得乌烟瘴气，以至于民众和国会一致要求严格监管广告和其他商业行为。

《纯净食品药品法案》（1906）

早在殖民时期人们就开始关注食品安全问题，但真正出台国家立法来保护消费者权益，则是在美国内战之后。随着美国向城市化迈进，大部分美国人第一次意识到自己的食物要依靠别人来供应。尽管批量生产为消费者带来了大量便宜的商品，但是很多食品和药品却无法保证其纯净，并经常对人们的健康造成威胁。

此外，这些产品的广告诉求经常夸大其词，于是一些媒体开始针对这个问题曝光。一些媒体，如《纽约先驱论坛报》（*New York Herald Tribune*）和《妇女家庭杂志》，严格控制甚至禁止刊登药品广告（见图 1.8）。1905 年，《矿工》（*Colliers*）杂志一连 10 期刊登了针对专利药的“药品大欺诈”调查报告，这份报告成了改革的主要催化剂。许多产业领袖，如 H.J. 亨茨（H.J. Heinz）就积极参与解决食品安全问题。亨氏食品公司首开销售透明玻璃瓶包装食品的先河，以证明他们的产品安全卫生。1906 年，在民意的要求下，美国国会通过了**《纯净食品药品法案》**（Pure Food and Drug Act），以此保护公众的健康。1906 年 6 月 30 日，西奥多·罗斯福（Theodore Roosevelt）总统正式签署通过了这部法律。

《纯净食品药品法案》

1906 年出台，是联邦政府最早颁布的一部保护消费者权益的法律。

尽管 1906 年出台的这部法律对保护公众健康做出了重大贡献，但仍然有一系列重要问题悬而未决。例如，虽然要求产品说明上的产品信息必须真实可信，但对是否粘贴产品说明却并没有硬性要求。另外，专利药的虚假承诺并不会受到法律的制裁，只有在政府坐实生产商蓄意欺骗消费者时，他们才会受到打击。换句话说，如果被告坚称自己的承诺真实可信，那么不管其产品承诺多么夸张，政府也很难对他们采取什么行动。同样，执行力低下和惩罚无力也导致了美国食品药品管理局（Food and Drug Administration，FDA）监管不力。例如，头痛药生产商罗伯特·哈珀（Robert Harper）因为在药品中违规添加咖啡因和大量酒精——这绝对不是什么良方，成为第一个触犯法律而被传讯的人。经过 16 天的审理，他被判有罪并罚款 700 美元，然而，该药的销售额却高达 200 万美元左右。[10]

1938 年 6 月 25 日，富兰克林·罗斯福总统签署了《联邦食品、药品和化妆品法案》（Federal Food, Drug, and Cosmetic Act），这才真正意味着对食品、药品监管的开始。这部法案中有几条要求药品生产商针对新产品的安全性提出科学证明，同时，在要求生产商停止发布虚假承诺时也不再需要提供欺诈证明。此后，一系列针对杀虫剂、食品添加剂以及色素的修正法案陆续出台，从而加大了美国食品药品管理局在食品、药品和化妆品的生产和标识上的监管力度。[11]

《联邦贸易委员会法案》（1914）

联邦贸易委员会

为防止州与州之间的贸易出现不公平商业竞争和欺诈或误导广告而成立的联邦政府权力机构。

联邦贸易委员会（Federal Trade Commission, FTC）最初的使命是防止企业间的恶性竞争。1914 年，随着《联邦贸易委员会法案》的出台，国会和民众对大财团的垄断行为更加警觉。20 世纪初，约翰·D. 洛克菲勒（John D. Rockefeller）和其他商业巨头的垄断行为很快就迫使实力比他们弱的竞争对手走向破产，他们还在一些重要产

"Merchants Gargling Oil," 1873, Library of Congress, Prints and Photographs Division [LC-USZ62-48534].

图 1.8

虽然专利药广告经常遭遇争议，但这也从侧面说明了美国大众传媒的发展。

业形成垄断集团，如石油和钢铁。对这种不公平的企业间行为，法律基本上判定其不合法且不再容忍。

1938 年，《惠勒里亚法案》(Wheeler-Lea Act) 出台，进一步扩大了联邦贸易委员会的权力，将商业保护和消费者保护融为一体。据此，联邦贸易委员会"寻求保证全国市场充满竞争、活泼高效、免于不公正的限制。与此同时，委员会也致力于消除市场上的不正当或者欺骗行为，以维护市场的平稳运转"[12]。如今，联邦贸易委员会已经成为保证广告承诺和销售行为真实可信的最重要的联邦执行机构。

在第二十四章，我们将会详细探讨联邦贸易委员会的作用以及其他从事广告监督的监察机构和法人代表。此外，我们还将审视广告业的自律体系，以及一些对广告的社会影响的负面评价。

广告时代的来临

时间进入1900年，公众和立法委员都开始更加关注恶性竞争，更加关注那些旨在利用消费者的欺骗性广告。正是在那段时间，很多广告主管意识到必须更加努力才能做出诚信的广告并挽回消费者因虚假讯息和劣质产品而丧失的信心。于是，他们开始寻找志同道合的人，组建广告俱乐部来支持诚信广告。

这些俱乐部随后变身为世界广告俱乐部协会（Associated Advertising Clubs of the World，即现在的美国广告联盟）。1911年，他们发起了一场宣传广告诚信的活动。1916年，他们又组织了一个监督委员会，后来该组织逐步发展为今天的美国**商业促进局委员会**（Council of Better Business Bureaus），继续打击商业行为中的不公平与欺诈行为。1971年，该委员会成为美国全国广告审查委员会（National Advertising Review Council）的一员，这是一次全行业打击虚假广告的努力。美国广告联盟的主要支持者依旧是地方广告俱乐部，董事会则由其他广告协会的成员组成。

商业促进局委员会

为保护消费者权益而协调全国和地方活动的全国性组织。

1910年，美国全国广告主协会（Association of National Advertisers, ANA）的前身美国全国广告经理协会（Association of National Advertising Managers）成立。目前美国全国广告主协会已有约500名成员，吸收了美国绝大多数广告主。该协会致力于从广告主的角度提升广告效果。1917年，为了改善广告效果和广告公司的运作，美国广告公司协会成立，目前，美国超过75%的全国性广告出自该协会成员公司之手。

1911年，当今的广告界顶尖行业杂志《印墨》（*Printers' Ink*）为州政府的广告管理提供了一个模式，宗旨是“严惩虚假广告、欺骗广告和误导广告”。**《印墨》模式**（*Printers' Ink* Model Statute）已被很多州原封不动或者稍作修改后采纳，并一直发挥着作用。

《印墨》模式

由广告杂志先驱《印墨》杂志赞助和起草，旨在打击虚假广告的法规。

1914年之前，出版商谎报发行量的事屡见不鲜。没有可靠的数据，广告主们便无法检验自己的投资回报。正是在1914年，一群广告主、广告公司和出版商成立了一个独立的稽核组织——**发行量稽核局**（Audit Bureau of Circulations，ABC），并开始自行稽核并公布发行量。大部分大型出版物都隶属于发行量稽核局，而该局的发行量报告在媒体圈中也得到了很高的评价。随着广告的全球化，类似的发行量稽核组织在世界范围内相继成立。1916年6月，伍德罗·威尔逊（Woodrow Wilson）总统在费城召开的世界广告俱乐部协会大会上发表演讲，成为第一个公开认可广告重要性的总统。广告的时代已然来临！

发行量稽核局

由出版商、广告公司及广告主赞助，以求获得准确发行量报表的组织。

第一次世界大战时期的广告

7 探讨广告在第一次世界大战和第二次世界大战中所起的作用。

美国宣布参加一战之后，大量广告被投向各种战时宣传，广告公司从宣传商品转向宣传爱国主义，推销政府公债，鼓励勤俭节约，开展一系列战时宣传活动。1917年，詹姆斯·蒙哥马利·弗拉格（James Montgomery Flagg）推出以山姆大叔为主角的海报（见图1.9），以期提高战时的征兵力度。该广告创造了“山姆大叔”的形象，还在二战时期被修改后投入征兵宣传。当时最大的广告公司——艾耶父子广告公司——不仅为美国政府首次发行的三种公债创作并发布了广告，还免收了巨额代理费。[13] 这些活动的成功说明，广告既可以有效地推销商品，也可以有力地推动社会活动。战争末期，在第一次世界大战期间的一个政府宣传办公室，公共信息委员会广告处（Division of Advertising of the Committee of Public Information），开始统一协调各广

"I Want You," 1917, Library of Congress, Prints and Photographs Division [LC-USZC4-3859].

图 1.9

由于 1917 年的这幅征兵海报大受欢迎，山姆大叔遂成为一个标志性形象。

告公司的宣传活动。

20 世纪 20 年代

在 20 世纪 20 年代的大部分时间里，战后复兴促使美国经济得到前所未有的飞速发展。第一次世界大战结束后，战备物资生产厂商开始转向生产紧缺的民用品，新建的高速公路系统加大了民众对私家车的需求，陆路运输使物流配送更加便捷，进一步刺激了社会对货运卡车的需求，汎司通公司（Firestone）就曾花费 200 万美元宣传其独创的“卡车运输”活动。优质道路给卡车制造商带来了巨大的利润，卡车产量由 1916 年的 9.2 万辆一跃上升到 1920 年的 32.2 万辆。生产商给零售商提供的门对门物流服务刺激了连锁商店的发展，进而逐步导致了超市和自助商店的出现。运输业只是那一时期蓬勃复苏的众多产业之一，新产品不断涌现：电冰箱、电动洗衣机、电动剃须刀，以及——最令人惊叹的——收音机。分期付款的销售方式使每个人都买得起有形的商品，而所有的产品都需要广告。只可惜，随着全球范围内经济大萧条的到来，

20 世纪 20 年代的繁荣戛然而止。

无线电广播是经济大萧条时期屈指可数的几个保持增长的产业之一。1895 年，古列尔默・马可尼（Guglielmo Marconi）发明了无线电，这是第一个真正可用的无线通信系统。最初，无线电通过摩尔斯电码用于海上通信，随着 1906 年语音传输的出现，无线电又成为业余爱好者的心头之好。1920 年以前，还没有几个投资人看到无线电作为媒介的商业潜力，西屋公司（Westinghouse Corporation）在匹兹堡（Pittsburgh）创办世界上第一家商业电台 KDKA 的目的，也仅仅是为了给购买其收音机的顾客提供节目。

现代无线电广播的历史可以追溯到 1920 年对哈丁－考克斯（Harding-Cox）总统大选结果的广播。很快，无线电广播便开始播送体育赛事，例如 1921 年杰克・邓普西（Jack Dempsey）和乔治斯・卡彭铁尔（Georges Carpentier）的重量级拳王卫冕赛，以及一系列本地娱乐节目。[14] 1922 年，已有 500 多家注册电台投入广播，但那时收音机还是个新奇玩意儿，拥有收音机的家庭还不到 200 万户。20 世纪 20 年代中期，广播开始从本地广播走向广播网，几家电台同时播送广播节目。1926 年，美国无线电公司（Radio Corporation of America, RCA）与 24 家电台共同组建了两个全国广播公司（NBC），一年后，威廉・佩利（William Paley）与其中的 16 家电台联手组建了哥伦比亚广播公司（CBS）。

和同时期的绝大多数广告媒体不同，广播广告发展势头喜人，收益从 1929 年的 1 870 万上升到 1939 年的 8 000 多万。[15] 与此同时，以及收音机价格的降低，以及听众在大萧条时期对免费广播娱乐节目的日益渴求，收音机的拥有量从 1930 年的 1 200 万台增加到 1939 年的 2 800 多万台。[16] 新闻、戏剧、喜剧等常规节目成为本地电台和全国广播网的固定节目。1934 年，随着联邦通信委员会（Federal Communication Commission，FCC）的成立，无线电广播开始受政府的管理。1939 年，美国已有 1 464 家电台；到第二次世界大战结束时，95% 的美国家庭至少拥有一台收音机。[17] 如今，平均每个美国家庭的收音机拥有量已超过 5 台，几乎所有的汽车和工作场所都有收音机。无线电广播最初并不以营利为目的，但现在广播广告的年收入已接近 180 亿。

20 世纪 30 年代的经济大萧条

1929 年，随着证券市场的崩溃，美国经济陷入大萧条，萧条贯穿了几乎整个 20 世纪 30 年代，广告业的发展速度也相应慢了下来。整个美国经济开始分崩离析：上百万人失业，大批企业倒闭，各地银行关门。大批等待食物救济的百姓和失业人员的存在，最终迫使政府成立了公共事业振兴署（Works Progress Administration，WPA），实行以工代赈，大兴公共工程。然而，即使这个非常措施也不过是杯水车薪。

产能过剩、消费债务沉重和物价水平下降，这些都是引起经济大萧条的主要原因，它们抑制了百姓的消费和工厂的生产，进而阻碍了广告业的发展。毫无疑问，经济大萧条是整个广告业、商业和社会的噩梦。随着第二次世界大战的爆发，经济开始复苏。然而，战时对消费品的控制却使得广告业疲软无力、无法翻身，这种状况一直持续到战后。

第二次世界大战时期的广告

第二次世界大战就像第一次世界大战的重演，只不过范围更广、牺牲更大。民用消费品变成了战争物资，事实上，所有百姓生活用品都限量配给甚至短缺。但尽管日用品短缺，许多企业仍旧没有停止宣传自己的品牌，等待着和平时期的到来。大多数广告，甚至宣传某些特定品牌的广告，都在鼓励美国民众通过勤俭节约和志愿服务共渡战时难关。

然而，政府想要民众做的不仅仅是遵守配给制度，还要“充分利用食物、衣服以及其他重要物资，禁止黑市交易，一切为社会服务，抑制通货膨胀，保证稀有物资人人有份”[18]。虽然大部分这类讯息由政府发布，但也有很多私有企业在宣传类似内容。

战时广告委员会　1941 年 11 月，在一次广告主管会议上，智威汤逊广告公司的詹姆斯·韦伯·扬（James Webb Young）提出，“……更充分地利用广告为社会、政治和慈善服务，将明显有助于消除广告现在给人留下的负面印象”[19]。在日本人袭击珍珠港三周后，随着第二次世界大战的全面爆发，广告业开始承担起这个责任。

在政府的支持和帮助下，**战时广告委员会**（War Advertising Council）于 1942 年成立。该委员会的第一个广告战役由智威汤逊广告公司推出，旨在鼓励女性参加工作。“铆工罗茜”广告战役成功地克服了劳动力市场对女性的歧视，为因战争而“失血”的劳动大军补充了大量新鲜血液。委员会推出的很多主题和项目都涉及如何保护资源，如燃料、油脂和轮胎；种植战时菜园；购买战争债券；宣传配给制度；鼓励军民沟通；提醒民众不泄露国家机密等。在广告和媒体的配合下，委员会得以顺利地进行广告宣传，鼓励人们开展各种活动来支援前线。

战时广告委员会

成立于 1942 年，旨在进行第二次世界大战动员，之后发展为广告委员会。

战时广告的成功促使富兰克林·罗斯福总统坚持在和平时期保留这个机构，并将其更名为**广告委员会**（Advertising Council）。如今，广告委员会每年推出的广告活动都超过 35 个，涵盖了环境保护、教育问题、家庭维护、反酗酒宣传等主题。每年，成员公司都会进行公益性的广告活动，媒体也会在各方面给予支持，捐赠的时间和版面价值超过 10 亿美元。在过去的 25 年里，广告委员会的广告活动在很多重大问题上都发挥了推动作用。通过这种方式，委员会创造了一系列广告口号和角色，它们后来都成了广为人知的广告标志，比如斯莫基熊（Smokey the Bear，又译“护林熊”）和犯罪狗麦克格鲁夫（McGruff the Crime Dog）。

广告委员会

一个由广告公司、媒体和广告主组成的非营利性组织，致力于通过广告推广社会活动。

二战后至 1975 年的广告：尽在“增长”一词中

1945 年 8 月 15 日，同盟国宣告日本战败并走向一个经济繁荣昌盛的时代。20 世纪 40 年代初，广告也像整个美国社会一样，不得不一切以战争为先。第二次世界大战结束后，人们开始回归正常生活，需要不断消费、消费、再消费，广告和消费品市场迎来了自己的春天。“战时被抑制的需求开始爆发，对广告媒体的投资迎来了前所未有的快速增长——截至 1950 年，短短 10 年内，广告媒体的数量就增长了几乎三倍！”[20] 广告不断刺激人们的消费欲望，从而导致消费品购买以前所未有的速度飞速发展（见图 1.10）。

战后初期，被抑制的需求的确为消费品的销售带来了巨大的市场。然而，到 20 世纪 50 年代中期，消费者的大部分基本需求已经得到满足，现在不得不劝服他们购买商品来满足自己的欲望而非需求本身。于是，广告主们不得不竭尽全力鼓励消费者弃旧换新，努力追求与竞争品牌的差别，引入“独特销售主张”这样的新概念。

电视登上舞台　电视的引入在市场营销中发挥了举足轻重的作用。20 世纪 40 年代后期，电视还是新鲜事物，但到 1960 年，90% 的美国家庭都拥有了电视。电视作

图 1.10
二战后，广告和促销加速了经济的增长。

"Signs on Store Windows," 1939, Library of Congress, Prints and Photographs Division [LC-USF34-052658-D].

为广告媒介的发展同样令人惊叹。1951 年，广告主们在电视广告上的投入达到 1.28 亿美元，仅在 4 年后，就超过了 10 亿美元。[21] 电视不仅改变了广告和市场营销，也改变了整个社会，百万观众放弃了纸牌，转而投向电影的怀抱，甚至彼此约定一起收听米尔顿・伯利（Milton Berle）和《6.4 万美元之问》（*The $64 000 Question*）竞猜节目。

电视对体育和政治的影响最为深远。电视胃口极大，向人们的客厅输送了大量的体育节目。电视带来的巨大利益催生了美国橄榄球联盟（American Football League）和美国篮球协会（American Basketball Association），使最平庸的节目都能赚得盆满钵满。但是，受电视影响最大的恐怕要数 20 世纪 50 年代的政治。随着电视的普及，政客们意识到，电视也能像推销肥皂和香烟一样成功地推销候选人。人们普遍认为，是罗瑟・瑞夫斯（Rosser Reeves）在 1952 年德怀特・艾森豪威尔（Dwight Eisenhower）的总统竞选上首次为美国政客们引入了 60 秒电视广告。在一系列广告中，瑞夫斯颠覆了政客们以往保守甚至刻板的印象，将他们塑造成风度翩翩的"帅哥"。从此，政客们的形象好歹有了变化。

数字也在说明增长 1950 年至 1973 年间，美国人口增长了 38%。与此同时，人均可支配收入上涨了 327%，新建住房增长了 47%，能源消耗上升了 121%，大学升学率增长了 136%，机动车保有量提高了 151%，在用电话增加了 221%，摩托艇销量提高了 242%，零售额上升了 250%，拥有两辆以上轿车的家庭增加了 300%，冷冻食品产量提高了 655%，航空客运量增长了 963%，拥有洗碗机的家庭增加了 1 043%，拥有空调的家庭增加了 3 662%。

广告不仅促进了经济发展，同时自身也在不断发展，广告支出从 1950 年的 57.8 亿美元增长到了 1975 年的 283.2 亿美元——增长了 490%。这一时期，广告有了长足的发展：

- 1956 年，美国司法部（Department of Justice，DOJ）规定广告公司可以和客户协商费用，不再坚持原来 15% 的代理费标准。该规定大大刺激了专业化公司的发展，如独立媒介购买公司、创意公司以及广告主专属广告公司。
- 创新，包括幽默，成为那一时期广告的标志。
- 消费者保护运动促使国会开始限制广告，法律规定限制州际公路上的户外广告，并禁止电视播出香烟广告。
- 联邦贸易委员会引入更正广告，要求企业对欺骗广告和误导广告负更大的责任；（提及竞争对手名称的）比较广告得到认可。
- 杂志出版界曾经的巨无霸——《星期六晚邮报》《矿工》《女性家庭伴侣》（*Women's Home Companion*）逐渐淡出人们的视野；杂志业已经达到饱和，专门杂志则异军突起。
- 报纸受到逆城市化的影响；插页成为报纸收入的重要来源。
- 电视的出现使得无线电广播大受打击；广播的起死回生成为扭转劣势的最佳范例。
- 直接反应广告收入飞速上涨，从 1950 年的 9 亿美元猛增到 1980 年的 80 亿美元，反映出直接营销的迅速增长。
- 电视和电子数据处理成为影响最为深远的两大技术进步：电视不仅改变了美国人的生活，也改变了世界广告业；数据处理系统为管理提供了大量信息。在信息大爆炸和辛迪加调研的共同作用下，营销过程和广告媒体运营发生了革命性的改变。

碎片化的 20 世纪 80 年代的广告

8 了解 20 世纪 80 年代对广告影响深远的四次发展。

正如我们在本章所见，广告是一个变化着的行业，它必须不断适应经济、技术、社会以及文化环境的改变。有时，广告会引起这些改变；有时，广告只是追随这些改变。20 世纪 80 年代，美国社会经历了重大变革，广告也深受这些改变的影响。

在此，让我们大致看看这一时期的一些重大发展：

1. *新技术*。技术的发展和通信系统的多元化对这一时期的广告影响深远。有线电视和家庭录像机的出现、专门杂志的壮大、直邮广告的成功、家庭购物方式的出现，以及促销活动的增加，都从根本上改变了广告的实践活动。和前辈相比，如今的广告从业者更有可能成为营销通才，更加擅长调查评估，更为了解消费者的心理，更能有效地实施广告。

2. *受众碎片化*（audience fragmentation）。20 世纪 80 年代是营销和广告的一个分水岭。最为重要的是，它标志着整整统治了美国商业 100 年的传统大市场战略开始走向末路。广告主们开始从个人而非家庭和同类组的角度来界定消费者。这一时期为塑造当代广告的技术、调查和创新提供了舞台，也是媒体从宏观走向微观的起点。尽管距离手机、电脑、数字硬盘录像机、iPods 以及黑莓的问世还有一段时间，但是媒体内容的共享基础以及信息、娱乐和广告的流动已经开始显现雏形。

受众碎片化
媒介内容的多样性，导致对大众媒体受众进行细分。

3. *巩固*。随着媒体和受众规模的壮大，少数几个品牌、广告公司以及媒体巨头开始强强联合。一些大公司，如宝洁公司 [收购了吉列（Gillette），更加壮大了]、美国家用产品公司（American Home Products）以及百事可乐公司（PepsiCo），为旗下众多品牌提供了保护伞。他们的预算超过10亿，对整个广告业乃至竞争激烈的广告公司以及替他们发布广告的媒体具有举足轻重的作用。

和他们的客户一样，广告公司也开始合并组成大型集团和控股公司，在全球范围内为大型联合企业提供更加完善的服务。但广告公司的这些合并经常导致很多问题，比如客户冲突引发的利益问题。与很多企业和广告公司一样，媒体逐渐被掌控在少数传播公司手中。特纳（Turner）有线电视帝国的诞生，时代华纳（Time Warner）拥有的庞大的印刷媒体、广播和媒体制作团队，甘尼特（Gannett）对报纸乃至户外广告的广泛涉猎，这些，不过是20世纪80年代媒体格局变化的几个例子而已。

4. *信用*。无论是联邦政府预算还是个人住房预算，20世纪80年代留下的“先买后付”心态早已渗透美国社会的每个角落。美国企业的平衡收购和过度的消费信贷使得靠工资生活变得不太现实。到20世纪90年代晚期，企业和消费者开始减缓10年前贷款的还款速度，而每次削减预算都是广告首当其冲。媒体发现广告收入降低，就算跳楼价也卖不出东西；而销售商们面对的消费者则对减价而非迷幻的广告更感兴趣；一些著名的美国企业即使没有彻底破产，也都面临着危机。

美国进入服务经济

在本章前面部分，我们谈到19世纪的美国社会经历了巨大改变，整个社会从杰斐逊（Jefferson）总统理想中的农业国家向城市化迈进，制造业成为经济发展的引擎。[22] 在过去的50年里，美国经济还发生了另一个同样重要的变化：一个曾经以其先进的科技和生产征服世界的国家，已经将重心转向了服务业（见图1.11）。这个转变始于2001年沃尔玛（Wal-Mart）代替通用汽车和埃克森美孚（Exxon Mobil）而成为美国最大的公司。这是历史上第一次由一家服务企业拔得头筹。

尽管无论按哪种标准判断，仅有40年历史的沃尔玛公司拔得头筹只是一种现象，但向服务型社会的转型已然是一种长远趋势。1955年，西部电气公司（Western Electric）、玉米产品精炼公司（Corn Products Refining）、美国复合木材公司（U.S. Plywood）、美国鞋业公司（Shoe Corporation of America）等大型企业登上了《财富》（*Fortune*）500强的交椅。随着家庭收入的增加，家庭必需品支出比例下降，人们有了更多的金钱去享受旅行、电影和豪宅。如今，随着劳动力的明显减少，制造业所占的经济比重仍旧停留在1955年的水平。科技发展和生产效率的提高使工厂得以替换边际劳动力和边际经营，以工程师和计算机人才这类高级劳动力取而代之，越来越多的职能被搬到国外。

21世纪的广告

9 了解影响当代广告业的因素。

21世纪，营销和广告有两个重要发展：

1. *界定和使用新技术以达到预期*。广告主们正处在一个与10年前完全不同的

"Join Modern Mobile Mighty Navy," 1957, Library of Congress, Prints and Photographs Division [LC-USZC4-3355].

图 1.11

尽管 1957 年的这条广告并没有体现出传统意义上的"服务"，但它与当今军队的征兵宣传有什么差别？

营销环境之下。随着新技术投入使用，消费者有了可以互动的双向沟通方式，可以自行决定何时、何地和是否让广告主给自己发送讯息。**许可营销**（permission marketing）时代的到来要求企业修订营销规则，从根本上重新界定广告的构成。

许可营销

指在向消费者寄送广告或其他营销传播讯息之前先征得消费者的许可或"选中"。

媒体新格局的例证之一就是"第三屏"，即移动广告。很多营销人员认为手机是一种独一无二的沟通方式，手机短信、音乐和视频能够触达利基市场。尽管移动营销仍处在不断的变化进步之中，但已有一大批广告主获得了极大的成功，他们巧妙地利用游戏、音乐下载、免费铃声以及一系列其他促销方式吸引了大量移动受众。[23] 虽然具体的推广方式多种多样，但是营销人员已经意识到，受众参与才是他们成功的关键，因此推广应该发挥参与式传播的作用——与消费者平等交流，而不是居高临下地夸夸其谈。

2. *评估投资在不同传播渠道的价值，毕竟这事关我们达到预定目标的方式。*自 20 世纪 80 年代后期碎片化开始，对广告的投资回报率（return-on-investment，ROI）进行评估就成了一个重要问题。受众触达率成为 20 世纪广泛使用的评

"Visit the Aquarium" (1936), Library of Congress, Prints and Photographs Division [LC-USZC4-3397].

图 1.12

在促销手法上，20 世纪 30 年代的这条广告与今天的水族馆广告和动物园广告有什么差别?

估标准——即广播收听率和印刷媒体发行量，但广告主们知道这些标准只不过是粗略估计。不过，鉴于当时有限的媒体数量，受众触达率似乎是对竞争性广告载体进行比较的最好、最经济的手段。

随着 21 世纪的到来，广告主们意识到，在媒体数量有限之时，能赢利的运作体系已不再适应这个传播方式多样化的时代。"持续的媒体碎片化以及消费者对广告接收时间、地点和方式拥有越来越多的主动权，促使广告主不得不去寻找新的解决方案和战略，包括生产整合……病毒式营销、网络关联广告、户外广告以及联合品牌、品牌冠名娱乐。"[24] 例如，现在，大型水族馆和旅游景点必须结合起来，将多种促销工具组合起来，不再单纯依靠如图 1.12 那样的印刷广告来吸引游客。

ROI 和价值的评估

从大众传媒到分层传媒的转变使触达消费者的成本剧增。举例来说，1994 年，要在电视广告黄金时段触达 1 000 个家庭需花费 7.64 美元，而到 2008 年，要想触达同样数量的家庭，则要花费 26.22 美元。[25] 在过去的 10 年里，电视观众每年大约减少 2%。自 2000 年以来，电脑用户数量和宽带家庭普及率猛增。然而，新媒体的受众更个人化，因而触达他们的成本也更加高昂。因此，如果以媒体触达量（与一些小众传播相比）为标准来评估这些新媒体，和传统的“旧媒体”相比，新媒体无疑显得更贵。

媒体新旧转变的最明显之处可能要数广告主对受众评估的心理变化。假设触达个体消费者的成本继续上升，那么即便广告主们愿意接受更高的费用率，但他们也会要求媒体提供与其受众活动和广告效果相关的证明。单纯计算受网络节目吸引的“眼球”数或报纸、杂志的买主人数已无法充分证明一家企业的广告投资价值和效益。大量企业正在大力开发媒介调研模型，以测量受众的参与度、关注度和媒体忠诚度，以此作为受众触达率的替代品。

内容传播

传播媒体正处在一个快速转变的时期。然而，尽管旧媒体分明已经式微，但完全可行的新格局的产生仍然需要时间。不论未来怎样，广告主和媒体都已认识到，内容才是王道。一位媒体主管曾指出：“对我们来说，关键在于能够想出独一无二的、标志性的、引人注目的网络内容，就像电视曾经做的那样。”[26]《广告时代》专栏作家鲍勃·加菲尔德（Bob Garfield）曾用“一片混乱”来描述那个媒体变革时期。如果媒体、广告公司及客户能在接下来的时间里变混乱为有序，那一定非常有趣。

曾有很多人认为媒介和资源的整合能够代表那个时代。支持者们预言，大型企业之间的技术结合好处多多，比如电视的图像和声音、电缆的速度和电脑相结合就带来了网络互动。支持者们指出，通过个性化的商业广告，媒介融合将会使广告主有能力一对一地触达受众。

最近，许多大型媒体公司发现，媒介融合的一些好处其实不过是幻影，根本不是现实。当然，媒介融合是事实。在过去的 20 年里，法律规定的放宽使得无线广播台的所有权不再受限制，越来越多的媒体落入越来越少的公司手中，比如通用电气（General Electric，拥有 NBC、Telemundo、环球影片，以及近 30 家电视台）、迪士尼［Disney，拥有 ESPN 有线网络、在线服务，以及《ESPN 杂志》（*ESPN The Magazine*）、美国广播公司（ABC）、迪士尼频道（Disney Channel）］、时代华纳［拥有 AOL、美国有线电视新闻网（CNN）、市话电缆系统，以及 150 多家杂志］等公司就加大力度将大量媒体纳入了自己的旗下。他们以为跨媒体广告能带来巨大的利润和效益，然而，许多乐观的预期并未实现，也没有为母公司创造盈利中心。很多时候，媒体所有权的重叠不仅没能带来合作，反而带来了竞争问题。

相对较小的公司拥有的报纸、杂志以及广播电台数量极少，这种媒体所有权模式很难得到回报。我们认为，这些媒体如果能专注于自己擅长的特定领域，而不是在受众、内容及广告共性很少的情况下勉为其难地经营传播公司，结果或许最好。例如，时代华纳公司就开始将旗下公司［如有线电视 TNT 和 TBS、AOL 以及杂志集团，包括《时代周刊》和《体育画报》（*Sports Illustrated*）］看作独立的盈利单位中心，而不再强调集体协作。据说，其他媒体企业集团也在探索不同类型的独立单位和衍生公司。

品牌术

随着企业开始寻求各种产品的差别化手段，并从价格竞争向普通销售转移，21 世纪的广告又回到了大力打造品牌上。凡是成功地打造出品牌形象的产品，便能坐享稀缺的低成本促销。随着消费者对传播渠道的控制权越来越大，企业会发现，拥有强大的品牌才是头等大事，其重要性超乎以往。毕竟，我们不会邀请陌生人到家中做客，同样，不知名的品牌也很难在一个消费者主导的环境下得到青睐，企业将更难以凭借广告自身的力量去开发新市场。为了乘上名牌的东风，未来或许会出现更多的品牌延伸。不过，拥有优势产品的小型企业可能会发现，与使用传统大众传播媒体的费用相比，定制化传播也许会让产品进入市场的成本降低。

全球化和多样性

最后一点，21 世纪，市场营销将逐渐开始全球化并具有多样性。看看拉丁美洲、远东以及非洲的人口预测数据，你会看见几乎所有的商品包括消费品的销售潜力，比如可口可乐公司、汰渍（Tide）洗衣粉、好奇（Huggies）纸尿裤、嘉宝婴儿食品（Gerber Baby Food）或嘉敏（Charmin）卫生纸在印度和中国市场的份额哪怕只增长一丁点，都会为这些品牌带去暴利。

了解世界各国的语言、文化、经济以及政治环境，已经成为大多数销售主管任职的先决条件。随着全球新领域的对外开放，这种了解变得更为重要。跨国营销人员会发现，全球营销必须要有一个符合当地情况的战略。像可口可乐、索尼（Sony）、福特以及宝洁这类公司将会在世界各地继续加大自己的扩张力度，但全球战略策略也将逐渐适应各个国家和地区的不同情况。

在考虑营销计划时，广告主不用再因为市场的多样性而出国考察。销售主管和广告主必须意识到，西裔、亚裔美国人和非裔美国人都是美国社会组织的一分子，因此要敏于发现他们的需求并将讯息传递给他们。“敏”，就是指通过广告收入支持少数族裔媒体，广告公司雇用不同种族的员工，创意广告和商业广告忠实地反映出美国的不同种族和多样文化，并恰如其分地针对这些市场生产产品。在第二十三章，我们将探讨广告的全球化以及如何提高美国国内广告对种族多样性问题的敏感度。

小 结

要说学习广告历史让我们知道了什么的话，那就是，改变是常态。无论是在媒体、创意还是客户策划上，广告发展的每一个时期都经历了产业结构的巨大变化。此外，每一代人对广告的认知也在改变，导致其在营销传播矩阵中的效率和重要性也大相径庭。在我们编写本教材时，广告仍不断展现出它与改变之间的亲密关系。例如，电子商务和网上购物的发展对营销、促销和销售都产生了重要影响。2010 年，网络广告收入预计将超过 290 亿美元，这是广播和消费者杂志所无法企及的。更为深远的意义在于，新技术的开发有助于广告主触达他们的预期对象，而预期对象们也能以更加个性化的方式躲开广告主。这对我们与消费者之间的沟通影响重大，现在，我们不再将消费者视为购买群体，而是将他们视为独立的个体。

我们为广告的过去和未来总结了三点，以此作为第一章的结尾：

1. 尽管现代广告错综复杂，但细分媒体和巨额广告支出基本上是过去一百年来的产物，自打贸易和商业出现以来，便出现了利用劝服性传播销售商品和服务的想法。
2. 不要抽象地看待广告。事实上，广告的任何发展都是技术进步（比如印刷机、收音机、电视机以及网络)、研究发展(心理学、社会学以及人类学的发展使人们得以更好地理解人类行为)和全社会进步(美国大众对消费者保护主义和资本主义的接纳)的结果。在美国，广告因为独一无二的环境——包括民主的政府、自由的商业制度、先进的科技、便宜的媒体以及包容的文化——而繁荣发展。从农业社会到工业社会的转变引起了前所未有的生产专业化。然而，只有在有效利用大众广告和促销的情况下，批量生产和生产专业化才能有用武之地。

3 显然，广告和促销不再局限于主导整个 20 世纪的传统媒体。我们曾经提到，劝服性传播在未来的几十年里将发展出多种形式，广告和品牌识别无处不在。让很多批评家头痛的是，商业讯息会像美国全国运动汽车竞赛协会(NASCAR，简称纳斯卡赛车)赛事一样在各个赛场四处开花，产品植入也在电影、电视以及视频游戏中随处可见，而促销则与水杯和 T 恤衫捆绑在一起。稍后我们会看到，传统广告的定义及实施已经发生了重大变化，这种变化未来还将继续下去。

虽然我们无法确定未来几十年广告发展的具体趋势，但我们可以预测，21 世纪的营销和大众传播将发生根本性的改变，这是自高速印刷机及广播出现后不曾有过的。随着受众对沟通渠道的掌控越来越多，广告主们必须将自己视为受邀的客人而不再是投机取巧的入侵者。同样，广告主们必须针对同质的小众消费者调整创意讯息，网络只是其中的一个营销难题，营销人员必须将大量可利用的传播渠道和销售渠道整合起来，才能触达现如今那些要求更高的消费者。

复习题

1. 在过去的一百年中，有哪些因素促使现代广告崛起？
2. 在一个供不应求的经济环境中广告很难成功，为什么？
3. 全国性品牌的产生对广告的发展有什么重要意义？
4. 所谓的“交互时期”如何从根本上改变了广告主与消费者之间的关系？
5. 20 世纪初导致广告重心向创意转移的因素有哪些？
6. 请简述从沃尔尼·帕尔默到 20 世纪初广告公司的发展。
7. 哪些社会变革促使了《联邦贸易委员会法案》和《纯净食品药品法案》的通过？
8. 请说明战时广告委员会的作用。
9. 经济大萧条如何促进了无线电广播的发展？
10. 新技术如何促使广告主和消费者之间的关系更加个人化？

第二章

Courtesy of Rawle-Murdy and Piggly Wiggly Carolinas.

广告的作用

广告可以有多种形式和功能，但其核心是在品牌促销和宣传中发挥纽带的作用。▶

本章学习目标

1. 了解广告和营销的目标和目的。
2. 认识广告和投资回报率的重要性。
3. 掌握营销传播的四种基本类型。
4. 了解广告对消费者、企业和社会的习俗有什么作用。
5. 了解广告战略的基本组成部分和考虑因素。
6. 认识针对消费者的四种广告。
7. 认识针对企业和专业人员的广告类型。

我们在上一章中讲到，广告业在过去的 20 年中加速转变。由于客户要求广告公司为其广告支出负起更多的责任，再加上新技术的推动，传媒公司和广告公司不得不在实际操作和广告实施中进行一系列调整。除开这些革命性的改变，广告最根本的职责仍旧是向目标受众传递真实可信的产品、服务信息或观念。例如，上一页这幅创意广告的任务就是传递小猪扭扭（Piggly Wiggly）超市有大量美酒可供挑选的信息。

毫无疑问，消费者主导的新型传播技术会促使广告主们改变他们触达消费者和传送讯息的方式。然而，无论广告是被用来触达全球消费者还是本国消费者，优秀广告最基本的传播目标都始终如一。本章我们将探讨广告的基本目标及其在整合营销和其他因素中对利润的贡献。广告不是空中楼阁，因此我们要认识它的经济角色和社会角色，认识它的不同类型，包括全国性广告和地方性广告、行业广告和非产品广告。

广告与变化中的传播环境

现在，想以合理的成本将产品讯息传递给难以捉摸的消费者变得更加艰难，广告主们正处在一个新旧交替的时期，旧规则不再奏效，但一时又找不到能确保成功的新规则。“如果营销人员知道问题的关键……即通过电视、杂志和报纸这种传统途径触达消费者正变得越来越难……他们就会将寻找信息的资源范围扩大，并在该过程中滤掉那些无法满足其要求或无法引起其共鸣的信息。”[1]

如何找到高效且能触达控制权越来越大、要求越来越高的消费者的计划，已成为当代广告面临的主要挑战。论及广告的功能和步骤，我们会发现，融合力和巩固力才是每一个广告、促销和营销决策的主导。**融合**（convergence）一词指聚集到一起或将相关系统的不同构成部分勾连到一起。在大众传播中，这个词适用于以下三个相互区别又相互联系的领域：

融合

指将营销功能和传播技术的不同因素融合起来，以形成效率更高、范围更广的合力。

1. *技术融合*。例如，通过家用电脑收听广播或通过 DVD 播放器在电视机上看电影。
2. *商业融合*。通常指合并，当代商业的主导趋势之一就是公司合并，包括我们接下来会谈到的广告公司和传媒公司。
3. *内容融合*。大多数通信公司的主要支出都用在内容上，无论是网络为了分期偿还投资债务而故伎重演，还是广告公司采用剪贴画或与全球伙伴共享素材，企业都在尽力挖掘传播内容的利用价值。

如你所见，这些融合形式有利于当今消费者通过各种途径接收广告讯息，但广告主们却发现自己正面对着一个两难的问题：一方面，他们必须从空前广泛的选择中选择一个媒体计划；另一方面，他们必须拿出消费者愿意花时间去看的广告讯息。“过去，广告就是简单地购买大众媒体平台，如今，它却成了汤、运动鞋以及手机等卖家与特定媒体小众的对话平台。媒体更像是电脑屏幕或移动设备而非电视机……”[2]

有些人把广告主与消费者之间的这种新型关系称作*公民媒体*，意指使用者比提供者掌握着更多的沟通主导权。[3] 比公民媒体更进一步的是参与式媒体，受众在创造媒体内容上发挥着更为积极的作用，这也指用户生成内容。所谓的博客，最初其实只是兴趣相投的个体之间非正式的沟通方式，如今却成了通用汽车和宝洁公司等大企业营销计划中的重要一员。获得商业赞助的博客不仅成了触达零散受众的绝佳方式，同时还可以几乎零成本地为企业的品牌实施调查、提供信息。

自 20 世纪 70 年代以来，未来学家就一直预言会发生传播革命，但未来，我们也许会将 2000 年当作起点，因为那时这场革命才第一次具有商业价值。1985 年时，一部手机售价高达 1 000 美元、话费每分钟 45 美分，全球约有 20 万部手机，包括军队和公共安全部门中的手机。到 2009 年，使用中的手机数量已达 26 亿，为全世界三分之一的人口服务。[4] 既然移动技术已经用于各个方面，从音乐下载到发送短信再到观看节目——很多内容都有一至几个品牌赞助，那么再用“电话”这个词就属于用词不当了。

广告主用金钱投票，大型广告主们由传统媒体向新媒体尤其是互动媒体转移，这便是新技术重要性的最佳体现。例如最近，弗吉尼亚理工大学的广告战役就充分利

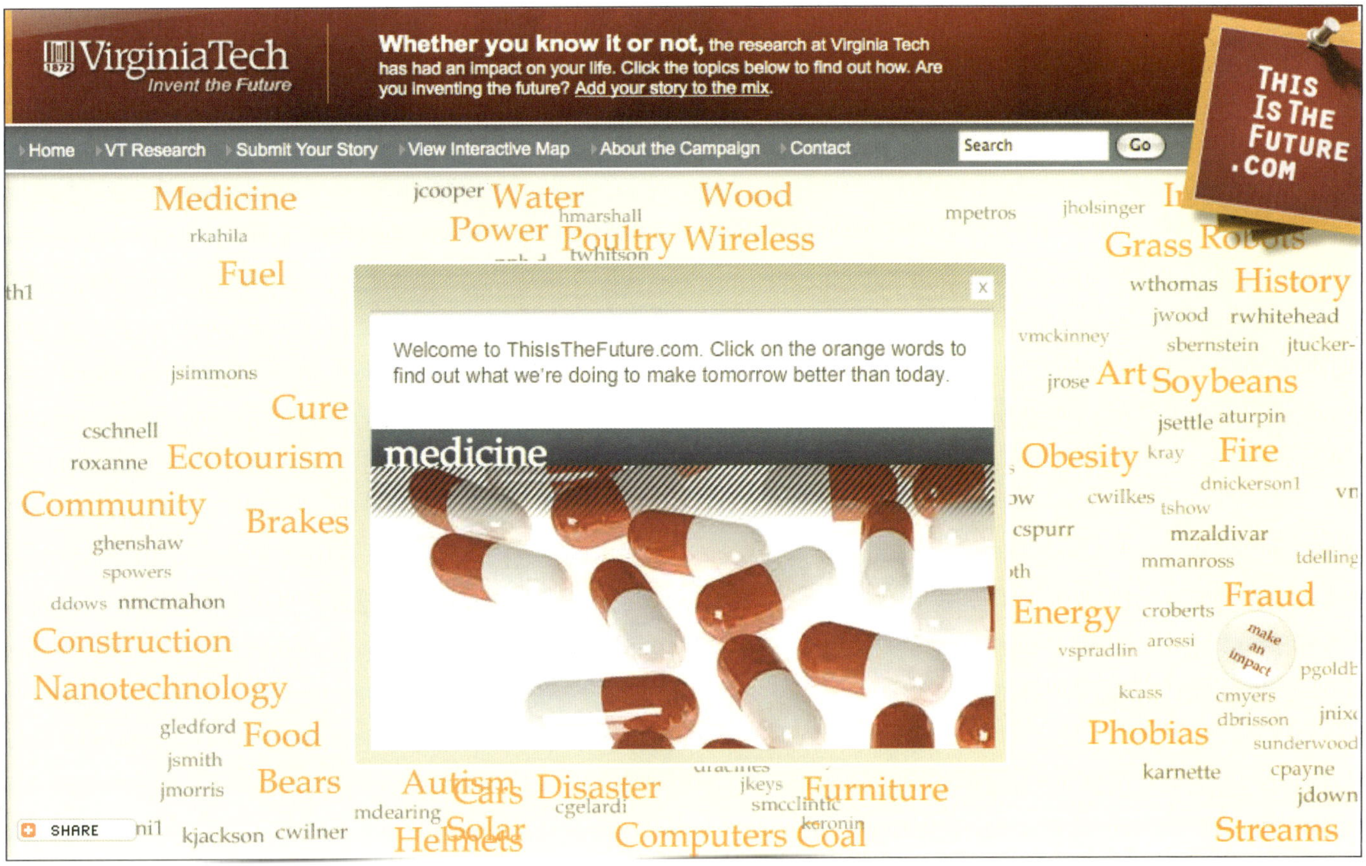

图 2.1

广告引导市民将自己的个人经历发布到交互网站上。

用传统、病毒和网络媒体对该校的研究活动进行宣传。他们聘请了尼索克・杜布克与帕克特广告公司（Neathawk Dubuque & Packet，简称 ND & P 公司），希望让公众认识到学校的研究如何有益于弗吉尼亚人。该广告战役利用直邮广告、杂志广告和旗帜广告将市民们吸引到一个交互网站上，让他们在那里输入自己的名字和个人经历（见图 2.1）。迄今为止，这个广告战役得到了媒体的广泛关注，网站已经收到数以百计的个人经历。ND & P 的战略充分说明了交互式媒体如何成为当代广告战役的核心。

作为传播工具的广告

1 了解广告和营销的目标和目的。

随着广告实践的巨大改变，人们很容易忘记广告仍旧是一种传播工具。姑且不谈具体的广告计划或具体的战略目标，广告的成功毕竟要依靠有效的沟通（见图 2.2），必须要从*沟通*的角度看待广告目标。没有沟通，广告很难达到目标。

优秀广告的基本原则是，它必须围绕着整个营销计划进行，并要让长远营销计划中的沟通要素发挥作用。例如，让经销商网络增长 10% 是营销目标；而让品牌在零售商之间的知名度提高 25% 则是广告目标，我们期待这个广告目标有助于实现经销商网络 10% 的增长目标。

广告目标必须是营销目标的补充，下面就让我们来看看一个典型的营销计划包含哪些主要因素。与此同时，让我们思考一下哪些因素可以交给营销传播去处理，传播怎样辅助实现营销计划：[5]

1. *营销计划的总体目标*。营销目标通常都用金融术语来表示，如第一年年底预

Courtesy of Robinson and Kellum Dental Clinic, Tupelo.

图 2.2
绝大多数成功的广告都有一个吸引消费者的利益点。

计销售收入或上一年增长百分比等。

2. *营销目的*。营销目的应该明确且可评估，例如一个时间段内我们希望在与对手竞争的市场中显著提高自己的市场份额。
3. *营销战略*。营销战略大致描绘达到目的和目标的过程，包括营销功能的各要素（如广告和促销、分销、定价）应该如何帮助我们达到目标。
4. *情景分析*。情景分析包括产品收益表、销售趋势、竞争环境以及行业预测的数据。
5. *挑战和机遇*。在此，我们会概述品牌目前和预计面对的主要挑战和机遇。
6. *财务计划*。财务计划预估不同时间段内的预期盈利或亏损情况，制订计划时要考虑产品盈利前不同营销功能所需的投资。
7. *调查*。营销策划建立在初级调查和次级调查的基础之上。这部分大体指出需要什么数据、在哪里可以获得这些数据、需要多少成本，以及数据的有效期有多长。

有了充当蓝图的营销计划，我们便可以着手计划如何实施广告了。要想完成针对品牌及企业目标的沟通任务，就必须实施广告。

1. *预期对象识别*。广告计划的指导方针就是从细节上识别本企业的“黄金”预期对象，包括他们是谁（即基本的人口统计数据）及社会、文化、心理特征，据此可以推测出他们的购买行为。
2. *消费动机*。我们开始判断广告在引导消费者的需求、渴望和激情，促使他们购买普通产品——更重要的是购买特定品牌的产品和服务——上所扮演的角色，对核心消费者的精确洞察将大大提高我们成功的概率。

3. *广告执行*。一旦我们确定了广告在营销计划中的任务，下一步就是酝酿总体创意主题和媒体计划，从而有效地传递讯息，将本品牌和其竞争对手区分开来。必须承认，广告沟通不是空中楼阁，而是得益于讯息和媒介的合力作用。
4. *广告预算与分配*。营销计划中会包含针对广告的营销活动的预算，广告计划中通常也会写明如何给特定媒体、创意执行以及制作分配预算。

接下来，我们将探讨导致企业成败的广告因素及其策划和执行因素。

广告与盈利

2 认识广告和投资回报率的重要性。

投资回报率

衡量公司效率的标杆之一就是在不同业务功能上，包括广告，一定程度的投资所得回报的比率。

对商业活动的严格评估是看其对利润有多少贡献，而营销功能的价值则往往用**投资回报率**来表示，即投入的每一元钱能产生多少利润。大量的调查研究证明，品牌知名度、市场份额及收益之间具有紧密的关联（见图 2.3）。某顶尖销售主管就曾如此总结广告对盈利的重要性：“……（我们）相信品牌塑造与保持高价位有关……（我们的）经验是广告对价格的影响胜于销售，而产量的提高则会降低价格。”[6]

利洁时家化（Reckett Benckiser）是一家大型包装商品联合企业，旗下拥有护莉（Woolite）、来沙尔（Lysol）及安悦嘉（Airwick）等品牌，利洁时坚信广告能帮助自己树立品牌并提高利润。因此，即使在经济困难时期，利洁时也利用广告来培育自己的品牌资产。在经济衰退时期，利洁时的全球广告支出增加了 9%，总体销售额提高了 8%。[7] 在有些竞争对手削减广告支出之时，利洁时却相信广告在经济良好时期的地位会更高。

在对品牌塑造如此重视的情形下，客户们开始逐渐要求媒体和广告公司以传播是否有效而非受众曝光（即发行量和收视率）为标准来评估广告是否成功。最近，广告行业组织也一直在尝试用“受众卷入”来替代“受众触达”这个概念。尽管大家公认有必要对受众卷入进行评估，但对如何界定和评估它，目前尚未达成共识。正如一位广告主管曾指出的：“问题在于我们是否可以在界定什么是（受众）卷入上达成一致……毕竟，卷入和效果有不同的程度。”[8]

尽管我们试图改变购买和评估不同媒体的受众的方式，但要想通过广告主们现在使用的几百种传播载体来判断受众的价值，我们距离这种稳定的模式仍然很遥远——

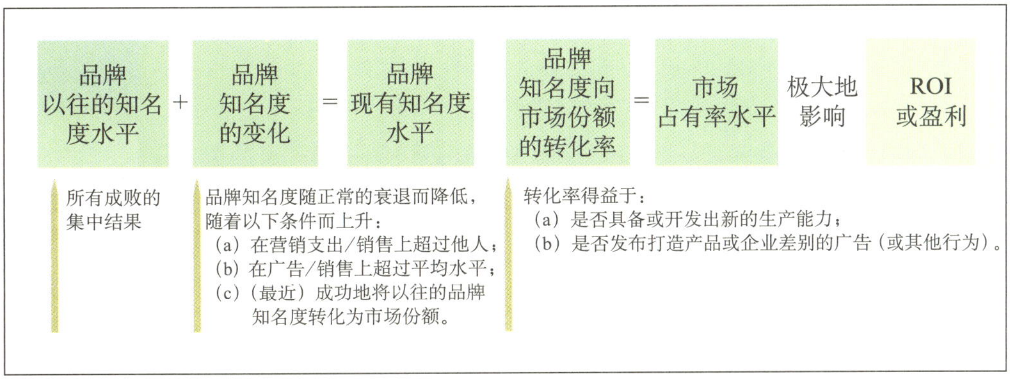

图 2.3

品牌知名度对盈利的帮助（按事件顺序）。

Used with permission. *Cahners Advertising Research Report*, No. 2000.6, p. 6.

更别提将来的在线载体。广告研究者们意识到，每家传媒公司都会在受众反应评估上面临其独有的挑战（见图 2.4）。此外，一些媒介总监还担心一味强调受众的短期卷入有可能降低广告的长远价值。因为品牌培育是一个持续的过程，往往需要经年累月才能完成，以卷入度为基础的 ROI 测量方法则很可能无法让广告在营销过程中物尽其用。

整合营销

3 掌握营销传播的四种基本类型。

营销组合

用于促销商品的各营销功能——包括广告——的组合。

销售推广

（1）辅助、协调并促使人员销售和营销有效运作的各种销售活动，如展览；（2）广义地讲，销售推广即人员销售、广告和所有辅助性销售活动的结合。

公关关系

为塑造产品和企业形象而与不同的内外部公众进行的沟通。

营销包含四个主要因素：产品、价格、销售和传播。它们就是所谓的**营销组合**（marketing mix）的主要因素。[9] 营销的传播部分又可以进一步分为以下四类：

1. *人员销售*（personal selling）。人员传播是说服他人最有效的方式，但也是成本最高的方式。正是由于成本高昂，这种方法在批量销售初期基本上不现实。零售层面的上门推销时代已经接近尾声，作为一种主要销售技巧，人员销售现在更多见于企业对企业营销。即使如此，它通常也只是充当广告的后续力量，去完成销售或发展长远关系——其终极目标仍然是完成销售。在企业对企业营销中，广告为销售人员敲开企业的大门；而在消费者营销中，广告则将品牌和零售商介绍给消费者，使销售人员得以完成最终销售。

   尽管在大多数直接面向消费者的企业中，传统的人员销售只是其促销战略的点缀，但其技巧却成了众多媒体平台的销售策略的重要元素。例如，直接反应营销和网络营销就吸收了人员销售的优势，将之用于传播个性化讯息和预测消费者对促销方法的抵触度。

2. ***销售推广***（sales promotion）。销售推广是诱使消费者即刻购买商品的另一个刺激源，是迄今为止促销支出涉及面最广的一个类别。销售推广的形式包括特价、折扣优惠券、多姿多彩的售点陈设，以及夏威夷旅游抽奖等。最大的促销类别都是针对批发商和零售商的，消费者很难见到，这些促销活动被称作*贸易促销*，通常是为了说服经销商经销某个品牌或对其给予关照，比如给予有利的货架空间。

   尤其是在经济衰退时期，人们担心过度强调价格的短期促销行为——如优惠券和各种贸易协议——不仅会使利润缩水，还会对品牌的长远价值造成损害。营销人员非常清楚促销努力的潜在危险，因此精明的企业会在促销活动中融合强有力的品牌讯息。如此，他们可以确保促销只继续充当短期销售刺激源，而不致让消费者仅凭促销就评价这个品牌。

3. ***公共关系***（public relations）。按照美国公关协会（Public Relation Society of America）的说法，“公共关系能够帮助组织与其公众互相适应”。在过去的十年中，公共关系已成为营销传播中增长最快的一类。公共关系最大的好处就是，它让人觉得比广告的受众信任度更高。如今，大多数企业采用的公关形式大多为临时性新闻发布，很少有甚至根本没有后续报道，或者配合其他营销策略，对短期或长远盈利价值几乎不做测量。在过去十年中，大营销商对公共关系越来越重视，而且大多数大企业也将公共关系完全纳入了自己的营营销人员对评估广告价值的呼声空前高涨。《广告时代》杂志邀请安吉斯集团营销管理分析团队（Aegis Group's Marketing Management Analytics）对不同营销媒体的 ROI 量度进行了评估。

媒介	测量难点	ROI 量度评级
直接反应	直邮广告、电话营销及其他形式是所列媒体中最便于测量的。直邮给人一种增效的感觉，尤其是在医药、电信和金融服务方面。	5
销售推广	优惠券或打折等活动可以引起大量的消费者反应，从而收集到大量数据，而这些数据可以测量，尤其是带条形码的包装产品。插页广告能产生大量有价值的数据。	5
网络	网络对高端消费产品更有影响力，如汽车。虽然有警告说“网络世界一网无垠”，其涵盖了从搜索引擎到广告内容再到像汽车市场中的那些网站，但网络仍然非常易于测量，比如萨博汽车网站的点击量就很高。这些要分开来看，目的是了解消费者如何与品牌进行在线互动。	5
电视	一方面，促销越来越热，对其短期效果能够进行精确测量；另一方面，电视的作用更细水长流、更变化多端。但 ROI 测量可以达到非常高的准确度，因此电视必须表现出其可测量性。营销管理分析团队的客户一直在进行大量分析，以求在 15 秒和 30 秒之间找出更好的组合，在时段上找出更好的分配方案。	4.5
印刷	专家们可以按周刊和月刊、目标市场和大众普通市场、促销广告和品牌资产培育等标准来分割印刷媒介。插页广告等印刷促销物品是独立且可测量的东西。与其他媒介一样，数据的准确性和时效性对于判断媒介可测量与否十分重要。印刷媒介在提高媒介组合的触达率上发挥着重大作用。	4.5
公共关系	有些公司专门对公关活动的质量进行测量，他们可以测量正面公关或负面公关为某个品牌名称或产品品类留下了多少印象。公共关系对销售的作用可以测量（想想食物里的反式脂肪）。问题是，许多营销人员并不购买这些公关数据。	4
视频游戏	是在线玩游戏还是线下玩游戏，这一点十分重要。虽然《真实犯罪》（*Ture Crime*）中的尼克·凯恩（Nick Kang）大受欢迎，但嵌入游戏中的广告却很难测量，因为无法知道玩家玩游戏的频率；而利用在线游戏，人们则可以获取大量数据。	在线游戏：4 线下游戏：1
广播	广播提供的数据不像其传统媒介同行电视和印刷那么有力，这点妨碍了广播的测量性。	3
电影	电影广告可以按其留下的印象数加以测量，很像户外广告或广告亭的测量方法。	3
赞助活动	赞助活动是否可以测量取决于赞助是否是为了产生短期效果。像奥林匹克运动会这种周期循环的大型活动就非常好测量，但其他短期活动就可能难以测量。由于活动涉及的面很多，包括宣传、公关造势及活动本身的标识与记忆等，因而测量有时也比较复杂。	3
产品植入	有些企业会测量植入质量和曝光质量。和电视广告一样，没有哪个产品植入是一模一样的，福克斯公司 (Fox) 的《美国偶像》（American Idol）就是一个很好的例子：美国电话电报公司（AT&T Wireless）植入产品，通过短信投票，这种互动甚至也变成了娱乐的一部分——但宝拉·阿巴杜（Paula Abdul）喝可乐的情景却不是植入广告。[又：美国电话电报公司现为辛格乐（Cingular）旗下公司，并非安吉斯集团营销管理分析团队的客户。] 于是，问题变成了：如何衡量产品植入的质量？	3
户外广告	由于自身的特性，户外广告能提供的数据十分有限；没有辛迪加卖主出售所需的户外广告数据，而且户外广告缺乏“变化”——广告牌一竖 X 月，每天都是永远不变的那 X 个人看见。	2
游击营销	如果将销售额作为变量，游击营销就很难测量。假设一个活动中有 10 000 个人得到免费 T 恤，那就很难用销售额去测量游击营销对该市场中 400 000 人的影响。因为游击营销包含的战术太多，所以很难获取有效的信息，这取决于受众反应的测量性有多大。与其他媒介相比，营销人员对游击营销的投资回报率期望更低，因此对它的测量也不太重视。况且，与电视这种传统媒体相比，营销人员在游击营销上的投入也更少。	1

资料来源：Dan Lippe, “Media Scorecard: How ROI Adds Up,” *Advertising Age*, June 20, 2005, pg. 5–6. Copyright © 2005 Crain Communications, Inc. Used with permission.

图 2.4

评估媒体的可测量性

销传播计划。图 2.5 展示了几种公共关系在营销传播中的潜在功能。

自 20 世纪 30 年代以来，研究人员便深知，如果想让某个观点得到更多人的接受，那么利用有影响力的同辈的口碑不失为一种重要途径。保罗·拉扎斯菲尔德（Paul Lazarsfeld）和伊莱休·卡茨（Elihu Katz）等研究人员的早期研究已经揭示了，在政治领域媒体和个人影响之间的关系。在所谓的*两级传播*中，媒体为意见领袖提供信息，意见领袖进一步影响不太知情的选民。当代营销人员采用了很多两级传播和其他公关实践技巧，以期开发出类似的影响品牌购买的计划。

最近几年，像造势、游击营销和口碑营销等字眼已经被纳入商业词汇。这些技巧有很多特点，其中包括电影和电视节目中的产品植入、企业博客、让奥普拉（Oprah）写书评、事件营销，以及数百种吸引消费者的其他技巧。但不管它们叫什么名称，口碑营销成功的关键都是吸引对市场有影响的人。鉴于公众对制药公司的负面印象，行业巨头葛兰素史克（GlaxoSmithKline）公司招募了 8 000 名销售人员来充当自己的公关形象大使。这次宣传活动的目的是希望各地的代表能够向市民团体、老年人组织以及地方媒体说明制药公司的工作。一位公司主管指出，同样的信息，通过普通员工散布出来就比由企业主管通过正式沟通渠道发布更令人觉得可信。[10]

公关成功的关键，就在于将它视为一种补充而非将它放到与广告相同的位置。“有时候你需要这个，有时候需要那个。理想状态应该是两者相辅相成、琴瑟和鸣。”[11] 广告和公关应该同心协力让品牌讯息触达尽可能多的预期

图 2.5

公关的效力与功能性

企业越来越将公关当作一种营销工具。

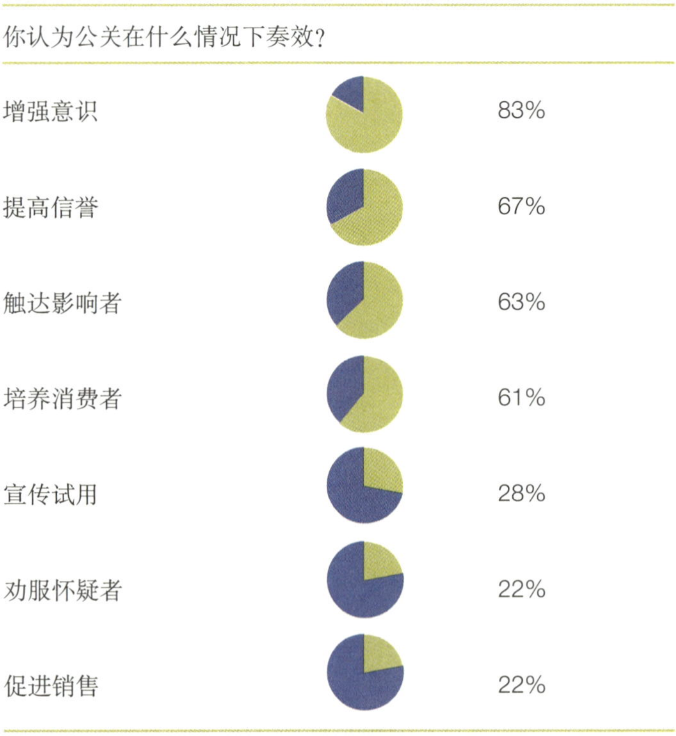

资料来源：Paul Holmes, “Senior Marketers Are Sharply Divided about the Role of PR in the Overall Mix,” *Advertising Age*, January 24, 2005, pg. C1. Copyright © 2005 Crain Communications, Inc. Used with permission.

对象。例如，福来鸡（Chick-fil-A）快餐店就曾将这些公关技巧用在其“多吃鸡”的爱牛护牛活动中，从而大大提高了自己的广告价值。由于公共关系通常被看成新闻，因而它拥有大多数广告所缺乏的可信度。然而，再独一无二的产品也都只是新鲜一阵子。公共关系，尤其是口碑，多半在品牌知名度培育的初级阶段收效最好，然后就应该由广告来培养消费者对品牌的长远忠诚度。

百思买集团（Best Buy）利用在高速路上行驶的奇客车宣传自己的上门技术援助团队；微软（Microsoft）创作了基于社区的《殖民地》（*Colony*）游戏，为其 Xbox 360 游戏造势；而宝洁公司则在“超级碗”（Super Bowl）四分位本·罗森里斯伯格（Ben Roethlisberger）大获全胜后，邀请他在随后一周的《大卫深夜秀》（*Late Show with David Letterman*）上用新推出的五刃剃须刀刮胡子。此外，与广告不同，公关讯息最终控制在媒体手中，由媒体来决定时间、地点以及是否需要报道产品。其实，最能将公共关系与广告区别开来的因素就是讯息控制度和讯息可信度。

4. ***广告***（advertising）。广告是可识别的赞助商的有偿讯息，通常通过大众传播媒介发布。广告是一种劝服性传播，它不中立，有倾向性，它的意思是“我在努力向你推销一个产品或观念”。随着其他营销传播形式的发展，广告也经历了巨大的变化，并开始逐渐适应新技术——其中就包括那些能让受众删除广告的新技术。在本章的后面部分，我们不仅将探讨广告原理，还将探讨广告如何与其他营销传播形式互动。

广告

广告由可识别的赞助商的有偿讯息构成，通常通过大众传播媒介发布。

在当代营销和广告的发展初期，营销传播的各部分或多或少地被视为互不相干的职能，每个都有自己的经理，各职能之间的协作不像现在这么紧密。如今，很多广告公司运用不同的营销组合要素作为自己转变核心任务的第一步。一家大型广告公司的主管曾说，不应该将自身看作一家广告公司，而应该看作一家媒体艺术企业。[12] 按照他的意思，品牌讯息应该与文化交织在一起，从而使艺术和商业亲密无间，并充分利用传播技术去关注消费者的需求。

更为重要的是，随着营销传播的不同元素更加个性化，随着它们从群体接触向一对一的个体接触的转变，它们可以更准确地测量一个活动的投资回报率。对营销组合战略的依赖促使人们按各元素的组合是否协调统一来评估促销，而不是孤立地评判每一个元素。过去，由于缺少协作，很多企业向消费者传递的讯息并不统一，有时候甚至模糊不清、自相矛盾。但最近几年，企业已开始逐渐将所有营销职能尤其是营销传播合并起来。

当代营销传播计划的复杂性导致了企业对统一口径的需求，即企业要求所有的传播活动——从标志到产品包装——都要在外观和主题上保持一致。一旦有人意识到《财富》1 000 强企业中有 75% 的旗下品牌都超过 100 个，他就会对**整合营销传播**（integrated marketing communication, IMC）表现出强烈的需求。一位销售主管曾说：“当今的环境产生了过剩的品牌、信息和传播渠道，品牌组合并没有提高企业的业绩。除非有人愿意‘看铺子’，否则，各自为政的品牌管理还将停留在品牌势力划分上，而这只会继续拖企业的后腿。”[13]

整合营销传播

将营销传播涉及的所有领域综合起来加以策划、实施和协调的传播活动。

近 20 年，企业开始转而寻求在整合营销传播这个大标题下组织整个传播活动。尽管每家企业运用整合营销传播的方式不同，但基本上都减少了对讯息传播方式（如广告、公共关系）的关注，更重视营销传播计划的整体有效性。如果你知道丰田汽车（Toyota）的每个车型都有 17 个特制营销计划，你就会对整合营销传播表现出强烈的需要。“每个计划都经过精心设计，以保证信息的包装方式符合消费者的心理并能在他们需要的时候传递出去。”[14] 不过，在这些有针对性的计划中，计划制订者必须认识到，每一位消费者都是“丰田大家庭”的一员。整合营销传播已经对广告公司对待客户的方式产生了巨大的影响。例如，全球较大的传媒集团之一奥美公司（Ogilvy & Mather），就把自己的广告部、直接营销部、公关部、保健部以及销售推广部合并成了一个直属营利机构。[15]

如今，很多营销人员对营销传播活动的整体效率和利益的兴趣远胜过对以特定的方式达到目的的兴趣。“不论运用什么规则……它们都必须齐心协力，为消费者传递统一的讯息。关键是与消费者的关系，它们要靠观念来建立，这是任何一个单打独斗的媒体都无法企及的。”[16]

在未来几年里，整合营销传播的某些形式甚至会成为每一家企业的营销计划规范。例如，ND&P 在宣传弗吉尼亚理工大学微型网站时采用的几种途径就已经超过了传统媒介的范畴。活动鼓励弗吉尼亚理工大学的校友们使用场地标、树环和窗贴，广告公司甚至还租用了一架飞机拖拉横幅，上面写着网址：THISISTHEFUTURE.COM。（见图 2.6）对营销效率的需求与新兴营销传播渠道相结合，加上受众越来越多样化，两者将共同推动所有的营销职能进一步协调和整合，尤其是那些涉及传播过程的职能。在后面的章节里，我们将更加详细地探讨整合营销传播的实施。

广告：一种机构方法

4 了解广告对消费者、企业和社会的习俗有什么作用。

除了非常独立的广告和旨在达到特殊目标的广告战役，广告还有更重要的社会和经济角色。社会建立了很多机构来管理重要活动，这些社会机构通过设立标准和准则来规范社会上的不同行为，确定什么是正确的，是可以促进社会进步的（至少是大多数人一致认为的进步）。我们可以将机构的职责视为“为了处理社会各个独立需求（比如，军队是出于防御的需求，家庭是出于繁衍、社会化和亲密的社会需求）”[17]。

可能有人会说，广告并不像宗教那样是一个独立的机构。然而，只要对广告进行结构性思考，我们就会发现，它是资本主义经济体制的逻辑——有些人会说“必然”——要求。从“广告是一种机构”这个范畴来说，它“……的主要目的是提供商品和服务信息，但是现在，在现代环境的影响下，广告有了更广的、非经济性的用途”[18]。

可以从两个相关联的角度来看广告：（1）它的经济角色；（2）它在传播产品信息和社会价值时的社会角色与文化角色。广告的文化角色主要体现在它的*无意之举*上。除一些广告刻意公开宣传观念或提出倡议外，广告的很多社会影响往往是广告主无意而为的。例如，对当代广告的一个重大批评是它对儿童的影响。广告无处不在，以致孩子们在两岁时就开始形成强烈的品牌偏好，而婴儿才 6 个月大就能辨识出一些企业的标志和吉祥物。[19] 批评者们指责导致儿童普遍肥胖的直接因素是垃圾食品的广告，但是他们的指责已经远远超过了这个热点话题所讨论的范畴。“……垃圾食品不是唯一一种针对孩子的、有潜在危害的产品。每天，大量涉及酒精、香烟、暴力的媒体营销活动都在巧言令色地对孩子们狂轰滥炸；每天，大量与孩子们年龄不符的性感服

Courtesy of Neathawk Dubuque & Packett and Virginia Polytechnic Institute and State University (Virginia Tech).

图 2.6

弗吉尼亚理工大学运用各种战术来吸引市民访问其网站，包括用飞机在空中拖拽充气横幅。

装、玩具及饰品都在针对他们进行营销活动。”[20]

在当前的审查制度下，广告主们必须对广告的经济影响和社会影响有所认识。公众已经表明了他们的态度：一旦发现广告在利用儿童，绝不轻饶（无论这种利用是有意的还是无意的）。

大多数经济学家都认为广告在营销体系中具有实用功能。也就是说，大多数观察家都认为，广告的基本经济功能是传播产品信息，让消费者意识到该产品的存在，向他们透露对手品牌的信息并让他们在备选产品中做出明智的选择。但实际上，广告的作用远远超过了这些严格定义的功能特性，而且在很多时候受到怀疑。想法相同的批评家和广告主越来越倾向于从社会的角度评价广告讯息。讯息的真实性、女性形象的运用和刻画、种族问题、老年人问题以及如何负责任地引导消费等问题，这些都是广告过去很少考虑但现在必须面对的问题。很多人认为，即便广告的社会影响并非广告主有意为之，但广告的确能传播经济信息和社会信息。目前对儿童广告的争论只是其中的一个例子。

广告人和消费者都认为，从道义上讲，广告有责任提供真实的、有社会公德心的产品信息。但是，消费者在购买商品时显然会受心理因素、社会因素以及实用主义的影响。人们之所以购买凯迪拉克而非雪佛兰（Chevrolet），不仅仅是因为对交通

克莱普纳观点 2.1

罗布·马博里（Rob Marbury）

亚特兰大州Max2o广告公司合伙创办人、首席创意官

珍尼佛·格里菲斯（Jennifer Griffith）

佐治亚大学格雷迪新闻与大众传播学院讲师、博士

欢迎来到广告丛林：一位首席创意官的现实建议

罗布·马博里

罗布·马博里是亚特兰大州Max2o广告公司的首席创意官，在佐治亚大学格雷迪新闻与大众传播学院主修广告，辅修平面设计，获新闻学学士学位。

在1992年创办Max2o之前，马博里在桃树广告公司（Peachtree Advertising）担任艺术总监一职，也是Art'oons公司的合伙人。一天，马博里和他的佐治亚大学校友汤姆·马特（Tom Matte）在亚特兰大的一家米其林餐厅吃饭，两人都说自己有多么热爱广告工作，但不一定非得跟现在的同事一起干。两人都想寻求工作上的满足感，希望能够为自己所信任并欣赏的人工作，与这样的人共事。那一刻，他们萌生了创办Max2o的想法，公司的座右铭就是“广告既要有效又要悦人”。

在他们看来，热爱自己的广告工作比为了获奖或高薪而辛苦工作更重要。从那以后，由于Max2o团队可以慎重挑选共事的成员，公司一直运转良好。

我们在此列出马博里的“（投身这个疯狂工作之前的）十大激励法”，供那些计划投身于广告行业的学生们参考：

1. **学习**。在打磨自己的广告技艺时，试着从小事做起。找一个容忍你犯错的老板。你需要一个能让自己迅速成长的地方，而有时候你会在大公司而非小公司发现这一点。一旦打磨好自己的技艺，你就可以大放光彩。在前进之路上，善待遇到的每一个人。
2. **专属与非专属对比**。要决定是到专属公司还是非专属公司工作。根据马博里的经验，非专属公司（即广告公司）比专属公司更好玩，但也像在真正的广告公司一样，“让人心跳”。如果在专属公司就职，往往薪水更高、福利更好，并且更稳定、工作更有保障。不过，在广告公司就职也好处多多，包括处理各种客户的机会、广告公司的灵活性以及让业界同行“佩服”的机会。
3. **生命**。马博里说：“生命太短暂，你都来不及讨厌自己的工作。”
4. **伙伴关系**。说你简直是疯子就是说你的创意太棒了，说合适就是说这些创意要花某人的钱了。创

工具的要求不同，还因为凯迪拉克能满足人们对名望、社会地位以及其他心理因素的需求。可以说，广告创造了这些欲望（和需求相反）。事实上，广告会反映其身处的社会，但随着时间的流逝，它也可能在习惯和行为上或多或少地影响那些接触它的公众。

支持者和批评者一直都在研究广告作为一种组织能扮演什么角色，归纳起来通常有三种观点。

珍尼佛·格里菲斯

意和生意头脑结合才能帮助广告公司成长，它就是这样帮助Max2o团队的。

5. **脱衣舞**。选择客户的理由多种多样（钱、乐趣、原则，等等），但要记住，就算这个活儿可以让人大赚一把，你也可能想拒绝。那个猥琐的避孕套T恤和低俗的豹纹美女日历可能会让办公室里所有的人开怀大笑，但在你的文件夹被四处传阅的时候，他们又会做何反应？

6. **现实**。有些工作可能不好玩，但它能赚钱。要知道，你要做的事不是样样都有趣、迷人，只要你享受它，跟它在一起时就要开心，然后再给自己挣点钱。记住：大多数时候创意人员接到的任务都很普通，说实话，十分无聊。要习惯这个。如果无法摆脱现状，不妨给自己关心的公益事业做点事，用自己真心喜欢做的广告来丰富自己的文件夹。

7. **信任**。“在你抛出突破传统且才华横溢的创意之前，首先要赢得对方的信任。”当你准备向客户阐述自己的概念时，可以给他们提供一些选择，以此来争取他们，如：（a）遵循行业惯例的广告无疑最保险，但要保证那确实是你喜欢的，因为他们很有可能选择那条广告；（b）出格的广告自然抢眼，可以引起人们的注意，产生效果，并给你带来无数荣誉；（c）可以给客户看独一无二的广告，客户极有可能大胆地尝试它，但它必须证明自己非同一般。记住，所有的选项都必须与客户的品牌挂钩。

8. **新创意**。头脑风暴的过程通常就是“把所有创意都扔到墙上，然后看看哪个能黏住”。就新创意而言，有时候拙劣的创意也会粘到墙上，而且它往往是客户喜欢的（叹息）。同样，要切实检验一下自己的创意，在向客户做提案之前先做一些调查。事实上，马博里和他的团队就针对海报想了一个办法：贴到墙上。在一次做提案时，他们自豪地将一张海报贴在CEO新办公室桌后面的墙上，然后一扯，“轻松地”撕掉了海报，顺带撕掉了一块墙面漆。

9. **过河拆桥**。“眼看就差在百万合同上签字了，却发现自己拿着笔面对一堆灰烬。可在此之前一直都很顺利。”广告这个行业比你想象的要小，因此不要过河拆桥，不要得罪凯文·培根（Kevin Bacon）——因为他永远都离你不远。

10. **自我**。客户的批评不要太往心里去。“有时候，就算最完美的创意也会被客户的一阵突发奇想彻底否决。”广告这个行业要求从业人员一定要具备过硬的心理素质，要让客户心甘情愿地付钱，并且以后愿意继续找你做。所以，努力努力再努力吧。

广告能为消费者做什么

消费者的行为受需求的刺激。即我们假定购买的出发点是消费者意识到某个特定产品或服务能够解决某些问题，而这个*问题*则可能比较实用主义（买辆车代步）或比较享乐主义（买辆车让邻居羡慕），我们的购物行动在很大程度上都受这两点的影响。消费者希望买到能同时满足需求和欲望的产品，广告在这一过程中扮演的角色就是尽可能地为潜在消费者提供经济有效的信息。广告尤其擅长提供信息，擅长向消费者推介新产品和新服务。随着触达细分受众的专业媒体的出现，广告更有能力为精选消费者提供更好的产品信息了（见图 2.7）。

之所以要和消费者信息这一功能紧紧地捆绑在一起，是因为大家相信，广告能为消费者提供更多的选择。有效的传播为新产品进入市场开辟了通道，从而增加了消费者选择产品的余地。未来，随着科技和交互式媒体增加消费者反馈的实用性，消费者也将对营销过程产生更大的影响。

广告能为企业做什么

对于企业而言，广告的主要作用就是促成新产品的推出，提高消费者对已有品牌的忠诚度，维持成熟品牌的销售。换一句话说，广告能提高产品的知名度，企业通过盘活库存赚取利润、提高股东价值。广告能够促进买家和卖家之间的交换，因此广告在*交换理论*所指的基本营销过程中非常重要。简单来说，交换理论认为，只有当买家和卖家看到交换过程的价值时，市场交易才能顺利进行。批评者打破了广告的一个神话，即企业销售商品和消费者购买商品之间是一种相互“打击”的矛盾关系。恰恰相反，交换理论认为企业的长远利益建立在和消费者之间积极共赢的关系之上。只有在消费者从购买的商品中看到价值，企业也认为回报合理的情况下，这种关系才能维持下去。

就像批量生产带来了规模经济一样，广告也给大众传播带来了同样的效率。尽管专业媒体的出现使媒体得以触达越来越窄的细分受众，但市场仍然需要广告去推广那些面向大众的产品和服务。没有广告，很多企业就无法尽快为新产品吸引到足够多的消费者，也就无法使为创造、开发、制作和流通这些产品而耗费的巨额成本产生价值。换句话说，广告既是工具，也是经济繁荣的必要条件。

图 2.7

广告为消费者提供信息，帮助他们在知情的状态下选择品牌。

Pixland/Jupiter Images.

广告能为社会做什么

如果我们能接受“广告是一个社会组织（或者说至少能强有力地与其他组织互相作用）”这个事实，我们就应该考虑它的社会角色。我们之前曾说，广告主们通过广告刻画出来的产品和服务微妙地传递出社会信息。在目前这个充满变革和多样性的社会环境下，广告主们面临着兼顾有效传递销售讯息和吸引受众而又不引起各公众群体争议的几重高压。在美国，人们的价值观和习俗在不断改变，因而广告主经常面临着如何制定有效营销计划的挑战，当代营销面临的挑战有三个：

1. 跟踪社会变化，保证公司随时掌握社会动态。
2. 创造出与不断变化的价值观相匹配的产品和服务。
3. 设计出能反映市场并以目标市场和消费个体价值观为基础的营销讯息。[21]

在一个媒体碎片化、受众多样化的环境中，要想开发出针对特定目标受众而又不波及非目标受众的讯息是越来越难了。例如，2005 年，卡乐星（Carl’s Jr.）在推广其 6 美元烧烤汉堡时，邀请帕里斯·希尔顿（Paris Hilton）在一条略显风骚的广告中代言。尽管该广告的设计初衷是针对年轻女性，但广告讯息却引起了很多群体的排斥。

从有利于广告的角度来说，广告旨在为产品销售做出贡献，为经济的不断扩张进而为整个社会的利益做出贡献。除了广告的经济作用，广告还可以给多样化的、独立的出版系统带来收入，从而支持这个系统免遭政府和特殊利益集团的控制，最终使社会受益。

但在实现这些目标的过程中，广告必须意识到自身的责任，成为社会的镜子和监视器。从实用主义的角度出发，广告主们深知，“‘消费者们’对广告的评价也会影响他们对产品的反应。我们对产品的评价可能仅仅取决于我们对营销传播如何刻画产品的评价——如果是我们从未见过、很少使用的产品，我们马上就会对它形成看法”[22]。

当然，由于广告关系到全社会的利益，因而对其到底适合扮演什么角色仍有很多不同的观点。但毫无疑问，广告主在销售产品和服务的过程中要对社会承担新的、不同的责任，新技术和成熟的调查方法只是增强了某些问题的重要性，如消费者隐私权和广告潜在的侵入性。

面向多样化公众的广告

不论其目标接收者是谁，广告都能将讯息传递给不同的群体和个体，他们再按照自己的兴趣去理解这些讯息。正因为如此，广告公司必须考虑讯息对大众而非小范围预定受众的影响。例如，如果一家企业的广告旨在向消费者表明自己是一个负责任的企业公民，但广告却在宣传优厚的员工医疗保健计划，这条广告就可能引起利益相关者的疑问，让他们怀疑这些支出是否原本应该用于提高股息。泰森食品公司（Tyson Foods）出版了一本名叫《餐前感恩》（*Giving Thanks at Mealtime*）的免费小册子，书中收入了来自不同宗教的文字，有基督教的，也有伊斯兰教的，以期宣扬该公司“信仰友好型企业”的使命宣言。小册子推出的第一个月，公司就收到了 2.5 万份索书申请。但与此同时，它也遭到了很多抨击，批评者们认为这是在将宗教信仰商业化。

虽然广告主们肯定知道自己会触达非预定受众，但他们还是经常用一个广告战役去同时触达若干群体。此时，一条广告便可能指向众多群体：

分销渠道

控制产品从生产商向消费者流动的各种中间商，如零售商。

1. ***分销渠道***（distribution channel）。随着大型全国性零售商的崛起，如沃尔玛和凯马特（Kmart），全国性广告主往往要通过消费者广告向零售商证明自己的品牌能够引起巨大的消费者需求，他们也愿意通过有效的消费者广告来支持零售商。事实上，在同意销售某个品牌的产品之前，大型零售商往往要求这些广告主在消费者广告上给予一定的支持。
2. *员工*。企业最重要的财富就是员工，因此在普通员工中间培养企业忠诚意识和团队合作精神就显得非常重要。如果在广告中提及产品所采用的优质工艺或刻画员工的形象，员工就能明显地受广告讯息的感染。针对员工的讯息通常更加微妙，但却是广告的一个重要职能。
3. *现有和潜在消费者*。很显然，对大多数企业而言，成功的关键是在新消费者中间创造出品牌知名度，在现有消费者中间提高品牌忠诚度。而广告往往是完成这两个目标的最有效途径。
4. *利益相关者*。约 50% 的美国家庭目前持有股票，比 1983 年提高了 19%，大部分普通消费者有史以来第一次对自己光顾过的许多公司拥有了所有权。很多研究表明，在同等条件下，品牌知名度更高、名声更好的企业能维持更高的股票价格。
5. *整个社区*。很多企业在全国各地都有工厂。企业通常利用广告来影响舆论，于是，每当对地方赋税评估、噪音或分区法规等问题产生争议的时候，企业总是被看成一个好邻居。

但也有一些企业狭隘、短视地看待广告，在他们看来，广告应该对他们的主要市场产生立竿见影（和有意为之）的传播作用。然而，广告是在政治、法律、经济和文化这些元素构成的大环境之中发挥作用的，每个环境中都存在着一些利益相关方，他们通过广告传递出的讯息评判这些企业及其产品。因此，在制作广告时必须考虑公众的各个层面。

广告战略要素

本节，我们将探讨广告流程的基本原理。我们会看到，广告技巧的运用往往能明显地体现出企业之间的不同手段。广告设计的宗旨是触达那些对该品牌所具备的特色和利益感兴趣的消费者。最成功的品牌是那些在某个产品品类中独具特点和利益点的品牌，于是，这些品牌便在消费者心中占据了非同一般的位置。广告的职责就是将产品的利益点转化成引人入胜的故事，向预设买主展开诉求。本节，我们将探讨成功的广告应该包含哪些重要元素。在接下来的几章，我们将探讨这些基本原理的不同应用，看它们如何将一个品牌与其竞争对手区分开来。

品牌名称

商标的书面或口头表达部分，与图案相对应；是一种商标文字。

品牌名称

企业最大的财富莫过于受消费者认可和尊重的**品牌名称**（brand name）。研究表明，无论在哪里，有些企业三分之一甚至一半的价值都来自他们的品牌名称。产品是一个有形的物体，但品牌却代表着人们对产品的态度和感觉。广告最重要的一个用途，就是强调产品对消费者的好处，以此增强品牌的亲切感。广告调查基金会（Advertising Research Foundation）前主席詹姆斯·斯佩思（James Spaeth）曾说："品牌名称是一种无形资产，它以一种与消费者息息相关的方式，将一个在其他方面极易被替代的产品区别出来。"例如，麦当劳（McDonald's）和其他无数快餐店之间的最大不同，就是它的名字。

对任何产品来说，识别度高都很重要；但对于那些产品本质差别不大的产品品类，这一点尤其重要。例如，软饮料、啤酒、香烟，竞争对手很容易复制出功能类似的产品，但他们无法复制经过多年打造才成功建立起来的品牌，而这主要是通过母公司的品牌广告来实现的。图 2.8 向我们展示了与知名品牌竞争有多难。如图所示，在过去的 80 年中，25 个产品品类中只有 5 种产品的领袖地位被取代。即使在这 5 种被取而代之的产品中，也仍然有好几种广受市场的欢迎。

品牌延伸

在全球市场中，很多企业发现在进军新市场时很难打败已经根深蒂固的地方品牌。虽然亚洲的企业在家用电器和电子产业上一直占据优势，但它们却缺乏美国品牌的那种识别度。在汽车领域，日本汽车制造商，比如尼桑（Nissan）、丰田和本田（Honda），令人印象深刻，但达到这一成就所耗费的时间超过 25 年。为了跳过那个阶段，很多外国企业收购那些美国品牌乃至整个公司。我们熟知的一些美国品牌现在已经有部分属于外国公司了，其中包括 IBM 个人计算机（中国联想）和真力时电子（Zenith Electronics，韩国 LG 电子公司）。中国海尔集团（Haier）出价 10 亿美元收购了美泰克（Maytag）——包括其旗下品牌阿曼达、胡佛和 Jenn-Air，最主要的目的就是收购其品牌名称。[23] 海尔集团的收购说明了品牌的重要性和价值。随着新企业不断进入全球市场，作为区别产品的一种竞争工具，品牌的重要性将愈发凸显。

激烈的竞争和进军新市场的困难——不论是在地理上的还是目标市场上的——导致很多企业在考虑产品上市战略时更青睐**品牌延伸**（brand extension）而不是品牌创新。我们看到，在激烈竞争的环境中，形象鲜明的品牌无疑是企业的一种黄金资源。显然，与一个全新的品牌相比，在品牌有了知名度的情况下推出新产品，无论是成本上还是财务上的风险都会大大降低。例如，一旦比克（Bic）这个名称通过圆珠笔变成了知名品牌，那么以这个品牌推出一次性打火机和刮胡刀就比用一个新品牌效率更高。当代营销人员面临的问题是，如何判断在什么情况下过度的品牌延伸会损害核心品牌的利益，而这些核心品牌的培育有时会耗费一个世纪甚至更长的时间。

品牌延伸

利用已知品牌的品牌资产来推介新产品的做法。

"同时追两只兔子，一只也追不到。"

——民谚

有时，品牌延伸就像同时追两只兔子的猎人。企业希望在保住核心受众的同时通过延伸知名品牌进军新市场，一旦某些知名品牌——如可口可乐经典和百事可乐——开始显现出销售平稳的趋势，企业就会转而在核心品牌的名下推出一系列新产品，以求扩大销售。从 2000 年起，可口可乐和百事可乐利用这些品牌名称的各种形式，共推出了近 20 种新饮料。

对 25 种普通产品品类及其领导品牌的一项调查研究显示，80 多年前，品牌术就是一个十分重要的概念。当时建立起来的品牌仍然主导着当今的商业领域。

排名	25 种产品品类	1923 年的领导品牌	如今的领导品牌	只有标黄的 5 家失去领导地位
1	培根	Swift	Swift	Swift
2	电池	劲量	金霸王	劲量
3	早餐麦片	家乐氏玉米麦片	麦圈	家乐氏玉米麦片
4	照相机	柯达	柯达	柯达
5	水果罐头	德尔蒙	德尔蒙	德尔蒙
6	罐装奶	康乃馨	康乃馨	康乃馨
7	口香糖	箭牌	箭牌	箭牌
8	巧克力	好时	好时	好时
9	饼干	纳贝斯克	纳贝斯克	纳贝斯克
10	面粉	金牌	金牌	金牌
11	薄荷糖	Life Savers	Life Savers	Life Savers
12	油漆	宣伟	宣伟	宣伟
13	纸	哈默密尔	哈默密尔	哈默密尔
14	烟斗丝	王子阿尔伯特	王子阿尔伯特	王子阿尔伯特
15	刮胡刀	吉列	吉列	吉列
16	缝纫机	胜家	胜家	胜家
17	衬衫	曼哈顿	箭牌	曼哈顿
18	肥皂	象牙	多芬	象牙
19	汽水	可口可乐	可口可乐	可口可乐
20	汤	金宝汤	金宝汤	金宝汤
21	起酥油	科瑞	科瑞	科瑞
22	茶	立顿	立顿	立顿
23	轮胎	固特异	固特异	固特异
24	香皂	棕榄	黛尔	棕榄
25	牙膏	高露洁	高露洁	高露洁

注：杰克·特劳特（Jack Trout）基于产业共享数据所做的专利调查。

资料来源：Reprinted with permission from *Advertising Age*, March 14, 2005, pg. 28. Copyright © 2005 Crain Communications Inc.

图 2.8

雄厚的基础

是利用品牌延伸还是推出全新产品，这个决策非同小可。大型软饮料生产商都知道很多品牌延伸都会失败，而其中的一个主要问题是，这个产品的失败会不会影响到核心品牌在消费者心目中的地位。“如果推销新产品的力度过大，现有品牌的销量就可能被瓜分。最终……企业还可能因为推出的新产品太多而让消费者陷入混乱。”[24]

品牌延伸面临的最重要的问题是，成功的品牌都在消费者心目中占有特定的位置，如果企业对这些品牌的位置改动过大或延伸过广，就可能导致消费者质疑原有品牌的价值和好处。例如，大众辉腾（Phaeton）豪华型起价 6.5 万美元左右，但消费者的反应却不温不火，因为他们已经习惯了这个品牌的汽车售价在 2 万美元左右。尽管品牌延伸会遇到挑战，而大多数成功品牌的核心消费者已经达到饱和点，他们仍然将品牌延伸——不论是通过新产品还是通过不同的广告定位——视为自己扩大市场的唯一途径。

1991 年，为应对健康饮食运动，肯德基（Kentucky Fried Chicken）将店名改为简单的 KFC。对很多人来说，这个变化将一个在市场上、在消费者心中地位特殊的知名品牌，换成了一组大写字母，而这组字母对肯德基的市场来说毫无意义。让我们快进到 2005 年，这一年，公司又恢复了肯德基这个名称及其在 50 家店里测试过的尾标“吮指美味”。KFC 的经验说明了品牌术的一个基本原理，“KFC 违反了几条基本规则，这也是苦恼的营销人员在企业和市场不稳定时经常忘记的：营销人员必须恪尽职守，真实可信；如果卖产品，就尽其所能将它做到最好，为它自豪，不忽悠……”[25] 看看品牌延伸战略的优势和劣势，从中我们得出以下总结：

品牌延伸战略的优势如下：

1. 不必为名不见经传的品牌和新品牌建立知名度，从而节省资金。
2. 成功的品牌延伸能给已有品牌增加品牌价值。

品牌延伸策略的劣势如下：

1. 产品引进一旦失败会殃及核心品牌在消费者心目中的形象。
2. 丧失已有品牌的营销重心，使其他品牌的营销成果和资金投入前功尽弃。

从这些例子中我们可以看到，没有放之四海而皆准的品牌战略。但不管采用什么方式，品牌价值的开发、保护和维持都将继续成为当代广告的驱动力。建立品牌价值或品牌资产是广告重要的任务之一。无论是推出新产品还是维持成熟产品的活力，品牌识别都是产品获得成功的关键。

满足感知需求

大多数企业的根本职责是开发出适应特定消费者细分需求的产品（见图 2.9），只有那些在解决消费者问题上比其他备选产品更好、更经济的产品，才能成为成功的产品，而产品和服务本身还必须适于促销、分销和生产，以便为生产商和供应商创造效益。之所以难以推出成功的产品，是因为数据显示，投入开发的产品概念只有七分之一能走向成功，投入新产品开发的近一半资金换来的不是失败的产品就是最终被抛弃的产品。[26]

如果担心新产品的胜算概率，看看清仓连锁店 Big Lots 的惨痛经历就知道了：“清仓零售商 Big Lots 是全美国错误、失策和野心的一个缩影。信息资源公司（Information Resources Inc.）的数据显示，表面上源源不断的新包装产品供应——2004 年有 1 561 种新产品，更别提品牌延伸了，去年增长了 94%——使 Big Lots 成了一家品牌价值 43 亿美元，拥有 1 500 家连锁店的公司。”[27] 因此，产品策划的目标之一可能就是远离 Big Lots 的货架！

为了打造出能在市场中立足的产品，企业必须从提供解决方案而非具体产品入手。引用已故哈佛教授西奥多·莱维特（Theodore Levitt）的话，“人们想要的不是一

图 2.9

成功的广告能引起特定目标市场的兴趣。

Courtesy of Johnson Group.

台 0.25 英寸的钻孔机，而是一个 0.25 英寸大的洞！”“如果人们发现有待办的工作，他们基本上都会‘雇用’产品代劳。按照这个模式，与其说营销人员的基本任务是去了解‘消费者’，不如说是去了解有哪些‘工作’需要消费者做——然后针对这些目的生产产品”[28]。品牌和具体工作联系得越紧密，它就越容易成为消费者在面对具体工作时的首选。

在对产品创新或产品线扩张的市场潜力进行评估的时候，企业通常会在采取下一步行动之前先判断其预期对象的社会和心理倾向。成功的产品是那些被消费者视为得力助手的产品，不一定是那些按客观标准判断的优胜者。例如，众所周知，用软饮料和啤酒的盲测来预测市场的消费者行为就很不可靠。

当然，判断消费者需求和实际操作完全是两回事，主要是因为消费者可能知道自己遇到的问题是什么，但却说不出到底哪些产品类型能解决这些问题。这种情况尤其符合待营销的开拓性产品。例如，在发明微波炉以前，消费者根本无法说自己想要一种可以加热水分子、然后几分钟就能拿出热饭菜的设备，他们只能说在自己又累又饿的时候根本等不及用 45 分钟在传统炉灶上做饭。[29]

梅赛德斯－奔驰（Mercedes-Benz）发现，重建消费者对品牌的信任比一开始就赢得他们的信任艰难很多。奔驰一向以高品质著称，但在 21 世纪的头 10 年，奔驰也出现过质量监控问题。奔驰发现，自己可以在很短的时间内改正很多不足，但要赢回因机械问题而丧失的消费者的信任则需花费更长的时间。2006 年，奔驰进行了一次大型广告战役，试图向消费者解释自己计划采取什么步骤来解决问题，同时改善奔驰在众多汽车买主心目中的负面品牌印象。[30]

评估需求

可靠的调查是判断产品成功与否的关键因素。企业不断运用大量调查技巧判断哪个产品和广告最受欢迎，判断什么促销信息最能引起预设购买者的兴趣，他们还了解价格和分销偏好方面的信息。在《华尔街日报》（*Wall Street Journal*）的一次调查中，消费者被问及："如果你打算买一辆车，你认为什么最重要？"在近 3 500 名被调查对象中，不到 20% 的人只选择了一个原因（价格和型号并列第一）。[31] 这次调查再次加强了调查人员多年前早已知道的一个事实——产品购买决策是很多因素共同作用的结果。调查同样显示出，消费者经常表示希望产品有一系列特色，但他们自己却不清楚孰重孰轻，也不清楚自己心目中的理想价格。

在过去 20 年中，调查人员开发了一种**综合分析**（conjoint analysis）技术，以便了解消费者会采用哪些因素去评判一个产品。"这种技术的出发点是，在选择，比如说毛衣、机票或立体音响系统时，消费者会掂量一个产品或服务的方方面面——如价格、成分、包装以及技术规范等。"[32] 他们可能偏爱某家航空公司，但出于行程（中转或直航）或特价机票方面的考虑，他们也许会转而选择一家平时很少光顾的航空公司。

综合分析

用于判断消费者认为哪个产品利益最重要的一种调查技巧。

综合分析会考虑很多独立的因素，这些因素共同决定了消费者的偏好。对这些因素的高度重视，能够帮助我们洞察消费者在购物时如何权衡各种因素。运用得当，综合分析可以在企业强调那些对消费者毫无价值的产品特色时，帮助他们避免致命的错误。同样，这种调查技术还可以让产品设计人员和营销人员专注于目标购买者心中"好产品"应有的特色。

从这些例子中我们看到，广告成功的关键就是以产品开发为起点，从消费者的角度进行营销。对于很多企业来说，在营销过程中赋予消费者自主权的这个理念让他们赚到了口碑。世界知名的日用品公司——宝洁公司发起了"顾客就是老板"的年度活动。作为公司重视消费者的部分体现，宝洁公司要求经理们到客服中心去与消费者互动，到消费者家中与他们共度时光，或一起来一次购物之旅。[33] 这种自下而上、以消费者为中心的产品开发和维护模式与居高临下、将自认为消费者会购买的产品推向他们的模式全然不同。宝洁并不是唯一一家采用这种模式的企业，显然，后一种模式的失败率充分说明这种新方法早就该投入使用了。

销量、收入和利润潜力

通过在销量、市场份额、促销支出以及成本效率之间找到微妙的平衡，营销可以帮助企业获得利润。虽然现在大家都要求营销负起责任，但这个问题并不好解决。例

克莱普纳观点 2.2

约翰·亚当（John Adams）

弗吉尼亚州里士满，马丁广告公司（Martin）首席执行官

迈克·休斯（Mike Hughes）

弗吉尼亚州里士满，马丁广告公司董事长兼创意总监

约翰·亚当

迈克·休斯

马丁广告公司论广告

你可能会说，对当代文化影响最深远的机构不是联邦政府，也不是教堂，而是企业。虽然企业有好有坏，但不容置疑的是，企业每年花费 3 000 亿美元发出自己的声音，声音自然十分洪亮。

并且必须变成更好听的声音。

所以我希望您能拯救广告——脱离平庸，摒弃无用，摆脱自我陶醉，同时将它从单纯的功能性中解救出来，给它注入强大的力量。

将它从单纯抖机灵中解救出来，给它注入深沉的智慧。

将它从单纯号召行动中解救出来，给它注入提升自我的呼唤。

顺便说一下，您要是接受了这个任务，就应该知道自己属于少部分人，很大一批人并不赞同我们的观点。

对他们来说，劝服的艺术不过是又一种科学而已。

是乔装成真创意的流行和时尚。

对他们来说，消费者的智慧不可低估。

对他们来说，根本用不着这么麻烦。

对他们来说，广告的“广”字上面就一点，花一点力气就行了。

他们属于大多数。

但是你可以——并且必将——胜利。你有才能，有后援团。

Used with permission from, Mike Hughes, *Welcome to Our Beautifully Imperfect Company* (Richmond, VA: The Martin Agency, 2007).

如，尽管可以通过严格支出明细，并在必要时大幅度削减营销和促销支出来获得直接利益，但没有哪家企业依靠持续不断地削减成本来保持长久的成功。同样，市场份额和销售总额的增加在短期资产负债表上看起来很漂亮，但如果这种增长和利润的增长无关，则可能产生误导作用。即便是最巧妙的广告，即便是最幽默、最令人难忘的电视广告，如果不能直接给企业盈利带来任何帮助，就毫无价值（见图 2.10）。

虽然我们说只有头脑最简单的营销主管才会将销售和收入当作核心目标，最终导致企业利益受损，但实际上企业就是会采用众多营销战略去追逐利润。本节，我们将探讨知名企业获取长远收入和利润的四种主要途径：

1. *开发和扩大新产品利基市场以触达现有消费者。*沃尔玛一直都有一个鲜明而突

Courtesy of Blattner Brunner and Appalachian Stove Co.

图 2.10

除了企业利益外，Appalachian Stove 公司的这条广告还有什么目标？

出的品牌形象。但由于 93% 的家庭每年至少要在沃尔玛消费一次，结果沃尔玛占有了非常大的市场份额，导致它很难在未来增加盈利。沃尔玛最近发布了一项措施，鼓励目前在沃尔玛购买家庭日用品和内衣的高端客户将该店当作时装连锁店。为此，沃尔玛在《时尚》（*Vogue*）杂志上发布了一批展现真实消费者的广告，他们的购物环境比以前更加时髦。尽管这套广告的结果有待观察，但大多数观察者认为它不会导致沃尔玛丧失其当前的消费者基础。一名营销顾问说："只要产品够吸引人，就绝不会有风险。"[34]

2. *强调利润而非销量。*2006 年，福特汽车公司主席小威廉·克莱·福特（William Clay Ford Jr.）宣布，公司将裁掉 20% 的员工，并且关闭 14 家工厂。福特先生在通知中提到，公司正在摆脱"我们创造产品，他们购买产品"这个理念，不再按照生产能力策划产品。该计划大幅度削减生产以适应需求；不仅如此，福特先生还表示："从现在起，福特汽车的设计将以满足消费者而非工厂为己任。"[35] 在注重收入和利润而非销量和市场份额的战略思想的指导下，福特公司希望重新设计、引进一系列新车型。这次行动最终使福特公司在随后的不景气中免于破产。[36]

3. *强调短期市场份额而非盈利。*面对宝洁公司这个主要对手大幅度增加的广告和促销投入，高露洁公司（Colgate）决定在接下来的几年内降低利润水平，以便保护自家一系列产品品类的市场份额。针对宝洁公司和高露洁公司之间的战争，《华尔街日报》报道说："……未来几年，大型消费商品企业之间的市场份额之争可能伤及利润的增长。”[37] 高露洁公司一例说明，在制定营销战略的时候，企业必须要有长远的眼光。

4. *顾客跟踪——所有的顾客都是生而平等的吗？*广告的目标之一是为企业扩大顾客基础。有些企业不鼓励顾客一再光顾，因为有些顾客可能有损于企业的盈利。例如，保险公司拒绝为产品“使用”频率过高的人承保，而银行则对经常透支的人收取更高的手续费。如今，其他主流企业也纷纷开始识别并奖励自己的优秀顾客（比如利润最大的客户），同时利用一系列手段阻挡价值小的顾客。

显然，零售商不会拒绝任何一个顾客；而且，和保险公司不同，他们也不可能不提供购物待遇。但零售商会实施严格的退货政策，以防有人不断退货；同时，他们还会将价值小的客户从直邮广告和网络促销名单中剔除；此外，通过收银台扫描技术，零售商只会给要客发放优惠券，鼓励他们再次光顾。一位营销顾问曾指出：“划掉（剔除）顾客名字的做法是有争议的。但处理得当，其实很简单，就说自己财力有限，身为商人必须将钱投到回报最大的地方。”[38]

广告和促销的各个环节都强调以利润为基础，这种问责制导致广告的很多环节发生了重大改变。例如，现在广告公司获得报酬的依据是他们的工作为客户的利润做出了多大贡献，而不是他们设计的广告是否获奖，评估媒介购买时也是以投资回报率为出发点的。企业从来没有像现在这样全面重视营销和促销的各个职能，并越来越依据投资回报率来评估它们。

这种将重心向更精确地测量广告贡献率的转移，促使人们从更广的角度来看待广告可以完成什么、应该完成什么。例如，现在的广告主们认为，广告在*维持*销售和市场份额上的作用与在*提高*销售上的作用一样重要，因此很难按广告是保住了现有销量还是新增加了销量来判断其价值。然而，假设按维持现有消费者和寻找新消费者的成本来考量，则前者的整体贡献率实际上可能更大。对盈利、责任和技术的重视，使得对它们的测量更加精确，从而大大消除了过去那种以为销售和收益就等于利润的错误理解。

产品时机控制

成功的商业冒险行为，包括广告，往往要靠恰当的时机。从战略角度上看，广告时机包括两个因素的互相作用：产品开发和市场接受度。这两个因素就是营销决策和广告决策中至关重要的时机控制问题。

产品生命周期
一个品牌从推出到成熟，最终不改良则亡的过程。

在**产品生命周期**（product life cycle）的不同阶段，广告的职能也不同。图 2.11 向我们描绘了典型的品牌生命周期，它通常依次经历四个不同的阶段。在产品的推出和成长阶段，企业会大做广告，以期抢占优势，打压对手，建立一定的知名度。当产品发展到更成熟的阶段，广告战略就需要更长远的眼光，这时的广告目标一般涉及品牌资产及更长远的销售开发。因此，企业通常会在某种程度上以品牌的成熟度来评估自家的品牌。

产品推出决策以及随之而来的广告决策，是决定一家企业能否获得长久成功的最重要的两个决策。在新产品供应不稳定和产品革新的情况下，很少有企业能够长盛不衰。同样，如何将这些改良传播出去，这些改良准备针对哪个细分市场，这些因素都

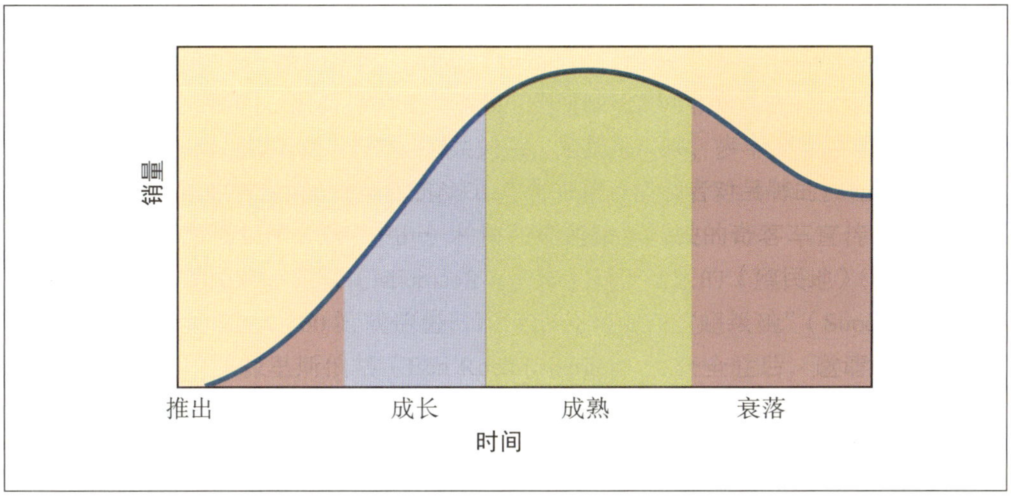

图 2.11

典型的生命周期的模式

会极大地影响到市场是否接受它们。关键是不要只跟随新潮流，而是要创新产品和服务，并充分利用它们在市场中的优势。“不要把真正的趋势和简单的流行搞混了，趋势是人们采纳或信奉的经济上、社会上及人类学上的一种长远变化。”[39] 宝洁公司的一项调查发现，男士也希望保养肌肤，但他们认为大多数护肤品都是给女性用的。于是，公司以 Boss Skin 品牌之名推出了一系列男士护肤品。在推出产品时，他们最重要的一个动作便是让印刷广告和电视广告都采用充满鲜明男人味的黑色背景，尾标则是“男人检验”。[40]

营销人员面对的一个大难题是，不管产品有多好，在消费者准备接受它们之前都很难硬塞给消费者。在过去的几年里，节能汽车业成为一个主要竞争领域，但是，如果不是现在油价高涨和公众环保意识提高，很难说这些汽车能否被大众接受。事实上，在极短的时间内，“节能”就从很多买主的一种附加利益变成了一种营销利器。实际上，每一个本土和外国汽车制造商都在销售节能汽车，并在广告中将节约燃料作为主题。正如戴姆勒－克莱斯勒公司（Daimler-Chrysler）的一位发言人所言：“我们在努力宣传本公司产品的节能性，将来你们还会看到更多。”[41]

我们再来看看另外两个例子：一个是制造“趋势”，它最终变成了一种风尚；另一个则希望开发出紧跟趋势的产品。低碳水化合物饮食将借助体重保持方法进行一场革命，从而创造出一个以高蛋白、低碳水化合物为基础的新食品产业。罗伯特·A.阿特金斯（Robert C. Atkins）博士发明了阿特金斯饮食法，并推出了一系列相关的饮食计划，为追捧者提供了上百种产品。然而，很多人认为这种饮食法太严格，很难长期坚持。很快，食品生产商们一个接一个地召回了低碳水化合物食品。尽管很多节食者放弃了阿特金斯节食法，但他们并没有放弃减肥的念头。为了迎合这类受众，大批企业开始推出“分量控制”产品，让人们在享受美食的同时仍然能够严密监测卡路里的摄入。雀巢公司（Nestle）和好时公司（Hershey）都推出了 90 卡糖果，希望能同时兼顾人们的体重控制和口腹之欲。一位营销顾问观察到：“‘对你更好’的饮食方式正在成为越来越多的人选择的生活方式，很多企业自然会顺水推舟，努力让自家的产品告诉消费者它既可以维持体重，又可以使人安心尽享美食。”[42] 只有时间能证明这些产品是否能引起消费者的共鸣。

市场时机控制关心的是先做什么事而不是做什么不同的事。例如，婴儿产品生产商就很清楚，他们的主要市场目标是新生儿的母亲。过去，触达这一市场的大多数战略都是在新妈妈生产后尽快和她们取得联系，例如在新妈妈离开医院时向她们赠送婴儿产品试用装。好奇纸尿裤的生产商金佰利－克拉克公司（Kimberly-Clark）就决定在女性怀孕时就尽快与她们建立联系，以此来参与竞争。该战略的重点是扩大网络曝光率，不仅向准妈妈们介绍公司的婴儿产品，也回答和解决新妈妈和准妈妈们最常见的问题。公司“……700 万美元的营销投入就是为了在女性怀孕后尽快给她们提供帮助，这个设想就是建立一种联系，以便新妈妈们在购买第一包纸尿裤时首先想到好奇”[43]。

时机控制往往关系到战略，涉及消费者和营销人员双方的长远决策（见图 2.12）。然而，时机控制同时也关系到战术，涉及与特定活动、场合相关的销售。例如，如果天气预报说有雨，那么某家大型百货公司往往就会在第二天的报纸上换上雨伞和雨衣的广告。超级碗比赛期间，星期天是比萨外卖最火的日子，尤其是在那些派出了球队参赛的城市。为了应付比平时高出 400% 的订单，商店会取消司机的休假，准备更多的比萨和鸡翅，付给员工加班费；有些商店还会给司机安装无线收音机，以免他们在送外卖时错过比赛，从而减少旷工现象。多米诺（Domino）比萨饼店则在店内安装电视机，以便员工预测订单状态——订单高峰期往往出现在广告和中场休息时间。[44]

时机控制也是广告日常职能的一个重要部分。广告公司的媒体策划人员每天都要处理时间安排问题。电视广告应该安排在黄金时间还是白天或深夜？广告应该是 30 秒还是 1 分钟？报纸广告应该安排在周末还是周三的报纸上？杂志广告投放在周刊还是月刊上更有效？在什么情况下、怎样安排最有效？每期投放还是每四期投放？下一章，我们会更详细地探讨产品成熟度、市场认可度这些因素，它们是制订切实可行的营销计划和广告计划时必须着重考虑的因素。

产品差别化

产品差别化

能够将不同品牌区别开来的独特的产品特质。

产品差别化（product differentiation）指在目标受众眼中，一个产品和其他同类产品的不同之处。尽管这种差别可能是由于有形产品的物理特性造成的，但它往往也可以建立在产品的某些无形差别上，包括广告创造出来的品牌形象。“消费者对品牌价值的感知来自很多方面，但基本上都是根据创意——理性的或感性的——来区别一个品牌和其竞争对手。”[45] 只有在消费者看重这种差别的时候，差别化才有意义。如果消费者认为某个产品更好，那它就是更好——不管有没有负面评价。

没有建立在有意义的差别基础之上的强有力的品牌识别，消费者往往会认为所有同类品牌都是可替代的。如果品牌之间没有实际的或感觉上的差别，消费者就会将产品当作一般的商品，在购买时也就更倾向于将价格当作首要差别。如果价格成为首要差别，品牌为了保住市场份额而不断大幅降低价格，利润就会受到伤害。这就是为什么产品的唯一特性在市场上占有如此大的优势（见图 2.13）。

前面讲了，唯一特性是消费者感知的问题。例如，如果你做一项调查，询问潜在汽车买主哪个品牌的汽车“最安全”，绝大多数人可能都会回答沃尔沃（Volvo）。的确，由于这个品牌与安全性之间的联系极为紧密，以至于该汽车制造商觉得将沃尔沃的定位延伸到性能和生活方式上也不会有什么风险。为了吸引更多的消费者，沃尔沃为其 2006 年车型推出了一个新主题：美于形，安于心。尽管这条广告可能也宣传了其他特点，但正如沃尔沃一位主管的评论那样：“安全永远是我们的主题之一。”[46]

Courtesy of Huey+Partners.

图 2.12

你会在产品生命周期的哪个阶段宣传运动鞋提高运动表现的这种能力?

产品差别化最重要的一个元素，就是对如何实现产品差别化保持开放的心态。如果一个产品包含了一堆利益，那么我们在让产品的差别富有意义时，就必须要着眼于整个那一堆利益。产品差别化通常涉及一些细微的改变，这些改变要么在产品方面，要么在广告传达出的产品定位方面。例如，在一个到处都是熟食店、三明治店的市场，奎兹诺斯（Quiznos）就通过其烘焙三明治确立了自己与众不同的地位。从 1981 年开业以来，奎兹诺斯在美国和其他 15 个国家共开设了 3 000 多家分店。这家连锁店面临的问题是，其与众不同的烘焙三明治在很多更大型的连锁店中也有销售，如赛百味（Subway）和其他很多特许连锁店。面对日益激烈的竞争，奎兹诺斯是否能继续以自己的烘焙三明治作为独树一帜的差别化手段，还有待考证。这个状况确实尖锐

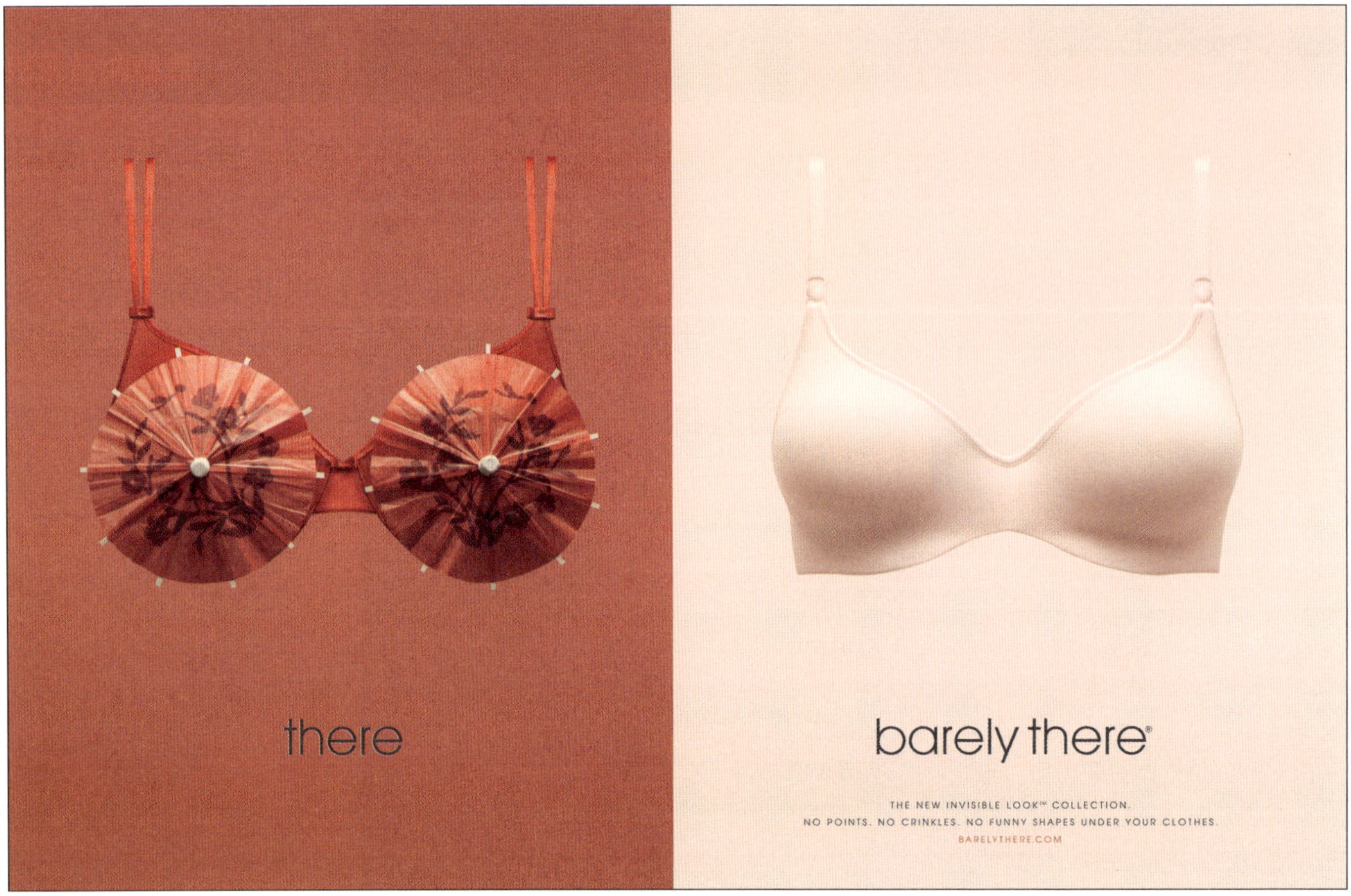

Ads courtesy of The Martin Agency.

图 2.13

Barely There 想表现什么特质、什么利益，以示和其他贴身内衣的差别？

地指出了一个问题：基于特质之上的产品差别很容易被对手很快复制。

在企业追求产品差别化的时候，他们关注的是产品功能，手机这类产品就面临着产品差别化这一大难题。调查发现，大多数手机用户对自己的手机、供应商服务、呼叫区域都很满意。在这种产品环境下，价格便成为人们选择品牌时压倒一切的推动力——但无疑会牺牲企业的利润。由于消费者认为服务和功能一样重要，因此，手机业大鳄之一摩托罗拉（Motorola）便决定靠设计来赢得竞争。RAZR 手机旨在抓住年轻人这个市场，它的名称就采用了短信和网络通信中的简写拼法。在 RAZR 手机的推动下，摩托罗拉从 2001 年落下一大截的第二名，一举而跃进第一名，在美国市场里占据了 36% 的份额，同时也在国际市场上大展拳脚。[47] RAZR 这个例子说明，在追求独树一帜的差别化时，“福利套装”的各个部分都必须接受消费者的检验。

在结束产品差别化这个话题之前，我们应该讲讲这个过程中的两个重要因素。首先，在企业开始着手区别自己的产品时，他们应该记住，产品的差别化同样也是一种目标市场营销方式。他们在为吸引特定市场而给自己的产品定位时，往往也会同时征服那些追求在品牌中未强调的特色的消费者。高性能操作性、梦幻设计、炫目色彩、奢华内饰的运动型汽车由于更直接地针对高端汽车消费市场，自然就将那些对价格敏感的家庭型买主排除在外了。

其次，企业在制定品牌差别化战略时要承担特殊的责任，广告主有义务宣传产品的差别，因为对现代广告的诸多诟病就是说它试图模糊、淡化产品差别的重要性。毫无疑问，有些广告宣传的是根本不重要的产品特色，但最优秀、最成功的产品向我们证明了其与对手之间的差别所产生的价值。

价格

在决定产品价格上，生产成本和营销成本扮演着至关重要的角色，但是定价战略远比单纯覆盖成本、获得合理利润复杂得多。事实上，价格大部分时候是由消费者对产品价值的有利看法所支配的——从某种程度上讲，是广告造就了这个看法。“定价权一直以来都是品牌价值的最终裁决者——向消费者的要价远远高于提供产品和服务的成本，营销人员的这种能力基本上取决于消费者对他们的产品的看法。”[48] 从这方面来看，价格与产品差别密切相关。

在很多情况下，品牌价值和其客观价值关系并不大。事实上，广告的一个主要职能就是在产品价格和每个消费者平摊到的产品价值之间创造、制造有利差距。这种**价值差距**（value gap）越大，产品和其他价格竞争者之间的距离就越大。价值差距这个概念强调，价格本身并不是建立长远竞争优势的万全之策。

价值差距

产品标价和消费者认为的产品价值之间的心理差距。

在市场和消费者心中给产品定位时，价格的设定是一个关键因素。在每个产品品类中，至少有一些消费者细分群体会将价格与价值等同起来。虽然事实上他们只不过是花了更多钱买这个产品，但他们获得了心理上的安慰。价格同样也决定了谁是你的对手。例如，福特福睿斯（Ford Escort）的买主对价格很敏感，他们就和奢侈型汽车如宝马（BMW）、奔驰的消费者不属于同一个市场。应该将定价战略视为整个营销策略的有机组成部分，不能仅仅将其视为覆盖成本一种方式。“……你应该比对手定价更高还是更低呢？应该水涨船高吗？这些选择又会传递出关于你、关于整个公司的什么信息呢？”[49] 只需比较一下沃尔玛这类折扣店和尼曼（Nieman-Marcus）高档零售店广告，就可以看到价格定位是如何支配讯息的基调和内容的。

尽管价格长期以来都是营销人员主要关注的话题，但新技术使营销人员得以更灵活、更精确地将价格和特定细分市场、季节性销售以及产品线内的某个特定项目联系起来（见图 2.14）。很多营销人员一直用一种名为**产量管理**（yield management）的战略来平衡供需关系。酒店会提供周末特价，以期弥补商务旅客减少造成的损失。汽车租赁公司会根据季节需求提供特价，以此作为一种产量管理形式。很多时候，这些定价战略的成败更多的是依靠直觉而非可靠的数据。然而，随着能够识别出价格敏感型消费细分群体的软件的出现，这一过程变得更复杂、更可靠了。就零售而言，调查技术能帮助经理们将每个店面当作自家的一个独立市场来分析。我们所知的“可变定价战略”能够“在不同时间为每一个顾客提供不同的价格”[50]，目标就是既不因为给价格敏感型消费者提供成本高的商品而导致销量下降，也不因为销售低于高端消费者价格预期的产品而蒙受损失。

产量管理

为控制供需而实行的产品定价策略。

我们应该搞清楚，我们并不是在贬低低价战略，它是一种合法的营销工具和广告战略，可以在营销过程中发挥重要作用。很多成功产品的定价都在同类产品中处于定价区域的低端。视产品类型的不同，定价战略既可以是新产品进入市场的方式，也可以是成熟产品进行产品差别化的方式。在价格上占有优势的新产品可以立刻崭露头角。

定价是营销和广告领域中被研究得较多的课题之一。恰当的定价战略是创收的必要条件，也是一个企业能够屹立不倒的必要条件。然而，我们很少见到哪个品牌在缺

Courtesy of Homer TLC, Inc.

图 2.14
以低价提供知名品牌产品完全可以成为很多零售商的一个重要战略。

少其他品牌价值定位的情况，通过低价战略获得长远的成功。价格在广告战略中也扮演着重要角色，因此创意广告计划很难对目标受众的基本价格 / 价值感受视而不见。在很大程度上，品牌的定价战略决定了可以采用哪种营销战略，决定了促销和销售特定品牌的广告成功与否。

广告重要性的变化

由于各家企业的营销目标不尽相同，竞争环境、产品线以及消费者基础不尽相同，因而我们期望广告计划能展示出企业之间所采用途径的明显不同。图 2.15 表现了很多重要企业在广告和收入比上的巨大差异。即使同在一个产业，各企业在广告的使用上也经常表现出很大的差异。不管是在极少数不使用广告的企业，还是在将所有营销传播预算都分配给广告的非同一般的企业，广告投资都呈现出一种持续下降的趋势。

大多数公司都将广告和其他一些促销活动组合在一起运用。广告在企业的促销战略中扮演的角色取决于以下几个方面：

1. *企业对不同营销传播渠道的偏重*。在一个传播选择权大幅扩大的年代，营销人员有了更多的选择来有效地触达自己的目标受众。例如，1994 年至

2004 年间，排名前五的五家航空公司削减了三分之一的广告开支，转而选择与自己的最佳客户进行一对一的沟通。“有了大量的顾客信息——他们到哪里旅行，多久旅行一次——航空公司便可以向忠诚会员提供经细致调整后的优惠待遇。”宝洁公司——30 秒电视广告的企业代名词——已经开始将大量经费从电视广告转移到产品植入上，即花钱将产品植入不同的电视节目。同样，随着销售百分比从 2002 年的 4.8% 下降到 2005 年的 3.3%，通用磨坊（General Mills）也削减了自己的广告预算。据该企业所称，这次削减是因为他们开始使用非传统新媒体，包括网络以及手机短信测试。[52]随着很多主流企业开始尝试网络营销、事件营销、口碑广告以及公共关系活动，我们将看到这样一个趋势：投向它们的资金将会增加，或者以前投向传统广告媒体的资金将转移过来。

2. *销量大往往会降低广告 - 销售比。*商品销量大的企业投入广告的资金往往占其销售额的百分比更低。从某种程度上讲，这些企业的消费者多年来经受品牌故事的浸润，企业只需提醒他们某个品牌，根本不用“销售”。此外，销量最大的品牌同时也是市场上最占支配地位的品牌，通过传统广告触达新顾客可能是白费功夫。

图 2.15

对广告的依赖。

广告支出在 100 名精选全国性广告主的全球收入中所占的份额。美容护肤品卖主雅诗兰黛位居榜首，沃尔玛效率最高。

最依赖			最不依赖		
全国性广告主领导品牌排名	广告主	2005 年广告支出占销售百分比（%）	全国性广告主领导品牌排名[1]	广告主	2005 年广告支出占销售百分比（%）
30	雅诗兰黛[2]	28.6	40	沃尔玛	0.5
100	莫尔森 · 库尔斯酿酒公司	13.2	37	惠普	1.3
20	联合利华	12.6	23	家得宝	1.3
78	美泰	12.1	48	戴尔	1.4
3	时代华纳	11.8	57	IBM	1.4
65	耐克	11.7	86	贝尔南方	1.5
41	吉列[3]	11.5	6	戴姆勒 - 克莱斯勒	1.7
61	帝亚吉欧	11.3	5	美国电话电报公司	1.9
68	可口可乐	10.7	36	塔吉特	2.0
2	宝洁	10.4	13	丰田汽车	2.0

注：100 名全国性广告主披露的广告支出最新财年数据。1.《广告档案》（*Ad Age*）2004 年全国性广告主领导品牌。2. 含促销支出。3. 2004 年数据；宝洁于 2005 年收购吉列。

资料来源：Bradley Johnson, “R&D vs. Ads in Battle for Bucks,” *Advertising Age*, May 1, 2006, pg. 1.

3. *竞争企业很多和/或竞争广泛的产业*。零食业公认的领头羊是百事可乐旗下的菲多利公司（Frito-Lay）。除了旗舰品牌菲多利，还有乐事（Lay's）、奇多（Cheetos）、多力多滋（Doritos）、多堤士（Tostitos），这些品牌是该公司得以统治整个咸味零食业的标志性品牌名称。虽然菲多利公司占有该品类的统治地位，但他们最近却增加了50%的广告预算[53]，理由是很多像纳贝斯克（Nabisco）这样的公司大举进军市场，推出了小包装的饼干、薄脆和糖果。虽然菲多利公司一直保持着咸味零食品类的统治地位，但他们已经意识到零食业的竞争并不仅仅限于咸味零食，任何零食产品都可能加入竞争者的行列，因此，菲多利公司加大了对核心品牌的广告支持力度，希望此举可以让自己避免丢失市场份额。

4. *竞争普遍和产品差别感微弱的产品品类*。在所有广告主中，汽车制造商的广告支出最多，这个行业的重磅广告投入反映了大型制造商之间为维持和扩大市场份额而展开的竞争是多么激烈。有趣的是，第二名是通信公司，他们也面对着同样的营销挑战。

5. *销售额逆转，市场份额下滑*。一般认为，广告是增加销售和提高顾客使用率的一种工具，但广告也常被用作阻止市场份额减少和销量下滑的自卫武器。我们将在第六章谈到，同类产品中的小品牌必须按更高的销售百分比来划拨广告经费，这样才能与大型竞争对手分庭抗礼。与大多数行业相比，汉堡王（Burger King）和温蒂汉堡（Wendy's）这类企业的广告投入已经算是重量级的了，但和麦当劳一比就显得微不足道了。

以上几条并没有将在特定营销传播计划中决定广告支出水平的所有因素都涵盖进去，但它们确实说明了企业在决定广告所扮演的角色时必须考虑的诸多可变因素。很多企业——甚至那些产业线相似的企业——不仅会将不同程度的广告当作营销传播组合的一部分，还会在媒体使用、广告插入排期以及讯息传播上采用差别极大的广告计划。广告资金的分配是一种持续的、变化的、动态的营销管理，有时广告角色的改变只是为了避免受众因长时间面对同样的营销传播组合而感到腻烦，但实际上，广告最有可能因为营销环境中出现了某些特殊变化而被叫停。

广告与营销渠道

5 了解广告战略的基本组成部分和考虑因素。

营销最重要的一个方面是营销渠道的开发。图2.16向我们展示了一个传统的营销渠道模式，从中可以看出，产品和传播都是从生产商流向消费者的。组织有序的营销渠道能够凭借产品从生产商、批发商和零售商触达终端消费者这一活动创造出效率。就营销渠道的效率而言，最重要的是有效的传播，包括广告。我们每天看到的广告大多数都被称为*消费者广告*，因为它们都针对渠道终端的消费者。然而，在将产品推向营销渠道的各个生产和销售层级时，广告也扮演着重要角色。

在20世纪的绝大部分时间里，营销渠道的基础一直保持未变。为了触达同行业内相似的消费者，每一种产品和服务都开发了一定的销售方法。然而，在过去10年中，新技术开始改变营销渠道各因素之间早已有的关系。例如：随着越来越多的游客直接从航空公司和酒店网站订票、订房间，旅行社的生意日益下滑；数码相机很快便

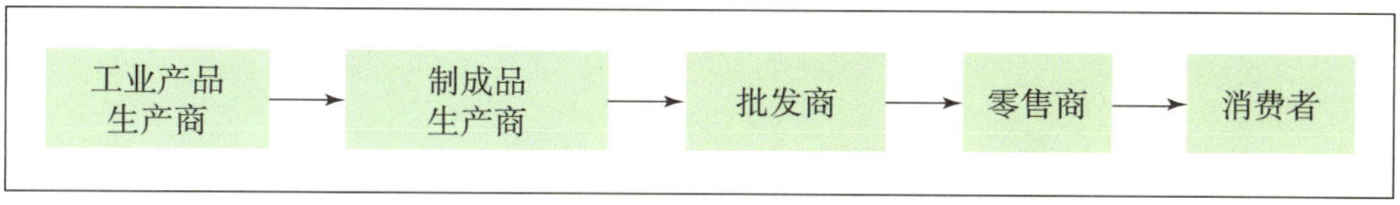

图 2.16
传统营销渠道正在经历重大改变。

使得对胶卷和胶卷冲印的需求荡然无存；越来越多的消费者在家用电脑上制作图片并通过电子邮件发送，完全将复印机和打印机晾到了一边。同样，网上音乐下载也影响到了音乐营销渠道的各个环节——从大型录音棚直至当地的音像店。我们在探讨销售渠道时应该注意到，“传统”营销渠道已经大幅度地被针对每个销售商的销售和营销传播系统替代。

最根本的一个改变是消费者对营销和传播渠道的掌控权。例如，68% 的新车买主不是从官网上获取信息，37% 的新车销售是通过网上订购实现的。[54] 调查研究突出了网络作为营销传播工具在众多产品品类和细分市场中的重要性：超过一半的电子产品购买者表示，他们在选购产品之前都上网收集过信息；约 25% 的购买者会花 3 个小时调查自己要购买的东西。一位电子产品销售商评论到：“人们不仅利用网络来收集品牌方面的信息，还利用网络来收集产品选择、产品变化和产品价格的信息。”[55]10 年前，网络还是一个男性占压倒优势的传播渠道，但最近几年，随着越来越多的女性开始利用便利的网上交易，这一切发生了戏剧性的改变。新手妈妈们说，因为网络，她们减少了外出购物的次数，32% 的新手妈妈说她们到商场购物的次数减少了。整体而言，有 78% 的女性说她们会利用网络来获取产品信息。[56]

尽管网络大大增加了传播和销售的选择性，但它仍旧没有改变最基本的决策过程。营销战略不仅决定了广告的角色和预算，在媒体选择决策上也发挥着重要作用。比如：如果计划使用优惠券进行促销，就可能需要印刷媒体战略；如果决定展示产品的特色，就意味着可能要动用电视或网络媒体；如果销售讯息比较复杂，就可能要利用杂志媒体；而如果采用地方性广告战略，则可能要将讯息放到报纸或广告媒体上。

在本章的剩余部分，我们会看一下广告如何在行业和营销渠道的各个环节发挥作用。虽然你非常熟悉消费者广告，但它只是将产品送到市场上的众多手段之一。无论广告的受众是谁，有效的广告都必须在两个方面获得成功：（1）传播；（2）实现营销目标。

针对性与期限

也许，评估广告在营销过程中的地位的最简单的方法，就是评估预期的传播效果有多大的针对性，评估这个效果应该发挥作用的*期限*。换句话说，广告应该完成整个销售任务的多少？我们期望在多长期限内完成这项任务？

旨在以产品购买为直接反应的广告叫作*直接行动－短期广告*，大部分零售广告都可以被归为这一类。如果在当日晨报上刊登了牛仔裤广告，那么下午就应该卖得出。作为一种直销工具，旨在一个更长的时间范围内产生作用的广告叫作*直接行动－长期广告*，这类广告针对高价产品（如洗衣机和轮胎），这些产品的购买决策要考虑很多因素，而且购买周期也相对更长。

另一种广告包括那些被当作间接销售工具的广告，这类间接广告旨在影响某个产品的长远销售，通常只宣传生产商的一般属性而非具体的产品特性。绝大部分机构广告或公关广告都属此类，但补救性公关广告除外，它的目的是消除与产品安全、劳工问题等有关的负面舆论。

大多数广告的目的都是推动产品或服务穿过营销渠道的层层环节，而每一层的广告目标和实施策略都会有变化，广告战略也会随着所针对的目标受众不同而大为不同。在接下来的一节，我们将探讨同时针对消费者和企业的几种广告。

针对消费者的广告

全国性广告

6 认识针对消费者的四种广告。

全国性广告

通过不同经销商销售商标产品或服务的营销商所发布的广告，与地方性广告相对。

零售广告

直接面对消费者的零售商所发布的广告。

在广告领域，**全国性广告**（national advertising）一词具有特殊的非地理性含义：它指通过不同经销商或商店销售注册商标产品（品牌）或服务的广告主所发布的广告。因此，很多地方啤酒品牌的广告也被视为全国性广告，尽管这些品牌产品的销售可能仅限于一个州或更小的区域。不管我们探讨的是一家地方小公司还是像汰渍、雪佛兰或耐克（Nike）这样的国际品牌，所有的全国性广告都有若干共同的特性。例如，全国性广告大多提供普遍、概括性的产品信息。因为零售商通常采取不同的政策和商业惯例，因此全国性广告经常省略或只笼统地提一下价格、零售供应甚至服务和设施等信息。与此相反，**零售广告**（retail advertising）通常会提供价格信息、服务和退货政策、商店地址以及营业时间，这些都是全国性广告主通常无法提供的信息。然而，在过去 10 年中，由于全国性广告主渴望密切与目标消费者沟通，这种需求迫使全国性广告不得不采用更加个人化的语调。

20 世纪 80 年代后期，很多全国性广告主开始以地理为标准决定广告的目标——最初以区域为基础，然后逐渐变成以市场为基础。但近来，随着消费者调查的完善和技术的进步，全国性广告主已经开始识别和触达更狭小的细分市场，某些情况下甚至能够识别和触达消费者个体（见图 2.17）。家庭网络渗透率的提高和零售层面的扫描数据，有利于全国性广告主以个人生活方式和产品使用特性为基础，向消费者提供专为他们量身定做的讯息。

零售（地方）广告

在过去 20 年中，零售业经历了翻天覆地的变化，这些变化在广告和促销中都有所体现。毫无疑问，零售业最重要的改变是，无论在什么地方，都有一家或十几家商店从地方性或区域性商店变成在全国拥有 1 000 多家商店的全国性连锁店。在过去的一个世纪里，零售业的聚合改变了很多零售惯例。聚合不仅对迫使地方拥有的独立商店的停业有明显影响，而且对零售营销管理方式也产生了很大的影响。

零售业越来越集中到一两家零售商的手中，而越来越多的消费者则喜欢“一站式购物”而非到几家独立商店购物，这样他们就可以在一家店里办齐从生活用品到眼镜选购、理发、家用轿车护理等所有事情。零售业的这个新景象甚至让零售商分类都变得很难。沃尔玛到底是作为日用品店与克罗格（Kroger）竞争呢，还是作为服装店与塔吉特（Target）竞争呢？克罗格到底是花店呢还是药店？他们销售切花，但同时又是很多市场的处方药销售大户。塔吉特到底是高端折扣店呢还是低端百货商店？如果这家百货商店提供购物手推车，集中结账，只有几个售货员，那它还算是百货商店吗？

Courtesy of Jumbo.

图 2.17

哪个细分市场会觉得 Jumbo 苏打水最有吸引力？Jumbo 是一个全国性广告主还是区域性广告主？

向全国零售市场的进军导致报纸和地方广播电台出现了明显的分化，在零售商转而制订全国性促销计划的形势下，报纸广告支出更是表现出了明显的变化。过去 10 年，大多数大型报纸的广告页大幅减少，而这种趋势还在继续。假设零售业的每个细分一直聚合下去，那么，观察员们就很难在短期内看到什么逆转。

稍后我们会探讨，零售聚合同样也改变了零售商和生产商之间的关系。对生产商来说，现在，能否获准进入这些超大型商场就变得至关重要了，因为这些超大型商场往往给每一个零售商提供大批产品、销售计划和促销服务。例如，根据个别零售商的具体要求加工生产产品，为某个连锁店制作独一无二的店内促销和广告。与此同时，生产们发现自己与商场自有品牌之间的竞争越来越激烈。实际上，他们遇到了一些强劲的对手。

制成品广告

英特尔（Intel）计算机芯片、莱卡（Lycra）和阿斯巴甜（NutraSweet）这些产品

制成品广告

通过宣传产品原料——如特氟龙和阿斯巴甜——来刺激消费者需求的广告。

有什么共同之处？那就是消费者很少直接购买它们！但消费者会购买含有这些东西的产品。对这些产品进行的促销就叫**制成品广告**（end-product advertising，又叫品牌原料广告），它们的最大用户是消费品原料生产商。成功的制成品广告能够刺激消费者对某种原料的需求，从而提高某种产品的销售。一旦知道生产商正在创造消费者需求，企业就会受到鼓励，进而在自己生产的消费品中使用这些原料。

20 世纪 40 年代，杜邦公司（DuPont）开始宣传特氟龙不粘涂层，首开制成品广告的先河。很快，消费者就把特氟龙和好用的厨房用具联系起来，有特氟龙标志的商品售价高昂，并很快赢得了消费者的忠诚。不过，尽管生产商能从中得到明显的好处，但要通过制成品广告来刺激需求却并非易事。英特尔公司花了近五年时间，才让消费者在购买电脑的时候开始主动寻找英特尔这个品牌。因此，不管这种原料是否优于其他原料，都必须让消费者相信这种原料能为最终的产品添砖加瓦。事实上，这些原料通常在产品中并不显山露水，这就使得销售任务更加艰巨，因此需要大量的广告，以便让消费者意识到它们的优势。成功的制成品广告都是那些在消费者做出购买决策时能提供有意义的差别的广告。虽然制成品广告只是广告领域的冰山一角，但它在很多产品品类中却至关重要。

直接反应广告

直接反应广告

直接营销过程中投放的任何形式的广告，它会利用所有媒体类型：直邮、电视、杂志、报纸、广播。它是邮购广告的替代词。见直接营销。

直接营销和**直接反应广告**（direct-response advertising）都不是新鲜事物。在美国，本杰明·富兰克林被公认为目录直销的第一人，该目录于 1744 年出版，主要推销科学和学术书籍。1872 年，蒙哥马利－沃德公司（Montgomery Ward）出版了直销目录，标志着当代直销业的诞生。自此之后，直接反应广告在手法和媒体上都发生了巨大改变。但仍然有一样没有变，那就是必须利用量身定做的个人化讯息来触达消费者。尽管在过去的 50 年中直接反应广告一直在稳步发展，但 21 世纪却是直接反应营销的时代。

随着越来越多的广告主将资金从传统大众媒体转而投向目标更精确的载体，直接反应广告支出不断增长，超过了 1 700 亿美元，几乎占全部广告支出的一半。其中，消费者直接反应广告支出占 54%，剩下的则为企业对企业电子商务广告。[57] 直接反应广告支出中最大的一块是直邮，占总支出的近三分之一；而网络广告支出则成为增长最快的一块，这也是意料之中的事。尽管电话营销支出仍旧很高，但电话黑名单将如何影响这个产业的长远健康，则还有待观察。有 9 000 多万户家庭签名参加了电话黑名单活动，看来，面向消费者的电话营销未来或许会面临很大的障碍。

新技术，比如网络和其他交互媒体，为直接反应广告的未来发展提供了助力。此外，传统媒体广告主也会逐渐吸收直接反应广告的技巧，例如，印刷广告和电视广告就普遍提供“800-”免费电话，为消费者开辟一条直接购买或获取额外产品信息的渠道。不仅如此，有线电视购物频道、录影带和 DVD 还可以让消费者们在坐在客厅下订单之前，有机会看一眼商品的“实物”。未来是光明的，各种交互媒体形式甚至可以提供更新鲜的与潜在顾客进行沟通的途径。

7 认识针对企业和专业人员的广告类型。

针对企业和专业人员的广告

广告当中有一部分非常重要但却不为普通人所见，因为它针对的目标是零售店、医生、住宅建筑施工人员、批发商以及其他活跃在营销渠道各环节的人。不过，其中发展最快的一类是企业对企业广告（B2B），而它所要求的广告战略与消费者广告迥然不同。尽管商业出版物仍然是B2B营销的一个主要工具，但和传统媒体相比，人员销售、电话营销、其他直接反应形式以及网络在B2B广告支出中显然占有更大的比例。

B2B广告与消费者广告的另一个重大差别就是它们各自所采用的讯息不同。尽管所有的广告都必须激发消费者的兴趣，吸引他们的注意，但事实上，B2B广告很少有消费者广告中的那种感性诉求。B2B广告的讯息不仅针对特定的行业，也针对这些行业中特定的职业类别。赢利诉求在B2B广告中比比皆是，比如某个产品如何消除停工期，如何减少顾客投诉，如何节约时间和资金，如何有助于企业的整体效率和利益。这些，都是B2B营销的基本主题。

与消费者购买行为相比，B2B广告还必须考虑购买过程中的主要差异。消费者的购买行为一般都非常直接，在做出购买决策时可能受到一些外部因素的影响，比如孩子就能决定一个家庭在快餐或麦片上的偏好。但这种因果关系与很多B2B采购中的正规模式毫无相似之处。与典型的消费者购买决策相比，典型的B2B购买决策具有明显的差异。例如：

1. 企业的购买决策往往涉及很多人，包括那些实际实施购买的人、直接或间接影响决策的人以及实际使用产品或服务的员工。
2. 机构产品和行业产品的购买通常都有准确的技术规定，要求买卖双方都非常了解产品。
3. 很少冲动性购物（行业买主不会在购买沉重的机械或硅片时突然有“想炫一下的欲望”）。
4. 通常购买金额巨大，大多数消费者的日常消费或房屋贷款和它一比就小巫见大巫了。[58]

商业广告的分类

同业广告

同业广告（trade advertising）通常由生产商发布，针对营销渠道的中间环节——通常为批发商和零售商。同业广告强调产品收益以及生产商将给予零售商的针对消费者的广告支持。除此之外，同业广告还会推广零售商运营所需的产品和服务。货架广告、清洁服务广告、收银机广告以及为消费者购物而储存的实际消费品的广告，都是同业广告的一部分。

> **同业广告**
> 针对批发商、零售商或经销商这些产品销售渠道而发布的广告。

同业广告具有以下几个目标：

1. *获得额外销售*。生产商们热衷于增加销售其品牌的批发店和零售店的数量。
2. *提高同业支持*。生产商们和其他无数品牌竞争货架陈列空间和经销商的支持，而同业广告能说服零售商给产品留出最有利的位置或采用生产商的售点宣传材料。
3. *公布消费者促销活动*。很多同业广告会提供未来的消费者促销活动时间表，

克莱普纳观点 2.3

唐·佩里

唐·佩里（Don Perry）

福来鸡公司公共关系部副部长

公共关系的杠杆作用

在福来鸡公司（Chick-fil-A）的整个历史中，公共关系在品牌的建立、维持和保护上一直发挥着决定性作用。事实上，特鲁特·凯西（Truett Cathy）应该说是这家公司的“公关”第一人。凯西不仅天生就是一个企业家，而且还是一个表演家。尽管他没有接受过正规的营销训练，但是凯西命中注定会打造品牌，更不要说他与生俱来的公关实践能力和对宣传的灵敏嗅觉。

在这家连锁店成立之前，凯西依靠自己天生的推销本领和宣传技巧，为他的新产品起了名字，申请了营业执照，并最终围绕着这个产品创办了一家连锁餐厅。福来鸡连锁店最初的营销努力主要靠公共关系来推动：

- 福来鸡餐厅盛大开业。
- 领导奖励机制（奖励合格餐厅的员工 1 000 美元）。
- “成功象征”奖（通过与林肯公司和福特公司合作，凯西奖给超额完成销售任务的经营者一辆车，以资鼓励）。

随着公司持续发展，福来鸡的品牌优势也随之持续发展。为了保护和扩展品牌，对公关职能规范化的需求越来越迫切。到 20 世纪 80 年代早期，福来鸡的年销售额已经超过 1 亿美元。

正在福来鸡享受成功喜悦的时候，竞争对手开始注意到他们的成功，也开始一个接一个地推出自己的鸡肉三明治。这些竞争对手包括那些业界霸主——快餐业三巨头，他们的广告预算都达到数百万美元，而和竞争对手相比，福来鸡的广告预算曾经是——现在仍然是——相形见绌。既然在广告曝光上无法靠钱来比拼，连锁店只好重点依靠地方营销和公共关系。

到 1983 年，福来鸡已开设了 281 家连锁店，覆盖了从新泽西到亚特兰大再到加利福尼亚的所有商场，销售总额达到 1.36 亿美元，福来鸡聘请了唐·佩里为第一任公共关系经理。佩里回忆说：“我从史蒂夫·罗宾逊（Steve Robinson）那里得到的指示很简单——让特鲁特·凯西和福来鸡崭露头角。”

佩里到福来鸡的最初几年就是和凯西一起四处奔走，讲述福来鸡的故事，派送样品，公司的领地越来越大（无论是餐厅和宣传，还是品牌建立），远远超出了自己当初发家的东南根据地。

每一次开业，凯西都尽力参加，并接受每个城市的媒体采访。据佩里说，能有这么一位随叫随到又愿意和媒体打交道的老板，是每一个公关经理梦寐以求的事。

随着连锁店在地理上的扩张和数量上的增加，公关职能也必须做出适当的调整了。由于覆盖的州越来越多，后勤人员已经无法保证和特鲁特

并向零售商证明生产商正在用他们自己的广告给品牌提供支持。

目前有大约 9 000 种同业出版物——其中有些几乎囊括了零售经营的所有类别。大多数出版物可能普通消费者连听都没听过，但在很多全国性广告主的广告计划中，像《先进食品杂货商》（*Progressive Grocer*）和《药物话题》（*Drug Topics*）这样的行业杂志扮演着十分重要的角色。

一起参加盛大的开业典礼了。为了跟上连锁店的发展速度，总部后勤人员队伍也一直在稳步壮大。

随着发展而来的是对结构和程序的需要。在整个连锁店的所有变化中，这一时期的公关角色也经历了一场转变。

福来鸡早期的公关努力大致可以分为以下三类：

- 充当凯西的"宣传员"。
- 事件营销后勤（主要是盛大开业）。
- 前期品牌宣传（奖学金、产品宣传）。

但这三类的疆界很快就得到了极大的扩展，将所有需要公关支持的问题、倡议、活动和项目都纳入其中，以便对连锁店的顾客产生最大的积极影响：

- 每年有 60 到 70 家新店开业。
- 提高凯西其他家族成员的地位和可见度。
- 营销倡议包括：
  - 事件营销（福来鸡碗，赞助 ACC、SEC 和大联盟会议，福来鸡 Kyle Petty 慈善赛车）
  - 家庭和儿童营销（儿童套餐项目、*核心精英*和*震撼世界*品德教育计划）
  - 品牌开发（新产品、品牌表现）
  - 业务开发（许可授权、连锁外销售）
  - 店内营销（全系统宣传、店内/当地店面营销）
- 公司倡议（年会、经营者大奖等）。
- 人脉支持（奖学金、潮流等）。
- 问题管理（危机传播）。

1995 年以后，对福来鸡公共关系计划支持最大的是那群嚷嚷着"多吃鸡"的牛儿。早在田纳西州查特怒家市的一群无聊青少年偷走一只玻璃纤维牛时，人们就意识到了这套牛儿广告的影响，也意识到了公共关系在其中的巨大支持作用。"打盹儿的牛"和其后的"猎牛"广告成了美国的全国新闻，佩里的公关团队便借机在现场通过所有的媒体渠道管理和传播信息。从此，牛儿们就成了连锁店的公关/品牌标签。

牛儿们很快成为连锁店努力扩大公共影响、团结福来鸡所有品牌及顾客的关键零件。佩里团队很快就学会了用牛作杠杆，通过其他许多途径协助加强现有活动。他们创造了盛装的牛牛吉祥物，以此来支持福来鸡的所有地方性营销和事件营销[如体育赞助、产品上市、盛大开业典礼、推销和品牌塑造以及他们自己的日历，甚至还有凯西第二本书的书名——《多吃鸡：启迪更多人》(*Eat Mor Chikin: Inspire More People*)]。

在福来鸡的营销组合中，公共关系的任务不是别的，就是确保公司的持续壮大。如今，在美国 37 个州和华盛顿特区，福来鸡离成为真正的全国品牌更近了一步——尤其是随着它扩展至西部市场（比如南加利福尼亚州）。

不妨看看在公共关系的支持下，该品牌都取得了什么成绩：

- 在《Regis & Kelly 脱口秀》中被提及（在她怀孕期间，凯莉·瑞帕在节目中花几分钟表明了自己对福来鸡鸡肉三明治的渴望）。
- 特鲁特·凯西最近登上了福布斯富人排行榜前 400。
- 凯西出版了四本书，现在正在筹划第五本。
- 医疗网站以福来鸡为例，向消费者说明在快餐店吃饭时应该怎样做出健康的选择。
- 福来鸡被《快速企业》(*Fast Company*) 杂志评为"顾客友好型企业"。

在 40 多年里，福来鸡已经实实在在地成了流行文化的一部分。尽管大部分荣誉都应归功于特鲁特·凯西和牛儿广告战役的成功，但在讲述福来鸡品牌故事的每一个步骤上，公共关系都发挥了至关重要的作用。

工业广告

生产商是机械、设备、原料和生产产品所需零件的买主，因此，向他们销售产品的企业通常会在适当的行业刊物上发布广告，然后通过直邮、电话营销和人员销售与他们取得联系。这种方式大大不同于消费者广告，被称作**工业广告**(industrial advertising)，它针对的受众群非常专业且相对较小。在数百种出版物中，只有极少数

工业广告

针对购买机械、设备、原料和生产产品所需零件的生产商的广告。

属于行业杂志，比如《植物养护》（*Plant Services*）、《橡胶世界》（*Rubber World*）和《阀门世界》（*Valve World*）。

工业广告极少直接销售某个产品。工业设备的采购通常是一个很复杂的过程，涉及很多决策人。通常，企业将工业广告当作推广产品或提高品牌知名度的一种手段，以帮助公司的后续销售代表更轻松地完成销售任务。

专业广告

专业广告

针对专业人员的广告，如医药、法律或建筑专业人员，他们的职业使得他们可以向客户推荐使用某种特殊的产品或服务。

专业广告（professional advertising）和同业广告之间的最大不同就是，专业人员在客户做出购买决策时掌控的力度更大。如果一家百货商店怂恿消费者购买自己引进的某些品牌产品，消费者就可以去另一家商品选择余地更大、价钱更低、质量更好的商店。但我们却极少因为医生指定某些品牌的药就换掉医生，因为银行在某种打印机上为顾客核对支票就换家银行，也不会因为建筑设计复制了别人的就换一名建筑师（见图 2.18）。这类出版物包括美国律师协会（American Bar Association，ABA）出版的《美国律师协会期刊》（*ABA Journal*）、美国医学协会（American Medical Association，AMA）出版的《美国医学会杂志》（*JAMA*），以及《公立学校管理人》（*Public School Administrator*）等。

企业广告或机构广告

对普通消费者来说，联合科技（United Technologies）、康尼格拉（ConAgra）和联合利华（Unilever）这类巨型联合企业的名称很难让人想起几个具体品牌来，然而人们却非常熟悉多芬香皂、立顿茶以及 Birds Eye 冷冻食品，而它们都是联合利华旗下的品牌。同样，健康之选（Healthy Choice）、男厨（Chef Boyardee）、瑞登巴克（Orville Redenbacher's）（康尼格拉）和奥蒂斯（Otis）电梯、普惠（Pratt & Whitney）发动机、开利（Carrier）空调（联合科技）也都是家喻户晓的品牌。尽管**机构广告**（institutional advertising）仍然是建立长远形象的一种技巧，但是近年来，它在触达受众和传播意图方面也肩负起了明确的销售型任务。现在，越来越多的企业正努力将自家的不同产品目录和品牌名称集中到一个企业识别标志之下。通过这些举措，他们希望实现企业的一系列目标，包括：

机构广告

各种组织为言明自己的工作目标和问题，以赢得公众的好感和支持而非销售具体产品而发布的广告，有时候也被称作公关广告。

- 建立公众识别度。
- 阐述公司的多种使命。
- 宣传公司的识别标志和形象。
- 为若干品牌的销售赢得目标受众的关注。
- 将公司品牌和公司与众不同的一些品质联系起来。

这里只列出了企业广告的几个可能的目标。日益激烈的竞争环境已经使机构广告发生了翻天覆地的变化。

非产品广告

观念广告

在销售产品上百试不爽的营销手法同样也会用于宣传观念，这毫不奇怪。我们正

图 2.18

在专业人员中，医生通常是处方药广告主瞄准的目标。

处于一个观念激烈冲突和特殊利益集团存在的时代，因此营销概念和广告已经成为影响舆论的重要元素。我们在第一章已经看到，广告宣传并不新鲜，新鲜的是利用广告的公共利益集团数量之多，运用的传播手法之复杂。近几年来，大众广告一直在激烈争论枪支管制、人工流产、动物权利和环境等问题。

观念广告（idea advertising）常常引起争议。大家都支持很多话题所涉及的感情因素，但如果抛开这些，一些批评家认为，观念广告讯息过短、过于肤浅，无法全面探讨这些问题；而支持者们则反击说，广告是唯一能将讯息放到广大受众面前的真正途径。他们指出，对这些利益集团来说，观念广告可能是他们利用第一修正案特权的最切实可行的手段。不论在观念广告中处于什么位置，媒介日益增强的通过意识形态和产品偏好而精确命中目标受众群的能力，都使得这一广告类型未来会更加普及。

观念广告

用于宣传观念或慈善而非销售产品或服务的广告。

服务广告

随着越来越多的美国人开始寻求各种建议——从理财乃至儿童保育服务，美国正在成为一个专家之国。由于服务供应商基本上都是人员型企业，因此**服务广告**（service advertising）大多数都有浓厚的机构痕迹。服务公司一般会长期采用统一的标语、主题或识别标志，以提高消费者对品牌的认知。由于服务行业过于相似（而且往往处在法律管制之下），因而竞争对手之间很难形成明显的差别，银行和保险公司尤

服务广告

用于推广服务而非产品的广告。

其难以建立有效的识别度。

不管是推广产品还是服务，优秀广告的基本原则都一样，但很多营销专家指出，两者之间的差异要求我们在处理服务讯息时必须小心行事。服务广告的一些基本原则如下：

1. *突显有形之物*。由于服务广告无有形产品可供表现，因此它要表现出一定的个性。例如，服务广告经常引用客户的评价。服务讯息必须表现该服务的好处，比如飞机准时到达，从而成功地做成了一笔生意；或者因为经纪人出色的投资建议，一对老夫妇感到心满意足。
2. *突显员工*。由于服务的价值在很大程度上来自企业员工的素质，因此必须让员工感到公司对他们的重视，让他们感到自己能够并且应该与顾客建立起信任关系。通常，服务广告中的讯息都会突出表现真实的员工，这能很好地将消费者服务个人化，从而鼓舞员工的士气。
3. *强调质量*。由于对服务质量和表现的评估有时难于对产品的评估，因此广告应该强调服务的一贯性和高水准。医院就会在他们的广告中使用“关爱”、“专业”和“便利”这样的字眼。

政府广告

自美国独立战争以来，各级美国政府都制作过不同形式的宣传和政策讯息，但在过去的 20 年中，由于政府服务和项目大幅增加，政府机构加大了对传统广告的利用。例如，联邦政府每年都花费数百万美元宣传一批机构，包括志愿军、消费者保护计划以及环境与健康计划等，耗资巨大的新医疗保险处方药计划则旨在向老年人宣传他们有哪些选择余地。州一级政府机构也同样利用广告来提高民众的州容美化意识（见图 2.19）。

Courtesy of Robinson.

图 2.19

近几年，美国的州政府成了最重要的广告主。

小 结

广告扮演着众多不同角色，而且一直在不断变化。与几年前相比，广告主们面临的选择前所未有地广泛，但与此同时，过失的代价也被明显放大。随着受众和媒体的碎片化，随着触达预设目标的成本增加，随着如何有效运用新媒体技术这个挑战的出现，广告主及其代理公司面对的要求也越来越高。然而，不管广告过程如何变化，成功广告的两个基本原理始终如一：

1. 有效的广告只有在组织有序的营销计划环境中才能发挥作用。
2. 广告是一个营销传播工具，如果将其用于非传播类问题，则很难成功。即使有可能，广告也很难克服核心营销计划中的缺陷。

有效的广告计划是企业营销目标的延伸。一般来说，广告的作用是协助开发或维护产品知名度，创建企业形象和品牌形象以及提供有助于区分品牌的产品信息。根据其针对的商业渠道的不同（如零售渠道、消费者渠道、行业渠道或专业渠道），广告的执行也会有所不同。此外，它还要根据主要的产品利益加以调整，并通过众多途径将它们表达出来（如客户评价、证言或长文案）。当然，还要依据预算以及企业理念对广告进行修正，而企业理念关系到营销计划中的广告的价值。

显然，广告只是众多可资选择的销售工具之一。未来的广告主管将成为营销的传播者，能够协调配置包括促销、公关和人员销售在内的众多营销传播元素，让整个企业讯息协同作用、形成合力。

尽管广告即将迎来重大改变，但广告能否成功的关键仍然在于它是否能制作出有趣的讯息并使之在适当的时间和适当的环境下触达潜在顾客。在本教材的剩余部分，我们以营销、调查和策划为背景探讨了广告的技巧。

复习题

1. 请比较本章探讨过的三种融合及其对广告的影响。
2. 对投资回报率的重视如何改变了广告与媒体之间的关系。
3. 广告如何给营销传播的其他要素提供补充？
4. 请从受众可靠性和讯息控制的角度讨论公共关系。
5. 品牌资产在产品的长远成功中扮演着什么角色？
6. 为什么整合营销传播在媒介碎片化时代显得更加重要？
7. 请讲讲品牌扩展的好处和坏处。
8. 产品就是将一堆利益捆绑到一起。请讨论。
9. 请从市场细分的角度讨论产品差别化。
10. 请讲讲如何将价格战略当作一种营销战略。
11. 请比较企业对企业广告和消费者广告在受众、媒体和促销技巧上的异同。

广告策划

第二编介绍了广告策划和品牌调研的基础，它们是广告得以成功的基础。

- **第三章**介绍了广告螺旋的概念以及在不断变化的市场中保持品牌活力所需要的战略。
- **第四章**简要介绍了如何识别和理解目标市场，而目标市场就是特定产品最感兴趣、最有利可图的市场。

Courtesy of PUSH and Orlando/Orange County Convention & Tourism Bureau.

品牌策划和广告螺旋

营销传播决策最关键一点就是制定战略。俗话说战略就是一切。▶

本章学习目标

1. **了解品牌术的诞生与基础。**
2. **认识品牌与整合营销。**
3. **认识品牌资产。**
4. **掌握整合营销传播的战略性策划。**
5. **认识产品生命周期的重要性。**
6. **认识广告螺旋各阶段的关系。**

我们先来听一听朗涛设计顾问公司（Landor Associates）一位品牌专家的观点："品牌十分重要，从来没有像今天这么重要过。在全球性选择机会日益增多和竞争日趋激烈的形势下，品牌已成为冲破噪音，到达人们心灵的最有效的捷径。"根据草莓蛙公司（StrawberryFrog）阿姆斯特丹全球办事处所说："今天，消费者想买的不是品牌，而是品牌所信仰的东西。"

打造强势品牌与资产

虽然广告主们和他们的广告代理公司在很多问题上都无法达成一致，但是双方基本上都认同品牌是企业最宝贵的财富这个观念，因此我们必须对它有所了解。产品不是品牌：产品是生产出来的，而**品牌**（brand）是创造出来的。

品牌

试图将产品和服务与其竞争对手区别开的名字、术语、标志、设计或其集合体。

是的，奥兰多（Orlando）是一个品牌，要和其他城市争夺会议收入（见本章开篇广告）。一个产品可能会随着时间而改变，但品牌却不会。只有凭借传播，品牌才能生存。朗涛设计顾问公司的安东尼奥·玛利查（Antonio Marazza）说："品牌代表着其给予之物与消费者之间的最有力的联系。如果一个品牌与消费者（或更通俗一点的说法，利益相关者）心中所想不符，那它还有什么？熟悉、形象和信任是一个品牌之所以成为品牌的原因，它们是品牌能创造价值的基石。因此，要评价一个品牌的价值，不仅要看企业本身（或账目），更要看消费者的想法，这才是品牌价值的真正所在。"朗涛设计顾问公司的品牌先驱沃尔特·朗涛（Walter Landor）说："产品出自工厂，但品牌出自心里。"[1]

任何产品、服务或企业，如果其品牌名称辨识度高，就意味着它能在同类产品中多少不同于他人（见图 3.1）。自 1933 年以来，芝宝（Zippo）就一直是业界的龙头品牌。如果这个产品或服务的差别令人渴望且为消费者所了解和理解，那么这个品牌

图 3.1

自 20 世纪 30 年代以来，芝宝一直是领导品牌。该同业广告试图以芝宝的领导品牌优势劝服零售商销售这个产品。

Courtesy of Brunner Works and Zippo.

就会成为同类产品中的老大。如今，质量差别对产品是否能在市场中生存下来具有前所未有的重要意义。朗涛设计顾问公司经营总监艾伦·亚当森（Allen Adamson）说，品牌的每一个出发点和目的，都要向人承诺：承诺帮助用户挣钱（或省钱），承诺让他们看上去更好或感觉更棒。例如，多芬承诺让每一位女性都倾国倾城，哪怕她们不是超模；沃尔沃承诺将你的家庭成员从甲地安全地送到乙地；诚实茶（Honest Tea）承诺所有的产品原料都是纯天然不添加防腐剂的。如今，营销人员必须认真对待自己的承诺，确保它们传达到位。每一个与该品牌有关的人都必须了解它的承诺，了解如何兑现这个承诺。[3] 想要获得消费者的信赖，成为一个可靠的品牌，则所有与品牌相关的东西、每一次品牌体验都必须始终如一。

1 了解品牌术的诞生与基础。

品牌术的起源

19 世纪 80 年代中期根本不存在品牌，生产商对质量也少有控制，批发商操控着生产商和零售商，生产商要想将产品销售出去，就必须给批发商最大的优惠。这就导致了生产商利润缩水。由于利润缩水，一些生产商决定将自家的产品与竞争对手区别开来。他们给产品命名，申请专利保护自己的独有权，并利用广告，越过批发商和零售商将产品信息传递给顾客。于是，品牌术这个概念诞生了。在这批早期诞生的品牌中，依然活着的有李维斯（Levi's，1873）、麦斯威尔咖啡（Maxwell House Coffee，1873）、百威啤酒（Budweiser，1876）、象牙（Ivory，1879）、可口可乐（Coca-Cola，1886）、金宝汤（Campbell Soup，1893）和好时巧克力（Hershey's Chocolate，1900）。[4] 1923 年的一项调查表明，消费者心目中的“经典”品牌有象牙（香皂）、金牌（Gold Medal，面粉）、可口可乐（汽水）、B.V.D（内衣）、家乐氏爆米花（Kellogg's Cornflakes，早餐）、福特（汽车）、德尔蒙（Del Monte，水果罐头）以及固特异（Goodyear，轮胎）。如今，崭新的一代品牌正在为成为消费者生活中有价值、地位稳固的品牌而拼搏，其中不乏 TiVo、星巴克（Starbucks）、帕奈拉（Panera）、iPhone、速易洁（Swiffer）、eBay、ThermaCare、Expedia.com、Amazon. com 等。

品牌联系

自 19 世纪中期各品牌开始在报纸上刊登广告以来，大众媒介广告的任务就一直是建立联系。随着科技将世界各个角落联系得更加紧密，广告却与自己最初的基础渐行渐远，包括其经营模式和变化中的受众。由于数字技术和网络的出现，广告第一次迎来了真正意义上的范式转换。结果，媒体工具出现了革命性的变化——社交媒体、大型网络视频以及电视与网络联姻而产生了交互式网络电视（IPTV），进而产生了一种全新的联络方法。

品牌术渠道与魅力

今天的品牌术无关媒介，而是关涉创意。营销人员必须摒弃传统思维，开始了解每个传播渠道的价值，了解它们如何（或是否）吸引人。按照惠普公司（Hewlett-Packard）首席营销官迈克尔·门登霍尔（Michael Mendenhall）的说法，创意应该是组织原则，应该向消费者们宣传你所做的一切，从而帮助他们抓住品牌通过任何渠道做出的承诺，包括博客、旗帜广告、电视或口碑。也就是说，在数字时代，了解每个品牌术渠道的价值及其与特定受众之间的关联无疑至关重要。[5]

充当财务决策的品牌术

“品牌术并不是一个广告决策，而是一个财务决策。”北加利福尼亚梅里尔罗利伙伴公司（Merrell & Partners of Raleigh）的霍华德（Howard）说：“我们知道，创造品牌杠杆关系到最高管理者如何正确处理战略问题和财务资源，然后承担必要的风险去传递别出心裁的创意。这就是风险管理，就是在宏观竞争的环境下，对品牌与人之间一对一关系的深刻理解。我们相信，也许，我们最重要的角色就是协助我们的客户伙伴在所有人际接触点上建立起联系，这是巩固其品牌价值所需要的。”[6]

数字影响

数字传播本身就可以影响人们对一个品牌的印象，这是其他品牌术的方法做不到的。数字技术可以让这个世界判断一个品牌是否言行一致。例如，如果你有一次飞行经历很糟糕，你就可以马上在 Twitter 上告诉全世界，这时口传就会像打了鸡血一样兴奋；如果你的品牌完美地履行了诺言，那么不管其创意执行或是产品性能如何，整个世界马上就可以知道；如果你的品牌搞砸了，整个世界也会马上知道。在当今这个数字世界，品牌与品牌组织的表现和行为都必须符合消费者的期望、满足他们的需求。按照朗涛设计顾问公司的艾伦·亚当森的说法，品牌传递出去的承诺必须是它能兑现的承诺。

品牌与整合营销传播

2 认识品牌与整合营销。

英特品牌公司（Interbrand）的品牌术专家们指出，一些营销商认为整合营销传播之于营销传播，无异于数字融合之于技术世界——是一个让人充满希望和刺激的革命性概念。在理论上，整合营销传播这个概念似乎无懈可击，因为它符合逻辑。其基

克莱普纳观点 3.1

布拉德·梅杰斯

布拉德·梅杰斯（Brad Majors）

LLC首席执行官、品牌代表

品牌开发揭秘

如今，关于“品牌术”或“品牌开发”的讨论很多，就好像它是营销和销售领域的下一个“新浪潮”，但实际上，“品牌开发”并不是什么新鲜事物，它至少已有100年的历史。

任何营销商或广告公司，只要发挥营销作用，自然就应该付出全部精力去进行“品牌开发”。从根本上说，美国的广告历史就是品牌术的历史，这正是优秀广告（以及其他传播行为）应该做的事——为产品或服务建立卓越而统一的声望，因为正是统一的形象将产品转换成了“品牌”。

我之所以说“统一”，是因为现如今，营销（尤其是小企业的营销）当中存在的最大的一个问题就是缺少“整合营销”。我的意思是说，同一个品牌（包括其媒介广告、公共关系、网站、包装文字等）传递给消费者的讯息可能是混乱的，这些不统一的讯息难免给品牌带来不统一的形象，而整合营销传播就是一项能提高客户品牌价值的最重要的活动。如果营销传播组合缺乏统一性，那么要想建立品牌几乎可以说是痴心妄想。

工商学校讲授的“营销组合”很基础，但我却下了很大的功夫。这个“营销组合”包括营销的4P：产品本身（Product，包括其包装）、产品价格（Price）、产品的销售渠道（Place）以及产品促销（Promotion）。有趣的是，第四个P就是将前三个P传播出去。

现在我再加上一个P，第五个P，这是工商学校的教材中没有的，我怀疑持这个观点的人并非我一个。那么，第五个P是什么呢？是预期消费者（Prospect），即按自己的心理需求和欲望，准备购买某特定产品或服务的人。

如果将第四个P——促销——与产品、价格及销售渠道联系起来，则它还可以发挥另一个重要功能。如果做得好，以媒介广告、包装设计、公共关系或店内促销这类形式出现的促销还能将预期消费者、价格以及销售渠道连接到一起。从根本上讲，在预期消费者到达销售现场之前，产品只不过是一堆特点和属性的集合体而已，只有在预期消费者心中的需求和欲望蠢蠢欲动时，才有可能谈得上品牌的营销。

在预期消费者评估自己所知的所有产品信息时（如该产品能做什么、什么价格、在哪里能买到），某种联系可能就开始形成了，但这只有在品牌形象一致的情况下才会发生。这种联系取决于预期消费者对该产品在如何满足其需求和欲望上的感觉，我称之为“个人关系”。那么，预期消费者是如何与这些冷冰冰的产品属性发生情感联系的？在营销领域，“个人关系”也并非什么新概念。20世纪20年代，广告公司首次运用了动机研究，自此以后，营销商们就一直试图找出预期消费者和品牌之间的情感纽带。

对于品牌开发启蒙过程，我要说的最后一点就是：有时候，“品牌开发”这个词能让人找到一些花钱少的营销捷径。我曾和一些企业家聊过，他们都想进行“品牌开发”。遗憾的是，由于缺乏资金，“品牌开发”无法如他们所愿。虽然品牌宣传并不一定完全要靠媒体广告，但开发一个品牌是要耗时、耗钱的，名牌也是靠钱堆出来的。所幸，如果“品牌开发”过程比较顺利，未来营销之路上的投资回报也是十分可观的。

Courtesy of Brad Majors, yourbrandreps.blogspot.com.

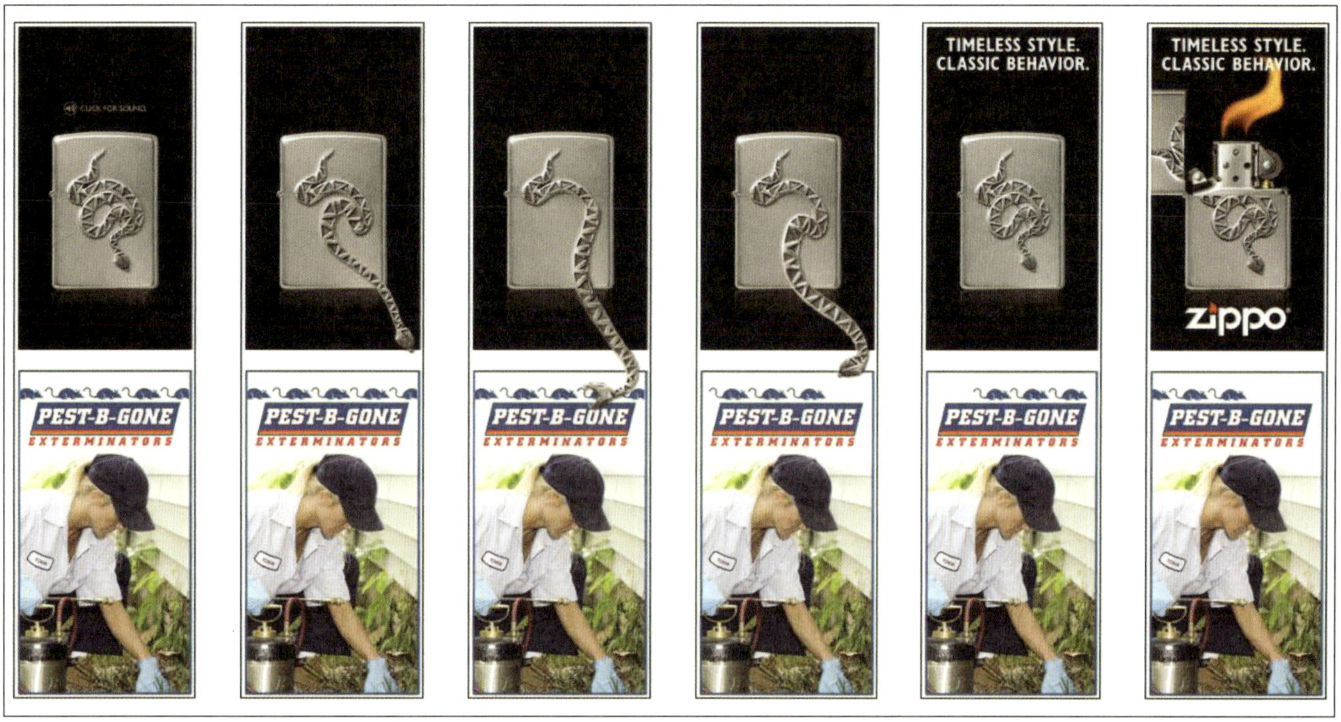

Courtesy of Brunner Digital, Washington, DC, and Zippo.

图 3.2

这套在线故事板逐格显示了芝宝产品在网络上播放时的样子。

本观念是，将所有传播活动整合到一个平台上发出，产生的传播效果将远远大于单打独斗的传统媒介。从理论上看，这种好处显而易见。这意味着广告主们有可能获得巨大的合力，有可能拉近自己与其客户的关系。[8] 但实践远不像理论所讲的那样。

过去，许多组织都是分别策划和管理多种营销功能——广告、促销、包装、直接营销、公共关系、事件营销；如今，他们却在一个战略指导下整合运用各种营销传播工具，以最大限度地提高品牌资产。在市场和消费者的心中建立唯一的、统一的品牌形象至关重要，我们不妨将这个过程称为"常识"，而其结果则一直被贴着"整合营销传播"的标签。

说得再清楚和具体些，整合营销传播指所有代表品牌且针对消费者的讯息：媒体广告、推广、公共关系、直接反应、事件、包装、网络等。芝宝就在网上宣传自己的一些产品。图 3.2 是芝宝的一个在线故事板，故事板逐格显示了其产品在网络上播放时的样子。企业的所有品牌讯息都必须一致或严丝合缝，这样才能相辅相成、加深品牌印象。如果能够做到这点，企业就能向消费者传达出一致的品牌信息，形成品牌资产。

然而，品牌整合并不是说 logo 和尾标要始终保持一致，也不用劝几家广告公司都绑到一起。品牌整合指的并不是一个过程，而是一个结果。无论何时何地，只要消费者在看到你的品牌的时候感受相同，那就等于做到了品牌整合。[9] 创意的风格一旦统一，就更易于让人理解。

如今，大多数营销商都认为品牌是他们最宝贵的资产，而整合方案和品牌建设则是建立品牌价值的核心。判断一个品牌是否具有实际价值，最重要的判断标准就是其在市场中的资产。我们可以这样定义**品牌资产**（brand equity）：它指的是品牌经过一段时间的竞争之后在其消费者、批发商和零售商等人心目中的价值。

品牌资产

品牌经过一段时间的竞争之后在其消费者、批发商和零售商等人心目中的价值。

下面，我们就来看看扬·罗比凯广告公司（Young & Rubicam，简称 Y&R，又译扬雅广告公司）如何评估品牌资产的价值。

扬·罗比凯品牌资产标量

要想评估一个品牌在消费者心中的价值，最受推崇的专业评估方法就是由扬·罗比凯广告公司提出的品牌资产标量（Brand Asset Valuator, BAV）。这是一种诊断工具，用以判断一个品牌相对于其他品牌而言的表现力。它能说明品牌在成长和活力上的优势和劣势，该方法认为，这两个因素之间的关系可以真实地反映品牌资产的健康状况，帮助诊断病因并给出药方。

品牌资产标量表明，品牌是在消费者的四个主要感知过程中逐步建立起来的，这四个过程是：区别化、关联、评估和认知。

- 区别化是选择的基础，是品牌的本质，是利润的来源。
- 关联指对与销售相关的营销 5P 的使用和归纳。
- 评估涉及消费者对品牌的关注、重视及评价，此外，评估还涉及品牌如何兑现向消费者的承诺。
- 认知来自消费者的体验，是品牌建设的最终目标。

一个品牌的活力来自区别化和关联的结合。一个品牌必须与众不同，否则就不能称其为品牌。但是，即使一个品牌和其他品牌完全不同，消费者也不一定想购买或买得到；除非这个品牌还与他们有关联，否则消费者也没有理由选择它。正是因为缺乏关联，很多品牌才只是风行一时。

评估和认知决定了品牌的地位。它们意味着人们是否知道、理解并喜欢这个品牌。如果知道这个品牌的消费者人数比喜欢这个品牌的多，那就是一个明显的危险信号；同样，如果一个品牌口碑极好，但知道的人却不多，这就意味着这个品牌到了该提高知名度的时候了。

史蒂夫·欧文（Steve Owen）是品牌资产标量的创建人之一，他说，品牌资产标量是从逻辑的角度看待品牌的。品牌面临的最大挑战就是如何扩大市场占有率，而品牌资产标量最有趣的一点，就是它的基础：几乎所有成功的品牌一开始都很简单，“并不试图将产品卖给每一个人。开始的时候只是先把一样东西卖给一小部分人，并确保这个产品与众不同、优于他人且具有意义”[10]。

要想理解品牌资产，最关键的一点就是要认识到产品品类之间是不同的。

通过本节，你已经知道，制定广告战略和建立品牌资产涉及很多相当复杂的问题。虽然有些深奥，但是本节的探讨可以让你了解这些广告从业人员每天都要面临的问题和术语；广告的发展虽然复杂，但并不是疑难杂症。只要洞悉市场的所有未知数和消费者心理，我们就可以更好地整合营销，建设品牌资产。

品牌资产与整合营销传播战略计划的制订

3 认识品牌资产。

在设想如何为品牌制作广告之前，先要制订一个战略计划。但在制订计划之前，首先要了解市场状况，弄清这个品牌的资产是什么。以下就是制作创意简报或创意计划的四个步骤：

1. 品牌资产审计分析
2. 战略选择和建议
3. 品牌资产调研
4. 创意简报

优势 3.1

普适公司

Courtesy of PUSH, Orlando.

普适公司（Push）于 1996 年在美国奥兰多创办，成立的初衷是想给那些充满创意的心灵提供一个发挥的空间。自成立以来，普适公司已经成长为一个覆盖广告所有领域，为国际性客户、全国性客户和区域性客户制作一流广告的公司。因为独一无二的理念，普适公司先后将 National ADDY，ReBrand 100，Pixel，Webby 以及 Silver Anvil 奖项收入囊中。

普适公司的成功源自它的领域中立，领域中立是广告公司整合的基础——它将广告公司的所有部门（客户策划、客户管理、创意、媒体、公关、互动）糅合到一起，不事先预想或设定谁能想出最好的方案，或哪个部门的账目报表做得最漂亮，而是不分等级，共同解决问题，抓住客户带来的机遇。

为了践行这个概念，普适公司创建了一个模式，这种模式可以使他们高屋建瓴地了解品牌（并创造收益流）。普适公司提出的品牌融合模式（Brand Convergence Model™）从四个角度来看待品牌——曝光（消费者面对的讯息，包括创意、互动和公关等）、环境（所有的实体设计，包括零售商店、购物中心和餐厅内部的设计等）、体验（产品或服务），以及专业（所有面向内部人员的沟通，比如销售人员、客服人员和服务人员等）。

这个模式能让普适公司同时从品牌创意的四个角度来处理新老客户，这正是这个模式的理念核心。因为这个模式着眼于消费者，所以普适公司的客户策划人员就扮演着极为重要的角色——他们关系着这个过程的每一个环节是否都与消费者相关、都会考虑消费者。基于这个模式，Push 公司聘用了设计指导、公关指导、媒介指导、创意指导以及互动指导，以确保他们的所有成果不仅仅是一个孤立的广告战役、孤立的社交网策略、孤立的新闻发布或孤立的网站。

虽然对大多数广告公司而言，这个模式还只是一个设想，但是普适公司已经在很多客户身上实践过它，斯莫基餐厅（Smokey Bones）就是一个很好的例子。除了广告活动、网站和社交媒体策略（曝光），普适公司还重新对斯莫基餐厅的内部进行了设计（环境），给菜单增添了新花样和新定义（体验），并通过各种各样的倡议来重振员工士气（专业）。

品牌融合模式让普适公司的整合超越了公司层面，它能将公司与其客户整合到一起，从而加强普适公司与其客户的各种关系。普适公司不仅与营销指导们互动，而且也与运营指导、人力资源指导、开发总监以及高管们过往甚密。普适公司不断证明，一个品牌的定位准确与否对整个企业的运行具有多大的影响。

当然，在这些步骤之后通常要对品牌的一些本质进行评估。接下来我们将看到一个制订战略计划的大纲，从而深入了解制订战略计划的要求。下面，我们将进一步认识其中的一些概念和术语。

品牌资产审计分析

品牌资产审计的第一步涉及很多方面，诸如市场环境、优势和劣势、消费者心态描述和竞争战略战术，这些都很重要。

市场环境 我们先从了解市场和消费者现状入手。我们要了解哪些因素会对品牌资产产生正面的或负面的影响，总体目标就是为接下来的步骤做准备。这涉及以下几类问题：

- 我们的市场在哪儿？竞争对手是谁？
- 其他的品牌和产品品类是什么？
- 市场为什么要选中这个品牌？
- 这个市场的构成如何？
- 市场是细分的吗？如果是，是如何细分的？我们处于哪个细分市场？
- 商店和普通品牌的形象如何？
- 产品差异是否非常大？
- 哪一类人会购买这一品类的产品？
- 在这些消费者心中，是什么在推动或抑制市场（需求、困难等）？主要动因是什么？
- 消费者认为这些品牌非常相似还是有所不同？
- 消费者会因为冲动而购买这个产品吗？
- 消费者对这个产品的兴趣如何？
- 消费者会对这个品牌保持忠诚吗？

这些问题有助于我们了解品牌在给定市场中的角色和地位。例如，如果市场中只有几个品牌，那么消费者对品牌的敏感度就会高于市场中品牌很多的时候。

我们必须从多个不同的角度了解市场，然后挑选出最合适的市场，从而为了解和建设品牌资产指明方向。

品牌资产的优势和劣势 现在，我们对市场环境更加清楚了，接下来就是洞悉现有的品牌资产——相较于其他品牌，消费者对我们这个品牌是否有明显的偏爱。以下是常用的优势和劣势判断指标：

- 品牌知晓度——第一提及最好。
- 市场份额、价格弹性以及广告份额等类似因素。
- 品牌敏感度——相对于价格、包装规格、型号等与购买相关的其他因素，品牌的分量。
- 品牌在一定传播时间内的一致性。
- 形象象征等级或排名象征。
- 销售、定价、产品质量和产品信息。
- 品牌忠诚度——品牌优势在于购买该品牌的消费者是将其当作品牌而非产品来购买。

一旦确定了关键的优势和劣势指标，就可以将它们用于未来的跟踪目的。

市场

指可以通过相同特征、相同兴趣或相同问题加以识别的群体，他们为了方便而使用特定的产品，有能力购买它，并可以通过某些媒介被触达。

品牌资产描述 现在，我们已经了解了品牌生活的地方——**市场**（market），并对品牌资产的优势和劣势有了一个清楚的认识，我们还需要确定和描绘出消费者的想法和感觉，因为这将影响到他们对我们品牌和其他品牌的偏好。消费者与品牌之间的个人关系对描述品牌资产最有意义。而要想完成品牌资产描述，我们就要通过两个观点来进行分析。

首先，我们要考察所有可用的调查，尽可能近距离地观察消费者如何看待这个品牌、对这个品牌有什么感觉；其次，我们必须深度分析一段时期内我们的品牌传播和对手的品牌传播。大多数消费者对品牌的感觉（感性要素）和看法（理性要素）都源自这些品牌传播（见图 3.3）。

高尔夫 GTI 车型的品牌资产描述可能是这样的：

感性要素	**理性要素**
我的小小运动型轿车	价格便宜
解放自己	耗油量小
让我感觉很棒、表现卓越	保值
简单	耐用
随叫随到	值得信赖
一切尽在掌握	操作良好
	便于停车——体型小

图 3.3

品牌的基本要素

竞争战略和战术　审计的这一部分旨在为我们提供一个清楚的概览，以帮助我们了解自身品牌与主要对手品牌目前的传播战略和战术，它应该包含一个与品牌资产整合传播有关的分析：这个战略能提高品牌资产吗？其目标受众是谁？有不同的目标受众吗？主题和实施方案是什么？营销基金如何分配（如拉式战术与推式战术、广告、促销、直接营销等）？还需要对面临的问题和机会做评估报告。

战略选择和建议

第二步是对这些分析进行总结，制定一个可行的建议性方案。战略选择包括以下几点：

- *传播目标*：传播讯息要达成什么目标？
- *受众*：我们在和谁对话？
- *企业资源*：消费者将会来自哪里——品牌或产品品类？
- *品牌定位和益处*：我们将如何定位品牌？哪些因素将有助于建立品牌？
- *营销组合*：对广告、公共关系、促销、直接营销等的组合有什么建议？
- *理论基础*：推荐的战略之间如何结合？期望它对品牌资产产生什么影响？

品牌资产调研

第三步，我们要进行独家的定量调查，这是一种目的性很强的调查。现在，为了完成推荐的战略，我们必须决定创造、改进或加强品牌资产的哪些元素，判断在不威胁品牌信誉的情况下可以将这些元素发挥到什么地步。这或许能让我们得出一份新的理性要素和感性要素列表，描绘出我们所希望的消费者未来看待和感知我们品牌的方式。

创意简报

最后一步是为所有传播活动撰写创意简报（即工作计划）。我们将所有信息和所掌握的品牌情况综合成一个行动计划，然后制订出品牌的整个传播活动计划：广告、公共关系、促销等。

创意简报（又叫简报或工作计划）即一个简短的陈述，旨在明确我们的受众是谁，消费者如何思考、感觉和行动，传播想要达到什么目标，以及品牌用什么承诺来建立消费者与品牌之间的纽带。战略描述通常包括以下几点：

- *主要观察*：这是支配整个战略的最重要的市场 / 消费者因素。
- *传播目标*：广告或传播要达到的基本目标。
- *洞悉消费者*：我们的传播需要触发的消费者“热点”。
- *承诺*：品牌在消费者心目中的象征；品牌向消费者承诺什么。
- *支持*：承诺之所以真实可靠的原因。
- *受众*：我们在和谁对话，他们对品牌又有什么感觉。
- *强制条款*：用于强制约束的条款，例如影响战略方向的具体法律要求或公司政策。

其他战略策划案例

为品牌制订整合战略计划的方法并非只有一个，这一点我们必须知道。基本步骤都差不多，但每个企业在开展这些步骤的方法上会略有不同。下面就让我们来看看其他几种战略策划方法的基本规律。

AVRETT，FREE & GINSBERG 策划圆环 Avrett，Free & Ginsberg（AFG）采用一个七步式策划圆环来帮助自己创作精妙的广告。在制定战略的每一步，它都用到了客户策划准则。大体上，这种策划圆环的框架（见图 3.4）包括以下几个步骤：

1. *品牌 / 市场地位*：AFG 会评估品牌在市场中的地位，然后确定品牌的优势、劣势，以及面临的机遇和挑战。
2. *品牌使命*：在判断好品牌地位之后，AFG 会就品牌目标，即它将从何处把握这个品牌，提出建议并统一意见。
3. *战略开发*：在这里，AFG 会探索不同的选择，以确定这些战略中哪几个能推动品牌完成使命。AFG 采用一种被称为需求图的方法（见图 3.5），其基本原理是，人们在广泛的心理需求和理性需求的基础上对产品做出回应或建立联系。这个过程多少依据了马斯洛的需求层次理论。
4. *战略*：AFG 会设计一个周密的战略，供制订全面整合营销传播计划使用。

图 3.4
AFG 策划圆环

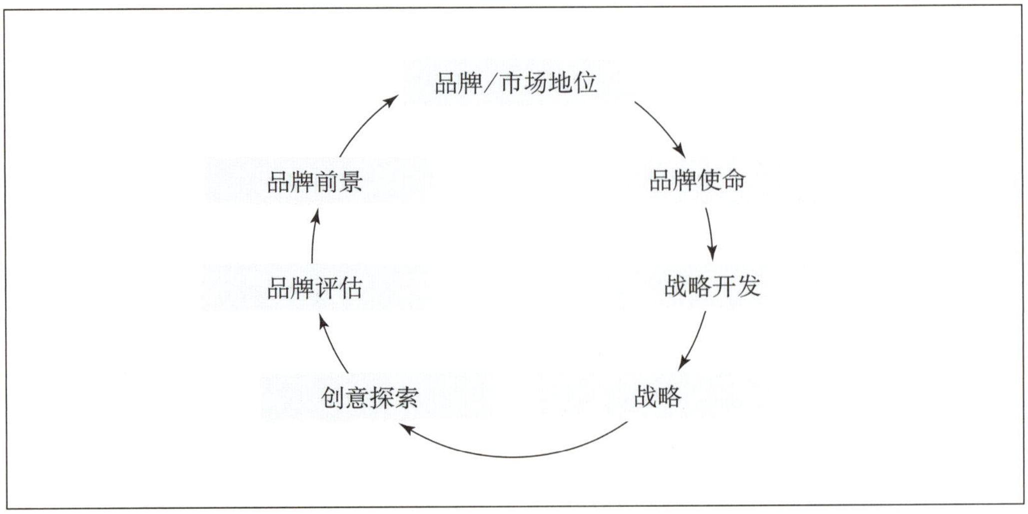

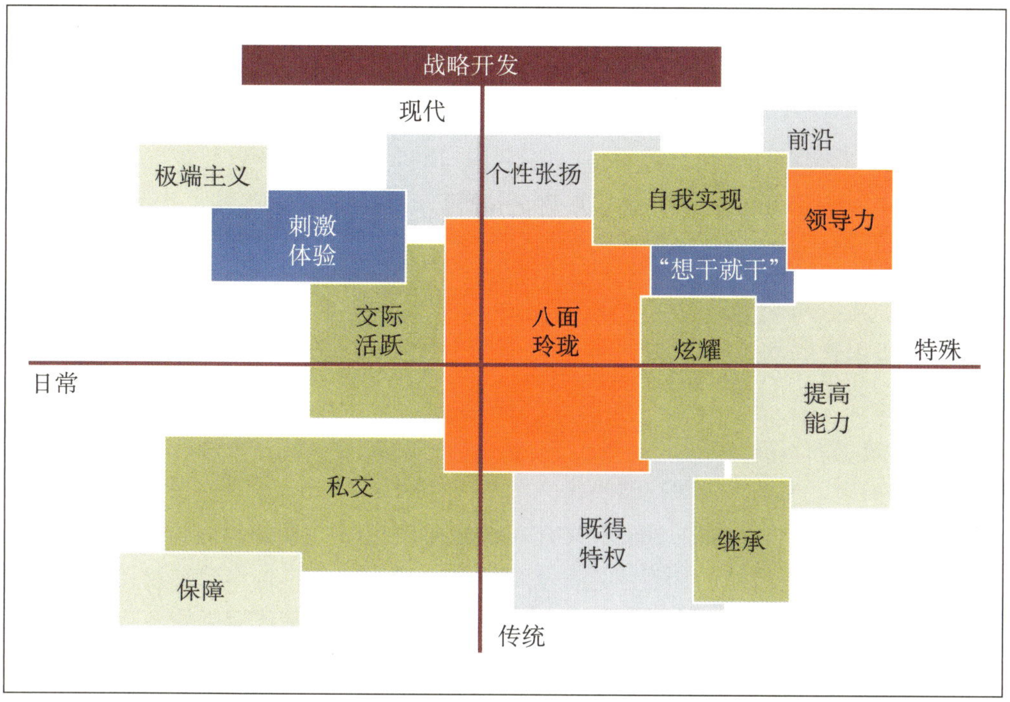

Courtesy of Avrett, Free & Ginsberg.

图 3.5
AFG 需求图例

5. *创意探索*：AFG 会制定、探索、评估一系列战略执行情况，以确保战略及其最终实施的关联性、差异性和说服力能够最大化。

6. *品牌评估*：由于 AFG 认为必须为自己的工作结果负责，因此它会跟踪品牌在市场上的表现和发展。AFG 会不断微调，改进传播，以适应变化中的市场。

7. *品牌前景*：在通过有效的传播活动为品牌建立资产时，AFG 会为基础品牌制订一个长期扩张计划，AFG 可以判断这些新生的品牌资产是否能成为延伸产品线或转而满足其他相关产品品类的需求。

上述七个步骤是评估品牌生命周期的常用步骤，以确保品牌的长远发展和品牌资产。

另眼看策划 以下是企业和客户在策划过程中通常采取的一些步骤：

1. *品牌现有地位*：这一步试图评估品牌的整体吸引力。依据该品牌所处的市场背景、在消费者心目中的地位、与竞争对手相较而言的吸引力来对它进行检视。它能回答这些问题：我们在市场中处于什么地位？谁是我们真正的对手？消费者对品牌、品类持什么态度？谁是消费者？

2. *品牌洞悉*：广告公司可以运用一系列工具，帮助自己更好地洞悉消费者的看法。例如，它可以利用一些字眼更好地描述品牌、受众以及两者之间的关系。这可能涉及如何确定品牌的主要特质、益处、个性并回答这些问题：它（这个品牌）让你感觉如何？它（这个品牌）能说明关于你的什么？品牌的优势和劣势、机遇和挑战（SWOT）就是在这个步骤确定的。

3. *品牌想象*：战略策划人寻找消费者的关注热点，辨明消费者与品牌之间最有力的纽带，而这正是将策划知识和创意魔法连接起来的桥梁。

4. *大创意*：识别大创意，也就是用创意对品牌想象进行表达。为塑造品牌而做的大创意是所有简报的基础，传播计划就建立在这个创意的基础之上。这个计划的设计要做到在目标消费者最有可能接受讯息的时间和场所触达他们。
5. *评估*：营销计划的关键就是可以量化。广告公司和客户要判断目标完成得如何以及下次如何改进传播。广告公司既可以利用自己的专利工具来进行评估，从中吸取经验，也可以利用外部资源来完成测量。

每个广告公司都有自己的一套品牌建设战略，都有自己对消费者的认识。毕竟，广告公司必须要让自己有别于其他公司才能吸引客户：

- “分裂”和“TBWA”已经成了彼此的同义词。“分裂”帮着 TBWA 广告公司给自己的客户界定品牌。这个过程在各个层面上对影响传播和营销的传统基础提出了挑战，以求打破现状。
- 灵智大洋广告公司（Euro RSCG Worldwide）注重按照营销商的需求，找到适用于其商业战略的创意。这种战略整合已远远超越广告本身的意义而上升到了“造势”或口碑广告这样的层次，通过社交网络来传递品牌讯息。这种造势的重点并不是做潮流的引领者，而是做潮流的传播者。因此，我们所谈论的战略方法，可能包括从不同的角度处理品牌问题，寻求解决方法。
- 奥美广告公司从宏观上把握传播，利用“每个原则所需要的……来建立品牌”，奥格威（Ogilvy）称其为 360 度品牌术。在 360 度品牌术之下，每一个接触点都在打造品牌。品牌的建立不再只是传统广告的工作，它还涉及直接营销、公共关系、赞助、互动服务、客户关系管理、咨询和促销。

简而言之，消费者（目标）肯定是战略策划过程中的一个重要部分。在这个过程中，广告主如何吸引消费者至关重要。过去，是营销商说，消费者听；如今，消费者更加主动，在对话中的声音也更加洪亮，而营销商则开始学着倾听。如果不能更深入地了解目标消费者，你就不可能有效地策划整合传播。

大品牌怎么做

星巴克前任营销高级副总裁司科特·贝德伯里（Scott Bedbury）说：“昨晚，我经过一家五金店，看到 50 个我从来没听过的品牌。它们可能是好产品，但不是名品。”司各特了解品牌，耐克那组世界闻名的“Just Do It”品牌广告就出自他手。下面我们就来看看司各特的一些品牌建立准则。[11]

1. *大品牌自身具备长寿基因*：几十年来，有不少品牌以坚实的价值主张为基础——它们已经在消费者心目中建立了自己的价值。然而，20 世纪八九十年代，企业注重短期经济回报而忽略长远的品牌建立计划，结果，很多产品都大同小异。如今，大品牌是必需品，但不是奢侈品。大品牌通过长久运作而得以周游世界，并同时与多个消费者群对话，从而创造规模经济，获得长远而稳定的边际利润。
2. *大品牌千变万化*：有些产品品类仅限于在品牌塑造上比其他产品品类做得更好，但其实任何产品都可以做品牌。例如，星巴克就专注于将自己与人们的日常生活细节交织在一起，这就是一个创造情感联系的机会。不管什么产品，

克莱普纳观点 3.2

迈克·马丁（Mike Martin）

欧文+马丁公司太空实验-B所有人/创作总监

迈克·马丁

应用绝不能盖过创意

传播世界正在以光速改变着。一眨眼的工夫，就有 10 个新的 iPhone 应用程序像变魔术一样涌现出来。随着社交网络的出现，消费者能够随时随地与他人保持联系，关注自己钟爱的品牌。不论我们身在何方，掌上设备都能让我们即时收取信息，让生活有条不紊、丰富多彩。为了保持品牌的新鲜度及其与消费者之间的联系，营销人员迫不及待地拥抱新兴技术，这完全是意料之中的事。

但问题在于，如果与核心品牌创意缺乏清晰的关联，利用新技术往往是花大钱办小事，最终毁掉客户对广告公司的信任。广告公司面临的挑战是，如何才能确保首先满足品牌资产建设的需求，然后再去满足对新技术的需求。

营销人员一直处在管理层的压力之下，他们要传递创新理念，要向外界证明自己的品牌最前卫。但具有讽刺意味的是，如果广告公司拿出一套新的精彩但制作成本高昂的印刷广告，这套广告多半会因为预算受限而被否决；然而，只要用到了新技术，同样制作成本高昂，即使毫无品牌术含量，这个项目也能一路绿灯通过。

如果投入新技术的宝贵营销资金回报很小，甚至可能伤害品牌，广告公司不仅有权利也有责任向客户说“不”。当今广告公司最艰难的一项工作，就是避免客户自毁长城。这需要八面玲珑、互相尊重，真诚地看着客户的眼睛，告诉他们这个激动人心的新技术不适合“这个”品牌。这种感觉就像是从一个垂涎三尺的小孩手中将棒棒糖夺过来。

但这并不是广告公司拒绝新技术的理由。毕竟，展示新媒体样本已经成了当今广告公司的必杀技。关键在于，时常退后一步看看，问问自己是不是被这个有趣的新玩具牵着鼻子走了，将客户的营销资金投到它身上是否值得，它是否有助于业务发展，是否能为品牌增值。最终，你的客户肯定会感谢你。

Courtesy of Mike Martin, Skylab-B, Atlanta.

大多数都具备创造独特情感氛围的潜力。你知道英特尔计算机处理器都能做什么吗？它们是如何运作的？它们为什么比竞争对手更优秀？大多数人所知道的就是希望自己的电脑装了“英特尔”。

3. *大品牌了解自己*：真正的起点是走进消费者中，了解他们喜欢或讨厌这个品牌的什么，他们将什么东西与这个品牌概念的核心联系到一起。要想保持品牌的长久活力、让它充满生机，你就必须来点新鲜的，来点出人意料的，必须和品牌核心定位相连。
4. *大品牌创造或重建整个产品品类*：你会发现，像迪士尼、苹果、耐克和星巴克这类品牌的共同之处就在于它们都给自己设定了一个明确的目标，那就是成为它们各自产品品类中的老大，迪士尼就是家庭娱乐和家庭价值观品类的龙头老大。大品牌会提高门槛——在体验中加入更强的目的感。
5. *大品牌触动情感*：打造大品牌的企业有一个共同之处，那就是他们不仅本身表现杰出，而且还能意识到消费者生活在一个感性世界里。我们的绝大多数（如果不能说全部的话）决策都是在情感的驱使下做出的。正是与产品的情感纽带超越了产品本身，而一旦完成超越，就成了品牌。

6. *大品牌是一个永不完结的故事*：一个品牌就是一个不断展开、隐喻丰富的故事，并将与某些东西形成十分紧密的联系，这往往对人们的高级情感有要求。李维斯的故事会将人们拉回淘金热时期，用身穿李维斯牛仔裤的矿工照片。故事为人们建立了联系，人们则需要故事来创造情感背景，从而帮助自己在更高层次的体验中找到自己的位置。
7. *大品牌具有关联性*：很多品牌都试图将自己定位成“很酷”的品牌，但它们大多数都没做到。大创意必须要有关联性，满足人们的愿望，以人们喜闻乐见的方式来表现自己。在过去的几十年里，很多品牌向消费者做出了承诺却无法兑现，而消费者寻找的是有长远价值的东西，这就对质量而非数量提出了要求。

产品的广告阶段

4 掌握整合营销传播的战略性策划。

产品开发占据着重要位置，而作为品牌战略策划的一部分，对营销目标的考虑要优先于广告创作。现在就让我们来看看产品开发和广告含义的几个方面，它们对制订战略计划意义深远。虽然今天的很多营销实践都面临着挑战，但有一点不变，那就是在制定战略广告决策时，企业必须对产品和消费者的需求有一个清楚的认识。

在上一章，我们探讨了生命的不同阶段：出生，成长，成熟，衰老，直至某个时刻，死亡。我们说过，产品也会经历一系列生命阶段，而其所处的发展阶段则决定了广告的内容。由于产品会经历一系列阶段——从引进到鼎盛到最终消亡，因而广告向消费者呈现产品的形式便在很大程度上取决于消费者对产品的接受度。产品的接受度可以在产品经历其生命周期时加以判断，正是这个接受度决定了产品的广告阶段。与广告有关的产品生命周期模式主要由以下三部分组成（见图 3.6）：

- 开拓期
- 竞争期
- 维持期

我们会在下面探讨每个阶段的本质和范围。

开拓期

2008 年，一家超市通常有 47 000 种产品，其中超过 50% 都是 1996 年推出的；同年，还有 47 113 种新产品或改进版、新型号上市。[12] 事实上，有那么几年，仅宝洁公司一家就向市场推出了 125 种新产品或延伸产品。其实，广告主之所以推出新产品，只是想在既有的产品品类中分一杯羹而已，但成功者甚少。在过去的 25 年中，《财富》排行榜 500 强企业中已有接近 60% 的企业被新企业替代了。这些新企业之所以能成功，就在于他们创造了新市场或重塑了既有市场，而做到这些的方法之一就是创造新产品或新产品品类。宝洁这类企业的成长，要归功于他们成功推出新产品和创

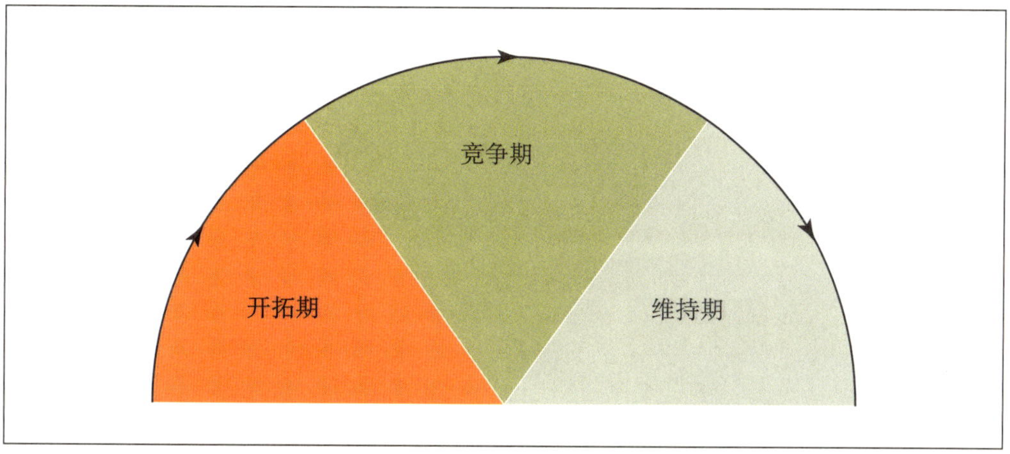

图 3.6
生命周期模式的主要阶段

造新产品品类的能力。宝洁公司于 1941 年推出了汰渍；1961 年又推出一个新的产品品类——一次性纸尿裤即帮宝适（Pampers），帮宝适随即成为一种利润丰厚的产品；1986 年，宝洁公司率先推出洗护二合一洗发水，还成功推出了速易洁拖把。[13]

要想让消费者接受和理解，可能需要较长的一段时间——几个月、几年——甚至可能永远都无法实现。原因很简单，生产商推出一个革命性新产品，但消费者未必会蜂拥而上去买。迈克·马丁的太空实验 -B 为西半球旅行动议（Western Hemisphere Travel Initiative，简称“WHTI”，见第二十二章案例）推出了一项新服务，为经由陆路或海路从加拿大、墨西哥、百慕大或加勒比海进入美国的美国人和加拿大人准备所需要的旅行证件。图 3.7 展示了广告是如何教育游客接受这项新服务和新要求的。很多时候，生产商很难理解为什么尽管他们在产品开发和推广上花了那么多钱，消费者却很少关心甚至根本不关心，消费者并不一定会看到自己对这个产品有什么需求，他们或许永远都不需要这个产品，因此也不会觉得这个产品非买不可。有个案例很能说明这一点：2009 年，世界迎来了史上最伟大产品和科技创新展诞生 40 周年庆典，仅用一天时间，道格拉斯·恩吉尔巴特（Douglas Engelbart）就展示完了那些如今征服全球的新高科技理念——鼠标、超链接、分层列表、用户测试等。然而我们经常忘记，尽管他的观念如此重要、如此成功，但其中的很多创意花了 20 年的时间才得到人们的广泛接受，花了 40 年的时间才普及到现在我们想都不想就用它们的地步。这反映了新观念在文化渗透上的速度很慢，尤其是如果这些观念还要求：（1）摒弃一些东西，然后用新东西完全替代它们；（2）再学习的技能；（3）大型独立机构之间的协调。[14]

为了在新兴的足部保健市场上赚取利润，Telebrands 推出了一款去死皮器。他们通过短小的软文广告展示去死皮器如何贴近肌肤去除死皮、光滑足部皮肤，广告称能使“双足更平滑、更美丽”。PedEgg 同样也通过印刷广告和网络广告展示自家家用修脚产品的好处，称它能够更好地去除粗糙皮肤。这个产品的零售额很快就突破了 4 000 万美元大关，这还不包括直接反应电视购物广告带来的销售额。但人们会继续购买这个产品吗？[15]

对于电子书阅览器 Kindle 的推出，目前有两种观点。据爱德曼数字公司（Edelman Digital）前任副总裁兼策划总监史蒂夫·鲁贝尔（Steve Rubel）说：“就像之前的 iPod，Kindle 也是一个富有争议的新兴设备，因为它实际上是在鼓励消费者为

图 3.7

西部旅行计划试图教育旅客接受新的旅游证件要求，这项新服务是 9/11 委员会针对旅游提出的建议。

Courtesy of Mike Martin, Skylab-B, and Elevation Ltd.

书籍内容付费。在苹果公司推出 iTunes 音乐商店时，就有些人质疑人们是否会花钱下载音乐，因为他们本可以从网上共享文件中免费获取音乐。但人们确实会花钱买。”[16] Kindle 电子书阅览器的一名批评者写道：“我承认，即使用了几天 Kindle，我还是没觉得这个玩意儿哪里好……它是一个（适合）阅读白痴的鸡肋式产品。事实上，我也是个阅读白痴，但就算是对我来说，这个东西的实用性都太差了。储存量（号称能储存 1 500 本书）、电池寿命、无线 3G 上网这几个方面确实令人惊讶，但却没有电子墨水技术。屏幕也太小了，速度还慢。”因此，Kindle 今天还是一个成功的开拓性产品吗？[17]

当然，还有很多产品也没能吸引消费者：

- 1993 年，水晶百事（Crystal Pepsi）上市，它是一种透明可乐（看上去有点像清水），喝上去和普通百事差不多。它试图为健康意识日益增加的消费者创造一种“健康可乐”，但它在美国只活了一年。哎呀呀。
- 2002 年，亨氏公司跟随潮流，推出了炸薯条——巧克力味的蓝色炸薯条，但孩子们却并不觉得这种薯条很酷。一年后，亨氏公司让这种薯条下架了。

- 今天，你们之中还有多少人骑赛格威（Segway）去上课？当然，它仍在销售。

只要人们还没真正意识到自己需要某个产品，这个产品就一直处于**开拓期**（pioneering stage）。

开拓期

产品的一个广告阶段，在该阶段，消费者尚未意识到对这个产品的需要，因而必须培养对它的需求；或者消费者已经有了这个需求但产品尚未完全满足这个需求。见竞争期、维持期。

开拓期的广告会推出一个新观念，让以前的观念显得过时、落伍。广告必须证明，那些曾被认为唯一可行的方法现在已经有了改进，曾经熟视无睹的限制已被突破。虽然这让人难以置信，但消费者不会蜂拥而至地购买首次推出的香体剂，因为很多会关注体味的消费者只会在腋下用用小苏打。因此，我们不能想当然地认为消费者会改变自己的习惯。在这个阶段，广告要做的不仅仅是介绍产品，它还必须培养新风气，改变习惯，开发新用法，或者创造新的生活标准。总而言之，在产品生命周期的开拓阶段，广告必须想办法使消费者接受、使用新产品或新服务。

1973 年，弗莱施曼公司（Fleischmann）推出了 Egg Beaters，这是一种用真鸡蛋做的冷冻蛋替代品，但没有蛋黄。这家公司必须说服消费者，让他们相信自己需要鸡蛋替代品。它必须将吃鸡蛋的人转变成 Egg Beaters 的消费者，其目标市场是那些担忧胆固醇和蛋黄脂肪的消费者。公司必须成功地改变消费者的态度和习惯。产品做到了这个，从而成了这个细分新产品中的王者。20 世纪 90 年代早期，Egg Beaters 曾试图围绕着“做饭需要鸡蛋”这个主题展开广告战役，谋求扩大市场（见图 3.8）。这些广告试图把 Egg Beaters 当作烹饪替代品来推销，“因为你用的是鸡蛋最健康的部分。没有胆固醇，没有脂肪。”你和你的家人会吃 Egg Beaters 或鸡蛋替代品吗？

简而言之，开拓期的目的就是：

- 培养消费者对新产品或新服务的意识。
- 告诉人们他们之前没有意识到自己有这个需求，而广告中的产品能满足他们的需求。
- 展示现在推出的这个新产品能够真正满足人们已经意识到但尚未得到满足的需求。

开拓期广告通常强调产品的功能、好处，或强调产品能做什么之前做不到的事，或之前其他产品做不到的事。

真正的先锋产品能提供的不仅仅是一个小小的改进。广告主们必须记住，决定广告处于什么阶段，完全在于消费者如何看待产品，这一点至关重要。在开拓期，消费者会努力去回答“这个产品是干什么用的”这个问题。生产商怎么想其实并不重要，消费者认为产品中的改进有意义吗？也就是说，这个产品真的提供了一个更好的做事方法吗？

在这一阶段，文案通常集中于产品品类的共性，以培养或告知消费者。20 世纪 80 年代后期，洁齿白（Interplak）新推出了一款革命性家用洁齿产品——能够去除牙菌斑的全自动双向旋转震动牙刷。但洁齿白必须让消费者相信这种牙刷比其他任何牙刷都能更好地清洁牙齿——不管是电动的还是其他的（见图 3.9）。这不是一件容易的事，因为这个产品在推出之初售价高达 100 美元。洁齿白在其开拓期广告中建议：“牙菌斑是口腔卫生的大敌，如果每天不清除，细菌就会引发牙龈疾病，导致牙齿脱落。但是临床研究证明，手动清除只能除去一些已形成的牙菌斑。”20 年后，洁齿白仍在努力劝说普通家庭试用它的产品。当然，新一代更廉价的电动牙刷和装电池的牙刷也运用了相同的理念。

图 3.8

Egg Beaters 试图鼓励消费者在烹饪时采用鸡蛋替代品，以此谋求市场的扩大。

产品接受大战

1972 年，斯纳普（Snapple）就开始作为一种纯天然果汁饮品在各大健康食品店中出售，但直到 20 年后它才成为一家全国性饮料企业。最初，很少有消费者对天然饮品感兴趣，因此，这种理念着实花了些时间才逐渐为人所接受。如今，大多数人都会购买阿夸菲纳（Aquafina）或达沙尼（Dasani）这类瓶装水。消费者对这种观念的接受不是一蹴而就的，但产品一旦被很多消费者接受，百事这类维生素或其他口味增强型饮料就会随之而来。有一个有趣的相反现象：可口可乐公司在英国推出的达沙尼瓶装水就是一个完败。达沙尼受到英国媒体的抨击，说它实际上是一种回收自来水，于是几周内它就被迫下架了。

耐克第一次向跑步者推出运动鞋 Monitor 时，它告诉他们说穿上这种鞋后，他们就能跑很久、跑很快。这种鞋还附带声呐探测器，可以戴在跑步者的腰部，计算跑步者的速度，并通过耳机将速度告知跑步者。但消费者却认为它不实用，推出后还不到

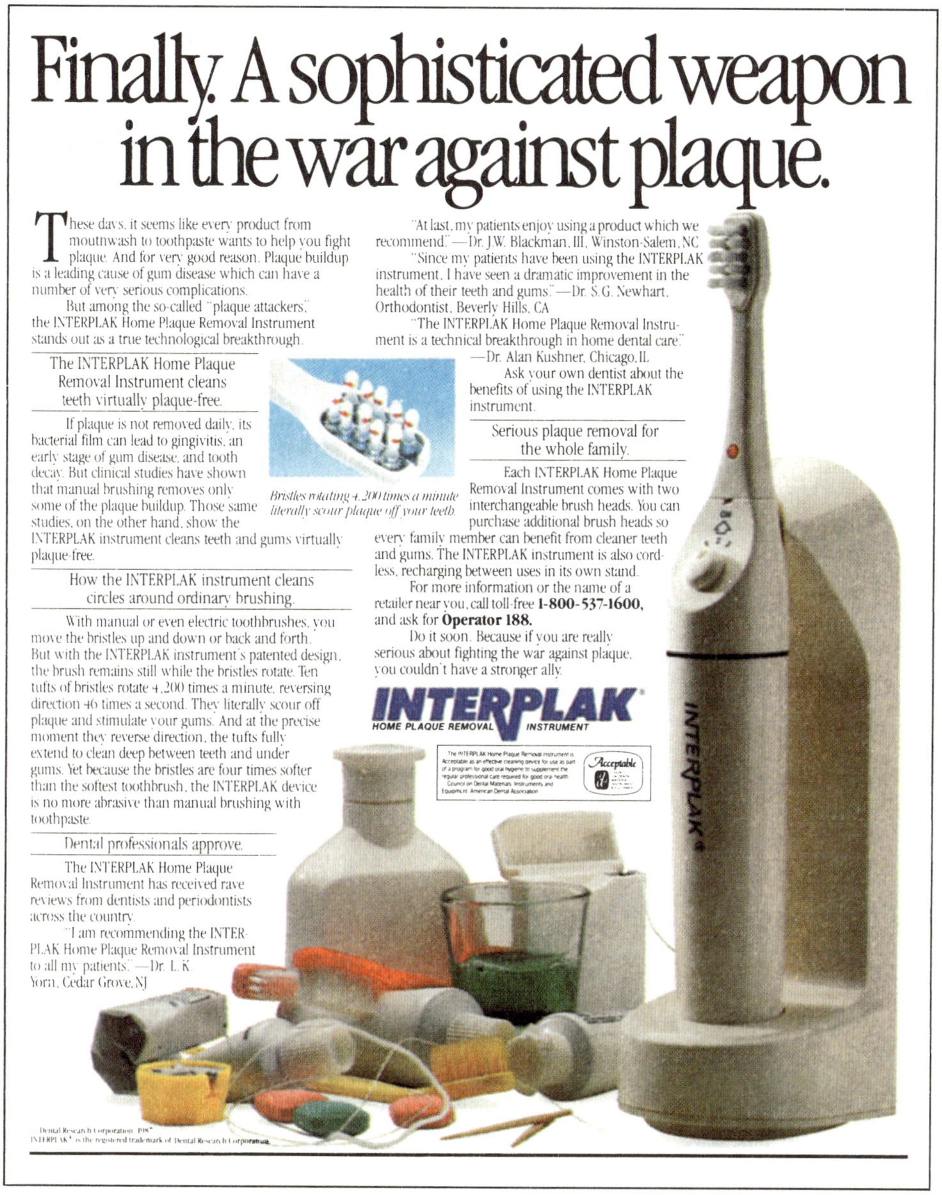

Courtesy of Bausch & Lomb, QualCare Division.

图 3.9

洁齿白推出了一种新型家用牙齿护理产品。

两年，1987 年，耐克就停止销售 Monitor 了。

耐克还做了一次俘获消费者的尝试，即 Nike+ 跑步系统。2008 年，你可以在 Nike+ 运动鞋上附加一个传感器，打开 iPod，追踪跑步的步伐。每一次跑完步，将 iPod 和 Nike+ 网站同步，就能得到跑步锻炼时的视觉再现。耐克将一种简单的数据累计方式和使用、分享工具结合起来，吸引了前所未有的大批跑步者——超过 120 万，共追踪了 1.3 亿多英里的跑步里程，燃烧了 130 多亿卡路里。[18] 这是新观念的一个胜利。

就这些产品而言，广告不能勉强消费者提高自己接受产品的标准，而是要说服他们，让他们相信如今使用这个新产品就可以完成以前无法完成的事情。比如，手机产业告诉职业女性，手机不仅可以用来和客户联系，还可以用来充当安全装置——尤其是在车出现故障或受到某种威胁时。现在，这更像是一个关乎设计、色彩、大小和其他特色的决策问题，而不是消费者是否应该拥有这个产品的问题。对于今天的大多数人来说，手机是生活必需品。

开拓期支出

通常，在产品推出之初，为了提高知名度，增加目标消费者对产品功能的熟悉度，大力投入广告和促销是有必要的。为了扩大市场，生产商必须争取新的销售渠道，吸引消费者尝试，扩大地理市场。通常，处于开拓期的产品是无法盈利的。换句话说，消费者接受度和购买新产品的行为可能涉及一系列因素。根据安永会计师事务所（Ernst & Young）在美国进行的调查，在被创造的新产品品类的全新产品中，失败率高达67%。[19] 其他调查也显示，在某些特定品类中，失败率可能更高。

开发新产品品类

1997年以前，消费者还不习惯在医院之外的地方使用消毒香皂。普瑞来即时净手消毒液（Purell Instant Hand Sanitizer）于1997年推出，广告预算1 500万美元，该产品主要针对消费者在家中和办公室使用。含甲氧萘丙酸的新型止疼药萘普生（Aleve）推出后，它在一个已然十分成熟的止疼药市场中创造了一个新的产品品类。其实，可供消费者选择的止疼药已经很多了：阿司匹林是第一种主打止疼药（如拜耳阿司匹林），然后是复方阿司匹林（比如阿纳辛、BC片剂等），然后是扑热息痛（泰诺），然后是异丁苯丙酸（布洛芬），然后就是甲氧萘丙酸。萘普生上市时的广告支持为5 000万美元。正如你所见，在向消费者推荐新产品好处的这个过程中，处于开拓期的广告主要投入大量资金。如果广告主的新理念能取得一些成功，竞争对手就会一个接一个地紧随其后，试图从开拓者手中分得一杯羹。

通常来说，当开拓者的好处就是，你能明显领先于他人，起步更早。因此，这些开路先锋能在竞争尚未开始之前赢得消费者。威瑞森电信公司（Verizon）首席执行官伊万·塞登伯格（Ivan Seidenberg）说："如果你是市场老大，那么你的职责之一就是再创市场。"[20]

竞争期

一旦消费者接受了某个先锋产品，竞争就会出现。消费者现在已经知道这个产品有什么用、怎么用。这个时候，消费者就会问："我该买哪个品牌的？"如果出现这种情况，就意味着产品进入了**竞争期**（competitive stage），这个时候所做的广告就叫作竞争广告。（记住，这里的"竞争"是狭义的竞争，不要将它与广义的竞争，即所有广告之间彼此竞争搞混。）

竞争期

当一个产品的实用性得到认可，但是为了进一步获得消费者的偏爱，且产品相对于其他品牌的优越性还有待建立时，广告就进入了竞争期。见开拓期、维持期。

在短期内，开拓性产品通常都处于优势地位，有能力统治市场。几十年前，在欧洲，红牛（Red Bull）开创了含咖啡因能量饮料品类。仅在2006年，全球就有500多种新能量饮料出现，大家都想分一杯羹。通常来说，在竞争阶段的早期，由于竞争对手数量众多，由此造成的影响就是，这能够极大地促进整个产品品类的发展。如果开拓者能够在竞争者的起步阶段保住自己在品类中的市场份额，那么他所得到的补偿将远远超过开拓期因努力打拼而付出的代价。

目前，处于竞争期的日用品有香体剂、香皂、牙膏、小轿车、清洁剂、头痛药、剃须膏、洗发水、电视机、猫粮、电脑以及包装食品。竞争期的广告旨在向消费者传播产品的定位或差异；广告突出表现产品的不同之处。

竞争性标题包括以下这些：

所有音乐，无需电缆。

妙韵音乐系统

更好的润肤方式。

妮维雅润肤露

他为寻找合适的酒桶木料花了几十年，
只需一抿即能品出结果。

木桥葡萄酒

最省油的中型轿车。

福特 Fusion+Hybrid

如何将一副优质太阳镜与高价劣质品区别开来。

Costa Del Mar

这些标题并没有向你传达产品品类的优势在哪里，但消费者自然知道。图 3.10 所示为一个新的饭店品牌。尽管这是一个新的饭店概念，但它必须和其他餐饮公司竞争。这个标题的基础是该公司其他饭店品牌的信誉——Folks 新开的饭店。

Courtesy of Lane Bevil+Partners, The Rusty Rooster, and Folks.

图 3.10

尽管金公鸡（Rusty Rooster）是一个新的饭店概念，但从第一天起，它就踏上了与其他饭店竞争的道路。

维持期

维持期

当产品的普遍功能得到广泛认可，各项产品质量得到彻底信任，且能够仅凭过去的声望就维持利润时，产品就进入了广告的第三个阶段：维持期。见开拓期、竞争期。

臻于成熟、得到普遍接受的产品就可能进入广告**维持期**（retentive stage），又叫提示期。

如果产品只是得到了消费者的接受和使用，可能还用不上竞争广告。这时，所有人都知道了这个产品，或喜欢或厌恶它——那为什么还要做广告呢？广告的主要目标就是留住这些消费者。经过多年的经营，很多产品获得了成功，其生产商便不再给这些产品做广告，结果却发现公众很快就忘了这些产品。大多数广告主试图维持品牌在消费者面前的曝光率，以求挽留消费者。产品可能会经历的第三个阶段的广告有时候被称作提示性广告——就是单纯提醒消费者这个品牌的存在。这种广告通常非常直观，基本上是品牌名称广告，也就是说广告很少会说服消费者去购买产品。大多数提示性广告看上去都很像招贴——使用大幅产品插图和少量的文字。通常来说，这时的广告已经很少甚至根本没有正文，因为已经没有必要再向消费者传达这种信息了。

完全处于提示阶段的产品极少，它们的领导地位往往会受到处于开拓期和竞争期的其他产品的挑战。事实上，如果只有你的产品完全处于维持期，那你就要警觉了。这可能意味着这个产品品类正在衰亡，竞争对手发现与你争夺消费者已经没有什么意义了。

在维持期，广告主的目标就是保住市场份额，防范其他产品刺激消费者试用。处于维持期的产品并不一定要削减广告支出，与开拓期和竞争期相比，他们可以采用更多不同的营销和促销战略。如果一个产品已经获得大部分市场，其广告要做的就是维持曝光率，扩大总体市场，但前提是这个最杰出的品牌可以分得增长部分的最大份额。

通常，处于维持期的产品盈利水平最高，因为这时开发成本已经摊销，经销渠道已经建成，销售合同已经签订。因此，开发广告和促销就成了这一阶段的必修课。很明显，企业都希望尽量延长自家产品的维持期。

广告螺旋

5 认识产品生命周期的重要性。

广告螺旋（见图 3.11）是前述产品广告阶段的一个扩展版，这个螺旋为判断产品在指定时间内、在指定市场中达到了哪个阶段以及广告讯息应该以什么为重点提供了一个参照。对于制定战略和为创意团队选择传播信息而言，这些信息非常重要。广告螺旋在很多方面都与产品生命周期非常相似。

对比阶段

处于开拓期的产品数量自然少于竞争期的。人们很少开发新型产品或新产品品类，大多数广告是为处于竞争期的产品服务的。前面已经说过，这种广告往往会表现开拓期新产品的特点，并在一段时期内引起公众的关注。

在运用广告螺旋时，我们每次只处理一群消费者，广告完全按照那一群消费者对产品的态度而定。处于竞争期的产品有时不得不用开拓性广告来针对其他消费群体，以谋求扩大市场。因此，开拓性广告和竞争广告可以同时投放，同一产品的各系列广告或每条广告的各部分都可以针对不同的受众。随着混合动力车越来越受欢迎，销售

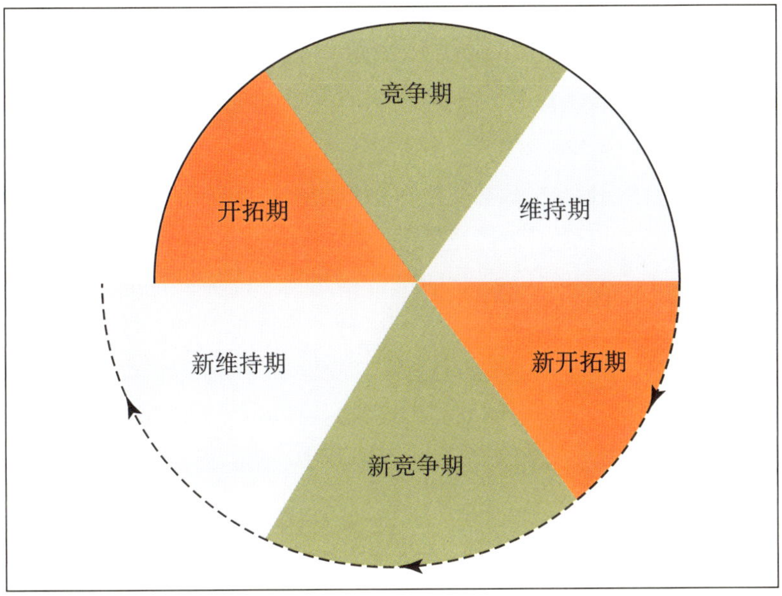

图 3.11
广告螺旋

混合动力车的汽车公司也越来越多。2010 年，丰田汽车推出的普锐斯（Prius）遇到了一个新的对手——本田音赛特（Insight）。音赛特的销售建议主张是：迷你车里程，车身紧凑，可乘五人，后备厢可装一辆成人自行车，20 000—30 000 美元起，低于市面其他混合动力车的价格。由于大多数买主并不接受混合动力车，所以必须讲出混合动力车的好处，将你的混合动力车与市场上的其他同类产品区别开来。

处于维持期的产品通常是做广告最少的，但这个阶段却是产品生命周期的一个临界点，必须做出重要的管理决策。因此，这个阶段必须创作出有效的广告。

竞争期的产品，开拓期的改进

在还未做过任何开拓性广告的前提下就进入竞争阶段，这对新产品来说并不是什么稀罕事。新产品要想打入一个既有的产品品类，就必须让自己和竞争对手有所差异。只有这样，新品牌才能充分享受开拓性广告在这个产品品类中产生的结果。尽管新产品可能会失败，但营销商还是能清楚地看到新产品的价值。新品牌进入一个既有产品品类的失败率是 50%，而令人最吃惊的是，品牌延伸的失败率竟然高达 84%。安永会计师事务所认为，缺乏最基本的竞争差异是产品线延伸失败的原因。[21]

我们之前说过，决定产品所处阶段的是消费者。在哪个阶段可以推出零度可口可乐（Coca-Cola Zero）？零度可口可乐是一种无糖可乐，但味道和原来的可口可乐一样，公司认为其是在 1984 年推出健怡可乐（Diet Coke）之后最重要的新产品。随零度可口可乐同时推出的系列广告带着“Everybody Chill”（人人透心凉）尾标，主打广告为“Chilltop”篇，是可口可乐 20 世纪 70 年代轰动一时的“Hilltop”篇的一个改版。这条介绍性广告并没具体告诉消费者这个产品是什么，而消费者也不明白产品的定位是什么。后来，可口可乐公司增加了一条说明：“无添加，真正的可口可乐味。”另一条电视广告则表现了可口可乐如何挤进一只零度可口可乐的瓶子，文案这样说：“真正的可口可乐味，零卡路里，零危害。”最近的广告则变成了可口可乐品牌经理打算状告零度可口可乐经理“侵犯了他们的味道”。消费者能明白现在的产品前提是什么了吗？

有一条电视广告说："隆重推出 Gold Bond 足用棉签，轻轻一折，痛苦立减……临床证明它是唯一治疗并保护运动员双足的药物。新 Gold Bond 棉签，无污染、无接触的治疗。" Gold Bond 足用药棉为减轻运动员足部痛苦创造了新方法（见图 3.12），是对反复污染的运动员足用药膏的终结。

几年前，生产商们在一年内就推出了 150 种新型香体剂和止汗剂。联合利华从欧洲带来了其成功的 Axe 产品，点燃了销售竞争的战火，让这个产品品类膨胀了四倍。新配方以各种形式登场——胶状的、膏状的、可粘贴的、喷雾式的。生产商们忙不迭地将自己的新产品差异化：宝洁公司研发了一种"软固体"式香体剂，在挤出时是含有颗粒的晶体状，涂到皮肤上则会融化；赫本卡尔（Herbal Care）推出了一款"无刺激，抗氧化"的香体剂，主要针对皮肤敏感的女性；而吉列和联合利华都推出了"气味阻断技术"。下次去大型折扣店、百货店或药店时，不妨好好看一下香体剂那一区，看看生产商是如何试图将自家产品差异化的。正如你所见，单纯销售香体剂很难，大多数新型香体剂都是从竞争阶段开始的，即使是在研发大品类下面的子类。

改变是一个持续的过程，只要竞争产品的运行不变，那么不论它在开拓阶段做了多少改进，这个产品都会继续处在竞争阶段。然而，一旦产品的运行规则发生改变，它就又进入了开拓阶段。如果一个产品开始跨越几个阶段，那这些改变通常就很难分辨了。处于竞争阶段的品牌只要为了自家产品的差异化而为之增添新特点，注入新活力，就可能需要开拓性广告来促使消费者意识到这些新特点。

鸡蛋品牌 Sceamblers and Better'n Eggs、Healthy Choice Eggs 和 Simply Eggs 都推出了非冷冻鸡蛋替代品，以期与 Egg Beaters 的冷冻鸡蛋竞争。在推出冷冻鸡蛋的同时，Egg Beaters 还开发了一个冷藏鸡蛋。图 3.13 是一条电视广告，它告诉消费者他们不仅可以在冷冻食品区找到 Egg Beaters，还可以在食品杂货的禽蛋区找到它。这个新的 Egg Beaters 是处于竞争阶段还是开拓阶段，还是两者兼有呢？

维持期不是终点

一个产品到达维持阶段后，并不意味着就此停止脚步。事实上，它可能处于鼎盛时期，生产商以为这个产品还可以驰骋疆场，但其实驰骋不了很久，产品很快就会衰落。没有哪个企业可以长期单凭自己的老顾客就存活下来。

正如前面提到的，维持阶段是产品盈利最大的一个阶段。但是好花不常开。在产品接近维持期尾声时，生产商必须在两个战略之间做出选择。

如果选择第一种战略，生产商会认为这个产品的寿命已经超过了最有市场效益的阶段，该功成身退了。在大多数情况下，产品并不是直接退出市场的。更确切地说，生产商只是停止打广告，撤回各种支持。在这一时期，产品逐渐失去市场份额，但因为支出骤减，所以仍然能赢利。这是教科书在讲到产品生命周期时提到的一种典型战略，但它未见得是真正适合产品开发的战略。

典型的产品生命周期模式（见第二章）有一个问题，就是产品不可避免地会衰落，但大多数老牌产品在最终退出市场前，都经历过跌宕起伏的循环。图 3.11 描绘的广告螺旋就说明了这些循环。广告螺旋是产品在接近维持期尾声时可选的第二个战略，它根本不接受产品必然会迎来衰亡这种说法。相反，它会努力扩大市场，进入新的开拓阶段。通用磨坊公司的首席执行官就建议说："不要相信产品生命周

GOLD BOND | "LONG JUMPER"
:15 TV SPOT

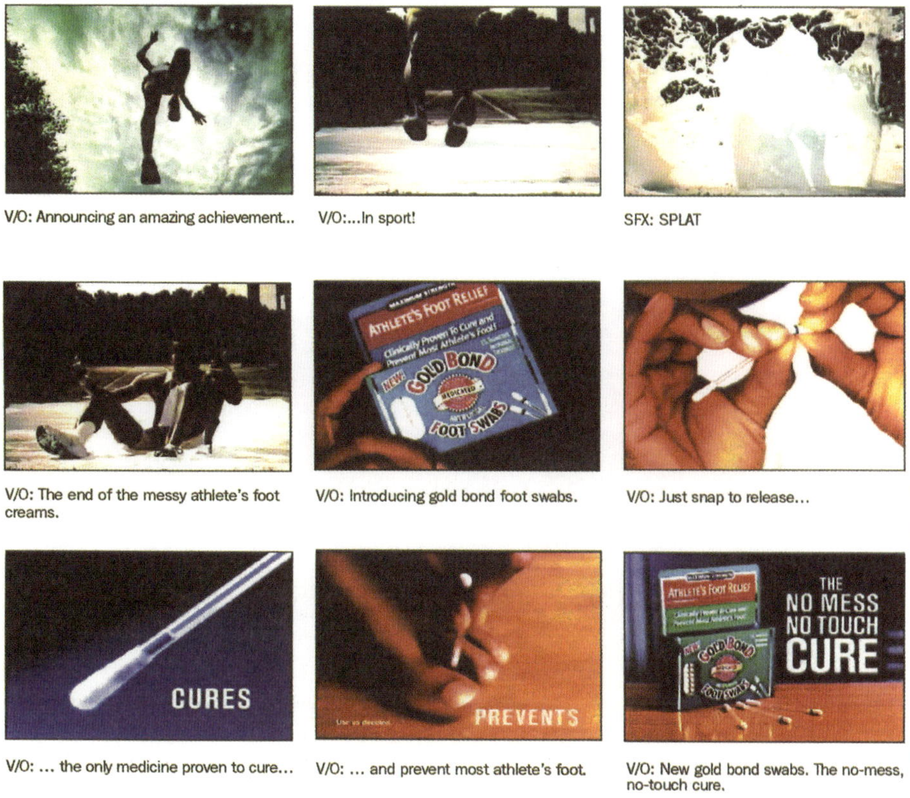

RESULTS

Per McCollum Spielman (MSW) testing

	CATEGORY NORM	GOLDBOND
Breakthrough	31	60
Persuasion	27	52

图 3.12

"Gold Bond 足用棉签——轻轻一折，痛苦立减……无污染、无接触。"

期，要不断革新。"汰渍洗衣粉 1946 年面世，自那以后，汰渍经历了 60 多次产品升级。

随着产品接近维持期，在管理上必须做出一些重要决策：

- 是否能在现有产品上做出一些明显改进，让它变成一个新产品或新产品类别［例如高乐氏吸尘器（Clorox Cleaner）］？
- 是否有产品线延伸的可能性（例如健怡可乐、零度可口可乐）？

图 3.13

Egg Beaters 用其冷藏鸡蛋打破了冷冻的局限。广告告诉人们他们可以在商场的哪里找到这个产品。

正如我们所见，产品生命周期会受很多因素的影响。但如果还想继续在市场上销售这个产品，那么在设定广告目标之前，就应该先判断自己所处的广告阶段。

广告螺旋的三个基本阶段（开拓期、竞争期和维持期）直截了当、易于理解。而下半部分阶段（即新开拓期、新竞争期和新维持期）则更棘手。要想继续在市场上成功地销售一个既有产品，并做到赢利，创新营销必不可少。

在新开拓期，生产商试图让更多的人使用这个产品。基本上，进入这个新阶段的方式有两种。第一，改变产品。这种比较初级，比如为清洁剂增添新成分或为香皂增添香体剂或——换个方向——去掉汽水里的咖啡因或钠盐，或去掉食物里的脂肪。第二，对产品来一次脱胎换骨，比如给汽车型号来一个彻底改变。在某些情况下，广告本身就足以让消费者对这个产品刮目相看了。

单纯依靠老顾客风险太大，广告主无力承担，那些老顾客会逐渐离世，或被其他竞争对手吸引，或改变生活方式。在享受成功果实时，聪明的广告主会改变自己的广告方向。他们会展示产品的新用法，为消费者更多地使用这个产品提供充分的理由。比如，如果你是一家成功的汤业公司，消费者每餐都在食用你的罐头汤，那你就达到了一个饱和点。此时你该怎样提高销售量？只需鼓励人们采用新方法去食用它。你可以制作食谱广告，展示新汤品和新砂锅菜，而它们需要放好几罐你的产品。现在，你的消费者既把你的汤当作汤在喝，也在用它做砂锅菜。当然，这就意味着销售量更多，意味着对汤类产品的一种新观念。这就是 Egg Beaters 在生产商成功地将消费者的早餐从普通鸡蛋转向 Egg Beaters 时所做的：公司努力让厨师们在下次做菜时使用 Egg Beaters，并且一直强调其味道。

新开拓期及以后

进入新开拓期的产品事实上处于不同市场的不同阶段。长期顾客会认为这个产品处于竞争或维持阶段，而新消费者会认为它是一个开拓性产品。此时，广告螺旋又将会进入另一个循环（见图 3.14），我们称之为最新开拓期。在这个阶段，重点是要让更多的人使用这类产品。如今，Egg Beaters 的生产商仍在做广告："吃起来像鸡蛋，因为就是真鸡蛋。"文案还补充说："寻求田园蔬菜和西南风，真正的蔬菜和特别佐料。"新"田园蔬菜"混合了青椒、红椒、洋葱、芹菜和调料，而"西南风"则添加了青椒、红椒、洋葱和辣椒，玉米煎饼和煎蛋卷里还添加了美国西南部香料。它现在也成了康尼格拉食品（ConAgra Foods）的搭档（见图 3.15）。

处于这个阶段的产品会面临新问题和新机遇。你能说服从来没用过你家产品的细分市场受众用你的产品吗？显然，你必须搞清消费者以前为什么对这个产品不感兴趣。而创新营销和一个灵活的产品将对这个过程有所帮助。

麦当劳、耐克、吉露果冻（Jell-O）、激浪（Mountain Dew）、百威啤酒、迪士

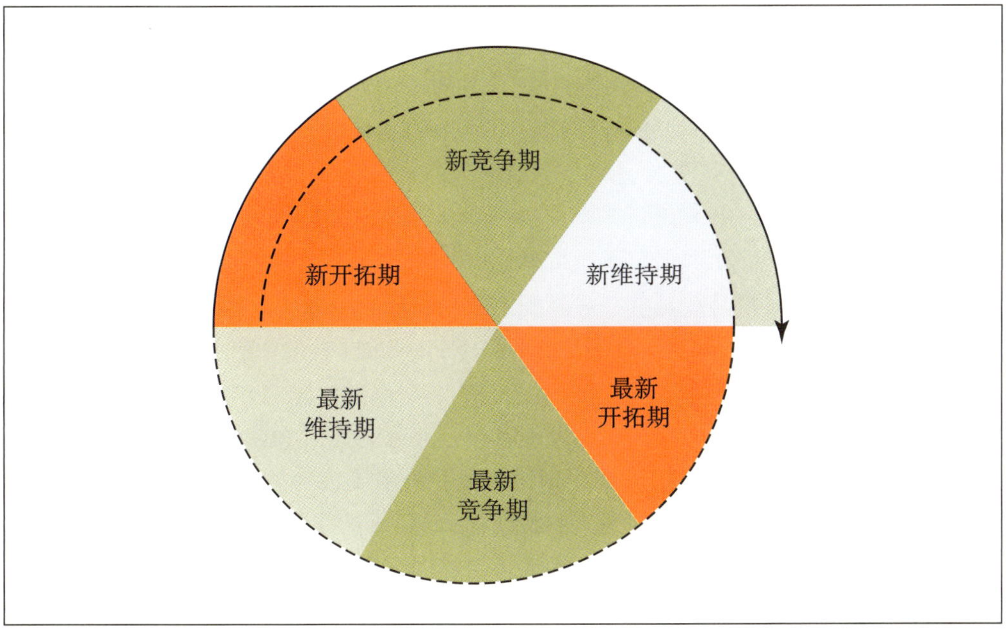

图 3.14
扩展了的广告螺旋

图 3.15

Egg Beaters 开发出了“田园蔬菜”和“西南风”两种味道。

尼、ESPN、谷歌（Google）和吉列只是少数几个能到达维持阶段并开始寻求更上层楼的品牌，这些公司都是通过产品创新进入新开拓阶段的，所以才诞生了纯果乐（Tropicana）、健怡可乐、零度可乐、樱桃味可乐、轻怡百事（Diet Pepsi）、健怡激浪（Diet Mountain Dew）和百威淡啤（Bud Light）这样的产品。新开拓期可能是对原产品的再创造，或者是产品线延伸——新配方或新名字——这些都是与产品最初版本相关的活动。那么红牛呢？调酒师创制的 Friday Flatteners 就是用红牛和年份伏特加调制而成的。

产品创新并不一定能转化成品牌占有率。皇冠可乐（Royal Crown Cola）一直都是产业中的创新者——首先是在全国销售听装汽水（1954），接着是低卡健怡可乐（1962），然后是无咖啡因健怡可乐（1980），然后是无钠盐健怡可乐（1983）。[22] 皇冠可乐确实有所创新，但它却没有有效地经营自己的广告，去和可口可乐、百事可乐这类更大的公司抗争，也没有有效地和消费者沟通。

就开拓阶段而言，虽然处于竞争阶段的既有产品在新的开拓阶段做了创新，但并不能摆脱竞争。

侧重于新开拓期的广告必须让消费者明白产品到底是什么，而新竞争期的广告则旨在让更多的人购买这个品牌的产品。但要一一落实这些阶段——新开拓、新竞争、新维持——并不是一件容易的事，它要求生产商要么进行产品创新，要么制定广告定位战略，以便让产品在消费者眼中与众不同。同样，随着我们在螺旋中所处的阶段越来越新，产品的目标对象也会越来越少。因此，企业必须在瞄准更小范围的目标对象时更精准、更有效。亨氏公司推出的 EZ Squirt 系列是一种彩色的、维生素 C 含量加倍的番茄酱，还专为儿童设计了包装。亨氏之所以开发 EZ Squirt 系列，是因为 12 岁以下的儿童是番茄酱的主要消费者。广告推广各种绿颜色的番茄酱，瓶身易于抓握，可以轻松挤压，瓶盖则可以让孩子把握挤出的番茄酱的量。[23]

自从拜耳（Bayer）在 19 世纪后期首次推出阿司匹林以后（最初是粉末状的，1915 年又推出了片装），它就成了药品界和营销界的一个传奇。它的新开拓期永无止境：用于解除头痛、牙痛、肌肉酸痛、背痛，最近还被用来防止首次或反复发作的心脏病。美国食品药物管理局最近正式通过了阿司匹林的这个新作用，并推荐将阿司匹林作为预防心脏问题、心绞痛（剧烈胸部疼痛）和中风的药物。2003 年，调查表明，每天服用阿司匹林能够显著降低结肠肿瘤的发生率。另一项研究表明，很多绝经女性在服用阿司匹林之后，患乳腺癌的概率降低了 21%。每当发现这个产品的一个新作用，拜耳公司就会进行一场新的广告战役，向合适的消费者群体宣传这个产品。

埃默里大学（Emory Univcrsity）教授、心脏病学家约翰·道格拉斯（John Douglas）说：“阿司匹林是冠心病患者的必备药品。”他指出：“它应该是每个心脏病患者、心绞痛患者或冠状动脉粥样硬化患者——凡是有动脉硬化现象的人——的标准治疗药物。”这样的评价是每个营销商的梦想。当然，大多数产品都不可能像这个神奇产品这么万能，但如果营销商可以开发产品的新用途，开拓性广告的新阶段就可能出现。[24]

新开拓阶段　在产品品类遇到一个新障碍时，我们就很容易明白为什么有必要做开拓性广告。想想过去几年新技术的发展，想想最近手机功能的增多。手机早已超越了电话的范畴，已经成了娱乐工具，可以拍照、玩游戏、听音乐、获取信息。在这种情况下，营销商必须简单明了地向消费者介绍这个产品能为他们做什么。想想苹果公司的 iPod 和 iTunes 的影响。很多消费者都在翘首以盼这个产品品类的技术进步。

另一个例子，让我们来看看宝洁公司佳洁士（Crest）的牙刷革命：佳洁士于 1955 年诞生；1960 年获得美国牙科协会（American Dental Association）的认可；1980 年，佳洁士推出牙膏；1985 年，佳洁士推出去牙垢牙膏；1988 年，佳洁士推出儿童水晶牙膏；1996 年，佳洁士推出多重呵护牙膏；在佳洁士推出多重呵护亮白牙膏之后，他们继续改进产品，又相继推出了专业健康亮白牙膏和专业健康牙釉护齿牙膏。

作为管理决策工具的广告螺旋

6 认识广告螺旋各阶段的关系。

一个产品可能会试图维持一个竞争领域里的固有消费者，同时通过开拓性广告吸引其他消费者，开拓新市场。我们必须记住，一个产品可能会从某个产品生命周期的某个阶段很快进入另一个周期的另一个阶段。这种改变也牵涉到一个企业战略问题。公司或许认为，通过开拓性广告来宣传产品的新用途，就能以更低的成本获取更高的营业额。但如果在一个竞争激烈的市场中继续争夺可怜的利润率，可能也会得到这个结果。处在维持阶段的广告主可能会突然发现，不知不觉中市场流失了，他突然被卷进了一场新的竞争，但自己却没有做任何开拓的准备。广告螺旋就像一个指南针，虽然能指明方向，但却不能支配管理决策。

在尝试为产品广告开发新创意之前，广告主应该比照着广告螺旋来回答以下问题：

- 这个产品处于哪个阶段？
- 我们是否应该运用开拓性广告来为这类产品吸引新的消费者？
- 我们是否应该在竞争性广告上下更大功夫，从而获取现有市场中的更大份额？
- 我们的广告中哪部分应该是开拓性的？哪部分应该是竞争性的？
- 我们在维持期是否还得心应手？如果是，我们是否应该更雄心勃勃一点？

总而言之，一个产品或品牌的生命周期可能受很多因素的影响，如果这个品牌还要在市场上销售，那么在设定广告目标之前，就应该先确定自身的广告阶段。

小　结

19 世纪中期，世上还没有品牌。后来，生产商们开始将自己的产品差别化并给它们命名，于是“品牌术”这个概念诞生了。如今，品牌已经成了营销商所拥有的最大财富之一。产品不是品牌。产品是制造出来的，而品牌是创造出来的，并且由理性要素和感性要素两部分组成。在如今的营销环境下，广告、公共关系、促销、包装、直接营销等，每一种传播方式都必须以同样的方式去加强品牌个性。在判断一个品牌的真实价值时，最看重的就是其在市场中的资产以及消费者如何看待和感知这个品牌。整合营销传播会在一个战略中运用所有的营销工具。BAV 是一种诊断工具，能够判断一个品牌与其他品牌在表现上的差异。整合营销传播战略计划的制订主要分为以下四步：品牌资产审计分析，战略选择和建议，品牌资产调研，以及创意简报。

Avrett, Free & Ginsberg（AFG）采用一个七步规划周期来帮助创作战略广告，它在规划广告战役的每一个阶段都会用到客户策划准则：品牌 / 市场地位、品牌使命、战略开发、战略、创意探索、品牌评估以及品牌前景。

产品会经历一系列阶段——从推出到最终消亡，这就是所谓的产品生命周期。在产品发展的每一个阶段，广告都扮演着不同的角色。除非消费者意识到自己需要某个产品，否则这个产品就会一直处于广告的开拓期。在竞争期，广告主试图将自家的产品和其竞争对手的产品区别开来。在维持期，则需要提示性广告。广告螺旋是对产品广告阶段的一个扩展，为决定产品在一定时间内，在某个市场里要到达哪个阶段提供参考，告诉营销商广告讯息的要点应该是什么。

在一定时间内，产品的年龄与其所处的阶段没有什么关系，反而是消费者的态度或看法决定了产品所处的阶段。随着消费者态度的改变，产品从一个阶段进入另一个阶段，广告讯息也应该随之改变。事实上，很多时候，广告都可能同时处于多个阶段。创新营销或许能推动一个产品——落实新开拓期、新竞争期、新维持期，甚至还有可能推动产品继续前进，进入最新开拓期、最新竞争期和最新维持期。随着产品老去，它的消费者也在老去，这就是一个产品如果无法吸引新的消费者，它就无法存活的原因。因此要在维持现有消费者的同时不断吸引新的消费者，这才是长久成功的基础。

复习题

1. 什么是品牌资产？
2. 创意简报的要素有哪些？
3. AFG 规划周期的要素有哪些？
4. 请说明广告螺旋前半部分的每一个阶段。
5. 是什么决定了产品所处的阶段？
6. 广告螺旋每一阶段的广告讯息的重点是什么？

第四章

Courtesy Mazimix and Adler Chomsky & Warshavsky (Grey Israel).

目标营销

成功的广告主指那些能识别资源，然后将资源直接瞄准对这个品牌有欲望或需求的人群的人。▶

本章学习目标

1. 认识目标营销。
2. 认识美国人口普查中表现出的重要人口趋势。
3. 认识并能举出代际营销的案例。
4. 了解营销理念对广告的重要性。
5. 掌握市场细分的五种方法。
6. 认识定位对广告的重要性。
7. 了解重度消费者在目标营销中的角色。
8. 了解为什么消费心态调查对目标营销那么重要。

广告主尽可炫耀自己的创意广告和高科技战略，但如果他们的广告在瞄准目标对象时发生错误，这些广告最终只能以失败收场。好广告要将你的讯息传达给对你的东西最感兴趣——最可能想要、最可能从中获益——的人，而要想做到这一点，就一定要做好功课，仔细圈定目标受众，了解人口趋势，抓住机遇，然后在考虑各种因素的基础上巧妙地细分市场。例如，本章开篇的 Magimix 食品加工机广告，其针对的主要对象就是预期消费者。本章，我们将探讨广告主和营销商为确保自己的讯息能够触达恰当的受众，都会用到哪些工具和概念。

如何在变化的环境中瞄准目标

我们在上一章里谈过，时时处处都有变化：广告主们试图触达的人群类型以及他们的行为方式。而我们触达他们的方式只是这个故事的一部分而已，甚至消费者也会因变化速度之快而手足无措。广告主必须紧跟身边趋势，如果他们不了解自身品牌的环境，就很难做到恰逢其时并指向恰当的受众。

我们认为谁会购买我们的产品？男性？女性？青少年？大学生？男女都会？老年人？25—49 岁的人？主要是西裔？我们的广告要针对哪些人？是否具有营利性？我们选择目标的基本原则是什么？目标会有变化吗？很多问题都需要我们去回答，我们也需要很多答案。在这个过程中，是否意味着我们不会针对每个手里有钱的人？我们知道这是行不通的——这是机枪扫射法，我们要有重点、有方向，要像点射一样，一枪一个。

20 世纪中期，规模巨大的大众市场早已奄奄一息，小型大众市场已然取而代之。对很多广告主来说，问题的关键就在于能否想出新的目标定位方法。例如，雅虎（Yahoo！）就想出了一些方法来帮助自己判断真正的产品或产品品类购买者。雅虎会跟踪消费者的行为——将尼尔森家庭扫描数据库（Nielson HomeScan database）与某些消费者行为进行对比，借此掌握消费者真正的购买习惯。这样，雅虎就能观察到网络用户的在线行为模式，进而向那些匿名消费者推送特定的用户广告。网络行为与某些产品的购买之间具有很深的关联性。[1]

营销笼统化

在我们讨论营销商会用到的很多因素和消费群体时，我们必须严加“注意”。我们谈到婴儿潮、老年人、被遗忘的一代、X 世代、Y 世代、Z 世代，或者将话题缩小到人口统计因素（年龄、收入、性别）上，好像所有的人都被打上了某种烙印，大家的生活方式、想法还有行为都一模一样。但所有 20 岁的女性都有一样的想法和做法吗？所有西裔都一样吗？所有“婴儿潮”时期出生的人呢？事实上，没有哪一代人能够完全覆盖整个消费品市场，尤其是按年龄段来分。

如果我们停下来想一想，肯定比这么笼统地概括了解得更多。老年人或成年人中既有穷的，也有富的；既有喜欢户外运动的，也有喜欢室内运动的；既有爱旅游的，也有爱宅在家里的；既有拥有度假屋的，也有住活动房的。同样的因素几乎适用于这些包罗万象的产品品类中的任何一个。当然，这些分组或归类对评估潜在市场十分有用，毕竟他们确实拥有共通的群体行为和生活方式。这些细分群体自然应该纳入考虑，但我们必须记住，他们只是各种人群的典型代表。我们知道俄罗斯人喝伏特加，德国人喝啤酒，法国人喝红酒，但这样对吗？美国南方人都吃粗燕麦粉吗？我们可以将范围缩小到这些群体中的一个，从这里入手，但更重要的是深入挖掘、真正了解。

营销的一个基本原则就是始终了解市场。这不是说将人按年轻或年老、有钱或没钱来划分，而是说要在环境允许、必要的时候，尽可能详细地确定目标。可靠的市场调研必须考虑很多因素，诸如年龄、性别、收入、净资产、种族、地域、生活方式以及家庭状况。把“家族”作为形容一个指定市场的形容词再合适不过了，只要别把它和市场等同起来就行了。[2] 现在，我们已经竖起了一面红旗。接下来，让我们看看目标营销中会用到哪些因素和细分。只要可能，如今的营销就应该针对个体而非大众市场。

确定主要预期对象

1 认识目标营销。

目标营销

确定主要潜在主顾并与之沟通。

取得成功的一个关键决策，就是确定主要预期对象。这样你才不会浪费时间和金钱，向不准备买你产品或即使吸引过来也不会给你创造效益的人推销产品。在所有消费者中寻找最有可能成为预期对象之人的过程就叫作**目标营销**（target marketing）。例如，家得宝（Home Depot）发现，在购买家居装修材料的买主中，运动爱好者占有相当大的比例（见图 4.1）。

从哪里入手？

在上一章里我们看到，不同的广告公司和企业处理这个过程的方式固然略有不同，但在创作广告之前他们都必须回答一些重要问题，比如，品牌资产调研就试图回

Courtesy Homer LLC.

图 4.1

家得宝发现运动爱好者在家居装修品买主中占有很大比例。

答若干问题，摸清品牌在市场和消费者中的状态。如今，营销商手握着大把信息来源，可以帮助自己规划针对个体用户或群体的整合营销项目。让我们来看看在美国的一些信息源和趋势，及其与广告策划之间的密切联系。

人口普查数据

销售主管必须习惯不断变化的环境，尤其是在地域和生活方式发生明显变化的时候。人口普查数据为营销商提供了大量有关人口及这些人如何在美国生活的数据，许多资料库都可以在线找到。拓扑集成地理编码和引用系统（Topologically Integrated Geographic Encoding and Referencing System），即我们所知的 TIGER，是一种比较复杂的工具。TIGER/Line Shapefiles 涉及对一个国家自然地理、政治以及统计学边界的编码，包括每条街、每条巷和住宅区。TIGER 为电脑地图提供数据，帮助它规划销售区域，精确定位直接营销的预期对象。这种信息可以与一系列相关特征相连，如年龄、收入和种族，顾客调查公司可以利用这些数据为营销商开发软件，帮助他们评估地理人口统计数据。

现在，广告主的人口统计信息源非常丰富，因此他们说自己可以在获取消费者家庭住址的基础上，比以往更详细、更精准地了解消费者及其购买行为。服务公司向广告主们保证，采用 2000 年人口普查数据库后，对地理人口的划分已经从艺术幻想成为科学实际了（见图 4.2）。每家服务公司都将美国家庭编成 40～70 个数字代码绰号（如贵族、开拓者、精打细算型、随便型、占便宜型），借此对消费者的生活方式进行细分。例如，尼尔森·克拉瑞塔斯市场研究公司（Nielsen Claritas）的 PRIZM 市场细分法就超越了邮政编码 + 四级地址的水平，其地理区域由 10～12 户家庭组成，而不是像楼群那样由 340 户家庭组成，或者像一组邮政编码那样覆盖 3 600 户家庭。和以前相比，这些公司可以将市场细分为更小的人群，同时还可以在消费者行为信息上叠加一层精确的人口统计信息，从而给广告主描绘出更加全面的消费者状况。根据信息层次的不同，这些地理人口统计服务公司可以向广告主提出 500 美元～10 万美元不等的报价。我们稍后会对这里提到的一些服务公司加以讨论。[3]

- *安客诚*。安客诚（Acxiom）有一个以产品生命周期为驱动力、以家庭为单位的消费者细分系统，涵盖了超过 1.32 亿户美国家庭。
- *ESRI*。ESRI 提供街区的人口统计和生活方式图景，帮助企业勾画出它们最理想的消费者。

Photos.com/Jupiter Images.

图 4.2

营销商通过复杂的工具分析人口普查数据，从地理上瞄准消费者。

- *Experian*。Experian 是一款全球性细分产品，能够评估汽车、零售和产品目录交易信息、家庭人口统计等资源。
- *MapInfo*。MapInfo 公司将地理位置与人的行为、特征联系起来，帮助广告主在市场、产品潜力和店面选址方面做出决策。
- *尼尔森克拉瑞塔斯*。该公司利用人口统计和行为特征来细分消费者，从而识别出谁是最理想的消费者、他们都是什么样的、在哪里可以找到他们。

人口

2 认识美国人口普查中表现出的重要人口趋势。

美国人口普查局（U. S. Census Bureau）的报告曾说，2010 年，美国人口会达到 3.1 亿。我们很快就会说到人口增长的重要性。在美国，营销商一直在面对人口增长和人口迁移的问题，这些问题通过一定的方式影响着广告主的市场。当然，我们要知道，市场中都有哪些人？他们的规模有多大？他们在哪里生活？怎样生活？他们需要什么？他们有什么购买习惯？如果我们不知道消费者在哪儿，我们就很难触达他们。但是人口不仅仅指人口的数量，人们倾向于用年龄、种族、出生年代或其他东西来划分人口。

美国人口普查局的数据预测表明，到 2030 年，美国 70% 的人口增长都将来自南部和西部，东北部和中西部将呈现出个位数增长，南部和西部将增长 40% 以上。例如，亚利桑那州的人口在 2000—2030 年之间将增长两倍。

人口普查之人口预测精选州

下表为 2008 年美国人口最多的 10 个州的人口数据及自 2000 年以后的人口变化。

2008		自 2000 年后的变化
1. 加利福尼亚	36 756 666	8.5%
2. 得克萨斯	24 326 974	16.7%
3. 纽约	19 490 297	2.7%
4. 佛罗里达	18 328 340	14.7%
5. 伊利诺伊	12 901 563	3.9%
6. 宾夕法尼亚	12 448 279	1.4%
7. 俄亥俄	11 485 910	1.2%
8. 密歇根	10 003 422	0.7%
9. 佐治亚	9 685 744	18.3%
10. 新泽西	8 682 661	3.2%

下表为 2030 年预计美国人口最多的 10 个州的人口预测数据。

2030	
1. 加利福尼亚	46 444 861
2. 得克萨斯	33 317 744
3. 佛罗里达	28 685 769
4. 纽约	19 477 429
5. 伊利诺伊	13 432 892
6. 宾夕法尼亚	12 768 184
7. 北卡罗来纳	12 227 739
8. 佐治亚	12 017 838
9. 俄亥俄	11 550 528
10. 亚利桑那	10 712 397

资料来源：Estimated U.S. Census Bureau projections.

营销商为了找到市场中的大量消费者或为了做出媒介决策，会将目光投向一些特殊市场。而要想缩小范围，则可能需要大都市统计区（Metropolitan Statistical Area，MSA）的数据了，它主要用来进行人口估算（见下表）。这些数据会调查人们实际居住的大都市，同时，在研究这些 MSA 数据时，也要用到人口统计学特征（我们稍后讲解）。

美国大都市统计区（2005）举例	人口估算
1. 纽约 – 北新泽西 – 长岛，NY-NJ-PA	18 747 320
2. 洛杉矶 – 长滩 – 圣安娜，CA	12 923 547
3. 芝加哥 – 内伯威尔 – 乔利埃特，IL-IN-WI	9 443 356
4. 费城 – 卡姆登 – 威明顿，PA-NJ-DE-MD	5 823 233
5. 达拉斯 – 沃思堡 – 阿林顿，TX	5 819 475
6. 迈阿密 – 劳德代尔堡 – 迈阿密海滩，FL	5 422 200
7. 休斯敦 – 舒格兰 – 贝城，TX	5 280 077
8. 华盛顿 – 阿林顿 – 亚历山德里亚，DC-VA-MD-WV	5 214 666
9. 亚特兰大 – 桑德斯普林斯 – 玛丽埃塔，GA	4 917 717

续前表

美国大都市统计区（2005）举例	人口估算
10. 底特律－沃伦－利沃尼亚，MI	4 488 335
14. 菲尼克斯－美沙－斯科茨代尔，AZ	3 865 077
16. 明尼阿波里斯市－圣保罗－布卢明顿，MN-WI	3 142 779
22. 丹佛－奥罗拉，CO	2 359 994
25. 辛辛那提－米德尔敦，OH-KY-IN	2 070 441
36. 夏洛特－加斯托尼亚－康科德，NC-SC	1 521 278
50. 盐湖城，UT	1 034 484

变化，变化，变化

在接下来的 25 年里，美国的人口基数将会变得更大，老龄化将更加严重，种族将更加多样化，企业将面临很多机遇和挑战。当然，要想完全预测未来是很难的。对美国社会、文化——甚至政治——的预测并不很明朗。到 2030 年，美国人口预计会超过 3.73 亿。随着人口的增长，企业很难通过单一策略瞄准利基市场，如今的利基市场将变成一个大众市场，其细分标准不仅涉及国籍，还涉及消费者行为和其他消费者心理特征。这种趋势，用趋势咨询公司（Iconoculture）维基·亚伯拉罕（Vickie Abrahamson）的话说，就是蜂巢化（beehiving）。蜂巢化意味着联系紧密、享有共同价值观和激情的另类社区的成长。亚伯拉罕说："营销商必须了解蜂巢的规矩、风俗和语言，这样才能建立信任、寻求庇护。"[4]

在未来的几年里，营销商将遇到一个大好时机，那就是 65 岁或以上走向衰老的人口规模正在扩大。婴儿潮时期出生的人，如今正在衰老，这会导致老年人口规模增加两倍。营销商不仅要重视年轻人，还要将目光投向年轻人市场以外的地方。未来的关键，就是在不疏离年轻人的同时，打造能吸引老年顾客的品牌。

我们并不想涉及所有对我们而言可能重要的人口统计数据，但这些东西应该引发你的思考。记住，对一个具体的市场形势来说，这些数据既可能重要，也可能不重要，重要的是要全面了解那些意义重大的数据。

多元文化概述

对于有些人来说，定义多元文化市场似乎是一个问题。"我们多半会忘记，文化就是文化，并不一定是指语言的不同。"美国银行（Bank of America）多元文化整合营销部、亚洲细分市场营销经理林奇·阿德利安－秦（Lynn Adrian-Hsing）如此说。[5] 她鼓励广告主们"要考虑传统'多元文化圈'以外的市场"，包括同性恋消费者、老年消费者以及 X 世代和 Y 世代（X 世代和 Y 世代要分开看），"这些都是文化市场，不是种族市场"。美国银行将广告预算的 25% 都投在了争取非裔美国人、西裔美国人和亚裔美国人上。该广告战役的目的是在 12 个月内提高贷款量，并新增 100 万个活期账户。花旗集团（Citigroup）和摩根大通（JP Morgan Chase）则属于另一类银行，他们针对特定族裔人群量身定做广告。人口普查指出，美国的少数族裔人口总和已超过 1 亿，也就是占到了美国总人口的 30%，如果营销商再将少数族裔总人口中的同性恋算进去，就会新产生 2 000 万潜在消费者。[6]

自 20 世纪 60 年代首次使用少数族裔营销来形容针对非裔美国人这类潜在消费者

的定位之后，当代多元文化营销一直在不断地发展。在营销商将西裔美国人纳入视野之后，少数族裔营销就改称为种族营销。如今，很多营销商更倾向于称之为多元文化营销，因为这个术语不仅包含了极广的种族范围，也包含了与生活方式有关的目标对象，如同性恋市场。

精选人口统计掠影

美国社区调查（American Community Survey）是美国人口普查局的一个项目，该项目于 2007 年发表了最新的调查报告，披露的最新数据如下。

祖先。17% 的美国人认为自己的祖先是德国人，在调查中所占比例最大；12% 的美国人认为自己的祖先是爱尔兰人；排名第三的是英国人（10%）；排名第四的是“美国人”，7% 的美国人认为自己的祖先就是美国人。

移民。美国居民中的八分之一（12.5%）是移民，和 2000 年的 11% 相比有所增加。拉丁裔美国居民占移民人口数的一半以上（53%），27% 的移民来自亚太地区，近三分之一（31%）的移民来自墨西哥。据估计，美国居民中有 1 100 万人出生在墨西哥，比七个州的人口之和还多。

教育。17% 的美国成年人（年龄在 25 岁以上）拥有本科学历，10% 拥有高级学位。马萨诸塞州拥有本科学历（21.4%）或高级学历（16%）的居民总数在美国各州中名列前茅。再看看那些大城市，旧金山是受教育程度较高的城市之一：旧金山居民中 50% 都是大学毕业生。

非裔美国人人口 非裔美国人是美国文化、社会和经济中必不可少的一部分。2010 年，人口普查预测指出，非裔美国人占美国人口的 13%，即 3 700 万，是美国第二大的少数民族——2003 年，他们的人口数量不及西裔。[7]

从经济上说，美国有 823 500 多家非裔美国人创办的企业，每年产生 710 亿美元的收益。在美国境内的非裔美国人企业中，女性企业家占了 38%，比其他任何种族中的比例都高。超过 46% 的非裔美国人拥有自己的房子。非裔美国人最集中的五个城市分别是纽约、芝加哥、底特律、费城和休斯敦。人口普查数据指出，55% 的非裔美国人生活在美国南部，18% 生活在东北部，18% 生活在中西部，在美国西部生活的只有 8%。

广告主如果想瞄准非裔美国人，则房屋所有权和地理位置是十分重要的信息。鉴于非裔美国人在经济上的卓越贡献，营销商们对他们十分感兴趣。佐治亚大学塞利格经济发展中心（Selig Center for Economic Growth）的数据显示，非裔美国人的购买力超过了 9 130 亿美元（见图 4.3）。到 2013 年，这个数字有望达到 1.2 万亿。一些广告主购买黑人媒体（2008 年超过 20 亿美元），明确地针对非裔美国人展开诉求[8]；但一些广告主却更倾向于利用针对普通市场的传统广告。Prime Access 是一家多元文化广告公司，该公司首席执行官霍华德·布福德（Howard Buford）说：“很多营销商仍然认为非裔美国人只是比白人皮肤黑点儿，不用特意去触达他们。”[9]

西裔人口 2010 年，在美国的西裔（或称拉丁裔）人口，包括移民和那些在美国出生的拉美后裔，总计近 5 000 万，占美国总人口的 16%。其中墨西哥人占了西裔美国人口的 64%。美国 9% 的西裔人口来自波多黎各，7% 来自中美洲，5% 来自南美洲，来自古巴和多米尼加共和国的各占 3%。美国人口普查局用“非西裔白人”这个名称来称呼他们，因为西裔可以归到任何一个种族里。按照美国人口普查局的说法，

图 4.3

Colonial Mall 周年庆的这条广告主要针对非裔美国人消费者。

西裔这个词是一个种族归类。2008 年，西裔的购买力达到了 8 700 亿美元。预计到 2030 年，其购买力将达到 1.3 万亿美元，几乎占整个美国购买力的 10%。

除购买力之外，西裔之所以引起营销商的关注，还在于它是壮大速度最快的少数民族，占了美国增长人口的 50%。预计到 2050 年，西裔人口将会占美国人口的 30%。很多营销商将西裔看作品牌发展的重点："沃尔玛是针对拉丁裔的主要营销商，它正在向其供应商——比如美国通用电气公司——不断施压，要求它们制定出各自的西裔营销战略。强生表示，2009 年，它将会在针对西裔的营销上投入更多资金，增加一些以前从未向这一人群宣传过的品牌。所有产品品类，如药品，都是首次将品牌指定给西裔广告公司。"[10]

库尔斯公司（Coor's）西裔区首席营销官卡尔·克拉维兹（Carl Kravetz）在一次美国全国广告主协会多元文化营销会议上强调说，市场调查发现美国广大的西裔社区十分复杂、多面、微妙。克拉维兹说，深度调查发现，随着双语、二元文化家庭

Thinkstock/Jupiter Images.

图 4.4

在美国，西裔的代际差异正在淡化。

的迅速壮大，传统的人口统计标志——比如使用西班牙语、祖籍以及在美国生活的时间——的影响越来越小。“如果说心是拉丁裔身份的核心，那么负责动作的四肢就是人际关系、时间和空间感、精神以及性别意识，人际关系就是我们和他人之间的关系，就是……和非拉丁裔是完全不同的。”他如此说。例如，对于祖籍非墨西哥或西班牙的白人来说，个人主义意义重大；但是对于拉丁裔来说，他们骨子里有集体主义文化，喜欢合作，视家庭需求高于个人需求（见图 4.4）。[11]

对营销商来说，这就意味着要将一个家庭作为一个整体来看待，包括集体决策，还要避免在个人需求和集体期望之间引起冲突。拉丁裔的时间概念和空间概念与非拉丁裔非常不同，他们会轻易改变计划，更在乎过去和现在；相对于隐私而言，他们更看重朋友和家庭。与之相反，非拉丁裔人更在乎未来，对空间和隐私要求更高，更注重结果。宗教信仰和精神影响着拉丁裔的世界观，并且造就了他们对仪式和庆典的热爱。性别角色也极为不同，男子汉就要保护家庭、养家糊口。[12]

亚裔和太平洋岛民人口 2010 年，美国人口普查局发表报告指出，在美国居住着 1 450 万亚裔和太平洋岛民，占美国总人口的 5%。其中，51% 在美国西部，19% 在美国南部，12% 在美国中西部，19% 在美国东北部；而 95% 的亚裔和太平洋岛民都住在大城市。

他们十分重视教育：51% 的亚裔男性和 44% 的亚裔女性拥有至少一个学士学位，而西裔男性只有 32%，女性只有 27%。我们来看看 2001 年的收入状况，在所有的亚裔家庭里，40% 的家庭的收入达到 7.5 万美元及以上。亚裔美国人主要来自 15 个不同国家或地区，包括孟加拉国、柬埔寨、中国、菲律宾、印度、印度尼西亚、日本、韩国、老挝、马来西亚、巴基斯坦、斯里兰卡、中国台湾、泰国以及越南，还有其他不同文化、语言和历史的国家或地区。所有这些因素，每一个都会影响到采用哪种最有效的渠道去触达这些消费者。“未来十年，亚洲市场将越来越重要。”美国银行职员阿德利安－秦（Adrian-Hsing）说，尤其对高端产品而言，更是如此。“我们逐渐发现，这是一个我们从未开发但十分富裕，甚至极为富裕的市场。”[13]

迪士尼公司多元文化市场副总裁吉尔伯特·达维拉（Gilbert Davila）将这一切都视为一个营销前景，他说：“多元文化营销并不是一时的风行，只要看看正在发生的事，看看美国人口普查局的所有预测，你就会发现美国变得越来越多元化了。这将会对企业如何改善市场，如何更加紧密地联系这些消费者，如何瞄准他们提出挑战。”[14]

其他目标影响因素

正如你所看到的，营销商要消化大量信息，他们还要考虑其他很多有可能对其基本营销决策产生影响的因素。例如，家得宝可能会将女性、DIY 爱好者、承包商、园丁当作目标，这就要求对众多的人群及其生活方式了若指掌。苹果蜂（Applebee's）的车前服务户外广告就非常了解现代人繁忙的生活（见图 4.5）。在这里，我们再一次列出一些可供营销商们利用的典型信息的例子。

家庭收入 美国劳工统计局消费者支出调查（The Bureau of Labor Statistics' Consumer Expenditure Survey）每年都会评估数百种物品的家庭支出情况，并采用人口统计学特征制成交互表。像大多数数据一样，在运用这些数据时要得法。除了要看家庭收入，广告主往往还要看可支配收入和可随意支配收入。可支配收入就是税后收入；可随意支配收入就是消费者纳税后，在购买必需品（比如食物和住房供给）之后的剩余收入。

支出 美国人口统计数据（American Demographics）显示，在美国大城市普通家庭支出中房屋占 16%，交通占 17%，食物占 14%，公用事业占 6%，服装占 6%，娱

图 4.5

苹果蜂宣称：“您还没到家，晚饭就好了。”

Courtesy of McRae Communications and AppleGrove Restaurants, an Applebee's Franchise company.

乐占 5%，家庭管理占 3%，个人保险占 11%。支出模式在很大程度上受消费者个体年龄和收入特征的影响。[15] 很多产品和服务要靠消费者的可支配收入生存。

出生率 对于营销商来说，某一年份的出生人数在预测市场规模上事关重大。美国的出生率已经连续几十年呈下降趋势。1960 年的出生率为每千人 23.7 人，2002 年降为每千人 13.9 人，这是美国政府有记录以来的最低值。2002 年，在美国登记的新生婴儿为 4 019 280 名。想想这对销售婴儿用品的公司来说有多重要吧。如果营销商能够将对出生率波动的认识和对消费者在不同生命阶段的行为的了解结合起来，他们就能大概看到未来将面临的挑战。不过，正因为出生率下降，婴儿用品市场以外的市场，比如推销 529 教育储蓄计划，说不定倒非常乐观（见图 4.6）。

老龄化 2010 年，超过八分之一的美国人年龄为 65 岁或以上（12.9%），预计到 2030 年，每 6 个美国人中就有 1 个年龄在 65 岁或以上（19%）。人口普查预计，到 2050 年，美国老年人群将会壮大两倍，这与营销商乃至整个社会都息息相关。

女性 作为社会的基础，美国有 1.2 亿女性。在美国所有劳动者中，女性占 47%；在管理职位中，女性占 51%。根据美国教育部的统计，在每一个州，每一个收入档次，每一个种族里，女性大学生和研究生占 60%。[16]

女性购买或影响了 85% 的产品。随着女性财富的增加、教育程度的提高以及寿命的延长，她们对营销商的要求也会提高。几十年来，营销商们深知是女性推动了所有食品、美容护肤品以及家用产品的发展。女性因素传播公司（Female Factor Communications）创始人布里奇特·伯尔南（Bridget Bernnan）说："以女性为导向进行营销是几乎所有产品品类的未来发展方向。"例如，调查显示，疯狂快干胶（Krazy Glue）最主要的使用者是女性，而不是男性。因此，SBC 广告公司创作了一系列与女性沟通的广告，并在《人物周刊》（*People*）和女性读者欢迎的其他出版物上投放广告（见图 4.7）。

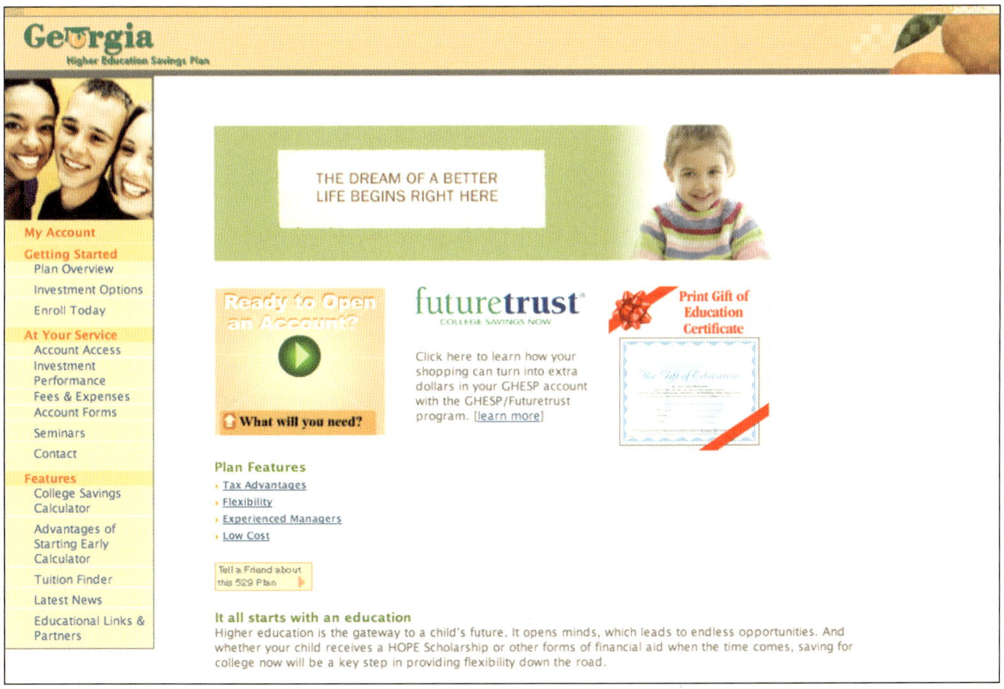

图 4.6

佐治亚州高等教育储蓄计划的这条广告主要针对那些关注子女大学教育经费的父母。

图 4.7

调查显示，女性是疯狂快干胶这类产品的主要消费者。

根据美国人口普查局的数据，有孩子且孩子年龄小于 18 岁的女性，存在于近三分之一的美国家庭中，这对营销商来说无疑是一个肥沃的目标市场——尤其是那些上网的女性。目前，“数字妈妈”的数量超过 2 700 万，她们中的 65% 会登录社交网站。[17] CafeMom 公司最近的一项调查深入分析了在线妈妈的五种类型，以帮助营销商更好地了解她们并与之沟通。这五种类型为自我表现者、实用主义者、爱结群者、信息寻求者以及超级链接者。例如，爱结群的妈妈们一般都是 30 多岁，孩子在上学，并热衷于发博客、参加社团或组织团体，她们容易受品牌赞助活动的影响，而且更乐于分享照片和参与在线民意调查。

男性 最近，广告主和媒体采购人员都感到很迷惑：18～34 岁这一年龄段的男性都去哪儿了？电视机前没有他们的身影。答案很简单，他们的媒体接触习惯已经改变。这对广告主触动很大，因为单身男性的可支配收入相对较多，正处于形成品牌忠诚的阶段，而这对很多产品品类来说意义重大。本书作者与一位男性广告人合著的《男人的未来》（*The Future of Man*）就着眼于男性文化中的传统和正在发生的改变。

单身家庭 2005 年，美国人口普查局报告显示，单身家庭正在逐渐取代“双亲 + 孩子”的家庭，成为美国最常见的家庭模式。他们预测，到 2010 年，这一人群将达到 3 400 万。报告指出，人们在生命周期的两端——年轻时和年老时——都最倾向于独自生活。

很明显，大多数美国人仍旧相信典型的家庭应该由“妈妈、爸爸和两个孩子”组成。1990 年以前，这种核心家庭还很普遍，全美有 2 500 万个这样的家庭，但它们现在降为第二大群体了；已婚无孩子家庭模式仍然排名第三，1990 年有 2 000 万，2 000 年有 2 200 万。

理解这些数字是一件十分复杂的事。彼得 · 弗兰西斯（Peter Francese）在为奥美广告公司做趋势追踪，他说，并非所有独身生活的成年人完全是一个人在过日子。“很多上下班要赶公交的专业人员夫妻，他们上班期间会分开生活，但会共度周末。单身

克莱普纳观点 4.1

约翰·路德维奇

约翰·路德维奇（John Ludwig）

普适公司首席执行官、合伙创始人

被遗忘的受众

我最近和某顶尖广告商业出版物的一位编辑有过一次交谈，我们谈到为什么有如此之多的公司那么注重和“目标受众”对话，倾听“目标受众”的声音，以致都忘了自己重要的受众之一——自己的员工。现在，广告公司在这方面也没有起到什么作用。毕竟，和创作一条可以在超级碗比赛期间投放的电视广告相比，制作企业宣传片有什么乐趣可言？其实乐趣就在于了解企业的生死存亡取决于他们的员工——不管是销售人员、服务人员、客服人员、现场技术人员、经理，还是其他任何可以代表企业品牌的员工——应对消费者、联系消费者的方式。

例如，某餐厅在超级碗比赛期间投放了一条十分精彩的广告，瞬间家喻户晓，报纸也做了大量报道，在 YouTube 上还有上百万的点击量。你，就像其他人一样，很是喜欢这条广告，于是你决定马上到这家餐厅去看看。你到了那儿，但是餐厅服务糟糕透顶，老板娘完全忘记了你这一桌，服务员老在厨房里待着，也不出来给你续饮料，而且结账时账单还搞错了。现在，你对这家餐厅是什么印象？是你在超级碗期间看到的精彩广告，还是你的糟糕经历？猜猜还有什么？你可能会在 Twitter 上对这次糟糕的经历吐槽，或者将它放到 Facebook 或 Yelp 上——告诉你所有的朋友这家餐厅多么差劲。这时，投到超级碗期间那条广告上的所有时间、人力和物力都付诸东流了。

如果广告公司真的有机会在整合内部的同时，也与客户更贴近的话，事情就好办了。毕竟，打造名品是需要从内而外的。如果广告公司真心想帮助企业建立品牌，它就不仅要帮助首席营销官，还要帮助人力资源总监、首席运营官甚至首席技术主管。通过整合我们可提供的东西，如策略、创意产品、交互、公共关系或媒体，我们就可以影响品牌生存的关键，并和日复一日跟顾客长时间打交道的人们一起齐心协力。因为，到头来，对每天都要靠这个品牌而生活的人来说，电视上的 30 秒广告、5 分钟广告、10 分钟广告、15 分钟或更长时间的广告，什么因素对品牌的影响更大？

我很幸运能加入这家公司，这家公司深知与外部消费者和内部利益相关者沟通的重要性和必须性，我们也为双方完成了很多好玩、刺激和重要的工作。这其实就取决于你的态度，你对真正能够创造名品的东西的信仰。当然，我们创作了有趣的电视广告、创新的网站以及非常棒的杂志广告。同时，我们也为人力资源总监、运营主管以及首席技术官做了很多相当酷的东西。总而言之，我们是一家充满创意、致力于解决问题的公司，而这些都是创意机会。

因此，在你踏入我们这个超棒的行业，开始考虑自己的营销计划，要劝服成千上万的人来购买你的产品和服务，借此征服整个世界时，千万不要忘记为你攻城略地的军队——你的员工们。

母亲或父亲通常家里可能有孩子，也可能会和朋友或情人长期同居。独居群体非常多样化。”

“选择独居的人会营造自己的圈子，不会让自己的生活留有遗憾或产生不必要的麻烦。”[18]

营销商必须意识到，尽管这个群体很有潜力，就像我们讨论过的其他群体一样，但这个目标受众群分布不均匀。例如，Looking Glass 公司列出了其 30 多种可能独身的主要消费者群体中的 8 种，他们中有高收入的成熟女性（56% 都是独居）、劳动阶层女性（63%）、健康时尚的学生（52%）、高收入男性（76%）以及劳动阶层男性（78%）。

代际营销

3 认识并能举出代际营销的案例。

消费社会确实是 20 世纪的一个新现象，在过去的一个世纪左右，很多企业的决策都建立在这样的一个假设上面：新一代成长起来以后，在生命的同一时期，会和上一代人做出同样的选择。

当代营销对“一代人”的界定主要由完全不同的两部分组成：第一，人口统计学家使用的传统定义，指处于任一年龄组的人数，以及“一代人”所预示的未来市场的规模大小和状态；第二，这涉及共同的态度、相同的历史和共同形成的经验。这两个定义对于营销商的生存都意义重大。大多数人认为，“一代人”通常指时间跨越 30 年并存在 10 年以上的人群。然而，如果看一眼每一代人的历史，你会发现，有些代的存在非常短暂。

营销商认为，新生婴儿依次出生，共同的经历将他们紧密连接起来，成为同一代人——他们是一群在人口统计学上有共同点的人。人口统计学家喜欢将数据打包，以便于分析评估，而出生日期就是划定一代人的最轻松的办法。代际营销商会统计、分析出生人数，调查在这一代人形成的过程中发生的重大国际事件，从而了解这一代人的性格。[20] 营销商要搞清楚有多少新生婴儿，然后在其生命周期的不同阶段对其数量进行追踪，以便对自己未来 10 年、20 年甚至 30 年可能遇到的机遇和挑战有一个大致的了解。

目标代

人口统计学家和营销商能够在一代人的时间线上达成一致，但在对一代人的命名和确切年份上却很难形成统一意见。2009 年现存的几代人包括“好战士”（1909—1928 年出生）、“幸运的少数 / 成年人”（1929—1945 年出生）、“婴儿潮”（1946—1964 年出生）、“X 世代”（1965—1982 年出生）、“Y 世代 / 新婴儿潮”（1983—2001 年出生），还有“Z 世代”（2002 年后出生）。调查人员将重点放到幸运的少数、婴儿潮、X 世代和 Y 世代这四代人身上，并开始了解 Z 世代。[21] 每一代人在想法和购买习惯上都有很明显的差异（见图 4.8）。

幸运的少数这代人的价值观接近典型的美国价值观：幸运的少数更倾向于清教徒式的职业道德，带有浓烈的自我牺牲精神、合作精神、服从公共利益的意识等。

但婴儿潮时期出生的人却很有自信，专注于自我。他们比之前所有前辈受过的教育都好，而且他们自己也知道这一点。他们认为自己更复杂，相信自己比前辈的学识更渊博。他们拥有强烈的改变世界、安排一切的自我意识，和“老”这个观念抗争。

X 世代 X 世代出生于婴儿潮之后。这一代人长久以来都是媒体鞭笞的对象，曾被指责为教育过度的懒鬼，对社会机构、政治以及宗教持不信任态度。扬克洛维奇伙伴公司（Yankelovich）最近的一项调查发现，X 世代其实是一群自食其力、勇于创业、注重技术、深谙媒体、包容社会、一步一个脚印的父母。伴随着高离婚率，在十分不稳定的家庭中成长起来的这一代人，在踏入建立家庭这一生命阶段时十分谨慎小心。因此，如今的 X 世代正在对自己带入家庭生活中的传统主义进行变革。

图 4.8

哪一代人会收看冬季极限运动？

从不负责任的孩子成长为担负起家庭责任的父母，随着这些自我观念的改变，营销商的观点也开始转变。最近的一个广告战役就巧妙地突出了这个生命阶段的转变，着重强调人生的第一次，比如第一次被称作"先生"、第一次在酒吧没被查身份证。这条广告宣传的是一款"足球妈咪也会赞叹"的运动型轿车。看来，随着每一代人经历一个新的生命阶段，这一代人都会成为"改变"的催化剂。

Y 世代（新婴儿潮、回波婴儿潮、千禧一代、我世代） 尽管人口统计学家仍在争论这一代人的截止日期和称谓，但大多数都认为 Y 世代指出生于 1983—2001 年间的那群人。到 2010 年，这群 12～19 岁的年轻人人数将达到历史顶峰，3 500 万人。这群年轻人的花销远远超过了其前辈。调查显示，青少年们每年的花销在 1 250 亿美元以上，即人均年消费 5 000 美元。他们的消费主要为游戏、音乐、在星巴克喝咖啡以及在 Chipotle 和麦当劳用餐。[22]《今日美国》（*USA Today*）的报道指出，Y 世代谙熟科技、娇生惯养、乐观、口味善变、难以归类。[23]

Y 世代是第一个庞大到只要冷淡对待即可打击一个成熟品牌的群体。这一代人的种族更多样：三个人中就有一个不是白人。营销商要像他们一样思考而非像他们的婴儿潮父母那样思考。[24]

《洛杉矶时报》（*Los Angeles*）和彭博社（Bloomberg）实施了一项民意调查，调查 12～24 岁年龄段人群的日常习惯。根据他们的这次调查，12～14 岁的女孩受电视影响最深：65% 的人表示她们受到电视节目或网络的影响，比同龄男孩更喜欢一心二

图 4.9

即使年龄最小的消费者也会偏爱这个品牌。

用，并且很容易感到无趣；41% 的人表示娱乐选择太少了。这些孩子就是经济学家、社会学家和营销专家口中的“乐观从众者”“规矩遵从者”，她们出生在“以孩子为中心”的家庭，是人们记忆中被捧坏、被宠坏、异常忙碌的一代。科技在他们的生活中非常重要，对他们来说，没有电子邮件和网络的生活就像是在“石器世代”。[25]

Z 世代 Z 世代指 2001 年之后出生的人群。这一代人的背景组合更为复杂，会在营销商了解他们时为之带去不同的感受。到 2010 年时，营销商必须重新开始思考如何给新一代人留下深刻的印象。不过，他们也很有可能像 Y 世代那样被名牌产品吸引（见图 4.9）。

专注于同代人既可能成就一个品牌，也可能毁灭一个品牌。如果对同代人没有一个准确的看法，就可能错误地解读这个市场。在保持消费者联系上，美国知名品牌之一李维斯就是一个最好的教训。20 世纪 90 年代，李维斯失去了其在美国牛仔市场上享有的一大半份额。美国恒康金融公司（John Hancock Financial）首席执行官戴维·德·亚历山德罗（David D’Alessandro）指出，李维斯的失败在于忽略了 X 世代和回波婴儿潮一代，没有持续了解小孩子希望穿什么样的衣服，没有为目标市场提供任何有价值的东西，结果无法将自己的潜在消费者和上一代消费者区别开来。[26]

营销理念和目标定位

4 了解营销理念对广告的重要性。

营销理念

将消费者的需求视为企业成功基础的一种管理导向。

任何一家企业都不可能进入所有的市场，满足所有消费者的需求。企业经营者们逐渐发现，将市场细分为几个主要市场十分必要，要评估这些细分市场，然后瞄准自己能提供最好服务的那些细分市场。这种强调特定购买群的方式就叫作市场细分（本章稍后会探讨），它是**营销理念**（marketing concept）的扩展，菲利普·科特勒（Philip Kotler）将它定义为：在判断目标市场需求的基础上达到企业目标，并在满足市场需求方面比竞争对手更有效、更有力。这个理念也可以概括为“找到需求，满足需求”或“创造市场需要的，而不是兜售你能创造的”。广告主们从方方面面体现这个概念，例如汉堡王（Burger King）的营销人员就说“你行你素”。

旧的营销理念——对管理理念的首次系统阐述是在 20 世纪 50 年代——就是早期

经济历史的遗物，它的大多数前提在如今这个充满竞争的全球市场中已不再适用，这个世界正在迅速转向以长期联系和合作关系为基础的经济活动模式。在新的营销理念中，消费者价值这个概念才是核心，也是企业所有策略的核心元素。

如果看一下这两者之间的差异，我们就会发现，旧营销理念的目标是销售，而新营销理念的目标则是发展与消费者之间的关系，销售只是一个起点而已。在这两种理念下，市场细分、市场瞄准与定位都是战略策划有效与否的关键，但在新的营销理念中，焦点会因为价值主张的加入而显得更加清晰。[27]

市场导向型企业必须了解如何将消费者的需求与企业的能力结合到一起，从而让消费者对价值形成定义。这不仅需要监测数据，还需要倾听消费者的心声，因为如今是他们在掌握传播进程。这就意味着要动用我们稍后将探讨的所有调查技巧，同时，这也意味着要适应“博客世界”和其他信息化技术与追踪系统。这不仅仅是一种理念，也是经营企业的一种方式，它包括消费者导向、市场情报、独特竞争力、价值传递、市场瞄准、价值定位、消费者至上的全面质量管理、利润而非销量、关系管理、持续改进，以及以消费者为中心的组织结构。[28]

什么是产品？

这个问题好像问得很蠢，是不是？我们将产品定义为一个集多种成分于一体、对消费者有使用价值的可销售的东西。消费者不会到商店去买酒精、PPG-15 硬脂醇醚、丁二醇、水剂／水、丙二醇、二丙二醇、硅质顺滑剂兼抗水性成分等，但很多到商店找人工日光浴产品的人却会买欧莱雅（L’Oreal）完美古铜色天使防晒喷雾。它不仅是一件有形的物品，还代表着一系列自我满足——让关注皮肤癌的人们（或因为朝九晚五的工作而无暇做日光浴的人）有机会在泳池边秀自己的古铜色皮肤。

有些满足来自产品的功能——比如报时的手表或代步的轿车，而有些满足则来自心理——比如镶有美丽珠宝的手表或代表社会地位的轿车，不同的人在更看重哪种满足上是不一样的。在谈到人工日光浴产品时，有一名白人受访对象说：“我整天都在忙工作，根本没时间出去晒太阳，但是我周末去游泳池的时候，我觉得不管我的皮肤是什么颜色，反正都比白色好。”产品通常要用来满足某个特殊消费者群体的需求。很大程度上，别人会根据我们所拥有的物品来评价我们——想想你对奔驰、宝马、捷豹（Jaguar）、黑莓（BlackBerry）以及 120 英寸等离子电视的感觉。消费者购买的产品会透露出他们的一些特质，将这些人和其他那些在生活和物质方面寻求相似满足的人归为一类。我们能洞悉他人并从中获利，就意味着我们创造了品牌忠诚，从而有力地抵御竞争对手的攻击。

每年都有 2 万多种新产品进入市场，要想吸引消费者，就要经历一场恶战。因此，生产商们必须学会选择最具营利性的细分市场，因为推出新产品的成本极其高昂。生产商必须审慎规划新产品，而关键就在于要打造可持续的品牌。

什么是市场？

所有广告人和营销人员都能轻松地回答这个问题，但答案可能就不一致了，这取决于他们怎么看待市场。对于我们来说，市场的定义是，通过其共同特征、兴趣或问题能识别的一群人——他们可以有效地利用我们的产品，有能力购买这些产品，而我们又能够通过某些媒介触达他们。

Courtesy of Blattner Brunner and Cub Cadet.

图 4.10

该广告表现了卡博科德的零转角剪草机的竞争优势。

对市场的定义可以大不相同，既可以是广义的，也可以是狭义的。潜在市场目标可以是减肥达人、高尔夫迷、有小孩的母亲、单身、成年人、新婚夫妇、滑雪爱好者、网球爱好者、西裔青少年、跑步爱好者、老年人以及观光客等。

“多数谬论”是一个术语，是过去经常用到的一种设想，指每个产品都应该针对所有消费者中的大多数，并为他们所接受。调查告诉我们，那些在给定市场中将眼光投向大多数消费者的品牌较易有相似的特征，因而容易错过满足少数消费者需求的机会。拿巧克力蛋糕为例，喜欢淡味巧克力蛋糕或浓郁巧克力蛋糕的人数都有一定规模，但大多数人还是喜欢口味适中的巧克力蛋糕。所以，尽管一些初入市场的蛋糕产品会尽量推出口味适中的巧克力蛋糕，以尽可能多地吸引消费者，但是稍后进入市场的蛋糕产品却可能会获得更大的市场份额，因为它们为更小众却十分重要的消费群体提供了他们所钟爱的巧克力蛋糕。如果浓郁巧克力蛋糕能够做到低卡路里和脱脂，结果又会如何呢？

什么是竞争？

去逛逛你最爱的超市或杂货店，看看可供选择的牙膏种类——有美白的、防龋齿的、清新口气的；有膏状的、晶体状的；有含氟的……或者再看看止疼药，你会发现有很多品牌都在争夺顾客——拜耳、萘普生、Advil、泰诺、Ascriptin、安匹林、Vanquish、Motrin IB、Goody's、BC、伊克赛锭等。为什么消费者甲会选这个品牌，而消费者乙却会选择另一个品牌呢？一个品牌如何才能上架参与竞争呢？这些问题对产品生产商来说非常重要。卡博科德（Cub Cadet）就期望自家零转角剪草机的竞争优势能吸引剪草机用户（见图 4.10）。

我们一直在最宽泛的层面探讨竞争，以期涵盖推动产品销售的所有力量，它们既可能是和你的产品处于同一子类或同一等级的产品的力量，也可能是这个产品品类之外的力量。我们上面列举的止疼药产品就包括了不同的子类：拜耳、萘普生、泰诺和布洛芬属于不同的止疼药品类，如阿司匹林类、扑热息痛类、萘普生和布洛芬类，而

Advil Nuprin 则属于另一个子类。这是否意味着它们只是在产品品类内部竞争？答案当然是否定的。很多消费者甚至都不会注意到子类产品，他们只关注产品是否能够消除疼痛。如果消费者只考虑一种布洛芬产品的功效，那么答案就是肯定的。Advil、Motrin IB 还有 Excedrin IB 都会投身竞争，问题在于广告主和营销商要找出哪种品类中的哪个产品能够吸引消费者来购买。这可能有点复杂，因为你不了解产品品类，但经销这些产品的老到营销商就知道其产品品类，并且知道消费者会购买哪个产品、为什么购买。

所有产品和服务的营销商都必须问这些问题：谁是竞争对手？它们都有什么品牌？其他产品品类是什么？有很多品牌还是只有几个品牌在竞争？哪个品牌竞争力强，哪个比较弱？如果有的话，商店自有品牌和企业品牌各有什么影响力？这个市场中是否有强势、老牌的品牌？这个市场是不是一个昙花一现的市场？

广告策划

市场细分

营销商不可能触达每个有购买能力的消费者，而是将自家产品瞄准那些有相似特征的人群，比如年龄相近的人、同一性别的人或生活方式相似的人，以此最大限度地扩张自己的潜在市场。从传播的角度来看，这通常比想象的难很多——你必须了解每个细分市场之间的文化差异，选择恰如其分的信息，这样才不会让你的产品 / 服务销售显得老套，才会让消费者觉得这是特意针对自己这个细分市场的。老话说得好："企图讨好每个人，结果谁都没讨好。"根据消费者的相似之处将整个市场中的消费者划分为组，为针对他们需求的产品提供市场的行为就叫作**市场细分**（market segmentation）。

营销计划的**形势分析**（situation analysis）的任务之一，就是将消费者进行分类，这包括以下四部分：描述当前环境，分析优势、劣势、机遇和挑战（SWOT），界定主要问题，设想未来。通常来说，市场细分过程包括下列步骤：

1. *细分*你的市场。
2. *瞄准*一个细分市场。
3. *针对*那个细分市场给你的产品*定位*。
4. *传播*你的产品定位。

在策划广告的过程中，要想充分利用市场细分，就要考虑一系列因素。第一步是判断可用来划分市场的可变因素。除人口统计学数据之外，市场细分的主要因素还有地域细分、产品用户细分、品牌忠诚细分以及生活方式细分。在寻求目标的时候，营销商往往会将多种细分变量结合起来运用。当然，这个细分市场的规模必须够大，这样才能判断营销效能。

市场细分

根据消费者的相似之处将整个市场中的消费者划分为组的做法，他们之间的相似性为针对其需求的产品提供了市场。

形势分析

广告策划中能够回答以下问题的那部分：我们如今处于什么位置？我们如何到达今天这个位置？它涉及品牌的过去和现在。

5 掌握市场细分的五种方法。

地域细分　**地域细分**是市场细分中历史最悠久的一种方法，它以地域范围来划分消费者，那时生产商考虑的主要因素是经销商。如今，对媒介策划人来说，地理营销在决定是采用全国性、地区性，还是采用地方性广告战役上仍然意义重大。但直到最近，地理营销才上升到营销的地位，而这种地位人口统计学和消费心理学分别早在

20 世纪 50 年代和 70 年代就已经达到了。消费者并没有变，变的是营销商对区域性营销和全球性营销的意识。在企业追求发展壮大的过程中，地域人口统计营销是市场细分的另一种方式。

地方市场中存在一种“数据爆炸”现象，即在进行销售和购买决策时，来自众多调查机构的信息蜂拥而至。许多像超市或快餐店这样的零售商则采用微观营销——将每家商店视为自己的市场和贸易区，这种方法通常会演变成针对不同市场的不同广告。在考虑地理细分时，广告主们可以参考以下几个方面：

- 主要影响的人口普查数据 / 范围（ADI）。
- 邮政编码 / 各州。
- 县 / 人口普查区域。
- 大都市统计区 / 全美国。

不在全国经销的企业可以考虑地域细分。Pro Balanced 狗粮主要在美国南部销售，但为了生存，不得不和其他全国性品牌竞争。很多地方性或区域性品牌必须在自己所在的地域获得成功才能生存下去。Cheerwine 是一种口味像樱桃可乐的汽水，在当地有很强的竞争实力，但是在其历史上和传统上不曾涉足的区域还是会遇到问题。过去，Cheerwine 曾用过这样的口号：“卡罗来纳特产。”人们可以在卡罗来纳州南部和北部、亚拉巴马州、佐治亚州、伊利诺伊州、印第安纳州、艾奥瓦州、堪萨斯州、肯塔基州、明尼苏达州、密苏里州、内布拉斯加州、田纳西州、弗吉尼亚州、西弗吉尼亚州以及威斯康星州某些地方的杂货店或方便店里买到 Cheerwine。在这种情况下，地域细分更像是分销策略而非促销策略。尽管分销的范围很小，Cheerwine 还是会不断更新自己的博客、网页游戏、公路旅游等，借此与潜在消费者保持联系。

但全国性企业就很少为了应对竞争而以区域为单位来划分自己的广告和营销效能。麦当劳聘请了一家大型广告公司（和媒介策划购买公司）来处理其全国性广告，聘请了若干（通常更小型的）公司来处理其特许经营店和区域性活动，以此辅助全国性活动。当然，我们还没提麦当劳服务于小众市场的多元文化机构。例如，麦当劳在推出由贾斯汀・汀布莱克（Justin Timberlake）代言的全球性广告战役“我就喜欢”时，就聘请了一家德国公司，这使得麦当劳在全球的各个地区及其店面能反应一致。

产品用户细分

根据产品的消费量来识别消费者。

产品用户细分 **产品用户细分**（product-user segmentation）是建立在产品消费量和品牌或产品品类消费模式之上的一种细分战略。采用这种细分方法时，广告主对产品使用量的兴趣远远大于对消费者特征的兴趣。在实际运用中，大多数产品用户细分方法都和消费者人口统计资料或生活方式识别结合起来使用。此时，广告主感兴趣的是销售潜力最大的细分市场。通常来说，一个细分市场首先会被分解为用户个体，然后进一步划分为重度、中度、轻度以及非用户。例如，让我们来看看消费者每周食用快餐食品的频度：

频度	成人	男性	女性
重度（4 次及以上）	11.4%	14.8%	8.3%
中度（1 ～ 3 次）	44.9%	46.5%	43.3%
轻度（每周 1 次以下）	22.8%	20.6%	24.8%

对用量的界定随着产品品类的不同而不同。例如，对“快餐店重度使用”的界定可能是每周4次及以上，而对“豪华餐厅重度使用”的界定可能就是每周1次，对“海鲜餐厅重度使用”的界定也是每周 1 次。正如你看到的，用户细分有时十分复杂，但这些数据能够帮助营销商精准地点射而非扫射。重度用户的重要性将在本章稍后讨论。

品牌忠诚细分 产品用户也可以根据其购买的品牌来划分。想让某个品牌的忠实消费者尝试新品牌，抓住机会的方法很多，其中一个就是根据他们的**品牌忠诚**（brand loyalty）以及他们对全国性品牌和自有品牌的偏好来细分市场。通过对包装产品品牌的忠诚度进行调查研究，人们发现了以下六个细分市场。[29]

品牌忠诚

消费者对某个特定品牌的偏爱和执着。

1. *全国性品牌忠诚型*：这个细分市场的消费者基本上会以正常价格购买某一种全国性品牌。
2. *全国性品牌价格型*：这类消费者和全国性品牌忠诚型消费者非常相似，但他们的大多数购买都建立在价格之上（即他们只忠诚于全国性品牌，但会挑选价格最便宜的那个品牌），为了买到自己中意的打折全国性品牌，他们会货比三家。
3. *自有品牌忠诚型*：这类消费者主要购买自己光顾的商店提供的自有品牌（如 CVS、沃尔玛、塔吉特、大众超市等品牌）。
4. *自有品牌价格型*：这类消费者会逛多家商店，在每家商店都有可能购买自有品牌产品，通常看重价格。
5. *全国性品牌摇摆型*：这类消费者不会购买自有品牌，但他们通常会在市场上的全国性品牌之间摇摆不定。
6. *自有品牌摇摆型*：这类消费者和自有品牌价格型消费者非常相似，但他们不那么看重价格，会以正常价格购买自有品牌。

价格、产品分销以及促销也会影响到每个竞争品牌的市场份额，但新推出的全国性品牌的初期销售最有可能来自细分市场 2 和细分市场 5，而细分市场 1 和细分市场 3 通常不宜用来尝试新品牌。要考虑的因素有很多，但要记住：如今，相机已经不再是单纯的相机，市场会随着产品而变化，产品也会随着市场而变化。

生活方式细分 **生活方式细分**（lifestyle segmentation）建立在这样的假设之上：如果你这样生活，那么你的邻居也应该和你的生活方式差不多。因此，灵敏的营销商都想要瞄准这些“克隆人”。和任何一个单一变量相比，生活方式分组对消费者特征的描述都更加精确。

生活方式细分

通过综合一系列人口统计学特征和生活方式特征来识别消费者。

生活方式细分这个概念虽然十分可行，但调查人员必须适应美国购物大众发生的大量变化。例如，过去对工作、休息或健康的态度在今天就不太合适了。因此，市场细分的调查人员正在改变自己对引领这个新时代的很多新生活方式特征的看法。[30]

自 1974 年 PRIZM（以邮政区划为基础的潜力等级指数）在“物以类聚”这个理论基础上将人们按相似的人口统计学特征和生活方式进行分组以后，营销商就一直在运用专业市场细分技术寻找最具潜力的目标受众。此后，相继出现了一系列类似的方法——如斯坦福研究院的**价值观和生活方式细分系统**（Values and Lifestyle System，VALS™）。提出这些方法的前提都是：处于相同邮政区域或相同街区的人们会倾向于购买相同的产品。每一家调查公司都会用专门的名词来称呼其识别出来的消费群体。

价值观和生活方式细分系统

由斯坦福研究院提出，为预测消费者行为而根据一系列变量来划分消费者的一个系统。

图 4.11

“夏日林荫的快乐让您重返童年。”

Courtesy of McRae Communication and Pathway Communities.

最近，扬克洛维奇公司发明了一种名为“思想监控器”的心理特征细分系统，它通过价值观、态度和思维模式而非地域、人口统计学和消费模式来细分个体，然后根据人们的物欲层次、欲望大小、对家庭生活的依恋程度、犬儒主义、对高科技的开放度以及其他因素将消费者细分为不同的群体。[31]

夏日林荫小区（见图 4.11）的房价在 13 余万美元至 70 多万美元之间，到亚特兰大和机场都十分便利。如果你买得起，那些都是吸引人之处。但是广告文案艾米·洛肯（Amy Lokken）却认为生活方式的魅力在于它所体现出的东西。“只需在这个 18 洞的高尔夫球场上挥一杆，你就会忘记自己的忙碌生活。充分享受这一刻的闲适、快乐。”她在最后写道：“迎来您的第二个童年。”

研究人员凯文·克兰西（Kevin Clancy）和罗伯特·舒尔曼（Robert Shulman）提出：“现有的市场细分研究不可能像心里想的那种针对特定产品或服务的定制细分那么好。VALS™ 固然能够帮助我们将世界分解成一块一块的，但这些碎片和任何品牌都既可能产生联系，也可能不产生联系。”[32]

确定生活方式特征的一个办法就是识别消费者的活动、兴趣和看法（AIO），典型的 AIO 评测法包括以下几点：

- *活动*：业余爱好或休闲方式、社区参与、对社会活动的选择。
- *兴趣*：家庭倾向、运动兴趣和媒体使用。

- *看法*：对不同社会问题的政治偏向和观点。

功能和态度细分 并非所有人都想要同样的功能，因此市场上不止一种牙膏，因为有些人比较在意牙膏的味道，有些人比较在意口气清新，有些人在意亮白牙齿或防蛀、去牙垢、保护牙龈，还有些人在意价格等。在这里，目标就是根据人们想要的产品功能将他们分成不同的组群。

细分的风险 尽管市场细分事关广告的成败，但这并不意味着它就没有风险。其中的一个问题就是，一旦利基市场达到饱和的边界，销售就很难继续增长，除非企业能延伸到利基市场以外的地方。如果市场的界定过窄，如过度地细分，就会导致营销商在媒体购买、广告创意以及获取备选经销渠道上效率低下。几年前，塔可钟（Taco Bell）率先利用超值菜单瞄准快餐消费者并获得了巨大的成功，于是很多快餐店纷纷效仿，推出自己的超值菜单。这种竞争的结果就是，众多价格意识较强的消费者被分流到了若干公司，稀释了利润。

牺牲目标市场

顾问杰克·特劳特（Jack Trout）说，始终专注于一个产品品类中的一个目标细分市场有助于将你的产品变成这个细分市场偏爱的产品，进而使你的产品从其他产品中突显出来：百事可乐针对年轻人，科尔维特（Corvette）针对那些渴望年轻的人，科罗娜啤酒（Corona）针对正在往上爬的雅皮士（yuppies），而保时捷（Porsche）则针对那些已经爬到顶点的雅皮士。在你追逐另一个目标细分市场时，你很可能会失去最初的消费者。不论做什么，都不要贪心，要坚守自己的产品品类、自己的特点、自己的细分市场。[33]

利基营销

利基营销（niche marketing）至少可以达到两个目的：吸引大市场中尚不存在竞争的狭小市场，从而帮助产品进入这个大市场；满足既有产品没有充分满足的潜在需求。

在细分市场中，营销商可能会将所有人口划分成非常细小的块，从中寻找特定的人群。利基市场通常由小众消费者组成，他们的需求特殊，或者是几种独特的需求“几合一”。但阿尔文·阿肯保（Alvin Achenbaum）认为，利基营销并不是营销细分的另一种时髦说法[34]，它本质上只是一种侧攻战略，其实质就是将竞争对手卷入其并不擅长的产品市场，更确切地说，是没有或很少涉足的市场。利基营销的指导原则就是以己之长攻其之短。简装汽车旅馆的历史并不长，但它们是和其他汽车旅馆展开竞争的合理途径。红屋顶汽车旅馆开业时，打出的广告口号是“低价甜梦”，并将自己的目标锁定为价格意识较强、不愿为睡觉而支付高额价钱的消费者。后来，他们甚至还嘲笑那些在旅馆房间枕头上摆放薄荷巧克力，然后向消费者收取30～40美元附加费用的旅馆。如今，大多数大型连锁旅馆开始进入利基市场，推出自己的简装汽车旅馆。

> **利基营销**
> 产品和目标市场战略的结合，是一种侧攻战略，专注于某一产品或行业大市场中的利基市场或相对狭小的市场，信奉“以己之长攻其之短”的原则。

心脏病药物利基市场 利基营销商可以通过将产品变形来创造一种特定的产品，从而满足某个特殊利基市场的需求。例如，拜耳阿司匹林就开发出一种成人低强度药片，以迎合进行阿司匹林疗程治疗的消费者。你也知道，调查指出，只需每天服用一片阿司匹林，就能大大降低心脏病第二次发作的风险。但问题是，有些人定期服用阿司匹林会对胃产生影响。一片常规阿司匹林的剂量为325毫克，医生建议心脏病初次发作患者每天的服用剂量为 81 毫克，成人可从服用儿童阿司匹林开始，即 81 毫克阿司匹林，以防止胃部问题，同时预防心脏病发作。根据消费者的这个行为，拜耳公司推出了一种拜耳肠溶阿司匹林，这种阿司匹林只有 81 毫克，并能为胃部提供有效的保护。

社交网络利基市场 在 Facebook 和 MySpace 网站红遍大江南北时，利基网站吸引了广告主的注意。例如，领英（LinkedIn）主要针对职场专业人员，BlackPlanet 吸引黑人群体，MiGente 和 Asian-Avenue 针对西裔和亚裔。这些利基市场针对的都是兴趣相似的人群。寻找新利基市场的品牌营销商应该多多关注营销基础知识：正在变化的购物趋势、人口统计数据、营销战略以及物流保障。[35]

每个利基市场都是对广告主的挑战，因此，如果广告主想制订针对亚裔的利基营销计划，就必须了解他们的文化和语言问题，我们此前已经指出了这一点。图 4.12 是佐治亚州旅游业的一条广告，它会吸引动物爱好者吗？这是一条针对利基市场的广告吗？

企业通过寻找小型利基市场并满足其需求来壮大自己。例如，金佰利公司于 1989 年推出好奇提拉式幼儿训练裤；1994 年针对年龄较大的尿床儿童推出安睡训练裤；1997 年又针对尿床较严重的儿童推出"好奇干爽小天使"。"好奇干爽小天使"的利基市场属于一个十分狭小的产品品类，最初，宝洁公司认为训练裤这个利基市场实在太

图 4.12

尽管这是佐治亚州旅游广告的一部分，但这条广告是否可以针对动物爱好者呢？你认为这是一个利基市场吗？

Courtesy of McRae Communication and Georgia Department of Economic Development.

小，但它却逐渐成长为一次性纸尿布产品品类中销售额达 4 亿美元的细分市场。[36]

布波族 利基市场细分的另一个例子是布波族，即布尔乔亚（bourgeois）和波希米亚（bohemian）的缩写。戴维·布鲁克斯（David Brooks）2000 年在其著作《天堂里的布波族》（*Bobos in Paradise*）中发明了这个词，理查德·弗罗里达（Richard Florida）教授在其《创意精英的崛起》（*The Rise of the Creative Class*）中也谈到过布波族。我们可以试着这样定义布波族：一群将反主流文化的 20 世纪 60 年代和奋斗的 20 世纪 80 年代结合为一种社会风气的创意人。这一人群大约有 4 000 万之众，他们在众多不同的领域工作，跨越了科学和娱乐，但他们的工作都与创造新观念、新技术和新内容有关。通常来说，这些人不会从事朝九晚五的工作，喜欢做有截止时间的项目。一般来说，年龄不是问题，而且布波族都受过高等教育。Amalgamated 广告公司策划师道格·卡梅伦（Doug Cameron）认为，布波族追求功能的极端性，他们要么不买电冰箱，要买就花 8 000 美元买一台绝对零度（Sub-Zero）嵌入式冰箱。他们的个人年收入超过 7.5 万美元，其中很多人的年收入超过 15 万美元。布波族喜欢捷蓝航空（JetBlue）、大众汽车以及苹果电脑这类品牌。布波族市场分布前十的地区为：旧金山、西雅图、波士顿、奥斯汀、圣地亚哥、华盛顿、查珀尔希尔－罗利－达勒姆、纽约、明尼阿波利斯以及丹佛。[37] 营销商寻找布波族的方法之一就是调查人口的受教育程度和人均星巴克数，这些数据均可以在人口普查数据中找到。

定位

6 **认识定位对广告的重要性。**

定位

通过开发可以满足选定组群的需求的产品或通过针对特殊组群的需求的特殊广告来细分市场，但不改变有形产品本身的一种市场细分方法。

定位时心中应该事先有一个目标，在某个潜在消费者的心中植入这个产品。**定位**（positioning）就是“将产品融入消费者生活方式”的另一种说法，指采用以下的一种或两种方式来细分市场：（1）开发一种可以满足某特殊组群需求的产品；（2）突出和宣传能够满足某特殊组群需求的既有产品的特点。比如零度可口可乐的定位就是一种新型“可口可乐”饮料，原汁原味的“可乐”味道，但不含糖分。零度可口可乐和可口可乐、健怡可乐平起平坐，为消费者享受可口可乐提供了一种全新的方式。

Estrovite 维生素发现女用口服避孕药存在一个潜在问题，于是开发了一种产品，将其定位为满足这种需求。广告的标题说：“口服避孕药会导致身体所需的维生素和矿物质流失。”然后正文解释原因。

有时候，产品在测试阶段无法达到预期的效果。例如，最早的奈奎尔（Nyquil）是作为强力日用止咳药而诞生的。但它有一个小小的缺陷——会让人昏昏欲睡。为了收回产品开发成本，嗜睡这个副作用于是被转变成一个有力的定位策略，奈奎尔摇身一变，成了一种“夜用，防止咳嗽、流涕、打喷嚏，让您安睡”的药品。最终，奈奎尔创造了一种新感冒药品类，占领了夜用感冒药市场。

产品定位的目的就是使自家的产品从其他产品中突显出来，并诱发人们购买它的欲望；产品定位就是为了占领消费者的心灵而做的一切。具体而言，就是要让产品在预设消费者的心中扎下根。如果想让自己的产品定位与之前探讨过的消费者生活方式即价值观相合，就必须了解消费者购买产品的动机，这样才能理解他们的购买行为。不仅如此，还必须了解产品能在多大程度上满足目标消费者的需求。[38] 我们可以将一辆汽车定位为运动型轿车，一辆定位为豪华型运动轿车，一辆定位为最安全的家庭型轿车，一辆定位为高性能轿车。

克莱普纳观点 4.2

克里斯·胡珀（Chris Hooper）

菲茨杰拉德公司（Fitzgerald）高级副总裁

克里斯·胡珀

"那么，你为什么想从事广告业？"

这可能是招聘初级员工时最常问到的一个问题。这是一个很好的问题，你的回答事关重大——如果你想应聘成功，重点不是面试时回答多少，而是自己给出的入行原因一定要有说服力。

很多人给出的回答和理由都很糟糕。对大多数公司来说，"我很有创意"显然是你可能没创意的一种信号；"我酷爱看电视中的广告"是一种古怪的行为；而"看上去是一个很有趣的行业"有时倒是一句实话，如果你真心想进入这个行业。

投身广告的一个好理由是——你热爱创意，这是这个行业中优秀人才的一个共同点。如果你是一个热爱创意的人，那你爱的可能就不仅仅是广告了，你还会爱很多领域中的创意，从艺术到流行文化到政治到科学。每当你脑子里冒出思考或观察事物的新视角或新方法，你都会觉得它有趣、刺激，它是你自身的一部分，掌握着开启你职业生涯大门的钥匙。

优秀广告公司中的明星们不仅热爱创意，而且还擅长孕育创意、培育创意、兜售创意，或在市场中完善创意。这些顶尖艺术指导、媒介策划、文案、客户经理、制作人以及品牌策划人具有一个共同点：他们都拥有将创意付诸实现的能力。正是这个特质让各具特点的人绑到一起，组成了最优秀的团队，完成一件件漂亮的工作。在这个变幻莫测的行业中，创意是恒久不变的主题。而现在，这个行业岂止是在变化，简直是在剧烈地变化。电视可能会成为第二大互动媒介，而即将到来的等离子屏幕可能会成为新媒体的尖端领域。没有人可以预测未来会是什么样，但创意一直是而且今后仍将继续是这个行业的血脉。如果你是因为热爱创意而进入这个行业，并能在发掘它们、培育它们的过程中找到自己的位置，那么变化只会让你的职业生涯更加有趣。

如果你是因为电视拍摄的耀眼光环而进入这个行业，那你很有可能会失望。但如果你的心灵因为看待周遭世界的新方法而欢呼雀跃，那你完全有理由期待自己在广告公司中开创自己的灵感天地，大展拳脚。

有些产品能够成功地同时进行不同的定位。阿尔姆与汉默公司（Arm & Hammer）的烘焙苏打一直将自己定位为冰箱除臭剂、抗酸剂、冷柜除臭剂以及沐浴清洁产品，但与此同时，它也并没有丢失其最初的烹饪调料的定位。

如果你新推出的冷冻主菜低卡、低盐、低脂肪且分量比竞争对手更足，你肯定希望消费者能做出如下反应——在看到你的广告以前，消费者这么想：

> 我喜欢今天这种冷冻食品的便利和口味，但我主菜一般吃不饱，我想试一个分量足、热量低而且健康——最重要的是吃起来味道也很好——的品牌。

在看过你的广告之后，消费者这么想：

> 我不妨买一点 Ru's 牌冷冻主菜，它们味道好、分量足，而且卡路里很低，这样我就不会觉得自己吃得太多。它们更适合我，因为这些食品的钠盐含量和脂肪含量都比其他品牌低。这个品牌的食品花样也很多，这样我就可以买自己喜欢的种类，不用总是吃同样的东西，最后吃腻了。

如何解决定位问题

如你所料，并不是所有的产品都会像这里探讨的定位案例那样。广告主必须小心翼翼，要谨防因为改变诉求或过早扩张进入新市场而破坏了产品的现有形象。杰克·特劳特和阿尔·里斯（Al Ries）早在几十年前就出版过关于定位的书籍，按照他们的说法，那些正在考虑定位的广告主应该询问以下问题：[39]

- 如果有定位的话，我们已经在潜在消费者心目中占据了什么位置？
- 我们想要什么样的定位？
- 如果我们要那样的定位，必须要打败哪些公司？
- 我们有足够的营销资金使我们处于并保持那样的位置吗？
- 我们有毅力坚持始终如一的定位理念吗？
- 我们的创意方法与我们的定位战略相吻合吗？

戴维·阿克（David Aaker）指出，使用频率最高的定位战略就是将目标对象和某个产品属性或特征联系起来。安全银行（Security Bank）（见图 4.13）就将自身和年轻人的运动联系了起来，其广告主要表现生活方式，它的定位是“……我们坚信，我们必须回馈一直支持着我们公司的社区”。挖掘出这样的联系十分有效，因为一旦产品特质有了某种含义，这个联系就能立马转变成人们购买这个品牌或成为其顾客的理由。佳洁士牙膏通过紧扣防蛀这一特质而成了牙膏中的领导品牌，当然，从某种程度上讲，美国牙科协会的认可也起到了一定的推动作用。宝马通过其广告尾标“终极驾驶机器”来表现自己的性能，奔驰喊出了“终极设计轿车”的口号，而现代则喊出了“值得拥有的车”。在解决定位问题时，通常要找对一个主力群体有意义且竞争对手尚未抢先的产品特质。[40] 菲利普·科特勒（Philip Kotler）说，很多企业在广告中都只宣传一个主要的、利益单一的定位，如：质量最好、性能最好、最耐用、最快、最便宜，等等。在汽车行业，奔驰拥有“最有名气”的称号，宝马享有“驾驶性能最好”的名头，现代享有“价格最便宜”的名头，而沃尔沃则享有“最安全”的名头，同时沃尔沃还宣称自己是最耐用的车之一。[41]

接下来，马丁广告公司创始人戴维·马丁（David Martin）建议我们再回味一下沃尔沃。沃尔沃的核心特性是什么？哪些特性有别于人、需要加以突出表现？目标受众从这个品牌中可以感受到什么样的情绪？你赞同沃尔沃是“最安全”的汽车吗？沃尔沃汽车操纵性能优良，速度快，又有型有款，还配备了很多内置安全装置，车身坚固。让人安心是对恐惧这一本能的最大安抚。“我的女儿开了一辆沃尔沃，我感觉更安心了。”马丁也说，如果你对这个品牌好好做过功课，就能将这个品牌的以下定位陈述补充完整。[42]

> 对（目标市场）而言，（这里的品牌名称）就是品牌（优点和特质）的（参照表），也就是其（在可持续性上和感情上的不同点）。
>
> 对车主而言，沃尔沃就是一辆风格十足、马力强劲且能满足您欲望的汽车，即安全至上。

定位案例

- 多芬香皂是保湿型美容香皂。

图 4.13

安全银行如何给自己确定一个独特的定位？

Courtesy of Bright Ideas Group.

- 好事达保险公司（Allstate）是业内好手。
- 切尔（Cheer）洗涤剂可以在任何温度下使用。
- 英特尔是电脑内核。
- Ace 五金零售店是个好帮手。
- 这不是电视，是家庭影院频道（HBO）。
- Milk-Bone 狗饼干能够清洁牙齿、清新口气。

有些营销商为了单纯变化而频繁地改变一个品牌的定位。但这对那些地位牢固、功成名就的品牌来说非常不利，因为它们已经得到了广泛的认可。在过去的岁月中，有很多定位声明是成功的，但却被放弃了，比如“滴滴香浓，意犹未尽”“培珀莉农场（Pepperidge Farm），心中的味道”“双倍薄荷”等。在这些广告战役中断很久之后，公司又对其重新进行修改，因为它们的确向消费者展现出了这个品牌的最终利益和特色。[43]

市场描述

对一个产品的市场中的消费者或家庭人口统计学与消费心理学的描述，它还可以包含某区域内的经济信息和零售信息。

市场描述

至此，我们已经探讨了细分市场。现在，我们来看一下全面的**市场描述**（market profile）。首先，我们要判断这种产品类型的整体使用情况，通常从销售额、销售量、销售单位或产品用户家庭比例来判断；其次，判断这个产品品类是在向上发展、停滞

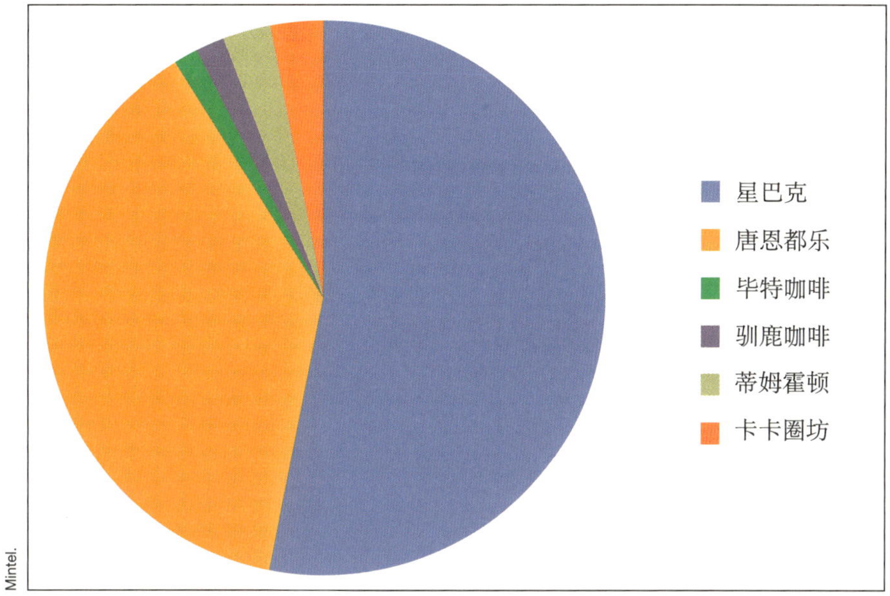

图 4.14

市场份额分析：2008 年全美国咖啡店和甜甜圈店销售额（132 亿美元）。

不前还是持续衰落，将自己的市场份额与竞争对手的进行对比；再次，探寻过去几年的市场份额趋势如何；最后，了解每个品牌重点突出的产品主打优势是什么。

想想美国人最近爆发出的咖啡和咖啡饮料购买热情，比如在星巴克、驯鹿（Caribou）以及唐恩都乐（Dunkin' Donuts）等咖啡店或甜甜圈店购买拿铁咖啡。自 2005 年以来，美国大型咖啡店和甜甜圈店的销售额增长都超过了 36%。[44] 一项市场份额分析（见图 4.14）指出，就咖啡这一产品品类的销售而言，星巴克在美国市场中占有的份额最大。对市场进行描述可以发现，咖啡店的销售额在不断攀升，但其受一个大品牌的控制。尽管最近的增长声势浩大，但市场预测却显示这个市场类别未来的增长速度会放缓，呈个位数增长。

因此，广告主不仅要了解产品的市场特征，还要了解媒体选择的类似信息，这一点非常重要。事实上，在如今这个媒体接触习惯日新月异的时代，不妨以中立的态度对待媒体，进而接近市场。大多数主力互动企业、报纸、杂志、电影和广播电视媒体都能针对大众产品提供人口统计学数据和产品用户数据，数据库营销也为营销商提供了丰富的信息，从而为整合促销决策奠定了基础。

买主画像

市场描述还涉及市场中消费者的信息，特别要关注现有用户的信息。市场的大小和规模取决于产品的供应区域：全国的、地区的或地方的。在本章前面，我们已经指出，过去，种族人群（西裔、非裔美国人以及亚裔）极不受广告主的重视，但他们不断增长的人口却迫使广告主们不得不重视当今市场中的他们。聪明的广告主对 X 世代、婴儿潮、青少年、大学生以及 50 岁及以上年龄的这些人进行了全方位的研究，以了解他们被某个特定产品 / 服务吸引的可能性。如你所见，这些消费者群体既不容易了解，也很难通过有效的整合项目触达。不是所有婴儿潮时期出生的人都有相同的行为，并非所有 X 世代都会对广告讯息做出同样的反应。通常来说，广告主对人口统计学数据和生活方式的研究只是了解市场的第一步。

*人口统计学*是对与人口有关的重要的经济和社会统计资料的研究。在广告业，人

7 了解重度消费者在目标营销中的角色。

口统计学报告指那些与个人产品使用相关的实情。

重度用户 不管你挑选哪个产品品类，你都会发现一小部分用户贡献了绝大部分的销售额。重度用户原则有时也叫 80 / 20 原则，即 80% 的产品卖给了仅占用户总数 20% 的人。当然，每个产品和产品品类的具体数字略有差异，但 80 / 20 原则的确很好用。

但最近一项针对市场上 1 300 个品牌、5 400 万用户的市场研究表明，重度用户的重要性实际上超出了大家的普遍认识。[45] 在这项为期一年的研究中，2% 的消费者就贡献了大多数包装产品 80% 以上的销售额，例如，1% 的消费者购买了 80% 的爱慕思（Iams）宠物食品（见图 4.15）；同样，1.2% 的消费者占了百威啤酒 80% 的销售额。根据这些调查结果我们可以看出，很显然，一个品牌是否成功在很大程度上受重度用户的影响。

识别重度用户不仅仅要看他们是谁，还要看他们在什么时间、什么地点购买产品。下表显示，品牌 X 的重度用户是年龄 55 岁及以上的女性；此外，销售量最多的时候是 1—6 月，地点是美国中东部地区和太平洋沿岸地区。显然，重度用户是这个市场中非常重要的一部分；与此同时，他们也是大多数广告主竭尽全力想要瞄准的人群。因此，品牌之间竞争激烈且代价高昂。有些广告主发现，瞄准那些利润不那么高的群体——中度或轻度用户——可能更值得期待。营销商不能简单地假定最佳预设用户是 18～49 岁女性、重度消费者或与现有消费者相似的人，相反，他们必须仔细地深入研究自己的目标受众。在界定市场时，他们必须判断哪些是自己的重度用户，识别他们的相似之处，这样才能确定营销目标。

X 品牌的用户

1. 目标受众：现有消费者

女性	人口（%）	消费（%）	指数［100 = 全美均值（%）］
18～24	17.5	5.0	29
25～34	21.9	10.1	46
35～54	30.1	24.0	80
55+	30.5	61.0	200
共计	100.0	100.0	

2. 地理位置：现有销量

地区	人口（%）	消费（%）	指数［100 = 全美均值（%）］
东北部	24	22	92
中东部	15	18	120
中西部	17	16	94
南部	27	24	89
太平洋沿岸	17	20	118
共计	100	100	

3. 季节性

时期	1—3 月	4—6 月	7—9 月	10—11 月
消费（%）	30	36	20	14
指数	120	144	80	—

Courtesy of Procter & Gamble.

图 4.15

谁会买爱慕思的所有宠物食品?

人口统计学之外：消费心理学

在您开车经过城郊中产阶级家庭不大的院子时，您首先会惊讶于它们的相似，但再仔细一看又会发现，在相似的背后也暗藏着不同。这些不同反映出这些房屋的主人的兴趣、性格以及家庭状况的不同：有的院子变成了精致的花园；有的院子种着灌木；但大多数院子都是休闲娱乐的地方，比如户外烧烤之类；还有的院子几乎成了游乐场，有秋千、吊架和滑梯；有个院子差不多被一个游泳池占满了；有一个变成了网球场；还有一个则任野草丛生，屋主显然是个爱宅在家里的人，从来没打理过院子。

8 了解为什么消费心态调查对目标营销那么重要。

消费心理学

根据消费者的态度、评价、兴趣、看法、性格以及生活方式等这些构成市场的因素而对市场进行的描述。

目标受众

组成某产品或服务的当前和潜在消费者的那个群体。

尽管同一小区内的家庭在生活方式、年龄以及价值观上比较相似，但人和人之间却是不尽相同的。如果你想针对这个社区投放广告，那么你就要和兴趣不同、品位不同的人打交道。任意两个在人口统计学上具有相同特征的消费者群体，在消费习惯和消费范围上都可能存在着巨大的差异。而要想说明这种差异的意义，就要超越人口统计学的范畴，从消费心理学进行探究。**消费心理学**（Psychographics）研究消费者的个性与生活方式，将对潜在消费者的搜寻工作提高到了人口统计数据之上。据说，生活方式信息可以揭示一个人的灵魂，因此优秀的创意人员可以构思出迎合特定生活方式的细分市场的广告文案，然后选择媒体，针对那一个或那几个特殊目标群投放广告。简而言之，生活方式信息可以揭示一个人的灵魂，而人口统计学本身只能揭示一个人的骨架而非整体。

目标受众：人口统计学之外

让我们来看看某旅游公司如何界定自己的目标受众。该消费者画像建立在广告主的调查基础之上，这些调查可以帮助广告主界定哪些人最有可能到这里旅游。

调查显示，目标消费者的人口统计学基准是总收入 8 万美元及以上的家庭，总收入低于 8 万美元的家庭没有可供度假旅行的可随意支配收入。判断某一个消费者是否为**目标受众**（target audience）的其他标准还包括其生活方式和地理位置。

假期主力旅客：在旅游旺季（夏季）有一周及以上闲暇时间的假期旅行者。

周末旅客：他们的居住地距离度假目的地很近，秋季、冬季和春季都可以出去度假。

成熟市场（50 岁以上）：他们有可支配收入，也有足够的时间外出旅行。

商务旅客：商业人士，为公事前往某地出差，可以鼓励他们延长停留的时间，享受愉快的旅行，或下次带配偶和家人一起来。

消费心理学调查

如今，企业可以获得更加精确的信息，其调查信息包括来自外部信息源的辛迪加调研、客户调查以及公司自身的资源。辛迪加调研机构专门调查消费者会购买哪种产品、偏爱哪种品牌、谁会购买这些产品、他们的人口统计学与消费心理学特征是什么，并对重度消费者和轻度消费者进行比较，同时还调查人们对产品和广告有什么反应、他们有什么购买习惯、哪个媒体可以触达他们（见图 4.16）。

消费心理学调查也有助于判断人们的媒体偏好。最近的一项调查发现，性格能够很好地预示一个人是喜欢看电视还是喜欢看杂志或报纸。[46] 例如，和其他媒体相比，乐天派会花更多的时间看报，领导、精力充沛的人、开放的人则较少看电视。无疑，那些洞悉目标受众性格的广告主能更好地决定如何触达这些受众。

生活方式类型多种多样。通过辛迪加调研，广告主及其公司可以得到相应的数据，帮助自己选定目标市场。这些信息按市场提供给广告主及其广告公司，分为人口统计学信息和生活方式信息，其中一些数据揭示了家庭活动所占的比例，大致如下：

- 在旅行和娱乐上的信用卡消费、银行卡消费、汽油和百货商店消费。
- 生活情趣活动，如参加文化或艺术活动、出国旅行、烹饪、热带美食研究、股票投资、古董收藏、品酒。

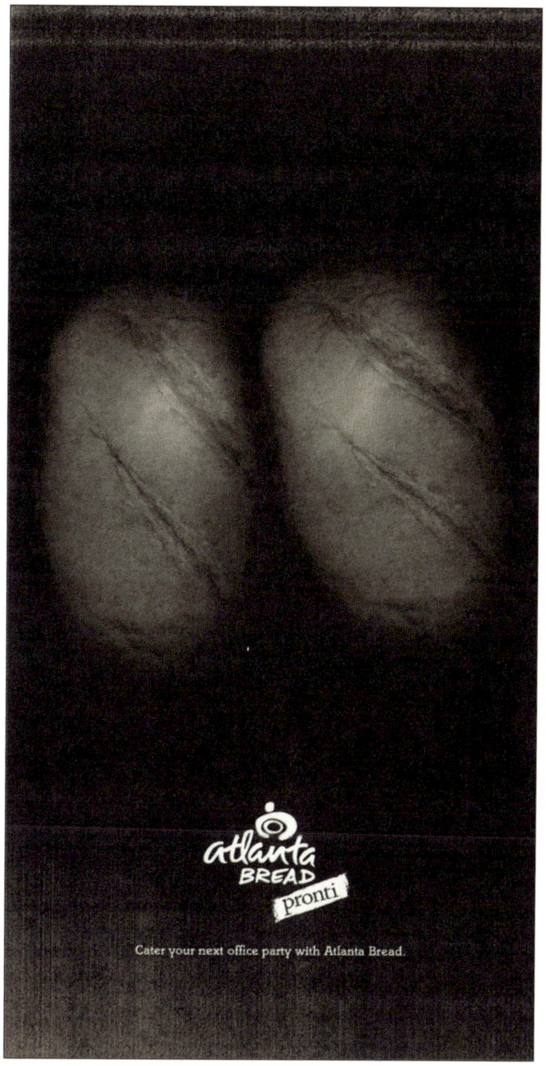

图 4.16

"请递一下蛋卷。"人们对亚特兰大面包店（Altanta Bread）的这条创意广告会不会有什么不同的反应?

- 高科技活动与技术应用，涉及家用电脑、观看有线电视、观看视频点播、摄影爱好。
- 运动和家庭休闲活动，包括骑车、划船、打高尔夫、打网球以及慢跑。
- 户外运动，包括在某特定市场中参与的露营、钓鱼、骑摩托车以及保护环境的活动。
- 室内活动，如做园艺、读圣经和祷告、收集硬币、照料宠物、缝纫、做手工以及阅读。

营销测试

尽管消费心理学调查对企业极有帮助，但它无法替代市场测试而成为检验广告和营销是否成功的最终标准。生产商很少会在没做事前测试的情况下推出新产品，这种测试能帮助生产商判断消费者是否真的会购买这个产品，是否会对特定的广告和促销活动做出反应。

很难说哪个城市最适合用来进行测试。萨奇萨奇公司（Saatchi & Saatchi，该公司进入中国后的合资公司名为"盛世广告公司"，简称"盛世公司"——译者注）高级副总裁艾拉·温布拉特（Ira Weinblatt）说："任何一个地方都不可能代表全部，因为生活方式千差万别。"有些城市历来是营销测试的最佳场所，比如美国中西部地区就一直很受欢迎，因为，从地理上来说，这是美国的心脏地区。每个测试市场都是美国社会的一个缩影。盛世公司将最佳测试市场列了一个表。而要列出这个排名，就要用到以下几个标准：[47]

- 这个城市的人口统计必须在全国平均值的 20% 以内。
- 这个城市在某种程度上是孤立的。
- 当地媒体的广告价格相对便宜。
- 当地居民不会对某个特定品牌死忠。
- 超市没有偏向，会在货架上给新产品腾出较好的陈列空间。

密尔沃基历来都是排行榜上的最佳测试市场之一，它之所以这么受欢迎，原因就在于当地报纸给营销商投放多胞胎广告提供了灵活性，从而可以让营销商一次测试四条广告，还可以尝试报社指定位置的彩页或夹页。通常来说，在广告投放之前、之中和之后，调查人员都会一连几个星期调查产品的购买情况。

安客诚公司是一家数据库分析公司，他们在分析了被选作消费者测试市场的那些大都市的整体特征之后，列出了全美国的大都市统计区前 150 名。"如果在皮奥里亚可行，在任何一个地方就都可行"是一句传统的美国营销格言，但如今的广告主和直销商或许希望再往东 800 英里看看，看看纽约州的奥尔巴尼。[48]

1. 纽约州奥尔巴尼－斯克内克塔迪－特洛伊
2. 纽约州罗切斯特
3. 北卡罗来纳州格林斯伯勒－温斯顿－塞勒姆－高点
4. 亚拉巴马州伯明翰
5. 纽约州锡拉丘兹
6. 北卡罗来纳－南卡罗来纳州夏洛特－加斯托尼亚－罗克希尔
7. 田纳西州纳什维尔
8. 俄勒冈州尤金－斯普林菲尔德
9. 堪萨斯州威奇托
10. 弗吉尼亚州里士满－彼得斯堡

在没有进行营销测试的情况下就向全国推出一种产品风险很大，很有可能失败，而且代价也很高，因此大多数营销商都不愿在尚未进行测试的情况下就冒这种风险。20 世纪 90 年代后期，百事可乐公司用两年时间在 11 个测试市场推出了其白柠檬风暴，但都以失败而告终。百事可乐公司还在 2000 年年中测试了另一款名为百事清柠（Pepsi Twist）的白柠檬可乐。测试在明尼阿波利斯和圣安东尼奥进行，运用了电视和插页（FSI）广告来辅助这项测试。百事清柠之所以能成为一种有趣的产品，是因为人们原来将它视为一种时有时无的季节性产品，直到今天还是一种小众产品。后来百事公司又推出了不含咖啡因的 Sierra Mist 饮料，用它来替代"风暴"。现在，Sierra Mist 在全美国均有销售。

小 结

是否能准确地识别一个产品当前和潜在的消费者往往意味着它的成与败。因此，广告是否能凭借恰当的创意，通过有效的媒体计划瞄准这些潜在的消费者自然就显得十分重要了。

本章主要探讨一些基本原理：谁是潜在消费者？什么是市场？什么是竞争？什么是定位？此外，我们还探讨了进行整合营销项目策划时可能涉及的一系列市场细分调查方法和其他重要注意事项。通过调查了解这些基本问题是这一过程的一部分，调查是目标营销取得成功的关键。市场调查有助于界定主要细分市场，产品调查有助于满足这些细分市场的需要，而广告调查则有助于构思出最恰如其分的讯息。对于处在激烈竞争环境中的企业来说，这是取得成功的必不可少的条件。此外，我们还要熟悉数量众多的调查机构，因为它们提供的数据有助于我们的策划。

广告针对的是消费者，要精准点射而非扫射，有了各种特殊兴趣的媒介载体，现在为消费者量身定制讯息已经变得更容易了。

和人口统计学特征相比，广告主更看重生活方式特征。他们发现，购买行为是一系列复杂的心理因素和社会因素共同作用的结果，无法简单地用年龄、性别、收入或职业特征来解释。

最后，我们要了解人口变化的最新情况，要更深入地了解西裔、亚裔、非裔美国人和代际群体等这类重要细分市场。这种了解能带来更好的沟通和定位。我们不仅要知道数据和地理位置，更要了解消费者的生活方式、身份和动机。

复习题

1. 什么是目标营销？
2. 营销商应该考虑哪些重要人口趋势？
3. 什么是市场细分？
4. 什么是多元文化营销？
5. 什么是利基营销，它如何影响广告策略？
6. 什么是定位？
7. 广告主在描述市场时需要哪些信息？
8. 与目标营销相关的 80/20 原则是什么？

第一编
第二编
第三编
第四编
第五编
第六编

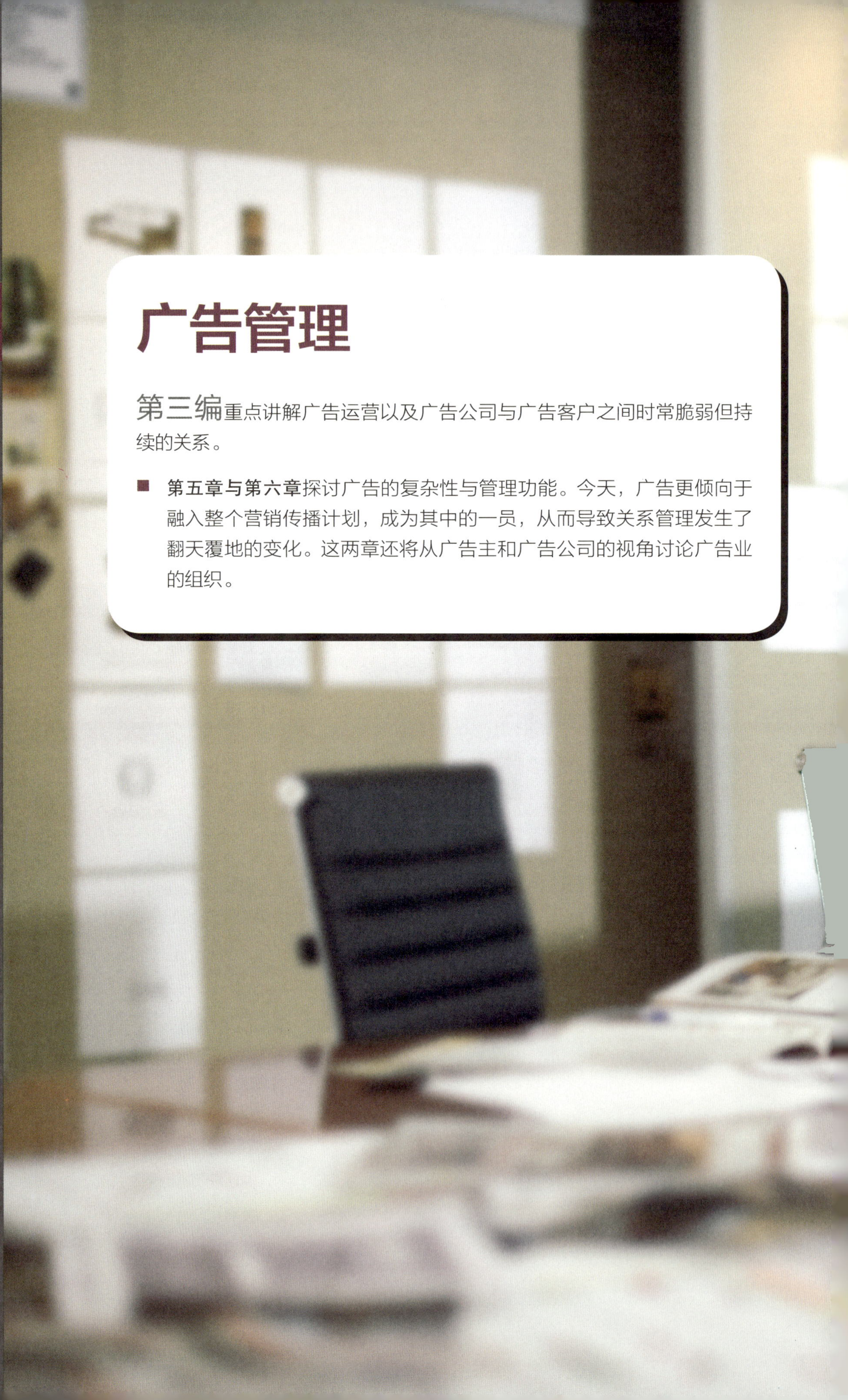

广告管理

第三编重点讲解广告运营以及广告公司与广告客户之间时常脆弱但持续的关系。

- **第五章与第六章**探讨广告的复杂性与管理功能。今天，广告更倾向于融入整个营销传播计划，成为其中的一员，从而导致关系管理发生了翻天覆地的变化。这两章还将从广告主和广告公司的视角讨论广告业的组织。

第五章

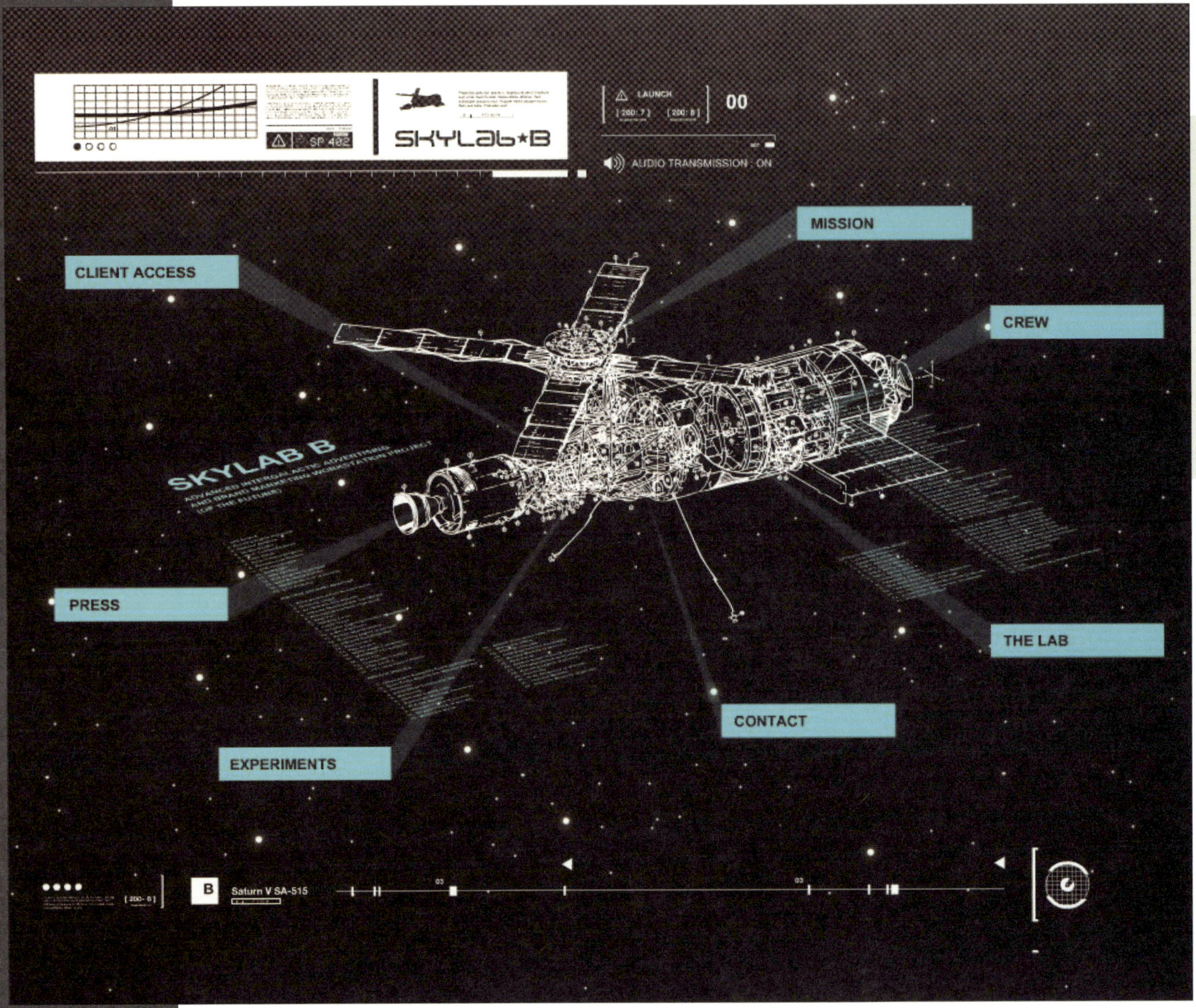

Courtesy of SkyLab-B.

广告公司、媒体服务公司和其他服务公司

绝大多数全国性广告和国际广告都是由广告公司创作的。广告公司的角色和关系正在发生剧变。▶

本章学习目标

1. 认识广告公司的性质。
2. 了解广告公司的发展历程。
3. 认识全面服务广告公司的性质。
4. 了解广告公司的进化过程。
5. 认识广告公司和广告客户在竞争记录客户和记录代理公司时的相互关系。
6. 了解全球性广告公司。
7. 了解其他广告服务公司。
8. 了解广告公司的取酬形式。

对卓越广告的追求

“广告界如今的业务范围覆盖面非常广，以一种时尚的形式打造品牌影响力和产品 / 服务知名度。这些广告公司的运作方式各不相同，有些正在开发专长和专利流程。但归根到底，不管怎样，其目标都是销售东西（产品、服务或观念），并且，最终都与创意相关。”Blattner Brunner 公司首席创意大使弗兰克·康普顿（Frank Compton）这样说。

如今，广告公司不得不带头通过所有新渠道进行传播，他们不仅要创作广告，还要在媒介选择上做到不偏不倚，此外，他们还不得不寻找吸引消费者的新途径，包括非广告工具。这些消费者对传统媒体反应更小，他们正在改变营销。于是广告客户经常向公司提问：“我们如何与这些消费者联系起来？”

圣莫尼卡 Ignited Minds 公司的简介中就提到了如今广告公司面临的很多问题：

Ignited Minds 不是一家广告公司，我们不创作广告，我们所做的就是让我们的客户成为文化交流、集体意识的一部分。这就意味着，为了达到目的，我们会使出十八般武艺——从 2 美元的 T 恤到 100 万美元的电视广告；但也可能是一个网站、一个活动、一个真人秀、一次竞赛、一次特别节目、一家商店、一部纪录片或任何你能想象的东西。每个都同等重要。从这个角度来讲，我们更像是一家点子工厂而非一家广告公司。

而 Crispin Porter+Bogusky 公司的简介对此的看法又略有不同：

大多数公司和营销人员一想到广告就联想到杂志、电视广告和广告牌，但在我们眼里，广告就是能让我们的客户家喻户晓的任何东西。这就是我们的工作。我们为了实现这个目标而制作创意内容。它可能会通过一部在线影片、一次街道活动、一本书

或那些我们还没有想到的方式传播。对我们来说，这就是广告。

好吧，在广告覆盖领域上，广告公司之间迄今还没有公开达成一致，而且每家广告公司都在竭尽全力使自己的创意与众不同，这是更好的方法。我们之中有些人认为，为客户创造的任何东西都可以纳入广告的范畴。其实，这个问题或许不值得争论，我们讲求以多种方式为客户实现营销传播。尽管面对着来自客户的压力，我们也要做得更好，广告公司仍然是广告和营销发展中最重要的企业。不仅是在美国，在全球也是如此。在一个各行各业都在进行革新的时代，广告公司必须努力克服一系列问题：媒体膨胀和碎片化、报酬、客户忠诚、底线短期压力、结构单薄、人才使用、重组，以及如何让整合传播按照预想切实实施。还有，对，新消费者也是一个问题。

经济和企业重组迫使广告公司成为实现广告主营销目标和销售目标的更牢固的伙伴。广告公司自身也在重新改造，以适应自己的运作环境。很多广告公司不仅改变了公司架构，还吞并了很多专业公司，如医疗保健、在线、邮购、交互、推广公司以及其他涉及整合传播的公司。毫无疑问，这不是一般的工作。角色和关系正在发生变化，而且在一段时间内可能还会继续。

我们在前文中指出，每家广告公司的运作方式都略有不同，每家广告公司都在竭尽全力让自己的方法与众不同。这里再举几例：

在智威汤逊公司，我们相信广告必须停止干扰人们的兴趣，而要让自己变成人们感兴趣的东西。

休伊伙伴广告公司（Huey+Partners）强调：

我们相信，脑力总能战胜蛮力。恐惧是创新永远的敌人。这个世界太在乎政治上的正确。诚实是基本，傲慢不可原谅。创意娇弱易碎，但如果构造合理，就能坚不可摧……

AFG 则说：

我们是品牌灵魂的追寻者，我们会发掘出品牌的内涵，超越设计，超越 DNA。我们会找到它与处于当今文化之中的世界的真正联系，构建与消费者之间更紧密、更持久的联系。

广告公司

1 认识广告公司的性质。

按照美国广告公司协会的定义，广告公司是一家独立的，由创意人员和业务人员组成的，为销售人员寻找其产品 / 服务的买主，制作、准备并在广告媒体上投放广告的企业。我们对广告公司的定义比较倾向于将我们之前提到过的 Ignited 和 Crispin 的定义综合起来，但我们不会将这个问题复杂化。

根据美国人口普查局的调查，美国目前在经营的广告公司超过 1 万家。《LexisNexis 红皮书》（*LexisNexis Red Book*，又称《企业红皮书》）列出了 5 000 多家广告公司的概况，包括综合公司、房地产公司、媒体购买服务公司、销售推广公司、网络公司以及公关公司。《广告周刊公司目录》（*Adweek Agency Directory*）则列出了约 6 000 家广告公司、公关公司和媒体购买服务公司，外加 22 000 份员工名单。仅纽约黄页（New York Yellow Pages）上就列了大约 2 000 家广告公司。遗憾的是，目前

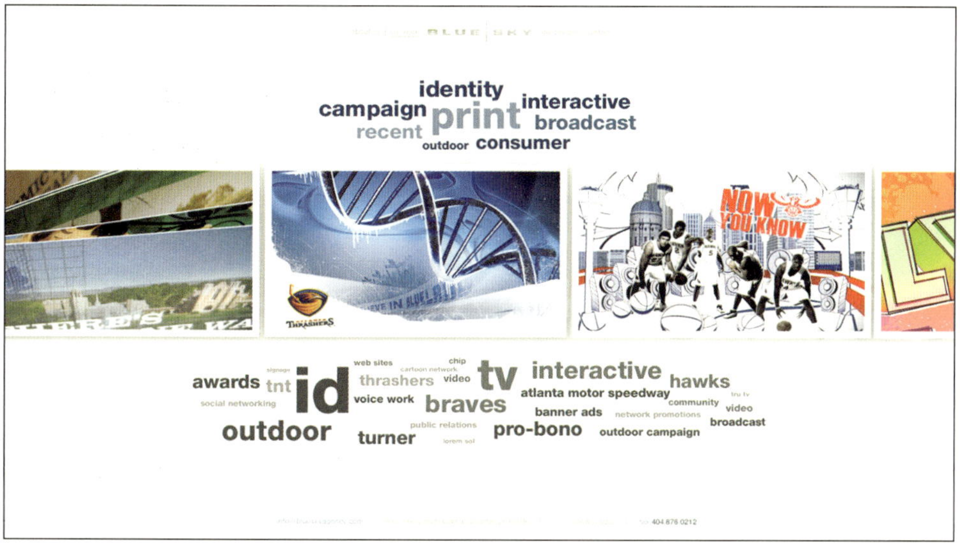

Courtesy Blue Sky Agency.

图 5.1

蓝天广告公司网站

这是蓝天广告公司的网站首页，公司试图在此表现出自己的工作和性质。

还没有哪一个印刷版或网络版名录可以列出全美国所有的广告公司。

大多数广告公司都是 1～10 人的小型公司（稍后我们会在本章谈到广告公司的大小和服务）。在本书中，你会看到为很多专业产品和服务而制作的广告——从消费品、工业产品和服务到公益事业。这些专业广告公司除了要会制作广告外，还要成为营销专家，有时甚至还会像它们的客户那样，在所有合适的媒体上宣传自己，在自己的网站上努力介绍自己。图 5.1 为蓝天广告公司（Blue Sky）的网站首页。

广告公司的发展

在进一步探讨当代广告公司之前，我们来看一看广告公司的起源以及它们如何发展成为一个遍及全球的、在营销和广告过程中发挥重要作用的组织。

2 了解广告公司的发展历程。

早期（殖民时期至 1917 年）

很少有人知道，第一批发挥类似广告代理商职能的美国人是殖民时期的美国邮政局局长：

> 在很多地区，为征订殖民地报纸而做的广告都在邮政局发布。1927 年，纽约第一家殖民地周报出版商威廉·布拉福德和邮政局局长理查德·尼科尔斯（Richard Nichols）达成了一项协议——后者向前者收取固定费用，在《纽约公报》（*New York Gazette*）上为之刊登广告。[1]

广告栏推销员　沃尔尼·B. 帕尔默是已知的第一个以佣金形式从事广告工作的人。19 世纪 40 年代，帕尔默为那些很难争取到本地区以外广告的报纸招揽广告，然后他去联系报纸出版商，表示能为他们带来广告业务，但要收取 50% 的佣金，不过佣金少点他通常也能接受。那时，还没有广告收费表一说，而在成交之前，报纸要价 500 美元的广告栏往往就已经下降到 50 美元了（如今，我们称之为“谈判”）。帕尔默在费城、纽约和波士顿开办了事务所。很快，又出现了更多的代理商，经营着不同的业务。

克莱普纳观点 5.1

安妮莎·梅·阿尔–缇米米（Anissa Mae Al-Timimi） 蓝天广告公司项目管理与创意服务总监（及革新调度经理）

安妮莎·梅·阿尔–缇米米

改革调度部

广告公司的调度部门必须确保任何一个项目都不能失控，而调度则可以确保任务如期完成、排期恰到好处，并能向有关各方充分传递项目信息，甚至还可以在广告制作之前进行校对。从启动到圆满完成，调度是所有项目活动的中央枢纽。运转良好的调度部可以为广告公司带来充沛而积极的能量，但本末倒置、效率低下的调度部却可以从根本上摧毁一家朝气蓬勃的广告公司。

大约四年前，一家著名广告公司（我已经不再在那儿工作了）问我是否有兴趣“改进他们现有的调度系统”，但他们省略了客户经理和创意人员这一部分，而他们经常在办公室隔间里尖声争论项目的可行性和截止日期。像任何一个渴望丰富阅历、提高技能的专业人员一样，我也（应该是）乐于挑战自己，所以即使我已经知道他们的这种特殊情况有多糟糕，我也不可能放弃这次机会。

经过三场面试之后，我进入了这家有 100 名员工的公司，一晚上就横扫了他们的旧调度系统。第一周，我发现大多数内部矛盾产生的原因不是截止日期（这导致经常临时加班），不是客户（他们经常提出一头热的要求），也不是大多数员工的职业道德问题（总会有偷懒的人和加班加点工作的人），这个问题的关键在于以前的调度系统没有做到合理分配公司内部艺术指导和文案的工作。

我进入这家公司以前，调度部一接到创意任务就将它分配给文案或艺术指导。调度总监分配任务时主要看哪边的反抗更少，也就是说，把工作交给较少抱怨截止日期或可行性的那一组创意团队。总监把任务往创意人员桌子上一堆，然后就不管了。于是，尽管有些人披星戴月地工作，周末还加班加点地完成堆积如山的工作，另一些人却可以在微信或 Facebook 上一泡就是大半天，然后下午五点一到就闪人。

我开始对文案和艺术指导进行评估。有些人做事麻利但才能不突出，有些人很有才能但做事拖沓，还有些人既懒散又平庸，而有些人则像摇滚明星，做事又快又好，并且还不自负、不做作。于是我开始根据他们的特点将任务交给相应的创意人员，碰到什么样的客户都能搞定。

如果是一系列广告牌，要求绝对棒的创意作品，而且时间充裕，我就把它交给做事较慢但更有才华的创意人员；如果是一条时间要求紧的印刷广告，且有很严格的限定因素，我就把任务交给做事敏捷但才华相对不那么优秀的团队；如果这个广告战役要求最终产品能够带来潜在的新业务，我就把它交给最精明能干的创意人员。我对工作的分配主要视工作情况和团队的自身能力而定。一名艺术指导可能会和一名文案一起完成一个项目，而下次则可能是和一名不同的文案一起工作。创意团队不再是一成不变的了。

此外，我还开始监控是谁在做哪项任务，下次项目可以交给谁做，并且我还会在一块大白板上将这些信息写在每个创意人员的名下，让所有人都能看到。公布每个人的安排能刺激那些有点懒散的员工，让他们着急，担心自己的工作量会少于同事；同时，这也能充当客户服务和创意人员的一种工具，让他们知道什么时候能接到客户提案任务。

我加入公司的最初那段时间，“调度”是一个很让人讨厌的词，工作在大家手里推来推去，客户部想从创意团队那里拿到成果，但创意团队却压根还没启动这个项目，因为调度部没有传达向客户保证的截稿期，也没有提醒创意人员要命的截稿期已经迫在眉睫。

仅仅一年，公司内推诿工作的现象消失了，没有人在下午六点之后还在加班，客户交代的工作在预算内就能完成。最重要的是，员工不用再在走廊上声嘶力竭地争执了。

版面批发商　19 世纪 50 年代，乔治·P. 罗威尔（George P. Rowell）在费城以低价、低佣金从出版商手中用现金购买大块广告栏，他准备按自己的零售定价一小块一小块地出售这些广告栏——每块有一栏那么宽。罗威尔接着与 100 家报纸签订了合同，购买其一栏版面一个月，然后将自己名录上的所有报纸广告栏都按一个单位价格出售："买 100 家报纸的一栏广告版面，一月只需 100 美元。" 按名录销售广告栏的形式迅速流行起来，每个批发商持有的名录就是他个人的贸易砝码（这就是最早的媒体打包交易）。

第一份价格目录　1869 年，罗威尔发表了一份报纸广告价格目录和他自己对这些报纸发行量的估算，震惊了广告界。很多出版商对他的报纸发行量估算怨声连连，因为他的估算低于出版商公布的发行量。尽管如此，罗威尔还是坚持按照自己发表的版面估算价格，向广告主出售他们所指定市场的广告栏。这就是媒体估算的开始。

广告公司变成创意中心　19 世纪 70 年代早期，作家查尔斯·奥斯汀·贝茨（Charles Austin Bates）开始撰写广告文案，向所有寻求广告文案的人销售自己的服务，不论这些人是广告主还是广告代理商。他聘用的员工中有两个人，欧内斯特·埃尔默·卡尔金斯（Earnest Elmo Calkins）和拉尔夫·霍尔顿（Ralph Holden），他们两人在 19 世纪 90 年代创建了自己的公司——卡尔金斯与霍尔顿公司（Calkins and Holden）——并将赫赫声名保持了 50 年。这些人不仅撰写广告文案，还将广告策划、文案和艺术设计结合起来，充分展示了将这三者结合起来制作有效广告的新途径。不仅他们公司是那半个世纪中最成功的公司之一，他们的成果所产生的影响也促使广告公司逐步发展成为广告创意中心。广告行业发生了变化，不再单纯地由销售人员去向广告公司推销广告版面，而是由广告公司进行广告策划、广告创意，撰写文案，进行艺术设计，制作图版，然后再将广告投放到雇用这些销售人员的出版物上。

至今，他们最受广告公司认可、对广告行业独一无二的贡献就是他们创作有效广告的能力。

公司 – 客户关系的建立　1875 年，弗兰西斯·艾耶（Francis Ayer）创建了艾耶父子广告公司［N.W.Ayer & Son，2002 年被卡普兰·塞勒集团（The Kaplan Thaler）并购］。艾耶收取的广告费就是他实际支付给出版商的费用，再加一个代替佣金的固定费用（即付给出版商的价格再扣除佣金）。作为交换，广告主同意将他们的所有广告交给艾耶父子广告公司。这个创新让广告主和广告公司之间建立起一种不同于广告客户的关系，在后一种关系中，广告客户就可能将业务交给不同的销售人员。

柯蒂斯无回扣原则　1891 年，柯蒂斯出版公司（Curtis）宣布，除非广告公司承诺向广告主收取全额费用，他们才会向广告公司支付佣金，美国杂志出版商协会（Magazine Publishers of America）后来也采纳了这条原则。这就是无回扣协议的前身，在过去的 50 多年中，这一直是广告代理业务的一个重要部分（然而在杂志和报纸方面，广告公司的佣金都在 10%～25%）。

名牌广告公司标准佣金的设立　1917 年，报纸出版商通过自己的协会，将广告公司的标准佣金设定为 15%，该标准被所有媒体沿用至今（地方广告除外，因为地方媒介直接与商店交易，因而不必支付佣金）。但是，这种佣金标准只适用于那些得到出版商协会"认可"的广告公司，而得到认可的重要条件之一就是广告公司必须承诺向客户收取全额费用（没有回扣）；此外，广告公司还必须有可发布的作品，必须能胜任广告工作，必须资金充裕。时至今日，这三项条件仍然管用。任何一家公司都可以称自己是广告公司，但只有得到认可的广告公司才可以收取佣金。

如今，广告公司仍然可以因为替客户购买广告版面而从媒体那里得到佣金，但广告公司通常会向广告主收取广告的制作成本，外加服务费——常例为净利的 17.65%，相当于总额的 15%；如果事先有协议，还可以收取其他服务费。稍后我们会更详细地探讨这个问题。

美国广告公司协会 美国广告公司协会于 1917 年成立，是一个全国性的行业协会，代表着全美国的广告行业。尽管几乎所有的大型、跨国广告公司都是美国广告公司协会成员，但超过 50% 的成员的年进账都低于 2 000 万美元。这是一个管理型协会，主要是尽可能地给成员提供服务、专业知识以及与广告行业有关的信息。2009 年，协会将名称简化为 4As，并允许吸收美国境外的广告公司。

无回扣时代（1918—1956）

这一时期的活动在如今的广告界留下了深刻的痕迹，总结如下。

收音机 1925 年美国最大的新闻是著名的斯科普斯试验（Scopes trial），最主要的发明是收音机。收音机生动地报道了在田纳西州进行的斯科普斯试验进展，它同时带来了如何将科学发展引进千家万户的问题，也拉近了美国人和收音机的距离。收音机迅速成为美国人生活的重要组成部分，尤其是在经济大萧条时期和第二次世界大战期间。收音机成了最主要的新闻传播媒介。同时，它也为广告提供了一个至关重要的新平台，很多广告公司不仅掌握了整个广播节目的制作，还掌握了其广告的制作。至 1942 年，广告公司在广播广告上的投入（1.88 亿美元）已经超过在报纸广告上的投入（1.44 亿美元）。收音机的繁荣一直持续到电视出现。

电视 1952 年以后，美国全国性广播网开始投入使用，电视很快流行起来。1950 年至 1956 年之间，电视成为发展最为迅速的媒介，因此成了众多广告公司的主要媒介。全国性广告主在电视广告上的投入超过了以往在任何媒介上的投入，电视广告支出从 1950 年的 1.71 亿美元上升到 1956 年的 12.25 亿美元。

电子数据处理 电脑在广告界的应用是从客户部开始的。到 1956 年，电脑已经开始改变媒介部、营销部和调查部门——随着辛迪加调查服务公司数量的增加，所有这些部门都如虎添翼。广告公司为自己的调查能力感到自豪，每年在调查上花费大量资金，以便更好地为客户服务。

广告业务进展良好，美国消费者的生活水平超过以往任何时候。1950 年至 1956 年是广告业前所未有的大繁荣、大发展的开始，广告总支出从 1950 年的 45 亿美元一跃而上升到 1956 年的 99 亿美元，其中超过 60% 的支出来自广告公司发布的全国性广告。

谈判时代（1956—1990）

和解协议 1956 年，广告主 - 广告公司的关系发生了变化：美国司法部认为媒体协会和广告公司之间的无回扣协议限制了买卖双方的谈判余地，因此，美国司法部颁布了贸易管制法和反托拉斯法。所有媒体协会都代表其成员加入了和解协议，终止了无回扣协议。

尽管美国司法部的裁决丝毫没有影响到广告公司从媒体那儿收取 15% 的佣金的习惯，但它为重新审视广告公司应得的全部服务报酬开辟了道路，15% 的佣金成了谈判的基本条件。稍后我们将看到这对广告公司－客户关系有什么影响。

企业再造时代（1990—2000）

合并 20 世纪 80 年代，很多企业在合并，从而催生了巨型企业。为了更具竞争力，广告公司也开始纷纷效仿，而许多企业合并是为了缓解为大型客户服务所承担的财务压力。

整合服务 20 世纪 90 年代是广告公司重新评估自身运行状况的十年。“整合服务”成了一个流行词，涉及为协调客户的整个营销组合而做的努力，包括公共关系、促销、直接营销、包装设计等。一些广告公司通过扩展部门或购买、创建子公司，以进行促销、公共关系、直接营销、商标和包装设计甚至电视节目的制作，从而将自己的传播服务延伸至客户。他们这样做是出于经济上的考虑——客户不断将资金投入从广告转向推广，并且还想将自己的传播整合起来。广告公司只能努力改变自己，以满足这些需求。

媒体和数字时代（2000 年之后）

拥有子公司的广告公司创建了大型媒体购买与策划公司（也称“媒体服务公司”），使之成为一个利益中心，吸引全球的客户，以求提高效率和成本效益。结果很多客户将自己的媒体从自己的代理广告公司中分离出来，转交给某个单一媒体购买公司，通过它购买媒体和投放广告。由于客户不得不努力应对手机、网络、iPhone、博客、黑莓，不得不应对消费者引导的广告世界，交互媒体的重要性逐渐显现出来。

全面服务广告公司

用最简单的术语来说，**全面服务广告公司**（full-service agency）即为客户提供处理整个广告职能所需的全部服务——策划、创意、制作、投放、评估——的广告公司。很多广告公司对业务进行了扩展，其全面服务的范畴还包括以战略营销为中心，通过不同的方式——广告、促销、直接营销、公共关系等——对所有整合营销传播活动进行管理。这样，每当消费者接触到这些传播方式，品牌形象都会得到加强。

几乎每家广告公司都会时刻关注客户的需求，以随之改变自己的行事方法。也就是说，广告公司为了求生存也不得不改变自己的工作模式。罗基广告公司（Luckie）网站最近的一条讯息就反映出这种态度，上面随口说道：

> 无意冒犯其他保守派人士，有 50 年历史的南方广告公司，已经不再是原来的我们了。罗基广告公司耗费了数十年的时间，为长期客户绞尽脑汁做出可信的印刷广告和广播广告，这一点不会改变……现在，我们已经全面整合，深谙社交媒体、交叉渠道和内容生产，迫切渴望了解你的想法。每一次打破桎梏，我们都必须证明我们更高明了（我们在亚拉巴马州伯明翰，向上帝保证）。我们相信，我们的工作就是迎难而上、任劳任怨，我们是说，不惜一切代价帮助您的品牌冲破混乱状态，在您的消费者心中建立永久的地位。但能否这么做，却有赖于广告主是否愿意重新思考一切。

3 认识全面服务广告公司的性质。

全面服务广告公司

为广告客户处理广告策划、创意、制作和投放的广告代理公司。全面服务广告公司也可以处理销售推广以及客户所需的其他相关服务。

大型广告公司必须对自己的角色和责任有一个新的认识，这样才能满足大客户的需求。新任务要求的组织架构也不同。最近几年，有些广告公司不止一次进行企业改组或企业再造。小型广告公司之所以热衷于此，是因为这样一来它们就能比大型公司更为迅速地适应新的要求，而这就可以成为一个卖点，一些小型公司现在也正在成为大型客户的新宠。

广告公司通常认为，没有富有创意和劝服力的广告，品牌的建立就是一纸空文，因为创意和劝服力是营销传播组合中最有效的组成部分，当然也有例外。尽管广告公司在探索新的经营模式，但大多数营销商仍然可以在重组后的大多数广告公司中看到熟悉的部门名称：客户管理部、创意部、媒介部、调查或客户策划部以及行政部。但这些公司很多都改变了运作方式。这还算不上一个脑部手术，但它确实要求有条不紊的管理程序。

没有哪个广告公司的结构模式能放之四海而皆准，每家公司都会面临客户个性化的特殊要求，没有哪个模式可以以不变应万变。说到这里，让我们来看一下全面服务广告公司都具备哪些功能。在全面服务广告公司接到一个新客户或新产品的时候，工作流程通常按如下几个阶段进行。

诊断营销与品牌战略

首先是搜集你所知的该产品品类、该品牌及其竞争对手的所有资料。在观察消费者态度、洞察潜在消费者和界定品牌核心之时，调查或品牌策划要放在首位：主力潜在消费者是谁？他们在哪里？他们的人口统计学特征和消费心理学特征是什么？这个产品如何迎合他们的生活方式？他们如何看待这类产品、这个品牌及其竞争对手？消费者希望从这个产品、这个品牌中得到什么？这个产品通过什么与众不同的方式解决了主力潜在消费者的问题？哪些媒体是触达目标市场的最好渠道？它们可以向受众传达出什么信息？ Crispin Porter+Bogusky 公司副总裁兼战略与产品创新执行总监约翰・温莎（John Winsor）说广告公司对合作意识的强调意味着每个部门都与简报有关，“全部整合到一起”。他说：“在拿出项目简报时，我们的策划部就要着手制定战略、进行调查等等，而当产品问题与广告或营销问题发生冲突的时候，设计组人员就要处理这个问题……我认为未来就是这个样子。”[2]

有些广告公司利用自己的调查能力吸引客户。有家广告公司在自我宣传的广告中说：“……在您做广告时，您更希望从自己的角度来做……这完全能理解。我们不会劝您应该展现什么形象，我们会通过调查来告诉您消费者希望您展现什么形象，然后我们会把它应用到每个传播计划的大多数重要部分中，包括广告。”

设定目标和制定战略

采用我们前面提到的通过调查而得到的消费者信息，我们在制定战略时就可以按产品与主力预设消费者的关系来予以定位，并突出其针对主力消费者的特色。客户管理负责这一环节的进展。在此，你要从战略上明确应该完成哪些任务，如加强品牌形象、夺回以前的用户，并计划实施步骤。战略性沟通需要客户、创意人员、媒介小组以及调查人员的通力合作。

建立沟通

一旦确定了整个策略，接下来就要决定创意战略，撰写文案，准备版面布局初稿和故事板。在广告中，创意冲动永远不可能天马行空——它只是销售战略和品牌形象的一个想象的、具有劝服意味的表现。

媒体计划 大型客户可能会将媒介职能抽出来，将其指派给某家媒体服务公司。在这种情况下，创意公司和媒介公司在制订媒体计划时就必须紧密合作。无论采用哪种方式，你都要明确媒体战略，确认目标，确保它们和你的营销目标相匹配。然后再选择媒体。此时要观察所有传统的和非传统的媒体，避免只是单纯地实现目标，而要在其中附加价值。准备的媒体排期表上要有价格。在这一阶段，要争取协调营销传播组合中的所有元素，以确保曝光的最大化。媒体选择可以给创意团队提高影响力创造一个良好的环境，进而引导整个流程。这一步可以由广告公司、独立媒介公司或媒体购买服务公司来完成。

总体计划 你提交的文案与版面布局初稿以及制作成本，连同媒体排期表和媒体成本——这些共同构成总成本。

评估计划 这个过程中的评估环节既是起点又是终点：这时要根据最初设定的目标对创意进行评估，给改进和完善未来的工作提供依据。因此，评估计划是一个说明系统。

预先告知广告战役

对很多产品品类来说，你要事先通知经销商和零售商广告战役的细节，以便他们做好充分准备，充分利用这个广告战役。

收账与付款

广告发布后，你就要向客户收取费用，并根据媒体和制作商开具的发票付款。下面就举一个收账与付款程序的例子。假设一个广告主通过你的公司预订了《休闲服装》(*Leisure Gourmet*)杂志的一页广告版面，花费 1 万美元，广告发布后，出版商给你的账单会是这个样子：

《休闲服装》杂志，8 月，1 页	$10 000
代理佣金 @15%（为计算方便忽略现金折扣）	$1 500
欠款	$8 500

然后你的公司会向广告主收取 1 万美元费用，留下 1 500 美元作为酬金，再付给出版商 8 500 美元。

代理佣金只适用于广告版面或广告时间费用。此外，正如之前提到过的，广告公司还会寄给广告主一份制作成本账单，具体款项如下：

插图修饰	印刷／电视广告复制
排版	录音棚
摄影	广播制作
附件印刷	

这些项目按实际成本再加服务费收取，服务费通常为总价的 17.65%（相当于净利的 15%）。

传统广告公司的组织结构

在这一节，我们先来看看对全面服务广告公司结构的传统认识，然后再看看这个过程如何再造。

广告公司的大小和形式各不相同：最大型的广告公司可以雇上百名员工，年收入超过百万美元；最小型的广告公司可能只有一两名员工（通常由一名创意和一名客户经理组成）。随着广告公司的发展，它们通常都要扩大组织结构，以履行一家全面服务广告公司的所有职能。

各广告公司的组织结构也不尽相同。为了便于讨论，我们选择了一个典型的、由上层主管发号施令的传统组织结构形式（见图 5.2），这些主管为：（1）创意服务副总裁；（2）客户服务副总裁；（3）营销服务副总裁；（4）管理与财务副总裁。下面，我们就来简单探讨一下各部门的组织结构。

图 5.2
典型的全面服务广告公司组织结构

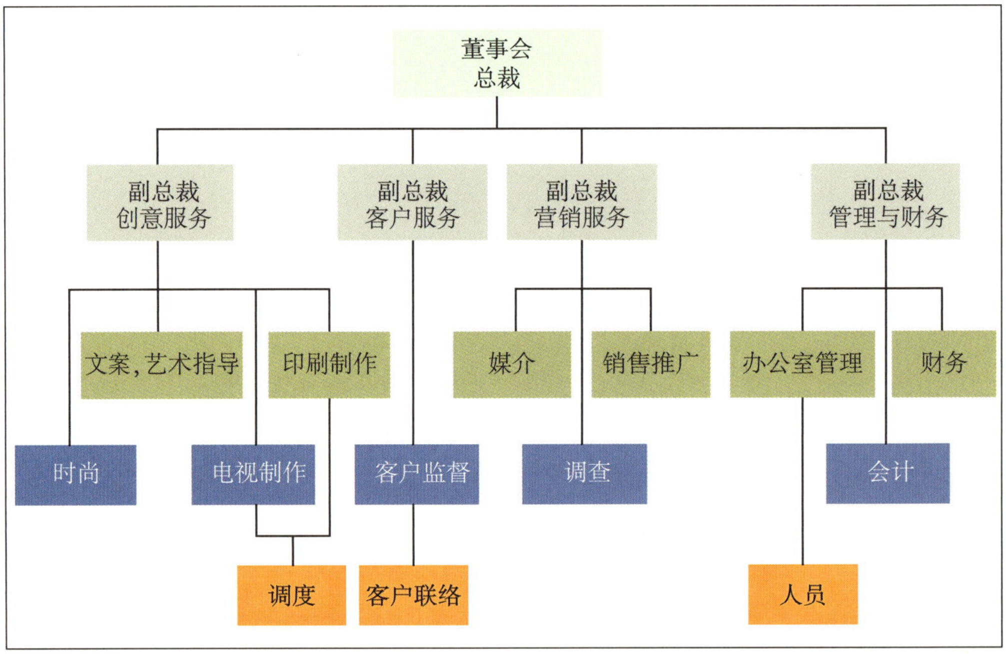

创意服务部

奥美环球公司（Ogilvy & Mather Worldwide）前主席肯·罗曼（Ken Roman）指出："广告公司通常都是靠创意能力争取客户，这无异于向客户保证，它们可以创作出为其带来生意的广告战役。"每一家广告公司都很关心自己是否能拿出杰出的广告[3]，但只有极少数广告公司能因创意而出名。基本上在每家广告公司，创意总监总是端坐在公司的顶端，几乎像一个神话，带着各种传奇人物色彩。创意总监要精心照料、全权负责公司最珍贵的宝贝——创意产品。如今，客户的满意才是成功的标志。在人们心目中，创意总监要对所有互动事务——从促销到公共关系——心中有数。创意总监不仅是全职妈妈、心理学家、啦啦队队长、审美权威、篮球教练、团队成员、历史学家、万事通、表演家、社交达人、建筑师、设计师和文艺复兴大师，如今还要求他们充当战略家、商人、规划师、金融家以及新产品开发人。比尔·韦斯特布鲁克（Bill Westbrook）在接任法隆·麦克艾里哥广告公司（Fallon McElligott）创意主管之

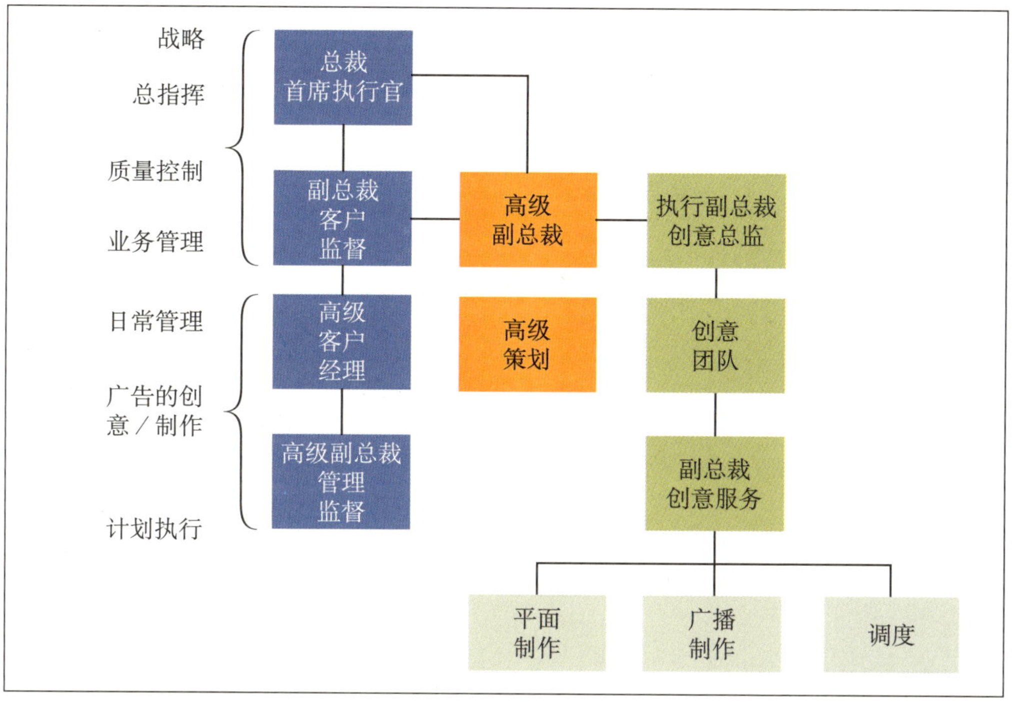

图 5.3

常见的广告公司团队分工

后，一再强调战略的重要性："如果没有伟大的战略，就谈不上成功的战役。"李岱艾广告公司（TBWA/Chiat/Day）总裁兼首席创意官李·克劳（Lee Clow）则说："管理一个整合战役与单纯做广告迥然不同，作为创意总监，我们已经和客户策划人员骨肉相连。"[4]

起初，所有的文案和美工都统一由一名创意总监指挥。但随着公司不断壮大，不同的创意总监开始接手不同品牌的文案写作和艺术设计工作。于是调度部应运而生，以保证工作按计划进行。

同样，平面制作总监和电视经理也直属于创意总监，而创意总监最终为成品——平面广告和电视广告——负责。

客户服务部

掌管客户服务部的副总裁负责维护广告公司与客户之间的关系，而且他们确实身怀两个世界：客户的利益和广告（见图 5.3）。客户服务部副总裁必须熟知客户的业务、利润目标、营销难题以及广告目标，要负责帮助制定公司提出的基本广告战略，确保公司准备好的广告预案正中目标，此外还要就总体建议向客户做提案，如媒体排期、预算、广告或故事板初稿，以征得客户的认可。然后还要确保公司制作的东西满足客户的要求。

随着企业的壮大和客户的增多，客户总监开始委派客户主管分别为各个不同的客户服务。客户主管必须擅长沟通和客户跟进，他们的最大作用就是预测客户的需求，而客户总监则要不断检查客户跟进的总体状况，和客户方代表保持联系。

营销服务部

掌管营销服务部的副总裁负责媒介策划和购买（如果由创意公司处理媒介事务）、调查和销售推广。媒介总监（来自本公司或媒介服务公司）负责理念与媒介应用策划、特定媒体选择以及广告位和广告时间的购买。随着广告公司的壮大，行业内逐步发展出了一批职业媒体购买人，他们按媒体（印刷、电视、广播或交互）、客户或地域进行

克莱普纳观点 5.2

汤姆 · Y. 罗宾逊（Tom Y.Robinson）

罗宾逊公司（Robinson & Associates）总裁

汤姆 · Y. 罗宾逊

毕竟，他们确实加入了这个系统！

对于一家运营正常的广告公司来说，加盟特许经营是一件富有回报但同时也很有挑战的事，成功的、长久的关系就像一桩白头到老的婚姻一样充满挑战。

加盟商之所以“购买特许经营权”，首要的原因就是：相对于从无到有的创业风险，已经建立的系统可以为他提供更大的成功概率和更大的利益。毕竟，已经有人分担了一部分风险，制定了行动方案，而且类似的加盟商已经在相关市场上验证了自己的成功。

既然这样，那么挑战又从何而来呢？很多加盟商和特许人签署协议，许诺将销售额的一个预定百分比投入广告宣传，特许人也鼓励他们加入联合广告，以寻求更大的购买力，提高效率。广告这个蓄水池越大，对专业广告和营销的需求就越大——于是，代理关系诞生了。凡是从零起点开始投放广告的地方，广告对销售的推动效果一般都比较明显，而且一路畅通。

但挑战还是有的。特许人一方的顾问会监督特许经销 / 代理关系，并针对企业的营销建议给出自己的意见。虽然特许人取得了成功，是营销专家，但加盟商的企业精神却使他们坚信自己比任何人都更了解本地市场——毕竟，向广告公司付款的是特许人，而且营销也只是加盟商们自认为可以自主的少数几个领域之一。

然而，当新营销效能的光环褪去，或新的竞争对手进入这一领域时，令人惊叹的“哇哦”销售增长就会逐渐放缓，于是问题变成了：“广告公司现在做的真是我想要的吗？”

很多大型特许人对自己加盟商的经营有明显的影响。根据合同，特许人会对加盟商的运营情况和营销执行情况评分：特许人根据自己的判断决定是否授予加盟商额外的特许经营权，是否提供大量资源，包括提供营销援助团队“帮助”广告公司服务客户。

和加盟商合作不是为了让自己心力交瘁，企业家都特立独行，否则他们就成不了企业家，因此要区别对待他们。他们“买进”了这个系统，但每当加盟商试图限制他们时，他们就会扯紧缰绳。同样，请记住，特许人总会在谈判桌上提出很多条件，他们的代表也一样，他们对谈判结果的影响来自其手中的特许经营权和他们的专业经验。

这种关系可以是持久的、有利可图的，往往伴随着挑战。因此，要恪尽职守，牢记自己的角色，应变自如，清楚靠谁吃饭——加盟商。但也要记住，企业代表有可能成为你和特许人之间最牢固的纽带。学会倾听，学会妥协，这将使你和所有客户之间的关系更加强韧。

划分。媒介部人员包括估算部门、采购部门以及按广告表现而处理追加费用的部门。媒体主管也可能利用独立的媒介服务公司，尤其在购买电视和广播广告时间的时候。

调研总监（或称策划总监）协助确定营销和文案目标。广告公司通常会聘用外部调查机构进行实地调查，但有些公司会将调研和媒介策划全部交由一人协调。广告公司不同，主管之间的分工也可能不同。

促销总监负责赠品、优惠券、活动营销以及所有其他促销活动。

管理与财务部

和所有的企业一样，广告公司也需要一个行政管理领导来负责财务和客户管理、办公室管理以及人员管理（包括实习生）。

广告公司的不断演变

4 **了解广告公司的进化过程。**

几十年前，客户偏向于拥有李奥·贝纳（Leo Burnett）、比尔·伯恩巴克（Bill Bernbach）、大卫·奥格威（David Ogilvy）、罗瑟·瑞夫斯、霍华德·戈萨奇（Howard Gossage）以及玛丽·威尔斯（Mary Wells）等这类天才的广告公司，后来，不那么依靠名人个体而更着重于人才整体的广告公司逐渐受到欢迎。广告公司一直在以各种不同的形式进化着：20 世纪 80 年代，广告公司紧跟客户的潮流，合并重组，以期提高经济竞争力；20 世纪 90 年代，为了更好地满足客户的综合需求和网络需求，广告公司不断改革，大型广告公司开始企业再造，有些广告公司不再称自己为“广告公司”。阿奈尔集团（Arnell Group）主席彼得·阿奈尔（Peter Arnell）说：“广告公司这个词有必要来一次真正的、彻底的整容。”他将自己的公司定义为一家“品牌构思和体验营销公司，擅长整合品牌、战略和传播解决方案”[5]，从而完善这个观念。

智威汤逊广告公司则号称自己是一家“品牌传播公司”，结果成了一家整合公司，有一批附属公司，提供传统的广告、数字与营销服务以及营销专业服务。

在品牌管理中，广告公司历来都是值得信任的伙伴；而在产品开发和充当营销、媒介专家和预言家方面，广告公司也是关键所在。如今，大多数大型广告公司的营销部门都能发挥这些功能。很多广告公司认为，别人对待它们的态度更像在对待供应商——接受订单的人——而非伙伴，因为客户会四处寻求解决方案，包括原属于广告公司的专业领域。

在传统的广告公司结构下，客户专员要么分别与创意人员碰头，探讨战略和广告文案；要么与媒体人员碰头，审查媒介排期；要么与公关人员碰头。人们很少聚在一起。在大多数进行过再造的广告公司里，团队中的核心人物定期碰头，以便让所有人都清楚客户部的各个环节进展如何。其中有最明显的一个改变：创意人员、客户经理以及媒介策划必须通力合作，形成一个团队——一个齐心协力、能够迅速解决问题的团队。大多数广告公司团队都由 8～12 人组成，有些公司的团队成员会达到 20 人左右。一般来说，核心人员会在每周一上午开会，检查这一周的工作——必要时他们还会再次开会。这就意味着销售推广人员要对公关人员的工作了若指掌，艺术总监要清楚媒介策划，每个人都了解互动电影。如果有必要，客户也会参与审查。从理论上讲，客户可以要求这个团队中的任何一个人解答问题。

几年前，广告公司再造的开拓者杰伊·恰特（Jay Chiat）说：

> 我们相信（传统广告公司的）层级结构，即使目前没有废除，也只是时间问题。大多数决策都涉及组织的需求——财务和行政问题。广告公司是一个服务性组织，它存在的全部意义就在于满足客户的需求。[6]

如今，经过再造之后的广告公司结构和传统的公司仍有相似之处，差别只在于运作方式的不同。员工们不再孤军作战，而是集体解决问题。团队观念往往对年轻人有帮助，因为这能让他们肩并肩地与前辈们一起工作。

和任何新兴的管理潮流一样，传统广告公司会复制和改进那些能成功地满足其特殊需求的公司结构。毫无疑问，未来的公司结构绝不会是当今公司结构的复制品。

专业广告公司

大多数广告公司基本上都是大众消费类广告公司，但也有些广告公司是专门针对某些产业的，如企业和金融业（Doremus）、医疗保健业（Ignite Health, Cline Davis & Mann, Common-Health 以及 Lowe Healthcare）、娱乐业、旅游业或其他特色产业，如房地产营销（Maximum Design & Advertising）。同样，也有一些多元文化广告公司，如专门针对亚裔市场的（Kang & Lee, Admer Asia 以及 IW Group）、针对非裔美国人市场的（Burrell Communications, Fuse 以及 Uniworld）、针对西裔市场的（Diesti, Bravo Group），以及针对其他族裔市场如阿拉伯人市场的。另一个增长迅速的领域是数字广告公司（Digitas, Organic Ogilvy Interactive, Avenue A/Razorfish），它们或许自认为是主流广告公司。甚至还有一些针对社交网络的特别小众的广告公司。这些专门广告公司和其他广告公司的运作方式基本相似，但和那些面向所有消费者的、更大众化的广告公司相比，它们的专业范围更窄。

品牌创新公司

大多数广告公司都会参与客户的产品开发，但在 2006 年，品牌创新公司 Zag 和百比赫广告公司（Bartle Bogle Hegarty）伦敦分公司开创并推出了它们自己的品牌，然后与合作企业一道将这些品牌推向市场。他们开发品牌，寻找伙伴，然后将品牌推向市场。

广告公司规模

规模始终是一个问题。有人认为，和小型广告公司相比，大型广告公司能够提供更全面的服务、更高价的明星人员；也有人不这么看，认为大型广告公司往往要价更高，回应却更慢，并且由于规模大而不够灵活。小型广告公司也宣传说，中小型客户能在它们那里享受到高层管理人员和创意部门的服务，而且他们对客户的需求反应更快。这种精神在成功的中小型广告公司身上表现得非常明显，他们的确小巧精悍。1984 年创办于图珀洛的罗宾逊公司是一家全面服务广告公司，这家公司和客户对接的就是公司高层管理人员。"'客户是核心'这个概念大获成功，我们共同形成了一股效率高、效益高、富有创意的力量，去解决客户的个性化营销难题。握手就是合同。"他们不订立冗长复杂的合同，而是寻求能影响客户底线的营销商（见图 5.4）。

品牌代表有限责任公司（Brand Reps）首席执行官布拉德·梅杰斯（Brad Majors）曾在各种规模的广告公司担任过高级职务，他就公司规模提出了以下几点想法：

- 大型／公共广告公司将更加把自己的客户限定为大型跨国公司，这些大型广告公司基本上不可能从小客户身上得到什么利益。并且，由于国际大客户不断涌现（主要因为并购小型竞争品牌），大型广告公司为这些客户提供服务应该有利润空间。
- 中型广告公司历来是创意的聚集地，它们将继续存在，但将仍然处于我们今天所见的不稳定状态中。随着它们的发展，它们将有资本雇用更强大的人才。由于没有公有制的限制，很多人将继续创作出丰富的作品。随着这些作品崭露头角，客户和预设消费者的兴趣将更大，这些中型广告公司将随之引起大型广告公司的注意，成为其并购的目标。随着广告公司高层逐渐衰老，即刻兑现且数量巨大的现金并购当然看起来比和下一代管理层打交道要诱人得多。因此，新近被兼并的广告公司将不再是中型公司，而会成为大型广告公司的一部分。一

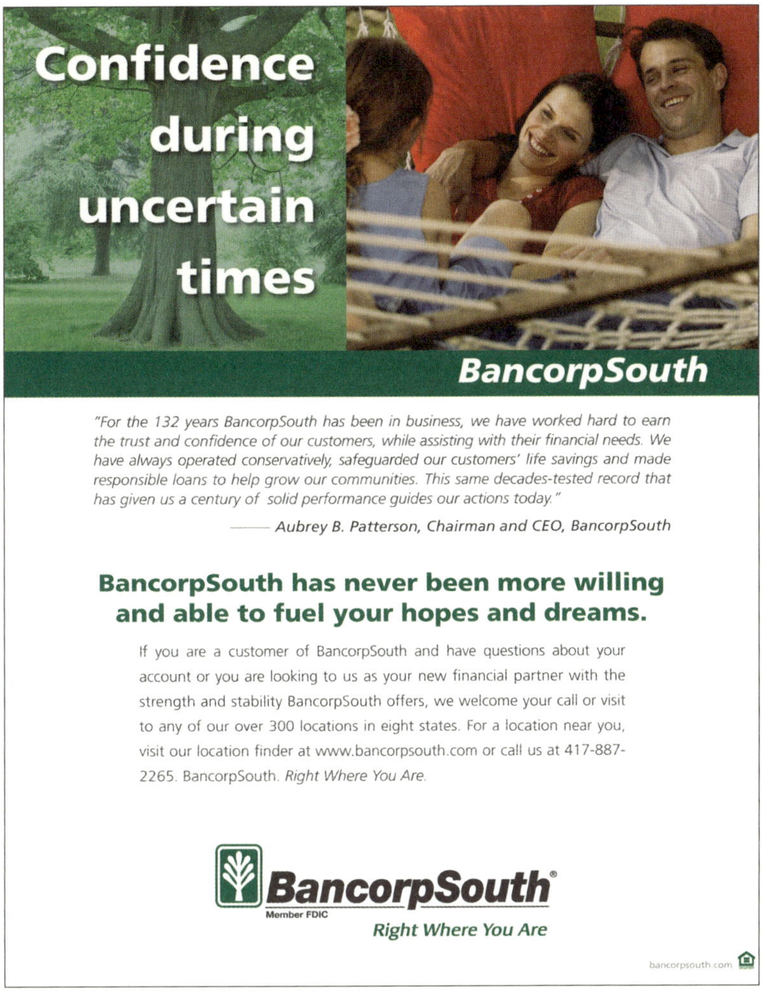

Courtesy of BancorpSouth and Robinson & Associates.

图 5.4

罗宾逊帮助一家区域银行渡过难关。

旦被兼并，中型广告公司要尽量待在母公司为其指定的特殊位置上。

- 有趣的是，如果经营得当，小型广告公司不仅不会消亡，还会繁荣发展。纵观历史，小型广告公司要么一帆风顺，要么一蹶不振。从某种程度上说，小型广告公司成功与否取决于其财务管理能力。对于大多数小型广告公司来说，管理资金流和应收账款一直都是而且将继续是一个至关重要的问题。一旦中型广告公司出现不稳定的情况，那些将营销导向型创意产品与严谨的财务管理结合起来的小型广告公司就大有机会可乘。

竞争客户

5 认识广告公司和广告客户在竞争记录客户和记录代理公司时的相互关系。

客户 - 广告公司关系是一种专业关系，由于它可能涉及产品战略、新促销、销售数据、损益信息以及新营销战略等机密、敏感的信息，因此，大多数客户都不会同意广告公司同时接手与其有直接竞争关系的公司或产品，例如可口可乐公司就不允许其广告公司再打理百事可乐的产品。在某些情形下，比如竞争对手不在同一个市场直接竞争，这时广告公司就可能会处理同一类产品或服务的几个客户，如不在同一市场竞争的银行。广告公司与客户之间的很多矛盾都是由并购引起的，在并购过程中，合伙人甲代理的产品就很可能与合伙人乙代理的产品形成竞争。因此，广告公司在考虑并购时，要先解决“我们的客户之间会有冲突吗？”这个问题，很多全国性大型广告公司之所以在全国各地都设立独立的办事处，就是希望客户们不要将另一办事处的同类客户视为对手。

客户 - 广告公司关系长度

只要工作顺利，客户通常都会一直和广告公司保持合作关系，但大多数合同都会给双方一个 90 天的反悔期，如果双方关系恶化，便可解除合同。与此同时，如果广告公司发现自己的理念与客户的目标冲突，或者这个客户不再有利可图，它们也可以放弃这个客户。4As 的数据显示：客户 - 广告公司关系的平均长度已由 1984 年的 7.2 年下降到 5 年。不过，也有一些客户与其广告公司的合作关系保持了好几十年，比如伯明翰的罗基广告公司就和客户保持了长达 14 年之久的关系，百事可乐公司和天联广告公司（BBDO Worldwide）合作了将近 50 年，而 GE 的时间则更久，罗宾逊也有 20 多年的老客户。

记录代理公司

记录代理关系可以为营销商提供一支只为其品牌服务的广告团队，从而在那个特定行业中形成一个稳定的专家团队。

在某些情况下，大型广告主可能会委托若干家广告公司处理其不同部门和产品的广告。为了协调整个媒介购买以及一揽子产品购买规划，广告主会委任一家广告公司作为记录代理公司，由这家统领性公司制定企业合同，其他广告公司则根据这些合同发订单，记录投放的所有广告，就排期中的时间和空间安排决策与管理层沟通。针对这一服务，其他广告公司要从自己的佣金中拿出一小部分（通常协商价为 15% 的 15%）付给记录代理公司。

广告公司的多个办事处

很多龙头广告公司都在全美多个城市设立了办事处，麦肯（McCann-Erickson）就是一个典型的例子，其几大分办事处分别设在纽约、洛杉矶、旧金山、伯明翰和密歇根。智威汤逊广告公司的总部在纽约，其几大办事处则分别设在亚特兰大、达拉斯、丹佛、底特律、休斯敦和迈阿密。该公司在其他很多城市设有专业传播办事处，在全球还设有众多其他业务办事处。天联广告公司除纽约的全球总部外，还在亚特兰大、芝加哥、底特律、迈阿密、明尼阿波里斯、旧金山以及洛杉矶设立了区域总部，每一个办事处在大多数情况下都像一家独立公司一样运行，为不同的客户提供服务，如果有必要，还可以利用其他办事处的人员和服务。通常来说，这些办事处不会同时为同一个客户、同一个项目服务。正当母公司忙着将自己定位为全球网络来推销时，各地方办事处却拼命保护自己独有的文化。有些人可能会说，因为每个办事处负责的客户类型不同，每个办事处拥有的专长也不同，因此能为所有的客户服务。不过，通常来说，每个办事处主要还是为自己的客户服务。

记住，大型媒体服务公司也会在同样的城市设立多个办事处。

优势 5.1

休伊伙伴广告公司画像

如同品牌一样，广告公司也需要清晰、突出的特点。心里牢记着这一点，罗恩·休伊（Ron Huey）和其伙伴乔·帕普罗茨基（Joe Paprocki）的亚特兰大公司于 1997 年开张了。他们最突出的特点是什么？简洁、能突出客户品牌、壮大企业的创意作品。正是因为他们专注于打造令人激动、引人注目的创意作品，他们才打动了《广告时代创意》（*Ad Age's Creativity*），将他们公司提名为 2000 年美国“值得期待的 20 家广告公司”之一。2004 年秋天，《传播艺术》（*Communication Arts*）杂志用了整整八个版面来介绍这家公司——是那一年里得到特别报道的四家广告公司之一。优势（Advantage Point）广告指出，“休伊伙伴广告公司在艾迪奖折桂”，文案则这样写道：“……第三年，休伊伙伴公司再次作为当晚的大赢家，带着 3 个金奖，共计 12 个获奖项凯旋。”他们利用这点向潜在客户推销自己，大力宣传其广告帮助国会图书馆将读者人数提高 25% 的事。

Courtesy of Huey+Partners.

休伊伙伴广告公司在艾迪奖折桂

他们成功的背后有什么秘诀吗？公司创始人罗恩·休伊解释说，他将从全国备受赞誉的公司，包括马丁广告公司和一号团队广告公司（Team One Advertising）那里学来的东西去粗取精、学以致用。正是因为如此，罗恩为雷克萨斯（Lexus）创作的广告才能帮助其将这个品牌打造成全美头号豪华轿车的代名词。但不同于大型广告公司，休伊伙伴公司能以一种更简洁、更负责任的代理公司模式，将大品牌的水准和大公司的经验带给客户。

如今，休伊伙伴公司仍然坚定不移地相信：创意才是让品牌脱颖而出的关键。这种态度为它的客户带来了巨大成功。在公司和美国美津农（Mizuno USA）的长期合作中，客户看见了自己在高尔夫球杆市场上所占份额翻番的奇迹。这在某种程度上，还要归功于一个新奇的、颠覆传统的广告战役，是它在高尔夫爱好者中间建立起了对这项运动的共鸣。与此同时，其他一些客户，如 WeatherBug、Holland & Company、Do-It-Yourself Network、CBL Properties（购物中心）、*The Daily Report*、The Wrenn's Nest、美国国会图书馆以及 Russell Athletic 等，都对休伊伙伴公司在广告上的投入赞不绝口。

全球代理公司与全球市场

6 了解全球性广告公司。

全球化已经成为经营和广告必不可少的一部分。在全球化的经济环境中，营销商为了生存，会拉拢大中型广告公司成为其全球伙伴。企业和广告公司必须了解不同的文化和市场模式，才能以全球化的视角了解自己的消费者，有些企业试图在美国境外销售汉堡、炸薯条和汽水，以为那些地方没有其他汉堡店就不会有竞争对手，但在当地人眼中，快餐可能根本就不包括汉堡，真正的竞争对手很可能是一家卖米饭的或卖炸鸡的。因此，除非营销商了解同价位的竞争对手，否则他们很难成功。[7]

智威汤逊全球广告公司网络

智威汤逊拉丁美洲（大区办事处——布宜诺斯艾利斯）	
阿根廷	洪都拉斯
玻利维亚	墨西哥
巴西	尼加拉瓜
智利	巴拿马
哥伦比亚	巴拉圭
哥斯达黎加	秘鲁
多米尼加共和国	波多黎各
厄瓜多尔	乌拉圭
萨尔瓦多	委内瑞拉
危地马拉	

智威汤逊亚太地区（大区办事处——新加坡）	
澳大利亚	尼泊尔
孟加拉国	新西兰
中国（大陆）	巴基斯坦
中国香港	菲律宾
印度	新加坡
印度尼西亚	斯里兰卡
日本	中国台湾
韩国	泰国
马来西亚	越南

智威汤逊欧洲、中东、非洲（大区办事处——伦敦）	
阿尔及利亚	科威特
奥地利	拉脱维亚
巴林	黎巴嫩
比利时	立陶宛
波斯尼亚和黑塞哥维那	马其顿
	摩洛哥
保加利亚	莫桑比克
克罗地亚	荷兰
塞浦路斯	尼日利亚
捷克共和国 / 斯洛伐克	波兰
丹麦	葡萄牙
埃及	罗马尼亚
爱沙尼亚	俄罗斯
芬兰	沙特阿拉伯
法国	塞尔维亚（包括黑山）
德国	斯洛文尼亚
加纳	南非
希腊	西班牙
匈牙利	瑞典
爱尔兰	瑞士
以色列	叙利亚共和国
意大利	突尼斯
科特迪瓦	土耳其
哈萨克斯坦	阿拉伯联合酋长国
肯尼亚	英国

很多中小型广告公司没有设立国际办事处的能力，于是它们便加盟世界各地的广告公司或独立广告公司网络，从而为客户提供服务、提出建议。如果你是杰克逊维尔的一家广告公司，没有海外办事处，那可能就要和一家香港的独立网络广告公司合作，以此来帮助自己在香港开展营销工作。如果广告公司没有资本（办事处或网络）帮助客户进行国际营销，客户就很可能转而投向有资本、有能力的广告公司，或在业务所在国寻求一家地方性广告公司。在满足客户的国际需求方面，大型广告公司实际早在几十年前就已经这么做了。

1891 年，智威汤逊在伦敦设立了第一家美国境外的办事处。智威汤逊是全球著名的营销传播品牌之一，总部设在纽约，在 90 多个国家设立了 200 多个办事处，拥有近 10 000 名营销专业人员，是一个真正意义上的全球网络系统。以上是其在非北美地区的办事处名单。

智威汤逊公司有一个管理客户全球业务的运行系统，主要包括以下内容：

1. *全球团队*。智威汤逊能够切实帮助自己的客户在世界各地达到其全球传播目标。
2. *总监负责制*。智威汤逊采用客户主管制，由这位责任主管（DIC）负责全球的事务，他们作为“代理公司中的代理”，与所有办事处合作，为全球客户提供服务。DIC 与所在国的区域主管、地方办事处首席执行官以及客户主管密切合作，以确

Courtesy of Adler Chomsky & Warshavsky (Grey Israel) and DeLonghi.

图 5.5

这条广告由 Adler Chomsky & Warshavsky 创作（葛瑞以色列公司），是葛瑞集团代理网的一部分，为控股公司 WPP 所有。

保公司的整个网络合作顺畅，使跨国广告主的全球传播努力得以施展，从而开拓市场。

3. *区域主管*。智威汤逊的区域主管负责特定的一组国家，智威汤逊在该区域内各办事处的首席执行官们直接对区域主管负责。

4. *全球主管*。每一个全球性客户都有一名全球业务主管代表，他们均属于智威汤逊客户联络小组成员。DIC 向全球业务主管负责，后者的职责就是确保智威汤逊全球网络的所有资源都能物尽其用，为其全球客户服务。

智威汤逊的母公司 WWP 赞助了一项调查研究，在全球访问了约 70 000 人。这项研究向消费者提出了 50 种不同类型的问题，以期了解消费者对 3 500 种品牌的看法。这些调查结果对智威汤逊的客户开放。

除智威汤逊外，WWP 还拥有其他大型广告代理网，它们都以独立公司的形式运营。比如奥美广告公司，其在全球 168 个城市设有办事处；而扬·罗比凯广告公司则有 186 个办事处。葛瑞集团（Grey Groups）在以色列的公司 ACW/Grey（WWP 所有）创作了绝妙的德龙（Delonghi）熨斗广告，图 5.5 展示了一件 T 恤熨烫前后的对比。

大多数全球广告公司都有与智威汤逊相似的业务。比如，恒美在 96 个国家拥有 206 个办事处，天联在 77 个国家拥有 316 个办事处。有时候，仅仅因为某个客户期望在某个国家开拓业务，广告公司就会在这个国家设立办事处。在第二十三章，我们将会深入探讨国际业务。

全球广告中心

处理地方性广告委托最多的城市当属纽约和东京——为争夺世界领导地位而展开贴身肉搏。其他重要广告中心包括伦敦、巴黎、芝加哥、洛杉矶、底特律、旧金山、明尼阿波利斯、法兰克福、圣保罗、杜塞尔多夫、马德里以及首尔。基本上每个国家都有一个广告中心。对美国的广告公司而言，成立一个国外办事处是一件相当复杂的事，不同的国家就是一个不同的市场，有不同的语言、购买习惯、生活方式、风俗习惯、商业规范、营销传统以及法律系统。与其绞尽脑汁组建新的美国式公司，大多数美国广告公司宁愿去收购一家成功的外国公司的多数或少数股权。国际办事处的关键成员会定期召开集中研讨会，讨论企业的理念和运营情况，分享成功经验。记住，优秀的营销灵感可能出自任何地方，美国从不给伟大的创意设置障碍。

全球营销

企业在孜孜不倦地追求全球整合，但有时却事与愿违。比如美国广告业，其成功往往源于产品或产品定位与消费者的需求相关，而这些需求往往又因文化背景不同而不同。尽管文化和习惯不同，人们的情感却惊人地相似，在爱、恨、恐惧、贪婪、嫉妒、快乐、爱国精神、物质享受以及家庭上，人们是相似的。奥美发现，战略能够，而且确实可以全球统一，但通常来说，最好还是在一个全球计划和战略之下创作地方性广告，以维护期望的品牌形象。如果由于地方原因确需改变战略，必须事先进行安排。对小型公司而言，品牌的全球化注定是一条坎坷的道路。全球玩家们都面临着一个同样的问题——事实上，现在，每个全球战略都会遇到一大批强有力的跨国和区域性竞争对手。如果只由一个总部来负责营销，其前景恐怕并不会尽如人意。[8] 灵狮环球广告公司（Lowe Worldwide）前首席执行官杰瑞·嘉吉（Jerry Judge）说："其实全球营销并没有那么多，而是有很多企业面向全球市场。"恒美环球的肯·凯斯（Ken Kaess）则说："利益与产品形象或产品信息必须一致，这一点尤其适用于像美国运通（American Express）、麦当劳或美孚这样的服务型营销商。他们在全球的核心价值是相同的。"[9]

跨国客户当然希望自己的广告代理公司知道如何创作卓越的广告，以帮助自己横扫全球所有重要市场。随着世界变小，要求品牌保持一致性，这样人们才会在从一个市场（国家）转向另一个市场时不致混乱。[10] 于是，美国的广告公司不得不肩负巨大压力去制作、投放和调查全球广告。

全球生产效率

理论上讲，制作全球广告的成本效益会促使营销商寻求在全球实施单一的广告概念，这种做法也有助于建立统一的全球品牌价值。不过，"每个国际品牌都是从成功的地方品牌起步的……历经无数次再生"。[11] 成为全球广告主、进行全球广告战役，这听起来容易做起来难。尽管可口可乐早在几十年前就已经是全球广告主了，但直到1992年，它才推出自己的第一个全球性广告战役——在各个国家投放的广告都很相似。图5.6是可口可乐公司日本分公司投放的广告。

品牌及其广告必须在了解地方环境的背景下，以相关的、有意义的形式出现，否则很难引起消费者的关心。很多经验丰富的国际营销商都知道，对任何一个品牌而言，重要的是广告能够在不同国家的消费者中引起同样的反响，而不是在不同国家投放相同的广告。这就意味着可能要在不同的地区采用相同的品牌概念或广告概念以及相似的广告版本，但在执行上要针对当地市场量体裁衣，这样消费者才会关注这个广告，产生共鸣。只是单纯地将美国广告翻译成当地语言的做法有些冒险，比如，柏杜氏（Perdue's）在将文案"糙汉子也能做出嫩嫩的鸡"翻译成西班牙语时就成了"性欲澎湃的男人让鸡激情爆棚"。语言完全可能成为一大障碍，比如，"百事一代，活跃起来"翻译成中文时就成了"百事可乐，让你祖先复活"。

广告代理网络

不要混淆独立广告代理网络与大型控股公司持有的国际广告代理网络。还记得我们在本章前面部分提到过的智威汤逊吗？它在全球设立了上百个办事处。广告代理网络中包括众多中小型独立广告公司，它们与其他独立广告公司达成合作协议，帮助自己从

Courtesy of Coca-Cola (Japan) Company, Limited.

图 5.6

可口可乐（日本）有限责任公司试图与年轻一代的消费者对话，以期在品牌与受众之间建立起持久的关系。

不同市场获得并分享信息。通常，这种关系以某一个客户的需求为中心，而广告公司能在缺少广告代理网络伙伴的情况下独立满足这些需求。原则上，每个市场或地区只有一个代理网络成员，由广告代理网络提供信息和财务技能，支持广告公司的运行。

巨型控股公司

1960 年，马里恩·哈珀（Marion Harper）提出将埃培智集团改为控股公司的设想，于是巨型广告公司应运而生。他很清楚，一旦广告公司达到一定规模，客户之间的冲突就会阻碍这家广告公司的发展。他的解决方案是成立一个组织，将负责竞争品牌的独立广告公司吸纳进来，但仍然让这些广告公司保持独立、自由运作。时至今日，这个定义仍在使用，但和哈珀的设想已有所差别，客户冲突仍然存在。这些广告公司品牌整合得如何？客户真的偏爱一站式服务吗？一些控股公司成功地向若干客户销售了自己的整合服务。[12]

巨型控股公司组成了庞大的广告公司网络（同样以智威汤逊为例），为世界各地的广告公司提供客户服务支持。现代巨型控股广告公司的模式起源于萨奇萨奇广告公司在 1986 年的举动，当时它还是伦敦的一家小型广告公司，经过两年时间的系统发展，萨奇萨奇公司成长为一个巨型广告公司网络，总收入超过 135 亿美元，长势喜人。于是，它在很短一段时间内便成了当时世界上最大的广告组织，并切实改变了全球的广告业。如今，最大的广告组织是电通（Dentsu，日本）、WWP 集团（伦敦）、宏盟集团（Omnicom，纽约）和阳狮集团（Publicis，巴黎），这些大型组织以及其他巨型组织在全球拥有数量庞大的广告公司和营销服务公司。宏盟集团成立于 1986 年，下页“优势 5.2”中列出了其部分控股公司。

巨型控股公司除规模之外，还有很多优势足以吸引客户，其中最突出的优势是更大的人才资源库和将部分客户从一家公司转移到另一家公司时能规避耗时费力的企业审核（宏盟集团的很多客户会将品牌任务从其一家全国性广告公司转向另一家，但始终留在这个大家庭中）。对于客户而言，巨型控股公司也有弊端，最突出的弊端就是竞争客户之间的冲突。

规模，就其自身而言，对广告的发展并没有明显的利弊影响。所有的广告公司，无论是大型的还是小型的，都是由一个个小单位或团队组成的，由他们负责指定的某个客户或一组客户。人才和个人的创新能力而非企业规模的大小，决定了这个团队的能力和对创意以及专业精神的追求。很明显，企业的规模和结构是吸引客户还是引

优势 5.2

宏盟集团

宏盟集团成立于 1986 年，这是一家战略控股公司，管理着若干全球市场领导企业，本公司经营范围包括广告、营销服务、定制传播、互动 / 数字媒体以及媒体购买服务。宏盟集团包括：

宏盟的三大全球广告品牌

天联全球
恒美全球
李岱艾全球

宏盟美国本土全国性广告公司

纽约，Arnell
旧金山，Goodby，Silverstein & Partners
奥斯汀，GSD&M Idea City
明尼阿波利斯，MartinlWilliams
纽约，Merkley Newman Harty Partners
迈阿密，Zimmerman Advertising
芝加哥，Element 79 Partners

宏盟媒体集团（OMG）

- OMD 是世界上最大的媒体传播公司之一，最初是宏盟三大全球性广告公司——天联、恒美和李岱艾——的媒介部，总部设在纽约。
- PHD 一直是英国和北美地区媒介服务公司的领头羊，它因能为客户创作开拓性、创新性的作品而闻名于世。

媒体专家解决方案

- Full Circle Entertainment 是一家名牌娱乐公司。
- Icon International 是一家资产交易公司。
- Novus Print Media Network 每年都会在印刷广告上投入数百万资金。
- **户外媒体集团**是最大的户外媒体专家之一。
- Resolution Media 通过寻找营销战略和整合，提出定制的企业解决方案。
- Singer Direct 是美国一家大型夹页媒体购买和管理服务供应商。

多样化广告公司（DAS）

多样化广告公司负责管理宏盟在不同营销领域的控股权，包括客户关系管理、公共关系以及定制传播。多样化广告公司拥有 160 多家公司，通过一个联合网和区域性机构运行。他们通过分布于 71 个国家的 700 多个办事处为国际性和区域性客户提供服务。以下为多样化广告公司旗下的几家公司：

- **品牌化 / 咨询 / 设计：**Hall & Partners, Inter-brand, Hornall Anderson Design Works
- **直接营销 / 关系管理：**Rapp Collins Worldwide, Direct Partners
- **娱乐：**AWE
- **公共关系：**Fleishman-Hillard, Ketchum, Porter Novelli，以及专业机构 Brodeur, Clark & Weinstock, Gavin Anderson & Company, and Cone
- **调查：**M/A/R/C Research
- **推广营销：**Tracy-Locke
- **非营利性营销：**Grizzard 传播集团

Omnicom Group, Inc., 2009.

起客户的反感，取决于它们寻求的是什么等级、什么质量的服务。通过多样化、经济化、降低成本和扩大利润，广告公司的业务能简单地反映总体经济状况，但巨型控股公司的一些客户却抱怨说他们热衷于推销服务，而不是解决客户的问题。

有些客户迫使巨型控股公司设立新的公司，单独为他这一个巨型客户服务。在某些情况下，目标就是开设一种新的公司组织结构，更好地为客户服务。例如：

- WWP，一家传播控股公司，它设立了一个名叫 Enfatico 的千人公司为戴尔（Dell）电脑这个 45 亿美元的客户提供全球服务，以此来取代之前在全球为戴尔服务的 800 家公司。这家新的代理公司叫作“未来公司”。Enfatico 在奥斯汀、纽约、伦敦和新加坡均设有办事处，为这个全球品牌服务。由于 16 个月一直表现平平，于是 WWP 将其并入了其旗下的扬·罗比凯广告公司。
- 宏盟集团，一家集广告和营销于一身的控股公司，它创建了 Element 79 为桂格旗下品牌与百事可乐之间的并购事宜提供服务。它们主要为佳得乐

（Gatorade）、Propel 水以及桂格旗下的其他品牌创作广告，同时也接一些非桂格系的客户。几年后，桂格将自己的大部分品牌转交给了宏盟集团所属的其他广告公司。尽管丢掉了桂格这个客户，Element 79 仍然在与新客户合作。

- 恒美广告公司同意成立一家较小的专门代理公司——恒美娱乐公司——为价值 1 200 万美元的百视达（Blockbuster）服务，新公司主要由一支固定客户团队组成。

批评者指出，这种要求成立个性化、专门化广告公司为己服务的客户新趋势并不讨好，只因为顶尖的创意人才并不想终其一生只为一个客户服务。

其他广告服务公司

7 了解其他广告服务公司。

新型服务公司如雨后春笋般涌现出来，争抢广告公司的饭碗，每一家新公司都以略微不同的方式针对客户的需求。这种竞争已经影响到了公司的架构和运营。今天，我们可以在游戏、移动设备和交互服务上看到层出不穷的创新。

人才和制作公司出创意

有几个大客户试图将好莱坞的人才资源纳入他们的广告策划，有些制作公司和人才经纪公司则将娱乐明星、作家和导演吸纳进来，让他们为广告主构思广告概念。他们可能与营销商及其广告代理公司签订合作协议，向其提供创意和人才服务。一些业内人士认为，这种人才公司关系可以给广告公司和客户资源添砖加瓦。

独立创意服务机构

有些广告主按自由职业和计件的方式寻找顶尖创意人才，而很多创意人员也确实在做自由职业，有些则创办了自己的创意工作室。通常来说，他们不设媒介部，没有调查人员，也没有客户经理，创办工作室的目的只是为客户提供创意。

像马丁 + 欧文（Martin+Owen）这样的创意服务公司可以给客户及其广告公司提供广告和内容服务。“马丁 + 欧文现在由作家 / 设计师迈克 · 马丁（Mike Martin）和作家 / 导演格伦 · 欧文（Glen Owen）联袂打造。过去的 20 年中，马丁 + 欧文创作的广告备受称赞，是品牌内容和原创节目的来源。”他们的宣传广告如此说（见图 5.7）。

Courtesy of Martin+Owen.

图 5.7

马丁 + 欧文工作室为电视网、网站营销商以及广告代理商撰写、制作原创内容。

“简而言之，我们擅长讲故事，我们为不同的客户，如电视网络、电影制片厂、网站、传统营销商甚至在这一领域毫无经验的广告公司撰写、制作原创内容。”

单项服务广告公司

有些广告公司只向广告主收取广告主想要的那部分服务的费用，单项服务主要用在广告主需要创意服务、媒介策划和投放的情形下。很多广告公司将其媒介部分割成若干独立的部门，以便争取只对媒体处理能力感兴趣的客户。通常，如果只负责客户的媒体事务，则收取的代理费在 3%～5%。

项目公司

由几个广告专家（通常为客户或创意人员）开办的广告公司，这种公司没有基本员工，而是雇用营销、媒介策划、创意战略、文案以及艺术设计的专家，按项目运作。这个概念与雇用自由创意人员来实施广告类似，只是其专家是按需雇用的。项目公司宣称能够向广告主提供小型全面服务广告公司所无法匹敌的专家团队。

专属广告公司

专属广告公司

广告主在指派广告总监的指导下按需购买下属广告公司的某一项广告服务（如创意、媒介服务和广告投放）的做法。

专属广告公司（in-house agency），顾名思义，就是企业自办的广告公司，有大有小。当广告主发现广告公司的所有服务都可以论件购买时，他们就开始创办自己的内部广告公司了。原则上，专属广告公司是一个管理中心，负责召集和指导企业外面的各种公司为我所用。**专属广告公司**可以付费雇用创意公司创作广告，可以自行购买广告时间或空间，也可以委托媒介购买公司购买广告时间或空间并投放广告。

Folks 餐馆管理集团公司（Folks Restaurant Management Group, Inc.）已经有了一家广告代理公司，然后它自己又创办了一家专属广告公司，由其负责所有的创意概念、文案、版面创意以及广播脚本等。专属广告公司主要利用艺术工作室和平面设计公司制作成品，利用广播制作公司制作广播广告，然后自己处理所有的印刷媒体，并委托一家媒介购买公司购买广播时间。与此同时，专属广告公司也负责所有直邮、商店营销、公共关系以及促销。后来，公司发现自己有营销战略的需求，于是便雇了一家广告公司从战略上协助制定其中的一个餐厅概念，随后，广告创意、制作和媒介都交给了这家广告公司。

企业永远都在寻求以更低的价格有效提供营销服务的最佳方式。几年前，Broyhill 家具公司的营销总监发现，由于它们的利润不够丰厚，稍大点的全国性广告公司很难对它们另眼相看，而中小型广告公司的人事流动又往往使其难以与专业人士合作，他不得不时常给广告公司的客户人员讲解家具知识。于是 Broyhill 成立了一家精悍的专属广告公司（见图 5.8），一举解决了这个问题。成立专属广告公司的目的通常都是节约资金，或让广告主更好地掌控广告的方方面面。很多工业企业的高科技产品会不断进行技术革新，因此让内部技术人员来准备广告可能效率更高；而在投放广告的时候，则既可以利用自己的专属广告公司，也可以委托媒介购买公司。

专属媒介服务公司

少数大型广告主将媒介购买工作转交给了自己的专属广告公司，以便更好地控制整个媒介购买过程。这种做法更像是广告主的员工名单中多了一名资深媒体顾问，随时可以监管广告公司或媒介服务公司的工作。

Courtesy of Broyhill Furniture Industries.

图 5.8

该广告由 Broyhill 的专属广告公司创作。

外部媒介购买公司

自 20 世纪 90 年代以来，广告主在媒介运作上便发生了许多重大变化。随着新媒体的全面发展，在制订媒介计划时，每个人都必须更具创意性，唯有如此，才能满足消费者不断改变的媒介习惯。为了更有效地购买媒体，一些大型广告主会选择将媒体分散，或者将媒体购买委托给独立的媒介购买公司或新媒介公司。与此同时，有些广告公司也开始重新改造自己的媒体操作方式，以保持与日益增多的媒体购买公司抗衡的实力，并将自己的媒体操作打造成独一无二的利润源泉。

充当客户创意资源的媒体

宝洁、强生（Johnson & Johnson）、金佰利－克拉克、高乐氏（Clorox）、惠普以及威瑞森等公司最近招募了一批媒介公司，不仅仅把它们当作触达消费者的渠道，还将它们当作共同触达消费者的合作伙伴。它们有时还绕开惯用的媒介公司和创意公司。宝洁公司主席兼首席执行官 A.G. 雷富礼（Lafley）这样告诫广告公司："我们要的是你的创意，如果我们采用，一定会让你们行动。"[13]

媒介公司

不久前，有些创作广告的大型广告公司同时还进行媒介策划和购买广告时间、空间，后来，许多广告公司又在媒介组合中增加了促销、直接营销、公共关系、网络推广、电子营销等，或者购买能够做这些的公司。鉴于投入媒体的所有资金，客户们开始更加重视媒体。于是，广告公司将自己的媒介部分割成单独的公司，以此赢利。如此一来，“代理公司”一词便有了新的意义。现在，如果你听见“代理公司”这个词，它便既可以意味着一家“创意公司”，也可以意味着一家“媒介公司”，它们都在竞争客户的创意和媒介项目。

记住，宏盟集团旗下的主力全国性广告公司有天联、恒美和李岱艾公司，它们都为客户专门设立了媒介策划和购买部。作为一家控股公司，宏盟将所有媒介部集中到一起，整合成了一个效率更高的独立公司——宏盟媒介集团（Omnicom Media Group，OMD 是媒介服务公司之一）。由于规模庞大，集团自然享有更多的谈判资本和更大的影响力。

智威汤逊广告公司和奥美广告公司同属于一家母公司 WPP，它们紧跟兴办合资媒介联盟的潮流，成立了传立媒体（MindShare）。这是一家大型媒介策划和购买公司，给广告主提供更好的服务。有些客户希望整合自己的媒介代理且不介意由谁来负责自己的创意，在寻找这些客户方面，宏盟和 WPP 的媒介公司都享有充分的自由。“这个业务量很大。”葛瑞集团以色列创意公司 ACW/ 葛瑞（WWP 所属）创作了如图 5.9 所示的广告，其媒介公司——竞立媒体（Mediacom）——主要负责媒介策划和购买，成立这些单独媒介公司的初衷包括：

- 媒介公司实力更强，有更多的资源开发媒介的新领域。
- 目标受众和媒介载体的碎片化将媒体的地位提升到了前所未有的高度。
- 媒介公司有成为主要利润源泉的潜力，如果广告公司丢掉了客户的创意委托，媒介公司仍然可以继续为客户服务，因为它独立于广告公司。
- 互惠互利原则允许媒介公司寻求为了创意而与非本母公司合作的客户[14]，这样做的一个原因是，事实上，巨型广告主都在将自身的众多客户整合到一起，以期在购买媒介时得到更优惠的价格。

广告业一直处在不断的变化中。最近，在一些将媒介业务重新收回的广告公司中有一些议论，一些主管人员担心如果将媒介和创意拆成不同的公司，两者根本无法高效合作。正如我们所说，每家公司都在进行自我改造，以求更好地满足客户需求。

其他服务公司

易货贸易

易货贸易

广告主或广告公司以营业资本或商品交换广告时间的做法，不涉及现金。

易货贸易（barter）是商业的最初模式。在货币系统出现以前，以物易物是交易的最主要方式。这就是所谓的**易货贸易**。这种方式可以让广告主或广告公司以低于广告刊例价的价格购买媒体，尤其是广播和电视。有些广告公司的控股公司有自己的易货贸易公司，是其为客户提供的整合服务的一部分。尤其是在经济疲软时，营销商和媒体会发现自己的商品开始积压——包括库存产品、贬值的不动产、空置的酒店房间、闲置的加长房车等等。所有的媒介载体也面临着同样的问题。在媒介载体无法卖出自己的广告库存时，他们乐于现金交易。

亚特兰大会议及旅游局（Atlanta Convention and Visitors Bureau，ACVB）以易货方式购买电视台和电台的广告时间，宣传这个城市的居住环境、餐厅以及其他旅游景

图 5.9

该广告由 Adler Chomsky & Warshavsky（葛瑞以色列公司）创作，WPP 集团旗下的竞立媒体负责媒介策划和购买。

点，然后给其广告代理公司提供酒店房间、旅游景点门票以及在亚特兰大当地餐馆用餐的条件。如此，ACVB 便将 16.5 万美元的推广预算变成了 150 万美元。对一个四口之家来说，最典型的奖励就是亚特兰大三日游和四个旅游景点的门票；有 900 多种套装可供交换电视节目时间。[15]

2008 年，美国广告公司协会发表了一封意见书，力劝“各家广告公司、媒体和销售主管用全新的视角来审视（易货贸易），以决定它是否可以有效地给当前的客户提供服务……广告公司建议将同业贸易也纳入营销计划，将此当作为客户创造机会的一种有效方式”[16]。

易货贸易机构公司经常变身为播出时间的经纪人或批发商，他们在不同的易货过程中积累播出时间存量，即时间库，然后将这些时间提供给那些希望节省播出经费的广告主或广告公司。

易货贸易的一个缺点是，市场中相对较弱的电视台或电台更倾向于频繁采用这种方式。有些电视台或电台不接受已经在市场上投放广告的广告主。通常来说，尽管易货贸易得来的播出时间价值高、价格低，但时间段却不太好。

调查 / 策划公司

广告主、广告公司或独立调查机构均可以实施任何必需的原始调查（第十五章将涉及调查技巧）。大型广告公司可能本身就设有专属调查部门，在有些广告公司，调查工作被冠以“客户策划”的名称。客户策划在战略的制定过程中发挥着至关重要的作用，因此要从消费者的视角入手。尽管有些广告公司已经开始增设客户策划专员，以此作为针对客户的销售工具，但很多小型广告公司基本上无法提供专属调查人员。

收集这类信息的方法有很多，包括消费者调查（利用人员面访、电话访谈或在线访谈；自填问卷；在线调查）、小组访谈、消费者固定样本、持续跟踪调研、电视广告测试、形象研究、电子问卷、意见调查、购物中心拦截调查以及媒介组合测试等。不管在调查报告中采用了哪种方法搜集数据，它的真正价值都在于对创意的解释和对调查结果的运用。当然，媒介公司也可以进行各种类型的媒介和受众调查。

管理整合品牌

品牌需要独具慧眼的“建筑师”，一个能够实施和协调跨媒介、跨市场综合战略的建筑师。按照戴维·阿克的说法，广告公司多半是这一角色的有力候选人。[17] 广告公司会定期制定品牌战略，并因为接触不同的品牌语境而获得洞察力。由于战略和实施这两种功能本身就同处一室，因而广告公司天生就能在它们之间搭建起桥梁。在广告公司中，制定战略更像是在收集待解决的问题。这样做的弊端是，很多广告公司仍然对媒体广告存有偏见，而且它们在活动赞助、社交媒体、博彩、移动媒体、直接营销或互动广告方面也缺乏经验。

对于今天的广告公司而言，最大的挑战就是如何制订能得到并利用大批传播载体的整合计划。以下是应对这个挑战的几个方法。

广告公司联盟 很多广告公司与能力互补的企业合作，它们通过这种方法来制订整合传播计划。常见的组合包括促销、企业设计、互动、直接营销、营销调研、包装设计、公共关系、贸易展示甚至事件营销，以期让广告主购买一站式成套传播。但人们普遍认为，这种方法的效果并不好，因为组成该联盟的各单元往往配合不好，会增加广告主的预算，因而不一定是解决燃眉之急的最佳方案。

专属全能公司 另一种办法是扩大广告公司的能力，提升促销和公共关系这类功能。这样，跨媒体品牌团队就有能力处理协调问题。如果广告公司具备处理新型服务的人才或者有客户、资金来支持多样化的员工队伍，这种办法不失为一种好办法。

服务集群 服务集群团队指从所有广告公司附属组织那里汇聚到一起的一群人。从战略上讲，集群的目的是满足客户的需求，并能随着客户需求的变化而变化。服务集群团队最突出的特点是它侧重于创意而非广告。

传播整合 在传播整合这种方法中，广告公司利用公司外部的资源，然后将这些服务揉进品牌传播活动中。

专属品牌战略

在品牌战略管理方面，很多广告主选择彻底摆脱对广告公司的依赖。他们或许认为，广告公司在广告创意上很厉害，但专业的品牌管理团队更擅长策划品牌战略。在需要外援时，他们完全有可能认为广告公司并不是最佳选择——尤其是如果这家广告公司的调查资源有限的话。有些客户发现，聘请一组专业传播公司更有好处，因为它们每一家都是各自领域的佼佼者。当然，广告主也可以开发自己的专长——包括调查、媒介购买和战略咨询。

广告公司的报酬形式

8 了解广告公司的取酬形式。

历史上，广告公司的报酬标准自 20 世纪 30 年代以来就已经相当成型。广告公司投放广告，然后从媒体收取佣金，该费用为广告公司的文案写作费和客户服务费。最近几年，由于这个行业热衷于变化的天性，这种取酬方式已经无法再满足广告公司了。15% 成了只存在于理论中的神话，大多数时候都是以下几种方式：固定收费，低于 15%（大多数大型广告主还将佣金谈到了接近 10%）；根据客户支出状况而变动的浮动价格；客户与广告公司之间达成的固定费用协议；绩效制以及按劳取酬的劳务费 + 利润制。Crispin Porter+Bogusky 就通过谈判，让客户用股票抵了劳务费。换句话说，如今，佣金已经有了各种各样的形式，除了这个变化，广告公司的报酬只有两种基本形式：佣金和手续费。

- *媒介佣金*。传统的 15% 的佣金依然是广告公司的收入形式之一，尤其是对那些预算较小的客户而言。客户和广告公司之间可以达成协议，让收费标准固定在低于 15% 的水平上，但这种情形通常适用于预算较大的客户——预算越大，广告公司的价格就越低。如果达成了浮动价格协议，则广告公司会在支出达到一定水平后收取固定佣金。在达到那个支出水平后，佣金降低（例如，针对客户第一次支出的 2 000 万美元，佣金可能为 14%，而第二次支出的 1 500 万美元，收取的佣金可能就是 7%）。虽然独立媒介公司协定中的媒介报酬比较复杂，但大多数经过谈判的合同和前面所讲相差不大，各种组合层出不穷。
- *制作佣金费或加成*。前面讲过，广告公司还将制作工作转包出去（如文字、摄影或插图等所有外部采购项目）并向客户收取成本费用和代理佣金——标准是 17.65%。Folks 的这条广告（见图 5.10）采用了不同食物及其背景的照片，它们在报酬方式上就必须达成协议。
- *报酬协议*。有时，15% 的佣金根本不能给广告公司带来盈利。比如，和服务大客户相比，服务小客户的成本可能更高。在这种情况下，广告公司往往要和客户商定一个报酬协议。有时，报酬是佣金 + 手续费，选项很多：成本加上手续费（包括广告公司的支出以及固定利润）；根据完成的工作类型而议定的固定报酬（例如，文案按时计酬，作品报酬按照参与人员的工资计酬）；根据若干议定参数浮动的费用。同样，根据广告公司和客户的需求的不同，还有其他计酬方式。
- *绩效费*。如果有事先确定的绩效目标，则可以用目标来决定报酬。例如，广告回忆度、单位产品销售额或市场份额，这些都可以作为付酬多少的依据。如果广告公司完成了目标，报酬可能达到 15%；如果超过了预期，则额外奖金可以使报酬达到 20% 的水平；如果没有达到目标，报酬就可能远远低于 15%。而按照可口可乐的模式，则利润可能为零。2009 年，在对五个市场进行测试之后，可口可乐开始对广告公司采用“价值型”创意绩效付酬模式。采用这个模式，如果创意公司的创意不奏效，它们就得不到任何利润；但如果它们超过预期目标，则可以得到高达 30% 的利润率。以前，可口可乐公司根据工作时间支付固定费用。而宝洁公司一直都在对众多品牌进行测试，在这种测试中，“品牌公司领导”（BAL）负责为那些服务于这些品牌的其他广告公司编制预算并向它们支付报酬，BAL 的报酬则根据品牌的销售百分比计算，其他广告公司的报酬根据手续费的多少支付。[18]

图 5.10

制作这条复杂的广告时要用 PhotoShop 将这些照片拼接起来，因此，客户与广告公司必须在制作费上达成共识。

Courtesy of Lane Bevil+Partners.

赊账

如果客户不付款，账单怎么办？任何商业关系都有僵持的时候。对此，Frankfurt Kurnit Klein & Selz 公司的法律合伙人瑞克・柯尼特（Rick Kurnit）说："在赊账这个问题上，广告公司必须小心谨慎，他们必须向媒体（所有者）清楚地表明，如果客户破产，他们不会为媒介的应收账款负责。" [19]

2009 年，宏盟将其合同用语规范化，特别强调"只有营销商将钱付给了广告公司，广告公司才能将钱付给制作公司。如果客户没有付钱，宏盟就不再负责这个项目"。这就是所谓的序贯责任制，它的第一次实践是在 20 年前，当时是为了预防广告公司遭遇问题客户带来的媒体坏账。最近由于经济不景气，序贯责任制被再次提了出来。

下面的广告公司合同复制件就是一个佣金 + 手续费的例子：

> （广告公司）对内提供的创意服务采取流行的按时计酬、每月收取的方式（以和公司从外面购买的服务相区别），这些服务包括印刷、广播、电视制作、故事板、特制综合设计、宣传册、目录、直邮、销售代表、临时调查、包装设计、辅助材料等准备工作。

成本付费制与绩效付费制

广告产业正在向成本付费制而非绩效付费制转向，且成本付费制已经成为主流，但这种转型对于广告公司和广告主而言却不容乐观。成本付费制会导致客户将注意力放在广告公司的工资、杂项开支和利润上，让客户心生不满、吹毛求疵。按照 4As 主席南希·希尔（Nancy Hill）的说法，导致成本付费制适得其反的原因很明显：

- 高薪会吸引并留住高端人才。
- 成长使得广告公司能在技术和研发上进行再投入。
- 广告公司的运作流程和文化实践至少能体现出营销商选择该广告公司的理由。

Campbell Mithun Esty 公司董事长说："客户普遍认为，只有在广告客户能给广告公司带来利润的情况下，客户的利益才可能最大化。精明的客户知道，这就是为什么他们能享受到最佳的人员配备和最好的服务。"[20]

一位广告管理顾问认为，以传统媒介价格为基础的报酬制度的最大缺点就是广告带来的收入和提供服务的成本之间缺乏持续的联系。随着新媒体技术的发展，这个问题还会继续存在。他建议广告公司将自己的报酬与销售人员而非媒体买家这个角色联系起来，将公司的利润目标与双方约定的绩效标准联系起来。[21]

小　结

广告公司现在正在一个过渡期，正在经受重新评估和重新塑造，以便更好地满足客户的需求。

第一批扮演广告代理商的美国人是殖民地的邮政局局长们。

全面服务广告公司全面负责客户的营销问题：战略、创意反应、媒介策划、同业广告。很多广告公司设有四个部门：创意服务部、客户服务部、营销服务部以及管理和财务部。通常，由于业务关系广泛，广告公司不会同时接手有竞争关系的客户。只要双方的关系正常，客户一般不会换广告公司；如果广告公司无法与客户的目标保持一致，它们或许会放弃这个客户。客户与记录公司之间的关系无异于为自己找了一支只为自家品牌服务的广告团队。有些广告公司设有全国性的办事处或附属机构网络，以便更好地服务于自己的大客户。有些客户非常重视全球营销，这导致广告公司也越来越国际化。大型控股公司拥有庞大的代理机构网络，由其在全球范围内给公司的客户提供服务。

除了传统的广告公司之外，还有其他类型的广告公司，如创意服务机构、单项服务公司、项目公司、专属广告公司以及媒介购买公司。广告公司通常不能也不会同时负责在同一个市场中竞争的两个客户。

客户一般通过佣金、手续费的方式支付广告公司报酬，有时也同时采用这两种方式。不过，为了满足客户的不同需求，付款模式有很多。

复习题

1. 什么是全面服务广告公司？
2. 请举一个全球性广告代理网络的例子。
3. 什么是记录广告代理公司？
4. 请列出广告公司的报酬形式。

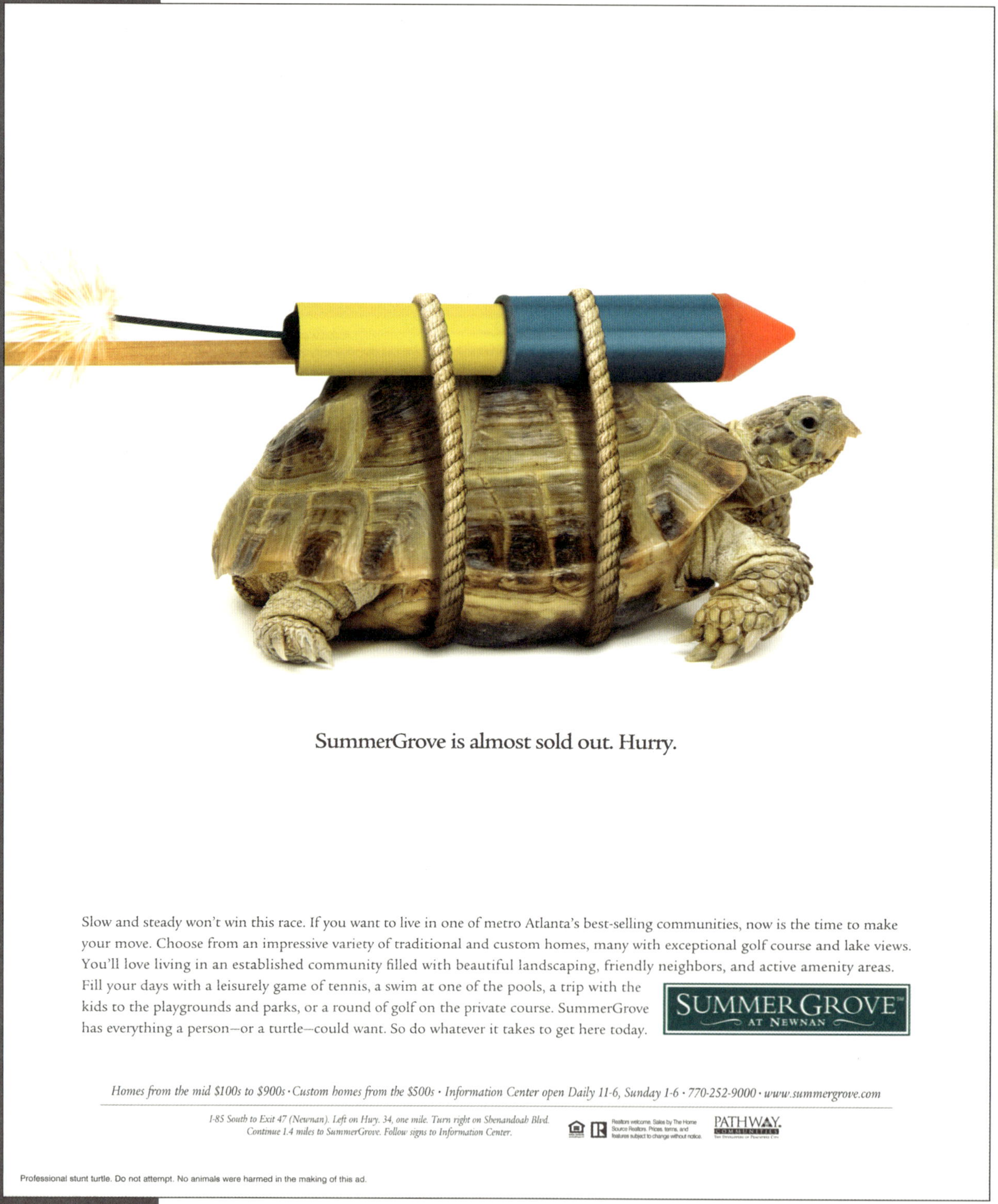

Courtesy of McRae Communications.

广告主的营销/广告运作

消费者在如何消费媒体和商品方面掌握着主动权，于是营销商们一边消化这些变化，一边重新建构自己的营销模式，以提高其在非传统媒介环境下的竞争力，使自己的消费者传播努力保持一个声音——而且在很多时候，与消费者一对一地交流。►

本章学习目标

1. 认识营销服务体系。
2. 了解整合营销品牌管理。
3. 了解如何设定广告预算。
4. 认识广告公司－客户关系。
5. 了解广告目标与营销目标。

消费者始终在不断变化，而让今天的变化如此不同、与过去截然相反的原因就在于掌控权转移到了消费者手中——媒介碎片化的速度和程度发生了变化。我们将在稍后的章节对此进行详细的探讨。作家兼市场营销学教授肯·伯恩哈德（Ken Bernhardt）说："调查显示，大多数人都高估了市场的变化速度，而低估了正在发生的变化的重要性。市场变化和消费者行为变化并不是一夕之间就发生的，而是日积月累才发生了巨变。"[1] 消费者和媒体的这些改变暗示着什么？简单地说，和几年前相比，如今已经更难以将传播讯息传递给消费者了。营销商们正在尝试着将面临的问题和机遇整合进自己的广告和营销组织架构中。简而言之，我们必须牢记，广告是一种商业行为，是企业触达消费者的一种营销工具，和其他商业行为一样，它也有结构和组织，而且必须加以管理。广告是对品牌或企业的一种金融投资。

企业气候的变化

我们在第三章讲到品牌时说过，数字媒体改变了消费者吸收信息、进行娱乐的方式，即消费者感知、记忆品牌以及与品牌交流的途径。广告主们逐渐提高了他们在数字技术、关系营销和媒体创新上的能力，以期完善或整合其传统的品牌管理系统。

在过去的几十年中，还有另一些压力对企业造成了巨大的影响，如裁员、削减成本、合并以及国内外合作关系等。为了应对这些挑战，企业开始重构和重组各个部门，而重构往往会导致企业在营销和广告运作上发生变化。

企业的广告部和营销部控制着财务，并决定着是否需要委托广告公司（有时是多家）负责不同的产品。有时，它们可能会委托一家广告公司单纯负责创意或媒体投放。在前面的章节中我们讲过，营销商有时会选择雇用自由工作者或创意公司，有时会选择雇用媒介购买公司，有时又会选择将其针对所有产品的媒介购买力量交给一家广告公司。在第五章中也谈到，企业还可以成立专属广告公司来创作广告。这是它们的比赛，自然由它们来定规矩，没有什么固定的经营模式。

产品广告经理

在包装产品类，负责产品（品牌）或产品线利润，包括广告决策的人。也可称作广告品牌经理。

传统上，所有的广告功能都通过广告部流动，广告部由广告经理或广告总监主管，而广告经理或广告总监的直接领导则是营销总监。广义上讲，广告经理掌管整个广告战略和广告运作：制定预算，监管广告创作，调查，策划媒介排期并确保广告支出不超预算。随着广告业的成长和新生产线的增加，企业会指定广告经理助理，即通常所说的**产品广告经理**（product advertising managers），负责本企业内不同产品的广告；这些广告经理助理归广告经理管。我们不妨好好看看大型营销商管理了多少品牌：除了那些让我们联想到菲多利公司的品牌，菲多利公司还在其网站上列出了 42 个品牌，包括乐事薯片、阳光薯片（Sun Chips）、TrueNorth 串、毛伊风味薯片（Maui Style Chips）、桂格什锦零食、祖母曲奇（Grandma）、Cracker Jack 零食、Flat Earth 薄脆以及 Chester 牌玉米零食等。你空闲的时候可以看一下联合利华的网站［家乐（Knorr）、立顿（Lipton）、多芬（Dove）、旁氏等］、雀巢的网站［普瑞纳（Purina）、巴黎水（Perrier）、史都华（Stouffer's）、嘉宝、Lean Cuisine 等］以及卡夫（Kraft）的网站［奥利奥（Oreo）、吉露果冻、麦斯威尔咖啡、绅士（Planters）、酷爱（Kool-Aid）、奥斯卡·梅尔（Oscar Mayer）、Breakstone、葡萄果（Grape-Nuts）、南滩生活（South Beach Living）、趣多多（Chips Ahoy!）等］，然后再来看看它们推向市场的品牌数量。以下是宝洁公司的产品清单样本，从中我们可以看出宝洁公司的营销要求有多复杂。

宝洁产品品类及其代表性产品品牌

体香剂	Old Spice，Secret
婴儿用品	嘉敏、Children's Pepto、Dreft、乐芙适（Luvs）、帮宝适（Pampers）
电池	金霸王（Duracell）
古龙香水	Old Spice
化妆品	封面女郎（CoverGirl）、蜜丝佛陀（Max Factor）
洗涤剂	Cascade、Dawn、象牙、Joy
女性用品	护舒宝（Always）、Clearblue Easy、丹碧斯（Tampax）
头发护理	袋鼠（Aussie）、海飞丝（Head & Shoulders）、伊卡璐草木精华（Herbal Essences）、Infusium 23、潘婷（Pantene）
染发剂	伊卡璐（Clairol）
保健	Fibersure、美达施（Metamucil）、佩托比斯摩（Pepto-Bismol）、奥美拉唑非处方药（Prilosec OTC）、PUR、维克斯（Vicks）
家用清洁用剂	Bounty、纺必适空气清新剂（Febreze Air Fresheners）、Mr.Clean、Mr.Clean AutoDry Carwash、速易洁
洗衣和织物整理用品	Bounce、切尔、Downy、Dreft、时代（Era）、纺必适空气清新剂、Gain、象牙、汰渍
口腔护理	博朗（Braun）、佳洁士、佳洁士牙线、佳洁士深层洁白牙贴、Fixodent、格利姆（Gleem）、Glided、欧乐-B（Oral-B）、斯科普（Scope）

纸制品	Bounty、嘉敏、Puffs
沐浴露和香皂	卡玫尔（Camay）、伊卡璐、伊卡璐草本精华、象牙、Noxzema、玉兰油（Olay）、Old Spice、舒肤佳（Safeguard）、激爽（Zest）
宠物营养	优卡（Eukanuba）、爱慕思
处方药	利塞膦酸钠（Actonel）、美沙拉嗪（Asacol）、依替膦酸钠（Didronel）、达非那新（Enablex）、呋喃妥因（Macrobid）、呋喃妥因（Macrodantin，口服）
人气香氛	安娜苏（Anna Sui）、航海男士（Baldessarini）、比华利山（Giorgio Beverly Hills）、HUGO、尚巴度（Jean Patou）、法国鳄鱼（Lacoste）、Mexx、纳奥米·坎贝尔（Naomi Campbell）、彪马（Puma）、Replay、汤姆泰勒（Tom Tailor）
剃须	博朗、吉列锋速、吉列 M3Power、吉列 SatinCare、吉列维纳斯、吉列极致呵护
零食	品客薯片（Pringles）

显然，宝洁公司花费了极大的心血来协调其品牌的所有广告和营销活动。由于企业的规模不一、组织结构不一，因此各组织的广告和营销人员也大不相同，因而这种协调意义重大。它们可以组建一个大型部门来掌控所有的营销活动，也可以只动用少数几个人来做营销，还可以依靠运营经理或董事长做出营销决策。2005 年，可口可乐公司任命了自己的第一位首席营销官（CMO），让他管理旗下的所有品牌。此后，可口可乐公司又任命了一位全球营销副总监，负责协调它们在各个市场和各个渠道中的广告活动。这个全球营销有职责和可口可乐公司的所有广告代理公司和营销代理公司合作，共同为可口可乐公司的所有品牌服务，并监督这个饮料巨人数十亿的营销预算。

为了应对日益变化的消费者图景，管理所有的新技术选项，企业，特别是大型复合型企业，正在进行运营调整。

营销服务体系

企业广告部和营销部的职能可以反映出其内部发生的组织结构变化。从历史上讲，广告部的结构——传统体系——在大多数企业中都运行良好。图 6.1 为广告部的

1 认识营销服务体系。

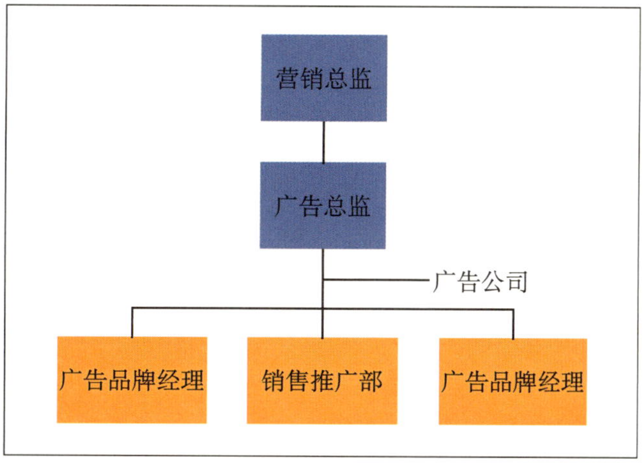

图 6.1

广告部组织结构简图。

克莱普纳观点 6.1

彼得·贝尔访谈

斯莫基酒吧与烧烤公司营销副主席

彼得·贝尔（Peter Bell）的营销生涯已经超过 20 年。从宾夕法尼亚州盖茨堡学院（Gettysburg College）毕业之后，彼得曾在智威汤逊、博达大桥 / 力凯伙伴公司（Foote Cone & Belding/ Leber Katz Partners，FCB）以及凯旋（Ketchum）等广告公司做过客户管理。在作为广告公司人员时，彼得通过服务友谊餐厅（Friendly's Restaurants）和必胜客（Pizza Hut）这两个客户，培养了自己最初的餐饮业营销品位；然后他又转到企业，为波士顿市场公司（Boston Market）和他的前客户友谊管理营销团队。2008 年初，彼得又接受了斯莫基公司的营销职位，加入一个主力执行团队，在 Sun Capital 伙伴公司接手 Darden 餐厅后，负责为这家餐厅设定未来方向。

Sun Capital 伙伴公司认为，斯莫基作为 Darden 餐厅推出并推广了 8 年之久的一个品牌，其潜力是什么？

Sun Capital 伙伴公司的领导层将斯莫基视为一个巨大的商机。尽管在他们并购斯莫基之前，餐厅的销售额一直在下滑，但 Sun Capital 伙伴公司仍然相信，通过扩大供给，这个既有品牌还是有很大的发展潜力的。他们对斯莫基的酒吧尤其感兴趣，之前 Darden 并没有积极地推广这一块。如果主打这个酒吧，我们相信，酒精饮料的销售完全可以成为这个品牌的重要收入来源。

彼得·贝尔

组织结构。随着宝洁公司这类企业开发出越来越多的品牌，这个结构必须有所改变。

威廉·普罗克特（William Procter）和詹姆斯·甘保（James Gamble）于 1837 年成立了宝洁公司，最初做香皂和蜡烛。两人分别投资 3 596.47 美元，正式建立了合作关系。在合作关系建立 22 年后，宝洁公司的销售额已经达到 100 万美元。宝洁公司于 1946 年推出汰渍，1960 年推出的佳洁士作为一种有效的口腔保卫战士获得美国牙科协会的认证，1961 年以帮宝适首开纸尿裤的先河。而全球的第一款护发素便是宝洁公司的飞柔（Pert Plus）。宝洁公司以营销创新著称，它甚至创造了肥皂剧这个完美的销售载体。长期以来，宝洁公司一直享有世界最佳营销培训土壤的名声。我们曾在第三章探讨过开拓与竞争阶段。宝洁公司是营销和产品创新的大师，它们最近相继推出了汰渍 Simple Pleasures、Gain Joyful Expressions、纺必适 Noticeables 等各种速易洁产品以及佳洁士保健牙膏。

您认为，在转移一个既有品牌的重心时，最大的挑战是什么？

如果斯莫基想转移重心，那么它面临的最大挑战就是如何克服餐厅定位的寿命。Darden 为斯莫基所做的广告、促销以及团队培训都将这个品牌定位成了一家美国全国性家庭聚餐烧烤餐厅。遗憾的是，尽管这个定位并没有引起消费者的共鸣，但却在他们的心目中根深蒂固了。斯莫基的这种重心转移对任何一家公司来说都是一个挑战，因此你必须认真思考自己的战略，思考这种改变意味着什么。

面对这样的挑战，您怎么影响斯莫基？

扩大我们的酒精饮料供应是关键的一步，但我们还要吸引消费者来我们的酒吧，而不是去别处。为了让斯莫基摆脱烧烤的形象，打造酒吧和烧架的形象，我们将品牌重新赋予一种社交体验，在这里，客人们可以放松休息，观看比赛，和朋友聚会，畅饮啤酒。

接下来，我们不仅注重了外观的改变，还通过全面培训斯莫基团队的新品牌战术，在内部进行变革。

作为营销商，您如何判断什么销路更强，是促销的好点子？

首先，不论我们做什么，我们都要退后一步，评估一下我们提供给消费者的东西是否对得起斯莫基这个品牌。例如，我们虽然有烤炉，但在酒吧这种环境中烤龙虾就不合适。

其次，我们在重新定位这家餐厅的时候，组织了若干个焦点小组来帮我们判断是否应该在菜单中增加这些新品。所有的产品都与这个新定位相吻合，甚至能使新口号“燃烧起来”更有味道，也更能体现品牌的活力心态。

当然，因为我们更注重酒精饮料的销售，现在，我们会定期举办一些饮料促销活动，以进一步让消费者意识到斯莫基酒吧是一个“释放自我”的畅饮之地。

对想要跟随您足迹的年轻人，您有什么建议吗？

我很热爱餐饮业，因为和其他行业相比，它的营销步伐快多了。餐饮业同时也是一个竞争十分激烈的行业，如果你考虑将来从事餐饮广告或营销，那你的适应能力必须很强。每当我们推出新品牌或新广告，好像整个餐饮业的图景就会发生变化。这是一块充满了压力的领域，但成功之后的回报也是巨大的。

要想真正获得成功，你就必须熟悉这个行业，了解消费者，了解竞争对手，并乐于接受挑战。这是一个很冒险的行业，所以有时候你只有飞跃才能让自己的品牌脱颖而出。

关系也是不可或缺的组成部分，要做团队的一员，并与团员们保持牢固的关系。没有他们，没有这些在一线的团队，就不可能有什么餐厅。

Courtesy of Peter Bell and Smokey Bones Bar & Fire Grill.

营销服务体系的诞生

1931 年，为应对日渐增多的品牌和营销问题，宝洁公司萌生出开发品牌管理体系的念头，即为每个品牌组建一个营销团队，鼓励它们互相竞争，这就是营销服务体系的雏形。它后来成了品牌经营的模式。这个概念得到了很多企业，尤其是包装产品企业和一批服务型企业的接受或改进。在这个概念下，每个品牌经理实际上就是这个企业中的主宰，这个品牌的开发、生产、营销、推广、整合乃至销售全由他们负责。

营销服务体系分为两部分（见图 6.2）：一是营销活动，从指派给产品经理不同的品牌开始；二是营销服务结构，包括所有完善营销计划的技术人员——他们分布在创意、促销、媒体、播出、广告监管以及营销调查等各个服务环节中。所有这些服务均对产品经理开放，产品经理可以将广告公司的人员和自家营销部的对接人员集合到一起，让公司充分利用企业内外两方队伍的最佳思路。每支队伍都有一个产品群经理负责指导各位产品经理。

图 6.2

拥有营销服务部的大型公司可以组建成（a）营销部和（b）营销服务部。在此，来自创意、媒体和调查领域的专家向产品经理提出建议，并与广告公司的相应人员探讨。

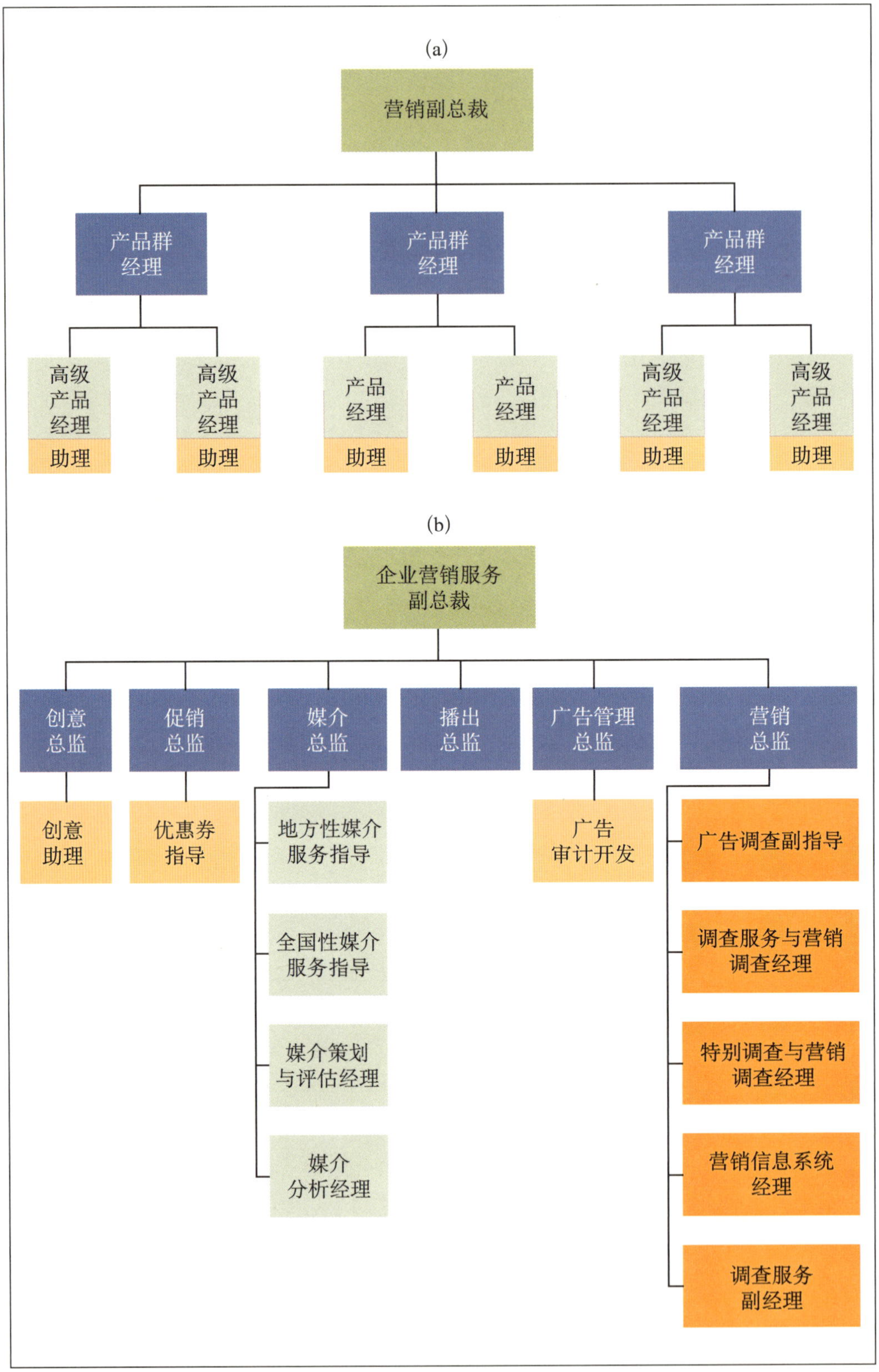

产品经理负责策划战略、制定目标、获取相关品牌信息、管理预算与控制和听取广告公司建议，同时，产品经理也是营销部和其他各部门之间的纽带。产品经理的策划必须经过产品群经理的认可，然后才能将这些待定策划提交给营销副总裁，最后再提交给执行副总裁。

广告部是营销服务部的一个分支。广告副总裁负责审查、评估品牌媒介策划，出席所有创意提案会，并在会上扮演广告指导和顾问的角色，广告副总裁从属于高级副总裁和营销总监（或首席营销官）。

首席营销官的角色

据观察首席营销官一职的那些人说，几年前，这个位置还鲜为人知。尽管数字运算是营销工作的一部分，但来自互动电视、移动媒体和社交媒体等非传统媒体的新数据源，加上对投资回报业绩的要求，使首席营销官们深陷数据、无法自拔。一些行业观察家预言，未来会出现数字首席营销官，他们将成为连接企业、数字广告公司以及企业信息技术（IT）部门之间的纽带。尽管很有成就感，但大多数企业的首席营销官任期都很短，平均任期通常不超过两年，且还有缩短的趋势。比如梅西百货公司（Macy's）的首席营销官只干了短短的 13 个月就被撤了，这么短的时间显然不足以带来什么重大变化或做出什么贡献。人们越来越注重结果，每个季度都要测量结果，以销售数据论成败。

在这种体系下，所有的广告便不会出自一个大渠道，所有的品牌也不会只由一个人负责。企业这样做大有好处：每个团队都会对自己负责的品牌倾注全部心血，所有的品牌都可以享受到广告公司的特殊营销服务和智慧结晶。决策越重要，裁定决策的人权力就越大（见图 6.3）。

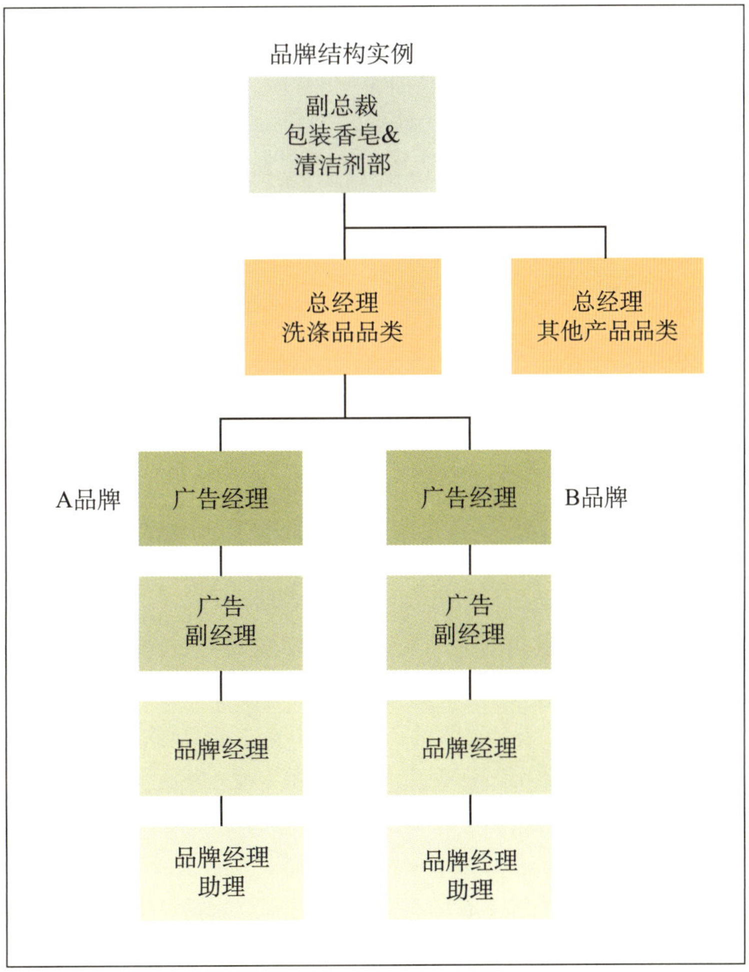

图 6.3

品类经理负责本人品类下各品牌的所有事宜，每个产品的广告经理向品类经理负责。

品类经理

这是一个相对较新的职位，品类经理负责某特定产品品类中本企业各品牌的所有事务，包括调查、生产、销售和广告，并负责管理每个产品的广告经理。案例：宝洁公司旗下汰渍和切尔洗衣粉的广告经理就向同一名品类经理负责。

产品品类众多的大型公司可以再设一个管理层，叫作**品类经理**（category manager），由他负责某品类所涉及的各个部门——调查、生产、工程、销售、广告等。品类经理密切跟踪自己负责的产品线，设定每个产品品类的品牌定位。

下面我们来看一个企业结构重组的典型案例：十年前，宝洁公司重组了其全球营销商，将约一半的全球营销总监重新划分为营销副总监，品牌经理向营销总监或副总监负责；高级品牌经理升任副总监而非总监。在新体系下，这些经理的任职时间更长，从而得以在销售、调查、开发以及其他领域积累更丰富的经验。在这个体系下，产品总经理的任期有望达到五年，品牌经理达到三年左右，品牌经理助理达到两年半。宝洁公司进行的结构重组旨在理顺营销结构。[2]

整合营销品牌管理

2 了解整合营销品牌管理。

我们之前从广告公司的角度探讨过整合营销或“口径一致”的营销。鉴于广告公司的结构，人们对其是否能有效地实施这个概念一直存有争议，其中的一个主要问题就是，广告公司是被当作彼此独立的创收中心而成立的，这势必会导致其内部的各单位为了业绩漂亮而互相竞争。

一项涉及营销主管的调查表明：是否将广告、促销、公关以及其他所有营销传播形式整合起来，对营销战略的制定具有重大的影响。达彼斯全球（Bates Worldwide）国际部主席拉里·赖特（Larry Light）指出：“整合营销之所以重要，是因为不管你愿不愿意，消费者都会整合你的讯息，讯息不可能孤立存在，所有的营销都会在消费者心中整合，你唯一能做的就是选择讯息的整合方式。”[3] 他这是在讲常识。

一项整合营销传播调查显示：“企业正在开始自行进行整合，而不是指望广告公司或其他公司来进行整合。”按照威廉·斯温（William Swain）教授的说法，“虽然有些人认为在监督整合营销传播方面，企业比其广告代理公司更有条件，但对于整合营销传播领导权在企业结构中处于什么位置、应该处于什么位置，大家的观点并不统一”。大多数企业认为，传统广告公司所拥有的员工或组织结构并不能有效地促进整合思维。广告公司之所以无法恰如其分地提供整合营销服务，一个原因就是它们将主要精力放到了与终端消费者的沟通上，结果往往忽略了非广告型营销战略（销售/培训材料、激励活动等）。

整合职能

如今，很多营销商相信，整合营销传播之于营销传播就像数字融合之于技术世界，这是一个激动人心、天花乱坠的革命性概念。理论上，由于整合营销传播符合逻辑，因而人们很难驳倒它。人们普遍相信，将来自同一战略平台的所有传播活动整合起来，可以使传播的投资回报远远高于传统的、单打独斗的媒介实施，因而其理论上的好处清晰无误。[6]

如果所有相关部门——广告、促销、公关以及其他现有部门——之间的流程管理得当，这个系统就可以应用到营销服务体系内。有些企业将这一过程称为整合品牌传播（IBC）。然而，即使将结构彻底改变，实施似乎也好不到哪里去。很多企业发现，整合职能在进化，但也有一些营销商认为，单凭经理们对这种变化的强烈抵制，这种管理就不具操作性。《整合营销传播》（*Integrated Marketing Communications*）一书的

作者唐·舒尔茨（Don Schultz）认为，有时也有必要对传播职能及结构进行改造。对此，他提出了以下建议：[7]

1. 从顾客或预设顾客入手，然后向品牌或企业倒推。这是一种由外而内的方法。大多数企业的结构却是针对由内而外的传播的，这样便可以将预算控制在传播范围内。
2. 良好的沟通要求了解顾客和预设顾客。没有具体的顾客信息，营销组织就会在错误的时间、以高昂的成本向错误的人群传递错误的讯息。
3. 数据库是实施整合营销传播的关键。
4. 品牌接触——顾客与企业接触的所有方式，才是考虑传播活动的正确思路。但这已经超出了传统媒体的范畴，它包括包装的作用和影响、员工、店内展示、销售资料甚至品牌设计等，以便品牌在正确的时间、以正确的方式传递出正确的讯息，或通过正确的传输渠道与正确的人群简洁明了地进行沟通。

企业结构中可以纳入三种整合营销方式：

- *公关（营销传播）经理*。采用一种被称为营销传播管理的企业对企业组织结构，将所有传播活动集中到一个人或一个办公室上（见图 6.4）。在这个结构中，所有的传播集中到一起，产品经理通过公关经理领取其产品的传播活动任务，由经理制定战略，然后从内部或外部指导这些传播活动。
- *重整品牌管理法*。重整品牌管理法减少了整合营销传播流程的层级，将品牌、品类或企业的所有销售和营销活动简化为三组，均归首席执行官管辖，处于同一层级。这三个层级即营销服务 / 传播（MSC）、营销运行和销售。其中，营销运行负责开发产品，然后将产品送交给 MSC；MSC 和销售部门合作，制定并实施所有的销售和营销活动（包括广告）。
- *传播经理法*。传播经理法任命一名传播经理负责审批并协调整个公司的所有传播活动。和以往一样，不同的品牌会制订各自的传播计划，然后提交给传播经理，由他们来协调、巩固和整合这些计划、讯息及媒体（见图 6.5）。

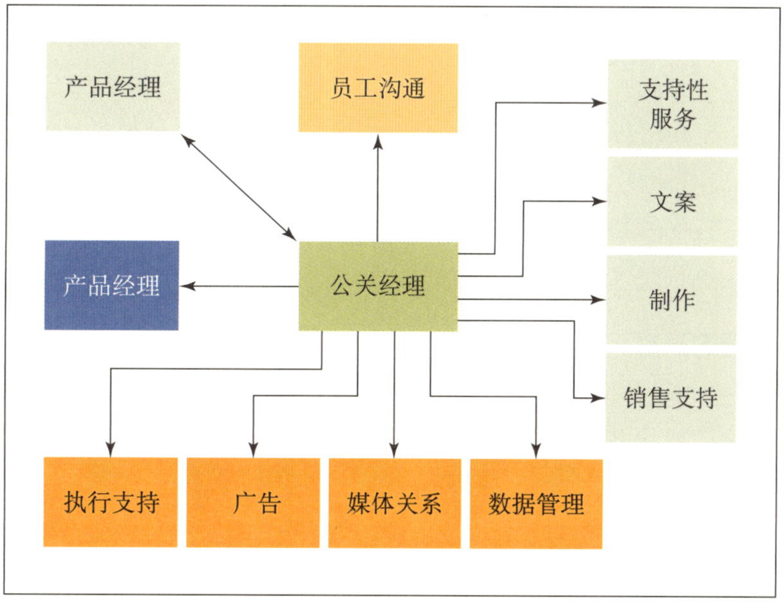

图 6.4

公关管理将所有传播活动集中到一个人或一个办公室上。

图 6.5

传播经理审批或协调企业的所有传播活动。

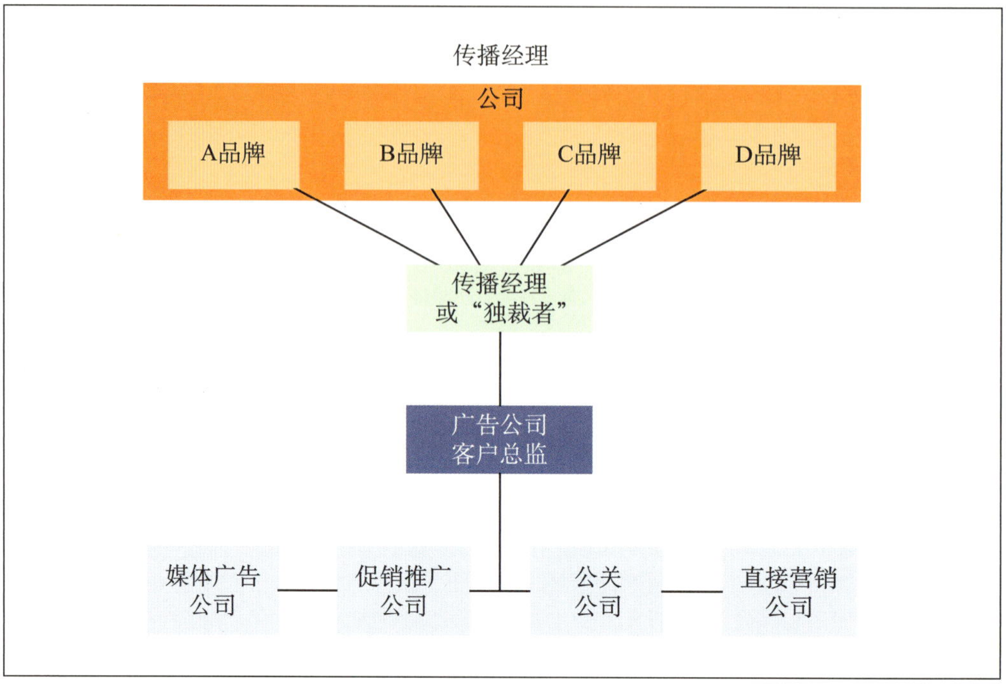

整合营销传播战略

运用整合营销传播来协调企业传播出去的所有信息有助于创造统一的形象，帮助企业建立与顾客之间的联系，关键在于要决定整合营销传播战略具体要达到什么目标。

第一步是识别具体的目标（如用户或影响者），了解每个人希望从你的整合营销传播活动中看到什么。然后缩小范围，专注于一个或两个目标，以免战略或预算不足，比如下面这三个可行的目标。[9]

- *培育品牌资产*。通过整合营销传播强化品牌独一无二的价值和标识，提高品牌在顾客和预设顾客中的知名度，强化他们的品牌偏好。例如，防污处理用品品牌思高洁（Scotchgard）的企业对企业广告就是针对纺织和服装产品的，它们称这个产品可以通过添加去污成分，让服装如新的一样有型、有款。
- *提供信息*。消费者需要大量信息。因此请尽量使自己的产品差别化，突出它们的特点。
- *传达差异/定位*。这个产品代表了什么？它在哪方面超过竞争对手的产品？整合营销传播能够帮助你传递出最明显的特点。

不同的声音

里斯伙伴咨询公司（Ries & Ries）的阿尔·里斯（Al Ries）在说到公关这个术语时说：“这个名称会诱使广告人步入歧途。广告不是传播，是定位。但最优秀的广告能建立、强化品牌在潜在消费者心目中的定位。”当然，这只是几十年前提出定位这个概念的其中一个创始人的想法。他这样阐述自己的观点：[10]

棒约翰（Papa John's）说：“食材更好，比萨自然更好。”

明确了这样的定位之后，棒约翰成了全美大型比萨连锁之一。里斯问：“你知道什么才是更好的食材吗？你知道棒约翰在准备比萨时会用到新鲜的番茄汁、纯正的马苏里拉芝士和蒸馏水吗？大多数人都不知道。但这重要吗？也许不。但‘食材更好，比萨自然更好’这个定位已足以让棒约翰胜过必胜客和多米诺（Donimo’s）了。”

尽管广告主和广告公司之间相互找碴，但一般来说，整合营销传播这个概念本身已经变成了大多数营销商和广告公司的基本目标。

李岱艾广告公司也认为整合已不再足以帮助企业参与竞争，它的目标不是占领这个领域并拓展到其他领域，而是如何让所有传播渠道将大创意连接起来。

广告支出预期

约翰·沃纳梅克在费城创办了一家百货公司，他在几十年前就说过这样的话：“我敢肯定，我在广告上的支出有一半都打了水漂。但问题是，我不知道是哪一半。”如今，企业可依赖的标准越来越多，并且还有很多典型指导企业的营销计划，帮助它们回答这些问题：什么最有效——是持续不断的品牌广告还是有针对性的零售促销？媒体广告这种载体会不会比硬性直接营销更有效？或者，社交媒体的效果会不会和新媒体一样？尽管标准越来越多，很多企业所依赖的标准却并不完善。

企业知道，要想达到明显、持续地提高某个产品或服务的利润的目的，自己应该如何使用营销支出，将它们投到哪里。这就是投资回报率营销，它会运用现代检测技术和当代组织设计来了解、量化和优化营销支出。不过，投资回报率营销并不是一种应急措施，而是一个生活信条。[11]

布里格斯和斯图尔特公司（Briggs and Stuart）为了判断广告的效率，对全球 200 强公司中的 30 家（包括宝洁、强生、麦当劳、联合利华、福特等）进行了调查。他们认为“70 / 20 / 10 法”在这个新的营销格局下完全可行，可以指导营销商们更好地管理自己的投资资源。以下是他们的建议：[12]

- 预算的 70% 应该投向证明确实有效的营销策略战术。
- 预算的 20% 应该投向持续创新——给促进创新和学习优化媒介类型内部提供框架。
- 预算的 10% 作为机动资金，用于尝试新的广告模式，向实践系统地学习。

如今，企业在看待自己如何分配和使用营销传播支出上已不同于以往。就像当年万钠梅克（见本部分开头）坚信自家公司所面临的那个问题一样，每家企业也都试图解决自己在提高效果、避免浪费那一半资金上遇到的整合问题，与此同时，它们还在尝试测量一些数字传播的效果，比如日新月异的社交媒体以及相关的投资回报问题。

还记得第三章中的广告螺旋吗？在竞争阶段，你可能试图通过改进产品，以一种新的形式来吸引消费者。爱默思校园胶（Elmer’s School Glue）开发了一种新配方，专门针对教师和妈妈们在孩子做手工作业时遇到的最大问题：胶水到处都是。于是爱默思在投放广告时（见图 6.6）以并列对比、单纯展示新配方效果为主要创意大纲。当然，在此之前它们必须判断要支出多少才能有效地触达目标受众。

Courtesy of SBC Advertising.

图6.6

爱默思投放了一条广告，以并列对比、展示新配方效果为主要创意大纲。他们必须判断要支出多少才能实现所需要的效果。

3 了解如何设定广告预算。

设定广告预算

完成一条广告或系列广告需要多少投入？推出一种新产品呢？提高一个品牌的知名度呢？压制竞争对手的广告呢？教育市场呢？提高销售呢？

问题的关键在于要达到目标需要多少钱？即便我们成功地推出了产品，但我们是否知道自己在广告上的支出是过多还是不足？在广告上每多投入 1%，销售或市场份额的变化大约是 0.1%。如此算来，广告预算占到总利润的 10% 才比较理想。但并非所有营销商都要遵循这条原则（如果严格遵守这条原则，宝洁公司就应该将自己的全球广告支出砍掉一半以上），效果更好的广告或新产品广告所带来的销售增长则比平均水平高 250%，要求的广告投入相应也更多。[13]

尽管现在已有很多技术可以帮助我们判断应该支出多少，但最终的决策还是取决于企业管理层的判断。企业不同，目标不同，负责预算决策的人也就不同。历史上，主要负责制定广告预算的人是营销副总裁和广告副总裁。广告预算的三分之二要在 9 月或 10 月提交审批，几乎 80% 都能在 9—11 月期间获批。可以想象，面对这么重要的一项决定，大多数总裁或首席运营官都会对审批过程施加影响。

编制预算可能算不上什么精密科学，但也并不简单。编制预算时通常会用到以下四种方法之一：销售百分比法、投资计划法、竞争预算法和任务法。

销售百分比法

简单地说，销售百分比法就是按企业销售额的一定百分比来编制广告预算。例如，某家庭连锁餐厅可能会拿出销售额的 5% 做广告。用这种方法设定广告预算的企业不会超额开支，因为广告预算只会在销售增长的条件下增长。如果销售下降，广告支出就会缩减；但如果竞争形势严峻，企业就可能必须维持或增加预算，以保住自己的市场份额，哪怕这样做未必就能增加利润。事实上，这种方法可以颠覆广告与销售之间的假定因果关系，也就是说，因为预算的编制建立在上一年或下一年的销售额基础上——通常都会增加几个百分点，因此可以说，不是广告在影响销售，而是销售在影响广告。

《商业周刊》(*BusinessWeek*) 针对企业营销预算的一项调查表明，大多数采用销售百分比法制定预算的企业，都会将其收入的一部分投入营销，从最低的 1% 到最高的 12% 或以上。在决定"多少"上没有什么窍门，但却有经验法可依。你会发现，大多数行业都有正式的书面准则。要判断这家企业是以利润为准还是以数量为准，比如超市和医院这类企业以数量为准，营销费很少，因为它们的销量大但利润低，因此它们可能会将销售额的 1%～2% 投入营销。相比之下，以利润为准的企业，如高科技公司和特制品零售，则由于收入基数更小但更具弹性，因而可以拿出利润中的更大比例作为营销费用。[14]

投资计划法

投资计划法将广告视为一种投资而非一项支出。大家都知道，企业需要好几年才能收回启动资金并开始赢利。

图 6.7 和图 6.8 都是典型的投资计划法实例。我们来粗略地看一下看图 6.8，这是为一家新快餐店拟订的运行投资计划。在开业的头一年，公司将全部毛利（15 274 000 美元）投给广告。此外，为了弥补头一年的营业亏损，公司还投入了 10 300 000 美元进行店面开发。

第二年，公司又在广告上投入了全部毛利（48 122 000 美元），将头一年的债务 10 300 000 美元延期偿还。到第三年，销售增长，广告支出占销售总额的百分比下降至 13%，即 46 312 000 美元，余下 35 625 000 美元的利润。在偿还了第一年所欠 10 300 000 美元的债务之后，支出为 25 625 000 美元。

如果公司第一年就要求广告预算占销售额的 10%（$0.10 \times 84\ 854\ 000 = 8\ 485\ 400$ 美元），那么它就必须大幅度削减广告支出，减少店面开发投资，或将这两者结合起来。这样，公司可能第一年就会产生利润，但未来的利润和公司自身的长期生存却会面临风险。

竞争预算法

编制预算的另一种方法是根据竞争环境所需支出来设定预算。采用竞争预算法，支出水平与销售百分比以及其他因素相关：广告主的态度（主动还是被动）、选中的媒体战略（如对支配某个媒介的欲望）或对如下问题的回答——这是一个新品牌还是已有品牌？现在问题是，竞争决定了投资分配（竞争公司或许有不同的营销目标）。例如，汽车制造商单凭竞争对手的支出情况来决定自己的预算，结果竞争对手也在做一模一样的事。不管期望得到什么投资回报，这样做说明两方的逻辑思维都很差。

图 6.7

包装商品投资计划实例

投资介绍—36 个月投资					
	第 1 年	第 2 年	第 3 年	3 年共计	第 4 年
市场规模（MM 个案）	8	10	11		12
共同目标：					
平均	12%	25%	30%		30%
年终	20%	30%	30%		30%
消费者运动（MM 个案）	1.0	2.5	3.3	6.8	3.6
管道（MM 情况）	0.3	0.2	0.1	0.6	—
运载总量（MM 个案）	1.3	2.7	3.4	7.4	3.6
工厂收益（$9）	$11.7	$24.3	$30.6	$66.6	$32.4
减去成本（$5）	$6.5	$13.5	$17.0	$37.0	$18.0
可用 P/A（$4）	$5.2	$10.8	$13.6	$29.6	$14.4
支出（标准 $2）	$12.8	$10.0	$6.8	$29.6	$7.2
广告	$10.5	$8.5	$5.4	$24.4	$5.7
促销	$2.3	$1.5	$1.4	$5.2	$1.5
利润（亏损）：					
年度	（$7.6）	$0.8	$6.8	—	$7.2
累计	（$7.6）	（$6.8）	—	—	$7.2

任务法

在编制预算的所有方法中，任务法可能是最难实施但也最有逻辑的。这种方法要求营销经理和广告经理来决定在预算期限内广告要完成什么任务、达到什么目标，然后判断广告要完成这个任务需要多少资金。采用这种方法时，企业要设定在给定时间内实现什么特定的销售目标、达到什么预定目的；然后判断要支出多少资金才能达到那个水平。任务法又叫“有多少花多少”法，尤其在推出新产品的时候。如今，很多大型企业开始采用这种方法，很多没有走到今天的企业也采用过这个方法。

这种方法有时很复杂，涉及几个重要因素：品牌忠诚度、地理以及产品渗透率。

图 6.8

新快餐公司投资计划（36 个月支出）

全系统支出（财政年度 1, 2, 3）						
	第 1 年（$）		第 2 年（$）		第 3 年（$）	
销售额		84 854 000		218 737 000		356 248 000
食材成本	34%	28 850 000	34%	74 371 000	34%	121 124 000
包装成本	5%	4 245 000	5%	10 937 000	5%	17 812 000
人工	22%	18 668 000	20%	43 747 000	20%	71 250 000
经常费	21%	17 819 000	19%	41 560 000	18%	64 125 000
运营费总计	82%	69 580 000	78%	170 615 000	77%	274 511 000
毛利润	18%	15 274 000	22%	48 122 000	25%	81 937 000
广告 / 促销		15 274 000		48 122 000	13%	46 312 000
商店利润		0		0	10%	35 625 000
公司投入		10 300 000		0		0
公司利润		（10 300 000）		0		35 625 000
累计		（10 300 000）		（10 300 000）		25 625 000

采用这种方法的广告主要有准确可靠的调查、经验和模型才能设定目标、评测结果。

任务法在竞争激烈的环境中得到了最为广泛的应用。它会根据销售状况对预算进行审查，通常每个季度正式评审一次。更有甚者，如果销售没有达到最低限额，企业还可能随时否决预算（硬性任务除外），将资金投向更有希望的品牌；有时是管理层想收回资金，以便让下一季报表显得更好看。

对所有企业来说，没有哪种方法是万全之策。

营销环境的变化

零售世界在不断合并，媒体世界在不断扩张，广告主更难通过传统媒体触达消费者了。1995 年，投放 3 条电视广告即可触达全美 80% 的女性受众；五年后则需要 97 条电视广告才能触达同样大小的群体。有人认为，由于消费者对媒体，尤其是数字媒体的掌控权更大了，大众市场基本上已经消亡。

企业往往通过自己的广告公司创建内容——电影、电视节目、网站、在线游戏、移动娱乐等，它们希望这些内容的娱乐性足以将受众与这些内容背后的品牌更加紧密地联系起来。马丁 + 欧文内容创作公司指出，如今，营销商面临的挑战主要是如何在消费者对传统讯息推送麻木的情况下吸引他们。这就是品牌内容的源头。首先，它的目的是娱乐，如果能将消费者的注意力维持够久，我们就可以将品牌植入内容中，然后将产品或服务销售给消费者，同时还不会让消费者感觉有侵略性。[15]

“我们仍在继续使用自己的传统广告——电视、广播、印刷、在线——但我们正在给它们增加内容。”负责士力架（Snickers）的高级品牌经理维克·瓦力亚（Vic Walia）如是说，士力架是玛氏（Mars）旗下的品牌，玛氏曾创作过一出迷你电视秀并将它上传到了网络。“我们正在尝试寻找新的途径来保持与青少年和年轻成年人的联系。”[16] 这些观点说明，营销商正在寻找新的营销和传播方法。如今，胜出的品牌营销商都是那些学着通过以下几种方法重新分配精力的人：[17]

- 将支出和管理重心转向数字和社交媒体，并利用这些媒体充分影响消费者的购买行为。
- 制作不同的版本，利用一切可资利用的工具，促进与受众尤其是那些最有可能成为顾客的受众之间的互动。
- 开发新的调查方法和评测标准来评估产出而非投入。
- 将“台面上”的广告（电视、广播和印刷）与“台面下”的营销（促销、赞助、事件、公关）结合成新的整合广告战役，双管齐下。
- 打造名牌娱乐节目。
- “对内挖掘”新技术和能力（如新媒体、新技术）。

品牌管理

零售商管理

关于如今是谁在掌握货架空间以及超市、折扣店、大型百货商场的入场权，有一点无人质疑，即肯定不是生产商。对营销资金需求最多的是大众渠道，而不是媒介。

据估计，近 60% 的生产商的营销预算都以同业支出的形式给了零售商（针对消费者的广告、店内展示等）。产品跟踪技术的应用——无线射频技术（RFID）——使生产商得以跟踪每一个包裹而不再局限于库存单位。有人推测，这项技术最终可能会在产品的营销地点和方式上赋予生产商更多的话语权。例如，Mini Cooper 给车主邮寄载有特制讯息的无线射频芯片，在他们经过 Mini Cooper 的广告牌时，这些讯息就会在广告牌上显现出来。[18] 无线射频技术不同于通用产品代码（UPC），它以一种积极的方式将话语权重新赋予了生产商，我们可以根据广告、促销和贸易刺激组合（现在分别为 25%、25% 和 50%）得知话语权是否在生产商手上。20 年前，这个组合还是 50%、25% 和 25%。如果广告的比例提高，话语权就会转向生产商。[19] 如今，生产商多少有点受大型零售商的压制，因此品类经理必须像了解消费者的需求那样了解这些零售商的需求，必须确保将自己的促销整合进零售商的整个营销计划中。

上架津贴

超市寸土寸金，必须不断迅速更新上架产品和品牌才能支撑自己的开销。超市中可供品类经理利用的货架空间只有那么多，生产商在不断推出新产品，零售商的货架应接不暇，要上架新产品就不得不下架旧产品，于是上架费应运而生。零售商控制着货架空间，很多零售商都会收取上架费。这种入场费主要来自营销商的贸易促销资金，能够确保商品有 3～6 个月的上架时间。超市利用上架费填补更新缓慢的产品的费用，也填补在系统中安置新产品的间接管理费用，包括仓储、电脑投入、向零售店传达产品的实用性，以及重新设计货架空间。想想你最喜欢的超市的冷冻食品区，它的空间很有限，因此几乎都要收取上架费。每一个产品的费用都要单独商谈，费用会根据其在店内的地点或安置新产品的货架的不同而有所不同。

数字实验

很多营销商会将广告预算的 10%～20% 划拨给实验室项目。他们要努力应对新技术和创意新浪潮，很多广告公司正在积极响应新技术。例如，李岱艾广告公司就为客户（尤其是苹果公司）建立了一个实验室，以寻找通过数字和传统方法吸引消费者的新途径。

消费者掌控：管理病毒技术的必要性

无论是企业还是媒体，谁都无法控制传播革命，于是出现了对话。消费者通过社交网站、博客、播客、移动博客、视频播客（或影音播客）、聊天室以及邮件和朋友们“聊”产品和公司，他们追随 Twitter 上的品牌和名人——不管好坏，无论真假。当然，总会有新的数字玩意儿出现，让消费者疯狂，然后成为他们日常交流的一部分。营销商无法控制消费者说什么，但很多营销商会借助于浏览网上聊天记录来洞悉品牌的前景。很多企业都在开发技术，以期分析所有的“消费者生成媒体”，包括博客、聊天室、留言板以及论坛，它们会监控人们如何评价它们的品牌，以此作为预警系统。不了解消费者怎么想、怎么说，就无法与他们对话。任何对话都存在风险，因为你无法掌控它。聪明的企业可以影响舆论或开放论坛，以此取得消费者的信任。商业博客可以纳入与消费者、员工和媒体的沟通。我们将在第十六章对数字讯息进行更详细的探讨。

如今，无论是营销新产品还是老产品，营销商都必须找到正确的方法，并努力创新，而寻找正确路径要冒险，突破舆论也要冒险。对于广告人来说，风险是老生常谈。几年前，Borders, Perrin and Norrander 公司的比尔 · 博德斯（Bill Borders）曾经说："广告公司的生命源泉是冒险。"但百事可乐前创意总监却指出："大多数客户面临的问题是，他们不愿和广告公司一同承担风险。这些年来，百事可乐一直在告诉它们的广告代理公司要勇于冒风险。如果你没击中，我们能理解，不是所有的事都能来个全垒打，但完全可以是一垒安打。我们偶尔会烧掉胶片，因为知道我们已经试过了，但这些东西不管用。"[20] 不幸的是，大多数客户没有这个勇气像百事可乐一样，和广告公司一起去把握时机、追求先锋广告。

明尼阿波利斯法隆广告公司创意总监鲍勃 · 摩尔（Bob Moore）说："广告只有冲击力强才能引人注目，对此我坚信不疑。很多时候，将你引向某处的东西会发生变化，但就其本质而言，不一样会带来风险，而有风险的东西才会成为人们的谈资。你的作品可能给人的感觉还不错，但如果没有人注意到它，它的命运就会像墙纸一样。这样反而风险更大。"[21]

零风险文化

很多客户希望自己的广告能大获全胜，能在任何可行的地方或媒体上推动自己的品牌。记住，我们之前说过，营销官的任职期限通常约为 18 个月。因此，营销经理（产品、品牌、首席营销官等）大多只关心自己的品牌做得如何——因为要对他们的表现进行评估。品牌管理系统非常倚重调查和测试，希望借此避免失败。如果品牌经理不犯错误——或者打了个全垒打，他们就能得到提升。这导致了品牌经理但求无过、不愿冒险的心态，于是一些企业延长了品牌经理执行某项任务的期限。广告根本不可能在短期内收回成本，但促销可以（我们稍后将在促销那一章展开详细讨论）。

广告公司 – 客户关系

4 认识广告公司 – 客户关系。

据说，广告公司 - 客户关系很像人际关系：如果互相不待见，双方就会分开；如果互相喜欢，就会互相吸引，产生剧烈的化学反应。企业应该像信任自己的员工一样信任广告公司——它是在和客户做生意。广告公司和客户之间是合作关系。Ames Scullin O'Haire 广告公司在其自我宣传中这样说：

> 曾经一度，广告公司不是供应商，而是合作伙伴。那时它们得到了充分信任，无人质疑；那时它们挣钱而不是花钱。后来，广告公司开始贪心了，为了寻求最大利益，广告公司关注自己的业务多过客户的。随着企业集团像吃豆人（Pac Man）一样吞食广告公司，兼并狂潮开始。很快，广告公司就和订餐员没什么两样了。但讽刺的是，如今，客户一方面会给营销顾问支付几百万美元，征求他们在营销方面的建议，另一方面却在情报费上打压自己的广告代理公司。爱去哪儿了？宝贝，爱去哪儿了？ Ames Scullin O' Haire，您身边的广告公司。[22]

有人说他们已经接近问题的核心了。

大陆咨询集团（Continental Consulting Group）报告指出，很多客户对自己的广告代理公司并不满意，说这些广告公司人员不足、要价过高，不像 20 年前那样富有创意。报告同时还指出，客户管理人员缺乏经验，缺乏战略思维。客户则回应说，和 5 年前相比，广告公司的人员素质下降了不少；超过一半的客户指出，和 5 年或 10 年前的客户经理相比，现在领导客户部的主管缺乏经验。这些调查中约 81% 的被调查者都认为，广告公司的人员能力太差了。

南希·L. 萨尔兹咨询公司（Nancy L. Salz Consulting）自 1986 年起就一直在自主实施萨尔兹广告主－广告公司关系调查。2006 年，公司发现，如果要求广告主预测，假设他们的广告公司能始终以最佳状态完成广告，他们的销售会受到什么影响，被调查者的估计是提高 24.7%，而 2003 年时，被调查者的预测只有 20.8%。

在被要求按照 1（糟糕）—10（极好）给其广告公司制作的广告质量评分时，广告主们给出的分数为 7.3 分，调查得到的平均分为 7.2 分。7.3 分是自 1998 年以来的最高分，1998 年曾达到 7.4 分。在广告主与广告公司关系紧张度这个问题上，2008 年，认为关系更紧张的人数下降到 17%，创该问题的历史新低；2005 年，认为关系紧张的人数为 41%。现在，广告主们的说法是，“没人知道利用网络的最佳方式，也没人知道如何将广告推送到人们的手机上”，“广告主和广告公司都面临着这个问题，这是我们大家都从未遇到过的共同挑战”，“一切都不同寻常，不曾遇到过、不曾应对过”。萨尔兹还补充说：“这种事情容易引起人们的兴趣。”[23]

广告公司往往以自己推销创意的能力为荣，但很多人认为，如今的广告公司并没有拿出自己最好的创意产品。有些客户之所以雇用广告公司，是因为他们认为广告公司可以帮助自己影响消费者的行为或想法。因此客户可能会根据广告公司的劝服能力选择广告公司，而广告公司的真正任务就是成为其劝服伙伴。

如果广告主正在开发新产品或对现有广告不再抱有幻想，他们就会对广告进行评审，这时他们的现任广告公司和其他广告公司都可以参与竞争。这个评审过程可能需要数月，其间会对希望参与竞争的广告公司进行评估。要牢记，有些广告公司擅长服务某些类型的客户。

可口可乐北美地区前总裁唐纳德·R. 克瑙斯（Donald R.Knauss）在变身为高乐士现任主席兼首席执行官时，有人问他怎么看待与广告公司的关系，他回答说：“我的广告公司理念是，能和你长期合作的是那些带来卓越结果的人。我不喜欢迎合大家的口味，我喜欢长期合作关系。当然，我们有这样的关系（比如克瑙斯先生的事业起点宝洁公司）。这要看你说的是哪一种可乐——我们也有相似的合作关系。”[24]

随着竞争日益激烈，企业越来越热衷于品牌战略和品牌解决方案——不管它们是否适合“广告”推动——而非创意作品。结果，企业从别的少数广告主那里寻求解决方案，而不是从广告公司那里寻求专门的解决方案。如今，广告公司又开始重新尝试着寻找自己在谈判桌上的位置，很多广告公司改变了自己的方向和重点。WPP 集团首席执行官马丁·索罗（Martin Sorrell）说：“客户并不关心好创意是怎么来的。”[25] 因此广告公司要设法成为全面服务型伙伴而非单纯兜售广告，无论客户想要什么商业解决方案，自己都能提供。布鲁纳数字公司（Brunner Digital）一直在努力满足自己的客户 DeVry。图 6.9 展示的是 DeVry 公司旨在吸引女性参与其多种活动的几条数字广告。

广告公司寻找顾问

客户借助顾问帮助自己找到最好的广告公司，让它们帮助自己处理事务（其过程很像公司雇用猎头来寻找主管或其他员工），这个趋势仍在继续。为大广告主评估业务往往会涉及咨询顾问，他们的工作就是进行初选，管理寻找流程，有时候还参与代理费的谈判。这可能要花费客户 35 000～100 000 美元。过去，客户在寻找过程中更

Courtesy of Brunner Works and DeVry.

图 6.9

DeVry 的数字尝试，意在吸引女性参加它们的活动。

倚重自己的营销部门；但最近几年，咨询顾问开始流行起来，毕竟，能自己实施搜索的客户越来越少了。某广告公司一位负责人指出，广告公司的格局已经发生了巨大变化[26]，顾问一直在扮演客户与广告公司之间的“红娘”。

越来越多的客户开始评估自己的广告公司，这无疑是业务重组的结果。随着营销部门重组和人们更换工作，出现了“重打锣鼓另开张”的趋势，其中也包括评估或更换广告公司。他们向潜在广告公司发出提案邀请（request for proposal，RFP），向它们提出客户亟待解决的一系列问题。推动业务评估的驱动力来自广告主的营销部所面对的压力，它们要提高销量，要实现季度盈利业绩。这种姿态削弱了长期合作关系的重要性，突出了广告公司快速解决销售问题的能力。由于营销商已经在现实允许范围内最大限度地裁减了人员，因而要想增长，就只能通过“真正的单位增长”来实现[27]，这就给客户和广告公司造成了压力。

挑选广告公司

挑选广告公司是一件复杂的事情：你是需要一家媒介部强悍的全面服务广告公司来提供整合服务，还是需要一家专门广告公司？在决定了是想要大型、中型还是小型广告公司，是要专门广告公司还是全面服务广告公司，是要国内广告公司还是全球广告公司之后，可以用以下几点评估具体的广告公司。

1. 确定需要广告公司的哪些服务，然后按重要顺序将它们列出来，如：（a）战略、策划和执行方面的营销专业意见；（b）电视、平面、广播或户外创意表现；（c）媒体情报和影响力，如果媒体是影响因素中的一部分；（d）促销/贸易关系援助；（e）公关能力和企业形象塑造能力；（f）市场调查力量；（g）时尚或美感；（h）广告公司规模；（i）离你办事处的距离；（j）网络或新媒体能力。特殊需求决定其他需求。
2. 设定一个 5 分量表来评估每家广告公司的特性。常见的 5 分量表为：（1）杰出；（2）很好；（3）好；（4）满意；（5）不满意。当然，你也可以针对更重要的广告公司特性给予不同的分值或权重。
3. 检查公开出版的资源，挑选一组看上去能满足你要求的广告公司。凭你自己或同行的知识，寻找能成功推出广告或产品且给你留下过深刻印象的广告公司。公开出版的资源包括《广告时代》年刊，上面按公司规模列出了广告公司及其客户的名单；还有“红皮书”《标准广告登记》（*Standard Advertising Register*），上面按字母顺序和地理区域分别列出了广告公司及其客户的名单。如果再有什么疑问，还可以向纽约的 4As 索要成员名单。当然，你也可以上网查看。
4. 检查是否与广告公司的现有客户存在明显冲突。在广告公司考虑新客户时，这是他们首先要问的一个问题（连同有可能要付出的费用）。
5. 现在，请开始和初评中得分最高的广告公司进行初步沟通。可以先写一封信询问他们是否有兴趣，或打电话邀请他们来参观，或者约定时间你去拜访这家广告公司。从上层入手，致电你所在地区的广告公司或办事处的董事长或运营总监，这个人会安排一个人跟进你提供的这个机会。
6. 在首次接触之后，划去初选名单上的一些备选广告公司，要想让广告公司便于管理，则不宜使其超过 3～5 个，根据其对提案邀请的回复就可以排除很多广告公司。
7. 再准备一个评估表，同样采用 5 分量表给这些广告公司打分。这次量表更具体，应该涵盖广告公司的人员安排，比如谁负责你的项目？哪些人组成团队？创意人员有哪些？同样，哪些人为你提供互动、制作（电视）、调查和促销方面的服务，他们如何提供服务？这家广告公司以往在争取和维护客户时，在凝聚团队人员上表现如何？这家广告公司和供应商及媒体打交道的记录如何？要确保给予每项服务权重分值。
8. 探讨财务安排。你的客户是单纯的 15% 佣金客户、手续费客户，还是两者的结合体？或者是以表现模式为准的客户？佣金或手续费包括了哪些服务？广告公司会收取哪些额外费用？从财务和组织结构上看，他们如何处理新产品

Courtesy Lane Bevil+Partners.

图 6.10

这家公司的 B2B 客户无须投放大量不同的广告，就能触达其预设工业受众。

工作？这家广告公司提供哪些外围服务，收费如何？

9. 和这家公司相处愉快吗？

10. 如果你有一家全球性企业，这家广告公司可以负责你所有的境外业务吗？如果可以，他们会怎么做？

客户要求

针对不同的客户，广告公司的工作量大有不同。有些广告公司一年只需要为一个客户制作几条广告，这当然不会对他们的创意和管理能力造成什么负担。而奥美广告公司在全球为 IBM 创作了近 6 000 条广告，这就需要高超的创意才能和管理能力。然而，工业企业桃树仪器公司（Peachtree Tooling）一年只需投放几条广告就可以触达它的潜在 B2B 客户（见图 6.10）。

利用多家广告公司

很多大客户可能同时雇用几家广告公司，将同一个产品或不同品牌的不同任务交给他们。有时，如果将广告公司视为供应商而非完全的营销伙伴，广告公司 - 客户关系便会发生变化。其中的一个原因就是，首席执行官们会给新上任的营销执行官施加压力，他们会传达出这样的信息："我才不管你的处境呢，我要一个创意，要对我的事充满激情的人。"

20 世纪 50 年代，《广告百科全书》（*The Encyclopedia of Advertising*）是这样定义广告公司 - 客户关系的：

> 广告公司是一个能够提供广告、营销和其他服务，为客户销售产品或服务提供建议的组织。我们将此理解为客户同意在未征得第一任广告公司许可之前不雇用第二家广告公司介入该产品的广告。

传统上，营销商是一个品牌配一家广告公司。随着企业的日益壮大和营销的日益复杂，这个标准发生了变化。例如，若干年前，可口可乐公司认为与它长期合作的广告公司没能想出足够的妙策，为了寻求其他创意，他曾一度雇用外面的自由职业者，后来还雇了约 40 家广告公司和广告工作室来创作广告。可口可乐公司认为：我们比广告公司更了解、更明白自己的战略，因此他们的工作就是竭尽全力去实施这个战略。

如今，可口可乐公司已经在让一批不同的广告公司为自己的品牌服务。他不是唯一一家同时雇请多家广告公司的企业，很多企业都会请一家大型全球性广告公司，然后再加一批小型创意工坊。“我们企业的规模决定了它需要多家广告公司的专业意见和投入”，美国电话电报公司（AT & T）全国营销传播总监说，“要处理的项目和任务太多了，单靠一家广告公司根本应付不过来。但如果请多家广告公司，我们就必须确保所有的讯息是协调的，为公司传达出的声音是一致的。”这些需求和只靠一家广告公司负责一切的客户的需求完全不同。[28]

广告行业最突出的特点就是周期性，所以请多家广告公司的这个趋势是永久的还是暂时性的还尚待分晓。眼下，广告主们正在寻找能解决其营销问题的最佳定制方案。

数字图书馆

国际客户和大型广告公司共同建立了数字创意图书馆，供世界各地的广告公司使用。例如，麦当劳的数字电视广告档案记录了麦当劳自 1967 年以来的电视广告，可供地方合作商和广告公司借鉴。这是一个密码登录系统，消费者或竞争对手无法访问这些文件。大多数档案拥有标识，比如图片资料、产品图片、文本定制广告、售点陈列以及其他印刷素材，这使得世界各地的广告公司在为客户服务时能够整合其中的视觉素材。

评估全国性广告

针对全国性广告和营销管理，我们必须回答的重要问题包括：我们的广告效果如何？投入的回报是多少？全国性广告的效果很难像直接反应广告和某些互动广告那样追踪，那么如何评估它们？

5 了解广告目标与营销目标。

广告目标与营销目标

评估全国性广告并不是一件容易的事，对该问题的大部分讨论都围绕着为美国全国广告主协会准备的一份报告展开，全国广告主协会专门致力于营销和品牌塑造，是广告业界的第一个同业协会。该报告认为，除非明确指出广告追求的具体效果，否则广告效果根本无法评估。在问到希望广告达到什么确切效果时，大多数企业都能脱口而出：增加销售额或扩大市场份额。然而，这些并不是广告目标，而是**营销目标**（marketing goals）。在数字世界，对讯息（搜索、邮件、条幅、视频等）进行分析有助于为营销商提供各种信息。

营销目标
企业希望通过其营销计划达到的总体目标。

评估传统广告效果的第一步是明确企业希望通过广告得到什么。美国全国广告主协会报告将**广告目标**（advertising goal）定义为“能够在确定的受众范围内按时按质完成的一个特定传播任务”[29]（见图 6.11）。

广告目标
为完成整个营销计划中的特定任务而设定的传播目标。

比如，我们来看一种品牌洗衣粉。它的营销目标是将市场份额由 10% 提高到

15%，广告目标是在拥有洗衣机的 5 000 万家庭主妇中，提高将 X 品牌视为去污渍洗涤剂的人数。这是一个特定的传播任务，在不依赖于其他营销手段的情况下，可以由广告独立完成。

营销传播可能经历这样一个过程：受众从对产品毫无概念，到理解，到相信，再到行动。依照这个观点，评估广告就要以广告在传播过程中的效率和引发的销售为准绳。

布里格斯（Briggs）和斯图尔特（Stuart）根据自己的调查，认为万钠梅克的话是错误的——只有 37% 的广告没有效果。但他们俩过于苛责营销商的失败，甚至从一开始就设定了广告战役的成败标准，而没有给予恰如其分的评价。在他们的调查中，宝洁公司从一开始就规定了每个营销努力的成败标准。布里格斯和斯图尔特在他们合著的《决胜因素》（*What Sticks*）一书中，列出了一个大纲，一个传播优化进程，以此帮助营销团队核对可能遗漏的其他因素。作者建议读者采用 4Ms 法，即动机（motivation）、讯息（message）、媒介组合（media mix）以及最大化（maximization），以便让所有人达成共识，然后将每个 M 的营销效果评估黄金法则与行动方案结合起来。换言之，所有的东西都要评估，看它们是否奏效。[30]

对于是否应该用传播标准而非销售效果来衡量全国性广告的效果——或者说，所有广告的效果，调查人员之间并没有形成一致意见。事实上，我们将在第十五章探讨是否应该根据某些调查测试数据来判断广告效果。

营销变化

我们正处在变革之中，人们一直将这一变革期与法国大革命和俄国革命相提并论。事实上，我们正在同时经历好几场革命，包括全球化、科技创新、管理、不确定经济形势以及消费者主导信息，我们在和世界上的所有人、所有地方竞争。如今的管理流行语是“企业转型”、“精简”和“消除等级”。在当今社会，小巧灵活的机构更有优势，毕竟我们的企业结构正在经历一场革命。

传统的营销 5P

在第三章，布拉德·梅杰斯曾说传统的营销五 P 法包括产品（product）、价格（price）、场所（place）、促销（promotion，其中包括定位、广告、销售推广、公共关系等）以及预期对象（prospect）。在给每一 P 制定一个战略后，我们便可以拟订一个有效的营销计划。就包装产品而言，人们普遍认为营销计划的 90% 左右都涉及促销。产品品类之间千差万别，营销计划自然也就不同，比如对汽车而言，价格和产品是关键，促销只占很小一部分，因此广告主一定要分清轻重缓急。

新的营销 5P

资深广告主管汤姆·帕蒂（Tom Patty）认为，在经济稳定增长、竞争压力大大小于今天的时期，老派的营销 5P 很管用。帕蒂的新营销 5P 旨在帮助我们在一个混乱取代稳定、经济增长脚步放慢、全球化竞争要求提高效率的环境中取得成功。新的营销 5P 比传统的营销 5P 更抽象、更概念化，它们是悖论（paradox）、视角（perspective）、范式（paradigm）、劝服（persuasion）和激情（passion）。[31]

克莱普纳观点6.2

提姆·梅普斯

提姆·梅普斯（Tim Mapes）

达美航空（Delta Air Lines）高级营销副总裁

做广告人还是做客户？

“To be or not to be?”谁能想到莎士比亚笔下的哈姆雷特其实是广告专业的学生？马上就要毕业了，他正在纠结是选择客户这边还是广告公司这边。

当然，在如今的业态下，为哪边工作都可能令人愉快（也很幸运），但是什么因素让人选择了这边而放弃那边呢？一旦选择了这边，又有哪些因素能促使你成功呢？在充分了解两边的生活之后，你会如何做出最佳的职业决策，并在这一过程中提高广告管理水平？

做广告人

广告公司这边的职业生活往往被描述得令人着迷：时尚的广告人为客户创作时尚的广告，广告公司的办公室充满时尚和现代气息，广告主管被性感的广告包围，办公室的空气中充满了创意的火花，“商务餐”更是家常便饭。实际情况倒也差不多。但是，揭开好莱坞般的虚饰，广告公司的职场生活其实并没有那么光鲜，广告公司的员工，尤其是那些新入职的员工，要应付苛刻的客户和无理的截稿期要求，要面对其他希望出人头地的同事的竞争，还要面对其他一系列可能加大工作环境压力的潜在因素。

由于各广告公司的规定不同，压力也不同。客户管理人员要尽力掌握品牌战略问题、整体流程管理以及客户本身；创意人员要紧跟时尚、设计潮流和最新的制作技术，紧跟出高招的方法；媒介策划和购买人员则必须站在辛迪加调查的最前沿，自己挖掘媒介载体和受众触达渠道。大家努力保持饱满的工作状态，广告公司才会形成步调快、有活力的组织文化，才能吸引志趣相投、适应力强、才华横溢的人。

创意型广告公司常说：“全看作品。”指的就是它们的工作在广告和营销传播活动中的优秀表现，于是，企业便将重心放到了如何获得优质的消费者洞察、如何进行出色的创意表现上，放在了留住人才和提高人才上——它们起码能做到其中一项，两者均能者则更是求之不得。最优秀、最成功的广告公司不会沉溺在过去的荣誉中（比如，曾获得的创意奖），它们会将重心放在广告公司的本职工作上，即千方百计地直接或间接帮助自己的客户获得成功。广告公司多半会通过其客户以及多年来为客户创作的广告来评估自己。如果广告公司无法拿出客户想要的结果，客户便不会和它们长期合作；但如果广告公司的员工认为自己不受客户重视，它们抛弃客户的速度则会更迅速。

做客户

我们还是拿好莱坞来比喻，人们常常感觉客户一方的人是吝啬的暴君，对广告公司的员工发号施令，完全不考虑他人的感受，不按流程办事。也有人将客户刻画成过度保守的呆子，无法领悟广告公司的“大创意”，更不要说采取行动了；他们是渴望领导权的雄性动物，自高自大阻碍了他们去了解自己的消费者，而这些消费者原本是他们一直追求的目标。遗憾的是，这些描述完全可能是事实。客户这边的职业生活以明确的商业信条为准则，比如总体销售、收益、成本减免以及传统定义上的其他市场成功。客户方的广告和营销部员工负责处理“作品”（广告创意），但和最优秀的广告公司一样，他们也必须将“作品”放在更大的背景下，将它视为争取商业成功的利器，而不仅仅是为了获创意奖。

客户方的工作时间同样很长，还要被人追“债”。比较讽刺的是，有时，身为广告主的客户对自家消费者的了解还不及自己的广告代理公司。这倒不是在推卸责任，而是客户方在“管理工厂”上关注太多，以致无暇接触购买产品的顾客。但要想成为最优秀的客户，他们就必须学会广告公司的本领，必须掌握消费趋势、调查结果、品牌战略、媒介趋势、制作价格和技术以及预算流程和付款流程，与此同时，他们还要指挥自己的组织，接触广告公司代表和媒体成员。

对于那些考虑做客户方的人来说，做客户方的最大价值就在于能影响广告的效果。广告公司将客户引到水边，但却不能牛不饮水强按头。只有在“口干舌燥”的状态下，客户才会将广告公司的正确建议视为“甘露”。一位广告公司的前辈曾经告诉我：“有什么样的客户就有什么样的广告。”对广告公司的好创意有贡献、维护它们、接受它们的客户，从广告公司那里得到的也更多。

双赢的条件

尽管在广告公司做广告人的生活和做客户方的生活明显不同，但这两个工作本身的一些基本情况完全可以并且也应该是相似多于相异。事实上，不管是广告公司还是客户方，想要获得成功，都需要下面这五个战略：

重视顾客。俗话说，销售都是从“不”开始的。作为一种销售形式，广告和广告主（不管是客户这边的还是广告公司这边的）都必须尽量了解潜在顾客。现在，有些大型企业采用“民族志”调查方式跟踪目标顾客，以求更多地了解他们住在哪里、开什么车、穿什么衣服、在哪里吃饭、看什么书、哪些价值观和行为会影响他们的购买决策。离顾客越近，就越了解他们，就越能满足他们的需求。

天生好奇。尽管人们倾向于将广告视为“艺术”，但广告中的有些成分其实更像“科学”。比如，催生顾客购买行为的好奇心。从科学上讲，为什么和其他颜色相比，红色更吸引眼球？为什么白底黑字最清晰易读？任何貌似毫不相干的讯息都有可能引向成功。我经常吃惊地发现，如果仔细琢磨，我看到或听到的与某些领域相关的东西实际上和我自己的工作毫无关系。事实上，很多优秀广告的突破就源自对传统思维的“颠覆”。如果你对这些信息不开放、不好奇，你就很难充分处理和利用这些信息。

关注细节。一位客户总监曾经告诉我：“客户从不睡觉。”另一家广告公司的客户总监也建议说，在校对版面设计的时候，“假设这里面有错误，那么你就是那个找错的人，不管那个版面设计已经有多少人签字同意”。广告中很少看到小错误——在广告战役从地区扩展到全球时，它们会被不断放大。关注细节不仅是为了“缩小”错误，更是为了“提高”洞察力。要想比竞争对手更好地洞悉消费者，关注细节是关键，是在市场上获得成功的机会。在竞争激烈的产品品类中，如可乐、航空和无线通信，即使微弱的优势也可以产生巨大的利益。

社交能力。广告公司常说自己最大的资本是每天晚上都会离开公司，其实客户方也差不多。本质上，广告是一个与人打交道的行业——顾客、同事、老板、下属、全身心为客户服务的广告公司人员，以及那些（如果够聪明的话）竭尽全力激发自己广告代理公司的灵感的客户。正如芭芭拉·史翠珊（Barbara Streisand）在一首歌中所唱，这是一个“人人彼此需要”的行业，那些理解人、尊重人、勤联络、招人爱的人就能成功。

那些总能做到这些的人就算通过初试了。

热爱这行。如果你不爱，我的意思是不爱广告，那么选择广告公司这边还是客户这边这个问题就毫无意义。广告本身是一件耗时的工作：上班、开会、小组访谈、市场调查、出差以及和你不怎么在意的人厮混！在事情变得棘手甚至沉闷乏味的时候，只有对这个过程的热爱（当然还有对最终作品和成功的热爱），才能支撑你坚持下去。

个人观点

由于种种原因，以我个人的观点来看，最理想的客户是那些原来从事广告的人，而最理想的广告人则是原来做客户方的人。斯蒂芬·科维（Stephen Covey）指出，我们“在渴望得到别人的理解之前，首先要理解别人”，要想真正了解什么能影响或刺激自己的客户，最好的办法是设身处地地为他们着想。同样，客户的切身体验——观察广告公司在酝酿创意时首先做什么，然后如何将创意转化成“像广告一样的东西”或“完稿”，完成广告，制作出广告在媒体上最终呈现的模样——是确保时间安排合理和广告得到认可的最佳途径。

“有”广告代理需求的客户更尊重操作流程和时间要求，也更欣赏优秀的团队和优秀的作品，他们更清楚广告代理所面临的挑战。同样，由于新产品推介的成功与否决定了客户的回报多寡，因此，只有能切身体会客户的处境并为此而辗转反侧的广告专业人员才会绞尽脑汁，考虑如何保证产品的性能优势在广告中得到充分体现。

我曾遇到过一位很有商业头脑但又满脑子创意的老板，他曾经说：“如果遇到一个岔路口，那就选它。”很多时候，如果我们面对的挑战仅限于突破传统智慧，则这个指点不失为一条妙计。

如果你在职业选择上碰巧遇上了与哈姆雷特一样的困惑，纠结于到底是去广告公司还是去客户那里，说不定你会欣慰地发现，事实上，选择哪一边都不错——在哪边获得的经验都会成为让你在另一边成功的无价之宝，而且你最终都会希望有所改变。

Courtesy of Tim Mapes, Senior Vice President— Marketing, Delta Air Lines, Inc.

图 6.11

这条极具创意的广告有什么目标?

Courtesy of The Johnson Group.

- *悖论*。悖论指表面看似自相矛盾的一个陈述或命题，例如：“所有汽车都是一样的；所有汽车都是不一样的。”悖论中通常包含着机遇，广告主必须利用这些差异。美乐（Miller）利用“淡”啤酒这个悖论来强调“淡”啤酒的双重好处：“更好味道，更不胀肚。”大家都知道什么是运动型轿车，但尼桑开发了一种新的运动型车——四门运动型轿车，它在这个品类中高居第一。要想掌握悖论，你先要找到或确定某个机会，然后利用这些变化。创造独特标识的方法之一就是成为首创。多年来，广告一直在告诉我们卡车坚固耐用，轿车舒适、奢华、安全。于是新道奇公羊（Dodge Ram）便巧妙地利用悖论原理，将多种汽车类型的特征与马克（Mack）卡车的坚固外观和高性能结合了起来。
- *视角*。视角指将事物联系起来看待的能力。单纯从生产商的视角看待问题并不恰当，身为广告主，他们必须从消费者的视角关注所有问题：产品、定价、分销。消费者的视角是唯一的视角。现在，请回答以下几个问题：我的产品

优势 6.1

企业经营理念与概貌

福来鸡

企业家兼餐馆老板 S. 特鲁特·凯西创办了福来鸡（Chick-fil-A）。虽然起点相当低，但福来鸡最终却成了美国第二大的鸡肉快餐连锁店。

背景

凯西于 1946 年在亚特兰大郊区哈皮维利（Hapeville）起家，起初只有一家店，名叫 Dwarf Grill。如今，凯西在美国的 37 个州和华盛顿特区拥有约 1 300 家连锁餐厅，年销售额超过 20 亿美元。

福来鸡品牌的成功归因于以下三个关键因素：

- **精致美味，始终如一**。福来鸡只选用天然、全白鸡的鸡胸肉，这个部位的肉通常被认为是鸡身上最好的。福来鸡的明星产品福来鸡三明治外裹一层面包屑，风味浓郁，配方是凯西针对 Dwarf Grill 的顾客于 20 世纪 60 年代初独家创制的。就像凯西手工准备菜单上的食物一样，遍布全美国的福来鸡餐厅的员工仍然沿用着手工为鸡胸肉涂面包屑、挤柠檬汁、制作奶昔的传统。
- **恪守成熟健全的企业准则**。特鲁特·凯西的企业以勤劳为经营之道，遵循服务至上的原则，上餐迅速，让消费者因为食物的美味和周到的服务而成为回头客。作为一家连锁店，福来鸡始终恪守着《圣经》的教义——公平，诚实，推己及人。例如，每家福来鸡餐厅周日都会暂停营业，以便员工有充裕的时间与家人、朋友相聚，如果他们愿意，也可以去教堂做礼拜。福来鸡的成功还在于它接受了更加世俗的企业准则。例如，福来鸡和餐厅承包人签署的加盟协议在行业内就显得很特别，承包人只需要交纳较低的保证金，即可通过其独一无二的加盟协议承包福来鸡连锁餐厅，每月只需要向福来鸡公司支付销售总额的 15% 或净利润的 50% 作为加盟费。这个利润分享体系刺激着每一个承包商的成功欲望，而每个承包人的成功无疑代表着整个品牌、整个连锁店的成功。
- **创建和营销经典品牌**。作为在快餐业中推出鸡肉三明治的第一人，凯西决定给自己的产品（以及后来以其名字命名的连锁店）起一个有意思而又令人难忘的名字。“福来鸡”这个名字取自鸡肉三明治中用到的鸡肉部位：鸡胸肉。为了赋予这个名字附加的特质，凯西又在末尾加上了一个“A”，寓意“一流的品质”（A 级）。1967 年，福来鸡面世后，这个品牌便一个餐厅一个餐厅地发展，一个市场一个市场地开拓，其营销努力则主攻公共关系和地方，并支持加盟餐厅（叫作承包人）及其员工——当然还有食物——成为明星。随着该品牌走出美国东南和阳光地带，期待着成为真正的全国性名牌，福来鸡开始扩大规模，并采用更激进的营销战略，包括活动赞助、体育营销以及辅助地方性广告的广告。在这些新的营销战略中，最值得一提的——除凯西外，对福来鸡的发展贡献最大的——是福来鸡连锁店在 1995 年推出的“多吃鸡”护牛广告战役。

Courtesy of Chick-fil-A.

历史

事实上，福来鸡最初并不是以餐饮连锁店起家的，而是一家单纯的鸡肉三明治店。凯西在其发家的 Dwarf Grill 餐厅里琢磨出了无骨鸡胸肉三明治配方，当新推出的鸡肉三明治在销量上超过汉堡（曾经的销量冠军）后，他很快发现自己成了一个话题。1963 年，凯西决定给他的明星三明治注册商标，品牌名称定为“福来鸡”三明治。

1967 年，第一家福来鸡餐厅——店面不大，只有 384 平方英尺——在亚特兰大州 Greenbriar 购物中心开业，这个购物中心也是美国南部第一家室内大型购物中心。尽管地位不高，福来鸡餐厅却代表着快餐业的一个极大飞跃：“购物中心内餐厅”概念的出现（如今这已发展成大多数商场中都可见到的美食街）。

优势 6.1（续）

那时，购物中心管理者很不愿意接受这个就餐理念，他们担心吸烟和油烟问题，而凯西不仅保证不会影响购物中心的空气质量，还强调在购物高峰时期他们可以将消费者留在购物中心内而不会让他们流失到附近的餐厅，这样就可能给购物中心带来经济利益。带着这样的销售宣言，福来鸡很快在全美国成了购物中心的同义词。

在随后的 40 年中，福来鸡连锁店的有形因素——餐厅数量、餐厅类型、地理覆盖、菜单以及组织规模——一直在不断发展。20 世纪 70 年代，福来鸡的概念扩展到佐治亚州以及邻近各州（包括北卡罗来纳州、佛罗里达州、南卡罗来纳州和得克萨斯州）。1986 年，福来鸡连锁店推出了第一家立等可取的餐厅。1996 年，福来鸡推出特鲁特烧烤——20 世纪 50 年代的一种快餐主题餐厅，店内装潢复古，柜台和餐桌也都采用复古风，提供得来速服务，以此庆祝凯西从事餐饮业 50 周年。与此同时，福来鸡连锁店也提出特许计划，特许食品服务伙伴在各地开设福来鸡餐厅，如大学校园、医院、机场、商业区和工业园区。2000 年以后，福来鸡连锁店开始专注于地理扩张，进军美国东北、中西部以及西海岸地区的重要城市。

以福来鸡的明星产品鸡肉三明治为依托，福来鸡的菜单始终主打鸡肉类产品，但福来鸡也在不断开发新菜品，扩大菜品品类，以适应越来越多样化的顾客群。

在第二十二章中，你会看到福来鸡的营销战略以及著名的护牛广告和其他整合营销案例。

或服务能满足消费者的什么需求？它如何有别于我的竞争对手并能更好地满足这个需求？同样，在涉及广告时，我们是选择做广告还是劝服？我们应该劝服消费者思考或行动。

- *范式*。现在，我们需要模式实例、一个做事模式。我们知道，我们不一定非得按“传统”方法行事。当然，土星汽车（Saturn）的捆绑式营销反映出一种新的汽车营销范式。土星汽车认为产品和价格不再是营销方式中的主要内容，主要内容是购买体验和拥有土星汽车等。于是，他们减少了对产品的关注，而更加重视产品体验，广告的范式也有所变化。在典型的广告范式中，广告的任务很清楚：展示产品，传播产品特点和优点。而品牌广告的范式却大不相同，在这里，土星汽车也是一个典型案例。在这个范式中，广告的任务是传播出你是谁、你是什么。
- *劝服*。现在，我们要诱惑别人做某事或想某事，于是所有的营销和销售工作都围绕着劝服别人而展开，广告公司的任务就是帮助客户劝服潜在消费者去做或想某事。为了劝服别人，你必须搞清三个基本要素：讲话人的信誉、讯息的内容以及受众的参与。信誉和信任主观而不客观，无法一蹴而就，只能靠时间赢得。本田汽车就很有信誉，因此，它的广告就很简单，也不多。但对于信誉没那么好的品牌，你就要提供更多的内容、更多的讯息，这样才会让自己更有说服力。这个内容包括品牌定位，它必须表明该产品能满足消费者的哪些需求或渴望。记住，消费者买的不是产品，他们买的是问题解决方案；他们想要的是墙上的洞，而不是电钻；他们想要的是信心，而不是香水。要想劝服消费者，第三个也是最后一个要素是，你必须了解顾客的购买动机，这样才能和他们建立起情感上的联系。与此同时，你还要选择正确的劝服工具。例如，如果该品牌遇到了信誉问题，最具说服力的工具可能要数公共关系，即使公共关系中的讯息内容更难以掌控。在广告中，你可以完全掌控讯息内容。

- *激情*。激情指热忱和热情地追求目的或目标。我们的产品不再批量生产，而是为了满足特定的需求和渴望。营销商正在进入一种新的范式：用广告刺激顾客，与之形成沟通，目的不再仅仅是促进销售，更是建立一种关系。在这种新的营销环境中，你要充满激情。

小　结

宝洁公司首开营销服务系统的先河。目前，这个营销服务系统由两部分组成：（1）品牌管理，由一名品牌经理负责，只负责一个品牌；（2）营销服务，由实施营销计划的技术人才组成，包括创意服务、促销服务、媒体服务、广告监管以及营销调查。

企业在考虑采纳整合营销传播时，有三种基本形式可供选择：将传播职能集中到一名营销传播经理手中；重整品牌管理方法；任命传播经理负责审查和协调所有传播计划。

通常，在编制广告预算时会用到任务法、投资计划法、竞争预算法以及使用率最高的销售百分比法。

广告主已经看到了给广告公司更多的创意自由，鼓励他们在不脱离战略的前提下多冒一些创意风险的好处。正如比尔·博德斯（Bill Borders）所说：“冒险是广告公司的生命之源。”

客户有时会雇请广告公司调查顾问帮助自己寻找最好的广告公司。顾问就像客户与广告公司之间的红娘，很多客户会同时雇请几家广告公司负责多个产品或同一产品。很多品牌主管的在任时间平均只有 18 个月，首席营销官的在任时间平均只有两年，这对客户 – 广告公司关系无疑将是一种阻碍。

传统的营销 5P 法包括产品、价格、场所、促销和预期对象。汤姆·帕蒂提出了新的营销 5P 法包括悖论、视角、范式、劝服和激情。

复习题

1. 宝洁公司的产品在多少产品品类中参与竞争？
2. 什么是营销服务系统？
3. 什么是品类经理？
4. 编制广告预算的主要方法有哪些？
5. 企业中由谁来准备绝大部分广告预算？
6. 什么是上架津贴？

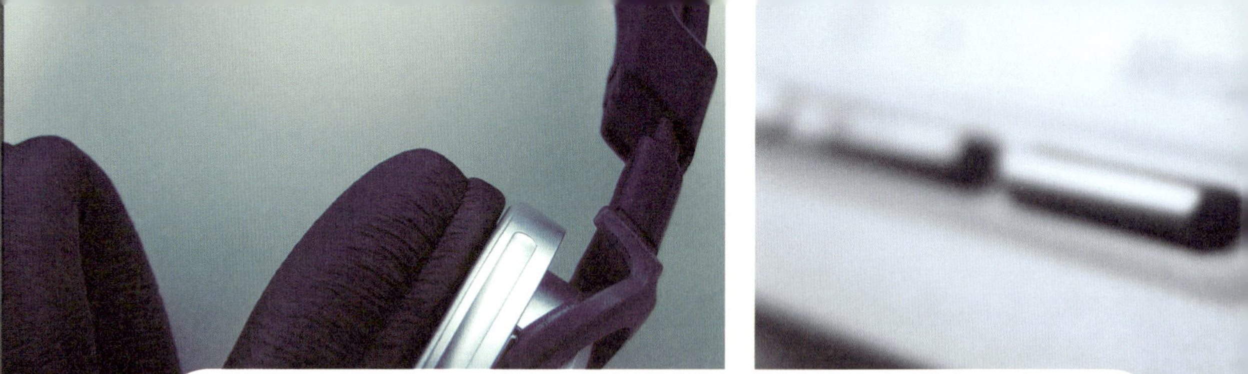

媒　介

第四编我们将探讨如何通过销售讯息触达消费者，本部分的各章将讲解触达消费者的传统媒介和新生媒介。

- **第七章**将讲解如何从媒介策划职能以及媒介 / 传播策划人在广告传递过程中的角色入手思考媒介。
- **第八章至第十四章**将探讨为触达消费者所采用的各种基本媒介方法和传播方法，将对网站、iPod 以及手机等丰富多彩的“媒体”展开详细讨论。本部分还将探讨各媒体的传播优势与劣势，探讨这些媒体如何随着消费者拥抱新技术、传媒公司兼并重组为大型多媒体巨人而融合。

第七章

Shutterstock/fineartfotography.

媒介战略

在媒介策划过程中，对效率、效力和创意的需求从来没有如此强烈。媒介数量和促销选择的稳定增长以及前所未有的受众碎片化，既让广告主和媒介主管们感到兴奋，又让他们感到心里没底。▶

本章学习目标

1. **了解媒介职能的基本组织结构及其在整个广告运作中发挥的作用。**
2. **认识为媒介策划变化奠定基调的趋势，以及媒介在整个广告运作中的作用。**
3. **了解媒介策划的特点。**
4. **认识媒介策划和目标营销之间的关系。**
5. **了解媒介策划达到预期触达率、频率和持续性所需要的战略。**

不论是由广告公司、独立媒体购买/策划公司、非附属媒体店，还是由企业附属的媒介部执行，媒体的职能都越来越复杂。我们从媒介职能的主要特征讲起。

媒介的结构

1 了解媒介职能的基本组织结构及其在整个广告运作中发挥的作用。

媒介/传播策划
负责整个媒介策划战略的人员。

以下是媒介职能中会涉及的一些关键角色。

1. *媒介/传播策划*。**媒介/传播策划**（media/communication planner）的作用是指导广告战役中与媒介相关的各个方面，现代媒介策划的职能已经有所增加，他们还要兼任营销专员和战略家，这已经在许多媒介代理公司使用的职位名称上有所反映。媒介环境日新月异、变化莫测，因此，预测未来的传播和媒介趋势，确保企业的管理和客户跟上这些重大变化，就成了媒介策划的职责之一。在这样的环境下，媒介策划在广告流程中逐渐占据了关键位置。
2. *媒介调查*。媒介调查职能将初级和二级调查数据以及分析整合到了一起，充当媒介策划的支持团队。通常，媒介调查人员负责评估和预测媒介的未来趋势；但有时，媒介调查人员还要负责为新推出的杂志、电视节目或新兴的非传统媒体评估潜在的受众。

媒介采购
执行并监控出自媒介策划之手的媒体排期的人员。

3. *媒体购买*。媒体采购的任务是实施整个媒介计划。**媒介采购**（media buyers）负责挑选和洽谈具体的媒体投放，同时还负责监控媒体投放后的实施状态。根据媒体单位大小的不同，也许会设置专门的购买小组分别购买印刷和广播媒体，甚至地方性和全国性广播；有时，媒介策划也会亲自购买媒体。尽管当前的趋势是让数字策划和购买职能回归主流购买和策划单位，但有些媒介部还是成立了专门单位来调查和购买网络广告或建立客户网站。

在过去十几年中，营销和广告的几个领域经历了媒介策划所表现出来的变化。可供选择的媒体数量发生了变化，而媒介购买失误则导致了媒介支出的上涨和财务风险，这些极大地影响着媒介职能的发挥。如果一家中型企业投入 300 万美元播出一条"超级碗"广告，那就是把宝都押上了。

根据实力传媒（Zenith Optimedia）的数据，2008 年在已测评和未测评媒体上投放的广告总支出已超过 3 960 亿美元。2020 年，媒介策划将会面临媒体奥特莱斯，而这种新事物可能我们连见也没见过。但在这个极其复杂的环境下，这些策划人员还必须为客户提供媒介购买理由、预算效益和可测量的受众触达率。

新媒体职能

2 认识为媒介策划变化奠定基调的趋势，以及媒介在整个广告运作中的作用。

在媒体采纳新技术和新策划方法的同时，一些新潮流为这些变化定下了基调，并为未来的媒介策划和购买提供了依据，其中的重中之重是融合、互动、创意和黏性。

融合

融合
营销职能和传播技术各元素的融合，旨在形成更高效、更广泛的合力。

有一种潮流会继续下去，那就是媒介**融合**（convergence）。简单来说，媒介融合指来自不同媒介公司的发行、内容和 / 或硬件结合到一起，从而形成一个新的或巨大的传播体系。媒介融合的案例数不胜数：手机公司提供互联网服务，报社创建网站，NBC 以及微软联合创建微软全国有限广播电视公司（MSNBC）。这些合作形式对于参与其中的行业来说非常重要，甚至还能使广告主增加促销的机会。但受众对 webTV 这类融合更感兴趣，在这类融合中，家庭电视变成了电脑连接或结合了目录销售、电视产品展示以及即时购买能力的在线销售。

消费者还将继续看到不计其数的融合形式。例如，假如 ESPN 出版杂志，或者《ABC 新闻》（*ABC News*）创建大众网站，那么由此而形成的媒体就是融合的结果。大多数专家认为，营销、媒体内容以及技术性融合目前还处于萌芽状态。尽管我们还不确定 20 年后媒介融合会发展成什么样子，但毫无疑问，它是当今的潮流，甚至也是未来的潮流。

互动

受众将在很大程度上掌握广告的未来。技术将使消费者得以绕开传统媒体和营销渠道，直接面对营销商的娱乐、购买和其他服务。这个系统可以让买卖双方针对为家庭和个人量身定做的传播和产品进行一对一的交流。

很多时候，技术水平可能会超过消费者对这些服务的使用，但互动媒体正在极大地改变营销机遇。

创意

互动不仅仅将改变媒体的职能，而且未来还极有可能对创意过程产生巨大的影响，人们会越来越不需要抢眼的创意技巧和激发兴趣的广告形态。如果一个人在已经有了既定产品需求的基础上再去主动寻找广告主，那么建立产品 / 消费者关系的出发点就大不同于以往的大众广告了。

客户现在要求媒介策划拿出更多的创意，他们要求媒介策划考虑并评估新兴的不同媒体选择，以更加有效地提高广告的曝光度。

媒介专业知识在开发和评估娱乐、营销机会上变得越来越重要，非传统媒体通常会和传统媒体广告战役巧妙地携手，共同为品牌服务。例如，通用汽车公司在电影《变形金刚》（*Transfomers*）系列及其在 2009 年暑假推出的续集中都植入了新推出的小黄蜂（Chevy Camaro）。通过在电视插播广告中创造性地利用电影中的这些明星，这些植入广告给小黄蜂塑造了一种拉风的跑车形象，而当时的人们并不觉得驾驶通用汽车有多刺激。[2]

Energy BBDO 前执行副总裁朱迪·弗兰克斯（Judy Franks）指出，“任何地方都可能产生绝妙的灵感：创意既可能来自商业问题的创意性解决方案，也可能来自品牌本身的核心价值。由广告文案和艺术总监组成的创意团队时常灵光闪现，而这些灵光一现的创意最后往往演变成多平台整合广告战役。而且，媒介渠道自身也经常成为创意的催化剂”[3]。

黏性

随着电视受众群的萎缩和新媒体的壮大，广告主和媒介策划对**黏性**（engagement）这个概念越发感兴趣了。“黏性”这个术语对不同的人来说意义可能稍有不同，但人们通常认为它其实就是指广告载体向易感受众传递广告的能力。广告调查基金会首席调查官约瑟夫·普卢默（Joseph Plummer）曾说，黏性为深受环境影响的品牌创意开拓了前景。媒介大师欧文·艾弗伦（Erwin Ephron）也说，黏性就是“将主动型消费者从媒体内容转手给广告”。广告主希望了解哪个媒体可以让针对其品牌的广告效果更好。在“克莱普纳观点 7.1”中，鲍勃·吉尔布雷斯（Bob Gilbreath）将探讨媒介选择的重要性，因为它们才能吸引目标受众主动参与、形成有益的联系（见图 7.1）。

黏性

主动型消费者从媒介载体向广告的流动。

如果说这些潮流有什么共性，那就是，它们都清楚地表明，媒介执行在处理媒体的过程中，必须善于分析、充满创意并极具战略。统计和数学能力以及逻辑思维能力是媒介策划人员必须具备的基本素质，对那些好奇心强、善于想象、能力十足的人来说，媒介策划无疑是广告业中激情四射、报酬丰厚、充满挑战的一个职位。

媒介分离和独立媒介购买公司

在一个以媒介融合和创意为特点的媒介环境中，近几年常见的一种媒介职能运用方式就是人们所知的分离。大体上，分离指将媒介部作为一个独立单位来设置，其不再是全面服务广告公司中的众部门之一。

克莱普纳观点 7.1

鲍勃·吉尔布雷斯

Bridge Worldwide首席营销战略师

《有实力的消费者需要有意义的营销》(*The Empowered Consumer Demands Marketing With Meaning*)一书作者

鲍勃·吉尔布雷斯

有意义的营销

如果说大多数人都不喜欢广告，你可能一点都不惊讶。他们每天要接收 3 000 多条广告讯息，而其中的大部分都涉及与他们的生活毫不相关的品牌和产品。营销商过去常常用这些讯息来绑架消费者，以交换少数几个电视频道和杂志的免费内容，现在仍然如此。

数字技术的崛起给了消费者摆脱烦人广告的能力：他们用录像跳过电视广告，他们点击 iPod 上的 "shuffle" 而不收听电台广播，他们在 Xbox 上玩 Madden'09，而不看《周一橄榄球之夜》(*Monday Night Football*)。

个别品牌在这场消费者掌握主动权的媒介革命中找到了幸存下来并茁壮成长的途径。这些赢家发掘出人们愿意参与而其本身又能改善人们生活的营销方法，从而赢得了成功。我们将之称为"有意义的营销"。

例如，雅培营养公司(Abbott Nutrition)为糖尿病患者开发在线教育资源，泰诺的广告告诉人们忘记吃饭会导致头疼，三星公司在机场设置电脑充电站，多米诺比萨允许消费者在网上跟踪其比萨制作过程，多芬则就如何提高女性自信这个目标与消费者展开对话。

"有意义的营销"的观点并不算完全的新观念。《米其林指南》(*Michelin Guide*)在 1900 年起步时，还只是鼓励早期的车主们上路旅行，以达到磨损轮胎的目的。现在则不同了，米其林模式成了营销成功的必需模式。如今，消费者对自己购买的品牌期望更高，而他们的注意力则无法买卖，只能争取。

我们发现，"有意义的营销"通常有三种类别，依次对应人们渴望得到满足的三种需求：

- **有意义的解决方案**。提出有意义的解决方案的广告，会在其中包含宝贵信息、动机和服务。例如福爵(Folgers)派发新口味的免费样品，美国银行则教育自己的顾客如何避免银行手续费。
- **有意义的联系**。有意义的联系包括人们可以共享的娱乐体验。例如汉堡王开发了一套品牌 Xbox 游戏，哈根达斯(Haagen-Dazs)举行了一场消费者竞赛，让他们来开发新口味。
- **有意义的成绩**。有意义的成绩可以帮助消费者提高自己、其家庭和这个世界。例如家得宝课程帮助人们改造自己的家居，宝路(Pedigree)为十多万只流浪狗寻找新家。

这些活动不断地显示出对消费者的积极影响和极高的投资回报率。因为"有意义的营销"很有价值，消费者更有可能主动去传播好口碑。调查人员认为，这些品牌的深度渗透有助于建立长久的忠诚。由于这些项目中的大多数都很有价值，而不仅仅是单纯的广告，因而它们有所收获。例如，Sam Adams 的定制啤酒杯要加收 30 美元，而在 iPhone 商店上每下载一次卡夫公司的 iFood 应用程序就需支付 0.99 美元。

除了在消费者媒介接触习惯转变之时充当媒介的生存通道，给投资带来合理的回报外，"有意义的营销"还可以让个人和组织对自己的日常工作感觉更好。研究表明，对自己的工作感到自豪的人更忠诚、更能干。

尽管新兴的强势消费者正在颠覆过去的广告模式，并迫使几乎所有的行业从根本上改变自己的行事风格，但向"有意义的营销"的转变毕竟为扩大销售、建立前所未有的忠诚和提供我们都为之自豪的工作打开了一条光明的通路。

Courtesy of Brunner and Cub Cadet.

图 7.1

一年中什么时候是投放这条广告的最佳时间?

单独成立一个公司来发挥媒介职能，这种想法并不新鲜。美国第一家媒介购买公司，时代购买服务公司（Time Buying Services）于 1960 年成立。20 世纪 60 年代，无数的专业媒介公司开张营业，包括 1966 年成立的西部国际媒介公司（Western International Media）和 1969 年成立的 SFM 媒介公司。这些早期的独立公司专注于电视，因为电视的价格最好协商，而且也是美国大多数全国性客户的主要媒体。这些公司成立的前提是，它们的媒介专家拿到的电视广告价格比全面服务广告公司更优惠，后者往往专注于创意服务。

尽管大型广告公司并不理会这一声明，但在过去的十年中，将媒介职能分离出来，使之成为一项单独业务的设想已经变成了一个重要事实。随着对媒介职能的更加重视，在两大领域内出现了不同意见：

- *媒介策划（不同于媒介购买）应该在哪里进行*。有些独立媒介公司掌握着整个媒介职能，包括媒介策划和购买；而有时，媒介公司只负责实施广告公司或客户提供的媒介计划。有人认为，将策划战略从购买战术中分离出来会丧失因重新重视媒介而得到的很多效益。
- *创意和媒介战略之间的协调度*。那些将媒介部分了出去的广告公司正在重新考虑这个潮流，很多设立了传统媒介策划部、互动或数字媒介媒体服务部的广告公司开始转而将这些部门合并起来，以给客户提供无缝媒介服务。在某些情况下，如果将媒介选择作为创意战略的驱动器，那么很难想象创意部会离媒介策划专家有多远。

对于很多广告公司来说，媒介部是否完全分离才是核心问题。从历史上讲，广告公司一般是在自己能提供一整套广告服务的基础上，才向自己的潜在客户推销自己。创意战略与实施、客户管理、客户营销部接洽以及媒介调查、策划和投放，所有这些都必须在一家广告公司内处理。直到 20 世纪 80 年代后期，大多数广告公司还在依靠创意能力和获奖广告以及电视广告数量赢得声誉，而媒介部（以及现有的少数独立媒介购买公司）则通常被视为创意部的辅助部门。

然而，一些因素改变了媒介的角色，并最终使媒介走向了分离时代：

1. *整合营销*。随着客户们开始将广告视为复杂的营销传播活动中的一个元素，他们开始发现，广告公司并不是唯一的传播专业资源。为了在不同领域做到专业，大型企业除了雇请广告公司之外，还常常雇请公关公司、促销公司和直销公司。随着客户们越来越适应与传播公司的交往，他们自然开始期待广告职能的专业化——比如独立的媒介购买公司。

2. *成本因素*。随着媒介时间和空间成本的上涨，客户们更加关注媒介购买过程，期待更高的成本效益、更精准的目标市场界定和更可靠的媒介支出。

   达成媒介成本效益的最大阻碍在于低成本这个目标和当前的媒介专业化这个趋势相悖。直到几年前，广告主能选择的媒体还很有限。处在少数畅销杂志、三大广播电视网和众多垄断报纸占主导地位的媒介环境下，广告主们力求触达尽可能多的人，哪怕这样做会产生极大的浪费。在如今这个媒体碎片化、受众群体更小但同质化的环境下，广告主触达每一个人所付出的成本通常大大高于几年前。

3. *全球化*。随着客户开始在全球范围内展开营销，他们对广告公司媒介部和专业知识的要求也呈几何级增长。大客户们意识到，如果媒介策划缺乏战略，那么不管创意执行多么完美，全球性品牌都不可能在全球范围内建立知名度和统治地位。

4. *媒介职能的复杂性*。媒介策划已经远远告别了大众媒介独霸天下的时代。在实践的基础上，美国电话电报公司和宝洁这类大型企业在各种媒介排期上都投入了广告资金，包括网络、大量利基有线电视网络以及标准交互媒体。此外，很多企业也要求对这类广告加以监督，并使之与活动营销、销售推广和公共关系相配合。在执行这些计划时，媒介策划往往扮演着重要的角色，这种专家意见不是传统媒介部所具备的，它层次更高、更专业化。

5. *利润*。媒介分离除了能给客户带来好处外，还能给参与其中的广告公司增加一个利润中心。现在，即使有另一家广告公司在负责创意，广告公司也可以角逐客户的媒介业务，比如竞立媒体、星传媒体集团（Starcom MediaVest Group）以及实力传播这种独立媒介公司都在大型广告主的媒介计划中发挥着重要作用。仅仅在几年前，这些独立媒介购买公司的客户还都是智威汤逊、博达大桥和李奥贝纳等全面服务公司的客户，如今他们全都将媒介部分离出来了（见图 7.2）。

媒介分离使媒体主管得以在整个广告战略策划过程中扮演更重要的角色，也突出了媒介这个广告组合元素的重要性。显然，在一个受众碎片化和媒体利基化的环境中，媒介决策将继续在广告策划中占据重要地位。广告主们越来越明白，如果将广告讯息传达给了错误的受众，讯息再有创意也是在浪费精力和金钱。

图 7.2
2008 年世界顶尖媒介专业公司全球收益

媒介专业公司 2008 年收益		
排名	公司名称	2008 年全美收益（百万美元）
1	浩腾媒体（宏盟）	216 700
2	星传媒体美国[1]（阳狮集团）	179 300
3	传立媒体：公司［WPP（Group M）］	176 200
4	尚扬媒体：公司［WPP（Group M）］	175 400
5	精锐媒体美国[2]［阳狮集团（SMG）］	134 600
6	实力传播美国［阳狮集团（ZOG）］	129 600
7	竞立媒体 [WPP（Group M）]	121 900
8	Carat［安吉斯集团（安吉斯媒体集团）］	109 600
9	优势麦肯［（埃培智（Mediabrands）］	102 100
10	Initiative［（埃培智（Mediabrands）］	78 900

注：1. 星传媒体美国含 Tapestry。2. 精锐媒体美国含 MV42。

资料来源：Reprinted with permission from the April 27, 2009, issue of Advertising Age. Copyright, Crain Communications Inc. 2009.

媒介公司在招聘时会寻求哪种专业人才？按照竞立媒体美洲区经营伙伴杰夫·托塔罗（Jeff Totaro）的说法，竞立媒体在招聘媒体 / 传播人才时主要寻找五个领域的人才：

- *市场分析员*，他们能识别业务和营销增长机会。
- *战略洞察策划人员*，他们能开展消费者洞察。
- *传播 / 媒介策划人员*，他们了解所有形式的消费者传播。
- *ROI 分析师*，他们能设定可测的目标，评估结果并提出建议，从而提高投资回报率。
- *媒体采购员 / 优化师*，他们擅长为客户争取更好的媒体机会。

在更大型的办事处，媒介公司可能会雇请专人分别负责上述工作；而在较小的办事处，媒介公司则可能寻找胜任上述大部分或全部工作的人。

托塔罗先生还指出："我认为，强有力的媒介教育是一个健康的营销 / 广告计划的一部分，这对这个行业来说绝对关键。"听上去很刺激是不是？！

基本媒介战略

传统上，媒介策划人员采用阶段式发展战略来制定媒介排期，他们时刻牢记着成本效益，从那些触达预设受众数最多的媒体入手，然后逐步缩小至触达受众数最少的媒体。过去，第一或第二阶段相对比较容易判断，全国性广告主往往将电视网或杂志当作主要媒体。之后，媒介策划人员着手考虑其他载体来触达更小的受众群。

我们之前讲过，广告主可以选择且能补充其主要载体的媒体已经有了大幅度的增长，网络、视频游戏、店内媒体、游击营销以及互动电视等载体的诞生明显改变了媒介策划人员的工作。与此同时，这些选择也为媒介职能和媒介购买提供了新的视角。现在，媒介策划人员被迫不仅要考虑制订计划的成本，在与这些专业媒体打交道时，他们还必须考虑更多的因素，比如：哪些东西与主要预期对象相冲突、是否有能力以独一无二的方式传播讯息、媒体的声望是否能盖过受众触达率低的窘况。越来越多的媒介策划人开始审视媒体的定性因素，如受众和媒体个体之间的传播互动。

浩腾媒体在为《绯闻女孩》(*Gossip Girl*)第二季的推出而设计系列广告时，充分利用了自己掌握的事实：这部电视剧的年轻女性受众不仅仅看电视，同时还在做许多其他事情。于是浩腾媒体让《绯闻女孩》的受众注册，让她们在第二季首映时通过手机接收《绯闻女孩》讲述者的实时短信。这个新奇的创意为这部电视剧带来了新的观众，网络点击率直线上升，并在网上引发了热议。[2]

传统上，广告过程通常从较为宽泛的营销和广告战略入手，然后转向创意实施，最后才是媒介投放，媒介投放常常被视为单纯的创意讯息传送渠道。但如今，这个概念已经从根本上发生了一些变化。

1. *媒体的定性因素*。为了了解面向目标受众的每个媒体都具备哪些定性核心特质，媒介策划和客户策划以及/或创意团队的合作越来越紧密。这些核心价值观与广告讯息相互作用，或增强或削弱广告的效果。

   例如，报纸擅长发布信息，电视适宜充当感性媒体，而直邮则涉及个性。如果品牌讯息与这些定性因素不相冲突，则有可能收到最好的效果。

   经验丰富的媒介采购必须克服个人的媒体偏好，判断哪些媒体能最有效地触达预设受众。或许需要一条电视网广告，或许最好的广告植入是在赛车上涂上赞助商的 logo。总之，媒介策划人必须克服自身的偏见，站在客户的主要潜在消费者的角度想问题。

2. *正在淡化的媒体差异*。技术正在改变媒体、受众和广告主之间的基本关系，形成一个媒体差异日益淡化的环境。例如，通过电脑传递的报纸内容还能算“印刷”媒介吗，甚至它有视频内容？同样，通过电视显示短信还能叫“广播”信号吗？

   在这种新环境下，媒介策划在使用媒介载体时就必须富有创意，同时多注意受众和传播效果，少注意经销系统。为了适应日新月异的媒体技术，连广告公司媒介部和媒介公司的传统组织都进行了重组。

3. *媒介可靠性*。媒介购买和排期上的变化让媒介策划感受到了压力，不得不涉猎几年前还不属于自己的领域。我们在前面讲过，在很多广告公司，“媒介策划”和“媒介采购”等职位被“传播专家”或“传播策划”这类宽泛的称谓所代替，因此，术语的改变不但是语义的改变，而且更准确地反映了广告媒介主管的职责和期望（见“克莱普纳观点 7.2”）。

   调查显示，网络也有不同的品牌标识，针对特定的人口统计类别和特定的买主类别。网络的品牌标识度高并不一定会产生短期收视率。例如，电视网有两个品牌——探索·发现频道和气象频道，但它们的收视率却平均不到

1%。然而，随着受众的碎片化，将会有更多的观众趋向于利基载体，因此这些网络的前景还是被看好的。

广告可靠性指企业希望其广告能够与品牌的具体销售挂钩。换句话说，它们要的是投资回报率。前面讲过，我们很难准确地判断广告到底能对整个销售做出什么贡献，更别说判断它如何影响某个采购人员或采购小组了。有一些软件程序试图建立这种联系，比如在预测某节目的观众能产生多少销量时，就可以利用收银台的扫描数据对电视收视率和购买行为进行比较。

4. *附加值机会*。这是媒介抛给广告主的诱饵，以刺激他们在媒介载体上购买更多的广告时间或空间。给广告主提供额外好处、提供附加值，无疑是刺激他们投入更多资金的良方，这些附加值机会包括产品植入、活动赞助、赠送体育赛事门票或远程广播这类跨媒体促销。

媒介策划和媒体销售代表的集体智慧有多大，提供附加值的机会就有多大。例如，在 Butler，Shine，Stern & Partners 公司为面向纽约市场销售宝马 Mini Cooper 而设计突破性广告系列时，地方电台就向它们提供了支持，帮助它们触达 35～54 岁这个年龄段的男性目标受众。有广告投放的每家电台都与广告公司通力合作，为自己的受众创造独一无二的机会。在电台，当地的 Mini Cooper 经销商会打进电话，在表明自己的身份后，他们便介绍即将播放的歌曲："Mini Cooper 今年 50 岁，Mini Cooper 诞生时，这首歌就在榜单上了。"在又一次油价奇高的时候，另一家电台就向听众推荐离当地 Mini Cooper 经销商最近的、价格最便宜的加油站。电台还在自己的网站上重点强调价格最便宜的加油站，电台广播和网站都包含了 Mini Cooper 的赞助标识。[6]

《瑞秋相伴每一天》(*Everyday with Rachael Ray*) 杂志让广告主与他们的其他媒体资产合作，从而给广告主提供充满诱惑的附加值。比如，如果广告主在这本杂志上购买一定量的广告空间，就可以在 CBS Outernet 上投放广告（CBS Outernet 是一个数字户外网络，可以触达超市购物者和其他零售消费者）。这条 30 秒的视频由该网络为广告主制作，这些广告看上去和《瑞秋美食秀》(*Rachael Ray Show*) 很相似，主要展现正在使用该产品的名人。[7]

由于技术在不断改变大众媒介和广告的本性，因此找到能更好地联系广告和产品销售的方法就变得越来越有必要了。我们不再与不同的媒介载体打交道，更确切地说，媒介开始趋向于融合，变成少数多媒体载体，传统媒体逐渐被淘汰。消费者在传播渠道中掌握的权力越来越大，选择性地只注意特定的娱乐、信息和广告。在这种状态下，很少有无效发行量，因为，从道理上讲，自主选择的传播只会触达预期对象。

媒体特征

在策划和执行媒介战略之前，我们必须对主要媒体的特征和职能（文字内容和广告）有一个基本的了解。面对众多的媒体选择，媒介策划最重要的一个特质就是思想开放，无论是像电视网这样的现有讯息传递系统，还是网络和各种各样的非传统媒体，媒介策划都必须从中挑选出与各个客户的营销和促销目标最匹配的媒体。

克莱普纳观点 7.2

吉拉德·凯特（Gilad Kat）

竞立媒体（特拉维夫）传播策划指导

广告过程中传播策划的角色演变：从排期到接受度策划

吉拉德·凯特

我承认：我专业生涯的大部分时间都花在了广告媒介策划上，但很多时候我倒觉得我身边的人（甚至我的妻子……）根本不知道我在靠什么吃饭。

但这不能怪他们，我入行的时候，我们称自己为“媒介策划”（多少和“媒介”在广告流程中担任的战术角色相吻合）。后来，我们有时将职位改为“传播策划”（这应该是为了适应“媒介”所需满足的更具战略、更包容的角色要求）。但是最近，我听到业界有越来越多的声音呼吁回归“媒介策划”这个旧的职位名称。这是因为，随着受众和媒介的日益碎片化（不再有“大众媒介”一说了），媒介环境也越来越复杂。你被搞糊涂了没有？

几年前，《财富》杂志在采访WPP群邑公司（世界上最大的广告媒介投放公司）首席执行官欧文·哥特里布（Irwin Gotleib）时问：“媒介公司人员都做些什么？”他的回答很简单：“我们为客户制定传播战略，然后加以实施……”我想这一点多年始终没变，但这项工作涉及的东西发生了明显变化。我们不再将媒介仅仅视为广告流程中的一个传递系统，不再只是将创意部制作的讯息传递给目标受众。事实上，鉴于媒介环境的复杂性和可供选择的广告平台的数量增多，我们离媒介人员指导创意人员进行创作的日子越来越近了。

人们越来越意识到，作为整个传播产品的一部分，媒介和讯息必须携

我们必须记住，广告预算的增长不像媒介选择的增长那么快，因此，艰难的预算决策就成了广告公司及其客户的家常便饭。“从广义上讲，由于新技术的出现，我们无法向人们出售更多的汽车、运动鞋或者盒装麦片……随着新媒体形式开始呈现出传统广告媒介、促销以及直接营销的某些混合特质，为了支持新的媒介努力，营销主管们必须用全新的眼光看待预算的宏观分配。”[8] 我们将在后面章节中从广告的角度探讨不同媒介载体的优势和劣势。

3 了解媒介策划的特点。

4 认识媒介策划和目标营销之间的关系。

整合到一起：媒介策划

对不同媒体的特征的了解只是必不可少的第一步，如果缺少一个将媒介购买整合成有意义的整体的计划，其结果就像学说一种语言，虽然知道很多单词但却不懂如何通过语法将它们组织成句。媒介策划必须能利用每个媒体与众不同的特质，将其作为某个复杂分析的局部，从而为广告战役制订出一个完整的媒体计划。尽管没有标准模式，但我们仍然会给大家提供一个典型的媒介策划简要大纲，然后再详细探讨其中最重要的一些因素。

手并进。广告创意不再被视为讯息创造者涉足的唯一领域。近几年，在人们意识到方法对结果的巨大影响之后，媒介创意赢得了人们的认可和重视，越来越多的国际广告节如今设置媒介类奖项（包括最著名的戛纳金狮奖和克里奥奖等）便充分说明了这一点。

媒介人员不仅在入侵广告流程中的创意领域，还深入挺进战略对象（目标受众）分析领域。如果将印刷广告或电视广告随意呈现在目标受众眼前已不足以让他们对这个品牌的讯息做出回应，我们就必须进一步了解，在客户的讯息与受众关系更密切的时候，我们怎样才能触达他们。

进入“接受度策划”后，就讯息策划而言，接受度策划人员要做的与广告战略策划人员所做的相似，我们也要为媒介策划完成这些任务。简单来说，我们必须判断自己应该在什么时候、什么地点、以什么心态触达预期对象。毕竟我们明白，如果我们能设法与自己的讯息形成关联（在具体时间、地点和预期心态的基础上），就能大大提高讯息的效果。这就像战略策划人员试图深入了解消费者的生活一样，我们也试图洞察消费者的接受度，因为对“对象”的洞察可以影响“方法”的两个方面：内容和联系。

因此，在竞立媒体加拿大公司试图将新款封面女郎的 24 小时持久唇膏这条讯息传递给“在路上”的年轻成年女性这个目标对象时，如果女孩们要检查自己新买的口红是否好用，最自然的做法当然是利用洗手间里的镜子，然后悄声问另一个女孩“你的口红还在不在？”。又比如，在以色列，在宝洁公司的新品牌 Fairy 面对具有 25 年历史的老牌洗洁剂龙头品牌时，我们认识到，要想劝服那些忠诚的棕榄（Palmolive）用户换品牌，我们必须利用公关型广告来建立联系。我们将广告的重心放在传统的星期五（安息日）晚餐上，在这顿晚餐上，广告鼓励家庭成员说出“妈妈，来和我们坐会儿”，催促那个有完美主义倾向的妈妈走出厨房、放下碗盘，晚饭后出去走亲访友。Fairy 的一套广告以星期五为中心，并配之以该品牌去油能力超强的讯息（其实就是说，洗碗的时间少，陪伴家人的时间多……）。这让 Fairy 一举跃居并一直保持着该市场新龙头品牌的地位（见第十二章案例 12.1）。

接受度策划日益成为媒介公司的主要任务，因为它们认为这是广告战役成功与否的关键；而且，和其他职能相比，它也最能体现媒介多年来在广告流程中的演变。

Courtesy of Gilad Kat.

典型的媒介策划

I. 营销分析
- A. 基本营销策略：销售、市场份额及盈利目标
  - 1. 人口统计学特征
  - 2. 生活方式特征
  - 3. 地理位置
  - 4. 产品使用率
- B. 产品优势和差异化特征
- C. 定价策略
- D. 竞争环境
  - 1. 产品品类的企业数和竞争及其市场份额
  - 2. 产品品类面临的法规和经济形势

II. 广告分析
- A. 基本广告战略
  - 1. 产品知名度目标

2. 广告看重的目标受众

B. 预算

1. 营销传播组合配额

2. 各媒介类别配额

3. 媒介载体配额

Ⅲ. 媒介战略

A. 将媒介载体（如《时代周刊》《周一足球之夜》(*Monday Night Football*)、乡村音乐广播等）与目标受众的媒体偏好相匹配

B. 权衡创意与传播

1. 是否需要展示产品

2. 是否需要复杂的讯息

3. 要求什么广告时段和 / 或季节

4. 媒体与讯息主题、竞争问题是否兼容

Ⅳ. 媒介排期

A. 印刷夹页的日期及制作要求

B. 广播分配及可获得性

C. 每类媒介（如杂志）和具体媒介载体（如《体育画报》）的预算

D. 千人成本（CPM）估算（按受众总数、主要预期对象等）

V. 证实和小结

A. 用可测结果陈述广告目标

B. 评测广告目标完成情况的调查计划

C. 媒介调整的应急措施

没有哪两个媒介策划会完全一模一样，那些入选的媒体也不会被同等对待。不过，下一部分所探讨的那些因素在几乎每个媒介策划中都可以看到。

目标受众

媒介策划

对广告战役中的媒介部分的整体分析和实施。

我们在前面已经发现，**媒介策划**（media plan）包含了一系列与营销战略和广告战术相关的因素。但是，一个广告战役是否能取得最终的成功，最关键的因素还在于是否能正确认识到品牌的主要目标市场，一旦在广告流程的这一环节出现差池，要想成功地实施广告计划就几乎是不可能的了。媒介策划的基础是识别不同媒体的受众中的主要潜在细分群体。通常，这个过程不仅是为了找到人口利基市场，也是为了识别消费者的需求，并找到能满足这些需求的产品优势（见图 7.3）。

在整个媒介策划过程中，媒介采购和媒介策划都必须将重心放在消费者、产品和利益的整体规划上，而不能只考虑如何以最低的成本触达目标市场。近几年，对广告讯息进行调查的一个主要思路便是评估媒介对广告讯息（除讯息本身外）的贡献率。广告调查人员正在不断寻找更加成熟的调查方法，以清楚地了解消费者，了解他们如何与媒介、广告讯息进行互动。

媒介策划一边观察这些互动，一边采用比以往更成熟的方法来检查广告讯息的成本效益。至少，这个针对成本效益的更宽泛的方法要求媒介策划追求触达率的最大化，而不是只锁定某个个人或家庭。直到最近前，媒介策划还一直将重心放在不同媒

Courtesy Bright Ideas and Macon Symphony Orchestra.

图 7.3

Macon 交响乐团这条广告的主要预期对象是谁？

千人成本

对发行量不同的媒体进行成本对比的一种方法。此外，每一千人发行量加权或人口统计成本也要计算 CPM，但只用到该媒体落在主要预期对象类别中的那部分受众。

体的整体触达率上，希望以最低的成本触达最多的受众，从而使媒介排期能够触达相当一部分预期对象。在大众杂志畅销和电视网主导的时代，这个战略完全行得通。那时，最常用的成本效益评测方法是**千人成本**（cost per thousand，CPM）。在我们一开始探讨成本和瞄准预期对象的费用之间的关系时，我们给出了 CPM 的定义。千人成本是在发行量不同的媒介载体中比较媒体成本的一种方法，公式为：

$$\text{CPM} = \frac{\text{广告成本} \times 1\ 000}{\text{发行量}}$$

假设《人物周刊》的发行量为 3 691 819，四页彩印的广告价格为 266 780 美元，则其 CPM 为：

$$\text{《人物周刊》CPM} = \frac{266\ 780 \times 1\ 000}{3\ 691\ 819} = 72.26\ \text{美元}$$

显然，没有哪个媒体有能力向广告主提供这样的受众：每一个成员给广告主带来的好处都一样多，即没有无效发行量。同样，要记住，每一本杂志往往都会有好几个读者。我们假设，我们的客户是一个玩具生产商，只想触达家有三岁以下儿童的妈妈们。为了测量《人物周刊》在触达这群受众上的效率，我们可以对加权或人口 CPM 稍做变化。下面就来看一个加权 CPM 的案例。

在这个案例中，我们发现，《人物周刊》发行量为 3 691 819 册，而其年龄在 18—34 岁之间的读者有 140 万。现在，我们在只考虑自己的目标受众而非该杂志的整体发行量的情况下计算一下加权 CPM，得：

$$\text{《人物周刊》CPM} = \frac{266\ 780 \times 1\ 000}{1\ 400\ 000} = 190.56\ \text{美元}$$

你肯定能想起我们在第四章讲过的识别目标市场的若干种方法。在前述加权 CPM 的这个例子中，媒介策划可以用生活方式、产品用户或心理统计数据替代我们在《人物周刊》这个案例中所使用的人口数据。值得注意的是，CPM 数据只有在进行媒体之间的比较时才有意义。《人物周刊》的加权 CPM 为 190.56 美元，它只有在与另一本 CPM 为 150.90 美元的杂志对比时才有意义。

媒介策划一直在努力按照更有用、更准确的客户目标这个要求调整成本效益。最近几年，调查中出现的一个重点就是将传播纳入 CPM 组合中。我们现在还要在这个组合中增加传播影响力测量和受众认知测量，而不是单纯测量有可能成为我们广告受众的预期对象数。

媒介策划要考虑的主要传播因素如下：

1. *受众的创意偏好*。例如，青少年更偏向于与印刷媒体呈现方式不同的广播。
2. *讯息的定性环境*。《人车志》（*Car and Driver*）杂志触达的受众都乐于看汽车及其配件的广告。
3. *协同效应*。广告主力图将媒体整合到一起，从而达到 1+1>2 的传播效果。例如，手机生产商利用户外广告建立品牌的知名度，利用杂志发布产品的详细信息，利用报纸告知经销商的地址和价格，利用电视演示产品、塑造形象。其结果远远大于单独使用任何一个媒体。
4. *创意方法*。哪怕其他媒体更划算，长文案或高品质再现也必须通过印刷媒体来满足吗？

我们凭直觉就可以明白，在制定媒介策划时，不能忽略上述及其他传播因素。然而，将直觉转换成确凿的数据却并非易事。近几年来，如何量化媒介策划中的传播价值引起了越来越多的关注。现在，对于涉及其中的复杂方法我们不做讲解，只看几个能纳入传播因素的潜在加权 CPM 调整：

- *媒介曝光度*。是否应该给杂志读者和经过户外广告牌的人同等的曝光度？
- *等同于广告曝光度的广告曝光加权*。《时代周刊》杂志的读者是否比《ABC 晚间新闻》（*ABC Evening News*）的观众更容易看到产品的每条讯息？
- *等同于广告讯息传播度的传播加权*。和电视广告或网站横幅广告相比，杂志四色广告的传播影响如何？
- *同一媒体中的曝光频率加权*。在同一媒体上首次曝光的价值能否等于或大于后续的曝光？[9]

调查显示，受众对媒介的卷入度与广告反应之间存在正相关关系。受众传播加权的种种方法都力图表现媒介策划流程中的这种关系，并准确地估算不同媒体的受众的价值。

尼尔森公司邮编市场潜力等级指数

很多受众分析方法都有一个缺点：只考虑一个变量。在前文的《人物周刊》案例中，我们将三岁以下儿童的妈妈们设定为玩具的目标市场。但实际上我们知道，在这个大的品类中存在着很多差异。例如，一名有工作的妈妈可能会从网上购买玩具，有些妈妈则可能会从上门演示玩具的推销员那里购买玩具，而不通过电视上的玩具广告。同样，收入、教育和其他因素都可能改变一位女性在这一大类别中的购买行为。媒介策划人知道，要想准确地识别某个特定的目标细分群体，往往要动用多变量的方法。

在多变量的基础上，诞生了一个最具革命性的市场细分方法，这就是尼尔森拉瑞塔斯市场调研公司（Nielsen Claritas）发明的**邮编市场潜力等级指数**（Potential Rating Index by ZIP Market，PRIZM）系统。PRIZM 将人口划分成 14 个社会群体，然后再进一步将这些大的群体细分为 66 个子类（见图 7.4a、7.4b），判断这些社会群体的主要变量便是生活方式和收入。

邮编市场潜力等级指数
尼尔森公司发明的受众细分方法。

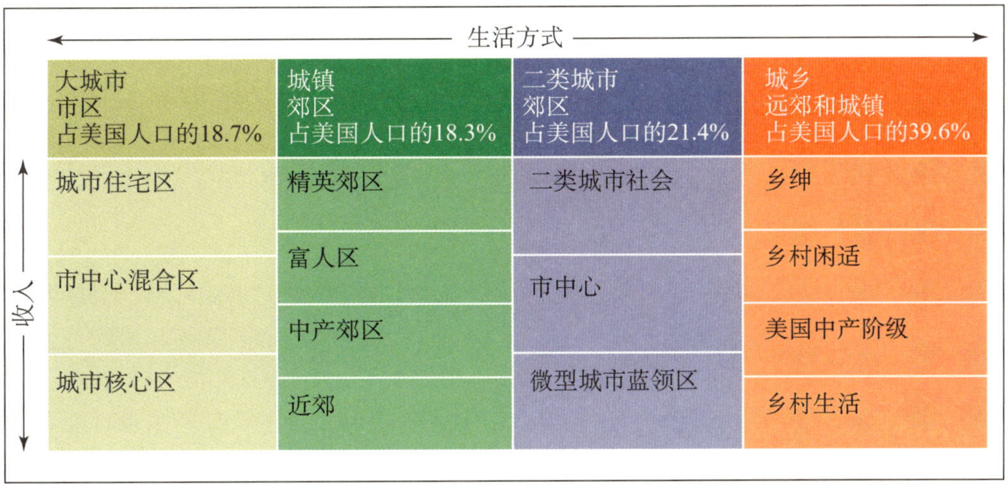

图 7.4a
PRIZM 社会群体

图 7.4b
PRIZM NE 尼尔森细分群体

城市住宅区
04 青年 IT
07 脑力精英
16 波西米亚组合
26 四海为家
29 美国梦

市中心混合区
31 城市成功者
40 老城区老龄非裔
54 移民杂居

城市核心区
59 城市老年人
61 城市底层
65 大城市蓝领
66 低洼生活者

精英郊区
01 上流社会
02 郊区富豪
03 权贵
06 成功人士

富人区
08 高级白领
14 新空巢
15 泳池露台
17 环城婴儿潮
18 孩子与困境
19 甜蜜之家

中产郊区
21 灰色力量
22 年轻有为
30 郊区蔓延
36 蓝筹蓝领
39 国内二重奏

近郊
44 新起点
46 吃老本
49 美国经典
52 郊区先驱

二线城市社会
10 二线城市精英
12 富裕丁克
13 上升者

市中心
24 年轻奋斗者
27 米德尔堡经理人
34 康居
35 新城单身族
41 老城区蓝领

微型城市蓝领区
47 城市创业者
53 流动蓝领
60 公园长椅老人
62 退休还乡者
63 节俭家庭

乡绅
05 乡绅
09 小池塘里的大鱼
11 人间天堂
20 快车道家庭
25 乡村休闲

乡村闲适
23 绿地运动
28 传统时代
32 新家园
33 运动家庭
37 魔幻乡村

美国中产阶级
38 简单快乐
42 红 / 白 / 蓝色
43 心脏病人
45 缓行路段
50 中心小镇
51 猎枪与皮卡

乡村生活
48 年轻脆弱单身族
55 金色池塘
56 十字路口村民
57 老重工业区
58 落后乡镇居民
64 美国基石

PRIZM 细分按富裕程度依次往下排，从住在精英郊区的“上流社会”群体到住在美国大部分城市及社会经济水平最低地区的“底层民众”。PRIZM 群体的价值在于，这些普通细分群体可以与某特定群体成员使用最频繁的产品、媒体相匹配。例如，上流社区的居民年龄较大、收入较高、受教育程度也更高，他们更有可能开豪车，看《华盛顿邮报》（*Washington Post*），看高尔夫频道，在萨克斯第五大道购物。

按照地理标准识别这些群体，企业便可以避免因目标模糊而在发行量上浪费资金，从而制订出有效的营销和广告计划。[10]

传播要求与创意要素

如前所述，媒介策划越来越关注不同媒体的价值差异，越来越关注不同的媒体是否能给某一条广告讯息增加或减少附加价值，即这些媒体的黏性。该过程的另一面则体现在艺术总监、文案和媒介策划如何从战略的层面参与其中，而不是仅仅将自己当作他人的广告计划的执行者。

客户总监和客户们也越来越认识到，媒介和创意介入得越早，创意就越有可能以独一无二的方式去定位和宣传一个品牌。这种早期介入还能给广告战役中出现的战略问题、战术问题乃至执行问题留出充足的时间去思考万全之策。尤其是现在，媒体是否具备**附加值机会**（value-added opportunities）已经成了媒介购买与策划流程中普遍会考虑的一个重要因素，因此，创意与媒介团队必须知道品牌要追求什么机会。

附加值机会

媒介能为广告主提供的、能为其所购买的媒介时间和空间增加价值的东西。

广告曝光与广告传播之间存在着巨大的差距。客户团队给媒介和创意提供的支持越大，传播和合作的效果就越好。通常，创意和媒介团队必须在成本效益最高的媒体和创意最好、最适宜传递品牌核心讯息的媒体之间妥协。如果媒介采购必须去协商价格并判断是否能买到媒体，则这些决策做得越早，对他们就越有利。

过去，针对广告实施的主要批评是：在广告战役战略中，媒介和创意人员不够了解对方的职责，结果，按批评家们的说法，导致广告无法充分利用不同媒介载体的传播优势。正如本章前面所讲，最近几年，创意职能和媒介职能相分离的状态似乎已经减少了，在主流广告公司中，人们已经意识到了创意/媒介合作对广告效果的必要性。

在某种程度上，是媒介奥特莱斯与新媒介技术的融合，加上更多的受众互动机会，催生了这种合作。例如，在企业尝试网络广告时，对信息、媒介以及受众的整合就需要采用不同于传统媒体广告的方法。在新技术和互动媒介环境下，广告策划流程要求所有的广告职能部门齐心协力，与拥有传播主动权的受众一起形成最大的影响力。

地理——产品销往哪里？

地理因素是媒介购买时要考虑的一个最古老的因素。早在广告主意识到人口统计学和目标市场的重要性之前，他们就已经知道自己的产品要销往何处、在哪里销售以及哪些媒体能最有效地触达这些地区。甚至在精准界定受众的时代，地理因素仍然是策划人员要考虑的一个主要因素。

今天，媒介策划涉及的地理范围往往比从前小得多，策划不再按照州或地区进行，而可能按邮政编码和街区单位乃至个人进行，在直邮和网络广告中更是如此。广告主们发现，全美各地的消费者对不同产品品类的态度和想法大不相同，于是地理因素也随之变得更加重要。有时，这些地理差异很明显——南方人喜爱的食物和东北地区的人完全不同，这就像奥兰多和芝加哥对雪地轮胎的需求不同一样；有些因素在品牌需求上的差异则没有那么明显。

和产品的分销一样，媒体在发行上到底会表现出什么模式，根本就无法预测。这样一来，媒介策划的工作就更加复杂了。拿一个市场的群体年龄或种族组成来看，它们之间的差异并非全都可以解释，只有部分可以。例如，根据尼尔森数据，亚特兰大人的电视观看模式总体上与美国其他地区的人不一样，其中的一些差异归因于这一地区的年轻人和非裔美国观众非常集中。媒介策划在制定触达主要预期对象的媒介排期时，必须考虑这些不同的产品使用模式和媒体偏好，必须从买主和潜在买主所处的位置及其在某地区的集中度入手。

产品使用的地区性差异要求很多公司制订辅助的、地方化的媒介计划，以协助全国性的媒介排期。因此，越来越多的全国性广告主采用区域性广告媒体，如有线电视和产品定制出版物（如餐馆指南）。随着能帮助广告主界定市场、让媒介技术触达更狭小细分群体的调查数据变得唾手可得，我们将看到地方媒体使用量的提高。有时，这种地方化是对全国性广告战役的一个补充；但有时，全国性品牌也会将地区性媒介排期作为主要战略。

媒介战术：触达率、频率、持续性和预算

5 了解媒介策划达到预期触达率、频率和持续性所需要的战略。

媒介策划在制定最终的媒介排期时会面临四个问题：

1. *触达率（或称覆盖范围）*。触达率指接触到某一媒体的广告或多媒体状态下全部广告的不同受众人数的总数。它既可以表示为预期对象人数，也可以表示为目标受众百分比，不论哪种情况，它都指非重复的受众。例如，如果目标受众设定为 50 万名 18～24 岁的男性，则代表其中的 20 万接触到这条广告，即触达率为 40%。

频率

在媒体接触中，在给定时间里，个人或家庭接触到一个具体品牌的广告载体的次数。

2. *频率*。**频率**（frequency）指每个受众接触媒体排期的次数。在前述例子中，如果该广告战役触达的 20 万名男性接触了 100 万次，则频率为 5.0。

$$\frac{1\ 000\ 000}{200\ 000}=5.0$$

3. *持续性*。持续性指一个广告战役持续的时间或触达率和频率的测量时间段。换句话说，要累积到 20% 的触达率和 5.0 的频率，可能需要一周以上、一个月（这种情形最普遍）或一年的时间。在评估触达率和频率时，必须清楚地说明测量这些因素时所选用的时间段。

4. *预算*。预算是广告计划中的主要约束力。在所有的媒介策划中，最核心的因素就是预算。尽管触达率和频率的相对权重可以调整，但广告排期中的重中之重是预算。

随着媒介策划流程的层层推进，策划人员逐步从总体的战略转向具体的战术。在这个过程中，他们必须判断哪些媒体才能最有效地实现预期的营销和广告目标。

每个媒介载体的价值都应该根据以下标准加以测量：

1. 载体成本。

2. 目标市场数量，或载体可触达的加权目标市场的质量。

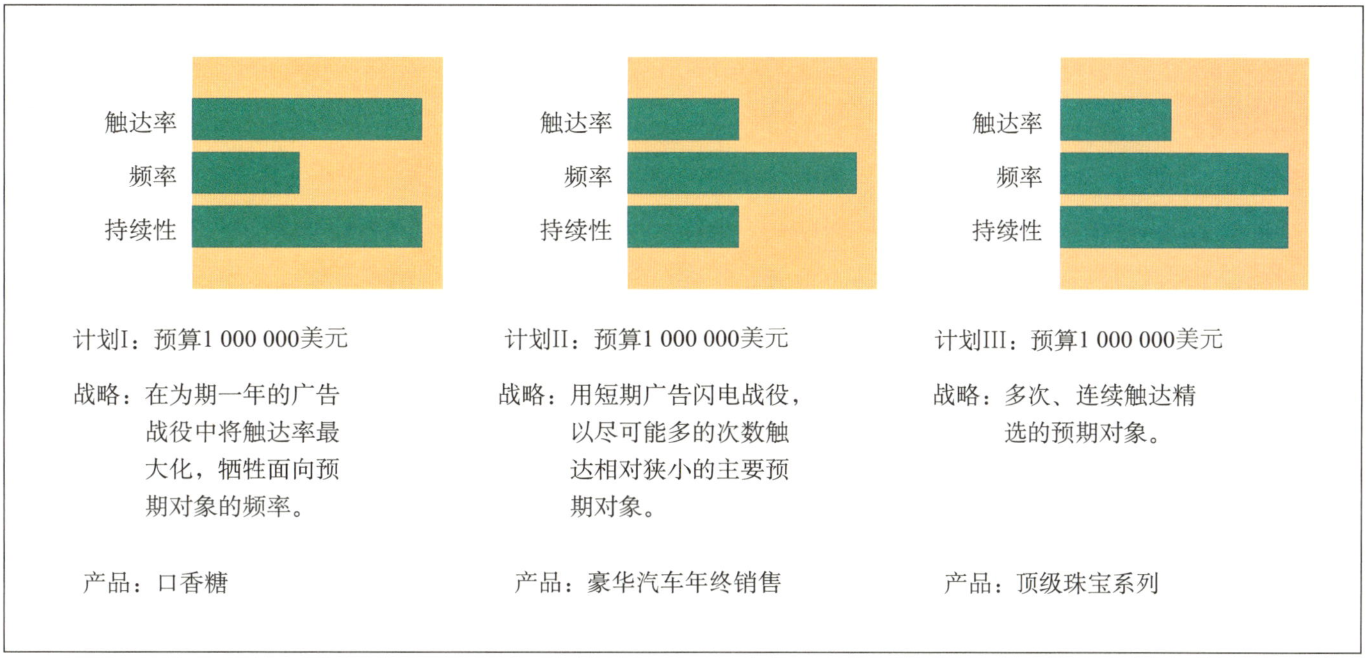

图 7.5

固定预算下，触达率、频率与持续性之间的关系。

3. 载体的广告曝光效果（如传播元素或定性元素）。

触达率、频率和持续性必须与固定预算的要求相匹配。从实际操作上看，媒介策划能控制触达率和频率，但预算战略决策其实在很大程度上取决于客户。大多数广告战役的时间都是一年。媒介策划还必须考虑如何在价格最低的媒体（效率）和传播效果最好、能触达最佳预期对象的媒体（效力）之间保持平衡。图 7.5 表现了上述三个因素在一些典型的媒介战略中的关系。

与触达率、频率相关的战术是预定营销和广告目标以及战略的直接结果。毫无疑问，在传播战略中，是强调触达率还是强调频率肯定会对媒介战术产生深远的影响。无论是希望要触达率还是希望要频率，都有大量的战术可供使用。[11]

触达率战术

- 电视黄金时段触达的受众多，但价格非常高，可能很快就会要求追加预算。
- 日报能触达大约 5 000 万户家庭，覆盖很多市场的 30%～50%。
- 畅销杂志，如《美好家园》（*Better Homes and Gardens*）、《读者文摘》（*Readers Digest*）与电视网服务内容相似，但整体受众的范围更窄。

频率战术

- 有线电视，尤其是专门频道，如历史频道和探索·发现频道，价格相对便宜，更易于通过长期触达相同的核心观众而达到频率要求。
- 小众杂志和大众杂志不同，小众杂志连续几期都触达相同的受众。
- 广播听众一般收听一两个自己中意的电台，且每天收听几个小时。

不论媒介策划采用哪种具体方法来决定触达率和频率应该处于哪个合适的水平，压倒一切的动机仍然相同——通过媒介资金获得成本效益。然而，如果一个媒体无法有效地向目标受众传播讯息，那么只有这一个媒体是不够的。最近几年，媒介策划领域发生的最大变化就是从累积受众这个目标向测量被触达受众的有效性这个目标转移。换句话说，广告主们认为，同一个媒体的受众，哪怕那些在人口统计学特征上相似的受众，他们之间并不完全相同。

测量有效受众的方式有多种形态，策划人员会采用各种技巧剔除无效发行量。例如，他们会推算传播的影响力与曝光率之间的关系，将媒体 / 讯息能力这类定性变量加入自己的等式中。不论他们如何处理这个问题，最主要的动机都是更精确地评估特定的预期对象、媒体或讯息对测量广告整体效果的价值。

媒介排期

媒介排期

表明何时发布广告以及在何种媒体上发布的详细计划或日程安排。

媒介策划流程最后一个环节的工作之一是制定详细的**媒介排期**（media schedule）。媒介排期是广告战役中针对媒介部分的一个日程表或蓝图，它同时也是媒介采购实施媒介战略的指南。媒介排期必须清楚地表明要购买什么媒体、什么时候购买、每条广告需要多少时间和空间。例如，如果我们想购买《体育画报》的版面，那我们是要四色彩印广告还是黑白广告？我们选用这本杂志的全部期刊投放广告，还是只选用某一个地理版投放广告？我们计划购买哪一版周刊？

编制一个全国性品牌的广告排期可能要做出上百个类似的决策。如果采用地方广播作为主打媒体，则可能要面对数以百计的电台和电视台，这就可能需要专门的媒介采购小组去协商和购买。如果媒介排期的基本主干是有线电视或广播电视网，那么，资深高级媒介主管就可能面对数百万美元的媒体购买谈判。像通用汽车和宝洁公司这类广告巨头，它们日常在电视网上的投入平均高达 250 多万美元。有这么高的电视媒介预算，只有在客户方高级营销主管与广告公司、独立媒介购买公司以及网络方相应人员密切合作的情况下，项目才能顺利进行。

不论预算多大，在购买广播尤其是广播电视网及其主要联盟台时要考虑的另一个因素是可资购买的时间。我们在第八章讲过，即使你想购买“超级碗”或《美国偶像》的广告时间，也不等于它们就有时间卖给你，媒介购买小组往往要花好几天去谈判，才能买到某一广播电视网的广告时间。

间歇式排期

间歇式排期

间歇式排期指一个广告战役所需要的时长，可以是一天、一周或一月，但不能是一年。间歇式排期采用活跃期与非活跃期交替出现的形式。

最常用的广告排期技巧之一是**间歇式排期**（flighting），这种排期采用相对短暂的广告爆发期与完全或相对的间歇期交替出现的形式。例如，一家公司可能在六周内集中投放广告，然后在下一个六周内只针对其最想触达的预期对象偶尔投放广告。这种创意的出发点是为产品建立受众认知，以便在广告非活跃期保持品牌的知名度。处理得当，这种排期可以以大大低于均衡式排期的成本获得相同的品牌知名度。

有些广告主认为自己没有那么多资金运用持续性广告触达自己的所有预期对象，对他们来说，这个概念显然能打动他们。不过，采用这种方法，广告主也要面临一个问题：对间歇式排期的现有调查还无法精确预测品牌知名度要达到什么水平才能实现间歇式排期战略。有一件事是确定的：在间歇期间，广告主必须确保品牌知名度不出现明显下滑。图 7.6 表现了在广告预算相同的情况下，处理得当的间歇式排期与均衡式排期的理想结果对比。

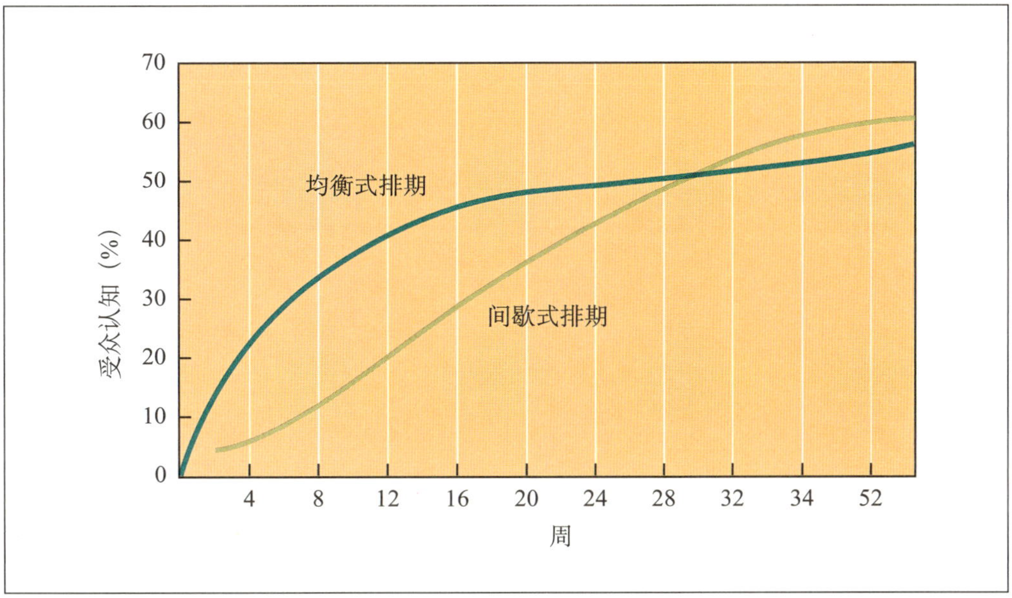

图 7.6
均衡式排期与间歇式排期对比

在均衡式排期中，受众认知很快就达到峰值（约 20 周后），之后上升幅度很小；而间歇式排期则上升相对缓慢，但由于节约了预算，它能触达更多的预期对象，因而从长远来看，其品牌认知度更高。我们之前提醒过，广告主必须慎重考虑媒介策划中的传播元素，一些媒介策划人员认为，间歇式计划虽然能建立起最低的认知度，但却有可能牺牲传播的深度。

不论采用哪种间歇式排期，在运用这个战略时都应该考虑以下因素：

1. *竞争性支出*。你的计划如何应对主要竞争对手？你在间歇期间的竞争是否存在弱点？（见图 7.7）
2. *间歇的时间控制*。这个排期是否与产品购买周期的季节性特征相悖？
3. *广告衰退*。你是否为峰值期的出现而在间歇期投入了足够的资金维持知名度？
4. *二线媒介*。在间歇期间，是否要利用二线媒介或同业媒介来维持最低收视率？

有一种不那么极端的间歇式排期，叫*脉冲式排期*。采用脉冲式排期，广告主会在一整年内间断性地持续投放广告，但在某个阶段有高峰段，而这些高峰段通常会配合主要销售期或竞赛、抽奖时期的特别促销。

竞争压力

广告是在竞争环境中运行的，众多公司在争夺相同的消费者。因此，广告主必须随时掌握竞争对手的广告战略、产品开发、定价战术以及其他营销和促销活动。媒介策划人员不仅要为产品制定出行之有效的产品广告战役，还要让自己客户的品牌在竞争中脱颖而出。

媒介策划人员还必须在积极应对竞争对手的行动和盲目受制于竞争对手的一举一动之间走钢丝，保持平衡。在判断自己的营销和广告计划能实现什么，以及自己如何

图 7.7

这家动物园的竞争对手有可能是谁?

应对竞争品牌的入侵时，广告主应该从实际出发，而不是一味采取防守思维。

很多广告主认为客观分析市场环境是一件极其困难的事，而广告公司的一个主要职能就是发出客观的声音，因为企业有时难免会给自家产品的价值和质量做出不切实际的判断。但营销是否能取得成功，关键就在于你是否能站在消费者的角度正确地评价自己的产品和竞争对手的产品。

例如，消费者知道你的品牌，但从来没用过你的产品，也许是由于他们对现在购买的产品很满意。因此，创意和媒介策划就必须绞尽脑汁，给这些消费者提供一个换品牌的理由。事实上，我们也许不得不承认，不管我们的广告多么完美，有些细分市场就是无法涉足。在这种情况下，提出转换品牌这样的战略就不太恰当；此时我们应该利用新的广告诉求、创造性的产品定位，或双管齐下，瞄准另一个细分市场。

竞争分析也必须考虑不同的备选媒体，考虑如何运用它们实现具体的营销目标。例如，假设某产品品类中的一家小型企业想选择电视媒体，却发现电视广告的大客户是大型广告主，且其预算是小型企业根本无法企及的，那么再选择电视就很不现实。无独有偶，我们会发现，某些媒体已经完全被竞争对手的广告占据，我们很难让自己的广告讯息在这种高度竞争的广告环境中冲出重围。在准备广告计划时，媒介采购必须对若干营销情况了若指掌。关键就在于，广告主要对竞争态势的各个方面有一个全面、公正的评价，这样媒介采购才能真正成为战斗队的一员。

预算

如果非要说出什么广告定理，那就是：完成任务时，预算永远都不够。过去几年，媒介成本逐年上涨，导致媒介策划人员在看待预算时越来越沮丧。此外，一方面，大型媒体（尤其是主力广播电视网）提出的广告价格越来越高，但其受众规模却在缩小；另一方面，广告客户却希望自己的广告资金产生更大的效益。这无疑将媒介策划置于了举步维艰的境地。迄今为止，媒介费占用的额度一直是预算中最大的一块，因而人们自然寄希望于媒介策划创造出最高的成本效益。

面对成本紧缩的压力，广告主及其广告公司开始更加严格地控制广告成本，并对广告支出的可靠度提出了更高的要求。除了更严格地控制媒介成本外，广告主还在不断寻找降低成本的替代性促销方法和广告方法。以整体促销资金而论，消费者促销（抽奖、优惠券、折扣等等）所占的资金比例已经超过了广告；而广告主也在利用有线电视和首播辛迪加节目等规避广播电视网的高成本。此外，媒介策划和采购人员将继续向媒体施压，迫使他们给自己提供各种附加值机会。随着媒介的进一步碎片化，我们将看到广告主开始尝试非传统媒体，而其中的一些几年前大家连见都没见过。

为了应对广告成本的上升，广告主开始更精确地界定自己的预期对象，以期减少无效发行量，并在广告时间和空间的购买谈判中占据优势。媒介和受众的碎片化使 CPM 水平进一步提高，结果促使触达精选目标受众的成本也越来越高。

媒介排期常用一个流程图加以表示，上面要标明计划采用的全部媒体以及受众预估和成本。图 7.8 是一个包装产品的媒介排期，该计划将焦点放在了可触达 25～54 岁女性的载体上。

Sample of Possible Flowchart for a Packaged-Goods Product

	Jun 1	8	15	22	29	Jul 6	13	20	27	Aug 3	10	17	24	31	Sep 7
TARGET: Women 35-54															
TELEVISION															
:30s															
Prime															
Early/Late Fringe															
Early Morning															
Late Night															
Cable															
:15s															
Day															
Cable															
Prime															
News															
Early/Late Fringe															
TRPs															
TV—Total Cost ($M)															
Digital															
Search, Mobile, Lifestyle & Broad Reach Sites															
Total Online Cost $(000)															

	Sep 14	21	28	Oct 5	12	19	26	Nov 2	9	16	23	30	Dec 7	14	21	28
TARGET: Women 35-54																
TELEVISION																
:30s																
Prime	10	10	18	18	18	8	8	8								
Early/Late Fringe	11	11	20	20	20	10	10	10								
Early Morning	6	6	6	6	6	5	5	5								
Late Night	5	5	5	5	5	5	5	5								
Cable	20	20														
:15s																
Day	20	20	14	14	14	18	18	18	14	14			14	14		
Cable	39	39	27	27	27	38	38	38	35	35			35	35		
Prime	17	12	12	12	12	15	15	15	14	14			14	14		
News	8	8	8	8	8	8	8	8								
Early/Late Fringe									25	25			25	25		
TRPs	136	131	110	110	110	107	107	107	88	88			88	88		
TV—Total Cost ($M)	$6,295															
Digital																
Search, Mobile, Lifestyle & Broad Reach Sites																
Total Online Cost $(000)													$3,000			

	Jan 4	11	18	25	Feb 1	8	15	22	Mar 1	8	15	22	29	Apr 5	12	19	26	May 3	10	17	24	TRPs
TARGET: Women 35-54																						
TELEVISION																						
:30s																						
Prime																						98
Early/Late Fringe																						112
Early Morning																						45
Late Night																						40
Cable																						40
:15s																						
Day	12	12	12	12	12	12	12	12	12	12												312
Cable	28	28	28	28	28	28	28	28	28	28												693
Prime	12	12	12	12	12	12	12	12	12	12												286
News	8	8	8	8	8	8	8	8	8	8												144
Early/Late Fringe																						100
TRPs	60	60	60	60	60	60	60	60	60	60												
TV—Total Cost ($M)											$2,438											1,870
Digital																						
Search, Mobile, Lifestyle & Broad Reach Sites																						
Total Online Cost $(000)																						

图 7.8

包装产品品牌媒介流程图

小 结

媒体的各个层面正在经历迅猛的变化，对媒介资金的竞争空前激烈，而那些有望丰富媒介组合的新媒介技术则日益受到重视。媒介战略的本土化潮流，加上全球市场的扩张，给媒介调查以及媒介策划和实施带来了更大的压力。随着客户、广告公司以及媒体对传统的媒介组合和新媒体机会组合的了解逐步深入，媒介策划的重要性越发显现出来。

在这个变幻莫测的环境中，以下趋势未来一定会席卷媒介领域：

1. **制定媒体 / 创意策略，以充分利用互动媒介**。在媒体控制传播活动几十年后，面对受众更激烈的反馈和更大的控制力，广告主必须迅速调整自己。
2. **测量媒体的协同作用**。调查技术必须能解释传播组合的复杂性，这种复杂性是争夺消费者的时间所必须了解的。传统媒介的网络化呈现和移动媒介的在线呈现都要求媒介策划人员拿出富有创意的媒介策划方案。
3. **对媒介成本及可靠度的控制将成为媒介流程的推动力**。由于触达小众细分群体甚至消费者个体的成本在增加，客户对媒介可靠度的要求也在提高。在大众媒介和低 CPM 时期可以容忍的无效发行量限度，在个性化营销时期再也没有立足之地。
4. **评估附加值机会的价值与影响**。在策划和购买媒介的过程中，是否能获得附加值变得更加重要，这就要求媒介策划设法评估附加值机会的重要性和效力。

这些只是媒介主管们未来可能遇到的众多复杂问题中的一些。不论未来变成什么样，有一点可以明确：媒介策划职能将在目标广告时代发挥更加重要的作用。媒体成本在增加，而客户又在追求成本效益，两者之间的矛盾必然导致媒介策划更乐于尝试新的媒体或摆脱现有媒体。如果说在一个一切都不可预知的时代还存在什么明确的潮流的话，那就是，广告媒介将继续寻求细分市场，而且在一般情况下，放弃那些受众范围广但界定不清或不可测量的媒介载体。

复习题

1. 媒介受众的碎片化对媒介策划有什么影响？
2. 在过去十年中，媒介策划的职责发生了哪些巨大变化？
3. 请简要定义触达率、频率和持续性。
4. 请说明附加值机会在广告策划中的作用。
5. 媒介部的分离对媒介策划过程有什么影响？
6. 请说明为什么媒介策划越来越具有创意。

第八章

Peter Gudella/Shutterstock.

电视的运用

从营销的角度来看，电视并不是一个单一的媒体，而是由众多与广播和有线电视有关的实体组成的，是广告和节目的来源并具有多样性。从“超级碗”这类广播盛会到地方有线电视的节目制作，电视产业的各个细分市场都各有特点。▶

本章学习目标

1. 认识电视产业的多样化本质。
2. 了解电视作为广告媒介所扮演的多重角色。
3. 掌握辛迪加评估体系和电视调查方法。
4. 了解广播电视网地位的转变。
5. 了解电视的不同收视细分群体。

优势

1. 全美近 99% 的家庭拥有电视，广告主的主要目标市场中的很多细分市场都特别爱看电视。
2. 电视集色彩、声音和画面于一体，能够为几乎所有的产品讯息提供创意空间（见图 8.1）。
3. 虽然受众人数最近有所减少，但对于那些要触达大批受众的广告主来说，电视仍然不失为最有效的选择。利用经过选择的有线电视和地方电台，广告主可以给全国性电视排期增加一些地方或区域性成分。
4. 2009 年，政府引进数字电视，为广告和节目制作带来了更多机遇。

劣势

1. 电视讯息寿命短暂，讯息不经大量重复就很容易被人遗忘。
2. 电视受众碎片化，且大多为低收入消费者；随着收入的增长，他们收看电视的时间明显减少。
3. 广告时间更短，有些甚至只有 10～15 秒，结果造成电视广告扎堆。

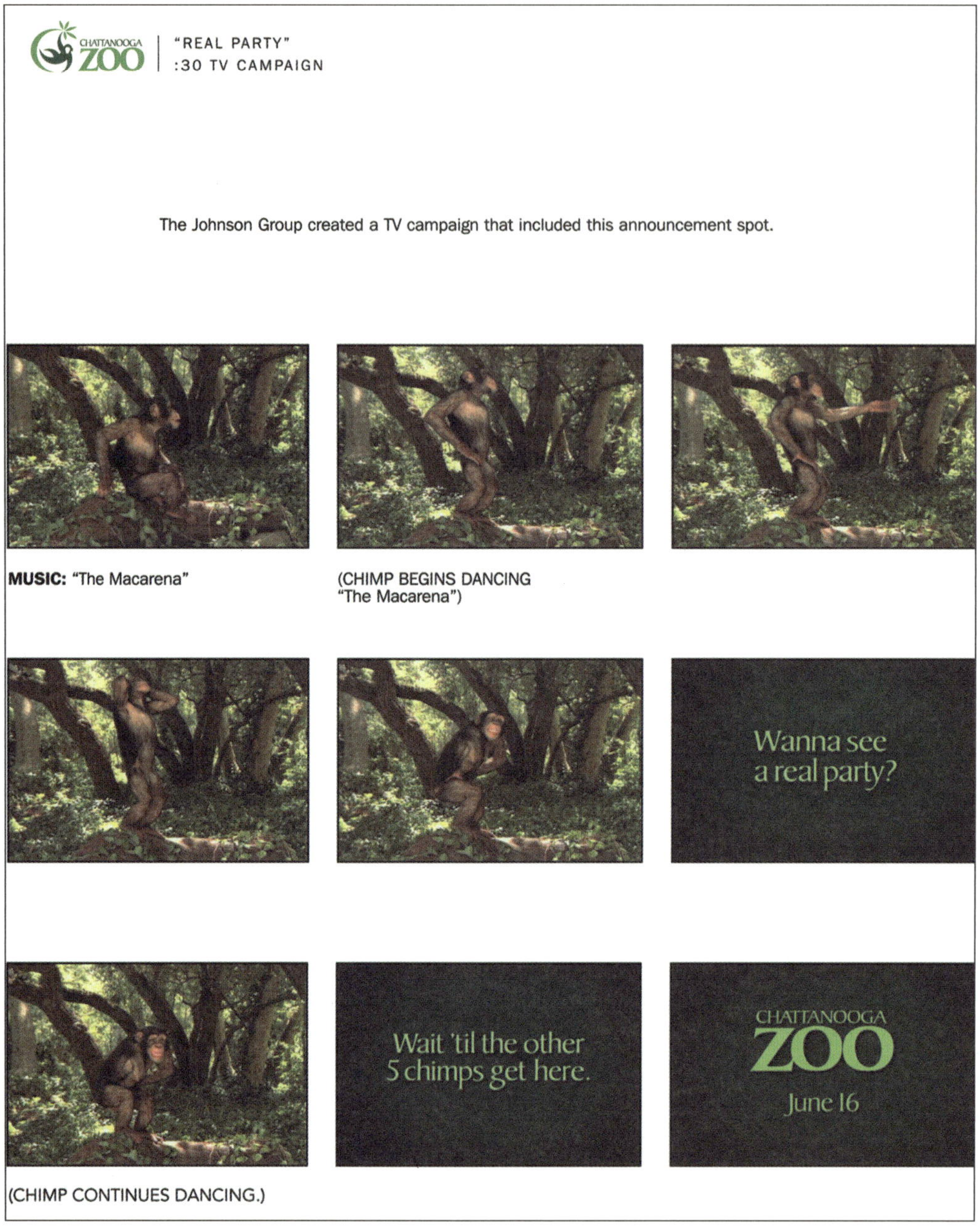

Courtesy of The Johnson Group.

图 8.1

电视为产品讯息的创意提供了灵活性。

4. 随着遥控器的出现，观众换台越发频繁，加上 VCR 和 DVR（数字视频录像机）的使用，每个电视观众收看电视广告的总时长大大减少（见图 8.2）。

电视在我们的日常生活中无处不在，劝说人们做这做那，但它在起步时却毫不起眼。20 世纪 20 年代，来自爱达荷州（Idaho）的少年菲洛·法恩斯沃思（Philo Farnsworth）幻想着通过无线电波传送图片，当时他肯定没有料到自己的设想会催生出一种新的媒体。和那一时期的许多科学家不同——他们实验的是类似于早期电影技术的转盘胶片，法恩斯沃思在实验一个全电子系统。1927 年 9 月 7 日，法恩斯沃思及其团队将一条线的图像从一个房间传送到了另一个房间。他在当天的日记中写道：

> 这次收到的线条的图像很清晰，各种宽度的线条的图像都可以传送，线条的任意直角运动都很易识别。这是实验 12 号。[1]

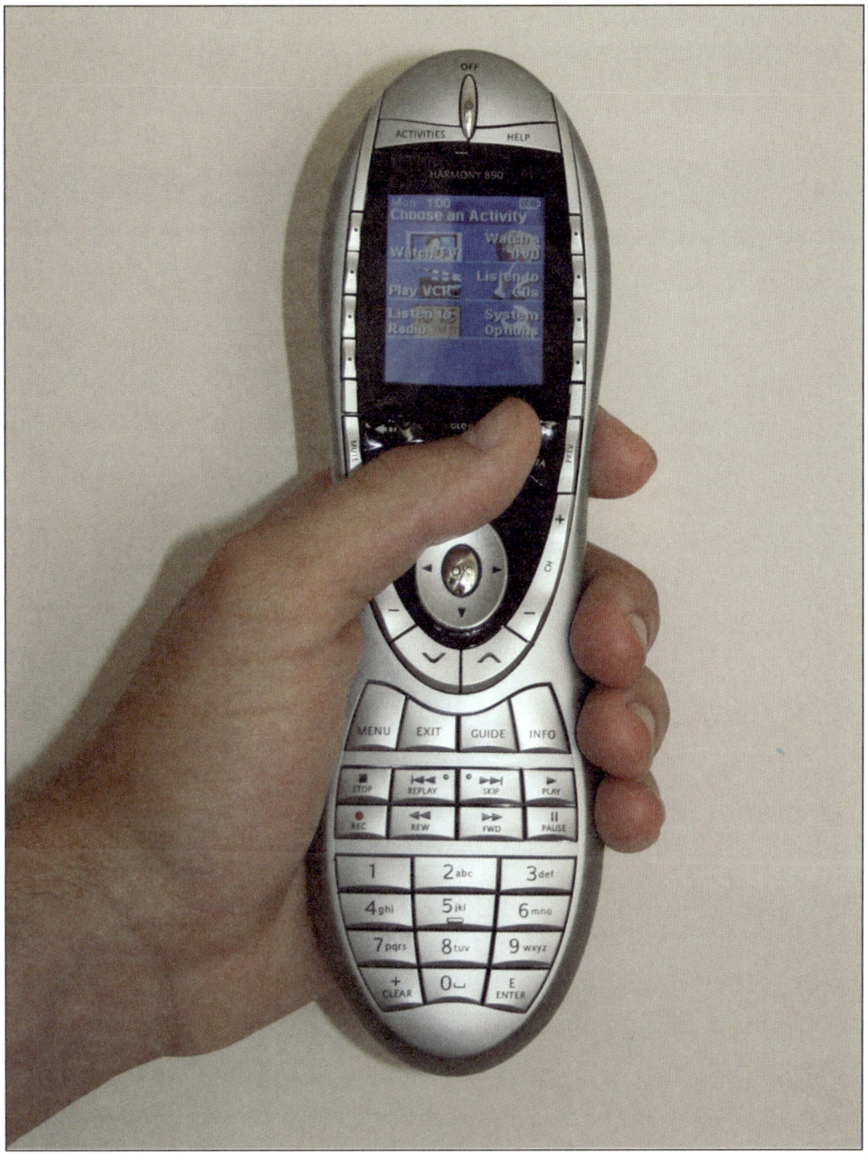

Courtesy of Karen King.

图 8.2

电视遥控为观众搜索、转换频道提供了便利条件。

由此，电视时代开始了。

60 多年来，电视一直是广告的主要媒体。不过，在一个大多数机构都在发展成熟的时代，电视也在不断发生巨变，推陈出新。即使受众现在花在网上的时间超过过去，电视的收视率仍然处于顶峰，而电视广告的成本也相应较高。对很多人来说，电视一直都是最具影响力的媒体之一，甚至能影响那些不看或很少看电视的人：电视新闻设置政治议程；娱乐节目引领潮流——如发型和时尚，创造新的流行语；电视广告口号成为我们的日常用语。

2004 年 5 月，5 250 万美国人观看了《老友记》(*Friends*) 的最后一集，很多人已经把瑞秋 (Rachel)、罗斯 (Ross)、莫妮卡 (Monica)、钱德勒 (Chandler)、乔伊 (Joey) 以及菲比 (Phoebe) 当成了自己的朋友，很想知道什么样的未来在等待着他们。这就是电视的力量。它不仅仅是一个简单的传播渠道，实际上，它还是观众的感情纽带，让他们变成了自己正在观看的事件的一部分。

电视观众人数繁多，近 99% 的美国家庭每家至少有一台电视机，平均每个家庭每天收看电视的时间约为 8 小时。事实上，美国人收看电视的时间超过上网或听广播的两倍，后两者分别为常用媒体的第二名和第三名。[2] 这些数字如此庞大，以数量论，电视自然是新闻、娱乐和广告的重要资源。

根据美国电视广告局（Television Bureau of Advertising，TVB）的调查，65% 的受访者认为自己主要是通过电视获取新闻；报纸排名第二，低于 14%。很明显，广告主想要的媒体不仅要能触达所有的细分受众，而且还要有公信力。TVB 调查发现，作为新闻资源，电视的可信度可以给广告带来正面影响。例如，在被问及媒介广告的形象时，回答电视"最权威"的排名第一，为 49.2%；"最刺激"占 77.9%；"最具影响力"占 79.1%；"最有劝服力"占 69.7%。[3]

在过去的这些年，电视已经发生了巨大的变化，从大众媒介变成了利基媒介，在某些方面具有了广播和杂志的特质。受众则从接触 VCR 开始，逐渐转向一系列互动形态，不再是传播过程中的被动接受者，而成了积极的参与者。而双向电视传播诞生的催化剂则是网络。随着消费者中网络用户数的增加，电视就必须继续向互动转变，只有这样才能与网络一争高低。许多电视网主管和电台经理已经意识到，对于想扩大受众规模的广播公司而言，网络既是机遇，也是挑战。

作为广告媒介的电视

1 认识电视产业的多样化本质。

电视的经营准则——广告发布是其中的一个重要组成部分——就是充当受众传递系统。商业电视的节目决策很少会依据审美、娱乐价值或哪个新闻人物可信度最高；相反，"这些只是电视经营过程中用来开发产品和给产品定价的载体：眼球……但电视是一个给广告主提供批量生产、收集以及分配受众的产业……而不是明星和故事、眼球和家庭"[4]。

联邦通信委员会

美国联邦政府中给电台、电视台颁发执照，并给"公共"电台和电视台分配波长的权力机构。

在各种电视广告总投入年均超过 651.37 亿美元的情况下，我们很难想象，如果没有电视广告，电视会怎么样。[5] 然而，在电视最初的实验阶段，电视广告其实是非法的。直到 1941 年 5 月 2 日，**联邦通信委员会**给 10 家商业电视台颁发了许可证，允许其销售电视广告时间，电视广告才获得了合法地位。1941 年 7 月 1 日，第一条电视广告在道奇人对费城人（Dodgers-Phillies）棒球赛期间播出。该广告由宝路华手表（Bulova）出资，广告时间费为 4 美元，电视台收 5 美元，估计有 4 000 人看到了这条广告。[6]

多年来，电视一直在快速提升自己的节目选择。20 世纪 70 年代，有几家独立电视台重播体育和网下电视节目，以此作为电视网联播台节目的替补。到 20 世纪 80 年代，有线电缆使得大批电视台得以进入普通家庭，但能进入大多数有线电视家庭的超级电视台——如 TBS 和 WGN——还为数不多。然而，虽然电视频道的数量增加了，但电视节目的变化却不大——除体育节目发展势头强劲之外，大多数电视节目都在炒冷饭、停滞不前。到 20 世纪 90 年代，有线电视网开始意识到，要想保住受众，就必须与大型广播电视网争夺广告主、开发原创节目。随之，形势发生逆转。

2 了解电视作为广告媒介所扮演的多重角色。

在 Showtime 和 HBO 这类收费有线频道的带领下，有线电视开始制作一系列原创电影，偶尔还制作一两部电视连续剧。20 世纪 90 年代，TNT 和 USA 这类主力有线电视公司与一些收费频道联手，制作了一系列专为电视量身定做的电影。此外，一些基础有线网还制作了许多备受赞誉的节目，如 A & E 的《传记》（*Biography*）节目。更重要的是，黄金时段的受众长期以来一直掌握在广播电视网手中，现在它们要开始争夺这些受众了。由于广告主和受众都深受这些新节目的吸引，电视的碎片化进程加快了，并成为当前的趋势。在过去的约 25 年中，每个家庭可收看的内容从三个节目+广告发展到了 50 多个频道。

有了数字技术的武装，电视网便可以通过同一个渠道为一个家庭提供一系列服务了。不仅可供选择的频道更多了，并且有了互动做支撑，这些频道还可以专门针对受众个体的娱乐、新闻和购买偏好定制节目。在这个互动的环境下，观众可以和他们最喜爱的游戏节目互动，可以直接通过电视广告订购商品。巨型集团——如迪士尼和时代华纳——的垂直整合和资金资源，让这个新型互动媒体的图景比很多人想象的更接近现实。不仅如此，它还将改变电视产业和广告主之间的传统关系。

尽管很多技术革新至少还要等几年才能实现，但电视仍然是很多广告主最主要的媒介。除了家庭渗透率高之外，电视还能为创意提供更多的空间，这是其他媒介所无法做到的。电视能够将视觉、听觉、色彩以及画面完美地结合到一起，因此，它能播放任何类型的广告：幽默的、严肃的、搞笑的。电视是一个 24 小时的媒介，能触达生活方式各异的受众，从家庭主妇到三班倒的工人。电视还可以提供多种广告形态，从 10 秒的台标广告到 30 分钟的软广告，不一而足。

电视的局限性

成本高 无论以什么媒介、什么方式推出，广告和促销的成本都比较高。近年来，关于电视和电视广告——尤其是那些大型节目，如“超级碗”《美国偶像》和《实习医生格蕾》（*Grey's Anatomy*），已经有了大量的报道。然而，让很多人惊讶的是，即便是价格最高的电视广告，其千人成本也比印刷媒介低。例如，黄金时段的电视广告的 CPM 平均为 26 美元，而一家普通日报的 CPM 却是电视广告的两倍。[7] 就算是价格最高的连续剧，一条 30 秒的广告也只收费 40 多万美元，对于希望触达大批受众的企业来说，电视仍然是最划算的。

由于家庭收视时长几乎没变，因此随着可选择频道的增加，电视观众更加碎片化，电视所有细分市场的收视率普遍降低。前文已经提到，这个趋势或许会愈演愈烈。由于 2009 年经济发展速度减缓，在广告主的一再坚持下，电视网的旺季 CPM 价格实际上有所降低。[8] 不过，电视网的广告主们明白，尽管成本上升、受众规模缩小，但除了电视，还真找不到能更有效地触达广大消费者市场的渠道。

然而，在激烈争夺观众时间和注意力的环境下，制作吸引眼球的电视广告势在必行，而这往往是成本最高的。因此，不仅要考虑电视广告时间的成本，还要考虑制作成本。我们将在第十九章详细探讨电视广告制作流程。有些电视网广告的预算超过 100 万美元，因此制作费用是所有电视广告主必须考虑的一个重要成本因素。

广告拥堵 电视**广告拥堵**（clutter）指节目中或节目间播放的所有非节目内容。电视广告占了该时段的 80% 之多，其他时间则用于公益广告和电视节目宣传。近年来，电视广告扎堆的问题已经成为广告主及其广告公司的一个重大课题，因此电视网正承受着如何在其售价最高的节目中增加广告时间的巨大压力。

广告拥堵
某一媒体上广告的泛滥。这将降低所有单个讯息的影响力。

按照 WPP 集团传立媒体公司的观点，电视网每小时平均播出 15 分钟的非节目内容。[9] 广告主不禁要问，在广告拥堵如此严重的情况下，电视广告现在还那么有价值吗？如果整个非节目内容惹恼了消费者，他们便有可能更加抵制广告。"美国人平均每天要看 4 个小时的电视，其中 1 小时是讨厌的广告，加起来的数字令人震惊，占了他们整个休闲时间的 10%！以此推算，一个普通观众的人生有三年时光都被狂轰滥炸的广告埋葬了。"[10]

广告主们还提出，不仅整个非节目时间增加了，并且广告的数量也增加了，广告的时长更短了。1980 年，几乎 95% 的电视网广告时间都是 30 秒；而到 2008 年，超过 40% 的电视广告为 15 秒或以下。[11] 调查显示，即便整体广告时间不变，电视广告的数量还是会影响人们对广告拥堵的看法。

为了解决这个问题，打破广告拥堵，一些电视网开始尝试减少广告和广告主的数量，允许某些广告主购买某一特定节目内的所有广告时间。"比如说，美国运通公司就赞助了整部《白宫风云》（*The West Wing*），只插播少量广告。日产北美公司（Nissan North America）和时代华纳旗下的华纳兄弟（Warner Brothers）电影制片厂则分别赞助了 NBC 首播的《超能英雄》（*Heroes*）和 CBS 首播的《衣冠大盗》（*Smith*），也只能插播少量广告。"[12] 这个尝试说明，广告正在回归广告主赞助节目的时代。

收视评估体系

3 掌握辛迪加评估体系和电视调查方法。

电视广告主根据媒体触达目标受众的情况来进行评估，如果是电视网和大型联播台，则广告主多半会寻求将广告曝光给更广的细分受众，如 18～49 岁的女性。而有线电视和某些独立电视台则按其触达更狭窄受众的能力来评估，这些受众在规模上更小、CPM 更高，但无效发行量更少。

电视测量的最基本标准是**收视率**（rating point）。收视率指某些人口（电视家庭或某个特定的人口统计群体，如 18～49 岁的女性）所占的百分数，它使广告主得以根据市场潜力，对媒介的覆盖范围有一个评估。收视率通常计算如下：

收视率

某市场中一家电视台的一档节目触达的电视家庭百分比，该百分比随时间的变化而变化。一家电视台的收视率可能在晚上 6：00—6：30 为 10，而在晚上 9：00—9：30 则为 20。

$$收视率 = \frac{节目受众}{电视家庭总数}$$

如果按个体的百分比表示，仍然采用这个公式，则电视家庭总数表示的是某个细分目标群体而非家庭。例如，如果我们只对 18～34 岁的男性受众感兴趣，则公式应该为：

$$收视率 = \frac{18～34 岁男性节目观众}{人口中的 18～34 岁男性总数}$$

如果一个电视节目的家庭收视率为 10，那就意味着，某特定地区里所有电视家庭的 10% 在收看这个频道。黄金时段的电视节目收视率通常为 4～10。

稍后我们将会谈到，广告主很少会一个节目一个节目地购买广告时间；相反，他们通常会采用不同节目、不同时段打包购买的方式，然后按照所买电视广告的整体收视率，即**总收视率**（gross rating points，GRPs），评估广告排期的力度。

总收视率

每一个收视率代表被测量市场整体的 1%。在电视中，指该地区电视家庭的 1%。

广告数乘以收视率即得总收视率。以电视剧《我的孩子们》（*All My Children*）为例，总收视率为 5.5（收视率）× 20（广告数）＝ 110GRPs（见图 8.3）。

载体	收视率	成本（$）	广告数	GPR
我的孩子们	5.5	25 000	20	110
综合医院（*General Hospital*）	4.5	21 000	20	90
指路明灯（*Guiding Light*）	3.3	19 000	11	33
只此一生（*One Life to Live*）	4.2	19 500	10	42
总收视率（GRPs）				275
触达率 =50.0				
平均频率 =5.5				

图 8.3

某广告排期的总收视率测量力度。

广告主还以总收视率为基础，审视触达率和频率之间的关系。这些关系可以用数学公式表达，如下：

$$R \times F = GRP$$

$$\frac{GRP}{R} = F \text{ 和 } \frac{GRP}{F} = R$$

其中，R= 触达率，F ＝频率。

要想运用这些关系，我们就必须知道（或估算）非重复受众的数量。从图 8.3 的电视排期中我们可以估算，我们触达了整个目标市场的约 50%，触达每个受众的平均频率为 5.5。我们可以通过前面的求解方法来检验这个公式：

$$R \times F = GRP \text{ 或}$$

$$\frac{GRP}{F} = R \text{ 即 } \frac{275}{5.5} = 50$$

$$\frac{GRP}{R} = F \text{ 即 } \frac{275}{50} = 5.5$$

总收视率体系有一个最突出优点：它可以提供一个含所有市场占比的公共基数。纽约的一个总收视率与盐湖城的一个总收视率完全相同。不过，总收视率不能用作市场之间的比较，除非这些市场规模相同。图 8.4 表明，电视广告的时间成本会随着城市规模的变化而变化。图中是洛杉矶和波士顿这两个市场的总收视率的理想用法，广告主必须决定自己的市场要求达到多大力度（即达到多少总收视率）、持续多长时间。这关系到经验，关系到观察竞争对手的一举一动。假设广告主选定每周的总收视率为 100～150，在这个数据范围内，广告主在每个市场上的灵活性就很大。那么应该如何分配时间呢？是全部投放给一个电视台？还是分散到各个电视台？应该用什么标准来做决定？答案取决于选择的目标是触达率还是频率。

请看图 8.4 的假设定价结构。

	电视家庭（000）	每条广告平均成本（$）	黄金时段平均收视率
洛杉矶	5 600	25 100	8
波士顿	2 370	9 500	8

图 8.4

电视广告的成本以触达受众的成本为基础进行计算。

收视率单位成本

收视率单位成本用于估算在电视节目中投放广告的成本。

如果我们在这些市场中购买三条黄金时段广告，希望总收视率达到 24（3 条广告 × 8 的平均收视率）。但是，如果将洛杉矶的 24 个总收视率等同于波士顿的 24 个总收视率，那就大错特错。在洛杉矶，24 个总收视率意味着以 7.53 万美元（3 条广告 × 25 100 美元 / 每个广告）的成本触达 134.4 万户家庭（0.24 × 5 600 000 户家庭）。但波士顿的 24 个总收视率却意味着以 2.85 万美元的成本触达 56.88 万户家庭。在估算购买之时，广告主通常会计算**收视率单位成本**（cost per rating point，CPP），以此来估算自己想购买的广告排期或特定广告的成本：

$$\text{CPP} = \frac{\text{广告排期或广告的成本}}{\text{总收视率}}$$

本例中：

$$\text{波士顿：CPP} = \frac{28\ 500}{24} = 1\ 187.50\ \text{美元}$$

$$\text{洛杉矶：CPP} = \frac{75\ 300}{24} = 3\ 137.50\ \text{美元}$$

如果我们错误地将不同规模的市场的总收视率进行比较，那么洛杉矶的收视率成本会比波士顿高出 260%。一个收视率代表了洛杉矶的 5.6 万户家庭（560 万户家庭总数的 1%），但却只代表了波士顿的 2.37 万户家庭。波士顿的收视率单位成本比洛杉矶低 1 950 美元，广告主在洛杉矶的收视率单位成本虽然高于 264%，却可以多得到 236% 的家庭。这就意味着，在洛杉矶，电视广告的人均成本更高。

除了市场间对比这个问题外，总收视率还存在着其他局限性。比如，它无法告诉我们一个节目正在触达的预期对象人数。不过，GRP 这个概念的确为判断广告排期提供了一个统一的标准。

请记住，单纯的总收视率无法说明广告排期的效果。例如，假设某广告主的目标受众是年龄 18～49 岁的女性，那么，当家庭总收视率为 5 时触达的女性受众人数可能比家庭总收视率为 10 时多。正如你期待的那样，这正是总收视率的用武之地。如果想触达 18～49 岁的女性，总收视率为 5 的周日晚间电影节目往往比周六早上总收视率为 10 的节目触达率高。

受众占有率

受众占有率

收看某一节目的家庭数占总体的百分比。

收视率是测量电视受众的一个基本统计数据，但实际上还有另一个测量标准也常被用来判断一个节目成功与否，即**受众占有率**（share of audience，简称“占有率”）。占有率指通过电视收看某一节目的家庭所占的百分比，广告主利用占有率来判断一个节目面对直接竞争时的表现。

我们假设，在一个拥有 10 万户家庭的市场中，观看《早安美国》（*Good Morning America*）的家庭有 5 000 个，那么，则我们可以得知,《早安美国》的收视率应该为 5。

$$\text{收视率} = \frac{\text{《早安美国》观众人数}}{\text{电视家庭总数}} \times 100 = \frac{5\ 000}{100\ 000} \times 100 = 5$$

占有率计算收看该节目的电视家庭总数（HUT）所占的百分比。我们假设共有 10 万户家庭，其中 2.5 万户家庭收看电视，则《早安美国》的受众占有率为 20。

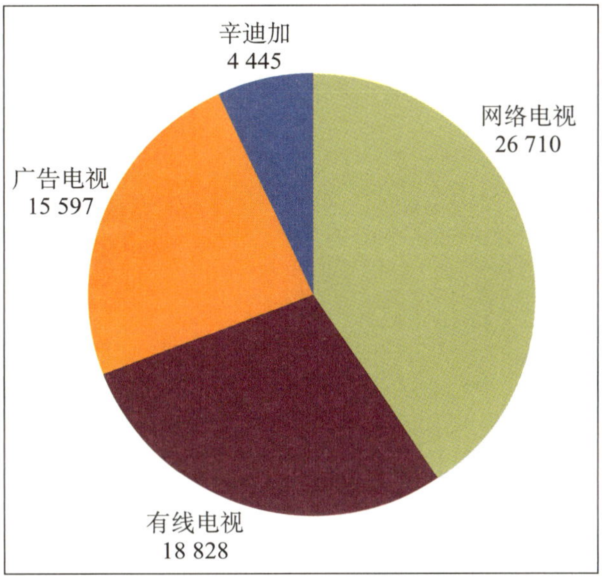

图 8.5

2008 年广告在不同类型电视上的支出（单位：百万美元）

$$\text{受众占有率} = \frac{\text{《早安美国》观众人数}}{\text{电视家庭总数}} \times 100 = \frac{5\ 000}{25\ 000} \times 100 = 20$$

可以看到，收视率和受众占有率都是用百分数来表示的（所以等式中会乘以 100），因此，我们在这个案例中没有使用百分比来表示，如 5% 和 20%；相反，我们会说，收视率为 5，受众占有率为 20。

电视的多面性

普通电视观众也许很难区分有线电视、收费有线电视、广播电视网、辛迪加节目、日播节目以及其他电视组合形式，但在很多方面，它们却是独一无二的营销载体。每个不同的媒介细分市场都有自己的广告定价体系、节目编排方式、目标受众以及收视率预期。图 8.5 显示了广告支出是如何分配给不同类型的电视媒体的。

除了都在电视屏幕上呈现这一点外，旅游频道、卡通频道、家庭购物频道和 MTV 频道之间几乎没有什么共同之处。电视现在更多的是用户的个人化媒体，大多数受众在大多数时间里都处于独自观看的状态。拥有多台电视机的家庭日益增加，在 Hulu.com 这类网站上观看电视节目的人数也越来越多，这些都进一步证明了电视正在被当作个人化媒介使用（见图 8.6）。

随着电视技术的进一步发展，这个媒介会显现出更多的多样化广告机遇。对有些观众而言，电视将首先会成为即时信息的来源，比如股价；而对另一些观众而言，它仍旧是主要的娱乐媒介。随着社会的日益无线化，电视将成为一些人的多功能户外伙伴。

电视媒介的策划和购买过程已经变得非常复杂了。除了节目的选择余地更多以外，我们还在第七章讲过，广告公司的媒介专家往往还要考虑各种各样的附加值机会。本节将探讨电视的方方面面，这个极其复杂的媒体占用了我们大量的时间，占用了广告主大量的金钱。

图 8.6

越来越多的消费者选择上网观看自己最喜爱的电视节目。

电视网

4 了解广播电视网地位的转变。

1987—1988 年电视季，《天才老爹》（*The Cosby Show*）以平均 44 的受众占有率荣登电视剧冠军宝座。同年，剧情老套的警匪片《神探亨特》（*Hunter*）创造了收视率 19、平均受众占有率 34 的佳绩。现在，快进十年，我们来看一下收视率冠军，获奖喜剧《宋飞正传》（*Seinfeld*），这在很多人心目中是一部经典。而实际上，若以全剧受众占有率论，该剧远远低于已几乎被人遗忘的《神探亨特》。图 8.7 为过去几年的电视网收视冠军。请注意，2008—2009 年度最受欢迎的节目——《美国偶像》——的收视率不到 1960—1961 年度收视冠军《荒野大镖客》（*Gunsmoke*）的一半，不到 1950—1951 年度收视冠军《德士古明星剧场》（*Texaco Star Theater*）的三分之一。

电视网

同步传播电视或无线电广播的互联台。

尽管就电视网减少这一现象已经有过不少文章在讨论，但这又有什么好奇怪的？要不是电视选择余地的极大丰富，**电视网**（networks）根本就不可能维持原有的受众水平。电视产业中充满了竞争的硝烟，探索·发现频道、迪士尼频道争斗不断，在这种情形下，四大电视网（ABC、CBS、FOX 和 NBC）居然还能维持现有的受众占有率水平，着实令人惊讶。本节将探讨有助于我们了解电视网这个广告媒介的一些关键因素。

图 8.7

历年收视率

以家庭收视率计算的常规节目收视冠军

年度	节目	电视网	收视率（户）	受众占有率（户）
1950—1951	《德士古明星剧场》	NBC	61.6	81
1955—1956	《6.4 万美元之问》	CBS	47.5	65
1960—1961	《荒野大镖客》	CBS	37.3	62
1965—1966	《大淘金》（*Bonanza*）	NBC	31.8	48
1970—1971	《医门沧桑》（*Marcus Welby MD*）	ABC	29.6	52
1975—1976	《全家福》（*All in the Family*）	CBS	30.1	44

续前表

年度	节目	电视网	收视率（户）	受众占有率（户）
1980—1981	《豪门恩怨》（*Dallas*）	CBS	31.2	52
1985—1986	《天才老爹》	NBC	33.8	51
1990—1991	《干杯》（*Cheers*）	NBC	21.6	34
1995—1996	《急诊室的故事》（*E.R.*）	NBC	22.0	36
2000—2001	《幸存者》（*Survivor*）	CBS	16.9	27
2005—2006	《美国偶像》	FOX	17.7	NA
2008—2009	《美国偶像》	FOX	16.4	NA

空出率和联播台补偿

电视网由签约播放电视网节目的地方电视台组成，但电视网中的所谓自主经营电视台除外。这些电视台（如洛杉矶的 KABC 和纽约市的 WNBC）设在为数不多的几个主要市场内，在任何电视网中都只占少数。四大电视网在大多数电视市场中都有联播台，而最新涌现出来的电视网，WB 和 UPN，则与大多数市场中的小型电视台签订了联播协议。事实上，CW 的一些联播台（之前的 WB 和 UPN）都是二级联播台，也就是说，它们属于另一家电视网，滞后播出 CW 的节目，而且往往是在非黄金时段播出。

电视网按电视台空出率销售全国性广告时间。电视网**空出率**（clearance）用百分比表示，指电视网中同意为电视网节目腾出时间的电视台的占比。在四大电视网中，空出率往往接近 100%，而新电视网则往往用其可能触达的美国人口的百分比来表示自己的空出率。空出率对小型电视网的经济发展具有举足轻重的作用。例如，假设某电视网没有得到纽约市的空出时间，那就意味着它丧失了全美国受众的 10%。除非电视网的潜在覆盖率达到 70%，否则大型广告主一般不会将其视为全国性节目。

空出率

播放特定电视网节目的联播台所占的百分比。

电视网和联播台的关系中的另一个重要因素是电视台**补偿**（compensation）。所谓的补偿机制，指电视网与联播台共享广告收入，而地方电视台则向电视网提供时间作为交换。电视台补偿一度是大多数电视台的重要收入来源，然而，随着电视网节目成本的上升和受众人数的下降，电视网与联播台之间凭借补偿机制而建立起来的关系开始动摇。电视网认为，联播台地方广告的价值在很大程度上应该归结于热播的电视网节目给其带来的受众，于是，电视网要求联播台分担节目制作成本；电视台则站在自己的角度反驳说，没有电视台，就没有电视网。未来，电视台可能会发现，联播台不仅成不了利润来源，还有可能赔钱。不论关于补偿的争议以什么形式出现，归根到底，是高昂的节目成本和下降的利润让补偿成了电视网与其联播台之间争论不休的一个问题。

补偿

电视网付给播放其节目的地方电视台的空出补偿费。

电视网所有权

尽管几大电视网都是年入数十亿美元的大公司，但它们在一个巨型集团中不过是相对较小的组成部分。电视网有时甚至都算不上最赚钱的媒介控股公司，例如，迪士尼公司拥有 ABC 电视网和一批地方联播台。除此之外，在它的众多控股公司中，它还拥有 ESPN 旗下的电视网、广播网和杂志以及生命时间（Lifetime）、A&E 电视网，当然，还有迪士尼频道。不仅如此，迪士尼公司还拥有主题公园以及 Marimax、试金石、迪士尼等摄影棚和制片厂。其他电视网的情形大抵如此。

媒介公司之间迅猛的并购与融合引发了多方面的麻烦。例如，广播和有线电视所有权的集中是否会抑制新闻和信息自由，尤其是在涉及母公司的时候？媒体之间缺乏竞争是否会在设定广告价格时对经济市场造成影响？如果电视网不得不从同属于一家母公司的制片公司购买节目，节目内容是否会受到限制？有些人认为，美国国会应该禁止媒介公司同时拥有发行渠道（电视台或电视网）和内容制作权（节目制作公司）。虽然由少数几家公司掌控营销环境的局面不太可能出现，但广告主们仍然忧心忡忡。

电视网广告的定价以及受众占有率的下降

我们在前面曾说过，电视所处的行业是一个将预期对象传递给广告主的行业。电视网认为自己身处困境：一方面，节目成本越来越高；另一方面，受众人数又无法与明显提高的广告价格相匹配。虽然黄金时段的广告价格根据收视率和受众人口统计学特征的不同而不同，但在 2008 年，四大电视网上的一条普通的 30 秒广告的成本一般都低于 12.5 万美元。[13] 高峰期间，在《周一橄榄球之夜》和《美国偶像》这类节目上投放广告可能要 40 多万美元；但在 ABC 的《超级保姆》（*Supernanny*）这种收视率较低的节目上投放广告，则只需 8.2 万美元。[14]

在过去的几个季度中，电视网的广告收入迅猛增长。然而，媒介采购员们却抱怨说，这种增长是电视广告增加（广告拥堵问题）和千人成本上涨引起的不合理的广告价格上涨。电视网经常处于两难的境地：一方面，广告主吵嚷着要更高的投资回报；另一方面，热播电视剧的演员们又要求上涨工资。更麻烦的是，随着热播节目变成老节目，收视率不可避免地会下降，但明星的收入却在逐年递增，而电视网又不愿撤下这些成本高昂的电视剧，担心即使用其他节目替代，胜算的把握也不大。

节目群编排

电视网主管不仅要挑选出能吸引大部分家庭和部分广告主的节目，而且他们的工作还由于电视受众的变幻莫测而变得更加困难。调查结果不断表明，节目不是孤立的，它们在很大程度上会受前面节目的直接影响，即所谓的导入，而整个日间的节目排期则被称为一个“节目群”。

地方电视台会在晚间新闻节目之前安排其买到的大多数热播节目，从他们在节目排期上的投入，我们便可以看出节目导入的重要性。很大程度上，正是由于要求新闻导入要强劲有力，才导致了大家大量购买网外的辛迪加节目。这个原理同样适用于编制电视网排期。节目编排人员要极力确保每一个节目都可以达到高收视率，但同样重要的是，他们也要确保节目群齐心协力去吸引大批受众。

电视网编排人员非常清楚，随着受众从一个节目转向另一个节目，受众的人数肯定会有起伏。电视网新节目的定价在很大程度上取决于其在节目排期中的位置，广告主们清楚，如果下一个节目收视率高，那么就有可能取得成功。因此，最好是将新节目偶尔穿插在两个重播的热播节目之间，即“吊床位置”——就像在两棵树（热播节目）之间吊了一个新节目。一旦新节目开播，就要从它如何留住上个节目的观众和保持节目群的优势来评价它。

电视网广告标准

广告客户及其广告公司在判断他们是否应该运用电视网广告以及用多大力度时，往往会参考各种各样的标准。不过实际上，购买决策主要由三个因素决定：人口统计学特征（demos）、千人成本和广告主需求。

- *人口统计学特征*。曾几何时，家庭是测量单位，但如今，电视广告主将重点放在了电视观众的人口统计学特征上。这个标准的变化改变了电视网为广告主选择节目的方式和定价体系。对大多数广告主而言，现在，电视网的受众构成变得比受众规模更重要了。当然，广告主和电视网都要求一个节目至少达到某个最低的收视率，但相对于只有收视率的节目，如果节目还具备广告主想要的人口统计学特征，就可以要更高的价。
- *千人成本*。尽管大多数广告主都追求有利的人口统计学特征，并愿意为此付出高价，但也有一些广告主主要考虑的还是成本。当然，没有哪个广告主会忽视其广告购买的受众状况。许多广告主仍然将成本效益、千人成本和受众的人口统计学特征等而视之。和销路一般的产品的广告主相比，销售广的包装产品广告主更倾向于采用这种方法。这些企业认为，由于自己的产品使用面极广，因而按照特定的广义受众标准，它们实际上可以从任何一个受众身上得到一定的利益。
- *需求*。决定电视网与广告主关系的第三个标准，是对某个节目的需求。当然，需求是人口统计学特征和千人成本的一个函数，但还有一些定性因子也会造成实际定价高于客观价格——例如，和某个特别事件联手，如《美国偶像》的最后一集；或吸引特定目标市场的明星，如奥普拉·温弗瑞（Oprah Winfrey）。

时间存量 下一个感恩节，请记下你最喜欢的杂志的页数。随着广告主的节日促销攻势来临，一些畅销出版物的 11 月刊和 12 月刊开始膨胀，甚至厚到商品目录的程度。而在每年的 1 月之后，同样还是这些杂志，则会变得非常薄，因为很多广告主前两个月已经下过血本，现在已经退场。

电视媒体在广告时间存量上不具备灵活优势。一年 365 天，各地方台和电视网每天必须售出 400 多个 30 秒插播广告时间。而电视广告主却与印刷广告主一样，希望在旺季和大多数热播节目期间加大广告投放力度。伴随着需求量大而电视网广告时间有限这个矛盾，广告时间无法按广告条数销售的现实问题也出现了。

电视网必须在其主要广告主之间分配黄金时段广告位。而广告主则从各电视网购买广告时间套装，然后将收视率高的排期与收视率低的排期相结合，从而解决广告时间的供应问题（电视网行话叫“时间存量”）。广告主是否能买到收视率高的节目时间，很大程度上取决于广告公司在那个电视网上的整体投入。为了得到自己希望的广告位，每个广告主都不得不接受一些收视率低（但人口统计学特征不错）的广告位。有了这样的共识，一揽子计划便可以让电视网与广告公司携手，在它们的整个排期中投放广告。

预购和分散购买 每年 5 月，大型广告主们便开始为购买秋季电视网黄金时段广告位进行谈判，这就是所谓的**预购**（up-front buying）季，在此期间，大多数黄金时段都会被卖出去。通常，在短短几周内，广告主购买的黄金时段广告就会达到数十亿美元。预购季一开始，各电视网便邀请买主预览自己的节目，接着就时间购买进入实际谈判阶段。有线电视和辛迪加的谈判另行安排。曾经一度，参与预购季谈判的主角是广告公司和三大电视网；如今，随着众多新手的进入，加之各广告主之间方法的不同，预购过程变得越发复杂了。图 8.8 为电视网排名前十位的广告主名单。

预购

全国性广告主购买电视网第一批时间的行为，是最贵的电视网广告。

图 8.8
2008 年电视网广告主前十名

排名	营销商	2008（百万美元）
1	宝洁	985.6
2	美国电话电报公司	751.3
3	通用汽车	704.9
4	威瑞森电信	564.8
5	福特汽车	455.7
6	斯普林特	433.6
7	丰田汽车	407.3
8	葛兰素史克	407.1
9	强生	402.8
10	时代华纳	370.2

分散计划

为尽量触达某一市场内的受众而在不同电视网节目和电视台发布公告的一种计划。

预购季之后是第二阶段：**分散计划**（scatter plan）销售。[15] 分散计划通常按季度销售，旨在针对那些希望从瞬息万变的营销环境中获利的大型广告主，但更多的时候是为了满足那些被挡在预购活动之外的小型广告主。通常，分散计划的千人成本高于预购广告，这是因为广告时间存量更少了，而且小型广告主也没大型电视网广告主那样的实力就千人成本讨价还价。

另外还有针对其他日间时段、儿童节目以及有线电视黄金时段的预购市场。早间节目和午间节目各有自己的预购时间、特殊广告类别和定价结构。有一点我们必须知道：电视网多半会将各时段的大部分可供时间交给预购季。

谈判 上一节提到，谈判是购买电视网时间的关键，因为每个广告套餐对特定的广告主来说都是独一无二的，何况电视网广告还没有价目表。在过去的几年中，电视网的价格谈判经历了一系列变化，电视网的收视率和受众占有率不断下降，给电视网制造出挥之不去的紧张空气。但事实是，尽管受众人数下降，电视网仍然是触达大众市场的最佳渠道。

广告主要同时与不同的电视台谈判广告时间。我们之前提过，预购谈判仍然按不同的电视形态（如日间、黄金时段、电视网、有线电视网等）进行。然而，很多媒介策划人员开始依靠电视时间的多样性来触达特定的目标市场，他们在谈判电视网时间的同时也会考虑有线电视、辛迪加甚至网络市场，以此作为电视网的补充或降低整个成本。鉴于数额巨大，高达数十亿美元，广告公司及其客户都非常清楚，一旦涉及大型广告主，哪怕收视率成本有细微的差别，其产生的影响也非常之大。此外，它们也经常在同一电视网旗下的众多媒介资源中寻求获得附加值的机会。

赔偿

如果媒介没有达到约定的受众人数，则广告主可以得到赔偿。多见于电视和杂志。

赔偿 电视网谈判的主要内容之一是**赔偿**（make-goods）。顾名思义，赔偿就是电视网在无法实现双方约定的收视率水平时，给予广告主的一个优惠。赔偿通常以广告主排期的整体总收视率为基础，也就是说，如果广告主没得到协议约定的单位收视点成本，则赔偿条款开始生效。赔偿通常表现为追加广告，以补足短缺的收视率，现金退款根本不可能。

新的竞争环境大大改变了赔偿的局面。由于大多数电视网节目的收视率都在 10 以下，于是赔偿便成了广告公司的谈判焦点，成了电视网的冒险举动。如果电视网黄金时段排期中的很多节目收视率低或被撤销，那么，这多半就意味着电视网将不得不拿出其冬季和春季的大部分时间存量去做补偿。从某种程度上来说，正是因为有赔偿条款，电视网才不愿意播出收视率低的节目，因此每一季度都会有几个节目在播出一两集之后就被撤销，以免客户提出过多的赔偿要求。

电视点播广告

全国性广告主从地方电视台购买广告时间的行为便称为**电视点播广告**（spot television）采购。之所以这么叫，是因为广告主会在一定市场中点状播出广告，而不是像电视网排期那样进行地毯式投放。电视点播的最大缺点是，相对于电视网，它要求的策划和文案工作更多，因为每个市场都必须一对一地购买，而且千人成本也比电视网高。

电视点播市场的竞争极为激烈，不仅有 1 300 多家地方电视台在争夺点播广告支出，还有上千家地方有线电视台将触角伸向了这个市场，吸引了很多点播广告主。电视台面临着来自无线和网络以及其他地方媒体和互动媒体的多重挑战。由于广告主将广告预算拨给了其他地方电视机构，因此，电视点播投入近期不会有明显增长。

如今，大多数点播广告都是通过电视台**销售代表**（representatives，简称 reps）投放的。销售代表按售出的广告时间收取电视台佣金。优秀的销售代表既是广告主的销售人员，又是广告主的营销专家。面对全国性广告主，他们必须有能力说明亚特兰大 WSB-TV 和纽黑文 WTNH-TV 的节目排期将如何满足全国性企业的广告目标。

销售代理公司有时会同时服务 100 多个非竞争性电视台，他们拜访广告公司和广告主，让他们相信自己代理的电视台能覆盖其品牌的主要销售区。为了提高点播的采购效率，销售代表允许广告主购买其代理的全部或多个电视台。由于该设想的出发点是为了只提供一张订单、一张发票，因此它也就具备了和电视网采购相似的好处。然而，通过销售代表销售时间只能让电视台成为某销售代理公司的客户，并不会让电视台之间产生任何联系。这些电视台群体被称作**无线电视网**（nonwired networks），在无线电视网上购买的广告不同于真正的电视网广告，不一定非要在同一时间投放到同一节目上，无线这个概念只是为了给点播广告主提高购买效率创造便利条件。

随着电视产业向兼并的方向迈进，销售代表在点播市场中的角色也在不断发生变化。例如，有一段时间，一个所有权人只能持有七个电视台许可证；2004 年，修改后的规定则允许“只要电视群触达的受众总数不超过全美国电视受众的 39%，单一的实体即可在全国持有任意数量的电视台”[16]。如今，规定允许个人或企业掌控的电视家庭总数覆盖全美人口的 35%。随着所有权规定的放松，我们看到了电视群数量的迅速增长和规模的扩大，有些所有权人如今拥有几十个电视台，其中一些电视群的规模已经足以支撑其在全美国的销售力量。

不论点播广告的买卖方式发生了什么变化，其基本目的始终没变：

1. 让电视网广告主在销售潜力最大的市场中提高总收视率。
2. 为不够全国性级别的企业或发行不均的企业提供一个规避电视网无效发行量的渠道。
3. 允许电视网广告主按市场控制不均匀的收视率。例如，一个收视率为 9 的电视网节目在不同市场的收视率会表现出极大的差异。在不同的电视市场，由

5 了解电视的不同收视细分群体。

电视点播广告

从地方电视台购买的广告时间，相对于从电视网购买的广告时间而言。

销售代表

在媒体所在城市之外的地方代表其销售广告时间或空间的个人或机构。

无线电视网

由销售代表们同时、统一销售广告时间的电台、电视台群落。

于人口统计学特征和收视偏好不同，收视率也会相应地起伏变化。各市场的收视率之所以差异巨大，原因之一就是不同种族和民族的收视模式不同。图8.9为2009年6月一周收视率前十的节目。该表上半部分显示了所有电视家庭中前十的电视节目；下半部分显示了在同一周内非裔美国人家庭收看的前十个节目。两个排行榜之间的差异值得注意。

图 8.9
不同种族的收视率差异

黄金时段节目前十名
（一周：2009年6月8日—2009年6月12日）

排名	节目名称	电视台	每小时收视率（直播＋二轮）
1	《美国达人秀》（*America's Got Talent*）——周三晚9点	NBC	7.2
1	《海军罪案调查处》（*NCIS*）	CBS	7.2
3	《美国达人秀》——周二	NBC	6.2
3	《超感神探》（*The Mentalist*）——周二	CBS	6.2
5	《黄金时段：家族秘密》（*Primetime：Family Secrets*）	ABC	6.0
5	《好汉两个半》（*Two and a Half Men*）	CBS	6.0
7	《60分钟》（*60 Minutes*）	CBS	5.9
8	《犯罪现场调查：迈阿密》（*CSI：Miami*）	CBS	5.7
9	《超感神探》	CBS	5.5
10	《单身女子》（*The Bachelorette*）	ABC	5.3
10	《生活大爆炸》（*The Big Bang Theory*）	CBS	5.3

非裔美国人电视家庭节目收视前十名
（一周：2009年6月8日—2009年6月12日）

排名	节目名称	电视台	每小时收视率（直播＋二轮）
1	《黄金时段：家族秘密》	ABC	8.5
2	《美国达人秀》——周三晚9点	NBC	6.5
3	《20/20特别版》（*20/20 Special Edition*）——（7/7）	ABC	6.3
4	《海军罪案调查处》	CBS	6.2
5	《48小时秘密》（48 *Hours Mystery*）——周二	CBS	6.1
5	《日线NBC》（*Dateline NBC*）（7/7）	NBC	6.1
7	《犯罪现场调查：纽约》（*CSI:NY*）	CBS	6.0
8	《超感神探》——周二	CBS	5.4
9	《犯罪现场调查：迈阿密》	CBS	5.3
10	《60分钟》	CBS	5.2

资料来源：TNS Media Intelligence, "Top U.S. advertisers in 10 media," *Advertising Age*, 22 June 2009, 18. Copyrighted information of The Nielsen Company, licensed for use herein.

4. 全国性广告主可以利用点播广告支持零售商，让某个营销环境地方化。汽车生产企业是点播广告的先导者，如图8.10所示，十大电视点播广告主中的一半都是汽车生产企业。汽车生产企业拥有广阔的地方经销网络，而且一直都以电视点播广告的形式给它们提供支持。

点播电视广告主

排名	营销商	2008（百万美元）
1	克莱斯勒集团	330.1
2	本田汽车	304.7
3	威瑞森电信	288.3
4	美国电话电报	288.1
5	尼桑汽车	253.8
6	丰田汽车	233.7
7	康卡斯特	230.4
8	通用磨坊	213.9
9	通用汽车	210.5
10	百胜餐饮（Yum Brands）	164.5

图 8.10
2008 年电视点播广告主前十名

电视覆盖区域的确定

在电视诞生以前，很多企业通常以州为界或在一个州内的任意地理区域建立销售和广告地盘。然而，电视传输却不受方向和距离的限制，因此电视调查便可以采用三种信号覆盖程度来标示电视台在一个市场的潜在覆盖区域：

1. ***总覆盖区域***（Total survey area）。总覆盖区域是一个电台、电视台可以覆盖的最大区域。
2. *标示市场区域*（DMA）。标示市场区域是尼尔森公司采用的一个术语，指地方台在所在县内具有收视优势的区域。
3. *大都市收视率区域*。大都市收视率区域相当于一个电视台所覆盖的标准大都市的范围。

总覆盖区域
电台或电视台信号可覆盖的最大区域。

地方电视台同样也会为广告主提供信号覆盖图，以表明电视台所能触达的潜在受众范围。不过最近，由于有线电视极大地扩展了电视台节目的触达范围，信号覆盖区域的确定就显得没有那么重要了。

地方电视广告

越来越多的地方广告主开始购买电视广告，比如餐厅和银行。各种各样的企业都纷纷在地方电视台上投放广告。然而，全国性企业的地方特许经销商也会投入大笔资金在地方电视台上发布广告，例如百胜餐饮，其旗下有必胜客（Pizza Hut）和肯德基（KFC），它是最大的地方性广告主之一（见图 8.10）。

购买和安排点播时间和地方时间　由于广告主将更多的预算转向了地方市场，因而媒介采购员必须熟悉购买点播广告时间和地方广告时间的具体细节。

电视时段　点播广告和地方广告通常按时段而非具体的节目购买，每个时段的受众规模和人口统计状况都有所不同。因此，媒介采购必须十分了解不同时段的受众构成。以下是美国东西海岸时区的一些典型时段划分：

1. 早间：早上 7：00—9：00，周一至周五
2. 日间：早上 9：00—下午 4：30，周一至周五
3. 傍晚：下午 4：30—晚上 7：30，周一至周五
4. 准黄金时段：晚上 7：30—8：00，周一至周六
5. 黄金时段：晚上 8：00—11：00，周一至周六以及周日晚 7：00—11：00
6. 晚间新闻：晚上 11：00—11：30，周一至周五
7. 午夜：晚上 11：30—凌晨 1：00，周一至周五

预售价 相当一部分点播广告时间都被以预售价（低价）售出，但广告主必须允许电视台将该时段出售给另一个出价更高或购买该特定节目套餐的广告主。不过也有一些电视台只提供两种选择：非预售价和预售价。还有一些电视台则可以让广告主在两种预售价之间进行选择。如果电视台有权在节目播出之前随时将预售时间出售给另一个广告主，则该广告价格叫作即时预售价（最低价格）；如果电视台只提前两周通知原来的广告主出让预售时段，则该广告价格叫作两周预售价，价格略高。价格最高的是非预售时段，其次是两周预售价，最低的是即时预售价。

以下摘自某价目表：

	I	II	III
周二，早上 8：00—9：00	\$235	\$225	\$215

第一列为非预售价，第二列为两周预售价，第三列为即时预售价。请注意价格的下降状况。

专题节目 新闻播报、天气预报、体育新闻与评论、股市报道以及类似节目都被称为专题节目。专题节目的广告时间售价较高。

排期时间 （电视台指定时间，ROS）如果广告主允许电视台依其可供时间而不是依广告主指定的时间投放广告，则广告主可以得到一个较低的价格（可与报纸广告投放相比，请见第十章）。

套餐价格 每个电视台都会对一天中的不同时段分类打包，然后以套餐的形式出售。电视台会为这些套餐命名。与单个时段购买相比，同样的时段，套餐的售价更低。套餐价格是时间采购的谈判内容之一。

产品保护 所有的广告主都想尽量避开竞争对手的广告时间，这自然会让广告主关心自己能得到什么保护，从而避开竞争对手的广告。虽然一些电视台承诺说，它们会尽力让两条竞争广告之间相隔 5～10 分钟，但大部分电视台却说，尽管它们会尽最大可能将竞争广告分隔开，但它们只能保证这些广告不紧挨着播放，或不在同一插播段或插播群内播放。

点播时间与地方时间的安排 循环排期指将广告集中安排在同一个排期内，以尽可能地达到最大广告曝光率。如果你购买的广告时间是周一到周五、四周、每周两次，但所有广告都安排在周一和周二播出，那么你的循环利用率就很差，会错过只在周三、周四或周五收看该电视台节目的所有受众。你应该提高水平循环率，而纵向

循环则可以确保你所购买的广告套餐中会有不同的广告时间。如果你购买了晚上 11：30 至凌晨 12：30 播出的《今夜秀》(*Tonight Show*) 的三个广告时间，但你所有的广告都在凌晨 12：15 播出，你就会错过在此之前已经上床睡觉的所有受众。为了避免这种情况，你的排期要做到在这个节目中每隔半小时投放一次广告，让广告纵向循环，尽可能地触达最多的受众。

电视辛迪加

电视辛迪加指逐个电视台、逐个市场地销售电视节目。辛迪加公司有节目要销售，它们设法在每个市场上至少将节目卖给一家电视台。大多数主流辛迪加节目以广告主赞助或交换的形式出售。**交换辛迪加**（barter syndication）指将电视节目提供给电视台播放，以换取节目中的广告时间而非现金的做法。大部分辛迪加节目的广告时间都被打包成全国性广告单位，然后卖给全国性广告主。典型的辛迪加节目都附带全国性预售广告，电视台将剩下的广告时间再卖给地方性广告主和点播广告主。

交换辛迪加

电视台免费获得节目的做法。该节目附带全国性预售广告，并含有供地方电视台插播广告的时间。

辛迪加的诞生源于制作人将他们被"枪毙"的电视网节目出售给电视台，供电视台在傍晚或无电视网节目时充当廉价"替补"的行为。在辛迪加的早期发展阶段，所有人都对它不屑一顾，认为它不过是制作人将电视网不再需要的节目卖给地方电视台，赚点零花钱的手段而已。在这一时期，辛迪加只占了电视广告的一小部分。

现在，在整个广告收入中，辛迪加占了将近 44 亿美元，且主流辛迪加节目的覆盖范围与广播电视网不相上下（见图 8.11）。[17] 例如，像《幸运大转盘》(*Wheel of Fortune*) 和《人人都爱雷蒙德》(*Everybody Loves Raymond*) 这样的热播辛迪加节目，其潜在覆盖范围超过了美国电视家庭的 90%。从理论上讲，每个电视家庭都可以收看辛迪加节目，而通过有线电视运营商或其他传输系统比如卫星电视，有线电视节目只能进入 88% 的美国有线电视家庭。[18]

Courtesy of Karen King.

图 8.11

新技术让家庭能接收到的电视台超过了以往任何时候，从而导致了对辛迪加节目这类节目内容的更大需求。

网下辛迪加
已在大型电视网上播过的辛迪加节目。

和其他电视形态一样，辛迪加成功的关键是节目质量。辛迪加节目要么是供辛迪加之用的首播节目，如《今夜娱乐》(*Entertainment Tonight*)和《奥普拉脱口秀》(*The Oprah Winfrey Show*)，要么是**网下辛迪加**(off-network syndication)的重播节目，如《老友记》和《X 档案》(*The X-Files*)。大多数长期播放的节目，如《人人都爱雷蒙德》和《老友记》，都在其最初投放电视网时就已进入了辛迪加市场。

网下辛迪加节目拥有固定的受众，可以触达预期的人口统计细分市场。此外，相比更难预测结果的谈话节目和首播娱乐节目，已经知道内容的优质重播节目也更让广告主感到安心。事实上，与其购买价格差不多的首播节目，广告主更愿意花大价钱购买大多数网下辛迪加节目。其实，一条 30 秒的广告在《老友记》或《宋飞正传》这种辛迪加节目上的售价可能超过很多黄金时段的电视网节目。

辛迪加广告成本的变化远远大于其他电视节目类型。前 50 名辛迪加节目基本上采用三种定价体系：

1. 排名前十的节目包括网下重播节目，如《法律与秩序》(*Law and Order*)，以及部分首战告捷的节目，如《今夜娱乐》和《幸运大转盘》。通常，网下重播节目的 30 秒广告收费最高。
2. 第二种涉及一小部分节目，它们没能进入前十，但受众忠诚度高且规模可观。《朱蒂法官》(*Judge Judy*)和《费尔博士》(*Dr.Phil*)就属于这一类。
3. 最后是那些脱口秀节目和流行度稍低的重播节目，在辛迪加备选节目中售价最低。

电视市场对节目的无限需求带动了对辛迪加节目的需求。地方电视台和有线电视网要填满 24 小时，现有的节目根本无法填满它们排期中的数千小时的空档。此外，越来越多的有线电视网的加入，也刺激了对辛迪加节目的需求。尼克国际儿童频道(Nickelodeon)、生命时间、TNT、家庭频道(Family Channel)以及其他一大批有线电视网也在纷纷与地方电视台竞争网下节目，结果抬高了那些还在辛迪加市场播放的节目的价格。也有一批全国性广告主需要辛迪加时间，他们利用辛迪加节目扩大自己的人口统计学特征和 / 或在地理区域上的触达范围。通常来说，由于普通无线台的受众人数高于有线电视的，因此无线辛迪加在实现高触达率上也优于有线电视网。

对辛迪加节目的需求促使一些电视台与节目制作方签订协议，以确保节目的长期使用权。对于少数几个能带来众多受众的节目，电视台有时不得不签订长期协议，以确保一些更热门的辛迪加节目能排进未来播出季的计划中。

辛迪加电视的受众

辛迪加的一些特点与有线电视相似。例如，尽管辛迪加可以聚集大批受众，但这是通过多种节目实现的，而不是像无线电视网那样，仅凭一个节目就能触达广大受众。事实上，辛迪加经营者在销售节目时一般按多次播放率计价，即所谓的总平均收视率。例如，我们假设《犯罪现场调查：迈阿密》某次在 CBS 播出的当地收视率为 9，通过辛迪加播出的收视率为 3，如果 ACME 公司在该剧的电视网版本上投放一条广告，在辛迪加版本上投放三条广告，则两者的总收视率均为 9。但这两者很难比较，因为在电视网上，这个收视率是一次性实现的，电视网的受众曝光率不可重复；而在辛迪加上，这个收视率却是通过一周内播出的广告累积实现的。

由于地方电视台发现辛迪加十分有利可图，因而它的未来非常光明。如果采用电视网的节目，电视台或许只能卖一分钟的电视广告；但如果采用辛迪加的节目，则电视台可以卖6～12分钟的电视广告，视电视台的节目交换条件而定。因此，辛迪加节目不一定非要产生高收视率才能给电视台带来经济效益。

辛迪加电视

排名	营销商	2008（百万美元）
1	宝洁	270.0
2	葛兰素史克	156.3
3	强生	149.2
4	欧莱雅	95.6
5	辉瑞（Pfizer）	65.6
6	庄臣（SC Johnson）	64.8
7	查蒂姆（Chattem）	64.1
8	家乐氏	63.2
9	威瑞森电信	62.8
10	利洁时家化	62.0

图 8.12

2008年辛迪加电视广告主前十名

如图8.12所示，辛迪加电视广告主前十名中有大型包装产品公司，如宝洁、强生、欧莱雅以及制药业巨头葛兰素史克等。

地方电视台发现辛迪加有利可图，于是，对辛迪加节目的需求不断上升。我们完全有理由相信，在不远的将来，辛迪加将成为重要的广告载体，甚至可能成为传统电视网的一大威胁。由于签订了长期协议，辛迪加运营商和电视台之间的关系也会更正式，购进辛迪加节目资产的电视台也将得到长期的节目供应。

连播

大多数地方电视台按一周五晚来安排辛迪加节目。也就是说，他们会在周一至周五的同一时段播出《危险处境》（*Jeopardy*）或《新闻内幕》（*Inside Edition*）。这种做法就称为**连播**（stripping），因为这个节目贯穿了一个时间周期。减少节目数量但增加播放次数的做法不仅成本效益更高，并且还能让电视台获得稳定的受众，从而向潜在的广告主销售电视广告时间。由于大多数辛迪加节目都充当早间新闻或黄金时段节目的先导部队，因此电视台并不希望每天的收视率或受众构成出现太大的变化。

连播

以一周五天为一个单位安排辛迪加节目排期的做法。

有线电视

有线电视（cable television）起源于宾夕法尼亚州的小镇马哈诺伊市（Mahanoy City）。20世纪40年代，电器店老板约翰·华生（John Watson）在推销电视机上遇到了困难，费城电视台与马哈诺伊之间有山脉阻挡，导致接收信号不好。他们在周围的一座山峰上安装了一架接收天线，再加上同轴电缆和扩大器，于是，有线电视（当时叫“共用天线电视”，即CATV）诞生了。

有线电视

通过电缆传输到收视家庭的电视信号。有线电视运营商通过天线、卫星接收器或运营商控制程序传输的节目。

很快，有线电视系统开始将来自美国不同城市的各种信号传送到乡村家庭。到20世纪70年代，有线电视已经对全美国的观众产生了越来越大的吸引力，并开始从偏远地区走向大城市。1972年，家庭影院频道（HBO）投入使用，付费电视诞生。

HBO 开创了原创节目时代，而不再是仅仅扩大无线电视台的信号。同样重要的是，HBO 通过卫星传送节目，为有线电视网进入千家万户提供了广阔的前景。[19]

有线电视台虽然白手起家，但已经凭借着自身的力量变成了主要媒体，家庭渗透率超过 88%，地方性和全国性有线电视广告收入持续增长，增长速度远远高于其他广告形式。

当代有线电视产业

在有线电视诞生的第一个 20 年，有线电视用户对这种选择丰富的无线播送节目十分满意，而有线电视运营商也通过有线电视订阅费获得了可观的利益。但有线电视产业的主管们也意识到，他们忽略了一个重要收入来源，那就是向广告主敞开大门。在此情形下，有线电视逐渐成长为一个既为观众也为广告商服务的媒体。有线电视的成功可以归结为以下两个因素：

1. 以针对目标细分受众的、独一无二的、精选的电视网和节目为基础的品牌识别。
2. 有线电视网在首播节目上的投入。

无线电视网能触达大量广告主的大批受众，但与它不同，有线电视触达的是更小众、人口统计学特征和兴趣相同的利基受众。广告主们清楚，生命时间、MTV、卡通频道以及探索·发现频道能触达客观的受众群，而有线电视则采用产品生产商的方法来定义自身的品牌。对于这两者，品牌识别和知名度都可以给这些品牌的用户创造一个相同的环境。

强有力的品牌认知度是有线电视成功吸引大型全国性广告主的主要推动力。如图 8.13 所示，有了宝洁、强生和美国电话电报这样的广告巨头做依托，有线电视正在与广播电视网竞争同一批广告主。

有线电视网清楚，只有原创节目才能给有线电视网带来观众和广告主。就在几年前，大部分有线电视网安排的都还是已经在广播电视网和地方电视台播放过多次的网下重播节目和院线电影；如今，有线电视网通常会大手笔地投入原创节目，其中一些已经成为电视上最受欢迎的节目。从 ESPN 的《周一橄榄球之夜》到 A&E 的《传记》，有线电视正在吸引越来越多的观众。

图 8.13

2008 年有线电视广告主前十名

有线电视网

排名	营销商	2008（百万美元）
1	宝洁	783.4
2	强生	312.6
3	美国电话电报	251.7
4	威瑞森电信	248.9
5	百胜餐饮	244.6
6	迪士尼	243.6
7	通用磨坊	231.5
8	通用电气	228.0
9	时代华纳	224.5
10	通用汽车	214.8

资料来源：TNS Media Intelligence, “Top U.S. advertisers in 10 media,” *Advertising Age*, 22 June 2009, 18. Reprinted with permission from the June 22, 2009, issue of *Advertising Age*. Copyright, Crain Communications Inc. 2009.

有线电视广告的未来

有线电视之所以吸引广告主，归功于以下因素：

1. *瞄准受众的能力*。广告主如果考虑有线电视，则其触达具有特定的人口统计学特征和生活方式的受众的能力始终是主要考虑因素。
2. *成本低*。有线电视产业处于竞争激烈的环境中，千人成本很难大幅度提高。随着有线电视频道日益丰富，很多频道正在努力向广告主证明自己，但过去经常发生在大广播网上的广告激增现象近年来却很难见到了。
3. *夏季攻势*。最近几年，有线电视通过播送自己最强势的一些节目，和广播电视网的夏季重播对抗，由此产生了与广播电视网竞争的对抗性节目编排。很多广告主充分利用该战略中受众善变的天性，在广播电视网节目收视率的典型下降时段，将资金投向有线电视。
4. *地方性广告和点播广告机会*。大多数有线电视广告资金都采用全网覆盖的模式，然而，地方有线电视广告的增长速度却明显超过有线电视网广告。地方有线电视广告支出来自那些希望在某市场提高广告力度的全国性点播广告买主，来自众多地方企业，如餐馆、音像店和小型零售店。正是因为有线电视广告价格低廉，这些零售商如今才有机会在电视上发布广告。

过去几年出现了一个有趣的趋势，那就是有线电视网开始扩大规模并创办自己的杂志。ESPN 于 1998 年推出了其大获成功、面向体育迷的《ESPN 杂志》，尼克国际儿童频道成功推出了《小尼克》（*Nick Jr.*）和《小尼克家庭杂志》（*Nick Jr. Family Magazine*，*NJFM*）。《小尼克家庭杂志》主要针对家有 12 岁以下儿童的家庭，最近几年曾多次被《广告周刊》提名为热门杂志。[20] 这些类型的杂志为广告主提供了跨媒介经营、从而更深刻地影响目标受众的机会。

当代技术为广告主提供了一些成熟的有线电视广告覆盖备选方案。第一个创新是在有线电视网节目中“插入”广告。与广播电视网一样，有线电视网也给地方电视运营商提供一些广告位置，供后者销售给地方广告主。当地的比萨店与其将广告投放到一个几乎无人收看的地方频道上，还不如投放到选定市场内的有线电视网节目上，如 CNN 的《拉里 · 金脱口秀》（*Larry King Show*）或 ESPN 的《体育中心》（*Sports Center*）（见图 8.14）。

地方有线电视广告的另一个优势来自对**联播**（interconnects）的运用。“当（同一市场内）的两个或两个以上的有线电视系统彼此连接，同时销售同一广告排期时，便是联播。”[21] 如此一来，在大型市场上，广告主便可以在同一城市的不同地区同时发布几条不同的电视广告，但所有这些广播系统只给广告公司一个账单。这种做法能加快客户的付账速度。联播已经帮助过一些美国全国性品牌，如健力士（Guinness），在关键市场支持品牌的全国性广告计划。汽车经销商，如福特汽车，也同样成功地利用联播将广告瞄准不同经销商在经营区域内的消费者。[22] 互联的运用在很大程度上为有线电视吸引更多广告主拓宽了发展道路。

联播

同一市场中，两个或两个以上的有线电视系统的联合销售机会。

随着有线电视广告投入的增加，调查工作也逐步完善，以帮助广告主测量有线电视受众、策划广告战役的有线电视占比。具体而言，尼尔森媒介调查公司（Nielsen Media Research）推出了一系列服务，包括前一晚家庭收视率和地方受众构

Blue Rhino and SBC Advertising.

图 8.14

美国的大多数地方有线电视运营商可以在其地方电视系统中插入这种广告。

成数据。此外，还有媒介标尺调查公司（Mediamark Research，MRI）的全国性产品和有线媒体使用信息。广告主还可以获得涉及地方市场广告及其最佳效益的定制数据。

盒式录像机与数字录像机

时移观看

在录像机上录下节目以备日后观看。

20 世纪 70 年代录像机诞生，自此，观众便可以通过录像机（VCR）观看戏剧电影、录像电影、宣传片和教学片，当然，他们还可以用录像机录下电视节目以备日后观看——我们称之为**时移观看**（time-shift viewing）。曾经一度，人们认为录像机的主要用途是录下已经播放的节目，而广告主则认为录像机能够变成增加节目受众人数的一个途径（如果观众在节目开播的时候无暇收看，便可以录下这个节目，然后在有空的时候再看）。然而，调查显示，超过半数的被录下来的节目再也无缘与观众见面。时移受众的人口统计学特征大不同于原来的受众，录像机给他们快进或跳过广告提供了条件，而这对广告主来说不是什么好事！

很多行业观察员认为，录像机是一个已经过时的老古董，会被比它更具灵活性的数字技术所取代。数字录像机（DVR）给观众提供了前所未有的观看控制权，数字录像机可以将接收到的信号数字化，储存节目的时间长度超过录像机，观众可以在节目中间暂停去接电话，可以按要求马上重播或慢放，可以像录像机那样录下任何节目供以后观看。但用数字录像机做这一切速度更快、操作更容易，并且不要磁带。它还能让广告主针对观众个体定制广告。例如，假如你最喜欢的节目是《周一橄榄球之夜》，但你不爱喝啤酒，你便可以选择不看库尔斯的联播广告，而代之以插入的数字化可口可乐广告。更有甚者，可口可乐公司可能还会根据你之前提供给有线电视运营商的个人信息，比如年龄、兴趣爱好，制作出适合你胃口的广告。

显然，在运用这种技术改造广告之前，电视网广告主、二级广告主、节目供应商以及电视网之间存在着许多问题有待解决。广告主也很担心新技术，比如录像机，会让观众方便地跳过广告。根据朱尼普市场研究公司（Juniper Research）的一项研究，53% 的录像机观众至少会跳过一些广告[23]，这样，他们便可以用 23 分钟看完一个 30 分钟的节目。然而，这个系统有一个好处：它可以测量有多少家庭跳过了广告，从而得出真正的广告受众人数。当然，由此也便产生了收看隐私的问题。广告主的另一个担忧是，这种技术会让观众更容易接受付费电影，从而导致广告观众人数进一步减少。

一开始，数字录像机并不像最初预测的那么受欢迎，其中的一个原因是单位成本太高。然而，为了吸引用户，很多卫星和有线电视公司现在开始在它们提供的机顶盒内预置数字录像机。根据尼尔森的调查，到 2009 年 3 月，数字录像机在美国电视家庭中的渗透率已达到了 30.6%。[24] 数字录像机实现了电脑、互动传播以及标准电视多项选择之间的技术融合。一旦数字录像机达到预期的家庭渗透水平，广告主就必须将自己的广告更精准地瞄准那些最有可能收看其广告的受众，并积极寻求 30 秒广告的替代品。2006 年，尼尔森开始在自己的“人员仪收视家庭数据”中测量并报告数字录像机的使用情况。数据显示，如果将录像重放计算在内，*House and The Office* 这类节目的收视率将大幅度上升。[25]

品牌整合或产品植入

产品植入指在一个媒介载体（如电视节目、电影和电子游戏）中植入一个真实的品牌或产品，以交换产品、服务和 / 或金钱。意思就是将品牌整合进节目中，但又要让观众感觉是真实的，从而在观众心目中给品牌建立起良好的形象。电视节目或电影中的产品植入并不新鲜，但最近，歌曲、百老汇歌舞剧以及电子游戏中也开始出现产品植入的身影了。

广告主渴望提高其电视广告的价值，并夺回被电视网和数字录像机拉走的受众，在这种欲望的刺激下，广告主一直在积极努力地寻求如何将自己的品牌与电视节目进行整合。品牌整合涉及一系列活动，从单纯在一期电视节目中植入产品到赞助整个节目。广播电视网和有线电视网给广告主提供了大量极富创意的机会。以下是品牌整合的一些最新成功案例：

- 有时候，产品植入很微妙。比如，佛罗里达州柑橘园和《早安美国》联手赞助了一个母亲节活动，叫作“艾美里尔的床上早餐”。
- 在《美国偶像》这个节目的整个赛程中，评委兰迪・杰克逊（Randy Jackson）、宝拉・阿巴杜、西蒙・科威尔（Simon Cowell）以及卡拉・迪奥加迪（Kara DioGuardi）面前的杯子上都清楚地贴着可口可乐的标签。
- 有时候，产品植入又很明显，是节目背景的一部分。2008—2009 年度的《绯闻女孩》，一开场就是一个维生素水白色派对（Vitamin Water White Party），讽刺性地模仿了汉普顿的生活。[26]
- 产品偶尔还会成为节目中喜剧桥段的一部分。《我为喜剧狂》（*30 Rock*）中有一集，亚历克・鲍德温（Alec Baldwin）扮演的杰克・唐纳吉（Jack Donaghy）在谈自己的威瑞森无线公司。他说完之后，蒂娜・费伊（Tina Fay）饰演的主角利兹・雷蒙（Liz Lemon）转向镜头说：“那家弗莱森公司肯定所向披靡。现在你可以付钱了吗？”[27]

图 8.15
广告主

美国电视节目中出现频率前十名品牌（2009-01-01—2009-01-31）

排名	品牌	在电视上出现的总次数
1	可口可乐软饮料（Coca-Cola Soft Drinks）	838
2	24 小时健身中心 / 俱乐部（24-Hour Fitness Centers/Clubs）	598
3	美国职业橄榄球协会（National Football League Association）	210
4	印地安娜波利斯小马队（Indianapolis Colts Football Team）	162
5	芝加哥熊队（Chicago Bears Foofball Team）	138
6	自由运动健身器械（Free Motion Fitness Exercise Equipment）	119
7	必确运动器械（Precor Exercise Equipment）	98
8	NBC 网站（nbc.com）	95
9	苹果系统笔记本电脑（Apple Computer Systems Laptop）	92
10	锐步服装（Reebok Apparel）	91

产品植入美国电视节目前十名（2009-01-01—2009-01-31）

排名	节目名称	广播电视网	品牌在节目中出现的总次数
1	《一掷千金》（*Deal Or No Deal*）	NBC	1 522
2	《超级减肥王》（*The Biggest Loser*）	NBC	1 351
3	《美国偶像》	FOX	963
4	《学徒》（*The Apprentice*）	NBC	886
5	*CW Now*	CW	474
6	《改头换面：家庭版》（*Extreme Makeover Home Edition*）	ABC	339
7	《篮球兄弟》（*One Tree Hill*）	CW	309
8	《CSI 犯罪现场调查》	CBS	302
9	《开心一笑》（*Just for Laughs*）	ABC	255
10	《极速前进》（*Amazing Race*）	CBS	240

资料来源：Nielsen Product Placement, http://en-us.nielsen.com/rankings/insights/rankings/advertisers, 7 July 2009. Copyrighted information of The Nielsen Company, licensed for use herein.

如今，新技术让虚拟产品植入成为可能。这一过程采用数字剪辑，在电视节目和其他现成视频内容之间植入品牌形象。这样一来，如果制作公司要将一个节目输送给辛迪加，它们就可以将节目上原有的品牌视觉符号更换成其他的品牌。不仅如此，它还可以带来新的、无法时移观看的广告时间，而不必为了增加广告时间而缩短节目时间。

这种品牌整合的价值一直是广告主争论的一个焦点。大多数行业专家似乎认为，品牌整合的价值取决于品牌与节目之间的和谐度，取决于品牌与广告的整合度。[28] 传统的千人成本比较无法充分对此进行评估。有些评估服务机构开始转而寻求测量产品植入效果的方法。如果让节目中的人物使用产品或提及产品名称，则比单纯展示产品价值更高。但从目前看来，产品植入还无法替代电视广告。

有些节目和产品比其他节目和产品更愿意采用产品植入。图 8.15 为在电视节目中出现频率前十名的品牌以及采用产品植入频率前十名的品牌。

辛迪加收视率服务公司

本章前面讲过，从广告的角度看，电视只是一个受众触达系统。不用说，对于广告主及其广告代理公司而言，可靠的数据是它们制定购买决策、判断自己的支出是否公平的重要依据，因而数据可靠与否至关重要。现在，如何准确解释日益碎片化的电视受众变成了一个难度越来越大的问题。与此同时，随着各电视台受众人数的减少，任何一点误差都会导致受众比例的巨大变化。例如，假如是一个收视率为 20 的节目，则一个百分点的收视率误差等于 5%；假如是一个收视率为 5 的节目，那么同样的误差则等于 20%。因为收视率直接决定着广告的价格，因此广告主十分重视这些误差。

尼尔森收视率

尼尔森媒介调查公司是辛迪加电视收视率的主要提供方。[29] 该公司由 A.C. 尼尔森于 1923 年创办，目的是搜集听众信息，于 1950 年首次推出电视收视率调查服务。尼尔森电视索引（Nielsen Television Index，NTI）提供全美国范围内的电视网收视率，数据来自 9 000 多个家庭。在这些家庭中，每台电视机都安装了**人员仪**（people meter），人员仪给每个家庭成员分配了一个专用按钮，还为客人准备了备用按钮。

人员仪

用于测量个人而非家庭使用电视的情况的仪器。

很多广告主对地方电视收视水平非常感兴趣，而尼尔森公司则通过其尼尔森电视台索引（Nielsen Station Index，NSI）提供所有电视市场的收视率。在 56 个大型的市场中，尼尔森利用电视机记录仪（非人员仪）不间断地测量收视家庭中的电视使用状况。在这 210 个电视市场中，尼尔森为被调查对象提供日记卡，以方便他们记录自己的收视习惯。这些日记每年统计 4 次，分别在 2 月、5 月、7 月和 11 月。这 4 个时期被称为普查期，并被用来确定下一季度的地方电视广告价格。在相对较小的市场中，尼尔森采用纸质日记收集信息，每年 1～4 次。

近年来，收视率调查系统受到了广告主和广播电视经营者的严格审查。尽管出现的问题很多，但我们主要探讨以下三大问题：

1. *普查周*。理论上，利用**普查周**（sweeps weeks）来评估地方市场的每季收视率不失为一种有效且价格相对低廉的方法。事实上，地方电视台就曾经利用这一时期，通过播放敏感新闻和特别促销，给电视网施加压力，让它们安排最好的迷你电视剧、电影和特辑，人为地扭曲收视率，在普查期给其联播台提供支持。

   其结果是：普查期的地方电视台收视率与“非评级”的那 36 周没什么关系，广告主们认为这些收视率有水分，而他们也因此付出了更高的广告费，对此他们极其失望。普查期滥用节目的这种行为，导致广告主发出越来越强烈的呼声，要求不间断地对地方受众进行测量。

普查周

在这一时期，要统计所有电视市场的收视率。

2. *日记*。人们普遍认为，在一个可收视频道超过 50 个的时代，随着收视行为更加个性化，日记这个测量工具已经过时了。许多大型广告主要求至少在排名靠前的 125 个市场安装人员仪，这将覆盖全美国近 75% 的电视家庭。通过在全美国大部分地区进行连续的受众测量，人员仪还可以大大减少现有的普查期问题。采用地方人员仪进行测量的最大障碍是成本。据估计，每个被测量的市场需要至少 300 个家庭样本，即近 4 万住户，成本高达数百万美元——远远超过广告主或广播电视公司目前愿意支付的数额。

3. *曝光价值*。另一个让人十分感兴趣的地方是评估电视广告曝光水平与电视机使用之间的关系。广告主只愿意为那些收看其广告的受众买单，而电视网则希望获得那些会录下其节目并重看的受众的好评。尽管有争议，尼尔森还是推出了 C3 收视率调查系统。这是一个集合了普通电视广告收视率和数字录像机节目三天重放收视率的调查系统。

阿比创公司（Arbitron）正在采用便携式人员仪（Portable People Meter，PPM）进行一项研究。第九章将讲到，便携式人员仪大约只有寻呼机大小，可以测量电视、广播、有线电视以及广播网的无声音频信号。便携式人员仪可以避免日记的麻烦，尤其适用于测量广播的户外受众。它投入应用的最大难题是推出成本。

不论未来的辛迪加收视率调查会在形式上发生什么变化，可以明确的是，在三大电视网和少数几家电视台统治时期曾给电视产业提供良好服务的方法将不再适用于 21 世纪的碎片化环境了。问题的关键就在于主要参与者——电视台、电视网以及广告主——愿意付多少钱搜集这些变化多端的数据。

尼尔森目前正在开发一种新的电视 / 媒介调查服务产品，该产品可以将它们的电视收视率数据、网络流式视频测量服务、视频普查以及消费者产品购买数据结合起来。尼尔森希望该服务可以帮助广告主们更好地评估其广告的投资回报率。

定性收视率

我们在探讨有线电视时曾提过，与大多数重要收视率报告所提供的基本数据相比，有线电视网更需要出售其受众的品质和生活方式。另一种受众定性测量则力图让广告主深入了解受众的卷入度或对某电视节目 / 人物的偏爱度。这些测量方法可以用来判断一个人是否适合做代言人，判断一个热播节目是否开始走下坡路。

最著名的定性调查服务公司是营销评估公司（Marketing Evaluations），它结合了一系列被称为“Q”报告的“流行度”调查，其中最为人所熟知的是 **TVQ** 和表演者 Q。

TVQ

一种营销评估服务，用于测量电视节目和名人（受众观点而非受众规模）的受欢迎程度。

我们假设，总人口的 50% 在收看电视节目《家》（*House*），其中 30% 的人认为这是他们最喜爱的节目。Q 值计算如下：

$$Q=\frac{FAV}{FAM} \text{即}$$

$$Q=\frac{30}{50}=60$$

有趣的是，电视的碎片化不仅影响了普通电视节目的收视率，还影响了 TVQ 值。近年来，不管哪个节目，其收视人数都远远低于往年；电视名人的识别度也大幅度下降。在上一代人生活的时代，露西尔·鲍尔（Lucille Ball）和杰基·格里森（Jackie Gleason）就像总统一样大名鼎鼎；而如今，很多电视明星虽然有忠实的粉丝，但却不一定家喻户晓了。

小 结

在不远的将来，电视将不再是单纯的信息、娱乐和广告媒介，在不断的变换中，电视将成为一个允许观众付账单、订机票、按需收看计次付费节目，甚至和其他观众联机玩电脑游戏的互动系统。这些系统还有多久才能普及？它们最终会是什么样子？这些问题还很难回答，但在不远的将来，节目制作人、广告主以及普通大众都将看到电视媒体翻天覆地的变化。

除了功能上的选择余地外，电视还将成为一个通往奇妙传播世界的大门，一个超乎人们想象的奇妙的传播世界。媒介的方方面面，从受众调查到新闻，都必须以受众掌控力度和经济变化为基础重新被评估。在 20 世纪的大部分时间中，美国的大众传播基本上都靠广告主在支撑：广告主想方设法以尽可能低的成本触达最多的受众。电视受众的碎片化改变了节目编排、资金来源以及构成“大众”媒介的那些标准。

尽管电视广告的未来还不太确定，但对于那些身处受众主导媒介的时代，有创意、有远见的人来说，这个不确定中却充满了机遇。除了交互电视，没有哪个地方的营销概念表现得更以消费者为本。可以肯定的是，很快，广告主和受众就会为了丰富多彩的电视选择机会而情愿支付更高的价格；而嗅觉灵敏的广告主则会以一对一的形式触达消费者和潜在主顾，某些特许营销形式将成为常态，不再是例外。

复习题

1. 请指出在过去的 25 年中有线电视网广告发生了哪些重大变化。
2. 请定义以下概念：
   a. 收视率
   b. 受众占有率
   c. 个人收视率
   d. TVQ 收视率
   e. 广告拥堵
3. 请比较、分析辛迪加购买与点播购买的异同。
4. 请说明电视网与其联播台之间的关系。
5. 请描述黄金时段的电视预售市场。
6. 请比较、分析有线电视网和广播电视网的异同。

第九章

Shutterstock/U.P.images_photo.

广播的应用

广播类型不一，电台数量繁多，触角甚至伸到了最小的小镇。因此，广播可以给广告主提供各种各样的选择，供他们触达十分狭小的利基预期对象。作为最受欢迎的媒体之一，广播全天的收听率都很高。因而它让广告主们得以触达某些其他媒体有时难以触达的受众，比如青少年、职业女性以及轻度电视观众。▶

本章学习目标

1. 了解广播作为一种广告媒体所具备的优势。
2. 认识广播的局限性及其面临的挑战。
3. 了解如何买卖广播广告时间。
4. 认识调幅广播和调频广播所扮演的不同角色。
5. 了解用于广播的收听率体系。

优势

1. 广播是瞄准小众细分群体的主力媒介，这些群体中的许多人不是其他媒介的重度使用者。
2. 广播是一种移动媒介，可以跟随收听者进入商场，让广告主更接近销售时机。
3. 由于广播广告制作成本相对较低、立等可取，因而它可以针对市场环境的变化迅速做出反应。
4. 广播与其受众之间存在一种私人联系，这种与听众的密切关系让广播上的产品广告显得更可信。
5. 由于成本低、立等可取，广播不失为提高特定市场触达率和频率的一个绝佳补充媒介。

劣势

1. 由于缺乏视觉因素，广播往往缺乏其他媒介所具备的那种冲击力。此外，很多听众也经常将广播当作“背景”，不会全神贯注地收听。

早些年，收听广播往往是一种群体活动。

R. Gino Santa Maria/Shutterstock

2. 大多数电台听众规模小，因而要购买大批广告才能实现最低的触达率和频率。

3. 广播有时无法进行受众调查，尤其是很多小型市场的电台。

1949 年 3 月 6 日那一周，美国收听率最高的广播节目《力士广播剧场》（*Lux Radio Theater*）几乎触达了全美家庭的 30%。[1] 对比而言，在美国，2008—2009 年度最受欢迎的电视节目是《美国偶像》，但其收视率最高的那个晚上也才 14.4。[2] 在 20 世纪 50 年代电视成为主要传播媒介之前，广播一直是广告主和受众的主要全国性媒介。

自 1926 年首个广播网（美国全国广播公司）成立到 20 世纪 50 年代中期，广播一直是威信最高的全国性媒体。那是广播的黄金年代，在那个年代，一家人围坐在客厅的收音机旁边，一边听着爱德华 · R. 默罗（Edward R. Murrow）等新闻主持人播报新闻，一边从杰克 · 本尼（Jack Benny）、弗雷德 · 艾伦（Fred Allen）和鲍勃 · 霍普（Bob Hope）那里得到娱乐。而所有这些节目都是当时的大广告主带给受众的。20 世纪 50 年代初，能同时覆盖美国东西海岸的广播电视诞生，《我爱露西》（*I Love Lucy*）和《6.4 万美元之问》等节目一炮走红，它们的出现，加速了广播作为全国性媒介的衰落。

尽管广播在全国性媒介中所占的地位微不足道，作为一种地方媒介，广播广告的收入约为 95 亿美元，但这种媒介却表现出相当高的触达率，每周都可以触达约 94%

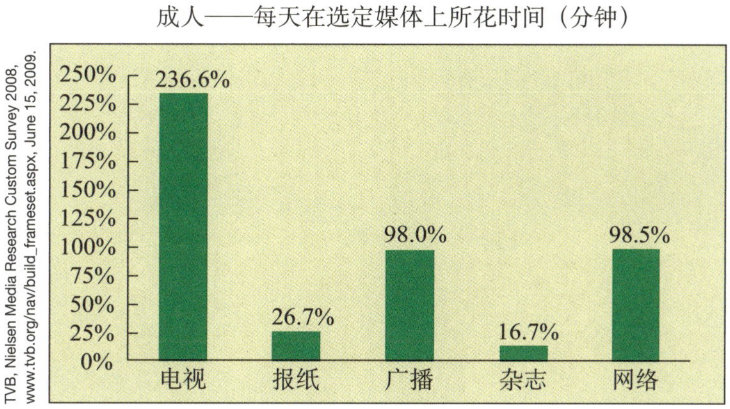

图 9.1

美国普通消费者每天会花大约 1 小时 40 分钟的时间在广播上

的美国成年人和 90.6% 的美国青少年。[3] 美国成年人每天收听广播的时间和上网的时间相差无几（见图 9.1）。从城市时尚到清谈，广播广告完全可以通过富有针对性的节目形态触达预期对象，并与他们建立起亲密的、一对一的关系。此外，广播还能以低于其他所有媒介的制作成本取得不俗的创意效果。

当代广播产业

和大多数媒体一样，广播也必须适应新的竞争环境，适应大不相同的经济结构。就在几年前，联邦通信委员会还在限制电台的所有权，最多只能持有 7 个调幅电台和 7 个调频电台，且每个市场只能各有一个。然而，联邦通信委员会逐渐放松了所有权限制，1996 年颁布的《电信法案》（Telecommunications Act）允许企业或个人覆盖至全美市场的 35%（其他条例规定，地方电台所有权由当地市场规模决定）。这项新的所有权规定改变了广播产业，使其从一盘散沙的状态变成了一个由几大联合企业组成的产业。

在清晰频道公司（Clear Channel）拥有 800 多家地方电台，哥伦比亚广播公司拥有 130 多家电台的状态下，投靠这些超大型所有人的电台越来越多。许多电台所属的大型媒介公司还拥有电视台和报纸。伴随着所有权集团化的新动向，广播开始复兴，成为许多龙头企业偏爱的广告媒介。许多广告主希望触达更狭小的目标群，而广播恰好能给他们提供机会，使他们得以更有效地触达利基市场。

广播与新技术

一些观察员认为，接下来的十年，电脑和卫星将成为音频的平台。越来越多的电台主管看到了广播的未来：它将像网络产业一样，为触达利基受众提供数不胜数的渠道，最终实现通过定制节目，让音乐和广告触达个人。随着网络广播收听率的逐年上升，网站变成了一种新的广播运营模式。但是，广播公司还要面对版权管理问题，如果它们将无线播出节目搬到网络上，就必须支付播出费。

数字音频广播（HD radio）与**卫星广播**（satellite radio）还给传统无线广播带来了挑战。卫星广播订购即可获得，夹带的广告数量极少。它要求采用一个特制的接收器，但得到的音质接近 CD。目前，卫星广播的普及率还较低。数字音频广播支持地面电台在同等带宽上以优质音频传输额外节目。有人认为，数字音频广播或可推动调频电台的复兴。尽管数字音频广播要求采用特制接收器，但消费者无须支付订购费。

数字音频广播

支持地面电台在同等带宽上以优质音频传输额外节目，它要求采用特制接收器。

卫星广播

订购即可获得，夹带的广告数量极少，要求采用特制接收器，音质接近 CD。

电台内部一窥。

Courtesy of Ron Lane.

要想准确地预测广播的未来，即使是近期的，也很困难。但我们可以仔细观察未来有可能引导该媒介发展的一些主要趋势。

1. 通过网络收听广播的受众人数迅速上升。2000 年，11% 的 12 岁及以上的美国人承认自己曾通过网络收听广播；到 2009 年 6 月，接近一半的美国人承认自己在网络上至少收听过一次广播（见图 9.2）。
2. 越来越多的网络听众正在变成习惯性听众。2009 年，27% 的 12 岁及以上的美国人说自己在过去一个月内在线收听过广播，约 17% 的美国人说自己在过去的一周内收听过在线广播。
3. 很多青少年选择在线收听自己最喜欢的音乐。尼尔森调查公司的一项调查表明，33% 的 12～17 岁的美国青少年认为网络是其主要的音乐来源。[4]

图 9.2

近一半美国人收听过在线广播

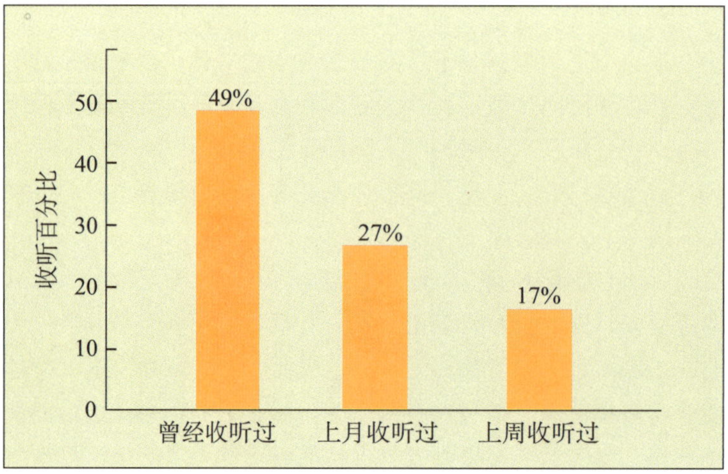

"The infinite dial 2009," Arbitron Inc./Edison Research, 7.

由于能播出更专门化、更个人化的节目，广播媒介的未来十分光明。然而，地方广播是否能在卫星和网络的夹击下幸存、这种传输将会采取什么形式、广告主将如何充分利用这些新技术，这些问题还悬而未决。

广播的特点与优势

广播是 21 世纪细分营销环境下最理想的媒介。从许多方面来看，广播都是很多如今应用广泛的地方化营销和广告战略的先驱。正如美国**广播广告局**（Radio Advertising Bureau，RAB）指出的那样："广播赋予你最有力的传播形式——人声。文字、人声、音乐和特效的完美结合，可以帮助你建立与预期对象的独特的一对一关系，抓住这些受众的心，唤醒他们的激情，然后劝服他们做出回应。所有这些，只需要其他传播媒介的一小部分制作成本即可实现。"[5]

1 了解广播作为一种广告媒体所具备的优势。

广播广告局
倡导将广播用作广告媒介的一个协会。

按照美国广播营销局的说法，广播具有大多数其他媒体所不具备的诸多优势。以下是广播较吸引广告主的一些因素。

1. *目标受众*。广播最大的优势在于它能将广告传递给极具针对性的受众，现在已经很难找到没被电台涉足过的细分市场了，他们的需求、胃口以及偏好，统统已被电台开发过。

   广播整体触达率高，形式多样，这两者的结合使得它成了一个多面体媒介。某种意义上，每种节目编排类别，无论是乡村、古典、谈话，还是节奏蓝调，都可以成为与众不同的媒介而为营销服务。从营销的角度来看，广播可以强化本已十分强大的人际传播环境，从而触达不同性别、年龄、种族或兴趣爱好的预期对象。例如，图 9.3 就显示了四种常见广播形态的受众性别、教育水平、种族以及年龄。

2. *平均每天触达美国受众（年龄在 12 岁及以上）2.6 小时以上*。据阿比创公司的调查数据，美国现有 6 亿多家电台投入使用[6]，因此广播甚至可以触达收入高、教育水平高的细分受众，这些人对许多广告主而言同样重要。

   广播可以触达美国超过 94% 的 25～54 岁大学毕业生。根据阿比创公司的调查数据，在 25～54 岁、大学学历、年收入 5 万美元或以上的成年人中，有 95% 在过去的一周内听过广播。[7]

3. *在消费者购物之时作用最大*。作为触达预期对象的一个渠道，广播对其购买决策的影响是其他任何主流媒介都无法匹敌的。虽然户外广告和售点广告同样可以触达市场上的消费者，但它们却无法像广播那样传递销售讯息。

4. *可触达其他媒介的轻度使用者*。电视的轻度观众在广播上所花的时间多于电视；此外，广播还可以填补报纸和杂志覆盖不到的主力受众中的缝隙。

5. *与其他媒介兼容*。广播可以触达其他媒体的轻度使用者，可以填补媒介排期中的缝隙。多年来，广播的一个基本营销战略就是提高自己与其他媒介的兼容能力，从而提高触达率和频率，或触达其他媒介的非使用者或轻度使用者。广播业界深知自己的大部分收入来自将广播当作次级媒介的广告主。广播的重播广告费用低，但却有助于扩大知名度——这是广播能分得一杯羹的一个重要原因。

图 9.3

适用于所有人的广播形态

	乡村（%）	墨西哥风（%）	成人现代（%）	都市成人现代（%）
性别（18+）				
女性（18+）	53.7	42.1	65.3	57.6
男性（18+）	46.3	57.9	34.7	42.4
教育程度（18+）				
高中以下	11.6	48.1	6.1	11.1
高中毕业	37.6	33.7	27.4	31.5
大专	35.3	14.6	38.7	38.4
大学毕业	15.5	3.6	27.8	19.0
年龄				
12 ～ 17	5.1	5.1	3.0	4.4
18 ～ 24	11.0	19.9	7.1	7.9
25 ～ 34	15.1	35.0	13.4	15.0
35 ～ 44	18.0	20.4	20.1	24.0
45 ～ 54	19.7	10.2	25.1	25.6
55 ～ 64	15.5	5.5	18.3	15.2
65+	15.8	3.9	12.9	8.0
种族				
非裔美国人	1.9	0.3	8.5	90.1
拉丁裔	5.7	95.4	13.0	3.0
其他	92.4	4.3	78.5	6.9

资料来源：Arbitron's *Radio Today 2008 Edition*.

6. *很多收听行为发生在户外*。这就意味着广播可以触达身处任何地方的消费者，甚至其他媒体有时无法触达的地方也能触达（见图 9.4）。

7. *收听模式稳定*。和电视不同，广播全年覆盖，很少或根本不会出现夏季受众

图 9.4

广播可以触达身处任何地方的消费者

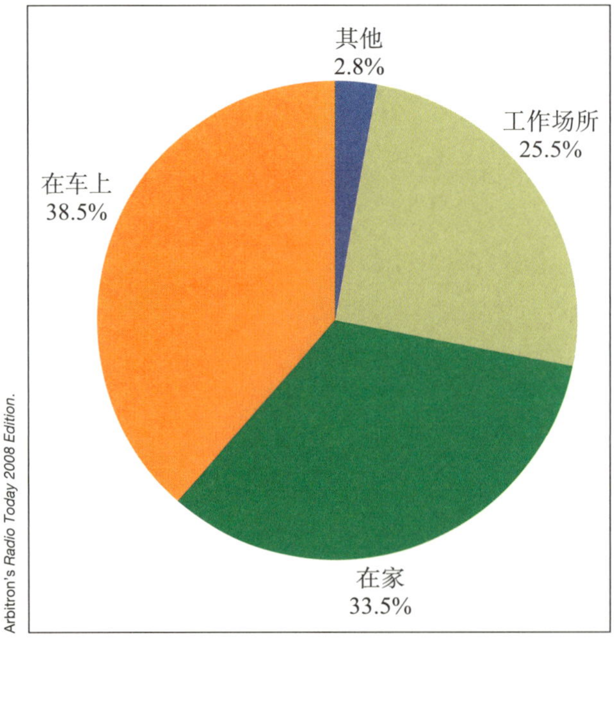

下滑的现象；此外，广播全天的受众人数都很多。

8. *千人成本低*。广告主更加重视成本效益，而广播触达受众的千人成本低于其他任何媒介。广播不仅千人成本低，而且近期的增幅也低于其主要竞争对手。

9. *即时性、灵活性*。广播广告能够迅速适应变化多端的市场环境。广播制作周期短，创意成本低，因而是一种能抓住转瞬即逝的机遇的杰出媒介。

   广播这种预测环境或顺应环境变化的能力不容小觑。例如，印第安纳波利斯 500 赛车赛于美国阵亡将士纪念日下午结束，当晚，广播广告就开始宣传冠军赛车所用的轮胎和汽油的品牌。在制定战术营销决策上，广播的简便性是一个重要优势。广播具备即时性和灵活性，且这一切都可以在最小的广告预算内实现。对于许多广告主来说，这些优势自然会使广播成为其广告战略中的一个重要组成部分。

广播的局限性与挑战

2 认识广播的局限性及其面临的挑战。

没有哪种媒介能适用于所有的营销和广告形势。和其他媒介一样，广播也有其自身的优势和劣势，这些都是广告主在考虑将广播纳入其媒介排期时必须想到的。广播有很多特点，这使得它成了许多广告主心目中的一个理想载体，被他们当作主要媒介或次要媒介。但与此同时，广告主也必须清楚，在购买广播广告排期之前，广播的一些重要劣势也必须要考虑到。广告主在考虑广播时面临着四大问题：（1）电台的数量已经使整个受众群体碎片化，尤其对于那些想触达大批受众的广告主而言，更是如此；（2）广播广告拥堵严重；（3）广播缺乏视觉元素；（4）MP3 和数字广播的用户队伍日益壮大。

受众碎片化

广播的最大优势是它能针对具体听众的个人兴趣而触达小范围的利基受众。然而，一些广告主怀疑，如果细分到了导致媒介碎片化的程度，那么大多数电台的受众规模会变得过小，就势必很难触达品牌的核心预期对象。对于那些诉求广泛的产品品类，如果不买几个电台或广播网，**受众碎片化**就会增加它们实现有效触达率和频率的难度。对此，电台主管们回应说，尽管有个别大市场由于竞争激烈而导致电台不断窄化自己的节目形态，但就大部分市场而言，广播仍然是大部分广告主实现其市场营销目标的最有效方式。但是，如果从全局来看，2009 年，美国有 1.35 万多家注册运营的商业电台。[8] 图 9.5 是按节目形态划分的电台分类。

受众碎片化
大众媒介受众因媒介多样化细分为更小的群体的现象。

广告拥堵

第八章曾讲过，广告拥堵是广告主担忧的一个重要问题。广告和其他非节目内容越多，听众就越难以回忆起其中的某一条广告。广播中的广告数量往往远超过电视中的广告数量，而随着管制的放松，广告时间仍在不断增加，有些电台的广告时间甚至超过了收听高峰时段的 30%。短广告也是造成一些电台广告拥堵的一个原因。

图 9.5
美国电台形态分析

各形态电台数量			
228	成人另类	472	新电台（尚未确定类型）
782	成人时代	288	新摇滚 - 现代摇滚
332	成人标准	1 162	新闻 / 新闻 - 评论
312	专辑摇滚	766	经典老歌
93	黑人灵歌	56	青春期前
2	蓝草音乐	284	R&B- 都市
4	蓝调	0	阅览服务
299	古典精选	1 014	宗教
512	古典摇滚	768	宗教 - 当代
550	当代流行音乐（前 40）	147	宗教 - 福音
2 066	乡村	168	轻音乐 - 成人现代
40	轻音乐	249	轻音乐 - 都市现代
102	民族	221	南方福音
2	农场新闻谈话	812	西班牙
266	艺术 / 古典	527	运动
23	金融新闻	563	谈话
1	民谣	5	旅游信息
447	热门成人音乐或“成人当代流行”	806	综合
70	爵士	28	天气 / 交通
36	当代成人时代		

资料来源：News Generation, Inc., 2009. Obtained from http://www.newsgeneration.com/radio_resources/stats. htm, 13 April 2009.

缺乏视觉元素

广告主面临的最主要问题是，广播缺乏视觉元素。在广告主试图提升品牌形象、建立其在消费者中的知名度时，很多广告主却发现，广播缺乏视觉元素的这个问题很难克服。随着自助零售的发展和品牌宣传竞争的日益激烈，包装标识成为许多广告主成败的关键。

广播一直利用大量的创意技巧，试图以丰富的听觉效果来弥补视觉上的不足。音效、广告短诗、短小俏皮的文案以及生活表述，广播运用这些在听众脑海中构建画面。广播试图证明，消费者熟悉的电视广告形象也可以通过广播传递给他们。

MP3 播放器用户的增加

虽然大多数青少年每周至少还会听一次广播，但听 MP3 和数字音乐的人数却增长迅猛，年纪更小的受众群更是如此。根据尼尔森调查公司的一项研究，39% 的 12～17 岁青少年承认，他们会选择 MP3 作为主要音乐来源。

广播的技术方面

信号

电台播送的电子脉冲叫作信号。如果某个电台在某一指定地域内的信号极好，那

很多青少年更愿意通过 MP3 播放器收听音乐。

么这一区域的听众就能非常清晰地接收到它的节目和广告。

频率

所有信号都是由电磁波传送的，有时也叫“无线电波”。这些电波在频率（在指定时间内通过指定点的电波数量）上各不相同。调幅电台的频率按千赫（kHz）计算，调频电台的频率按兆赫（MHz）计算。联邦通信委员会为所有电台指定的频率如下：

调幅：540～1 700 kHz

调频：88.1～107.9 MHz

波幅

所有电磁波都有自己的高度，称为“波幅”。波的幅度差异如同海洋里的波和池塘里的波一样。电磁波也有自己的速度，按一串电波每分钟通过一个指定点的频率来计算。例如，假设一个电台的电磁波频率为 1 580kHz，则其每秒通过一个指定点的电磁波数为 158 万。

在这两个标准——调幅和调频——的基础上，形成了两个截然不同的无线电波传输系统：第一个系统根据波幅的不同调节声波，频率保持一致，这就是**调幅**（amplitude modulation，AM）广播的原理；第二个系统根据频率的不同调节声波，波幅保持一致，这就是**调频**（frequency modulation，FM）广播的原理［见图 9.6（a）和 9.6（b）］。

调幅

通过改变电磁波波幅（大小）而非频率来传输电磁信号的做法。调幅广播的音质不如调频好，但传输距离更远，尤其是在晚上。

调频

一种通过改变电波频率而非幅度（如调幅）来传输的无线传输电波。一个调频电波的宽度是调幅电波的 20 倍，因此它的音质更好。要传输这样的电波，必须将它置于电磁波谱的高频率段，以免受到调幅电波和静电的干扰，这样才能得到出色的音质。

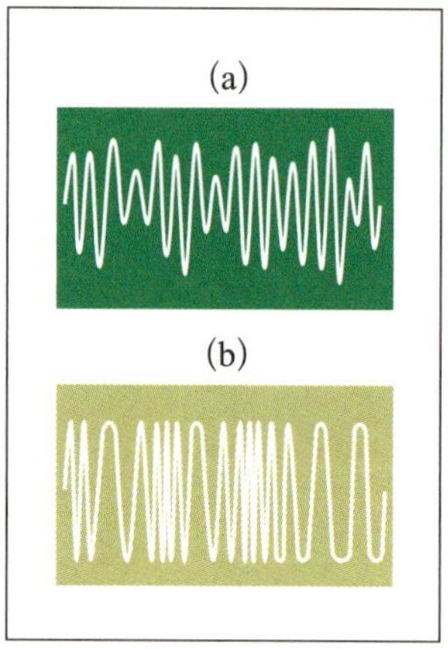

图 9.6

在调幅状态下（a），声波高度（波幅）不同但频率一致；在调频状态下（b），声波频率不同但高度一致。虽然这两个图像的比例并不标准，但它们显示出，宽度是调幅和调频之间最明显的差异，调频的宽度是调幅宽度的 20 倍。这一事实有助于解释为什么调频的音质更好。

调幅和调频广播的不同技术结构，实际上造成了两种截然不同的媒体，从而给听众和广告主带来了不同的价值。调幅广播的信号传输得更远，但更容易受到干扰；调频广播的音质更好，但信号的传输距离受限制。一个电台的信号接收质量还受到大气条件和电台功率（广播频率）的影响。

广播广告时间的销售

3 了解如何买卖广播广告时间。

广播广告支出主要集中在地方层面。尽管广播网广告和点播广告的增长都很明显，但地方性广告仍然在广播业的收入中占据着霸主地位。

广播广告的购买是一项艰巨的任务，因为可供广告主选择的电台和广播形态太多了。例如，单是得克萨斯州就有 850 多家电台，甚至在人烟最稀少的怀俄明州（Wyoming），商业电台数量也超过 155 家。[10] 此外，全美国还有众多不同形态的电台可供选择。最近，电台所有权之间的兼并为改变广播广告价格的结构和广告时间的购买方式带来了可能。从向集团所有制转型开始，那些大型广播集团的高管们就向广告主们保证，他们会提供更好的服务和更高效的购买程序。如此一来，媒介采购便不用再同时面对多家电台或独立代表公司，而是可以像流水作业那样，只需要和一个人谈判、下一个广告订单，即可和上百家电台洽谈广告时间和价格。

尽管所有权的兼并有可能提高地方广播广告的价格，使电台面对广告主时更占上风，但它却无法缓和电台之间对地方广告投入的激烈竞争。只要广播广告还在争夺地方性广告主，电台就将继续在一个充满挑战的环境中运行。电台必须与报纸、黄页和直邮等传统的选择性媒介展开竞争，它们都可以触达目标受众。此外，电台还必须与网络、广播电视网和有线电视等新兴媒介竞争，而后者将地方性广告视为重要的利润源泉。

广播网

1948 年，随着电视的出现，广播网作为全国性大媒介的角色逐渐弱化，并开始以地方性广播的形式出现，鲍勃·霍普的广播节目的平均收听率从 1948 年的 23.8 下降至 1953 年的 5.4。整个 20 世纪 50 年代，肥皂剧都在进行从广播到电视的转型，1960 年，最后的幸存者《玛·珀金斯》（*Ma Perkins*）停播；幸存的大型广播剧《悬疑》（*Suspense*）和《带枪行天下》（*Have Gun Will Travel*）也于 1962 年停播。这意味着广播网的时代彻底走向终结。在接下来的十年中，广播网节目在很大程度上局限于

Courtesy of Karen King.

20世纪40年代后期，广播网十分繁荣。

新闻和短剧。

虽然广播网在广告收入资源中只占很小的比例，但媒介策划仍旧要将广播网当作伸向职业女性和其他媒介轻度使用者的渠道，当作更频繁地触达主要目标受众群、建立品牌知名度的低成本渠道。在广播每年95亿多美元的广告支出中，广播网的广告支出只占其中的9.75亿美元。[11] 在美国，广播网的广告主大多是全国零售连锁店、电信业和娱乐公司（见图9.7）。

图 9.7

美国全国性广播广告主前十名

排名	营销商	2008（$）
1	威瑞森电信	107.4
2	家得宝	79.2
3	伯克希尔·哈撒韦公司（Berkshire Hathaway）	78.9
4	沃尔玛超市	76.1
5	通用汽车	51.6
6	美国电话电报公司	43.3
7	西夫韦（Safeway）	41.6
8	沃尔特·迪士尼	40.9
9	新闻集团（News Corp.）	37.8
10	通用电气	36.0

资料来源："Top U.S. advertisers in 10 media," *Advertising Age*, 22 June 2009, 18. Reprinted with permission from the June 22, 2009, issue of *Advertising Age*. Copyright, Crain Communications Inc. 2009.

广播网和电视网之间的最大差别，就在于广播网及其联播台之间的关系。广播网基本上属于节目供应方，但不同于电视，一个电台个体可以同时属于几个广播网。例如，一个电台可能从甲广播网那里得到体育节目，然后从乙广播网那里得到人物传记和新闻，再从丙广播网那里得到娱乐节目。地方电视台按电视网节目的优劣出售广告时间；而广播网则必须依靠地方收听率获得全国性广告支持。

无论电台采用什么方法使用广播网节目，无论广播与电视之间存在多大的差异，广播网都和电视网一样，也有其自身的一些优势。比如，一个广告主只需要下一个插播指令，支付一张发票，其在所有电台的广告排期便可以获得统一的制作质量保证。广播网也是一种比较经济的触达渠道，并且和所有电台一样，广播网可以瞄准一些特定细分受众，而他们往往是其他媒介的轻度使用者。

卫星技术使广播网如虎添翼，全国性广播节目可以借助卫星线路，这为它们的地方性联播台创造了如下优势：

1. 根据针对特定广播形态的最新调查数据编排节目，质量有保障。
2. 广播网能够请到名人，地方电台根本不具备这种财力。
3. 身为广播网的一部分，即使是最小的电台也能争取到全国性广告主的资金。作为地方点播购买的一部分，电台或许不会被全国性广告主纳入考虑范围；但作为广播网排期的一部分，电台就有机会进入他们的候选名单。
4. 和其他几百个联播台共享节目，成本效益更高，能够将人员和节目成本降到最低。

广播网再也不可能还像从前那样，充当全国性广告主的主要媒介。但是，作为节目服务资源，既然广播网具备瞄准小众受众的能力，它自然还将继续为众多全国性广告主发挥重要作用。

点播广播

点播广播

全国性广告主按市场购买地方广播时间的做法。

回想一下，我们在第八章中讨论过，**点播广告**指全国性广告主购买的地方台广告。2008 年，广告主在点播电台（spot radio）上的广告支出约为 85 亿美元[12]，它几乎成了全国性企业在精选目标市场上实现附加触达率和频率的第二大媒介。点播广播给这些广告主提供了机会，让他们得以在瞬息万变的竞争挑战中迅速反应，并以极低的无效发行量打进狭小的细分市场。如图 9.8 所示，威瑞森电信以 9 890 万美元的广告支出成为美国第二大的广播广告主，但这个支出在这家企业的年广告预算中的占比其实还不到 3%。

图 9.8

美国地方性广播广告主前十名

排名	营销商	2008（$）
1	美国电话电报公司	130.8
2	威瑞森电信	98.9
3	通用电气	78.4
4	麦当劳	68.5
5	康卡斯特电信	57.7
6	伯克希尔・哈撒韦公司	56.4
7	新闻集团	53.8
8	西夫韦	51.8
9	沃尔特・迪士尼	47.9
10	克罗格	37.6

资料来源："Top U.S. advertisers in 10 media," *Advertising Age*, 22 June 2009, 18. Reprinted with permission from the June 22, 2009, issue of *Advertising Age*. Copyright, Crain Communications Inc. 2009.

Courtesy of Karen King.

卫星技术使广播网再次得到了受众的欢迎。

尽管点播广播在整个广告支出中所占的比例较低，但它对众多广告主却具有重大意义。对那些市场潜力相差巨大的全国性企业而言，点播广播可以加大它们在选定地区或单个市场的力量。点播广播的第二群重度使用者是拥有众多零售店的全国性企业。点播广播广告可以让这些企业通过地方化的点播广播，在当地打造自己的全国性品牌知名度。例如，家得宝和麦当劳这两个广告主就依靠点播广播来补充其全国性广告。和其他媒介类别的情形一样，广告主会充分利用点播广播的低成本和灵活性。

和电视一样，大多数点播广播的节目购买都是通过代理公司来完成的。原则上，广播代理公司的职能与电视代理公司的职能一样，只有那些像营销顾问一样为电台服务的代理公司才是最好的代理公司，它们与广告公司合作，然后将目标受众选择名单上的最合适的电台与之匹配；有时则根据市场来选择。在某些情况下，节目购买是通过无线广播网来进行的，和我们在第八章中提过的无线电视网节目购买如出一辙。广播产业的内部兼并到底对中介与电台之间的关系有什么影响，还有待观察。大型广播集团收购的地方电台越来越多，这可能意味着大量的点播广告将绕开代理公司，直接通过集团自己的销售代表售出，只给代理公司留下通过无线广播网销售小市场点播广播广告的机会。在这个重组才是王道的产业中，代理公司与电台之间的关系只是有可能发生变化的又一个领域。

作为广告媒介的调幅广播和调频广播

4 认识调幅广播和调频广播所扮演的不同角色。

调频俘虏了整个听众群，而且在大多数广播形态中占据着领导地位。除了几大清谈电台，大多数调幅电台在收听率和受众份额上的排名都比较靠后。事实上，调幅电台主要通过谈话、新闻和特别节目——如福音和怀旧——来触达老年受众。

在过去的 30 年中，广播产业中最重要的发展趋势是调幅广播的受众增长及广告增收。第二次世界大战前夕，广播开始采用调频技术；战争期间，所有电台建设停止，只有几家大战前已在广播的电台仍在继续运行。在战后的近 30 年中，调幅主要用于非商业性的传统电台，这些电台听众极少，几乎没有广告。只有几家同时拥有调幅和调频的电台例外，它们通常会在这两种电台上播放同样的节目。由于调幅和调频收音机是分别销售的，而且新颖的广播节目也很少，因此听众对购买售价更高的调频收音机兴趣不大。

1975 年，独立调频电台（不搭配调幅的）的亏损总额接近 1 000 万美元；但就在 3 年后，还是这些电台，收益却接近 2 500 万美元。显然，这种经济上的逆转并非偶然。调频的兴盛要归因于广告主和受众的很多方面，主要因素如下：

1. 1972 年，联邦通信委员会规定，在同一市场同时拥有调幅和调频的电台必须播送不同形式的节目。这一规定为调频变身为独立的媒介奠定了基础。
2. 调频的音质明显优于调幅。因为广播的主要节目形态是音乐，因此调频广播逐渐俘虏了调幅广播的听众。
3. 调频收音机的价格开始下降，这使得这个媒介更受欢迎。30 年前，可接收调频波段的收音机比只接收调幅波段的收音机贵很多，配备有调频收音机的轿车也极少。现在，每 10 辆轿车中便有 9 辆配有调幅和调频收音机，而且基本上所有的收音机都接收调幅和调频波段。
4. 越来越多的广播听众在收听音乐时会选择调频，调幅只剩下一些老年听众。对于广告主而言，调幅的听众已经不再是主要市场。因此，随着受众向调频的流动，广告主们在调频广播中投入的广告资金也迅速增长。

电台的典型“录制中”标识，表明该电台正在广播中。

Courtesy of Ron Lane.

调幅电台正在努力寻求吸引利基受众的节目形态，因此它们仍有可能继续充当主要的广播媒介。事实上，很多观察员认为，在过去的20年中，正是因为谈话节目大受欢迎，调幅广播才免遭经济厄运。数字音频广播完全有可能凭借着出色的音质而让调幅电台看到复苏的希望。

节目编排类型 之前我们讲过，广播这种媒介可以不断地为广告主搜索目标受众，同时它也是一种以音乐为主的媒介。电台通常以某一种音乐节目形式为主，并依靠其与众不同的特点吸引具有某一特定人口统计学特征的群体中的绝大多数听众。电视观众收看某一节目的时间通常为半小时或一小时，然后就换台看另一个节目。但与电视不同，听众往往会因为喜爱某个电台的音乐、体育或信息节目而一直收听他们的节目。

多年来，大多数电台都以乡村音乐节目为主，有2 000多家电台报告说，它们会把某些乡村音乐作为自己的主打节目形态。某种程度上，乡村音乐电台的繁荣主要归功于大量存在于乡村和小型市场等乡村音乐流行之地的小电台。虽然很多更新颖的乡村音乐节目形态已经将乡村音乐带入了主流音乐和大型市场，但它的根依然在美国的小城镇。

对广告主而言，受众的质量和规模最重要。例如，那些相对较小众的“儿童”“公共事务”或“农业”电台可能恰好是某个广告主触达规模很小但（对他们而言）有利可图的预设对象的广告载体。

电台面临的一个问题是，它们处在一个弱肉强食的环境中，只有最强悍的才能活下来。虽然每家电台都想成为某种流行节目形态的老大，但电台经理们知道，不论采用什么节目形态，一个市场中的电台数量只要超过两个，就很难做到利益均沾。广告主为什么要买市场上收听率排名第三或第四的电台的广告时间呢？

因此，第二、第三梯队的电台要不断寻求利基节目形态，以便成为某些细分市场中的领袖，这样才有吸引广告主的价值。像经典音乐或爵士乐这类特殊节目形态，通常都依靠高端受众生存，而他们是广告主通过其他媒体难以触达的。然而，由于一些大型市场中往往存在着好几十家电台，因此制作利基节目不仅十分艰苦，而且还常常徒劳无功。例如，那些听众数量不足的电台可能会宣称自己某时段（如午夜至早上6点）的收听率是第一名，或者宣称自己开发了某种节目形态的一个子类节目，以示自己不同于其他电台（如轻乡村风格）（见图9.9）。

其实，广播应该算是一种准大众媒体。尽管它的听众规模很大，但如果按某指定时段内收听某个广播节目的听众人数算，则听众规模很小。即便是市场上最厉害的电台，在幸运的状态下也只能做到收听率5或6，一般都是1～3。因此，就电台的经济状况而言，在其他媒体看来无足轻重的受众增长却会对电台带来很大帮助。例如，如果一个电台的平均收听率为3，那么，收听率增长1个百分点就意味着收听率提高了33%，这个差别完全足以提高这家电台在市场上的排名。

早高峰	早上6：00—10：00
午间	早上10：00—下午3：00
晚高峰	下午3：00—7：00
晚间	晚上7：00—午夜12：00
深夜	午夜12：00—早上6：00

图9.9
广播时段

广播收听率服务

5 了解用于广播的收听率体系。

第八章讲过，电视的发展为准确判断受众数量带来了一些大麻烦。但是，如果和广播面临的问题相比，电视调查的问题就是小巫见大巫了：不光电台的数量超过电视台的10倍，而且大多数电台还没有具体的节目编排，这使得广播建立记忆度的难度远远超过电视。我们曾经说过，对于安装了人员仪的大部分受众来说，电视记忆度测量根本不是问题。此外，很多广播听众在户外收听广播，记录这部分受众的收听日记或让他们通过电话回答调查都是不切实际的。

有很多公司给电台提供广播调查服务，但其中的大多数公司只能提供针对单个电台和广告主的节目咨询或顾客调查服务。地方辛迪加收视率的主要数据来源，同时也占主导地位的广播调查公司是**阿比创公司**，它们通过阿比创广播部（Arbitron Radio）提供受众数据。

阿比创公司

一家广播收听率调查辛迪加公司。

阿比创公司主要采用听众日记，在近300个地方市场对广播受众进行测量。在日记样本家庭中，所有12岁以上的家庭成员都有一本个人日记，记录自己为期7天的收听行为。一个市场的收听率调查通常为期12周，在一个市场抽样的时间长短则主要取决于该市场的大小，大多数超级都市地区的抽样期会持续一年，而最小型市场的抽样期一般只有12周，其收听率则发表在收听率总报告的浓缩版上。[13] 尼尔森公司一直是收视率调查行业中的龙头老大，但它们现在也开始将目光投向50多个规模更小的中型市场的广播受众测量。尼尔森公司的听众日记采用便签而非手写方式来记录听众收听了哪些电台。有些人认为，和阿比创公司的方法相比，这个方法更精准，对电台来说成本更低，而后者一直是广播公司的一大卖点。[14]

由于很多收听行为发生在户外，而广告主和电台又对全天收听数据感兴趣，于是阿比创公司开发了一种便携式人员仪（Portable People Meter，PPM），并在20多个大型广播市场选定了PPM用户样本框。PPM可以追踪消费者收听了什么、收看了什么、登录了哪些网页，或在商场收听了什么。这个小巧的移动设备戴在阿比创样本成员的身上，以探测可插入传输信号中的识别码。该设备可以自动收集这种信号，然后每天发送给阿比创公司，供其分析。[15] 阿比创公司希望这个设备最终能够取代日记，在减少侵扰被调查者的条件下，收集到更精确的数据。

由于广播的地方性，电台的收听率对大多数广告主的意义远胜于广播网的收听率。然而，本书前面也讲过，广播网对许多全国性广告主具有十分重要的意义。随着企业向广播网广告的倾斜，收听率的准确性将变得更为重要。全国性广播网收听率的一个主要来源是阿比创的**广播全面受众调查**（Radio's All-Dimension Audience Research，RADAR）报告，也是阿比创公司的一项服务。RADAR报告的调查数据主要来自消费者或大型被调查市场中PPM所记录的7天收听日记。

广播全面受众调查

即统计调查服务公司，是广播网收听率的主要来源。

收听率调查面临的最大问题是资金，可用于广播调查的资金通常与大广告主的广告支出水平直接相关。例如，宝洁公司每年的电视广告支出超过21亿美元，那么它在收视率调查上投入上百万美元就很有必要。[17] 然而，虽然广播和户外这类媒介面临的问题更复杂，但其整个广告支出却无法支撑像电视收视率调查所需的那么庞大的费用。

Michael Pettigrew/Shutterstock.

人们常常在开车时收听广播。

广播广告时间的购买

广播充分显示了身为广告媒介的一系列特点：

- 广告时间存量难以保存，一旦广告时间没有售出，收入就绝对丢失了。
- 广播通常被当作其他媒介的补充，因此，对于大多数广播广告的销售而言，关键是要和整个广告计划匹配。
- 每个广播广告的购买都是独一无二的。基本上，所有的广播广告都是打包销售，而且从某种程度上讲，这些广告时间都是为每个广告主量身定做的。
- 由于各广播广告购买的独特性，广播广告几乎没有固定的价格表，价格基本上靠媒介采购和广播销售人员协商而定。

尽管广播广告的购买十分复杂，但其基本原理和其他媒介的广告购买差别并不大。例如，和大多数广告策划一样，在投放广告之前，我们必须审查以下元素：

1. 检查产品的特点和功能，判断广播是否能有效地传达这些功能。
2. 选定目标市场，判断广播是否能有效地触达他们。如果可以，要判断在什么时段、用什么形式触达他们。例如，西裔听众更喜欢收听广播——尤其是那几个西班牙语电台的节目，而非西裔听众就没那么喜欢。[18] 根据阿比创公司的报告，非裔美国人听众更喜欢收听都市成人时代、福音、都市成人时代流行、都市现代以及宗教这类形式的广播。[19] 这种通过精确定位来触达受众群的能力仍然是广播最大的优势。
3. 判断谁是竞争对手，他们如何利用广播和其他媒体，广播是否能使我们的产品与竞争对手的产品区别开来，我们是否会遭遇竞争对手的进攻性讯息。

4. 判断采用哪种基本的广告战略和营销战略，判断广播是否可以有效地实施这些战略。

无论处于哪种广告局面，我们都是首先从划定目标市场开始，由于广播提供的节目形态十分具有针对性，因而对受众的界定对广播时间的购买具有极为重要的意义。然后，我们必须了解备选电台的成本，必须从营销和创意的角度，根据千人成本 / 预期对象或单位成本，对这些备选电台进行比较，必须根据自己设定的广告目标进行对比。例如，普通广播或特色广播都可能实现我们的触达率和成本目标，但在创意战略上却是失败的。由于广播广告经常被用作补充媒介，因此我们不妨从广播在我们的广告排期中如何补充其他主要媒介，以及我们应该给广播划拨多少预算这两个角度来评估广播。

一旦我们明确了广播在广告策划中的角色，我们就必须马上开始选择具体的电台，选择标准是既能触达我们的目标受众，又具备符合我们产品形象的节目。我们之前说过，电台为众多的广告主，尤其是那些全国性广告主，提供了丰富的选择余地。对有些广告主而言，和地方或点播广告相比，广播网是更好的选择，因为它成本低、内容质量有保证。不过，广播也是媒介策划中最具挑战性的一块。

广播广告购买的最后一步便是实际着手广告排期。由于大多数广告主为了实现触达率和频率会投放大量点播广告，因此广告排期有可能难度极大。虽然广播广告通常为 60 秒，但有些广告主会采用更短的广告来争取到频率，极少数广告主采用更长的广告来增强影响力，还有一些广告主采用更短的 15 秒简单广告来提高频率（见图 9.10）。此外，我们还必须考虑是购买特定时间段还是时间段组合，偶尔还要考虑是利用节目赞助还是采用现场活动促销。不论针对这些问题或其他问题的最终决定是什么，广播都可以提供极大的灵活性，适应几乎所有广告主的计划。

鉴于广播的复杂性，媒介采购人员往往不得不依靠广播销售人员在电台、广播网或代理公司方面的专业知识。考虑到广播购买的特殊性，采购人员和销售人员有必要了解这一过程涉及的关系。信誉排在第一位。广播销售人员赢得信任的主要方式之一，是将广播设定为营销计划的一部分。这就要求广播销售人员既能积极地销售电台，同时又能了解其他媒介的贡献和优势。

图 9.10

交通热线佐治亚 511 的 15 秒广播广告

感恩节

音乐	生动的台词
背景音乐 20 世纪 50 年代 教学电影音乐	感恩节重要安全提示。被火鸡迷得晕头转向的时候不要开车。开车前记得拨打佐治亚 511。511 为您提供免费、快捷、实时的交通信息。511——我们为您导航。

度假购物

音乐	生动的台词
背景音乐 动作电影音乐	你在执行任务。在超级忍者机器人娃娃售完之前到达购物中心。你需要佐治亚 511。拨打 511 即可获取免费、快捷、实时的交通信息。511——我们为您导航。

资料来源：Courtesy of McRae Communications and Georgia Department of Economic Development.

与其努力地劝服报纸的重度广告主放弃报纸这个媒介，不如向他们展示广播如何提高报纸广告的效益。要想成功地销售广播，关键在于识别客户面临的问题。而要做到这一点，销售人员就必须向广告主表明，广播可以解决他们的具体营销问题。记住，购买时间本身并不是广告主的兴趣所在，他们的兴趣在于找到潜在对象，然后向这些潜在对象展示产品的主要利益。

广播收听率的运用

我们在第八章曾给出过电视收视率和受众占有率的定义。广播收听率和听众占有率的计算方式与电视一样，但广播的听众规模以及节目和节目编排的高度碎片化却导致了完全不同于电视的收听率使用系统。本节将探讨广播所特有的一些收听率运用方法。

电视和广播在视听率运用上的差异如下：

1. 广播广告主感兴趣的是宽泛的节目形式，不是具体的节目或狭义的电视分散计划。
2. 广播收听率倾向于测量相对较长一段时间或几个时间段内的受众累积，而大多数电视则按单个节目来测量收视率。
3. 单个电台的受众远远少于单个电视台的受众，导致广播收听率的可靠度更低。
4. 由于大多数电台在给定时间内只能触达市场上的一个细分群体，要想提高触达率，广播广告所需的频率就要远远高于其他媒介，因此，那些涉及大批电台的全国性广播计划很难准确地追踪收听率信息。

我们先来看一下在广播收听率分析中会用到的几个定义。

广播收听率的地理分布模式

广播收听率采用两种地理界线来表示受众：大都市调查区（Metro Survey Area，MSA）和总调查区（Total Survey Area，TSA）。通常来说，电台最主要的受众来自大都市调查区。

- *大都市调查区*。大都市调查区通常包括一个城市或几个城市，其人口集中在城市中心及其周边区县或多个区县。
- *总调查区*。总调查区是一个地理区域，涵盖大都市调查区及其周边收听率达到最低限度的区县。

广播受众的定义

电视基本受众测量某特定节目的收视率和受众占有率。如果不考虑广播和电视之间在受众数量上的重大差异，一味按照购买电视广告的方法来购买广播广告，那就大错特错了。在广播中，受众估算通常用**一刻钟平均听众数**（Average Quarter-Hour，AQH）或 N 刻钟 / 时间段内收听某电台的累积听众数或非重复听众数来表示。

一刻钟平均听众数

广播收听率的一种表示方式。一刻钟平均概数（AQHE）包括收听平均人数（AQHP）、收听率（AQHR）和听众占有率（AQHS）。可以借助大都市调查区域人口判断听众占有率。

一刻钟平均概数（AQHE）

1. *一刻钟平均听众数*。一刻钟平均听众数指 15 分钟内至少收听某电台 5 分钟的估算人数。

2. *一刻钟平均收听率*。现在，我们可以将一刻钟平均听众数计为被测量人口中的一个百分比：

（AQH 听众数 / 总人口）×100 = 一刻钟平均收听率

3. *一刻钟平均听众占有率*。一刻钟平均听众占有率表明听众中平均有多少人收听这个电台：

（一个电台 AQH 听众数 / 所有电台 AQH 听众数）×100 = 一刻钟平均听众占有率

累积收听率概数 累积收听率概数用来表明在 N 刻钟或某时间段内收听某一电台的听众人数或百分比。

1. *累积听众数*。累积听众数指收听某一电台至少 5 分钟的听众人数。
2. *累积收听率*。累积收听率指在 N 刻钟或某时间段内收听某一电台的听众百分比。

（累积听众数 / 总人口）×100 = 累积收听率

现在，我们来看一下一个典型电台的受众，然后计算这些公式。

XYZQ 电台

周五早上 10：00—下午 3：00，12 岁以上听众

AQH 听众数 = 20 000

累积听众数 = 60 000

大都市调查区域人口 = 500 000

大都市调查区域 AQH 听众数 = 200 000

则，XYZQ 电台的

AQH 收听率 =（20 000/500 000）×100 = 4

累积收听率 =（60 000/500 000）×100 = 12

大都市调查区 AQH 听众占有率 =（20 000/200 000）×100 = 10

以 XYZQ 电台为例，我们也可以计算以下数据：

1. 总收听数（GI）= AQH 听众数 × 广告数

假设我们购买了 XYZQ 电台的 6 条广告，则相当于购买了 120 000 个印象：

20 000AQH 听众数 ×6 条广告 = 120 000 总收听数

记住，这些是印象数，不是听众数。

2. 总收听率＝ AQH 收听率 × 广告数

同样，6 条广告可以达到 24 点总收视率（4AQH 收听率 ×6 条广告）。

媒介策划必须具备处理不同广播数据的能力，这样才能制定出最适合客户的战略。虽然电脑可以提高这些运算的速度，但它无法替代媒介策划对这个过程的基本认识。同样的预算甚至同样的广告数量，在不同的时间段，通过多个电台，达到的累积概数、触达率、频率以及人口统计学特征却可能大不相同。

小　结

在美国，每天收听广播的人远远超过使用其他媒体的人。由于电台数量繁多、形式多样、制作便宜、广告成本低廉，因此它可以给众多产品品类提供有效的触达率和频率。

技术发展使广播的即时性与人对人沟通特性达到了一个新的台阶。有了卫星传输技术和户外接收能力，广播完全可以针对消费者个体的人口统计学特征和生活方式制作节目和广告，然后借此触达他们。新的受众测量技术为追踪这些户外广播听众提供了可能性。

广播具有一个极大的优势：它可以高度渗透其他媒介的轻度使用者或非使用者。鉴于广告主目前对触达细分受众群的需求，广播在越来越多的媒介策划中成为第二重要的媒体。

无论是在大型广告主还是小型广告主的广告计划中，广播的地位都越来越重要，但这个媒体却面临着四大问题。首先，广播受众严重碎片化，因此广播更容易实现频率而非触达率。其次，广告扎堆的现象也十分严重。再次，广播缺乏视觉元素，许多广告主认为，如果没有冲击力强的品牌视觉标识，这个媒体对他们的广告计划而言就毫无意义，即使有也很少。广播产业曾实施过众多调查研究，以期表明广播可以有效地与电视合作，促使消费者回想起以前看过的广告。不过，广播目前面临的最大问题是，网络用户和 MP3 用户的队伍正在逐渐壮大，进而对传统广播的听众规模构成威胁。由于广播内容的传递系统一直在不断变化，因而广播是否能在未来取得成功主要取决广播内容供应商是否能认同自己的职责就是通过各种传递系统来传递广播内容。

复习题

1. 请给出以下概念的定义：
   a. 开车时间
   b. 卫星广播
   c. 数字音频广播
2. 对大多数广告主而言，广播最大的劣势是什么？
3. 对广告主而言，广播最大的优势是什么？
4. 什么是点播广播？
5. 广播网有什么作用？
6. 调幅广播的听众是哪些人？他们收听哪些节目？
7. 大多数广告主从哪里获得有关广播听众的信息？
8. 一刻钟平均收听率和累积收听率之间的区别是什么？

第十章

U.P. images_photo, Shutterstock.

报纸的应用

报纸一直是地方广告收入的主要来源，广告总收入排名仅次于电视。在美国，每天，发行的报纸接近 4 850 万份，为大部分人提供新闻、娱乐和广告。[1] 由于报纸能为广告创造出积极的环境，它还享有极高的信誉。▶

本章学习目标

1. **认识营销组合中地方性广告与全国性广告的特点及角色变化。**
2. **认识面向读者和广告主的报纸营销。**
3. **掌握报纸广告的多种类别。**
4. **了解报纸广告的策划与购买过程。**
5. **认识随报增刊的作用。**
6. **了解面向不同种族的报纸和周刊的作用。**

从全国性大公司到小零售商，报纸广告为这些企业提供了众多好处，其中最明显的好处有以下几个：

优势

1. 在触达高端消费家庭和意见领袖，尤其是 35 岁及以上成年人方面，报纸尤为有效。相比于大多数其他媒体，报纸在众多主力人口统计细分市场的触达率非常高。
2. 报纸在广告形式和受众覆盖上十分灵活，广告主可以购买不同的广告版面：整版广告、四色广告乃至一小块分类广告。此外，几乎所有的报纸都可以提供各种专业广告策划，包括优惠券和网络广告，帮助广告主通过专题版和特别版触达报纸整体发行量中的指定部分。报纸为广告主提供了丰富的创意机会，如预印夹页和产品样本。
3. 有了优惠券和成熟的跟踪技术，报纸反应率的测量难度大大低于其他许多媒体。

4. 报纸具备的信誉和即时性是大多数媒体所无法比拟的。大量调查表明，消费者认为报纸广告是重要、可靠的信息和广告来源，这恰好是广告主渴望的媒介类型。

劣势

1. 很多报纸的广告内容占比高达 60%。由于广告的比例太高，加之受众每天看报的平均时间不到 30 分钟，因而很多广告都无缘与受众见面。
2. 报纸的整体发行量增长远远低于人口和家庭的增长，在众多主力人口统计学特征群体中，如青少年和成年年轻人，读者群壮大的速度并没有跟上人口增长的速度。
3. 近年来，广告成本的增长速度远远高于发行量的增长速度。

周一至周五，平均每天约有 43% 的美国成年人阅读报纸，而在收入和教育程度高于平均水平的家庭中，阅读率更高。[2] 纸质版报纸和在线版报纸的广告年收入超过 378 亿美元，其中将近 84% 来自地方广告主。[3] 此外，全国性广告主现在越来越关注地方性和区域性广告战略，以便与目标消费者进行最有效的沟通。

1 认识营销组合中地方性广告与全国性广告的特点及角色变化。

那么，为什么报纸业还这么担忧自己的未来？事实上，是下面的这些变化给报纸出版商带来了挑战。

1. *发行量*。根据美国报业协会（Newspaper Association of America，NAA）的数据，1976 年，美国的报纸发行量为 7 700 万份，到 2008 年，这个数字却下降到约 4 860 万；而这一时期的人口和家庭却增长迅速。[4]

   报纸发行量减少的原因有很多，包括：单亲和双职工家庭没有时间看报；年轻人群不喜欢看报或根本没有养成看报的习惯；其他媒体，尤其是电视和网络，蚕食了报纸作为新闻和信息首选来源的地位。所有的这些因素都可能导致报纸读者人群的缩小。

   不同的报纸采取了不同的方法来解决读者群缩小的问题，有积极开展预售宣传活动的，包括在杂货店或校园内设立报摊（见图 10.1）；有为初中和高中学校提供报纸的，试图培养年轻读者的报纸阅读习惯。

2. *广告收入*。显然，广告界并没有忽略报纸发行量的问题。就在 1980 年，报纸在广告总收入中所占的比例还能达到 28%，而目前这个数字只有 18% 左右。[5]

   要想维持报纸广告的收入，许多问题亟待解决。首先，很多零售连锁店现在转而采用直邮和夹页广告来触达消费者。但即使是随报发行的夹页，其给报纸带来的利润也比传统广告低。其次，报纸再也无法从全国性广告主那里得到更多的支持。虽然很多全国性广告主开始转向地方性、区域性广告战略，但报纸要想赢得全国性大广告主的大力支持仍然非常困难。面对全国性广告主不愿采用报纸媒介这个问题，虽然很多报纸都推出了一系列举措，但报纸广告收入仍然很少。

   报纸从未从全国性广告主那里得到过大笔投入，现在，它们在地方性广告主那里的代理权又面临着来自四面八方的威胁。地方电视，地方有线电视插播广告，宣传房地产、汽车等产品的免费利基宣传册，杂志的城市版和区

Courtesy of Karen W. King.

图 10.1

一些报纸正在努力壮大大学生读者队伍。

域版，以及广播，它们都在继续争夺地方广告主的广告预算，而这在 30 年前都是自动流向报纸的。本章稍后，我们将讨论报纸应对这些问题的一些方法。

3. *技术变化*。和其他媒介一样，报纸也面临着新媒介技术带来的挑战。事实上，很多人认为，这种技术将会使我们所知的报纸发生巨大的改变：不是功能，而是发行方式。这种观点认为，在一个电子传播的时代，纸张、墨水、邮费以及人工发行的成本根本不可能依然故我。就在不远前的 1990 年，科学界之外的人实际上还没听说过互联网。

站在互联网的角度来看，在接下来的 20 年里，即时传送的速度、内容的清晰可靠度以及技术的便携度都将继续得到提高。很难想象，到了 2050 年，邮递员还会将厚厚的一沓报纸扔进各家各户的邮筒！我们更可能看到很多家庭在电脑或无线阅读设备上获取最即时的新闻内容。但对报纸的这种悲观推测并不意味着报纸的功能甚至提供这些服务的报社即将消亡，并不意味着以后就不会有记者和广告销售人员，大批企业就不会投入大笔资金来触达文字读者，而是指触达这些消费者和“读者群”的方式将发生翻天覆地的变化。

目前，大多数报纸都会为自己的读者或广告主建立网站。但正如我们在本章稍后所讲的，报纸的即时性正在被电子形式所替代——其中很多都是报纸自己开发的。此外，曾经占报纸广告收入超过 35% 的报纸分类广告，如今只占报纸整体广告收入的 26%。[6] 报纸分类广告受到了许多在线网站的挑战，如克雷格列表（Craigslist），它们也想在分类广告市场上分得一杯羹。

报纸出版商和报纸广告主管一直都面临着一个挑战，那就是如何让受众将每天看的报纸当作信息、广告和娱乐的主要来源。随着报纸开始尝试服务多样化的受众——

从老到少、从中产阶层到富裕阶层以及不同种族文化的读者，这项任务变得越发艰难。显然，报纸想要维持其自身领头媒体的地位，就必然要面对来自其他媒体和信息来源的日益激烈的竞争。报纸产业既面临着挑战，也面临着机遇。一些大型都市日报衰亡，一些日报向纯在线版转型［如《西雅图邮报》(*Seattle Post-Intelligencer*)］，这些都证明，显然，那个长期趋势将继续威胁报纸读者和广告的基础。与此同时，尽管读者群在缩小，报纸仍将是触达大范围、多样化受众的最有效的方式之一。

接下来，我们将在本章的整个余下部分看到，报纸必须采取一些创新措施才能在这个竞争激烈的环境中取得成功。在我们探讨当代报纸广告的主要方面之时，我们必须始终牢记这个产业不断进化、活力十足的本性。

全国性报纸

从历史角度看，美国和其他绝大多数发达国家不同，它没有全国性报纸。在第一家报纸诞生之时，由于美国全境范围太广，且地区间各有自己的条件限制，因此在全国范围内发行报纸完全不切实际。然而，现在，美国的很多报纸都在全国范围内发行或渗透，两者兼而有之。是网络让原来只能在当地发行的报纸首次实现了触达区域性或全国性受众的可能。

全国性报纸通常具有以下特征：

- 每周至少发行五天。
- 有印刷版，且在全国范围内销售、发行。

如果以此为标准，则美国有三家全国性报纸：《华尔街日报》、《今日美国》和《纽约时报》(*New York Times*)。《华尔街日报》是一家高端专业报，主要刊登财经新闻，但在政治和公共政策上也具有极大的影响力。《华尔街日报》发行量超过 200 万份，是美国发行量第二大的报纸，也是世界上最受重视的报纸之一，能够触达美国报纸读者中大部分最精英的受众。

这三大全国性出版物都开办了内容丰富的网站，但并非所有的报纸网站都能赢利。《华尔街日报》网站之所以能盈利，在很大程度上是因为它的名望和专业商业内容，这使得它可以收取每年 129 美元的订购费（或订阅价格更低的印刷版）。相对而言，其他很多报纸的网站都是免费的，靠广告支撑，只略有盈余。

1982 年，甘尼特公司承诺将《今日美国》发展成一种大众化的全国性报纸。虽然报纸纯粹主义者经常批评《今日美国》缺乏深度，但自从《今日美国》将明快的色彩、短文章与深入详尽的商业报道和体育报道结合起来后，它就开始在读者中大受欢迎。如今，《今日美国》的发行量已经超过 220 万。图 10.2 为美国发行量前 20 名的报纸。

所有追求全国发行的报纸都面临着一个问题：如何找到有利可图的广告利基市场。对于大多数广告主而言，全国性报纸是一个综合性载体，不同于其他报纸，不可能从杂货店、百货店以及其他地方性产品品类那里争取广告，而这些领域一直都是报纸的主要利润来源。相反，《今日美国》和其他全国性报纸的利润来源主要依靠全国性汽车、电脑、通信公司以及金融服务机构。

图 10.2

美国日报发行量前 20 名

排名	报纸名称	日平均发行量
1	《今日美国》	2 113 725
2	《华尔街日报》	2 082 189
3	《纽约时报》	1 039 031
4	《洛杉矶时报》	723 181
5	《华盛顿邮报》	665 383
6	《纽约每日新闻》[*Daily News*(*New York*)]	602 857
7	《纽约邮报》(*New York Post*)	558 140
8	《芝加哥论坛报》	501 202
9	《休斯敦纪事报》(*Houston Chronicle*)	425 138
10	《亚利桑那共和报》(*The Arizona Republic*)	389 701
11	《丹佛邮报》(*The Denver Post*)	371 728
12	《新闻日报》(*Newsday*)	368 194
13	《达拉斯早间新闻》(*The Dallas Morning News*)	331 907
14	《明星论坛报》(双子城)[*Star Tribune*(*Newspaper of the Twin Cities*)]	320 076
15	《芝加哥太阳时报》(*Chicago Sun-Times*)	312 141
16	《旧金山纪事报》(*San Francisco Chronicle*)	312 118
17	《波士顿环球报》(*The Boston Globe*)	302 638
18	《老实人报》(克利夫兰)[*The Plain Dealer*(*Cleveland*)]	291 630
19	《底特律自由报》(*Detroit Free Pass*)	290 730
20	《费城咨询报》(*The Philadelphia Inquirer*)	288 298

资料来源：Audit Bureau of Circulations, Editor and Publisher, 3 April 2009, http://www.editorandpublisher.com/eandp/news/article_display.jsp?vnu_content_id=1003966608, accessed 7 June 2009.

虽然《纽约时报》现在被划归全国性报纸，但大多数大都市地区的报纸，比如《华盛顿邮报》和《芝加哥论坛报》却被划为区域性广告媒介。报纸广告以类似于点播广播的方式销售，以其他主力媒体援军的身份，触达潜力巨大的特定细分市场。虽然一些报纸也尝试着拓宽自己的覆盖范围，但大多数广告主始终认为，除《华尔街日报》、《纽约时报》和《今日美国》以外，其他报纸都是区域性报纸。

要想升格成全国性广告的重点媒介，报纸可能还有一段艰难的路要走。报纸一直都是地方性信息载体，这个观点很难改变。变身为全国性报纸的关键不在于报纸如何界定自己，而在于读者和广告主如何界定报纸。除非有部分报纸能触达分布广、层次高的受众（不一定非得所有报纸，有一部分即可），否则广告主还会继续将报纸当作一个可以偶尔尝试全国性广告的地方性信息载体。如今，网络为报纸出版商提供了一个触达全国性甚至全球性受众的机会。

报纸营销

2 认识面向读者和广告主的报纸营销。

讨论至此，我们可以清楚地看出，报纸这个产品需要同时向读者和广告主进行广泛的营销。和其他销量下降的产品一样，报纸也必须做出一系列策略和战术决策，才能扭转自己面对的不利局面。报纸广告收入的主要来源之一是传统的零售业，但这个基础现在却面临着一批新兴媒体和传统媒体竞争对手的冲击。与此同时，报纸也意识到，要想保住广大的读者群现在是越来越困难了，而正是这些读者群让它们曾经称霸200多年。

幸运的是，报纸还有积极的一面，即广告主对报纸读者的渴望。报纸在大学毕业生和收入超过10万美元的家庭中很受欢迎；不幸的是，报纸发行量偏向人口中年纪最大的那些人。报纸的读者群与年龄呈负相关关系：18～34岁年龄阶段的人（大多数广告主的主要预期对象），恰好是看报纸最少的人群。

报纸采取了一系列措施来识别自己的消费者和广告主以及这两者的阅读偏好。这一过程从营销调查入手，很少有哪家报纸一年连一次读者调查或市场调查都不做，大型报纸每年都会对自己的市场进行几次调查。通过这些调查，很多问题就可以水落石出。

最重要的一个问题是，读者现在获取信息的渠道已经极大地丰富了，包括电视和网络，他们不再将报纸视为不可替代的信息来源。虽然广告主将报纸当作触达大众受众——尤其是地方一级受众——的最经济的渠道，但很多广告主却在利用直邮和其他促销形式策略，如样品赠送和网络来取代报纸广告。从积极的一面看，这些调查同时也表明，作为广告和其他信息的来源，报纸仍旧保持着真实可信的好名声。

虽然报纸面临着巨大的挑战，但只要它们能继续给读者和广告主提供独一无二的优势，那么在可预见的未来，它们将仍然是广告的一个重要媒介。然而，由于报纸主导地方市场的时间太久了，它们根本没有形成营销意识。更为不幸的是，报业现在不得不紧跟其更具攻击性的竞争对手。接下来，我们将探讨报纸出版商如何向读者和广告主营销这个媒介，看看报纸出版商会采取什么方法，与读者和广告主一道保护和扩大他们的利益。

针对读者的营销

报纸完全清楚自己不可能扭转广告份额缩水的局势，除非能先解决读者群缩水的问题。除非确信某个报纸能够触达自己品牌的预期对象，否则广告主不会购买该报上的广告位。一些精英报纸或许可以通过销售其质量高的受众，在这个读者群缩水的环境中存活下来。不过，大多数报纸将仍然依靠庞大的读者基础和高度的家庭渗透率争取财务上的成功。

导致报纸广告目前所面临的问题的原因很多，因此，如果报纸出版商未来想与其他媒体展开竞争，就必须解决这些问题。以下只是报纸采取的一些重大措施：[7]

1. 通过印刷版或在线版维持发行量，这是重中之重。报纸应该继续重视走进年轻读者中，很多报纸都在实施校园计划，方便大学生获取报纸。
2. 编辑和记者不应受营销部门的控制。新闻工作者应该明白，报纸是一个商业机构，即使它们可以利用市场调查让报纸更亲近读者，但这并不意味着编辑工作应该受广告或企业兴趣的引导。这样做只会损坏报纸的信誉，而这原本是报纸的一个主要优势。
3. 继续寻求全国性广告的机会。报社广告部必须继续探索创意途径，以证明报纸能够为全国性广告主提供他们所渴求的受众，而且这些受众还是其他媒介无法有效触达的。

4. 越来越多的报纸将自己的网站视为一件特殊产品，而不单纯是印刷版报纸的衍生品。网络可以创造赢利机会，提供的信息和广告种类比印刷版报纸更全面、更丰富。由电脑或移动无线阅读设备连接起来的网络可以触达特定的读者（以及非报纸读者），为他们提供精选的新闻、数字视频和广告。如果销售得当，网络可以让报纸的网站成为一种利润资源，而不仅仅是提供给读者和潜在广告主的一个附加价值。
5. 给多样化的受众细分提供多样化的选择机会和市场。即便只能增加几个新读者，这种边际成本也物有所值。报纸网站无疑为报纸向特定读者传递目标内容提供了一条物美价廉的道路。
6. 投资市场调查，探索如何让网站补充报纸的信息。此举即使无法对短期利润有所贡献，也有助于让报纸保持长久的竞争力。

虽然报纸具有很多优势，但它们应该看到，它们仍然要向读者积极推销自己。大多数报纸读者和潜在读者认为报纸的价值在于地方新闻、体育以及其他与其生活密切相关的信息，他们希望从报纸上看到会影响自己生活的信息，如可做的事、可去的地方、自助文章、自己爱看的地方新闻以及国际国内新闻。在一个多样、多元文化的社会，吸引不同兴趣的读者是一件极为困难的事；但报纸如果想保住自己作为新闻和广告主要来源的地位，就必须设法解决这个多元化人口的问题。

针对广告主的营销

一般来说，广告收入占整个报纸收入的 70% 以上，报纸的全部版面中广告占 50% 以上。显然，如果报纸想继续经营下去，它们就必须具备继续吸引大量商业品类的能力。在这个碎片化的媒介市场，报纸越来越难以保住自己的广告份额。如图 10.3 所示，报纸的主要广告主包括百货商店以及传播和娱乐公司。

报纸面临的一个问题是，印刷和递送报纸的成本急剧增长，这导致报社向广告主收取的广告费相应提高。当然，其他媒体广告的成本也大幅上升，不过没有几个增幅超过报纸。

排名	营销商	2008（百万美元）
1	威瑞森电信	681.9
2	梅西百货	583.3
3	通用汽车	320.9
4	美国电话电报公司	288.6
5	弗莱斯电子（Fry's Electronics）	205.0
6	时代华纳	204.2
7	新闻集团	197.9
8	西尔斯控股	191.2
9	宝洁	187.1
10	通用电气	171.0

图 10.3

美国报纸广告主前十名

按 2008 年广告支出排名。

克莱普纳观点 10.1

吉姆·科纳甘（Jim Conaghan）

美国报业协会（调查）副主席

吉姆·科纳甘

21 世纪的报业威力

在查尔斯·狄更斯（Charles Dickens）的小说《艰难时世》（*Hard Times*）第一章，格莱恩（Gradgrind）先生称："在这一生中，我们想要的只是真相，先生；只是真相。"

毫无疑问，随着经济持续衰退，当今报纸广告的真相确实令人沮丧：广告主的业务结构调整、数字平台的吸引力以及消费疲软，这些都使得所有媒体广告面临重重压力，而且这个压力还将持续一段时间。（欲知所有在线报纸广告和印刷报纸广告的支出信息，请登录 www.naa.org/TrendsandNumbers/。）

在回顾报纸广告的过去、展望报纸广告的未来之时，请注意其他媒介的批评家和宣传者们所忽略的一些事实：

- 数字收入已成为报纸可持续发展经营模式的一个重要部分。例如，2008 年，美国的报纸在线产品所产生的广告收入大约为 30 亿美元；与此同时，自 2005 年以来，数字报纸的受众壮大了 60% 以上；超过 40% 的网络活跃用户一个月会访问一家报纸网站。
- 斯卡伯勒调查（Scarborough Research）报告指出，相比于"超级碗"的 0.94 亿观众、《美国偶像》的 0.23 亿观众以及通常会收看地方新闻的 0.64 亿观众，周一至周五平均每天有超过 1 亿的美国成年人阅读印刷版报纸（周日超过 1.15 亿人）。
- 仅在 2007 年，电视黄金时段的观众减少了 10%，地方电视傍晚新闻的观众减少了 6%；而在过去的 5 年中，在排名前 50 的市场中报纸读者只减少了 6%（根据斯卡伯勒调查报告）。
- 在 18 ～ 24 岁和 25 ～ 34 岁的人口中，62% 的人平均每周看一次报纸；此外，分别有 64% 和 66% 的人在过去的一周内访问过一家报纸网站。
- 根据咨询顾问约翰·莫顿（John Morton）最近在《美国新闻评论》（*American Journalism Review*）上发表的一篇文章，很多新闻公司公布了其 2008 年前 9 个月的报告结果，它们的加权平均营业利润率为 11.3%，显然有所下降，但仍然高于大多数非媒体企业的普遍利润率。他在文章中总结："总体来说，虽然报业陷入了困境，财务状况不佳，但许多方面还是健康的。在目前这种环境下，这就是一种成功。"

要时刻牢记这些事实，这一点非常重要。悲观主义者的确认为报纸正在衰落，不过是印在纸上的一堆信息和新闻，每天早上被扔在家门口或积压在报摊上；而乐观主义者则认为纸质报纸处在许多平台的中心，它可以根据受众希望的内容、方式、时间和地点，触达不同类型的人。

哪一个观点正确？旧报业还是新报业？

眼下，两者都正确。我们正处于从一个观点转向另一个观点的进程中，这是一个过渡转型期，充满挑战，但对报纸而言也是一个激动人心的时期。我们不能停滞不前，而是要创新、创造，推进数字平台，开发服务广告主和消费者的新方法。

报纸的优势在于其质量、信誉以及其与读者、在线用户之间的积极互动，这将成为报纸及其数字公司未来的经营模式成功的核心。

Courtesy of Jim Conaghan.

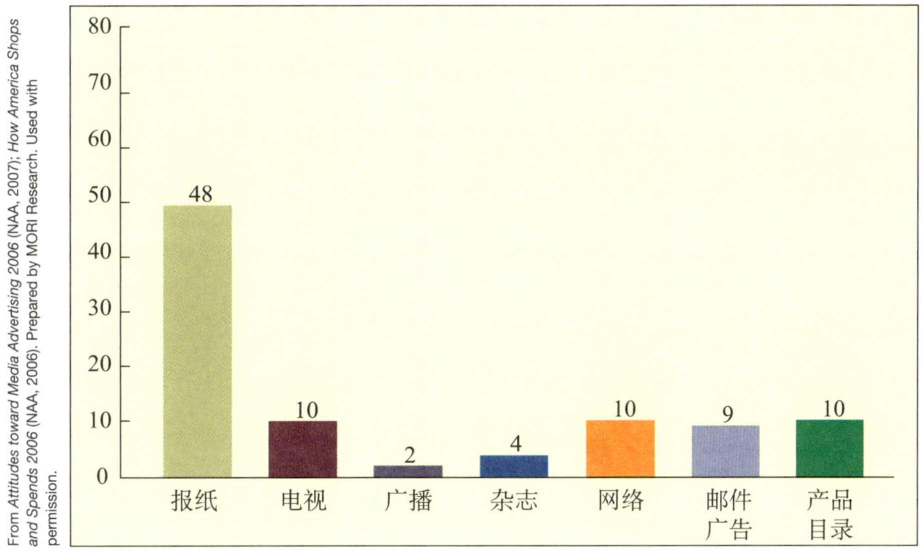

图 10.4

最值得信赖的广告

为了防止报纸广告收入下滑，报纸有必要继续说服广告主，让他们相信报纸是实现种种营销和广告目标的一个有效途径。而要达到这个目的，报纸就必须制订计划，向现有和潜在广告主群体表明报纸理应成为他们媒介策划的一部分。

报纸营销是一个双肩挑的任务：（1）触达受众；（2）争取广告主。报业实施的调查显示，和其他主力媒介类型相比，报纸广告被认为是非常可信的广告（见图 10.4）。

报业必须让广告主相信自己代表着最好的地方性媒介，同时还要向全国性广告主证明自己理应成为他们广告战略中的重要角色。要实现这些目标，报纸就必须留住地方性零售商，因为他们的广告支出往往占报纸收入的很大一部分；除此之外，报纸还必须从全国性广告主那里得到更多的支持，而他们之前并不太重视报纸广告。在当前的媒介环境中，这两个任务都不轻松。不过，报纸可以为读者提供针对本社区内产品和服务的地方化深度信息，这是其一大优势。

报纸采取了一系列措施来给自己设定一个更迎合广告主的定位，其中一种方法就是给广告主提供读者和订阅发行量数据。实际上，所有的媒介都会公布自己的读者或总体受众信息，但报纸一般只公布报纸的发行量。显然，与其他媒介报告标准的差异让报纸处在了不利地位。前面讲过，2008 年，美国的日报发行量接近 4 860 万，但如果将传阅读者计入在内，则报纸的受众数应该是这个数字的两倍。

媒介采购们以往的许多不满主要集中在跨市场进行多种报纸购买的难度上，这对习惯于相对简单的广播电视网和杂志广告购买的媒介采购们来说尤其困难。为了解决这个购买上的问题，报纸设立了信息中心，以使全国性广告主和区域性广告主更加方便地了解报纸可以提供哪些服务和产品。**美国报业协会**与《编辑与出版》（*Editor & Publisher*）杂志联手，为广告主建立了一个数据库，公开表明哪家报纸可以发行专刊、定向夹页以及其他广告选择，从而简化多报纸购买的策划过程。

美国报业协会

美国报纸业的营销和行业组织。

稍后我们将会谈到，报纸正在制定广告战略，努力在满足大型全国性企业的同时满足小型零售商的需求。

报纸夹页、分区发行及市场整体覆盖

3 掌握报纸广告的多种类别。

报纸广告主管必须为众多广告主服务，其中很多广告主的营销问题和广告问题大相径庭。虽然报纸广告战略变化多端，但我们主要探讨以下几种：

1. *全面覆盖*。过去，大多数报纸只是单纯出售其版面上的广告位置，而不管这家报纸的发行量如何，广告主都只能接受。大型百货公司、分店众多的杂货店以及在全国范围内经销产品的全国性企业可以利用报纸的大部分读者，而其他广告主则只能接受一定的无效发行量。
2. *分区预印*。到 20 世纪 80 年代初，目标直邮开始成为广告主替代报纸广告的一个可行选择，从而避免了报纸与生俱来的无效发行量。报纸为了反击，开始为广告主提供随报广告传单和预印广告夹页服务。第一批大量使用夹页广告的企业是杂货店和主力零售商，近年来，报纸预印夹页已经成了快餐连锁店这类企业赠送优惠券的主要载体。

报纸预印夹页的下一步发展是分区发行预印本，同样还是为了应对直邮的冲击。分区预印夹页可以按特定的邮政区域递送，而不仅仅是简单地夹在每份报纸中。最初，大多数报纸只向高端邮政区域递送这些所谓的分区预印夹页，但近年来，广告主们已经可以买到一家报纸主要发行区域内任何邮政区的分区预印夹页了，甚至在某些情况下，报纸还可以向被称为微型区域的更小型的次级邮政区发行分区预印夹页。

预印夹页很受一部分广告主的青睐，而且大有取代报纸传统广告或任意位置（ROP）广告之势（图 10.5 就是一个预印广告夹页示例）。如今，大多数报纸都可以给预印广告夹页提供邮政分区服务。广告夹页最大的广告主通常为包装消费品，如家用清洁产品、宠物食品以及个人护理产品。

虽然预印广告夹页有助于提高报纸抗击直邮广告的竞争力，但它们也为报业带来了不少问题，以下是其中的几个主要问题：

- 和 ROP 广告相比，广告夹页的利润更低。
- 虽然调查显示，报纸广告夹页的触达率更高、比直邮更受欢迎，但报纸不过是这些广告夹页的一个传递系统而已。
- 随着 ROP 广告的减少，新闻和评论内容（即所谓的*新闻版面*）也在缩减，最终，这种状态兴许会改变报纸这个广告和信息媒介的本质。

分区发行

报纸为广告主部分覆盖某一市场的做法，通常为每周向该市场的特定区域发行夹页。

抛开相关的问题不谈，**分区发行**（zoning）为报纸提供了一个抗击直邮和其他定向媒体形式的有力武器，也为报纸争取更多的全国性广告主贡献了一分力量：

1. *分区报纸*。除了分区预印夹页，很多大都市报还会开辟郊区周刊甚至日刊，以满足读者和广告主了解某个城市的郊区信息的需求。过去，很多报纸都将有限的资源投放到了这些版面上；而如今，大多数报纸则在区域版上进行有意义的投入，在很多城市，出版商在读者人数和广告量上均获得了大幅度的增长。

   对广告主和出版商而言，分区报纸具有很多优势。广告主可以在利用分区发行的同时继续投放 ROP 广告，毕竟后者的声誉和可信度更高。分区报纸

图 10.5

为什么这种预印广告夹页那么受大型广告主的欢迎？

还能克服广告夹页扎堆的问题：一些大报，尤其是其周日版，刊登的广告夹页过多，结果大大降低了其可读性和影响力。

2. *总体市场覆盖*。但具有讽刺意味的是，虽然报纸希望自己能为对细分读者群感兴趣的广告主服务，但却发现很多广告主寻求的是市场整体渗透率。由于没有哪家报纸可以完全覆盖自己的市场（很多市场的覆盖率甚至低至 30%），因此它们必须采取其他方法来提高固定发行量，从而实现**总体市场覆盖**（total market coverage，TMC）。可以通过以下几种方法实现总体市场覆盖：

- 每周发行针对非订户的增刊，主要刊登广告。
- 向非订户发送报纸支持的直邮。
- 每周向所有家庭免费派送一次报纸。

总体市场覆盖

报纸通过直邮或增刊来提高其发行量，以全面覆盖该市场内所有家庭的做法。

不论采用什么方式实现总体市场覆盖，目的都一样，都是为了触达市场上所有的家庭而不论其是否订阅了报纸，其目标是将普通日报与 TMC 增刊结合起来，以使广告主百分之百地触达市场上的所有家庭。

4 了解报纸广告的策划与购买过程。

报纸广告分类

报纸具备多种广告类别和子类别，这里我们将探讨报纸广告的一些主要类型。

所有的报纸广告都可以分为两大类：分类广告和图片广告。**分类广告**（classified advertising）刊登在专门的版面位置上，包含了各种各样的广告，从跳蚤市场公告到

分类广告

报纸或杂志中刊登在专为某些商品或服务留出的版面上的分门别类的广告，如招聘广告。

图片广告
不同于那些在分类广告中只有文字的广告，图片广告通常篇幅更大，且加入了色彩、照片或插图来吸引读者对产品的注意。

大型汽车经销商和房地产公司的广告。**图片广告**（display）即报纸中所有不属于分类广告的广告。在图片广告这个类别中，广告要么是地方性的（也叫“零售广告”），要么是全国性的。报纸网站上的在线广告收益在整个报纸广告收益中所占的比例迅速上升，根据美国报业协会的数据，美国的报纸广告收入总计已超过 370 亿美元，主要来自以下几方面[8]：

	占总收入百分比（%）
分类广告	26.4
地方性广告	49.6
全国性广告	15.8
在线广告	8.2

我们之前讲过，营销调查是报纸广告的重要一环。报纸主管们支持实施的一系列调查研究表明，从很多方面来说，报纸与其媒体竞争对手实力相当，甚至还高于它们。这种调查大多是围绕着受众触达率数据展开的，以表明报纸读者的高质量和／或大规模。

分类广告

除非你想买车、买房或找工作，否则分类广告（通常也称作“招聘广告”）很容易被你忽略。报纸也会在分类广告栏中刊登带插图的广告，这就是分类图片广告，这些广告通常刊登在汽车和房地产版面。所有这些广告都归属于分类广告，有它自己的价目表，通常被视为报纸的一个独立单元来经营。分类广告的年收入接近 100 亿美元，因而分类广告部通常是大多数报社最赚钱的部门（见图 10.6）。不过近年来，分类广告为报纸带来的利润已经大幅度减少。[9]

分类广告遇到的挑战已经成为报业面临的最大经济威胁。要想了解报纸面临的问题，我们必须考虑那些正在迅速改变分类广告面目的若干因素。首先，分类广告栏主要集中在三个领域：招聘、房地产和汽车。这种只集中于几个广告主的做法使专业在线服务商得以在与更宽泛的报纸分类广告的竞争中站稳脚跟。也就是说，如果一个人想买辆车，他便可以去汽车专业网站查询。

图 10.6
1980—2008 年报纸分类广告收入

年	收入（百万美元）
1980	4 222
1985	8 375
1990	11 500
1995	13 742
2000	19 608
2005	17 312
2008	9 975

资料来源：NAA Business Analysis & Research, http://www.naa.org/TrendsandNumbers/Advertising-Expenditures.aspx, 5 June 2009.

其次，首先向报纸分类广告发出挑战的是在线服务，正是后者，为分类广告界引进了两个概念：集合网站与垂直网站。报纸将分类广告视为地方广告，基本上专门服务于当地的招聘和房地产市场等等。但新兴的网络竞争者却可以提供垂直服务，即专攻分类广告中的某一类别，如招聘广告，或许，更重要的是，它们将全国的分类广告编辑（集合）到一起。潜在的应聘者，尤其是那些希望到其他地方工作的人，现在只需要登录一个网站便可以在全国（甚至全球）范围内搜索招聘机会，不用再那么麻烦地订阅其他地方的报纸了。

报纸从两个方面应对独立分类广告网站带来的挑战：首先，大多数报纸开办了自己的网站，其中绝大多数都会提供分类广告；其次，报纸已经开办了一大批集合型网站，如甘尼特公司、论坛报业集团和微软公司共享的 www.CareerBuilder.com。这几家公司组成了一个媒体联盟，手中掌握着 9 000 多家网站的就业及相关信息，包括 140 家报纸和宽带门户，如 AOL 和 MSN。www.CareerBuilder.com 于 2002 年成立，全美范围内都可以登录，每月可触达 2 300 多万非重复访问者。[10]

报纸广告主管们知道，有大量资金正在转而流向在线分类广告服务。对他们来说，关键是要利用自己在分类广告市场中的有力经销权，留住从报纸分类广告流失的大量资金。

必须强调的是，虽然报纸分类广告最近面临着诸多挑战，但报纸仍然是这些信息的重要来源。然而，在不远的将来，网络肯定会给分类广告带来巨大的改变。有人预测，不久——而且我们已经看到了一些端倪——印刷版分类广告将会大幅度转向网站指南，这是进一步了解商品、收集详细信息的一个起点。不论分类广告将走向何方，报纸似乎都必须继续将自己放在一个利用未来变化的位置上。

图片广告

几乎所有的非分类报纸广告都可以归入图片广告，而普通图片广告又可以分为两个子类：地方性的和全国性的。

地方性广告 报纸广告特别专注于地方，报业的经济基础就建立在零售商的支持上，而且，无论从哪个方面来看，报纸都是最受读者和广告主欢迎的地方性广告媒介。地方性广告指所有地方企业、组织和个人投放的非分类广告。传统上，报纸广告的大部分收入来自大零售商，而这种状态一直延续至今。图 10.7 就是一条地方性图片广告。

由于对零售广告的依赖，报纸对地方性广告中任何有可能影响其广告收入的变化都非常敏感。以下是一些重大零售趋势以及影响报纸广告的潜在因素：

- 大众商品经销与折扣零售商的合并将导致零售广告主的数量继续减少，并有可能降低整个零售广告的收入。并购以及自 2008 年经济衰退以来小型零售商所承受的压力，迫使零售巨头们更加注重销售。零售店的减少给报纸带来了两个难题：首先，零售所有权的合并导致零售广告的整体支出下降；其次，由于这些零售巨头个个都是广告大户，因而损失任何一个客户所产生的风险都会大于从前，而那时，报纸的所有广告收入来自为数众多的零售商。
- 除了仍然重视传统的零售店，它们还开始注重与这类商店关联度不大的服务，例如，很多新兴巨型商场不再分别开办汽车维修店、银行、家居装修店和眼

图 10.7

一条地方性图片广告。

Courtesy of Bright Ideas and Colonial Mall-Macon.

部护理店，而是将所有这些服务都集于一体。

- 零售商将继续增加购物选项，以适应消费者不断变化的口味。在线营销、商品目录以及其他选项无疑可以提高店内销售量，但它们同时也可能导致广告投入流向其他媒体。
- 随着零售商逐渐将自身作为品牌来推销，随着消费者继续挖空心思寻找省钱妙方，我们将会看到零售商们更加重视自家商店的品牌和自有品牌商品。一般来说，自有品牌营销战略会导致广告预算的减少，因而报纸担心，如果大批全国性广告主都开始重视自有品牌，这种情况就有可能发生。

虽然零售广告的未来很难预测，但报纸广告主管们完全可以预测短期内的一些持续变化。

全国性广告　报纸广告近来取得的一大胜利是全国性广告的增长。虽然有了这些增长，但全国性报纸广告收入在整个广告收入中仍然只占很小一部分。2008 年，美国的全国性广告收入占报纸广告总收入的近 16%。

随着美国全国报业网（Newspaper National Network，NNN）的成功，在报纸上投放广告的做法在全国性广告主中越来越常见。全国报业网于 1994 年成立，当时有 23 家美国重点报纸向美国报业协会提供资金，以方便全国性广告主更加轻松地购买全国性报纸广告。全国报业网为会员报纸搭建了一个网络，这样，只需要一个订单、一张发票即可进行交易。全国报业网成立的初衷就是为全国性媒介采购提供类似于电视网广告交易的那种便利条件。

但很多全国性广告主并不认为报纸和其他媒介一样，媒介策划们在考虑全国性媒体时想到的往往是电视网、有线电视和杂志。不过，就算全国报业网和全行业的努力只做到了提高形象并促使全国性广告主更多地关注报纸，那也算是发挥了很重要的作用了。

全国报业网还给全国性广告主提供不同报纸的**标准广告单位**（Standard Advertising Units，SAUs）（见图 10.8），标准化让全国性广告主得以在全美几乎所有的重点报纸上购买广告空间，而且只需要准备一条广告即可投放到所有的报纸上。如你所见，全国报业网的模式十分灵活，无论广告主有什么样的创意实施，全国报业网基本上都可以为他们提供相适应的计划。

标准广告单位

标准广告单位使全国性广告主得以在不同的报纸上按照标准单位购买报纸广告空间。

由于克服了一些更棘手的购买程序问题，这为报纸在全国范围内更有效地营销自己助了一臂之力。然而，程序上的这些变化并没有解决全国性广告主和报纸之间的最大分歧，即对所谓的地方性 / 全国性价格差异的长期争论。大多数报纸都向全国性广告主收取高昂的附加费用，从 40%～60% 不等；报纸则反驳说它们必须为全国性广告支付代理佣金，而且这些广告主中的很多都不是它们报纸的长期客户，不像零售商那样长期给予它们支持。

总之，如果报纸想提高自己在全国性广告中的份额，就必须克服很多障碍。考虑到零售市场的饱和以及全国性市场的增长潜力，报纸必须不断改进，给全国性广告主购买广告提供更加便利的条件。建立一个高效的全国性报纸广告系统需要时间；此外，比较明确的是，报纸必须在全国性 / 地方性价格问题上进行一些调整。也许，全国性广告主这个问题的最终解决之道，是满足双方的共同利益。

联合广告

地方性 / 全国性价格差异的历史产物之一，是全国性广告主及其零售经销商之间形成的一种所谓的**联合广告**［cooperative（co-op）advertising］的关系。本书的第十四章将会对此给予详细讲解，但由于其在报纸广告中的重要地位，我们在这里也必须提一下。

联合广告

全国性广告主（如制造商）和该制造商的地方经销商联手推出的广告。

联合广告通常由地方广告主投放，但由全国性广告主支付部分或全额费用，由全国性生产商负责广告制作，然后允许加盟零售商在广告中插入自己的标识。开发联合广告的初衷是为了方便全国性广告主以地方性价格投放广告。

如今，联合广告的支出已占到广告支出的很大一部分，而且联合广告也有助于全国性广告主在经销商和零售商中培养好感，对地方性广告的创意施以一定的控制，同时为自己节省开支。

图 10.8

为什么标准化的广告模式对全国性报纸广告主如此重要?

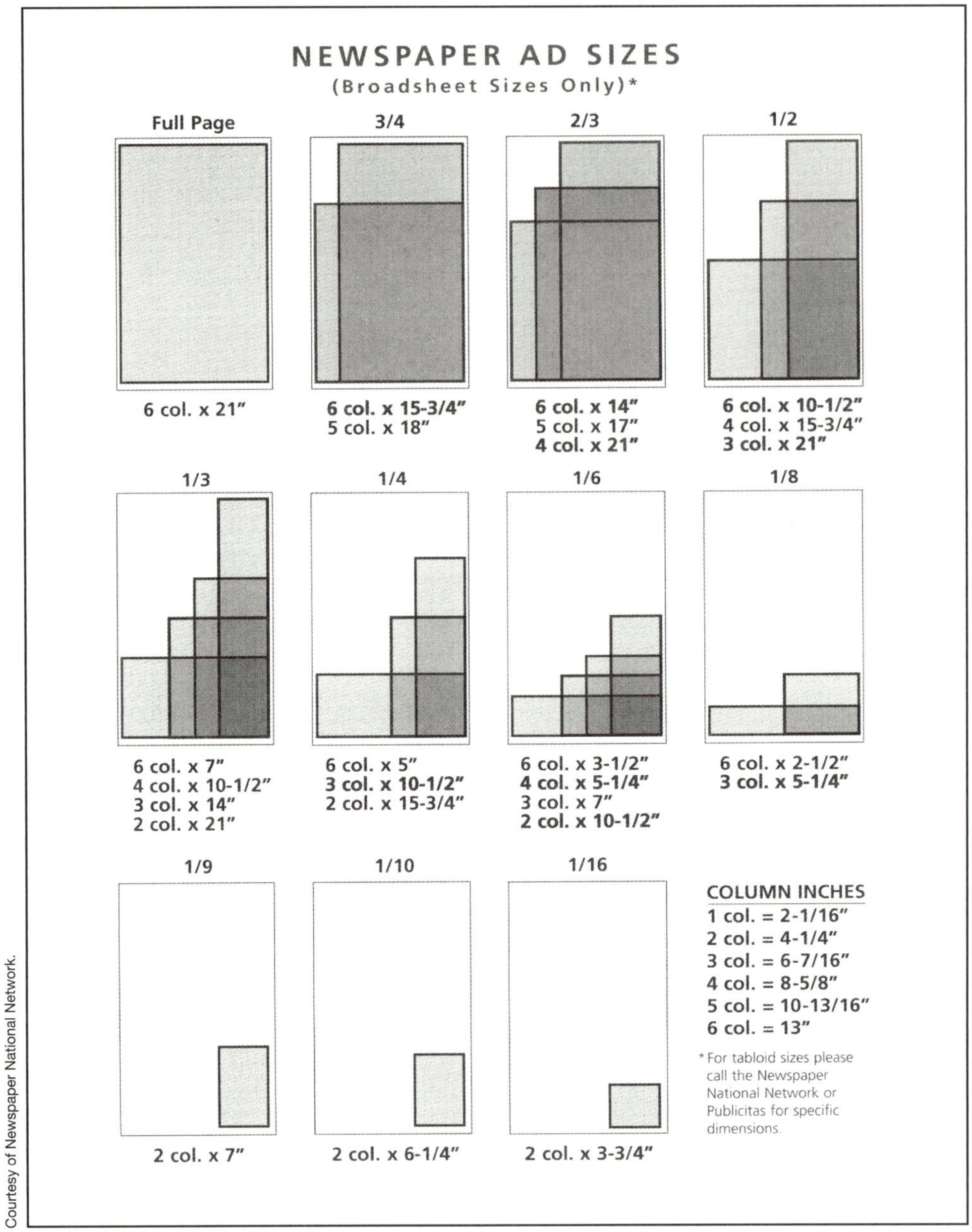

不论在任何地方投放广告，全国性广告主都要为其投放的联合广告支付50%～100%的费用，因此联合广告在为全国性企业节省开支的同时，也为地方性广告主节省了预算。虽然这种做法主要是为了规避全国性/地方性报纸之间的广告价格差异，但却意外地受到报业的欢迎。因为联合广告是报纸的一项重要收入来源，所以各大报纸的销售人员都十分踊跃地为零售商争取和利用联合广告资金。

广告价格体系

地方性广告主通常与一两家报纸来往密切，因此他们在报纸上购买广告空间就显得相对轻松。所有报纸的价格体系和折扣通常都直截了当，但这对全国性广告主来说却比较痛苦：他们如果想购买报纸上的广告空间，就要面对数不胜数的选项和价格组合，包括折扣、高价彩印、特殊版面、自选位置以及分区版。在接下来的探讨中，我们将了解广告主必须做出的一些主要选择和价格决策。

折扣 报纸可以分为两类：一类不提供任何折扣，实行**统一价**（flat rate）；另一类提供一些优惠，实行**公开价**（open rate）。公开价也指最高的广告价格，但其包含了所有的优惠。最常见的折扣形式是针对批量大或频率高的广告空间给予折扣，批发折扣意味着按购买量价格有所浮动，也就是说，广告主购买的广告空间越多，价格就越便宜；频率折扣除要求广告空间达到设定总量外，通常还要求其符合一定的购买单位和购买模式。

统一价

在不考虑广告空间大小和投放频率的情况下对媒介广告空间收取的统一价格；如果统一价行不通，则可在广告时间或质量上给予优惠。

公开价

在印刷广告中最高的广告价格，但包含了所有优惠。

52 周整版频率购买合同		52 周批量购买合同	
公开价	$2.50 / 栏寸	栏英寸数量	价格（美元 / 栏寸）
投放 10 次	2.30	500	2.40
投放 15 次	2.20	1 500	2.30
投放 20 次	2.10	3 000	2.20
投放 30 次	2.00	5 000	2.10
投放 40 次	1.90	10 000	2.00
投放 50 次	1.80	15 000	1.90

ROP 价和自选位置价 虽然报纸深知广告主希望并有志于买到好的广告位置，但在报纸的基本报价范围内，广告主只能在报纸指定的广告位中任意选择。广告主可以通过支付高价买到自己心仪的自选位置，这就像体育场内包厢和普通座位的区别。例如，为了保证广告出现在报纸的运动版上，运动产品广告主就可能会选择支付自选位置价格，而处方药广告主则可能会购买健康生活板块上的自选位置。报纸的各个版面上也会有自选位置，广告主可以自选某专栏顶上的位置，也可以选择紧挨新闻版那个专栏顶上的位置（叫作黄金版位）。

每家报纸都会具体说明自己的自选位置价格，且不会一成不变。现在，自选位置价格已经不如以前那么普遍了，很多报纸只是尽力按广告主的要求安排广告位置。

组合价 广告主也可以选择一些组合。这些组合的共同点在于它们的价格优势，它们将不同的报纸广告打包，从而大大降低了广告的购买价格。最常见的组合价出现在同一家报纸既有早报又有晚报的情形下，广告主如果购买这两种报纸的广告空间，则第二种报纸只需要支付其原价的三分之一或二分之一。这种组合价格要求广告主在一个都市市场中至少选择两种报纸，或在全国范围内选择多种报纸。不管选择哪种方式，广告主都只需要和一个团队打交道，支付一个账单。

广告价格表

对大多数媒介而言，如果真有什么广告价格表存在的话，它只是谈判的开始而已。前面讲过，大多数电台和电视台不会公布正式的价格表，因为广告价格是根据谈判得到的计划而定的，每个广告主的价格都不同。20 世纪 80 年代，很多消费者杂志也开始引进价格谈判机制。如今，报纸是少数几个还能基本保持价格完整性的媒介之一，能给所有广告主提供相同的价格和折扣，也有很多报纸给熟客提供附加值选项，比如在它们网站的显著位置投放广告。

广播媒介的广告时间存量有限，杂志的广告制作周期很长，而报纸则没有这些问题，报纸可以随着广告主对广告空间的需求而快速转变。最典型的要数厚实的周日和周三（逛超市的最佳日子）报纸，和它们相比，周六的报纸简直太单薄了。由此可见，报纸享有相当的灵活性。

虽然报纸有传统的价格表，但我们不要因此就认为，面对竞争的压力，报纸不会给广告主提供灵活的价格。例如，报纸可以提供以下几种选择：

- *复合价格表*。很多报纸会根据广告主类型的不同而设定不同的价格。比如，包装产品、旅游、商务以及零售店的广告价格就可能各不相同。有些广告主认为，将价格拉开档次完全没必要，只会让购买过程更加复杂。对全国性广告主和其他采用多种报纸的广告主来说，这种收费制与逐个谈判价格效果一样；而报纸将这个过程视为一种收益管理，越抢手的广告空间，价格相应越高（见图 10.9）。
- *报纸销售计划*。许多报纸一方面拒绝就价格直接进行谈判，一方面却愿意在销售上做出其他形式的让步。报纸销售计划又叫附加值计划，包括给广告主提供详细的受众调查数据、免费的创意或文案援助以及特别促销活动。
- *搭车价格*。如果广告主同意再次投放广告，则可以享受更低的价格。这无疑可以吸引回头客并将报纸因不必制作新广告而节余的资金转移给广告主（见图 10.10）。

报纸广告成本对比

许多全国性广告主要在一个媒介计划中考虑数以百计的报纸，因而他们希望对自己可能购买的报纸做一番成本对比。广告主通常采用千人成本对广告成本和受众触达率之间的关系进行比较。

运用千人成本来比较报纸价格有两大好处：

1. 它反映了报纸版面购买单位向整版和非整版的转移，媒介策划人员更习惯于采用美国全国报业网所制定的标准单位，不太习惯于按行或栏寸购买报纸空间。
2. 媒介之间的对比如果采用标准尺度，如千人成本等，则计算起来会更加方便和轻松。虽然在对比时仍然要考虑报纸和其他媒介之间的定性差异，但千人成本的确能给广告主提供一种恒定的对比手段。

报纸	整版公开价	发行量	千人成本
A	\$5 400	165 000	\$32.72
B	\$3 300	116 000	\$28.45

例：$\frac{5\,400 \times 1\,000}{165\,000}$=32.72 美元

版面合同，欠资价

如果报纸实行统一价，那么在成本计算上就会出现一个明显的问题：所有的版面都按一个价格销售而无论其使用频率有多高。然而，公开价又规定签订了版面合同的

Courtesy of Robinson and BancorpSouth.

图 10.9

这条全国性广告的目标受众是谁?

报纸必须实行灵活的价格机制，以便广告主在合同约定的基础上酌情增加或减少广告版面。正常情况下，广告主会根据未来 12 个月可能使用的版面估算量签订一个版面合同，这种版面合同并不保证广告主一定会投放合同约定的广告量，而是表示双方就广告主在这一年中在任意位置投放广告达成的一个价格协议。

版面合同包括两个步骤：首先，广告主估算自己有可能占用多少版面，然后与报纸就如何处理年终的必要价格调整达成一致，当年按双方商定的价格付费；其次，到年终，将所有费用加总，如果广告主占用的版面量达到了其估算量，则不必对价格进行调整，但如果没有投放足够的广告量，费用未达到约定额度，则他们实际使用的行数需要支付更高的价格，这个数额就叫作**差额价**（short rate）。

差额价

如果广告主一年中投放的广告量低于其估算量，并在合同中注明了有利的支付价格，此时广告主必须支付的差额就叫差额价。差额价既可以在年终计算，也可以在广告主无法达到排期数量后即刻计算，此时广告的单价计费高出合同价。

下面来看一个例子，假设某全国性广告主计划在某报纸上按以下价格投放广告：

- 公开价，5.00 美元 / 栏寸
- 1 000 栏寸，4.50 美元 / 栏寸

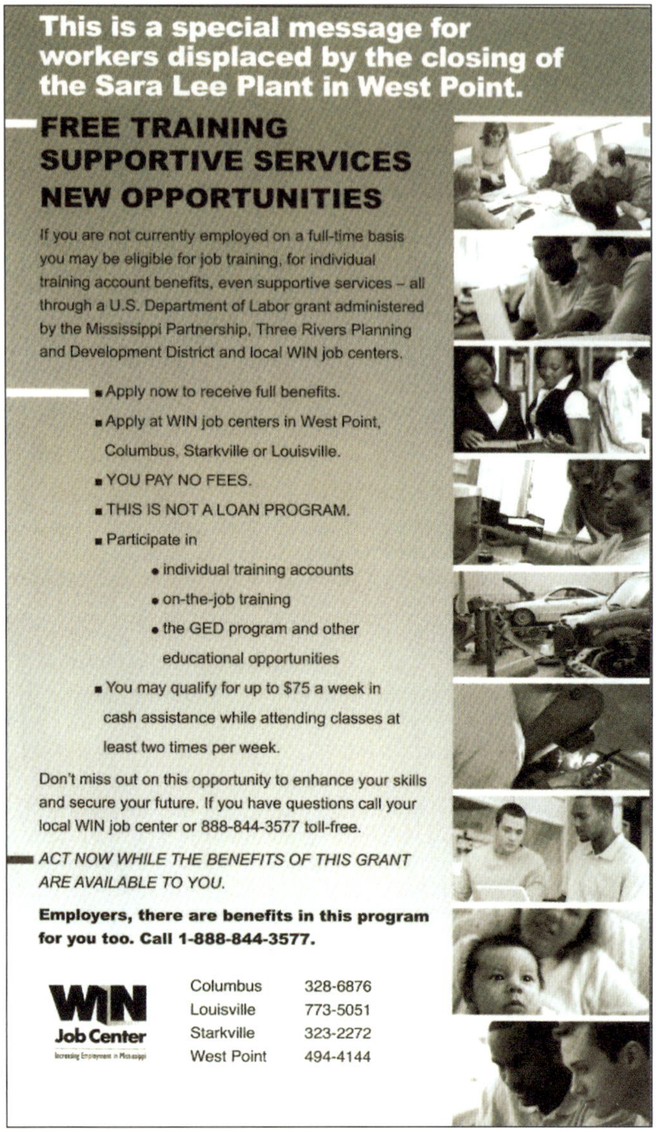

Courtesy of Robinson and WIN Job Center.

图 10.10

这条广告是否属于广告主想多次投放的广告？

- 5 000 栏寸，4.00 美元 / 栏寸
- 10 000 栏寸，3.50 美元 / 栏寸

广告主希望至少投放 5 000 栏寸，于是按 4.00 美元 / 栏寸（5 000 栏寸）的价格签订了合同（年终根据实际情况调整）。然而，到 12 个月结束时，他们只用了 4 100 栏寸，因此，合同年终的账单如下：

应付：4 100 栏寸 ×4.50 美元 / 栏寸 = 18 450 美元

实付：4 100 栏寸 ×4.00 美元 / 栏寸 = 16 400 美元

差额 = 2 050 美元

或

投放栏寸 × 应付价格与账单价格之差

= 4 100 栏寸 × 0.50

= 2 050 美元

如果所购版面的质量只值 3.50 美元 / 栏寸这个价（10 000 栏寸），则广告主可以

得到报纸 5 000 美元的**退款**（rebate），计算如下：

实付：10 000 栏寸 ×4.00 美元 / 栏寸 = 40 000 美元

应付：10 000 栏寸 ×3.50 美元 / 栏寸 = 35 000 美元

退款 = 5 000 美元

报纸会根据广告主未来的广告状况将退款计入广告主名下而非实际付给他们；有些报纸则按全价收取费用，并允许他们在付款的情况下以更优惠的价格赊账。

退款

媒体在未达到广告主要求的质量标准时应退还广告主的金额。

发行量分析

发行量稽核局

发行量稽核局（Audit Bureau of Circulations，ABC）于 1914 年成立，在此之前，报纸发行量数字由报纸出版商们自己提供，他们为此而深感烦恼。显然，许多出版商在报告中夸大了发行量的数字，结果造成了报纸与广告公司以及广告客户之间的敌对关系。[11]

发行量稽核局

由出版商、广告代理公司以及广告主发起的一个旨在审核准确发行量数据的组织。

发行量稽核局是一个自筹资金的自律性组织，旨在给广告主、广告公司以及出版商提供服务，其收入由所有成员组织交纳的年费和出版商交纳的审核费构成。值得注意的是，发行量稽核局报告中的信息会随着订阅户需求的变化而变化。发行量稽核局报告主要包括以下信息：

1. 总订阅发行量。
2. 城区发行量、零售区域发行量以及其他地区发行量（注：城区指出版物覆盖的城市及与该市中心特点相似的毗邻区域所构成的市场；零售发行区域指市区以外的市场，该地区的居民通常与在市区内经营的商家发生交易行为）。
3. 报摊销售量。

发行量稽核局报告与报纸收费之间毫无关系，它们只涉及发行量统计。出版商向来乐于提供自己读者的人口统计学数据，但发行量稽核局现在却在美国的很多市场设有自己的人口统计学数据采集部门，所有数据均计算机化并随时可得。

虽然报纸发行量的确认流程貌似比较顺利，但近年来围绕着它也有很多争议。具体而言，人们的担心主要集中在报业的以下两个方面：

1. *折扣发行量和批发销售*。发行量稽核局规则要求，所谓订阅发行量，必须是按定价的 50% 或高于标准订阅价售出的报纸数量。该规定的初衷是防止报纸出版商放弃未售出的报纸但却将该数字计入正常发行量中，并以此设定广告的价格。

   报纸出版商一方面认为应该严格控制过低的折扣或赠阅发行量，一方面却呼吁给予更大的灵活性。他们指出，在高档酒店房间、飞机上以及特殊活动中赠阅的报纸，或以极低价格向大学生零售的报纸，触达的都是广告主的主要目标对象；而许多广告主则认为，某些出版商对发行量所做的解释只会使报纸业倒退到发行量稽核局诞生前的日子——那时，报纸将所有发行数都计为优质发行量。

   争议最终将由广告主而非报纸出版商来裁决。绝大多数媒介采购人员都会依据发行量稽核局的基本审核流程来判断报纸，广告主可以接受对被审核的发行量提出不同的要求，但恐怕很难同意报纸业在批发和折扣发行量表述上存在的大多数差异。

2. *读者数与订阅发行量*。报纸按发行量或分销量而非读者总数来测量受众，这无疑是它们最明显的劣势。大多数大中型报纸定期委托若干公司收集读者和市场调查数据，无论读者数是否能取代或补充发行量，发行量数据都会提交给广告主。

针对发行量的争论仍在继续，这只能证明，报纸处在一个竞争激烈的运营环境中。无论这些问题如何解决，这个行业都必须解决广告主所担心的订阅发行量减少、家庭渗透率降低以及报纸在广告总收入中所占比例下降的问题。

科技与报纸的未来

前文已经讲过，互联网正在极大地改变读者搜索分类广告以及做出反馈的方式，很显然，新技术必将在媒介公司的营销计划中扮演重要角色。

报纸主管开始将自己视为信息提供者而非报纸编辑和出版人，两者的区别不单纯是语义上的，而是可以让人们将报纸理解为一种印在纸上的产品，进而考虑选择不同的传递系统和信息类型。大多数日报都开办了网站，年轻读者在纸媒上花的时间远远少于老年读者，这种现状容易让人们低估有效的网络呈现的必要性。读者花在报纸网站上的时间各不相同，尼尔森在线调查发现，大多数网络用户每月在前 30 名报纸网站上花费的时间不超过 11 分钟，但也有些报纸，如《明尼阿波利斯星报》（*Minneapolis Star Tribune*，简称《星报》），成功地做到了让读者在自己的网站上停留更长时间。根据《星报》数字出版助理管理编辑特里・苏尔（Terry Sauer）的观点，造成这种现状的原因主要是出版商通过搜索引擎将主页链接放到了文章接入上，例如，提供链接，将读者导向新闻主页或将博客应用纳入其中。[12]

虽然可能遭遇威胁，但每日印刷的报纸还是有一些优于网络的优势，如方便性、便携性，同时它们还可以让广告主更有效地向潜在消费者发送自己的网址。伴随着越来越多的消费者通过手机或其他移动设备上网，这样或那样的新媒介很有可能成为传统媒介的主要威胁，而报纸向新世界的积极迈进恰好就是广告界和传播界天翻地覆的明证。

随报杂志增刊

5 认识随报增刊的作用。

报纸最悠久的传统之一莫过于发行周日杂志增刊。多年来，大多数重点日报都在出版周日增刊，刊登与园艺、当地生活方式、时尚以及人物有关的特写文章。但幸存到今天的寥寥无几，它们中的绝大多数都集中在主力报纸市场，它们想吸引全国性广告主，而且规模也大，足以每年在这些高端出版物上投入数百万美元。站在营销的角度来看，这些全国性增刊具有高效的网络购买能力，加上庞大的发行量基础、杂志的形态、持续的优质还原能力以及低于报纸和大多数杂志的千人成本，自然能吸引广告主。

报纸认为，报纸之所以要转向辛迪加全国发行，是因为制作费成本高昂和广

Courtesy of USA Weekend Magazine.

图 10.11

《大观》和《美国周末》是随报发行的两大杂志。

告支持的减少，这类报纸的两大代表便是《大观》(*Parade*)和《美国周末》(*USA Weekend*)(见图 10.11)。这两种杂志都能触达庞大的读者群（代价是报纸数量和广告主数量均少于大多数独立增刊),《大观》在大报中更常见，随 470 种报纸发行，发行量 3 300 万。[13] 事实上,《大观》是发行量最大的消费者杂志，利润丰厚。发行《美国周末》的报纸则超过 650 家，但发行量略小，仅为 2 300 万。[14] 和大多数消费者杂志一样，这两种刊物都提供大量的区域版。虽然有几个广告主，如富兰克林薄荷(Franklin Mint),面向全国投放广告，但更常见的做法还是购买部分地区的周日增刊。

此外，还有大量增刊随面向少数族裔市场的报纸触达那里的读者，其中最著名的有《看天下》(*Vista*),该增刊随近 30 家报纸发行，它们都拥有大量西裔读者，每年发行 11 次，基准费率超过 500 000 美元。

漫画

凡讨论报纸特点，言必及漫画。报纸漫画的历史可以追溯到 1889 年，那年,《纽约世界报》(*New York World*)采用了新安装的彩色印刷机来印刷漫画版面，以期借此提高自己的发行量。1895 年，两个报业巨头——约瑟夫·普利策(Joseph Pulitzer)与威廉·伦道夫·赫斯特(William Randolph Hearst)——为争夺当时最流行的漫画形象“黄孩子”(The Yellow Kid)的所有权展开了激烈的较量，至此，连环漫画的重要性充分显现出来。

1897 年，第一套现代连环漫画《宿醉的孩子》(*The Katzenjammer*) 推出，每幅画用方框分隔并附带对话气泡。1912 年，赫斯特的《纽约晚报》(*New York Evening Journal*) 首次登载整版漫画。从 20 世纪 20 年代开始，随着《金发女郎、幽灵、甲壳虫贝利》(*Blondie*, *The Phantom*, *Beetle Bailey*) 以及《花生漫画》(*Peanuts*) 的推出，漫画开始成为报纸可读性的一个重要元素。

漫画虽然不是最主要的广告载体，但很多广告主却利用它来触达数以百万计的读者。编辑们在数百套连环漫画中进行评估、挑选。对于那些想采用漫画的广告主，有专门的销售网络以各种组合形式销售周日漫画版面，以便广告主同时在几种报纸上投放广告。

少数族裔和外语报纸

6 了解面向不同种族的报纸和周刊的作用。

随着美国多元文化环境的变化，自然会产生相应的媒介，向这些受众传递信息、娱乐和广告，而报纸所扮演的角色则随着少数族裔市场的不同而不同。最大且发展最快的少数族裔报纸是西班牙语报纸，与此相对应的则是西裔人口的增长，增幅超过美国的所有细分人群。美国有数百家西裔报纸，但与其他少数族裔报纸不同，许多成功的西裔报纸都是日报。许多大报对这些西裔报纸的支持和投资无疑是其重要性的最佳证明。

虽然西裔报纸在健康成长，但如何触达住在不同国家、具有不同文化和产品偏好的西班牙语细分人群，仍然是西裔报纸面对的问题。除此之外，调查还显示出这些人在语言偏好上的差异：有些人喜欢看西班牙语的报纸，而有些人则喜欢英语报纸，还有一些人喜欢双语报纸。尽管有这些问题，在读者量和广告收入这两项上，西裔报纸仍不失为报业中成长最快的报纸之一（图 10.12）。

非裔美国人报纸并没有表现出西裔报纸那样的经济活力。20 世纪 30 年代至 60 年代初期，非裔报纸达到自己的巅峰，有报纸 300 家、发行量 400 万，内容涉及新闻、政治活动、广告。它们对这一时期的社会进步做出了巨大的贡献，其中影响力最大的贡献是在林登·约翰逊（Lyndon Johnson）当政期间推动了《选举权法案》(Voting Rights Act) 和其他民权立法的通过。

具有讽刺意味的是，随着机会向非裔美国公民开放，非裔美国人报纸反而遭遇了财务困难。20 世纪六七十年代，大部分报纸开始将非裔美国读者纳入自己的覆盖范围。随着时间的流逝，已经没有什么必要再专辟报纸报道非裔美国读者关心的新闻了。

非裔报纸一直面临着这样一个问题：非裔美国人偏爱电视和几种杂志。面对这样的威胁，广告主，尤其是大型全国性企业，将大量资金从报纸转向非裔受众规模大的电视、广播和杂志也就不足为奇了。

亚裔报纸的问题与西裔报纸和非裔报纸相同，而且更多。和西裔人口一样，亚裔人口的文化背景和语言大不相同，从汉语到印度语。因此，笼统地将亚裔消费者归为一类就像将所有西裔消费者视为相同的人一样，大错而特错。不仅如此，美国的亚裔人口数量没有西裔人口大，因而尚不具备支撑全国性亚裔报纸的大型核心人口群。

尽管如此，还是有一些为亚裔服务的报纸。纽约市的中文报纸《布鲁克林中文月报刊》(*Brooklyn Chinese Monthly*) 和日语报纸《罗府新报》(*Rafu Shimpo*) 分别有 20 000 和 50 000 的发行量。有趣的是，在美国，外语报纸并不是什么新生事物，从 1732 年本杰明·富兰克林出版《宾夕法尼亚报》(*Philadelphische Zeitung*) 开始，外

图 10.12

该广告的西班牙语版可以投放到西班牙语报纸上。

语报纸就一直在这个国家扮演着重要角色，美国的外语报纸数量越来越多，使用 40 多种语言，反映着美国日益繁荣的文化多样性，几乎每一种语言都至少有一家报纸，从法语、意大利语和德语到越南语、汉语和阿拉伯语，世界上的每一个地方都有针对本民族的报纸。

最后一点，少数族裔报纸的成功在很大程度上也取决于主流媒介所用的同样“配方”：广告支持。随着人口多样性的加大，加上这些人群经济能力的增强，我们有望看到针对这些文化和民族的广告支撑型报纸的大发展。不过，报纸到底能在多大程度上弥补这个传播鸿沟，仍有待观察。

周报

周报可以分为好几大类：如针对的某大都市的某地所发生事件的郊区报、针对当地事务的传统乡村周报、针对政治和艺术的精品周报，以及几乎不带编辑内容的免费购物报。根据美国报业协会的数据，美国有数千种周报，在过去的30年中，周报的格局已经发生了天翻地覆的变化，已经从当初诞生的偏远乡村小镇，迁徙到了扩大中的郊区，也不再报道婚礼和家庭团聚等消息，而是将主要话题转向了区划争议、学校拥挤、犯罪问题以及如何在提高本县税收基准的同时控制其未来的上涨。

对于许多周报而言，营销战略与内容同等重要。越来越多的周报已经成为某个报业网的组成部分，这些网络有些隶属于某家公司，包括一些大型地方日报；有些则属于独立的周报，它们加盟某个联合社，只通过一个媒介代表销售版面。这些报业网认为，核心城市贸易区已经不再像前些年那么利润丰厚了。如今，许多城市完全像郊区群落一样，全靠一两个大型购物中心在充当广告基础，而这些购物中心内的零售商则不再指望全城客源，他们的客源只能依靠细分郊区市场或社区内的潜在消费者。在这种情形下，这些郊区报业网只能充当都市日报的补充。

站在广告的角度看，郊区周报网的优势在于它们可以给地方性小广告主和全国性广告主或大型零售商提供同等的服务，哪怕地方性小广告主只购买该报业网中的一家报纸，而全国性广告主或大型零售商希望在大多数郊区市场实现更高的渗透率。在可预见的未来，周报的发展主要集中在郊区和城区。过去，大都市零售商或全国性广告主很少将周报纳入自己的考虑范围；如今，周报却开始在许多广告主的本土化营销战略中扮演更加重要的角色。

小 结

报纸仍然是一种重要的广告媒介，对地方性广告主而言更是如此。然而，报纸出版商却认为，如果还保持作为新闻和广告主要来源的历史定位不变的话，自己就将面临一系列重大挑战。

在报纸试图增加全国性广告数量的同时，其地方性广告也面临着来自各方的更加猛烈的攻击。例如，地方有线公司给广告主提供精准触达观众的机会，允许他们在大型有线网中插入广告，以触达那些对新闻、音乐或体育感兴趣的观众，而且其千人成本往往还低于报纸。都市报纸正在和郊区周报、购物报展开竞争，以期抓住消费者和零售商向郊区转移的这个机会。

雪上加霜的是，除了传统的广告竞争者，网络和其他新兴无线数字媒介形式也向报纸提出了挑战，并瓜分了报纸的读者市场和利润丰厚的分类广告市场。最后，随着年轻的细分市场发现越来越多的其他信息和娱乐渠道，报纸不得不继续面对读者基数持续下降的问题。

在向广告主营销自己的媒介时，与其绝大多数竞争者相比，报纸具备一大优势：它们被视为最可信的大众传播载体之一。它们享有现成的、令大多数竞争者眼红的品牌，有各种少数族裔和外语报纸，因而广告主可以瞄准更具体的受众。正如我们在本章讨论的那样，报纸广告分为不同的几大类，如分区版夹页、分类广告、图片广告、日报广告、周报广告以及联合广告，许多报纸都有任意位置价和自选位置价两种价格。

复习题

1. 哪些因素侵蚀了地方报纸的广告基础?
2. 报纸在争取全国性广告时面临着哪两大问题?
3. 请对比分区版和总体市场覆盖计划。
4. 报纸广告分为哪几大类?各占报纸广告收入的多大比例?
5. 差额价与退款之间有什么区别?
6. 报纸在哪方面的标准化做得最成功?
7. 随报增刊的主要优势是什么?

第十一章

iStockphoto.com.

杂志的运用

今天，大多数杂志都针对利基读者，尤其是那些对广告商有特殊价值的读者群。几乎所有杂志都会瞄准自家读者的特殊兴趣、事业、人口统计学特征或生活方式。杂志业也开始采用电脑科技来出版电子版并把它作为触达新读者的一种新途径，以提高读者的忠诚度，获得广告收入。▶

本章学习目标

1. 了解美国杂志业的发展历史与现状。
2. 认识杂志在全国性媒介计划中的作用。
3. 掌握消费者杂志和同业杂志的特点。
4. 了解如何向广告主出售杂志版面。
5. 认识杂志作为一种目标广告媒介的作用。
6. 了解如何测量杂志受众。
7. 掌握商业杂志的特点。
8. 了解农业杂志的角色。

优势

1. 专业杂志的数量和种类给广告主提供了一个触达精准目标受众的机会，这些目标受众是通过其他方式很难触达的。
2. 杂志的画面富有视觉冲击力，能提高品牌的知名度，能给利基受众提供难忘广告讯息。
3. 许多杂志都具备针对某个地区或某种人口统计学特征的版本，以方便地方性广告主或区域性广告主使用并使其定位更加精准。
4. 杂志方便携带，可以长期使用，可以传阅。商业杂志和农业杂志可以充当实用的参考工具，各行各业的主要刊物都会给广告主的广告讯息提供一个重要平台。

劣势

1. 近年来，杂志受众人数的增长和杂志广告价格的上升并不同步。目前，杂志是人均广告费最贵的媒介之一，其广告价格的增幅远远超过了其受众人数的增幅。
2. 很多杂志广告主的主要担忧是广告过于密集，很多杂志将近一半的内容都是广告，因而消费者花在每条广告上的时间往往都少之又少。

3. 大多数杂志的广告预备期相对较长，导致广告讯息缺乏即时性。这么长的预备期极有可能削弱广告主根据不断变化的市场环境灵活反应的能力，而在互联网的时代，消费者已经习惯了获得最新的信息。因此，这无疑给一些广告主造成了困扰。

4. 虽然专业杂志优势明显，但是，单凭一种杂志很难触达所有的细分市场。因此，广告主必须借助其他杂志或其他媒介。面对种类繁多的消费者杂志，广告主很难做出正确的选择。

广告与消费者杂志

1 了解美国杂志业的发展历史与现状。

2008 年，在纳入统计的全美广告支出中，约有 20.1% 的广告支出投向了各种杂志——消费者杂志、商业杂志、周日刊以及地方杂志。这一年，杂志的十大广告主包括多家包装产品企业、一家汽车制造商、一家医药企业以及一家媒介公司（见图 11.1）。

20 世纪 50 年代，在电视成为美国重要的全国性广告媒介后，杂志开始将自己作为专业化媒介来营销，宣称自己能够触达普通人口中的目标对象。杂志的受众规模当然无法与三大电视网庞大的受众规模相比，因此，杂志将其经济的未来建立在受众的质而非量上。现代利基杂志的发展方式与定位精准的窄播电台毫无二致，都是为了与电视的终极大众诉求相抗衡。[1]

如今，杂志发现自己只有不断变革，才能适应兼具竞争压力和经济压力的市场。杂志业的经营方式正在经历方方面面的变革。事实上，杂志的印刷、分销、发行或广告都经历了某种形式的变化。

进入 21 世纪以来，杂志面临着众多机遇和挑战，其中的一些问题也同样困扰着广播业和报业。杂志出版的细分化和碎片化意味着出版商必须不断缩小自己的受众群。像广播业一样，杂志发现，营销商将大部分预算投向了某一类杂志的两三个巨头，只给其余杂志留下极少的广告预算。这就导致杂志社创办具有内容差异的杂志，以满足不同利益群体的需求，但这些群体的规模往往非常小，不足以在经济上给予它们支持，超过三分之二的杂志发行量不到 500 000。

图 11.1
2008 年全美按广告支出排名的前十大杂志广告主

排名	广告主	2008 年（百万美元）
1	宝洁公司	956.2
2	通用汽车公司	447.5
3	卡夫食品公司	401.6
4	强生公司	399.6
5	欧莱雅	324.3
6	沃尔玛	266.1
7	金宝汤公司	234.1
8	葛兰素史克	231.7
9	时代华纳	230.2
10	联合利华	218.4

资料来源：TNS Media Intelligence, “Top U.S. advertisers in 10 media,” *Advertising Age*, 22 June 2009, 18. Reprinted with permission from the June 22, 2009 issue of *Advertising Age*. Copyright, Crain Communications Inc. 2009.

正如杂志与广播有相似之处，杂志与报纸也有相似之处。尽管报纸的总收入增加了，但纸张成本、发行成本和营销成本也给报纸的赢利造成了困难。据美国《全国杂志指南》（*National Directory of Magazines*）报告，全美有 7 300 多种消费者杂志[2]，其中的许多杂志发行量极低。在经济低迷、竞争如此激烈的市场中，出版商将一直面对如何增加新读者、留住老读者这一挑战。只要查阅一下最著名杂志的折扣订阅数，我们就知道问题有多么严重。

据估计，在美国，每周至少有五种杂志创刊，内容五花八门，涉及购物、航空或游泳等等。尽管消费者杂志有很多共同点，但每种杂志都有自己的挑战或机会。在这样的气氛下，不管哪种类型的杂志，都是成功与失败并存的。女性服务类杂志一直深受消费者欢迎，但它们也在过去的十年中进行了重大改革，以期避开《哦，奥普拉·温弗瑞杂志》（*O The Oprah Winfrey Magazine*）以及《返璞归真》（*Real Simple*）等女性生活类杂志的竞争。[3]

要想对当代消费者杂志行业有所了解，我们就必须了解以下两大因素：（1）针对性；（2）成本与收入之间的矛盾。

针对性

虽然杂志的名称和兴趣点不拘一格、种类繁多，但成功通常都只钟情于兴趣范围和受众规模相对狭小的杂志。对部分一流杂志广告收入和广告页数的抽样分析充分显示了这一利益跨度。比如，《女性健康》（*Women's Health*）、《快公司》（*Fast Company*）、《时尚观察》（*People Stylewatch*）以及《瑞秋相伴每一天》等杂志都是近几年杂志界广告收入增长的领军者。[4] 这些杂志唯一的共同之处就是，它们都能在读者和广告主中找到独特的利基市场。

在日益碎片化的市场中，杂志不得不开始寻找更适宜的编辑风格（见图 11.2）。虽然大型的同质群体很少，但在更加宽泛的人群中却存在着同质的细分群体。比如，出版商一直在尝试如何有效地触达青少年市场，但却发现实际上并不存在这样的市场，男孩和女孩不仅阅读的杂志种类明显不同，而且所读杂志的数量也明显不同，女孩阅读的杂志数量远远高于男孩。

当代杂志的发展 尽管针对性是当代杂志成功的关键之一，但事实上，对读者和编辑风格的选择却源自杂志的历史发展。19 世纪中期，杂志的目标受众是特殊利益群体，高价发行，很少刊登广告，大多数杂志的内容涉及文学、政治和宗教，依赖读者或特殊利益群体得到经济利益。

19 世纪晚期，中产阶级崛起，产品实现批量生产，加上全国性运输系统为品牌产品销往全美国提供了机会，只有大众促销才不枉费全国性品牌提供的这一大好时机。早在 19 世纪 80 年代，一些出版商就建立了当今杂志的雏形：以广告费为支持，面向大众发行。弗兰克·蒙西（Frank Munsey, 出版《蒙西斯》）和麦克卢尔（S.S.McClure，出版《麦克卢尔斯》）都是当时最为成功的出版商。但真正“开发全国性广告的可能性，并最清楚地表明杂志可能因售价低而在发行上损失数百万美元，但也可以通过广告赚更多的钱”[5] 的人是赛勒斯·柯蒂斯（Cyrus H.Curtis）。这个方略非常成功，到 1900 年，他的《妇女家庭杂志》在爱德华·博克（Edward Bok）任主编期间，成为当时第一本发行量达到 100 万的杂志。

图 11.2

杂志可以帮助广告主触达精选的受众。在本案例中，精选受众指对极限运动感兴趣的人。

Courtesy of the Martin Agency.

20 世纪 20 年代广播出现以前，杂志一直都是唯一的全国性广告媒介。随着广播的出现，广播和杂志开始分享全国广告市场。不过，对生产商而言，杂志仍然是唯一的视觉媒介。然而，当电视在 20 世纪 50 年代出现以后，人们的阅读习惯变成收视习惯，杂志不得不为生存而进行改革。

在竞争激烈的、动荡的 20 世纪 50 年代，杂志开始从一种大众媒介演变为一种高端媒介并延续至今。这一变化最明显的标志就是 2000 年 3 月，《生活》杂志在发行了 64 年后停刊。

今天，即使是发行量最大的出版物也倾向于针对更窄的细分市场。例如，在对《体育画报》、《时代周刊》、《美好家园》（*Better Homes and Gardens*）以及《现代老年》(*Modern Maturity*)等发行量非常大的杂志进行归类时，通常都不将它们列为大众杂志。只有随报发行的《大观》和《美国周末》既发行量大，又涉及面广。然而，正如本书第十章所讨论的，它们是“杂交”出版物，很多广告主都将其视为报纸而非杂志。

成本与收入

消费者杂志收入可观，它们主要依赖广告生存。通常，在消费者杂志的内容中，广告所占的比例略高于 46%。[6] 2001 年“9・11”惨案后，美国的广告主撤销广告，导致整个广告业遭受重创；而当烟草广告主大幅缩减甚至撤销广告时，很多出版社再次遭受打击。自 2008 年经济萧条开始以来，与其他媒体相比，杂志业的广告收入流失最为严重，这导致出版商对利润越来越忧心忡忡。

杂志的成本可以分为以下四块：

1. *营销成本*。由于刊物的种类和读者人数不固定，出版商发现吸引新读者、留住老读者的成本明显上升。目前，在消费者杂志中，约 68% 的发行收入来自订阅而非报摊零售。显然，出版商很有必要投巨资吸引新读者并留住老读者。同样，持续上涨的印刷成本和邮寄成本也抬高了直邮促销的成本。但杂志出版业的激烈竞争却使得出版商无法通过提高杂志定价来弥补其高额支出，毕竟，杂志收入中约有 60% 来自广告。[7]

2. *邮寄和发行费用*。自 1995 年以来，美国邮政总局（U. S. Postal Service, USPS）多次提高针对杂志出版商征收的税率，其增幅远远超过通货膨胀率。由此，杂志出版商与美国邮政总局之间产生了极大的矛盾。

   杂志出版商面临着邮费大幅攀升的问题，与此同时，报摊的分销成本也在急剧攀升。零售渠道和批发渠道的整合让分销渠道变得更加通畅但数量却减少了。零售商关心利润边际，他们坚称批发商只向他们供应有限的商品种类。例如沃尔玛，其销量占所有杂志单页销量的 15%，但 2008 年，它们下架了 1 000 种商品。有业界人士称，沃尔玛下架商品的部分原因是出于对环保问题的考虑；而沃尔玛的高级主管则说他们将零售量作为商品是否下架的标准。[8] 其后果是，沃尔玛对订阅销售的依赖度更高，而出版商的成本则继续螺旋式上升。

3. *广告主密集*。杂志的一大优点便是它的针对性，但这也局限了刊登在其上的广告进行广泛的诉求。从而导致杂志商只能从少数几种产品品类中得到一定比例的广告收入，12 个品类便占到了杂志广告收入的 87%（见图 11.3），50 家企业的广告支出便占到消费者杂志约三分之一的广告收入。事实上，在 2008 年的消费者杂志广告总收入中，有 3.8% 来自宝洁公司。

   这些大广告主中即使只有一个降低广告支出，也会对许多杂志社产生重大影响。对于那些针对小众兴趣的杂志——如计算机杂志或高尔夫杂志，这种广告削减的影响更为严重。在这种情况下，即使仅流失一个大客户，杂志商也很难找到其他办法来弥补损失。

   在过去的 20 年中，杂志业一直试图向读者转嫁部分成本，希望自己能由此摆脱对广告的依赖。免费杂志网站的盛行使得杂志出版商很难大幅提高杂

图 11.3

前几个品类的广告支出占到了杂志广告收入的 87%。

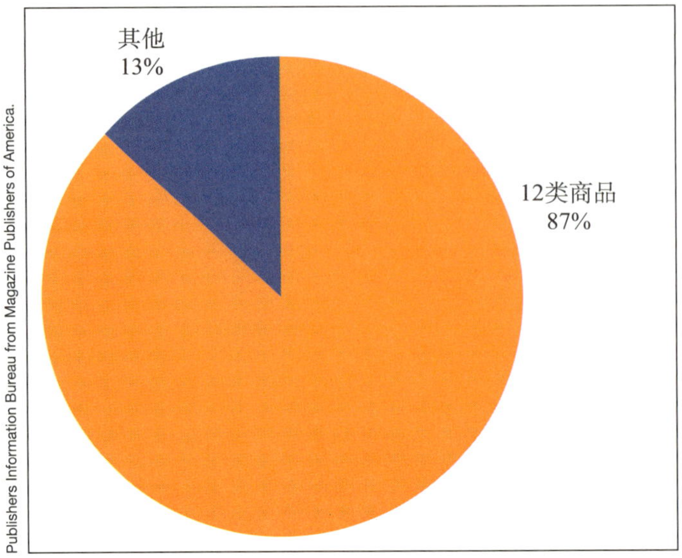

志的定价，在美国，自 2005 年以来，消费者杂志网站的数量增加了 78%。

4. *打折幅度的加大*。随着经济发展放缓，杂志的广告价格涨幅也相应放缓，很多杂志给固定广告主提供极大的价格优惠，而广告主则对媒介计划的效率提出了更高的要求。于是，杂志不得不针对自己的纸质版和数字版给予各种折扣和附加值服务。

跨媒介购买

跨媒介购买

将几种媒介或载体打包出售给广告主以实现协同传播效应、提高媒介购买效率的做法。

今天，美国已很少有杂志社、电视台或报社，取而代之的是多媒体集团，它们既经营传统媒介业务，也经营互联网、互动媒体以及各种直接反应样态。杂志在这些大型媒介集团中仍扮演着重要角色，并与其他媒介形成了一种共生关系。从广告的角度来看，如果将杂志作为多媒体套装的一部分出售，即**跨媒介购买**（cross-media buy），则可以给媒介集团带来极大的好处。

因为杂志可以触达利基受众，因此，杂志也可以触达自己的主要预期对象——那些很少使用其他媒介的读者。时代华纳和迪士尼这类公司可以拿出几百种广告媒介供广告主选择——而且往往给予比购买单一媒介广告大得多的折扣。最具创意的跨媒介卖家是迪士尼公司，比如，在体育方面，迪士尼可以提供的媒介套装包括美国广播公司（ABC）、ESPN、《ESPN 杂志》以及 ESPN 广播节目。

在另一个跨媒介策划案例中，杂志出版商康泰纳仕（Condé Nast）利用自己与娱乐界的关系，为广告主威瑞森公司制作了原创数字节目，以此作为其多媒体广告套装销售的一部分，威瑞森公司的用户可以通过手机观看该节目。

对于全国性广告主而言，跨媒介购买的一大吸引力在于杂志和电视可以在触达不同的细分市场时互补。由于电视无法触达杂志的最重度用户，而且杂志的读者数和电视的受众数之间存在强烈的负相关关系，因而大众广告主不得不两种媒介都用。杂志和电视的结合不仅拓展了触达范围，同时也催生了多样化的广告主题和创意实施。

站在广告主的角度来看，尽管跨媒介购买在媒介成本上具有一些明显优势，但他们在分析跨媒介购买时仍然应该小心谨慎。营销人员必须明白，如果是一家公司旗下的媒介套装，则其中的每一种媒体未必会是各自类别中的佼佼者。例如，虽然我们购买了 ESPN 的《周一足球之夜》的广告时段，但我们是否能确定《ESPN 杂志》就一定比《体育画报》更吸引我们的目标受众？或者，是否 ESPN.com 比 CNN/SI.com 更吸引受众？只要广告主明白跨媒介购买符合媒体公司的利益，跨媒介购买本身就没有什么问题。随着单一媒体公司控制越来越多的媒体资产，媒体公司为单个广告主量身定制媒体组合的可能性也在增加。

作为全国性广告媒介的杂志

杂志广告的优点

2 认识杂志在全国性媒介计划中的作用。

根据产品和广告目标的不同，用杂志充当主要或次要媒介载体好处多多。本节将主要探究广告主在将一般杂志或专业杂志作为其媒介计划的一部分时主要会考虑哪些因素。

1. *是否奏效*？只有当某一媒介的优点和特性有助于提高广告主的销量和利润时，广告主才会对其优点和特点产生兴趣。近年来，美国杂志出版商协会委托独立调查公司开展了一系列调研活动，以判断杂志作为一种广告工具的价值。

   一项调查结果表明，半数以上的读者在看到杂志上的广告后购买了或计划购买广告上的产品，有五分之一的读者称他们考虑过购买杂志上的产品或服务，12% 的读者说他们获得了更多关于产品和服务的信息，11% 的读者说他们访问过广告主的网站（见图 11.4）。

2. *读者针对性*。假设杂志能完成要求的传播任务，那么，接下来的问题就是它们是否能触达特定的目标市场。杂志在这方面表现卓越。有的杂志几乎可以针对所有的细分市场，而且几乎每个人也都会在给定的月份中阅读一本杂志。也有些杂志，它们几乎面向所有的人群和利益群体（见图 11.5）。对于杂志而言，广告主首先要考虑的是杂志如何触达目标受众，其次才是读者总数。正如我们在前面介绍过的，每 3 种杂志中有 2 种的发行量低于 500 000。

杂志读者已经采取或计划采取的具体行动的百分比	
考虑购买广告所宣传的产品或服务	21%
对广告主产生了更好的印象	12%
对广告产品或服务了解更多	12%
访问广告主的网站	11%
光顾店面、零售店或其他	9%
购买广告产品或服务	8%
将广告作为未来购物的参考	7%
将产品或服务推荐给朋友、同事或家人	5%
采取过行动（net）	**56%**

资料来源：Affinity's VISTA Print Effectiveness Rating Service, 2008 from *MPA Handbook* 2009.

图 11.4

读者看过杂志广告后已经采取或计划采取的行动。

Courtesy of Latina Magazine.

图 11.5

《拉丁人》(*Latina*)是一本关于时尚和生活方式的杂志，目标受众为美国的双语女性。

3. *生命周期长和创意选择余地*。杂志的使用寿命不像广播、电视讯息或日报那么短暂，杂志可以长时间保存和查阅，因而可以传递给他人阅读或与其他读者分享。此外，杂志方便携带，超过四分之三的杂志读者说他们有时会在医院、他人家中或办公室等场所阅读杂志。[9] 在这个即抛型媒介世界里，杂志几乎是唯一一个可以长期保存的媒介。大家往往将杂志用作参考来源——剪贴文章、查阅往期刊物，有些读者还会在扔掉杂志前多次重温自己喜欢的文章。读者的每一次翻阅都可能让广告主受益。

杂志也是一种视觉媒介，具备多种创意选择余地。杂志赋予广告主极大的灵活性，如跨页广告、鲜艳的色彩甚至产品样品派发。杂志尤其适合长文案，因此，描述汽车和电子商品详细特性的广告以及金融服务类广告都倾向于使用杂志（见图 11.6）。

4. *人口版和地理版*。我们在第十章介绍了报纸的分区发行，它是为适应广告主对

Courtesy McRae and Georgia Department of Economic Development.

图 11.6

你认为这条广告的目标受众会看哪种杂志?

特定发行区域的要求而诞生的。从全美国的角度来看，杂志的不同人口版和地理版也可以满足大型广告主的这一要求。很少有杂志不从自己的总发行量中辟出一部分来做区域版或人口版，这些特制版本就叫作部分发行，这在杂志广告中非常普遍，也非常重要。我们将在本章后面的部分对此单独加以介绍。

5. *定性因素和卷入*。广告主固然重视受众的人口统计因素，但他们也关注读者在看某一杂志时的自我认识。事实上，《花花公子》中的男性和《时尚》(*Cosmopolitan*)中的女性只是读者信以为真的人物。与其他许多媒介不同，杂志的读者卷入度更高。因此，杂志广告主更倾向于采用含蓄的创意手法，而不是其他许多媒介上常见的那种硬销售广告。很少有哪个媒体与其受众之间的联系像杂志与其读者那么密切。根据美国调查公司动力逻辑(Dynamic Logic)的一项最新调查，超过一半的消费者表示他们对杂志广告有好感。[10] 这一比例高于消费者对其他媒介广告的印象(见图 11.7)。

图 11.7

这是专为《体育画报》创作的广告。你能猜出它刊登在哪一期上吗?

Courtesy of Mirage Las Vegas.

在第七章，我们讨论了根据生活方式划分消费者的 PRIZM 系统。杂志以心理调查和生活方式调查向广告主出售其受众的定性部分。我们不妨花一点时间回顾一下图 7.4 中 PRIZM 的各种类别，然后尽量将这些受众与一些重点杂志的黄金读者进行比对。调查显示，在很大程度上，杂志被视为汽车、时尚、健康等话题的观念源和信息源。杂志内容与读者之间的联系也会影响读者与广告主之间的关系，如果读者随手挑出一本《父母》(*Parents*)、《财经》(*Money*)、Splash 或《连线》来看，他的兴趣自不用怀疑，这些读者每天也同样会在黄金时间看电视、在下班回家的路上听广播或看数不清的广告牌。但我们很难搞清楚他们在做这些事情的时候在想什么。相反，专业杂志却可以确保杂志内容与读者之间形成合力，并会将这种合力带入广告内容中。

虽然近来杂志的定性属性备受关注，但作为一种广告媒介，对杂志的最终衡量却取决于它是否有能力以具有竞争优势的成本触达主要的预期对象。媒介策划人员仍然采用千人成本、触达率、触达频率等指标，以成本效益为基础评判杂志广告。与其他媒介一样，杂志广告的最终评判标准取决于它们能否以最低的成本、在恰当的条件下触达恰当的目标受众，从而实现营销目标。

杂志广告的缺点

杂志广告虽然有很多优点，但广告主在购买杂志广告时仍然要考虑一些重要因素：

1. *成本高*。正如我们此前讨论的，若按千人成本计算，杂志通常是成本最高的媒介。在专业杂志上刊登广告的千人成本大多在 100 美元以上，而在电视黄金时段刊登广告的平均千人成本在 30～40 美元之间。然而，在一个利基营销的时代，千人成本只有在与目标消费者触达数和媒介无效发行量发生关系时才显得重要。与整个成本相关的一个问题是，由于杂志重新界定了自己的受众，于是许多广告主认为有必要在几种杂志上投放广告，以实现既定的触达水平。随着媒介排期中杂志数量的增多，杂志触达重复受众的风险加大，导致了读者的重叠，而这是广告主不能接受的。

2. ***截稿期***（closing dates）长。由于印刷流程的缘故，大多数杂志广告必须在杂志出版前准备完毕。与广播和报纸的适应性不同，杂志在适应市场环境变化方面不那么灵活。比如，月刊型杂志可能会在广告主提交广告 8～10 周后才刊出该广告。这么长的预备期很难让广告主根据当时的市场环境在媒介排期和竞争性文案设计上做出反应，截稿期长也是大多数杂志广告文案毫无特色的一个原因。

截稿期

向出版商交齐所有材料的日期。

许多杂志都有版面预定日期和材料提交截止日期。一般而言，版面合同一旦签订便不能撤销，杂志社一般要求在杂志出版 2 个月前预定版面，在杂志出版 6 个星期前提交材料，有些杂志还要求要按顺序提交材料。

为了克服杂志预备期长的缺点，许多杂志开始提供**快捷广告**（fast-close advertising）。顾名思义，快捷广告可以让广告主在临近出版日期时才提交广告。快捷广告曾经一度价格高昂，远远高于其他杂志广告，但随着竞争压力的增大和印刷科技的进步，许多出版社现在只要求广告主支付极低的额外费用，甚至不支付额外费用即可给广告主提供快捷广告。

快捷广告

有些杂志社的广告截稿期极短，有时甚至需要支付高额费用。

本章接下来将介绍杂志广告的具体特点和购买杂志广告的技巧。

杂志广告的特点

3 掌握消费者杂志和同业杂志的特点。

局部区域版杂志

局部区域版（partial-run）指所购买的杂志的部分版本而非全部版本的版面。最古老、最常见的局部区域版是地理版，其次是人口版和职业版 / 兴趣版。局部区域版使得发行量较大的杂志有机会与较小的利基市场杂志竞争特定的广告主。

局部区域版

当杂志社只拿出全部发行量的一部分供广告主使用时，即称为局部区域版。局部区域版包括人口版、地理版和多胞胎版。

近年来，随着广告主对受众细分程度的要求越来越高，发行量相对较小的杂志以及专业杂志也开始发行某种形式的局部区域版。同样的道理，杂志的发行量越小，内容越专业，它就越倾向于以地理版来做局部区域版。

有些杂志的局部区域版只限于地理版。但大型出版社，尤其是发行量较大的周

克莱普纳观点 11.1

安德鲁·麦克莱恩（Andrew McLean）

群邑集团（Groupm）首席开发官

安德鲁·麦克莱恩

“镜子，墙上的镜子……”消费者行为变化对媒介的影响

在我们结束21世纪的第一个10年时，媒介和传播的现实图景非常清楚：媒体数量、存量（供）与广告资金（求）之间存在着巨大的差距。用经济学家的话说，这些差距造成了竞争，竞争拉低了价格，从而造成了“适者生存”。

很显然，造成这种局面的力量有两个：一是数字广告机会的剧增；二是广告支出的削减。至少目前来说，每年全球广告预算5%的增幅已经成为过去。

那么，谁是最后的赢家呢？广告客户的广告预算都投放到哪些媒体了呢？这些问题的答案无法通过调查媒体而得知，只有通过调查消费者才能明了。媒介（虽然偶尔表现傲慢）并不能发现消费者的行为，而只能反映消费者的行为。比如说，由于人们上网的时间增多而接触纸媒的时间减少，到2010年底，美国的互联网广告支出将达到700亿美元。这对报纸和杂志的冲击显而易见，原因很简单——消费者行为发生了改变。

此外，我们认为，技术进步及其对消费者的影响拓展了企业的各项职能，促使它们将媒介代理也纳入其中。以前，我们可能受雇于广告主而从事创意活动，并以最高的触达率和频率传播信息；如今，我们却要设法向主动的消费者传递讯息，鼓励他们参与，带动他们经历整个购买过程。与此同时，我们还必须想到，这些强势的消费者既可能是某一品牌的有力支持者，也可能是强烈的反对者。因此，我们必须给这些广告渠道中的商业活动找到恰如其分的角色，但同时，我们也必须意识到，这种方法既可能带来高回报，也可能带来高风险。

实施这些战略让我们得以从不同的角度认识媒体。比如，现在我们根据当今消费者如何使用和应对媒介而将媒介重新划分为三大类：免费媒介、付费媒介以及自媒体。[1]

媒介购买过程中有一个比较有趣的现象：我们现在服务的这些品牌不得不将眼光放远，不再局限于我们以往依赖的付费媒介渠道。今天，我们有“挣来的”媒体，如社交网络，我们的客户也“拥有”网络资产。这些，都是传播生态系统中极为重要的、可量化的组成部分，因而要求有与之对等的讯息管理水平和像其他媒介渠道一样的优化组合。重要的是，我们不能将客户的网站单纯视为终端，而应该将它们同样视为：（1）能将视频、图片、数据等送往其他地方的内容仓库；（2）营销活动的显示器。

该说的说了，该做的做了，那些想了解媒介并投身于媒介的人，现在必须将视角由内向外转变，看看我们及我们身边的人如何消费媒介并对其做出反馈。

1. 这些观点最初由群邑集团首席执行官罗布·诺曼（Rob Norman）于2008年提出。

刊，如《时代周刊》、《新闻周刊》（*Newsweek*）、《人物周刊》，则给广告主提供多种选择。这些出版社既有地理版，也有人口版，因此广告主可以触达《时代周刊》的读者群，而这些人在全美国或特定地区担任着高级管理职位。比如，《时代周刊》就为广告主购买其广告提供了几十种选择，包括地理版广告和人口版广告。

由于广告主不断要求媒介触达更加细分的目标受众，而直邮和直销媒体的独门绝

Courtesy of Bright Ideas and Colonial Mall-Macon.

图 11.8

这条杂志广告在全国性杂志的区域版中很受欢迎，你会将它投放到哪家杂志呢？

技现在又广为流传，因此，我们将会看到，大多数杂志都将发行某种形式的局部区域版。凭借着电脑科技和高速打印技术的进步，现在，杂志也可以满足这些广告主的要求了（见图 11.8）。

多胞胎版 多胞胎版是局部区域版的一种特殊形式。大多数局部区域版旨在满足广告主的特别营销要求，而多胞胎版杂志则多被广告主和出版商用来做测试。最简单的多胞胎版测试就是广告主购买区域版杂志（考虑到成本，一般不购买全部杂志），每隔一期投放不同版本的广告。

参与测试的每一条广告大小相同、在杂志上的位置也相同，唯一的区别是受测试的元素。受测试的元素既可能是广告标题、插图，也可能是产品利益，甚至还可能是产品价格。受测试的广告往往会附赠优惠券，广告主会根据消费者对优惠券的反应判断哪个版本的广告效果最好。多胞胎版技术又叫 A/B 版，即一半受众得到 A 版，另一半受众得到 B 版。

随着对读者的争夺加剧，杂志社本身也开始更多地利用多胞胎版进行测试。偶尔，我们甚至能看到同一期杂志采用不同的封面：有时是为了测试，有时则是为了利用对某一区域具有吸引力的故事。多胞胎技术有助于广告主和出版商深入了解杂志广告怎样才能做到效果最好。局部区域版可以给广告主提供很多好处（有时，对出版商也有好处）：

1. 地理版可以使广告主只在其产品销售区域内发布广告，比如在某一地区宣传雪地轮胎，在另一地区宣传普通轮胎。
2. 局部区域版可以实现广告的本土化，支持经销商，或支持某一地区供给另一地区的特殊商品或服务。随着广告主越来越多地采用地方性或区域性战略，局部区域版的优点也越来越明显。
3. 多胞胎版广告可以使广告主在面向全国投放广告之前，在真实的环境下对系列广告的多种要素进行测试。
4. 区域版有助于全国性广告主与自己的零售商建立更加亲密的关系。对那些销售区域不大的产品来说，这一战略也可以给消费者提供有用的产品信息。

当然，局部区域版广告也存在着一些缺点，这使得它们不可能在任何情形下都那么行之有效：

1. 在同一杂志中，区域版的千人成本通常远高于常规版，截稿期也比其他广告早一个月。
2. 如果单本销量对杂志意义重大，此时再采用人口版，那么一旦报摊缺乏发行这些广告的力量，局部区域版就会成为杂志广告的一大缺点。
3. 有些杂志将局部区域版广告集中放在专为这类广告开辟的特殊板块内。对局部区域版广告还有许多特殊要求，比如，这些广告必须是整版，并且有些出版社只接受四色广告。

选择性装订

针对不同的读者细分，在同一期杂志中装订不同内容的做法。

选择性装订 有了选择性装订，定制化的局部区域版可以做到更加精准了。虽然**选择性装订**（selective binding）在本质上与局部区域版广告一样，但它指的是在部分发行量中装订不同文字材料或大型广告板块的做法。广告主和出版商运用电脑科技和先进印刷技术，便可以专门针对某一群读者甚至某个读者制作广告和文字材料。

20 世纪 80 年代初，选择性装订首先在农业刊物中开始流行，广告主只在针对种植特定作物或养殖特定牲畜的农场主的版本中刊登特定的文章和广告。近年来，越来越多的消费者杂志也开始向广告主推荐选择性装订技术。

如果杂志的受众中包含了某大型目标市场中的庞大子群体，那么，选择性装订就可以发挥最大的作用。杂志偶尔也会提供与其编辑内容完美整合的选择性装订。一般而言，这种方法会与多张夹页广告配合使用，以受众的年龄、收入等为标准，派发给特定的细分受众。

选择性装订证明，一项技术要想成功，必须获得广告主的支持。也就是说，必须说服广告主相信该科技带来的效益可以弥补其成本。许多广告主管认为，与消费者杂志相比，商业杂志和农业杂志采用选择性装订的时候更多，不过消费者杂志也有若干选择性版本。

显然，选择性装订的广泛应用也对直邮产生了重大影响。如果这项技术得到广泛采纳，那么广告主就可以将直邮的特点和杂志的高端氛围结合起来。有一点非常重要：选择性装订的成本是普通杂志广告的两倍，但直邮的千人成本却是消费者杂志广告的几倍。和很多局部区域版的技巧一样，选择性装订的一大缺点也在于它只能面向订阅者。

因为选择性装订采纳了直接反应广告的某些手法，因而它也引发了读者对侵犯隐私权问题的关注。如果广告主采用了订阅者姓名和住址之外的任何信息来瞄准他们，他们就可能给选择性装订一个差评，这必然会给广告主和杂志都带来不利的影响。不过，让每个读者都拥有一本量身定制、无论文章还是广告都完全符合其特定兴趣的杂志的设想仍然颇具吸引力。

城市杂志 针对某一城市的读者创办杂志不是什么新创意。19 世纪后期，《城市话题》（*Town Topics*）在纽约创刊，不过观察家们大多将创刊于 20 世纪 40 年代的《圣地亚哥杂志》（*San Diego Magazine*）视为城市杂志的先驱。在美国，现在，几乎每个大城市都有城市杂志，并且大多数大型城市还不止一家。

曾经一度，城市杂志被认为不过是当地城市的宣传性刊物。它们大多由当地的企业或旅游机构出版，很少涉及硬新闻和深度报道。尽管大多数城市杂志仍然以生活方式和娱乐为报道的重点，但也有越来越多的城市杂志开始报道当地的经济、科技和医疗问题。很多出版商将城市杂志的传统优势与专业刊物的内容相结合，创办了《芝加哥新娘》（*Chicago Bride*）、《亚特兰大商业纪事》（*Atlanta Business Chronicle*）或《富尔顿国家记者》（*Fulton Country Reporter*）等，后者是专门针对亚历山大法律界的。

由于城市杂志的读者群通常比较高端，因而它们深受高端的地方性企业、区域性企业甚至某些以地方市场为目标的全国性广告主的青睐。然而，城市杂志的广告收入却具有明显的周期性。经济疲软导致零售业和汽车销量下降，进而导致广告投放量缩水，因为，零售业和汽车一直是城市杂志的两大广告主。此外，对于这类杂志的很多广告客户来说，城市杂志通常只是他们主流广告的一个补充。因此，一旦广告市场走低，城市杂志就会变成首先被放弃的媒介之一。虽然城市杂志此前主要活跃在美国的大都市，但现在，在人口规模为 10 万左右的城市（如佐治亚州梅肯市，见图 11.9），我们也能见到颇为成功的城市杂志。

从某种程度上讲，城市杂志是一种介于小发行量的专业杂志和局部区域版杂志之间的杂交品。但与后两者相比，城市杂志却具备一大优势，即它能将为其主要预期对象量身定制的编辑内容和广告送至高端受众手中。现在，超过 95% 的城市杂志和区域性杂志已经联合起来，以杂志网络的形式向广告主出售广告空间，广告主只需要一个广告订单即可以优惠价格购买整个杂志网的广告。这比分别向每一家杂志购买空间价格更低，从而使城市杂志得以与全国性杂志展开有效的竞争。[11]

定制出版

杂志出版业中另一种正在发展壮大的专业化领域是定制出版，它是杂志业中成长最快的一个领域。这类杂志由广告主制作，意图在完全由营销商控制的传播环境中触达目标消费者或现有消费者，是一种结合了直邮和传统杂志的出版物。

图 11.9
这是佐治亚州梅肯市一家区域性 B2B 开发刊物的广告。

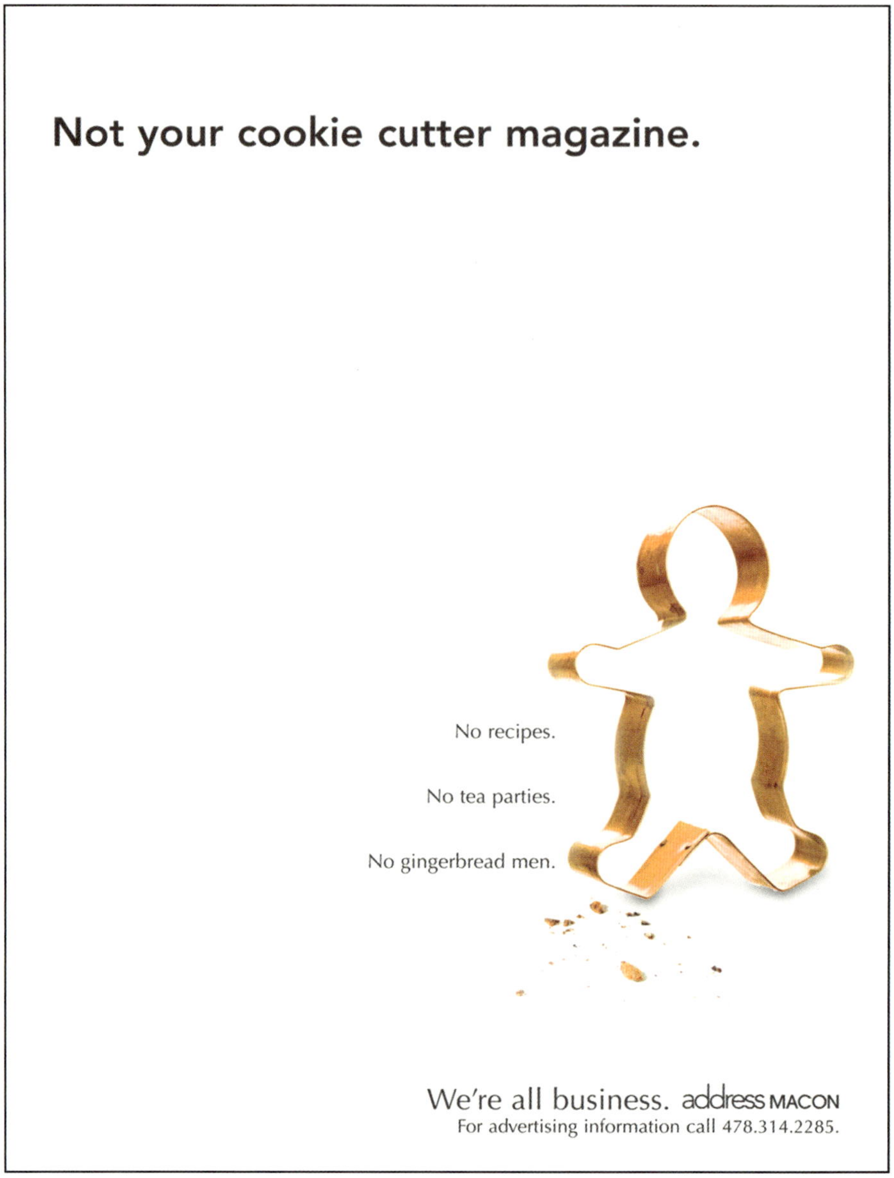

Courtesy of IMedia and *Address Macon* magazine.

定制出版并不是一个新概念。1949 年，通用汽车公司委托其广告代理商坎贝尔－埃瓦尔德公司（Campbell-Ewald）出版《朋友》（*Friends*）杂志，并将杂志发送给雪佛兰轿车和卡车的车主。自创办初期以来，随着越来越多的企业将定制杂志视为自己直接营销的延伸，定制杂志的广告支出已达到数亿美元。大多数主流杂志都为自己的广告主提供定制出版服务。

如果不考虑定制杂志的特定用途，定制杂志要想成功，就必须充当计划内整合营销活动的一部分。企业不同，定制杂志的目标也各不相同。比如，美国邮政总局就利用《投递》（*Deliver*）杂志让营销商了解直邮在营销活动中的益处和用途。定制杂志完全可以在企业与现有顾客、目标受众的交流中充当宝贵的工具，这已经通过市场调查变成了现实。“此前，顾客及其购买模式从来没有得到过如此精确的细分，而现如今，大多数营销商却对购买其产品的男性、女性和儿童了解甚多，并考虑将定制杂志作为与他们交流的最佳方式。”[12]

现在，随着时间的流逝，一些定制杂志也变得像传统杂志一样了。其中最明显的转变就是开始接受本杂志以外的其他杂志投放的广告，有时甚至很难分辨架上的杂志到底是定制杂志还是其他杂志。

杂志的元素

即使广告主在数以百计的杂志中做出了艰难的选择，在杂志上投放广告这项工作也算不上结束。现在，媒介策划人员必须选择广告的尺寸、颜色、位置和形态，以使其以最佳的状态为广告主的营销目标和创意服务。

版面大小

杂志的版面大小指印刷区域的大小，而非实际页面的大小。为方便起见，杂志的版面一般采用标准规格（约8英寸 × 10英寸，如《时代周刊》）或小型文摘式规格［约$4\frac{3}{8}\times 6\frac{1}{2}$英寸，如《读者文摘》（*Reader's Digest*）］，也有少量超大规格的杂志，但它们是例外。如果广告主准备订购杂志的版面空间并向其提交创意材料，广告主一定要向杂志社了解杂志版面的确切大小，因为杂志的版面大小有可能发生变化。

杂志广告的位置、色彩和大小

杂志版面通常按整版和部分（如半版、$\frac{1}{4}$版、三栏或一栏）出售（见图 11.10），很多杂志上的分类广告页上的小广告大都按行销售。尽管一些杂志在价格上给大广告

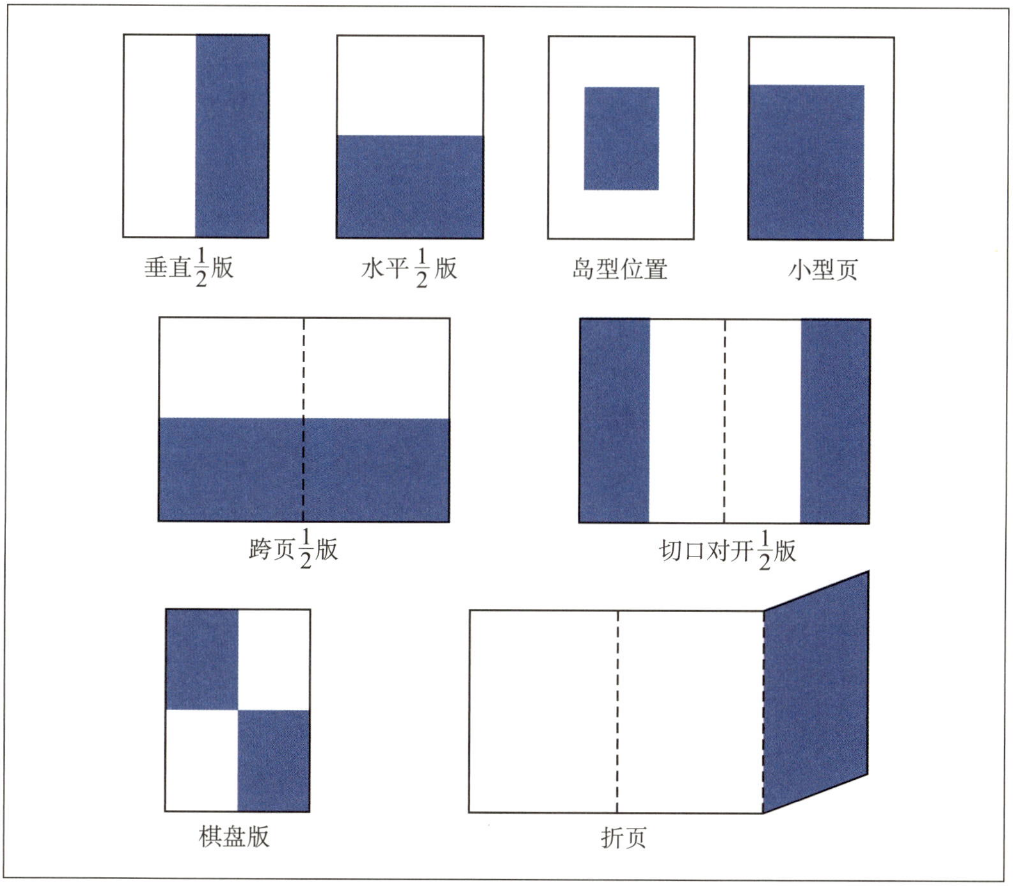

图 11.10
杂志版面的不同利用方式

主提供大幅度折扣，但封面和封底仍然是杂志中价格最高的位置。杂志的封面称为封一，美国消费者杂志的封一位置很少出售（虽然行业杂志会出售封一的广告位置）。封面的背面称为封二，封底的背面称为封三，封底称为封四。

图 11.11

按单位、色彩和位置分类的杂志广告读者数

杂志广告的影响（平均）

杂志类型	广告	回忆指数
单位	整版	100
	封一	109
	封二	106
	封底	116
	多页	115
	跨页	109
	小于整版	84
色彩	黑白	100
	专色	96
	四色 *	108
位置	后半部分	100
	前半部分	102

注：* 包括第五色或金属色。

资料来源：Magazine Publishers of America.

广告主们一直试图判断杂志广告的哪种色彩、大小和位置组合效果最好，能吸引到最多的读者。图 11.11 展示了与标准的四色广告相比，广告元素的 12 种不同组合方式及其对回忆度的影响。这些发现与此前大多数调查的结果一致，即鉴于关注度和读者数的提高，四色广告的额外成本物有所值。按照同样的标准，这一调查还表明，双色广告既无法提高读者的关注度，而且通常也抵不上额外支出的这些成本。

许多广告主还担忧广告在杂志内的位置。很多广告主习惯于将靠前的右手页，尤其是接近杂志编辑内容的位置，作为杂志广告的理想投放位置。“FFRHPOE”即“最前面、右手页正对编辑内容”的位置。尽管没有证据表明 FFRHPOE 能增加广告的价值，但很多广告主在给杂志社送达广告订单时，还是会照例注明要求 FFRHPOE。

尽管广告的面积在加大，但受众规模却并没有随之增加（成本也不一定成正比增加）。比如，在图 11.11 中，请注意，即使不足整版大小，广告的影响力也可以达到整版广告的 84%；如果换成跨页，读者数可以提高 9%（尽管版面空间增加了 100%）。之所以会这样，是因为虽然版面空间扩大了，但在现实中并没有那么多潜在读者可以用来扩大读者群。

尽管读者曝光率的增加与杂志广告版面空间的扩大不成比例，但版面更大，则灵活性也更大。有些广告目标要求用长文案，那么，采用更大的版面空间，便可以更有效地表现这种目标。尽管在短期内大广告的得分不会明显高于小广告，但随着时间的推移，大广告自然会产生更大的影响力和更高的回忆度。要记住，这些研究涉及创意内容，但在现实中，影响广告阅读率和回忆度的最重要的变量是广告讯息的质量。这些研究发现再次表明，设计杂志广告时必须考虑具体的广告目标和创意手法。

出血版

杂志广告可以采用一些其他媒介无法采用的格式或设计，其中一种常见的技巧就是出血版（bleed）广告，即文字或图片一直印刷到页面的边缘，页边不留空白。**出血版**广告利用所有能用的版面来吸引读者的注意力。没有了边缘，出血版广告仿佛完全摆脱了版面的空间局限（见图 11.12）。一般而言，出血版广告的读者数比普通广告高出 10%～15%。

出血版
广告内容一直延续到户外广告牌或纸张的边缘而不留任何空白的版面。

出血版广告的收费没有什么标准。在杂志广告的竞争市场中，许多出版商将出血版广告作为一种附加值或额外奖励，免费提供给广告主。即使杂志社有针对出血版广告的收费标准，大广告主通常也会就此与杂志社讨价还价。有了现代印刷技术，大多数广告主认为对出血版广告收费是一个时代错误，因而他们当中的许多人抵制为出血版广告付任何费用。

插页和多页广告

多页广告由一组夹页组成，其中最常见的是对开跨页。在使用多页和跨页广告最多的广告主中，就有汽车制造商。面对激烈竞争的环境，汽车制造商必须利用最新、最好的时尚元素来展示其汽车，宣传其品牌故事，这就是他们运用大面积广告的原因。跨页可以提高广告讯息的影响力，排除其他争夺消费者注意力的元素；而折页广告则通常从封面开始，再延展出两三个页面。

随着越来越多的广告主使用多页广告，它对消费者来说失去了新意。如果读者打开任何一本消费者杂志都能看到里面充斥着大量多页广告，他们就会开始将多页广告视为理所当然，即使严肃的预期对象也会这么看。因此，广告主必须与创意团队紧密合作，以确保昂贵的版面空间得到了合理的利用，提供了最有意义的讯息。如果广告

Courtesy of Brunner, Inc., and Appalachian Stove Company.

图 11.12
跨页出血版广告

Courtesy of The Martin Agency and Hoover, 2009.

图 11.13

这条 $1\frac{1}{3}$ 版的广告充分利用了杂志的灵活性来处理规格不同的广告。

主的产品有趣、故事新鲜、潜在消费者有兴趣并积极参与，那么多页广告无疑效果最好（见图 11.13）。

在策划是否要夹页时，成本是一个重要的考虑因素。尽管夹页的单价低于杂志指定位置广告，但广告主仍然在附带夹页的杂志上投入了相当数量的资金。这项支出无疑会减少媒介排期中的媒介载体数量。由于广告主将投给某一个或某几个媒体的广告费不成比例，那么与更传统的媒介计划相比，其结果便可能是导致广告的触达率和频率的降低。

如何销售广告空间

广告费、谈判与销售

4 了解如何向广告主出售杂志版面。

身处激烈竞争的杂志广告世界，出版商自然要不断探求如何通过销售和附加值活动，使自己的杂志在同类杂志中脱颖而出。不幸的是，许多出版商发现广告费仍然是大多数广告主的主要考虑因素。

以前，计划和购买杂志广告对媒介策划人员来说是最轻松不过的事：广告客户一般购买整版广告，发行量有人审核，常客可以直接从价目表上获得优惠折扣，凡符合折扣条件的广告主，都会在价格上享受同等待遇。此外，大多广告主只购买发行量较大的几本杂志。

20 世纪 80 年代后期，随着杂志广告收入的下滑，杂志广告的收费状况也发生了根本的改变。面对广告收入的停滞不前和新杂志的不断涌入，杂志社开始分别与广告主就广告费展开谈判。这种一对一的谈判称为价目表外协商。谈判最初是广告支出疲软时期的短期补救措施，随后便成了杂志社的惯常做法，很多广告主都将广告价目表视为谈判的参考价。

显然，出版商希望维持广告费的一致性，并试图通过一系列促销和增值计划达到这个目的。杂志销售的一种最常见的方式就是通过品牌延伸，而“好管家印章”则是最古老、最受认可的促销工具之一。它赞助了一批研究实验室来评估产品，广告主的产品只有通过了“好管家研究实验室”的评估，该杂志才会接受广告主的广告；读者如果在购买产品两年内发现产品有质量缺陷，可以保证退货。[13] 该活动已有近 100 年之久，仍然大受欢迎。

杂志销售公司具有各种形态，几乎所有的大型杂志都会用到它们。《美好家园》杂志制作贺卡，提供房地产服务并开办特许园艺中心。与此同时，消费者还可以购买《家庭天地》（*Family Circle*）杂志的经典 CD、《田野与河流》（*Field & Stream*）杂志的低音喇叭以及《大众机械》（*Popular Mechanics*）的工位。为了推广其《父母必读》（*Parenting*），时代公司买下了一家样品派发公司——重要时刻公司（First Moments），通过它们将产品样品送给医院里的新晋妈妈们。在拥有了重要时刻公司的所有权后，时代公司就可以保证《父母必读》的递送服务、订阅优惠以及相关样品的派送工作，从而帮助广告主与读者建立联系。[14]

销售活动的关键在于将杂志的声誉和专业性与营销技巧结合起来，以帮助广告主销售他们的产品。比较传统的销售活动有贸易展览、大会、新闻简报、数据库服务以及售点陈列这类联合促销，售点陈列要专门突出那些采用了本杂志的广告主。比如，1999 年，《烹饪之光》（*Cooking Light*）开始在全美国各地赞助“《烹饪之光》超级俱乐部”晚餐活动，展示其广告主的产品，参加者只需要支付 49～59 美元即可享受价值 100 美元以上的服务。每顿晚餐的参加者多达 250 人，参加者可以获得入场奖励、装满广告主促销品和购物资料的购物袋以及《烹饪之光》晚餐。[15] 现在，这些晚餐俱乐部已经发展成了由读者自发组成的更小的群体，由《烹饪之光》的广告主赞助成立的网站全年向各俱乐部提供食谱、电子快讯和烹饪小窍门。此举加强了杂志与广告主和读者之间的联系，促使读者们经常回访网站，查看更多的信息。

广告主还可以向有关附加值的另一个案例学习：《好胃口》（*Bon Appetit*）杂志与 Premier 零售网旗下的 Checkout 电视合作，为超市或沃尔玛这类零售场所的收银台显示屏提供内容，由杂志提供与食品相关的定制信息，着力表现几个重点广告主的产品。[16]

所有这些技巧给广告主将广告讯息延伸到相关区域创造了机会，同时也给购买这些杂志赋予了更多的价值。

杂志与互联网

杂志是最早在其整体营销和销售计划中将互联网作为一个组成部分来运用的媒介之一，时至今日，杂志仍然热衷于网络探索。杂志运用互联网的最常见形式是杂志的电子版，数以百计的杂志都能提供完整的或经过编辑的电子版，以期在读者中培养品牌忠诚度。这些网络载体一般由广告主支撑，为广告主充当附加值工具，以提高核

图 11.14

《烹饪之光》杂志赞助自己读者的晚餐俱乐部。

心杂志在互联网用户中的受众触达率（如此前介绍的《烹饪之光》杂志，见图 11.4）。聪明的出版商已经意识到互联网带来的机遇——提高杂志名称的价值，并利用杂志品牌建立网络社区。现在，杂志出版商面对的一大挑战是如何找到让杂志网站赢利的方法，让杂志社和广告主都从这个多媒体平台组合中受益。

杂志费率结构

在下面的例子中，我们假定广告主购买了全发行的全国性杂志，也就是说，广告主购买了杂志的全部发行量；而购买局部区域版发行杂志的广告主则要考虑许多其他因素。月刊的典型广告价目表可能是这样的：

《细节》杂志彩色价目表（四色）

版面	1 次（$）	3 次（$）	6 次（$）	12 次（$）
整版	59 000	57 230	56 050	52 510
2/3 版	47 480	46 056	45 106	42 257
1/2 版	36 980	35 871	35 131	32 912
1/3 版	25 720	24 948	23 662	22 891

购买该杂志整版四色广告夹页，一次需支付 59 000 美元；如果购买广告次数不低于 12 次，同样位置的整版四色广告夹页，则每条广告只需 52 510 美元。

在将某一杂志纳入广告排期之前，广告主要对该杂志与其他备选杂志的成本效益进行比较。我们假定《细节》(*Details*)杂志的平均订阅发行量为 440 840，按照此前介绍的千人成本公式，我们可以得出杂志的成本效益，如下：

$$\text{CPM} = \frac{\text{版面价格}}{\text{发行量}} \times 1\,000 = \frac{59\,000}{440\,840} \times 1\,000 = 133.84 \text{ 美元}$$

折扣

频率和数量折扣 在杂志上刊登一次整版广告的费用称为基本费用或刊例价。以《细节》杂志为例，其刊例价是 59 000 美元，所有的折扣都以此为基准。大多数杂志按单页表示自己的折扣，然后根据 12 个月内夹页的**频率**(frequency)进行改变，就像我们刚才做的那样。但也有一些出版商采用频率折扣或数量折扣，比如，一家杂志的频率折扣可能表示如下：

频率

在一定时间内个人或家庭接触某一媒介的次数。

频率	折扣率
3 ～ 5 次	4
6 ～ 8 次	6
9 ～ 11 次	9
12 ～ 17 次	12

与此相似，数量折扣根据广告主在一年内的广告总额给予较大幅度的优惠。对于那些使用不同版面多页夹页或多个局部区域版夹页的广告商而言，数量折扣非常方便。《人物周刊》杂志的数量折扣可能表示如下：

数量（$）	折扣率
2 700 000 及以上	10
2 100 000 ～ 2 699 999	8
1 500 000 ～ 2 099 999	6
800 000 ～ 1 499 999	4

其他优惠 除了数量优惠和频率优惠外，杂志还会给自己的大型广告主提供一些特殊优惠，其中最常见的优惠是给那些购买了本杂志母公司旗下其他媒介广告的广告主更低的单页价格。我们先前已经在跨媒介购买部分讨论了这些内容。随着媒介公司规模的扩大，跨媒介广告购买的机会也越来越多。跨媒介折扣的运作方式与数量折扣、频率折扣相似，但要求广告主在几个媒介载体中累积信誉，这一点不同。

杂志差额价

正如我们所见，大多数杂志的折扣以一年内广告主购买的版面数量为基准。但出版商一般要求广告主在收到账单的 30 天内付款。因此，广告主和出版商在年初就会签订版面合同，如果广告主实际使用的版面数量与预估数量有差距，则广告主和出版商会在年末对其进行调整：如果广告主实际使用的版面数量低于预估，则出版商会调高折扣率；如果广告主实际使用的版面数量高于预估，则出版商会调低折扣率。

下面我们以《细节》杂志的价目表为例，来看一个差额价的典型案例。某手表生产商与《细节》杂志签订合同，计划来年购买 6 次整版广告。该年年末，杂志发现该生产商只刊登了5次广告，如此，该生产商实际支付的广告金额将低于合同约定的金额，因此需做出如下调整：

刊登5次，按6次价（每版56 050美元）计费 = 5 × 56 050
= 280 250美元
只得到3次价（每版57 230美元）= 5 × 57 230
= 286 150美元
差（286 150–280 250）= 5 900美元

一些出版商全年均按照最低或最高价格收费，但会在合同中标注“挣得资信”的字样。如果广告主付费足额且及时付款，则出版社返还一定的金额；如果出版社发现广告主没能兑现合同约定的全年版面数量，则不能享受合同规定的低价，出版社会给广告主寄发其已使用版面的差额账单及由此而导致的更高的后续广告账单。如果在削减原媒介排期中的广告量时忘了差额价这一因素，那就等着难堪的结果吧。

《标准收费与数据服务》

《标准收费与数据服务》出版一系列的指南，介绍媒介及制作信息。

广告主所需的杂志成本、发行量、媒介接触状况以及其他具体的广告信息（包括杂志网址）都可以在《**标准收费与数据服务**消费者杂志广告资源》[*Standard Rate and Data Service*（*SRDS*）*Consumer Magazine Advertising Source*]中找到。《标准收费与数据服务》发布3 000多家消费者杂志和农业杂志的信息，既有印刷版，也有网络版，对媒介策划人员非常有用（见图11.15）。

杂志日期

在计划和购买杂志版面时，要考虑三个日期：

1. 封面日期，即杂志封面上的日期。
2. 上市日期，即杂志的发行日期（如果你在策划圣诞广告，那么请注意，1月刊的杂志可能在上一年12月5日前就已经准备完毕）。
3. 截稿日期，即某一期要刊登的所有广告材料必须送交至出版社的日期。

比如：

《悦己》（*Self*）杂志（月刊）

- 3月版
- 上市日期：2月24日
- 截稿日期：12月31日

《人物周刊》杂志（周刊）

- 3月9日版
- 上市日期：2月27日
- 截稿日期：1月19日

杂志网

“网络”这一术语，当然是来自广播电视业。早在20世纪20年代，联播电台一起合作，向受众播放全国性节目，由此诞生了这个术语。几乎所有的媒介都对“网络”这一概念进行了特别的改编，将它作为广告主购买多种媒体的一种方便、有效的途径，我们可以看到报刊网、户外网，甚至直邮夹页广告和连环画网，杂志也不例外。

Courtesy of Karen King.

图 11.15

SRDS 公布 3 000 多家杂志的广告费以及广告主关心的其他信息。

如前文所述，杂志的日益专业化带来了一大问题：广告主只有购买更多的杂志，才能实现其期望的触达率和频率。发行量减少带来的另一后果是千人成本的上升。对于购买多种杂志的困难和千人成本的上升，很多大型全国性广告主心有不满。为了安抚这些广告主，一群出版商创办了**杂志网络**（magazine networks）。他们的用意与其他媒介的网络相似，希望此举能方便广告主用一张加插订单、一张账单，以低于分别购买的价格同时购买几家杂志的广告。

杂志网络

杂志网络指广告主通过一张广告订单和一张发票即可购买的一组杂志。

目前，杂志网络有很多，其中的一些旗下有很多杂志。与单独一家杂志相比，杂志网络可以使杂志以更低的千人成本去争夺广告主，触达范围更广的受众。杂志网络必须小心翼翼地量体裁衣，这样才能以最小的无效发行量和重复受众率触达特定的受众群。尽管杂志网络很多，但它们大体可以分为两大类：

1. *单一出版商网络*。单一出版商网络由拥有若干种杂志的一家出版社创办，广告主可以购买该网络旗下的所有杂志或部分杂志上的广告。比如，赫斯特杂志集团（Hearst Magazine Group）出版 20 多种杂志，对购买其旗下多种杂志的广告主给予优惠。

   出版商网络尤其有利于媒介采购人员在相似的杂志之间进行对比。比如，我们假定媒介采购决定购买《时尚》和《美丽佳人》的版面，两者都隶属于郝斯特集团，第三种杂志需要在赫斯特集团旗下的《哦，奥普拉·温弗瑞杂志》或《魅力》（*Glamour*）杂志之间选择一个，然后组成媒介排期。我们假定后两种杂志都能满足某一特定客户的广告标准，但《哦，奥普拉·温弗瑞杂志》因同属于郝斯特集团，其给予媒介采购的折扣可能会极具吸引力。

   在某种程度上，单一出版商网络正在被跨媒介购买所取代。随着越来越多的杂志变成媒介集团的成员，广告主不再将“网络”购买局限于杂志，他们已经将这一概念延伸到某一公司的所有媒介载体。

2. *独立网络*。第二种杂志网络由受众诉求相似的不同出版商组成。该杂志网络由一家公司出面，与各出版商分别签订合同，然后统一销售各杂志社提供给网络的广告空间。

这一概念与19世纪50年代乔治·罗威尔提出的版面批发相似。媒体网络公司（Media Networks,Inc.）是最大的独立网络，由若干个网络组成，每一个都针对特定的受众。例如，MNI商业网络由七家杂志组成，包括《福布斯》（*Forbes*，*Inc.*）、《财富小企业》（*Fortune Small Business*）、《财经》、《快公司》以及《商业周刊》等。尽管这些杂志分属不同的出版商，但这些出版商知道，将这些杂志搭配在一起向大型广告主销售更有优势。

杂志发行量

5 认识杂志作为一种目标广告媒介的作用。

与任何媒介一样，精确的杂志读者数对广告主具有极其重大的意义。媒介策划人员购买的并不是杂志、电视节目或户外招牌本身，他们购买的是受众。更具体地说，他们购买的是特定的人群，即自己产品的现有消费者或潜在消费者。杂志业主要采用两种不同的方法来计算受众数量：订阅发行量和费率基准。

使用较多的受众测量方法是订阅发行量，这种方法的可信度也较高。大多数重点消费者杂志的发行量由杂志社以外的公司审计，杂志的广告费以出版商向广告主许诺的发行量为基准收取，称为基本发行量。由于基本发行量代表广告主购买的读者人数，因此它又被称为**费率基准**（rate base），即某一杂志收取广告费的发行量依据。

费率基准

广告据此计费的发行量水平。

我们不妨回忆一下此前的讨论：杂志出版商们发现，维持读者人数的成本越来越高，增加的一些发行量有时是由边缘读者带来的，他们因为产品导入期的特价而订阅杂志，但在续订杂志时，要留住这些边缘读者的成本就太高了。雪上加霜的是，美国发行量稽核局这类主要审计机构还要求，订阅者需至少支付足额订阅费的50%及以上才能被计为读者。因此，杂志可用的营销推广极为有限，出于审核的目的，仍然将读者计入订阅发行量。

在过去的几年中，一些大型杂志相继降低了费率基准。从根本上说，费率基准管理只是一个经济上的考虑因素。随着发行量的上升，广告费也相应上升。但是，如果出版商为了人为地提高发行量而增加了营销支出，结果导致提高发行量的支出高于增加的广告收入，那么，这样做下去就毫无经济意义。

杂志的发行量每个月都会有差距，这在很大程度上是由报摊销售造成的。过去，很多出版商将发行量均摊在6个月或12个月的时间段内；现在，很多出版商仍然认为发行量稽核局应以杂志发行量的月平均值而非单期发行数字为标准评估杂志。

当然，广告主更倾向于购买拥有优质读者的杂志，这些杂志的读者既对杂志感兴趣，也对杂志上的广告感兴趣。出于同样的考量，如果某杂志的绝大多数读者都是广告主的目标受众，那么该杂志自然也很受广告主的青睐。常识告诉我们，出版商，尤其是那些二线出版商，将继续采取一切必要的措施，在其利润限度内尽量保持较高的发行量水平。

杂志不一定会给广告主保证费率基准。事实上，很多被审计的杂志都不提供具体的保证发行量声明。这些出版商只给广告主提供杂志以前的精确发行数据，但他们并不对未来的发行量下降承担任何风险。在这个变化多端的杂志广告世界，很多小型杂志社不愿意处理因读者数量下降而导致的经济问题。

读者人数

在杂志术语中，“读者人数”一般包含了订阅发行量（订阅户和报摊零购读者）以及传阅读者。例如，据美国发行量稽核局调查，《Elle－世界时装之苑》（*Elle*）杂志的订阅发行量为 110 万；但根据媒介标尺调查公司的数据，《Elle－世界时装之苑》的读者为 510 万。这就意味着该杂志每本的读者数平均为 4.6 人。[17] 杂志的编辑内容越大众，其传阅读者数就越多。

很多广告主，甚至杂志出版商，都很担心用读者数取代订阅发行量的做法。翻开历史，“读者人数”这一概念可以追溯到杂志业与电视业竞争的年代。如今，出版商们仍然希望在读者调查中采用读者总数。

精确测量读者总数似乎是测量杂志受众的一种合理方法，但一个问题随之而来，因为很多媒介采购并不将消费者杂志的传阅读者计入订阅发行量。有些广告主认为读者人数毫无价值，而有些广告主则将读者人数等同于订阅发行量，在两者之间或许还有一些持中间立场的广告主。正如大多数营销问题和广告问题，真正的答案取决于杂志的具体目标和读者，但如果不考虑读者人数的价值，大多数人就会认为读者人数不能等同于订阅发行量。

杂志受众的测量

6 了解如何测量杂志受众。

下面我们来看看出版商如何核查自己的发行量和读者人数。除非出版商能够提供杂志读者人数的第三方证明，否则广告主一般不购买该杂志。在杂志术语中，读者人数有两个不同的含义：一个指读者在杂志上花费的时间；另一个指杂志的所有读者，不限于零购杂志的读者。我们在此讨论的是后者。

发行量稽核局

美国发行量稽核局是核实杂志发行量的几个审核机构中最大的一个。发行量稽核局提供两种基本服务：出版商声明或“粉红报告”（因色得名），即公布全年截至 6 月 30 日及 12 月 31 日各 6 个月的发行信息；发行量稽核局审核或“白色报告”，即审核出版商声明中提供的全年发行量数据。发行量稽核局提供总发行量数据、各州和各县的发行量数据以及每种杂志的半年发行量数据。此外，发行量稽核局还公布杂志的发行量类型——如订阅发行或报摊销售——以及向订阅者提供的折扣和优惠。

发行量稽核局报告是一种只涉及初级读者事实的文件，不包含与产品用途、读者人口统计学特征以及传阅读者相关的信息。出版商和广告主都依赖于发行量稽核局的精确受众数据。

辛迪加杂志读者调查

广告主当然非常关注杂志的初级读者的兴趣，但他们同时非常关注这些读者是谁、他们购买什么以及得到这些杂志的传阅读者是谁。目前，有两大辛迪加杂志调查机构提供读者数据：**西蒙斯市场调研局**（Simmons Market Research Bureau，SMRB）以及**媒介标尺调查公司**。

西蒙斯市场调研局和媒介标尺调查公司

为若干媒介提供受众数据的两大竞争性公司，两者均以杂志调查著称。

媒介标尺调查公司（网址 www.mediamark.com）采用的方法是抽取26 000人的样本，然后得出他们的媒介使用、人口统计学特征、生活方式以及产品订购方面的信息，通过访谈和调查问卷获得杂志的读者人数和产品用途信息。西蒙斯市场调研局抽取25 000名美国成年人作为样本，其中包括7 500多名西裔成年人。这些数据大多通过邮寄问卷和测量媒介使用来收集，包括针对数百种杂志的数据，重点关注受众和产品使用信息。

B2B 杂志与 B2B 广告

7 掌握商业杂志的特点。

全美共有10 000多种行业对行业（business-to-business，简称B2B）杂志，《职业糖果采购员》(*Professional Candy Buyer*)、《汽车修理新闻》(*Auto Body Repair News*)、《理科教师》(*The Science Teacher*)、《媒介周刊》(*Media Week*)、《运动训练》(*Journal of Athletic Training*)等杂志不过是其中的几种而已。在B2B传播市场中，数百万美元的广告交易是常事，其广告的销售、营销及广告方式与消费者杂志迥然不同，出版商通过大量媒体和促销活动来吸引媒介采购人员。我们之所以在本章讨论商业杂志，是因为商业杂志历来都是B2B广告支出的主要来源。

B2B 广告主

通过同业杂志和行业杂志促销产品的广告主。广告主在生产、配送或向公众销售产品的过程中使用这些杂志。

大多数**B2B广告主**的预期对象数量更少且更为集中，这些受众多半在自己所购买的产品方面是专家，因此，商业杂志的“受众选择性”指标比消费者杂志的“千人成本”或其他触达率指标更为重要。商业杂志的另一特色是它们能高效地触达主要决策人。鉴于商业杂志受众的专业化，加之适中的价格，商业杂志仍不失为一种成本效益较高的媒体（见图11.16）。

商业杂志的性调和广告与消费者杂志大不相同，它是一种参考性媒介、一种商业媒介，而消费者杂志则是娱乐、新闻和消遣读物。商家利用商业杂志定期了解行业的最新趋势、竞争活动及产品营销战略。正因为如此，与普通媒介相比，企业高管们更热衷于商业杂志。[18]

B2B 讯息的传播

行业对行业广告主在面向专业受众时必须考虑一系列因素。广告讯息必须指向目标对象的经济利益。消费者广告极少具体说明产品的技术规范、产品的兼容性以及送货条款，但这类信息却是商业杂志中的常见内容。

在向商业界进行传播时，广告主要考虑以下几个因素：

1. 广告主必须针对潜在目标的工作兴趣和需求，广告应该强调产品或服务如何能提高某一职能的生产力或工作表现。
2. 广告应该向采购人员推荐产品的益处而非特色。同样，这些益处必须通过销售额和产量来体现。
3. B2B广告，尤其是高端产品的广告的任务，是支持和促进销售环节。与消费者广告不同，B2B交易很难完全通过一条广告搞定，大多数B2B广告不过是将潜在客户推入人员销售渠道，或成为获得更多信息的一种手段。也就是说，B2B广告应该发挥促进人员销售或简化客户跟进的功能。
4. 广告应该避免夸大产品。切记，你的广告受众都受过专业训练，他们都具备各自领域的高超专业技能，他们希望看到产品信息，一般附带详细的图表、技

Courtesy of Homer TLC, Inc., 2009.

图 11.16

这条 B2B 广告的目标受众是谁?

术规格说明等。在消费者媒介中受欢迎的诉求并不一定适合商业和同业杂志。

5. 与消费者广告一样，B2B 广告也要有清晰的目标，要有可以测量的具体目标受众。

6. 广告主必须将传阅读者纳入考虑。在 B2B 杂志的大批读者中，有很多是通过传阅获得杂志的。此前我们已经看到，消费者杂志一般不将传阅读者计入订阅发行量，而消费者杂志和 B2B 杂志的一个显著不同，就在于广告主看待传阅读者的眼光。典型的消费者杂志寿命较短，传阅读者少。人们偶尔会剪下一个菜谱，将杂志传给邻居，但读者看消费者杂志的原因大多出于娱乐，看完就弃之一旁。不管在哪种情况下，广告主都认为消费者杂志的传阅读者远不符合基本读者的条件；相反，B2B 杂志的广告主却认为传阅读者非常宝贵。一个原因是，阅读《细胞生物学杂志》(*The Journal of Cell Biology*) 或《塑料工程》(*Plastics Engineering*)的读者一般不会只是随意翻翻，他们会非常仔细地阅读里面的文章；另一个原因是，一些B2B杂志会限定自己的发行量，这也间接导致了传阅读者的产生。

企业品牌推广

尽管B2B销售事关产品采购，但它同时也是在销售企业的声誉，而这正是其他企业与其做生意的依据。一个普通消费者可能会花数百美元，购买他从未听说过的公司的产品。但这种事情很少会发生在B2B营销中，否则，一旦企业有大宗采购，这种行为就可能置企业的未来于困境之中。

近年来，越来越多的企业开始重视企业品牌推广。随着企业的成长及各部门、产品和分销渠道的日益复杂，企业很难再凭借一条广告就触达所有的客户。企业品牌推广试图通过一个协调的营销传播流程整合自己的整体形象。

理想的话，企业品牌推广可以使企业通过广告、公共关系、互联网、产品设计以及包含标识和商标在内的其他形象识别系统与不同的客户沟通。有效的企业品牌推广可以使企业赢得声誉、让自家品牌与竞争品牌相区分；不仅如此，它还可以使企业向目标对象、客户、利益相关者以及雇员提供口径一致的信息。[19]

本节的剩余篇幅将继续讨论B2B杂志的一些特色以及其与消费者杂志的异同。

B2B杂志的受众

B2B杂志和消费者杂志的读者之间既有质上的差异又有量上的差异。最为重要的一点是，对于同业杂志的大多数读者而言，阅读同业杂志是其本职工作的一部分，他们不是为了娱乐而读，而是为了提高工作能力、销售自家产品、增加利润。因此，B2B杂志必须深入了解自己的读者，而消费者杂志在这一点上一般不做要求。

B2B杂志的读者除了触媒方式不同之外，其构成也与消费者杂志大不相同。在年龄、收入、工作、教育水平以及其他基本人口统计数据方面，B2B杂志的各项数据都远高于普通消费者杂志。[20]一般说来，B2B杂志的性调，包括内容和广告，都扮演着问题解决方案的角色。B2B杂志与自己身处的行业有一种特别的关系。

对B2B广告的争夺

电视、报纸、广播和消费者杂志是消费者广告的核心。电视在全国范围内激烈地争夺消费者的钱袋，而广播和报纸则为触达同一批买家的地方性零售商服务。然而，商业销售和营销已经将企业的大部分资金投向了人员促销、同业杂志和直邮。

如前所述，对于大多数大企业而言，运用营销传播的目的是给销售人员开山铺路。研究表明，占压倒性优势的数据显示，除非采购主管非常了解销售人员所代表的企业及其产品，否则他们不可能与这些销售人员见面。从第二次世界大战结束到20世纪90年代中期，50年来，B2B的营销环境在很多方面都没有发生改变。然后，你猜对了，互联网成了B2B营销的主力军。

互联网与B2B营销

互联网在B2B营销中得到认可的速度快于在消费者营销中。早在互联网出现以前，企业便开始使用电脑，因此，互联网只是代表了电脑一体化向商务应用发展的又

Courtesy of Blue Rhino/SBC Advertising.

图 11.17

这条 B2B 广告的视觉效果肯定能引起读者的注意。

一个阶段。互联网对 B2B 营销的作用更大，因为与大多数消费者产品相比，B2B 营销面对的客户数量更少，而且客户及其邮箱地址也很容易通过互联网获得。因此，互联网很快便成为大多数企业整合营销传播计划中的一个组成部分（见图 11.17）。

B2B 杂志的服务扩展

你一定还记得，前面我们讲到，很多消费者杂志推出了一些销售与辅助性服务。鉴于 B2B 杂志的本性，与消费者杂志相比，B2B 杂志的定位使之更适合于辅助性服务。随着对 B2B 广告和促销资金的竞争的加剧，B2B 杂志越来越热衷于一些冒险活动，以期在提高本公司利润的同时触达自己的核心读者：

1. *订户名单出租*。大型商业出版社发现，自己手中的订户名单是自己拥有的最有价值的商品。事实上，根据杂志的专业化程度以及其所服务的行业，B2B 杂志通过订户名单出租获得的收入最多可占到其收入的 10%。
2. *关联事件出版*。高尔夫球锦标赛、车展以及会议（从宗教会议到服务机构的会议）往往可以将广告主赞助的活动日程排满。这些出版物通常由一个独立的同业出版商出版。

3. *定制出版物*。如前所述，定制出版利润丰厚，这些定制杂志是很多同业出版商的主要收入来源。

4. *贸易展会*。在第十四章，我们将讨论贸易展会在营销渠道中的功能。大型贸易展会可以将全行业的买卖双方聚集在一起，讨论新的产品和经营方式。在某些情况下，B2B 杂志会以杂志的名义组织并出售展会的赞助权。冠名贸易展会不仅可以充分展示该行业的领军企业，还可以成为杂志社赢利的资产。

与小型的、知名度略差的竞争对手相比，知名杂志更容易进入辅助性服务领域。杂志可以提高这些辅助性事件的可信度和知名度，如果没有这些主力杂志提供搭车广告，可信度和知名度根本无从讲起。看到 B2B 广告推广技术的发展，许多杂志出版商开始采用辅助性媒介来提高自己的整体赢利能力，降低自己对广告的依赖度。

抛开形式不谈，辅助性活动能给出版商带来诸多好处：首先，辅助性活动运用出版商对某一行业的了解，帮助客户设计和谐的促销和广告活动；其次，辅助性活动从那些不将广告视为其主要 B2B 营销工具的企业那里获利；最后，辅助性活动在若干促销区域表现出远程触达专长，提高了杂志的公信力。未来，除基本杂志以外，出版商还会开发出各种各样的信息服务和促销技术。

B2B 杂志在很多方面都与消费者杂志不同。本节将简要介绍比较重要的几点差异。

B2B 杂志的种类

尽管 B2B 杂志种类繁多，但它们大体上分为如下四类：

- 经销同业（贸易）杂志
- 制造与建筑业（行业）杂志
- 针对其他企业高管的（管理）杂志
- 针对内科医生、牙科医生、建筑师以及其他专业人士的（专业）杂志

同业杂志

面向采购产品用于再销售的人的 B2B 出版物。

同业杂志 大多数在全国投放广告的产品都非常依赖自己的经销商，因此，我们首先介绍**同业杂志**（trade papers）。通常，这种广告也由处理消费者广告的同一家广告公司来准备，在任何新的广告活动中都要同时准备这两者。“同业杂志”这一术语尤其适用于 B2B 出版物，因为它们的目标受众是那些采购产品以备再销售的人，如批发商和零售商。典型的同业杂志有《超市新闻》(*Supermarket News*)、《连锁店时代》(*Chain Store Age*)、《五金零售商》(*Hardware Retailer*)、《女装日刊》(*Women's Wear Daily*)以及《家居零售商》(*Home Furnishings Retailer*)。

几乎每一个从事产品分销的行业都会有一家同业杂志供大家探讨问题。同业杂志是报道产品、包装、价格、交易以及厂家促销信息的上佳媒介，仅连锁店这个行业就有 20 多家类似刊物，药店有 30 多种刊物可供选择，杂货店有 60 多种不同的刊物可供选择。地方化的刊物也有很多，尽管一些地方性刊物现在只提供电子杂志或电子新闻简报这类数字内容。

行业杂志 随着我们进入这样一个世界：某行业的一家公司向另一家公司出售原材料、机器、工具、零件和设备，供其用于再生产或实验，我们来到了一个完全不同的世界——行业营销战场。

与消费者市场相比，行业市场的顾客更少、更易于识别。每笔交易涉及的金额可能都比较大——几十万美元甚至数百万美元，绝对不存在冲动性购买，而且在做购买决策时，往往还有多名专业知识丰富的高管参与其中。因此，销售代表必须具备极高的职业竞争力，才能应对行业市场。在行业市场中，人员销售是实现销售的最关键因素，广告仅仅是一种辅助手段，目的是为销售代表铺平道路、辅助他们，因而广告的市场预算份额也较小。

面向购买产品用于再生产的读者的广告叫作行业广告，其目标对象为采购代表、生产经理、工程师、检验员以及其他有权决定公司财务支出的人员。

管理杂志 杂志最难触达的群体是经理。毕竟，即使是最大的企业，也只有几名决策人，再将这些决策人分散到众多的行业和职位中去，要想触达他们，杂志必须极具创意才行。

管理杂志处于消费者杂志和B2B杂志之间的灰色地带。像《商业周刊》、《财富》和《国家企业》（*Nation's Business*）这类杂志，根据其特色，它们既可以归入商业杂志类，也可以归入消费者杂志类。即使像《时代周刊》这样的杂志也至少会将自己的部分区域版列入《标准收费与数据服务》名录。

专业刊物 在《标准收费与数据服务》的特殊行业刊物中，有一些是面向内科医生、外科医生、牙医、律师、建筑师以及其他依赖这些刊物了解行业最新动态的专业人士的期刊。这些期刊的编辑内容涉猎广泛，既报告最新的科技发展动态，也讨论如何更好地解决顾客和病人的问题，还探讨如何提高办公效率和效益。专业人士往往会向病人或客户推荐或指定购买哪些产品。因此，面向他们的广告大多具有很高的技术要求（见图11.18）。

赠阅发行 杂志社有时会向自己挑选出来的读者免费赠送杂志。免费发行也称为**赠阅发行**（controlled circulation）。赠阅（controlled）一词表明，出版商只向他们精心选择的、对广告购买决策具有重大影响的人士免费赠送杂志。赠阅发行采用与直邮相同的数据库来确定赠阅名单。如果出版社能轻松地辨别自己的读者中哪些是广告决策者，赠阅发行就非常有帮助。对有些媒介策划者来说，赠阅发行在道理上与直邮并没有太大的差别，只不过是将广告穿插在编辑内容之中。虽然赠阅发行在同业杂志中运用广泛，但它并不是普遍受欢迎的。过去，大多数调查都表明，杂志的客户和主管大都更关注订阅发行量中的读者是否忠诚。

赠阅发行

杂志社向负责广告采购的人士免费赠送的杂志。要想获得免费杂志，读者要说明其在企业担任的职位。为了每年都能获得杂志，他们每年还需要向杂志社提出请求。

在B2B杂志领域，相对于消费者杂志，赠阅发行给杂志带来的广告收入在其总收入中占有相当的比例。很多杂志既采用赠阅发行，也采用订阅发行，其中，符合条件的读者可以免费获得杂志，其他读者如果愿意，可以购买杂志。

赠阅发行导致杂志严重依赖广告收入。与消费者杂志不同，在转向依靠读者赚取收入方面，B2B杂志一直做得不太成功；而对广告的这种依赖也导致了它们在经济低迷时期度日艰难。

纵向刊物和横向刊物 行业刊物一般分为纵向刊物（vertical publication）和横向刊物（horizontal publication）两种。**纵向刊物**覆盖整个行业的方方面面，如《零食与全麦面包》（*Snack Food & Wholesale Bakery*）的内容就涉及整个行业的研发、生产、产品质量、营销、仓储和分销。

纵向刊物

针对某一特定行业问题的B2B出版物，如《连锁店时代》《国家石油新闻》（*National Petroleum News*）、《纺织世界》（*Textile World*）等。

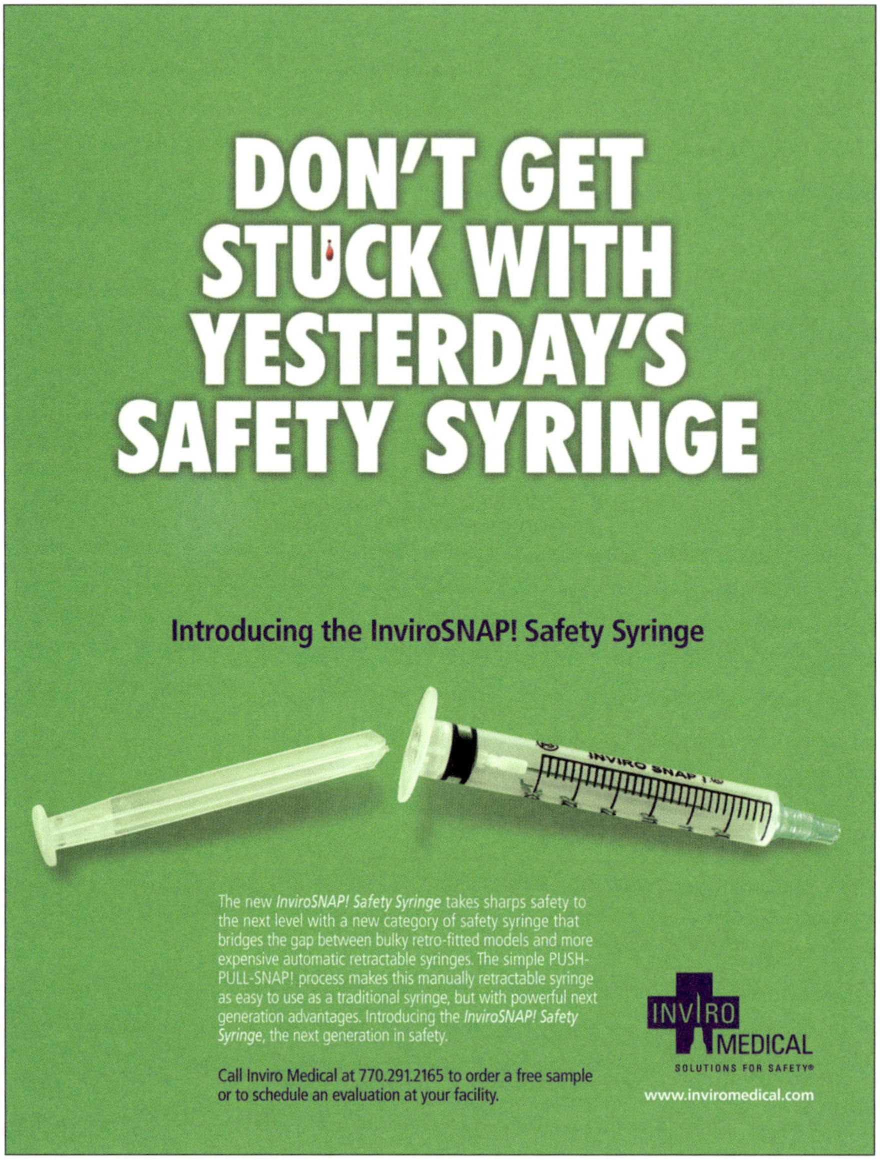

Courtesy of Max20 and Inviro Medical.

图 11.18

B2B 杂志广告可以成为企业向潜在消费者宣传企业网站及联系信息的一个好途径。

横向刊物

面向各行各业中同岗位的那些人的 B2B 出版物，比如《采购杂志》。

横向刊物指面向各行各业中处于相同岗位的那些人的出版物。比如《采购杂志》（*Purchasing Magazine*），该杂志面向采购经理，指出各行业的发展趋势和预测。

发行量稽核

B2B 广告主非常关注刊登其广告的杂志的发行量。在某些方面，B2B 杂志的读者数比普通消费者杂志的读者数更为重要。与消费者杂志相比，B2B 杂志的受众总数更少，而且大多数 B2B 杂志的千人成本更高。竞争迫使 B2B 营销商必须适时瞄准目标受众。

考虑到同业杂志受众的人数及多样性，B2B 杂志出版商和广告主不得不利用一些审查机构。美国国际同业杂志发行量稽核局（The Business Publications Audit of Circulation International）是 B2B 杂志审核界的领军者，负责审查美国 500 多家同业或行业杂志。由于很多同业杂志面向普通商务读者，因此，《商业周刊》这类杂志便会利用发行量稽核局（ABC），只有很少的刊物会同时使用两家审核公司。

第三家稽核机构是发行量稽核证明（Verified Audit Circulation，VAC）。VAC 成立于 1951 年，为很多报纸、商品广告传单、杂志甚至黄页目录提供发行量稽核服务。但也有一些同业杂志不受审核。尽管杂志不受审核也照样可以生存，但很多 B2B 广告主和广告公司出于经营政策方面的考虑，不会使用未经审核的杂志。

农业广告

8 了解农业杂志的角色。

农业媒体，包括纸质媒体和广播电视媒体，曾经受到美国数百万居住和工作在小型农场的家庭的欢迎。但近年来，随着美国农业的巨大变化，农业出版物也不得不做出相应的调整。在 1940—1991 年间，美国农场工人的人数下降了近 70%。与此同时，美国农业人口的数量也从 3 100 万下降到了 500 万。[21] 在过去的 15 年中，这一数字仍在继续下降。

现在，农业媒介和广告主们正在针对农业量身定做广告讯息。这是一个农业合作社和农业经理高度集中的行业，这些经理的收入水平和教育水平并不比其他大行业的首席执行官们低。因此，尽管天气和农产品价格仍然是农业杂志的主要话题，但它们也会讨论俄罗斯天气、价格调控以及出口政策等这些发生在当地社会之外的事情。

农业杂志也面临着 B2B 杂志所面对的很多问题。近年来，一些竞争媒体开始登上历史舞台，与平面媒体争夺广告。与 B2B 广告界最近才刚采用广播电视广告的情形不同，农业广播早已经在为农场社区服务了。

有很多地方性和区域性农业广播电视媒体，但美国的全国性农业经济新闻和广告的主要来源不外乎以下几个：

- 《每日农业》（*AgDay*）：这是一个日播辛迪加节目，每天上午平均触达 260 000 个美国家庭，由约 120 家电视台转播（www.agday.com）。
- 《美国农业报道》（*U.S. Farm Report*）：周播节目，由辛迪加传送给全美国 180 多家电视台，是全美播出时间最长的农业节目（www.farmjounalmedia.com）。
- 《全国农业报道》（*National Farm Report*）：这是一档日播 3 分钟的广播节目，在全美国 200 多家电台播出（www.tribuneradio.com）。

此外，农业媒体和农业广告主还建立了一些网站。

针对农业界的广告产品借鉴了其他行业的许多营销技巧。但与传统的 B2B 销售相比，农业界的促销技巧更为专业。由于农业人口相对较少，因而专业信息唾手可得。农业广告可以锁定目标受众，将有助于解决具体农业问题的广告讯息传递给他们。

由于农业经济不稳定、肥料和其他设备价格上涨、气候变化莫测，近年来，美国农业遭受了重创。这些因素叠加在一起，使得农业杂志和农业广告总体上步履维艰。农场不断合并，使农场主和参与农业经济的企业数量下降。在过去的 25 年中，农场的合并趋势在农业杂志中也有所体现，即发行量下降和广告收入的减少。

讽刺的是，随着农场和大型农业供应商数量的减少，农业媒体的数量和种类却大幅上升，彼此争夺广告主日益上涨的广告预算。为了在这样的环境下参与竞争，农业出版物借鉴了 B2B 出版物的许多技巧，以丰富自己触达受众的技巧。比如，农业杂志建立了专业的数据库，以此开发订户名录出租业务，向非订户发送直邮，出版特别产品目录和其他资料等。像 B2B 杂志一样，随着农业杂志在促销产品上的日益成功，其收入完全有可能更多地来自非出版领域。

农业杂志的种类

农业杂志分为三类：普通农业杂志、区域性农业杂志和专业农业杂志 。

普通农业杂志 在美国，普通农业杂志的三大代表是《农业期刊》(*Farm Journal*)、《成功农业》(*Successful Farming*)、《当代农场主》(*Progressive Farmer*)。近年来，这些杂志的发行量都有所下滑，从中反映出美国出农业的合并趋势。普通农业杂志的内容涉及农场生活的方方面面，但重点在农业经营上。

区域性农业杂志 有一些农业杂志是面向某一特定区域的农场主发行的。这些杂志总体上本质相同，但它们很少涉及家庭话题，而这些话题在发行量较大的农业杂志中很普遍。它们主要涉及某一区域的庄稼、牲口及政府农业政策问题。这一类杂志有《草原农场主》(*Prairie Farmer*)，其读者大多生活在印第安纳州和伊利诺伊州；《西部农民和畜牧业者》(*Western Farmer-Stockman*) 以及《内布拉斯加州农民》(*Nebraska Farmer*) 等。

专业农业杂志 最后一类农业杂志主要针对某一类种植或养殖农场主。在美国，专业农业杂志的代表性刊物有《玉米、大豆文摘》(*The Corn and Soybean Digest*)、《奶场业主》(*The Dairyman*)、《美国水果种植》(*American Fruit Grower*)、《西红柿杂志》(*The Tomato Magazine*)。很多专业农业杂志兼具专业农业杂志和区域性农业杂志的特点，如《堪萨斯养殖户》(*the Kansas Stockman*)。

不管农场主们的兴趣点在哪里，种类繁多的农业杂志总能满足他们的要求。很多美国农业家庭会订阅多种刊物。

小 结

消费者杂志所面临的一系列机遇和挑战涉及很多问题，从对发行和印刷管理成本的实际考虑到互联网与传统杂志的整合，出版商必须面对不断变化的市场。

除了这些困难，杂志其实还能给广告主提供很多优势。在所有的媒介受众中，杂志的读者处于最高层次之列，他们在互联网用户中表现出强大的实力，加上大多数杂志的选择性特点，如此，众多出版商聚合在一起便可以从中获利。抛开新技术不谈，杂志不失为非常得力的营销和广告工具。

杂志既可以充当全国性广告主的主打媒介，也可以充当触达主要潜在受众的利基媒介，它们将继续充当数百万潜在受众的主要新闻、娱乐及信息来源。与大多数其他媒介相比，正是杂志的声望和细分给杂志提供了优于其他媒介的质的优势。杂志的读者承担了很大一部分成本，这也在无形中提高了杂志对广告主的价值。

杂志读者高端、广告定向、编辑环境良好，加上其在优质和批量细分受众中的触达率和频率都颇得广告主的青睐，这些条件必将有助于杂志未来的发展。当然，除开这些优势，杂志仍将继续面对一系列经济问题，其中，像邮寄费上涨以及报摊销售等问题，尚无法立即解决。从长远来看，财务因素将和读者人数一样，成为决定杂志未来的重要因素。

B2B 出版物现在也面临着很多挑战，将来仍然会。其中最明显的挑战就是多种行业的合并、公司数量的减少。企业的这种合并不仅导致了 B2B 杂志业赖以生存的潜在广告主数量的减少，也导致了广告能触达的企业数量的减少。

B2B 杂志业的第二大趋势是对广告的竞争加剧。曾经一度，同业杂志在商界几乎占据了垄断地位，农业杂志只有广播这一大竞争对手；而今，时过境迁，格局已经发生了巨大变化。现在，B2B 广告主通过成熟的数据库技术，将自己的营销资金投向若干个垂直媒体和互联网，并要求从自己的广告中得到立竿见影的量化结果。

由于同业杂志广告价格较低，因而可以在不同的刊物中运用不同的讯息针对特定的工作岗位。这些出版物的内容也因此而比较专业，面对懂行的受众，它们在提供产品信息时会运用事实型文案，而这在大多数消费者杂志中却行不通。

B2B 杂志是在广告主希求的最佳氛围中触达目标细分受众的理想媒介。与其他大多数媒介相比，B2B 杂志的受众卷入度是大多数其他媒介不可比拟的，而且这些受众还会爱屋及乌，将这种亲密关系延伸到广告中去。

有了电脑科技对就业人口统计学特征进行跟踪的技术，有了通过局部区域版和选择性装订触达读者的新技术，B2B 杂志完全可以在竞争日益激烈的媒介环境中参与角逐。说到不利的一面，那就是，与消费者杂志一样，B2B 杂志也同样面临着邮寄费、印刷费和营销成本上涨的问题。品质、公信力、可信度和受众选择性仍然是广告主考虑是否首先选择 B2B 杂志的重要因素。

复习题

1. 杂志关心的两大因素是成本和选择性。请解释。
2. 为什么广告主既想采用电视，又想采用杂志？
3. 杂志的哪些定性特征对广告主具有重要意义？
4. 请比较整版杂志和局部区域版杂志。
5. 什么是选择性装订？
6. 谈判在确定杂志广告价格中发挥什么作用？
7. 请比较杂志的发行量和读者人数。
8. B2B 杂志的主要竞争对手是谁？
9. B2B 杂志拓宽服务、提高收益的主要方法是什么？
10. 什么是纵向刊物？什么是横向刊物？

第十二章

Jorge Salcedo, Shutterstock.

室外广告

随着目前大多数广告载体向精准化方向的转型，室外广告正在迅速成为真正意义上的最后一种大众媒介。在其他媒介难以触达受众的场所和时间，室外广告却可以抓住消费者的注意力。近年来，除标准路牌以外，室外广告还涌现出了很多新颖的方式，从而导致室外广告的定义也发生了巨大的变化。▶

本章学习目标

1. 了解室外广告的基本营销战略。
2. 认识户外广告的法律环境。
3. 认识室外广告的不同类型。
4. 了解户外广告的买与卖。
5. 了解户外广告的测量。

无论是大型全国性企业还是小型零售商，室外广告（out-of-home advertising）都可以给它们提供大量好处。室外广告的优势如下：

优势

1. 室外广告能以极高的频率、极低的单位曝光成本，触达某一地理市场中几乎每一个成年人。
2. 室外广告 24 小时露脸，可以给推广产品或塑造品牌的其他媒体广告充当最佳补充。
3. 借助于色彩和灯光，室外广告可以即刻吸引受众的注意力；与此同时，它还可以在最接近零售场所——如快餐店——的位置发布提示性讯息。
4. 室外广告将广告主划分为各种门类，以摆脱其“啤酒、香烟”广告媒介的形象。

当然，室外广告也存在着如下劣势：

劣势

1. 室外广告的受众一般是高速行驶中的驾驶员，因而室外广告不适宜传播详细的销售信息，文案一般仅限于标题——七至十个单词。

2. 室外广告的受众难以测量，基本上不可能将其受众与其他媒体的受众进行比较。

3. 室外广告在很多社区被当作视觉污染而遭到抵制，备受争议。美国的某些法律还针对室外广告做出了额外的限制，比如有几个州（如阿拉斯加、夏威夷和佛蒙特）的一些地方政府就严禁室外广告。这一负面形象导致一些广告主对室外广告望而却步。

户外广告是最古老的促销形式，我们可以在中东的史前铜器和石板上看到户外广告讯息的证据。在古埃及，户外广告是公布通知和促销信息的流行方式：户外广告被置于繁忙的道路上，这便是现代路牌的前身。印刷广告可以追溯到庞贝城（Pompeii），城中那些装饰精致的外墙促进了当地商业的发展。

在美国，户外的“大墙面”报道了波士顿茶叶党和波士顿大屠杀，招贴宣传了安德鲁·杰克逊（Andrew Jackson）的总统竞选活动。美国的第一块商业路牌是 1835 年贾里德·贝尔（Jared Bell）马戏团演出的招贴。在整个 19 世纪，招贴宣传了大量产品和政治活动。1850 年，招贴第一次出现在美国大城市的有轨电车上。到 1870 年，已有约 300 家招贴公司为美国东部和中西部地区的广告主服务。

1900 年，第一个标准化的户外广告形式推出。美国的全国性广告主，如家乐氏和可口可乐等，开始与一些地方性广告主共享户外广告市场。20 世纪初期，汽车催生了移动的社会，现代户外广告形式应运而生。除了人口流动外，户外广告的发展还得益于新型印刷工艺和蓬勃发展的广告业，而它正致力于寻找更有效的方式触达目标消费者。在这一时期，户外广告业开始采纳标准化形式，成立了美国全国性行业协会的前身——**美国户外广告协会**（Outdoor Advertising Association of America，OAAA），设立了现在的**媒介客流测量审核局**（Traffic Audit Bureau for Media Measurement，TAB），以此鉴定受众数据；与此同时，美国的全国性营销组织——OAAA 营销——形成雏形。[1]

美国户外广告协会
代表户外广告行业的主要同业和游说组织。

媒介客流测量审核局
致力于测量有多少人经过并看见某指定户外广告的机构，目的在于建立测量市场客流的方法。

今天，由于户外广告媒介的多样性，“室外广告”（out-of-home advertising）这一术语替代了近些年更为我们所熟知的“户外广告”（outdoor advertising）一词，“室外广告”更能全面地反映这个行业的范围。今天，“户外”的含义更窄，只指路牌和大显示屏。这种改变不仅仅是语义上的，它还反映了这个行业的多样性及营销战略。

传统的公告板依旧是室外广告的主要收入来源，其收入占到了全行业总收入的 66%（见图 12.1）。

选择机会的增加仍然是室外广告业发展壮大的主要原因。总体而言，美国户外广告协会预计室外媒体有 40 多种，从巨型户外显示屏到机场和购物中心的广告亭乃至体育场馆标牌和飞机拖旗，应有尽有（见图 12.2）。

媒介主管们预测，室外广告业将是未来持续增长的行业之一，而以下这些因素在室外广告的发展壮大中功不可没：

1. *流动人口的持续增长*。美国人很少在一个地方待很久，数以百万计的美国人每天往返于工作和住所之间，这使得他们置身于室外广告的市场，随时可能受到各种广告讯息的包围。而与以往相比，现在消费者花在上班路上的时间更长。根据美国户外广告协会的数据，消费者每周有 15 个小时在车上度过[2]，平均通勤往返耗时约为每天 46 分钟[3]。

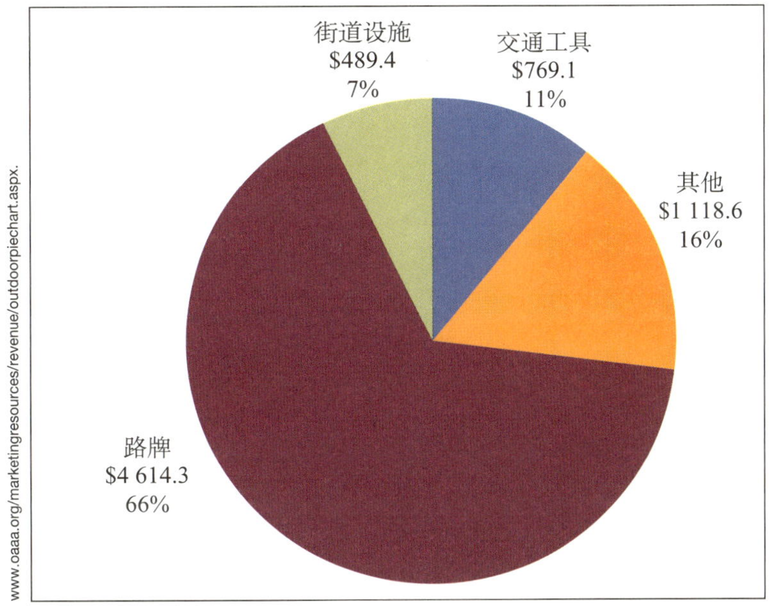

图 12.1
2008 年室外广告类型

图 12.2
室外媒体类别

广告牌[1]	街道设施[2]	交通工具[3]	其他[4]
数字公告牌	自行车及自行车停车架	机场	航空广告
数字广告牌	公交车站座椅	公交车——车内和车外	长凳广告
看板	公交车站棚	流动路牌和货车车体	飞艇和充气膜
墙绘	便利店广告	铁路和地铁	纸箱和茶杯
招贴	店内广告	出租车	电影院
围裹式招贴	电话亭：信息和电话		干洗袋
小招贴	报摊和报架		加油站广告
	人行道框架		高尔夫球赛道广告
	购物商场		船舶
			停车场广告
			场地广告
			明信片
			投影
			休息区广告
			滑雪场广告
			场馆广告
			垃圾桶
			摊贩太阳伞
			定点数字网络

注：1. 能在 50 英尺开外看清的标准化大型广告展示。2. 距离行人和购物者较近、与视线齐平的广告，或影响车辆交通、置于路边的广告，大多提供公共服务。3. 置于移动载体上的广告，置于车站、终点站或机场等地的广告。4. 你能想象出的一切广告形式。室外广告一直在不断推出新的形式。

资料来源：www.oaaa.org，2009.

图 12.3

美国的顶尖户外广告主

排名	公司名称	2008（$）
1	美国电话电报公司	108.6
2	威瑞森电信	63.7
3	斯普林特	60.5
4	时代华纳	54.3
5	沃尔特·迪士尼	48.0
6	麦当劳	45.7
7	通用汽车	45.2
8	安海斯－布希	36.8
9	通用电气	28.5
10	可口可乐	27.4

资料来源：TNS Media Intelligence; “Top U.S. advertisers in 10 media,” *Advertising Age*, 22 June 2009, 18.

2. *室外广告的低成本*。室外广告的千人成本很低，其他主力媒介根本无法与其比肩。室外广告相对较低的成本意味着广告主能以低廉的价格实现极高的触达率和频率。千人成本适中，意味着室外广告是弥补那些被其他媒介忽视或无法被其他媒介触达的空白市场的理想媒介。

3. *媒介的碎片化*。室外广告正得益于其他媒介受众的日益分化。三十多年过去，每户家庭能接收的电视频道数已大幅增加；与此同时，消费者可以阅读的杂志和收听的电台数量也大幅增加。这就导致了大多数媒介的受众进一步碎片化。尽管瞄准预期对象的能力是许多广告主的拿手好戏，但包装产品要想销往各地，品牌要想吸引广大消费者，仍然需要面向每个人进行大量曝光，而室外广告恰好能以较低的成本触达大批受众。

4. *广告主的多样化*。过去，烟草公司和酒精饮料公司是室外广告的大用户，但现如今，室外广告主的类型更多了。如图 12.3 所示，在美国，2008 年的十大室外广告主中，只有一家酒业公司。像麦当劳、威瑞森电信、美国电话电报公司、斯普林特（Sprint）以及可口可乐这些公司也都在户外广告上投入很大。其结果是：户外广告业的收入增加了，公众形象提高了。

战略广告与室外广告

1 了解室外广告的基本营销战略。

室外广告是最具灵活性、最具适应力的媒介之一。它给消费者提供了临购物前接触广告的最后机会，因此，它兼具广播广告和售点广告的众多优点。室外广告拥有许多特点，足以使它与其他的媒介类型区分开来。具备了引人注目的能力，室外广告便非常适合用来辅助其他广告媒介提高效率。从经济性上讲，它既可以在媒介计划中发挥辅助作用，也可以单独扮演主力媒体。尽管户外广告可以触达某一地域或人口特征的特定受众，但它的主要优势还在于它可以快速、经济地触达大面积的人群。

与其他媒介一样，各个广告主在选择室外广告时都抱有各自特定的营销目标。不管怎么说，大多数室外广告都具有很多营销优势，下面就是其中的一些：

图 12.4

室外广告可以通过向受众提供网址来推动消费者的直接反应。

- 快速建立新品牌的知名度，保持和增强现有产品的品牌识别度。
- 通过延展广告基本主题，实现品牌或讯息的一致性。
- 实现全国性广告活动的本地化执行。
- 形式多样，能适应几乎所有的广告讯息或品牌。
- 能告知消费者零售店的位置，从而为其提供本地支持。
- 在买卖过程中充当消费者的售点提示物。
- 通过提供网址和电话号码，推动消费者的即时购物（见图 12.4）。

尽管现在有很多高端全国性广告主使用室外广告，但从本质上讲，室外广告仍然是一种地区性媒介，其绝大多数收入来自地方性广告主。不过，室外广告已经发生了诸多变化，这使得它比以前更能吸引全国性广告主了，从而促使广告主考虑将室外广告纳入自己未来的媒介排期之中。例如：

1. *所有权的合并*。仅在数年前，室外广告业还主要由一些地方性公司组成，这些公司很少进行受众调查，缺乏全国性实力，也无财力升级自己的系统。如今，这个行业则由一些巨无霸公司主导，这些公司控制着全国范围内的数百个广告位，足以有效地处理全国性和区域性大型广告主，并在他们的广告预算中分得最大的一块。

2. *调研*。全国性广告主通常期待能看到专业的受众调查和创意效果调查，以证明自己的支出物有所值。过去，室外广告调查远远落后于其他主流媒介的调查，某些市场甚至连基本的人口统计数据都无法得到。现在，这个行业已经取得了很大的进步，开始为重要广告主进行有意义的调查。稍后，我们在本章会讲到，室外广告业能提供经审核的受众信息、视线运动调查以及小至邮政编码区域内的人口统计学特征细分信息。显然，室外广告在调查上的投入根本不能与那些广告收入 10 倍于它的媒介相比，但它却给商家提供了理性的信息，供他们制定媒介购买决策。

3. *更多、更好的创意机会*。在过去的十年中，室外媒体的数量和质量都得到了大幅提升。室外广告媒体不再局限于简单的印刷广告或喷涂广告，广告主有了更多的选择余地，如带背光的透视图、包在户外和交通工具上的乙烯基表层、与建筑物大小相等的招牌以及数字移动媒体。

Courtesy of Max20 and The Varsity.

图 12.5

如果户外广告能够充分利用媒介本身的优势，它就可以取得最佳效果。

4. *专业术语*。过去，室外广告开发了一套适用于本行业的专用术语。这不仅让媒介采购人员在购买广告时深感不便，觉得是在“讲外语”；更为严重的是，这些专业术语还给跨媒介对比造成了困难。在采纳了总收视率，将其用作户外受众调查的基本标准后，室外广告业终于向解决这一问题迈出了步子。[4]

尽管室外广告可以实现很多广告目标，但它并非适用于每一个广告主、每一种广告或营销形式。像其他广告媒介一样，如果在运用室外广告时能够根据更加精准的细分目标，充分利用这种媒介本身的优势，它就可以取得最大的成功。在某些方面，户外媒体也面临着挑战，因为几乎在每一个更大的广告战役中，室外广告基本上扮演的都是补充媒介的角色（见图 12.5）。

由于室外广告很少在广告战役中充当主力军，因此，不管是在创意上还是在受众触达上，它都必须与其他媒介协同作战。室外广告必须恰如其分地演绎广告的主题，以便目标受众接触到无缝的广告讯息，单兵作战的室外广告鲜有收效好的。室外广告的主要作用在于延伸和强化在其他媒介上传播的更为详细的广告讯息。

当然，没有哪个计划可以克服媒介的一些先天缺陷。广告主在分析室外广告优势的同时，也必须考虑它的缺陷以及这些缺陷对特定市场、媒介或创意战略可能产生什么影响。因为消费者并非自愿接触室外广告，且接触时间短暂，消费者与广告主之间几乎没有深度交流，即使对产品最为忠诚的顾客也是这样。据估算，平均每个人观看室外广告的时间不到 10 秒。

此外，大多数室外媒介基本上不具备受众选择性。室外广告的主要劣势在于，它更像散射枪而非步枪。尽管广告主可以通过选定特定社区或具体街道的方式传播讯息，比如，借助通向体育馆或购物中心的道路，定制广告讯息，触达特定受众。但锁定特定受众并不是室外媒介的特长。

最后，随着室外广告越来越受欢迎，它也面临着资源有限的问题。在主要市场，对广告黄金位的需求意味着有些广告主在广告投放位置上没有选择的权利。抛开这些劣势，执行到位的室外广告完全可以成为吸引受众即时注意力的低成本手段。

户外广告监管与舆论

2 认识户外广告的法律环境。

户外广告的主要优势——它的大小——也是一大公共关系问题。多年来，环保人士和公益活动人士一直要求严格限制户外广告，或干脆彻底清除户外广告。但一系列调查结果显示，许多消费者认为户外广告有其存在的价值，且优点大于缺点。考虑到围绕着户外广告的争议，我们有必要在此探讨针对户外广告的一些主要争议以及该行业的反应。

联邦立法

在美国，对户外广告规范最全面的尝试可以追溯到《**1965 年高速公路美化法案**》（Highway Beautification Act of 1965）。由于该法案是在林登·约翰逊夫人的游说下通过的，因而它又被称为《博德女士法案》（Lady Bird Bill）。该法案严格禁止在州际公路沿线投放户外广告，对于那些未能控制本州 660 英尺范围内户外广告的州处以严厉的罚款。法案实施后，美国户外广告的数量从 120 万块下降到约 4 万块，余下的绝大多数户外广告牌都集中在商业区。图 12.6 为该法案的一些主要条款。

《1965 年高速公路美化法案》 规范非商业区、非工业园区的户外广告的联邦法律。

烟草广告

历史上，户外广告最受人诟病之处就是它们对烟草的宣传。批评者指责说，对烟草广告讯息的不加控制鼓励了未成年人的吸烟行为。1999 年 4 月，美国 46 个州的检察长与烟草龙头企业签订了《总和解协议》（Master Settlement Agreement），作为其中的一部分，烟草的户外广告受到严令禁止，这一争议随之失去了实际意义。

20 世纪 80 年代，美国所有的路牌中，有三分之一在宣传烟草产品。烟草广告费用的这种集中度不仅导致户外广告业过度依赖烟草这一产品品类，而且，围绕着户外广告这一行为的争议也使得其他产品品类望而却步。“传统观点一度认为，户外广告业一旦离开了……美国烟草业，就无法生存。现在看来，户外广告业不仅可以在烟草广告费用流失后生存下来，而且还可以在没有烟草广告的情况下繁荣发展……户外广告业的‘煎熬之日’正在迅速演变为‘阳光灿烂的日子’。”[5]

现行户外广告管制计划小结

- 商业区和工业区的广告牌，如果其大小、亮度和面积符合各州和联邦法律规定的条款，那么，按照法律，可以使用。
- 广告牌的管理自 1991 年 6 月 1 日起适用于美国国道、州际公路及全国公路系统（NHS）中的其他高速路。美国 DOT 认为，国道是具有服务价值、非常重要的高速公路。截至 1991 年 6 月 1 日，国道里程接近 260 800 英里（其中，乡村公路里程 226 440 米，城市公路里程 34 360 米 ）。这些马路受《1965 年高速公路美化法案》的保护，管控严格。你可以从自己所在州的 DOT、FHWA 办事处或从华盛顿特区的美国户外广告协会索取地图。
- 各州有权移除高速路沿线合法但与周边环境不协调的广告，但在移除联邦主干道中的州际公路和全国公路系统中其他公路沿线的合法广告牌时，要给予广告主补偿。
- 不遵守《1965 年高速公路美化法案》的各州，将会被缩减 10% 的高速公路广告牌配额。
- 联邦政府和地方政府可以出台比《1965 年高速公路美化法案》更为严格的法律。
- 严禁在州际公路和国道划定的景观大道的景点处设置户外广告牌。

The Highway Beautification Act of 1965 23 U.S.C. 131

图 12.6

联邦政府和州政府对户外广告的管制

美国户外广告协会行业守则

户外广告业已经踏上了众多前沿阵地，正在向改善形象、与其服务的社区建立良好公共关系的方向发展。为了消除该行业的负面形象，美国户外广告协会的一大举措就是制定《户外广告业守则》（*Code of Industry Principles*）。该行为准则要求户外广告公司严格控制发布不宜向未成年人出售的产品的广告牌数量。具体而言，该行为准则要求美国户外广告协会的会员公司划定**隔离带**（exclusionary zones），即禁止在教堂、中小学和医院及其周边 500 英尺范围内投放禁止向未成年人出售的产品的广告。[6]

隔离带（户外）

户外广告业行为准则，即禁止在教堂、学校或医院及其周边 500 英尺内投放禁止向未成年人出售的商品的广告。

户外广告业公共服务

户外广告业每年都会为慈善机构或公共服务部门提供价值数亿美元的免费户外广告空间，其中的很多广告都与当地的服务项目有关。美国户外广告协会还与广告委员会（AD Council）、美国失踪和受剥削儿童中心（National Center for Missing and Exploited Children）等组织建立一系列合作项目，合作开展全国性项目。户外广告业每年都会向非营利组织捐赠价值数亿美元的户外广告空间和制作。

户外广告计划

户外广告能否成功取决于战略营销计划，取决于该计划中的创意、媒介和调研是否执行到位。在我们创作户外广告讯息之前，有些战略问题必须加以考虑，其中最重要的问题如下：

1. *目标陈述是否清楚*？如此前所述，户外广告大都用以推介新产品、宣传事件（比如销售），或提醒消费者继续关注品牌。鉴于户外广告文案短小，它不适合提供全面的销售讯息。此外，全国性广告主一般也不将户外广告当作自己的主打媒介。因此，策划好户外广告在整个广告宣传战役中就显得极为重要，这样才能确保户外广告的效率最大化并为其他广告和促销媒介提供支持。
2. *目标市场是否确定*？一般而言，户外媒介能覆盖极大的市场范围，但它也的确可以为针对特定地理市场的产品提供机会（见图 12.7）。“大多数产品和品牌都有各不相同的区域性或地方性市场购买模式，很多地方性市场（或同一市场中的一些区域）的人均品牌购买指数经常达到或高于 130。利用户外广告进行地理瞄准无疑是对电视、杂志这种人口特征瞄准的有效补充。”[7] 不仅如此，在某些特定族裔居民聚居的城市和社区，由于其相对于某一品牌的重要性，户外广告还可以重点锁定这些区域。
3. *是否具体说明了量化目标*？户外广告计划必须说明预期目标是什么、如何测量这些目标。比如，我们是否希望户外广告有助于提高品牌知名度、销售量或市场份额？将采用什么调查方法来确定这些目标已经达到？户外广告为此做出了什么贡献？
4. *购买是否协调*？户外广告通过当地的户外广告公司（plants，又叫**路牌广告公司**）购买。现在，越来越多的路牌广告公司成了大型全国性户外广告战役的组成部分，供全国性或区域性广告主通过网络选择购买。鉴于如今市场紧俏，广告公司和广告主更有必要在打响广告战役前就与路牌广告公司紧密合作。理想的话，应提前四个月购买广告空间；有些市场则要提前更长的时间。像

路牌广告公司

在户外广告业，指出租、竖立、维护户外广告牌并出售其广告空间的地方性户外广告公司。

Courtesy of Carmean and Schlotzsky's.

图 12.7
户外广告可以帮助这类区域性品牌在特定的地理市场中实现广泛的触达。

点播电视和广播一样，室外广告也是一种供求经营，因此某些地区的广告位置供应问题总是反复出现。

5. *购买后是否进行了检查*？在招贴上架后，要在现场对招贴位置进行检查，以确保选址合理、张贴或色彩恰当。这种检查也有助于确保广告牌上包含的客户讯息不被树或电线杆等物体遮挡。

上述内容只是强调，成功的户外广告所要运用的广告策划基本原则与其他媒介相同，在某些方面，户外广告策划甚至比其他媒介策划更为复杂。媒介策划人员必须确保户外广告的特色和目标与其他主打媒介融为一体。户外广告的互补性是大多数户外广告排期的首要关注点，媒介策划人员必须保证户外广告能用以少胜多的方式强化媒介排期。

户外广告的形式

3 认识室外广告的不同类型。

在本章的开头我们已经讲过，户外广告是室外广告若干类别中的一种，从收入、公众熟悉度和长期用途来看，户外广告的两种基本形式是招贴和公告（见图 12.8）。不管是招贴还是公告，它们都是由广告公司设计的，然后将创意设计复制到纸或乙烯基上，再贴到广告牌上。大型喷涂公告由户外广告公司的设计师在工作室或现场设计，即使过去的大型喷涂招贴现在也用乙烯基来复制了（见图 12.9）。

招贴架

最常用的户外广告形式是 30 幅招贴，而最常见的招贴类型实际上是二合一的。出血版和 30 幅招贴采用同一种框架，这是我们最熟悉的典型的路牌。招贴的购买既可以某一地区为单位，也可以全国为单位。

大多数招贴的主要用途是快速且花费低廉地触达大部分市场。然而，随着地理营销的出现，招贴也用以触达更精准的目标受众了。比如，在金融区或机场路上投放的招贴就可以触达更富裕的顾客和商务旅客。

图 12.8

招贴和公告牌构成了标准的户外广告业。

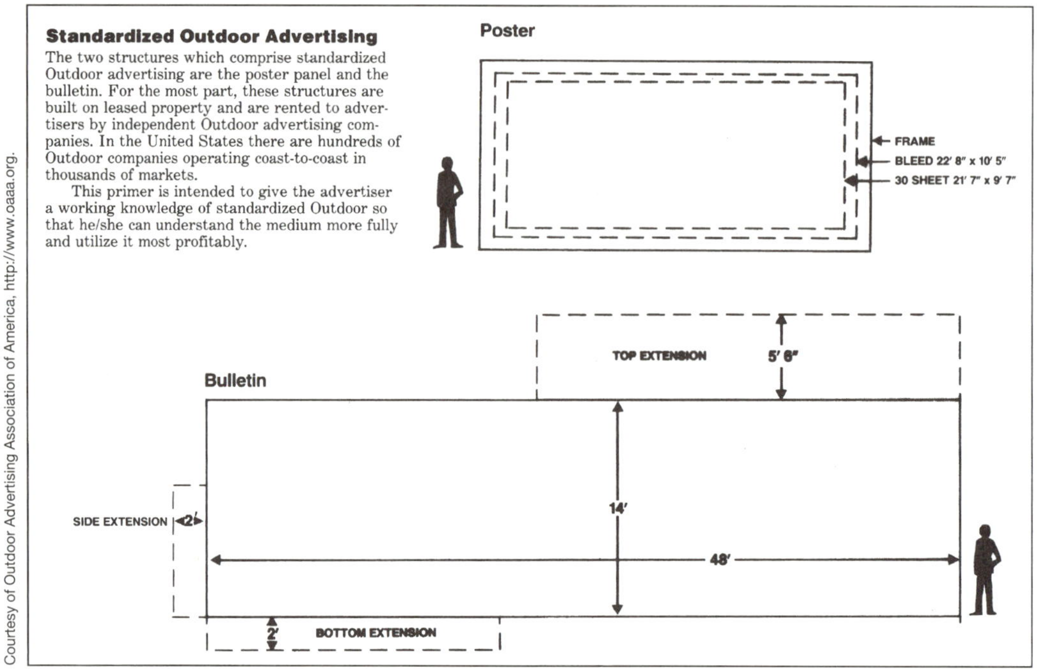

标准招贴架的面积为 12 英尺 ×25 英尺，出血版招贴要么印刷至框架的边缘，要么采用空白纸张与招贴的背景相匹配。“出血版”这一术语是从杂志广告借来的，那种广告就没有白边；“幅”这一术语则源自早年间印刷机开度还比较小的时候，那时，要覆盖一个招贴架需要若干幅。

今天，招贴经常印在乙烯基而非纸上。乙烯基围裹式招贴采用标准的 30 幅广告板，但通过围裹或覆盖整个广告板，它可以延伸覆盖区域。广告位置只要达到 30 英尺，便可以用来投放乙烯基围裹式招贴。尽管乙烯基招贴的使用时间长、色彩比纸张保持得更久，但乙烯基招贴的制作成本更高。因此，它被用在交通更密集的地区，签订的合同期也长于纸质招贴。

图 12.9

每一条户外广告都必须吸引消费者的注意力并与周边的干扰物竞争。

招贴按有无发光板来出售。一般而言，招贴合同一般为期 30 天，超过 30 天享有折扣。交通流量大的地区的招贴通常发光、24 小时曝光。典型的招贴要求 70%～80% 为**发光招贴**（illuminated posters），但大广告主的招贴往往要求 100% 的发光招贴。在购买户外广告时，广告主会收到有关招贴数量、发光招贴和不发光招贴的数量、月成本或招贴架单位成本以及总体发行量或曝光量的信息。

发光招贴
70%～80% 的户外招贴都有照明，24 小时曝光。

8 幅招贴

户外广告的另一种重要类型即 8 幅招贴（eight-sheet posters）。**8 幅招贴**又称为小招贴，面积为 5 英尺 ×11 英尺，比 30 幅招贴的三分之一略小。地方性小企业和全国性企业都可能购买 8 幅招贴。8 幅招贴一般安置在售点附近，是消费者临购买前最后接触的广告。这种小型招贴能以较低的成本提高广告计划的触达率和频率。

8 幅招贴
在城区使用、大小约为标准 30 幅招贴四分之一的户外招贴，也被称为小招贴。

8 幅招贴可以快速建立品牌知名度，推介新产品和服务，为品牌提供提示性讯息。此外，8 幅招贴的空间成本远远低于传统的广告牌；而且，由于尺寸小，它的制作成本也更低。8 幅招贴的平均千人成本大约为 30 幅招贴的一半。

在大多数市场中，与传统广告牌相比，分区法规更有利于体积较小的 8 幅招贴。因此，它能以合算的成本触达不同的目标受众，没有无效发行量。像路牌一样，8 幅招贴一般用以支持大型广告战役：它可以增加频率和回忆度，从而提高电视广告的功效，可以给广播广告补充视觉元素，还可以给平面媒体提供提示性讯息。8 幅招贴由专业招贴公司制作，但经常与 30 幅招贴同时出现在市场上。

喷涂路牌

喷涂路牌是户外广告中最大、最重要的一种类型。喷涂路牌有两种类型：永久性路牌和更为流行的巡回路牌（rotary bulletin）。**巡回路牌**是一种标准路牌，大小为标准招贴的 3 倍，面积为 14 英尺 ×48 英尺，放置在交通流量大的地点，以求得最大的可见度。巡回路牌可以从一个地方移动到另一个地方，以确保在几个月的时间期限内最大限度地覆盖市场。两种路牌几乎都是发光的。

巡回路牌（户外）
按固定间隔，从市场上的某一点移到另一点的喷涂路牌。地点事前由广告主勘察和选定。

路牌的成本几乎高于招贴 4 倍。近年来，关于普通路牌是否要安装特殊装饰一直备受争议，如可裁剪的图样、活动字母、特殊照明、光纤和气囊。喷涂路牌的合同期最少为一年，但如果广告主愿意支付更高的月费，合同期也可以缩短。

与固定在一个地点的喷涂路牌相比，巡回路牌可以给广告主带来更大的影响力、更广的覆盖面和更高的渗透率。巡回路牌可以每 30 天、60 天或 90 天移动一次，这样，在一年当中，市场上的消费者便都可以看到广告主的讯息。

看板

顾名思义，户外看板是设立在市中心、旨在最大限度地引起消费者注意的大型显示屏。它们可能包含特殊的照明或其他精巧的材料和创新。在某些情况下，看板会以建筑物为画布，将广告讯息画在上面。看板价格高昂，其制作和空间租约通常以次为单位，合同期限最短一年。

随着户外广告业新技术的出现，曾经的稀罕物很快变成普通物。目前，户外广告业正在采用电脑化喷涂和印刷系统中的各种数字技术和激光技术，越来越多的户外广告印刷在灵活的乙烯基上，而乙烯基可以让所有市场的广告讯息实现一致的、杂志般的优质色彩还原。户外广告策划人员期望将来能提供类似于超大电视屏的卫星视频图像，上面的电脑化讯息可以即时改变。即使不考虑可供户外广告利用的这些新技术，传统纸质招贴路牌显然也将成为历史。

看板中成长得较快的一个分支是墙绘（也称为墙画）。事实上，墙绘起源于古罗马时期的墙上绘画。处理得当，某些地方的墙绘完全可以给该区域增加一点城市艺术气息。但大多数建筑物的外墙都无法维持墙绘的牢固，而且，从操作的角度出发，大多数建筑物的业主也不允许他人在自己的外墙上绘画。[8]

户外广告元素

户外广告是一个视觉媒介，创意元素在其中所起的作用远大于其他大多数广告载体。户外广告和室外广告的创意空间几乎无穷无尽，有几十种不同类型、不同大小的户外广告传递劝服性广告讯息。正如美国户外广告协会所指出的："户外广告的设计就是从视觉上讲述故事。创意表现既可以通过文字或语言让观者为之一惊，也可以通过图片让观者为之兴奋……户外媒介的设计是一项具有挑战性的传播任务，要求清晰明确、重点分明地表达概念。"[9]

户外广告设计

对创意团队而言，户外广告设计是最艰难的任务之一。创作一幅图和几个单词，让快速经过的驾驶员在 500 英尺外看清，这个要求已经非常困难，更何况还要驱动消费者去购买产品，这在其他媒介中是不会有的。然而，从创意的角度而言，户外媒介也是最让人乐于为其工作的媒介之一。其大小和颜色使得户外媒介不像其他广告媒介那样受空间的限制，创意可以得到最大的发挥。

文案 户外广告只能有标题，且一般不超过七个单词。与传统媒介的文案不同，户外广告不能展开主题和丰富文案，简洁不仅是户外广告的优点，也是户外广告的必须要求。广告主已经学会了在这些局限下拿出有趣、刺激的销售讯息。

色彩 色彩是户外广告的一大优点，但在选择色彩时必须小心谨慎，以确保户外广告的可读性。户外广告设计师利用颜色来形成色调（比如红、绿）和色值（对颜色轻、重的测量）之间的强烈对比。例如，图 12.10 显示了 18 种颜色组合，其中，1 号对比最强烈，18 号最不强烈。

户外广告与数字技术

户外广告面临的一大困难是如何找到一种方法，让创意概念在真实的环境中可视化。大多数其他媒介都可以显示广告完成后是什么样子，但将 8.5 英寸 ×11 英寸的纸张转换成 300 平方英尺的广告牌则困难得多。但随着越来越多的户外广告公司开始使用互联网系统，广告主和媒介策划人员现在可以看到招贴放置在实际地点的样子了，而且是从驾驶员的视角看招贴的位置。通过电脑扫描，可以将任何创意执行叠加到广告牌上。由于广告主现在可以通过自己的办公室电脑查看招贴，因此，该系统也让广告主亲临现场的做法成了历史。

电脑科技也为户外广告创意提供了更多的机会。有时，电脑可以指导乙烯基上的

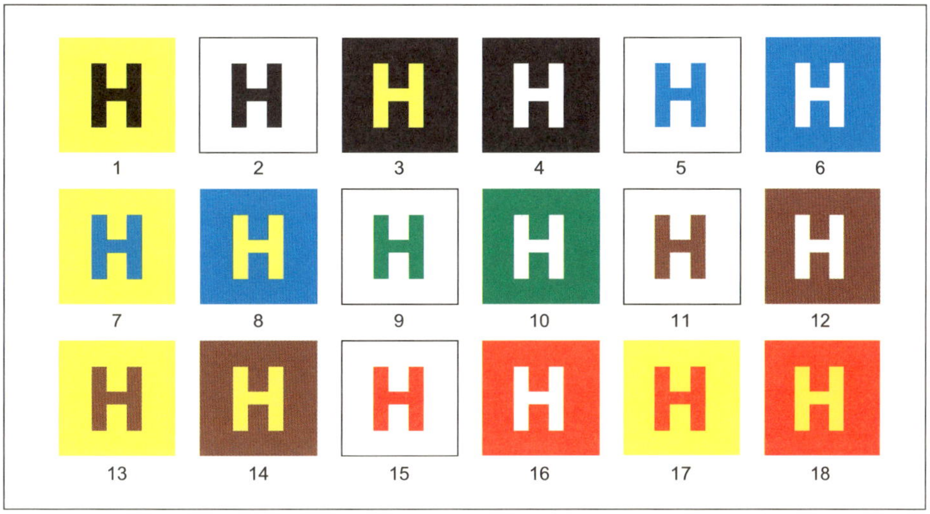

Courtesy of Outdoor Advertising Association of America, http://www.oaaa.org.

图 12.10

在户外广告中，一些颜色组合比另一些颜色组合效果更好。

广告设计和喷涂流程，这主要用于大型路牌。此外，广告主个体和户外广告公司也开始将数字技术应用于路牌，用来变换讯息，如乐透奖池金额。如前所述，有些户外广告主管曾设想有这么一天，绝大多数设置在交通流量大的地点的户外广告可以采用数字显示，与大型电视屏幕相似，在一个中心进行控制。

户外广告的购买

4 了解户外广告的买与卖。

户外广告采购中使用的方法和术语与其他媒介有很多不同。招贴海报的购买单位为 GRPs。请回忆我们此前对电视的讨论，1GRP 相当于市场人口的 1%。同样，广告主一般以 50 或 100 为单位购买 GRPs，并测量招贴份额触达的重复受众。1 个份额即单次购买的招贴数量。广告主如果想让某一市场的广告曝光度达到 50GRPs，则其户外广告的日均曝光度相当于触达该市场 50% 的成年人。

户外广告的受众称为日均有效发行量（DEC），按以下公式计算：

$$24\text{ 小时交通流量} = 36\ 000$$

非发光招贴的交通流量乘以 0.45，因此，

$$0.45 \times 36\ 000 = 16\ 200\text{ 成年人有效发行量}$$

发光招贴的交通流量乘以 0.64，因此，

$$0.64 \times 36\ 000 = 23\ 040$$

下面我们就以一个市场为例，计算一遍：

市场：Hometown

人口：800 000

购买受众数：50GRPs

份数：26 个招贴（20 个发光招贴，6 个非发光招贴）

解释：我们的 26 个招贴实现的日均有效发行量为 400 000。

我们按如下公式可以推算：

$$\text{GRPs}=\frac{\text{日均有效发行量}}{\text{市场人口数}}$$

$$50\text{GRPs}=\frac{400\ 000}{800\ 000}$$

你也许不会对不同大小的市场的 GRPs 进行对比，除非是为了测量广告的比重和强度。比如，要达到 50GRPs，大市场可能要求配置 50～100 个招贴；而在小市场或许一两个即可。同样，一个 200 万人口的市场，购买 50GRPs 可能要求日均有效发行量 100 万；而一个 5 万人口的市场，日均有效发行量则只需要 2.5 万。

核对

5 了解户外广告的测量。

户外广告是否成功，取决于是否给广告主和广告公司提供了真实的调查数据，供它们据此做出媒介购买决策。户外广告业的受众都在户外且处于移动之中，因此其面对的一大挑战就是受众调查。

媒体客流量审核局

室外广告受众信息的一大来源是美国媒体客流量审核局。该机构成立于 1933 年，是一个非营利性组织，负责审核 30 幅招贴、公告牌、8 幅招贴、候车亭广告以及新生的货车广告的发行量。媒体客流量审核局可以按市场提供指定营销区域内的交通流量数据，以便广告主了解审核过的交通状况，从而掌握某一市场中路过其广告的人数。媒体客流量审核局每年都会更新数据，检查广告牌的外观和客流量状况。[10]

尼尔森公司和阿比创公司一直致力于开发新的户外广告收视率系统，两者都在尝试是否有可能利用被动的便携式人员仪和个人全球定位系统——如那些应用于电视和广播测试的设备——跟踪户外受众。这一系统的成功研发将给户外广告主跟踪曝光状况提供一种财力上能负担的方法。

传播效率

除交通流量审核这一主要用于测量潜在受众的测量标准外，广告主还非常关注户外广告传播的效率。为了解决这一问题，美国户外广告协会邀请了知觉调查服务公司（Perception Research Services，PRS）实施视线追踪调查，以判断户外广告的能见度及其冲击力。知觉调查服务公司采用一种技术记录驾驶员和游客的眼球运动，调查发现，74% 的被访者注意到了户外广告，他们中有 73% 的人看过上面的文案。调查结果还显示，广告牌的大小和创意重点——如 3D 图像和广告牌外延——可以影响受众的注意力水平。整体而言，该调查显示，户外广告在建立品牌感知方面效果很好，而且它还可以吸引整个目标受众群的注意力。福来鸡就运用抢眼的广告牌成功地帮助自己建立了品牌形象（见图 12.11）。

测量户外广告传播的另一个方法是用个人电脑来测量接触户外广告的潜在受众人数。该系统将成本和受众信息结合在一起，可以让广告主判断某一户外广告战役是否达到了具体的广告目标。

Courtesy of Chick-fil-A.

图 12.11

在希望提高品牌知名度的广告主中间，户外广告越来越受欢迎。

营销与价格数据

- 西蒙斯公司每年都会进行西蒙斯全国消费者调查（National Consumer Survey, NCS）。该调查报告目标受众的触达率、媒介使用习惯以及数千种消费者产品或服务的户外传播状况。[11]
- 《户外广告采购员指南》（*Buyer's Guide to Outdoor Advertising*）包括 30 幅招贴、8 幅招贴以及广告牌的价格指南，主要提供成本、一次广告活动广告框架数及市场人口方面的信息。

户外广告业一直在谋求争取更多的包装产品广告和零售广告，因此它也借鉴了其他媒介购买的很多惯例。户外广告业内的聚合促使全行业对大量调查和受众测量研究的支持力度提高了，这无疑是一大潜在优势。如果户外广告想继续吸引大型全国性广告主，它就必须提供标准化的受众数据和调查。

户外广告趋势

随着大批广告主谋求提高品牌知名度，寻找使室外广告有别于传统广告的手段，室外广告越来越受到这些广告主的欢迎。在人们每天都被上百种讯息狂轰滥炸的情形下，户外广告无疑是在大批受众中获得较高关注度的一种手段。

户外广告能以低于大多数其他媒介的成本达到较高的收视率和频率，因而可以补充和加强其他媒介的广告效果。调查表明，如果将户外广告与其他媒介广告配合使用，户外广告便可以产生协同效应。尤其是，户外广告是广告主在潜在受众中建立品牌感知的最后一次机会。包装产品、移动公司、零售商以及高端时装品牌等产品品类的涌入，给户外广告业带来了其所需的多元化。

调查以及可靠的受众测量仍然是户外广告业的一大难题。近年来，户外广告资助了一系列新手段的研发，以核实媒介的触达率和传播效率。计算机技术给调查人员开展几年前还无法进行的一系列调查提供了便利条件。

最后，户外广告业还可以给广告主提供更好的创意。电脑设计、乙烯基和其他新材料的使用、创意成品的在线演示以及数字新技术的应用，所有这些加起来，使得户外广告更受广告主的青睐。而室外广告的多种形态正刺激着大批广告主使用这种媒介，连那些抵制传统户外招贴的广告主也不例外。本章接下来会介绍路牌之外的其他室外广告形态。

交通工具广告

交通工具广告的目标与传统户外广告相同，同样也是为了建立品牌知名度，并向移动中的人口提供提示性讯息。交通工具广告只需要花费其他媒介广告成本的一小部分即可实现更高的触达率和重复率。由于交通工具广告的受众会在同一线路上反复经过，因而交通工具广告全年都可以保持较高的频率和稳定的触达率。交通工具广告是增长最快的一种室外广告细分，几乎占据了室外广告收入的 11%。

美国户外广告协会将交通工具广告定义为“安装在移动车辆及站台、终点站和机场等公共场所的广告展示”[12]。交通工具广告的基本营销战略是，它可以在室外触达移动中的城市人口。与广告牌不同，交通工具广告的受众接触广告时往往有更多的时间阅读广告讯息；在接触车内广告的情形下，受众每次上下班途中出现在广告面前的时间更长。广告主可以根据自己的需要，选择要大面积触达，还是要精准触达。

车体广告

车体广告在交通工具广告收入中占了最大的一块。车体广告投放在公交车、地铁以及出租车的车身上。近来，越来越多的车体广告出现在卡车的两侧或移动路牌上（见图 12.12 和图 12.13）。

图 12.12

车体广告面向行人和来往车辆。

Courtesy of Trone and Healthtex.

图 12.13
在很多大城市都可以看见出租车车顶广告的身影。

虽然车体广告可以放在公交车车身的任何一边，但其基本单位却分为特大号和大号：特大号招贴出现在公交车的车身两侧，大号招贴则只出现在车身面向人行道的一侧（见图 12.14）。最近的一大创新是全车身广告或地铁围裹广告，即用一条广告覆盖整个车身，车窗张贴特殊材料，以便乘客从车内向车外看，但从外面看广告是一个整体。所有的车体广告都印在乙烯基上，或者放在画框内，或用更常见的黏胶剂固定。在大多数市场，广告主可以从众多公交线路中进行选择，以此作为整个市场或某一市场的一部分。车体广告的目的主要是在白天触达行人和过往车辆。

车体广告可以给面临着营利压力的城市交通系统提供大量所需资金。例如 2009 年秋天，纽约市城市交通管理局（Metropolitan Transit Authority）开始出售地铁车厢的车体广告位，而历史频道（History Channel）则成了第一个购买该广告空间的客户，它们在车身上投放了其连续剧《地下城市》（*Cities of the Underworld*）的广告。纽约市城市交通管理局还开始出售地铁检票口的广告位。[13]

图 12.14

车体广告中最受欢迎的两种形态。

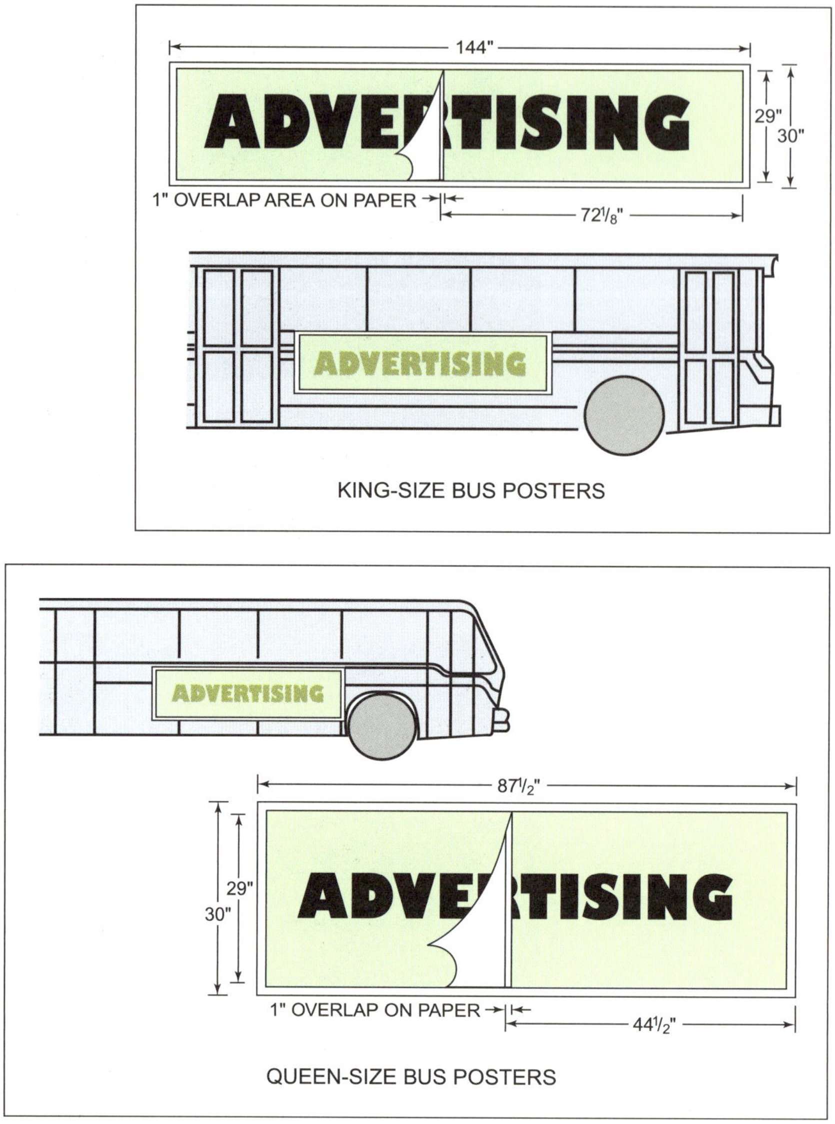

车内广告

车内广告通常指车内吊牌，大小不一，往往随公交车和地铁车厢扶手架的变化而变化。车内广告的优点是保存时间长，尤其是与其他户外广告形式相比较而言。由于大多数通勤者每天的乘车路线相同，因而车内广告是实现高频率接触的最佳选择。车内广告偶尔还附带供乘客带走的广告卡片或撕页，因而它兼具交通工具广告和直接反应广告的特点。我们也能在一些出租车上看到车内广告。

美国的一些大型交通系统曾实验过在车内使用移动电视，密尔沃基市的公交系统还测试过定位短信服务，密尔沃基市公交系统的车内广告鼓励乘客向连锁店哨兵食品（Sentry Foods）发送短信，赢取价值 500 美元的大礼包。通过这一广告宣传，哨兵食品争取了大批参与者。[14]

机场广告

机场广告有很多选择。我们常见的机场广告载体有**背光板**（backlit panels）、电话中心、墙纸、行李传送带、行李车、机场大巴候车亭、终端电脑亭和大门电脑亭等。

不管具体采用什么形态，机场广告的目的都在于在一个封闭的环境中触达来往的客流。该媒介具有带来大批受众、触达高端受众的能力，因而吸引了众多的广告主。

街道设施广告

户外媒介的一个特殊领域是街道设施广告。美国户外广告协会将这一类室外广告定义为“街道广告，大多出现在公共设施上，安放在最接近行人和购物者的位置，与其视线持平，或安放在路缘上，以影响交通客流”。这类室外广告主要出现于公共汽车长椅、店内陈列、购物中心、报摊、自行车存车架、公交车候车棚站牌等之上（见图 12.15 和图 12.16）。

在重点大都市，候车棚招贴是发展得极快的一种媒介。候车棚广告的面积大约为 4 英尺 ×6 英尺，其负载的广告讯息旨在吸引上下班人流和行人的注意力。背光板可以 24 小时提供信息，不受其他竞争媒介的冲击。候车棚招贴可以覆盖整个市场，或瞄准大都市的精选地理定位（见图 12.17）。

和车站招贴、车内广告一样，候车棚招贴也可以在上下班人流中产生极高的接触频率（见图 12.18）。广告板的单位成本依人口、购买数量及合同期限（版面合同从 1 个月到 12 个月不等）不同而有所不同。候车棚招贴的千人成本只有几美分，完全可以与其他形式的交通工具广告相媲美。即使按照户外广告的标准来看，招贴的体积也很小，“……但考虑到它可以与人的视线持平这一点，它们的影响力……和你从远处看到的大广告牌毫无二致”[15]。

候车棚招贴是街道设施广告中的一大类别，一大批重要广告主都在用它。在开发其他户外媒体所谋求的多样化室外广告支持方面，候车棚招贴一直是领军者。尽管候车棚广告只占全部广告的一小部分，但它的增长速度却高于整个广告支出的增长速度。最后一点，候车棚广告没有户外广告的常见问题，其收入一般由市政公交公司共享，这使得候车棚招贴成了很多预算紧张的城市青睐的创收来源。

Courtesy of Loeffler Ketchum Mountjoy and Bike Charlotte.

图 12.15
自行车存车架上的广告安放在面向行人的一侧。

Courtesy Max20 and Landmark Midtown Art Cinema.

图 12.16
这类交通工具招贴可以放在对广告商最为有利的位置。你会把这张招贴放在哪里?

购物中心广告是另一种重要的街道设施广告。斯卡伯勒研究中心最近的一项研究表明，购物中心广告有利于触达难以触达的青少年市场，在这方面尤为有效。该研究显示，大多数青少年表示他们逛商场的时间超过 2 小时；此外，青少年们还表示他们会注意到购物中心内的广告，包括招贴、数字屏幕、互动信息站以及地面或墙面的动态画面。[16]

另类室外广告

另类室外广告种类繁多，凡可以在受众参加具体活动时触达他们的室外广告均属此类。它们是最宽泛的一种户外广告形式，从停车计时器广告、影院广告、体育场广告一直到垃圾桶广告、健身俱乐部广告和地铁隧道广告，不胜枚举。此外，购物袋广告、路边标识、沙滩广告以及收费厕所广告也属此类。

有些另类室外广告可以为广告主提供很多机会。比如，电影院广告包括片中插播广告或放映前 1～2 分钟播放的商业广告、自助售票站广告以及电影院招贴。近年来，

Courtesy of Adler Chomsky & Warshavsky (Grey Israel) and Berlitz.

图 12.17

各种产品和服务都可以通过交通工具招贴来有效地进行促销。

图 12.18

公交车候车棚广告可以让司机和行人看到。

Courtesy of Josslyn Mikow.

由于电影院广告深受广告主的欢迎，电影院广告的收入有所增加。[6] 体育场馆广告包括记分牌、休息室、垃圾箱以及小卖部招贴。健身俱乐部广告则可以通过健身房内的平板招贴、视频以及健身俱乐部抽样网络，以相对较低的千人成本触达难以触达的受众。

随着无线和宽带上网扩展了数字媒体的内容并提高了广告的效率，数字媒体也为广告主提供了越来越多的机会。数字媒体处于电视和室外广告的交叉点，从而为广告主提供了大量的广告机会。[18] 比如，2008 年 9 月，沃尔玛在沃尔玛网站上投放了针对自家商店的数字媒体，希望在 2010 年将这一网络推广到自己旗下的所有 27 000 家商店。这一新网络可以让广告主针对具体的店铺甚至店内的特定屏幕投放广告。[19]

近年来，许多最富创意和创新的媒介计划都包含了另类室外广告，而且室外广告中的一些媒介倒更像促销，不像传统广告（见图 12.19）。这些不太传统的户外媒介有时能给触达那些难以触达的目标受众创造最佳机会。比如，我们不妨看看竞立媒体以色列公司为宝洁 Fairy 洗碟剂制订的创意媒介计划，该媒介计划将电视贴片广告、地摊广告、鸡蛋广告以及产品派发结合起来运用。“新技术让消费者在接收广告讯息时有了更大的控制权，触达消费者——这件我们一直自以为是的事，再也不能想当然了。不管广告讯息多么出色，如果消费者没有接收到广告讯息，创意就毫无用处。”[20] 巧妙安置的室外广告可以在消费者在最容易接收广告讯息的时间和地点触达他们。按照竞立媒体（特拉维夫）公司传播策划总监吉拉德·凯特的说法，“消费者接收讯息之时就是我们所称的易感之时”[21]。如果能在这一时刻让消费者接触到广告讯息，广告讯息的效果自然会更好。

在另一个例子中，宝洁创作了“Pottypolooza”并将其引入节日和展会等活动中。消费者在参加活动时可能需要上洗手间。Pottypolooza 是一辆里外都绘有嘉敏卫生纸招贴的卡车，内设几个极其干净的抽水马桶，备有嘉敏卫生纸、舒肤佳香皂、帮宝适婴儿整理台和 Bounty 纸巾，深受消费者欢迎。在节日购物季，宝洁将一辆以华尔街

图 12.19

这条另类室外广告在城市的各个地方游走。

Courtesy of Loeffler Ketchum Mountjoy and Bike Charlotte.

为主题的卡车移动洗手间停放在时代广场，此举在购物者中产生了很大的震动。[22]

还有一些更标新立异的另类室外媒介形式，比如将广告安置在我们平时不会注意的地方。电梯中的液晶显示屏（LCD）在播放广告，环卫车载着佳能（Glad）垃圾袋的广告到处跑[23]，干洗衣物袋上印有《绝望主妇》（*Desperate Housewives*）的广告[24]，甚至鸡蛋和香蕉上也都被贴上了贴纸来宣传电影和电视节目。

另类室外广告的另一形式是互动数字户外媒介。因其对消费者的黏性，互动广告已成为另类户外媒介广告中快速增长的一种形态。美国户外广告协会指出，备受关注的三大互动技术是短信或多媒体短信服务（SMS/MMS）、蓝牙（Bluetooth）以及WiFi。现在，内容既可以通过文本加照片和声音的形式发送，也可以通过网页的形式发送，有几种不同的设备可以接收这些讯息，如电脑、手机、个人数字助理（PDAs）以及一些便携式游戏机。甚至一些静态的广告牌也开始互动了。《广告时代》认为，“随着更多的手机配备蓝牙，消费者可以申请更多的信息或下载音乐，与此同时，‘数字油墨’使营销人员得以根据消费者的触屏动作改变自己的讯息和显示屏”[25]。

小 结

室外广告目前在广告总收入中所占份额很小，但却表现出增长的势头。未来十年，室外广告还将继续增长。室外广告为广告商提供了机会，使其得以以低于其他媒介的价格向现有客户提供品牌提示性广告，帮助他们向潜在预期对象推介品牌。

在很多方面，室外广告也和售点广告一样，能在消费者临购物前触达他们。室外广告种类繁多，几乎每一个广告目标都可以找到一种与之相匹配的广告形态。尽管传统媒介更加碎片化，室外媒介依然可以保持其在大批受众中的触达率和频率。在室外媒介深受全国性广告主欢迎之时，行业兼并提高了购买多个市场的效率。而众多广告主则发现新兴的互动室外媒介颇具吸引力。

室外媒介同样也受益于对受众测量和媒介传播效果的深入研究。随着越来越多的全国性广告主开始将室外媒介纳入考虑之中，室外广告业有必要给广告主提供类似于其他媒介竞争者所提供的调研。

复习题

1. 为什么说产品品类的多样化对室外广告具有重要意义？
2. “室外广告”一词为什么可以部分取代“户外广告”一词？
3. 室外广告主要有哪些类型？
4. 媒体客流量审核局（TAB）的作用是什么？
5. 交通工具广告为什么近年来大幅增长？
6. 对大多数广告主来说，户外广告的主要作用是什么？
7. 8 幅招贴的主要优点是什么？
8. 户外招贴的主要缺点是什么？

宝洁 FAIRY 洗碟剂

媒介创新战略

自 2002 年投入市场以来，Fairy 在以色列市场上一直保持增长态势，但市场领导品牌棕榄 25 年来一直在洗碟剂品类中位居市场第一，其地位似乎牢不可破。在这个严峻的市场上，我们的挑战在于保持 Fairy 的进一步增长。

我们的目标群体是处于家庭核心地位的成熟妈妈们——“传统的完美主义者”，她们有既定的品牌选择方式。尽管她们希望获得最好的洗碟剂品牌，但新品牌也很难打动她们，她们相信久经考验的棕榄。

我们意识到，自己并不是只为获得更高的关注度而战，而是在挑战传统：我们必须摆脱传播产品功效的套路，去争取另一个层面的信任。

我们的洞察：这些完美主义者目标受众在两个选择之间纠结——是花时间与家人相处还是保持一个完美的家？Fairy 如何帮助完美主义者目标受众两者兼得呢？

创意执行

成熟的妈妈们致力于维护家庭的稳定，但她们也面临着成年孩子离开家庭、服兵役等不确定因素。

传统的星期五安息日晚餐每周将家庭成员团聚在一起。尽管妈妈们希望与家人共享时光，但她们却无法摆脱自己因不完美而负疚的感觉，因此，她们只好在家人团聚、共享宝贵时光的时候洗碟子。

我们决定针对星期五推出 Fairy 洗碗皂。我们的任务是让妈妈们知道：Fairy 的超级去污配方可以帮助她们更快地清洁碟子，从而让她们走出厨房，享受与家人欢聚的时光。我们的传播概念包含了一个行动倡议：“妈妈，来和我们一起坐坐！”我们让这些妈妈的家人来向妈妈传达这个诉求。

MEDIACOM
People First ▶▶ Better Results

目标受众

我们充分利用了安息日的前奏：

- 电视贴片广告号召家庭成员：“声音开大点，妈妈还在厨房呢！”（暗示如果使用 Fairy 的话，妈妈已经从厨房出来了。）
- 火车站探亲人员抽样，包括问候周末回家的学生和士兵，向他们派发笔记，让其带给他们的妈妈，请求妈妈与“周末回家”的孩子在一起多待一些时间。
- 花摊前的样品派发、标识以及提醒——花是星期五送给妈妈的经典礼物——也有助于宣传“Fairy 安息日”这一主题。

- 鸡蛋广告有助于在妈妈们做饭时提醒她们家庭时光的重要性，我们在 2 000 枚鸡蛋上印有“妈妈，来和我们一起坐坐！”的广告口号。

非营利机构和公众人物也帮助我们一起宣传周五晚家庭团聚的重要性，从而将 Fairy 的广告主题拓展为更大的社会话题。

有效性

针对妈妈的广告收效第一：不到 4 个月，Fairy 就超越棕榄而成为以色列洗碟剂市场第一，并在棕榄称霸了 25 年的大本营中继续成为市场领导者。Fairy 的品牌意识、购买意愿以及“心理第一”得分都为历史最高。Fairy 已然成了以色列的新传统。

Courtesy of MediaCom Tel-Aviv, and Procter & Gamble.

第十三章

Khlobystov Alexey, Shutterstock.

数字媒介与直接反应广告

数字技术和直接反应广告新机遇正在改变广告主和消费者之间的交流方式。▶

本章学习目标

1. 了解数字媒介对广告主而言的优缺点。
2. 了解直接反应广告的发展历程。
3. 认识客户关系营销的五个优点。
4. 认识数字媒介的五大广告类型。
5. 了解营销商利用商业网站的四种途径。
6. 了解直接反应广告的优缺点。
7. 掌握直接反应广告的三个目标。
8. 认识直接反应广告的三个特点。
9. 掌握数据库营销的概念。
10. 认识直接反应营销的四种类型。
11. 认识直邮广告的机遇和挑战。

自 20 世纪 90 年代中期以来，直接反应广告的方方面面——从销售技巧到消费者信息的获取——都发生了重大变化。今天，几乎所有的广告主都在运用直接反应技巧，并将它作为营销战略的重要一员。营销商经常采用数字媒体广告，将其作为直接反应广告的一种形式，不过这并非一成不变的。考虑到数字媒介的影响以及所有传统媒介对数字媒介的广泛运用，我们已经在第七章至第十二章探讨了数字媒介的部分内容。在谈到互联网及其互动广告的其他形式时，本章主要关注之前未涉及的数字媒介的使用。

数字媒介的优缺点

1 了解数字媒介对广告主而言的优缺点。

数字媒介——优点

1. 数字媒介可以给广告主提供一个成本相对低廉、快捷、精准、可测量且容易获得的互动媒介，尤其是在 B2B 这类利基市场上。
2. 数字媒介可以将互动音频和视频结合起来，让消费者参与其中。
3. 数字媒介是最灵活的媒介之一，能根据市场和竞争条件的变化而随机应变。

数字媒介——缺点

1. 目前，虽然某些类型的数字广告已经开始为营销商发挥作用，但早期的失败却导致广告主在探索数字媒介的应用上谨小慎微。
2. 尽管网络这种非正式传播手段越来越流行，一些消费者仍然不愿利用网络购买产品和服务。即使一些网站是安全的，消费者也不愿在网上提供自己的信用卡卡号。
3. 大量的商业网站和非商业网站搞得消费者难以了解每一个网站提供的产品或服务，即使知道了也不可能在每一个网站停留很久。

与消费者的直接接触

2 了解直接反应广告的发展历程。

向消费者直接销售的概念并没有发生什么变化。18 世纪 40 年代，本杰明·富兰克林就通过邮寄广告出售科技类图书；100 多年前，蒙哥马利－沃德公司的目录邮购业务就已欣欣向荣了（见图 13.1）。过去 25 年来，营销商与其消费者逐步建立起了更为私人化的关系，他们稳步前进：

- 从大众营销，即用最低印象成本触达相对混合的预期消费者；
- 到品类营销，即按宽泛的人口统计学特征划分的消费者，如目标消费者为 18～34 岁的女性；
- 到利基营销，即进一步细化宽泛的品类，如 18～34 岁带孩子的女性；
- 到群体营销，即预期消费者将自己视为有相同兴趣的群体中的一员（如网球运动员、歌剧爱好者、古董收藏家），营销商向这些预期消费者提供符合其兴趣的信息和产品优惠；
- 到一对一营销，即根据消费者的个人兴趣，为其量身定制产品和讯息。

从 20 世纪 20 年代的第一次直邮调研到计算机技术推动的互联网，直接反应广告商现在可以更准确地界定和触达不同类别的顾客群体了。几年前，人们还对直邮营销采用书信形式触达消费者感到惊奇；现在，几乎所有的消费者都是单独收到针对自己的直邮件了。

与此同时，伴随着技术的复兴，竞争降低了品牌之间的差别，并导致了两个结果：（1）价格竞争，卖家利润率缩水；（2）依赖可信的品牌，给消费者始终如一的品质感。例如，一旦知情的消费者从 edmunds.com 获得福特经销商的最新发票信息，福特经销商就会面临一个两难处境——降低利润或提高售后服务水平。事实上，福特

Courtesy of *Montgomery Ward & Co. Catalogue* (1895) 1969. Reprint, New York: Dover.

图 13.1
在美国，目录邮购一百多年来一直欣欣向荣。

经销商可能不得不两者都兼顾一些，因为很多汽车买主都将网络作为信息的一个来源。波克汽车研究中心（Polk Center for Automative Studies）实施的研究表明，在购买第一辆汽车的消费者中，三分之一的人以网络作为自己重要的信息来源，8.2% 的消费者选择电视，4.4% 的消费者选择杂志，3.6% 的消费者选择报纸，1.1% 的消费者选择广播。[1]

营销商越来越要求自己的营销传播活动要新老传播战略并用。一方面，电视广告以及其他传统媒介广告可以树立或保持品牌的知名度及地位；另一方面，知名度高的品牌通过邮件或网络传播更为有效。尽管新技术可以通过互动媒介，在消费者选择之际触达他们，可以通过专门针对个人需求的讯息而触达他们，但单凭一种媒介很难树立品牌形象。[2]

客户关系营销

客户关系管理或**客户关系营销**（customer relationship marketing，CRM）是直接反应广告和数字营销的核心原则，这一原则要求我们从消费者和市场营销者两个角度来加以理解。从消费者的角度来看，很显然，受众认为互动媒介赋予了他们某种权利，他们可以主动行使这种权利；从生活方式的角度来看，调查显示，在线受众在传统媒介上花费的时间不仅少于他们自己能上网前，也少于那些不使用互联网的人。此外，

客户关系营销
客户关系营销是一个管理概念，即根据消费者的需求对业务活动进行管理。

一些受众，尤其是青少年，既使用互联网也使用传统媒介。

除了使用媒介外，消费者还非常欢迎网上优惠券、网上抽奖以及其他针对性销售推广活动。消费者会响应那些为他们量身定做的针对性促销活动，这一点也不奇怪。同样，商家也乐于节省触达这一类选择性消费者的无效广告成本。

客户关系营销还可以给商家提供其他优势。虽然营销商对消费者的控制减弱了，但与几年前的大众媒介广告和直接反应广告相比，预期消费者的触达数量却大大提高了（见图 13.2）。比如，高级软件和互联网的结合可以帮助企业做到以下几点[3]：

3 认识客户关系营销的五个优点。

- 提高针对现有顾客的交叉销售和向上销售的效率。
- 留住更多客户，提高客户忠诚度。
- 提高客户的利润贡献度。
- 提高营销活动的响应度。
- 提高资源投资的效益。

对于上述优点，我们并不感到意外。如果一家企业想与自己的每一位客户都建立更加密切的关系，想必它们就会去更加深入地了解自己的客户，然后针对客户的特殊喜好向其提供相应的产品。利用互动广告技术，企业可以了解每一位顾客独特的购

图 13.2

芝宝与滚石乐队（Rolling Stone）联手营销，为音乐爱好者创造社交空间。

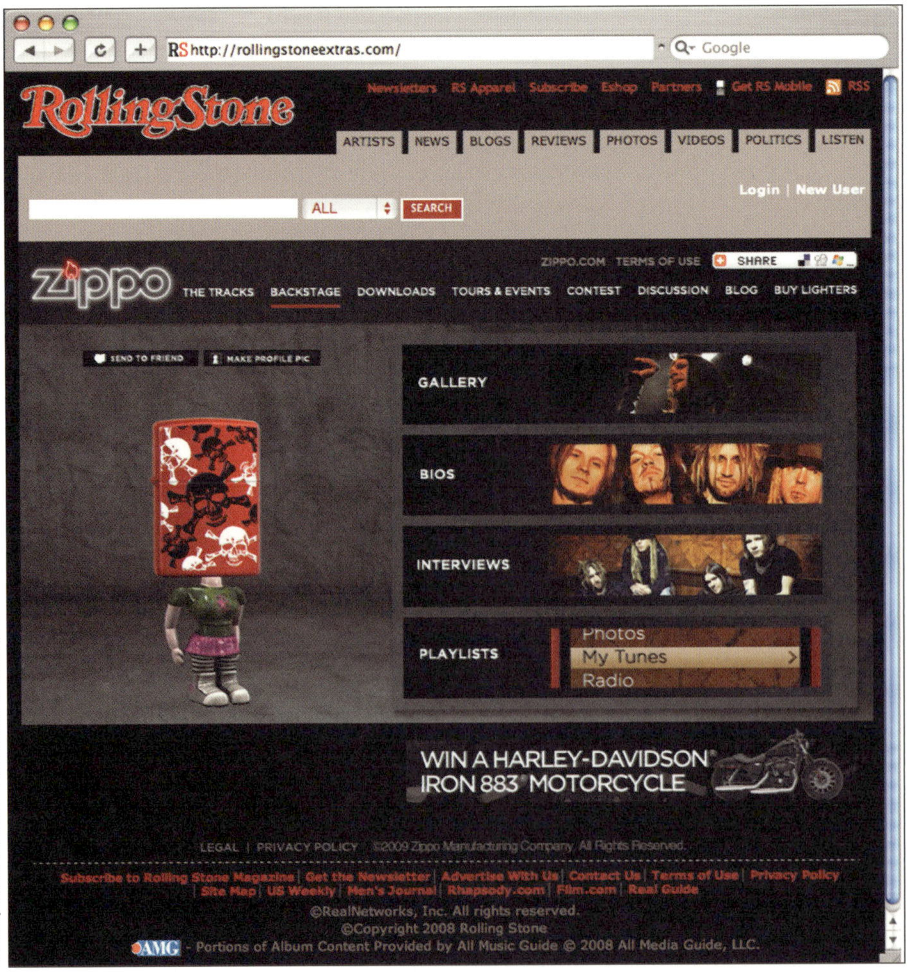

Courtesy of Blattner Brunner (Washington) and Zippo.

物习惯、生活方式和行为习惯。现在，企业再也不用去处理一组组的顾客数据统计聚合，企业已经有能力进行一对一的营销了，完全可以根据预定的顾客需求进行相应的沟通、提供相应的产品，同时还能与同类竞争产品形成差别。因此，最终的结果是，顾客得到了更有价值的产品，而企业则得到了始终忠诚的顾客。[4]

广告与数字媒介

在本书中，我们列举了几个例子，来说明网络和其他形式的数字媒介如何极大地改变了营销商和媒介的作业方式。本节，我们将讨论网络和移动设备中存在的几大类广告，同时也看看一些企业目前用来促销产品和提升服务的一些手段。

根据预测，2009 年，近 74% 的美国人口，即超过 2.27 亿的美国人在使用网络。[5] 鉴于如此之高的网民比例，我们不难想象广告主为什么一直在寻求更好的新方式来运用媒介。从图 13.3 中我们可以看出，在美国，目前最大的网络广告主包括来自金融机构的一些商家，如美国银行、富达公司（Fidelity）、第一资本金融公司（Capital One），以及一些娱乐公司，如威瑞森公司和迪士尼公司。根据美国广告联盟近期对广告业发展趋势所做的一项调查，超过一半的被访广告公司表示，到 2010 年，它们可能会至少将 20% 的电视预算转向网络视频。[6]

鉴于网络作为广告媒介所拥有的巨大潜力，一些大型广告主，如麦当劳、雅诗兰黛、宝洁便纷纷在其广告战役和直接营销中充分利用数字媒体。[7] 预计到 2010 年，美国的互动广告费将达到 290 亿美元，到 2014 年甚至可能超过 550 亿美元。[8] 图 13.4 列出了一些专门从事数字营销的顶尖公司，它们通过一些新颖别致的方法，运用数字媒介触达当今热衷于数字媒介的消费者。下表列出了数字媒介广告的主要形式及其各自在 2010 年的支出份额。

4 认识数字媒介的五大广告类型。

主要互动广告类型（290亿美元），2010年

数字媒体	支出占比
搜索营销	61%
在线图片分类广告	29%
电子邮件营销	5%
社交媒体营销	3%
手机营销	2%

资料来源：Forrester Research.

搜索广告

搜索广告，抑或关键词广告，基本上成了所有数字广告形式中的霸主，其收入预计到 2015 年有望翻一番，而营销商——无论是国际品牌还是当地的夫妻店——则可以通过拍卖系统竞价争夺与产品相关的单词或短语。当消费者在搜索引擎中键入这些词语时，赞助商的链接便会随之出现在搜索结果页的顶部或右侧；如果消费者点击了该链接，广告主只需要向搜索引擎公司支付一定的费用。在众多搜索引擎公司中，主力队员是谷歌、必应（Bing）、雅虎、围扑（Dogpile）以及康卡斯特搜索（Comcast Search）。目前，美国民众每月搜索的次数超过 110 亿次，其中 65% 都是通过谷歌完成的。

图 13.3

美国网络图片分类广告主前 10 位

排名	营销商	媒介支出 2008年（$）	2007年（$）	变化（%）
1	美国银行	223.2	158.3	41.0
2	FMR Corp.（富达公司）	212.7	193.9	9.7
3	福特汽车	187.5	158.6	18.2
4	益百利（Experian Group）	151.1	190.6	-20.7
5	威瑞森通信	143.3	157.8	-9.2
6	沃尔特·迪士尼	108.7	84.5	28.6
7	太阳神集团（Apollo Group）	107.1	99.9	7.2
8	新闻集团	100.8	138.1	-27.1
9	第一资本金融公司	83.6	101.0	-17.2
10	亿客行（Expedia）	79.4	104.9	-24.4

资料来源：Reprinted with permission from *Advertising Age. Advertising Age*, June 22, 2009, p. 18/Top Ten Display Advertisers on the Internet.

图 13.4

美国的顶尖数字广告公司

数字广告公司正在飞速发展。

排名	公司名称	总部	美国境内收入（$）	变化（%）
1	Digitas*（阳狮）	波士顿	345.0	34.2
2	Razorfish（微软集团）	西雅图	299.3	27.1
3	Rapp*（奥姆尼康）	纽约	204.0	90.5
4	OglivyInteractive*（WPP）	纽约	203.9	16.3
5	IBM Interative*（IBM 集团）	芝加哥	188.0	NA
6	Sapient（Sapient 公司）	麻州坎特伯雷	164.0	10.8
7	Wunderman*（WPP）	纽约	162.3	11.7
8	AKQA	旧金山	128.0	30.6
9	Organic*（奥姆尼康）	旧金山	125.3	45.0
10	R/GA*（埃培智集团）	纽约	102.2	33.4

注：2007 年金额单位是百万美元；* 为估算。

资料来源：Reprinted with permission from *Advertising Age. Advertising Age*, December 29, 2008, p. 49/Top Ten Digital Agencies.

对于预算紧张的小广告主来说，搜索广告不失为一种可行的选择。这样，地方性营销商便无须再将广告预算投向传统广告，如含有无效发行量的报纸广告，而是根据城市和邮政编码锁定搜索结果。此外，移动搜索设备也给消费者收集当地服务信息提供了更加便捷有效的途径。媒介经济学家休·马丁（Hugh Martin）在“克莱普纳观点 13.1”中探讨了搜索广告的可能性。

在线图片分类广告

数字广告的第二大类是在线图片分类广告，主要表现为条幅或按钮，当然还有一些其他表现形式（如柱状广告、通栏广告、微型线状广告）。这些广告有静态的、动态的或包含视频的，但绝大多数都有直接链接至广告主的直接回复功能（见图 13.5、图 13.6）。只要是在网页内而非在单独的视频播放器上播出，富媒体图片分类广告一般都会包含视频、音频或 Flash。广告巨头宝洁公司 2008 年增加了 200% 多的在线广告，减少了 40% 多的电视网广告，此举引起了人们的注意。[9] 正如此前提到的，很多企业都开始效仿宝洁的做法，从传统广告逐渐转向在线广告以及其他数字广告形式。

点进率（CTR）是衡量在线图片分类广告成功与否的传统标准。所谓点进率，指一条广告被点击的次数除以观看的次数而得出的数值，通常在 1%～2% 之间，有些产品也可能低至 0.1%，但如果制作水平、优惠条件以及技术手段不同，点进率也可能大大升高。尽管定义和测量点进率不难，但它却没有考虑广告对品牌的影响，没有考虑其他营销传播形式的影响。对此，一位在线研究人员称：“一条在线图片分类广告可以将搜索广告的点进率提升 25%～30%，如果（广告主）单纯从搜索来测量点进率，那么他就会错过在线图片分类广告的影响。”[10]

全国性广告主往往通过在线网络处理图片分类广告。这些公司将广告贴在不同内容的网站上，以便广告能在理想的受众面前得到最大限度的曝光。尽管图片分类广告正在以不同的形式货币化，但“单位印象成本”（即通常所称的“千人成本”）仍然是业界标准。2008 年的一项调查显示，广告网络的千人成本为 0.6～1.1 美元。[11]

在线视频广告是在线图片分类广告的另一种形式，它既包括经过修改、流向网络的电视广告，也包括长篇品牌视频广告的剪辑片段。尽管估算结果不一致，但 2010 年，人们至少已向在线视频广告投入了 10 亿美元的资金，其中大部分是在广播网的网站（如 ESPN.com、NBC.com）而非 YouTube 之类的消费者视频网站上播出的。

电子邮件营销

电子邮件仍然是培养和维系与预期顾客和现有顾客之间的关系的有效手段。2010 年，美国电子邮件营销的支出为 14 亿美元。随着在近期经济低迷期中出现的新经济复苏迹象，电子邮件营销成了一种成熟的在线营销手段。按照业界一位专家的说法，电子邮件是“直接营销中的摇滚明星……因为它最具成本效益，而且最便于追踪”。近期的一项研究显示，营销商发出的邮件中，通常 22% 会被打开，从而给营销商创造 6% 左右的点进率。当然，这个数据会因营销商和产品类别的不同而不同。比如，相比服装广告邮件（点进率约为 14%），人们更倾向于打开与金融服务有关的广告邮件（点进率约为 32%）；同样，消费者产品广告的点进率（9.7%）也高于金融服务的（7.8%）。[12]

营销商正在从大规模邮件营销转向更具针对性、更具个性的邮件营销：“根据人口统计数据，提高电子邮件名录的品质……可以使营销表现提高 3 倍。”[13] 除此之外，营销商还面临着一系列问题，比如在什么情况下、怎样做才能触达一个网民。对这些问题的争论为在线营销催生了一些新的词语。

- **垃圾邮件** 指未经同意、不请自来的在线广告或在线促销讯息。垃圾邮件散布者指发送这些讯息的公司。
- **选择接受** 一种许可式营销形式。指企业只有在在线顾客与其建立了一定关系后，方可向该顾客发送营销邮件的做法。该顾客很可能之前在这家公司购买过产品，或在公司网站注册过，并同意接受该公司发送的产品介绍或促销材料。福特汽车公司的选择接受活动就叫作“连接”。在该活动中，在线营销系统会给福特汽车买主提供各种促销或打折优惠，但只有经过同意，它们才可以向潜在买主发送这类讯息，与此同时，福特汽车还要保证不向其他公司透露用户信息。
- **选择拒绝** 一种机制，指顾客可以通知促销方他们不愿接收垃圾邮件。

垃圾邮件
通常指不请自来的在线广告讯息。

选择接受
一种许可式营销形式，指企业只有在在线消费者与其建立了一定关系后，方可向消费者发送讯息的做法。只有消费者才有权决定是否建立联系。

选择拒绝
指邮件接收者用来告知广告主不再接收广告讯息的程序。该词通常与在线促销相关联。

美国国会于 2003 年批准通过了一项法律——《反垃圾邮件法案》（Controlling the Assault of Non-Solicited Pornography and Marketing Act，CAN-SPAM Act），法案对商业邮件发送者提出了一系列要求，同时赋予消费者叫停垃圾邮件的权利。在促进交易或更新现存商业关系中的客户时，电子邮件不得包含错误信息或误导信息，否则即被视为违反《反垃圾邮件法案》的大部分条款。

此外，直接营销业也强烈反对垃圾电子邮件。直接营销协会（Direct Marketing Association）主席兼首席执行官 H. 罗伯特·韦恩岑（H. Robert Wientzen）说：“以我之见，垃圾邮件发送者之于邮件用户，就像杂草之于花园。”[14] 此外，美国广告公司

克莱普纳观点 13.1

休 · J.马丁博士（Hugh J. Martin）

俄亥俄大学E.W. 斯克里普斯新闻学院调查副教授

休 · J. 马丁

搜索引擎、广告价格与盲销

一项调查显示，谷歌和雅虎的广告销售正面临着一名“新贵”的威胁。乍一看，这项调查结果引起了众多搜索巨头对广告业务的质疑，但近观即可发现，谷歌和雅虎的精英们显然对自己正在做什么心知肚明。

《纽约时报》[1] 刊登的一篇文章报道了一家名叫 Quigo 的科技新秀，它说服福克斯、ESPN 及 Cox 娱乐公司放弃将这些搜索引擎巨头当作自己的文本广告供应商。这些搜索引擎巨头的广告会随着被搜索的单词而出现在搜索结果旁边。

《纽约时报》报道称，与谷歌和雅虎不同，Quigo 会具体告知广告在网页中的位置，并将具体位置连同广告一并销售给广告主。

由于广告主瞄准的是多半会购买自家产品的人，因此搜索巨头们隐藏广告信息的做法就显得有些莫名其妙，毕竟大多数广告主都希望自己的广告刊登在最吸引潜在用户群的位置上。譬如，假设你主营体育用品，那么你一定希望自己的广告刊登在权威体育网站上。

搜索广告如何运营

根据《广告时代》[2] 的报道，搜索巨头们的盈利主要来自文本广告。

广告主购买搜索公司的关键词，随着用户在搜索引擎中键入关键词，他们的广告便会频繁地弹出。但只有在用户点击广告后，广告主才需要支付广告费。因此，广告主购买的是一定数量的点击率，这决定了广告出现的频率与位置。

由于搜索巨头们不仅将广告投放到自己的网页上，还投放到众多加盟网站的网页上，因此广告主知道自己支付了多少点击量，但却不知道这些点击量来自哪里。

如果广告主知道自己的广告出现在了自己瞄准的网站上，他们是不是就会购买更多的广告呢？既然如此，为什么不公开信息呢？

隐藏信息或将增加广告收入

我非常感谢罗伊 · W.肯尼（Roy W. Kenney）和本杰明 · 克莱因

协会、美国全国广告主协会以及直接营销协会还共同制定了九条自律指南，以保证合法的电子邮件营销。这些指南鼓励其各自的成员：[15]

1. 确保主题句真实。
2. 确保邮件附带有效的邮箱地址和实际地址，以方便意欲与公司联系的用户。
3. 在邮件开头注明邮件主题和寄件人。
4. 为消费者提供清晰明确的电子邮件选项，以便消费者随时从名录中移除自己。
5. 确保电子名字移除功能便捷可靠。
6. 针对每个品牌和产品给消费者提供退订商业邮件的选项。
7. 确保不通过自动化系统（指未经消费者同意的蜘蛛机器人应用）获取对方的邮件地址。
8. 确保不向无关的第三方提供电子邮件名录，无论其出于什么用途。
9. 通过电子邮件或相关链接向邮件发送者提供隐私保护政策。

（Benjamin.Klein） 在 1983 年《经济与法律杂志》（*Journal of Law and Economics*）[3] 上一篇文章中的论述：

广告主认为，网站也有优劣之分。他们可能会对经由谷歌和雅虎而搜索到的众多网站感兴趣，大多数广告主都希望自己能在其中有所选择。

但广告主们实际上无法选择网站，不管他们是否愿意，他们都只能估算所有网站上的每个点击的平均值。很多网民点击了广告，却什么也不买；而那些客流量小的网站，其点击数中能转化为购买行为的数量恐怕就更少了。

因此，人气最高的网站拥有的点击量自然很高，进而产生更多的买主。换一个角度去想，也就是说这些理想网站上的每次点击的平均销售额也较高。

如果广告主可以识别出理想的网站，他们就会在理想的网站上加大投入，广告也就会更加集中在那些网站上。如此，谷歌和雅虎就不得不降价销售网络中那些被广告主冷落的网站，结果导致总广告收入的下降。

两种选择

如果谷歌和雅虎将受欢迎的和不那么受欢迎的网站进行捆绑销售，情形又会如何？买主可能寻找那些能议价的组合，并只购买这些网站。如果搜索巨头不清楚买主们在找什么组合，恐怕就不得不将剩余的组合以低于买主能承受的价格甩卖出去。

另一种做法是给广告主提供一个体验的机会，允许他们分别在不同的网站上投放同一条广告，然后观察哪个网站的结果最好。广告主在首次购买后可以进行调整，要求搜索巨头们将广告重新投放到引发最大销量的网站上。但这会让搜索巨头们花费不菲，而且对广告价格和广告收入的影响与前一种做法一模一样。

一个改变（或许）即将发生

但目前这种安排也可能使谷歌和雅虎的广告分布不同于预期。例如，在 1 000 条博客中投放一条广告可能会产生 1 000 次点击率，但带来的买主数量则会少于 1 000；但若将这条广告投放到少数几个大型新闻网站上，虽然产生的点击量同样为 1 000 次，但其带来的潜在买主数则可能远远高于博客。谷歌和雅虎正试图让买主们相信，这类事情不会发生。

《纽约时报》的文章还报道称，一些买主担心点击量虚假不实，即人们单纯为网站的收入而点击网站上的广告的行为（谷歌和雅虎分享网站的广告收益）。

文章称，谷歌正计划向广告主公布更多的广告位信息，而这些搜索巨头们正面临着来自 Quigo 等新兴公司的严峻挑战。接下来将发生什么，我们拭目以待。

1. Louise Story, "An ad upstart forces Google to open up a little," *New York Times*, 26 February 2007, C1.
2. *Advertising Age, Search Marketing Fact Pack 2006* (New York: Crain Communications, 2006); available from http://adage.com/images/random/searchfactpack2006.pdf, accessed 4 March 2007.
3. Roy W. Kenney and Benjamin Klein, "The economics of block booking," *Journal of Law and Economics* 26, no. 3 (October 1983), 497 - 540.

所谓“垃圾邮件”、“选择接受”和“选择拒绝”，看似直截了当，但具体操作起来却困难重重。例如，在线推广的第一条广告讯息就是垃圾邮件——是不请自来的。即便道德素质最高的营销商，也在积极推行大众在线讯息，只是附加了消费者可以在未来的交流中选择退出的条款。然而，消费者一旦选择了加入电子邮件发送名录，即表示自己在通常情况下愿意接收电子邮件。大脚互动公司（Bigfoot Interactive）实施的一项调查发现，如果消费者选择接收企业的定期营销邮件，相比拒绝接收这些邮件的消费者，前者对该企业的满意度更高。[16]

社交媒体营销

尽管与其他形式的数字营销（2010 年达到 7.16 亿美元）相比，社交媒体营销所占的份额相对较小，但社交网络和其他社交媒体形式的广告潜力已经引起了营销商的注意。美国民众纷纷涌向在线网络，在上面进行社交、创建并分享内容，广告主则

图 13.5

动画可以巧妙地用在图片分类条幅广告中传递品牌讯息。

迫不及待地加入这些社交网络（见图 13.7）。社交媒体包括博客、社交网站、聊天室、留言板、视频和图片共享网站。

社交网络 Facebook 和 MySpace 是美国目前最大的两个社交网站，仅 Facebook 的用户就已超过 2.5 亿，每天登录量高达 1.2 亿次。2008 年，Facebook 的广告收入超过 3 亿美元。

广告主主要采用两种方式运用 Facebook 来触达预期对象。[17] 很多企业在 Facebook 上创建一个资料页，然后积极招募朋友和粉丝注册，并给注册成功的人发送有关特殊活动和商品折扣的信息。粉丝最多的品牌有星巴克（370 万粉丝）、可口可乐（360 万粉丝）以及能多益公司（Nutella，320 万粉丝）。除了建立粉丝基础，企业还可以在会员网页上投放传统的在线图片分类广告，它们可以根据用户在网站上分享的信息——如校友信息、群体信息、年龄以及所在地信息等——投放广告。与谷歌的 AdWords 计划相似，广告主既可以按点击次数收费（PPC），即广告主按广告被点击的次数付费，也可以按印象数付费。根据一位零售商的说法："在 Facebook 上，你的广告比在任何地方都更有针对性，因为我知道自己顾客的年龄、住所和兴趣，只有符合目标顾客标准的用户才能看到广告。"[18]

其他广受关注的社交媒体网站还有 Twitter 和领英。Twitter 最初只用于朋友之间相互联系，但现在，越来越多的营销商开始利用 Twitter 为自己的品牌吸引支持者、提高客户服务水平。卡夫就创造性地运用 Twitter 为自己的奥斯卡・梅尔・维纳流动热狗餐车累积支持者。司机们在 Twitter 上讨论下次在什么时候、什么地方可以看到这个别具一格的餐车。[19] 另外，领英拥有 3 600 多万注册用户，是一个针对大学生、员工的联系网，是业务联系中转站。

视频分享 视频是目前人们乐于在网上浏览并分享的一种内容，YouTube 就是一个处于领先地位的视频分享网站。据最新统计显示，YouTube 每月有 9 000 多万访客，每月浏览视频量超过 60 亿条。更令人吃惊的是用户们对分享视频的欲望：他们每分钟上传的视频总量超过 20 小时，相当于每天上传 28 000 多小时的视频信息。[20] 广告主还可以从 YouTube 购买图片分类广告、搜索广告以及其他功能。例如，2009 年，美国雇员保险公司（GEICO）就以 17.5 万美元的价格在 YouTube 首页上一枝独秀了

Courtesy Brunner Works and Zippo.

图 13.6

动画技术的应用为条幅广告增添了不少幽默色彩。

整整一天，同时还买下了该视频的相关关键词搜索；而福特公司则分文未花就让 100 位“社交媒体达人”将它们的“福特嘉年华”驾驶体验上传到了 YouTube 的嘉年华时刻频道（Fiesta Moment）。[21]

美国人不仅仅热衷于分享视频，对上网浏览视频也有极大的热情。据皮尤网络与美国人生活项目（Pew Internet and American Life）发布的数据，2009 年，有 62% 的美国成年人在视频分享网站上在线浏览视频，在所有美国互联网用户中，19% 的网民都有每天在线浏览视频的习惯。[22] 谁会忘记那个被广为引用的用户生成视频“健怡可乐与曼妥思实验”（Diet Coke and Mentos Experiment）呢？那条视频吸引了数百万的点击量，一时间成为爆炸性新闻并引发了广泛讨论。许多广告主想方设法汇入这个病毒式广告潮流，围绕自己的品牌制作夺人眼球的视频，以便消费者将这些视频分享给自己的家人、朋友。2009 年夏季，法国依云（Evian）矿泉水推出“活出年轻态”（Live Young）轮滑宝贝视频，创造了一周内点击量过 1 100 万的奇迹。

相比广播电视媒介，网络使广告主得以投放更前卫、更多的来自消费者的广告。正如广告大师斯图尔特·艾略特（Stuart Elliot）所说：“骨干营销商们认为自己可以在线上营销上冒更大的风险，因为现在的互联网用户越来越年轻化，而且更习惯于随意的幽默。宝洁已经为其福爵咖啡、佳洁士牙膏、纺必适面料喷雾、ThermaCare 热疗片等主流品牌签下了病毒式广告活动的合约。”[23]

一些营销商也在充分利用用户生成视频这一流行趋势开展视频广告竞赛：近期的一项调查表明，20% 的互动营销商要求参赛选手提交品牌营销视频。[24]2009 年较引人注目的几场视频大赛分别有多力多滋的“撞碎超级碗”（Crash the Super Bowl）广告视频大赛以及 A1 牛排酱（A1 Steak Sauce）的“为牛肉而歌”（Sing for your Beef）广告视频大赛。举办广告视频大赛的目的除了吸引更多的消费者，培养他们的参与意识之外，还可以让“营销商倾听顾客的需求之声……帮助营销商激励用户，推动病毒营销努力……不仅如此，它还可以帮助营销商收获廉价的原创在线视频内容”[25]。甚至连哈德之家（Huddle House）也开始采取行动了。哈德之家活动要求参赛者必须制作一段哈德之家的视频并上传至 YouTube 网站，才有可能赢得平板电视机和其他电子设备等奖项（但不包括免费早餐）。

图 13.7
银发族正在成为社交网站上快速增长的细分群体。

如前所述，广告主正想方设法利用社交媒体的人气。但要达到这个目的，只能靠吸引消费者参与，而不能让他们感到自己的私人空间受到了侵犯。“消费者是一个易变的群体，在自己亲近的品牌上有大把的时间。问题在于，他们将这个视为自己的地盘。我们都成了自己的娱乐来源……但抵制别人到自己的地盘上投放广告。”[26]

手机营销

手机广告是一个前景光明的领域，正在成为人们的青睐之物。到 2014 年，手机广告支出有望达到 2009 年的 3 倍。据《电子营销商》（*eMarketer*）的估算，2009 年美国的手机订户超过了 2.8 亿。[27] 随着越来越多的人利用手机查看天气、查找电影、搜索网页、查收邮件、进行社交、打理财务、观看视频以及交易股票，智能手机正迅速成为平常之物。例如，如果某只股票下跌到一定程度，你的手机就会主动提高警惕，随时在线（或与经纪人一起）给出抛售指令——这一切在巴哈马的钓鱼码头即可完成！

虽然广告主看到了手机所蕴含的潜力，但也不得不小心对待。调查表明，消费者非常反感不请自来的手机“邀请”，因此，手机营销商开始发送比赛分数等内容，以便自己的品牌名称或广告口号随比分出现在用户的手机屏幕上。利用行为追踪工具，保时捷（Porsche）推出了一场尾标为“你也可以拥有，点击查看详情”的手机广告活动，并取得了巨大成功：用户的浏览行为表明他们在搜索豪华轿车，于是在他们通过智能手机访问 Weather.com 网站或查看比分时，他们的手机屏幕上便会显示保时捷的广告讯息。[28]

智能手机应用程序 自 2007 年开始，iPhone 手机已售出 3 000 多万个，而 iPhone 的 App 商店则迅速成为营销商的宠儿。App 是应用程序（applications）的缩写，App 商店中的大部分程序并非由苹果公司研发，但都可以下载到苹果手机上。App 商店中的程序一部分为免费程序，一部分象征性地收取一点费用，种类包括游戏、新闻采集以及娱乐。据最新统计显示，App 商店中目前有 65 000 多个程序可以下载，下载量已超过 15 亿次。卡夫专门为 iPhone 手机打造了“杀手应用程序”，向 iPhone 用户提供附带卡夫食品（以及卡夫广告）的产品配方。卡夫推出的 iFood 应用程序仅售 0.99 美元，并迅速跻身于 iPhone 热销的前 100 个程序之列。[29] 正如卡夫这个案例显示的，广告主可以创造性地利用手机向用户传递产品价值和广告讯息，同时开发新客户数据库。

数字技术——其他媒介的重要补充

正如我们在前面有关媒介的章节中所讨论的，对于大部分媒介种类来说——包括其他直接反应媒介，数字广告不仅可以单兵作战，更可以成为整合战役中的援军。不信的话，在你下次浏览杂志时请留意一下该杂志中可以直接链接到企业网站、供读者查询详情或下订单的广告的数量。

电视似乎与在线广告很般配，其较高的公信力使其可以在大批预期对象中迅速建立起品牌价值。电视是在典型的广告环境下触达大批受众的，即在正式节目中插播 30 秒钟广告。在人们收看电视节目的同一时间段内，一般意义上的互联网用户可能已经访问了五六个网站，而他所接触的广告可能更像户外广告而非传统的印刷广告或广播电视广告。调查显示，很多电视观众在“看”电视的同时也在浏览网页，年轻成年人和青少年受众更是这样。

在利用网络和跨媒体优惠吸引广告主方面，电视网现在越来越富有创意。例如 2006 年，美国全国广播公司就推出了一个仅限于网络的系列剧《明日之星》（*StarTomorrow*），在线观众可根据需要观看乐队的表演剧集——获胜的乐队可以赢得签约知名音乐制作人、出唱片的机会；而在《美国偶像》这类节目中，观众可为自己喜爱的选手投票，让选手通过得票率晋级下一轮比赛。在《明日之星》推出之前，NBC 还在电视网推出了一档黄金时段特别节目。尼桑公司签约并成了《明日之星》的冠名赞助商，在每段网络视频中都享有 15 秒的广告播出权，同时还可在舞台的显著位置增加尼桑的商标。尼桑不仅在节目网站投放了条幅广告和图片分类广告，在网站主页设置了标识，还在 NBC 电视网的促销时段增加了尼桑的曝光度和植入广告。[30]

很多网络营销都必须面对三群预期对象。绝大多数网站的第一群，也是迄今为止最大的一群用户，由网络达人和临时用户构成。这些消费者只要打算点击条幅广告或阅读广告讯息，网络广告就肯定能迅速吸引他们的眼球（见图 13.8）。第二群用户

Courtesy of Hyunjae Yu.

图 13.8

网上的条幅广告必须瞬间就能引起人们的注意。

主要由娱乐 / 信息导向的固定用户组成。这一群用户主要寻求互动活动，如果网站提供的娱乐项目或广告是他们心仪的，他们就会成为这些网站的回头客。第三群主要由活跃于产品或服务市场的用户组成。他们主动搜索购物信息，有的已经在媒介广告中看到过商品的网站信息，在搜索引擎中偶然看到过商品网站，或者由于熟悉某一品牌而在网上搜索过特定商品的网站。无论是哪种情况，网站都必须提供切合用户需求的最新的产品信息，包括产品价格、购物指南、质量保证等等。回想整个过程，不难发现，这个过程与媒介营销有许多相似之处，都是先靠广告建立品牌知名度，引起人们的注意，随后由零售商完成销售。在某些方面，媒介 - 网络关系和媒介 - 零售商关系如出一辙。

一些调查显示，普通网络用户在等待网络连接时缺乏耐心，时间稍微一长便会立即转向下一个网站。网站选择的极大丰富导致网络用户极度缺乏耐心，这种现象是在其他传播技术中不曾出现过的。这种急躁更加激发了企业对品牌知名度的追求。因此，在网络世界，品牌塑造要完成以下两个目标：

网络
在线商务公司的目的地。

1. 打造网站自身的品牌知名度。在网络商务兴起之初，鉴于在超级碗比赛期间互联网公司购买的广告数量，超级碗完全有可能被命名为“**网络**”碗（“dot-com” Bowl）。一些产品，如处方药，为了满足美国食品药品管理局的要求，要求消费者登录公司网站，全面了解本公司产品可能会出现的副作用。
2. 对于希望在网上获得高度关注的公司来说，品牌塑造至关重要。在线消费者和线下消费者一样，也倾向于自己所熟悉的公司、产品和品牌。两者的不同之处在于，在线关注的跨度使得品牌塑造的重要性超过了以往任何时候。

一些企业发现，在提高网络访问量方面，传统广告更有所作为。只要这种现状不发生改变，在线媒介与传统媒介之间的互补关系就会延续下去。正如一名网络龙头公司的高管所说：“最终，（互动广告）只不过是与消费者沟通的另一个途径，它必须融入广告公司为企业品牌或经营所做的其他活动中，因为将互动广告视为媒介组合中的一个孤立部分是根本行不通的。”[31]

数字媒介的作用与市场营销

5 了解营销商利用商业网站的四种途径。

从广告宣传和市场营销的角度来说，网络和商业网站用途广泛。

1. *充当直接销售的平台*。网络直接销售既可以发挥独立电子商务的作用，如亚马逊网站（Amazon.com）；也可以给功成名就的企业充当辅助性营销手段，如目录销售商 Crate 和 Barrel 网站（www.crateandbarrel.com）；还可以充当传统零售商，如家得宝公司，它们便通过营销网站吸引顾客光顾。
2. *充当以广告为生的传播源*。实际上，几乎所有的杂志、报纸以及骨干广播电视台都开设了网络业务。报纸和电视新闻节目常常在新闻节目结束时附上网站地址，以方便有兴趣的读者浏览网站，阅读特写深度信息。还有一些媒介只开展网络业务，如沙龙（Salon）网站就只拥有网络观众。这些传播机构中的绝大多数都尝试过争取广告赞助，但很少有人能从单纯的网络服务中赚到钱。

Courtesy of The Arras Group.

图 13.9

媒介推动预期对象登录品牌网站查询更多的产品信息或进行产品交易。

3. *充当营销和促销信息源*。目前，成千上万的企业，无论大小，都建立了网站，以便提供产品信息、增进利益相关者之间的关系、报道企业新闻。因此，广告公司正千方百计地利用各种途径有效地满足客户的网络需求（见图 13.9）。很多广告巨头，如李奥贝纳广告公司，便建立了独立的互动部门向客户提供互动式市场营销方案；还有一些广告公司则将线上和线下广告营销战略整合进传统的广告公司客户团队，但这种方式已经不多见了。
4. *充当消费者卷入的奠基人*。越来越多的广告主开始思考如何在消费者浏览广告主的网站时抓住消费者，从而帮助广告主建立品牌联系，刺激消费者定期访问网站。一些产品，如宝马公司的 Mini Cooper 网站（www.miniusa.com），就推出了视频游戏或比赛，而其他公司则为了与消费者更好地互动，或使消费者更好地与员工互动，开办了社交网络或博客。

数字媒介与市场营销调查

显然，网络营销的一大好处是可以收集消费者个体的购买习惯和产品偏好信息。当然，这些数据是在消费者搜索和交易过程中不断收集的（见图 13.10）。不过，网络技术的一大显著优势是可以通过庞大的受访者基础快速而低成本地收集市场调查数据，而采用传统的调查方法则可能无法得到这么庞大的受访者基础。网络使营销商得以触达具体的消费者样本，从而判断若干产品、营销或广告反应。现在，营销商不再局限于几个特定的区域，而是可以在全球范围内抽样了。甚至一些简单的收集产品、测试数据结果之类的工作也更快捷了，而且还比其他方式表现出更高的合作水平。

但网上调查也暗藏着一些危险。例如，人们对网络测试的样本和认知存在疑问，

图 13.10

很多营销商非常重视网络的效能测量能力。此表列出了测量搜索营销是否成功的最常见的几大标准。

标准	总额（%）	广告主反应百分比（%）	广告公司（%）
浏览量增加	76	70	80
转换率	76	65	83
点进率	70	65	73
投资回报率	67	53	76
点击单位成本	62	58	64
行动单位成本（CPA）	55	41	64
线下生成销售成本	55	41	64
在线销售总额	55	41	64
总收入增长	55	43	62
广告支出回报率	44	37	49
搜索引擎链接等级	33	26	37
老板满意度	31	33	31
品牌影响力	26	16	32

资料来源：Reprinted with permission from *Advertising Age. Advertising Age*, 2008 Search Marketing Fact Pack, p. 26/Top Performance Metrics.

其中的一个重大问题是网络受访者可能与普通大众在某些方面存在差异：网络调查参与者比其他人群更年轻、也更不惧怕科技。另一个令人担心的问题是，在线上调查中，劝服和品牌概念的评价标准可能不同于线下调查。随着网络交易的日益广泛，随着网络家庭渗透率的不断提高，线上和线下测试之间的差异也许最终会消失殆尽。

隐私问题

正是让营销商能一对一地接触消费者的这一技术，在收集和使用个人信息的过程中造成了涉及隐私的重大公共关系问题。问题非常严峻，以致很多观察家认为，只有在消费者对个人数据的使用和安全感到满意的前提下，新技术和在线直接反应的潜力才能得到充分发挥。

为了解除公众的担心，联邦贸易委员会针对网络政策与行为展开了一系列调查，提出了网络隐私政策的四个要素：

1. 披露要收集哪类信息。
2. 赋予消费者退出的权利。
3. 消费者有权访问其个人信息。
4. 建立信息使用和信息获取的安全标准。

消费者通常在与消费者隐私保护政策较好的公司交易时感觉更好。最近，网络广告商针对消费者对隐私和行为追踪的担忧，宣布了自己的自我监管指南。该指南由美国广告公司协会、美国全国广告主协会、美国商业促进局委员会以及标示市场区域共同制定。此举旨在提高透明度，教育公民的在线广告行为。

数字品牌术、观众、时段

网络具有及时性、侵入性和国际性，同时它也是一种无界限的媒介，因而给国际广告主带来了挑战。我们在第二十三章将讲到，全球性企业必须意识到，它们必须适应本土市场环境，但与此同时，它们如果想成为真正的跨国公司，就必须保持形象和身份的统一。

尽管网络给那些想在全球化背景下执行本土化战略的跨国公司制造了一些障碍，但网络也给它们的发展提供了一系列重大优势。例如，跨国公司可以在收到国外消费者的订单的同时向他们提供产品信息而无须额外开支。向更大范围的国际受众进行传播的能力也让高等教育获益匪浅，美国的很多高等院校就在网上向国际受众提供自己的信息；此外，这些学术机构大多都将提供的申请材料和表格放到网上，从而节省了一大笔材料成本和邮寄成本。

青年受众

不同年龄段的受众，上网时间也有所不同。报告显示，伴随着网络成长起来的青少年和年轻成年受众——有时称为“互联网一代”，上网的时间已经超过了看电视的时间（见图 13.11）。根据哈里斯互动和青少年调研无限公司（Harris Interactive and Teenage Research Unlimited）的研究数据，13～24 岁的美国青年人平均每周上网 16.7 小时（不包括阅读和发送电子邮件的时间）、看电视 13.6 小时。相比之下，他们平均每周收听广播的时间仅为 12 小时左右，打电话的时间少于 7 小时；此外，他们平均每周花 6 个小时阅读课外书籍和杂志。[32]

青年受众指出，他们之所以偏向上网，主要是因为网络给他们提供了选择内容的控制权。青少年和年轻成年受众比其他受众群体更容易同时使用多种媒体，他们经常在看电视的同时浏览网络。[33] 正如雅虎销售总监温迪·哈里斯·米勒德（Wendy Harris Millard）所指出的那样：“我们这个产业必须评估并改变我们的传播方式，以便成功地触达这个重点目标市场。这一代是具有革命性的消费群体，掌握着主动权并能充分挖掘媒体体验，他们应用媒体的模式将会影响未来的媒介支出。”[34]

网络时段

如广播电视一样，网络也有自己独具一格的时段使用模式。根据在线出版商协会（Online Publishers Association）所做的一项调查，互联网有五个不同的时段：

Courtesy of Tommy King.

图 13.11

青年受众将自己的大部分触媒时间都用于上网。

1. 早晨（周一至周五，6：00—8：00）
2. 白天（周一至周五，8：00—17：00）
3. 晚上（周一至周五，17：00—23：00）
4. 深夜（周一至周五，23：00—次日早上 6：00）
5. 周末（周六至周日，全天）

尽管以时段来看，搜索引擎和电子邮件的使用量并没表现出太大的变化，但各内容网站的浏览量却随着时段的不同而表现出明显的不同。相比其他时段，新闻和信息网站在早晨和白天人气相对较高；相比白天，娱乐和体育网站在晚上和周末人气相对较旺。尼尔森评估报告指出，不同于电视，以上网分钟数和规模论，网络的受众群白天规模最大；但调查显示，夜晚和周末时段则是触达 18 岁以下年轻人的良机。工作时间的上网高峰在 10：00—12：00 之间，居家上网的黄金时段则在 17：00—21：00 之间。[35]

正如纽约星传媒体集团（Starcom MediaVest Group）媒介副总监萨那亚娜·萨卡尔（Sunayana Sarkar）在“克莱普纳观点 13.2”中所指出的，一个人如果打算投身于广告业，他就必须理解并接纳媒介版图中的这些变化。

直接反应广告：概述

尽管直接反应广告包含了互动媒体的很多技术，但如果我们因此就认为传统形式的直接反应广告——从直邮广告到软广告——即将淡出我们的生活，那就大错特错了。直接营销和广告还将继续通过各种方式影响消费者和预期对象。下一节我们就将讨论直接反应广告的利与弊。

直接反应广告的利与弊

6 了解直接反应广告的优缺点。

直接反应广告——利

1. 无论是从地理、产品用途还是从人口统计学特征来讲，直接反应广告都具备真正触达任何预期对象的潜力。
2. 直接反应广告是一种可测量的媒体，可供买卖双方迅速做出销售反应。
3. 直接反应广告可以让广告主发送个性化的讯息，从而与主要目标受众建立顺畅的关系，而这往往是传统大众媒介载体不可能做到的。

直接反应广告——弊

1. 很多形式的直接反应广告单位接触成本很高，这是其面临的主要问题，直邮更是如此。印刷、制作和邮寄的费用近年来都在明显上涨。
2. 为了跟上流动人口上升的步伐，广告主不得不以高昂的代价不断更新预期对象名单。
3. 公众和政府部门对隐私权的关注已成为直接反应行业面临的重大问题，特别是网络营销商，他们正面临着州一级和联邦一级的法律规章的约束，这使得他们通过某些渠道触达新客户的能力大受限制。

克莱普纳观点 13.2

萨那亚娜·萨卡尔
纽约星传媒体集团　媒介副总监

萨那亚娜·萨卡尔

五招助你熬过媒介公司第一年

1. **精通 Excel**　掌握微软 Excel 用法对工作至关重要，如了解如何在数据表之间切换，如何输入外部数据，如何对成千上万的数据进行筛选等。熟练使用 Excel 软件不仅能节省工作时间，提高工作效率，还有助于你在面对客户或主管的紧急要求时提高数据分析速度，成功过关。

   如果具备用微软 PowerPoint 软件制作有效提案的能力，你就可以在媒介公司走得久一点。要时刻谨记：你的提案幻灯片不必将所有的句子都标出或太过详细，提案应该直观，既赋予你的创意生命力，又突出你想要客户采纳的重点。注意，不管你的创意有多完美，成败都在于提案。如果客户看不见它们的形象，你就可能与一个卓越的战略擦肩而过。

2. **熟知潮流**　在设定目标画像时，广告公司固然会以人口统计学和心理学辛迪加调查数据为依据。但我们自己的社会观察往往也有助于我们了解消费者、掌握目标信息。这就像观察一个青年人在购物商场的行为一样简单：观察他们的穿着打扮、购买的品牌、喝的饮料，以及在音像店挑选什么 CD。此外，紧跟最新消息、看电视、看杂志、上网浏览也有助于我们理解社会现象和消费趋势。

3. **拥抱不断变化的媒介格局**　科技已经改变了媒介版图。大约 20 年前，美国有三大电视网、7 000 多个广播电台以及 2 000 多个纸媒；而今，美国消费者不仅选择无止境，而且还掌握着控制权——7 个电视网、50 多个有线网络、500 多个频道、有线数字电视、卫星电视、高清电视以及交互电视供他们选择。现在，消费者通过手机、iPad 便可以收看电视，还可以通过数字摄录一体机、定制视频以及电脑网络直播等手段“定制”电视。与此同时，广播也在飞速前进，推出了在线流、播客、卫星广播等业务。我们可以在网络或手机上浏览 12 000 多个纸媒的文章，手机已然成为新型的强势媒体——口袋中的媒体。相对于电视，手机更有可能实现互动活动。通过植入广告和整合品牌，游戏近几年也逐步变成了营销商的一种媒介，他们通过在游戏内植入广告和整合品牌触达有利可图的受众。随着宽带的家庭渗透率逐步上升，消费者将获得更多的控制权，同时，一些用户生成内容，如博客、聊天工具以及社交网络等也给营销商创造了越来越多的机会。

4. **打破思维定式**　传统的媒介策划往往指“电视播放周数”“触达率”“频率”“印象数”。尽管它们仍然是媒介策划必不可少的重要因素，但重点却由“曝光度”转向了“黏度”。关键是拿出的战略要能与消费者产生情感联系，以更具黏性的方式引起他们的关注，刺激他们参与。面对如此众多的媒介选择，消费者当然倾向于选择多功能媒介，于是营销商不得不更激烈地争夺消费者的注意力，这就要求他们给自己的目标提供黏性使用体验，从而拿出创新性的解决方案。

5. **拜师**　一些广告公司会前瞻性地为刚入职的大学生指派导师。在入职之初即找一位导师无疑是明智之举，这位导师既可以是你的同事，你尊敬他，愿意追随他的脚步，也应该是一个本公司或本行业的资深人士。去和那个人约一个见面时间，向他介绍自己（如果他不太熟悉你的话），向他说明你自己的职业规划。导师可以帮助你认清自己的下一步，在你做出职业决策时给你提供经验性的建议，从而让你的职业生涯大不相同。

直接反应广告的目标

7 掌握直接反应广告的三个目标。

大多数直接反应广告活动至少要完成下列目标中的一个[36]：

1. *直接订单*。直接订单包括所有旨在开启和完成销售任务的直接反应广告，它可以在预期买主拿主意和完成交易时向其提供所需的所有信息。
2. *先导*。凡是能让消费者关注产品、激起预期买主兴趣、提供商品详情查询或销售线索的直接反应广告均属先导活动。
3. *生成客流*。凡是驱动买主光顾某经营场所、实施购买行为的直接反应广告均属流量生成活动，此时的广告会提供产品详情但通常不涉及订单。

传统广告通常与直接反应广告营销联手作战，因为，无论是哪种媒介，那些涉及众多产品和服务的直接反应广告无疑都是它们的一大收入来源。此外，无论是通过邮件还是通过其他媒介，直接反应广告都可以通过品牌广告得到巩固，给消费者提供直接下订单的信心。

直接反应广告的特征

8 认识直接反应广告的三个特点。

不管直接反应广告采用什么手段触达消费者，这些手段都有一些共同特征：

1. *直接反应广告是有针对性的沟通*。除大众媒介直接反应这个特例，广告主会确定销售讯息要触达的具体受众，然后根据受众的消费心态、心理和消费画像量身定做文案。除此之外，广告的发布时机和制作也完全处于广告主的掌控之中。
2. *直接反应广告可以测量*。大多数传统广告的一大弊端是，结果只能估算；而许多直接反应广告形式的结果却可以精确计算到分。更有甚者，广告主还可以精确测量不同的讯息和其他创意手段。
3. *直接反应广告讯息针对个人*。无论是利用邮件、媒介还是电脑，直接反应广告商都可以更好地识别消费者，并通过有针对性、有个性的讯息触达他们。直接反应广告业界的很多从业者都认为，一对一广告的普及只是个时间问题。

一定程度上，是直接反应广告的兴起直接导致了市场的不断变化。我们已经从制造业驱动的经济模式转向了大型零售商主导的经济模式，而到了 21 世纪，我们又发现消费者正在占有越来越多的主导权。家用计算机和高速链接的出现使消费者得以摆脱传统媒介，以一种买卖双方一对一的方式决定购买什么。很快，消费者便再也不会受制于传统市场渠道，无论他们居住在繁华的城区还是偏远的乡村，产品或服务都唾手可得。在这种营销环境下，直接反应广告注定会发展繁荣。

在这样一个日益追求营销和广告投资回报的大环境中，直接反应广告提供了可以量化的结果。然而，正是由于很多直接反应广告代价高昂，因此大多数直接反应广告必须触达狭小的受众。直接反应广告的很多形态（如邮购目录或寄发样品等）如果触达的是非目标对象，则代价惨重。若以千人成本计算，任何直邮广告形式的成本都高于传统的媒介广告；但如果直接反应广告执行到位，则它可以远远低于大众广告的无效发行量触达更多的目标对象（见图 13.12）。此外，对直接反应广告的主要投资旨在引发立竿见影的销售，而广告投入却往往只是建立品牌知名度和形成品牌资产的一个环节，是给未来的销售充当先头部队。

正如我们在本章所见，直接反应广告有多种形式，肩负着实现一系列营销目标的重任。

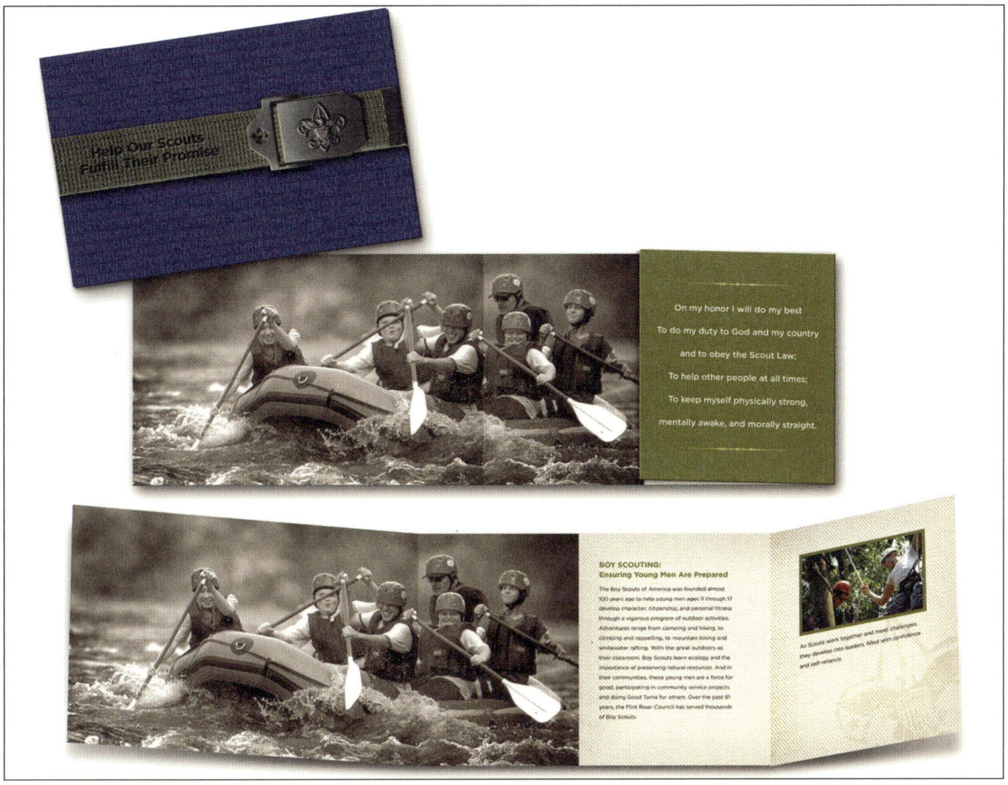

Courtesy of McRae Communications.

图 13.12

针对目标对象的创意广告可以提高广告的反应率。

数据库营销

9 掌握数据库营销的概念。

直接反应广告成功的关键在于透彻地了解每个行业的客户，该信息不仅包括消费者的人口统计学特征，还包括他们的购买习惯、兴趣爱好以及生活方式。就在不久前，消费者数据库还只包含大量的个人基本信息，或许还有一些近期购物的信息，对于消费者接下来将购买什么主要靠猜。

企业正在设法将消费者的个人信息与其购买行为结合起来，以便预测消费者未来的购买行为，预测企业要提供哪种优惠和广告讯息才能促使他们采取购买行动。而要想找到这类信息，就要求营销商进行远比以前更为复杂的调查和数据交叉核查。很多人将这个过程称为“数据挖掘”。企业运用电脑技术，在大量的数据中进行分类整理，寻找新的消费者洞察、细分市场和行为模式。数据挖掘试图通过数据分析找出现有消费者最重要的消费特征，数据挖掘可以通过分析企业过去的成功经验并将这些经验应用于未来，提高企业的利润。

企业进行数据库营销的主要出发点是，利用这些信息来预测未来的购买趋势。企业为此采用了多种预测模型，这些预测模型被称为“行为地图”，通过行为地图，营销商可以将消费者近期的购物活动与其画像结合起来，对他们未来将购买什么、哪些优惠能促使他们付诸购买行动得出较为清晰的画像。例如，如果一家本地音像店向那些经常一次租五部电影的消费者提供“第五部免费”的优惠，这种优惠就毫无意义。“如果营销商了解消费者的个人购买模式，他们就能知道，如果要刺激销售，什么情形才能奏效，什么优惠条件会徒劳无功，从而避免在探索阶段损失大量的时间和金钱。”[37]

为了完成行为地图，为了实施其他复杂的消费者购买识别方法，消费者数据必须集中管理。这种对数据管理的需求导致了对“数据仓库”的开发，即将全公司的数据和数据检索系统集中储存在“数据仓库”内。

以下为 ACME 目录公司（ACME Catalog Company）储存的某消费者的信息：

桑娅（买主）已婚，39 岁，两个孩子（男孩 7 岁，女孩 9 岁）
住在富人区
地址：677 布鲁克黑文，埃文斯顿（2001 年 6 月至今）
101 阳光巷，芝加哥（1994 年 4 月—2001 年 6 月）
44 橄榄大道，迈阿密（1991 年 5 月—1994 年 3 月）
777 缅因街，圣路易斯（1989 年 9 月—1991 年 5 月）

从 ACME	钻石手镯	750（$）	8/3/1998
购物：	香水	124	10/4/1998
	裙子	98	12/10/1999
	桌面用具	49	12/10/1999
	滑雪屐	233	3/25/2000
	女式毛衣	99	4/11/2000
	男式皮夹克	340	5/22/2001
	水晶玻璃杯	210	9/12/2001
	香水	168	11/30/2006
	钻石吊坠	1 025	6/07/2007

通过上述简单的数据库，我们可以大致说出该消费者的一些情况：她来自一个处于上升状态的家庭，根据她的购物记录可以推算，她拥有较高的可自由支配收入。站在营销的角度看，她没在 ACME 买过儿童用品（她会是这些商品的潜在客户吗？）。数据中最让人担心的一点是，她已经有一段时间没有购物了。ACME 是否应该提供特殊优惠来更新双方关系？抑或通过电话或电子邮件与她保持联系？我们深知，将她保留为客户的成本将远远低于去新开发一个消费潜力和利润空间相似的新客户。

客户关系管理的重点和数据库营销的好处在于，它们可以给企业提供信息，从而让企业维护客户的忠诚度（和利润贡献度）；而数据挖掘的重要因素则在于其带来的最终结果要有利于企业和客户双方的互惠关系。

直接反应广告业

在过去的 25 年间，直接反应广告业发展迅猛，并将继续保持这种增长势头。直接反应广告业发展如此迅猛，部分原因归结于网络广告；但除此之外，也要归结于很多其他形式的直接反应广告，包括产品目录、广告夹页、电视直销、广播直销以及直邮等。图 13.13 列出了专门从事直接反应营销的几大领先企业。本节，我们将概述直接反应广告的几种主要形式，并探讨直接反应广告所面临的一些挑战与机遇。

10 认识直接反应营销的四种类型。

电视与直接反应营销

像所有的电视广告一样，直接反应广告也具有视、听、动等优势，再加上“800-”免费热线和互联网预定功能，直接反应营销便成了一个流畅的销售过程。当然，有线

排名	公司名称	总部所在地	美国境内收入（百万美元）	变化（%）
1	Epsilon/Purple@Epsilon*（Alliance Data Systems）	得克萨斯州 埃尔文	360.0	55.2
2	Rapp*（宏盟）	纽约	351.9	15.0
3	DraftFCB*（阳狮）	芝加哥 / 纽约	298.4	4.6
4	Wunderman*（WPP）	纽约	295.0	11.7
5	G2*（WPP）	纽约	189.2	8.1
6	Harte-Hanks Direct	宾夕法尼亚州 郎霍姆	181.9	0.6
7	Merkle	马里兰州 兰哈姆	180.7	20.9
8	MRM 国际 *（阳狮）	纽约	140.0	16.7
9	OgilvyOne 国际 *（WPP）	纽约	134.5	9.8
10	Aspen 营销服务 *	伊利诺伊州 西芝加哥	111.8	18.3

注：* 为 2007 年的估算数据，单元为百万美元。

资料来源：Reprinted with permission from *Advertising Age. Advertising Age*, December 29, 2008, p. 49/Top Ten Direct Marketing Agencies.

图 13.13

美国的十大直接反应营销公司

终端的发展也带动了电视直接反应营销的增长，并为企业利用媒介进行直接销售提供了一系列备选方案。据估计，2008 年，投向直接反应广告的资金已超过 130 亿美元。[38]

直接反应电视（DRTV）有多种表现形式，但最常见的是短小的插播广告（30 秒～2 分钟）和节目长度的电视直销广告。由于结合了传统电视和网络或免费电话的特长，电视正日益成为直接反应广告的主要媒介。网络与电视的融合进一步促进了互动电视媒体的产生，对此我们在第八章已有所论及。直接反应电视营销商在设计自己的广告讯息时带有双重目的：（1）直接得到销售反应；（2）为企业网站争取潜在访客，以使他们收藏该网站，并最终成为公司的常客。最常见的直接反应电视形式有以下几种：

- *含尾标的传统 30 秒广告*。随着直接反应电视与网络销售的结合，这种利用尾标号召消费者立即行动的 30 秒广告越来越流行，尤其是那些已有需求的知名产品和品牌，更乐于采用这种广告形式。不过相对于它所引起的销售，这种传统广告形式的成本较高。
- *两三分钟广告*。这种两三分钟的插播广告存在一个问题：一般很难挤进收视高峰时段，大多被安排在非黄金时段播出，如深夜电影时段。但这种广告也自有其优势：销售时间更长、销售机会更多，更便于给消费者订购产品提供相关信息。
- *电视直销广告*（informercial）。在过去的十年中，**电视直销广告**发展成了一种价值数十亿美元的广告形式。它采用名人代言、精良的制作技术以及独占某一时段的手法，为众多产品创造了成功奇迹。然而，随着各种交互式媒介和媒介融合现象的出现，电视直销广告未来是否能风采依然，还需拭目以待。

电视直销广告

以电视节目的形态推广产品的长篇电视广告。

不管以哪种广告形式出现，作为一种广告工具，直接反应电视都有一定的天然优势：[39]

1. 直接反应电视展示使用中的产品，给产品提供在真实环境中展示自己的机会。
2. 直接反应电视可以刺激消费者对产品的热情。例如，《体育画报》采用了一些赛事的片段，否则，那些广告还会是原来静态的样子。
3. 直接反应电视的效果立竿见影。在 15 分钟的广告时间内，企业收到的订单数占了其订单总数的 75%。
4. 由于大部分直接反应电视广告对时间要求不严，因此可以将它们安排在非黄金时段播出，从而获得巨大的折扣。此外，大部分直接反应电视广告的制作成本也低于传统电视广告。

5. 直接反应电视广告是对销售的一种补充。企业发现，就普通分销产品而言，每一个通过直接反应广告订货的人都可能在零售环节购买 8 个单位的产品。
6. 直接反应电视技术可以测试不同的产品利益、测量销售反应。

单位查询成本

企业按得到的受众反应人次而支付的广告时间和空间成本。

直接反应广告既可以按付费方式销售，也可以按**单位查询成本**（per inquiry，PI）销售。实际上，随着广播电视领域的竞争日益激烈，单位查询成本在电视领域相对更为常见，尤其是在非黄金时段。通常，采用单位查询成本的广告主会与电视台或有线频道共同承担风险，时间不用付费，但一旦出现订单并实现盈利，电视台便会分享部分利润。单位查询成本广告有时也可以大有作为，尤其是那些资本小、产品好的企业更是如此。Snuggie 是一种带套筒的毛毯品牌，曾一度是直接反应电视上的热卖品。Snuggie 面世后，头 3 个月就卖出了 400 万条，供应商也因此争相进货，以满足消费者日益增长的需求。[40] 其他曾在直接反应电视中风靡一时的品牌还有 Proactiv、Rosetta Stone、Nutrisystem 以及视频教授（Video Professor）。2008 年，Proactiv 投入了近 2.1 亿美元用于直接反应电视广告。[41]

电视购物网

电视直销广告的合理延伸就是将整个网络都“奉献”给销售。过去十年，家庭购物频道一直是产品销售的主渠道，我们也经常看到一些名牌在美国家庭购物网（QVC）和家庭购物网络上销售，还有各种名人出现在节目中销售产品，如玩具、运动纪念品、珠宝等。众多大型零售商和设计师都利用家庭购物网向利基市场销售其产品。

近年来，家庭购物有了长足的发展，参与这些风险投资的企业主管们认为家庭购物的最大潜力在于其交互系统。最乐观的购物网络支持者们预测，他们将在未来 20 年内从根本上改变零售业；一些专家则预言，在未来 20 年内的某个时间，传统零售业将会被交互式家庭购物模式完全取代。当然，我们对网络近几年的表现也持相似的看法。但无论如何，这些购物网络无疑将继续发展下去，并在普通零售业中占据更大的地盘。

广播与直接反应广告

尽管广播的目标受众明确、节目针对性强，但它一直都不是直接反应营销中的主角。传统广播节目因为缺乏视觉因素而损失了一部分受众；不仅如此，广播还缺少其他媒介的直接反应广告所具备的很多常见特征，如广播无法展示产品，无法提供优惠券，也无法在屏幕上播放免费热线电话号码。

正如我们在第九章中所探讨的，上述一切都有可能随着流音频的发展而改变。随着电脑音频编程的问世，广告主现在可以将传统广播所不具备的元素纳入这个新型融合媒体了。与交互式电视相同，电子优惠券可以在屏幕上弹出；优惠信息不仅仅可以伴随着音乐看到，还可以根据需求随时下载；在数据库技术的支持下，流音频还可以向听众推送符合其画像的产品（见图 13.14）。

尽管“视频”广播在不久的将来即可产生经济效益，但从眼下看来，广播依然是各种直接反应营销商的宝贵辅助工具。低廉的广告费，加上精准的目标受众构成，结果使得重点目标对象处于广告的包围之中。即便面对其他直接反应广告的竞争，广播依旧是直接反应营销的利基媒介。例如，广播广告可以极为有效地向潜在顾客发送“800-”免费号码和网址。

Courtesy of Bright Ideas Group and Macon Symphony Orchestra.

图 13.14

这张请柬主要针对音乐发烧友，他们当中的许多人收听当地的古典音乐台。

广播的单位查询成本也促使其成了许多直接反应广告主的备选媒介。他们发现，单位查询成本广告往往是消灭积压库存的好办法。鉴于电台和插播广告的数量，即便最受欢迎的广播电台也很难将所有的广告时段销售一空。在一些特殊月份，如圣诞节之后的时间，积压库存尤为严重。因此，与其在这个时段投放公益广告或电台宣传，销售经理们更愿意在大幅度折扣的基础上投放单位查询成本广告。

杂志与直接反应广告

杂志能给很多直接反应广告主充当目标媒体。我们在第十一章中讲过，绝大多数杂志的成功取决于它们能触达兴趣、人口统计学特征以及职业相同的目标读者群。在B2B 和同业杂志领域，直接反应广告尤为重要。专门针对特定行业和职业、抱着不同编辑目标的杂志，可以给直接反应营销商带来极大的好处。就 B2B 出版物而言，大部分直接反应广告不是给人员销售和电话营销充当先头部队，就是充当后续部队。

B2B 杂志固然具有重要意义，但消费者杂志同样也是触达预期对象的一个重要手段。只要看一下众多重点杂志的封底，我们就可以发现长长的分类广告栏在宣传一系列直接反应产品。此外，大部分定期杂志广告还以某种直接反应广告的形式，或给消费者提供额外信息，或给直接购物创造机会。

我们在第十一章提到的许多杂志特征对于直接反应广告主具有极为重要的意义。杂志的受众选择性，加之其在非其他媒介（尤其是电视）重度用户中较高的触达率，杂志便成了很多直接反应营销商的理想选择。此外，由于其全国性出版物的身份，杂志的声望对很多大型广告主也颇具吸引力。杂志直接反应广告充分体现了直接反应广告与传统杂志广告特征的紧密关系。

目录

最古老、最流行的一种直接反应销售形式是目录。对目录的运用至少可以追溯到 1498 年，那一年，阿尔达斯·马努蒂厄斯（Aldus Manutius）出版了一本目录，开设了 15 个栏目。自此开始，目录便成了直接反应广告的重要基石。早在 1830 年，新英格兰的企业就已经开始通过发送邮件销售渔具和野营用具了；到 19 世纪末，西尔斯、罗巴克（Roebuck）以及蒙哥马利－沃德公司都通过产品目录将零售业务带入了千家万户；到 1904 年，蒙哥马利－沃德公司向美国的潜在顾客发送了 300 多万份产品目录。消费者甚至可以通过目录购买住房，西尔斯、罗巴克在 1908—1940 年间便利用产品目录售出了 10 万多套住房。[42]

如今，目录营销业与其他形态的营销和广告一样，也正面临着一系列不确定因素和挑战。网络对企业的发展具有相当大的潜在作用，许多企业也已经意识到了必须针对互动媒介如何适应自己的未来制定长远的规划。网络对于企业的未来发展到底是一个魔咒还是一个机遇，全在于拥有它的人如何看待它。

对于年邮寄量达几十亿件的目录营销商来说，网络所扮演的角色是他们最为关注的问题；但对于传统目录销售企业来说，这只是其面临的众多挑战中的一个，另一个挑战来自同行数量的增长，包括诺德斯特龙（Nordstorm）和盖璞（Gap）这类主流零售商——尤其是当他们夹带着目录销售或网络销售参战的时候，而且很多时候还是两者兼有，无形中便给传统目录营销商带来了极大的挑战。目录数量的不断增长给本已十分拥挤的目录营销领域带来了更多的竞争者，一些企业，如历史悠久的户外设备和户外服装公司 L.L.Bean（见图 13.15）则通过增开更多的零售店来应对主流零售商的威胁。自 1998 年起，L.L.Bean 便开始将自己在缅因州弗里波特的一个总部逐步扩展为若干个零售点。

维多利亚的秘密公司（Victoria's Secret）将自己的大部分成功（和收入）归功于自己著名的目录。2008 年，该公司 15 亿多美元的销售额，即占公司总销售额 30% 的业务由公司的直接营销子公司——维多利亚的秘密直销公司（Victoria's Secret Direct）负责。[43] 据估计，这家标志性亲肤装商家一年发送的目录超过 3.95 亿份。鉴于如此巨大的目录需求量，一些消费者保护组织给维多利亚的秘密公司施加压力，要求它们采用更便于循环利用的材料制作目录。

说起维多利亚的秘密，其实每个目录营销商都开办了强大的电子商务网站，很多传统的目录营销商，如 Lands' End，在网络商务中收获颇丰。在线系统可以轻而易举地根据商品潮流和天气变化随机应变。例如，如果某个冬天比往年冬天更暖和，服装公司就会将销售重点转向轻薄的外套。网络可以使目录营销企业摆脱制作和寄送目录的成本，而这笔开支通常在其运营总成本中占有很大比例。目录营销企业深知，网络、传统品牌广告以及核心目录都不过是商品营销的多种渠道之一，这些渠道必须结合起来才能触达消费者。不同的消费者各有自己的渠道偏好，即使是同一个消费者，在不同的时机也可能采用不同的渠道。先前我们讲过数据仓库，无论消费者运用哪种营销方式，目录营销商在归纳某一个交易信息时都必须面对数据仓库这个概念。

随着目录营销商对网络资源的利用，他们发现，自己所依赖的基本营销技巧必须随着这些新型营销方式而调整。他们面临的其中一大挑战是，如何适应消费者主导的网络环境，如何设法刺激预期对象访问自己的网站。他们发现，线上销售与线下销

图 13.15

这些广受欢迎的目录现在都能在线查看。

Courtesy of L.L.Bean and Crate and Barrel.

售截然不同。例如，“纸质目录本质上就具有侵入性，而在线目录本质上则较为被动。企业一旦了解了电子目录的这种基本限制，便可以创造性地运用电子目录，带来更多的客流量；更重要的是，可以通过网络提高产品销量。”[44]

无论目录营销商采用哪种方式触达预期对象和现有顾客，要想成功地将一个人从预期对象变成买主，就必须关注以下几个关键因素：

1. *适销对路的产品。*任何产品或服务都是如此：吸引消费者的商品是实现销售的必要前提。销售要想取得成功，质量、价格、消费者利益以及产品种类，这些都是不可忽视的因素。但目录营销商往往发现还必须再增加一个因素，那就是产品的独特性。通常情况下，目录营销商很难售出可以在零售店内轻松买到的产品。产品的差异化十分重要，对于目录产品来说更是如此。
2. *刺激的创意执行。*要时刻谨记，在这种销售过程中，消费者无法试穿衣服，无法亲手调试露营用具，甚至无法品尝样品。因此，产品故事必须吸引人，必须能引起读者的想象。
3. *触达预期对象群。*在直接营销中，没有哪个因素比预期对象名录重要，直接营销中一旦出现无效发行量，其代价会大大高于其他促销形式中的无效发行量，因此必须全力将无效发行量降至最低（见图 13.16）。
4. *完成销售与客户服务。*没有什么比对客服的差评更能伤害目录公司。客户服务应首先让经验丰富的客服代表出马，然后迅速派送正确的商品，最后，一旦出现差错，则需要公正、快速地处理问题。
5. *成功的销售过程不会止步于一次销售。*目录营销商必须建立一套既可以管理库存又可以按顾客终身价值判断其品质的数据库管理体系。

直邮广告

11 认识直邮广告的机遇和挑战。

尽管电子邮件营销、电话营销以及其他直接营销形式之间近年来竞争激烈，但直邮仍然是重要的广告载体。在美国，每年，企业在直邮广告上的投入都超过 580 亿美元，占美国广告支出（估算）的 23%。[45] 由于与直邮广告相关的支出不断上升，有人预测，未来直邮广告在直接反应广告中所占的比例将会下降。不过，迄今为止，直邮仍然是直接反应广告的一件重要工具。

直邮广告目前面临的一个问题是，由于每天奔向千家万户的邮件为数不少，因此想要在其中“出人头地”相当困难。很明显，邮件的数量，再加上很多人心里的“垃圾邮件”概念，直邮营销商无疑面对着巨大的挑战。也正是由于这个挑战，直邮营销商必须采取措施，利用有趣的讯息和物有所值的产品触达目标消费者（见图 13.17）。现在我们假设某企业有一种优质产品，给出的优惠也颇具竞争力，此时，直邮成功与否就取决于邮寄目录的优劣。

在直邮活动中，一般由广告主决定邮件的覆盖范围，而邮寄名录则无异于直邮的媒介计划。媒介策划必须仔细分析媒介排期中各不同媒介的受众，同样，广告主也必须仔细挑选邮寄名录，以求得到价格最低而有效发行量最大的名录。大部分名录是编辑名录，即由多种现有资料整理汇编而成的名录。直邮广告主面临的问题是，如何将这些名字编成一个名录并精细地调整到准确无误、不重复的状态。与直邮名录相关的

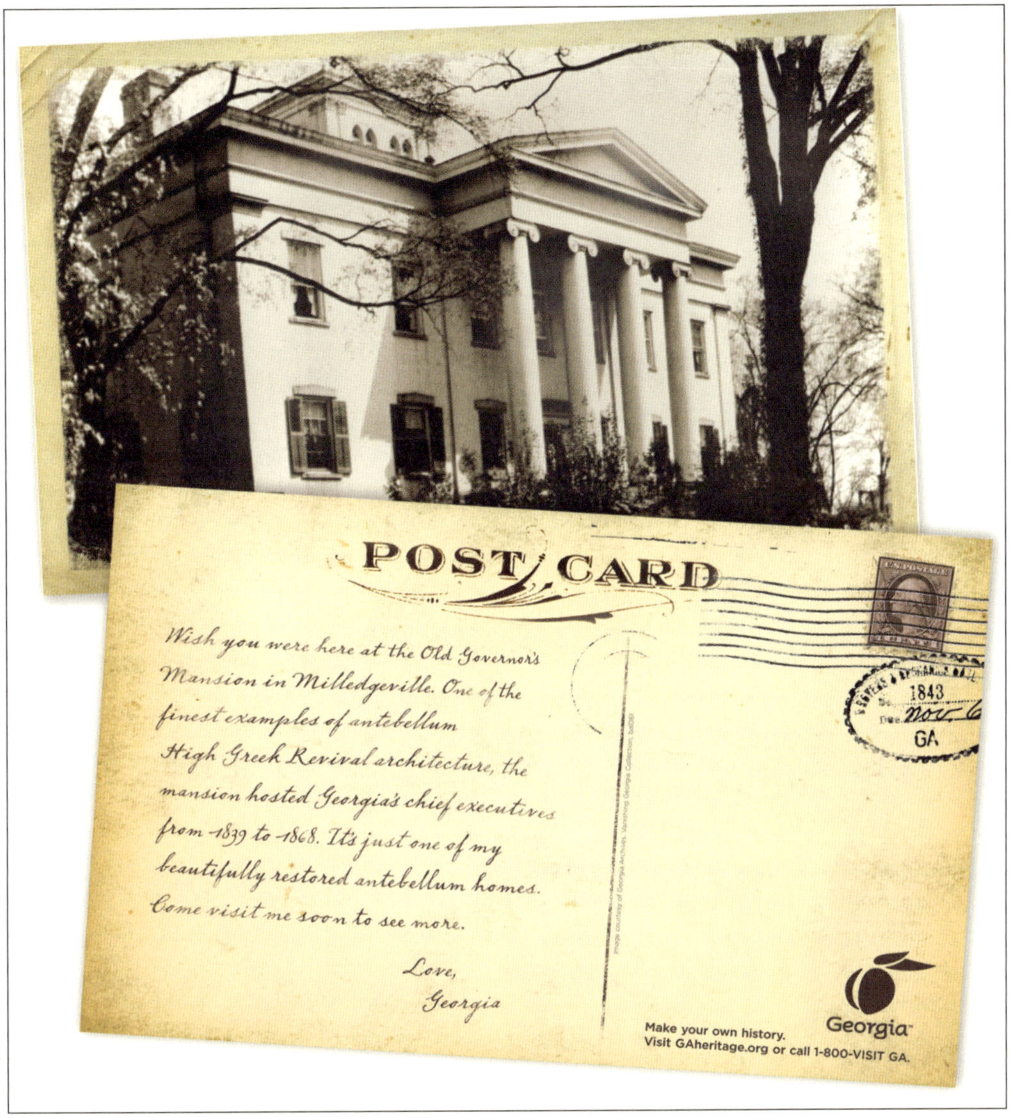

图 13.16

直邮可以用来刺激旅游、推广商品、改进服务。

机构包括以下几种：

- *名录经纪人*（list brokers）。直邮广告中的一些关键人物是**名录经纪人**，他们在需要特定目标名录的营销商和希望出租名录的人之间充当联络员，其主要功能包括确认是否有合适的名录、代表客户与名录所有者谈判，以及提出总体营销建议。名录经纪人通常向名录所有人收取 20% 左右的代理费。

名录经纪人

在直邮广告中将甲广告主的客户名录转租给乙广告主的中间人。名录经纪人就此项服务向卖方收取代理费。

- *名录编辑者*。名录编辑者通常就是经纪人，他们通过各种公开出版的资源收集大量名录，将它们整理编辑成一个一个的名录，然后将它们出租给广告主。人们公认最早的名录编辑者为查尔斯·格罗夫斯（Charles Groves），他曾是密歇根城市大学的主管。19 世纪后期，他整理了一份教师名录，并寄给全美其他学校的主管们。随后，他将名录卖给了教材出版商以及其他想触达教师的公司。[46] 名录编辑者通常要么专门做消费者名录，要么专门做企业名录，只有极少数人两者兼备。

- *名录经理*（list manager）。**名录经理**之于名录拥有者就像经纪人之于直邮营销商，他们作为名录经理的主要工作就是将名录卖给尽可能多的广告主，从而为名录所

名录经理

将客户的名录推销给潜在承租人和买主的代理人。

克莱普纳观点 13.3

马特·威尔逊（Matt Wilson）

SBC广告公司总经理

马特·威尔逊

数字营销大学——你应教会自己什么

我们正在进入广告和营销的又一个黄金时代，你也有机会拥有它。

我成长的年代规则简单：聚集一大批受众，用大创意轰炸他们，那群受众中的一部分就会一次又一次地购买。当时的营销就是玩概率，现在还是玩概率。

不过游戏规则变了：胜出者将利用新工具和新媒介去寻找、培育和吸引受众。就在本书即将付印之时，你就可能正在同时消费三四种媒介。

你的笔记本电脑有可链接到所有社交营销应用的界面，你可以在 Hulu.com 上观看自己最喜爱的节目，可以通过 SMS 和 RSS 随时了解正在发生的国内外大事，还可以利用网络电话（Skype）参加全球电视会议，并向朋友、同事发送短信。

稍等……这一切，现在就在发生。

尽管大学和职业技术学校在努力跟上这个飞速变革的格局，明智的学生还是会在接受学校教育的基础上，增加自己亲手设计的课程。

斯蒂芬·科维在其著作《高效执行官的七个习惯》（*Seven Habits of Highly Effective Executives*）中写道，职业发展的一个“必杀技”，就是他所说的“打磨锯齿”，意思是必须不断学习、阅读并研究影响人们生活的新技术和领先科技。

在你投身广告或公关世界时，你理应对以下几点了然于心：

- 受众构成与网络行为
- 在线营销：SEO/ SEM、网站收购、微型网站、RSS/ SMS
- 在线媒介策划和购买
- 第三屏：适用于营销的文本和电话应用
- 信息构架、基础网页编程与设计、网络分析
- 互动活动整合
- 内容创作与管理
- 数据库创建、分析及电子邮件部署
- 线上活动 / 虚拟公关新闻发布会
- 互动与电子营销法
- 在线研究、消费者调研及虚拟新闻发布会

最好的一点是，所有这些信息都可以从网上获得。你可以登录 Twitter、Facebook、MySpace、BlackPlanet、Hulu、Comscore、福雷斯特、谷歌、雅虎、MSN、AOL、YouTube、MarketingCharts.org 以及 RapLeaf、尼尔森等网站，在众多资源中点击“advertise with us”或研究链接，还可以报名参加网络研讨会并进行观摩。所有这一切都可以免费获得，这就是你的数字营销大学。

祝你们好运，希望你们能不断更新知识。你们已经上路了。

合并 / 清除

直接反应广告主在利用不同邮寄名录邮寄同一邮件时用来清除重复名字的一个系统。广告主将邮寄名录送到某一合并 / 清除中心，通过电子技术自动去除重复的名字，从而节省邮递成本。这一系统对于那些一次性发送数百万封邮件的公司来说尤为重要，同时还可以避免损害公众利益。

有者实现利益的最大化。名录经理多为外聘顾问，但一些大企业也有自己的名录经理。大部分美国全国性杂志、DVD 俱乐部以及其他直接营销商会提供名录出租业务，由于大部分名录是在面向特定的小众销售的过程中积累而成的，因而这些名录无疑是理想的直接反应广告媒介，它们具备另一种优势：提供的预期对象确实变成了买主。

- *服务局*。服务局具有多种功能，其中一大职能便是提高名录的质量。人们将这项功能称为“名录增强”，它包括几个步骤，其中最重要的一步就是**合并 / 清除**（merge/purge）。基本上，靠着合并 / 清除系统，名录中的重复名字可以被清除，这种重复不仅对广告主来说是一种浪费，对消费者来说也是一种骚扰。装成大众

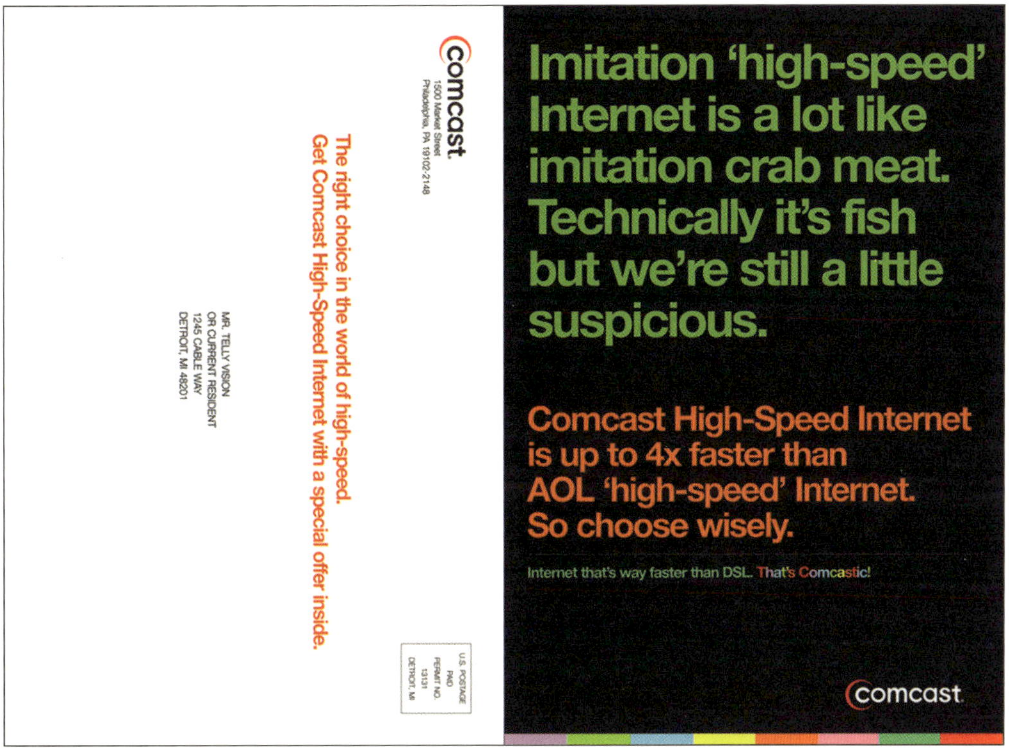

Courtesy of Josslyn Mikow.

图 13.17

附带创意销售讯息的直邮广告效果更好。

邮件——貌似漫不经心，结果导致与消费者的个人关系恶化。合并 / 清除通常由电脑来完成，技术非常成熟，可以交叉核查出名录中地址相同或拼写相同的名字。

- *信件公司*（lettershop）。实际上，**信件公司**就是一家邮递公司。信件公司负责协调数百万件邮件的邮寄工作，包括盖章、了解最新的邮政管理规章，大型信件公司甚至还设有美国邮政总局代表，以保障邮件投递工作的方方面面得以及时顺利地完成。

信件公司

不仅在邮件信封上填写地址，而且还拥有夹页机械设备，并负责盖章、贴邮票，直至根据邮寄要求将信件投递到邮局的公司。

- *反应名录*（response lists）。虽然大部分邮件都是投递给现有名录上的收件人的，但一些邮寄名录公司会销售或出租那些曾对直邮广告做过回复或流露过兴趣的人的名字。**反应名录**上的人更具邮购倾向，因此这些名录更具赢利潜力，租金也高于普通编辑名录。寄件人可以将客户反应与名录结合起来，借助这种方法，他们不仅可以触达以前的顾客，还可以触达更多的预期对象。

反应名录

曾经回复过直邮广告的预期对象的名字列表。

反应名录一般来自某企业以前的客户（见图 13.18），这种名录又叫“专属名录”，是直邮企业最重要、最宝贵的财产。专属名录所有者将名录租给一些非竞争企业，而这往往是其主要收入来源。广告主可以得到无数的反应名录，从中找到过去 6 个月内乘游轮出游的人、捕猎特定动物的人、买过心理分析书籍的人。

名录保护

鉴于邮寄名录非常宝贵，企业纷纷为保护其不被滥用而付出了极大的努力。最常见的名录滥用情形是超出约定次数投递多个邮件。例如，有一位直邮营销商就说，有一家企业按次租借他们的名录，但租一次却用了十三次。

为了防止名录被滥用，传统做法是在名录中添加一些虚构的名字，这样名录所有者便可以据此追踪邮件的数量，这种做法叫作“伪装名录”。除了保护名录本身，名

图 13.18

零售商可以向老客户投递直邮优惠广告。

录出租者还应该向租借者索要邮寄材料样品，因为偶尔也会出现品位低下或包含欺骗性优惠的邮件。不过，更为严峻的问题是，直邮提出的好处有时与名录所有者产品的好处过于接近，而名录租借的目的应该是增加额外的利润，而不是增加额外的竞争！

直邮广告测试

1926 年，克劳德·霍普金斯出版了《科学的广告》（*Scientific Advertising*）一书，该书一出版便被众多广告人奉为正规广告研究的奠基之作。霍普金斯的发现建立在对直邮和直接反应广告的研究结果上，建立在对现代直邮广告遗留的核心元素的测试和研究结果上。实际上，所有的直接反应广告都是如此。例如，最近的一项调查显示，63% 的电子邮件营销商会测试自己的广告活动。若以重要性排列，企业最常检测的电子邮件元素依次为：主题句（85% 检测）、行动号召（55%）、设计（51%）、广告正文（49%）、优惠条件（42%）、时机（37%）。[47] 直邮测试中最重要的元素为邮寄名录、优惠条件（或特色消费者利益）以及创意表现。下面，我们就来看看直邮中最常测试的几种元素：

1. *名录测试。*

   不同名录来源，包括反应名录

人口细分
地理细分

2. *优惠测试。*
   担保词
   免费试用、现时免费优惠
   奖励的运用

3. *风格测试。*
   单一邮件与系列邮件
   窗式信封与封闭信封
   人工邮资与机打邮资
   信封尺寸

4. *文案测试。*
   个性化程度
   信件长度
   证言的运用
   不同的开头段落

5. *布局设计测试。*
   照片与线画
   四色与单色或双色
   字号、字体
   孤立产品或附带样品

直邮测试往往花费不低，因此必须将测试集中在那些决定直邮活动成败的关键因素上（见图 13.19）。一次只测试一项因素，这对于研究的有效性而言至关重要。但很多直邮营销商试图偷工减料，在一次邮寄中进行多项测试。显然，如果你改变风格、邮寄名录和优惠，你就无法确定是哪项因素导致了测试结果的改变。

其他直邮技巧

单独投递直邮成本很高，因此很多广告主正在寻找其他投递方式。涉及纸质邮件的替代方式主要有以下几种：

- *包装夹页。*很多企业在运送商品时允许夹带销售广告。这些销售讯息叫作“反弹通知”，主要投递给那些经确认的直接营销用户。此外，投递包装夹页的成本也远远低于只投递一个邮件，因为销售讯息是作为另一邮件的一个部件来投递的。一般情况下，包装夹页限于五件以内。
- *搭车邮件*（ride-alongs）。搭车邮件是包装夹页的一个变种，常附带在企业自己的邮寄包裹中。**搭车邮件**的许多优势与包装夹页一样，只有一点除外：它只投递给忠诚顾客，他们与公司之间在近期发生过明确的销售关系。根据产品的不同，由于日常管理费极低，有些搭车邮件可能带来极大的利润。

搭车邮件
与其他邮件（如账单）一并投递的直邮件。

- *明细通知。*很少有企业会放过在账单中夹带广告的机会。明细通知的设想与搭车邮件异曲同工，也有若干优势：第一，它们没有任何投递成本——投递成本已

Courtesy of Robinson.

图 13.19

如本邀请函所示，直邮广告完全可以做到创意十足、引人入胜。

经由其他邮件承担；第二，它们至少有机会露面——每一个人都会打开账单；第三，大部分收件人在信用上都合格——他们此前已经与该企业打过交道，否则也不会收到明细通知。

- *票封*。搭车邮件的一种常见形式是在机票、车票的票封上促销。比如，租车行就发现票封是触达其目标受众的一种理想方式。
- *联合邮件广告*。面对邮资的不断上升，直邮营销商们往往想通过联合投递分摊开支。现在有一些专门从事联合邮寄业务的公司，这些邮件可能在一个信封中塞进 20 多种不同的广告赠券，每一个广告主提供一张赠券或其他短广告，由联合邮件公司处理邮寄事宜，邮资则由参与联合邮寄的广告主共同分担。

联合邮寄的弊端主要有两个。第一，由于每个广告主的讯息都非常短，导致这种邮件极其缺乏个性。第二，广告主通过自己的名录可以非常精确地触达预期对象，而联合邮件则很难以同样的精确度触达特定的预期对象。联合邮件的困境是，随着参与的广告主的数量逐步上升，虽然广告的单位成本下降了，但邮件的个性也随之下降了。

夹页是一项大业务，并随着邮资的上升而发展壮大。据估计，在美国，每年约有 250 亿份夹页在各个渠道中流动，其“媒介”替代品的角色从大批追踪替代性广告方案的企业那里便可见一斑。例如，SRDS 和直接营销协会的替代性反应媒介委员会（Alternative Response Media Council）就利用各种资源来追踪可供广告主选择的夹页植入技巧。

小　结

直接反应营销具备针对性、个性化、可测量的特点。在这个日益追逐效果的时代，直接反应营销的这些特质将它推到了舞台中央，以电子邮件、软广告或直邮的形式，成为触达各种消费者并向他们进行销售的工具。就其带来的销量和花费的成本而论，直接反应营销带来的经济效益超过其他所有广告方式之和。因此，很少有企业不会将直接营销和直接反应广告当作自己营销组合中的主力军。越来越多的企业逐渐意识到，直接反应营销能将个性化的讯息与高度精选的细分受众匹配起来，这种能力使得直接反应广告具备了其他媒介所少有的优势。数字技术的飞跃使得直接反应营销的未来既充满了希望，又充满了不确定因素。

并非所有的数字广告都属于直接反应广告，虽然如此，网络和移动技术的出现还是让直接反应广告的许多方式再次成为人们关注的焦点。网络和其他互动媒介正在极大地改变营销的格局，最大的挑战在于，如何充分利用电子商务的明显优势提高总体销售的利润，如何利用互动媒介的优势进一步吸引消费者的关注。

无论直接反应广告采用哪种方式，其灵活性都使得它几乎能够满足每一个广告主的需求。除此之外，在当前这个强调责任和量化结果的时期，测试和核实直接营销的能力自然就显得尤为重要。对直接反应广告进行测量不仅可以为广告主提供重要优势，同时还可以借此创建受众数据库，而这对企业的广告、营销和促销无疑具有重大价值。

毫无疑问，直接反应广告将继续超过绝大多数其他媒介广告形式，它不仅将成为企业营销计划中更为重要的角色，还将由于日益增强的影响力而催生更为复杂的受众细分形式。历史或许会将 20 世纪 90 年代标记为大众媒介和大众传播终止的时代。未来，也许当今的一对一传播方式也会逐渐让位于更丰富多彩的互动媒介。但毫无疑问，直接反应广告将会在这个变革的时代扮演主要角色。

也许，直接营销目前面临的最大挑战就是公众的怀疑，尤其是在隐私问题方面。不过，在美国直销协会和其他组织的全力支持下，在全行业的共同努力下，直销业的形象已经得到了很大的提升。实际上，《财富》杂志上的大多数 500 强企业一般都会在自己的促销计划中纳入某种形式的直接营销，这恰好证明了直接营销正受到越来越多广告主的尊重，受到越来越多消费者的信任。当然，这些企业也很清楚，影响直接营销运作的法律法规在不断出台，并将给直接反应营销的未来发展带来一定的威胁。

复习题

1. 什么是直接营销？
2. 数字媒介中的哪种广告形式发展得最快？
3. 影响手机广告发展的最大阻力是什么？
4. 如何评估数字媒介的营销效果？
5. 推动直接反应广告发展的主要原因有哪些？
6. 为了提升直接反应广告的形象，企业都采取了哪些措施？
7. 数据库营销在直接反应广告中扮演着什么角色？
8. 直邮广告的关键因素有哪些？
9. 名录经纪人和名录经理的差别在哪里？

第十四章

Courtesy of The Martin Agency.

销售推广

如果在规划和执行上富有战略技巧，则销售推广和广告可以完美地互补。换言之，要想促销获得成功，你必须知道预期的结果，并了解自己是在什么营销环境下追求这一目标的。▶

本章学习目标

1. 了解销售推广和广告在当下的角色。
2. 认识可供营销商选择的基本促销形式。
3. 掌握产品组合和搭售的基本方法。
4. 了解当今赠券的不同类型。
5. 认识销售推广在刺激消费者和销售渠道中的作用。

优势

1. 销售推广（sales promotion）给鼓励消费者做出销售反馈提供了一个渠道。
2. 销售推广非常灵活，可以通过多种方法触达人口统计学特征和生活方式不同的消费群体。很少有产品不能从销售推广中获益。
3. 销售推广可以影响消费者和销售渠道，并提高销售渠道的好感度。

劣势

1. 处理不当，销售推广可能会以价格竞争取代产品形象，进而损害品牌资产。
2. 由于促销的内容和技巧多种多样，因此必须小心谨慎地协调不同广告讯息与销售推广之间的关系。如果企业想只发出一个“声音”，那么一流的促销就要求一定形式的整合营销传播。
3. 促销的某些形式，比如优惠券，流行已久，以至于它们不再成为品牌促销的有力区别。事实上，它们可能已经成为消费者的预期，而非暂时提高销售量的方法。

促销环境

销售推广一向被视为直接刺激客户、销售人员、经销商购买产品的活动，现在依然如此。然而，今天的促销可能远不止是销售刺激。随着营销传播工具的变化，随着整合传播目标的发展，促销的定义也变得更加宽泛了。Momentum 公司是一家全球性推广公司，该公司号称自己通过事件营销、促销、零售营销、赞助等核心原则，实现了“心中的品牌”向“手中的品牌”的转移。WPP 集团在对其服务进行分类时，将直接营销、促销营销和关系营销归为一类。其他企业也在探索如何通过促销增加品牌的附加值，比如借强有力的销售刺激展开传播，为扩大市场份额而打响促销战役、提高执行力。这些观点其实并不矛盾，事实上，它们是一体的，因为整合营销就是要关心——采用奥美的 360° 品牌塑造模式——品牌塑造过程中的每一个接触点，促销当然也不例外。新科技正在改变营销商的传播能力，使他们从使用店内电视网上升到使用手机短信。我们已经在有关媒体的章节中对许多科技进行过讨论。

交易型促销与关系型促销

Craig McAnsh 是一家老牌营销集团，旗下有很多顶级子公司。该公司认为，经验表明，促销主要用来实现交易型促销和关系型促销。顾名思义，交易型促销策略关系到产品或服务的实际销售，或经销店和零售店是否有人光顾；而关系型促销策略则注重消费者与产品、服务、经销商、零售商的关系。在我们设法辨别到底是哪些因素造就了卓越的促销时，理解这两种促销战略之间的差异自然就显得非常重要。

交易型促销

减价甩卖、赠券、降价都是进行折扣促销的有效手段。如果执行得当、操作简单并恰好符合消费者的动机，这些策略就会很棒。

附加值促销战略包括购买产品给赠品、买一送一、按比例赠送、免费送货以及麦片盒附带玩具等。由于有机会获得免费商品即算是一种附加值，因此抽奖和竞赛也算交易型促销。如果附加的价值简单而又与品牌形象相符、与目标受众的需要相符，且赠品数量正好可以拉动产品销量而又不影响企业的长期盈利，那么，这种促销就是成功的促销；如果促销策略有助于重新界定整个行业，那么，这种促销同样也非常棒。

Church’s Kids’ Meal 就不失为附加值促销的一个典型案例。在这个案例中，促销品本身变成了产品。Church’s 鸡肉促销利用了 3D 眼镜并采用英语、西班牙语两种语言吸引消费者对“儿童餐”的关注。“购买任何一款 Church’s 儿童餐，即可获得最新特工小子 3D 间谍手册及 3D 眼镜。”（见图 14.1）之所以要连续不断地、大面积地采用折扣和附加值策略，主要是因为其成败立竿见影、可以测量。老派营销商仍然相信，采用促销的唯一原因就在于其结果直接、直观；而老练的营销专业人员则采用别出心裁的促销战略达到交易之外的其他结果。

关系型促销

随着传统传播方法（即单向传播）的过度饱和，关系型营销越来越受欢迎。传统营销讯息早已应用于所有的媒介载体——从电视到水果到卫生间墙面，而互联网则用各种创新形式将广告讯息射向消费者，如电子邮件、广告游戏、弹出窗口、条幅、链接、聊天室渗透、搜索引擎优化等，花样百出。

关系型促销战略的目标是与消费者建立联系。在关系型促销战略中，与消费者建立联系分为四个阶段：介绍、分享、友谊、爱。每一个关系阶段都在品牌的生命周期

Courtesy of Church's Chicken and The Botsford Group.

图 14.1

该促销利用《特工指南》（*Spy Guide*）、3D 眼镜、DVD 以及视频，采用英语和西班牙语两种语言来推广“儿童餐”。

中的某一点上占有重要地位（请回忆我们在第三章中的讨论）。

*介绍*是建立关系的第一个阶段。在此阶段，营销商通过促销手段培育消费者对产品、服务、经销商或零售商的知晓度。第一印象在建立企业与消费者的关系上至关重要，因为你很难再得到机会。促销性介绍应与产品和服务的品牌个性融为一体，宣传、街头营销甚至交叉促销都是非常简单的促销战术，可以让介绍变得直接和亲切。

*分享*最有助于激活促销。在此阶段，促销的功用是教育消费者并让他们卷入其中。可以通过试用、展示、生活方式渗透、互动手机营销以及事件等体验营销战术，以令人难忘的方式分享丰富的产品知识和产品定位。与消费者分享体验这一战略有助于你充分展现出卓越的专业表现。比如，邀请几百个孩子到当地公园观看在 30 英尺高的充气银屏上放映的电影，同时让他们赢取奖品、吃爆米花、尽情玩耍；或者举办时装路演，免费给人们化妆。分享的体验可以加深人们对品牌的了解。

*友谊*阶段即你已经（或应该）与消费者保持的一种关系。友谊很难建立，更难维系，但促销战术在这一点上可以大显神威。你应该回报忠诚的消费者，特别关注他们。与消费者进行独家对话也是一种友谊战术。《快公司》杂志成立了一个名为“公司之友”的读者俱乐部，会员在全美国各个城市聚会，分享经验，彼此学习。百事公司的促销既回馈老朋友，也吸引新朋友。

最后一个阶段是*爱*。培养关系的最佳理由是它可能让我们彼此相爱。爱非易事，只有在前文所述的营销 4P 完美地结为一体时，才可能得到爱。据说，意想不到的礼物或“成人之美”是表达爱的最佳方式，而在 B2B 环境下，包含奖励旅游在内的促销手段离建立“爱”还有很远的距离。

为了确保促销的圆满，营销商必须在品牌和消费者之间建立起良好的关系。

销售推广

（1）补充人员销售和营销，使之相互协调、发挥更大效果的销售活动。例如，陈列就是一种销售推广。（2）宽泛而言，销售推广是人员销售、广告以及其他一切销售活动的集合。

我们每天都会碰到一大堆**销售推广**。各种各样的销售推广提醒我们注意品牌，并通过微妙的方式劝服我们购买产品，而这些方式往往很难在我们的意识中留下印象，甚至根本没有印象。Bed Bath & Beyond 公司的标志就是其名闻天下的 20% 赠券。但围绕着赠券派发的所有营销活动都必须重申商品的质量。Bed Bath & Beyond 公司不是一家廉价品商店，它可不愿被贴上“卖低价产品”的标签。因此，其广告标题便成了：“不是减 20%，而是砍 20%。”（见图 14.2）在技术支持经理将计算机销售商送来的高尔夫球放到球 T 上时，这些球 T 便在提醒他们记住这些商家的服务；在医生用医药代表留下的笔开处方时，就相当于某种药得到了宣传的机会。所有这些物品以及其他数千个物品，都属于销售推广。

Courtesy of SBC Advertising.

图 14.2

Bed Bath & Beyond 公司为消费者提供 20% 赠券，并试图让消费者参加其网上的其他促销活动。

背景介绍

在我们讨论促销战术前，先来回顾一下我们来自哪里。早在 1900 年前，很多销售推广技巧就已经功成名就了，只不过，当时的这些技巧往往由小玩意儿和免费小饰品组成，而不像今天这样经过精心策划，是促销战役。但现代的很多销售促销方法都是由 19 世纪的零售商和制造商初创的。1895 年，阿萨・坎德勒（Asa Candler）和波斯特（C.W.Post）都在派发可口可乐赠券，同时降低盒装葡萄干燕麦片的价格。与此同时，阿道弗斯・布希（Adolphus Busch）也以派发样品的形式促销自己的啤酒，比如《卡士达小巨角河之役》（*Custer's Last Stand*）的石版画以及红色、蓝色、金色小折叠刀。1912 年，家乐氏开始在麦片盒中赠送布娃娃、漫画和勺子。

现代销售推广的这些先驱以及其他先驱们认识到，品牌只有得到关注并与别人有所差别才可能实现销售，消费者也只有在做购买决策时才会对额外奖励做出积极回应。销售推广两者兼具。当时，大多数销售推广的不足就是没有与企业的整体营销计划相配合，也没有拿出长期的品牌建设战略。事实上，赠品和促销偶尔还会喧宾夺主，托普斯公司（Topps）口香糖棒球卡就是一个经典的案例。在利用棒球卡为自己的口香糖做了多年促销后，1990 年，该公司彻底放弃了口香糖，转而开始营销棒球卡套系。

时至 20 世纪 60 年代，促销公司开始向客户提供营销建议，借此完善自己的促销计划。鉴于客户的需求，促销公司开始从开发单一奖品活动向提供全面服务营销咨询转型，在消费者营销、商品销售、品牌打造方面提供专业意见。在这一时期，全面服务促销公司逐渐扎下了根，而与广告和营销整合在一起则成为常态。[1]

现在，为了在广告与销售推广之间保持平衡，许多企业将这两者的职责集中到了一位企业主管的权限下。尽管广告与销售推广有很多不同，两者之间的协作却至关重要。越来越多的销售推广公司与广告公司合并，或至少让两者协同作战，竭尽全力留住那些希望得到销售推广和广告整体解决方案的客户。“广告公司、促销公司，甚至奖品供应商都热衷于消费和开发这类课程，以完善自己的核心专业知识。与广告公司同行们同坐在桌边，促销主管们却发现，随着广告公司凭借着自己在零售方面的专长向促销公司转型，双方谈话的中心越来越偏向促销公司。”[2]

尽管广告和销售推广在管理职责和创意执行方面进行了融合，但我们必须清楚，它们在执行和目标上毕竟有所不同。如果不了解与整个**营销传播**（marketing communication）相关的概念，广告主、销售主管、促销经理就不可能成功。

营销传播

营销传播成分包括公共关系、广告、人员销售及销售推广。

本章将讲解销售推广的主要类型及其如何与媒体广告相配合。和广告一样，销售推广执行成功与否取决于是否了解某公司或品牌的营销目标，广告和销售推广的失败往往是策划不周和营销组合各元素配合不力的直接结果。[3]

促销与广告

1 了解销售推广和广告在当下的角色。

有效的销售推广有两个基本功能：（1）告知；（2）驱动。一般而言，如果销售推广的讯息与广告主题密切相关，销售推广的效果最好。售点展示可以突出电视广告中的代言人；柜台展示往往采用与平面广告相同的标题和文案风格；样品派发则可以采用小包装，以提高广告所宣传的品牌的识别度。虽然促销所采用的传播手段可能不同于广告，但信息和形态的一致性仍然是促销取得成功的关键。

促销的第二个方面——驱动——在一些重大方面与广告有区别。从营销的角度讲，驱动即广告主为促使顾客购买某一品牌而采用的手段。这一过程一般是从知晓（最初听说某一产品）到购买的转变。在图 14.3 中，我们可以看到，广告和销售推广在传播和订购过程中各自承担着极为不同的职责。

营销传播的成功取决于如何设定广告、销售推广和其他要素的目标，如何将这些目标进行最佳组合和整合。过去，广告和销售推广的最大区别在于：销售推广被视为短期销售刺激，而广告则意在假以时日建立品牌资产。今天，许多营销商认为，销售推广以牺牲长期品牌资产而实现产品短期销售的做法是适得其反的。看看那些利用优惠券和其他价格优惠的包装产品品类，不难发现，消费者基本不考虑这些品牌的内在价值，只认价格最低的产品而不管其在什么时候销售。在促销必须与广告配合，并为整个营销目标服务的情形下，促销的目标大致会包含以下几点：[4]

- 促使品牌的非用户试用产品或服务。
- 提高重复购买或多次购买的次数。
- 鼓励突破传统用法，扩大品牌用途。
- 捍卫市场份额。
- 支持和强化广告战役、广告主题或具体形象。
- 扩大销路，加强经销商、零售商的合作。

请注意，只有在销售作为大营销战略的组成部分时，这些目标才可能实现短期销售额的增长。比如说，如果我们鼓励非用户试用产品或让现有用户加大用量，我们的目的就是希望这些尝试能有助于建立长远的消费者关系；反过来，最初借由促销而建立起来的消费者关系则会随着时间的推移而通过广告得到强化。

促销战略

在对产品表现进行分析时，既要考虑表层因素，也要考虑品牌面临的深层问题。深层形势分析和战略制定有助于确定品牌需要什么激励、哪种促销的诉求力最强以及触达目标受众要采用哪些媒介。莱维特伙伴公司建议在制定促销战略时不妨考虑以下几个因素：[5]

1. *消费态度与购买行为。*了解顾客的人口统计学特征和消费心态，了解自家品牌吸引消费者之处，了解消费者如何做出购买决定。

图 14.3

广告和销售推广应互为补充。

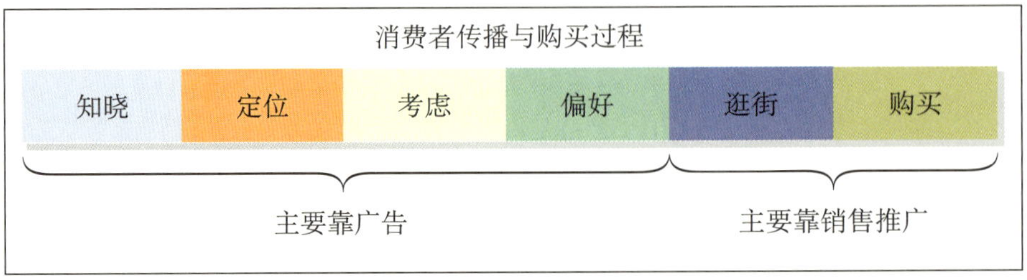

2. *品牌战略*。认识自家品牌在同类产品市场中的地位。销售推广如何发挥作用？销售推广要具备什么优点、需要多长时间才能实现回报？

3. *竞争战略*。评估自己和对手以往的表现，确定哪些活动、哪种支出水平和时间长度才能得到最佳结果。

4. *广告战略*。目前，在现有市场中如何促销产品？哪种媒体最能满足你的需要？

5. *交易环境*。分销商对品牌的态度如何？竞争对手对品牌的态度如何？

6. *其他外部因素*。能得到哪些资源？哪些不可预知因素（如天气、原材料）会影响产品的供应和定价？

促销预算一般分为三部分：消费者广告、消费者推广（一般称为销售推广或促销）、同业促销（也称经销商促销或经销）。虽然各促销类型之间的协作非常重要，但每种促销也都有其特定的作用。下面，我们来逐一探讨不同促销类型在营销组合中的作用及其在促销预算中所占的比例。

1. ***消费者广告***（consumer advertising）。媒介广告是一种可测量的广告，其作用是形成长远的品牌资产，宣传产品的基本属性，公布经销商的地址，以及与其他产品进行对比。在过去的十年里，通过广告支出的促销预算逐年下降。目前，大约 25% 的促销预算花在广告上。

消费者广告

针对产品使用者本人的广告，是相对于同业广告、B2B 广告和专业广告而言的。

2. *消费者销售推广*。消费者销售推广针对消费者，其最常见的形式为折扣优惠券。此外，消费者销售推广也经常使用奖品、现金返还、抽奖等形式。随着使用赠券的营销商越来越少，消费者销售推广的预算也下降到 25%。例如，Great South Catering 公司寄出的产品目录（见图 14.4）就内含一张满 250 美元减 25 美元的优惠券。

3. *同业促销*。同业促销的预算约占整个促销预算的 50%，同业奖励的出发点是鼓励公司的销售人员或零售店更加卖力地推广自己的产品。同业促销是人均成本最高的促销类型，有时给优秀经销商的奖励可能是一趟夏威夷之旅、一辆新车或现金。之所以同业促销明显增加，是因为企业认为，与其他促销形式相比，它们通过这种促销得到的投资回报更高、更立竿见影，而且它们的控制权也更大。

尽管预算在这三者中存在变化，但从长远来看，销售推广和同业促销的支出将占促销成本的 75%、广告占 25%。如果我们对广告预算中分配给抽奖、现金返还以及销售推广等主要促销活动的资金进行精确测量，我们就可以知道，广告在促销预算中所占的相对比例更低。比如，据估算，广告支出中约有 20% 分配给了某些支持性促销活动。不过，许多销售主管预测广告在促销预算中所占的比重会小幅上升。

销售推广的不同形式

2 认识可供营销商选择的基本促销形式。

本章的余下部分将讨论销售推广的主要类型，先讨论那些与广告关系最密切的，尤其是那些与消费者关系密切的技巧。当然，我们也会简要介绍针对经销商的促销活动。无论在什么情况下，我们都必须记住广告与促销是互补关系。以下为使用频率较

图 14.4

这条邮寄广告公布了产品信息和折扣幅度。

Courtesy of Lane Bevil+Partners and Great South Catering.

高的促销形式：

- 事件营销
- 虚拟广告
- 赞助
- 售点广告
- 赠品与奖励
- 互动与数字化
- 样品派发
- 抽奖与竞赛
- 联合广告
- 贸易会展
- 目录和黄页
- 同业奖励

事件营销

在美国，事件营销的支出约为 190.18 亿美元，最大的一块是体育赞助，约为 76.1 亿美元，其次是娱乐、路演和移动营销。事件营销的平均支出约为 80 万美元，美国约有 96% 的全国性营销主管说他们会在营销组合中纳入事件营销。想了解销售主管们在事件营销上的支出，首先要注意他们的预算差别很大：约有三分之一的营销商在事件营销上的年支出低于 5 万美元，约 20% 的营销商年支出介于 10 万至 50 万美元之间，约 25% 的营销商年支出高于 50 万美元。

营销商如何判断自己在事件营销上的支出是否物有所值？《促销》（*PROMO*）的一项调查表明，一半的营销商通过销量来衡量事件营销的结果，另一些营销商则通过跟踪总人数来衡量结果。此外，他们还测量购买动机，有些还查点事件营销后网站的点击量。为了追求更高的投资回报率，营销商已经开始削减街道团队的预算。

大多数品牌依赖口碑营销来拉动事件的人气。随着营销商在营销中整合流行文化和雇用品牌代言人，这一趋势还有可能更加明显，对注意力的竞争也变得更加激烈——如通过新媒体而实现的播客、社交网络以及社会化内容。

激浪将媒介预算从 2006 年的 5 700 万美元削减至 2008 年的 2 160 万美元，同时更加向冠名娱乐活动倾斜。在过去的几年内，激浪向品牌的亚文化领域大幅投入，包括激浪旅游、绿带之声组合（Greeen Label Sound）以及激浪“游戏燃料”视频游戏。百事可乐北美市场碳酸饮料首席营销官弗兰克·库珀（Frank Cooper）说：“我们留给消费者的印象已经从评判营销是否成功的裁判变成了以下问题的答题者。我们是否正在与正确的消费者群体建立关系？到底是关于这些事件的博客还是影响者在谈论此事？这些更能说明我们是否在触达正确的消费者。”[6]

汰渍、家得宝、风火轮（Hot Wheels）、可口可乐、万艾可（Viagra）和杜邦的共同点是什么？它们除了是全球最大、最悠久的品牌外，还是美国全国运动汽车竞赛协会赛车队的主要赞助商。这些品牌投入 2 000 万美元就可以成为美国全国运动汽车竞赛协会的主要赞助商，获得在车身上印刷企业商标的许可；或者投入 1 000 万美元成为联合赞助商，获得赛车后保险杠或后轮上方的空间。它们这么做值得吗？答案

Courtesy of Homer LLC.

图 14.5

家得宝是美国全国运动汽车竞赛协会的赞助商，它们将赞助整合进了自己的广告战役。

是肯定的。所有的电视媒体都会报道美国全国运动汽车竞赛协会的重大赛事。通常，活动现场有 20 万粉丝，他们当中的许多人还会穿上代表不同团队的纪念夹克，给托尼·斯图尔特（Tony Stewart）等赛车手以及家得宝等广告主捧场（见图 14.5）。进入赛场后，有一个观看冲刺的区域，在该区域，观众可以一边听着乐队在斯普林特公司赞助的舞台上演奏的音乐，浏览美国全国运动汽车竞赛协会的宣传册，一边从可口可乐或百威的销售点购买饮料。[7] 赞助商有很多曝光机会。

3 掌握产品组合和搭售的基本方法。

组合的好处 最古老的广告形式之一就是通过名人证言推广产品，这种广告形式的出发点在于，体育明星和娱乐名人的影响力有助于提高品牌的知名度。正是这种通过组合而获益的观念将事件营销和产品许可推到了数十亿美元的高度。

下面是组合销售和搭售广告经常使用的三种方法：

1. *事件营销*。很少有体育赛事、音乐会和艺术展不会得到某种形式的企业赞助。从足球场的记分牌到运动服上的耐克钩形图案。公共事件的每一个环节都可供商家购买，甚至还可以将某一部分拆分零卖。奥运会是水平最高的事件营销之一，企业不惜花费数百万美元成为其指定官方赞助商。

   广告主深知，体育迷和艺术爱好者极其忠实于自己的特殊爱好，因此赞助商们希望与这些事件捆绑在一起，借以扩大品牌的知名度，提高产品的好感度。如果事件营销能建立起长远关系，给广告主一个机会与其忠实客户持续接触，则事件营销就能发挥最大的作用。

2. *故意事件营销*。故意事件营销和事件营销的区别在于，故意事件营销的赞助商不仅是事件的赞助商，而且还是事件的发起人。音乐会是最有代表性的故意事件营销。故意事件营销将产品样品派发、优惠券、本地媒体采访与店内宣传结合起来，从而实现品牌识别的最大化。举例来说，立足于新西兰、以女性为中心的新成立的 Flossie.com 是一家涉及时尚、美容、性别和伴侣、娱乐以及职业建议的网站，最近为宣传自己，它们在新西兰一条繁忙的商业街上发起了一场事件营销，利用一台自动贩售机出售活生生的单身男性。一台自动贩售机打着“你的需要，我们负责”的尾标，请女性挑选自己最喜欢的男性：经典派、行动派、浪漫派、大款、外国人或完美先生。这台机器就像一台饮料自动贩售机：女士们按下按钮，选择她们最想要的男士类型。令人惊奇的是，一个与女士要求相符、有血有肉的男士打开自动贩售机的门，在一阵烟雾中走了出来，邀请女士去约会。“约会男士”完全符合女士们挑选的男士类型。比如，该男士可能会邀请女士去蹦极或享用一顿浪漫的美食。该事件由 TBWA/Whybin/Tequila 联袂创意，由广告公司招聘单身男性，经过层层面试淘汰，然后将剩下的单身男性分到相应的组。[8]

3. *产品授权*。事件营销关系到为赢得品牌知名度而与电影、电视节目、卡通角色等建立的商业关系这一概念。授权协议案例中包含了无数的机会，有时还涉及电影中的产品植入问题。

   电影授权往往与快餐公司、玩具商以及一些儿童商品的搭卖销售有关，因此，快餐企业加盟电影、电视节目以及广播网节目的现象再常见不过，它们利用节目的名气招揽顾客到店内领取玩具、图书、茶杯等等。

   授权协议最大的受益者是玩具生产商。据估算，玩具生产商约一半的收入来自授权形象的销售，如电影人物、儿童电视节目中的卡通形象等等。动作玩具是绝大多数玩具生产商的主要收入来源。这些玩具公司投资数百万美元签署授权协议，它们的成功大多取决于某个娱乐项目的流行度。并非所有的许可协议都以娱乐节目供应商为主，有些需要两个品牌相互签署许可合同。

   在美国，2009 年，授权商品的零售额接近 1 080 亿美元，其中，版税收入接近 60 亿；娱乐节目、电影和电视人物形象授权收入约 490 亿美元，占总收入的 45%。据估计，商标和品牌授权的销售收入为 190 亿美元，比版税收入高出 100 多万美元。

从上述内容可以看出，事件赞助和许可协议的机会固然是无限的，但它们能否成功却取决于它们是否与品牌的目标市场保持着积极的联系。为了实现这一目标，事件的形象和品牌的形象必须保持一致，且符合逻辑关系。

虚拟广告

我们在前面的章节已经讨论了通过互联网进行广告和营销。其中，最吸引人的是所谓的虚拟广告。即在直播视频中叠加计算机生成的广告、标识和产品形象或在电视节目中插入这些内容，而这些计算机生成的东西，现场观众是看不到的，严格地说现场根本不存在这些东西。通过高科技和创意，现在可以将某个形象天衣无缝地插入事件直播中或在节目拍摄完成后植入其中。这种虚拟广告可以在指定的任何市场触达符合特定人口统计学特征的消费者。比如，你在电视上收看棒球比赛的同时可能会注意到首攻黄线，但也可能会注意到本垒位置后面在不断变化的广告牌，但现场的棒球迷们却看不到这些广告，因为它们是电子后期生成的。

这项技术已经被用于电影或电视节目的产品植入。有时，生产商可以在电影或电视节目中插入地方性或区域性品牌。可以想象，对于追求纯粹性的观众来说，在娱乐内容中看到突然冒出来的产品宣传时肯定超级不爽，但虚拟广告确实给触达目标受众创造了可能性，而且法律对这种技术的运用的态度也存在着分歧。

赞助

有些人将赞助归入事件营销，但也有一些企业将其单独列为一项。为清楚起见，现在我们先简要谈谈几个方面。WPP PLC 集团子公司 IEG 曾预测北美地区的体育赞助会因该地区的经济低迷而增长缓慢，预计为 114.8 亿美元。[9] IEG 赞助的比赛包括超级碗半决赛、美国全国运动汽车竞赛协会比赛、高尔夫球锦标赛、网球锦标赛，另外还有娱乐旅游及名胜、公益活动、节庆、展会以及艺术活动。[10]

有研究表明，与传统广告相比，在引发购买动机、品牌认可、投资回报率等方面，“真正”的在线赞助活动更胜一筹。索尼和英特尔曾分别出资赞助在线课程，教大家如何成为数码拍摄高手。在这两个案例中，每花出去一美元的促销费用，营销商就可以在零售环节得到 50 美元的回报，而传统媒体的投资回报率大约为 2∶1。[11]

售点广告

售点广告
由生产商准备，供产品销售地点使用的广告展示物。

零售业正悄悄改变自己对一些促销活动的报道方式。现在，所有的店内营销服务都称为零售营销服务。零售营销包括**售点广告**（point-of-purchase）、零售经销和店内服务，像 Folks 这类餐馆就经常采用店内经销推广特定的产品或服务，图 14.6 为其早餐促销。零售促销预算的最大一块为售点广告，约为 203 亿美元。按照好时公司首席执行官瑞克・莱尼（Rick Lenny）的说法：“营销组合模式仍然强调同业支出的投资回报率最高，而且受到消费者的支持……这些更接近消费和销售场所的（努力）往往回报更高。”他说好时利用广告为新品牌、新平台创造知晓度，而将店内支持——无论是样品派发还是与零售商的战略捆绑在一起的促销活动——视为实现高回报的最佳途径。

很多零售商都在扩大自己的店内服务，包括在店内增设电视。比如，沃尔玛就将店内的电视网升格为沃尔玛智能网络——由互联网门户电视支持的系统，广告主可以在屏幕上播放简短的促销视频，在与购物者视线齐平的位置抓住他们的眼球。

售点广告是专门针对特定的零售环境量身定制的，而在零售场所，消费者 60% 的购买行为是计划之外的。近年来，零售业赞助了一系列调研活动，以帮助零售商和生产商更好地利用售点广告。调研结果表明，若以销售推广技巧而论，售点广告具有以下几大优点：

1. *刺激计划外购物。*一项大型调查表明，通道尽头或收银台附近的广告最有利于销售。同一调查还发现，购物者的年龄、店内优惠活动的影响以及时间压力等，所有这些因素都会影响售点广告的影响力。此外，该调查还表明，零售商刺激消费者穿过的通道越多，对消费者的冲动性购买影响就越大。[12]

2. *提醒消费者回忆起品牌和产品。*售点广告的主要任务是提醒消费者注意他们可能忽略的产品品类或品牌。售点广告业正在提升店内销售的创意方案，除了我们熟知的纸板标牌广告外，越来越多的陈列现在都利用电脑科技变换讯息并瞄准特定的细分消费者。

3. *影响品牌选择。*食品类消费者的品牌忠诚度较低。迈耶斯调查中心（Meyers Research Center）的一项调查表明，“在购买食品时，如果消费者喜爱的品牌一时缺货，那么，一半以上的消费者会换品牌；但如果在购买非食品类商品时遇到这种情形，则只有三分之一的消费者会这样做”[13]。

Courtesy of Lane Bevil+Partners.

图 14.6

这张海报是店内促销的一个例子。

这项调查既说明售点广告很有必要，也说明售点广告将成为商家刺激未知消费者的必然手段。

售点广告一直面临着如何保证陈列得当甚至完全陈列的问题。过去，店内陈列的维护主要由生产商的销售代表负责，尤其是小企业，哪家零售店给生产商提供位置，代表们就将广告放到哪个零售店。而现如今，店内陈列的营销过程更加复杂，而且要在全国和地方两个层面保持高度的协调一致。像家得宝和沃尔玛这类大型零售企业，它们都会专门为自家的经销店制作一些售点广告。

为了更充分地利用店内陈列，许多企业开始利用外部资源，雇用独立的零售推销服务公司，让它们与零售商合作，以实现售点广告的最大覆盖。许多企业发现，“雇用经销公司可能会增加成本，但这个成本可以抵消，因为销售人员不用再浪费宝贵的销售时间去安装广告牌、布置店面、补充库存或更新商品”[14]。

未来，我们将会看到更多的售点广告和零售服务的新用法，店内广告业将会提供更好的调研，并采用大量电子的、互动的广播电视媒介。

由于零售商和生产商必须满足严格的要求才能得到零售店货架和地面的空间，因而他们越来越成为售点广告的主力军。零售空间是商户们最宝贵的资产，他们只会给那些广告设计一流、经销实力雄厚、广告支持充足——最重要的是盈利潜力最大——的企业和品牌提供展示空间。

这些店内零售创新不仅本身具有吸引力，而且也再次表明，广告、促销和营销越来越相依为命，很难说清谁先谁后。与其努力去判断哪些促销元素应该归入哪个类别，营销经理们倒更愿意关注采取哪种方法效果最好。

赠品与奖励

赠品

为刺激消费者购买某产品而额外赠送的物品，既有非购物赠送（比如包装袋上的赠品、包装盒内的赠品以及容器本身），也有凭购买或付款证明赠送（如自偿式赠品）。

赠品（premiums）是商家为交换消费者的购买、到访或试驾等活动而免费赠送的商品，换言之，赠品是有附加条件的一种奖励。赠品和奖励是商家刺激消费最常见的形式，年支出在 460 亿美元左右。

赠品不仅是销售推广中最常见的手段，也是历史最悠久的手段。它可以追溯到 18 世纪中期，当时，日历、木制礼品以及其他促销产品非常普遍。按照国际上该行业的主要同业协会——国际产品促销协会（Promotional Products Association International，PPAI）的说法，早在 19 世纪 50 年代，礼品印刷业就已建立了相对正式的赠品商业模式。

赠品分为不同类型的商品，其中，书写工具、日历和服装最为常见。赠品促销成功的关键就在于它必须与产品及目标市场有逻辑关联。切记，赠品不是传统意义上的礼物，它们是营销礼品。我们往往按促销的目的和方法对赠品进行分类，以下即赠品的主要类别：

揽客赠品

商家为鼓励消费者进店，进而完成交易而提供的购物奖励。

1. ***揽客赠品***（traffic-building premiums）。大多数赠品在购买商品时即可获得，但也有一些赠品，尤其是与高价产品或服务相关的赠品，则只能在零售店、房地产开发销售部或汽车零售店现场才能获得。

2. *连续赠品*。连续赠品会随着消费者连续购买某一产品而增值。连续赠品成功的关键在于“活动不要忽略品牌。例如，常旅客奖励、餐券、兑奖卡、信用卡购物积分兑换等，这些都是建立品牌形象的良好机会，因为这可以让消费者数月甚至数年积极参加这些活动。如果奖品再能跟品牌关联，那就更好了”[15]。

   近年来，电商普遍采用连续赠品的方式进行促销，各种奖励性网站都通过连续赠品来刺激消费者回访、提高品牌知晓度。消费者只要访问这些网站、搜索信息或购买商品，就可以获得积分。

直接赠品

在消费者购物时给予的购物奖励。

3. *包装赠品*。包装赠品又称为**直接赠品**（direct premiums）。由于直接赠品针对消费者的购买马上给予奖励，因而直接赠品是广告主和消费者双方都喜欢的赠品形式。但因为直接赠品太普及，以致广告主只好不断寻求新颖别致的赠品途径。

   很多直接赠品也发挥联合促销品的作用，以便关联品牌之间联手扩大促销机会，同时降低各参与企业的成本。比萨店就经常与软饮公司一起搞联合促销，在你买比萨时免费赠送你一两杯饮料。

自偿式赠品

消费者支付成本和手续费即可拥有的赠品。

4. ***自偿式赠品***（self-liquidating premiums）。无论采用哪种赠品派发方式，自偿式赠品都是最受欢迎的赠品类型。顾名思义，这种赠品要求消费者支付全部或大部分成本，平均而言，需要支付成本的 75%。在预算紧缩的当下，自偿式赠品成为最受欢迎、增长最快的赠品形式也就没什么奇怪的了。在过去的十年中，美国的自偿式赠品的数量上升了 30% 多，而消费者的人均支出也在快速增加。

曾经一度，人们认为自偿式赠品只可能在廉价低端商品的促销中取得成功。但营销人员却发现，消费者也愿意为感觉高端或有趣的物品支付更高的价格。

在某些情况下，赠品太受欢迎，结果它们反倒成了企业的主要收入来源。可口可乐公司和哈利－戴维森公司（Harley-Davidson）的赠品就广受欢迎，以致两家公司将它们作为独立的股票，这样的例子还有很多。这些“赠品”已远不止是赠品，它们还代表着一些品牌（及其赠品）的知名度。

能充当赠品的物品成千上万，因此在选择某种赠品时一定要慎重。要注意，任何赠品促销都必须配合企业的整体营销目标，在它上面大幅投入应当物有所值。

忠诚奖励 忠诚奖励已成为营销商的法宝，除推动着营销战略扩展到单纯的一次购物、样品派发和抽奖之外，也变成了了解这些消费者、争取并留住他们以及与之保持联系的方法。可口可乐北美市场的“我的可口回馈”就是可口可乐公司最大的回馈活动。西班牙语版回馈活动开启了该公司的第一次双语网络促销活动，活动采用了可口可乐在其一些成功的促销中所用的战术：将编码藏在瓶盖下面，然后参与者上网注册，兑换奖品。

企业也开始将忠诚奖励作为激励员工的方法。如同常旅客可以累积分数兑换商品或机票，员工也可以根据自己的工作表现获得积分，用于兑换生活方式体验、礼品卡或商品。激励营销协会（Incentive Marketing Association）执行理事凯伦·伦克（Karen Renk）说，从长计议，这些活动可以让员工投入、专注、敬业。[16]

互动与数字化

大型营销商会采用某种形式的互动或数字促销。都乐食品公司（Dole Foods）促销其水果圣代（Fruit Parfaits）的标准模式是在全国发放独立广告夹页（本章稍后将探讨），有时还会加一点店内物品。但在网络这个虚拟世界，女人们却聚在一起，或推荐或否定都乐公司的产品和服务。博主也在水果圣代的促销宣传中扮演着重大角色。一群关注妈妈、健康、保健等问题的博主针对都乐的圣代及“甜品记忆竞赛”展开讨论，而不熟悉都乐产品的博主则会收到都乐公司寄送的样品。[17] 普瑞纳公司（Purina）则先播放自家广播节目《动物建议》（Animal Advice）的音频，挑起宠物训练、宠物护理、宠物保险以及行为理论的话题，然后再播放《普瑞纳非凡狗狗挑战》（Purina's Incredible Dog Challenge）的视频。普瑞纳公司将节目分为 3 个 5 分钟的段落，消费者可以通过 iTunes 或 Purina.com 下载。优秀的播客完全可以支持营销商的目标、战略或广告，帮助其建立与消费者的联系。据报道，营销商曾利用互动渠道建立品牌忠诚、推动销售、鼓励消费者访问网站、收集个人数据、提供奖励。[18]

营销商在社交网站上的体验不一。例如，消费者就一向讨厌 YouTube 上那些掩盖自己促销目的的视频。因此，营销商必须注意自己在科技网站上的促销方式，否则就可能“偷鸡不成蚀把米”。

安海斯－布希饮料公司（Anheuser-Busch）在 2007 年“超级碗”比赛后成立了一家新的营销企业 Bud TV，一个基于互联网的电视网络。Bud TV 全天 24 小时播出，以现场直播和点播为主，由七大频道转播。Bud TV 利用品牌故事宣传安海斯－布希

克莱普纳观点 14.1

斯蒂芬·盖伊

斯蒂芬·盖伊（Steven Guyer）

Experian CheetahMail项目主管

用再营销让消费者耳目一新

如果你是在课堂上看这本教材，那你的年龄很有可能比电子邮件的年龄还要小——电子邮件诞生于20世纪80年代初。电子邮件的出现虽然早于Twitter和Facebook，但与直邮、广播或电视相比，电子邮件仍属于“小字辈”。由于速度快、投资回报率高、可追踪，电子邮件越来越受客户的青睐；又由于它能充当电子收据、确认购买、解决问题，因而也越来越受新老顾客的欢迎。鉴于以上这些优点，电子邮件便无可争议地成了建立一对一消费者关系的新型数字化媒介。电子邮件服务提供商（ESPs），如Experian CheetahMail，正在寻找更多的途径帮助客户在消费者与品牌之间建立更加牢固的关系，而消费者也注意到了这一点。

电子邮件服务提供商加强品牌与消费者关系的一个途径就是根据消费者的购买行为发送讯息，Experian CheetahMail将其称为“再营销”。再营销要考虑消费者的偏好、实际购买行为以及产品供应能力。想了解再营销如何进行，不妨设想下你现在正在网店购物，并让一名买手拿着你以后可能会买的几件商品。现在想象一下，几天后，你的买手向你提起你最喜欢的商品（甚至推荐其他你有可能喜欢的商品）。放在店内购物的情形下，这种放松的、高度相关的消费接触将代价高昂，但电子邮件这种新方法却能以前所未有的关联性和私密性吸引消费者投入其中。

Experian CheetahMail已经为许多《财富》500强企业制定了这种人性化的再营销活动，而电子邮件表现数据也证明，这些讯息不仅提高了消费者的参与度，还增加了他们未来购买的概率。无论是对青年人还是对老年人而言，再营销电子邮件都提高了他们的整体购物体验，强化了在线品牌体验。

Courtesy of Steven Guyer, Experian CheetahMail,New York.

的产品，不过，它也播出一些独立的内容，如网络短片、名人访谈、喜剧、短电影、消费者自制节目甚至体育比赛。此外，Bud TV也致力于某些特别类型的节目，同时也提供音乐下载服务。[19]

在“超级碗”开战前夕，斯普林特公司在美国橄榄球联盟体验期间举办了一场现场活动，活动中，24名选手不仅向球迷们致以问候，还在长达6个小时的活动中通过斯普林特公司提供的手机向球迷们发送短信互动。Players公司高级副总裁道恩·雷德利（Dawn Ridley）说，该活动旨在让球迷们与球员们在快乐互动的同时向消费者宣传斯普林特公司的品牌。Players公司是美国橄榄球联盟授权的营销公司，正是美国橄榄球联盟安排了此次活动。[20]

消费者原创广告短片比赛非常成功。YouTube网站上传了获奖广告——“爸爸”篇。“爸爸”中的父亲是一个光头，在看到小儿子手工画的他后批评儿子画错了他头的形状，还写错了他的名字。肩题：消费者只要最好的。仅在视频上传两周后，“爸爸”的点击量就达到了225万人次（爸爸们追着看YouTube上的视频，希望了解孩子为什么故意写错名字）。[21]

优惠

优惠是一种全能型促销，目的是让消费者省钱。最常见的优惠是临时降价或“打折”。折扣券也是一种消费者优惠，因为它在限定时间内降低商品价格。优惠也可能涉及促销品。比如，生产商可以将三块肥皂捆绑在一起，以打过折的价格销售。另一种优惠是将新产品附加在现有产品的包装上，只收取少量成本价或完全免费赠送，这也是派发新产品样品的好办法。现金返还是我们熟悉的一种优惠形式，它既可以即时退款，也可以邮寄退款，也是生产商常用的优惠形式。赠品是生产商为刺激消费者购买更多的产品而提供的免费商品或者打折商品。

但生产商如此频繁地搞优惠活动也会产生一些负面作用：促销的初衷可能是临时刺激消费，但一些消费者却由此产生了期待心理。从刺激销售商提高销售这个层面来讲，优惠最能发挥作用。我们在前面的章节已经讨论过针对零售商、批发商以及其他环节的同业刺激形式。

承兑

处理、组织以及承兑等实际工作一般由**承兑公司**（fulfillment firms）负责。对于品牌及其承兑店而言，消费者满意和效益仍然是重中之重。营销商的承兑预算在过去几年内毫无变化，于是承兑公司开始为品牌客户承担更多的任务。比如，营销和承兑服务公司给客户提供仓储、实时订单处理、存货管理以及分销服务，以保证物品及时送达终端消费者。承兑公司一般根据兑换量的多少收费，它们的工作关系着促销的成功与否。草率的承兑服务必然导致促销活动的失败，并长久地影响消费者对品牌的好感。承兑是消费者服务的一种延伸，一旦出问题，承担责任的应该是你的公司而非承兑公司。

承兑公司

承兑公司即处理优惠券兑换过程的公司，包括接收、验证和支付，它同时也负责竞赛和抽奖。

广告礼品

赠品促销中所用的物品——服装、书写工具、日历——也是礼品广告最常用的物品。[22] 然而，赠品和礼品之间却有两大不同：

1. 广告礼品（specialty advertising）上印有广告主的名称、标识或简短的广告讯息；赠品上通常没有，它只是作为消费者购买商品的奖励。
2. 与赠品不同，消费者不必非得购物才能获得礼品。

广告礼品的用法和形式多种多样，有 15 000 多种物品可供选择，几乎能满足所有的营销目标。礼品还可以与其他媒体互为补充，可以精准地瞄准主要预期对象。最理想的礼品是那种定期使用的物品，这样就能频繁地提醒使用者而无须额外支付费用。

礼品的缺点在于千人成本非常高，而且和户外广告一样，礼品上也很难承载销售讯息。此外，礼品缺少天然的经销系统，视所选礼品的不同，有些礼品的制作时间可能长达 6 个星期。

近年来，随着企业努力在竞争日趋激烈的环境下建立品牌标识，**广告礼品**得到了飞速发展，但向企业销售礼品的方法已经发生了变化。销售代表们不再使用昂贵的产品目录册，而是利用便携式电脑显示商品，或在线显示企业所选的商品。

广告礼品

为鼓励消费者购买商品而赠送的礼品。

广告礼品的一大重任是建立和打造品牌的长远知名度，因此，心理差别不大、竞争激烈的品牌自然会大量使用广告礼品。银行和证券交易所等金融机构、医院和保健机构、通信和互联网公司就是在广告礼品上花费巨大的典型。

和其他所有的促销形式一样，营销商也应该根据自己的具体营销目标来规划广告礼品。对广告主的一项调查发现，商家主要出于以下原因使用广告礼品：[23]

1. 增强消费者对品牌的认可和好感。
2. 配合贸易展览会。
3. 培养消费者的好感，提高企业形象。
4. 宣传新产品和新服务。
5. 创造销售机会，收集反馈。

在选择广告礼品时，必须确定礼品与目标市场、与产品或服务之间有一定的逻辑联系。如果想让消费者保留礼品并使之发挥提示品牌的作用，所选的礼品就要有一定的使用功能。由于广告礼品上只能放几个字，因此它必须与企业的整体广告战役主题相呼应，给消费者提供完整一致的讯息。

优惠券

4 了解当今赠券的不同类型。

优惠券
最受欢迎的销售推广技巧。

独立广告夹页
商家预先印刷好并送至报社，由报社插入报纸并随同报纸一起投递的广告夹页。

优惠券（coupon）促销是最古老的销售推广形式之一，而且毫无疑问，也是最常用的促销形式之一。在美国，营销商每年发放给消费者的优惠券达 3 020 亿张之多，约合 3 880 亿美元。多年来，优惠券的兑现率基本上一直保持在 2.6% 左右，每张优惠券平均价值 1.28 美元。

独立广告夹页（free-standing inserts，FSIs）一直是营销商发放优惠券的主要途径。到目前为止，它们仍然是最受欢迎的优惠券发放途径，一般是夹在星期天的报纸中发放。总体而言，超过 88% 的优惠券是通过独立广告夹页发放的，而传单、包装赠品、现场兑换和互联网等发放形式则紧随其后。有趣的是，互联网只占了优惠券发放载体的 0.4%。以触达率来看，用独立广告夹页来刺激消费者，对商家而言成本更低。如果将这些数字都考虑进去，独立广告夹页一周可以触达 6 000 万户家庭。优惠券的平均使用期限略有下降，从略低于 3 个月降至 2.5 个月。

南方大众厨房（Folks Southern Kitchen）通过独立广告夹页按季度发放优惠券（见图 14.7）。这次推出的促销活动是用四张优惠券换购小份套餐，同时宣传其假日套餐。

优惠券的营销和发放有两个基本目标。过去，发放优惠券的主要营销目标是鼓励潜在消费者试用商品，同时防止竞争对手抢夺现有消费者。大批发放优惠券时一般都会强调这两个目标。

目前，针对优惠券的数量出现了大量投诉，说它以品牌忠诚为代价，导致了价格竞争。近年来，大批大型广告主也开始尝试在传统广告中纳入优惠券，以鼓励消费者试用产品，进而培育品牌资产。

除了独立广告夹页和其他常见的优惠券发放手段外，我们也开始看到一些更精准的促销努力。这些定位更精准的优惠券促销方法旨在达到以下两个目标：

1. 根据目标对象的生活方式和人口统计信息触达他们。
2. 在现有消费者中培育品牌忠诚。

Courtesy of Lane Bevil+Partners.

图 14.7

南方大众厨房开展的独立广告夹页促销活动。

在以上两种情况下，扫描来自其他计算机数据检索系统的校验数据和信息可以帮助生产商洞察消费者个体的既往购买行为。利用这些信息，零售商和生产商便可以针对消费者的行为和品牌偏好发放优惠券。

互联网与手机优惠券

虽然通过互联网发放的优惠券目前还比较有限，但既方便消费者、生产商又能承受的消费者数据库建设，必将带动互联网优惠券的增长。不过，免费餐券有时也会惹出麻烦。

曾有这样一个案例，著名主持人奥普拉·温弗瑞想给每一个人提供一顿免费餐食，正好肯德基也想寻机促销自己的最新产品，他们给消费者提供的优惠券可以兑换两块烤鸡肉、两份配餐和一块饼干，消费者可以登录 www.unthinkkfec.com 和 www.oprah.com 网站下载。在奥普拉节目播出的当天，奥普拉 - 肯德基优惠券在谷歌搜索中排名第五。

在奥普拉·温弗瑞餐券将肯德基变成社交媒介网站的十大热点话题时，肯德基也在自己的 Twitter 官网上推波助澜。但肯德基似乎对这场促销的结果始料未及：全美国所有的肯德基店都人满为患，博主和 Twitter 用户投诉店里队伍太长、拒收餐券。有 5 200 家门店可以使用餐券，但有些门店鸡块售罄或停止使用餐券，肯德基公司不得不为这一团糟的情况而公开道歉。一名专家称其为因宣传而引发的“海啸”。除了梦魇，肯德基的促销算成功吗？尽管有奥普拉·温弗瑞宣传的光环，但人们会原谅肯德基并记住其产品的人气吗？[24] 显然他们会。

宝洁的官网一般会告诉消费者“不要忘记夹在周日投递到您家的报纸中的宝洁公司优惠券——某些你喜欢的宝洁旗下品牌可以节约 30 多美元哟！”而网络服务公司，比如 Catalina 营销公司的 valupage.com 和 Val Pak 直销公司的 valpak.com，则利用优惠券换取消费者的个人信息。随着在线服务公司继续开发消费者数据库，它们也开始根据消费者的既往购买行为，为其量身发送电子邮件优惠券（图 14.8 为 Val Pak 公司的促销案例，背面为优惠券）。

当日优惠券

要求即时或当日使用的优惠券。

当日优惠券（same-day coupons）的曝光机会很少。例如，雅虎公司发放了免费的 31 冰激凌甜筒（Baskin-Robbins）的优惠券，而玩具反斗城（Toys “R” Us）则通过电子邮件发放了一套当日优惠券。一些手机优惠券的内容也大体相同。

消费者曾经抵制手机广告，但一些消费者认为手机优惠券更便于接收。调查表明，如果手机短信广告能给消费者某种奖励，比如优惠券或音乐会，那么，在收到广告的消费者中，有三分之一的人会对广告做出回应。近来，Coupons.com 与雅虎达成了一项协议，在雅虎网站上推广其优惠券。在一些市场中，克罗格杂货店的买主可以在自己的手机上浏览优惠券，选择自己想要兑换的，然后在收银台享受会员折扣。

优惠券欺诈

在我们兑换 50 美分的优惠券时，我们很少会想到生产商为此投入了多大的成本。非常不幸的是，那些通过非法兑换优惠券欺骗生产商的骗子却非常清楚它们的价值。

图 14.8

这张 Val Pak 促销海报的背面就是一张优惠券。

Courtesy of Folks and Lane Bevil+Partners.

最常见的欺诈类型是：一个人送来优惠券，但却并没有购物。曾经发生过这样的案子：犯罪分子收集了数以千计的优惠券，然后以超市或其他零售商的名义寄送给生产商。在一些案子中，生产商不得不花费百万美元兑付欺诈性优惠券。

零售业正在设法利用条形码技术和其他技巧解决这一问题。但是，不管采用哪种优惠券发放方法，优惠券诈骗和错误兑换仍是有待解决的问题。

样品试用

近年来，样品试用的场所已经从店内转向了更精准的环境。网络社区将寻找新产品的消费者聚集到一起，然后博主向大家推荐产品并告诉他们如何获得样品，于是，在线样品试用兴旺发达起来。也有一些企业直接与网络社区合作，鼓励消费者试用新产品。

贯穿全书，我们都一直在强调，不管广告和促销的效果如何，产品最终都必须依靠自己实现销售。这便是样品试用（sampling）背后的理念。**样品试用**指将某一产品免费赠送给目标对象的行为。近年来，样品试用取得了长足的进步，而且很多时候甚至取代优惠券而成为生产商实现产品试用的主力手段。据估计，营销商的样品支出约为 23 亿美元。有专家认为，鉴于样品试用的可测量性，样品试用还将继续发展。

样品试用

商家免费或折价提供小包装或完整试用装，向消费者介绍或宣传商品的做法。

样品试用一直是诱惑消费者尝试产品、交易产品的成功战术。但随着企业由精美盒装赠品向**体验式样品试用**（experiential sampling）的转移，包括利用大卡车或客车拉消费者去观光旅游，让他们陶醉于整个体验过程（如奥斯卡・梅尔公司），样品试用已经在战术性层面发生了巨大的变化。手机样品派发貌似也很有成效（赠品提高了消费者的参与度）。举例来说，金伯利－克拉克公司为舒洁牌（Kleenex）新产品——含乳液面巾纸——举办了一场大规模试用活动，在过去不投放舒洁产品的地方免费发放了 6 000 万个样品，它们以独立陈列和货架陈列的形式给各个发放点提供新产品，方便购物者试用舒洁的乳液面巾纸。不仅如此，它们还在杂志跨页和报纸夹页优惠券上夹带样品。另外，它们还让样品派发车在一些城市路演。

体验式样品试用

企业采用专车接送、赠送样品，以吸引消费者、加强其接触体验的做法。

对于购买百事可乐旗下激浪饮料的消费者，公司都免费赠送自家的沃特（Vault）样品，其火药味十足的“不喝激浪”（Don’t Dew It）促销活动旨在让激浪的铁杆爱好者试用沃特牌产品。沃特推出已有三年，但在橘汁软饮市场上的份额只有 4%，而激浪却有 80%。[25]

越来越多的广告主开始以各种创新方法，将样品发放到预定买主的手中，样品试用中的一大变化就是从大面积发放转向更为精准的小众投递。锁定了目标对象，生产商便可以极大地减少浪费，从样品试用测试中获得更加准确的结果。样品试用越来越看好的领域有以下几个：

1. *报纸投递*。很多报纸将自己的投递区域限定在很小的地理区域内（比如邮政编码及住宅区），这便可以让营销商在投递样品时针对更加精准的人口统计学特征。
2. *事件/场地营销*。摇滚乐演唱会和体育赛事等大型事件能打动具体某些人口统计学特征或生活方式的细分群体，因此，它们能给样品试用提供绝好的场所。很多时候，场地样品派发——比如在沙滩派送防晒霜——可以让产品马上投入使用。

3. *店内试用*。一般而言，店内试用往往与优惠券捆绑在一起，以刺激消费者即刻付诸购买行动。消费者去杂货店却不试吃任何食品、没得到任何优惠券的情形少之又少。
4. *包装内样品 / 联合营销*。如果产品之间具有关联性，商家就愿意采用包装内样品的方式。比如在消费者购买洗衣机时赠送一盒去垢剂，或在购买剃须刀时赠送剃须膏。此外，拥有多个品牌的生产商也可能在销售现有产品的时候附赠新产品，让消费者花很小的代价试用。
5. *网络试用*。网络优惠券的促销优势同样适用于网络样品试用，样品在消费者们上网以个人信息交换产品的时候与他们“不期而遇”。一项调查表明，70%的消费者会为得到样品而配合企业完成调查。这种方法的一大优点是，生产商根据消费者的要求寄送样品，因而可以大大减少无效派送。

抽奖与竞赛

大多数促销活动的主要目标是引发即时销售并吸引消费者参与。近来，为了保持消费者的参与，技术开始成为游戏、竞赛（contests）以及抽奖（sweepstakes）的主要工具。不管是短信促销、网上抽奖还是互动游戏，网络都在其中保持着主导地位。营销商之所以更青睐网络，主要就在于它成本效益高、能即时收集信息并吸引消费者的关注。在美国，营销商们每年在游戏、抽奖与竞赛的设计和组织上要投入近 18.6 亿美元。

Archway 营销公司的一位代表说，为了确保消费者能通过多个接触点获得更加迷人的消费体验，营销商们不得不变换方法来运用游戏、**竞赛**和**抽奖**。[26] 此外，游戏、竞赛、抽奖对互动水平的要求也有所提高，奖品不仅更大，而且更为客户量身定做、更符合他们的生活方式。

竞赛

消费者为获奖而参加且完全凭借技巧决定赢家的促销活动。

抽奖

完全凭借运气决定赢家的促销活动，若买主必须花钱才能参加则属非法。

在所有的美国企业中，每年都有超过 70% 的企业赞助某种游戏活动，约有 30% 的人会参加商家赞助的某种竞赛或抽奖活动。这些游戏的主要赞助商为软饮公司、快餐连锁店以及电影制片厂，参与者除了获得奖品外，还可以获得店内的游戏卡。显然，举办竞赛和抽奖的目标是吸引客流。对于这些企业而言，竞赛或抽奖是非常理想的营销战略。

企业想与消费者建立持久的关系，于是它们通过游戏或竞赛收集消费者数据。例如，赛百味公司就通过参加其拼字游戏的用户数据库宣传自己的新产品和各种活动。消费者刮开饮料杯和包装袋上的游戏卡，当时就可以得到奖品。上网玩即时中奖游戏，或拼写单词，也可以获得赢取其他奖品的机会。在图 14.9 中，消费者凭 Church's chicken 公司的游戏卡就有机会赢取汽车或其他 10 万件奖品中的一件。

组织竞赛需要一些技巧，因此，必须事先制订一个计划对竞赛进行评估，并确保其符合所有的法律要求。与抽奖相比，竞赛的成本一般更高。如果参与者有可能达到百万之众，那么即使一个小小的疏忽也会成为赞助商的噩梦。据估计，每年会有近 30% 的公众参加抽奖或竞赛。一场大型竞赛完全可能给企业的管理和评判造成沉重的负担，因此大多数游戏都由擅长这类促销的公司负责实施。

竞赛的另一个缺陷是它对参加者有时间（和技能）上的要求，而大多数消费者不会花费那么多时间去完成游戏。因此，如果促销的目的在于最大限度地吸引消费者的注意、动员他们参与，抽奖可能更合适。但是，如果竞赛设计巧妙、与产品形成互补

Courtesy of Church's and The Botsford Group.

图 14.9

刮开有奖

消费者刮开游戏卡便有机会赢得一辆汽车。

并适合主力预期对象的技术水平，那么，与抽奖相比，竞赛更能带来好处、更能迷住消费者。

舒洁纸巾举办了一场竞赛，要求参赛者为其包装增添拉美风味，以庆祝西班牙传统月。舒洁要在这场比赛中寻找三位艺术家，让他们为纸巾盒设计西班牙主题的图案。这场竞赛被冠以“和舒洁一起，表达西班牙文化”之名，旨在征集贴近西裔消费者文化的包装设计和艺术作品。舒洁的母公司——金佰利公司——挑选了一个评审团，评委根据真实性、创新性、工艺、西班牙相关性以及与舒洁品牌价值的亲和力选取了 12 幅入围作品，然后将它们上传到竞赛网站，让大家投票表决。[27]

《欺诈邮件预防和执法法案》 凡要求参赛者付费购买（即“条件”）的抽奖均属彩票，除国家发行的彩票外，所有以购买为前提的抽奖都是非法的。如果下次收到抽奖邀请，请注意是否有信息暗示必须付费才能参加抽奖。尽管有这些声明，但据说很多人，尤其是老年人，还是认为购买产品会提高自己中奖的可能。1999 年，针对这些问题，美国国会通过了《欺诈邮件预防和执法法案》(Deceptive Mail Prevention and Enforcement Act)，试图解决这方面的若干问题。业界对法案的批评主要指向全国性退出名录条款，在退出机制下，消费者可以将自己的名字从所有抽奖名单中移除。一个促销主管这样评论：“我认为营销商不会放弃抽奖，但他们可能会更加谨慎。”[28]

联合广告

最初，联合广告是广告主为了应对报纸对全国性广告主征收的高额广告费而发明

克莱普纳观点 14.2

戴维·博茨福德（David Botsford）

博茨福德集团首席执行官（The Botsford Group）

戴维·博茨福德

争取零售商的支持

不论包装产品生产商在品牌上倾注多少的时间和金钱，销售环节发生（或未发生）的事都能迅速将扩大市场份额的美梦变为梦魇。

售点广告研究所（Point-of-Purchase Advertising Institute）的调研表明，70% 的品牌购买决策是在零售环节做出的。因此，零售店不仅是赢得一场战斗的地方，也是赢得整个战争的机会。

增加陈列活动、增加店内促销、增加零售广告支持是促使消费者做出购买决策的三大因素。

当然，你的产品品类对零售商的重要性、你的品牌在同类产品中所处的地位，决定了零售商对你品牌的支持力度，我还从没见过哪个零售商不加大力度支持生产商。其实，归根结底，就是三件事：刺激零售商切实支持你的品牌，确保自己得到的支持有助于打造品牌（并非所有的支持力度都完全相同），在零售环节兑现对方所承诺的支持（概率为 40%）。

好消息是，你不需要借助外力来做这件事，只需要按照下列五个规则行事便可看到可观的成果。

规则 1：合作

如果你不帮助零售商开展业务，他也不会帮助你开展业务。不要让零售商进行有可能导致其撤换品牌的活动，要开发促进产品品类延展、增加盈利的创意——或两者兼具。从熟悉每一个零售商的本能需求、欲望及规则入手，从熟悉零售商的品牌个性和销售风格入手。

与零售商的品牌整合，这样你就有机会展示自己的品牌（但不要将创意交给零售商）。此外，还要将零售店员工、活动负责人纳入计划。如果你的现场人员或广告公司不了解零售店的整体情况，那就对其进行速成培训。与各零售店的代表沟通（每家连锁店 2～3 名），他们大都乐于沟通，再说你还能从中学到一些东西。

规则 2：差异化

零售商才不希望你给他们的促销活动与给同一条街上的竞争对手的相同，他们想要的是有别于竞争对手的促销活动。差别化并不一定非要大预

的。如今，尽管节省开支仍然是联合广告的一个目的，但它已成为同业促销的重要方式之一，年支出额高达 300 多亿美元。虽然各生产商或零售商的营销目标不尽相同，但他们都可以通过联合广告达到以下目的：

1. 联合广告可以让零售商的广告预算得到四两拨千斤的功效。大多数联合广告都采取对半开的做法，即全国性企业承担地方性广告成本的一半。不过，在某些联合广告中，生产商会 100% 地返还零售商的广告成本；还有些时候，生产商会根据零售商的销量，按照一定的比例限制零售商的报销金额。联邦法律规定，不管如何计算报销金额，生产商都必须对所有的零售商一视同仁。
2. 联合广告有助于生产商赢得零售商的好感，争取当地零售商对品牌的支持，鼓励零售商投放广告，从而降低支出，尤其是报纸广告的支出。通过联合广

算才能实现，略有针对性的创意就可以事半功倍地做到这一点。比如，针对重叠市场中的竞争性零售商，我们可以采用差别化的图片，从而加强他们对近期户外广告的支持力度。如果将焦点对准大型零售商，那么联合营销的投资回报也会非常高。我们已经看到有些客户运用这种方法实现了两位数的增长，增收好几倍。

规则 3：激励

即便某些零售商告诉你不必将店内奖励与店内销售结合到一起，你还是要设法将两者结合起来——这能让你看起来像个主角。一定要保证活动足够灵活，能满足零售商的规定。对于那些不允许直接奖励员工的零售商，不妨考虑为表现优秀者举办特别活动、提供零售店自己的礼品卡或举办店内特别促销（连锁店总部很难对此有异议）。

规则 4：沟通

在活动启动前约一星期，一定要与负责将陈列品和促销品从储藏间搬运至店内的人员进行核对，在集装箱上清楚地标明活动名称、开始时间以及零售店具体位置，在促销品上也进行同样的标注。

规则 5：参与

让零售商在不控制创意、品牌定位及营销战略的状态下参与客户策划，大多数零售商不仅乐于参与，而且对得到这一机会深感荣幸，并会由此将你视为伙伴而非单纯的卖家。

在我们广告公司、广告客户与全美十大食品连锁店之一的营销人员举办的会议即将结束之时，零售商对我们邀请他出席会议表示了感谢，并说："我希望其他生产商也能这样处理客户的具体营销事宜。"

这样的话，就是给生产商和广告公司敲响的警钟。

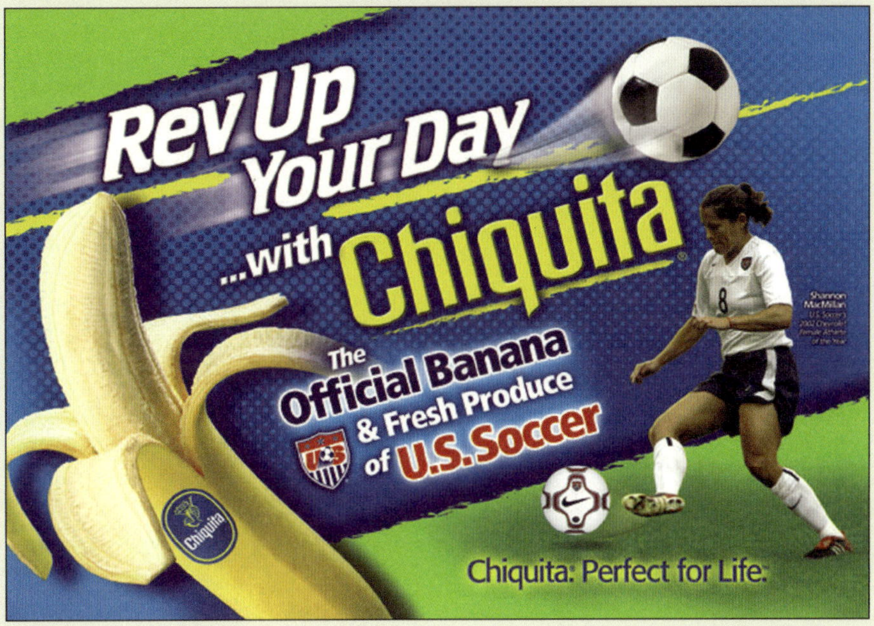

Courtesy of The Botsford Group and Chiquita.

金吉达香蕉公司：美国足球队官方指定香蕉。

告，生产商还可以在地方性零售商与自己的产品之间建立有利关系，从而在特定零售商的消费者中间强化品牌资产。许多联合广告都由全国性广告主准备，零售商只需要在广告中加入自己的标识即可。

3. 媒体是联合广告最强有力的支持者之一。联合广告不仅可以让现有广告主投放更多的广告，与此同时，它还可以吸引更多的新广告主。由于联合广告牵扯到地方性广告，因此联合广告的大部分支出投向了报纸媒介。但近几年来，联合广告也开始体现出地方性媒体的多样性：约 60% 的联合广告预算花在报纸上，其后依次为直邮、电视、广播，大概各占 10%。未来，我们还会看到大量的广告预算投向地方性有线电视联合广告，从而提高电视联合广告的比重。

联合广告的特殊之处在于它能得到预算但不会用完，估计有高达四分之一的联合广告预算根本没有投入使用。之所以联合广告预算没有全部投入使用，主要是因为零售商缺乏使用联合广告预算的知识，也不愿意接受生产商对预算的限制条件。

零售商活动

联合广告的一种特殊形式，由零售商设计活动方案并向广告商寻求支持。

零售商活动 **零售商活动**（vendor program）是大型零售商所采用的一种特殊联合广告形式。零售商活动由零售商发起，这是零售商活动与其他联合广告形式的主要区别。零售商活动是由零售商设计的定制活动（通常与当地媒体合作）。在零售商活动中，零售商会要求生产商承担全部或部分活动费用。

比如，一家百货商店计划举办一场名为"海滩派对"的夏季促销活动。于是百货公司便去向泳衣、太阳镜和防晒用品等产品的生产商寻求广告或推广活动的资金支持。一般而言，生产商会利用未用完的联合广告预算。

中间产品生产商联合广告 许多联合广告是由生产商和零售商共同发起的，但很多企业要将自己生产的中间产品出售给其他生产商，供后者生产最终产品。针对中间产品和最终产品的广告战略称为最终产品广告（如英特尔公司的电脑芯片：英特尔并不生产电脑），是联合广告的另一种形式。通常，中间产品生产商会与最终产品生产商签署合同，联手与零售店合作，甚至参与最终产品生产商的全国性广告活动，一起推广中间产品。

生产商/批发商联合广告 偶尔也会出现这样的情形：整个行业的分销渠道被少数几个批发商主导，并且生产商与零售商之间也没有什么直接关系。在这种情况下，生产商若能给批发商提供联合广告预算，并与各个零售商共同安排联合广告，则往往能收到事半功倍的效果。大多数生产商都避免让批发商经手联合广告，因为如此一来，生产商通过直接分配联合广告预算而积累起来的好感和掌控力就不复存在了。

联合广告成本的控制 零售商只要提供广告支出的文件或凭证，就可以向生产商报销广告费用。广告或广告证明一般附带媒体发票。针对广播和电视联合广告，美国全国广告主协会、RAB 以及 TVB 共同开发了一种执行证明书，零售商可以在上面详细记载广告内容、成本以及播放时间。对广播电视联合广告的严格控制导致了广播电视广告成本的增长，电台、电视台必须给生产商提供实际播出的广告以及在线播出环境。

虽然零售商试图改善联合广告预算分配流程，但由于疏忽和经验不足，联合广告预算的分配仍然不尽合理，有时甚至存在公开欺诈的现象。联合广告欺诈通常有以下两种形式：第一，零售商使用假发票和撕样，要求生产商报销从未实施过的广告的费用；第二，零售商要求生产商超额报销其广告费用，这种情形又称为"开阴阳票"，即零售商向媒体支付一种价格，然后拿一张虚开的发票（如价格翻倍），向生产商报销更高的金额。必须注意的是，一般认为开头大尾小的发票不道德（而且在大多数情况下也不合法），只有极少的媒体和零售商会这么干。

贸易展览会

据估计，在美国，2011 年将举办 5 000 多场贸易展览会，将吸引 1 亿多观众。展会上将展出各式各样的产品——从船到化妆品。有时候，一场展会可能同时向公众和商业界开放，可能吸引 10 万名潜在对象；而有时候，展览会只对少数经过筛选的人开放，观众凭请柬入场，人数大概只有几十个。

贸易展览会是整合促销的最佳实例之一，集媒介和其他营销传播形式于一身。然而，贸易展览会赞助几乎从未单独用作营销工具。贸易展览会可以实现很多目标，如产品推介、前期引导以及直销。调查表明，如果是品牌知名度高的赞助商，其举办贸易展览会的成功概率最大。在贸易展览会前后，商家可以利用商务杂志和其他形式的促销——比如电子商务——促进产品的最终销售。

品牌在贸易展览会举办之前的认可度越高，销售代表用以建立品牌形象的时间就越短，就越能将更多的时间用于销售。同样，贸易展览会不仅为现场市场调研创造了机会，也为后续的产品实体店销售和网店销售创造了机会。

总体而言，贸易展览会是很多企业营销战略的一个重要组成部分，但它仅仅是整体营销活动的一个部件而已，并非全部。贸易展览会能给买卖双方带来诸多好处。与传统的电话促销相比，它能以更低的成本实现面对面销售。此外，贸易展览会的观众可以自行决定是否参加，凡参加者都极其认真。虽然这些展览会上企业也会出售产品，但其主要目的仍然在于为后续的电话销售开道，或向潜在对象推介新产品。

很多企业或机构将展览和贸易展览会区别开来。罗宾逊公司就举办了这么一个展览来宣传公益活动，支持教育事业（见图 14.10）。

图 14.10

贸易展览会和展览形式多样，即便用于公益宣传也是如此。

名录和黄页

曾经一度，一个镇上只有一个黄页出版商。因此，无论是零售商购买黄页上的版位还是消费者使用黄页，都非常简单方便。现在，伴随着网络信息和网上名录的爆炸式增长，黄页的方方面面也备受谴责。MagicYellow、美国在线黄页（AOL Yellow）、onlineyellowpages.com、dexknows.com、谷歌、雅虎、克雷格列表以及地方网站给广告主提供了大量的名录选择机会，但名录的购买却不像以前那么简单了。不过，名录仍然是地方性企业的一个重要广告载体。名录的成本效率很高，能够触达真正想购买产品的潜在对象。面向消费者和商家的印刷名录有 1 万多种（大多可以在网上买到）。由于消费者可以在做出购买决策之时随时查看名录，因此很少有商家不将名录广告纳入自己的营销计划，很多零售商，尤其是管道服务业，甚至还将名录作为唯一的促销手段。

调查显示，76% 的美国成年人每月都会查看黄页，其中，88% 的人最终会购买或可能购买产品。[29] 调查还表明，黄页使用者在浏览名录时，平均每个人会看 5 条以上广告。因此，如何让自家公司脱颖而出就变得极为重要了。

名录广告（线上或线下）与成本高昂的直接反应广告有很多相同点，但却不像直接反应广告那么"扰民"。广告主不需要不断支付广告费即可连续出现在名录中。专业化的名录是 B2B 广告的重要媒介，往往也是商业买家的主要信息来源。无论是印刷名录还是在线名录，都是其他广告形式和促销的重要补充。

贸易奖励

5 认识销售推广在刺激消费者和销售渠道中的作用。

奖励

针对批发商、零售商或公司销售人员的销售推广。

大多数消费者都不了解贸易奖励。但商家为了触达批发商、零售商以及销售人员，每年都会支出约 250 亿美元的宣传费用。这些宣传费用就称为贸易奖励或**奖励**（incentives）。贸易奖励的形式五花八门——从现金奖励到旅游奖励，受欢迎的奖品形式也很多（以服装居首位）。

针对贸易渠道的销售推广称为奖励，分为两类：以零售商或批发商为对象的经销商奖励；以企业销售人员为对象的销售奖励。几乎 80% 的奖励都直接发给了销售人员，而给批发商或零售商的奖励则往往是降价，表现为促销津贴。从效果上讲，这些奖励丝毫不亚于针对消费者的减价促销。此外，贸易层面同样会采用以销量为基础的抽奖、竞赛和系列促销（有些附奖品目录）等促销手段。

奖励的主要目标是驱动分销渠道成员或企业销售代表去完成更高的销量任务、实现更多的盈利。随着零售商对分销渠道的控制力增强，贸易奖励也越发显得重要起来。大多数经销商都有权选择不同生产商的多个品牌，因此生产商不得不争夺零售渠道，一旦争取到，还必须争夺零售商对品牌的支持（比如货架黄金位置、联合广告协议、店内推荐）。正如一位咨询师所指出的那样，生产商与经销商之间的关系就像佃户和地主之间的关系："经销商占有分销渠道，生产商实际上就是该渠道中的一个佃户。生活中的其他事情也是这样，谁是所有者，谁就有实力。"[30]

奖励要想获得成功，关键在于要与整个商业战略相呼应。奖励的目标必须清楚、具体，如：利用奖励为新产品线赢得支持，激励销售人员向现有零售商销售更多产品，争取新的零售商或拓展新的销售区域。

毫无疑问，贸易奖励在提高销售量、增强生产力和鼓舞士气方面卓有成效，然

优势 14.1

福来鸡公司护牛整合营销活动

在第六章，我们已经探讨过福来鸡公司的运营理念。下面，我们将与大家分享世界最著名的整合营销活动案例之一。

背景

福来鸡公司的总部位于美国的亚特兰大，由企业家特鲁特 · 凯西创办，现在已经从小公司发展为全美第二大的鸡肉快餐连锁店。

凯西从他 1946 年在亚特兰大郊区哈皮维利创办的 Dwarf Grill 小店起家，现在，他掌管着分布在 37 个州和华盛顿特区的 1 300 多家连锁店，年销售额超过 20 亿美元。

营销

自创建以来，福来鸡连锁店一直采用的营销战略可以用五个字来归纳：资源最大化。从诞生之日起，福来鸡的品牌一直以人员、产品和目的为出发点。

由于营销预算有限，福来鸡的早期营销活动一直以地方性市场为核心，凯西最初采用并沿用至今的一种营销努力是样品派发。他们在购物中心选好地方，然后公司运营人员和团队成员就开始频繁地赠送福来鸡的鸡肉三明治（后来又加入了福来鸡炸鸡块、鸡柳等）。在那段日子，福来鸡连锁店的营销口号是“尝一下！你会永远爱上它！”。即使后来福来鸡连锁店扩大了——从区域性品牌发展为全国性品牌，它们的营销努力仍然将侧重点放在当地市场。

1981 年，史蒂夫 · 罗宾逊以营销总监的身份加盟福来鸡（现在，他任高级营销副总裁），负责制定全公司的整体营销战略。意识到福来鸡的品牌实力取决于地方零售店的努力，而与其他快餐品牌相比，福来鸡的营销预算非常有限，于是罗宾逊制定了一个颠覆传统的营销战略。

大多数快餐连锁店都将自己的大部分营销预算花在全国性促销活动上，只给区域性营销努力分配很少的预算（地方性营销努力就更少了），但罗宾逊却建议反其道而行之。他知道自己没有足够的广告预算与其他品牌在全国市场上比拼，因此，他要把这些有限的资金集中投向城市或连锁店所在地的周边市场。

福来鸡按此模式发起了一场实地营销战略，给零售店雇用单元营销主管（UMDs），由他负责其餐馆周边 3—5 英里范围内的营销活动。针对有多家连锁店的大型市场（比如亚特兰大、达拉斯、奥兰多等），罗宾逊则建议雇用片区营销经理（AMDs），由他们直接对本市场的经营小组负责。片区营销经理的职责包括整个市场的赞助、合作、事件、促销以及公关。

优势 14.1（续）

在全国这个层次，福来鸡将剩余的营销预算用于系统促销和体育赞助（如今还包括“福来鸡碗”、东南大会、大西洋海岸大会以及十二强大会锦标赛等赞助活动）。在各个层次，福来鸡都非常依赖公关活动，并把它当作在地方、区域和全国支持其品牌建设的最佳方式。

说到广告预算，福来鸡将大部分广告预算用于地方性广告。多年来，福来鸡的广告一直由售点材料、地方性印刷广告及广播广告组成。但是，随着连锁店在地理和销售两方面的增长，福来鸡也越来越需要用令人难忘的广告活动来支持品牌。

1995 年，福来鸡有了新的广告代理公司——理查兹集团（Richards Group）。该集团总部在达拉斯，由斯坦·理查兹（Stan Richards）创办并兼任首席创意官。理查兹建议福来鸡采用一种独一无二的方法进行宣传，这个方法其他公司拿去也无法使用：主攻路牌。鉴于福来鸡的广告预算有限，它不可能靠电视广告（全国性或地方性）、广播广告甚至平面广告产生多少影响，但路牌是一种地方性广告媒体，在当地市场的曝光度恰好足够吸引消费者进入连锁店，而且其成本也正好与福来鸡的预算匹配。

现在大名鼎鼎的“奶牛”路牌（两头三维奶牛举着广告牌，上书这样的文字：多吃鸡肉）并非“先锋”路牌创意，但肯定是非常吸引人的创意。用这些奶牛，福来鸡拿出了一套另类、幽默、让人回味的广告，创意讯息脱颖而出，让户外广告发挥了最充分的作用。很快，“奶牛”战役就延伸到路牌之外，扩大到了福来鸡营销活动的方方面面，包括：

- 售点材料。
- 平面广告。
- 广播广告。
- 电视广告（地方性的，支援全国性赞助）。
- 商品销售。
- 事件支持。
- 其流行甚广的“奶牛日历”（现在全美国销量排名第一的日历）。

利用这次令人难忘的广告战役，福来鸡通过反复曝光，没花多少预算就对所有广告媒体产生了冲击。这次广告战役还获得了好几个大奖。

Courtesy of Chick-fil-A.

而，监管机构却越来越质疑那些未向消费者提供全面信息的贸易奖励是否合乎道德标准。比如，在零售店，消费者可能会向销售人员询问品牌的客观信息。如果零售商促销某一品牌的产品可以获得丰厚的回报，那么，零售商对该品牌的介绍会有多么客观呢？目前，还没有哪个机构可以卓有成效地向消费者说明贸易奖励。不过，随着行业间竞争的加剧和奖品经济价值的提高，我们可以想见，美国各州及联邦政府的监管人员一定会重新审视整个贸易奖励体系。

小 结

显然，对营销商和消费者来说，不同营销传播元素之间的差别正变得越来越不明显、越来越不重要。企业越来越要求自己投入促销的金钱要有回报，无论是通过传统媒体、电子商务还是一对一销售触达消费者的，触达方式对企业而言都远不如这些元素的利润贡献率重要。

记住，在营销的“军工厂”中，促销是一个强大且功能齐全的工具。因此，将促销用作辅助性工具，既可以成功地实现交易，也可以成功地与消费者建立关系。理解这一点并识别一个品牌在生命周期中所处的阶段（见第三章的生命周期螺旋），老道的营销商就可以让促销在整个营销组合中发挥最大的作用。

近年来，销售推广的另一个显著变化是促销观念，即促销必须像广告一样，对品牌形象和品牌资产有所贡献。精明的营销商反驳这种观点，认为销售推广只是权宜之计或不计成本的即时销售。现在，促销与广告相互配合，共同与消费者建立密切的关系。促销不仅要与广告相互配合，还必须有助于增加品牌资产而非贬损品牌资产。

除消费者销售推广外，企业通常还将同业促销与零售促销结合起来，以实现整体营销目标。事实上，到目前为止，营销传播中最大的细分是同业促销。很大程度上，同业促销的增长意味着大型零售连锁店的增长，这就迫使全国性生产商不得不竞争货架空间，不得不从促销和广告预算中抽出一部分用于培育消费者忠诚。生产商对同业促销的这种过度重视，导致某些产品品类的品牌资产受到贬损，导致强调价格并将其视为影响消费者购买的首要原因。

最后，我们开始看到网络对销售推广的影响。技术融合为触达和培育目标对象提供了新途径。不仅如此，它还促使我们开始关注隐私和许可营销的可行性，关注如何应对消费者日益增长的退出趋势。我们无法预见新老媒体的迂回曲折，但我们可以看见在线优惠券、抽奖、电脑游戏以及电子版黄页的增加。可以肯定的是，广告和促销永远也不会完全等同。

复习题

1. 请比较销售推广与广告的异同。
2. 销售推广的主要缺点是什么？
3. 事件营销的主要优缺点是什么？
4. 联合广告的首要目标是什么？
5. 对联合广告的主要规范是什么？
6. 为什么说售点广告对很多广告主都很重要？

广告创意

最终，由于广告的介入——广告宣传产品在解决问题上的突出优点，预期对象变成了买主。本部分对创意功能的讨论将侧重于为什么要在调查的基础上创作广告，如何通过调查洞察消费者的需求、产品选择及媒介偏好。

- **第十五章至第二十二章**将重点讲解周密策划和深入调查对酝酿广告创意的重要性，没有创意，就不可能有广告作品。与大众的普遍认识相反，伟大的广告很少来自大脑的灵光一现，而是长时间艰苦劳动和不断学习的结果。

第十五章

Courtesy of Heinz.

广告调查

为了创作有效的广告，广告主必须了解是什么市场因素在驱动消费者。调查是一种重要的信息收集工具，可以帮助广告主了解消费者会对自己的广告讯息做何反应，为什么会这么反应。举例来说，你认为消费者会对 Classico 的这条广告做何反应？▶

本章学习目标

1. 了解广告主如何运用调查。
2. 认识客户策划的作用。
3. 理解人类学、社会学、心理学与广告学之间的关系。
4. 了解价值观、生活方式和生命周期调查。
5. 了解广告中的调查步骤。
6. 掌握广告调查的类型。

前面的章节已经讲过，在制定广告战略之前，必须先回答若干问题。比如，我们的产品或服务能满足消费者的哪个需求？与竞争对手的产品或服务相比，我们的产品或服务在满足消费者需求方面有什么不同？是否能更好地满足消费者的需求？我们如何触达消费者？本章，我们将介绍各种可行的调查——产品调查、市场调查、消费者调查、广告战略以及广告讯息调查，从而回答广告主的问题。我们还将介绍在花钱将一条广告投放到媒介上之前，如何判断它是否能有效地进行传播。

不了解、不理解消费者选择背后的动机、态度和认知，就不可能进行强有力的传播；不了解消费者，就往往会导致产品或服务的失败。如果成功易如反掌，那么新产品的失败率就不会那么高，知名品牌也不会陷入困境，广告主就只需要寻找神奇配方。但实际上，世上没有可以确保成功的配方。

想想你自己是如何购买产品或服务的？你为什么会选择这个品牌的牙刷或洗衣粉？你为什么会买你购物车里的这些产品呢——不管是在实体店买还是在网店买？是因为品牌？价格？质量？包装？你真的知道原因吗？你之所以买它们，是因为你研究了它们的配方并且相信它们质量更好，还是因为它们是你妈妈以前买过的品牌？理由不一定理性。你能解释自己为什么偏向某位市场调研员吗？你在超市或药店买东西时的思维模式是一样的吗？同样的道理，你为什么会选择自己常去的这家超市？是因为地理位置？形象？店内布局？价格？服务？新鲜蔬菜？很可能你有三个备选品牌，这

Courtesy of The Martin Agency.

图 15.1

你认为消费者会如何理解这条广告?

些备选品牌就构成了你的竞争组。一旦你想买东西，这些品牌就会进入你的脑海。那么，它们是如何成为你心里的首选品牌的？营销专家赛尔吉奥・齐曼（Sergio Zyman）说："在营销过程中，理解原因是至关重要的一步。知道了原因，如何投其所好就容易多了。"[1]

哪种广告会驱使你买东西？作为营销商，我怎么才能触达你？最终让你走出家门去购物的广告是哪种广告？消费者在观看、收听或阅读广告时是如何理解广告讯息的（见图 15.1）？

调查是一个信息收集工具

① 了解广告主如何运用调查。

调查理应帮助广告主从消费者关系中获得更高的效益和利润，更具体地说，调查的作用通常如下：

- 帮助识别消费者。
- 帮助从产品或服务中挖掘新创意。
- 帮助提高产品或服务的功能。
- 帮助指出潜在问题的原因。
- 监督活动。
- 在传播开发中施以援手 。
- 研究促销工具（案例可见"克莱普纳观点 15.1"）。

克莱普纳观点15.1

罗伯特·帕斯科夫

罗伯特·帕斯科夫博士（Robert Passikoff，Ph.D.）

Brand Keys公司创始人兼首席执行官

《确定性原则：在消费者参与的市场中如何确保品牌利润》（*The Certainty Principle: How to Guarantee Brand Profits in the Consumer Engagement Marketplace*）合著者

如何界定“品牌资产”与“卷入”

营销商一直很难给“卷入”下一个定义。如果你坚持像Brand Keys公司那样，以已经发生的、有益于品牌的事情为基础，以行为中心主义的观点来解释，那么，界定“卷入”的工作将难上加难。

让消费者卷入品牌是终极目标，没有什么东西可以取而代之，也没任何其他的东西可以确保品牌的生存。的确，品牌必须利用各种推广形式——对话、体验、广告以及所有潜在的接触点——虽然这种推广也要求卷入，但那不是品牌卷入，而是品牌卷入为接触消费者而运用的方法。卷入的方法有四种：（1）平台（电视、网络、纸质媒体、赞助）；（2）情境（节目、网页、杂志、游戏）；（3）讯息（广告或传播）；（4）体验（商店或事件）。但目标只有一个：品牌卷入。

我们对“品牌资产”的定义为：品牌相对于消费者理想而言的实力，即品牌能在多大程度上满足或超出大家对品类领军品牌的期望。该定义以利润为出发点，品牌与消费者的理想越一致，销售量越大。因此，我们自然可以将“卷入”定义为任何能引起产品或服务品牌资产的增值的营销活动或传播努力的结果。

这就是我们用于工作的定义，也是我们向广告调查基金会、美国广告公司协会代表联盟陈述的定义。它们也正在努力从法律的层面给“卷入”下一个定义。

大型媒介和客户公司提出的“卷入”定义五花八门：既有“知晓”“所花时间”，也有“每月客流数”“正面态度”，还有“关联度”“与消费者的联系”“在恰当的时间将恰当的讯息传达给恰当的受众”“在广告时段内仍然在的受众人数”等。我们的同道们认为“口碑是卷入的一种标记、一种形式、一种结果”，完全忘记了口碑会产生两种后果：好与坏！

只有Brand Keys公司认为卷入与正面的消费者行为和销售之间存在直接的关系。ARF主席鲍勃·巴罗奇（Bob Barocci）提出了唯一的另一个将“卷入”与商业活动联系在一起的定义：“预设对象与营销传播以某种方式互动，且已经证明这种方式将预示销售效果。”

任何一种定义，只要没提及正面市场行为或销售或利润，那么该定义就不是在讲真正的品牌“卷入”，而十有八九是单纯在讲驱使消费者关注某一品牌的方法。一个平台如果播放热门的节目和妙趣横生的广告，自然能够为品牌吸引注意力——这就是如果从媒体或广告的角度来定义“卷入”，这个定义与市场表现之间即使有联系也十分松散的原因。突破并不等于卷入，娱乐也不等于卷入。实际上，在花钱做广告之前，品牌的一切及其计划中的活动会产生哪种程度的卷入度，都是可以测量的，关键是要给自己的术语下一个恰当的定义。

Courtesy of Robert Passikoff, Ph.D.

正确的调查方式

哪种调查方式正确？需要多少调查？这些是非常合理的问题，但也是危险所在。罗伯·斯塔奇环球公司 (Roper Starch Worldwide) 罗伯分部前主席曾评论过一个经典的调查失败案例——福特公司的 Edsel——以及对调查的滥用。在 Edsel 这起案例中，它们利用调查让人们相信假象，而不是利用调查来设计符合消费者口味的产品。福特没做任何消费者调查就设计了一款带马蹄形散热栅且动力十足的豪华汽车，但设计完成后，调查却发现消费者喜欢低调、保守、像奔驰一样的国产车。福特努力想让消费者来适应新型车，于是他们宣传说 Edsel 是一款老派汽车。这些宣传的确引起了消费者的兴趣，但他们看到汽车后却大失所望。

然而，罗伯却将 20 世纪 80 年代可口可乐推出新产品之事列为过度依赖调查和过度玩弄技巧的典型。在几次口味测试中，新款可口可乐都击败了百事可乐。但其他调查却表明，稍甜一些的饮料往往更受欢迎。之所以可口可乐内部和外部的调查都失败了，是因为它并没有对消费者的口味进行正常的测试。如果调查人员能给消费者一箱新款可口可乐，过两三周再问他们，他们就可能得到更加准确的调查结果。罗伯总结说，不管是消费产品调查还是政治宣传活动，营销商都不应该一味地唯调研结果是从。尽管调研有可能带来回报，但也存在风险。

客户 / 品牌策划与消费者洞察

2 认识客户策划的作用。

客户策划

英国广告公司结构的产物，其中，策划人员设计并评估调查结果、参与创意过程。在某些广告公司中，策划人员被视为消费者的代言人。

英国的调查概念已成为许多全球性广告公司的基础。20 世纪 80 年代，一些美国广告公司也开始模仿英国广告公司，对调查部进行改造。英国的广告公司发现，虽然广告公司的调查部仍然在理解消费者信息和市场信息的过程中发挥着必不可少的作用，但客户大多会自行做调查。于是，广告公司重新组建或缩小了自己的调研部门，新增了**客户策划**（account planners）。他们不仅要识别谁会购买某一品牌的产品和服务，而且还要找出原因。客户策划一般负责所有的调查，包括定量研究（用途和态度研究、跟踪报告、广告测试及销售数据）和定性研究（目标受众面访）。见图 15.2。

客户策划的前提非常简单：客户雇用广告公司向目标受众阐释自己的品牌。客户策划必须了解目标受众，并在整个广告制作过程中为目标受众代言，以确保广告在战略和执行上都贴合企业所认定的受众。客户策划将营销一个品牌所需要的各个层面整理分类，去掉无关的、突出相关的。英国客户策划专家克里斯·克鲁伯（Chris Crowpe）认为，“客户策划要求将消费者纳入广告开发过程中。要想真正收到效果，广告就必须既有新意，又与消费者相关，而策划有助于这两个层面”[2]。

乔恩·斯蒂尔（Jon Steel）认为，“如果广告公司真有什么策划理念的话，那也只关注一件事情，即适合客户”[3]。客户策划在制定战略的过程中发挥着关键作用，因为要从消费者的立场出发。在创意开发方面，客户策划可以为创意团队充当智囊，他们负责在广告制作前进行调查，以确保广告尽可能地贴合消费者。最后，在工作结束后，他们还要深入监测广告效果，为下次改进提供依据。

客户策划对创意团队的最大贡献在于其研究的价值——他们提供的信息可以用来解释和沟通，从而给创意人员提供可用的消费者洞察；而对广告客户而言，客户策划的最大贡献则在于能产生消费者导向的广告战略，从而直接有效地劝服目标受众。根

图 15.2
哪种消费者洞察可能导致创意人员创作出这样的广告?

据霍尔伙伴公司（Hall & Partners）高级研发主管葛瑞·赖拉瑟（Grey Nyilasy）的说法，“优秀的调查是引发品牌形象想象的最佳燃料，它能给创意产品增光添色，是打破决策者主观臆断、走进消费者心灵的最佳工具，是整个营销传播过程中最重要的一个因素”。

由于许多营销商都自行指导自己所需要的大部分调查，因此广告公司并不一定会参与策划用什么类型、什么方向针对某一品牌或企业实施调查。不过，广告公司可以给客户小组提供调研人员或策划人，以随时帮助前者获得所需要的信息；与此同时，他们也可能参与各种形式的广告调查。

客户策划与客户管理、媒介和创意人员联手，足以发挥绝大部分调研功能。实际上，他们更像客户和创意团队的伙伴而非传统的研究人员。策划人员被视为团队中代表消费者的人和解释调研结果的人。广告要想行之有效，就必须深入理解消费者、站在消费者的立场换位思考、采用与消费者相同的话语体系（见图 15.3）。

需要哪种类型的调查?

现在，我们已经对调查结构有了更好的认识，下面我们就来看看有哪些调查类型可供使用，看看一些具体的案例。记住，由于新产品的大幅增加、货架空间的高额成本、零售商对经销系统的控制力加大、媒体习惯的变化、信息超载以及复杂纷纭的传播机会，营销的复杂程度已经远远超过以往。

3 理解人类学、社会学、心理学与广告学之间的关系。

图 15.3

哪种消费者洞察有可能促成这样的广告?

Courtesy Trone and Quickstep Floors.

营销调查——前期调查——向我们揭示的是产品、市场、消费者以及竞争。市场调研有四个基本因素——（1）秉持消费者行为的视角；（2）确保所问问题恰当；（3）运用恰当的调查技巧并加以控制；（4）用清晰易懂的形式陈述调查结果。营销调查完成后，我们进行广告调查——主要是对广告进行事前测定并评估广告战役，以期获得制定和改进广告战略和讯息所需要的数据。行为科学——人类学、社会学以及心理学——对前期调查具有很大的影响。

人类学与广告

4 了解价值观、生活方式和生命周期调查。

如今，营销商会利用人类学家和民族志学者的研究方法——他们通过直接观察法了解消费者的行为，研究产品与消费者需求之间的情感联系。华纳－兰勃特公司（Warner-Lambert）为与斯科普公司（Scope）竞争，推出了薄荷口味的激爽李施德林（Fresh Burst Listerine）。为了解消费者如何评价激爽李施德林，斯科普公司付费给一些家庭，让他们在卫生间架起摄像机，拍摄他们在洗脸池附近的日常生活。两个品牌的用户都说他们用漱口水使自己口气清新，但他们对待两者的态度却不尽相同。斯科普的用户通常漱一下便吐出，而李施德林新产品的用户却会在口中含更长时间，其中一个用户甚至直到打开车门后才吐掉漱口水（“克莱普纳观点 15.2”便是观察消费者的又一个案例）。

奥美广告探索小组利用摄像机记录了对消费者的观察。他们派出调研人员，带着手提式摄像机进入消费者家庭，拍摄人们日常生活的方方面面。几小时的拍摄素材最后被剪辑成一段 30 分钟、类似纪录片的视频，以便让营销人员和员工有机会看到人们在特定情况下如何真实地交流和互动。视频可以让营销商更清楚地明白人们如何使用本公司的产品、为什么使用本公司的产品，这反过来可以影响营销决策，并有助于形成创意战略。[4]

克莱普纳观点15.2

布拉德·梅杰斯（Brad Majors）

梭哥营销有限责任公司（SOCOH Marketing LLC）前首席执行官，灵狮全球高级副总裁

布拉德·梅杰斯

售点品牌忠诚

我承认——我是猎手，但不是那种让女人紧张的猎手，而是那种让店面经理苦恼的猎手。

我会尾随人们购物，而且，如果他们不回答我提出的有关其购买决策的问题，我会继续追问。一般来说，我只问朋友和熟人，因此，你不用担心自己进店只为买洗发水而被我搭讪。

人们会对品牌保持忠诚吗？如果答案是肯定的，为什么？如果人们改换品牌，那么他们愿意在新品牌上多花多少？哪些因素会让人们更换品牌？不幸的是，我们这些营销人员都知道，消费者远没有我们想象的那么忠诚。

现在我们就来看一个例子。传统营销认为，一个人的品牌偏好形成于年少时期，即消费者年少并愿意尝鲜的年龄。随着年龄的增长，消费者对符合其期望的产品愈加忠诚。因此，如果有人对品牌保持忠诚的话，那也是上了年纪的人。

罗伯报告（Roper Report）的大众脉搏调研（Public Pulse,2002年4月）对“品牌忠诚的神话和现实”进行了调研。它们调查了品类组和年龄组的忠诚模式，发现了一些值得注意的行为，其中的一个主要发现就是“与年龄组相比，品类组的品牌忠诚度更高”。事实上，罗伯报告指出：老年消费者的多年生活经历使他们智慧超群，从而在品牌选择上更加好奇、更倾向于冒险。更要命的是，这些老年人有大量的可支配收入，失去这些富有的老年人无异于雪上加霜。

这让我想到了我的邻居格洛里亚（Gloria）。她是一个老年人，并且是像罗伯描述的那样。像往常一样，周五晚上我们一起去购物。我在店内推着购物车，以便掩饰我尾随顾客的行为，我看着形形色色的顾客在查看包装袋上的信息、观察店内陈列、选择品牌。我看着格洛里亚挑选各种品牌的冰激凌、研究包装袋上的口味及配方。在她做出购买决定后，我问她是什么因素影响了她的选择。她说：“我知道自己喜欢桃味冰激凌，而且我一般买 Breyers 牌的，但我听说 Mayfield 牌的也非常不错，我想试试它的桃味冰激凌。”抱歉，Breyers。但请不要把格洛里亚和她口袋里的钱视为理所当然，她确实一直喜欢你们的产品，但这并不等于她对产品价值没有正常判断。

除了尝试新品牌外，她对肯氏牛扒房（Ken’s Steakhouse）的覆盆子醋油沙司也很感兴趣，为此她甚至不惜放弃了自己经常吃的叉骨（Wishbone）和卡夫沙拉酱。近来，鉴于氧净（OxiClean）的多重用途和广告中声称的去污能力，格洛里亚还尝试了氧净的清洁产品。这一点尤为有趣，因为罗伯认为家用清洁产品一直在老年人中享有很高的品牌忠诚度。所以，在推出新产品时，最好不要认为格洛里亚会对品牌保持高度的忠诚。

定量研究可以给我们提供有关品牌忠诚的大量信息，因此对营销商而言，它们无疑是宝贵的工具。然而，没有什么比在购物现场观察消费者更有价值，这可以给调查结果增添一丝丝人类气息。而且，你还可以再向前迈一步——与其批评电视或杂志上的广告，不如保留自己的评价，观察人们在看到广告时的反应。或许，你会对自己看到、听到的非常吃惊。

Courtesy of Brad Majors.

Courtesy Adler Chomsky & Warshavsky (Grey Israel) and Heinz Ketchup.

图 15.4

左边的广告称“亨氏番茄酱通过了犹太洁食认证”；右边的广告说这个品牌是“孩子们喜欢的口味”。

人类学家发现，有些需求和活动是全人类共有的。装饰身体、烹饪、求爱、食物禁忌、赠送礼品、语言、结婚、地位、性、色彩含义以及迷信，在各个社会中都有所表现，尽管每个社会又都给它们添加了特定的价值观和传统。人类学家将美国视为一个具有多种亚文化的多元社会，每一个亚文化群体都有各自共有的价值观、习俗和传统。现在，不妨想一想意大利人、波兰人、非裔美国人和西裔美国人的文化差异，然后从这里入手。

我们都知道美国各地区的英语有差异，比如，由几片面包和一些原料做成的三明治在新奥尔良被称为“穷小子”，在波士顿被称为“潜水艇”，在费城被称为“何奇三明治”，在纽约北部被称为“大号三明治”。地理营销使广告主得以在食物偏好和术语上利用这些文化差异，并在投放广告时采用不同的识别标识（见图 15.4）。

社会学与广告

社会学探究组织行为系统的结构与功能，而社会学家则研究群体及其对个体的影响以及与个体之间的互动。广告主深知群体会影响消费者对新观念的接受、媒体使用以及购买行为，因此，他们利用社会学调研来预测不同消费群体的购买行为具有多大的营利性。

社会阶层和分层　我们身处的这个社会，人们按财富、收入、职业、教育、成就以及资历等聚集成不同的阶层。我们知道自己属于哪个阶层，并认为自己与本群体中的其他人相同（即“他们与我是同类”），通常会遵守所属群体的标准。经验丰富的广告主发现，人们在行为上表现出的特征一般会高于本阶层一个层次。即使是最富有的消费者，经济状况也会极大地影响其消费模式，记住这一点非常重要（见“克莱普纳观点 15.3”）。

社会群体结构可以帮助我们解释为什么人口统计类别有时无法提供涉及消费者的有用信息。一个专家和一个工人的收入可能一样，但这并不意味着他们对产品的喜好也相同。在当今的营销环境中，调查已经证明，没有哪个单一的变量，如年龄、收入或性别等，能准确预测消费者的购买行为。广告主已经发现，利用多个变量可以更加准确地预测消费者行为。想想看，即使那些年龄、收入、学历相同的家庭主妇和职业女性，她们在自己或家人的食品偏好、日用品用法、育儿和媒体习惯方面均存在差异。

潮流预警　定量研究的重要性一如既往，但人们似乎更加重视利用市场图表来反映消费者的态度和心理，营销商希望可以通过这些图表为自己的传播找到创新手段。

潮流来自各种形式的媒体和广告，来自音乐、政治、旅游和互联网，无处不在。然而，潮流就像激情，来得快去得也快。它们迅猛燃烧，快速熄灭，余味苦涩。宠物小精灵集换卡游戏、玛卡莲娜舞以及充气娃娃等无不反映了潮流来得快、去得快的特点。潮流是社会的产物，它们反映了我们的态度、行为以及价值观的变化，是各个时代最显著、最具体的标志。潮流有两种状态：宏观的与微观的。

宏观潮流涉及“大问题”——比如我们对幸福、成功和成就的定义。宏观潮流源于人们的思考方式。如果人们对自己的生活和社会现状不满，就会导致宏观潮流的形成。它们宣告了我们对幸福的重新定义。传统的回归就多少反映出新传统主义的潮流——人们对如何看待工作、家庭和朋友之间的平衡进行了重新界定。

微观潮流则是大图景的细节。微观潮流是宏观潮流在时尚、音乐和体育活动中的直接体现。比如，新传统主义的宏观潮流将推动这样的微观潮流：当微波炉一代试图像祖辈一样行事，放弃晚餐聚会时，烹饪学校就会出现。

一般而言，年轻人设定潮流，但并非每一个年轻人都能成为潮流的领导者。走在潮流前沿的人称为先行者、潮流设定者和创新者，所有这些称呼均表达同一个意思，即这些人就是那些愿意尝鲜的人。并非所有的潮流都会对品牌有所贡献。看看激浪，该品牌已有 30 多年的历史，它凭借着极限运动和高端形象，最后成为顶级品牌。很多公司花费巨资，试图追赶潮流。像星巴克这类咖啡馆会成为时尚或潮流吗（见图 15.5）？

断代分析　通过被称为“断代分析”的调查技巧，营销商可以评估消费者的终生价值和偏好，现在就着手针对消费者日后使用的产品制定战略。“断代”指同一年出生、核心价值观相同的一代人。按照广告主管娜塔莉·帕金斯（Natalie Perkins）的观点，这些价值观由人在 13～20 岁期间经历的重大事件形成并持续一生。比如，大萧条、朝鲜战争、越南战争、性解放运动、海湾战争以及伊拉克战争等事件以及马丁·路德·金、麦卡锡主义、电视、电脑、离异或单亲家庭以及环境危机，这些事件都可能形成一个人的价值体系。

一般而言，我们通过人口统计学特征、心理学特征、生活方式以及行为来研究消费者。断代分析不仅集合了这些数据，还研究了消费者的过去和现在，从而使得消费者画像更加丰满。通过了解一代人的集体热门话题、习俗和记忆，广告主可以对讯息进行裁剪，创作出更具劝服力的标识，从而更好地吸引这一代人。[5] 这种调查可以帮助广告主制订能伴随消费者一生的产品营销计划。

生命阶段调查　广告主历来将家庭视为购买行为的基本单位，大多数传统家庭都会有序地经历几个发展阶段，而每个阶段对购买行为都有明显的影响。

克莱普纳观点15.3

葛瑞·赖拉瑟博士

霍尔伙伴纽约传播与品牌研究公司
（www.hall-and-partners.com）高级研发主管

再评经济衰退

葛瑞·赖拉瑟

“史无前例”“灾难深重”“世纪罕见”，在报道2008年下半年发生的经济危机时，媒体使用了大量形容词。经济危机导致了消费者行为、营销以及广告的巨大变化。霍尔伙伴公司是最早投资开展萧条研发项目的公司之一。我们想保证自己的客户尽量接近消费者态度和行为的前沿变化。尽管历来如此，但鉴于我们现在看到的变化，营销商是否能做到与时俱进的确是一个至关重要的问题。

那么，我们通过这项研究发现了什么呢？“恐慌”二字恐怕是对消费者当下心态的最佳描述。

- **年轻人丧失希望**。年轻人相信的承诺和规则现在受到质疑：他们相信自己有资格获得好工作和“好生活”，一旦这些承诺无法兑现（由于就业市场紧缩、机会减少），他们便感到吃惊和失望。
- **X世代已习惯不确定**。X世代已经习惯了极端的不安定和不确定，只要还没退休，他们就有机会翻盘，不过在他们眼里，未来一团糟。有些人看到了新机会（开展新业务、购买便宜资产等），但另一些人却不愿承担额外的风险，因而选择“原地”不动。
- **婴儿潮一代深陷恐惧与愤怒中，已经时日不多**。由于投资受到经济危机的重创，导致婴儿潮一代无法退休。不断上涨的医疗费用是他们最大的一个忧虑，而他们中有些人还要同时负担孩子和年老的父母的开销。
- **老年人已习惯简朴但却为子女担心**。老年人认为这次经济危机将会和大萧条一样，时间长，影响深。尽管他们也为自己的子女和孙辈担心，但他们的记忆中毕竟还有那段美好时光：人们看重与朋友和家人共度时

家庭生命周期

反映个人或家庭随生命历程变化而变化的购买行为的一个概念。

了解**家庭生命周期**（family life cycle），企业就可以根据具体的消费形态和消费群体细分市场和广告诉求。当然，在过去的几十年中，家庭的概念已经发生了巨大的变化。然而，在消费者的一生之中，仍然有一些关键时刻——离开家庭、结婚或单身、生育小孩、抚育孩子以及帮助孩子开启自己的生活。生命中的这些变动导致人们或突然或逐渐从一个生命阶段步入另一个生命阶段。

根据人口普查资料，在过去的30年中，传统的家庭生命周期的本质已经发生了变化。比如，人们结婚越来越晚，女性生小孩的时间也越来越晚，离婚率提高了几倍，单亲家庭数量大增，越来越多的年轻人与父母一起居住。有鉴于此，一些广告主重新评估了自己看待家庭生命周期的方式，他们研究这些群体的子群体，从而更加清晰地了解人们的购买行为和生活方式。调查人员将这些子群体研究称为“生命阶段调查”。和家庭生命周期一样，生命阶段调查也研究消费者生命中的关键时刻。广告主可以找到一些从事单身人士、新婚夫妇、年轻夫妻、成熟夫妇以及青少年家庭研究的

光，看重令人难忘的经历，看重归属感和同心协力。

■ **我们中的一些人确实感觉稳定。**有些人的工作不受经济衰退的影响（如医疗、某些教育或政府部门），他们就没有不安感。他们有稳定、可预期的收入，只有创伤性事件（如意外失业、疾病、家庭麻烦）才会让他们失去安全感。

那么，消费者一旦遭遇恐慌会怎么办？我们跟踪了五个趋势，事实上，其中的一些趋势在危机发生之前就已经显现出来了。

1. 消费者推迟购买大件。这在高价商品品类中表现得尤为明显（如汽车、电子产品以及其他高价耐用品），消费者推迟不必要的产品升级，计划跳过一些版本。

2. 消费者更加慎重地货比三家。冲动购买和重复购买的范围缩小。消费者更加谨慎，更加小心翼翼地对待自己的购物预算（无法轻易获得贷款也是他们做出这一调整的一个重要原因），价值（即用最低的价格获得最大的利益）成为最重要的标准。

3. 消费者在售点讨价还价。对价值的重新定义意味着消费者比以往更加主动地——比较、挑选和挑剔。他们为自己能以更少的钱买到更多东西而骄傲，他们重新挖掘出一套“萧条期购物”行为：收集优惠券、批量购买、试用样品装、购买商家自有品牌。

4. 我们无法幸免，所有人都身处其中。即使我们个人没受到影响，我们也希望自己能感同身受，表现出对他人的同情。炫耀性消费被视为庸俗行为，消费者对“管好家”非常自豪：其中包括在家里解决消费和娱乐。我们为节约开支而分享经验和主意，以为自己积极乐观、包容开放。

5. 消费者仍然沉醉于小欢乐。沉醉可以让消费者从坏消息和无可避免的经济衰退中得到解脱，沉醉是对新束缚的反叛。我们在小东西上挥霍：口红、美甲、酒、外卖以及降价赠品等。

消费者态度和行为的所有这些变化对品牌和营销商来说意味着什么？消费者不想放弃自己喜爱的品牌，因此营销商必须与消费者保持密切联系，这一点比以往任何时候都更为重要。品牌必须做到：

■ 清晰地界定自己代表着什么，如：公认品质、独一无二、富有意义。因此，很多品牌必须重新界定自己的价值。

■ 表现出与消费者相同的价值观：深入了解消费者的行为并根据消费行为的“新标准”做出调整。

■ 在消费者对大企业充满怀疑和失望的时代，重建信任。

■ 与人们真心沟通：采取双向沟通，多半通过社交媒体进行。

在这波经济衰退中胜出的（以及随后重整旗鼓的）都是那些通过市场调查和科学研究，通过贴近消费者的沟通吸引他们，并真正了解他们的品牌。

Courtesy of Greg Nyilasy, Ph.D.

辛迪加调查公司。广告主必须了解生命阶段，以帮助自己理解 21 世纪发生的变化，从而开发出更加有效的整合营销传播（见图 15.6）。

消费调查　广告主们认为，研究消费者的消费模式具有重大作用，能帮助自己更多地了解目标受众。近年来，政治家们也开始研究这些个人购买习惯，希望从中得知在哪里找到更多的潜在支持者，这种调查可以让他们搞清应该将广告重心放到哪里。《国际先驱论坛报》（*International Herald Tribune*）指出，一些政治战略家，包括为美国前总统乔治·布什（George Bush）效力的那些人以及加利福尼亚州前州长阿诺德·施瓦辛格（Arnold Schwarzenegger），都相信这种调查可以更多地揭示投票人的政治观点，远胜于这些人头上的政党标签。“用最简单的话来说：一个开沃尔沃、看《纽约时报》、在全食超市（Whole Foods Market）购物的有产阶级可能更倾向于民主党；而一个持有捕猎证、捕鱼证、看《时代周刊》杂志的火车司机则可能更倾向于共和党。”[6]

图 15.5

你认为这条广告反映出什么潮流?

按照同样的标准，在 2008 年美国总统大选期间进行的“2008 总统形象影响力调查”发现，选民会将候选人与特定的品牌联系在一起。比如，选民将约翰·麦凯恩（John McCain）与美国在线、福特、沃尔玛以及《反恐 24 小时》中的杰克·鲍尔（Jack Bauer）联系在一起，将奥巴马与谷歌、宝马、塔吉特百货、詹姆斯·邦德（James Bond）联系在一起。[7]

也有些研究根据消费群体文化融入的不同阶段，研究他们的消费模式。比如，光谱营销公司（Spectra Marketing）就开发了一款名为“Culture Point Model™”消费导向模型，以此来区分美国西裔人口中的三个消费者细分，即文化适应最差的细分、文化适应最好的细分以及跨文化细分。结合收入、年龄、语言偏好等人口统计学变量，营销商可以了解这些细分群体的消费模式有什么差别，从而识别出适用于每一个群体的讯息战略。[8]

心理学与广告

心理学是研究人类行为及其成因的科学。与消费者行为相关的三大心理学概念是：激励、认知和学习。激励指引发行为的动力、源泉、愿望或欲望；认知是心理现

图 15.6

广告主可以测试这条生活方式广告的威力。

象得到处理（理解、记忆、判断、思考等）的区域；学习指因长期受外界刺激而引起的行为变化。[9] 这三个因素在社会环境的框架内发挥作用，为消费者的行为奠定心理基础。广告调查的重点在认知元素，以了解消费者对不同刺激会做出什么反应。调查发现，学习对确定广告频率等因素尤为重要。但近年来，心理学在广告上的应用大都限于理解是哪些潜在动机引发了消费者的行为。当然，企业也有兴趣研究消费者的情感。

特洛伊公司（Trojan）营销总监巴里·戈德巴特（Barry Goldbatt）指出，鉴于他们公司产品品类的敏感本质，以及消费者在座谈时撒谎的倾向，他们公司更多地邀请临床心理学家、精神科医生以及文化人类学者对小组访谈进行调控。戈德巴特说："只有成为非常特殊的人，你才有资格参与讨论，而不是人云亦云。"[10]

价值观与生活方式 那些普及心理细分的调查公司开发了价值观与生活方式细分系统（VALS™）。SRI 咨询商业情报公司（SRI Consulting Business Intelligence）的 VALS 旨在通过描述美国消费者的心理和人口统计学特征来预测其行为，它们将调查对象归入八个消费者群体，每一个消费者群体都有其独特的行为模式和决策模式，反映出他们各自不同的原始动机和可资利用的心理与物质资源。

VALS 从两个关键维度来划分消费者：原始动机（尤其是关于人或约束人及其行为或活动的世界）和资源（维持自我意识所需要的心理与物质资源）。[11]

这种分类考虑了个体的原始动机，比如理想、成就或自我表达。资源既包括物质（比如金钱、职位、教育），也包括精神（比如创造力、人际交往能力、智力和活力）（见图 15.7）。

按照 VALS 的观点，个体之所以会购买特定的产品或服务，是因为该个体属于特定类型的人。VALS 是一个由彼此连接的细分组成的网络，相邻的类型之间具有相似的特点并可以按不同的方式连接起来，适应特定的营销目的。

广告主可以采用 VALS 来细分特定的市场，制定营销战略，提炼产品概念，给产品和服务定位，开发广告和媒体战役，指导长远策划。

扬克洛维奇的 MindBase 是一个细分工具，它将主力消费者划分为八个具有相同生活态度和动机的群体，并对消费者进行断代认识。这八个群体又各自被划分为三个子群体，这些子群体可以反映消费者在应对市场及营销努力上的差异。下面就来看看这八种 MindBase 细分。[12]

图 15.7

VALS 生活方式分类

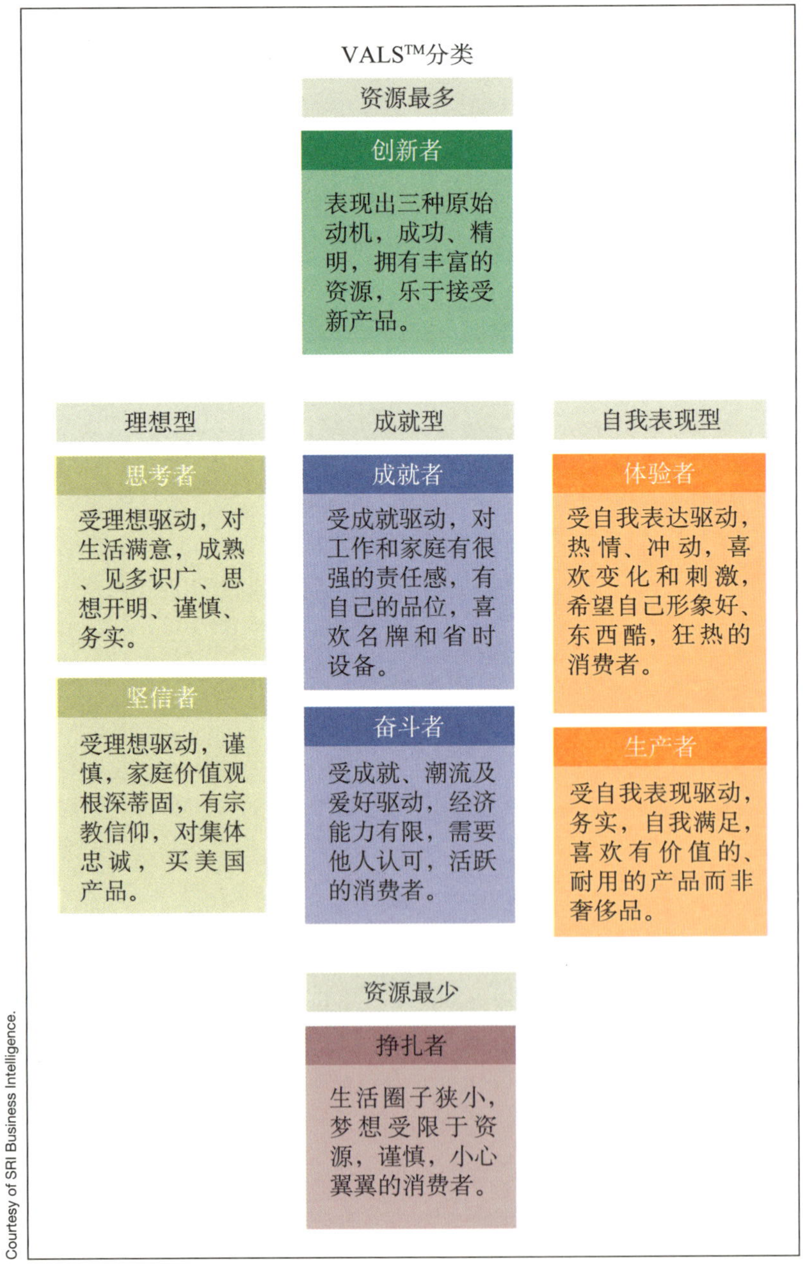

- 我喜欢表现。
- 我比较被动。
- 我有能力。
- 我稳重。
- 我脚踏实地。
- 我精明。
- 我权衡再三。
- 我有奉献精神。

看看你能不能说出救生圈（Lifesavers）的这条广告对哪个 MindBase 细分最有吸引力（见图 15.8）？

图 15.8

你认为这条广告对哪个 MindBase 细分最有吸引力？

生物研究

多年来，为了更好地了解消费者，营销商一直在运用生理测量法，如皮肤电流反应、眼球运动以及脉搏等方法。近年来，由于经济不景气，营销商更加依赖生理测量法，并开始探索使用脑电波研究。乍看起来，虽然这种研究显得“有点奥威尔的色彩”（Orwellian），但哈佛大学教授杰拉尔德·萨尔特曼（Gerald Zaltman）却认为脑电波研究涉及如何理解消费者的动机，而不是仅仅将信息灌输进人们的大脑。[13] 这种研究背后的理论是，它可以向营销商揭示消费者对产品或广告的真实反应。

尼尔森娱乐电视集团（Nielsen Entertainment Television Group）执行副主席弗兰克·斯塔利亚诺（Frank Stagliano）认为，“从多个方面来讲，我们现在测试广告的方式与我 22 年前在宝洁公司时所用的方式毫无二致”。他说，神经科学可以提供“真正了解消费者的更为精确的方式”，有助于制作“杀出重围”而非混迹其中的广告。[14]

有了神经学家的帮助，在消费者观看广告或产品时，营销商便可以利用功能性磁共振成像（fMRI）扫描仪来确定其大脑各部分所用氧气的多少。大脑受刺激的部位不同，扫描仪上显示的颜色便不同。在消费者浏览广告时，一些营销商也会用脑电图（electroencephalography，EEGs）检测他们的大脑活动，即通过测试者头上戴的一个特殊帽子，脑电图扫描仪测量大脑的电脉冲。由于大脑的不同区域会对着迷、厌恶、回忆以及注意力等做出反应，因此，营销商可以利用脑电图评估消费者对广告的全部或部分讯息的反应。不过，这些行为的意义却很难解释。[15]

脑电图

通过放置在头部的电极而对脑电波活动的记录。

作家兼广告专家马丁·林斯特龙（Martin Lindstrom）认为，生理测量法，比如**脑电图**，可以用来测量敏感的脑电波，帮助判断消费者的情感投入。马丁描述了自己的团队如何运用 EEG 数据来帮助自己判断在名牌电视节目《美国偶像》中投放产品植入广告的效果，他说：“运用这种方法，我们就可以测量消费者对自己观看的广告兴趣有多大，可以发现哪些品牌能留在他们的长期记忆中、哪些品牌能吸引他们、哪些品牌让他们厌恶。”据研究人员的判断，可口可乐表现很好，而福特的产品植入就很差，而且还差点给品牌带来负面影响。[16]

在生理学的另一项应用中，谷歌和星传媒体运用了尼尔森公司的 NeuroFocus 调查组来评估 YouTube 视频中遮盖广告的功效，投放这些广告的目的是吸引消费者的注意，提高品牌的知名度。该评估所涉及的测量包括对脑电波活动的测量、对眼球运行轨迹的测量以及对皮肤反应的测量。研究人员根据消费者的注意度、情感投入以及记忆时间等综合标准给视频打分。[17]

这些测试成本高昂。相对而言，EEGs 比 fMRI 成本稍低。负责 NeuroFocus 的营销副主席卡洛琳·温妮特（Caroline Winnett）认为，这些测试的花费与小组访谈不相上下。[18]

营销环境

在做出重大整合营销决策之前，企业和广告公司都想尽可能多地积累市场信息，而科技可以帮助营销人员更多、更快地收集信息。

通用产品代码 通用产品代码（UPC）大大加快了产品销售的跟踪流程。如果杂货店主在收银台扫描产品信息，零售商也能马上获得这一信息。扫描报告系统可以让营销商在当地快速追踪商品的表现，而不是一个月或两个月才记录一次。通用产品代码可以帮助营销商判断自己的市场份额有多大、某种包装或店内广告是不是效果更好、哪家零售商出货量最大。杂货店的积分卡也可以扫描并输入系统，记录消费者购买了哪些产品品类，从而给零售商和生产商直接面向老用户进行促销创造机会。这种信息对零售商的任何数据库营销努力都有帮助。

单一来源数据 如果采用单一来源数据，零售追踪扫描数据就必须与家庭样本框的购买模式数据以及广告曝光数据整合。这种信息由一个数据源提供，且在一个消费者群体中得出。这些数据可以与其他研究资源结合，就“谁、什么、如何”，给微观营销人员提供充分的信息。尽管具备了这些微观营销能力，调查公司收集数据的能力也远远强于大多数客户运用信息的能力。

数据库营销 数据库营销人员利用兑奖单、回扣信息、销售订单、赠品、新产品信息查询以及购买信息来建立消费者数据库。消费者数据库可以给营销人员提供有关消费者生活形态的大量信息，从而给数据库营销创造机会（见图 15.9）。

Courtesy Bright Ideas Group and Georgia Gambling Helpline.

图 15.9

测试这条广告成功与否的一个方法就是计算该广告提供的电话号码被拨打的次数。

图 15.10

这个直邮件是系列直邮件中的一个，该系列广告针对历史爱好者，试图吸引他们到佐治亚州度假、探索该州的历史遗产。你认为可以采取哪两种方法来测试这条直邮广告的效果？

Courtesy McRae and Georgia Department of Economic Development.

网络数据 尽管互联网存在着缺陷和问题（如互联网用户对整体人口具有多大的代表性），许多广告主和调查公司仍然热衷于利用互联网进行小组访谈、全面调查以及其他营销调查。在线调查固然无法完全取代传统的营销调查，但它毕竟能改善调查流程。因而，基于网络的调查理应成为调查组合中的一员（见图 15.10）。

在线调查一直被用于挖掘更多的品牌和产品信息，但它同时也可以用来了解消费者的媒体接触模式。例如，数字与市场设计公司——Razorfish——就对妈妈级网络用户进行了一项在线调查，试图更多地了解她们如何利用网络为自己和孩子们服务。在这项调查的基础上，Razorfish 发现妈妈们首先是为了自己而使用网络，其次才是为了孩子。Razorfish 负责新兴媒体的副总裁泰瑞·沃克（Terri Walker）认为："她们对时尚和食品最感兴趣，无关年龄，她们中的 29%～36% 主要使用网络视频、博客或视频短片，而播客、RSS 订阅以及移动网络浏览则非常小众，只有 10%～21% 的被访者使用。"[19]

广告主也可以通过搜索社交媒体网站上的信息来更多地了解消费者，例如监控 Facebook 和 Twitter 上的在线"对话"，从而"倾听"消费者如何"谈论"他们的品牌。

媒体协会公司 (Mediassociates) 战略策划总监本·昆茨（Ben Kunz）认为："Facebook 和 Twitter 的最终盈利不会来自植入广告，而会来自挖掘人际关系与对话。组织可以利用结果分析模型了解和设计产品、为消费者服务、救急甚至预测未来。"[20]

广告调查步骤

5 了解广告中的调查步骤。

从广义上讲，"广告调查"这一术语所包含的调查有助于以下四个广告流程：

1. *制定广告战略*。调查试图回答众多问题：市场由谁构成？他们想要什么？我们面临哪些竞争？我们希望自己的目标受众从我们的广告中获得什么讯息？我们如何触达自己的目标受众？
2. *制定广告实施方案*。广告实施阶段会用到两种调查：一是试调查，该调查旨在刺激创意人员，帮助他们理解消费者所用的语言；二是调查备选创意概念、观念、初稿、图形、标题、文字、代言人等等，以确定广告是否能满足创意战略的期待。
3. *评估事前测定的执行效果*。事前测定是测试广告创意的一个调查阶段。或许是因为许多事前测定导致了创意的终结，因而这也是备受争议的一种广告调查方式。
4. *评估广告战役*。广告战役的评估通常涉及对广告表现的追踪调查。

广告调查的首要目标是给广告创意过程助一臂之力。在探讨广告主为制定广告战略而使用的调查流程之前，我们不妨先来更好地了解如何使用调查信息。

将信息转化为战略

信息本身并不足以解决营销的问题。几年前，麦肯广告公司调查员杰克·邓普西就说过，"信息本身并没有价值"，只有在战略家"解读"信息时，信息才具有价值，这个"解读"，就是信息与营销、广告问题之间的关系。你必须投入所有可资利用的数据，必要时还要收集更多的信息来弥补一些空白，然后就不能再纠缠于那些信息。是否能得到有效的战略信息，秘诀就在于是否能判断哪些数据重要、哪些不重要。这是一个化繁为简的过程，因为最好的战略洞察往往就是最简单的那些。

请站在消费者的角度，问问你自己，消费者真正买的是什么？他们是因为产品的功能而买产品的吗？心理利益有多重要？企业和行业对自己的消费者到底想买什么茫然不知，这样的例子比比皆是。正是这个原因导致了它们的市场定位不恰当且往往错误百出。因此，应该先分析人们的行为而不是他们的感觉或认识。你可能会陷入这些问题，但行为才是解决问题的基础。最重要的是，要试着用消费者的眼光看待世界。

市场、产品、竞争及消费者调查

收集和分析基本信息是为了确定产品或服务的营销战略，推演销售、企业资源、定价与分销因素、地理信息，判断如何建立数据，确立产品品类的规模和性质。这类调查可以收集到与竞争者、销售趋势、包装、广告支出以及未来趋势相关的数据，形势分析可以帮助广告主清晰地界定产品或服务的竞争市场（见图 15.11）。

图 15.11
形势分析

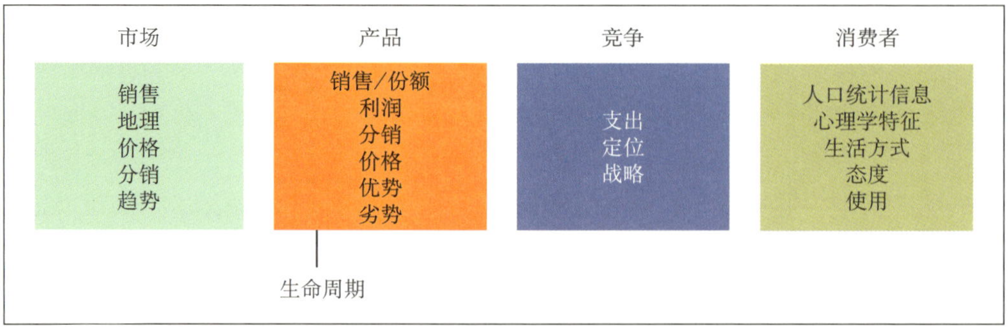

预期对象调研对清晰地界定哪些消费者有望购买产品或服务具有至关重要的意义。调研有助于识别用户、态度、生活方式以及消费形态——所有这些都有助于我们识别主要预期对象。

产品品类和营销形式不同，其调研所要求的信息量和信息种类也不同。图 15.12 概括了不同水平的品牌知晓度和试用度所面临的战略机遇。我们必须掌握市场上每一个品牌的知晓度，否则很难谈得上品牌战略。只有在消费者知道某一品牌符合他们的需求且非常重要、非常迫切的条件下，“品牌试用”的情形才会发生。品牌知晓和品牌试用之间的关系可以用比值来表示：比值高反映一种战略选择，比值低反映另一种战略选择。举例来说，如果品牌知晓度高而试用者寡（见图 15.12 左下方块），则清楚地表明人们认为该品牌驱动力不足或与他们的相关性不够，这时品牌或许就需要重新定位。

调查结果不一定符合我们的预期，而且，如果我们认为广告创意非常棒，这样的调查结果说不定还会给我们制造麻烦。以经典的“艾维斯，我们更加努力”篇广告为例。该广告在调查中表现很差，消费者认为“我们是老二”这个概念意味着艾维斯是二流品牌。调查结果显示不应投放该广告，但创意天才比尔·伯恩巴克却对这一创意深信不疑并说服艾维斯不妨一试。如今，艾维斯广告被视为史上最有力、最令人难忘的广告战役之一。

图 15.12
品牌试用 / 品牌知晓比例：战略选择

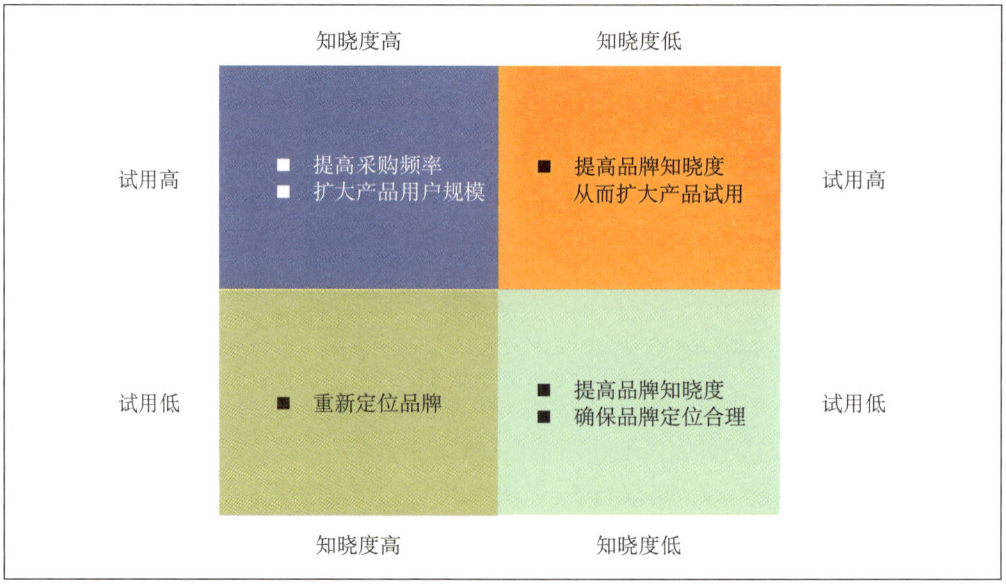

广告战略或讯息调查

大多数产品都具备可供大肆宣传的正面诉求，那么，我们如何确定自己的广告或诉求应该朝哪个方向走呢？答案是：选择对大多数目标受众而言最重要的那些诉求。对于任何广告战役来讲，首要诉求的选择都是重中之重，因此，人们开发了许多调查技术来判断应该采用什么诉求，并通过讯息调查来识别最贴近受众、最具竞争力的销售讯息。讯息调查形式多样，但最常用的创意和战略评估方法是小组访谈和概念测试。

小组访谈调查 20 世纪 60 年代后期，**小组访谈**（focus groups）变成了一种时髦的**定性调研**（qualitative research）工具。与严格的定量调研相比，定性调研可以给探索创意提供更有深度的方法。后来，客户策划认为可以将小组访谈用来收集消费者对某一创意的初步反馈，不需要再进行人工状态下的正式测试。小组访谈还成了营销商和客户策划探寻消费者之所以如此行为的一个重要定性调研工具。小组访谈使调研人员得以在小组讨论的氛围中收集到深度信息，这个过程的设计初衷就是查明个体在小组中的行为和思维模式，从中得出他们对产品或广告的自然反应。一名训练有素的主持人带领一个由 8～12 位消费者组成的小组，他们通常为主要预期对象。典型的小组访谈一般持续一个半小时到两个小时，小组讨论的数量因广告主而异，依据费用、讨论话题、目标受众的多样性、时间的不同而不同。客户和客户团队中的其他成员往往会在一面单向玻璃墙后面观察访谈，以免妨碍访谈的正常进行。

小组访谈

针对群体而非个体进行深度访谈的一种定性调查方法。

定性调研

定性调研旨在了解人们的想法或情感，本质上通常表现为探索性、诊断性调查。

正如我们此前讨论的那样，调研人员现在也在更多地借助于在线小组访谈收集消费者对问题和产品的反应。

视频会议链接、电视显示屏、远程摄像机以及数字传输技术，这些新技术给远程小组访谈创造了可能性。很多广告公司认为，由于视频会议能让更多的人参与其中，因而创意的过程更加丰富了，更多的广告公司和客户现在可以在荧屏上看到全国各地的小组成员，不再需要长途旅行了。

当然，也有人批评对小组访谈的过度重视。他们指出，很多优秀的创意——不管是 30 秒广告还是商品、概念——都可能因为小组访谈的评价不高而被扼杀。而“职业”受访者的数量更是遭到了越来越多的批评：他们丰富的知识足以让他们转战于各个访谈小组，并使用营销人员的话语体系，每次都轻松地捞走 50～75 美元。大多数客户策划都认为，小组访谈绝不能取代定量调研，但小组访谈确实非常有助于判断消费者对电视广告中或创意开发过程中的特定语言的反应。

概念测试 **概念测试**（concept testing）是一种用来确定广告中有多少诉求可资利用的方法。创意概念的定义是：对产品背后的广告创意的简单解释或描述。某旅游协会为吸引消费者从其他州的大城市开车两个小时来山区旅行，设想了几个诉求：

概念测试

目标受众对创意战略（或备用战略）的评估。测试旨在区分好创意和烂创意，并揭示那些促使消费者接受或拒绝（某产品 / 服务）的因素。

1. 只需要两个小时即可彻底放松。
2. 在您的后院体会大山的乐趣。
3. 大山中的家庭娱乐场。
4. 逃离现实，体验激浪漂流、垂钓及其他户外活动。
5. 周末旅游套餐。

广告主利用带有主题陈述或版面初稿的卡片给不同的创意诉求排序，然后利用数据解释如此排序的原因。旅游集团发现，它们的目标受众此前并未意识到自己居然与大山如此接近，因此它们此前也从未将山区纳入自己的度假或娱乐计划。在一个租车公司的案例中，它们针对假期游客进行了一场测试，结果挖掘出一个优点：租车公司能提供价格最低的标准车。第二个优点是没有任何隐形收费。

概念测试的一大缺点在于消费者只能对自己面前的主题做出回应，只能在矮子里面拔将军。

事前测试调查 客户希望备选广告切实有效，因此事前测试要确定通过哪条广告、淘汰哪条广告、选择哪条广告，否则就只能依赖广告公司或自己人来做出判断。

文案测试
对广告效力的测量。

一般而言，调查可以从两个层面帮助广告主判断广告的表现，即**文案测试**（copy testing）的两个阶段：

1. 初稿调查用来判断广告文案是否能有效地传递讯息、影响态度。
2. 完稿调查在完稿的基础上进行，用以评估广告制作过程对传播效果和态度变化有什么影响（见图 15.13）。

事前测试是对完整的广告进行调查的阶段，因此事前测试的目标必须与既定的广告战略相吻合。如果测试的特点与广告目标无关，那就是浪费精力。

事前测试可以评估许多变量，包括广告吸引消费者注意力的能力、读者 / 观众对广告的理解、文案要点回放（记忆度）、劝服力（消费者购买品牌的可能性）、消费者对品牌的态度、信度、兴奋度。

事前测试应该作为参考而不是预测赢输的绝对依据。在文案测试中，广告甲得分高于广告乙并不能保证甲就更胜一筹。有时，测试结果只是提问方式的一种反映。Creative Circus 公司前创意总监、现任最高领导诺姆·葛瑞（Norm Grey）曾这样评论创意测试："如果你不喜欢看到你的某条广告的得分，要求重新测试，唯一能确定的就是你会得到不一样的分数。"这一评价不是暗示创意测试不好，而只是指出这样一个事实：大家对事前测试看法不一，它只是广告主的一个工具而已。

多年来，广告测试的价值一直饱受争议。客户通常要求进行广告测试，而广告的创意人员却对此心存怀疑。麦卡比公司（McCabe）的埃德·麦卡比（Ed McCabe）认为调查和测试之间有区别："没有深入的调查，就没有好的广告。但测试却是一种白痴行为，只会扼杀杰作。测试是独眼龙用来打盲人的拐棍。"他以自己所做的希伯来国家公司（Hebrew National）热狗广告战役为例。广告中，由演员扮演的山姆大叔由于公司为满足犹太洁食的更高要求，坚持以高于联邦管理规定的标准进行生产而几近崩溃。当时，这条广告的测试效果并不好，客户也不愿意播放。经过多次讨论，广告最终得以投放。20 多年过去了，这条广告仍在播放。这个故事告诉我们：测试有用，但并非万无一失。如果你要在一个创意上花费数百万美元，难道你不会尽一切可能降低风险、提高成功率吗？

广告战役评估调查 如果在整体营销努力的范畴内评估广告，则广告主应该分析市场和竞争活动，将广告视为一场战役而非一条条孤立的广告。这一信息有助于广告主确定是否需要改变广告战略，以实现广告战役的既定目标或应对形势的变化（见"优势 15.1"）。

图 15.13
调查可以测试这个画面的效果。

广告主经常通过追踪调查来测量趋势、品牌知晓、购买兴趣以及广告元素。在广告战役的尾声进行调查可以成为选择下一个广告战略的背景调查之一。

测试创意调查

6 掌握广告调查的类型。

创意调查处于我们此前讨论过的调查阶段之中，有助于构思向目标受众说什么、如何说。文案开发调查试图帮助广告主明确采取什么手段、采用哪些元素，而文案测试则可以帮助广告主确定是否向市场投放某条广告。

1. 好的文案测试系统能够提供与广告目标相关的测量数据，当然，不同的广告主有不同的目标（比如，鼓励试用产品）。

优势 15.1

弗吉尼亚理工大学和尼索克·杜布克与帕克特公司

尼索克·杜布克与帕克特公司（Neathawk Dubuque & Packett，简称 ND&P 公司）是一家营销 / 公关公司。2008 年弗吉尼亚理工大学找到他们，建议他们就弗吉尼亚理工大学实施的大面积调查以及其对弗吉尼亚人日常生活的影响打一场广告战役。这次广告战役的目标是将人们对弗吉尼亚理工大学的关注焦点从悲剧——4 月 16 日惨案，转向胜利，从而展示出弗吉尼亚理工大学的进取精神、科研领先地位、开放心态以及师资力量。

ND&P 公司面对的挑战在于如何创作出能引发热议、引起口传的广告，即重点突出弗吉尼亚理工大学的科研能力及其影响的广告。

调查

2007 年的调查表明，在众人心目中，弗吉尼亚理工大学一直是一所研究型大学。惨案发生后，它的严谨、创新开始被人们熟知。然而，有人怀疑目标受众并不知道该校是弗吉尼亚州共同体的一流研究型大学，也不知道该校对弗吉尼亚人的日常生活有什么影响。

执行

ND&P 公司设计了一场独一无二的多媒体广告战役，吸引人们关注新创办的、聚焦于弗吉尼亚理工大学科研活动的微型网站——ThisIsTheFuture.com。

广告战役于 9 月 4 日正式启动，向 54 000 名弗吉尼亚理工大学的毕业生发送直邮广告，广告标题为“未来将铭记您的名字”，鼓励校友“参与弗吉尼亚理工大学历史上最具创意的广告活动”，引导校友们登录 ThisIsTheFuture.com，讲述自己如何为弗吉尼亚州的美好生活贡献力量。

直邮广告之后，校方紧接着给校友发送讯息相同的电子邮件，几天之后再次发送电子邮件，提醒校友们广告活动的启动日期是 9 月 8 日。9 月 8 日，条幅广告开始在 Washingtonpost.com、Newsweek.com、InRich.com 以及 Roancke.com 上出现。这些条幅广告主要是 URL 和 ThisIsTheFuture.com 的广告，并没有弗吉尼亚理工大学扩大董事会的那条带有标识和附加讯息的广告，那条广告上有这样的讯息：“在整个弗吉尼亚共同体中，弗吉尼亚人正在努力让明天更美好，登录 ThisIsTheFuture.com，了解更多。”

除条幅广告外，机场灯片广告也开始在诺福克、罗

2. 广告文案测试的一大目的在于帮助广告主确定是否在市场上投放广告，其中一种行之有效的方法就是在结果出来之前具体说明行为标准，如：
- 以 ________ 为准，消费者对品牌的认知大幅度提高。
- 以 ________ 为准，将注意力水平提高 ______% 以上。

3. 好的文案测试系统建立在消费者对传播的如下反应模式上：接收刺激，理解刺激，对刺激做出反应。简而言之，广告要想成功，就必须产生以下影响：
- 针对眼睛和耳朵——广告必须被它们所接收（接收刺激）。

阿诺克以及杜勒斯机场出现，它们带着扩大董事会的那条条幅广告上的某个病毒式媒介图像元素和同样的讯息。

平面广告投放在《华盛顿商业杂志》(*Washington Business Journal*)和《弗吉尼亚商业杂志》(*Virginia Business Magazine*)上。

除传统媒体广告外，弗吉尼亚理工大学还邀请了校友来参加这场广告战役，向自己所在社区内有意愿的企业和邻居分发各种病毒式媒体。病毒元素包括数以千计的窗贴、卡片、庭院彩旗和树 / 灯杆围裹，这些物品上印有 URL ThisIsTheFuture.com 字样，以期引起消费者的兴趣，吸引他们访问网站。

广告中还包含了罗阿诺克市场和布莱克斯堡市场中的加油站广告、广播广告以及在布莱克斯堡（在全美国播出 VT/GT 足球赛前活动的电视上和州际公路上）、罗阿诺克、里士满、弗吉尼亚海滩、北弗吉尼亚投放的飞机拖拽条幅。

微型网站：THISISTHEFUTURE.COM

这一用户生成型网站的目的在于鼓励互动传播。第一批登录网站的用户会看到与橙色字体云团相呼应的卷动图像，点击其中的某个单词，主窗口上就会出

现相应的调查故事。在他们在线提交自己如何为弗吉尼亚州的美好生活有所贡献后，用户的名字变为橙色，新用户可以点击他们的名字、看他们的故事。网站上还有一个互动地图，告诉人们这些故事的来源，并允许读者点击人名、浏览这个人的故事。这个网站向人们提供与广告战役有关的信息，并提供 PDF 文件供人们下载，向人们详细介绍该大学目前正在进行的所有激动人心的科研项目。

结果

这场广告战役成功地引发了人们的议论，吸引了报纸、电视、新闻网站、博客、社交媒体甚至一篇法国在线文章的关注。广告战役正式启动仅两周，用户就在网站上提交了 200 多个故事，网站的点击量也非常惊人。在这场广告战役接近尾声之时，校方将再次进行跟踪调查，以测量目标受众对弗吉尼亚理工大学作为一所研究型大学的认知度或认可度。

- 针对大脑——广告必须被理解（理解刺激）。
- 针对心灵——广告必须留下印象（做出反应）。

4. 经验表明，测试结果往往会因测试的完善度不同而有所不同。因此，如果测试的版本不是最终版本，判断时必须慎之又慎。有时，遗漏的部分无关紧要；但有时，遗漏的部分却至关重要。[21]

测试的形式

每一个广告主和广告公司在测试创意调查时所采取的步骤都大同小异，下面就是该过程的一个实例。

概念测试 如前所述，概念测试可以是创意策划的一部分，而且很多客户也会采用概念测试。创意概念测试可以界定为对（备用）创意战略的目标受众的评估。具体而言，概念测试的目的是区分出优秀的创意和拙劣的创意、探明不同的接受度、搞清哪些因素会导致人们接受或拒绝广告。概念测试可以采取以下方法来进行：

1. *卡片概念测试*。在卡片概念测试中，受访者看到的创意战略以广告标题和正文的形式出现在白色卡片上，一个概念一张卡片。但有些概念无法通过卡片的形式进行测试（比如那些对心态要求很高的测试——如以幽默或个性为基础的概念）。
2. *招贴测试*。招贴测试与卡片测试相似，但有一点不同：小招贴上有简单的插图和说明，而白卡片上没有插图。
3. *布局测试*。布局测试向受访者展示平面广告的初步文案（或附带文案的电视广告故事板）。布局测试比招贴测试更加完善，因为它用的是最终将要投放的完整文案和插图。此外，卡片或招贴测试检验的是基本概念的诉求，而布局测试检验的却是一些更加微妙的因素，如传播、理解和清晰度。

平面广告完稿测试 平面广告完稿测试有多种形式，它们测量完稿投放在平面媒体上的情形。平面广告完稿测试的一种测试流程采用以下步骤：将测试广告（无论完稿还是非完稿）插入一本 20 页的杂志，里面既有评论内容也有广告内容，目标对象在人流密集的商场一个接一个地浏览杂志，然后调查人员以“辅助回忆”、“无辅助回忆”和“联想回忆”为标准测试受访者对广告的认知，然后要求受访人员只关注被测试广告，以探查他们的反应。有了这些诊断数据的武装，广告公司可以改进广告。广告可以测试的元素包括吸引力、传播效果、相关性和劝服力，与此同时，调查还可以揭示人们对广告的喜爱和厌恶（见图 15.14）。

影视广告未完成稿测试 一般而言，影视广告测试主要分为三类：

1. *动画*。动画是一种绘画，包括卡通片和实际绘画，由电脑或手工绘制。有些动画会表现有限的动作；而那些静态的动画则通常被称为视频故事板。
2. *连续影像*。连续影像是由不同照片拍摄而成的视频，这些照片可能是之前拍摄的（从照片库中获得），也可能是在现场拍摄的。
3. *现场影像*。现场影像就是在现场拍摄或录制代言人的影像，一般在广告制作接近尾声时进行。

影视广告完稿测试 影视广告测试技巧可以分为两大类：

1. 通过检验观众对广告某一方面的记忆而评估广告效果的测试。
2. 通过检验驱动观众的行为而评估广告效果的测试。

Courtesy LMK and North Carolina Tourism.

图 15.14

你认为这张极富视觉吸引力的广告在粗稿测试中是否能有出色表现？

制作技术近年来的进步对测试工作大有帮助，被测试的广告与最终的广告越接近，测试的结果越精确。电脑动画的成本已经大大降低，因此，现在的广告测试开始越来越多地利用电脑制作的广告。

阅读率

广告主不仅在市场上面临着日益激烈的竞争，在平面媒体上也同样如此。因此，广告主必须具备判断自己的广告是否能为人所见的能力。罗伯·斯塔奇环球公司的斯塔奇阅读率调查公司就提供这方面的信息。

斯塔奇阅读率调查公司测量广告为人所见、所读及引发兴趣的程度。它们每年采访数千名消费者，分析他们对平面广告的反应。斯塔奇公司采用访谈确认法，将刊物打开，要求受访者说明其在访谈进行前阅读每一条广告的程度。在调查每一条广告时，调查人员都会问受访者："你之前有没有看过、读过这条广告的某些内容？"如果答案是肯定的，则会问一个描述性问题，要求受访者进行描述，以判断受访者观察或阅读每条广告各部分的情况——插图、标题、签名及文案字块。在问完这些问题后，将每一个受访者划分至以下几类中：

注意读者。注意读者只记得自己此前在被测试的刊物上看过该广告。

密切读者。密切读者不仅注意过该广告，而且还看过、读过某些能清楚地标明品牌或广告主的内容。

最佳读者。最佳读者读过广告文案的至少一半。

斯塔奇以阅读率报告的形式向客户提供 Adnorm 数据，以便广告主将自己投放在指定杂志上的广告的阅读率与同类商品的大小相同、颜色相同的广告的阅读率进行比较，从而帮助广告主确定哪种广告布局最能吸引读者、留住读者，以及消费者对特定杂志上的广告到底有多喜欢。这些数据还可以帮助客户将自己现在的广告与竞争对手的、自己以前的以及竞争对手以前的广告进行对比，当然，也可以对照着 Adnorm 表进行对比（见图 15.15）。[22]

图 15.15

这条广告在斯塔奇针对足球迷的读者测试中可能得分很高。

对广告文案测试调查的批评

标准的广告文案测试技巧一直饱受广告人的诟病，他们认为正是这当中的许多技巧给某些令人生厌的广告创造了诞生的机会，同时扼杀了更具创意的表现手法。联合利华消费者与市场部副主席约翰·卡斯滕霍斯（John Kastenholz）说："有人认为，尤其是创意总监，文案测试会削弱人们的创意能力。"[23] 很多营销商和广告公司主管也认为，目前普遍运用的技巧根本无法充分评估消费者对广告的感性反应，他们还认为目前所用的技巧也并没有那么多优点。美国广告调查基金会首席研究官乔·普卢默（Joe Plummer）说："20 世纪 80 年代初以后，文案测试就再也没有什么大的进步。如今，关于大脑如何工作，如何处理对故事、比喻和符号的情绪反应的新信息多如牛毛。"[24] 一些企业正在研发的新技巧让文案测试的未来充满了希望。

小　结

广告与人有关。成功的广告主知道谁是自己的潜在受众，自己能在多大程度上满足他们的需求和动机，这决定了他们购买甲而拒绝乙。消费者行为往往是受构成个人的人类学、社会学、心理学等多重因素影响的结果。客户策划往往归属于广告团队，这个团队负责品牌的消费者调查信息。

即使有，广告也很难改变这些影响，但能引导消费者对特定产品或品牌的需求和欲望。广告是反映社会的一面镜子。广告主通过针对人们的需求和问题提出解决之道来影响人们，而不是通过创造需求来影响人们。广告主的角色就是在不断变化的社会中充当监测器。

广告主特别关注那些能够反映市场、消费者以及竞争状态的前沿研究或市场研究，比如人口特征分析、VALS 和 MindBase，这类信息能够帮助我们了解消费者的生活方式和价值观，对我们制定广告战略大有帮助。

所有的信息被消化后，就可以用于广告的四个阶段：战略制定、战略执行、事前测试和广告评估。信息本身并没有什么价值，只有在我们读懂了信息时，信息才具有价值。

从概念测试、影视广告测试到平面广告完稿测试，所有创意调查都包括几个测试阶段。在购买成本高昂的媒介排期之前，对概念和广告进行测试的代价要小得多。

复习题

1. 为什么说社会学、心理学和人类学对广告具有非常重要的意义？
2. 广告执行阶段采用哪种调查？
3. 客户策划的角色是什么？
4. 什么是生物研究？广告主在开发广告的过程中如何运用生物研究？
5. 广告调查中如何运用小组访谈？

第十六章

M&M's® and the M&M's Characters are registered trademarks of Mars, Incorporated and its affiliates. These trademarks are used with permission. Mars, Incorporated is not associated with Pearson Prentice Hall. Advertisements printed with permission of Mars, Incorporated.

广告讯息的创作

有人说广告战略就是一切。“有时创意领先，有时战略领先，”英国创意总监托尼·考克斯（Tony Cox）说，“但要想取得理想的结果，它们必须紧密配合、协调一致。”不管采用哪种媒介，好的广告文案，一定是好广告的必备条件之一。▶

本章学习目标

1. **认识创意工作计划。**
2. **了解压缩式讯息与扩展式讯息的区别。**
3. **掌握讲故事的技巧。**
4. **掌握广告的结构。**
5. **掌握文案风格。**
6. **掌握广告口号。**
7. **了解新的广告形态与内容讯息。**

“好创意的核心就是坚信，没有什么比洞察人类本性更有力量，人性就是驱使个人、支配其行为的那种冲动，即使他可以用语言掩饰自己的动机。”

——比尔·伯恩巴克

消费者接触点整合

现在，我们来讲如何整合和巩固消费者在各媒体接触点上——无论是平面媒体、网络媒体还是电视媒体——碰到的讯息，它们在性调、讯息传达以及视觉上的一致性称为接触点整合。滚石网站上，芝宝广告（见图 16.1）无处不在，随时给观众创造链接到 zippo.com 网站的机会。它们表现为整合讯息，帮助广告主与消费者建立联系。这种接触点整合是星巴克、麦当劳、耐克等品牌的典型标志。曾供职于博达大桥广告公司的卢·森特利佛（Lou Centlivre）说：“那些能深入人心而非仅仅进入大脑、能让人或哭或笑或平静地说‘是的，这就是我的真实感受’的创意人员将成为超级明星。”而宝洁公司前首席执行官约翰·佩珀（John Pepper）则说：“25 年来，我发现我们品牌的利润增长与我们品牌的文案之间的关联性不是 25%，也不是 50%，而是 100%。我从没见过宝洁公司旗下的哪个品牌可以在不靠精彩广告的情况下多年保持盈利增长。”[1]

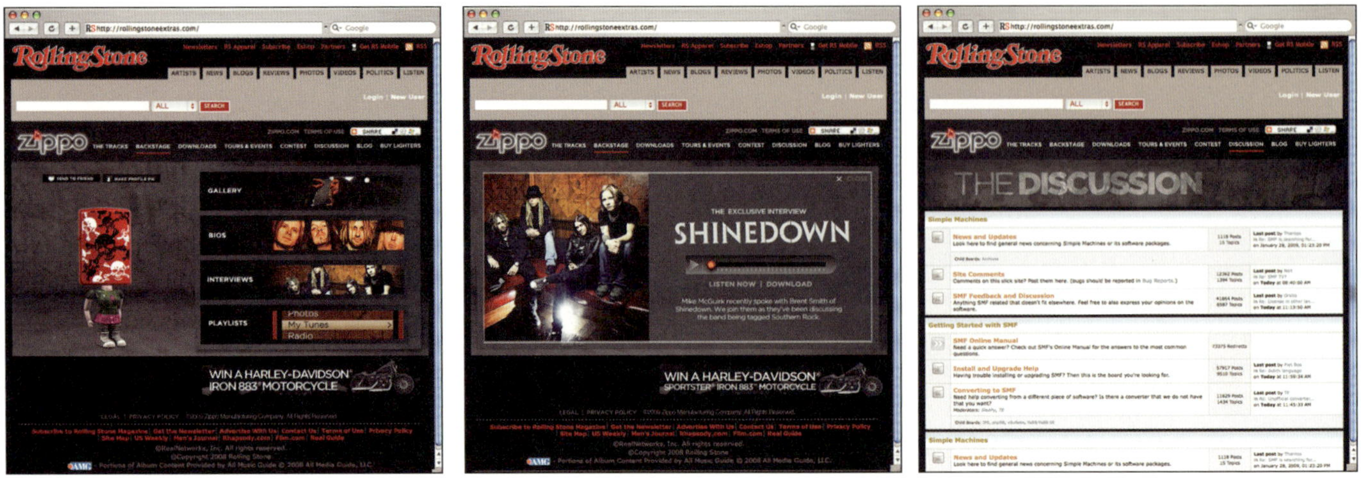

Courtesy of Brunner Digital.

图 16.1

芝宝的广告讯息与滚石的网站整合得天衣无缝。

按照特罗恩公司（Trone）的司科特·斯卡克斯（Scott Scaggs）的说法，现在还能真正算是广告的广告少之又少；所幸，创意还是创意。[2] 如前所述，“广告”一词的含义比传统的纯广告更为宽泛。我们将在下一章中详细探讨创意，但事实上，世上的一切似乎都在发生变化，因此广告开发也会出现一些新的规则，说不定真有。此前我们说过，历史久远的信条有时候也可能导致我们对“可能”和“理应”的判断发生扭曲。曾有人问“什么东西会取代旧规则？无政府状态？”从某些方面来讲，可以说新规则还没确立，尤其是在新技术传播领域，我们有更大的空间可供直观思考、实验、创新和培养联系。我忘了告诉你们，世上根本没有“规则”，从来就没有什么“规则”。也就是说，我们必须明白，世上从来就没有什么规则，即人们普遍接受的、从多年的研究结果或创意传播智慧中得出的指导方针。你可能会说它们与时尚规则相似，但后者发挥的作用更大。你的任务就是搞清这一点。这听起来好像有点矛盾，但事实并非如此。

本章，我们将讨论“如何”的问题，正是这些词构成了所谓的规则，而规则是一种分享和分析的手段。奥美环球公司前首席执行官肯·罗曼（Ken Roman）表示，“诀窍之所以不管用，原因非常简单：这是创意活动，而创意并不来自规则，而是来自天赋”[3]。真正的挑战在于，你是否能针对自己特定的传播问题来利用创意。在本书的开头，我们已经讨论过创意风险。现在，在知道什么叫正常思维的情况下，我们不妨考虑来一场聪明的冒险，小心翼翼地出发。目标：传播。

创意冒险

正当媒体和广告经历这个变革时期的时候，营销商也正在努力洞察消费者，拉近自己与他们之间的情感距离。广告主希望缩小范围，脱离传统媒介那种大面积的触达和频繁的频率，他们希望建立联系。[4] 很多基本信念受到挑战，但也有一些规则、信念和方法仍然在事业发展中发挥着重要作用，人们呼吁要有所节制。广告公司必须给客户提供有效的广告，必须给他们找到实现这一目标的途径。“表面上看，从未得见天日的创意可能看上去真的很冒险，”盛世广告公司的鲍勃·艾舍伍德（Bob Isherwood）说，“那是一个从未有人涉足的领域，前无古人，但通常说来，最大的风险就在于那些推测性创意。”能推测出来的创意不会受到重视。正如奥斯卡·王尔德（Oscar Wilde）

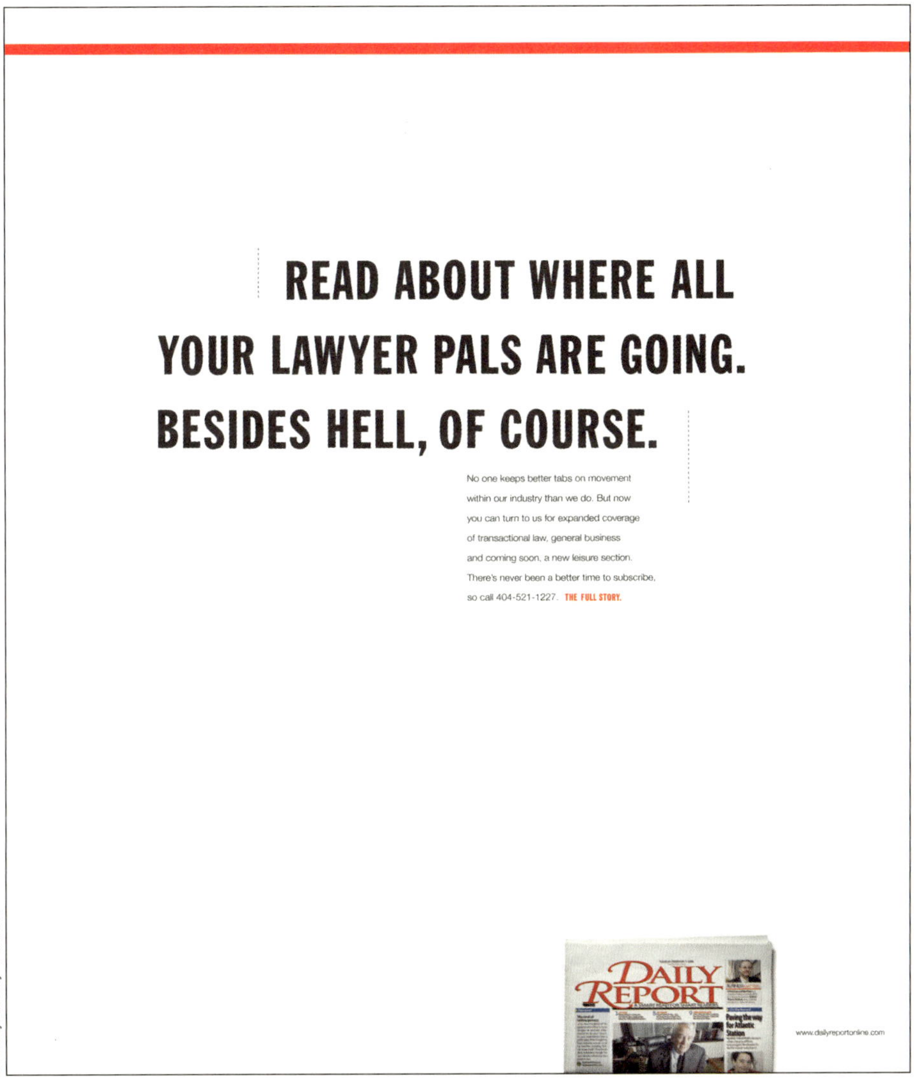

Courtesy of Huey+Partners.

图 16.2

你如何去销售一份充满法律事务的法律报纸？靠创意。

曾经说过的："一个毫无风险的主意不值得发展成创意。"灵智大洋广告公司首席执行官戴维·约翰（David John）也说，与其在快速变化的世界中重新定义创意，"不如直接动手做"[5]。受欢迎的广告都是根据创意总监对消费者偏好的直觉而制作的。他说，创意应该"相信直觉"。广告瞬息万变，不冒险就是风险——虽然这么做有点吓人。风险就是打破规则或指导方针。

"很多创意人员以为创意冒险就是去创作惊世骇俗的广告，"新加坡创意总监加里·阿伯特（Garry Abbott）如是说，"好创意绝不靠借用他人的创意，其风险在于如何创新。"只有了解了消费者的真实面目，才能拿出能满足他们需求的广告，而这是很多广告公司不愿承担的风险。休·马凯（Hugh Mackay）认为，实现这个目标的方法之一是"将受众熟悉的一组元素以其不熟悉的方式加以重组，从而让他们感到既熟悉又新鲜。换言之，向受众展示与其自身生活和梦想有关的东西，但要变换一下方式，这样他们才会略感震惊，或从中得到不一样的理解"[6]。这是一项规则吗？不是。这只是解决问题的一种思路。或许，我们可以创办一个网站去影响人们的生活，一如 Nike+ 对跑步者所做的那样。休伊伙伴广告公司要卖一份法律报纸，自然会对其目标受众感兴趣（见图 16.2）。

所有创意人员都肩负着责任。身兼几家全球性广告公司执行创意总监的埃里克·维伍罗根（Erik Veruroegen）说："我讨厌那些只能让人看见一堆废话但却说自己'很有用'的广告，我们的使命就是阻止这种现象。消费者根本不喜欢广告，广告打扰了消费者。千万别自以为是，以为你在那儿消费者就会给你机会。广告必须争取机会去吸引人们的注意，但不能为了不同而不同。"[7]

创意工作计划

1 认识创意工作计划。

在着手进行广告创作之前，大多数广告公司都会制订一个创意工作计划，以确保创意方向的正确。创意纲要（有时称为创意工作计划）就像一张地图。优秀的创意纲要可以充分激发创意人员对目标广告、网站、视频等的想象。纲要是创意流程的起点。回头看第三章，我们知道创意纲要包含以下元素：

- 关键性观察
- 传播目标
- 消费者洞察
- 承诺
- 支持
- 受众
- 指令

纲要的作用是什么？用简明扼要的话说，好的纲要应该实现三大目标：第一，它应该让创意团队明白广告必须做什么、能做到什么；第二，它必须让创意人员清楚地了解自己的目标受众；第三，它必须清楚地指出目标受众最有可能接受什么讯息。在一些广告公司，客户策划人员要在创意纲要中给创意团队归纳出广告所针对的问题的本质，并提出解决之道。[8]

工作计划的目的在于，在创意团队设计出创意、标题和文案之前，给它们提供适当的指导。图 16.3 所示原为扬·罗比凯广告公司的一个工作计划框架，现在被许多广告公司所用。请注意，工作计划强调事实性信息和调查数据。创意过程不是"在黑暗中打靶"，相反，它依赖于对产品、消费者以及预期效益的充分了解。广告人可以将客观信息转化为新颖别致、引人注意的销售讯息。很多广告公司及其客户都有针对其具体信息的独有呈现形态和风格，在它们看来，这是创意战略发展所必需的。

挑战与创意视角

2 了解压缩式讯息与扩展式讯息的区别。

我们生活在一个信息爆炸的时代，毫无疑问，知识就是力量，而营销商在未来运用知识的速度则决定了其成败——因为广告，就其最基本的形式而言，就是信息的传播者，它将处于这场革命的中心，但它也会遇到一些阻碍因素。

按照全球创意总监约翰·赫加蒂（John Hegarty）的观点，我们现在不得不面对一个重要的传播问题，即时间饥荒。消费者如何消化自己面对的日益增多的信息？如何应对经过自己大脑的那些信息流的价值？如何处理这些宝贵的信息而不是视而不

创意工作计划

产品：**新奥尔良**

关键事实

比维尔食品公司是新奥尔良一家拥有 30 年历史的速冻食品企业。1993 年，比维尔食品公司将向全美国推出一款新的速冻主食产品线。

广告必须解决的问题

目前，潜在消费者并不知道新奥尔良的产品。

广告目标

在第一年年底，让 70% 的消费者了解产品，向消费者宣传产品的口味和低热量 / 低脂肪等优点。

创意战略

界定目标受众

1. 25 ～ 54 岁女性、专业人员 / 管理人员、家庭收入 25 000 美元及以上。

2. 25 岁以上、专业人员 / 管理人员、家庭收入 25 000 美元及以上。

从心理学的角度来看，这些人多半更加活跃，关心自己的健康，经常"在路上"。

核心竞争力

瘦身特餐、瘦身中心、健康之选。

重要承诺

新奥尔良是新奥尔良风味的、口味清淡的主菜。

原因

低于 300 卡路里、低脂、口感好，新奥尔良原创配方，为一流餐厅供货 30 多年。

硬性要求

每条广告必须附带标识、能量和脂肪含量说明及新奥尔良原创配方。

图 16.3
功夫在诗外

见？媒体集群是一个被讨论了多年的相关话题。消费者是否达到了未来主义者阿尔文·托夫勒（Alvin Toffler）所预言的选择过剩的地步？"我们反对选择过剩——选择的优点和个性化已经因消费者购买决策的复杂性而消失殆尽。"[9]

怎么才能吸引消费者选择我们？他们当然有能力拒绝我们。广告主不仅给消费者的视听活动造成了干扰，还在平面广告中大张旗鼓地宣传。随着电子媒体对信息传播渠道的逐渐占领，消费者越来越有能力拒绝我们或广告公司，除非我们确实魅力十足、必不可少。除非我们能认识到权力平衡之间的这种变化，并充分考虑消费者的需求，否则我们就会被他们抛弃，成为与他们毫不相干的人。作为传播者，我们能做些什么？

战略与好文笔

在你学习如何生产创意时，切不可忘记战略的重要性。我们的决策过程往往充满风险。联邦快递（Federal Express）创始人费德里克·史密斯（Frederick Smith）说："我们原来以为自己出售的是物流；但事实上，我们出售的是内心的平静。当我们最终搞清楚这个的时候，我们便竭尽所能地追求这个目标。"[10]

精简的讯息

在过去的 50 多年里，但凡成功的品牌，其销售讯息都很精炼，以便消费者能即刻在电视、报纸或户外广告上看到这些讯息。理论上，是这些言简意赅的品牌故事创建了与消费者之间的情感联系，并最终转化为收银台的销售额。

《经济学人》(*Economist*) 是一种在英国出版、在 140 多个国家发行的杂志，广告公司为其创作了一个美妙的创意，其广告文案大多占三栏，向受众展示阅读该杂志的益处——很多信息针对受过良好教育的成功人士，但有一张简单的海报却这样写道：

我从未读过《经济学人》。

签名：管理学员，42 岁

这个创意甚至还成为T恤衫上的长文案：

我爸爸读《经济学人》，而我得到了这件宽松的T恤、纽约的豪华公寓、两辆法拉利、80英尺的豪华游艇、私人飞机以及位于加勒比海的私人小岛。

对于那些创作广告讯息的人而言，这个案例传递出了一条宝贵的讯息：创意传播得越快，其威力就越大。随着你删繁就简，将创意锤炼到只剩核心结构，其威力就会加强。它渗透进大脑的速度越快，留在大脑里的时间就越长。在投放广告时，你想买的并不是报纸、杂志、网络版面或者时间，你所买的空间其实是消费者的大脑，这才是最有价值的空间，也是你努力想影响的地方。奥美新加坡公司更是将《经济学人》的广告向前推进了一步，标题为“退款保证”，广告也是这个。《经济学人》的精简广告极其成功，一时间竟成了一些广告主模仿的对象。神奇胸罩（Wonder Bra）就模仿其布局和文案，如此写道：

“我从未读过《经济学人》。”

琳达·福斯特（Linda Foster），神奇胸罩首席执行官，29 岁

卢克·苏利文（Luke Sullivan）曾担任多家知名广告公司的执行创意总监，在谈到广告创意的创作时，他说这很简单，就是简洁、简洁、简洁。托尼·考克斯说：“每一条胖广告的体内都有一条努力想破壳而出的更瘦、更好的广告。”而毛里斯·萨奇（Maurice Saatchi）则认为：“简洁就是一切。简单的逻辑、简单的论点、简单的图片。如果无法将论点精简为几句话或几个词组，你的论点就会出问题。”[11]

法隆国际广告公司在其自我宣传中说：“创意流程中最关键的因素就是我们称之为极简主义的东西，它意味着既遵守规则又触及中心。这个中心能够产生精炼而有魅力的创意。于是，法隆对这个观点进行了拓展。如果我们接受这个简单创意心法并将其应用于消费者购买的每一个步骤，创造力就会来接力。”你正在抓住要点。

是奥斯卡·王尔德（是谁其实并不重要）认为创意传播得越快越好吗？我们怎么做到这一点？我们的技巧就是压缩，是提取讯息的精华而不是扩充信息。记得亚伯拉罕·林肯（Abraham Lincoln）说过：“你骗得了所有人一时，骗得了部分人一世，但你不可能骗得了所有人一世。”他用一句话概括了现代政治的本质，我们绝大多数人也都还记得这句话。好的文笔就是用更少的文字让广告变得更具吸引力，在你这么做的时候，你就解放了自己的创意，让它变得更有威力、更有吸引力、更让人印象深刻。简洁不仅让我们的广告更加威武有力，也让它更加引人入胜。创意总监司科特·斯卡克斯用简单的概念——“如您所愿”——将插图和标题融为一体，而其文案则将读者引向 CenturyFurniture.com(见图 16.4)。你的广告越迷人，与消费者之间的关联性就越强。受众的需求在变，我们也必须随机应变。

希腊人说，信息要通过心来接收。随着我们从独特的销售建议（USP）转向情感销售建议，我们必须清楚，我们针对消费者的讲话方式也必须改变。广告仍然建立在产品

Courtesy of Trone.

图 16.4

这条广告的标题和插图都非常简洁。广告文案吸引人们登录网站，去了解更多的信息。

或企业的性质上，但我们必须记住，它完全有可能既不再那么独特，也不再那么重要。

扩充的讯息

我们刚刚举了一个精简讯息的例子。但有了网站以及其他在线和社交媒体，我们也可以举一些消费者搜索详情的实例。在线广告给营销商提供了不限篇幅、详细描述细节和内容的机会。现在，这两个概念都可以找到各自合适的处所。数字广告公司——R/GA 公司——执行副主席、首席发展官巴里·瓦克斯曼（Barry Wacksman）认为，20 世纪 90 年代，信息压缩时代开始让位于信息扩充时代。互联网的发展意味着，品牌讯息不必再单纯地压缩。传统媒体成本高昂，迫使品牌不得不精简讯息，而互联网给品牌提供了便宜、无限制的版面，可以给消费者提供更多的信息。谷歌 30 多亿的日浏览量表明，今天的消费者在购物方面更加深思熟虑。[12]

线上线下：讲故事

3 掌握讲故事的技巧。

不管是精简讯息还是扩充讯息，其中的故事才是关键。布鲁纳公司（Brunner）的创新故事讲法专家弗兰克·康普顿（Frank Compton）说："讲故事是人类所知的最古老的、最有力的传播形式。人们喜欢故事、收集故事并与故事互动。人们只有相信你的故事并成为其中的一部分，才可能形成真正的品牌忠诚。你的故事成了他们故事的一部分。一旦这样，他们就会向别人讲故事，循环往复。"

正如康普顿所指出的那样，故事具有魔力，它们可能是与品牌有关的营销故事，而且有些品牌的故事非常精彩。想想星巴克，星巴克都有什么故事？当然，故事也可能只是陈述一连串事实，这种故事以“反映运动或时刻”为特点。品牌故事必须有一个重点，其构思必须给人留下长久的印象，必须与品牌的承诺相吻合。有时，我们会用悬念来吸引注意力，没人喜欢无聊的故事。由于故事适用于任何媒体（当然，可能户外媒体不太方便），因此，故事可长可短、可幽默可严肃。

赛斯·高汀（Seth Godin）说：“我认为，市场是对话，而营销就是讲故事。星巴克在消费者中间制造话题，苹果也一样。但卓越的营销是讲故事。卓越的营销人员善于倾听，经常参与线下对话，进行民意测验和人口调查；最重要的是，他们在与一小群现实中的人进行真正的对话。但那个时候，他们在讲故事。”[13]

讲故事

还记得祖母的故事吗？想一想吧。讲故事相对比较简单，基本上是对一系列事实或行为的陈述。新手不妨替星巴克想一个故事：“很多年前，星巴克的创始人认为咖啡……他肩负着向消费者讲述咖啡之乐的任务……他想制造一种……气氛，他对员工及良性运转的地球有设想……”好吧，汤姆·恩瑞费德（Tom Ehrenfeld）说：“好故事的检验标准不在于它是否忠于事实，而在于它是否具备合理解释事件的能力。”[14]故事中，事件一个接一个，是否能将这些事件串成一个大事件至关重要。因此必须要有重点。记住，你要讲的故事就是你打算与读者分享的创意纲要中的那个承诺。

那该不该有故事冲突呢？特罗恩公司的司科特·斯卡克斯认为，没有冲突，就没有故事，一如蝙蝠侠生活在没有犯罪活动的乌有乡，哈利·波特遇不见伏地魔（“你父母看上去很棒，哈利。”），政府雇员保险公司身处热衷于烦琐车险的世界。讲故事的诀窍是，用普通人在对话中吸引对方的方式吸引你的受众。如果单凭正面说明就能让自己的目标受众点头赞同，那不妨采用一切手段这么做。但有时，更为有趣的方式却是捅开问题的一角。[15]

讲故事的另一个技巧是提出问题，然后回答每一个问题。故事是否有能为其增加味道和感觉的悬念、戏剧冲突或角色？

网络群口故事

线上、线下，已经有很多故事在今天拉开了序幕，但网络广告大多糟糕透顶。在2008年召开的一次业界大会上，李岱艾广告公司媒体艺术实验室主席兼首席创意官李·克劳（Lee Clow）提出网络广告创意处于“几乎无处不在”的状态。事过一年，他又说：“大多数网络广告给人的感觉，就好像是一场关于点击率的对话的结果，是吸引注意力的小伎俩的结果，仿佛能吸引人就算是真正的成功。但我认为，创新应该成为我们的过滤器，我希望美术师和创意人员能在这个领域中创造更大的影响。”[16]在克劳先生心中，创意不仅仅是利用网络的理性资源——检索、信息和功能——这些大多数品牌仍在努力搞清楚的东西，还要创作受众和环境所期望的内容。

早期的网络广告之所以那么差，部分原因在于它们的演进方式。刚开始，网络基本上只能通过鼠标进行双向互动，于是，点击率便成了检验效果的标准。如今，按照ComScore的说法，再讨论点击率就不那么讨好了——图片广告的点击率不到0.1%。点进率的下降令人心生悲哀，预示着图片广告正在走向死亡。这也是这个问题的关键所在。

这一切正在慢慢地变化，苹果公司在网络和其他媒体上投放的“笔记本对台式电脑”之所以收效不错，是因为它们都是故事的开头。雅酷公司（AKQA）联合首席创意官拉尔斯·巴索姆（Lars Bastholm）将这一概念称为**群口故事**（social storytelling），并说群口故事对网络媒体更为重要，因为网络自带冷却器。[17] 而群口故事可以在营销商与消费者的对话中充当基础。

群口故事

讲故事是建立社会联系的一种有效方式。群口故事的结局是开放的，有无限可能，因而故事的讲法必须给消费者留下发挥的余地，让他们去给故事主线添枝加叶。

好吧，本课程不是讲写作的。但在当下的营销环境中，广告是否成功一般都事关故事讲得好与不好。

如何创作卓越的广告？

创意不只是简单地将战略落实到纸片上，它还必须抓住战略的本质，并赋予其创新的视角，使其具备吸引力和竞争力。昨天收效不错的东西，不一定还适用于今天或明天。消费者不仅倾听我们的时间越来越少，而且也越来越不乐意倾听。

盛世广告公司的凯文·罗伯茨（Kevin Roberts）曾说：“你真的想要卓越的广告吗？如果你想安安静静地过一生——没有高潮，没有低谷，没有挣扎，没有激情——那就忘掉卓越的广告吧。”卓越的广告的反面并不是烂广告，而是平庸的广告。人们对好广告做何反应呢？“我们来分析一下。”那对卓越的广告做何反应呢？“我想要更多。”

对此，我们早有耳闻，但我们必须听听其他观点。休伊伙伴广告公司首席创意总监罗恩·休伊认为：“卓越的广告的诀窍就是言简意赅，找出产品或服务的显著特色，并用最简单、最引人思考或最有趣的方式讲出来。好的广告文案可以和普通人对话。广告文案应该是睿智的、有趣的、会话式的，而非虚幻的或过于花哨的。当今顶尖的创意人员都非常灵活。每天都会有伟大的创意不时因愚蠢的原因而被毙掉，顶尖的创意人员接受这个事实，有时能拿出更好的创意。”经过这些年的思考，休伊认为：“最伟大的广告出自20世纪60年代的伯恩巴克，20世纪80年代的法隆广告公司以及如今的威登广告公司（威登 & 肯尼迪）、西弗斯坦伙伴广告公司和马丁广告公司，它们都有一个共同之处，即它们的标题、视觉元素和标识都能立即传递创意。”他还坚信：“在当今最好的广告中，四分之三都采用了幽默，但都是讽刺性的幽默。没有哪个浴室玩笑或幽默想要吓唬人。”[18] 休伊说：“在设定平面广告的概念时，我们常用‘视觉化解决方案’这种调查方法。我说的这句话，是指那些将创意真正根植于视觉元素，并能将你的意思传达出90%的广告。采用这种方法，标题更能实现或保障传播效果。”

诉求的本质与用途

广告通过针对消费者的问题、欲望和目标展开诉求并提供解决之道来驱动人们。让我们来看看心理**诉求**（appeal）在广告中具有什么价值。马丁广告公司创始人戴维·马丁指出，数十年的调研可以揭示动机和诉求在广告中的相对强度。他认为，人类的基本欲望与我们的本性交织在一起，它们不会随生活方式或外部环境刺激而改变。消费者永远会对食物和饮品有欲望；对安定、舒适和安全有欲望；对社会价值感、独立、能力和成功有欲望。父母都有保护和给予的基本情感，人类的本性不会改变。人生而具有特定的本能：害怕（自我保护）、饥饿（对食物和水的需求）、性（爱）、愤怒（生气）。人们还有五种感觉：视、触、嗅、听、尝。人的本能和感觉就是广告诉求的起点。[19] 20世纪60年代后期，创意天才比尔·伯恩巴克这样说：

诉求

制作广告的动机，旨在引导消费者关注广告主设定的目标。

克莱普纳观点16.1

罗恩·休伊

亚特兰大休伊伙伴广告公司主席兼执行创意总监

传递讯息？非常简单

每个人平均每天要受3 000多条讯息的轰炸，这些讯息不仅包括电视广告、杂志广告和报纸广告，还包括户外广告、广播广告、互联网广告、卡车车体广告、树上广告以及投放在任何静止物体上的广告。至少可以说，为了吸引消费者的注意，它们都在发出震耳欲聋的咆哮。在这样的环境下，你应该如何进行传播活动，真正达到传播的目的？关键是简洁，至少对我来说是这样。用极其打动人心的简单方式说明一个简单的观点，人们可能真的会加以关注。然而，业界却趋向于努力展现一切，展现能想到的产品身上的所有优点。这倒还行，这是一种自然倾向。毕竟，产品的优点可能是最值得称道的东西。这辆车速度非常快、非常奢华、安全性能高、动力十足、能满足你的需求。问题是，现在没有人知道你说的车属于哪种类型，你列出了很多优点，但没有哪个有意义。因此，第一步就是选择一个优点，让广告展现产品的一个方面而非全部。现在，你必须用引人注目、震撼人心的方式将简单的战略转化为生机勃勃的创意。记住，消费者才不会急切地盼望你或其他广告主的下一条广告（他们今天已经被广告轰炸了3 000次）。事实上，你是个不速之客，你可能打扰了他们的生活。因此，吸引他们并邀请他们加入是非常重要的。表达自己的观点，但要用令人愉悦的方式，要回报他们为阅读广告讯息而付出的时间。就这么简单。

罗恩·休伊

Courtesy of Huey+Partners.

我们这个社会可能发生变化，但只了解这些变化并不能解决问题——因为你不是在对这个社会展开诉求，而是在对个体，他们每个人都有自尊、尊严，每个人都是独一无二的个体，每个人都有各自的传奇。社会诉求不过是时髦、摩登和文化性的诉求，可以给真实的动机披上美丽的外衣，而真实的动机则来自人们不变的本性和情感——根植于基因中的天然编程。传者要研究的正是这不变的人。[20]

约翰·赫加蒂说："在界定伟大的广告时，总有一个词从脑海中冒出来——不守规矩。因为你的行为正在改变规则，你正在尝试用完全不同的、引人入胜的方式做事。"西弗斯坦公司的杰夫·古德拜（Jeff Goodby）补充说："伟大的广告打乱逻辑、跳出逻辑的框架，但它可爱、悦目、迷人，令人吃惊。"有人曾经说，伟大的广告就是简单地执行伟大的创意。[21]

大多数产品都有很多正面诉求，完全可以成功地加以推广。那么，我们如何决定广告或诉求的方向呢？答案是选择那个对绝大多数目标受众而言最为重要的诉求。无论什么广告战役，其关键都是选好最重要的诉求。正如我们在第十五章中讨论过的，为了确定采用哪一个诉求，广告公司开发了许多调查技巧。

不管是通过调查还是通过其他方式挖掘诉求，诉求都是广告结构的基础。诉求可以通过许多方式加以表现。这里，我们讨论如何在表现诉求时运用文字，即文案。[22]

构成卓越广告的元素

奥美环球公司的创意委员会发现，卓越的广告有一些共同之处（这一根本原则也适用于直邮和促销）：[23]

- 强有力的战略。战略是广告的核心，如果战略薄弱或者压根不存在，就不可能创作出卓越的广告。
- 强劲的卖点。卓越的广告向消费者承诺某个好处，创意必须简单明了，品牌必须与卖点相融合。
- 脱颖而出。即使在与新闻和娱乐节目竞争消费者的注意力，如果广告卓尔不群，照样可以给人留下深刻的印象。
- 始终相关。要方便目标受众将广告与他们的经验、将广告与产品在他们生活中的用途联系在一起。
- 能纳入广告战役。一个创意，不管多么巧妙，如果无法将其纳入广告战役，那么这样的创意就谈不上是卓越的创意。

广告的结构

4 掌握广告的结构。

在某些案例中，广告主的承诺就是广告的全部。但广告通常还要求有更全面的定位，从而让承诺发挥标题的作用。这是广告结构的第一步。以下元素涉及的是印刷广告，但基本上同样适用于投放到任何媒体的大多数图片广告。大多数广告按如下顺序呈现：

- 承诺好处（标题）。
- 清楚地解释承诺（副标题，可选择）。
- 展开故事（必须）。
- 证明承诺（必须）。
- 采取行动（如果不明显的话）。

没有人会看广告正文。史蒂夫·兰斯（Steve Lance）和杰夫·沃尔（Jeff Woll）说它们是“谎言、谎言、更多的谎言”。如果用一张图片就能表达一千个字所表述的意思，那还要长篇大论的正文干什么。我们不妨借鉴一下网站的页面，如果你在给人们讲产品或服务的优点，讲相关的信息，长正文自然有效，但你必须下大力气才能让它产生作用。[24] 人们倾向于这么浏览广告：先看插图，再看标题，然后再看正文的第一行，之后看标识。如果他们仍然有兴趣，他们会回过头来再看正文的剩余部分。毫无疑问，你可以吸引人们看广告的正文，但第一行和第一段是吸引和留住读者的关键。事实上，在前 50 个单词之内放弃阅读的读者比例非常高，不过到第 50—500 个单词之间，放弃的比例就没那么高了。

标题

标题是平面广告最重要的部分，是消费者最先看的东西。标题应该引起消费者的兴趣，让消费者继续往下看并对产品有更深入的了解。如果标题无法引起主要预期对象的兴趣，他们可能就不会看广告的其余部分。佐治亚经济开发署（Georgia

Courtesy of McRae Communications and The Georgia Department of Economic Development's, Film, Music & Digital Entertainment Office.

图 16.5

这个简短的标题用视觉元素将这条广告要展现的好处联系在了一起。

Department of Economic Development）电影、音乐和数字娱乐办公室的广告标题是，“我们玩吧”。但视觉元素给消费者“信手拈来”了各种好处［该广告投放在《公告牌》（*Billboard*）杂志上］：一流的工程师，尖端的录影棚，更低的制作成本，多样化的风格等。因此，“我们玩吧”即使没有正文也能传递出很多信息（见图 16.5）。

要立即将预期对象希望了解的信息告诉他们，以此来吸引他们的注意力，而不要让他们去猜品牌的好处。你当然要考虑在标题中表现品牌的好处，因此，不妨问问自己：“我们的承诺是什么？证据是什么？”这个问题并不难回答，但为什么仍然有那么多广告答错了呢？找出你的产品或品牌真正可以让人们受益的原因，然后告诉他们，确保广告有趣、可读。[25]

写一个好标题没什么秘方，但评价一个标题是否有效却可以参考以下几个因素：

- 应该用简短、简洁的单词，一般不超过 10 个单词。
- 应该有对预期对象的邀请、产品的主要优点、品牌名称以及激发受众看完广告的创意。
- 措辞有选择，只对主要预期对象展开诉求。

- 应该含有促发行动的动词。
- 信息含量应该充分，以便只看标题的消费者能对产品及其好处有所了解。

并非所有的标题都必须坚持这些准则。然而，如果你写的广告标题完全抛弃了上述规则，那么请问问你自己：如果坚持这些准则，这个标题的效果会不会更好些？你必须保证自己对整个过程做过通盘考虑。许多标题可以归入以下四类中的某一类：

1. *表现新利益的标题*。产品吸引力达到巅峰的时刻就在它提供新利益的时刻。正因为如此，你才会在创新型社会中经常见到如下网络广告标题：

新型 ORECK Halo，世上唯一的 UV-C 杀菌吸尘器。

ORECK HALO

新款封面女郎更持久，远胜 Lipstain。

封面女郎

或平面广告的这些标题：

吉列剃须刀重装上阵，前后均采用突破性技术。

吉列

大众推荐的一家新餐厅。

RUSTY ROOSTER CAFE（见图 16.6）

2. *直接许诺现有好处的标题*。产品不可能一直提出新的利益，因此，标题经常会提醒消费者产品的现有特点，比如这条网络条幅广告：

就在住家附近，畅享更多欢乐。

六旗游乐园（SIX FLAGS）

或这条平面广告的标题：

麦圈可在六周内降低 4% 的胆固醇。

麦圈（Cheerios）

优势 16.1

文字游戏

霍华德·梅里尔伙伴广告公司（Howard Merrell & Partners）前执行创意总监加里·克努森（Gary Knutson）会给创意人员发备忘录让他们思考，他发送了下列题为“文字游戏”的东西。

主题：如果这是我们想说的，那我们为什么不说呢？

类似的话你从客户那里听到过多少次？

答案是，如果这就是这个行业的全部，那我们就不需要你们这些高薪员工了，它就会更像公务员的工作，比如邮局工作。

如此，你只需要按照命令行事，及时完成工作，所有人都很开心。我们也不需要写作高手或艺术指导了。当然，这不适用于那些清楚自己想说什么而且可能对广告布局胸有成竹的客户。

想象一下，如果唐·所罗门（Don Solomon）的目标是让广告公司的所有单身女性认为他是一个有趣、聪明、英俊的男士。

现在，假设所罗门走到一位女士跟前，说：“我是一个有趣、聪明、英俊的男士。”

他已经说了他想说的东西，但为什么不起作用呢？

原因当然在于劝服和吹嘘之间的巨大差别，别人付钱给我们是为了让我们做前者。

问：谁来决定好广告的构成元素？

答：我决定。总得有人来最后拍板。

图 16.6

本广告所示为一条直接推介新餐厅的标题。

Courtesy of Lane Bevil + Partners.

3. *激发好奇心与启发式的标题*。通过激发消费者的好奇心、激发读者的好奇心，广告主可以引起那些原本可能不感兴趣的受众的注意，进而吸引他们接着往下看，并进入关键讯息。大卫·奥格威强烈反对不在广告标题中传达利益的做法，因为大量读者根本不会看正文。这种标题固然会发挥作用，但文案必须精心地在引发好奇的节点与品牌之间建立牢固的关系。比如：

别管那些狗毛。

ALKA SELTZER 叫醒服务

不在画中：女性。

哈雷－戴维森（HARLEY-DAVIDSON）

就是谢你。

留名溪波本威士忌（KNOB GREEK BOURBON）

效果最好的疑问式标题是那种能引发读者好奇心，吸引他们查看正文以寻找答案的标题。读者不喜欢被玩弄，他们希望好奇节点与产品之间有牢固的关系。留名溪波本威士忌的广告标题说“就是谢你”，与之相配的插图则表现了一个几乎快空的酒瓶，正往外倒出最后一滴酒。那么，该广告传递的信息是什么？我们不妨猜一猜。但如果看正文，你就会明白。

> 您知道，因为我们的忠诚顾客是如此之多，结果留名溪波本威士忌供不应求。我们不愿牺牲产品质量，只好任由产品卖光。下一批次的留名溪波本威士忌还未藏满 9 年。因此，您可能很快会在当地酒馆看到本产品缺货。不过不必担心，下一批次在 11 月份就可以装瓶上架了。如能得到您的理解，我们将不胜感激……

广告主希望告诉顾客他们所选择的波本威士忌非常受欢迎，告诉顾客威士忌的质量标准等等。因此，该广告标题的目的在于吸引消费者看故事，因为故事太复杂了，单凭一条标题或副标题很难一下子讲清楚。

4. *选择式标题*。读者在浏览杂志或报纸时，更倾向于阅读与其个人而非大众有关联的广告。选择式标题针对的是对产品更感兴趣的预期优质对象，因而往往被采用。如果标题说“公寓拥有者”而你又没有公寓，你可能看都不会看广告；但如果你正好有公寓，你就可能会看广告。帮宝适的广告标题说：“宝宝吸收身边的一切，潮湿不应成为其中之一。”显然，如果你没有宝宝，你可能根本不会看该广告；如果你正好有宝宝，你可能就会被广告吸引。有四种标题专门针对特殊群体：

- 针对所有男性和女性。
- 针对所有年轻的男性或女性。
- 针对所有的大学男生或女生。
- 针对所有的大四学生。

第一类标题针对的受众面最广，但对其中任何群体的吸引力都最小。随后的标题类型受众面依次下降而吸引特殊人群的能力依次上升。“需要工作的大四毕业生”这个标题如何？你懂！

标题除了直接面对特定群体外，还可以描述受众共同面对的问题，从而向他们展开诉求：

癌症。您的第一次治疗决定了命运的不同。

斯隆－凯特林癌症纪念中心（SLOAN-KETTERING CANCER CENTER）

大多数宝贝的小屁屁臭臭的（大脑也不健全）。

希尔泰斯（HEALTHEX）

标题的另一个重要品质就是具体。记住，消费者更关心具体的内容，而不是泛泛而谈。因此，标题写得越具体越好。“薄荷牙膏有助于杀死细菌，让牙垢远离牙齿”远胜过“口味清新、清洁牙齿”。

标题要向读者告知重要内容。字数不是决定性因素，不论长短，标题都可能起到好的作用，但要尽量做到言简意赅。记住，越简单越好，但也可以超过一句话。

~~13~~，~~14~~，15 年来心脏治疗排名第一。

克里夫兰医学中心（CLEVELAND CLINIC）

如果你不希望本杂志中的任何人看到你的裸体，就必须喝这个东西。

肌肉牛奶（MUSCLE MILK）

副标题

如果讯息较长，则可以用主标题（用大字号）和副标题（字号小于主标题、大于正文）。副标题可以说明主标题所提出的承诺，因而可以长于标题，邀请读者继续往下看，起到向正文开头段落过渡的作用。奥兰多采用标题和图片来吸引读者（见图 16.7），而副标题则传递了更多的信息。

标题：**奥兰多让我微笑。**

副标题：**更多微笑，更多价值；用我们的“开心微笑”换更多的奥兰多。**

奥兰多 / 橘县会议及游客管理局

标题：**你想要投诉还是保证？**

副标题：**只有胜牌石油能够保证您的引擎达到每小时 30 万迈。**

胜牌石油（VALVOLINE）

Courtesy of PUSH and The Orlando/Orange County Convention & Visitors Bureau, Inc.

图 16.7

副标题向读者揭示了更多的产品信息，起到了在标题和正文之间过渡的作用。

展开部分

标题和副标题（如果有的话）之后紧跟着广告正文。正是在正文中，你向受众展示产品、解释如何履行标题所提出的承诺。换言之，正文将展开说明广告标题或副标题中的内容。你表达的内容和深度取决于你的主力预期对象在购买过程中所需要的信息量。一台等离子电视机的广告可能比低成本产品（比如新口味的烤肉酱）广告的信息含量更大。如果一个产品有很多技术优势，广告就很可能没有足够的空间详述所有特色。在这种情况下，广告的目标就是充分引起读者的兴趣，促使他们到店面观看产品演示或到网站了解更多的信息。如果你说出“发现一种临床已证明的三天半就能治疗唇疱疹的药物”，你就是在清楚地描述产品的好处。

展开部分应该突出对预期对象而言很重要但又无法纳入标题之内的产品或服务特色。例如，我们可以看看克里斯托公司（Krystal）的同业广告（见图 16.8）：

在汉堡业，只精打细算非常危险。

然后是展开部分：

克里斯托是一种方形小汉堡，在竞争激烈的快餐业中正奋力抗击。如果想知道如何跻身 QSR 杂志前 50 名加盟店榜单，赶快拨打 1-800-458-5912，或登录 www. krystal. com。

图 16.8

这条简洁的广告向人们讲述如何加盟商店，而不针对消费者。

证据

正文详细说明标题所提出的承诺。有时，这个过程可以再次确保让消费者相信产品的性能与承诺一致。消费者可能会在广告中寻找证据，对于高价位的产品、保健品以及有特色的新产品，证据尤其重要。下面我们就介绍几种向读者提供证据的方法。

认证印章 来自《好管家》(*Good Housekeeping*)、《父母》杂志、美国牙科协会、美国医学协会、美国心脏协会（American Heart Association）以及美国保险商实验室（Underwriters Laboratories）的认证印章能消除消费者对产品品质的担忧。这种认证可以让产品有别于他人，可以让新产品在市场上显得更加可信。三星 Knack 专为老年人设计，威瑞森无线公司（Verizon Wireless）在推广它时称："介绍一款外形优美、操作简单的手机给您，它与您积极的生活方式完美搭配。凸出且方便识别的按键让您打电话毫不费力……特别说明，本款手机获得《好管家》认证……"

担保 芝宝公司将担保作为其平面广告的主要卖点（见图 16.9）。很多企业向试用特定产品的消费者提供现金返还保证，以降低消费者的购买风险，鼓励他们试用。博士静适降噪耳机（Bose QuietComfort Acoustic Noise Canceling Headphones）有 30 天的试用期并确保用户满意；"佳洁士净白牙贴和金牌佳洁士白牙贴赋予您美丽、白皙的笑容——担保如此。如果您对试用结果不满意，佳洁士白牙贴将退款。"

试用和样品 在人们从网上下载肯德基优惠券，而店面鸡肉产品又出现缺货之际，肯德基和奥普拉·温弗瑞发起的"肯德基非油炸战役"制造了一场噩梦和混乱。而宝洁公司则通过直邮向消费者赠送样品，发放在线优惠券。显然，样品或试用能降低消费者的购买风险。

品质保证 宣伟超级涂料（Sherwin-Williams SuperPaint）在广告中宣称产品 20 年不脱落。詹姆斯·哈迪公司（James Hardie）保证其建筑用品 50 年坚固如初。

声誉 V8 果汁在广告文案中称自己获得了美国心脏协会的认证；而斯普林气垫（Spring Air）的床垫广告则说自己是"连续五年最受消费者青睐的床垫"（也获得了《好管家》认证）。

演示 广告运用产品使用前、后的效果对比来表明产品的功效。调查表明，在广告中让模特演示化妆品能取得极好的效果。在某一广告中，爱尔美（Almay）特意展示了一名超级名模颈部以上的部位，观众很容易看到，如果不用爱尔美无刺激化妆品，超模的面部并非完美无瑕。找到办法告诉消费者产品的好处，接下来你能做得非常好；找到办法向消费者演示产品的好处，接下来你能做得好上加好。

证言 证言能够吸引消费者关注广告、提供可靠的消息源，它的这种能力使其成了广告的一大利器。出具证言的人应该是消费者认为有资格对其所支持的产品做出评价的人。BB&T 银行在系列广告中讲述其商务客户的故事，以期吸引更多的商务客户，其中的一条广告这样写道："就我而言，如果你们的话不中听，那与你们相关的其他东西也好不到哪儿去……它们随时准备满足我们的需求。这使它们之间泾渭分明。"

"来点牛奶"广告战役多年来一直热衷于运用证言，它邀请的名人来自各行各业，包括丹妮卡·帕特里克（Danica Patrick）、小威廉姆斯（Serena Williams）、雪儿·克罗（Sheryl Crow）、凯西·史密斯（Kathy Smith）、克里斯蒂·布伦克里（Christie

Courtesy of Blattner Brunner.

图 16.9

芝宝广告突出表现其担保优势。

Brinkley）、波姬·小丝（Brooke Shields）、达拉·托里斯（Dara Torres）、苏西·欧蒙德（Suze Ormond）、玛莉丝卡·哈吉塔（Mariska Hargitay）、米歇尔·阿吉拉尔（Michelle Aguilar）、艾莉·克里格（Ellie Krieger）。

直接创意公司（Direct Creative）主席迪恩·瑞克（Dean Rieck）力主运用证言，并建议企业积极收集证言和成功的案例。他说他们会支持广告主的承诺并帮助他们建立自信。他也提出了如下建议：[26]

- 利用预期对象熟悉且与他们相关之人的证言。教师会相信教师；老板会相信老板；老年人会相信老年人。如果证言来自专家或有相关经验的人，那么，证言就会收到更好的效果。
- 不要改写或编造证言。真人真言比文案能想出来的任何东西都更可信。此外，编造证言也不道德。
- 证言是证明的一种形式，因此，如果有机会，要尽可能提高证言的可信度，尽可能使用全名。恰如其分的头衔可以反映一个人的经验或专长。

5 掌握文案风格。

文案风格

像小说或戏剧一样，好的广告文案有开头、中间和结尾。而且，像小说一样，过渡要自然。说到这一点，我们已经探讨了组成文案的“砖瓦”；现在就让我们来想一想可以用哪些元素来营造文案的特色和劝服力。文案要有风格——能够造就清新、迷人、睿智、人性化的广告，从而吸引人们阅读。记住罗恩·休伊的话：“找出产品或服务的特色，用简单的、引人入胜或令人愉悦的方式进行传播。”用全新的视角看待产品，探寻产品有可能对读者产生的影响；或以全新的方式向读者介绍产品的优点，让读者重新理解和认可产品。

很多广告的结尾都建议或要求读者购买产品。生动的广告和乏味的广告的区别就在于广告起始句的写法。

文案观察产品的镜头既可能像技术工人用来查看零件细节并说明其重要性的放大镜，也可能像浪漫派的玫瑰色眼镜，他们通过它来观察产品对人们生活的影响。这就是我们要在这里谈**文案技巧**（copy approaches）而非广告类型的原因。描述产品的主要方法有写实、想象和抒情。

文案技巧

广告正文起始句的写法，文案的主要写作手法包括写实、想象和抒情。

写实

我们用写实手法来讲述事实——它们真实存在。我们谈论产品或服务——它是什么、怎么生产、干什么用。我们将重点放在对读者而言最重要的产品事实上，向他们说明产品的优势。

事实的一个有趣之处在于，它可以通过不同的方式加以表述，每一种表述都正确，但每一种都会引发不同的思考。还记得那个8盎司茶杯盛4盎司水的经典案例吗？你可以说“杯子的一半满了”，也可以说“杯子的一半还空着”。你很清楚，以上两种表述都是正确的，都反映了事实。区别在于对事实的解释不一样，三井公司（Mitsui O.S.K.）航运海鲜的广告标题写道：“我们为最好的鱼群服务。”广告正文则陈述事实：“三井公司以为全球最出色的托运人服务而深感骄傲。比如，鲑鱼、虾、蟹、贝以及其他海鲜美食用409立方冷藏集装箱运输，确保它们在到达亚洲或美洲市场时依然新鲜、美味。”陈述事实时要选择大多数读者最为关切的方式，这是陈述事实的技巧。

写实手法不仅适用于产品或服务的销售，与创意相关的事实——广告所涉及的一切——都可以采用清新的视角加以表现。

想象

用想象的手法来陈述事实并没有什么错。文案创作的艺术在于用出人意料的方式表达人们耳熟能详的事物。约翰逊集团（Johnson Group）将凯特贝草本农场（Kettleby Herb Farms）的芳香植物变成了有趣之物，这种激发好奇心的手法自然会促使消费者去寻找答案。广告标题写道：“这可能是你有史以来吃过的最美味的马桶去污粉。”广告正文的一部分解释了这一标题并指明了产品的优点：“几个世纪以来，迷迭香一直是餐馆和浴室中最受欢迎的植物。厨师们称赞迷迭香与任何肉类和鱼类搭配的独特能力，尤其是烤羊肉和烤猪肉。然而，鲜为人知的是，如果你用两杯水煮少量的迷迭香，它即可成为非常好的杀菌清洁液……”

克莱普纳观点16.2

艾米·洛肯（Amy Lokken）

亚特兰大 MaRae 传播公司高级文案

我的文案生涯

你，正在看本书的人，你之所以看这本书，是因为你乐于学习、喜欢英语、愿意了解人与人之间如何交流，并认为在这个被称为“广告”的行业中自己或许能有所作为。那么，我有个建议，去做文案。

为了在你的前进道路上助你一臂之力，我可以与大家分享以下心得：保持对周边世界的好奇心；尽量挖掘话题；与文化步调一致；倾听他人意见；始终愿意学习新东西。为什么？因为你永远不知道自己下一步需要什么，不知道哪些信息会突然派上用场。

我发现，在我供职的广告公司，我所说的几点尤其有用。我经常同时面对几个客户，这意味着我必须加快速度，从登山靴到割草机，从鱼群探测仪到外汇兑换，从旅游到手机短信，就包罗万象的话题写出强有力的文案。我们有一位特殊客户，他刚进入数字能源新领域。困扰我们的唯一问题是，我们当中没人知道这个行业到底是干什么的。要想制作出客户需要的宣传册，我必须在几天的时间内从客户手中接过所有信息，并将自己变成一个像模像样的数字能源专家（看到了吧，你所做的调查报告练习总有一天会派上用场）。

你可能已经注意到了，我用的是“宣传册”而非“广告战役”。这就将我们带入了另一个话题：写作的类型有很多。在我最初想“我要从事广告业”的时候，我的远大理想是写出既让客户满意也让消费者满意的 60 秒电影。但很快你就会发现，很多客户根本没有大型广告战役的预算，而其他客户则无法通过电视广告触达目标受众，尤其是 B2B 客户。新技术在不断改变我们的交流方式，企业也在不断地重新审视如何分割自己的广告预算。

因此，要做好写任何文案、所有文案的准备：比如 6 行字的紧凑型正文；20 页的产品目录；由 5 部分组成的直邮；两个段落的博客；3 个字的标识；甚至 60 秒的视频——对有些客户而言，电视广告是触达其目标受众、向其展示产品或服务的最佳方式。

艾米·洛肯

同时，你也要做好面对各种目标受众的准备。我曾不得不向 50 岁的富人推销理想中的摩托车、向 30 岁的妈妈推销梦想中的房屋。要确保交流时将他们视为人而非目标受众，绝不能居高临下地和他们交流。想想自己如何向最好的朋友、兄弟或祖母推荐他们可能喜欢的产品或服务。你想告诉他们、帮助他们、让他们娱乐，但不可傲慢。

你绝不会知道自己职业生涯的最后会碰上什么样的客户或项目，但你可以一直学习，你的文案技巧一直在成长。这样，你当然就不会厌倦了。

Courtesy of Amy Lokken.

抒情

情感是强有力的传播工具，消费者对产品或企业的感觉可以为其加分，也可以为其减分。针对人类的爱、恨或恐惧等心理展开诉求的广告文案能对人产生巨大的影响。“当其他医院告诉道恩·巴克斯鲍姆（Dawn Buxbaum），她腹中的孩子无法保住时，我们的医生却说她可以保住这个孩子。请讨论第二个观点。”图 16.10 中的插图和标题不仅给人带来温暖和母性本能，还表达了情感——每一个家长都认识这张图片。“人生最重大的事件一定是晚间新闻播出的事件。”这时，文案往往会继续抒情——虽然广告文案偶尔也会写实，告知读者产品的特色，让读者相信产品的价值。

Courtesy of Carter's.

图 16.10

每个家长都认同这其中的情感表达。

调查发现，情感可以产生正面情绪，如温暖、高兴、愉悦，最适用于卷入度低的产品。而对电视或汽车这类卷入度高、价格高的产品，则情感必须独一无二且与品牌紧密结合。

萨奇萨奇广告公司首席执行官凯文·罗伯茨告诉我们，人类用感觉和情感来思考。我们情不自禁，无论我们是去打开附件还是伸手去拿自己常用品牌的肥皂粉，情感都是我们做出每一个决定、在大脑中出现每一个念头的关键。人类倾向于从自身去体认一切，并回之以感情。约瑟夫·勒杜克斯（Joseph Ledoux）是世界上研究大脑情感的顶尖专家，他曾说："情感通常都是在无意识状态下产生的。"

它们来得迅速，专注于自己所关心的事；它们清楚直觉、忠诚和情感不能量化，然后一往无前。

我们耳熟能详的"三思而后行""深思熟虑"都是扯淡，根本就没有这回事。理性的男人是一个谜；而女人，当然，一直都因为太聪明而不理性，因为在现实生活中，理性毫无作用。人类有能力集中注意力，人们关注新事件，关注自身所处环境的变化，而不关注日常规则。除非他们现有的需求得到了满足，否则他们不会关注下一件事。那么，我们如何引起注意？凯文·罗伯茨认为，我们只能通过情感吸引注意力。

情感营销研究中心（Center for Emotional Marketing Research）证明，那些没提供充足的产品信息，但引发了消费者强烈感情回应的广告即使打破了陈规，也不可能改变消费者的行为，提高市场份额。这种广告虽然与消费者建立了联系，但却没能利用这种联系，用可信的信息去改变人们的心理。这种状态就叫"情感抛售"——广告抓住了消费者的注意力并从情感上吸引了他们，但却未能实现交易。[27]

比较广告

将广告主的产品直接与一个或多个广告主的产品进行对比的做法叫**比较广告**（comparative advertising），联邦贸易委员会通常鼓励比较广告，但它也有风险：[28]

> *在比较广告领域，联邦贸易委员会政策鼓励广告主在广告中指名道姓地提及竞争对手，但要求做到透明，并在必要时披露信息，以避免欺骗消费者。此外，证据确凿的比较广告不仅限于媒体或自律实体。*联邦贸易委员会支持品牌之间的比较，前提是比较之处必须清晰可辨。如果比较广告确凿无误，它可以给消费者充当重要的信息来源，帮助他们做出理性的购买决策。比较广告鼓励产品的升级和创新，有助于促进产品价格的降低。

比较广告

将广告主的产品直接与其他知名品牌的产品进行对比。

有些广告主认为，花钱来宣传竞争对手不是明智之举；也有广告主认为，比较广告为抵制广告的企业创造了不良的气氛。百事经常在美国《全国餐馆新闻报》（*Nation's Restaurant News*）上投放广告，主题为“可口可乐和百事可乐用两种不同的方式看待您的企业”，然后正文介绍百事的经营模式有哪些不同。金宝汤在宣传其顶级精选（Select Harvest）产品线的系列广告中，直接点名批判竞争对手浦氏（Progresso）。唐恩都乐则死追着星巴克不放，他们推出了一个网站，然后在网站上表明自己的咖啡在口味测试中大受欢迎。唐恩都乐公司品牌营销官弗朗西丝·艾伦（Frances Allen）说：“我们希望消费者知道，我们的咖啡口感最好。”甚至他们给本次广告活动设计的网站名也充满了好斗的色彩：dunkinbeatstarbucks.com。访问者可以给自己的朋友发送电子贺卡，贺卡上写着“朋友不会让朋友喝星巴克”等字样。[29]

比较广告要承担“过激”的风险，一旦消费者产生这样的感觉，就有可能危及品牌利益。因此，比较广告必须把握好尺度，以免消费者弃你而去。一般来说，比较广告会利用幽默来缓和讯息气氛。

尽管每一条比较广告都各不相同，但也有一些普适的原则：(1) 行业领军者绝不会使用比较广告；（2）最成功的比较广告是那些比较产品在其他方面完全相同、只是广告所示之处有所不同的广告，产品相同之处的证据越有说服力，效果越好；（3）产品的不同之处对消费者具有非常重要的意义。

口号

6 掌握广告口号。

“口号”一词最初来源于盖尔语 slugh gairm，表示“战斗口号”。口号用几个字来总结产品的好处，以方便消费者记忆，比如可口可乐的“真实的东西”。

经年累月，广告中出现了很多令人印象深刻的广告口号，比如：想做就做（耐克）；口味醇美，热量更低（美乐淡啤）；滴滴香浓，意犹未尽（麦斯威尔）；是她或者不是她？（伊卡璐）；天一下雨就是倾盆［莫顿盐业（Morton Salt）］；我们更努力［安飞士租车（Avis）］。尽管不是每一条广告口号都能铭刻在消费者的脑海之中，但很多广告口号确实有助于传达产品的核心定位，比如：帕利斯岛，残破之傲。

与平面媒体相比，电视和广播中使用广告口号的频率更高。广告口号可以与朗朗上口的节奏结合成广告歌谣。

广告口号旨在传递具体的内容，且受制于广告战略。一般而言，广告口号要么属于机构广告，要么属于硬广告。机构广告口号旨在帮助企业树立良好的形象，很多企业都依赖这个来提高产品和服务质量，很多企业坚持在其所有广告和信纸抬头中使用广告口号。有时，整个广告只表现广告口号，比如：好事达，将您捧在手心。硬广告口号则概括产品或服务的主要特色，具有强烈的竞争意味。比如，家得宝的口号：省得更多，做得更多。

通用电气将自己用了 24 年的广告口号"我们给您的生活带来好东西"改成了"工作中的想象"。实际上，用效果未知的新广告口号替代已投资数百万美元的广告口号是非常有难度的。通用电气之所以更换广告口号，是因为旧的广告口号已经无法再展示公司的发展方向。针对"好东西"的调查结果让人大吃一惊。通用电气公司的企业广告与营销传播总经理朱迪·胡（Judy Hu）说："几乎所有的人都认为'好东西'只包括两样——照明和家用电器。"通用电气是世界上最大、经营最多元化的科技和服务组织之一，业务领域横跨航空发动机、发电机、金融服务和电视网络。

TG Riese 品牌咨询公司主席特雷斯·里斯（Tracey Riese）说："很多企业都想要一个非常棒的广告尾标，让品牌在不同的受众心中熠熠生辉。"[30]

一些营销专家认为，大型营销公司，比如安海斯－布希公司（Anheuser-Busch）和可口可乐公司，应该摒弃"以不变应万变"的广告主题，为不同的受众创作不同的广告口号。然而，大多数营销商都没有采纳这个观点。

杂货、药品、美容用品以及烈酒的广告通常都会使用广告口号。这些产品的价格相对较低，超市、药店和百货公司直接向消费者出售这些产品。如果广告口号能提醒顾客回忆起这些商店中产品的特色，那么，广告口号的目的就达到了。广告口号也能提醒顾客回忆起他们所喜欢的企业的产品。但并非所有的广告都需要广告口号。一次性广告——那种以价格因素为主要诉求点的销售广告——通常不需要广告口号。口号的创作是文案写作中的一门艺术。

由于竞争和市场的变化，企业有时不得不改变自己的广告口号。下面就是可口可乐公司历年来的广告口号：

畅爽开怀（2009）
生活中的可乐一面 (2006)
生活如此精彩（2001）
永远的可口可乐（1993）
挡不住的诱惑（1990）
红的、白的和您 (1986)
这就是可口可乐 (1982)
可口可乐添欢乐（1979）
我想给全世界都买一瓶可乐 (1971)
真实的东西 (1969)

循环使用受欢迎的尾标

"我们相信，好的尾标与人相关。"旧金山西弗斯坦伙伴广告公司联席主席杰夫·古德拜说，"我认为，要想出这个，想出什么东西对你的客户最好，需要一点忘我精神。人们可以说我们就是懒、就是爱投机取巧——毫无疑问，我们是这样的——

但我们也有足够的智慧意识到公平”[31]。

“花旗从不休息”的尾标由威尔斯－里奇－格林广告公司（Wells-Rich-Green）于1977年创作。花旗银行在2008年重新用这个尾标取代了此前用过的短命尾标“让我们来做”，但与此同时，广告公司采用了一个更加新颖、更具创意的标识。

过去几年，纽约时报媒体集团（New York Times Media Group）重新启用了20年前的尾标：这个时代需要时代。头发护理品牌菲奈诗（Finesse）也开始重新使用“有时，你只需要一点菲奈诗；有时，你需要很多”。2004年，理查兹集团（Richards Group）建议红龙虾餐厅（Red Lobster）重新使用“为了您的海鲜情人”。理查兹集团在2003年测试过该广告口号的受欢迎程度[32]，消费者对其评价很高，这样他们才决定重新使用这条广告口号。全美互惠保险公司 (Nationwide Insurance) 用其经典的广告尾标“全美互惠保险，随时在你身边”替换了幽默的“生活来得太快”。

好广告口号的组成元素

广告口号的写作方法大不同于其他写作，因为广告口号旨在让消费者记住自己，通过重复加深消费者对品牌及其讯息的印象。理想而言，广告口号应该简短、清晰、容易记忆。

高级止痛药。

布洛芬（ADVIL）

在这里，购物是乐趣。

大众购物市场公司（PUBLIX MARKETS）

你现在能听见我说话吗?

威瑞森 (VERIZON)

“轰－轰”

马自达（MAZDA）

惊喜从肌肤开始。

玉兰油（OLAY）

在广告口号中标注产品名称的做法非常有利：

克罗格。为了您好。

克罗格（KROGER）

只溶在口，不溶在手。

M & M

有付出，才有发现。

发现卡（DISCOVER CARD）

广告写作指南

菲利普·W. 索耶尔（Philip W.Sawyer）是《斯塔奇测试文案》（*Starch Tested Copy*）的主编，在多年从事读者研究后，他和我们分享了一些他的所见：[33]

我认为，广告主坐下来创作广告时，应该时刻牢记以下十个广告指南。不过，虽然我们提供了以下指南，但我们很清楚，即使不用这些指南，广告也可能取得成功。没关

克莱普纳观点16.3

萨拉·休斯（Sarah Hughes）

Ignited Minds, Marina del Ray公司文案

画像之外的准备工作

创意人员往往陷于完善自己钟情的书籍而无法自拔。但坦诚地讲，找工作远不止这些。下面是我在自己的文案生涯和商务专家生涯中学到的一些小窍门，它们适用于所有职业，在你职业旅程的任何阶段，都请将这些好点子牢记于心。

和每一个人握手

用一瓶洗手液武装自己，从这里开始练习握手：去了解你们班的每一位同学；在上班时间拜访你的教授；拿到每一位在营销俱乐部或广告俱乐部发言的人的名片；向公交车上坐在你旁边看《广告周刊》的人介绍自己；去拜访自己所在城市的每一家广告公司，公司里这些人是你最大的资产，他们应该知道你的名字、认识你的脸。

然后，听他们唠叨

这么些年，如果说我学会了什么，那就是：人们喜欢讲自己的经历，他们喜欢讲自己如何起步、如何成功、一路都学到了什么。这是一件大好事，因为你可以从他们的成功和错误中收集到大量有用的信息。因此，请准备一堆问题，然后开始倾听。你会对人们分享的大量有趣的洞见而吃惊不已。

跟到底意味着跟进

但是，如果与你见面、握手的人分不清你和亚当，那么所有这些人脉资源就没有任何意义。这就是为什么说跟进是关键。每3～6个月发一封电子邮件，更新自己的近况。务必记录自己都跟进过什么人、什么时间跟进的。进入广告业后，你会发现，没有什么比四年前只见过一面、现在却发邮件来寻求帮助的人更令人讨厌的了。如果你勤于保持联系，那么一旦机会来临，你求别人帮忙就不会有什么问题了。

萨拉·休斯

每个人都要有特色

任何人都能写出一般的电子邮件做自我介绍，但你能让联系人注意到你吗？你能提出一个问题，让他为你找答案吗？我曾经给纽约市中西创意公司（East/West Creative）的一位创意总监发过一封电子邮件。一开始，他没有认出是我的邮箱，于是把我的邮件当成了垃圾邮件。于是我用了一个报纸广告＋优惠券套装做了跟进，同时附了一个说明：“我的邮件不是垃圾邮件，让您失望了。因此，我想无论如何我都要给您发一些。”一星期后，我获得了面谈机会。

Courtesy of Sarah Hughes.

系。马克·吐温在写《哈克贝利·费恩历险记》（*The Adventures of Huckleberry Finn*）时，几乎打破了所有的语法规则，但他首先要知道这些规则，然后才能去打破这些规则。

1. *保持简洁，易懂*。KISS原则（Keep It Simple, Stupid）在广告界最如鱼得水，但也是所有原则中被用得最滥的。简洁是一大优点。传统广告（以及一些网络广告）必须迅速吸引消费者的眼球并传递讯息，否则消费者就可能忽略这条广告。
2. *你卖的不是产品，而是产品的优点*。罗宾逊公司为希柯建筑系统（Ceco Building System）创作了“凉爽屋顶”篇同业广告（见图16.11），广告正文说：“……凉爽就是智慧，就是节能、持久、耐用、防风、防火、轻便、寿命成本

Courtesy of Robinson & Associates.

图 16.11

希柯在这条同业广告中展示其凉爽屋顶的优点。

低的希柯金属屋顶。"现实中，大多数读者都不会时刻准备着去看广告主的广告，他们只有在确信产品对自己有益时才会去看广告。如果广告主无法回答读者的具体问题——我能从广告中得到什么？——广告就不可能真正引起消费者的兴趣。

很多优质广告都直接表现产品或服务能解决什么问题，并说明这些解决方案为什么能让潜在消费者的生活变得更好。

3. *适时用"性"做调料*。索氏文案调查（Sawyer's Copy Research）表明，性仍然有市场，也可以说至少在某些情况下还有市场。有人认为男人才会对性感兴趣，女人不会。事实上，刊有最性感广告的出版物都是针对女性的，并吸引了广泛的注意力和大量读者。

与此同时，有一点必须强调，即性感广告多半比较简洁——这很合理，因为杂乱和情色不兼容。

4. *请名人代言*。民意调查显示，美国人不会仅仅因为名人为产品代言就信赖广告。然而，我们的调查数据却显示，名人代言的广告在"关注度"上的得分高出普通广告 13%。这一点对女性读者尤为见效。女性读者对名人代言广告的关注度高出普通广告 15%，相比较之下，男性读者只高出 10%。整体而言，名人代言广告的关注度得分高出平均得分 11%，非名人代言广告的关注度得分事实上低于平得均分。名人可能不可信，但他们在吸引读者注意力方面却收效显著，而这恰好是所有广告的首要任务。

5. *发挥色彩潜力*。平面广告具备与电视广告一决高下的潜力。活动形象是极为有效的一种传播方式，任何一个逗过小孩玩的人都知道，眼睛本能地会被活动物体吸引。与此同时，眼睛也会被夸张、鲜亮、美丽的色彩吸引。我们的调查数据表明，整版彩色广告的关注度得分平均高出类似的黑白广告 53%。一般而言，色彩越鲜明越好（只要广告主记住其他九条原则即可）。

电视固然擅长变现动态形象，但平面媒体使用鲜明、抢眼的色彩的能力也不可小觑，因此平面媒体应该尽一切可能，跟上色彩技术的新发展。

6. *理顺流向*。每一条广告都有自己的流向，流向取决于各创意元素所处的位置。流向好的广告能将读者的眼光吸引到页面或电视机周围，让他们捕捉到所有的重要元素：插图、标题、正文、品牌名称。流向错误的广告一开始可能也会引起广泛的注意，但却会让读者放任自流。比如，很多广告主错误地将花哨的插图放在版面底部，将正文和标题放在版面的顶部。在这种情形下，广告中最有力的元素便会变成最不利的元素——诱人的插图会抢走读者对正文的注意。

7. *避免模糊*。欧洲人好像能接受（即使不欢迎）隐晦的广告主题和符号，但美国人很难容忍表意不清、不具体的广告讯息。

美国人喜欢直来直去的广告，他们不想花太多的时间思考广告所表达的意思。因此，如果广告表达的讯息不清楚，美国读者就会跳过广告。

8. *加强对比*。我们活在视觉文化之中，而对比让眼睛感觉愉悦。因此，广告主会在广告中努力展示所谓的“视觉反讽”。我们建议对广告的内容进行对比。请看一看下一章谢瑞・比维尔（Sheri Bevil）对玉米地里的大象的评价。

实施该原则的另一个方式是对比广告的构成元素，比如色彩。调查数据显示，如果背景色用黑色，就能让处于前景的元素跃然纸上。红牌伏特加(Stolichnaya) 的广告凭借在白色背景下水平拍摄的产品镜头而获得了平均分。如果保持布局不变，只将背景色从白色换成黑色，广告的平均得分即可提高 50%。

9. *利用孩童和动物*。只要广告直指人的情感，基本上都无往而不利，而孩童和动物能打动所有的人，即使是心肠最硬的人。不过最好在两者之间建立起某种联系，如果人们有“被迫”的感觉，他们就会离开你。

10. *如果正文较长，请尽量让正文有吸引力*。有人将正文安排在杂乱的背景中，读者很难阅读（有时我们又用 PhotoShop 修饰得过于可爱了）。我们应该尽量方便读者阅读。单有好的内容并不能吸引读者，除非文案布局疏密有致、字体够大、清晰明白，否则，即使是文采最好、最睿智、最有力的文案也有可能被人忽略。图 16.12 中的家得宝广告采用了粗体、反向字体来宣传“成本问题”，正文浅显易懂，对比清晰无误，简单清爽的布局有助于提高可读性。

户外广告讯息

新的制作技术为制作大于实物的物品创造了机会，有了它，创作就可以打破常规。田里的一个巨型桃子会吸引注意力，因为这个桃子比实际的桃子大了 1 000 倍。达拉斯的理查兹集团创作了一个户外广告，表现一头正扬言要跳下广告牌的奶牛（见图 16.13）。我们都知道，牛不可能爬上广告牌或从广告牌上跳下来，但我们会看。

Courtesy of Homer TLC.

图 16.12

家得宝努力吸引受众。

Courtesy of Chick-fil-A.

图 16.13

往上爬的奶牛打破了常规，尤其是在户外广告牌上站立的奶牛。

优势 16.2

特罗恩广告公司

如果你想在聚会上引起别人的注意，你不会在屋里离得老远就朝他们大声喊，而是会走到他们跟前，和他们面对面地交谈。你不会一人独霸话语权，也会听别人讲。在你说话的时候，你会尽力确保与你交谈的人确实想听你所讲的话。当今的营销同样如此。

特罗恩是北卡罗来纳州的一家中型广告公司，由于对人和品牌都了如指掌，因而能将两者联系起来。我们称之为讯息的个性化——让传播适时、贴近、私人化并引人入胜。

我们对目标受众的了解不限于人口统计信息和媒体消费习惯。我们经常就态度、动机和行为向自己的在线消费者样本（opinion.trone.com）提出问题，这些数据有助于掌握情报，而这些情报有助于我们为客户制定传播战略。

但富有远见的战略并不是广告公司的最终产品，只是为品牌传播指出了正确的方向。品牌传播所包含的内容日趋丰富，已不再局限于广告。除传统媒体之外，特罗恩广告公司还经常利用直接反应广告、网站、社交媒体、在线广告、环境媒体、贸易展览会以及公共关系。

结果如何？结果就是成就了一个与自己的目标受众保持富有成效的联系且关系持久的品牌。

下面是对户外广告的几点思考。首先，由于大多数人不喜欢破坏环境的广告，因此你有责任制作精彩的广告。就像使用其他媒介广告一样，你要问问自己，户外广告如何与其他传播形式相融合。在第十二章，我们对创意进行了概括。一般而言，广告主的标题字数不应超过七个字。我们并不是说超过七个字的广告标题就不能传播，但广告标题的字数越多，消费者就越难以快速理解广告讯息。身处这种媒介，越简洁越好，尽量减少广告元素。如果你将 Sobe 功能饮料的瓶子当作插图，那你还需要标识吗？或许。但如果瓶子够大，瓶子上的标识自然会清晰地显现出来。关键在于减少广告的视觉元素和文字元素，简到极致。数字技术为创意吸引消费者提供了其他的途径。

当今讯息工具

7 了解新的广告形态与内容讯息。

当今的通信工具为广告主吸引消费者、有效地沟通目标受众提供了多种方式。通信工具每天都在变化，iPhone 有没有改变我们对电话的认识？应用程序对我们的营销方式产生了什么影响？为什么我们不再将它们称为电话？下面就让我们来看一看其中的几个。

社交媒体的成功

Sprout 公司首席执行官卡内特·威廉姆斯（Carnet Williams）说："据我们所知，社交媒体的成功在于运用常识、倾听并以不同的眼光看待事物。"下面是创作成功社交媒体故事的一些练习：[34]

1. *针对人们的最爱——他们自己——展开诉求。*如果我收到一封电子邮件，说我在一张照片中被标记了出来，我会立即冲向自己的 Facebook。
2. *测量非常重要，但切忌只见树木不见森林。*企业不应该因社交媒体的投资回报率还未达到最佳状态而推迟将其纳入自己的广告战役。社交媒体致力于让人卷入，如果卷入率能达到 20%，品牌就可以大有作为，找到优秀的社交媒体伙伴，实现飞跃。

3. *做好成功的准备，但你也知道，你不可能回回都打出“本垒打”*。由于社交媒体具备病毒性，因而它的触达范围可以超过你设定的最大范围。人们喜欢与朋友分享，如果你的创意与他们有共鸣，它就可以展翅高飞；如果眼下你没有打出“本垒打”，请再试一次。社交媒体很好调整和优化，因此，不要害怕尝试不同的事物，坚持下去，直至成功。
4. *他们说的是事实，社交媒体的重点在于对话*。你上次带着脚本请朋友到酒吧喝酒是什么时候的事情？但愿你不会想着将自己和客户的谈话也改编成脚本。

社交媒体营销

博客故事　营销商花钱让博主评论产品的做法是否道德一直饱受争议。这确实是一个响当当的话题，但这只是博客故事的冰山一角。

营销商涉足各种社交媒体，包括博客。博主可能会显得很幼稚，看起来还停留在2005年的风格，但还远不至于让营销商忽略他们。比如，BlogHer网络有1 200名博主，访客特殊——1 500万名妈妈，而这对营销商而言，很可能就是其社交媒体的重点对象。

经济低迷时期，妈妈们的购物习惯会发生改变，进而对品牌产生影响。现在，与新生儿妈妈这个细分市场进行沟通的很多传统方式都过时了，那么，营销商应该如何向她们提出这些问题呢？很多营销商都对在BlogHer这类网络上投放条幅广告不感兴趣，但实际上，应该将它当作对话的一部分，这一点非常重要。百事公司认为自己的博客和社交媒体活动，就是将倾听消费者的声音和借影响力人物触达消费者结合起来。百事公司全球首席营销官吉尔·贝劳德（Jill Beraud）在BlogHer2009年大会上说，百事公司坚信，社交媒体是未来的传播途径，因而不应该考虑其短期投资回报。她指出，百事公司对博客的支持确实是对百事品牌的一种投资，是对百事消费者的理解。每个人都在寻求新的对话。

讲故事　营销故事有很多种讲法，天才的创意人员会尝试所有的叙事方法，从中找到吸引潜在消费者的最佳方式。耐克公司全球品牌与品类管理副主席特雷弗·爱德华兹（Trevor Edwards）说：“我们以灵活的叙事方式来刺激品牌需求，我们不拘泥于一种叙事方法，我们的出发点不是媒体。”爱德华兹先生说：“我们的出发点是消费者，然后找到最佳的方式与他们产生联系。”[35]

下面是创意人员在不断变化的营销技术世界中所运用的工具：

网络视频短片：针对网络创作的一系列短片。现在，网络视频短片没有什么标准，每个短片都在讲述自己的故事，只要创意合适就行，很多短片都是3分钟的小故事。你可以登录martinowens.com观看短片。马丁+欧文公司以内容提供商的身份为很多客户提供网络视频短片。2001年，法隆广告公司（Fallon Advertising）为宝马制作了系列广告短片——《赏金车手》（*The Hire*）,引发了互联网上的一场革命。五年后，他们重出江湖，为日用品Brawny纸巾创作了电影系列片。广告短片的主题为“表现欠佳”——表现女性对自己丈夫的失望。每一条10～12分钟的真实短片都非常打动人心、充满欢笑。今天，网络视频短片已经司空见惯，变成了一种工具。

富媒体：集视频、声音、动画或交互性于一体的传播方法。到21世纪20年代末，富媒

体将有望超过搜索营销而成为占主导地位的网络广告形式。通常，消费者点击富媒体广告的概率是条幅广告的5倍。

在线任务

熊熊工作室 (Build-A-Bear-Workshop) 创始人兼首席执行官玛克辛·克拉克（Maxine Clark）说："在线销售不应成为你的首要任务；相反，你应该专心地去建一个网络社区，以此提高自己与客户的沟通能力。除非你只做在线展示，否则你网站的首要任务就应该为你的实体店带来生意，你可以在实体店传达自己的品牌承诺。"[36]

玛氏公司的 M&M 巧克力糖果利用电子邮件将你带到它的网站。近来，他们赞助了《变形金刚》，通过一款游戏邀请你一起"伸出援手，阻止 M&M 欺骗"。网站上还有很多其他活动和信息：M&M 人物、娱乐与游戏、配方与创意、M&M 竞赛、新闻简报、历史。显然，这不是营销商在单纯地讲故事，而是在建立网络社区的同时试图吸引人们——并将谈话引向深入。从我们的角度来看，这些都是广告（请看本章开头的平面广告）。

百富门公司（Brown-Forman）的南方舒适品牌（Southern Comfort）厌倦了有线电视上可供投放广告的狭窄窗口，它们将自己的全部媒介费用转向了数字媒体，使自己得以接触到无法通过电视接触的在线节目。他们使用 Facebook、Spin、Fader、Pitchfork、ThrillistBreak.com、My Damn Channel、NBC、CBS、FOX、FX 以及 Hulu 等[37]，每一个都给他们提供了新的创意机会。

小　结

无论哪种广告形态，都可以从创意工作计划或创意简报入手策划。写作得当，创意工作计划将告诉你广告中应该包含什么讯息、实现什么目标，它还将告诉你广告的具体目的。然而，没有哪个工作计划可以告诉你如何执行文案——这是创意流程的一部分。

多年来，好广告一直是精简文笔的结果。今天，新媒体创造了向消费者提供其所需信息的机会，我们称之为扩展式写作。在所有的广告形式和广告工具中，不管是精简式写作还是扩展式写作，简洁都是关键，因为消费者想要信息。好文案能与所有人交流，而如今，出自顶尖创意公司的广告都有一根贯穿始终的共同主线——标题、图片和标识要立刻表达创意。

广告就人们的问题欲望和目标展开诉求，提供解决之道，满足其欲望，助其实现目标，从而驱动他们。

一般而言，广告有明确的结构：标题承诺产品的好处（也可能由副标题来担当）；展开故事或事实；提供证明；采取行动。有效的标题可长可短，但必须明确地传递讯息。副标题可以对主标题提出的承诺加以扩展，在主标题和广告正文之间发挥过渡作用。广告正文用以向消费者描述产品，支持主标题和副标题的内容。产品和服务的细节，连同承诺的支持性内容安排在正文中。

文案写作的核心就是用全新的、独特的眼光看待产品；描述产品的主要方法包括写实、想象和抒情；广告口号概括产品的优点，因而必须言简意赅、便于记忆。

复习题

1. 什么是群口故事？
2. 广告主如何运用心理诉求？
3. 精简式写作和扩展式写作各有什么作用？
4. 广告标题有什么作用？
5. 展开部分有什么作用？
6. “文案风格”指什么？
7. 好广告口号的特点是什么？
8. 什么是时间饥荒？

第十七章

Courtesy of The Georgia Department of Economic Development's Film, Music & Digital Entertainment Office and McRae.

整体概念：文字与图形

创意和广告。创意团队如何将创意演变成最终的广告？什么样的广告图形收效最好？我们如何获得新颖的创意？▶

本章学习目标

1. 了解如何界定概念与实施性创意。
2. 认识大脑左半球与右半球的思维。
3. 掌握创意团队的工作方式。
4. 了解如何将创意视觉化。
5. 掌握创意原则。
6. 了解图形的种类。

越来越多的广告客户意识到，创意广告收效更好、更令人难忘、在市场上更能有效地传达自己的卖点。好的创意广告可以减少播放次数，人们看过3次便可以记住，不需要播放30次。如果广告无法与消费者之间建立起情感纽带，任何独特销售建议（USP）优势都会在15分钟内荡然无存。Butler, Shine, Stern伙伴公司创意总监约翰·巴特勒（John Butler）说："广告不是艺术，而是伪装成艺术的商业行为。"在很多优秀的艺术指导和文案对布局或编辑指令闪烁其词并拒绝做出让步时，约翰·巴特勒就这样直言不讳地告诫他们。约翰·巴特勒建议他们去工艺品商店购买画布和一些油画颜料，因为这是广告，"不是观赏性运动"[1]。精信环球广告公司（Grey Worldwide）首席创意官说："你固然要将艺术与商业结合起来，但你却可以去做世上最引人入胜、最有趣的工作。如果你的工作无法激励消费者采取行动，无法刺激他们的大脑动起来，那你的工作就没起到作用。"[2]因此，我们再一次发现，世上根本不存在制作强劲广告或其他营销传播的那么一套规则，但所有的人都认为战略概念、洞察力和创意是根本。

形成相关的创意

1 了解如何界定概念与实施性创意。

不管广告投放到什么媒体上，也不管它如何投放，只有对受众产生了影响，它才能算是取得了成功。而确保做到这一点的唯一途径就是：广告的内容（创意）必须足够动人，能在接触广告的人群中激发起了解更多信息的欲望。[3]

在你的成长岁月中，你记忆中的精彩广告都有哪些？你为什么能记住它们？或许是因为创意与你有关或让你感到愉悦。我们大脑的运作方式非常神秘，因此我们必须学会引导受众将目光放到战略之外，我们自己也必须超越风格而进入神奇的境界。或许你还记得"想做就做"这个口号，它曾帮助耐克公司明确了自己的定位。"简直不敢相信我全吃了"是另一个经典，那些有幸看过该广告的老年人都将其视为广告史的一

Courtesy of Blattner Brunner.

图 17.1
是的，读者深知其意。

部分。百利发乳（Brylcreem）的“健康孩子用品”篇，安飞士汽车租赁公司的“如果你是老二，只能更努力”篇，大众汽车的“柠檬”篇；温蒂汉堡的“牛肉在哪里？”篇，美国电话电报公司的“触手可及，打动人心”篇，这些都是让人印象深刻的广告。我们只有了解了广告战略背后的广告创意，才有能力创作出这种广告。

著名艺术总监乔治·路易斯（George Lois）曾问“广告是什么？”然后回答说：“广告是毒气。它应该让你热泪盈眶，让你神经错乱，让你精神恍惚。”他承认，自己的表述可能有点过激，但这种夸张却情有可原——因为它描述了广告的巨大可能性。伟大的广告应该收到立竿见影的效果，应该向受众提出问题（但不是逐字）：“你是否明白广告的意思？”受众则应该回答（也不是逐字）：“是的，我明白！”路易斯说，所有这些都可以通过“大创意”来实现。亚特兰大面包公司就通过图像来传达自己的讯息（见图 17.1）。

如今，大创意既适用于电视、杂志、手机、短片，也适用于其他任何媒体。Crispin Porter + Bogusky 广告公司热衷于创意，该公司的互动总监杰夫·本杰明（Jeff Benjamin）是该公司的一颗创意明星，他在“听话的小鸡”广告战役中运用网络元素与一系列电视广告遥相呼应。阿诺德环球广告公司（Arnold Worldwide）波士顿分公司执行创意总监皮特·法瓦特（Pete Favat）说：“即使别家广告公司想重新使用‘我选我味’的广告口号，它也只能重放 30 年前汉堡王的原创歌曲，然后围绕它拍摄几条广告。”“在寻找创新方式传递讯息这一方面，它们就像斗牛犬。”汉堡王网站在 2 年内吸引了 4.6 亿多访问量。[4] 这显然是一个大创意。创意过程分为四个基本领域：概念、文字、图形以及表现它们的媒介或载体。词典将“概念”定义为普遍的想法和主意，即在大脑中形成的综合了某个事物所有特点或特色的一个想法。在广告中，整体概念给我们看待事物提供了一种新颖的方法：一种讲述产品或服务的新方式、一种新的观察视角。概念就是创意。很多广告从业人员，包括路易斯，都称其为大创意——它表述清晰，而且还结合了文字和图形，文字描述基本创意，图形直观地表现甚至强化文字内容，或为文字表达提供背景，加强文字表达的威力。

创意概念不仅要抓住注意力，还必须让消费者了解主要卖点和品牌名称。有多少人明明看见了动人的广告，但却说："我没记住广告中的品牌或产品。"

左脑半球的创意与右脑半球的创意

2 认识大脑左半球与右半球的思维。

大脑被分为两个半球。每个半球负责处理不同的信息。左半球负责推理、语言表达技巧（优秀演说家的特点）、信息处理，用语言进行思考，以线性方式行事，且有条不紊；右半球产生直觉，平行处理信息，负责创意过程，用形象而非语言进行思考，对色彩敏感，富有艺术气质。右半球能"看见"一张大图。通常，我们会让左半球发达的人和右半球发达的人一起酝酿概念。他们每一方都会提出不同的观点。

大脑的某一半球会发挥主导作用，因而有些人是左利手，有些人是右利手。同样，有些人是左半球主导，有些人是右半球主导。阿尔·里斯说，"双脑同样发达之人"极为少见。虽然可以锻炼不太发达的大脑半球，但要想让两个半球同样发达几乎是不可能的。一个人在出生时便决定了要么是左脑半球发达的人，要么是右脑半球发达的人。[5]

比尔·贝克（Bill Becker）曾创作了一系列令人难忘的广告，如"美乐时刻"（Miller Time）、"喝汤，营养又健康"（Soup Is Good Food）、"有可乐，生活更美妙"（Things Go Better with Coke）、"味道好、不胀肚"（Tastes Great, Less Filling）。在他看来，"基本创意（或概念）"是对已知欲望或需求的抽象化满足，而"**实施性创意**"（executional idea）则是用语言、符号、声音、色彩、形状、形态的组合对如何抽象地满足已知欲望或需求加以表现。我们在酝酿广告时使用"实施"一词，它含义广泛，表示完成、实施或按照某一模式使用——如艺术品。当然，它也可表示"执行死刑"。

实施性创意

以语言、符号、声音、色彩、形状、形式的组合对如何抽象地满足已知欲望或需求加以表现。

正是创意在驱动事物。约翰·赫加蒂从词典中摘录了一句话，将其放大，然后挂在了自家墙上："创意就是通过脑力得出的想法或计划。"换句话说，蓝色不是创意，但如果你在宣传一个装有 280 000 加仑水的摄影棚制作舞台，那么蓝色就可能成为创意的一部分。图 17.2 中的这条非常具有视觉冲击力的广告出自顶级广告公司 LKM 之手，广告的目标受众非常具体——电影业内人士。右上方的广告文案写道："一个 280 000 加仑的水箱，现在来到世界上最大的制作舞台。EUE/幕宝电影公司 10 号台。"漂浮的瓶子上写着"CUT"。

创意团队

3 掌握创意团队的工作方式。

一般而言，艺术总监负责广告的视觉元素、布局、平面设计，文案创作广告中的文字，有时也可能负责广告概念。之所以说"可能"，是因为如果有创意团队，则概念由创意团队负责。文案要理解艺术指导，艺术指导也要认可文字的冲击力。双方必须协同作战、彼此融洽，才可能取得成功。他们都是负责概念构思的人，在获得所

Courtesy of LKM-Loeffler Ketchum Mountjoy.

图 17.2

广告上写着："280 000 加仑的水箱，现在来到世界上最大的舞台之一。EUE/幕宝电影公司 10 号台。"漂浮的瓶子上写着"CUT"。广告针对电影业内人士。

需信息之后，文案和艺术指导便会考虑文字和图形。在确定了目标受众及创意战略之后，这些受左脑半球主导的人和受右脑半球主导的人便着手进行创作了。

文案与艺术指导之间的关系很像婚姻关系，平均每天要和对方相处 8 个小时，即一周 40 个小时，一年 2 080 个小时。事实上，好的团队可以彼此成就对方。每个团队都有自己的大创意构思法，但没有哪一个方法单凭自己就称得上是最好的方法。创意传奇人物迪克·洛德（Dick Lord）说："我拿出自己最大的绘画板，我几乎不画草稿，只画标题或图形，我自己进行头脑风暴；然后自己安静地待着，想出 60%～70%——我不会修改；之后，重温一遍，然后发现能让你再看几眼的内容可能只有 10% 或 12%；之后，你会去找艺术指导，说，'你现在到哪一步了？这是我的'。"有些艺术指导和文案喜欢自己开头。

创意

好创意很难发掘，但一旦发掘出这么一个创意，它就值得你为之努力。好创意都是简单的创意（见图 17.3）。人们对细节的记忆远不及对概念那么清晰。在广告界，简单的概念可以通过对细节——如措辞、字体字号、图片、布局——的关注而成为伟大的广告。伟大的广告创意即使实施性差一点也能流传下来，但广告制作得越好，将预期对象转化为客户的可能性就越大。

我们并不是说非得用突破性的广告去打"本垒打"，也不是在讨论耐克、可口可乐、百事可乐、iPhone 或其他诱人的产品，我们是在讨论哪些创意能解决问题并与消费者交流。奥美广告公司接手利华兄弟公司（Lever Brothers）摇摇欲坠的洗涤品牌冲浪（Surf），将其销售额提高了 20% 多。奥美是这么叙事的：洗衣服是一个力气活，没什么好否认的。调查显示，45% 的人不到万不得已绝不会洗衣服，利华兄弟公司甚至给他们取了个名字——不洗衣之人。广告创意旨在用轻松的方式打趣洗洗涮涮这件苦差事，但重点在负面情绪。

克莱普纳观点 17.1

司科特·斯卡克斯
特罗恩公司群组创意总监

司科特·斯卡克斯

你创作的第一条广告将是彻头彻尾的垃圾

抱歉，不要那么沉重。你花了好些时间才得到第一组构思，但文字陈旧、创意乏味。然而，文案和艺术指导要想有所作为，还必须克服更大的障碍：模仿其他广告的倾向。他们抄袭自己看到的一切，但大多数广告都很差劲，根本就不值得去模仿。

在你广告生涯的初期，模仿广告的最佳方法就是尽量往自己的大脑中塞伟大的广告。的确，你每天接触的3 000多条广告讯息可能都很棒，但我相信，你想要的生活是那种有人将成堆的品牌传播精练为可供你吸收、分析和模仿的精美广告的生活。（模仿，我指的不是偷，而是找出广告中的亮点并将这种思考方式或方法应用到自己的创意作品中。）

到哪儿去找那些好广告呢？下面是可以欣赏一流创意的地方：

- 《传播艺术》（*Communication Arts*，广告和设计杂志，commarts.com）
- 《金铅笔》(The One Show，年度大奖，oneclub.org)
- 《广告档案》（*Lürzer's Int'l Archive*，前沿广告杂志）
- 《广告批评》（*AdCritic*, creativity-online.com）
- 《广　告　周　刊》（adweek.com/creative）
- 《我相信广告》（*I Believe In Advertising*, ibelieveinadv.com）
- 《CMYK》（面向激情创意人）

逛逛书店，到书店的杂志区里看看《传播艺术》、《印刷》（*Print*）和《广告档案》等杂志，再看看还有没有其他广告杂志。你可能会注意到，很多广告公司反复出现在年度获奖榜单上。记下它们的名字，访问它们的网站，看看它们重点推出了什么新作品。

一旦你对伟大的广告有了感觉，你的灵感之源就会突破既有的广告，将艺术、摄影、YouTube视频、丢弃的口香糖包装纸或其他统统纳入其中，用你的生活经验丰富你的创意灵感。每次你坐下来面对白纸的时候，都能从生活经验中汲取灵感。

但是，尽管你花费了很多时间和精力去学习伟大的作品，也不要指望自己的每一个创意都能达到它们的水平。对于年度大奖中的那些广告，每一条广告，你可以打赌，创意团队至少构思了50～100个创意，甚至可能更多。如果你想得到更好的创意，那就从构思更多的创意入手吧。在你想出第一个好创意时，不要止步，因为，可能还有更好的创意你还没有想到。

不久，你就可以和创意人员、艺术指导并驾齐驱，开始同样的职业生涯了。这种生涯有时让你觉得自己是可怜的黑客，有时又是怪异的天才。

Courtesy of Scott Scaggs.

几年前，天联广告公司向肯德基做了一个创意提案，广告创意的源头是那个鸡过马路的古老玩笑，以此刻画消费者对肯德基的偏好。然而，肯德基曾在1989年用过扬·罗比凯广告公司的“过马路”广告，但加盟商不喜欢。而且，肯德基的竞争对手温蒂国际公司也用过“人为什么过马路”系列广告促销自家的鸡块。[6] 这就是广告主必须做调查的一个原因，广告公司和客户都要给自己的作品存档（并调查该产品品类的历史）。有时，使用以前的创意可能奏效，但要冒风险。你尽可以质疑世上是否有原创创意，有一点是肯定的，那就是我们必须寻求新颖的实施方法。

Courtesy of The Georgia Department of Economic Development and McRae Communications.

图 17.3

麦克雷（McRae）从简单的创意出发，为佐治亚州创作了一条令人称奇的广告。

理想状态下，创意应该鲜活生动、跃然纸上或在人们看电视的时候引起人注意。此外，创意还有两个重要作用：（1）让主力预期对象优先考虑你的产品；（2）将品牌根植于预期对象的心中，并将它与产品的优点联系起来。

创意的可视化

4 了解如何将创意视觉化。

现在到执行大创意的时候了。在这个环节，对于如何将基本诉求转化为销售讯息，创意团队的脑海中已经有了一幅画面。一部优秀的小说有各种次要情节，它们组合到一起，便构成新颖、有趣、连贯的故事脉络。优秀的广告也一样，也有协调一致的布局，围绕产品及其好处而流畅地组合成富有魅力的广告讯息。[7] 你脑海中可能有一辆跑车，在山路、在弯路上飞驰；你也可能看到了乡村俱乐部门前一辆低调奢华的轿车；还可能在脑海中出现了汽车保险杠的特写。

你脑海中的这些画面可以用语言或最粗糙的形式表现出来，关键是要想象哪个画面最能表达你的创意。在以视觉语言进行思考的时候（记住，一幅图胜过千言万语），找出最能与画面匹配、效果最佳的文字。如果可能，表现出来。给基本创意提供尽可能多的版本，让它达到极限。记住迪克·洛德的话，他画了约 70 个带标题的草图。当然，你可以用电脑来画，不过法隆广告公司的汤姆·立顿赫德（Tom Lichtenheld）认为，先画在纸上然后到电脑上修改的做法最适合他。素描没有什么秘诀，不妨尝试各种可能性。但请记住，你的最终作品必须传递出基本的讯息和品牌名称。插图和文案是否传递出了创意工作计划所提出的承诺？

营销手段的可视化

我们知道，创作广告不是仅仅为了创意，每一条广告都有它特定的营销目的。同一产品的所有广告都必须为同一组目标服务，即使有些广告可能看起来显得互不相干，但每一条广告都会采用同样的主题或广告口号。

利用你所掌握的所有产品或服务信息，写一个你希望主要目标受众了解的产品特色说明。这就是你的承诺或基本主题。某家庭餐厅可能会提供低脂食物并承诺说："我们提供您所喜欢的家庭餐厅的一切——方便、美味的食物，合理的价格。此外，考虑到您喜欢营养、健康的食物，我们还增加了适合您生活方式这一项。"插图一定要反映这些营销概念。承诺就是给消费者的一个利益声明，向预期对象说明产品的功效。

创意飞跃

现在我们可以开始创作广告了吗？是的，如果我们已经做足了家庭功课。创意理论学家约瑟夫·华莱士（Joseph Wallas）说，创造是准备、孵化、启发、确认或评价这四个发展阶段的成果。李奥贝纳广告公司的一名创意总监说："最好的创意来自对人们思维和情感的理解。创造力是对人类本性的敏感，是将它传播出去的一种能力。"斯塔奇调查公司的调查发现，我们必须评估消费者，满足他们的需求，向他们说明使用这个产品的好处："告诉她如果她使用这个产品，她的生活将会变得多么美好，这样她就会密切关注了。"

灵感来自哪里？有人认为头脑风暴或自由联想是创意的灵感之源，但也有人说，创意很少依靠这些技巧。一个疯狂的念头很可能就是点燃一场伟大广告战役的星星之火。创意往往是"踏破铁鞋无觅处，得来全不费工夫"。

前创意总监吉姆·艾齐森（Jim Aitchison）建议可以从以下几个方向去寻找创意灵感[8]：

- 包装是否有创意——形状、颜色、标签或产品原材料？
- 产品的生产方式是什么？生产地点在哪？
- 产品的历史如何？
- 是否能表现产品身上的故事？
- 是否能从产品的老广告中发现新东西？

还有人说，灵感产生的过程一部分靠推理、一部分靠感受、大部分靠简单的直觉。因此，每一个人的创意飞跃过程不一定都一模一样。有些人在逻辑上花更多的时间，于是感性部分就来得更容易。或许情况果真如此。一旦你想出了创意——概念、图形、文字的组合——就等于实现了创意的飞跃。伦纳德·莫纳翰（Leonard Monahan）为北方牌（North）劳保手套构思了一个视觉概念，广告以湿海绵切成的手的形状为插图，以期恰到好处地传达产品的优点。广告标题说："这就是你的手在接触大多数有毒化学物质时的样子。"广告标题与插图口径一致，结果广告让一件普普通通的产品成了业内议论最多的。

布局

创意飞跃只是广告制作的第一步。广告本身有各种不同的构成元素：标题、插图、文案、标识，可能还有副标题，以及一些重要程度不等的插图、优惠券等。广告不同，元素也不同。将所有这些元素组合成有序的形式便称为"组合广告的布局"。**布局**（layout）是一个广告术语，有两个含义：（1）广告的整体形象，即广告的整体设计及元素组合；（2）广告设计的有形再现，即制作广告所需要的蓝图。你可能听到有人说"给你布局"，同时将打印好的文案和绘画交给另外一个人。这里，布局是指广告的整体设计。佐治亚赌博救助热线（Georgia Gambling Helpline，见图 17.4）喜欢用夸张的色彩和插图来抓人眼球。图像和文案必须步调一致。创意团队如何决定以这种方式来表现"创意"？

布局

显示广告模样的工作指示图（也可以是电脑绘图）。印刷厂的布局是一套指令加一份文案，表明该如何组合这些元素。也有草图布局、完工布局和版面组合布局。它们代表了布局的不同层次。布局这一概念也用在广告的整体设计中。

布局人员的编辑工作

尽管创作视觉创意的人与设计布局的人可能是同一个人，但这两项工作却不是一码事。视觉创意人员将创意转化为图像形式，布局人员则利用那些插图和所有其他元素，将它们有序地组合成吸引人的广告。

在动手画之前，布局人员——通常为艺术指导——和文案会检查所有的元素。首

Courtesy of Bright Ideas Group.

图 17.4

广告的图像、标题和标识必须步调一致才能产生作用。

先确定哪个元素最重要：标题？图片？文案？包装究竟有多重要？广告中要不要展示产品本身？如果要，是在特殊环境下展示产品，还是在使用过程中展示产品？这条广告是用图片和标题向人们匆匆忙忙地讲一个故事呢，还是只将插图当作一种陪衬，讲一个长篇大论的故事？元素的重要性决定了它在广告中的大小和位置。

引人注目的必要性

“打扰”“吸引注意力”“引人注目”“可见度高”，不管你怎么形容，这些都是广告创意的首要目标。今天的广告必须付出极大的努力才能引起人们的关注，你不能只靠战略向消费者进行销售，也就是说不能单纯靠定位、产品诉求，以及帮你把消费者脉的人口数据和心理数据向消费者进行销售。显而易见，无法吸引消费者，就谈不上向他们进行销售。换句话说，如果人们根本没看见广告，哪里还谈得上阅读广告？记住，你的广告是在和杂志中的所有广告以及评论内容争夺注意力。遗憾的是，大多数出版物中的大多数广告都没有引起过人们的注意。

广告要想成功，所有的创意元素——图形、标题、文案——都必须执行到位。约翰·赫加蒂说：“你在用文字和图片，但你不想让图片做文字的事、让文字做图片的事。因此，你必须确定文字和图片哪个更重要，哪个更能让广告成功。如果是图片，

Courtesy of Huey+Partners and Mizuno.

图 17.5

这条广告取决于标题转折的威力。

几乎可以肯定，一个非常简单的标题就够了；如果是其他方法，那就用一个简单的图片加上引人入胜的标题。也存在并列的形式。”[9] 如果打算用标题来表达创意，那么标题就应该有转折、有震撼——具备直刺人心的意味。休伊伙伴公司运用幽默、精准的标题，将受众的注意力引向一件普通产品（见图 17.5）。视觉元素直观可见，如果用图片表现讯息，效果亦然。调查无法告诉我们哪个创意技巧最好，因为创意并不那么科学。调查通常能告诉我们过去哪些广告取得了成功，但是，对于突破性的广告创意，迄今也没有什么衡量标准。广告写作和广告设计的基本指南对大家很有帮助，但不存在什么真正的规则。怎么让广告脱颖而出？插图往往是关键。无论广告是否引起了人们的关注，绝大多数情况下插图吸引了他们。当然，很多插图不能单凭一己之力讲故事——它们需要广告标题与之配合，实现传播。

吸引注意力的基本方法有三种：

1. 只用图片。

2. 只用标题。

3. 图片和标题合并使用。

不要因为我们先讲插图，就认为艺术指导比文案更重要。记住，这是一个并肩作战的团队，要共同解决图形和文字创意。

基本设计原则

5 掌握创意原则。

有一些基本原则可以指导设计，有些艺术指导会采用不同于本书的术语，但基本前提都是一样的。

运用得当，以下设计原则可以吸引读者，增强他们阅读和关注广告讯息的机会。

统一 所有创意广告都要有统一的设计。必须以整体的眼光看待布局，各部分（文案、美术、标题、标识等）彼此相关，从而产生整体的、统一的效果。如果广告缺乏统一性，它就会散架，造成视觉上的混乱。或许，统一性是最重要的设计原则，但一条广告要想成功，必须遵守所有的原则。

和谐 与统一性关系最为密切的原则是，布局中的所有元素必须匹配。艺术指导选择彼此协调的广告元素，从而达到和谐。这个过程就像早上穿衣服：有些衣服搭配在一起好看，有些搭配在一起就不好看——比如，条纹、格子或纯色水滴花纹。布局中的元素必须和谐，才能收到效果；字体、字号、插图等的花样不能过多。

顺序 广告元素应该按照从左至右、从上至下的顺序安排。广告元素的顺序有助于引导人的眼睛有序地抓取信息，其组合方式应该能让读者从你希望他开始的地方开始，并按照理想的路径看完广告。Z 形和 S 形布局比较常见。

强调 强调指强化或聚焦于某一元素（或某一组元素），让其脱颖而出。你必须决定是否突出插图、标题、口号或文案，如果给所有的元素同等重视，哪个元素都无法突出。

对比 你要运用不同的字号、形状和性调为广告增添色彩，这样广告在视觉上才不会死气沉沉。将字体换成粗体和斜体或压扁字体都可以吸引人们注意单词或词组，在字体、字号间形成对比。对比可以增加布局的趣味性。

平衡 这里，平衡指控制广告元素中的字号、性调、比重和位置。平衡的设计看起来更加安全和自然。你可以检查广告左、右两部分的关系，从而检验广告是否平衡。平衡有两种形式：对称平衡和非对称平衡。

对称平衡 图 17.6 中的海报以中间垂直虚线为基准，左右两边元素的大小、形状、比重相等。这种对称型广告给人以稳定和保守之感。记住，并非所有的对称布局都是完全对称的。比如，海报上的插图数字就不是同一字号，在其他案例中，广告标识也可能出现在海报右下角而左下角却没有东西与之对应。但一般而言，如果所有的其他元素都对称，我们也称之为对称布局。

非对称平衡 如果从上往下测量，一个版面的视觉中心一般在其$\frac{5}{8}$处，与数学中心不同（如果想验证这一点，不妨拿一张白纸，闭上眼睛，然后睁开，在你认为中心的地方快速点一下，你会发现，你所画的中心在数学中心的上面）。想象一下跷跷板在视觉中心上达到的平衡。我们知道，轻的东西离支点远一点即可做到与重的东西平衡（广告中各元素的比重可以通过大小、字体粗细、颜色和形状来衡量）。在非对称平衡中，各元素看似随机摆放，但整个版面在视觉上却保持着平衡。与简单的对称平衡相比，这种布局要求考虑更多的东西，正如图 17.7 所示，其结果可能是既有想象力又有特色。

Courtesy of Lane Bevil+Partners.

图 17.6

对称平衡

如果我们在中间从上往下画一条线，可以看到，两边的比重基本上是平衡的。

其他构成元素

色彩 广告中花样最多的元素就是色彩。它能引人注目，有助于营造气氛，还有助于销售。很多营销商承认色彩的惊人能力，也承认在恰当的时间使用恰当色彩的价值。国际色彩营销集团（ Color Marketing Group ）引用了大量调查结果来证实色彩的威力：[10]

- 色彩可以使品牌认可度提高 80%。
- 色彩可以将读者人数提高 40%。
- 色彩可以将学习能力提高 55%～78%。
- 色彩可以将理解力提高 73%。
- 与相同的黑白广告比，彩色版广告的阅读次数可以提高 42%。

色彩心理学 人际关系和文化交流会影响一个人的色彩体验，有的颜色让我们觉得温暖，有的颜色让我们觉得寒冷，那与我们长期以来（通常也是普遍的）所持的联想有关。黄色、橘色和红色与太阳、火焰中心联系在一起；蓝色、绿色和紫色与树叶、大海和天空联系在一起。与冷色调相比，暖色调与读者的关系更为密切，但是，生动的冷色调胜过淡淡的、隐晦的暖色调。在前景色中使用暖色调、在背景色中使用冷色调，可以加强消费者的感知深度。

克莱普纳观点 17.2

珍妮·斯宾塞（Jeanne Spencer）
加利福尼亚州圣巴巴拉市创意工程公司（Idea Engineering）合伙人

珍妮·斯宾塞

好设计 = 好传播

在挑选创意团队或设计团队时，你如何评估创意材料？如何评价他们为你设计的作品？为什么这事关重大？调研表明，不管是就短期而言还是就长远而言，平面设计都会对消费者的心理和购买趋势产生影响。有效的平面设计有助于保持记忆，尤其是对产品质量的记忆。好设计可以为品牌创造一个视觉身份，有助于消费者快速辨认。结构好的平面设计有助于消费者组织信息，从而轻松地理解讯息。广告讯息表现如何，最终由市场决定。为了有效地评价创意作品，不管采用哪种媒体，你都可以通过以下几个基本问题来进行评估：

1. **设计是否有吸引力？**在广告所处的环境中，广告是否会吸引受众的注意力，并劝服他们驻足以了解更多的信息？如果现在身处贸易展台，它是否能在会展中心脱颖而出？如果是一条杂志广告，是否会有人停下来看它？

   一般而言，最成功的创意作品都魅力十足，因为它们与受众的情感有某种联系。

   最初吸引我们的东西是否与其整体目标和讯息有联系？图片惊人的广告固然会让我们停下脚步、触动我们的情感，但如果广告传递的讯息是"提供最健康的早餐麦片"，那么画面与讯息之间的不一致就会让我们觉得自己被骗了。同样，网站上的音乐和弹出广告可以吸引我们的注意力，但它们也可能非常令人讨厌。

   总体而言，创意作品必须与其语境相协调，但同时又要从周遭环境中突显出来，还要与广告讯息相关联。关键是讯息和创意要打动人心。在设计上可以借助色彩、规模以及对图形的选择和处理，从而让广告与众不同。

2. **设计是否清晰易读？**受众如果看不懂你的广告，就无法接受你要传递的讯息。一瞥之下，如果标题字体花哨难认，需要很长时间才能辨认清楚，读者就会嫌麻烦而放弃；如果受众是老年人，那字体是不是够大，看起来是否舒服？从网站设计到标识设计，所有针对盲人的东西，国家都有指导方针。但是，一般而言，是否清晰易读多半受字体、字号等元素的影响。比如，字体与背景色或图形之间的区别不够明显，或者字号太小、太挤。同样，也可以从图形的层面判断是否清晰易读。如，图表是否清晰地传递了信息？图片的剪裁或颜色是吸引人还是让人困惑？

   在评估标识设计时，要考虑如果将其缩小或用单色复制，它是否仍然清晰可见？

3. **信息层次是否合理？**在浏览宣传册或广告时，你的眼睛是不是首先被最重要的东西吸引？然后才是次重要的东西、再次重要的东西？这是平面设计的核心——巧妙地安排传播元素（文字、图形、素材选择），合情合理地讲故事。故事从头开始（图形或标题首先抓住你的眼球），然后，或许马上结尾（号召消费者采取行动），也或许用上 30 页来展开和支撑故事。如果能按照计划好的顺序讲故事，则故事的效果最好；如果将所有东西都放在同等重要的位置，则不可能有顺序。在同一个版面上，不是所有的信息都最大、最鲜明、最抢眼，如果你想让目标受众关注某个具体讯息，就不能这样做。

4. **设计是否与品牌识别相一致？**如果不一致，原因是什么？我们一直假定，在着手酝酿广告或宣传册之前，你已经掌握了基本情况，包括品牌个性、竞争定位；我们还假定，品牌标识的视觉元素已经非常清晰：标识、颜色、字体和图形处理都和谐一致，足以形成品牌认知。因此，在评估酝酿中的新创意时，除了要确保其瞄准目标传递品牌个性和核心讯息外，还要考虑视觉上的一致性。

   如果是某系列广告的一部分，不一致就会让人困惑；如果广告旨在触达新的受众，那么，扩展品牌的视觉识别就可能比较合适；如果正在推出新的产品线，那么，将主打品牌做一些变化不仅有助于企业本身推出新产品，还有助于受众区分其他产品。

   但一致性并非放之四海而皆准，随着时间的推移，品牌识别往往会演化出不同的样态。这就会限制品牌一致性的效力，限制因一致性而形成的品牌可读性。

5. **上述哪些方面可以改进？**广告是否可以更有魅力？更具可读性？层次是否可以更合理？是否可以与品牌更保持一致？你不需要告诉创意团队如何实现以上几点，但这是描述有待改进之处的好办法。

几个“不要”

在开发创意的过程中，有些看似很好的创意未必能让你取得最好的效果。

*在与创意团队讨论之前，不要限制设计空间。*充分利用创意团队在创意选择方面的经验和熟悉度。如果知道自己要触达哪个特定的受众群并且已经确定直邮是最佳方式，那么设计思考可以帮助你确定以下内容。(1)广告的大小：为了让广告更加突出，它是应该更大一点呢，还是应该在形状上与众不同？在什么情况下，广告的大小会影响广告的制作或邮递成本？(2)创意作品是否为邮简？哪种包装有助于它更引人注意？(3)哪种特殊纸张或印刷工艺可以提高创意的冲击力？(4)受众是不是不愿看到浪费纸张？是否更喜欢标有网址、可方便进一步查询的明信片？

*不要在广告中塞进过多信息。*如果你听过“留白”这个术语，你该知道，它不是指白色的价值，而是指在版面上留出空间这一原则。留白既有助于保持视觉平衡，也有助于将观者的注意力引向最重要的东西。由于预算有限，抑或出于在广告中尽可能多地传递信息同时又给广告增色的欲望，因而虽然留白对广告人具有极大的诱惑力，但经过一段时间，增加的内容便开始削弱广告原有内容的冲击力，广告又回到可读性、信息层次和魅力这个层面。

*不要以你的个人偏好来做优先排序……除非你自己是目标受众。*否则，你不喜欢黄色这件事根本无关轻重，重要的是黄色是否有助于你的素材在背景中显得更醒目。

*不要让过多的人来做最终的创意决策。*反馈非常重要。你不希望因排期太紧而无法让关键人物审阅广告或认可创意，导致错过一些重要的东西。但是，参与创意评估的人越多，对营销目标了解不充分或不知道如何评估创意的人也就越多，于是创意就会根据个人偏好而被修改。要确定哪个人负责最终拍板，那个人必须全力投入，评估全过程中的所有关键点。让团队小一点。

伟大的广告取决于伟大的创意，伟大的创意可以用引人入胜的方法传递讯息。除此之外，平面设计师的才华、专业技巧和经验则使得创意的最终呈现形式大有不同。知道如何评估创意——而不是限制创意——有助于你找到最好的团队共事，有助于你得到最好的结果。

我们的共同目标是传播，而好的设计有助于你更好地传播。

Courtesy of Idea Engineering, Inc.

图 17.7

非对称平衡

这条同业出版物的广告不对称。

Courtesy of Bright Ideas Group.

虽然红色、黄色和橘色在一般人眼里是出挑的颜色，蓝色、绿色和大多数紫色是不出挑的颜色，但颜色的色泽、深浅和亮度却可以改变读者对讯息的心理感受。淡蓝绿色代表安静、湿润和凉爽，而明亮的蓝绿色则经常与热带海洋图景联系在一起，更容易吸引眼球。颜色与人的心理联系往往比视觉体验更有意义。[11]

根据产品和广告诉求的不同，运用颜色的原因也各不相同：

- *颜色是抓住注意力的工具*。与黑白广告相比，人们更容易注意到彩色广告，这一点很少例外。罗伯・斯塔奇公司的调查显示，彩色报纸广告的阅读次数高于黑白广告 61%。
- *有些产品只有通过彩色广告才能真实地表现出来*。如果使用黑白广告，家具、食物、服装及流行饰品、化妆品的广告就会魅力大减。此前有人做过调查，试图发现消费者最喜欢的颜色并找出颜色流行趋势。比如，潘通色彩研究所（Pantone Color Institute）就邀请消费者就特定商品选择自己现有的和未来的颜色偏好。此外，该研究所还通过调查问卷收集了受访者的人口统计信息，并按生活方式的不同将受访者分为了五类：谨慎的、冲动的、悲观的、传统的和自信的。

- *颜色可以突出广告中的特定元素但要小心使用*。广告主偶尔会在黑白广告中用彩色来突出产品。任何颜色都应该是广告整体的一部分，而不应事后找补。我们将在第十八章讨论彩色制作技巧。

  从广告布局、产品、包装到消费者感受到的讯息，无论在哪个层面，颜色都非常重要。斯塔奇广告阅读率服务公司也发现，明亮的色彩和对比能提高广告的吸引力。
- *在制作网络广告时，设计师们能用颜色的面积比平面广告小*。广告主在电视广告中会用艳丽的色彩来抓人眼球，但他们从来不在平面广告中这样做。这种用法使得我们在日常生活中能接受更加艳丽的色调。

预测流行色彩 潘通色彩研究所是一家研究色彩心理、色彩偏好和专业色彩应用的机构，另一家色彩预测机构美国色彩协会（Color Association of America），主要预测产品和时尚的色彩流行趋势。此外，还有色彩营销集团，该集团为非营利性机构，旗下的约 1 500 名设计师为所有行业、制成品和服务预测未来 1～3 年内的色彩流行趋势。美国色彩协会的预测提前 20 个月公布。显然，这些预测会对广告主产生影响。通常，色彩流行趋势都是循序渐进的，但自“9·11”后，这已经发生了一些变化。潘通色彩研究所副总裁劳里·普雷斯曼（Laurie Pressman）说：“在当前的零售气候下，独特的、神奇的设计确实更加重要了。设计师必须找到创新的方法刺激客户，点燃他们的激情。”[12]

大多数品牌都锁定一两种颜色，以致人们只要一看两个紧挨着的色块就能想到是哪个品牌。紫色和橙色？当然是联邦快递的。那家得宝用什么颜色？哪一家快递公司将棕色用作标志色？你知道答案。你会用粉色系和紫色系来标示金融企业的品牌吗？这些色彩当然有其传播价值，但粉色 / 紫色系可能无法建立坚实、专业的投资公司形象。每一条广告的色谱都非常重要（见图 17.8）。

色彩的全球化与区域化 伴随着当今商业和设计的全球化，色彩的界限正在模糊，但仍然存在着强烈的地区偏好和文化偏好。比如，哥斯达黎加那种热带地区的明艳、阳光的色彩在纽约就会显得不搭调、不和谐；而在西雅图这种城市，整个冬天都是灰蒙蒙的，人们喜欢黄色等明快的颜色。对美国人心理和心情产生作用的很多元素都具有全球性，这一点非同寻常。

留白 有些布局人员和设计师过于偏爱插图，结果忘了留白这个非常重要的设计工具。运用留白的基本原则是在广告的外面保留空白空间，在广告的中心位置过多地留白会破坏广告的整体性，分散读者的注意力，扰乱读者的视线。

布局的准备

布局指平面广告中所有元素的有序安排，它是制作人员在制作广告成品时将要依照的蓝图。广告是一步一步逐渐走向精细完善的，这些不同类型的布局就代表了广告传统制作流程（非电子制作）的不同阶段。

- *草图*。草图为小图（通常用记号笔或铅笔绘制），用于尝试布局图中各元素的不同摆放位置。其中最好的挑出来供下一步使用。
- *布局图粗稿*。布局图粗稿通常为电脑草图，与广告的实际大小相等。此时，所

图 17.8
在某些情况下，艺术指导认为色彩有助于人们感知和理解讯息。在这个案例中，奇思妙想集团（Bright Ideas Group）认为，明快的颜色有助于吸引受众注意这个广告。

Courtesy of Bright Ideas Group.

有元素都要表现出来，以显示广告的最终效果（在这个阶段，广告文案有时还没完工，见图 17.9）。其中最好的挑出来供下一步使用。

- *末稿*（comprehensive，通常称为 comp 或 mechanical）。所有字体、字号完全按其在成品广告中的位置组合的稿子称为末稿，插图（或照片）也各就各位。电脑末稿与广告成品非常接近，用于征求客户的意见。

末稿
有明确的大小、配色方案及其他必要元素，是呈现广告最终模样的布局图；它仅用于提案，不用于制作。

一旦广告战役的基本广告获得批准，供后面使用的广告布局图一般就只含有末稿。

电脑设计

通常，大多数广告公司的布局图都由其专属数字美术师们设计。但也有一些独立平面公司或自由美术师，他们或专长于设计、插图开发，或专长于电脑技术。有时，这些自由职业者完全可以充当营销商的设计部门，或承担广告公司的项目。

你知道怎么在电脑上做布局和设计，但前提是确保我们面对的信息完全相同。我们所谓的电脑绘图，是指在视频终端绘制或呈现视觉信息的能力，而光栏扫描图形是最常见的电脑呈现方式。屏幕上的每一个点称为一个**像素**（pixel），代表电脑存储卡的一个位置。像素的数量决定了图像的分辨率——这就是劣质电脑字体或图形与优质

像素
电脑图形的最小构成单位，是单个的图形元素。

Courtesy of Huey+Partners.

图 17.9

电脑草图

草图中的所有广告元素已各就各位，只是其中的广告文案还未完工。

还原图形的区别。像素的数量越多，分辨率越高，图像就越精细。屏幕的分辨率制约着其清晰度和锐度。这一点可能是大家没想到的。

过去，创作过程和制作过程是分开的。然而，由于现今计算机软件的轻松简便，一个人既可以创作，又可以制作，尽管软件专家还会继续区分这两种功能。大师级的布局要求设计师精通艺术、字体、设计及摄影、电脑以及电子图像等。

字体管理

字体完全可以成为你最宝贵的一种资产，但管理起来也很难，因此你必须了解自己的电脑如何存储基本运行系统之外的字体。

Open Type 是一种字库格式（下一章我们将更详细地讲解字体），由奥多比公司（Adobe）和微软公司（Microsoft）联合开发。由于它能让设计师更好地控制排版，因而它优于 Type1 和 TrueType。此外，它还有更多的字系，数量可达数千。Type1 和 TrueType 仅限于 256，而 Open Type 则能提供很多非标准化的字形，比如在同一套字库中兼有小型大写字母、超长线、花饰变体、丁巴特字体、符号以及大量外语。[13]

经过多年的进化，字体已经演变出大量的形态和样式，这使得对其的管理变得复杂起来。

克莱普纳观点17.3

谢瑞·比维尔
比维尔设计伙伴公司高级合伙人

视觉干扰有助于吸引读者

有人说，由于新媒体的出现——和随之而来的消费者主导，广告的“干扰”战略已经无能为力。但现实世界并非如此。让我们来给“干扰”下一个简单的定义吧：干扰即出人意料之事，比如在你最喜欢的电视节目中间冒出来的插播广告，这就是干扰。现在，我不是在说媒体干扰，而是在说创意干扰。

不管新媒体还是传统媒体，都必须吸引人们的注意。这些媒体既可以讲述产品或服务故事，也可以针对某一种问题提出解决方案。干扰就是将大象赶入玉米地，而我们不习惯在玉米地里看见大象。这是一种常见的或意料之中的干扰。在这种情况下，这是“视觉干扰”。不管是什么讯息，我们都必须对其进行处理，从而使之能引起人们的注意。不是骗人的把戏，而是在某些方面彼此关联的东西。

从视觉上说，我们不妨看看福来鸡的广告将奶牛放到广告牌顶端的做法（或在电视广告中举止古怪——奶牛站在车顶上）。我们平常不会看见奶牛这样做，它们应该在地里。福来鸡的奶牛广告由理查兹集团创作，它们认为自己的奶牛创意非常新颖，适用于所有媒体并会引人注目。福来鸡没有麦当劳那样的营销预算，要想参与竞争，它们就不得不智取。它们确实很聪明。

谢瑞·比维尔

为了让广告脱颖而出，可以考虑给人们提供新的视角和思路，从而打乱他们看待和思考事物的方式。要想与众不同，关键在于如何呈现广告，或如何将消费者推入感觉舒适的区域。“广告打扰”这一概念完全可以是正面的，可以应用于很多广告媒体——新媒体或旧媒体。因此，下一次，如果你想找到连接点，想让广告与众不同，请在玉米地里找自己的大象。

Courtesy of Sheri Bevil.

PostScript Type 1。PostScript Type 1是早期处理屏幕显示的一种字库文件，与之对应的PostScript 文件负责还原。今天的字库管理设备则会在你激活它们的时候跟踪字串。

TrueType。苹果公司开发的一个集PostScript两项功能于一体的系统。实际上，TrueType有两种格式：苹果格式和微软格式。但苹果的OS X系统支持以上两种格式。微软系统的TrueType字库名后缀为ttf和ttc。

OpenType。OpenType字库也将所有信息储存于一个文件之中，包括在苹果系统或微软系统上运行的PostScript或TrueType信息，同时支持属性，包括高级字系等。

Dfont。苹果公司在苹果OS X运行系统上推出的只适用于苹果的Dfont字库。该系统本质上也是TrueType，与其内部的UNIX子系统配合融洽。

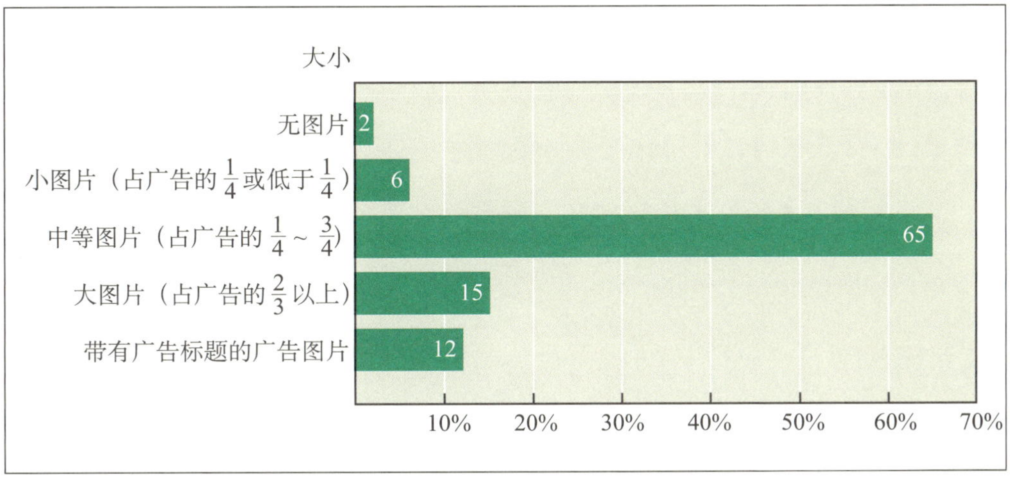

图 17.10

顶尖广告百分比

图形

6 **了解图形的种类。**

根据卡纳广告表现研究公司（Cahners Advertising Performance Studies）的调查，98% 的高分广告都含有图片或插图，这证明了人类是极其视觉化的动物。[14] 在大多数平面广告中，图片或插图在版面中所占的空间为 25%～67%(见图 17.10)。

艺术指导与摄影

艺术指导与摄影遵循双胞胎的原则——理论上，彼此成全、相得益彰。将一张顶尖的照片放到了错误的位置上会做出低劣的广告。西弗斯坦广告公司艺术指导贝茨·西梅尔曼（Betsy Zimmerman）说："先想出来布局，单看照片可能很棒，但只要把它跟背景放到一起，效果就大不相同了。" 著名创意人员杰夫·魏斯 (Jeff Weiss) 则说，每一条广告都包括两样东西：想说什么和如何说。艺术指导的作用就是感性地表达事物而非卖弄智力。伟大的广告指导必须接过销售创意，然后在你毫无察觉的情况下推进这个创意。

摄影的成本可能很高，根据摄影师的名望和广告主的付款意愿，广告中所用的图片为 700～10 000 美元。到外景拍摄照片花钱不少（见图 17.11）。

Courtesy of Lane Bevil+Partners.

图 17.11

外景拍摄的成本可能很高。

图 17.12

某些产品的广告要求特殊摄影师，有时还需要准备食物的人。这是分别拍摄的两张照片。

Courtesy of Lane Bevil+Partners.

艺术家的媒介

渲染插图的工具或材料称为艺术家的媒介，这里，“媒介”这一术语与“广告媒介”（比如电视和杂志）中的“媒介”含义不同。在广告中，最流行的艺术家的媒介是摄影。英国顶尖艺术指导尼尔·戈德弗雷（Neil Godfrey）说：“我喜欢用让人信服的东西，很少用插图。十之八九，插图的影响力就是不如照片。”汤姆·立顿赫德补充说：“尽管人们能识别修饰，但他们仍然相信照片不会说谎。”但有时，我们不得不考虑成本。“虽然近来有所好转，但摄影仍然花费高昂，”文案马尔科姆·普莱斯（Malcolm Pryce）说，“但用相对较低的成本，你却可以得到精彩的插画。”[15] 一次简单的产品拍摄也可能要花好几个小时才能得到所需的照片。图 17.12 中的条幅广告有两张照片，非常难拍。其他流行工具是笔、墨水、铅笔、蜡笔（以及电脑特效）。广告主或许会将照片用作平面广告的主要插图，但在较小的、二级插画中则会用笔和墨水。艺术家在选择媒介时考虑的是预期效果以及广告所投放的媒介。如果是平面广告或宣传辅助材料，还要兼顾纸张和印刷工艺。此外，不要想当然地认为自己请得起插画家或插画家可以参与你的项目。图 17.13 是一幅要求运用不同插画技能的作品。

商业艺术品购买惯例

广告创作通常需要两类艺术人才：（1）富有想象力的人才，他们或独立或与文案共同构思视觉创意，制作布局母本；（2）美术师，他负责完成插图。大型广告公司都会配置艺术指导、布局人员以及摄影师和美术师，由艺术指导和布局人员从视觉上创作原始布局图，由摄影师和美术师负责常规作品。

还有很多自由美术师和摄影师，他们专注于某一领域或某一技能。在购买作品尤其是照片的时候，有两点要注意。首先，不管是自己拍摄的照片还是从网上获得的图片，都要征得被拍摄者的书面许可或授权（见图 17.14）。其次，要提前准备好所有条款。摄影师可能拍摄了很多张照片，你从中挑选一张。如果你希望多用几张照片，价格会是多少？如果在出版物、网络、手机等媒体上使用该照片，价格会是多少？

自由艺术家和摄影师的要价各不相同，这取决于他们的名望、照片的性质、投放的媒体，以及广告是地区性投放、区域性投放还是全国性投放。不知名艺术家的插

Courtesy of Chick-fil-A.

图 17.13

这条广告需要插画师专长于某种特定的风格。

图可能只需要 200 美元，但知名艺术家的插图则需要 5 000 美元。请不知名的摄影师，一天的劳务费可能是 200 美元，但知名摄影师一天的劳务费则可能高达 2 500 美元。人们按他们心目中艺术家或摄影师所值的身价或客户能承担并愿意支付的价格向客户

图 17.14

模特 / 表演授权书

SLRS
广告公司　　　　模板 / 表演授权书

在所获得的价值和深思熟虑的基础上，本人授权 SLRS 广告公司及其客户在其广告中使用所有以我为拍摄对象的照片、本人的录音、音乐或视频。我清楚，插图 / 表演的编辑、修改或复制无须经过我本人的同意。我同意所有复制品以及底片、视频和音频都归 SLRS 广告公司及其代表的广告主所有。

证人____________________　　　　签字____________________

　　　　　　　　　　　　　　　　SOC.SEC.NO.____________

根据法律，如果被拍摄人为未成年人

监护人____________________

证　人____________________　　　　日期____________________

SLRS 传播公司 / 邮政信箱 5488/ 雅典，GA 30604-5488/(706) 549-2665

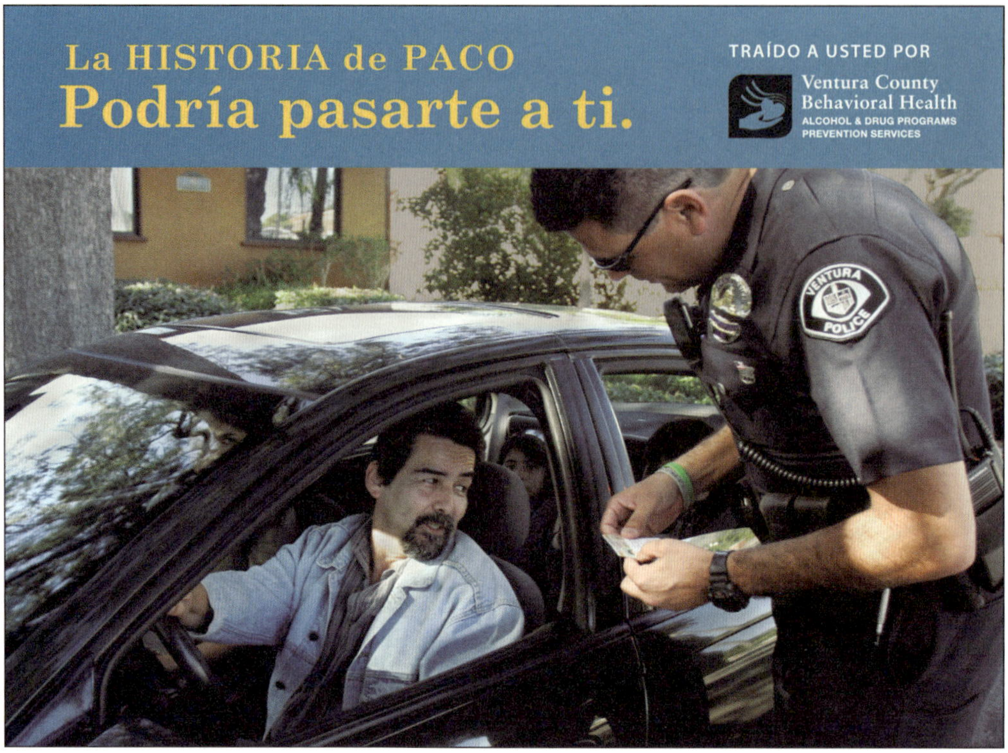

Courtesy of Idea Engineering, Inc.

图 17.15
拍摄对象的选择非常重要，因为该广告针对的是西班牙裔观众。

收取费用。因此，艺术家或摄影师的声望越高，其最终作品的价格多半就越高。凡吐拉县拉西裔行为健康组织（Ventura County Behavioral Health Hispanic）的广告要求拍摄时汽车后座上要有符合其概念的儿童（如想拍摄儿童，必须征得儿童父母或监护人的许可。见图 17.15）。

艺术品和图片的其他资源

客户并非总能负担起原始广告艺术或摄影的费用或时间。现成图片的来源包括电脑艺术和图片存货。

免版税素材插画 免版税素材插画（大多为照片和美术插画）可以通过多种服务公司获得，你只需要将它们下载到自己的电脑中。几乎所有类型的图片都可以得到，如，家人、男人、女人、儿童、经营环境、地点（比如农场和海滩）以及特殊活动。用这些插画的缺点是，你只能用有限的插画来配合自己的创意，而许多插画都很普通。它们的优势在于成本合理、图形选择余地大、不必支付版税。有些艺术服务公司每月都提供电脑光盘（或在线服务），里面有海量的图片。另有一些服务公司提供专业服务，如餐厅图片、超市图片、医学图片。一旦你购买这一服务，图片便归你所有，供你随心所欲地使用。

素材照片 和免税版素材插画一样，艺术指导和广告主可以利用的素材照片资料馆达数百家之多，以张为单位出售照片。每家资料馆都有数以千计的照片，按不同的主题分类。摄影师向素材公司提供照片，素材公司将其刊登在公司网站上；客户浏览素材公司网站提供的图片，查找合适的照片；然后艺术指导或广告主租用或购买广告中使用的照片，费用则根据照片的预期用途收取。

80% 以上的平面设计专业人员都会用到素材图形，它们的盛行有以下几个原因：

- 时间压力。必须满足严格的截稿日期和快速周转时间。
- 预算限制。素材比签约摄影师相对便宜，可以为客户节约成本。
- 质量、选择余地、多样性。素材的质量、水平和数量都有所提高。
- 方便性。资源众多，比如免版税素材、数字传输、电子商务网站，都非常容易获得。

很多公司难以数字化

对很多广告主及其广告公司而言，这个转型的难度远远超出预料。OysterCatchers 调查咨询公司合伙人彼得·科威（Peter Cowie）观察到：[16]

- 数字营销对不同的人来说代表着不同的东西——网络、手机、游戏、博客等，广告主的学习速度远远超过广告公司。
- 很多广告主对“数字化”的所有内容都有一种深深的不安全感，他们发现，数字材料的成本很难掌握，也不知道自己是否得到了最佳体现（因为数字化非常复杂，而且标准很少）。
- 传统广告公司仍然将数字化视为新的营销渠道，它们以创意起家，因而很难进行后向整合。
- 数字营销的新规则和新东西太多，对广告主和广告公司来说就像一门外语，比如：搜索引擎优化 (SEO)、搜索引擎营销（SEM）、图形用户界面（GUI）、互联协议（IA）、体验设计、社交网络、手机、游戏以及分析等。

随着数字技术的发展，它以更快的速度变得更加复杂，新技术、新特性、新功能不断涌现，而新产品的不断变化和推出又进一步加剧了这种变化，大多数人都没有时间成为在这些领域中面面俱到的专家。

文案与设计

在前面的章节，我们讲解了传播中的扩展信息（及文案），指出 30 秒广告或整版广告可以引起受众对产品或服务的关注，但它们往往压缩到只剩文案，因为版面和时间的限制迫使你不得不压缩信息。于是消费者会到网上查找更多的信息。广告主要确保消费者可以在其官网上找到所需的关键详细信息，否则消费者就会到其他地方查找所需的信息。数字媒体没有版面空间或时间的限制，但必须保证能轻松通过导航引导消费者。

在设计和制作数字材料时，你必须掌握一大堆复杂的软件、平台和程序，而每个网络或平台的要求也可能大不相同，导致制作成本上升。这和制作一条 30 秒的广告供几家电视网络使用全然不同。除非做到标准化（尤其是网络视频），否则数字广告制作仍然会是一个挑战。

十六进制色彩编码 色彩系统建立在数字系统之上，即 216 个六位数的十六进制色彩代码，它们将界定数字系统认为对 HTML 安全、无干扰的色彩。十六进制采用十六进制数学运算编写二进制的速写版本，从而表现红绿蓝颜色组合中的不同颜色。是的，这更复杂了。

克莱普纳观点17.4

帕克·米德尔顿

帕克·米德尔顿（Parker Middleton）
佐治亚大学格雷迪新闻与大众传播学院高等教育院长助理

学校也能重塑品牌

佐治亚大学亨利·格雷迪学院新闻与大众传播学院成立于 1915 年，在调查、教学、媒介训练服务方面具有悠久的历史和令人尊敬的声望，学院鼓励广告专业校友中的领袖人物向校友们宣传自己形成创意的方法和营销方法，以鼓励校内校外的品牌活动。我们的校友都是各自领域的领导者，他们希望看到自己的母校成为有思想且得到大家普遍认可的前瞻性大学品牌的领军人物。

为了改变视觉传播和讯息的面貌，格雷迪学院找到本校广告专业校友罗恩·休伊开办的休伊伙伴公司，请他们为学院百年庆典活动构思一个品牌支撑，先以标识的形式出现庆祝格雷迪学院的百年历史。休伊伙伴公司设计了百年庆典标识和其他材料，以此作为“来自格雷迪，为格雷迪”活动的礼品。

皮博迪奖在电子媒体领域享受最高荣誉，1941 年便由格雷迪学院首次颁发。皮博迪奖是构成学校形象的众多品牌之一，也是佐治亚大学最有意义的校外项目。为了吸引人们关注格雷迪学院与皮博迪奖之间的关系，为了提高格雷迪学院在校友及国内外媒介中的影响，格雷迪学院要求休伊伙伴公司策划一场广告战役，将格雷迪学院打造为“皮博迪奖之家”。

为了实现这一目标，在格雷迪学院准备百年校庆活动和 2011 年皮博迪奖 70 周年之际，休伊伙伴公司也创作了一系列广告概念。第一条广告，“掌声”篇，投放在《广播与有线杂志》（*Broadcasting and Cable Magazine*）的纸质版和电子版上，与此同时，这条广告还出现在了皮博迪奖在纽约华道夫酒店举办的年度颁奖宴会节目中。皮博迪奖系列广告的其他创意采用多种风格，向当地、全国以及其他受众重点强调格雷迪学院创办皮博迪奖这件事。皮博迪奖承认“按自己的标准评选优秀”，皮博迪奖总监霍勒斯·纽科姆博士（Horace Newcomb）说，“我们为皮博迪奖创作的广告讯息将为它增光添彩”。在百年庆典的延伸活动中，为了努力将格雷迪学院打造为“皮博迪奖之家”，格雷迪学院会继续利用其校友的创造力。

Courtesy of Dr. Parker Middleton.

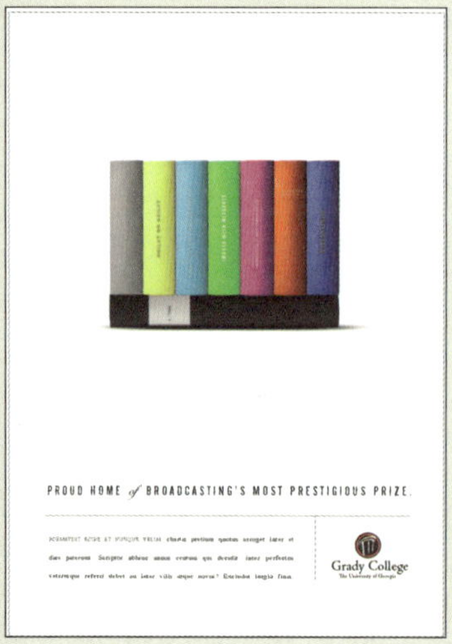

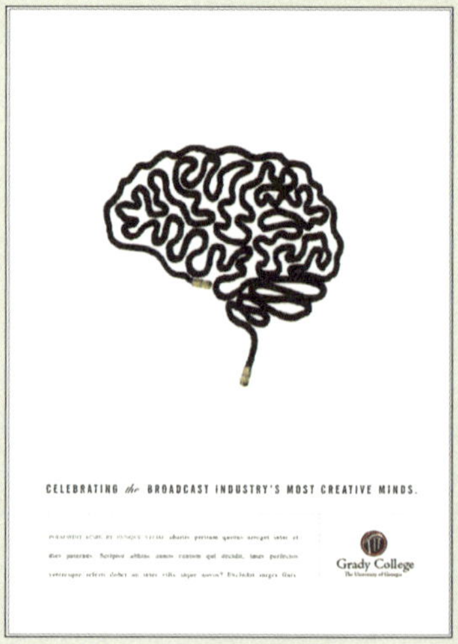

微型网站成本　建设微型网站的成本有时高得惊人。2009 年年初，可口可乐推出了“快乐工厂”篇的第三个版本，是一个含五个互动游戏的 Flash 网站，故事的线索是用户去一家制造快乐的工厂工作。这种广告活动要求很高的制作水准和 100 万美元的成本。因此，对于一些广告公司来说，建议客户避开 20 万美元的微型网站而选择免费的 Facebook 网页或 25 美元 / 月的 Ning 社交媒体才是正确的做法。

全面战略整合

在讨论数字广告、设计和战略时，我们必须明白，每一次传播都是根据媒介的优势而设计的，每一次都不同，每一次都有自己的要求，可能会牵扯到众多不同的传播工具。点燃健康广告公司（Ignitehealth）为客户吉利德科技公司（Gilead Sciences）——一家生物制药公司——提供的服务包括广告、网页设计、互动动漫、电子邮件营销、病患关系营销、产品资料以及户外广告。这些都要整合到广告战略中去。

小　结

我们现在已经从创意进入广告了，我们从消费者的主要利益入手，而这是产品身上最重要的东西。

在广告中，整体概念就是以全新的方式看待事物。概念就是创意，大创意就是能清晰地表达讯息、图文相得益彰的创意。另一种观点认为，基础创意就是抽象地满足心理感知到的欲望或需要。大脑的左半球负责推理，控制我们的文字表达能力，处理信息，用语言思考，以线性方式有条不紊地工作；大脑的右半球负责直觉，处理平行信息，控制创意过程，用形象而非语言思考，对色彩做出反应，主管艺术，能看到整个图景。一般来说，左半球发达的人和右半球发达的人要协同作战，共同构思创意。

创意团队由艺术指导、文案组成，然后想出最佳的创意呈现方法，即用语言、图形、声音、颜色、形状等抽象地再现人们心理感受到的欲望或需要。之后是版面呈现（通常由艺术指导负责），布局图会将各不相同的广告元素组合为一个整体。艺术指导的主要任务之一是制作有吸引力的广告。在配置广告元素时，版面美术师必须考虑设计原则：统一、和谐、顺序、强调、对比及平衡。

广告一般从草图开始，后续步骤包括布局粗稿、末稿。

大多数情况下，图片和摄影是艺术指导对创意的原创表现，由自由美术师或摄影师根据自己的专长去做。如果时间或金钱紧张，也可以利用电脑艺术服务公司或素材图片。

复习题

1. 什么是大创意？
2. 什么是可执行创意？
3. 艺术指导和文案的工作职责是什么？
4. 吸引注意力的基本方法有哪些？
5. 什么是末稿？
6. 什么是素材照片？

第十八章

Copyright, Nissan (2009). Infiniti, Infiniti model names and the Infiniti logo are registered trademarks of Nissan.

印刷制作

几十年来，实际印刷方式一直没有变化，但印刷的准备材料却几乎全部数字化了。要想提高工作效率，广告经理就必须既了解老技术，又了解新技术。▶

本章学习目标

1. 了解制作部门的性质。
2. 了解数字与传统制作流程。
3. 了解如何选择印刷流程。
4. 认识版面组合和插图。
5. 了解打样技巧。

现在，该印刷制作人员来拿主意，完成供出版物所用的广告成品了。因此，他们必须要有出版或印刷信息。制作过程十分复杂，涉及质量、时间以及资金。如果所有的广告人员和营销人员都对基本的制作过程有所了解，那将非常有帮助。要想把广告送去付印，我们需要些什么？宣传册或广告夹页要经过哪些准备步骤和印刷流程？需要多长时间？

这个转变过程以初始设计为起点，以完成品为终点，由广告主或广告公司负责，被称为印刷制作。广告不同，对制作的要求也不同。广告公司员工可能要制作杂志或报纸广告、辅助手册、直接反应广告、户外广告和交通工具广告（见图 18.1），因此他们必须了解所有的制作流程和版面组合工作要求。策划过程可能涉及大量的人力和资金，因此，在我们开始组织之前，应该先了解一些重要问题。

记住，在大多数情况下，数字只是这个流程中的一部分，数字印刷机无法进行大批量印刷（上百万份的印刷量）。大多数印刷商都投入了数百万美元购置精良的印刷设备，因此，除非能清楚地看到品质和经济上的好处，否则他们不会轻易改变。一些数字复印机可以处理一些营销商的小批量印刷工作，它们所用的纸张尺寸比普通胶印机小很多，普通胶印机的纸张尺寸比大多数复印机大三四倍。你总不会用办公室复印机打印 12 页的促销广告或 70 万份广告夹页吧。不过我们将在本章的稍后讲解基本印刷流程。

制作数据

1 了解制作部门的性质。

制作人员必须精通印刷工艺、字体处理、印刷方法和复制版，这些我们将在本章稍后探讨。我们先来看看印刷媒体的信息来源。如你所料，大多数出版物都会提供网

Courtesy of Bright Ideas.

图 18.1

广告制作人员必须了解如何从电脑走向完成品。

址链接，供人们查询制作或广告要求。有些还可以提供图片广告、分类广告和特殊广告的 PDF 下载服务，里面也会包含所有的制作要求。

SRDS 制作资源——SRDS 印刷媒体制作数据——为大多数商务杂志和消费者杂志以及报纸提供了广告制作所需要的所有制作要求。制作、调度和平面设计人员用这些数据来确认基本制作信息，以便掌握制作时间和资金使用。当然，每个出版物都会根据自己的印刷要求规定广告交稿日期和版面组合细节。图 18.2 为典型刊物的一些数字广告要求细节，从中可以看见它们详细到什么程度。了解这些细节要求非常重要，因为这事关成本。制作人员或许会给印刷厂送去一条 5 万美元的广告，或开机印 10 万美元的广告，因此他们必须知道自己在做什么。

制作策划与排期

为了确保创意和制作工作按部就班地进行，首先要设定一个时间排期。截止期指所有材料准备妥当的日期，一旦截止日期确定下来，广告主就可以根据时间倒推，决定何时着手开始工作。

现在，我们最好了解一下制作环境，不妨看看在若干制作环节中要注意哪些关键因素。

图 18.2
2010 年数字拼版要求。

DIGITAL DATA REQUIRED FOR AD. Advertising is only accepted in PDF/X1a format. No application files will be accepted.

PRINTING PROCESS: Web Offset

AD SIZES	***TRIM***	***BLEED***	***LIVE AREA***
Page	8-3/8" x 10-1/2"	8-5/8" x 10- 3/4"	7-1/2" x 10"
Spread	16-3/4" x 10-1/2"	17" x 10-3/4"	16" x 10" 1/2
Horizontal spread	16-3/4" x 5-1/4"	17" x 5-1/2"	16" x 4-7/8"
2/3 vertical	5-3/8" x 10-1/2"	5-5/8" x 10-3/4"	4-5/8" x 10
1/2 horizontal	8-3/8" x 5-1/4"	8-5/8" x 5-1/2"	7-1/2" x 4-7/8"
1/2 vertical	4-1/4" x 10-1/2"	4-1/2" x 10-3/4"	3-5/8" x 10"
1/3 vertical	2-7/8" x 10-1/2"	3-1/8" x 10-3/4"	2-1/4" x 10"
1/3 square	4-5/8" x 4-7/8"	n/a	4-5/8" x 4-7/8"

Digital Specifications

Document Construction:
- Build pages to trim size and extend the bleeds 1⁄8" beyond the document page. Supply spread ads as single page files with 1⁄4" gutter safety.
- All high resolution images, artwork and fonts must be included when the PostScript file is written.
- Use only type 1 fonts. Use stylized fonts only. DO NOT apply style attributes to fonts.
- All color must be CMYK unless the color will be printed as a spot color.
- Total area density should not exceed the SWOP standard of 300%.
- Do not nest EPS files within other EPS files.
- All elements must be placed at 100% size. No rotation or cropping of placed images. This must be done in the original application. i.e., Illustrator, Photoshop, etc., prior to placing.
- Place 6mm 5%, 25%, 50%, 75%, 100% C, M, Y, K patch strip on left side of document page.
- Registration offset must be set to 30 pts. Bleed set to .125".
- All required image trapping must be included in the file.

File Formats: (We do not accept any application files.) PDF/X1a (not a standard PDF file) File:
- Careful attention must be paid to the proper creation of PDF/X1a files to ensure that they reproduce correctly. A comprehensive overview may be found online.
- PDF/X1a files must be supplied as composite pages, one ad per file. Files must contain all high resolution images as CMYK or grayscale and have all fonts embedded.

Media Labeling Requirements:
Publication name, issue and date; agency name and phone number; contact person and phone number; advertiser; vendor name; file name/number; print window of the directories on disk.

Electronic Transfer: FTP.
Note: Digital file supplied without corresponding SWOP color proof will forfeit guarantee of color reproduction.

Proofs
Supply digital proofs calibrated to SWOP specifications that represent the digital file at 100% (Kodak Approval is preferred).

All off-press proofs must include a SWOP approved color bar and manufacture ID to be acceptable SWOP proofs. For a list of certified SWOP proofing systems, visit **www.swop.org/certification.htm**l. Proofs made using digital proofing systems should use a digital control bar having similar content to the hard-dot film control bar. This color control bar should have the following characteristics: Screened areas with rulings of 133 lines per inch with tint values of 25%, 50% and 75% of each of the primary colors in physical proximity to a solid patch. Two-color overprints of the same 25%, 50%, 75% and solids are also recommended. Additional areas such as 1%, 2%, 3%, 5% and 95%, 97%, 98%, 99% may be useful, especially for digital output. A gray balance bar must be included on the proof, designed to match the neutral appearance and weight of black tints of three different values, under standard viewing conditions.

The three-color gray balance portion of the color bar should have the following values:

Black	Cyan	Magenta	Yellow
75%	75%	63%	63%
50%	50%	40%	40%
25%	25%	16%	16%

This color bar could take the form of a manufacturer's color control guide, a GCA/GATF Proof Comparator, or a GATF/SWOP Proofing Bar or their digital equivalents. An exposure control element may also be included where appropriate.

A Digital Proofing Control Bar, provided by the manufacturer, obtained from SWOP, Inc. or created in-house, must be included on all proofs, in order for them to be considered acceptable SWOP proofs. This bar should contain all the elements as described above. Gray balance should appear neutral and similar to that of a SWOP press proof and the substrate should appear similar in hue and brightness to Textweb Proofing Paper. Digital color bars should meet all requirements for color bars contained herein.

SWOP has made color bars meeting the above requirements available as a free download in two different formats. **www.swop.org/downloads.html.** Label color proofs to indicate manufacture ID. If a SWOP certified proof is not supplied, one will be pulled from supplied file for press purposes at our printing facility. Failure to provide this type of proof will result in an $85 production charge applied to advertiser's invoice. Advertiser must provide a ruled proof for position.

4-Color Plate Change: $2,500 (net charge). Matched color and fifth color: $3,500 (net charge).

数码工作室

在电脑拼版技术诞生之前，要想准备广告或印刷材料，大多数艺术指导只能在纸上将精确的版面组合设计、创作好，具体说明色彩分离或其他信息，制作经理负责监督制作步骤和程序。如今，许多艺术指导和数字设计师通过电脑来控制诸多制作步骤。

有些广告公司把自己的计算机部门叫作图像工作室或数字图像工作室，艺术指导在这里依靠电脑设计图像和版面。有些数字制作部门被分为“印刷”和“互动”两块，互动部包括手机、网站和游戏。在有些广告公司（尤其是中小型广告公司），艺术指导还要承担制作任务，他们要设计、排版、做版式、调色、扫描、分色、制作最终的 PDF 文件；有时，他们会将这个工作直接转交给印刷或服务部。有些制作工作需要外援或服务供应商的帮助，实际上，很多广告公司在图形制作、高清扫描以及打样方面都会依赖外部支持，而现实中也确实有电子印前公司提供用于电脑文件的图形制作核对服务。如果接到这样的工作，电子印前公司便会利用自己在套色和其他操作方面的必要专业知识来准备供菲林用的文件。印前操作的每一个环节几乎都能找到相应的供应商。

数字印刷制作

2 了解数字与传统制作流程。

虽然现在可以在电脑上设计广告了，但很多制作工作仍然要根据具体的要求，从电脑屏幕上转移到菲林上，供出版或印刷厂所用。从某种程度上说，广告人只能控制广告制作的一部分。如果你想将一条印刷广告投放到某个刊物，这家刊物便会就广告制作和表现形式提出自己的细节标准（见图 18.2）。在电脑上创作的数字广告或许仍然要转换成菲林，这样才能制作印刷版。传统的制作要求所有广告材料都必须做成菲林，然后制成印刷版，而全数字制作则可以跳过菲林，直接将电脑图像转换成印刷版。因此，你必须搞清具体的要求。

广告公司创作的广告完全可以做到全数字化。印刷或出版的印前流程可以数字化，但一旦进入印刷版这个环节，不管是传统技术还是数字技术，印刷流程通常都是传统的，只是这个状态也在改变。不过，在过去的十年中，实际印刷的变化速度远比不上印前流程的变化速度。这听起来让人困惑，我们稍后会大致讲述这个流程。

技术因素

数字广告的问题通常都归结为技术问题，而这类问题很多。印刷工人不仅要具备充分的电脑知识，电脑美工还必须精通如何准备电脑文件，这样才能正确输出文件，他们必须确保字体和图片文件的分辨率都恰到好处。

兼容性 即便在今天，文件的兼容性仍然有可能成为问题。这些文件的保存格式必须与印刷流程中所有相关部门的电脑兼容。如今，电脑美工、文案、印前服务供应商以及出版商所处的计算机环境各不相同，容易产生文件兼容性的问题。通常，广告公司会送交一份测试文件，以判断他们的电子文件是否能被正确读出，以避免浪费不必要的时间和金钱，避免混乱和菲林成本。其中一些问题如下：印刷工作流程应该建立在哪种数字文件的基础上？谁来负责制作这些最终的交换格式——广告公司、印前供应商或服务商、印厂？运用什么工具和方法才能最好地确保文件的完整性和印刷的成功？为了确保不同格式的数字文件能够兼容，软件设计师们开发了众多的高级工具。

行业标准 几个印刷行业组织携手提高印刷质量和技术，推出了一些技术标准，如卷筒纸胶印出版规范（Specifications Web Offset Publications，SWOP）和商业平版胶印应用一般要求（General Requirements For Applications in Commercial Offset Lithography，GRACOL）。它们为印刷制定规范，促进印刷买卖双方（广告主和广告公司）之间的交流，改进印刷流程，以维护印刷业在传播市场上的竞争力。大多数出版物都遵循这些规范。

这些组织还为印刷业制定了文件格式标准。但很多人认为，真正的问题不在于技术，而在于经济，投入非常大。印刷厂仍然接受甚至欢迎任何格式的文件，不管是本地应用文件还是非标准的 PDF 文件，于是，判断提交哪种格式便成了制作总监的任务。

整合预检 平面设计圈所普遍接受的*整合预检*（preflighting）这一术语通常指在印刷或多媒体工作流程各环节所进行的文件检查。这个术语借用了飞机起飞前进行检查时的用语。在印刷制作中，整合预检是为了确保数字文件可以正常输出。但在如今的数字工作流程中，大家都知道必须在制作链条的各个环节控制数字内容文件的质量。有些印刷人员将文件检查工作抽离出来，认为印前整合预检属于创意阶段，应该在生成本地应用文件的时候完成。不论打算采用什么输出设备，这个过程都会全面分析图文或电子拼版是否适宜输出，通过这一步，可以发现数字文件或字体是否完整、是否丢失。

后期检查 *后期检查*这一术语指在印前阶段进行的检查，这时，最终文件已经建成，准备用于合成数码打样、印版调整或数字印刷。正是由于采用了兼容性软件制作广告或相关材料，所以这些图像的检查过程比较复杂。

针对任何指定工作，广告公司的制作经理都必须核实由谁来负责整合预检，是印前服务供应商、印刷厂还是广告公司。

色彩校准 色彩校准是印刷过程中关系到所有人的另一个问题。所有显示器、打样设备和印刷机都必须校准，如此才能保证不管在哪里打开这些文件，图像和硬拷图看起来都完全相同。否则，客户在另一个地方就有可能输出与印前阶段制作或上机印刷不同的数字打样。

招标 广告主或广告公司在制作辅助材料的时候，必须找到效率高、价格又合理的印刷厂。有一些在线服务公司，如 printbid.com，可以帮助你寻找到最合理的价格。不过请记住，并非每个印刷厂都可以收费合理而又高效率地胜任每一件工作，或者说都按同一个质量完成每一件工作。制作经理的任务就是确保找到“合适”的印刷厂。通常来说，广告主或广告公司会给实力相当的印刷厂提供三次竞标机会。

印前流程

在开始印刷之前，要做好印刷准备工作，然后执行和制作。我们在这里大致描述一下传统印刷和数字印刷的主要步骤。

传统 广告概念：文案、布局和签样。
印版校准
电子分色
拼版
菲林准备
印版制作
印刷

数字 广告概念：文案、布局和签样。
扫描
拼版
打样
整合预检
打样
菲林准备（如果非电脑直接制版，CTP 印刷）
印版制作
印刷

印刷制作

广告公司的印刷制作团队负责将最初的创意概念转换成提交给客户的印刷传播用品，这其中包括杂志、报纸、户外广告、交通工具广告、售点广告、辅助宣传册以及直接反应广告。你可能从来没想过，大多数餐厅的菜单里外都是要印刷的（见图 18.3）。制作部门人员必须熟悉所有的制作流程、出版拼版规范、预算以及质量要求。最后，这个团队必须了解自己有多长的执行时间跨度。所有这些因素都可能错综复杂地纠缠在一起。

印刷制作人员不仅仅是经验丰富的技术人员，他们还是平面艺术顾问、制作策划人和制作联络员。对内，他们承担创意、调度、媒体和客户管理工作；对外，他们面对平面设计供应商和印刷媒体。

印刷制作团队规模的大小与广告公司的营业额挂钩。如果是小广告公司，可能只会聘请一名印刷制作专家；如果是大型广告公司，其印刷制作团队则可能由很多专业人士组成，还会有一名印刷制作经理。印刷制作包括以下几个领域：

- 插图采购人员对不同形式的照相和插图技巧了如指掌，知道谁是最合适的人选，然后与摄影师、插画师、数字美工以及其他艺术总监等合作对象签订合约（见图 18.4）。
- 印刷制作人员与调度、客户管理及创意部门协调，做好所有印刷制作活动。
- 印刷采购人员擅长制作策划和购买户外广告、交通工具广告、报纸杂志夹页广告以及宣传册和精美直邮广告等辅助性印刷品，他们还熟知纸张、油墨的特性以及印刷、装订和打包设备的性能。

Courtesy of Lane Bevil+Partners.

图 18.3

大多数餐厅的菜单里外都需要印刷。

除上面提到的职能，大型制作部门可能还设有成本估算师岗位。通常，客户会要求广告公司为日后的工作提交一份制作预算，一般为一年内的广告制作总预算。这有助于客户对广告和辅助材料的制作成本形成一个粗略的概念。在准备各项工作之前，客户必须签字同意每个项目的制作成本。对制作部门来说，提交准确的制作成本估算至关重要。

计算机直接制版

随着印刷业从菲林向计算机直接制版（CTP）转型，制作规范也在不断变化。计算机直接制版的应用越来越广泛，并逐渐取代了传统的菲林。如今，广告公司大多可以给印刷厂提供高清 PDF 文件，这意味着也可以使用 .jpeg 格式的文件。不过请记住，广告主和广告公司无法控制出版规范。如果是杂志广告，则杂志社有权决定出版物应该如何印刷——数字、传统或两者混合。但数字设计则可以由广告公司控制，如果由广告公司制作辅助材料（宣传册、夹页等），则它在这一过程中可以拥有更大的控制权，可以选择符合自己制作喜好的印刷厂。

图 18.4

罗伯特·威利特是一名 PhotoShop 专家，他有时将照片、文字以及设计糅合到一起，形成特殊的图像。这里给出了三种复杂的处理方式。

Courtesy of Robert Willett Design.

克莱普纳观点 18.1

谢瑞·比维尔

比维尔设计伙伴公司高级合伙人

“海量图像和文件传输服务”

大多数广告公司几乎每天都给印刷厂、媒体和客户传送广告、绘画以及其他电子图像文件。为方便客户（及广告公司）之间传输大型保密文件，很多大中型广告公司设立了自己的文件传输协议（ftp）网站。

如果你想传输大型设计图或照片，但却没有 ftp 网站，那你的文件对于大多数电子邮件系统来说就可能太大，无法传输。遇到这种情况，你可以通过一些文件传输服务器来上传文件，该服务器会给收件人发一封电子邮件，里面有一个链接，收件人只需要点击这个链接即可接收文件。有些印刷厂和服务器供应商有自己的上传系统，从而使大型文件的传送变得方便起来。这样，广告主、广告公司或设计师所要做的就是根据指令，将文件上传至他们的系统。有些服务商还设有 iPhone 应用程序，以追踪、确认客户是否收到了这个文件。

下面是对处理大型文件的几点建议：

- 避免字体问题，始终用“全选”来抓取插图中的所有字体，然后“创建轮廓”。这样，所有字体都会变成艺术字体，收件人看到的文件（无论是供印刷制作之用还是供审阅之用）字体就会和你创建的文件字体一模一样（不需要再随文件附上字体）。
- 在用电子邮件或网络（ftp 网站）向印刷厂传送印刷文件时，最好将文件打包或压缩，以便在传送过程中保护这些文件。在这方面，有几款超棒的软件。千万别忘记确认收件人能释放或解压缩这些文件。
- 有几个免费或基本免费的网站（如：www.yousendit.com 和 www.mailbigfile.com）可以上传电子邮件无法传送的大型文件。视服务器的不同，你最大可以上传 2GB 的文件。这些服务器很好用，只需要输入收件人的邮箱地址，出现一个供点击的地址，然后浏览你电脑上的文件，选取正确的文件，然后点击。现在，所有文件都在下拉菜单里备用了，然后，点击“发送”。上传的时间长短取决于文件的大小，因此你必须等到“文件已经成功发送”的信息弹出。然后，服务器会发邮件通知收件人有文件需下载，收件人只需点击链接，进入文件，然后将这个文件下载到自己的电脑上即可。大多数服务器可以将文件保存 7～14 天。

谢瑞·比维尔

Courtesy of Sheri Bevil.

相对于菲林而言，CTP 印刷的优势在于图像套得更准、点阵更清晰、图像分辨率更高。此外，数字工作流程还可以缩短设计和印刷时间。

CTP 印刷的另一个优势在于打样和签样。如果是传统印刷，一旦发现问题，校正、拍摄、剥版、重做印版、重新开机需要长达 16 个小时，而数字技术则可以让印刷机在 30 分钟内完成取印版、校正数字文件、准备新印版、安装印版等一系列动作。现在我们来看看可供选择的印刷方案。

选择印刷流程

3 了解如何选择印刷流程

大多数情况下，选择哪种印刷方式并不能由广告主或广告公司做主，而是要看将把广告投放到什么媒介。然而，在某些领域，比如销售推广、广告夹页、直邮以及售点广告，采用哪种印刷方式则必须由广告主拍板。要想和印刷厂有效地沟通，广告主就必须对基本的制作技术有所了解，知道手中这件工作采用什么方式最合适。

如果没有预先敲定印刷方式，则制作的第一步就是敲定什么方式最合适。印刷方式主要有三种：

- 凸版印刷（letterpress，在凸起的表面上印刷）。
- 平版胶印（offset lithography，在平整的表面上印刷）。
- 照相凹版（rotogravure，在蚀出的表面上印刷）。

这三种印刷方式各有长处和短处，就具体印刷件而言，甲可能比乙效果更好。一旦敲定了印刷方式，便可以启动制作工作了，因为整个制作工作都取决于要采用哪种印刷方式。

前文讲过，印前操作正在从传统向数字转变。一旦广告、辅助广告或促销品设计完毕并转换成印版，余下的印刷流程与几十年前的并无多大差异。虽然印刷机已经达到了前所未有的效率，但印刷概念却没怎么改变。

凸版印刷

现在，出版物通常已经不再采用凸版印刷了，但广告主仍然经常用到这种印刷方式，因此我们应该了解一些基本知识。如果按最简单的方式来理解，不妨这样想象**凸版印刷**：如果你用过橡皮油泥图章（上面有名字、地址等），你其实就已经运用过凸版印刷的原理了。你在油泥上按一下印章，然后，在你把印章盖到纸上时，油墨就从印章表面转移到纸上了，印章上的信息就复制下来了。

凸版印刷
在浮雕般或凸起的表面印刷。凸起的表面上涂有油墨，然后直接接触纸张，原理就像橡皮图章。

在凸版印刷中，要印刷的地方从印版上凸起并被涂上油墨，着墨后的印版压到纸上，然后便得到印刷痕迹（见图 18.5）。

印刷之前，绘画、图片、文字等都必须制成照相凸版（将印版表面制成凸起状的过程），广告公司必须给凸版印刷厂提供照相凸版或这些凸版的副本。通常情况下，用这种方法印刷的图片质量不如平版胶印或照相凹版的。每种印刷方式都各有优劣，需要广告人长年累月地积累经验。凸版印刷机有几种类型，“压板印刷机”可以印刷很多品种，还可以模切（剪裁纸张）、轧花（在纸上起凸）、打孔和压痕（压出折痕，

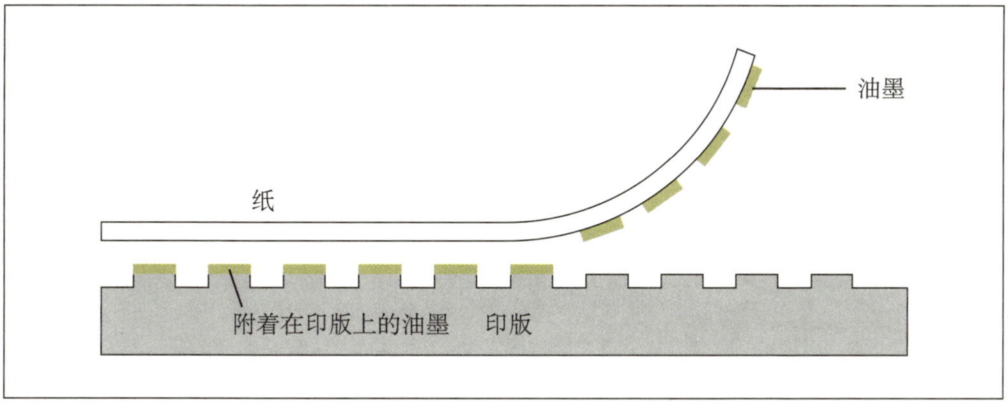

图 18.5
凸版印刷
凸版印刷需要表面凸起的印版。

以便厚纸张折叠）。

平版胶印

平版胶印
平版胶印是一种印刷方式，它用一种油脂物在特制的石板上勾勒出图像，然后将这个设计转印到纸上。如今，比较常用的印刷方式是平版胶印，不过石板已经被更薄、更柔韧的金属板所替代。在这一过程中，图像从金属板上“拓印”到胶皮上，然后再印到纸上。

从基本原理上讲，**平版胶印**就是建立在水油不相溶这个原理上的一个光化学过程；从理论上讲，平版胶印适用于印刷所有图像；从实际操作上讲，虽然平版胶印无法将所有的东西都印刷得很好，但大多数印刷工作（80%～90%）都选择了平版胶印。

平版胶印是一种平版（平面）印刷方式，通过卷绕在转轮印刷机上的一块薄而平的印版来印刷，抗油的卷筒不断流出油墨，涂到印版上，沾上油墨的印版再和另一个卷筒上的胶皮接触，图像就从印版转移到了胶皮上；接下来，胶皮又把这个带有油墨的图像转移或印刷到收纸滚筒的纸上。印版不会直接与纸张接触（见图 18.6）。

由于平版胶印采用的是照相制版，因而在美国效率很高、应用广泛，它可以印刷书籍（包括本书）、目录、期刊、直邮广告、户外广告、交通工具广告、售点展示以及绝大部分报纸。

广告主或他们的广告代理公司必须提供可以制成胶印版的图片、电子版面组合或菲林。

照相凹版印刷

照相凹版
一种印刷方式，该方式通过化学蚀刻的滚筒勾勒出图像，然后放到转轮印刷机上印刷，十分适合大批量印刷图片。

照相凹版所印刷的图像蚀刻在铜版平面之下——和凸版印刷正好相反，形成精细的油墨槽（精细而凹陷的印刷区由网目组成）。照相凹版的印版在印刷机上着墨，之后将表面刮干净，只剩下精细的墨槽中有油墨，然后将印版压到纸上，通过纸张的吸收力将墨槽中的油墨吸到纸上（见图 18.7）。

照相凹版可以印刷很多出版物的全部或部分，包括全国性和地方性周日报副刊、邮购商品目录、包装材料、报纸夹页或大批量印刷的杂志如《国家地理》（*National Geographic*）。照相凹版可以高速印刷上百万份，但小批量印刷用它就不太合算。如果印刷量在 10 万以上，照相凹版足以与平版胶印较量；如果印刷量超过 100 万，则照相凹版比平版胶印效率更高；如果所用的纸张质量较差，则照相凹版印刷的色彩还原更为出色，但照相凹版的准备成本相对更高，而且一旦有重大改动，其成本也很高。

图 18.6

平版胶印的印刷系统。本图展示了图像从印版上出来，印到胶皮上再印到纸上的过程。

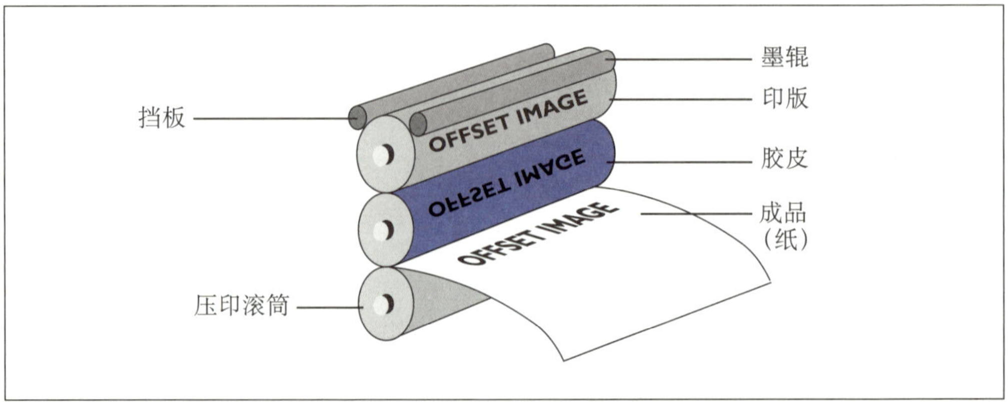

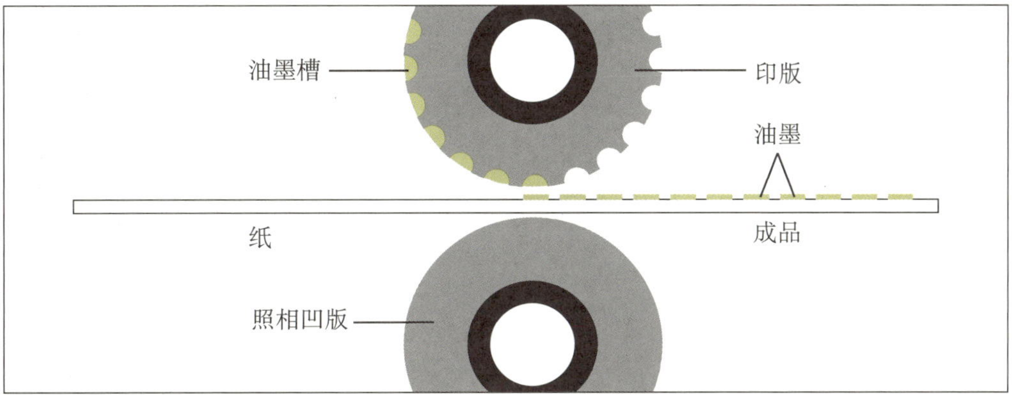

图 18.7

照相凹版

在进行照相凹版印刷时，墨槽里灌满了油墨。

平板纸印刷机与卷筒纸印刷机

凸版印刷、平版胶印和照相凹版印刷都可以选择用平板纸印刷机或卷筒纸印刷机：

- 平板纸印刷机一次只送一张纸，常规平板纸印刷机每小时大约印刷 6 000～7 000 张纸。
- 卷筒纸印刷机内有一个卷筒不间断地送纸，印刷速度极快——每分钟约 1 500 张。大多数大型促销印刷公司都采用卷筒纸印刷机。

丝网印刷

另一种印刷方式是**丝网印刷**（screen printing），其印刷原理和凸版印刷、平版胶印以及照相凹版不同，特别适合小批量印刷。这种简易的印刷方式采用漏字板，设计稿（插图、文字、图片）的漏字板以手动或照相的方式制作完成，然后将它放到纺织物（通常为丝织物）或金属网栅（看起来更像纱窗）上，将油墨或颜料涂到漏字板上，然后用胶辊挤压，油墨或颜料便通过漏字板和网栅渗到纸上（或其他表面），如图 18.8 所示。

丝网印刷

丝网印刷是一种简单的印刷方式，采用漏字板进行印刷。它比较经济，但还原质量有限。

丝网印刷十分经济，尤其适合印刷色彩鲜艳、大块的物品，如车厢广告、海报和售点广告。丝网印刷几乎可以在任何表面完成：壁纸、砖块、瓶子、T 恤等等。虽然高级印刷机的印刷速度可以达到每小时约 6 000 份，有时还能印刷广告牌大小的作品，但丝网印刷基本上还是一种速度慢、适合小批量印刷（印刷量 1～100 或 1 000）的印刷方式。印刷方式的这种多样化更有利于广告主。

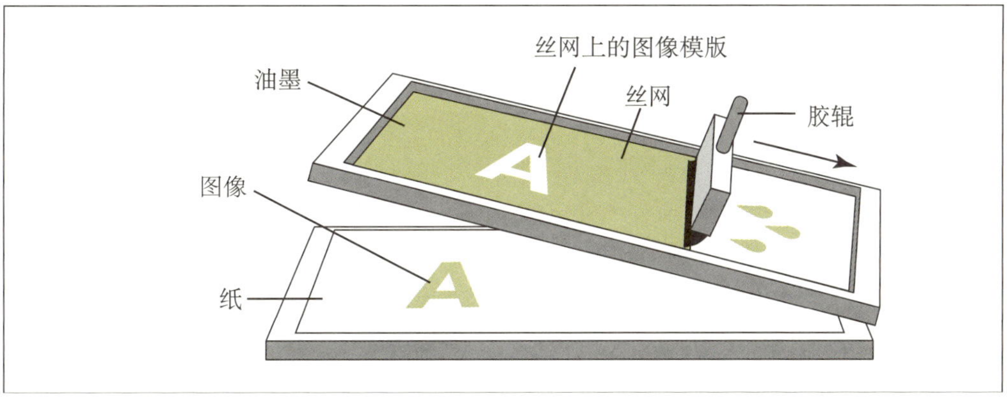

图 18.8

丝网印刷

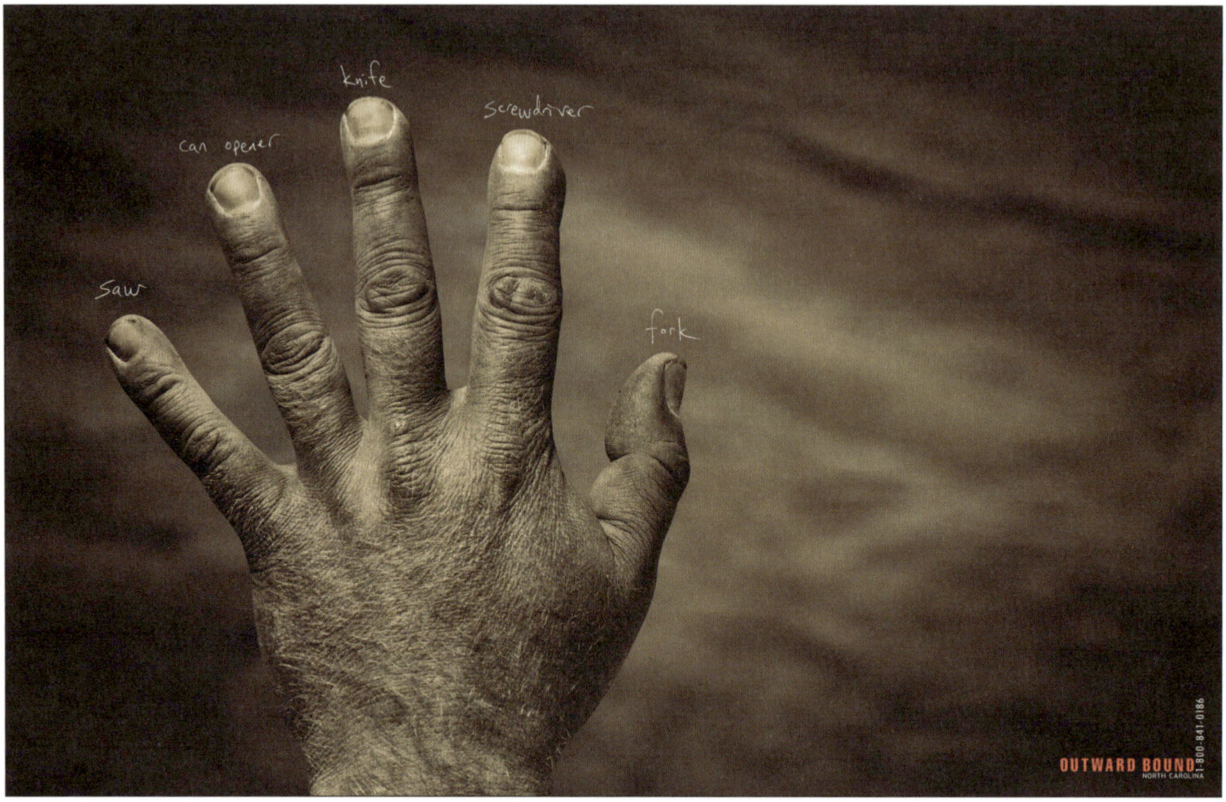

Courtesy of LKM-Loeffler Ketchum Mountjoy.

图 18.9

拓展训练的这条广告不仅利用字体传达信息，还与图像互相呼应。

了解排版工艺

字体一直是广告设计中的重要组成部分，它能营造气氛，提高广告的可读性，赋予传播以形象。字体威力十足，是最重要的广告设计工具之一。字体能让沟通显得友好而热情，能够集中注意力，能够组织语言、营造氛围。

对广告人来说，现在更应该了解如何运用字体，因为那么多字体都是在广告公司或客户的电脑上设计的。在广泛使用电脑之前，艺术总监会请专业人员——排字工或印刷工——来处理字体，大多数人认为，能像他们那么深入了解字体的艺术总监或设计师屈指可数。能在电脑上设计字体并不意味着就可以顺利地排版。现在我们先来了解一些基础知识，然后再来讨论这个话题。

排版工艺

有效利用字体、字号的一门艺术。

排版工艺（typography）是有效地运用字体、字号的一门艺术，它涉及以下几个方面：选择字体和字号，确定字母间距、单词间距和行距，确定连字符的用法，为所有广告文案规定字体规格。夏洛特童书奖（Charlotte）得主 LKM 广告公司就用一张极富戏剧张力的手的照片，加上每根手指末端上的字体来增强视觉信息（见图 18.9）。

字体和阅读

文本排印是为了给快速、无障碍的沟通提供方便，图片标题是为了吸引读者，激发他们对正文的兴趣。用大写字母排印不一定能达到这些目的。请注意图 18.10 中不同的字体，这其中有哪些不适合杂志的正文？

超过 95% 的文本都用小写字母。调查表明，和大写字母相比，读者在阅读小写

Adobe Garamond Pro Bold
Baskerville Semibold
Bradley Hand
Cooper Black
Impact
Jazz LET
Skia
Comic Sans

图 18.10

不同字体样本。每种字体都形成不同的语气或感觉。例子中的字体为相同的字号。

字母时感觉更舒服；调查还表明，高度不同的小写字母组成的字串会在读者脑海中形成轮廓，有助于他们在看到这些文字时勾起回忆。小写字母组成的文字读起来比全部由大写字母组成的文字更快。

理想的阅读速度是眼睛在扫完一行文字后能抓住几个由三四个词组成的词组，然后再跳到下一组、再下一组，每次停顿或固定间歇约为四分之一秒。小写字母组成的单词便可以做到这一点。全部大写的单词会迫使读者一个字母一个字母地阅读，然后在脑海中将这些字母组织成单词，再将这些单词组成短语和句子。其结果是，阅读速度和理解能力都下降 10%～25%。

有时候，出于设计目的，完全可以用全部大写的标题或副标题。设计有时候会凌驾于“沟通法则”之上，否则你就无法说服客户或艺术指导，让他们相信小写字母更好。在这种情况下，字数和行数都应该减少。如果每行字的字数超过四五个，几行字都大写，势必会造成阅读困难。[1]

字体

为广告挑选字体极为重要。图 18.11 向我们展示了主要的字体分类：黑体、古罗马体、现代罗马体、方衬线体、无衬线体和装饰字体。

字型和字类

字体大小、字型相同的同一套字的大小写字母、数字以及标点符号（见图 18.12）。比如罗马体或斜体，罗马体（有小写字母 r）是一种垂直字体，和字母倾斜的斜体不同；罗马体（有大写字母 R）表示一组衬线字体。

字类指同一类字体设计中的两种以上变体系列（见图 18.13），但每一种变体都会

图 18.11
字类示例

Text	Old English
Old Roman	Garamond
Modern Roman	Century
Square Serif	Lubalin
Sans Serif	Avant Garde
Decorative	Ransom

图 18.12
两种不同的 Optima 字型：常规体和粗体

Optima
abcdefghijklmnopqrstuvwxyz
ABCDEFGHIJKLMNOPQRSTUVWXYZ
1234567890$(&?!%',;)*

Optima ExtraBlack
abcdefghijklmnopqrstuvwxyz
ABCDEFGHIJKLMNOPQRSTUVWX
YZ1234567890$(&?!%',;)*

保持其基本字体的主要特征。每个字类都可以有斜体、细线字体、细长体、半黑体、黑体、粗体、缩略字、扁体、轮廓线体等。有些字类只有几种变体，有些有多种变体。字类可以为同一条广告提供彼此协调的不同变体。

字体计量单位

排版人员采用独特的计量单位。要想和制作人员打交道，就必须了解基本的计量单位。在英语国家的印刷制作工作中，磅（point，pt）和派卡（pica）都是会用到的计量单位。下面我们就来具体看一下这两种计量单位。

磅 磅用来测量字的大小（字母高度）。1 英寸有 72 磅。掌握 36 磅字约有半英寸高、18 磅字约有$\frac{1}{4}$英寸高将对你的工作大有裨益。图 18.14 列举了讨论字体高度时常用的术语。字的大小在 6～120 磅之间，正文字体通常在 6～14 磅之间，大多数出版物的字体都为 9 磅、10 磅或 11 磅，14 磅及以上大小的字体通常用于图片或标题。然而，这种大小跨度只是一种标准而已——很多报纸广告的正文字体差不多都为 18 磅，还有一些广告的标题采用正文的字号。图 18.15 向我们展示了基本字体的视觉效果。

磅

磅是字的计量单位，约为$\frac{1}{72}$英寸高，字的大小取决于磅数，如 8 磅、12 磅、24 磅和 48 磅等等。磅也是纸张厚度的计量单位，相当于 0.001 英寸。

图 18.13

一个字类内的所有变体都会保留其基本字形和风格特点，有些字类只有罗马体、斜体和黑体几种变化，而有些，比如使用比较广泛的 Helvetica 字类，则有很多种变体和不同的笔画粗细。

点也可以被用于行间距、标尺、页边距以及字体高度的计量。

派卡 派卡是一种长度计量单位，1 派卡等于 12 磅，6 派卡等于 1 英寸。派卡亦可用于计量行的宽度、高度和长度。

派卡

印刷宽度计量单位。6 派卡等于 1 英寸，一个 24 派卡的版面等于 4 英寸宽。

艾各特字行 大多数报纸（以及少数小型杂志）都按栏寸或艾各特字行销售广告空间。艾各特字行是一种版面高度计量单位，不论每栏有多宽，14 艾各特字行都等于 1 栏寸。报纸广告版面指高度（艾各特字行）和宽度（栏寸数）。比如说“100 × 2”，就可以读作“100 艾各特字行高、2 栏寸宽”。

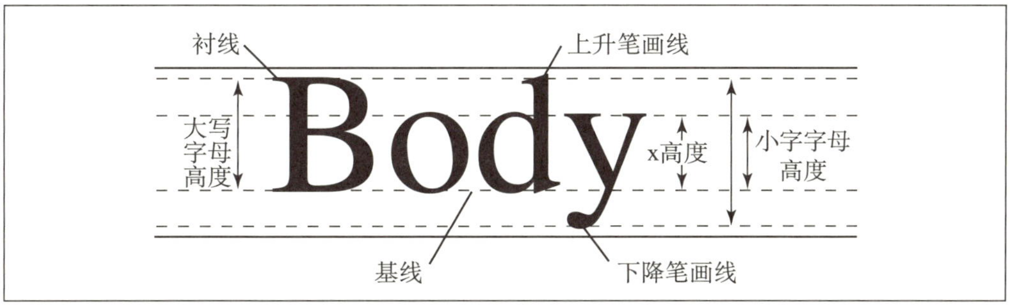

图 18.14

字体高度常用术语

图 18.15

不同字体大小的视觉效果

8 point Gill Sans Advertising Production
10 point Gill Sans Advertising Production
12 point Gill Sans Advertising Production
14 point Gill Sans Advertising Production
18 point Gill Sans Advertising Production
36 point Gill Sans Adv
48 point Gill Sans

行间距 也叫加空铅。行间距指字行与字行之间的垂直距离，字底边之间的距离按磅计算。如果不加大行间距，叫作紧排。加大行间距更便于阅读，但经验证明，行间距不宜超过字体大小的 20%。因此，如果你用的是 10 磅字，那么行间距最多为 2 磅，相当于 12 磅的加空铅。

字体规格通常由艺术指导、印刷制作人员或专业字体设计指导决定，接下来的工作涉及最终的决策：

- 小写字母比大写字母的阅读速度快 13.4%。
- 反向文案——在深色背景上的反白字或浅色字——读起来比白底黑字更困难。因此，如果必须反白（见图 18.16），在挑选字号和字体时要格外仔细。

排版

我们在本章前面讲过，现在几乎所有的排版都是在桌面电脑上进行的。未来的排版人员很可能就是艺术指导或设计师乃至文案本人，对他们来讲，字体更多的是一种工具而非结果。

字体使用指南

- 只用原始字体。不要想当然地认为印前服务公司或印刷厂给出的字体一模一样。
- 记住，作为打包字体的购买者，你只有使用权。如果想在多台电脑上使用这个字体，必须申请多用户权限。
- 电脑美工必须保留屏幕字体和印刷字体（屏幕字体指在电脑屏幕上显示的字体，印刷字体指下传到印刷机的输出字体）记录表。
- 和印前服务公司或印刷厂就电子印刷中将使用的字体进行沟通，以免广告或辅助宣传资料的印刷效果不尽如人意。
- 避免用 6 磅及以下的字体，尤其是衬线字体（带“字脚”的字母，比如波多尼字体）。如果是高清输出，小号字体的细线部分容易不清晰，进而影响阅读。
- 如果用反白字体，避免用过小（6 磅及以下）或纤细的字体，无衬线字体和黑体是比较好的选择。大量使用反白字体会影响阅读。

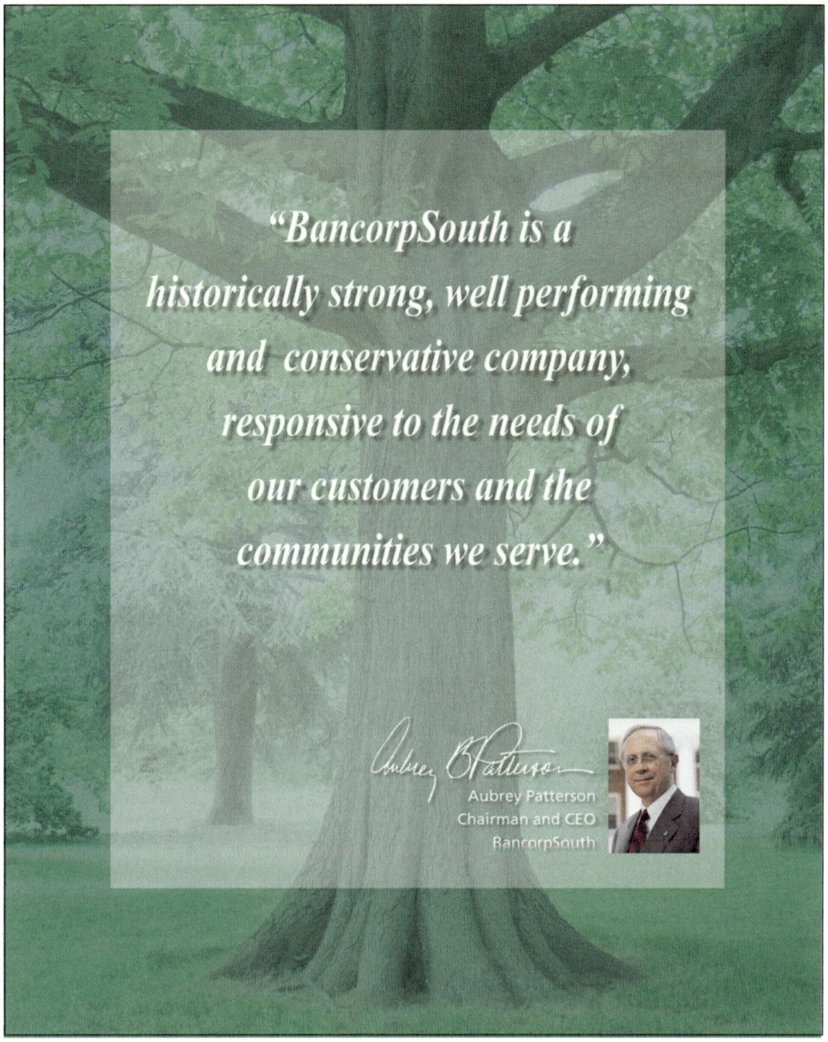

图 18.16

BancorpSouth 的这条广告上的文字看上去是白色的，其实不然——它是反白字，即在深色（绿色）背景上的白色或浅色字体。

- 如果可以，尽量将文字转换成 EPS 格式的文件（矢量图）。印前服务商经常遇到 EPS 图像文字输入引起的字体替换问题或 PostScript 错误。

电子拼版和图形

4 认识版面组合和插图。

文案与其余广告素材（如插图、logo）获准通过并被组合到电脑系统中的广告内后，广告主会同意进行电子拼版或画草图。在得到认可后，电子文件被提交给印前服务供应商。

给印前服务公司的图像

和印前服务商或印刷厂就将要使用的图像类型进行沟通，是用幻灯片（如 35mm 的幻灯片或投射作品），还是线画、插图或数字摄影。广告公司制作人员必须了解（或者核对出版物操作规范——见图 18.17）哪种电子文件更合适。你拿到合适的图片——要想印前制作工作顺利进行，正确的文件、字体以及技术要求是必要保障，不能想当然地认为素材在自己的电脑上看着很好，印前服务商、印刷厂或出版商就可以用你的素材。如图 18.17 所示，连简单的纸巾带都有具体的印刷细节说明。

图 18.17

印花纸巾带的拼版要求。

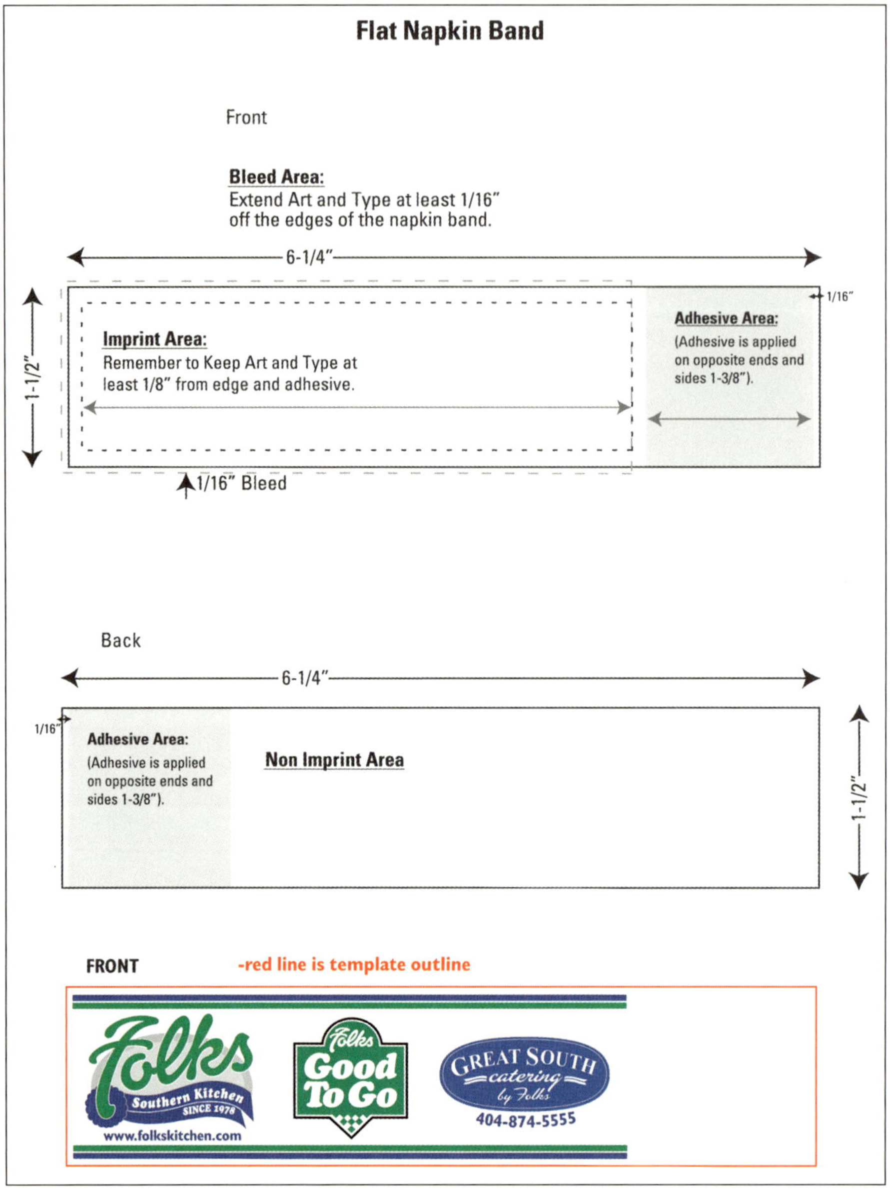

Courtesy of Lane Bevil+Partners.

制作人员必须处理几种图画，包括线画以及黑白和彩色中的半色调。

线画 任何由纯色（没有色调）组成的字体或图像都叫线画。如果是在电脑上设置的字体，就属于线画（如果是纯色）；用笔和墨画出来的图像也是线画，因为此时油墨没有色调。通常，这种图像的规格要大于拼版所要求的规格，以便在缩小和印刷时尽量减少图像上的瑕疵。

线画偏色 我们可以通过网点偏色或本戴底纹网屏过滤纯色，从而增加线画的深浅变化。图 18.18 利用网点偏色创造出一种灰色对比错觉。这可以通过电脑布局设计来完成，也可以在制版前的菲林剥版环节由制版人员加一个平网来完成。

线画颜色 彩色图像不一定非要通过三四块印版才能实现，可以通过电脑添加或修改颜色。请记住，每一种颜色都可能需要单独一张版。线画颜色的印刷成本相对较低，而且效果也不错。如图 18.19 所示，黑色用一块版，蓝色专色用另一块版——一个颜色一块版。

图 18.18

顶端文字用纯色（100%）油墨印刷，第二行文字油墨过滤了50%，第三行文字只剩20%。油墨的颜色相同，但网屏过滤让它表现出了不同的深浅。背景采用20%的黑色，造成一种偏色，从而改变形状、文字或颜色的外观和感觉，如图所示。

纯色（单色或混合色）印刷出来的为单一的颜色。颜色按潘通配色系统（PMS）的色标序列号指定，印刷机也按照这个序列号调配油墨。这就好像你走进一家油漆商店，你选择一个色卡，然后让工作人员为你调配出这种颜色的油漆。将这种油墨印到纸上，就可以得到指定的颜色。

半色调

看一下黑白图像，你就会发现它们和线画不一样——它们有色调。这种照片的色调跨度从纯黑直到纯白，叫作**连续色调**（continuous-tone）图像。

连续色调

在纸张或菲林上未经平网过滤、含有从白到黑所有渐变色调的摄影图片或图像。

Courtesy of Lane Bevil+Partners and Hydro.

图 18.19

这条双色广告用了一块黑版和一块蓝色专色版——一个颜色一块版，较浅的蓝色是较深的蓝色经过平网过滤后形成的。

要想再现连续色调图像的色调跨度，就必须把图像（照片）分解成点或线，因此这种图像又叫作半色调。半色调既可以通过印刷厂的照相机（如今已很少见）再现，也可以通过数字手段再现，两种方法都是将图像分解成网点。记住，黑色油墨就是黑色油墨，不是灰色。因此，制作中要在印刷纸张上将色调区域转变成不同大小的半色调点，从视觉上制造出灰色的感觉。如果用放大镜观察这些印刷出来的灰色区域，我们便会发现一些微小的黑色网点。每英寸的网点越多，原图的细节就表现得越清晰；网点的质量越高，纸张的质量也要相应地提高，进而导致纸张成本的上升。因此，我们要核对印刷厂 / 出版商对网点数目或分辨率（resolution）的具体要求。

分辨率事关宽度和高度。印刷界将分辨率描述为每英寸的网目数，即 dpi。分辨率不能人为添加，不能无中生有。如果源图像的分辨率是 72dpi，和众多网络图片差不多，那么你可以改变它的像素深度，但却无法改变它的分辨率。如果源图像的分辨率从一开始就很低，增加像素深度只能增加文件的大小，并不能弥补清晰度的不足。数字印刷要求图像的分辨率达到 300dpi，有很多图片文档都以像素为基础，以下是其中的一些：

.tif（标记图像文件）：基于像素的文件格式，可以预览（标签），是一种标准的印刷文件格式。

.jpeg（联合图像专家组）：基于像素的文件格式，可以高强度压缩。网络图像通常采用.jpeg格式，但如果其分辨率很高，未过度压缩，且为CMYK（用于印刷的四色），则.jpeg格式非常适合印刷。

PhotoShop EPS：不要将PhotoShop EPS和Illustrator EPS混为一谈，前者是一种矢量图，和.tif一样，也可以预览（压缩部分）。

.gif（图像互换格式）：基本上用于网络图像，不适于印刷。

.png（便携式网络图像）：和.gif是近亲，也基本上用于网络图像。

半色调加工 如果想制作一张半色调的图像，电脑美工或制版人员有很多办法处理背景，这种处理就叫作半色调加工。半色调加工有以下几种技巧：

- *方块半色调*。保留半色调背景。
- *轮廓*。由照相制版人员或电脑美工去掉照片的背景。
- *套印*。套印采用合成版，即在同一块版上先曝光线条负片，然后再曝光半色调底片。
- *镂空*。镂空即先将半色调区域挖出来，然后插入文字或其他内容。

连续调转换线画 连续调转换线画将源图像的连续色调转换成对比度高的图像，其黑白色调与线画相似。这种转换将图像转换成某种模式：网线铜版、波浪线、直线或同心圆。大多数设计软件只需要点击鼠标就可以完成多种连续调转换线画。

双色半透明版 有两种方法可以将单色图像印刷成双色图像，即将第二种颜色叠印在黑色半色调的上面（或下面），或将图像拍摄两次，第二次改变网屏的角度，这样第二块彩色版的网点就会落在第一块版的网点之间。这就叫双色调，它可以让两种颜色原本单色的半色调形成对比。

四色印刷
通过一组黄、蓝、红和黑的印版（顺序可能不同）而制作彩色图像的工艺。这些版称为套色版。

四色印刷 如果工作任务要求印刷彩色照片，则需要另一套印刷系统。该系统称为**四色印刷**（four-color process），四种颜色分别为青色（蓝色）、品红（红色）、黄色及黑色（用字母 C、M、Y 及 K 表示）。要想充分再现照片中所有自然色的色谱，这几种颜色必不可少。前三种——青色、品红及黄色——形成不同的颜色，黑色形成图像的清晰度和对比。

四色或三原色印刷要求照相工艺或电子扫描仪将照片（或其他连续色调的底稿）分成四张负片，一种颜色一个负片。各颜色的这个制版过程叫作分色（见图 18.20）。如果用放大镜观察本书（或其他出版物）中的所有彩色广告，你就会看到四种颜色的半色调网点。

数字扫描仪 通过扫描仪，可以将照片转换成数字文件。扫描仪有两种基本类型：平板扫描仪和滚筒扫描仪。你可能用过平板扫描仪，这基本上不需要训练，但其质量千差万别。印刷厂或广告公司采用的是专业扫描仪，可以得到高品质的图像。滚筒扫描仪将原始照片或图像卷绕在光源旁边的滚筒上，因而可以得到品质极高的图像。有一点非常重要，必须记住：照片（无论是彩色的还是黑白的）必须分解成点阵才可以用于印刷。

彩色打样 对杂志制作经理来说，其最重要的任务之一就是再现让广告主和广告公司满意的颜色。印刷之前，广告公司通常要求看打样。在如今电子彩色制作的背景下，传统打样系统似乎已经让位给了数字彩色打样机、彩色打印机、网络化彩色复印

图 18.20

四色印刷需要将四块印版——蓝色（青色）、红色（品红）、黄色及黑色——合成，产生所需的颜色和对比。

Courtesy of Lane Bevil+Partners.

机以及小批量彩色制作设备。

很多打样都采用 SWOP 或美国凹版印刷协会（GAA）的规定，油墨、色调密度、反白要求及其他技术标准均由该协会制定。

数字硬拷贝系统和软片系统可以将菲林上的图像制作成连续色调的打样。软片打样系统使制作和设计人员得以生成数字化彩色图像，从而在制作定位打样的分色片之前评估这个图像。互动打样系统不仅在截稿期上赋予了广告公司更大的灵活性，并且还为客户节省了时间和金钱。

5 了解打样技巧。

打样的类型 可供选择的打样种类数不胜数，因而制作经理必须决定打样的精确度。换句话说，他们必须确定自己想要什么品质的打样。如果没必要，他们显然不会选择价格高的打样。以下是几种打样类型：

打样类型	色彩准确度	成本
黑白激光打样	图像可见断色，但不露出底色，分辨率 300—600dpi。	低
蓝图	在感光纸上将菲林曝光制成打样，只能显示单色图像，使用半色调菲林。	低
接触印相纸打样	由菲林在照相纸上生成简单的黑白打样，使用半色调菲林。	适中
高级数字打样	通过电子文件制成的打样，采用柯达、3M 等设备，有几项工艺可达工业标准，分辨率 1 800dpi 以上，无法制作实物菲林。	适中
桌面电脑打样	通常采用喷墨或热蜡，颜色还原度较高，分辨率 300dpi，需要颜色管理系统配色。	低
层压 / 黏合打样	将分色曝光到打样菲林上，然后叠加菲林，制成合成打样，采用半色调菲林，套色精确。	适中
叠加打样	由多层醋酸纤维素粘在菲林底板上制成，每一层菲林上都有一个分色图像，可见断色，但并不精确，采用半色调菲林。	适中
印刷机打样	印刷机制成的打样，采用半色调菲林，采用实际油墨生成最准确的打样。	高

广告副本

大多数印刷广告不止投放到一家出版物上，广告主的排期名单上往往有几家不同的出版物，有时他们也会提交广告的复制品，或将广告材料提交给经销商以备联合广告之用。复制杂志或报纸广告材料的方法多种多样，其中最常见的是将数字文件发给出版物，如此就可以将广告投放到几家出版物上。

其他制作技术的进步

在过去的十年里，技术进步改变了印前和印刷工艺，未来的制作经理和艺术指导在处理项目时还将面临更多的新方法。这些新技术涉及分色、色彩管理、打样、制版、印刷等，以下几种技术尤其引人注目。

调频加网和分色

CTP 技术让更多的印刷厂得以采用另一种技术来印刷半色调，这就是调频加网，又叫随机加网。随机加网工艺可以制作十分逼真的色调和细节，达到接近照相的品质。如果是传统网屏，则网点均匀地分布在网格中（例如每英寸110行或133行），增加或缩小网点便可以改变色调；如果是调频加网，则所有网点大小相同，都非常细小，其网点的数目也会随着色调的不同而不同；如果是高级印刷机，则图像会呈现出连续色调或达到照相级品质，远远高于传统工艺。目前，只有少数几家公司在用这种工艺，这几家公司可以做高品质的分色，因而可以印刷出清晰度更高的彩色广告。

高保真色彩 高保真色彩正在扩展我们对色彩的认识，提高我们对印刷制作技术和工艺的开发利用度。传统彩色印刷只能展现人类视觉系统所能分辨颜色的一部分，正是这种传统印刷技术的色域局限性催生了高保真色彩。高保真是一组新兴技术，它通过改进和增加色调、动态范围、细节、空间调频以及平面和其他视觉媒体的外观因素来拓宽印刷的色域。

高保真色彩由以下几部分构成：调频加网、四色＋彩色印刷和无水印刷法；特制纸张、菲林、涂层和层压；打样系统、色彩管理系统（CMS）、软件和硬件。

色彩管理系统 最理想的——虽然我们在技术上还达不到——就是能印刷出与屏幕显现图像一模一样的图像，或像宣传的那样，所见即所得。这对质量管理和设计提出了极高的要求。图像在经历各个制作流程时，其信息便会以不同方式发生变化——例如，源图像中的照相数据；电脑屏幕上的红、绿、蓝像素；纸张上的青色、品红、黄色以及黑色网点。色彩管理系统软件可以让信息在这一过程中保持一致，但是设计师必须明白自己能控制什么、不能控制什么。就算有色彩管理系统，这一过程也依然可能很复杂。

无水印刷 因为用水较少，无水平版胶印技术十分环保。大多数胶印机用润湿系统覆盖印版。胶印的工作原理是水油（墨水）不相溶，无水印刷所用的印版表面涂了一层硅树脂，不会吸收无图区域的油墨。整个印刷过程都可以做到细节出色、网线高、更饱满且质量始终如一。简而言之，印刷质量极好。有些人批评说："无水印刷的版过于敏感、容易刮花，对温度很敏感。"[2] 如今，胶印已经成了印刷的主流。

数字印刷 再次重申，我们在这里说的不是桌面打印机，而是用来印刷折页、信笺以及其他素材的商用印刷机。数字印刷机通常用于小批量印刷。1993年，荷兰研发出第一套数字印刷系统，Indigo Press。如今，Indigo Press数字印刷品的分辨率和印刷效果堪比胶印的效果，且很少要求对印前制作进行调整。不过，论竞争，数字印刷所用的纸张开本小了点。后来，Indigo公司被惠普公司兼并。用数字直接印刷，智能终端向印刷机发送文件，不用菲林，有时候连印版都不用。现如今，已经有了好几套数字印刷系统。信息被传送到电子照相滚筒而非印版上，这些滚筒不用印刷油墨，而是用墨粉印刷三原色。我们还可以通过其他工艺将版面加以数字化，制成特殊印版，用于小批量印刷。据称，数字印刷最终将彻底改变印刷过程。我们拭目以待。

电脑和数字化促进了大多数印刷技术和制作技术的进步，印刷、制作业的彻底无胶片化、数字化指日可待。

广告制作专业的学生必须了解该领域的这些进步，其中很多不仅具有革命性，也具有进步性，结果让人更难以决定采用哪个系统。

优势 18.1

简单的解决方案

ND&P 广告公司遇到一个不寻常的客户前来求助。

里士满天主教教区希望策划一场活动吸引人们前来礼拜。接受委托之后，广告公司构思了几个创意：

挑战成见——因为神职人员不结婚，不接触世俗世界，他们不了解生活的复杂性……十分迂腐……那怎么劝导他人？

必须证明神职人员也“接地气”——他们写博客，用手机，懂社交，朝气蓬勃……

创新思维：他们是导师和治疗师，是顾问。神职人员有这么多头衔，完全可以在视觉方面做点文章……

你看见的只是一个人的背影或前胸……应该表现他们从建筑工变成医生、教师、顾问、带披风的

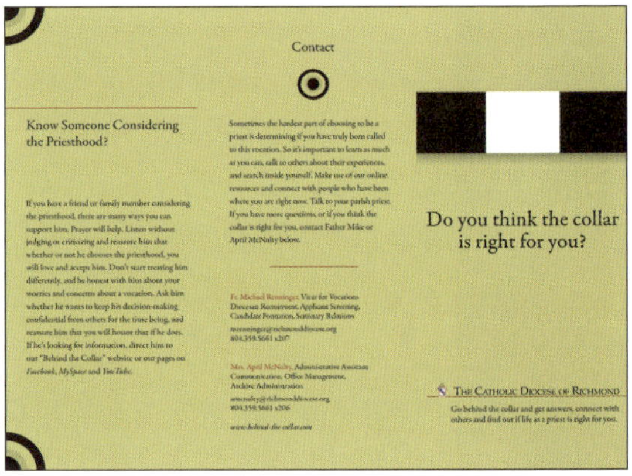

超人……然后镜头退回来 / 用某神职人员的衣领展现脖子的镜头……因为神职人员就是这一切……在网上用它做些文章？形象转变？

解决方案：聚焦衣领的象征意义。

两幅草图向我们表明了广告公司刚开始的思路是如何逐渐发展的。

解决方案很简单：海报和网站。但海报制作起来十分复杂，广告公司不仅要制作海报，而且制作出来的海报上还要有代表神职人员且能被人抽出来的衣领。记得我们在第十六章说过创意和文案的枯竭。

网站侧重于向所有搜索信息的人回答疑问。在第十六章，我们说过“扩展”文案。里士满天主教教区的网站希望能回答所有的问题。

小　结

所有广告人都必须掌握基本的制作知识。制作术语、概念和方法不好学，但却非常重要，因为它们关系到预算、时间和效率。

出版商会给自己的出版物制定操作要求，因此广告制作人员必须熟悉涉及印刷制作要求的所有信息。

如今，大多数广告都由电脑（数字）设计，呈现给客户的合成稿都由电脑完成。从电脑屏幕到出版物上的广告，这个过程既可以完全数字化，也可以和传统工艺交叉。未来，CTP 数字印刷将越来越普遍。

有三种基本的印刷方法：凸版印刷（用凸起的表面印刷）、平版胶印（用平整的表面印刷）和照相凹版印刷（用凹陷的表面印刷）。此外，丝网或丝网印刷则让广告主多了一种制作方法。印刷形式会影响广告的印刷材料类型。

广告主既可以采用新的印前数字技术，也可以采用传统方法准备供印刷用的广告。出版方会通知广告主它们要求或接受哪种类型的素材。每种印前服务都各有优劣，这要视想要的质量而定。排印关系到字体（或字型）风格和文字设置方式。风格相同的字型归入同一个字类，字号大小以磅（每英寸 72 磅）为计算单位，字行宽度则以派卡（每英寸 6 派卡）为计算单位。报纸的高度按行计算，行与行之间的距离叫作行间距，又叫行距。

绘图和制作过程有时很复杂，因为所见未必所得。连续色调图像（照片）必须转化成半色调网点（通过平网或传统印刷机的暗室流程）才能得到可供印刷源图像的色调值。线画没有色调值，它是在白纸上用黑笔勾勒出来的线和纯黑色块。

制作技术一直在不断进步，以求更快速、更便宜、更高效地印刷材料。杂志制作经理最艰巨的一个任务就是保证色彩的还原度，让广告主和广告公司满意。制作经理可以根据颜色匹配所要求的精确度来选择不同的打样类型，选择余地非常大。“我们要哪种质量”是制作经理在选择打样时经常问到的问题。色彩管理系统可以帮助广告主得到自己想要的颜色。

复习题

1. 请说出三种基本印刷方法的不同。
2. 什么是数字文件？
3. 什么是连续色调图像？
4. 什么是线画？
5. 什么是分色？
6. 四色印刷采用哪四种颜色？
7. 什么时候用层压 / 黏合打样？

第十九章

Courtesy of Homer LLC.

视频与广告

如今，视频有了很多含义：网络连续剧、视频条幅、长剧或短剧、广告。现在，我们就来了解一下视频和电视广告的构思和制作。►

本章学习目标

1. 认识网络环境。
2. 掌握网络广告语言。
3. 了解数字创作和视频/影视广告。
4. 了解视频/影视广告的制作。

在第十六章，我们探讨了创新思维和写作，其中的许多思路同样可以应用到所有形式的视频中。挑选一个故事或大创意，将视觉、听觉、动作和技术混合在一起，煽情，添加娱乐佐料，引人入胜，如此你就得到了一个强有力的广告工具。很多电视技巧都可以用于绝大多数视频的制作。视频的长度和平台可能不同，但其他却和电影、电视广告制作相差无几。电视仍旧影响力十足，可以触达众多潜在消费者。毫无疑问，视频是一种十分强大的传播方式。想想 YouTube 的数百万视频点击量。说具体点，即人们每月观看视频的量高达 140 多亿，这已经改变了网络内容的性质。

在线视频环境

1 认识网络环境。

在网络视频广告界，我们知道那些大买主缺什么——缺标准化的视频广告格式和更高的衡量标准，他们的网络广告更像传统电视广告。2001 年，主流出版商用于网页富媒体的模式也与之相似，但雅虎等出版商却意识到，这种模式无法扩大广告的规模、提高收益，于是他们和领先的富媒体供应商联手制定了标准，希望以此促进网页富媒体的发展。标准刚一设定，富媒体的收益和市场份额便爆发式地增长起来。

如今，网络出版商所提供的视频长短不同、规格不同、格式不同，这就要求广告主针对每个出版商专门设定不同的广告单位（换句话说，广告主如果想将同一个创意投放到多个网站或平台上，就可能要花大价钱多次重新拍摄或重新剪辑广告或视频）。这是个死办法，和富媒体几年前的情况非常相似。但是，比起 2000 年的网页富媒体变化，视频流空间的变化更复杂——流媒体更富于变化，比如有不同的视频大小、序列问题、专利播放器等等。

大多数在线公司认为标准化是可行的。互动广告局（Interactive Advertising Bureau，IAB）已经迈出了标准化的第一步，发布了两个自愿遵守参考指南：《数字视频广告服务规范》（Digital Video Ad Serving Template，VAST）和《视频播放器－广告界面规定》（Video Player-Ad Interface Definitions，VPAID），以期给广告收集和网页设计提供一个参照依据，目的是减少并简化广告公司的工作量，否则广告公司就必须针对不同的出版商制作多条大小相似的广告，比如 300×95 像素、300×100 像素、300×105 像素。[1] 营销商、广告公司和媒体公司在设计、策划、购买和销售互动营销和广告时便可以参照 IAB 的广告单位指南。

对出版商来说，这些指南的最大好处可能就是：标准化有助于视频内容的销售。如果每个出版商销售的产品采用同样的单位，那么购买和销售就会简单很多。Eye Wonder 公司执行副总裁迈克尔·格里芬（Michael Griffin）这样说："设身处地地想一下，如果压根不存在 30 秒电视广告，会是什么情形？如果广告主必须给不同电视台提供不同的电视广告，又会是什么情形？"[2] 这就是今天很多网络视频广告主正面临着的局面。

在视频广告中，视频的质量和所含的信息远比长度重要。调查显示，无论是视频条幅广告、视频文件，还是登录页面，不管其长度是 30 秒还是 3 分钟，一个视频的平均点击率通常都在 50%～70% 之间。这难道不是在给我们提供绝佳的创意平台吗？

互动广告战役

在考虑消费者体验时，在线视频的高度针对性意味着，相较于电视，我们能传递更有针对性的讯息，能吸引消费者参与更深层次的品牌对话。正是这种互动体验真正将在线视频与传统媒体渠道区分开来，而要想让互动性产生最好的效果，关键在于创意实施。现在，广告公司和媒体公司在策划早期就开始合作，这种重要性超过以往任何时候，因此必须回答以下几个问题：[3]

- 你将把消费者带向何方？你想传递什么讯息？你想得到什么结果？你想消费者得到什么体验？
- 你希望消费者如何与你互动？你希望他们更深入地了解产品信息吗？你希望他们浏览产品的不同图片吗？希望他们给你打电话吗？
- 你怎么鼓励用户进行互动？你会提供奖品或诱人的文案吗？

在线语言

2 掌握网络广告语言。

技术创意人员必须了解与广告单位相关的新语言，不过在线语言也算不上是全新的语言，只是与日常用语不同，涉及更多的技术知识。如果你想制作一条图文并茂的视频，就必须对如何将两者结合起来有一些设想，其概念和个人网站差别不太大，既可以用标准软件格式或模式，也可以用更复杂的。如果创意人员熟悉网络技术，他们的选择余地还会更大。以下是目前所用的一些标准术语：

- *条幅广告*。条幅广告是一种长条、水平状的网络广告，通常放在横贯网页顶端的固定位置上。
- *条幅视频广告*。条幅视频广告（见图 19.1 中的动画条幅广告）在条幅广告的空间内播放视频，是相对于静态格式或富媒体格式而言的。这种格式以网页

图 19.1
动画条幅广告。蚂蚁从左边框向右边框移动。

上现有的图片广告为播出形式。

- *网页视频广告*。首页上的视频广告往往单独出现，一般不附带其他内容流。借助网页视频广告单位，广告主可以大规模地利用视频的画面、声音和动态，只有网页广告可以做到这一点。这种形式可以在缺乏视频内容的网站上给用户带来一种流媒体的体验，因而非常适合品牌娱乐这类长广告。
- *流播视频广告*。在消费者请求播放流媒体视频内容之前、之中或之后出现的广告即流播视频广告，它们可长可短，以视频内容为播出形式。
- *文本视频广告*。文本视频广告以网页文本内被突出的文字或短语为播出形式，广告由用户激活，只有在用户将鼠标移到相关文字或短语上时才播放。
- *条幅广告和网页扩展视频条幅*。条幅广告和网页扩展视频条幅结合了视频的威力和图片广告的体量、针对性。扩展视频条幅可以轻松地利用现有视频资源，将它们与富媒体灵活的创造力结合起来。
- *叠加广告*。叠加广告是可点击的富媒体广告，位于视频窗口末端的三分之一处，它们可以在用户回放视频时传递品牌讯息而不打断用户的视频体验。条幅可以增加品牌的曝光率、提高参与度。
- *前插播广告*。前插播广告就是将电视插播广告的使用权（版权）扩展到网络上，从而搭建一个立竿见影的在线平台。这样，电视插播广告就变成了一条网络电视广告，可以容纳 15～30 条网络插播广告。由于它采用和电视广告一样的标准单位，因而目前对前插播广告还存在争论。

还有一些相关术语：

- *长视频*。长视频片段的长度超过 5 分钟。如果有人说长视频，则他通常指的是全长度的内容，如电视节目或电影。

- *富媒体*。富媒体这个集合名词指那些运用先进技术、利用宽带来培育品牌的网络广告格式。它采用互动和视听因素，在用户与广告互动时给他们提供丰富的内容，从而使他们的体验更加丰富。
- *短视频*。短视频的长度不到 5 分钟，通常在 30 秒～3 分钟。如今，短视频是网络视频内容的主力军。

数字制作

数字制作有两个不同的含义：（1）制作投放到网络上的内容（视频、照片、动画）；（2）编码，包括建网站（见图 19.2）和制作条幅、动画短片等。

制作中经常出现两个问题：成本和质量。以互动制作为例，有两个极端。Digitas/Third Act 公司创意指导克里斯廷·比尔兹尔（Christine Beardsell）提出："一个极端是，互动制作要求要有电视般的高端特效和质量，但也有一种误解，认为因为互动制作是投放到网络上的，因而成本比较低。事实上，成本极可能增加，因为除特效和质量要求之外，现在还要让内容变成互动的。另一个极端是，要求制作流畅，追求成本效益。新术语**预剪师**（preditor，集制作人、摄影师和剪辑师于一身）形容的正是这一批新兴的视频制作人。"[4]

预剪师

预剪师集制作人、摄影师和剪辑师于一身，指一群新兴的视频制作人员。

有些广告公司自己承担全部或部分数字制作，但大多数广告公司将编码外包出去，而且经常将数字概念和设计外包出去。一流广告公司通常拿出一个适用于所有媒体的大创意，但它们会将网络创意交给像野蛮人集团（Barbarian Group）这类公司去做。

程序员和视觉制作人员

像布鲁纳数字公司（Brunner Digital）这类广告公司都有程序员和视觉制作人员，因此它们基本上靠自己编码。其他广告公司则将创意送到开发公司，交由它们编码。其副总裁兼创意指导厄尼·莫斯特勒（Ernie Mosteller）认为："身为创意，我觉得它很给力，因为这意味着我可以天马行空地想象，我相信，本公司可以自己编码。不是每个人都能这么奢侈。"[5]

制作经理

制作经理负责协调、监督、安排和管理所有的数字制作——内容和程序。大型广告公司可能会同时雇用几名制作经理负责不同的客户。

一般来说，内容制作由谙熟所有数字格式的广播制作人负责，但这项工作也经常外包出去。图 19.3 中的在线故事板向我们展示了广告的变化过程。

预算

很多制作人员认为应该取消电视预算，代之以支持视频内容的视频预算而不管它们从哪个平台播出。观众对媒介持一种不可知的态度，根本不理会在给定的时间是看网络视频还是看电视，他们只管看。但正如我们所说，网络（或平台）各不相同。如果各网络之间没有统一的标准单位，那么广告主要想在众多的网络上投放广告，就必

Courtesy of Brunner Digital.

图 19.2

建大型网站不仅要策划，还要懂技术：Consol 能源公司和 AMAR 辅助调研网站。

Courtesy of Blattner Brunner.

图 19.3

芝宝的在线广告故事板

须花重金重新拍摄或重新剪辑同一条广告或视频。针对这种状况，互动广告局采取了措施，要求一些广告公司和网络出版商将一些广告的格式和大小标准化，以方便营销商，降低成本。

电视创意的威力

电视是标准化的，实力和影响力仍不减当年。优秀的电视广告具备这样一些特征：脱颖而出，通过幽默、睿智、魅力和感情向消费者展开诉求。优秀的广告和优秀的人有异曲同工之妙，它们机智、幽默、迷人，即使已经离开很久你也记得。你只有先进入消费者的生活，才能进入消费者的腰包。如果你知道怎么做，就不必继续看本章了。但是，很多自以为是的人不过是在纸上谈兵。

媒介购买公司星传媒体服务公司认为电视广告提高了观众的广告意识。显然，电视广告面临的主要问题是经常出现无关的广告。因此，我们要探讨的不是电视广告内容的干扰性，而是相关性。[6]

BB&T 银行有力地证明了电视的营销和传播威力。虽然大多数高端银行都销售产品，但 BB&T 银行却在广告中率先强调对个人的重视。在 BB&T 银行的广告播出之后，消费者的品牌转移意向提高了 300%。在其中一条广告中，一位女士说道："我已经是曾祖母了，今年 71 岁。我一直能跳摇摆舞、跳探戈。我见过纸醉金迷、挥霍无度，我还见过……用之有道……我从不白日做梦。我会教我的曾孙……知道其中的差别。"最后一帧说："BB&T，您的事业，我们的渴求。"就应该采用这种办法。下面我们来看看文案构思。

文案创作和制作时间表

创意过程很难预测，很难完全按规定时间表创作出惊人的新文案或揣测出客户对文案的反应。广告公司或许喜欢这个文案，但客户却讨厌它。要想拿出令人满意的文案，也许要花费很多时间。但编制一个合理的文案创作和制作时间表还是十分重要的。一般来说，文案创作时间表包括以下步骤（这当然同样适用于其他视频）：

- 文案探索
- 向客户提交创意
- 修改文案，客户认可，同意制作
- 分发文案送审（法律、研发、管理部门）
- 必要时送播出审查
- 招标会（说明 / 安排）
- 审标 / 中标工作
- 制作前会议
- 拍摄
- 后期制作
- 送审初剪
- 修改
- 送审终稿
- 交货时间

广告公司和客户共同负责编制该时间表。2～10 位演员的一场 1～5 天的拍摄需要提前多长时间计划呢？ 11～43 天。这个时间跨度充分说明了文案创作过程的复杂性，很难一概而论。

视频 / 电视广告的创作

3 了解数字创作和视频 / 影视广告。

很多创意人员认为，视频或电视广告比印刷广告更容易出彩。毕竟，视频广告创意可以调动更多的注意力、声音、职业演员、制作人、导演以及剪辑师。只要有一丝创意，他们就可以利用所有那些支持力量去沟通。

由于电视广告比其他视频格式更具组织性，因此我们重点探讨电视广告。电视广告的标准时间单位为：15 秒、30 秒和 60 秒。但我们探讨的很多内容也适用于网络视频创作。视频广告有两个基本元素：视频（视觉或画面部分）和音频（人声、音乐或其他声音）。创作过程从视频开始，因为任何视频用画面表现出来肯定都好过用文字叙述出来，但文字和声音的影响也不可小觑。你能想象得出下面这条由李岱艾 / 媒体艺术设计工作室（TBWA/Media Arts Lab）创作、约翰·霍奇曼（John Hodgman）和贾斯汀·隆（Justin Long）出演的广告吗？

（系列之一）

Mac： 你好，我是 Mac。

PC： 我是 PC。

Mac： 什么是 PC？

克莱普纳观点19.1

厄尼·莫斯特勒

新兴媒体布鲁纳公司 副总裁兼创意指导

你与时俱进吗？

厄尼·莫斯特勒

2009年秋，我正在写这篇关于创意、技术、传播和广告的文章。我之所以要注明这个大致日期，是为了让以后的读者有一个参照构架。不是因为怕人诟病我自大，我认为自己的文章不可能千秋万代。事实上，正好相反。因为这是为一本书写的一篇文章（会印刷装订的那种），因此我知道，不管我就创意、技术、传播和广告说了什么，这些话甚至可能在出版前就已经落伍了。

我会就事论事，但不会用“阳春白雪”的学究方式，而是用“历史不断重复上演”的方式。就事论事，才能解释事实可能是什么。在飞速发展的技术推动下，传播界正在急速变化，以后的变化速度还会更快。我们正处在一个变革的时代——就像历史上的所有巨大变革一样。我们可以从中吸取经验教训，前事不忘后事之师。如果我们够聪明，我们就会这么做。

随着（科技、工业、信息等）变革的推进，相对而言，我们进入了数字革命的萌芽期。但即使处在这个萌芽期，数字革命的冲击力也非常大。大众传播技巧已经发展到更接近人际沟通的地步，我们不仅在课堂上学习，还在社会中学习。随着数字传输系统将受众群细分得越来越狭窄，我们的讯息传递战术更需要个性化。正如我所说，我们才刚到起点。

广告操作永无止境。如果你是伟大的艺术家，你可以在教堂穹顶上留下流芳百世的画作；但如果你是杰出的艺术指导，你刚刚才投放的电视广告在13周后就必须更换。而且现在，即使这种计时标准都有些落伍了，稍嫌长了点。50年来，广告的基本载体没有变过。然后，出现了网络。从那时起，人们的沟通方式、我们发布广告的方式都发生了惊天动地的变化。

电视普及之初，电视内容都是制作人从其他媒体借鉴来的：单人主播新闻学的是广播，电视综艺节目学的是舞台歌舞。但是，随着电视越来越成熟——无论是从制作的角度还是从观众的角度看，电视的内容也越来越成熟。经过10年的发展，电视节目编排才逐渐找到真正属于自己的道

PC：什么是PC？噢。这个。这么说吧，有些人用Vista有困难，于是退一步用XP，有些人甚至转投Mac的怀抱。嗯，三十年河东三十年河西。

（PC敲击键盘，出现“放弃”两字）

PC：噢！真是太悲剧了。

（PC敲击键盘，出现“放弃Vista”字样。PC不断敲击键盘，“放弃”和“Vista”不断闪烁。每次闪烁，Mac的回答都是——）

MAC：不，不，不，不，不……

字幕：（苹果标志）Mac。

你以为这是一条电视广告，呃，不。这是一条在线视频广告。你瞧，制作技巧往往一样。

路。至于网络，其变化的速度就快多了，而且一直保持着惊人的速度。

在我写这篇文章的时候，人们才刚刚察觉到社交媒体对品牌与消费者及预期对象之间的互动方式所产生的冲击。它已经影响到品牌在网络中的呈现方式，网络上的品牌呈现方式已经开始从旨在抓住、留住用户的电视主导、娱乐主导性结构转向更流畅、更透明、更具对话性和个性化的结构。作为所有媒体中最具个性体验的媒体，网络媒体将在这条道路上再接再厉。

人们通过网络连接彼此，他人成为信息的可靠来源——包括，尤其是他们要购买的产品的信息。20 世纪中期，比尔·伯恩巴克曾说："口碑是最好的媒介。"如果比尔活到现在，看到当今学生们普遍使用的沟通方式，他一定会为这种现象感到震惊。随着网络的日益社交化，很多品牌必将意识到，它们面对的实际上是一台巨大的口碑机器，好坏都能立刻传千里。如何有效地利用这台机器，是下一代传播工作者以及培养他们的学校要面临的挑战。

曾经一度，学生上大学不是为了学习知识，而是学习如何学习。曾经，接受古典教育，获得文学艺术学位，是有教养、有学识的标志。但就在某个时间节点上，大学文凭成了接受过当时某一专业技能训练的证明。如果战术不变，但用无妨。

但如今的传播界变化之多、之快，任何一门现有课程都已经不相适应了。事实上，传播业的所有参与者都很难跟上这些变化。

我上大学的时候，还在学习手工装饰标题字体，学习在机打稿件上做校对记号。显然，这些特殊技能已经——完全——用不上了。毕业才几年，这些技能就没有市场了。但在如今这个日新月异的环境下，尤其是在数字世界里，类似的技能战术遭遇如此结局的速度会更快。现在，谁还需要了解如何一帧一帧地创建网站？现在正在看这篇文章的人中，还有谁见过这样做出来的网站？了解工具固然重要，但工具是会变的。

但有一样东西是不变的：不论采用什么媒介，要想有效地传播，都必须对人类互动有所了解。人们是如何彼此联络的？是哪些情感因素在驱使他们？作为个体的集合体，他们如何回应不同类型的讯息？回答了这些问题，你就掌握了有效讯息所需要的基本情况了，用什么工具去传送讯息并不重要。

广告专业的学生应该重新重视学习方法。如果想在技术瞬息万变的环境中幸存下来，你就必须随机应变——你的技能战术、你的知识积累以及你的技巧。如果今天我再回到学校储备广告知识，我会学心理学和社会学——它们揭示了人类互动的本质，在传播越来越小众、个性化的时代，只有它们才是永恒不变且越来越重要的东西。为了紧跟技能战术的变化，我每天都会去学校——不断探索数字世界的新变化。因为无法赶上，所以只能紧跟。学习如何学习，学习与时俱进。

Courtesy of Ernie Mosteller.

视觉技法

创意团队可以采用很多视觉工具来编辑视频。

证言式 证言可以通过名人或普通人发布。观众十分痴迷名人，有些名人［比如辛迪·克劳馥（Cindy Crawford）］影响力持久，多年来一直能抓住观众。在个人问题曝光之前，老虎伍兹（Tiger Woods）也是很成功的代言人。之前，他代言过美国运通、埃森哲（Accenture）、电子艺界运动系列（EA Sports）、耐克、劳力士（Rolex）、豪雅（Tag Heuer）、别克（Buick）以及泰特李斯（Titleist）。约 20% 的电视广告都请名人代言，当然，巨星要求的签约期可能更长，代言费上千万美元。

有些名人也有风险，比如惹麻烦、在公共场合说错话、支持错误事业。但根据全面调研公司（Total Research Corp）的调查，因为名人获得的关注以及影响力，品牌值得去冒这种风险。[7] 调查一个名人大约需要广告主花 2 万美元，他们不仅要分析其个性，还要研究该个性是否符合自己的产品或服务。为了增强可信度，速瘦公司（Slim-Fast）就运用满意的客户来展示其减肥成果。

系列式 系列式广告指按系列创作的广告，其中的每一条广告都会延续上一条的故事。十多年前，“美食家的选择”系列广告让这一手法流行起来，啤酒企业、拉格（Ragu）意大利面沙司以及劲量电池（Energizer）也都如法炮制。

老胶片式 经典电视剧和电影镜头很容易剪辑成广告，吸引观众中谙熟媒介的人。受众可以看到约翰·韦恩（John Wayne）在推销库尔斯啤酒，埃德·苏利文（Ed Sullivan）在介绍奔驰 M 系运动车，弗雷德·阿斯泰尔（Fred Astaire）在用德沃（Dirt Devil）做清洁，露西·理查多（Lucy Ricardo）和弗雷德·摩兹（Fred Mertz）在推销加利福尼亚州彩票。[8]

代言式 这种手法通常会请一位“推荐人”站在镜头前，直接向观众表现文案。代言人可以展示或演示这个产品。产品应该是主角。代言人应该看上去亲切、可信，但是不会太抢眼以至于喧宾夺主。有时候，产品会以一种幽默的方式呈现。

演示式 虽然演示式被认为是老派的电视宣传手法，但创意思维却可以让它摩登起来。由于产品演示能展示产品的功能，因而它一直是广告中的主流。在制作演示广告时，可以用近景让观众近距离看清演示过程。如果可能，最好能出人意料。可以选择主观视角镜头（让观众感觉好像是自己在亲自使用这个产品），把镜头当作观众的眼睛。演示要切题，尽量与产品贴近。千万别糊弄观众，有两个要点：（1）讯息必须真实可信；（2）从法律上来讲，演示必须与实际使用一致——大多数广告公司都要求广告参演人员签署保证书，保证电视上的情形与实际生活一致。

特写式 视频基本上是一种特写媒介。即使最大的屏幕也无法展现视频场景中的细枝末节。快餐连锁店可以用特写展现汉堡包的制作过程或令人垂涎欲滴、等着被人吃掉的成品。在运用这种技巧时通常采用画外音（和邀请代言人表现文案相比，画外音成本更低）。

故事情节式 故事情节式和拍摄微电影相似（30 秒内完成开头、高潮和结尾），不同之处在于叙述部分在画外进行。在 Mayfield 冰淇淋广告中（见图 19.4），一对父女正穿过超市的冰柜区，他们看到装着 Mayfield 冰淇淋的冰柜漂浮在空中，只有电线拽着。透过玻璃，他们惊讶地发现所有的 Mayfield 盒装冰淇淋都漂浮在冰柜的顶端。爸爸小心翼翼地打开冰柜，准备挑选其中一种口味的冰淇淋，盒子开始左躲右闪，向天花板跑去。画外音：“这个冰淇淋好像真的很优秀，你再也找不到比 Mayfield 冰淇淋含奶油更多的了。”

对比式 它们的饮料含钠，我们的没有；它们的啤酒含碳水化合物，我们的不含；我们的三明治肉量更足、热量更低。通过对比产品，将答案摆在观众面前。通常，对比时都拿产品品类中的领军产品当对手。你可以将你的品牌和对手品牌的用户生活方式进行对比。在直接对比产品时，必须随时准备好为品牌是否如广告所说的那样出众而辩护，辩护的方式还必须令人信服，否则广告就可能引发对对手品牌的同情。

静态图片和图形 利用静态图片或图形——包括漫画和字体设计——可以剪辑出一条紧凑的广告。所用素材既可以是现成的，成本适中，也可以是专为这条广告拍摄

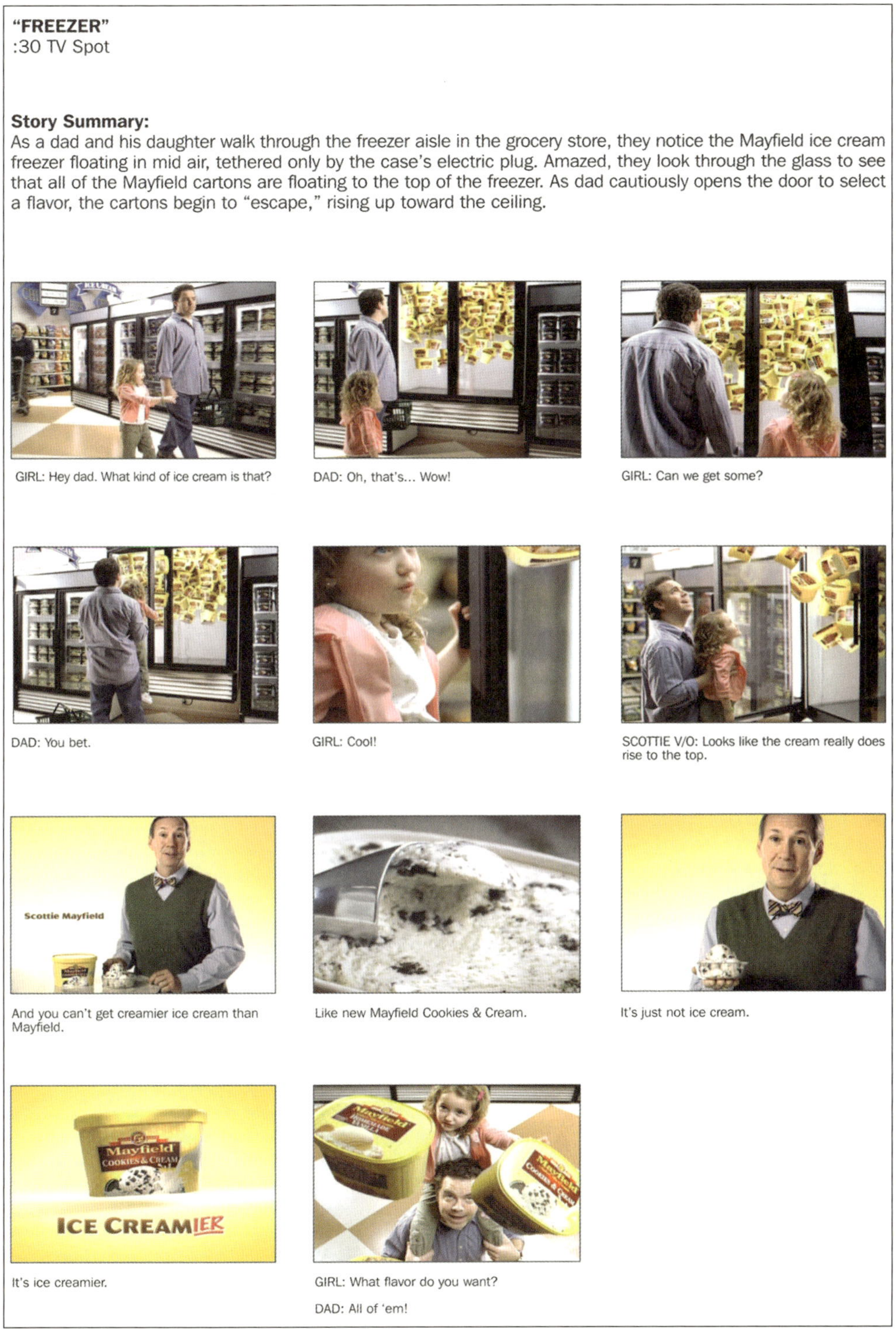

Courtesy of Mayfield and The Johnson Group.

图 19.4

"冰柜"篇广告

Mayfield 冰淇淋的这条广告讲述了发生在超市内的一个故事，以此突出其冰淇淋含奶油更多这一事实。

或绘制的。巧妙地运用摄像机可以赋予静态视觉素材令人惊叹的动态效果：变焦镜头产生推进推出感，镜头平移扫过照片或图形可以使广告产生动感（平移指摄像底座保持不动而镜头视角变化）。

生活片段式 生活片段式是一种戏剧式的手法，演员通过表演故事将观众和品牌联系起来，是一个以品牌为主角的迷你短剧。大多数生活片段式广告都以一个问题开头，然后以一个品牌出来解决问题结束。

对这问题，观众必须信以为真，答案必须解决这个问题。因为解决问题这种套路几乎适用于所有广告，因此生活片段式广告应用得十分广泛。主要以感情和益处为卖点的品类（牛仔裤、饮料、啤酒、贺卡、运动器械）就经常运用这种方式。

客户采访式 大多数在电视广告中出现的人都是职业演员，但客户采访中出现的几乎都是非职业演员。访员或画外请一名家庭主妇——通常有名有姓——拿她正在用的厨房清洁剂和广告中的产品进行对比，分别用它们去除水池中两个一模一样的污点，然后她发现广告产品的去污能力更强。

片段和场景式 饮料、啤酒、糖果以及其他大众消费产品的广告主发现片段和场景式非常有助于刺激和驱动消费者。通常，视频由一系列紧凑的场景构成，表现人们正在享用产品，生活惬意，而背景音乐则通常是根据场景和产品所带来的满足感而创作的歌谣或歌曲。很多时候，正是音乐让所有的广告元素浑然一体。片段和场景式可以有效地提升品牌，推销一种生活方式，但要让它与品牌产生联系，无疑是一个很大的挑战，并且制作成本很高，因为你得至少拍摄 15 个片段（还要考虑网络短片）。

幽默式 由于幽默可以让广告更加有趣，因而它一直都是很受广告文案和消费者喜爱的一种手法。但这种手法也有风险：广告的幽默成分可能会妨碍销售，结果观众只记住了幽默而忽略了产品或产品功能。因此，挑战就在于如何让幽默文案紧紧围绕着产品或产品的好处。

动画
在动画镜头前将动画摆好，一次拍摄一帧而让动画物体栩栩如生、运动自如的制作技巧。

动画式 过去，最常见的**动画**（animation）形式是卡通。如今，电脑绘图极其逼真，已经从根本上改变了动画。动画的制作成本取决于它的风格：动作越少，角色越少，没有或几乎没有背景，成本就越低。

定格动画式 如果从一系列不同角度拍摄一个产品包装或其他对象，然后一帧一帧地依次放映，就可以模拟出动态效果。定格动画很像动画中拍摄的图形。利用这种手法，产品包装可以“走动”或“跳舞”，就像具有生命一般。

真人实景动画式 真人实景动画手法分别拍摄动画和实景的画面，然后再进行视觉合成。例如，一个真人小男孩正在吃早饭，同时，一个卡通动物商标在他肩膀上一蹦一跳地和他说话。

问题 / 解决方案式 这种手法自电视诞生之时就有了，很多产品的目的就是解决潜在顾客遇到的问题——头痛、缺乏沟通或斑病。你明白，产品卖的是解决方案。问题 / 解决方案式和生活片段式很相似，只是没有那么复杂的情节或剧情发展。一定要确保让视觉讲述，用视觉解决问题。

气氛形象式 这种手法实施起来很难，成本也很高。它往往结合了好几种手法，主要目标是为将要销售的产品营造出一种气氛和形象。有力的形象可以将创意销售出去（见图 19.5）。芝宝广告中，一个人影按着音乐和特效的节奏，沿着金属楼梯向上移动，随着芝宝打火机火苗一闪，自由女神塑像手上的火炬被点燃。借着这种表现手法，芝宝营造出了一种神秘、惊人的气氛。文案说道：“用芝宝，点燃它。”

分解和夹入式 分解广告是系列广告的一个变体：在两条相关（通常 15 秒）的广告中穿插一条完全无关的广告。分解和夹入式广告背后的理论是：打破观众的收视预期，这样观众才能记住产品。

Courtesy of Zippo and Blattner Brunner.

图 19.5
芝宝
有些创意本身就带有一种气氛和形象。芝宝利用一小段音效和忽明忽暗的火光营造出神秘的氛围。

信息式 信息式广告看上去很像电视节目，一般时长30分钟，销售的产品包罗万象：从炒菜锅到能挣百万美元的房地产项目。美国全国性信息式广告营销协会（National Informercial Marketing Association）倡导在每条信息式广告的开头和结尾都标明“付费广告”字样，以便消费者明白自己在看什么。这种广告有一个显而易见的优势，那就是广告主可以用整个一档节目来销售自己的产品。

混合式 大多数广告都会综合几种手法，比如，可能以代言人开场和结束，中间部分用特写。每条电视广告应该至少用一两个特写镜头来表现包装和logo。大多数广告还混合了幽默手法，很多广告也有效地结合了动画和真人实景，而几乎所有的手法都可以与对比手法相结合。

视觉交替式 视觉交替广告将一连串无明显故事情节的场景交织在一起：到处是在讲话的人，壮丽的风景，清晰的图像镜头。音乐和声音可以充当节拍器。

标记式 标记式指在电视广告右下角做“标记”。这是电视网的惯用手法，目的是让观众知道自己正在收看哪家电视网的节目。广告结尾时会在屏幕上明显地标出品牌名称。[9]

视频的影响

电视广告所用的很多视觉手法都是由音乐视频演变而来的，包括亢奋的气氛、画面速度、复杂化；讽刺、自作聪明的态度；出人意料的幽默；快速、抓人的切换而非冗长的情节；叙述性伏笔而非完整故事；态度而非解释；紧凑的剪辑、部分而非完整影像；真人实景、新闻素材、动画、文字、电影速度及质量的混合以及出人意料的视频/音频、声轨关系。

哪种手法？

多年以来，大量的研究一直致力于帮助创意人员判断应该投放哪种电视广告，但没有哪个研究能回答所有的问题。调查表明，如果一个人喜欢某条广告，那么相较于对这条广告持中立态度的人来说，这条广告说服他的成功率会高出两倍。或许，最

克莱普纳观点19.2

加里·C.塞恩（Gary C. Sain）

奥兰多/橘县会议及游客管理局主席兼首席执行官

加里·C.塞恩

“奥兰多让我微笑”

人们常常问我，作为奥兰多/橘县会议及游客管理局的主席兼首席执行官，我的这个组织在促进奥兰多休闲及商务旅游上起着什么作用。问题虽然简单，却很难回答。我认为，对于会议与游客管理局的职能及其如何服务当地（以及游客），人们普遍有一种误解。

二三十年前，大多数人认为我们是地方商会的一个延伸。如今的会议与游客管理局建立在与其前身完全不同的模式上，我们现在力图将自己视为一个旅游目的地营销协会。在奥兰多，这意味着我们将努力向全球旅游市场营销这个目的地、打响这个品牌。听起来好像有点深奥，其实就是增加游客量，同时为来客提供有关奥兰多的旅游信息。

那么，在现实世界中，这意味着什么？这意味着，我们的内部人员和相关的外部机构将通过整合营销以及宣传努力触达全球受众。这意味着，针对美国国内的休闲游客，我们会投放“奥兰多让我微笑”这样的消费者广告，这是我们最近投放的系列广告。为了促进国内商务旅游，我们针对会议策划人展开了“创意心灵集合之地”广告战役，告诉他们，奥兰多的与会人员更富有想象力和创意。我们通过向加拿大、美国、德国、拉丁美洲以及其他国家投放广告和制订促销计划，向国际消费者营销奥兰多。

但这只是开始。我们雄心勃勃地和旅游业合作，为它们提供奥兰多最新、最全的休闲地信息。它们越了解奥兰多，它们对顾客的价值就越高。我们邀请全世界的记者帮助我们向休闲和商务游客宣传奥兰多。我们的另一个目标是通过VisitOrlando.com网站为现有和潜在游客提供度假规划信息——作为本地通，我们倍感自豪。与此同时，我们还是一个行业协会，有将近1 400名会员，代表着旅游目的地的方方面面。

前面提到过的“奥兰多让我微笑”广告战役可以实实在在地说明我们每天都在做什么。为了充分利用“加深关系之处”这个品牌定位，我们在2009年年初推出了消费者广告战役。简单来说，来自世界各地的游客选择到奥兰多度假，基本上都是出于同样的理由——和他们的至亲至爱加深关系，共享相聚时光。不论是来自亚特兰大的美国国内游客，还是来自巴西的国外游客，他们都同样希望在这里放松自己，加强和家人、朋友之间的关系。换句话说，一切都是为了关系。

“奥兰多让我微笑”广告战役面临的一个独特挑战是，它既要保持与目标——有孩子的家庭——的联系，又要加强与“前期家庭”和“后期家庭”——如丁克家庭和空巢家庭——的联系。后者不一定会选择到奥兰多旅游，但这个广告战役却给奥兰多提供了展示自己的机会，提高了它在这些潜在游客中间的知名度。

迄今为止，我已经在旅游业工作了25年，主要从事销售、营销和品牌推广。我之前供职的那家广告公司专攻国际旅游营销，在业界享有极好的声誉，备受尊重。我还兼任过多家国际酒店和一家游轮公司的营销主管。我对服务业的热爱与日俱增。今天，我可以利用自己丰富的旅游业背景来营销世界上最棒的旅游胜地——奥兰多，我感到十分幸运。

Courtesy of Gary C. Sain.

令人震惊的一个调查结果是：人们如果喜爱某条电视广告，就不是仅仅拿它取乐，人们会喜欢自认为与己相关、值得记住的电视广告。单凭新奇、新颖的手法似乎很难影响电视广告的受欢迎程度，让人喜欢理应是产品的功能之一。当然，生动、有力的执行也可以提高广告的受欢迎程度，但其重要性不及相关性。其他调查结果以及视频故事版测试再次证明，消费者喜欢有名人的电视广告，他们对这一类电视广告的热情仍在上涨。和生活片段式广告或产品演示式广告相比，这类广告更能打动人心。要想得到具有说服力的广告，只有“幽默”和“孩子”这两个元素可以打败“名人”这个元素。

创意可以激发制作技巧，但有时，对技巧的思考也可以催生“创意”。技术几乎可以创造人所能想象出的一切，它们无疑是你的传播工具。

视频或电视广告策划

现在我们来复习一下视频或电视广告脚本创作的一些基本原则。策划视频时要考虑很多因素：成本，媒介（录像带或胶片），人选，音乐使用，特技，时间，地点，大创意及其与广告、营销目标和整个广告战役的关系。

- 处理画面、声音和动态。这些要素各有自己的要求和用途，它们之间应该彼此相连，这样观众才能感受到恰如其分的讯息。在表现某个卖点时，一定要保证声画同步。
- 音频应该和视频相关，但没必要描述画面中显而易见的东西。如果可能，不妨用语言描述画面，促使消费者思考。
- 通常来说，视频的展示效果优于叙述效果。因此，能否成功很大程度上取决于视频的传达能力。
- 周密策划画面数量。你肯定不希望画面过多（除非你只想给人留下一个大体印象），免得观众混淆不清；你肯定也不希望画面一成不变（除非有意为之）。记着，必须始终了解自己的目标受众：和年老的受众相比，年轻的受众能更快更多地消化这些画面。因此，你要研究电视广告，计算画面切换时间，以你自己的感受为准判断哪些有效。这样做，你就会发现讯息的节奏有多重要——如果画面时间过长，你自己都会迫不及待地盼望下一个画面。
- 将视频设想成一个流程，这很重要，这样观众才能轻松地看下去。如果一出剧有三幕，但每一幕之间互不相干，直到最后才联系起来，那观众根本就看不下去。观众一旦跟不上你的思路，他们就很可能换台。适当地运用视幻或过渡镜头可以让画面切换更流畅，增加动态效果。
- 任何视频基本上都可以充当特写媒介。即使是最大的屏幕，也无法完全展现画面中最微小的细节。长镜头在创建场景方面效果更好，但不适于展现产品的特点。
- 视频表演比直接读广告文案更耗时间，解决这个问题的一个好办法是刻意将电视广告缩短一两秒。通常来说，表演会耗掉这个时间，所以不要只念脚本，要表演。
- 可以考虑用字幕（屏幕上的文字）表达基本主题，这样观众不仅可以听到，还可以看到重要的卖点。很多时候，产品特点和主题句都是到最后一个画面才呈现出来的。

- 如果可以，显示品牌名称。如果它很显眼，就给包装一个镜头；另外，也可以闪现一下 logo。这对建立品牌识别标识至关重要。
- 通常，要尽量传达出一个基本概念，不要被蝇头小利蒙蔽。要确保自己的语言和画面突出表现了产品承诺。说出来，并给它找支撑；如果可以，再加上演示。在电视广告接近尾声时，再次强调基本承诺，这才是你希望观众记住的故事。
- 大声朗读音频中的语句，找出拗口的地方。
- 和大多数广告文案一样，句子应该简洁、结构简单；用日常用语，没必要将每秒都填满，文案应该围绕着画面传递出的思想而展开。
- 在创作视频脚本时，尽量完整地描述画面和剧情，“以丈夫和妻子在起居室开场”这样的描述是不够的，还应说明每个人的位置，是站着还是坐着，通常还应加上房间陈设。

脚本创作

视频或电视广告的脚本创作和印刷广告的脚本创作大不相同。电视广告必须简洁，30 秒的电视广告只有 28 秒音频。而在这 28 秒中，你必须展示出产品优势，解决主要潜在客户的问题。文字和画面要同步考虑。通常，脚本分为两栏：左边一栏描述视频表演，右边一栏描述音频内容，包括音效和音乐。视频和音频必须一一对应、声画同步（见图 19.6）。长篇网络视频具备更多的时间去发展剧情。

文案风格要亲切，具有对话性。如果想用画外音，请务必确保旁白和视频画面互相呼应。虽然未见得都能实现，但视频和音频的同步可以让电视广告更紧凑、更有效。音频内容——语言、音效或音乐——和视频内容同样重要，它们必须互相协作才能向观众传递讯息。因此，文案、音频和视频都必须有力，它们对于创作有效的电视广告而言都是至关重要的。

有些广告公司会在脚本中添加图像，它们用特制纸张，通常为 8 英寸 ×11 英寸，中间带格子，便于画视频内容草图（见图 19.7）。为了呈现效果，大多数广告公司都会用 1 ∶ 1 的电视故事板。

图 19.6
脚本格式示例

视频	音频
1. 中景：沙滩。 海滨别墅外，3 人坐在椅子上，沙滩毯铺在沙滩上。	音乐：起，渐弱 ［乔治 · 温斯顿（George Winston）的轻爵士乐］ 旁白：帕利斯岛是，
2. 特写：大海为背景，小孩子在挖沙。	全家人的旅游胜地。
3. 中景：人们在近乎空旷的沙滩上散步，背景中有零星几栋房子。	绝美的自然风光。
4. 远景：一位女士独自走入画面，远处出现一两栋房子。	美丽……原始的海滩。
5. 广角：空旷的沙滩，零星房屋。	别来打扰，我们正玩得开心。
6. 结束帧	帕利斯岛，我们的海滩。

电视广告脚本：帕利斯岛“别来打扰”

视频		音频
1. 中景：沙滩。 海滨别墅外，3 人坐在椅子上，沙滩毯铺在沙滩上。		音乐：起，渐弱 ［乔治·温斯顿（George Winston）的轻爵士乐］ 旁白：帕利斯岛是，
2. 特写：大海为背景，小孩子在挖沙。		全家人的旅游胜地。
3. 中景：人们在近乎空旷的沙滩上散步，背景中有零星几栋房子。		绝美的自然风光。
4. 远景：一位女士独自走入画面，远处出现一两栋房子。		美丽……原始的海滩。
5. 广角：空旷的沙滩，零星房屋。		别来打扰，我们正玩得开心。
6. 结束帧	 	帕利斯岛，我们的海滩。

图 19.7

带故事板的电视广告脚本

创作故事板

一旦创意的美术团队和文案团队完成脚本，下一步就是创作**故事板**（storyboard）。故事板由一系列说明脚本中主要场景的草图组成，在和其他广告公司或客户探讨广告概念时，它是一件很有帮助的工具，因为这些人可能不了解背景，也可能很难想象出脚本所描述的画面。没有故事板，每个人就可能对脚本的画面产生不同的解读。

故事板

用于展现广告提案的一系列图画，由关键表演（视频）图示组成，加上与之相配的音频。供广告主审批和广告制作参考之用。

故事板与成品效果 就算可以根据故事板想象出一条电视广告的成品效果，难度也极大。大多数客户都很理性，无法将故事板可视化。拍摄之前，故事板可以激发人的视觉想象力。有各种水平的故事板，既有过渡阶段的虚拟简笔画，也有全彩画或照片。记住，故事板是有局限的，它很难展现广告制作所必需的细节，如果是长篇网络视频，则难度更大。

故事板中的每一个场景都由两帧画面组成：上面的一帧代表屏幕（画面），下面的一帧负责视频描述（依照每一个脚本）以及该镜头的音频（有些故事板只有音频）。每条电视广告的画面组数都不同，但这与广告的长度不一定有关系。根据广告的性质和客户对细节的要求，广告的画面在 4 组至 12 组或更多。

故事板是介于原始脚本和实际制作之间的一个操作环节，可以给广告公司、客户和制作公司人员提供一个共同的视觉出发点供他们讨论。获得客户认可后，故事板便进入制作环节。

要想评估故事板，必须先回答一系列问题：有广告创意了吗？符合战略吗？广告创意有意义吗？可信吗？引人入胜吗？执行能体现出广告创意吗？产品优势展现出来了吗？它在用图片讲故事吗？讲得清楚、可信、吸引人吗？故事板展现的是单条广告还是系列广告？画面、音频清楚地传达出广告创意了吗？它是在推销还是在讲述？

图 19.8 是一个照片故事板。照片故事板和故事板很相似，但用的是拍摄的真实画面（照片）。企业常常把它用作销售工具，利用它向批发商和经销商展示它们具体会给予什么样的广告支持。

图 19.8
电视照片故事板

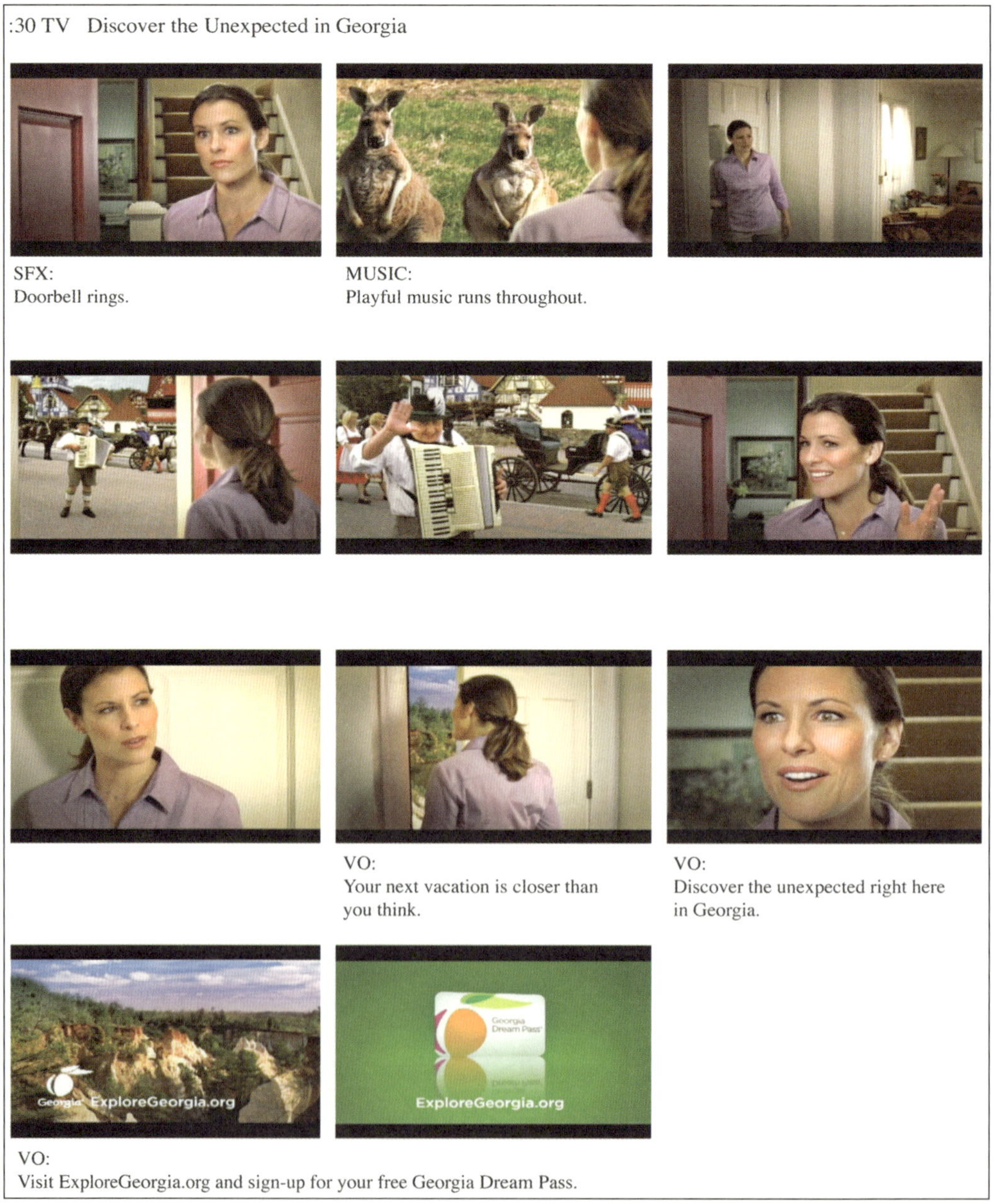

电视广告的其他要素

视幻艺术 大多数电视广告都不止一个画面。运用视幻手法或效果可以使画面之间的切换流畅，视幻效果是在最后剪辑环节添加上去的。导演的职能之一就是处理**视幻艺术**（optical s）。不过，这些都是为了辅助画面过渡或形成视觉形象。有时，具体采用哪种技巧取决于某个特定画面的重要性或需要呈现哪些细节。图 19.9 举例说明了一些基本视幻手法，其中最常见的如下：

- *切换*。一个画面简单地切换到下一个画面。由于中间没有间歇，因此画面变化最快。画面切换用来说明同时发生的动作、加速动作，表明变化。它可以避免一个画面在屏幕上停留过长时间。
- *叠化*。叠化是一种覆盖效果，上一个画面淡出的同时下一个画面淡进。叠化的画面变化比切换更慢。叠化有快叠化和慢叠化之分，可用于表明某给定画面内短暂的时间跨度，或从一个画面转换到另一个画面，其中的动作或与第一个画面同步，或紧接前一个画面。

视幻艺术
后期添加到胶片上的视觉效果，非原始拍摄素材。

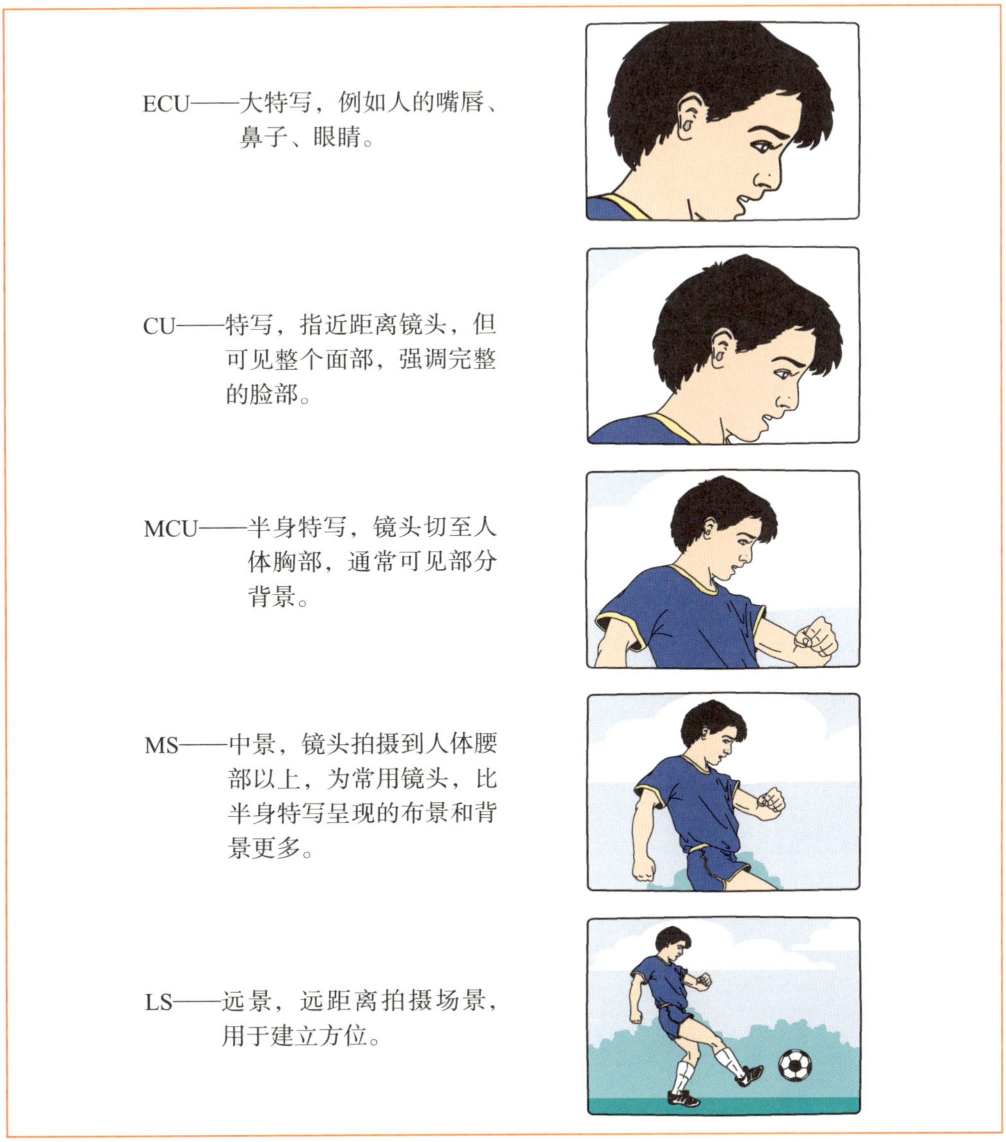

图 19.9
镜头位置示例

- *淡进*。淡进是一种效果，即画面由全黑（黑屏）逐渐“显现”。
- *淡出*。淡出和淡进正好相反，画面逐渐变黑。如果一组动作与下一组之间间隔数天、数月或数年，即可用“淡进……淡出”手法。
- *蒙版*。蒙版指将一个画面置于另一个画面之上，这样，同一个叙事者就可以出现在不同的背景上。
- *叠印*。叠印是一个画面或物体叠加到另一个画面或物体上。比如，字幕或产品可以“叠印”到画面上。
- *划变*。新的画面从上、下、左、右，呈几何图案“划”掉前一个画面（见图 19.10）。划变的画面速度比叠化快，但比切换慢。划变不一定是为了像叠化或淡出那样表示时间跨度。划变分为几种类型：翻转（整个画面像明信片的正反面那样翻过来）、水平翻转（从左到右或从右到左）、垂直翻转（从上到下或从下到上）、对角线划变、关门式划变（从两侧划入）、爆炸式划变（像爆炸一样进入下个画面）、虹膜式划变（圆圈逐渐变大为虹膜式划出）、扇形划变（从屏幕中心呈扇形划出）、环形划变（环绕屏幕扫过，也叫钟式划变）。如果需要连续快速播放短镜头或快镜头，或需要分离组合到一起形成蒙太奇效果的印象派镜头，用划变效果最好。
- *变焦*。变焦指镜头平滑地（有时快速地）从远景变到特写或从特写变到远景。

声道 广告的音频可以在拍摄胶片或录像带之时、之前或之后，在录音棚内录制。如果在拍摄阶段录制音频，电视广告中呈现的就是人们的真实声音；如果提前录制音频，胶片或录像画面就可以根据文案要点拍摄；如果音频中有音乐，视觉动作就可以配合具体节奏进行；如果在录制音频之前拍摄和剪辑，就可以根据不同的画面量身定制音频。

图 19.10
划变示例

音乐 并非所有的电视广告都需要音乐，但应尽早考虑音乐的事。音乐能以独一无二的方式传递感觉和情绪。因此，音乐的运用既可以成就一条电视广告，也可以毁掉一条电视广告。在有些电视广告中，音乐和文案、影像同等重要。音乐常被用作旁白的背景，或以歌曲的形式融入广告中。以下是运用音乐的一些方式：[10]

- *做背景*。在很多电视广告中，背景音乐主要用来营造气氛。恰如其分的音乐可以制造场景，然后音乐渐弱，变成轻柔的背景。
- *做过渡*。音乐可以充当有效的过渡手段，将观众从一个场景带到另一个场景。例如，开始，画面很平静，因此音乐很轻柔；随着画面转向产品使用示范，音乐也转向摇滚，节奏渐强，标志着从一个地方过渡到另一个地方。
- *制造动感*。音效（SFX）、自然声音以及音乐都有助于动感的形成。随着音调的升高或降低，物体或人物也上下移动。
- *强调*。音乐可以起到中断进程或表演的作用，它的“节奏”可以和画面相互配合，从而吸引观众的注意力，推进电视广告的发展。音乐的声音——哪怕只是一个小小的音符——都可能引起观众的注意。

新旧音乐 之前提过，有些广告主花重金请专业音乐家为广告量身谱曲填词。前人的智慧告诉我们，用原创音乐更便宜。原创音乐的成本在 1 万～5 万美元，不包括支付给歌手和作曲家的费用；而购买一位知名歌手的热门歌曲的版权，则价格在 25 万～100 多万美元。人们津津乐道的是那些大手笔：和超级巨星签订的 1 000 万～1 500 万美元的合约。但其实，也有无数二三线歌手可资选择，价格低得多。多伊奇公司（Deutsch）的埃里克·希施贝格（Eric Hirschberg）说：“购买人们从没听过的歌曲是需要勇气的。”[11]

音乐可以给电视广告营造气氛。通用磨坊公司在推出浓郁果酱麦圈（Berry Burst Cheerios）时就用了鹧鸪家庭合唱团（Partridge Family）1970 年发表的歌曲《我想我爱你》（I Think I love You），这首歌为这条幽默感十足的电视广告渲染情绪。因此，我们不一定总是考虑新音乐，老曲子反而可以直击听众的潜意识。

无论用的是乡村音乐、摇滚乐还是拉丁音乐，音乐的曲调都有助于向观众传达情节、爱、幸福或其他情感，它无疑是串联观众情感的一件工具。可以专门为电视广告创作音乐或购买老歌、流行歌曲的版权，但这样做成本很高。最便宜的音乐是音乐素材公司出售的素材音乐，由于它不是专用的，所以价格较低。

电视广告制作

4 了解视频/影视广告的制作。

故事板通过审批后，便通过广播制作环节而变身为广告。该流程包括三个不同的阶段：

1. 制作准备阶段，包括：挑选演员，设计布景或制作道具，寻找外景地或摄影棚，与广告公司、客户及制作公司人员碰头。

2. 拍摄阶段，包括：拍摄或录制电视广告中的所有画面（尽管有些数字摄影机不用录像磁带），每个画面都要拍摄好几个镜头。

3. 后期制作，也叫作剪辑、完工或完成，包括：从已拍摄的镜头中挑选画面，按顺序剪辑，插入过渡效果，添加字幕，音 / 视频合成，提交完成的广告。图 19.11 向我们展示了一组完成的照片故事板。

制作人负责制作，集调度、外联、监工及商人等角色于一身，有些制作人是大型广告公司或广告主的员工，但很多都是自由职业者。制作人的工作包罗万象，要想了解他们的工作，最好的办法就是去亲身体验整个制作过程。我们先来体验一下制作过程，然后再在“制作人的角色”部分讲解制作人的工作细节。

我们从广告拍摄的问题开始，制作人指定了一名导演。

导演的职能

作为拍摄工作的灵魂人物，导演要参与挑选和指导演员的工作，指导摄影师拍摄每个画面，负责布景，整合所有元素。在美国，区域性广告导演的日薪为 7 500 美元，全国性广告导演的日薪为区域性广告导演的两倍。知名导演每拍摄一条广告的收入可能高达 3.5 万美元，平均 2.3 万美元。据广告与制作数据库服务公司——梅森伊资源公司（Source Maythenyi）估计，美国现有职业电视广告导演 4 000 人，这个数字还没包括越来越多的电影导演。[12]

图 19.11
广告成品照片故事板

Courtesy of McRae and Bowen Homes.

招标过程

在向制作公司招标时，只有一个办法可以规定电视广告的拍摄细节，那就是书面形式。业界有大家都接受的招标格式，广告公司和客户根据这个格式提供信息。这样做的目的是确保所有的制作公司都可以得到完全相同的工作要求，便于估算制作成本。它保证了所有的招标都建立在相同的信息基础上。

制作准备过程

在着手制作之前，必须召开制作前会议。会议由广告公司制作人主持，出席人员通常为广告公司、客户及制作公司的以下人员：

广告公司：制作人、创意团队、客户总监
客户：品牌经理或广告经理
制作公司：导演、制作人、其他必要人员

每次制作前会议都应该涉及以下几点：导演、演员、外景地和/或布景、服装、道具、产品、特殊要求、脚本定稿、法律声明/紧急情况，以及时间表更新。

除了上述几点，创意团队和导演可能还会展示拍摄故事板以及电视广告背后的制作思考。拍摄故事板用于以下目的：

- 确定拍摄角度。
- 确定最佳产品角度。
- 计划摄影机和演员的动向，确定演员（临时演员和主演）的走位。
- 确定拍摄画面的数量。
- 确定每个画面的时间。

制作人的角色

广告公司制作人

制作人在故事板通过审批前就开始进入角色了，他和文案及艺术总监交换意见，然后将故事板上的每一帧画面烂熟于心。

1. 制作人要制定“规格”，即说明书——对电视广告制作的有形要求，为制作公司估算切实可行的竞标报价提供准确的信息。很多广告主要求进一步细化项目成本，比如制作准备、拍摄、演职人员、劳动力、摄影棚、外景地差旅费、设备、胶片、道具以及服装、工资税、摄影棚化妆品、导演、保险以及剪辑。
2. 制作人联系受邀工作室，让它们根据自身的专长、经验及名气竞标。制作人既可以分别与它们碰头，也可以与它们一起参加“广告竞标会”，向它们详细说明故事板和规格要求。
3. 制作公司在研究过规格要求、制作排期及故事板后，估算费用，然后竞标。
4. 制作人安排设备，工作室可能有摄影机和灯光设备，但大多租借全部的设备。演职人员也是自由职业者，按日计薪。工作室的主要任务是拍摄电视广告。

优势 19.1

制作排期

如果动用电脑制作一条的完整广告，则其制作排期通常比较复杂，成本超过 150 万美元，耗时 6 个月。

制作排期		
招标工作室	舞台或外景地无特效拍摄	特效拍摄
包括：	2～3 周	3～6 周

- 筛选各位导演的作品
- 派发工作要求说明
- 竞标（AICP 格式）
- 广告公司比较竞标报价
- 估算附加成本（音乐、差旅等）

制作准备	舞台或外景地无特效拍摄	特效拍摄
包括：	2～3 周	3～6 周

- 挑选演员
- 确定外景地
- 布景设计
- 试服装

制作排期		
拍摄	舞台或外景地无特效拍摄	特效拍摄
摄影机启动	1～7 天	1～7 天

后期制作	舞台或外景地无特效拍摄	特效拍摄
包括：	2～3 周	4～10 周

- 胶片剪辑
- 胶片校色
- 后期特效
- 挑选配音演员
- 录制画外音
- 音乐样本
- 音乐录制
- 最后音频合成和母带

如果用录像磁带，有些工作室有自己的摄像机和制作设备，有些则租用这些设备。

5. 制作人通过演员经纪公司或制作公司安排试镜，最终敲定演员人选。
6. 在制作前会议上，制作人、创意相关人员、客户经理以及客户，连同工作室代表和导演，大家一起形成最终制作方案。
7. 在拍摄过程中，制作人通常同时代表广告公司和客户，与导演沟通。在片场或外景地，为避免混淆不清，创意人员和客户都通过制作人交流意见、提出建议。
8. 制作人负责安排录音场次。在拍摄和剪辑之前或之后，制作人安排录音，可能需要播音员、演员、歌手和作曲家。如果要录制音乐，则制作人必须预先和签约音乐人碰头。
9. 制作人和创意团队一起参与剪辑工作。审完样片、选好最佳镜头后开始进行剪辑。
10. 在各个剪辑阶段以及工作拷贝完成之后，制作人要为广告公司相关人员和客户安排试映，让他们审查、批准。

11. 最后，制作人还要负责处理账单、确认工作室，以及处理拍摄、剪辑发票和演员劳务费。

“外请”制作人

外请制作人（outside producer）代表制作公司全权负责广告的拍摄工作，广告公司制作人聘请他们来创作电视广告。

外请制作人
广告公司雇来按照其规格要求创作广告的制作公司人员。

拍摄

大多数广告制作都包括以下几个步骤：

1. *试光*。为特定场景布光所需的时间。到拍摄时间再专门试光会拖整个团队的后腿。
2. *拍摄*。 这个制作环节拍摄（或录制）获得批准的电视广告画面，然后第二天“播放”这些画面（样片），以确保拍摄画面是按照计划进行的。
3. *停机*。这标志着制作工作的结束，大多数演职人员在这个环节解散。
4. *剪辑*。拍摄结束后开始剪辑。播放画面，挑选用于广告的画面，然后合成画面和声道、字幕以及视幻手法，制作出一条完整的广告。

在拍摄环节，客户和客户服务人员扮演顾问的角色。这个环节实际上是创意的时间，由他们负责送交广告。通常，制作人是广告公司和导演之间的桥梁，这个指挥链条简单、直接，可以避免片场的混乱，而这在拍摄阶段至关重要。

后期制作

拍摄的胶片曝光后，制作公司便开始进行后期制作。从摄影机里取出的胶片必须先冲洗，印到一条新的叫作样片的正片上，然后剪辑师播放这些样片，从拍摄的镜头中挑选出优秀的。

剪辑师剪完画面，然后从每个画面中挑选出来几帧镜头，将它们合并，形成粗剪片。这是广告成品的一个大概模样。广告公司和客户审查批准后，剪辑师开始剪辑拍摄、冲印好的原始胶片，从中剪出符合所选工作样片的镜头。

如今，几乎所有的终剪、特效以及视幻手法都是采用电脑在录像带上完成的。原始胶片镜头（35 毫米电影胶片）通过电子形式转换成 1 英寸的磁带，并在胶转磁的过程中校正色彩。

剪辑师再拿这个素材进行视频剪辑，通过录像带播放每个镜头。整个广告由校色后的录像素材（即未剪辑母带）生成，在最后剪辑未剪辑母带的过程中再添加字幕和其他特效。看看图 19.12 所示的步骤。细看这个简单的脚本，你就会看到摄影机运动、代言人镜头、变焦、倒牛奶的特写等画面。然后，再将声音（剪辑师和广告公司根据画面配音）通过电子形式录到剪辑好的视频母带上。至此，广告制作宣告结束。听起来很复杂？确实是。

制作团队中，后期制作导演是独立签约人，他们负责剪辑胶片，创造性地指导胶转磁、视频剪辑及特效，录制配音、声音、音乐及音效，混录这些声音并将它们与画面匹配，然后将成品交给广告公司。

图 19.12

这条简单的视频要求确定采用哪种拍摄角度、如何变焦、用哪些镜头以及怎样过渡。

"RECIPE"
:30 TV Spot

Story Summary:
In the process of baking a cake, a woman tastes a bit of Mayfield milk that had spilled on her hand. Surprised by how good the milk tastes, she wants more. Looking around to make sure no one is watching, she picks up the measuring cup and then chugs the delicious Mayfield milk.

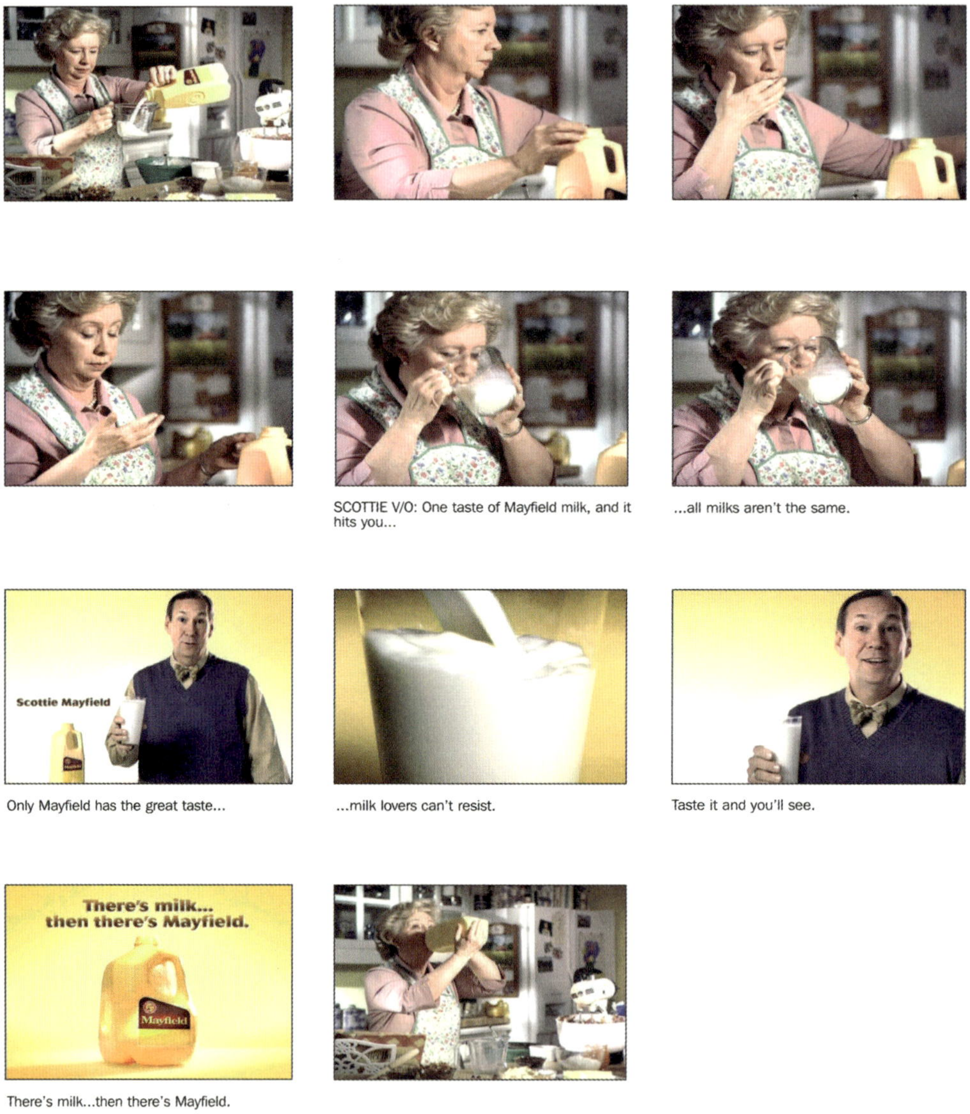

Courtesy of The Johnson Group.

电脑后期制作技术

硬件和软件技术进步仍在不断改变电视广告和视频的创作和制作手段，硅谷图形（Silicon Graphics）、阿维德（Avid）、Inferno、Flame 以及 Quantel's Henry and Harry 等知名计算机公司多年来一直是行业内的中流砥柱。在视觉图像和特效专业人士中间，"3D 动画""图像合成 / 变形""2D 动画""非线剪辑""实景真人合成""实时"等都是大家耳熟能详的术语。很多特效制作所用的系统仍旧售价很高。但任何一台电脑都可以制作出很多相似的视频特效，且成本更低，不过通常速度更慢。每种电脑硬件和软件系统都各有其长处和不足。

现在倒是可以说**电脑合成图像**（computer-generated imagery, CGI）为创意人员的制作和后期制作提供了极好的新机会。凭借这一技术，创意人员能以更快的速度对目标进行压扁、挤压、伸展以及变形处理。电脑正在将真人实景转变成卡通动画。在制作设备上，通过数字图形 / 动画合成系统，创意人员可以在五六层图像上添加四五层真人实景，而且全部同时进行。这样，创意人员在制作过程中即可看到完成后的合成图像是什么样。

电脑合成图像
能让电脑操作人员为电视制作多种电子效果——压扁、挤压、伸展及变形，比以前的工具速度更快，且可以同时添加多层图像的一种技术。

CGI 魔法 还记得“超级碗”比赛分数出来后百威啤酒广告中克莱兹代尔（Clydesdale）拽着马鞍的情景吗？或者美国家庭人寿保险公司（Aflac）的鸭子？这些主要是电脑生成（CG）或多种特技混合而成的。比如，动画设计师和软件工程师可以制作逼真的动物或怪物，它们看上去就像真的一样，能做动物（或怪物）学不会的事情。

将两个或以上图像素材组合起来，可以产生惊人的效果。随着电脑的诞生，不同图层的组合变得更加简单，但同时也变得更加复杂，因为各种组合变幻无穷。下面这些电子制作工具和技巧对你而言可能已经不陌生了：

- *合成*。在数字世界，“合成”是一个统领性的术语，指在电脑上巧妙地完成图像组合所需的许多流程。
- *蒙版*。蒙版实际上就是一个黑白剪影，电脑要想剪切掉部分供显示的图像，就必须用“蒙版”这个指令。它也可以很多其他有形的形态出现，比如在玻璃上绘制的一幅画、被遮住的摄像构图。
- *键控*。键控指通过电子形式将一幅图像合成到另一幅图像上。键控分为两类：亮度键控和色度键控。这个术语来自“键孔”，用电脑语言解读，即在一个夹层上挖一个洞。
- *色度键控*。这是蒙版的一种变形，它要求电脑选取一种特定颜色（通常为绿色、蓝色或红色）来创建一个主要信号。电脑通过这个方法，利用彩色背景自动进行蒙版提取。在天气预报节目中，天气预报员站在地图前，这个地图就是通过色度键控从绿幕中抠出来的。实际上，如果没有显示屏，天气预报员根本看不到这个地图，他们身后其实只有一个彩色屏幕。电脑将它视为一个洞，用它后面的一个图层填充它，在上面这个例子中就是地图。
- *键控器*。键控器就是一个电子合成器。
- *变形*。**变形**（morphing）是一个行业术语，指将一个对象转换成另一个对象。例如：在舒适（Schick）剃须刀广告中，一个男人的头变成了一个三维柱体；在埃克森公司的广告中，一辆车变成了一只老虎。通过这种电脑合成技术，电脑操作员可以在真人实景中插入画面转换，在现实和虚拟之间游走。

变形
能将一个图像变成另一个图像的一种电子技术。

- *Harry*。Quantel Henry/Harry 在线系统是一个剪辑系统，附带一个视幻工具。通过它，电脑合成图像可以与直播视频合成。现在，Harry 系统 90% 的工作都可以在 Mac 上完成。
- *Flame*。Flame 是一个视幻设备，附带一个剪辑工具，是一个容量大、可随机存取的多层合成系统，可以剪辑视频、制作特效以及数字音频。因此，你必须明白什么样的工作应该选什么样的技术。不错，如果你不是广告行业中的制作人员，你会深感困惑。Visa 的“超级英雄”篇中有一个阴郁的场景：雷神托尔挥舞着闪电神锤划过天际。Flame 美工们必须创作出天空和雷神，让它看上去像是要下雨而不是刮大风。

控制广告制作成本

广告公司和广告主都十分关心电视广告的制作成本。之所以有时候金钱被浪费了，主是因为事前策划不充分。在制作过程中，有两大成本支出：人工和设备。人工——制作人员、导演及演员——都是按日计薪，设备也是按日租用。如果某个表演彩排不对，如果某个道具没有到位，如果没有事先勘景，那原本计划的一天拍摄就得被迫延长，从而导致成本上涨，或工期超时甚至拖到第二天。如果精心策划，这些成本上的失误就可以避免。

小成本广告

巴特·克利夫兰（Bart Cleveland）是一位受人尊敬的导演，也是阿尔伯克基的 McKee Wallwork Cleveland 公司的合作伙伴。鉴于很多广告主的广告预算都无法与全国性广告主的预算匹敌，针对如何在小成本的状况下制作高品质的电视广告，克利夫兰提出了如下建议：

> 如果知道创意的制作费用，大创意就不一定会花那么多钱。要教会自己的创意人员哪些制作成本高。如果他们了解制作的基本成本，就可以在预算范围内寻找可能性，就不会浪费时间去做那种演员阵容庞大或特效惊人的创意。我也是吃了不少苦头才知道超出预算的创意就不是好的创意。但就算构思巧妙，如果制作烂也白搭。很少有客户知道高品质是怎么来的，但他们能分辨好坏，一旦他们得到烂制作，他们就会怪广告公司吃白饭，错不在他们自己。[13]

成本关系

以下几个因素会对电视广告的制作成本产生巨大影响：

- *拍摄场地*。广告是计划外景拍摄还是棚内拍摄？外景拍摄，在户外意味着要考虑制作人员的往返时间和住宿问题，每外出一天，平均成本至少增加 7 500 美元。
- *演职人员*。故事板中的主演数量是个重要问题，会导致成本升降。出演广告的演员人数越多，要支付的演员重播追加酬金就越多。演员酬金根据美国演员工会（Screen Actors Guild, SAG）合同支付。全国性广告可以按广告预算的约 0.15% 估算每个出镜主演的费用，从而得出演员成本。即 1 000 万美元的预算中，每个演员的费用约为 1.5 万美元。如果广告请了 20 位出镜演员，则预算为 30 万美元。这一大块预算可能会超过整个制作的净成本，因此必须讨论计划用多少名出镜主演，哪些人必不可少。
- *重播追加酬金*。另一大开支是付给演员——播音员、叙述人、演员以及歌手——的首次酬金之外的追加酬金或重播费。按照工会规定，电视网每播一次广告，演员就获得一次重播追加酬金，数额取决于广告播放的次数和城市数。如果广告播放频率高，则重播追加酬金可能超过广告的制作成本。地方广告主的这个问题还不太严重，因为地方广告的价格低于全国性广告。因此，原则是：只挑选广告必需的人员，一个都不多。

- *特效*。如果董事会指定使用某种特效或动画，要问清怎样才能实现这种特效。复杂的电脑特效成本一般能达到 6 000～12 000 美元 / 秒，甚至更高！因此，要提问，免得出现意外。有些表面上看似简单的执行实际上却可能包含着极贵的要素，除非所有人都了解这一点，否则广告公司和客户都不会满意。而缺少这一点，就可能导致创意成本高得令人咂舌。
- *估算成本*。很多因素（外景地、特殊装备、特效、演员、布景）都可能导致电视广告的拍摄更加复杂，正因为如此，人们普遍认为那些故事板看上去比较“简单”的电视广告会“相对”便宜些。事实并非如此。客户的制作成本一般为媒体预算的 10%，所占比例越高，越难以做出制作决策，尤其在当今经济环境下。
- *剪辑费成本*。有一笔劳务费用于支付剪辑师和剪辑师助理所付出的时间。根据不同的剪辑师和剪辑难度，劳务费从 400～500 美元（例如只负责一条单场景广告的声音）到 1 万美元以上（如剪辑多画面、含特效和音乐的复杂广告）。
- *特效和字幕*。特效和字幕的成本从 100 美元（制作美术字幕卡，将其放入剪辑中）到 1 万～3 万美元（设计复杂、逐帧制作、画面处理）。
- *录制和混音*。录制和合成旁白、音乐以及音效的成本从 450 美元到 4 000 美元或以上不等。

如果统计所有这些可能性——从最简单的到最复杂的，你会发现，一条 30 秒电视广告的剪辑成本居然高达 2 136～67 100 美元！

工会与成本

2009 年 3 月，美国演员工会和美国电视与广播演员联合会（American Federation of Television and Radio Artisits，AFTRA）达成了一条涉及电视、广播、网络及新媒体广告及其重播广告演员的三年协议。新协议还纳入了一项已获通过的试点研究，测试 GRP 模型在调整演员薪酬上的作用——实际上，演员的薪酬是根据其参演广告的播放状况确定的，很像电视营销商与广播电视网之间按收视率（C3 测量）达成的协议。它们与美国全国广告主协会以及美国广告公司协会达成的协议于 2009 年 4 月 1 日开始生效，有效期至 2012 年 3 月 31 日。[14]

之所以提这个，是因为这条协议影响到制作、重播追加酬金以及广告的总成本，而且它还错综复杂。例如，主戏出镜主演的价格为 592.2 美元，三五人出镜群演的价格为 433.55 美元，画外演员的价格为 251.15 美元。以下是一些领域的价格和详细描述：[15]

A 类节目第一次重播：出镜主演 135.8 美元；出镜群演（3～5 人）125.85 美元。第二次重播：出镜主演 107.75 美元。

B 类节目 / 纽约地区：出镜主演 3 417.1 美元，出镜群演（3～5 人）1 039.3 美元。纽约地区以外，出镜主演 2 948.3 美元；西班牙语广告，出镜主演 2 138.6 美元。

合约涵盖了特技调整、即兴台词以及风险补偿。它还要明确表演和试镜、主演、一般临时演员、手模、身体化妆品 / 油、试装、采访、外景地餐饮补贴、

图 19.13

这条广告将奥兰多购物作为该市魅力的一部分进行销售。字幕同样重要。

里程补贴、误餐以及外景地往返时间。合约还包含根据交通工具而确定的里程津贴：汽车、拖车、摩托车、冰鞋、滑板、自行车、助动车。它还必须详细说明雨天、雪天、雾天工作或加班要支付额外费用。同时，广告主还必须为损害演员的健康和占用其休息时间而额外支付费用。

如你所见，工会可以包揽一切。图 19.13 表现了一对母女正在购物。通过前面的数字，我们可以轻松地推算出这条广告的演员成本。是在外景场拍摄的吗？成本更高。由于美国几乎所有的职业演员都加入了某一个相应的工会，所以，广告主或广告公司必须遵守这些合约，否则就会被所有演员拉入黑名单。

AFTRA 是电视、广播、录音、非广播 / 工业节目以及新技术（如互动节目和 CD）节目的演员、其他职业表演者和播音员的代表。

还有几个其他工会的广告主涉足美国和加拿大的某一时尚行业：

ACTRA——加拿大电视与广播艺术工作者联盟（Alliance of Canadian Television and Radio Artists）。加拿大电视与广播艺术工作者联盟是加拿大电影、电视、视频及其他录制媒体演员的一个全国性组织。

AFM——美国音乐家协会（American Federation of Musicians）。美国音乐家协会是世界上最大的职业音乐人工会。

优势 19.2

如何扼杀品牌

介绍

带我脱离苦海！

创立、打造、延伸和管理品牌——这些都是又痛苦、代价又高的经历。有谁能扼杀一个品牌，了结这一切吗？我们惊讶地发现，任何具有杀伤力的品牌塑造活动都不是单凭信心和从容就能实现的。于是我们开始创作自己的方便指南。我们相信，和杰森（Jason）电影的名气不同，品牌一旦歇下来，就会彻底躺倒，永远无法翻身。

你问，怎么办？其实很简单。只要做到以下任意一样，就可以有效地扼杀自己的品牌：

- 忘记自己说过的话。
- 什么都不干。
- 和任何人一样。
- 等等。

若真的如此，任何人都能做到。请往下看。

——盖伊·加布里尔（Guy Gabriele）
首席创意官、创意工程师

技巧 #1

违背诺言

还记得在推出品牌时你的承诺所建立起来的信任感吗？可靠的承诺、一流的服务、企业责任以及建立起最初纽带的任何其他东西——现在，忘掉这一切，假装这个讨厌的承诺是很久以前的事，你已经忘记了。多做几次这样的事，你的品牌就完了。

技巧 #2

掩耳盗铃

无视全球化、所有媒体新运动、竞争对手改革以及汹涌而来的新趋势。为保持领先地位所要花费的时间和努力令人却步。在波澜不惊的生活中，逃避现实不失为一个好办法，那么，在工作中又何尝不可呢？什么都不干，你就可以推诿搪塞说“是竞争让我这样的”。干得好！

技巧 #3

外包一切

如果能以更低的价格完成工作，何乐而不为？回答几个愚蠢的问题，调整一次费用或处理一个保修申请能有多难？将品牌体验的担子交给别人，一旦别人处理得当，你的品牌就会迅速但相对无痛地消亡。

技巧 #4

说谎！

“如果撒的谎够大，再不断重复，人们就会相信它。”此话太对了。过度承诺是这种技巧的一个创新变体。你或许能骗别人一次，但再干两次就会要命。

技巧 #5

抄袭

你的竞争者已经为研发、创新和市场调查押上了身家性命，为什么还要从头再来一次？不如跟风、模仿。常言道——“平庸的最好”。虽然顾客的冷漠之声如雷轰顶，不过很快就会过去。

技巧 #6

目光短浅

管好公司和品牌的短期利益，盯紧下一季度的报告。如果品牌在这期间出现重大问题，至少你的饭碗还在。毫无疑问，用这个技巧，死亡会来得慢些，不过令人欣慰的是，死亡终归会来。

技巧 #7

欺骗伙伴

这个有点复杂，但如果你设法背叛自己的经销商、员工、生产商或销售伙伴，你就能刺激他们拼命攻击你的品牌。然后就不在你的掌控之中了，有点安乐死的味道，不过，嘿，有时候还需要朋友帮忙才行。

技巧 #8

不断重塑品牌

花样能调剂生活，因此，不妨通过改变包装、图像、logo、产品声明——基本上所有的东西——欺骗消费者，让他们相信有新东西推出。注意不要同时真的改进产品，因为这有可能导致品牌重新焕发活力、延长寿命。

技巧 #9

一定要让顾客觉得自己傻

这很难，是吗？实际上，这确实要花点工夫，毕竟他们不是真的笨蛋。但是，你能做到！可以把包装弄得难以打开、笨重，把组装说明写得含混不清，让计费方式不合常理。还有，重要的一点，始终摆出高高在上的姿态。这样你就会自生自灭了。任务完成。

技巧 #10

MBA 杀手

据说，这些主管个个都是最鬼鬼祟祟、最致命的品牌杀手。

DGA——美国导演工会（Director's Guild of America）。美国导演工会代表着从事院线电影、商业片、教育片、纪录片以及电视直播节目、胶片和磁带广播节目、视频和广告的人。

电视广告的创作与制作还涉及很多其他非工会组织：

ASCAP——美国作曲家、作家及出版商协会（American Society of Composers, Authors and Publishers）。美国作曲家、作家及出版商协会允许创作 者和出版商收取音乐版权使用费，并为音乐使用者接洽世界上最大、类型最丰富的版权音乐库提供方便、便宜的合法途径。

BMI。"BMI 曲目"是查找世界上流行音乐的曲名、作曲家、出版商信息的一个数据库，可检索的数据库包含上百万首歌曲，每周更新，同时还可获得最全面的网上作曲和音乐版权信息资料。

电视广告平均制作成本

根据美国广告公司协会的年度广告制作成本调查，1 266 条电视广告的数据显示，每条广告的平均制作成本为 31.8 万美元。一多半镜头为网络版、病毒式广告或其他内容形式拍摄了附加画幅。一般而言，总成本控制得非常好。

2007 年，广告主强烈要求广告公司和制作公司想法降低制作成本。每年，在洛杉矶拍摄广告的总天数通常高达 5 650～6 500 天多一点。娱乐业发展公司（Entertainment Industry Development Corporation，EIDC）一直在追踪这个拍摄天数信息。剪辑和完成一条原创广告的平均成本约为 4 万美元。

小 结

如今，网络出版商有不同大小、规格和格式的视频，这就要求广告主针对各个出版商专门制定广告单位（换句话说，广告主如果想将一条广告投放到多个网站或平台上，就可能要反复重拍或剪辑广告 / 视频，这无疑会大大增加制作成本）。

由于电视 / 视频可以集合视觉、听觉和动态来调动情绪，因而它仍然是最强有力的广告媒介。在电视中，广告的播放时间十分短暂——通常为 15 秒至 30 秒，从而给传播产品故事或定位提出了挑战。在线视频技术，如网络剧集，在时间上不受限制。数字视频尚未标准化，这使得广告主有机会讲述更长的故事，有更大的创意空间。

创意团队可资利用的创意手法数不胜数：证言式、系列式、演示式、生活片段式、客户采访式、幽默式、动画式、信息式等。在判断哪种手法最适合广告战略时，调查研究有助于制定创意决策。

故事板通常用来帮助向广告主和制作公司传达广告创意。有一点很重要：在投入时间和金钱执行这个创意之前，每个人的脑子里都必须有这条广告的清晰画面。

制作广告要求对制作术语有所了解，比如划变、叠化、特写。这些术语有助于传达出某一特定图像的性格或上一个画面向下一个画面的过渡。用简单易懂的方式撰写、形象化广告是成功的关键——毕竟，这是一种视觉媒介。烂制作足以毁掉好创意，因此，制作成品广告与构思大创意同样重要。

广告制作分为三个不同的阶段：准备阶段、拍摄阶段和后期制作阶段。通过电脑合成图像，创意几乎无所不能——只是成本可能较高。

复习题

1. 什么是网页视频广告？
2. 请讨论前插播广告。
3. 预剪师是干什么的？
4. 故事板有什么作用？
5. 哪些人参加制作前会议？

第二十章

Courtesy of Steven H. Lang.

广播广告

广播已经受到所有媒体新变化的影响，其中包括人们对在线广播和 Sirius 卫星广播的喜爱。在纸媒和电视中，图像是不可或缺的传播元素，但广播则不同，广播是纯粹针对耳朵的媒介。▶

本章学习目标

1. 认识广播的本质。
2. 了解如何根据战略进行创意。
3. 认识广播广告的结构。
4. 掌握广播广告的撰写。
5. 了解音乐广告。
6. 了解工会和演员。
7. 了解广播广告的制作过程。

“想让广播广告做得更好，首先得让广播进步。”Crispin Porter + Bogusky 广告公司创意总监比尔·莱特（Bill Wright）曾这样说，“在我看杂志的时候，不管哪条广告都不会让我心烦；在我看电视的时候，不管哪条广告都不会让我心烦；但广播广告即使做得再好，仍然会让人觉得它不过是烂社区中一幢最好看的房子。”这普遍反映了大广告公司对广播的态度。也就是说，广告公司的创意人员宁可做网络广告或电视广告也不愿意做广播广告。不过，即便有这样的态度，广播的听众队伍还是越来越庞大。在线广播和卫星广播的普及也吸引了越来越多的听众。因此，广播正在变。

按照逻辑，广播广告很好做，你只需向听众介绍产品即可。但果真如此吗？也许吧。事实上，优秀的广播广告其实很难，你必须运用音效、音乐和人声来唤醒听众脑海中的画面。但有些广告单靠讲就做到了这一点。

广播的本质

1 认识广播的本质。

虽然在新媒体的大洗牌中日渐式微，但广播依然能在极大地节约成本的基础上实现销售、树立市场形象。广播能给你充足的时间讲故事。在纸媒和电视中，图像不仅能有力地吸引观众的注意，而且还充满感情；广播则不然，它无法靠图像或色彩吸引人们关注讯息。但声音讯息同样可以释放出强大的力量，甚至有人认为，只要找到了恰当的方式，广播完全可以成为最视觉化的媒体。

广告文案汤姆·莫纳翰（Tom Monahan）说：“在广播中，任何事情都无处可藏，没有犯错的余地，没有判断错误或软弱的余地，一切都在短短的 30 秒、60 秒之内表现出来。想要一条好广告，所有的要素就必须足够好，包括产品概念、文案、演员、表演及后期制作——每件事。只要其中一项出问题，对不起，那就关机。”[1] 现在，让我们来近距离地看看广播的本质。

想象剧场
在广播中，文案通过不同的音效在听众脑海中描绘出各种画面。

资深广播广告专家菲尔·卡提诺（Phil Cuttino）常说：“小心广播——它是最容易被人误解的媒介。”20 世纪 50 年代中期，在电视普及之前，人们往往是在“看”广播。我们都听过广播**想象剧场**（theater of the mind）的选段，比如《超人》（*Superman*）、《独行侠》（*The Lone Ranger*）、《名媛双胞案》（*Bulldog Drummon*）、《致命的诱惑》（*Inner Sanctum*）以及奥森·威尔斯（Orson Welles）的绝妙讽刺剧《世界大战》（*War of the Worlds*）。人们之所以“看”广播，是因为每一集广播剧带来的心理画面都惊险刺激、恐怖骇人或美丽卓绝、妙趣横生。然而，电视将声音与画面结合了起来，在引人入胜之余，还发挥了故事讲述者和剧院的作用。无论过去还是现在，电视都是一个充满活力的广告媒介。不幸的是，广播曾经从属于音乐、谈话节目和其他音频导向的节目，它的这一本质会变吗？

让我们在脑海中想象一下下面这段广告：

男：我起床、洗澡、穿衣，然后吃早饭。
（停顿）
男：我起床、洗澡、穿衣。
（停顿）
男：我起床。
女：我给他做早饭。
男：我起床。
女：我叫他起床，给他洗澡，帮他穿衣，然后给他做早饭。
画外音：你的生活将迅速产生变化。全美肌肉萎缩协会（Muscular Dystrophy Association）。

创意中的靠后排名

虽然被人诟病为“呆板”，但在很多广告战役中，30 秒电视广告仍然是打造影响力的重头戏。网络上的视频短片或许能赢得人们的欢心，但让创意团队获得关注的最快途径，也许还在于拿出一条备受瞩目的电视广告。美国的主流出版物中都有对电视广告的评论及主客观评级。电视是广告人进入“娱乐八卦”的最佳捷径。造成广播在广告优先排序中位置靠后的原因还有一个：大多数创意团队都由艺术总监、设计师和文案人员组成，但由于广播缺乏可视材料，因而在制作广播广告时，视觉艺术人员就失去了用武之地。这导致了创意团队流向纸媒、电视和网络。

长此以往，一种新的广播广告类型出现了，卡提诺称之为“印刷广播”。一旦需要广播广告，一些深谙纸媒广告制作之道而对广播广告知之甚少的文案多半会依靠自己熟悉的文案格式进行创作，于是，我们便听到了“印刷广播”：标题、副标题、正文、商标和口号。活脱脱一个音频版的报纸广告。

要想认识广播的重要性，必须先了解美国消费者怀疑一切的本性。

没有人再相信他人。美国消费者总在找各种借口怀疑你所说的一切，他们只需一点线索就能发现你在向他们兜售商品，便会从内心将你抹掉。他们也许不会换台，但结果却是“灯亮着，人不在”。因此，在向消费者讲故事之前，要先解除他们的武装，迎合他们，取悦他们，让他们站在你这一边。

和杂志一样，广播是非常私人化的媒介，几乎每一个人都有自己喜欢的广播电台。很多消费者收听网络电台，其中一些电台还提供宽带和流视频内容，消费者逐渐了解电台的个性，参与心仪的电台所赞助的活动。正是因为有这种听众忠诚度，有这种无敌意的环境，营销商才能轻松地接近听众。记住，消费者绝不会等着听你的广告，他们听广播是为了娱乐，所以，先取悦他们，然后再向他们销售商品。娱乐是你进入他们心灵的入场券。

传统广播的未来充满了不确定性，无论是在家里还是在办公室，网络都在向传统广播提出挑战，但在车中，广播仍然称霸一方。数字卫星广播给地方性广播和广告主带来了更多的挑战。[2] 通过与数字户外媒体、售点广告及手机应用程序进行整合与打包，广播有望出现飞跃式发展。其工作流程是这样的——你钻进车里，听到某个零售商的广告（就像今天一样），但广告的结尾却是“接下来两小时内登录特别合约手机应用程序，即可获取一件特殊产品”。

应用程序会刻意将你推向特约零售商，数字化户外媒体也是如此。每当你走进商店，数字售点广告便会在那里迎接你，你还可以用手机扫描优惠券。广播变成了数字化户外销售的中流砥柱，因此，直接销售测量将大为改进。

谷歌公司在其博客上宣布，该公司 2009 年停止了广播的销售并退出了广播业，尝试发展在线流音频服务。这个例子也反映了媒介与广告业的变化及其对广播所产生的影响。[3]

灵活性、适销性与可推广性

相对于其他广告媒介，广播优点更多，它具有灵活性、适销性和可推广性，还有与广告主触达目标受众所需相吻合的报价——只要他们选对了电台，用对了讯息就行。

- 你拥有专享的 60 秒，而平面广告必须与同一版面上的其他广告争夺注意力，电视则必须与那些频繁换台的人斗智斗勇，因为观众有自己最喜欢的节目，听众有自己最喜欢的电台。但在一条广播广告播出的那 60 秒时间跨度内，没有其他广告能够干扰你的讯息。广播的一大公平性在于，本地制作的广告可以和全国性广告公平竞争，广播广告的威力则在于其创意与形象。与电视广告不同，你能以合理的价格轻松地得到全国性广告的品质。在专属的 60 秒广告时段中，每一条广告都同等重要。
- 相比其他媒介，广播能更有效地捕捉受众。公共交通的出现并未改变这一点，即在大多数城市，你必须钻进车里、开车，才能从 A 点到达 B 点，而广播收听率最高的时段一般就出现在早晨和下午的驾车时段。在这些时段内，听众无法去厨房取啤酒，不能应门，也无法看杂志，他们被困在车内，只能听广播播放的路况信息、新闻报道和你的广告。
- 听众和广告主有多种节目编排形式可供选择：乡村音乐、成人现代音乐、新闻 / 谈话 / 体育 / 财经节目、经典老歌、畅销唱片 40 强、宗教音乐、经典摇滚、城市节奏以及布鲁斯、轻音乐、另类摇滚、综艺节目、民族音乐、古典乐、福音音乐、爵士乐、新世纪音乐及儿歌。因此，对于广告主而言，广播无疑是一种非常具有针对性的媒介。鉴于美国社会由来自各个国家、各个民族的人组成，很多市场还有外语电台可供广告主选择。

克莱普纳观点20.1

斯蒂芬·H.朗（Steven H.Lang）

考克斯电台(Cox Radio)雅典台

斯蒂芬·H. 朗

从杂波中脱颖而出

是什么成就了优秀的广播广告？衡量成功的真正唯一标准就是，它带来了客户期待的结果。无须奖励，无须恭维，只要结果，除此之外，不管什么都是失败。那么，怎样才能创作出一条成功的广播广告呢？不妨将以下方法当作模板，然后围绕它们构建广告的其余部分。

光听别人讲自己简直乏味至极，你会迫不及待地走开，对不对？那么，为什么大多数广播广告都以客户而非听众为中心呢？广播其实是一个非常迷人的媒介，但大多数客户却想将它当成吹牛的舞台。“我们拥有最大的XX！！！我们拥有最XX的产品！！！我们是……的第一！！！”哈欠，换台！那你该怎么办？改变关注点。

从现在起，别再让广告围着客户转了，让听众或听众关心的利益变成广告的主角。从本性上讲，人都是自私的。因此，如果你向人们讲述他们感兴趣的事或对他们而言比较重要的事，他们自然会更加关注你讲的话。对一个人讲永远好过试图对所有人讲，但这并不意味着随时随地都只是用“您”这个字眼，还必须提出问题和解决方案，使制作出的广告能为观众所认识。然而，在我们这个沟通过度的世界，光是引起并保持听众的注意力就已经很费力了。所以，将他们带进剧场吧！

太空深处一颗逃逸的小行星，美国老西部正午的大街，上下班高峰期街边的转角——稍许用点音效，在录音棚里待上十几分钟，就可以制作出任何过去、现在或未来的环境声音。然后，你只需背靠座椅放松，等待听众自行在脑海中勾勒出相关画面就好了。用想象剧场让听众参与广告，他们更有可能听从你的讯息，接受你的产品或意图。视频和动画也能制作这种类型的环境，但它们过于直观，很难再给人们想象的空间，况且成本更高、耗时更长。当然，如果想让听众充分理解讯息，不是单凭一个想象剧场就能解决的，还必须保证听众能一遍又一遍地听到这些内容。

重复是广播广告取得成功的关键。即使是一条糟透了的广告，只要重复的次数够多，也能在某种程度上对听众产生影响。这是为什么？“因为声音具有强迫性。”市场销售顾问罗伊·威廉姆斯（Roy Williams）这样说，“开车的时候，你会为了找一条街或一个转弯而关几次广播？有多少歌曲，即使你无心去记却烂熟于心？”广播的强迫性，加上重复，使它变成了一件传达讯息的利器。

有了恰当的关注对象、想象剧场和充分的重复，广告便能从广播的杂波中脱颖而出，收获胜利果实。正如传奇广播制作人及营销大师丹·欧迪（Dan O’Day）所言，广播是面向大众的销售。

Courtesy of Steven H. Lang, Creative Director, Cox Radio/Athens.

广告创作

2 了解如何根据战略进行创意。

除了要求有自己的风格外，广播广告的创意过程和其他媒介广告几乎如出一辙。和其他广告一样，你也必须了解自己的目标受众。获奖无数的创意总监汤姆·利特尔（Tom Little）说：“人们买的不是产品，而是问题的解决方案。”去年，美国人总共购买了35万个$\frac{1}{4}$英寸钻头，但人们需要的其实并不是$\frac{1}{4}$英寸钻头，而是这个钻头钻出来的$\frac{1}{4}$英寸的圆孔。

在开始创作之前，广播广告的创意人员首先要查看简报上所列的目标及战略，并从人口统计学和消费心理学的角度对目标受众进行描述。文案必须保证传递出的讯息能得到人们的信任，即话要投机。同时，他们还要看文案是否会加强品牌定位，是否能巩固广告主希望在消费者心中占据的地位。创意是否可信？文案是否包含了调研表明所需的要点？文案有人情味吗？是否是可信的交流？人们真的喜欢它吗？或者，它是否只是广告行话？所有这些，都是广播广告创意人员在面对白纸或电脑屏幕时应该考虑的事情。

广播广告文案有机会独立完成整个广告（虽然有些广告公司要求由创意团队共同完成一个项目），即写文案、挑演员和制作广告。在广播中，文案可以自由地用音效描绘画面——如汽车启动声、刹车声、电话铃声、水流声、水杯中加入冰块之声、鼎沸的人声、照相机的咔嗒声等，从而在听众脑海中创造出各种情境。记住，声音本身就具有非凡的力量，能够进入听众的内心世界。

麦克雷广告公司（MacRae）文案艾米·洛肯（Amy Lokken）只有 15 秒的时间向听众介绍佐治亚州交通部（Georgia Department of Transportation）的 511 项目：

15 电台，佐治亚 511，“感恩节”

音乐：20 世纪 50 年代教学电影音乐

播音员：感恩节重要安全提示。被火鸡迷得晕头转向的时候不要开车。开车前记得拨打佐治亚 511。511 为您提供免费、快捷、实时的交通信息。511——我们为您导航。

创意三要素

下面让我们来看一下文案人员用来创造心中画面、培育记忆度和感情的三个要素：文字、声音以及音乐和广告歌谣。

文字 文字是建造有效广播广告的砖瓦，可以用来描述产品、引人注意、引发兴趣、刺激欲望、唤起回应。

有时，文字和声音同样重要。理查兹集团创意指导戴维·福勒（David Fowler）有一次在达拉斯一边开车一边听一家公共广播电台，正在这时，广播中传来悦耳的独白声。那是汤姆·伯德特（Tom Bodett）的声音。理查兹集团随即向汤姆抛出橄榄枝，问他是否愿意利用自己的声音天赋当一个不带感情色彩的广播配音员，推介一家全国性经济连锁汽车旅馆。他同意了。在一条接一条的广告中与人一对一地沟通时，没有谁能做到汤姆那么好。多年来，他一直给汽车旅馆 6（Motel 6）的广告配音。在最初的广告中，他的即兴尾标“我们将为您留灯”使连锁旅馆和他本人大获成功，这句尾标也一直保持着原样。20 世纪 80 年代，汤姆是美国国家公共广播电台（National Public Radio）常规新闻节目《全盘考虑》（*All Things Considered*）[4]的固定评论员，现在我们仍然可以在汽车旅馆 6 的官网上找到他，也可以在他的个人网站上找到他的所有作品。这句尾标一直保持着原样。该广告战役可谓史上历时最长的广告战役之一，而且它还因其创意以及其在酒店业中的佳绩而屡屡获奖。汤姆在一条“商务会谈”篇广告中打趣今天的商务用语，对商旅人士说：

大家好，我是汤姆·伯德特，现在介绍汽车旅馆 6。我有句话想对商旅人士讲——如今，商业领域好像有自己的语言，到处都是行话，比如“行话”或“底价”。

接着广告罗列了若干商务行话：外包你的住宿需求、应交付产品、可操作项目的环境、成本效益，等等。

您将以最低价，也就是底价，享受全美国任意一家连锁店干净、舒适的房间……

然后，他一反汽车旅馆 6 传统广告的结束语“我们将为您留灯”，绕了个弯子：“我是汤姆·伯德特，现在介绍汽车旅馆 6，我们将保持照明设施目前的亮度。”

汽车旅馆 6 的成功表明，人声带给人的温暖正是传递讯息所需的一切。

除汤姆·伯德特外，还有一位语言大师，他就是喜剧演员、广告人及伟大的广播创意斯坦·弗莱伯格（Stan Freberg）。他是广播创新的先驱之一，曾为美国广播广告局创作了一系列广告：“……好了各位，现在我给你们一点提示，我想把密歇根湖的水抽干，灌入热巧克力，再将高达 700 英尺的鲜奶油山滚进湖中，再让加拿大皇家空军 (Royal Canadian Air Force) 飞越湖面，投下一颗 10 吨重的马拉斯金樱桃。”剩下的就请你自己想象，或者登录 http://radiohof.org/comedy/stanfreberg.html。

声音 使用得当，声音可以解开想象的缰绳、营造特殊的感觉。只有必要时才用音效，而且还必须让它们易于识别，好的音效不言自明。

声音必须传递特定的讯息或意图，必须吸引注意力，必须补充文字的不足之处。声音可以突出重点，制造悬念，引起兴奋或愤慨，几乎所有你想要的气氛都可以通过音效营造出来。

音效的基本来源有三种：人工音效、录制音效和电子合成音效。人工音效即现场制作的音效，包括利用现场物体和录音棚道具产生的音效，如开门声、脚步声或号角声等；录制音效来源于录音素材、磁带或专业声音库，它们可以给文案提供几乎所有的声音，如狗的汪汪声、猫的喵喵声、雷的霹雳声、车的疾驰声以及树叶的哨声；电子合成音效指通过特殊录音设备制作出的电子声音，包括所有通过电脉冲设备制作的声音以及其他电子声音。

音乐和广告歌谣 有人认为，是通用磨坊公司为挽救其日渐式微的 Wheaties 麦片品牌而于 1926 年首开广告歌谣先河的。

你尝过 Wheaties 吗？
它是麸皮全麦。
难道你不想试试 Wheaties？因为小麦是人类最好的食物。
它松脆无比，
整整一年，
孩子们从未吃够，
你也不会。
那就试试 Wheaties 吧，
世上最好的早餐！

事实证明，在吸引听众注意力、激发感情方面，音乐具有强大的力量。因此，它也被称作“世界通用语言”。不同类型的音乐对应不同的情绪：小调比大调更忧伤，而逐渐加快的节奏则给人以期待感。稍后我们将更加详细地介绍音乐。

广告的配乐往往专门编写，或改编自大家熟悉的歌曲。有特色的音乐哪怕只是一小段，如果播放的次数够多，也可以让人立刻由音乐联想到产品。这种音乐标识一般持续

4～10秒。**广告歌谣**（jingles）一直是帮助人们记忆广告口号的常用手段——想想可口可乐、百事可乐、雪佛兰汽车以及麦当劳多年来的音乐，但它从未像此时此刻这么受欢迎。

广告歌谣

与音乐匹配的整条广告或部分广告，通常包含广告口号或广告主题，可以使品牌名称或广告口号更便于记忆。

你能唱出奥斯卡·梅尔公司（Oscar Mayer）的广告歌吗？“哦，我多么希望……”不是只有你一个人，《广告时代》杂志自由编辑鲍勃·加菲尔德在谈到那些广告老歌时很快就哼了起来：“哦，我多么希望我是一根奥斯卡·梅尔牌香肠！”“我记住了那首傻傻的广告歌，”鲍勃说，“但我已经忘了自己早餐吃的什么，忘了我的车钥匙放哪儿了，甚至忘了我孩子的名字。”这就是广告歌谣的威力。

广告中的流行摇滚乐让那些超级巨星乐队大赚了一笔，也让那些无名的乐队声名鹊起。广告主向来是跟着前卫音乐走，以吸引年轻人。于是，广告歌谣逐渐衰落了。如今，游戏规则已经改变，拿到音乐版权授权才是最重要的事。有人相信，与大多数流行文化产品一样，广告歌谣也会重返潮流。为什么？嗯，就凭没有人能否认它们的力量。[5]

扑通扑通，噼啪噼啪——哦，多么放松！

佛克斯南方风味餐厅库斯库斯（Folks's Southern Cooking Cous Cous）广告歌唱道：

现在，拿着刺山柑和番茄干，
拿着库斯库斯和龙蒿土豆，
如果我想吃得舒服，
没有人比我的佛克斯更了解我。

麦迪逊大道正逐渐转向音乐巨星，希望他们创作原创的广告歌曲。福特公司的主管们在准备推出“大胆行动”（Bold Moves）时，还为近期的一次广告活动买下了一支经典老歌的版权。他们尝试很多备选音乐，还试听了很多尚未发布的歌曲样带，最终选定了一首尚未发布的新歌《走》（Go）。这是一首由《美国偶像》首届冠军凯莉·克拉克森（Kelly Clarkson）参与创作的歌曲，它与福特公司希望的心态与节奏非常匹配。直到今天，克拉克森的歌迷还只能通过福特公司赞助的网站 addictedtokelly.com 合法地下载这首歌。

合作音乐联盟

广告主利用各种类型的音乐吸引18～25岁的人群，因为处于这一年龄段的人选择的品牌可能会影响其终生的购物决策。行业观察人士认为，这一群体不喜欢直接明显的销售手法，他们想要新鲜的音乐。

作为“驻地艺术家”项目的一部分，李奥贝纳广告公司曾邀请乡村音乐明星朱·蒂·麦斯娜（Jo Dee Messina）入驻公司，希望借此机会将朱·蒂·麦斯娜的歌曲用到广告中。该项目已于近期启动，敞开怀抱欢迎所有音乐类型的艺术家参与。以前，歌手都不屑于为商家唱歌，但今非昔比。广告音乐业普遍认同李岱艾广告公司执行创意总监罗布·斯瓦提兹（Rob Swartyz）的观点：“广告是新型电波。”这一新的合作环境意味着音乐业或许不会再收取天文数字般的费用了（一首流行歌曲的费用少则1万美元，多则上百万美元），如果营销商愿意与歌手在多种场所合作的话，包括音乐会推广，那就更不用说了。[6]买一支最佳金曲的版权可能起价就达25万美元，最高可达百万美元。

根据战略进行创意

查尔斯顿商会（Charleston Metro Chamber of Commerce）在纸媒、广播和电视等

领域都采用一种战略创意理念，即会议“桌牌”。顾名思义，就是将讯息（入会理由）与姓名一道写在桌牌上，但广播文案包含同样的讯息。

> 朱迪斯，我加入商会的原因有很多，但最吸引我的莫过于这里的商务研究中心。它向我提供了靠我本人根本不可能追踪到的信息，比如当前的经济发展趋势、经济形势预测等，它让我了解了哪些事情正在发生、有哪些事情将要发生。这些都有助于我做出正确的选择。它就像一个 8 球魔术，非常有用。
>
> 查尔斯顿商会。这是一条简单但硕果累累的整合创意。

最近，机灵鬼（Slinky）螺旋弹簧玩具买下了自 1963 年起就不断在广播中播放的该品牌的广告歌的版权，新一轮广告战役推出了这首老歌的不同版本，它以传统的歌唱方式开篇，随后转向节奏稍快的类摇滚。歌词基本保持原样，只是顺序稍有调整。为了整合品牌，机灵鬼玩具在其官网（poof-slinky.com）上提供了与该广告歌相关的壁纸和信息供用户下载，同时还公布了广告和历史简介等信息。虽然媒介曝光度较低，但他们确实试图整合品牌。机灵鬼品牌广告歌的新版本将保持原曲的核心，因此妈妈们一听到新歌就立刻能认出这是机灵鬼的广告歌，不过，新歌加入了更摩登的元素，以便今天的孩子们也能与之产生更紧密的联系。[7] 以下是这支时长 30 秒的新广告歌的歌词：

> 什么东西在下楼
> 或孤身或成对
> 发出最幸福的声音？
> 都知道那是机灵鬼
> 机灵鬼，机灵鬼
> 开心快乐的好玩偶
> 机灵鬼，机灵鬼
> 男孩女孩的好玩偶
> 弹簧，弹簧，奇妙的弹簧
> 让机灵鬼开口唱
> 都知道那是机灵鬼。

广播脚本写作

3 认识广播广告的结构。

在本章列举的广播脚本中，你会发现各种不同的格式，这是因为，很多广告公司都给文案准备了自己的格式纸稿。根据广播脚本的不同用途，格式会有所调整：如果是和制作人、演员一起在录音棚中工作，可以直接口播广播脚本，并回答相关问题；如果是将广播脚本发给电台主持人，让他们现场读，则必须确保读稿人能准确理解你的意图。图 20.1 向我们清楚地展示了如何写作广播脚本。

广播，想象剧场

创作广播时，你可能犯的最大错误，就是没有认识到每个人都会针对自己听到的声音在脑海中形成特定的画面。如果没有实实在在的图像，声音就会在脑海中形成图像。广播文案或制作人的任务是控制听众脑海中的图像，引导听众做出积极正面的

图表 20.1

广播脚本格式示例

时长：60 秒
工作编号：3364

左栏用于人声、配音、音乐、音效等信息，通常大写。	右栏用于文案和指令，两倍行距。停顿用圆点或双破折号表示。用下划线和大写字母表示强调。
音乐：	音乐作品名通常全部用大写，如以歌剧《威廉·退尔》序曲起并淡出（WILLIAM TELL OVERTURE ESTABLISH AND FADE UNDER）。有时，音乐作品名下会加下划线，指令可放入括号内。
人声 1 ：	（大笑）不好意思，先生…
老人：	嗯…（提高语调）你想要些什么？
SFX：	超市杂音，购物推车碰撞声。音效以"SFX："表示；（：08）收拾碗碟声。
歌手：	他眼睛明亮、跃跃欲试…
播音员：	提示播音员开始讲话…
VO：	画外音

反应，让目标讯息在听众记忆中扎下根，同时引导听众做出恰当的反应。例如，文案在广告中描述一名汽车商在高声吆喝，宣传优惠活动，以为这种战术可以引起听众的注意，促使消费者抓住这个"省大钱的机会"买车。遗憾的是，听众的想象中完全看不到豪华的新车或节省下来的开支，他们看到的只是一个身穿花哨格子套装的中年男人在大喊大叫。在传播过程中，必须考虑人们对你的广告做何感想。

已故创意指导汤姆·利特尔曾经称赞广播在人们脑海中描绘画面的能力："要是做电视广告，我得花 4 万美元搭建一套航空公司场景；但是做广播广告，我几乎可以分文不花就在听众的脑海中搭建起同样的场景。"

优秀广播广告的要素

- *专心、专注*。不要让消费者一次接收太多信息。按重要性对文案要点进行排序，把广告视为一个太阳系，主要文案要点是太阳，重要性不同的其余要点是其他星球，但它们都支持中心思想并围绕着它旋转（见图 20.2）。
- *调查产品或服务*。很多客户非常关注自己的竞争环境，但却很少将产品特点、收益与实际数据联系到一起。实际上，有意义的统计数据完全可以给广告讯息提供坚实的支撑。
- *贴近顾客*。在向消费者讲故事的时候，要时刻谨记将品牌与消费者的需求联

15 电台，佐治亚 511
"足球"艾米·罗肯
音 乐：振奋人心的比赛日曲目
播音员：您的绰号是不是"超级粉丝"？您是不是车尾聚餐会传奇人物？您需要佐治亚 511，它将为您提供免费、快捷、实时的交通信息，保证您准点到达赛场观看每场比赛。拨打 511——我们为您导航。

图 20.2

佐治亚 511

该广告的重点在于告诉人们查询路况时应该拨打哪个号码。

系起来。千万别以为消费者能得出正确的结论。图 20.3 试图给人留下一种回收站有利于环境保护的感觉。

- *拓展*。可以通过拓展使广告收到事半功倍的效果，比如让消费者将广告中的一些短语用到日常生活中去。巧妙的短语或广告实施不仅可以让消费者主动询问他人是否听说过这条广告，还可以让人们主动要求电台播放这条广告，甚至让电台主播提及这条广告。
- *制造即时的身体、感情或精神反应*。如果一条广播广告能让听众开怀大笑、触动其心弦或引发其思考，那么这些反应就有助于听众记住该广告并延长记忆时限。
- *使用平实的对话语言*。表意要清晰，不要强迫广告人物进行不自然的陈述。这不是会议室汇报，没有“可行”这样的字眼，清晰、平实、简单即可。福特经销商广告中略带诙谐的寻常对话，让说话者看起来就像是我们身边的普通人（见图 20.4）。

图 20.3

ACCR 回收公司

该广告给人以参与环保工作的满足感。

ACCR 回收公司　　斯蒂芬·朗

播音员 OK：风靡全美国！反响热烈！非常环保！回收公司为之疯狂！

1：给我们看看你的废罐头听！

（音效：倒罐头听的声音）（音效：口哨声）

2：还有你的废塑料瓶！

（音效：塑料瓶弹跳声）

1：回收的东西可真多啊！

播音员：回收公司为之疯狂！

1：这些废品已经堆起来了。

（音效：往地上扔报纸的声音）

2：这么多报纸……真是吓人啊！

播音员：行动起来！你也可以获得参与环保工作的深深满足感！回收公司为之疯狂——亲身参与，乐趣多多。

播音员 2：本讯息来自雅典·克拉克县回收部——给我们看看你的废罐头听！

Courtesy of Steven Lang of COX Radio/Athens.

请带着思考认真审阅以上脚本，在正式制作之前修改广告相对更容易，制成完毕后想再修改就可能延误广告的播出。谢谢。

图 20.4

埃金斯福特汽车销售公司（Akins Ford）节日广告

该广告中的对话很有人情味。

埃金斯福特汽车销售公司　　斯蒂芬·朗

布拉德：假设，今年圣诞老人给你送了一辆锃亮的新卡车，那这个圣诞节该有多美啊！嗨，我是布拉德·埃金斯。

佩顿：想得倒是挺好的，但圣诞老人怎么把车塞进烟囱呢？

布拉德：圣诞老人一般只是把车放到马路上。

佩顿：那小精灵们会把车包起来吗？

布拉德：佩顿，有时他们也会给礼物扎上蝴蝶结。埃金斯公司刚刚宣布将推出员工价优惠活动，提供《汽车潮流》（*Motor Trend*）杂志评选的年度卡车 2009款福特 F-150 参加此次大酬宾。

佩顿：圣诞老人干吗不干脆开着这些车来呢？他可以把礼物放在后座上，让麋鹿跟他一起坐在前面就行了。

布拉德：嗯，我们的车虽然大，但还没大到能装下八头麋鹿的程度。如果你的许愿清单里有卡车这一项，不妨来埃金斯看看，或者登录我们的官方网站。

佩顿：我的许愿清单里有“一匹新小马”，你们那儿有马吗？

布拉德：我们有福特野马。

佩顿：没有小马吗？那你的心愿是什么？

布拉德：我的心愿比较特别，我希望每个人都能过一个幸福、平安的圣诞节，所有人的愿望都能成真，不管他们想不想要卡车。

佩顿：那想要小马的人呢？

布拉德：包括想要小马的人。我代表温德县及雅典县埃金斯福特汽车销售公司所有员工祝大家圣诞快乐！

Courtesy of Steven Lang of COX Radio/Athens.

广告写作

4 掌握广播广告的撰写。

有些广告公司设有专门负责广播广告的创意总监。人们一直以为广告公司会指派新人写广播广告，因此，他们现在希望能有专人负责广播广告，以激发创意人员创作优秀广播广告的热情。有些广告公司还设立了专门负责广播广告的部门，希尔假日广告公司（Hill Holiday Advertising）旗下就设有希尔假日广播部。

此外，还有很多创意工作室，它们多年来一直帮助客户和广告公司创作和制作广播广告，其中最受欢迎的创意工作室有全球广播（World Wide Wadio）、广播国度（Radioland）、右脑幻觉（Right Brain Visions）和好莱坞欢乐农场广播（Funny Farm Radio Hollywood）。欢乐农场广播说："我们为您现有的音 / 视频编码，或者根据您的要求与您一起为您量身打造迷你遥控（MiniRemote）品牌，然后将它放到您的网站上或通过电子邮件发送给您的客户。我们还会让您看起来状态最佳。"

和电视广告一样，广播广告也有自己的基本要素，即提出明显而独特的利益或定位承诺。一旦确定了这些承诺，就必须动用语言和声音装备来传达推广的产品。让文案充满生机的方式主要有以下几点：

- *简洁*。制作优秀广播广告的关键在于紧紧围绕中心思想，文案要点不能过多，以免听众糊涂；用大家都知道的字眼、简单的短语和简练的句子结构。记住，文案必须适用于会话，要为耳朵而非眼睛写。要养成大声朗读文案的习惯。
- *清晰*。让思绪的列车行驶在一条笔直的轨道上，避免节外生枝，删去不必要的字（测试：删去某个字是否会对广告造成伤害？如果不会，删掉它）。不断修改草稿，直到脚本清晰无误、言简意赅。必须保证到广告结尾时听众能准确理解你想表达的内容，保证广告除了包含若干事实外，还要有大创意。
- *连贯*。确保广告讯息从头到尾都遵循一定的逻辑顺序，用流畅的过渡词和短语，以便听众理解广告。
- *亲切*。记住，就你的听众而言，你只能对他们讲话。因此，尽量采用温馨、人性化的语气，就好像你只在和一两个人聊天。多用"你"这个字，采用听众自己平时所用的措辞。
- *愉悦*。没必要为了娱乐而娱乐，但也不能无趣、乏味，不妨折中一下，用和朋友聊天的方式向听众推介产品或服务。
- *可信*。每件产品都有自己的优点，实话实说，但不能夸大其词，否则整个广告目标很快就会被搞得一团糟。要直接坦诚，让听众觉得你是值得信赖的朋友。
- *有趣*。没有哪样东西能像无趣的广告那样让听众很快就兴趣索然。产品和服务本身并不吸引人，是它们的呈现方式让听众产生了兴趣。因此，作为听众收听广告的回报，要尽量为他们提供有用的信息。
- *特色*。让广告听起来与众不同，从而让产品脱颖而出。利用一切办法——新方式、乐句、特色声音或音效——让广告特立独行。

技巧

从本质上讲，广播是一种语言媒介，因此，与其他媒介相比，它非常依赖于文案写作技巧。印刷广告和电视广告一般利用图片和图表增强文案的冲击力，而广播则利用其他技巧创造出脑海中的画面。广播文案人员可以在众多成熟的技巧中加以选择，以此赋予文案更多的意义，吸引忙碌的目标受众，并将他们的注意力维持到广告播放完毕。广播广告所用的某些技巧与电视广告技巧相差无几。

- *幽默*。对于服务业和零售业来说，幽默是一种非常好的技巧，顾客从不会将广告与制作它的广告公司联系起来，而只会将它与广告客户联系起来。因此，幽默可以将一家企业描绘成一个待人友善、讨人喜欢、亲切随和的洽谈对象。

  很多获奖广播广告都用过幽默这一技巧。汤姆·利特尔认为，那些幽默的广播广告之所以能获奖，是因为这些广告能从他听过的成百上千条广告中脱颖而出。如果他说的没错，那么这招对消费者也应该有作用。在我们讨论过的所有写作技巧中，幽默都占有一席之地。幽默往往适用于低价包装产品、以好玩为卖点的产品、以口味为诉求的产品以及因竞争压力不得不改变营销策略的产品或服务。但在拿产品或用户打趣时必须小心翼翼，不能对一般而言并不好玩的情形掉以轻心。
- *感情*。如果话题本身是感性的，运用感情无疑效果极好。家庭、医疗保健、捐助、精神护理、安全及相关产品和服务的广告可以利用感情引发预期反应。
- *音乐与音效*。音乐能够营造气氛，而音效则可以在消费者的脑海中产生画面。广告歌谣如果与产品或服务有直接关系，则会令人难忘、卓有成效。
- *留白*。留白是印刷广告所用的一个术语，但广播广告中的留白也非常吸引听众。一条时长60秒的广告，可能前面45秒都只有音乐或音效而没有任何语言，这样听众的胃口就会被吊得高高的，从而对刺激性讯息保持完全开放的状态。
- *对话*。很多时候，对话都是一种高超的技巧。它不直接面对消费者，而是让听众偷听播音员的交谈。假如广告主有一款同时针对男性和女性的产品，那么用对话肯定会大获成功。男女之间的对话往往可以使广告对男女双方都产生作用。图20.5向我们展示了如何在广播广告中运用多种声音和借助播音员传递讯息。
- *性*。这招非常管用。

图 20.5

雅典地区男子棒球联盟选秀日广告

该广告用了几种声音和一个播音员来宣传讯息。

雅典地区男子棒球联盟　　斯蒂芬·朗

（音效：酒吧或餐馆声）

1：吉米，在这儿找到你真好。

2：嗯……嗨，哥们儿，出什么事儿了？

3：街上的人都说你变软柿子了。

2：嗯。

1：可你知道，我们都觉得你很男人。

3：你是男人中的男人。快告诉我们你没有变软啊。

（音效：音乐）

播音员：兄弟们，别变软，硬起来！雅典地区男子棒球联盟本年度选秀日定于3月7日，你可以马上登录aambl.com注册。九局球赛、木棒和硬质棒球——用美国人的方式度过休闲时光吧！马上登录aambl.com注册。本次选秀将有15到17场比赛，全部在本地区举行。请选择18岁以上联盟或28岁以上联盟。如果你相信怪物本垒打、飞扑防守和头前滑垒的话，雅典地区男子棒球联盟就是你的归属之地。快来参与3月7日选秀日，马上登录aambl.com注册！

（音效：酒吧或餐馆声）

2：我……变软柿子了？你为什么这么想？

1：吉米，你的饮料里是不是插着一把粉红小伞？

2：呃。

3：你变软了。（扳指关节的声音）太让人失望了。

Courtesy of Steven Lang of COX Radio/Athens.

> 布朗特冷暖空调 斯蒂芬·朗
> 您是否在佐治亚州北部拥有带中央冷暖空调的住房或经营场所？如果有，布朗特冷暖空调（Blount Heating and Cooling）请您注意，因为我们现在正针对新款高效布朗特冷暖空调提供高达 3 000 美元的折扣和税额减免。3 000 美元！相当于 6 折优惠！每个月都可以为您节省一半空调费！如果您现在或即将购买新的中央冷暖空调系统，请认真考虑我们的报价。更多详情请致电布朗特冷暖空调公司，联系电话 706-548-5555。高达 3 000 美元的折扣和税额减免，外加每月空调费节省一半。买这款空调，您很快就能收回成本，然后就等着兜里进钱吧。只要您下单，我们马上就可以上门安装。赶紧致电布朗特冷暖空调 706-548-5555，享受我们的折扣吧！

图 20.6
布朗特冷暖空调广告
该广告直接通过播音员介绍来推广该企业的讯息。

- *播音员直接介绍*。有时，最简单的方法反而效果最好。这一技巧要求播音员或名人播报整个脚本，在所有技巧中这是最为常用、最为直接的。它的成功不仅取决于脚本本身，还取决于广告演播人员的温度和可信度。为汽车旅馆 6 播广告的汤姆·伯德特就是广告的全部，也是该广告流行至今的原因之一。如果之前已经树立了正面的形象，或广告主正在推广某一特定活动，这一技巧的收效会更好。图 20.6 采用播音员直接介绍的方式对一款冷暖空调进行营销。
- *多种技巧结合*。广播有无数种组合音乐、音效、播音员以及其他演播人员声音的组合技巧。你会发现，为了建立品牌认知，广告可以通过有趣的方式五次提及产品名称。如果想为某一广告选择恰当的技巧，不妨参考第十九章涉及电视广告技巧选择的内容。

广告的时间控制

时间是广播广告制作的一大阻力，为此，很多电台都为现场广告设定了如下文字限制：

- 10 秒，25 个字。
- 20 秒，45 个字。

对于提前录制的广告，你尽可以在规定时长内最大限度地塞进文字；但在时长 60 秒的广播广告中，如果用字量超过 125 个，播音员就必须以极快的速度读文案，结果让广告显得不自然或难以理解。还要记住，如果要插入音效，则字数必须减少；如果脚步声的音效长达 5 秒，则必须减去 10～12 个字。要掐好开场音乐、结尾音乐和音效的时间，因为它们都会影响你所能用的字数。进入录音棚的脚本通常比规定时长短十几秒，多出来的时间可以让演播人员的表达更自然，他们需要喘息的空间，这样才能做到语气真诚。

音乐广告

5 了解音乐广告。

音乐是帮助人们记住产品的有力工具，正如作曲家史蒂夫·卡门（Steve Karman）所言："人们不会对播音员表示不满。"[8]

要想创作音乐广告，首先得来一次"地震"，然后再进行宏伟的建设。也就是说，音乐广告没有精雕细琢的余地，其构思过程和战略不同于平常的写词作曲。创作音乐广告的要点有以下三个：

1. *前奏*：歌曲的开头部分，歌曲的节奏及歌词基本上由这一部分设定。

2. *主歌*：歌曲的中间部分，讯息在此展开。一首歌曲可以有几段主歌。

3. *主旋律或副歌*：或许是歌曲的结尾。

我们往往从副歌入手设定主旋律，也可以通篇重复主旋律。主旋律是听众应该记住的部分。有些音乐形式，如蓝调，是副歌和主旋律合一。主旋律可以充当产品的音乐标记，通常持续 4～10 秒。

莱恩比维尔伙伴公司谢瑞·比维尔说："佛克斯餐馆聘请杰克·特纳（Jack Turner）为它们的一系列广告歌创作配乐和歌词。通常，广播广告都以某一首广告歌开场，随后促销讯息以音乐为背景展开（通常由播音员播报），最后以另一首广告歌结束。广告歌持续 28～30 秒，给促销讯息再留出 30 秒。"贝维尔补充道："有时，广播广告还会以 5～10 秒的尾标收尾。"

南方男孩版：佛克斯南方风味餐馆
我一生都是南方男孩
带着南方口音和南方妻子
如果我想吃点爽心美食
没有人像佛克斯那样了解我

很多音乐广告都是专为广告主或产品创作的，但也有一些是根据大家熟悉的歌曲改编而成的。一首歌过了版权期后，便进入公共领域，任何人都可以免费使用。很多老歌或经典歌曲现在都已不再受版权限制，于是便被用作广告的主题曲。但其弊端也正在于此：说不定已经有很多人在他们的广告中用过了。

只有与版权所有人签订协议之后（一般要收取版税），才可以使用受版权保护的流行歌曲。广告主也可以委托作曲家为自己创作原创乐曲，使之成为广告主的资产，并赋予产品独特的音乐个性。

你具备写歌的才能吗？一般的文案有这个能力吗？通常，写作这种文案的工作都由专业音乐人承担。

音频技术

在用 iPhone 或 iPod 的时候，你会发现录制和下载音乐、声音的方式已经发生了巨大变化。十几年前，高保真多声道录音（以及电视的声画同步）技术仅属于唱片公司、后期制作公司和商业风险公司。

20 世纪 90 年代初，苹果公司为其 Macintosh 设计了一款软件，该软件能进行真正的四声道录音和实时乐器数据界面（MIDI）文件回放。这一简单界面以一体化移动工作室设计为基础，无须深入了解该软件即可使用。如今，任何电脑都可以运用软件制造出一个完整乐队和录音棚的效果。

数字手段可以方便地从头记录你的基本创意，并将数字声轨加入和编进曲子中。随后，你可以通过数字手段将母带转换成数字音带（DAT）或 CD。如今，每个人都可以完成数字音频多轨制作的每一个步骤。举例来说，音乐之声公司（Sound of Music）就能提供以下技术：[9]

> 音乐之声公司有两个录音棚，A 棚以 20 世纪 80 年代后期的索尼 3036 模拟控制台为中心，采用 Neve、API、Fairchild 和 Amek 等品牌的外侧前置放大

器，通过 Empirical Labs、Alan Smart、DBX、Eventide、Neve、Universal Audio、RADAR II 24 轨硬盘录音系统以及 Digi 002 Pro-Tools LE 7.4 等专业音频制作系统制作动态效果，进行相关处理。混录 Ampex ATR 102/24 比特母带则由 B 棚负责，B 棚主要负责母带的配音、合成和剪辑，Amek Angela 控制台为其特色，它拥有 RADAR II 硬盘录音系统、Digi 002 Pro-Tools LE 7.4 等专业音频制作系统。

广播广告的传播方法

广播广告可以通过三种方式传播：直播、口播和录播。

直播

直播广告一般由播音员、DJ、新闻主播或其他电台工作人员亲自播报，有时也由身在别处的体育记者播报。虽然直播广告一般是念广告主事先准备好的脚本，但有时也要适当进行修改，使之与播音员的风格相吻合。如果时间允许，修改后的脚本应事先征得广告主的同意。一般情况下，不鼓励播音员根据实况简报即兴播报，以免他们无意间漏播关键性销售语句，或在宣传药品这类受监管的产品时忘掉某些强制性语句。

有些广告是部分直播、部分录播。比如，重复播放提前录好的广告歌，同时伴随着这个背景音进行直播。有时，直播部分（如经销商的“联合广告”）要留给本地经销商做联合广告。

直播广告的一大优点在于，播音员本身可能有一大批粉丝，而听众也倾向于接受自己喜欢的人的建议。以《史蒂夫与维姬早间秀》（The Steve and Vikki Morning Show）为例，该节目是亚特兰大地区收视率最高的早间节目，主持人维姬曾为 Intimacy 内衣做过代言。在广告中，她说：“我是维姬·洛克（Vikki Locke），跟很多女人一样，多年来我一直穿着尺码不合适的内衣，直到有一天朋友跟我讲起 Intimacy……”史蒂夫·麦考伊（Steve McCoy）也说，自从他家里装上 Pureatech 空气处理系统后，全家人都呼吸到了更为清新的空气。史蒂夫和维姬都有众多的拥护者，这无疑给他们代言的广告增加了可信度。通常，直播广告的另一大优点在于成本：电台播音员通常不额外收取演出费用，当然也有一些播音员要价更高。

口碑：广播直播推荐 目前正在盛行的一种新型音频产品植入形式是在广播节目中直播，效果非常好，这就是广播直播推荐。其思路是：经过润色或事先构思好的脚本很难渗入听众的内心世界，但那些貌似不假思索的名人即兴代言广告却可以直指人心。下面就让我们来看一条口碑式广播广告的例子：

> DJ 史蒂夫和维姬在直播中聊到一位喜剧明星，史蒂夫突然说：“也许你可以建议她给家里添个速易洁超强功率拖把。”维姬马上接着说她昨晚清除自家地板上酱油污渍的事，“有了速易洁，”她边说边唱，“做清洁真是又快又好！”在两分半的时间内，他们讲了掉到地上的食物过多久后就不能吃了这样有趣的话题，还 8 次提到这款产品的名字。WetJet 公司为此给电台支付了相当于一条 60 秒广告的费用，还给了两位 DJ 一定的报酬，但它免费得到了剩下的 90 秒广告时间。

媒介广告植入公司法森集团（Varson Group）非常擅长口碑推荐，它们给DJ们提供谈话要点（文案提示）和产品资料及花絮，鼓励DJ们在直播中每一小节提3次产品名称。夸张——这种洗发水改变了我的一生——在这里的效果不如在其他产品植入方式中那么好，而且饱受批评。不过，维姬·洛克表示她曾拒绝了无数代言机会，她的经验是："如果我没用过这个产品，或者我不喜欢它，我就不为它代言。"史蒂夫·麦考伊对此表示赞同，并补充说："直播推荐的美妙之处在于这些广告有时候与我们的节目正好契合。"[10]

口播

有些零售广告要处理变化无常的承诺，遇到这种情况，广告主就往往会让电台播音员读广告公司准备好的文案。这种广告在电台录制，不收取广告客户的任何费用——有时甚至可以将客户的主题音乐放进背景中。这种传播方式可以让广告主在分文不花的情况下频繁改变文案。

录播

投放区域性或全国性广告的广告主不了解当地播音员的水平，毕竟，专门为当地播音员制作符合其个人风格的文案是不切实际的。因此，这些广告一般都提前录制。这样做不仅能保证每次播放的广告都完全一样，还能让广告主充分利用直播广告所无法运用的各种技巧（事实上，在很多情况下，"直播"广告也是事先录制好的，这样，即使播音员不上班，电台照样可以播放广告）。

6 了解工会和演员。

演员与工会

和电视一样，美国电视与广播演员联合会合同规定了广播广告的播音员聘用要求和薪酬。录制广告时，演员按场获取报酬。其他薪酬要求则根据广告、广播网、经销商、录音样带、文案测试及广告在国外的使用情况等支付。表演者成本是广告主必须考虑的另一个重要因素。

联合会合同的复杂性可以从下表中一窥究竟，或登录AFTRA.org查看其完整内容。例如，每场最低成本要求如下：

演员、播音员、单人表演、双人表演	\$235.40
合唱歌手 / 演讲人	\$173.40
使用费	13 周
广播网节目广告	\$1 029.30
区域性广播网节目	\$770.75
纽约、芝加哥或洛杉矶以外地区	\$235.40
仅纽约市	\$350.40
仅芝加哥或洛杉矶	\$319.60
以上三座城市中任意选两座	\$429.80
录音样带 / 广告文案测试	\$162.20
超时	\$40.55

广播广告的制作

7 了解广播广告的制作过程。

虽然广播和电视相同之处很多，但和电视广告相比，广播广告的制作更加简单，成本也更低。广告公司或广告主先指定一名广播制作人，由他将脚本演变成可供播放的录音带。在做好成本估算且预算通过后，制作人选定一个录音棚，必要时还要选一名选角导演。如果需要音乐，制作人会联系音乐工作室，由他们编曲、安排并采取所有必要措施制作出音乐成品。如果音乐的预算不多，制作人便可能转向曲库音乐（事先录制好的、可供租赁的音乐）。

选好演员后，演员在录音棚进行排练。录音棚一般按小时计费。然而，由于大多数广播广告都是选取一小段一小段的录音编辑而成的，因此通常没必要进行正式排练。在制作人认为演员已经做好准备之后，广告进入表演及录制阶段。音乐和音效分别录制，最后在录音棚与人声带混合到一起。通过双轨或三轨音乐、歌声录制，现代录音设备完全可以将小声音转化成大声响。但是，工会规定，如果音乐家或歌手的音乐经过编排加入其原来录制的内容中，广告主必须向其支付额外费用。经过最后一次混音，广告的母带制作完毕。得到最后的批准后，便可以复制母带，按名单将复制带送至电台。

斯蒂芬·朗利用在线音频资源网站 VoiceUnders.com 获取全美声音资源，甚至跨过“大洋”，获取英国的音频。他给对方寄去脚本，对方则给他寄来 MP3 作为回报。如果有必要，他们会进行交流，从头再来一遍。这其实很简单。

制作注意事项

客户主管或客户本人通常会到录制现场。但菲尔·卡提诺却反对他们到场，他认为他们的存在会导致很多问题，而这些问题会扼杀优秀的作品。这些问题包括：演员和工程师更加紧张，所有人更加关心时间而不是关心如何制作有效的广告。卡提诺建议，可以先在录音棚以电话会议的形式向客户主管表演广告，经过他们的认可后再打电话给客户本人，以征得客户的最终同意。在获得最终同意之前，工程师和演员都必须待在录音棚里。以下是其他一些注意事项：

- *提前打电话*。让录音棚拉出音乐和音效清单。
- *录音棚*。找的这个录音棚要有大量能迅速了解你风格的优秀工程师，要有优秀的特效、曲库和最新的技术。
- *智囊团*。在制作过程中，要想得到更好的广告，就要充分发挥每个人的智慧。工程师和演员必须全身心投入。记住，他们一周参与制作的广告数量可能超过你一个月的量。
- *慢慢来*。不要逼迫演员或工程师，要引导他们朝你所希望的方向前进。
- *与科技潮流共进*。新科技能拓宽创意的眼界。
- *播音阵容*。由于专业演员能在人们的脑海中形成相应场景，因而他们的声音最动听、最令人信服，这一点在对话和群体表演中表现得最为明显。多看剧，这样才能挖掘到新人。不要看参加试镜的人，否则他们会努力通过面部表情、肢体语言和手势等向你推销自己，但这些在广播广告中毫无用处。要让演员向你描述他们自己对广告场景的解读，他们的解读可能激发你的灵感。

广播广告制作步骤

我们将广播广告的制作步骤总结如下：

1. 广告公司或广告主指定一名广播制作人。
2. 制作人做好成本估算。
3. 制作人选定一间录音棚。
4.（必要时）在选角导演的帮助下，制作人配备好演员阵容。
5. 如果需要音乐，制作人选定一名音乐总监，选择原创音乐或从曲库中挑选。
6. 必要的话，进行一次彩排。
7. 在录音棚分别录制音乐和音效。
8. 在录音棚将音乐、音效与人声带混合到一起。
9. 制作人确保准备好供适当媒介播放的母带，送至电台。

小 结

虽然缺少画面，但广播完全能做到可视化。它可以在听众的脑海中描绘出画面，变成人们想象中的剧场。文字、声音和音乐是广播文案可资利用的工具，对于广播文案来说，最大的挑战在于必须和时间赛跑。

广播文案和制作人的任务是控制听众的想象，引导他们做出正面的反应，以便目标讯息在听众的记忆中扎下根并产生广告主所期待的反应。广播广告的威力在于想象。

在构思广告时，必须让它简洁、主题集中。主要卖点固然有必要不断重复，但主要还是为了让听众记住广告主的品牌和讯息。写作技巧和风格包括直截了当式、生活片段式、歌谣播报式、客户采访式以及幽默式。

和电视一样，所有在全国性广告中出现的表演者都必须按演员工会的薪酬合约标准给付报酬。

复习题

1. 为什么广播可以称为想象剧场？
2. 请简要总结优秀广播广告的要素有哪些。
3. 广播中的留白指什么？
4. 请说出四种广播节目风格。
5. 创作广告音乐的三大要素是什么？
6. 制作广播广告有哪些步骤？

第二十一章

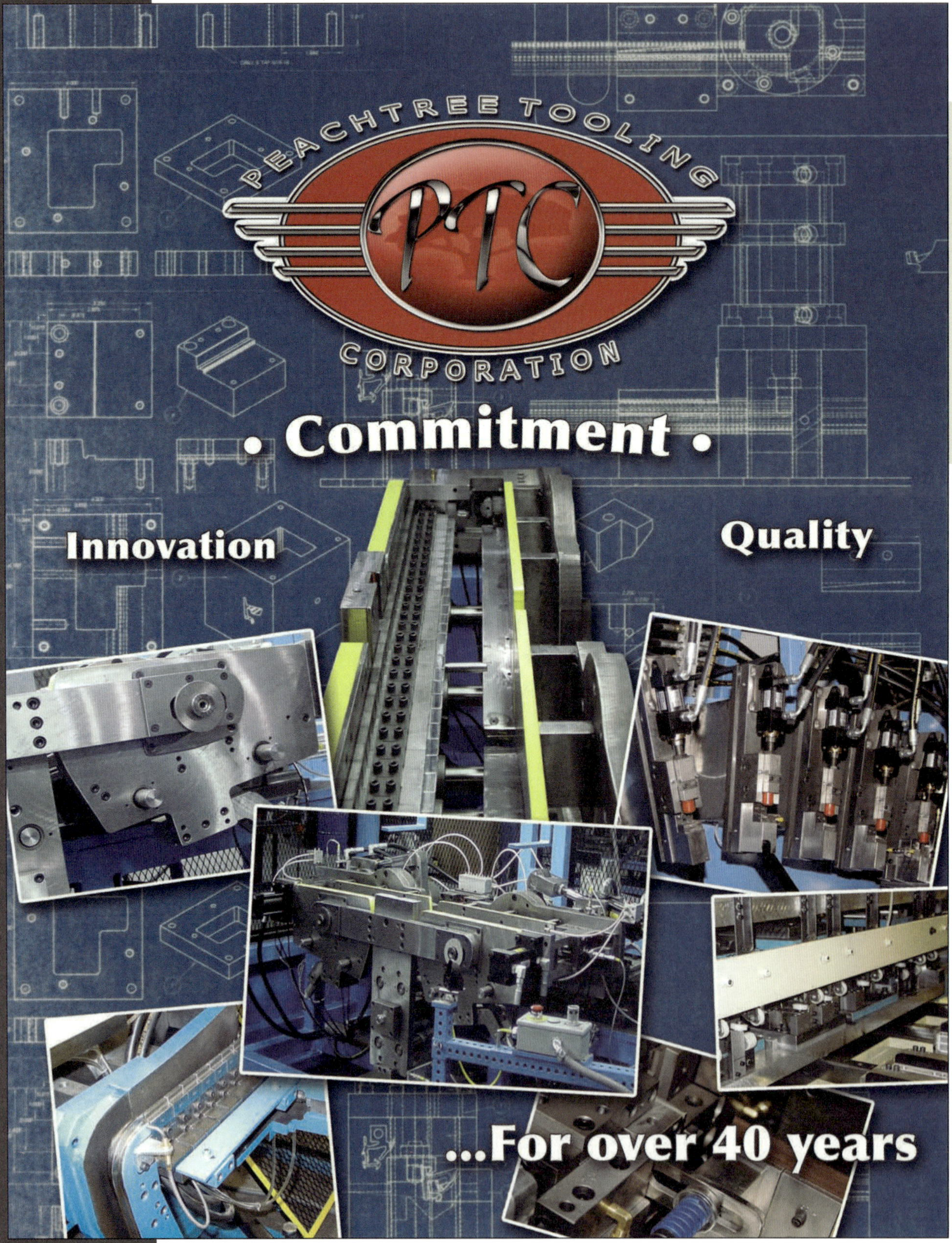

Courtesy of Lane Bevil+Partners

商标与包装

品牌名称和如何命名非同小可、绝非易事，产品名称和商标对品牌资产、品牌识别以及营销过程极为重要。在当今市场中，广告与包装必须相互支持。▶

本章学习目标

1. 认识商标。
2. 了解如何保护商标。
3. 掌握商标的形式。
4. 了解商标通用规则。
5. 了解如何开发令人难忘的品牌名称。
6. 认识包装和市场营销。
7. 认识包装和市场调研。

今天，由于清晰可辨、独一无二、令人难忘且可以合法使用的品牌名称供不应求，因此如何命名便成了一个艰巨的挑战。品牌名称是企业最重要的资产之一，而商标则是品牌的资产。名称可以传递一家企业、一个产品或一项服务的本质，进而形成品牌的基础。桃树仪器公司制造机械，他们的很多客户都是汽车公司。桃树公司生产用于制造汽车零部件的机械，因此他们的标识应该对品牌有所反映。名称和商标可以在消费者脑海中建立起形象和联系，单在美国就有上百万注册商标。如果让你构思一个公司名称或品牌名称，你或许会觉得已经没有什么合适的新名称可用了；但如果选择别人在用的名称，又可能导致被控商标侵权的问题。因此，一旦企业有了合适的名称，就必须竭尽全力保护它。

保护名称投资

考虑一下对某个名称进行金融投资。仅在 6 年内，辛格乐就以约 40 亿美元的营收和融资数百万而成为最大的无线运营商。2007 年，美国电话电报公司与辛格乐公司合并，将辛格乐这一品牌更换为美国电话电报公司。美国电话电报公司形象虽老，但举世闻名；而辛格乐形象虽新，却非享誉全球。营销界曾就哪个名称前途更好而产生过争议，这个看似简单的决策其实非常复杂。

不妨从历史的角度来看这个问题，想想可口可乐的商标。可口可乐这个品牌创建于 1886 年，如果可口可乐失去该商标的专有权，公司和财务上会有多大的损失。而企业并非没有失去这项权利的可能，这就是为什么企业会竭尽全力保护自己的商标。许多企业都有法律专员监督品牌使用情况，以保护自己的投资。可口可乐有品牌监督律师，由他监督网络空间的动态。他们上网冲浪，追踪惯犯，针对线上线下滥用可口可乐品牌的情况签发禁止令。公司就侵权行为的性质展开调查，以判断公司法务部是否有必要采取法律措施，他们会要求无照经营者停止使用可口可乐的品牌或商标。网络上常见的滥用品牌情形有以下几种：[1]

- 未经授权使用形象或标识。
- 在竞争对手的网站使用某公司的名称。
- 冒用网站，即在某一网站内出现另一网站。
- 滥用域名和山寨网站。
- 在元标签中未经授权使用某一公司的名称或产品。
- 利用后台文本隐藏的关键词转移用户。

所有企业的品牌和商标都面临着同样的威胁，我们将在本章稍后讨论这个问题。

从企业识别到品牌识别

第一本探讨商标的书籍于 1924 年出版。商标可以树立企业的特色，影响产品的外观。戈登・利平科特 (Gordon Lippincott) 是利平科特 & 马格里斯公司［Lippincott & Margulies，现利平科特・默克（Lippincott Mercer）］的创始人，他于 1943 年率先提出了“企业识别”一词，以此来概括一家企业在各方面的识别标识，包括新的企业名称、标识乃至大楼颜色。如今，企业标识仍是企业识别系统的基石，但其涉及的面却更为宽泛。技术和传播渠道的拓展一定程度上促使企业识别变成了一个无所不包的准则，这一准则由企业的个性、历史、声誉和愿望构成。最好的企业识别计划莫过于将标识与本企业所代表的形象紧密联系起来。金公鸡咖啡馆 (Rusty Rooster Cafe) 的标识就体现了他们的品牌识别和品牌形象（见图 21.1）。

如今，品牌名称不仅要好记、特别、朗朗上口、经久耐用，还要能全球适用，这不是大词汇量和一本词典就能解决的。事实上，确实有那么一些命名专家，他们对词的由来和深奥的意义有着科学的认知，某些时候，他们还会研究人们对某个语音的情感反应。他们研究哪些命名方法会成为趋势、哪些已经过气，钻研拼写和发音模棱两可的地方，了解实施法律调查和寻求商标保护的正确途径。如果是一个全球化的名称，他们还会考虑潜在的外语问题。平面设计专家也会参与命名的过程，因为名称的图形表达往往决定着品牌在市场中的成败。尽管选择某个名称的最终原因可能完全是主观的，但名称一般也会经过测试，以便观察目标受众或用户的反应。

品牌识别

大多数人都将沃尔沃与安全联系起来，虽然它的标识或名称（意为“滚动”）中没有哪样东西直接传达那种特征。几年前，有研究显示，消费者认为沃尔沃汽车太方正、太古板，于是沃尔沃开始生产更流畅的车型，并增加优异的安全性能等品质，希望借此改变自己的品牌形象。不过，标识还是没有变化。虽然标识可以将一家企业与其特色及市场定位联系起来，但单靠标识却无法做到这一点，而品牌识别系统却可以。视觉识别是品牌识别系统中更为人知的元素，它利用企业识别系统中的元素，但范围更广、程度更深。该系统的组成部分包括企业的名称、商标、尾标和标

Courtesy of Lane Bevil+Partners and Rusty Rooster Café.

图 21.1

金公鸡咖啡馆的标识体现了其品牌识别和品牌形象。

识；同时，它也关注传播的几乎所有组成要素：图像、排版、设计、颜色以及口径一致的讯息。它可能包括一套系统，能标记出不同的传播工具（如：手册、网站、直邮广告和光盘）所对应的受众内容和制作价值。教育和训练可以在系统中发挥一定的作用。[2] 如果没有一套连续、全面的品牌识别方法，企业的传播就无法产生预期的效果。

还有数字化的问题。利平科特·默克是一家品牌咨询公司，目前帮助客户管理企业识别系统［其客户包括安地（Advanta）、卡夫、尼桑、拜耳、三星（Samsung）、麦当劳、博德斯、沃尔格林（Walgreens）、默得科（Medco）、橄榄园（Olive Garden）、可口可乐、德勤咨询公司（Deloitte Consulting）以及阿默普莱斯金融公司（Ameriprise Financial）］。他们坚信，全球化和兼并收购将成为未来几年的主要商业发展趋势。因此，先进的传播和信息技术，如网络和企业局域网，将为企业描绘和表现其企业识别和品牌识别提供更加大胆的新渠道。[3]

商标历史点滴

《兰哈姆法案》

美国内战之前，日用品大多没有商标。1870年，贸易认证的快速发展促成了第一部联邦商标法案的诞生。1878年，生产商们担心法律保障不够充分，于是抱团成立了美国商标协会（United States Trademark Association）；1993年，协会更名为国际商标协会(International Trademark Association，INTA)。该协会推动了1881年《商标法案》的颁布，并推进了该法案在1905年和1920年的修订。1946年，美国国会通过了《兰哈姆法案》(Lanham Act)，该法案给商标下了定义并拓宽了侵权概念的含义，准许服务商标注册，保障商标连续五年内不可争辩的使用权，同时还提出，商标的联邦注册应当符合“注册人之所有权主张通知”。

1996年，克林顿总统签署了国会通过的《联邦商标反淡化法案》(Federal Trademark Dilution Act)，法案规定，对在相似或不同产品或服务中使用相同或相似商标，进而削弱驰名商标显著性的人，驰名商标拥有者有权提起联邦诉讼。淡化行为与商标侵权不同，淡化行为无须明确地证明消费者是否因此被搞糊涂；同年稍后，法案以《1996年防伪消费者保护法案》(Anticounterfeiting Consumer Protection Act）的形式进行了修订。[4]

专利与商标署和技术

2000年，前专利商标局 (Patent and Trademark Office, PTO) 更名为美国专利商标局 (United States Patent and Trademark Office, USPTO)。美国专利商标局负责审查所有申请联邦注册的商标，判断申请人是否符合联邦注册的要求。如果能在主注册簿中拥有联邦商标注册号，便可以享有以下优势：

- 公开主张注册人所拥有之商标。
- 可以对注册人之商标所有权、注册人在全国范围内使用该商标或与注册所列商品和服务产生联系的专有权进行法律推定。
- 能够就商标问题向联邦法庭起诉。
- 可以美国注册为基础在外国顺利注册。
- 可以将美国注册商标在美国海关备案，防止侵权外国商品的进口。

商标是什么？

1 认识商标。

商标

界定一个产品的起源，说明其由谁制造或由谁出售的任何图案或文字。不得与商号混淆。

标识

以独特的字体形式或设计来体现的商标或商号。典型代表：可口可乐。

前面讲过，品牌是营销商所拥有的最珍贵的一种资产。一旦某个产品被生产出来且品牌也打了出来，它就必须有别于竞争产品的品牌。企业识别和品牌识别有几种形式。**商标**（trademark），又叫品牌名称，是人们在谈到某个产品时所用的名字。通常，一个商标大多包含一些图示或设计元素，如果是这样，其组合就叫作**标识**（logotype，简称logo）。图21.2向我们分别展示了三个标识。

商标是界定一家企业的产品和服务，并将其与其他产品和服务区分开的专用术语。具体而言，商标可以是一个词语、一个设计，还可以是企业为区别自家品牌和别家品

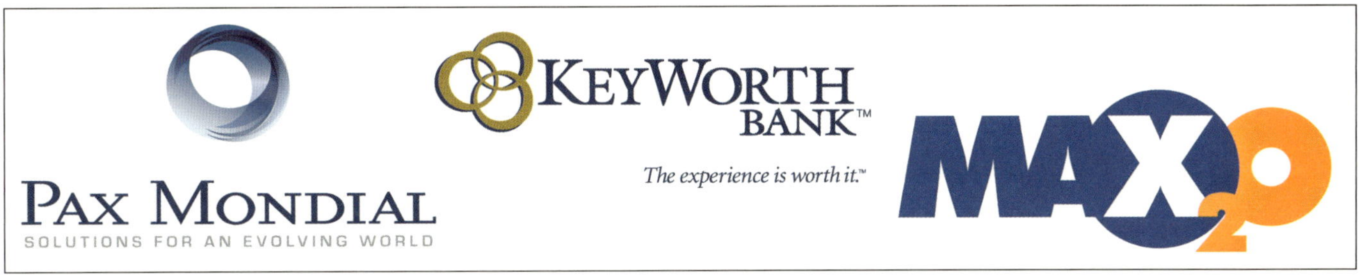

A. Courtesy of Idea Engineering, Santa Barbara. (B & C) Courtesy of Max20.

图 21.2

Pax Mondial 标识；Keywo-rth 银行；Max20 广告公司。

牌而将两者组合起来的一个合成体，它要注册并受法律的保护。商标的形式包括字母、数字、标语、图形、图片、标签、配色、产品和容器形状、载体、服饰乃至声音。

用来表明服务时，商标也称作服务标。通常，商品的商标出现在产品或产品包装上，服务标则出现在表明服务的广告中。

产品要想在营销上取得成功，标识设计无疑是一个极其重要的元素。除非在消费者中获得了一定的知名度，否则产品很难销售出去。因此，标识创意至关重要，许多公司成立的初衷就是以设计标识、包装和企业识别为己任。大多数设计师都试图在产品的包装设计、标识和广告之间建立一种相互依存的关系。包装上和产品广告中的标识越有力，就越有助于给产品营造识别环境。创作标识的过程涉及面很广，包括许多深思熟虑的创意和备选方案。贝克环保托儿所（Baker Environmental Nursery）的标识就有几十个备选方案（见图 21.3）。

标识设计有几种基本形式，如抽象符号（苹果电脑所用的苹果）或标识——对企业名称的个性化演绎，当然，也可以将二者结合来使用。抽象符号推广起来非常耗费资金，不建议预算少的企业使用，而且这种标识也更难记。标识或文字性商标通常更容易记忆。如果要用抽象符号，则应该将它和企业名称挂上钩。有些广告代理公司自己为客户设计标识，而大型广告公司则可能有专门从事品牌创意和识别的姊妹公司。不过，在很多情况下，这一过程由企业负责。

图 21.3

标识的演变涉及众多设计和调整。

Courtesy of Lane Bevil+Partners.

设计：一个烧钱的过程

2008年，百事用了5个月来重新设计自己的标识。新标识为一条白色的带子在百事圆圈的中心松散地构成一组微笑：微笑突出品牌特色，咧嘴笑用于无糖百事，大笑则用于百事极度。新标识是百事可乐110年历史中的第11个标识，在过去的21年中，百事曾采用过5个标识，最近的一次更新是在2002年。[5]据专家估算，一家一流企业用5个月设计一个标识，其费用将超过百万美元。但这仅仅是开始，真正花钱的地方是移除随处可见的旧标识和更换新标识。对可口可乐和百事可乐而言，如果将全球的卡车、自动售货机、体育场标牌、售点资料的标识都加在一起，预算很容易就超过几亿美元。[6]

正常情况下，专业设计公司单是设计一个标识就要收取4 000～15 000美元，但百事的支出可能是这些数字的数倍。品牌识别研发的成本通常高达150 000美元。不过，请记住，还有成千上万每小时只收20～150美元的独立设计师，他们的收费标准依据其经验而定。经验告诉我们，一个好的标识至少能持续使用10年，如果将这个成本分摊到10年，就不显得那么糟了。

当然，有些企业就是走运。1971年，波特兰州立大学一名学平面设计的学生设计了耐克的钩形标识。当时，耐克创始人之一兼董事会主席菲尔·奈特（Phil Knight）请她为当时的蓝带体育用品公司（Blue Ribbon Sports）做点事，鉴于必须挑选一个标识对付步步逼近的制作截止期，奈特在毙掉了多个设计后选定了这个钩形标识。他这样阐述这个标识："我不喜欢它，但它能引起我的注意。"而这名学生为这项服务只向耐克公司收了35美元。但愿奈特已经喜欢这个标识了。

每个成功的组织都想开发出吸引人的标识。可持续城市研究所（Sustainable Cities Institute）的标识（见图21.4）对于创意工程公司（Idea Engineering）来讲就是一个挑战，这个标识必须同时出现该研究所及其赞助商家得宝基金会（Home Depot Foundation）的品牌，而其目标也不是产品或企业。任何标识都必须适用于所有传播形式，如信纸抬头、信封、宣传手册、网站、新闻简报等等，必须适用于所有整合营销形态。

商号
指代整个一家企业的名称，不用于单件产品。

不要将商标和**商号**（trade names）混为一谈，后者是企业的名称。例如，通用汽车是制造雪佛兰（商标）的汽车制造商的商号。但人们经常混淆"商标"和"商号"这两个术语。"商号"是专有名词，可以用作所有格，无须类属形式。例如，锐步国际有限公司（Reebok International Ltd.）是公司名称，而锐步则既可以用作商号，如

Courtesy of Idea Engineering, Santa Barbara.

图 21.4
这个标识必须适用于所有传播形式。它之所以复杂，是因为它必须承担既为组织塑造品牌又帮助消费者认识广告主的双重任务。

“锐步的最新款儿童运动鞋产品线”；还可以用作商标，如“你穿的是锐步运动鞋还是其他品牌的运动鞋？”。

如果还不明白，不妨将自己想象成一件产品：你的姓是你的商号（如莱恩、史密斯、比维尔），你的性别是产品分类（如女莱恩、女史密斯或女贝维尔），你的名就是品牌（如洛伊斯·莱恩、朱迪·史密斯、谢瑞·比维尔），是名将你和你的其他家庭成员区分开的（如沙拉·贝维尔）。

有些人名（和产品名一样）可能听起来相同，但拼写却不同，如 Sherry、Sherri 或 Sheri 甚至 Cheri（再如 Kwik-Draw、Quick-Draw）；有些很常见，如詹妮弗、简、杰西卡、莎拉、汉娜、艾米丽（或杰夫、史蒂芬、罗伯特、汤姆、韦德、格雷格）；也有些非常独特，如路汉娜（或像哈德森、麦考尔一样不常见）。但特殊的名字有时很难读、很难发音。企业和产品名称也有同样的问题，既要方便消费者熟悉，又要好读、好发音、好记忆。

通用电气的命名程序

通用电气在为品牌创想商标时采用一套简单的程序，其品牌战略涉及若干步骤：[7]

1. *选一个名字*。例如：通用电气。
2. *想出一个好记的商标*。通用电气的首字母缩写组合图案全球闻名。
3. *许诺*。60 年来，通用电气一直承诺用电改进人们的生活；在过去 30 年中，这一承诺变成了用科技改进人们的生活。
4. *有效地传达该诺言*。广告公司为通用电气创作的广告一直富有想象力、让人难忘。
5. *统一口径*。即便通用电气在开发和调整自己的业务，它仍然在全球范围内使用自己的识别系统时非常谨慎。
6. *拒绝乏味*。通用电气 30 年来一直采用同一个战略承诺，最近，这一诺言变成了“梦想启动未来”。

如果你能遵循这些基本战略，相信你的品牌会茁壮成长。

商标准则

一家企业若想取得专有商标资格，必须满足几个条件；否则其商标不受法律保护，企业完全可能失去这个商标。

广告中所用的设计不会理所当然地成为商标，在厂房上方飘扬的旗帜上的设计也不是。商标必须用在真实的产品上，必须用在产品本身、产品标签或产品容器上；如果这一点不现实，也必须附加在产品容器或产品自动售卖机上，就像附加在加油站油枪上一样。

竞争产品之间的商标不应过于相似，不得让买主在购买的是哪家产品上分辨不清、发生误会或上当受骗，相似产品之间的商标应该在外观、声音和表意上有所区别。一旦发生纠纷，应由法庭裁决。涉案产品不一定要完全相同。例如，Air-O 牌与 Arrow 牌 T 恤就发生了纠纷，如果两种产品都通过同样的贸易渠道销售，或者，如果公众认为第二家公司生产的产品是第一家公司的新产品线，则两种商标之间就会产生冲突。

商标不得欺骗，也就是说，它们不得表现产品本不具备的品质。例如，不含柠檬成分的香皂不得使用“柠檬”一词，不含尼龙成分的睡袋也不得使用“尼龙”一词。

商标不能只起到描述的作用。例如，如果人们想要新鲜的面包，我们就不能给自己的面包标上“新鲜”这个商标。如果人们想要新鲜的面包，他们是在说想要哪种面包，而不是在特指哪位面包师做的面包。为了避免这种误导性的用法，法律不保护只进行描述且适用于众多其他产品的商标。

商标保护

2 了解如何保护商标。

由于商标极为珍贵，因此企业都竭尽全力保护自己的品牌名称，近些年发生的很多诉讼案都涉及某家企业侵犯另一家企业的商标权。

在判断商标侵权事实是否发生时，法庭会考虑以下几个要点：

1. 原告商标的特殊性。
2. 双方商标的相似性。
3. 双方产品的接近性。
4. 原告缩小不具竞争性的产品之间差距的可能性。
5. 双方贸易渠道和广告方式的相似性。
6. 被告侵权产品的品质。
7. 特定顾客的老练程度。

警惕自己的商标是否以某个常用词为依据，如果是，它在法律上就很难站住脚、很难得到保护。要大力监督自家商标的使用情况，不能让任何竞争者用你的商标，即使短期使用也不可以。如果想打商标侵权官司，除非你握有详细的证据，并能拿出利益损失的精确记录，否则不要打官司。

商标损失

简而言之，商标如果使用不当，你有可能失去商标使用权。如果法庭规定任何人都可以将软饮料称作可口可乐，结果会怎样？那你就可以在自家的浴缸里生产饮料去卖了。有些企业就曾遭遇商标早死亡的惨痛经历，权利过早地丧失了。今天的某些常用词曾经都是合法的商标：

阿司匹林（aspirin）	玉米片（cornflakes）
悠悠球（yo-yo）	尼龙（nylon）
自动扶梯（escalator）	保温瓶（thermos）
羊毛脂（lanolin）	提子麦片（raisin bran）
玻璃纸（cellophane）	油毡（linoleum）

为了保护商标，广告主必须在使用商标时附带属性分类，以免商标变成产品名称。有人在广告文案斯图亚特·艾略特（Stuart Elliott）的网上通讯中问他：“为什么万事达叫您用您的‘万事达卡’？”答案当然与商标有关。麦当劳卖巨无霸（Big Mac）而非“巨无霸汉堡”（Big Mac burgers），万事达卡国际公司发言人乔恩·施瓦兹（Jon Schwartz）解释说，很多时候，这是因为他们要驱使消费者用有形的支付卡，因此他们

必须将自己的品牌与消费者用来购物的万事达牌信用卡或借记卡区分开来。万事达卡是一个商标名称，后面应该跟属性名词。这是因为将商标用作名词会削弱其独特性，邦迪（Band-Aid）、舒洁（Kleenex）和施乐（Xerox）等品牌的商标律师也证实了这一点。[8]

最初，保温瓶（Thermos）是阿拉丁公司（Aladdin Company）所拥有的商标，是他们率先推出了真空保温瓶。渐渐地，人们开始问："你拿的是什么牌子的保温瓶？"于是 *thermos* 变成了所有保温瓶的代名词，而不再仅限于阿拉丁公司生产的保温瓶。法庭认为，*Thermos* 已经变成了一个描述性的字眼，任何生产保温瓶的厂家都可以使用，因为保温瓶（首字母为小写的 t）不再是其原创人的专有商标。对于任何品牌来说，这都是极为恐怖的事情。

更名风险

当美国在线（America Online）宣布自己将正式更名为 AOL 时，这条新闻基本上没有激起什么涟漪，因为很多年前人们就已经非正式地管这家先锋网络公司叫 AOL 了。大多数网络品牌都建立起了一种情感联系，让很多消费者产生了马歇尔·菲尔德百货（Marshall Field's）这类实体公司的感觉。马歇尔·菲尔德百货是在消费者的一片抱怨声中更名为梅西百货的。当时，联合百货公司（Federated Department Stores Inc.）决定以梅西这个品牌重新命名其他几家区域性百货公司的品牌，此举可以帮助联合百货公司将梅西百货拓展成一个全国性品牌，同时还可以在这一过程中帮助公司降低全国性广告的成本。如果一项变革激起了长期客户的强烈反对，这其实是在提醒营销商：在给企业更名时，你就可能欺骗消费者的忠诚。但更名的进程并没有停止，之后联合百货公司更名为梅西百货公司。

大多数服务于工商界的公司在采用新名字时会保持低调，因为，和消费品企业不同，他们很少会碰到因品牌更改而感到被背叛的消费者。同时，B2B 公司也更易于向消费者传达更名的消息，因为他们的目标市场更小。全美国约有 90% 的企业更名事件发生在 B2B 领域。例如：为了方便人们识别自己，宾尼与史密斯公司（Binney & Smith）将名称改为克雷约拉（即你所知的克雷约拉蜡笔 Crayola Crayons）；茹丝葵牛排（Ruth's Chris Steakhouse）将企业名称改为茹丝（Ruth's）；由于人们知道松下（Panasonic）这个名字，于是松下电器（Matsushita Electric Industrial）更名为松下公司（Panasonic Corporation）。技术公司通常领先一步，部分是因为他们身处新生产业之中，企业只有不时变换关注点才能跟上新技术的前进步伐。"品牌名称或企业名称具有一定的价值，大多数时候，对于那些已知并信任该名称的消费者，你并不想冒失去他们的风险。"西夫韦商店企业公共事务经理蒂娜·马斯基尔（Teena Massingill）如是说，该公司总部位于加利福尼亚州普莱森顿 (Pleasanton)。[9]

挑选品牌名称

请想想有可能与激浪产生联系的所有事物，一般是平静、悠闲的山径和湖泊的场景，但这却不是激浪人想要的。他们希望将激浪品牌与进取、超酷和极限运动类活动联系在一起，该品牌是专为那些鞭策自己的人打造的，也是为那些将户外活动视为拥抱探险的人打造的。无论是从字面上还是从品牌上，都让人认为激浪的产品与平淡无奇的经历无关。他们要好好经营这个品牌名称。命名所面临的另一个挑战是，没有哪个词或名称既无正面含义又无负面含义。不过，品牌可以重新定义一个词。如果你能

图 21.5
该名称表明了企业所从事的业务。

Courtesy of Robinson Associates and Ceco Building Systems.

控制语境，那么品牌名称完全可以在其最佳的语境中为人所接受。[10] 强有力的品牌名称有助于创造和支持品牌形象，进而为树立品牌提供帮助。在选择品牌名称的过程中有几点值得注意。[11]

- 名称应该能将产品与竞争对手的产品区分开。就某些产品品类而言，品牌形象之间的差异度有一定的局限。香水就一直有一个传统的基本形象——浪漫。有些品牌的名称也非常相似，如，凯莉驿马车（Caleche）、卡夏尔（Cacharel）和尚蒂伊（Chantilly）。当然也有很多独具特色的名字，如迷惑（Obsession）、风格正红（Red）、激情（Passion）、罗曼史（Romance）、永恒（Eternity）、晚香玉（Fracas）和蒂芙尼（Tiffany）。无论是创造品牌形象还是支持品牌形象，抽象的承诺而非实际利益都应该是选择名称的首要考虑因素。
- 如果可能，名称应描述产品。如便利贴（Post-it）、布丁爆米花（Pudding Pops）、清洁伴侣（Eraser Mate）和 Ceco 建筑系统（见图 21.5），这些品牌名称就极具描述性，它们向消费者传达的正是消费者所期待的。
- 产品应与品牌名称相匹配。换句话说，不要给安眠药起名为“清醒”。
- 名称应易于记忆、易于发音，单字、单音节的品牌名称多数时候比较理想，如：Fab、Tide、Dash、Bold、Surf、Coke 和 Tab。不过，虽然短的名称更便于记忆，但在说明产品类型和用途方面却有所局限。

品牌顾问阿尔·里斯和劳拉·里斯（Al and Laura Ries）建议在为品牌命名时注意以下几个问题：[12]

- 名称应当简短，例如：Jell-O、Nilla、TheraFlu。简短对网络品牌而言尤为重要。
- 名称应当简单。简单与简短并不是一回事。简单的单词只会用几个字母，并自我重复组合排列。许多病毒式名称的名字并不简单，但却非常独特，如 Flickr、Frappr。ThermaCare 既简单又形象；Schwab 比较简短，但却不简单，因为它用了六个字母；Coca-Cola 既简短又简单；Autobytel.com 则过于复杂。

- 没有哪个名称可以说自己绝对独一无二，除非你自己创造一个，如：讴歌（Acura）、雷克萨斯（Lexus）和柯达（Kodak）。记住，常见或通用的名字根本无法做到独一无二。
- 名字应当押头韵。如果想让人们记住什么东西，那就让它押韵。押头韵是提高品牌记忆度的又一个途径，如：Bed Bath & Beyond、Blockbuster、Volvo 和 Weight Watchers。
- 名字应当朗朗上口。试试 Abercrombie & Fitch 和 Concierge.com。

商标的形式

3 掌握商标的形式。

品牌术专家认为，尽管企业名称仍然极为重要，但其整体价值却呈下降之势。聚合、全球化及互动网站的涌现，导致了品牌战略的转变。《牛津英语大词典》（*Oxford English Dictionary*）中的大量单词已经被注册，成为商标。最近的一项国际品牌企业调查显示，80% 的命名过程在 3 个月以内完成。根据命名趋势推测：19% 的受访者认为“生造”或杜撰的名称仍将得到大家的青睐，因为字典里的好名字已经所剩无几了；9% 的受访者看到了将名称纳入企业遗产的趋势（如创始人的名字）；57% 的受访者认为有向更“真实”的名称发展的趋势——要么是一个简单的词（如 Apple、Tide），要么是一个复合词（如 JetBlue、Black-Berry）。[13] 下面就讲讲几种传统的商标形式。

字典词　许多商标都含有我们熟悉的字典词语，不过是以一种随意、创新或稀奇的形式加以组合而已。许多常见词已经被人用了，于是广告主不得不寻求用其他的方式给自己的产品命名，如：苹果电脑 (Apple computers)、威宝数据盘 (Verbatim data disks)、鹿园喷泉水 (Deer Park spring water)、莱萃美维生素 (Nature Made vitamins)、象牙香皂 (Ivory soap)、黛尔香皂 (Dial soap)、怡口低卡糖 (Equal sweetener)、皇堡汉堡 (Whopper burgers)、佳能塑料袋（Glad plastic bags）、蔻驰皮具 (Coach leather)、塔吉特 (Target)、佛克斯餐馆（见图 21.6）以及飘柔洗发水（Pert shampoo）。这类商标必须用描述性含义来描述产品的性质、用途和优点。想想 natural（自然、天然）这个词及与之有关的名字，如天然成分（Natural Blend）、天然品牌 (Natural Brand)、自然印象（Natural Impressions）、自然光（Natural Light）、自然人（Natural Man）、真丝（Natural Silk）、自然顺滑（Natural Smoothe）、自然伸展（Natural Stretch）、天然麂皮（Natural Suede）、自然光（Natural Sun）、自然触碰（Natural Touch）、自然女人（Natural Woman）和自然景观；再想想 Opti Fonts、Opti Free、Opti-Fry、Opti-Grip、Opti Heat、Opti Pure、Opti-Ray、Opti-Tears 以及 Opti Twist 这类名称中所用的前缀 Opti。几年前，OrangeGlo 国际公司研发出一种新的清洁剂，它利用氧气增效剂去除衣物上的污渍和气味，从而使衣物更净白，产品被命名为氧净（OxiClean）。最初，这款清洁剂主要通过电视直接销售给消费者，随后进入卫浴寝具商城（Bed Bath & Beyond）这类专卖店销售，最后进入日用品店。随着它一步步迈向主流市场并瓜分现有产品的市场，各路竞争产品带着 oxi 或 oxy 的各种翻版出现了。

用字典词语的好处是，消费者很容易认出这些词，它们的任务就是帮助人们将这些词语和产品联系起来。看看下面这些用字典词语的真实产品名称会让你联想到什么：健康选择（Healthy Choice）、甲骨文（Oracle）、肌肤保护带（Skin Bracer）、廉价租车公司（Budget Rent-A-Car）、神奇胸罩（Wonder Bra）、电脑联合（Computer

图 21.6

佛克斯餐馆标识

你可以在字典中查到这个名字。

Courtesy of Lane Bevil+Partners.

Associates)、巨无霸(Big Mac)、热邮(Hotmail)和家护(AquaFresh)。

有时，有些名称本身也会遇到一些障碍。例如，汉堡王在进入早餐菜单时，它的名字就会限制它，因为在人们的观念中，汉堡不是早餐。

生造词

以创新而随意的方式组合音节而成的单词，广泛用于商标，如 PoFolks、Mazola、Gro-Pup、Zerone。(与字典中的单词相反)

生造词 如果字典中的备选词用完了，我们有时就会生造一些词，如：谷歌(Google)、亚美亚(Avaya)、联邦快递(FedEx)、艾德维尔(Advil)、英菲尼迪(Infiniti)、普瑞玛瑞卡(Primerica)、舒洁(Kleenex)、施乐(Xerox)、尼内克斯(NYNEX)、优努姆(UNUM)、力科(Norelco)、埃克森(Exxon)、德科(Delco)、柯达(Kodak)、马佐拉(Mazola)、哈根达斯(Häagen-Dazs)、福来鸡(Chick-fil-A)(见图 21.7)等。生造词(coined words)是由辅音和元音重新组合而成的，其优势在于它是全新的，悦耳动听、朗朗上口、简短易记。生造词完全可能得到法律的保护，其面临的问题在于如何形成一个独特的商标。优鲜沛(Ocean Spray)从 cranberry(蔓越橘)和 apple(苹果)中各抽取了一部分，组成了 Cranapple(越橘苹果汁)这一名称，这个名称与众不同、描述性强、易于发音。不过，还有 Cranberry Apple(越橘苹果)草本茶，这会不会把人搞晕？应该不会。

相对简单的生造词都是单音节词，比较常见的做法是一个元音紧邻一个硬辅音，或一个元音夹在两个硬辅音之间，例如 Keds(凯兹)。这种结构还可以加以拓展，如 Kodak(柯达)、Crisco(克罗斯克)或 Tab。

人名 商标的另一种传统形式是人名。这些人名既可以是真人的名字，如卡

Courtesy of Chick-fil-A.

图 21.7
福来鸡标识

尔文·克莱恩（Calvin Klein）、丽诗加邦（Liz Claiborne）、安妮·克莱因（Anne Klein）、雅诗兰黛（Estée Lauder）、汤米·希尔费格（Tommy Hilfiger）、派瑞·艾力斯（Perry Ellis）、皮尔·卡丹（Pierre Cardin）、亚历山大·朱利安（Alexander Julian）、拉夫·劳伦（Ralph Lauren）、莉莉彬（L.L.Bean）、杰妮·克莱格（Jenney Craig）、福布斯（Forbes）和莎莉（Sara Lee）；也可以是虚构的人名［如贝蒂·克罗克（Betty Crocker）]，历史人物名（如林肯汽车，Lincoln）或神话形象［如埃阿斯（Ajax）清洁剂］。单独用姓来做新商标价值不大，不过可以与名称的其他部分组合起来用。像福特汽车、立顿茶、亨氏食品和金宝汤，这些名称都用了很长时间，不过它们都已经获得了法律所说的“第二”含义——也就是说，通过经年累月的使用，公众已经将它们等同为某家企业的产品了。新商标就没有这样的第二含义。

还有很多名称使用“夫人”这个词，如菲尔兹夫人（Mrs. Fields）、温纳夫人（Mrs. Winner's）、理查德森夫人（Mrs. Richardson's）、艾莉森夫人（Mrs. Allison's）、史密斯夫人（Mrs. Smith's）、达西夫人（Mrs. Dash）、贝尔德夫人（Mrs. Baird's）、巴特沃斯夫人（Mrs. Butterworth's）、莱恩夫人（Mrs. Lane's）和保罗夫人（Mrs. Paul's）。

采用外国名称可以成功地赋予产品异域特质，在市场全球化的当下，这种做法越来越普及。但也有人反对采用外国名称，认为这些名称会面临发音或记忆的问题。不过，外国名称已经成了全球图景中不可或缺的一部分，如：丰田（Toyota）、芬尼（Feni）、詹弗兰科·费雷（Gianfranco Ferre）、克莱利亚尼（Corneliani）、鲁彼昂姆（Lubiam）、伯乐（Bertolucci）、佐治亚·布鲁特尼（Georgia Brutini）、资生堂（Shiseido）、古驰（Gucci）、大众（Volkswagen）、斐乐（Fila）、法拉利（Ferrari）和吸引（L'Aimant）。

地理名 地理名称真的是某个地方的名称，如：纳舒厄毛毯（Nashua blankets）、尤迪卡床单（Utica sheets）、匹兹堡油漆（Pittsburgh paints）和纽波特香烟（Newport cigarettes）。这些名字都是老牌商标，已经具备第二含义。通常，“品牌”一词放在地理名称之后。法律不希望赋予某人或某公司在新产品上使用地理名称的专有权，除非已有他人在该领域生产类似的产品。不过，如果挑选某个地理名称的理由是出于当地环境的新奇内涵而非暗示产品产地，则该名称更符合法律保护的条件，比如巴厘岛文胸（Bali bras）和克朗代克雪糕（Klondike ice cream）。

地理名称可以和普通词语组合起来，形成商标名称，如亚特兰大面包（Atlanta Bread）和卡罗来纳美味烧烤酱（Carolina Treat barbecue sauce）。还有很多这样的例子：佐治亚咖啡（Georgia Coffee）、得克萨斯州仪器（Texas Instruments）、得克萨斯州铁路（Texas Trails）、纽约丽人（New York Woman）、佛罗里达女王（Florida Queen）、纽波特港（Newport Harbor）以及佐治亚太平洋（Georgia-Pacific）。想想你所在的地区有多少企业用城市、村镇、州或区域名称作为自己的名称。高山、海岸、山麓、潮水、湖泊等，都有人用，如：山麓医院（Piedmont Hospital）、山人博物馆（Mountain Man Museum）和大南部餐饮（Great South Catering）。

首字母和数字 IBM、IKEA 家具、RCA、GE、AC 火花塞、A&W 麦根啤酒、J&B 威士忌、A.1. 牛排酱以及 V8 蔬菜汁，这些商标花费了大笔金钱和多年时间才站稳脚跟。但它们都大同小异，通常，首字母和数字是最难记的商标，也是最容易混淆和模仿的商标。这些商标中有多少听起来耳熟：STP、DKNY、S.O.S.、AMF、SK、M.O.M.S.、S.A.V.E.、A.S.A.、A&P、6-12 以及 666。还有一些是首字母和数字的组合，如 WD-40 润滑油；数字和单词组合，如九命猫粮（9-Lives cat food）、四合一（4 in 1）、配方 44（Formula 44）、配方 409（Formula 409）、配方 28（Formula 28）、配方 36（Formula 36）、4 Most；普通词和首字母组合，如拉吉尔（LA Gear）。1949 年，鬼冢喜八郎（Kihachiro Onitsuka）先生创办了自己的运动鞋公司——鬼冢株式会社（Onitsuka Co.，Ltd.），在他位于日本神户的住所中生产篮球鞋。1977 年，他根据拉丁文 *Anima Sana in Corpore Sano* 之意（意为“健全的精神寓于坚强的体魄”），以该短语的首字母作为自己公司的名称，ASICS。他之所以挑选 ASICS，是因为他坚信开创健康幸福生活方式的最佳途径，就是促进全身心的健康和舒适。

图案 许多广告主会利用某种艺术形式做商标，如独特的字体风格、设计、标志或图片。前面我们已经讲过，这些设计的组合就产生了标识。我们知道，名称可以分为许多不同的类型和功能。

颜色 颜色是广告、商标和包装必不可少的一个元素。品牌术及命名专家利平科特指出，蓝色是男女皆喜爱的一种颜色，很多国家的国旗上也有蓝色，它一直与信任和稳定密切相关。因此，在决定一家企业的标志色时，蓝色通常是所有人都能接受的一种颜色。[14]

成功的商标

无论商标是以什么形式呈现的，只要它能让生产商的产品和形象有别于他人，并起到衬托产品和形象的作用，这个商标就能成功。在本章前面我们讲过，我们不能将商标视为一个孤立的创意单元。大多数时候，商标必须与包装匹配，当然也必须与其他品牌传播手段匹配，必须与不同的广告战役匹配，而且往往一用多年。商标与品牌挂钩的时间越长，知晓这个商标的人就越多，它的价值也就越高。大家都很熟知家得宝的商标，但有多少人知道家得宝品牌别具一格的延伸——家得宝基金会（见图 21.8）？

全球性商标

美国专利商标局的联邦注册商标在美国境外无效，但如果你符合申请商标的条件，正在等待美国专利商标局的批准，或已经在美国专利商标局成功注册，成为某商标的所有人，那么你可以填写一份申请表，即通过美国专利商标局，向世界知识产权组织提交“国际申请”，申请在加入马德里协定（Madrid Protocol）的任何一个国家注册。此

Courtesy of Idea Engineering Inc. and Home Depot Foundation.

图 21.8
家得宝基金会标识

外，有些国家也将美国注册作为按国际条款规定填写本国注册商标申请表的先决条件。

通用商标规则

4 了解商标通用规则。

锁定商标所有权要求按以下步骤进行：

1. 确定商标文字是以大写或独特的形式出现，如：KLEENEX，*Kleenex*，Kleenex。
2. 商标后面紧跟产品的通用名称，或在商标后使用“品牌”这个词，如：愉悦即抛型垃圾袋、舒洁面巾纸、苹果电脑、塔巴斯科（Tabasco）牌辣椒酱。
3. 提到商标时不要用复数形式，不说“三包舒洁”，而说“三包舒洁面巾纸”。
4. 不要用所有格形式，除非商标本身就是所有格，例如李维斯牛仔裤（不说“舒洁的新特点”，而说“舒洁面巾纸的新特点”）；不要将商标名称用作动词（不说“舒洁你的眼镜”，而说“用舒洁面巾纸擦擦你的眼镜”）。

虽然大多数大广告主都会按照法律要求检查每条广告，包括对商标保护进行检查，但在广告中遵守这些法律约束是广告人的本分。图 21.9 向我们展示了企业如何利用国际结构保护自己的商标。

企业理应控制人们在撰写广告等活动中使用商标的情况，为此，许多企业为各部门和各工作单位准备了书面指南，指导他们如何使用商标。例如，原创摩托精神品牌的指南这样写道：

> 敢为人先不易也无法保证享有权利。原创摩托精神是一个扎根于传统的品牌，我们的根基深植于品质规则，而我们正是通过兑现承诺才赢得了声望。这个品牌直截了当、毫无废话，外加发自内心的幽默感。这就是为什么不惜一切保护品牌对我们来说如此重要。原创摩托精神的所有品牌体验都旨在证明原创仍然拥

Courtesy of the Arras Group.

图 21.9

原创摩托精神有一套品牌应用指南。

有一席之地。

柯达有一份很长的文件，概括了如何恰如其分地使用商标，同时伴之以使用不当的实例。文件中还包含了如何印刷黑白和彩色商标的指南。百视达公司曾告诫其员工要“用准确的注册格式或商标格式”，永远不要去改变文字或设计，不要改变大小写字母，不要改变颜色，不要改变单复数格式，不要在文字或设计前加上“the”，不要在文字上加上设计或在设计上加文字，不要将商标变成所有格名词。

杜邦在指南中教大家如何正确使用其特氟龙商标（见图 21.10）：“是否能保护特氟龙商标，关系到是否能成功地管理一份非常珍贵的资产。商标的不当使用，或允许他人不当地使用商标，均可能降低商标的价值，并最终将一个备受推崇的商标变成一个常用的泛指名称。”

注册告示

一些企业的法律部门会竭尽全力保护自己珍贵的商标。表明商标已注册的常用方式如下：

- 将“®”符号标记在商标后上方，如：温纳夫人®。
- 用星号在文字中加注。

  如：麦当劳*

  * 麦当劳公司的注册商标

  或

Rule 1: Show Registration.

Show registration status, by using the symbol "®" each and every time the trademark appears.

If there is no ® on a keyboard, as in some electronic mail systems, use parenthesis "R" parenthesis: (R). For countries where the registration symbol is not recognized, use an asterisk (*).

Acceptable	Unacceptable
Teflon® resin	No designation of registration status
Teflon(R) resin	
*Teflon** resin	Teflon resin

IMPORTANT: Regardless of whether "®", (R), or (*) is used, a footnote must be used at least once in each document. Examples of acceptable footnotes:

**Teflon* is a registered trademark of DuPont.

Teflon® is a registered trademark of DuPont for its fluoropolymer resins.

Rule 2: Be Distinctive.

Make the trademark distinctive from the surrounding text each and every time.

Acceptable	Unacceptable
Initial Cap: Teflon® resin	Any instance where the trademark is not distinguished from surrounding text, such as: "gaskets with teflon"
All Caps: TEFLON® resin	
Bold: **Teflon®** resin	
Italics: *Teflon*® resin	
Color: Teflon® resin	

Rule 3: Use Correct Generics.

Use the correct generic (common name) for the trademark at least once per package. Generic is the term for the class of goods for which the mark is registered.

Acceptable	Unacceptable
Teflon® resins	*Teflon*® president, *Teflon*® gasket, *Teflon*® cookware, *Teflon*® business
Other acceptable generics: films, fibers, finishes, fabric protector, fluoropolymer, fluoroadditive, micropowder, coating solutions, PTFE, PFA, FEP, ETFE	

NOTE: Although not generics, it is acceptable to refer to the *Teflon*® trademark and the *Teflon*® brand.

Rule 3: Use Correct Generics.

The trademark is the trademark. Don't embellish upon it!

Acceptable	Unacceptable
Wear resistance of *Teflon*®	**Possessives:** *Teflon*®'s wear resistance
Coatings of *Teflon*®	**Hyphens:** *Teflon*®-coated
Fabrics using *Teflon*® wear longer	**Line Breaks** Fabrics using *Teflon*® wear longer
Coat pans with *Teflon*®	**Verbs:** Teflon® your pans
Teflon®	**Coined Words:** *Teflon*® ized

Courtesy of DuPont.

图 21.10

特氟龙商标应用指南。

* 美国专利商标局注册

或

注册于美国专利商标局。

- 在文字中加注册符号或在同一页中加脚注。
- 如果商标要在同一条广告中频繁使用，一些公司只要求在第一次出现时给出注册标志。

大多数企业要求公布虽未注册但已主张的文字和 / 或符号，加上“TM”符号后作为其商标。冠名为“福来鸡杯”的足球赛事就用了“TM”符号（见图 21.11）。

Courtesy of the Chick-fil-A Bowl.

图 21.11

福来鸡杯赛事标识用了“TM”符号。

企业商标

企业的主要商标，通常与产品商标搭配使用。通用磨坊是一个企业商标，而贝蒂脆酥（Betty Crocker）则是一个商标；杜邦是一个企业商标，而特氟龙则是一个商标。

企业商标

本章前面讲过，商标用于标明特定的产品。然而，许多企业以不同的商标销售多种产品。这些企业通常利用**企业商标** (house mark) 来指代自己，标明生产这些产品的公司。比如，卡夫是一个企业商标，而其品牌奇妙酱（Miracle Whip）则是一个商标。

服务商标与认证标志

服务商标

与产品商标相似，是销售服务时用于标明一家公司的服务并将其与别家服务区分开来的文字或名称，例如，赫兹自驾租车服务（Hertz Drive Yourself Service）、减肥中心节食疗程（Weight Watchers Diet Course）。

销售服务的企业，如保险公司、航空公司甚至减肥中心，都可以在华盛顿特区注册**服务商标**（service mark）而保护自己的身份识别标志。他们还可以注册认证标志，借此证明其用户使用状况良好。特氟龙是杜邦公司销售给厨房用品生产商的一种材料，供他们保护锅具之用。但与此同时，特氟龙又是杜邦不粘锅涂层的注册商标，特氟龙 II 则是特氟龙涂层达到特氟龙标准的认证标志，这类产品的广告主都可以使用这个标志。纯羊毛标志（见图 21.12）是国际羊毛局（The Woodmark Company）的注册商标，哪个生产商能达到国际羊毛局严格的性能指标，便可获得其颁发的许可证，纯羊毛标志的使用由此而得到控制。纯羊毛标志是质量的象征，代表该产品达到了国际羊毛局设定的规定，在正常穿着的情况下，产品的使用年限会使顾客感到满意。

Reproduced with the permission of The Woolmark Company.

图 21.12

认证标志

企业名称与产品名称

企业更名

多年来，数以千计的公司更换过企业名称和企业识别标识。为此，企业可以花费数百万美元，其成本包括聘用顾问，投放广告，以及变更文具、制服、卡车和飞机上的标识和设计的费用。

优势 21.1

为鸡肉三明治命名

亚特兰大的福来鸡®由一名企业家兼餐馆老板S. 特鲁特·凯西创办。他在37个州开办了1 300家连锁店，其中华盛顿特区的餐馆年销售额超过20亿美元。为鸡肉三明治命名貌似容易，但如果由你来做恐怕就没那么容易了。不过，其品牌名称——福来鸡——向我们充分展示了其创始人凯西为开发品牌而投入了多少精力和心血，即使在1967年首家餐馆开业之前也是如此。

Courtesy of Chick-fil-A.

在将鸡肉三明治的概念引入餐饮业后，凯西对如何给自己的新产品命名还没有多少设想。最初，凯西想给三明治本身注册商标，他一开始的选择是“鸡肉牛排三明治”（Chicken Steak Sandwich），之后又改为“鸡肉牛排堡”（Chicken Steak Burger）。后来，一名专利律师告诉凯西，他应该挑一个“普通词”，然后将这个词拼错，“将它上下颠倒”，这样它作为注册商标就足够独一无二了。

不屈不挠的凯西开始集思广益。对他而言，鸡柳意味着鸡肉的最佳部位，而这正是他用来做鸡肉三明治的部位。想通了这一点，特鲁特最后选定了“福来鸡”（Chick-fil-A）。词末的大写“A”对凯西而言意义重大，那代表着优质、卫生和出色的服务。

2001年，埃森哲（Accenture）不惜耗资1.75亿美元推介自己的新名称。之前，它叫安达信咨询（Anderson Consulting），是一家全球性的管理与技术咨询公司。该公司请了扬·罗比凯广告公司旗下的品牌识别公司朗涛为其构思新名称。他们在5 500个备选名称中筛选，第一份名单即被压缩到550个，再到50个，之后减至10个。这个名字并非由品牌识别公司原创，而是来自挪威奥斯陆的一名员工，他将accent和future合并为一个词，还在其中加入了一个“大于”符号（>），悬在字母t的上方，很像一个重音符号，但辅音的发音不变。[15]

麦勒斯实验室（Miles Laboratories）的一条广告称：“经过这么多年，我们认为是时间让你叫我们拜耳。如今，麦勒斯变成了拜耳。”广告文案说：“你知道我们叫麦勒斯，是美国最大的企业之一。但在近150个国家中，我们的名字是拜耳。拜耳是全球最大的卫生保健、化学制品和成像技术公司之一……你早已通过阿司匹林知道拜耳了。”

如何开发令人难忘的品牌名称

5 了解如何开发令人难忘的品牌名称。

没有哪个命名程序可以放之四海而皆准。朗涛品牌咨询公司的拉弗·梅耶（Ruffell Meyer）说：“人们之所以产生错误的概念，是因为你叫几个人坐在一起吃比萨，上来就和高级主管探讨企业的发展方向、价值和形象。企业希望自己是因服务快速而名满天下吗？后面加盟的员工和消费者也要参加这个讨论。”[16]

一旦信息搜集完毕，负责品牌识别的人员便进入了命名和形象塑造过程，他们所用的工具中可能会有可变换文字组合图像的软件包。朗涛公司的数据库中有50 000多个名称，一份备选名单中就有1 000多个名称。辛格乐是SBC广告公司与贝尔南方移动公司（BellSouth Mobility，如今归美国电话电报公司所有）合并后的产物，这个名称就来自一份6 000个名称的名单。

对每个名称都要进行基本的法律搜索，以确认是否有人已经取得了该名称的所有权。在未查明是否已有人持有该名称的所有权之前，不要投入过多的时间和精力围绕该名称开发品牌识别系统。命名顾问可以向你引见专利律师，由他们对在美国注册的名称进行初步筛选，每个名称所费通常不到 100 美元。而范围更广的全国性商标搜索，则每个名称一般所费为 1 000 多美元。所以，你可以在没进入那个层面之前，先将选择范围缩小到几个最终备选名称上。

私营商标搜索公司按酬进行搜索，对于选择哪家搜索公司，美国专利商标局无能为力。搜索公司通常列在黄页的电话指南部分，位于“商标搜索服务”或“专利与商标搜索服务”项目下。这一环节将减掉 80% 的潜在选项；然后再根据目标分析剩余的名称，将名字减少到十几个。到这个环节，你要进行语言分析，以确定这个名称翻译成外语会是什么情形；之后还可以在消费者中试验一下。这时，你心中有数了，加上处理得当，于是得到一个令人难忘且适用于各种广告形态的名称。下面我们就来看看具体的步骤。首先，将基本信息集中起来：

- *描述将要命名的产品*。描述中要包括主要特点和特征、竞争优势以及能将你的公司、产品或服务与同领域中其他商家区别开的东西。
- *概括名称的用途*。是暗示重要的产品特色（如防腐木材）还是传达特定的形象（如高价香水潘多拉的秘密）？写下你想让名称传达的特征和形象。
- *描述名称的目标受众*。明确目标受众以及其人口特征和生活方式特点。他们是对传统而保守的名称反应更积极还是对自由而新潮的名称反应更积极？写下你认为会吸引他们的名称的特质（长度、发音及形象）。
- *列出你喜欢和不喜欢的名称*。努力在这两类名称中各想出几十个现有的名称（包括竞争对手的名称）。写下可能有助于新名称的单词和词根，记下来。
- *拉一个新名称清单*。从你喜欢的名称名单开始，把从词典（如杰罗姆·罗代尔的《同义词词典》）、命名书籍（如《美国商标注册》）、相关行业刊物、词根书（如罗伯特·史密斯的《英语词根词典》）或其他渠道中获得的创意都加进去。
- *合并名字部分和文字*。将文字、音节和已有的名称的元素拿出来，重新加以组合，形成新的名称。
- *选出自己最喜欢的名称*。选出几个符合你所有标准的名称（以防最佳选项不可用或测试结果不佳）。

其次，确定名称的可用性，测试你最喜欢的选项：

- *搜索商标*。如前文所讲，在未查明别人是否已持有该名称的所有权前，不要投入过多的时间和精力围绕该名称开发品牌识别系统。
- *使用名称前先测试*。无论你多么喜欢这个新名称，其他人都可能有不同意见。向预期目标、利益相关者和行业专家征求其对名称的意见。

名称所有权 只搜索商标并不足以防止可口可乐的果汁饮料问题。可口可乐公司就曾在“水果国度”（Fruitopia）这个名称上遇到过麻烦：俄亥俄州迈阿密大学的学生为可口可乐食品加拿大公司（Coca-Cola Foods Canada）旗下尚在开发中的美汁源汽水和果汁拿出了一个营销方案，其中也包括产品名称。当他们将方案提交给可口可乐公司时，公司认为“水果国度”这个名称非常“可疑”。1994 年，产品以“水果国度”这个名称奔向美国各地。尽管名称的所有权不存在法律问题——可口可乐公司为学生们的工作付给了大学一笔费用——但是谁想出了这个名称却出现了问题。可口可乐公司称，是一家与其广告公司独立合作的营销小组想出了这个名称。这就是大多数公司不接受未经招标的新产品或新广告名称的原因。如果可口可乐公司没有为取得所有权而向学生支付劳务，“水果国度”这个名称就可能会引发一场官司。

名称支持 产品名称既可以由广告主开发，也可以由广告公司开发，双方或单独行动或联手合作。有些公司和顾问专门帮助企业和广告公司开发便于记忆的名称，比如，命名风暴公司（Namestormers）就用软件协助开发产品名称和企业名称；再如二手车交易网卡迈斯（CarMax）、医疗系统锥体（Pyramis）、汽车配件网汽车之源（AutoSource）、女士内衣蜘蛛丝（Spider's Silk）、医疗器械锐珂医疗（CareStream）以及笔记本电脑造浪者（Wavemaker）。而高扬公司（Goldman & Young）则运用语言架构制定形象战略和定位，然后才构思名称，如宝丽莱卡普蒂瓦（Polaroid Captiva）、尼桑探路者（Nissan Pathfinder）、奥迪旅行车（Audi Avant）、伊卡璐 Whipsical、本田 Fourtrax ATV、沛普男孩汽车配件公司（Pep Boys PartsUSA）、必胜客 QuickStix、百时美施贵宝伊克赛锭偏头痛药（Bristol-Myers Squibb Excedrin Migraine）、辉瑞左洛复（Pifzer Zoloft）以及通用育空汽车（GMC Yukon）。命名实验室（Namelab）也是一家命名公司，它利用结构语言学创想了讴歌、康柏（Compaq）、Geo、露明纳（Lumina）和 Zapmail 等名称。后来又出现了一些大型全球性品牌识别标识公司，他们也起名，如朗涛品牌咨询公司、英特品牌公司（Interbrand）、利平科特·默克尔、识别卡（Identica）、未来品牌（FutureBrand）等。记住，任何人都有可能在这个过程中起一个名。

包装

企业品牌到底有多大的力量，取决于它是否与消费者建立起了有效的对话。强化客户关系需要时间，也需要切实可行的营销战略。显然，清晰、简明的品牌传播是这个战略的重要组成部分，理应将其仔细地融入每一件产品，融入每一件产品的包装。

包装是企业向客户传播品牌时不可或缺的一部分。实际上，由于市场上的每件产品和服务都有包装，因此企业的“包装好”关系重大。没有什么东西能像包装那样传递品牌及其价值，如果产品要在多个渠道中广泛配送，包装对产品销售将大有帮助。[17]

产品包装是最重要的售点促销工具，超市货架上的包装平均只有$\frac{1}{17}$秒的时间去争取人们的关注，在那之后，设计、颜色、文字以及……哦，对了……产品本身，必须足以吸引人们将它放进购物车带回家。超市货架上有成千上万的食品，因此产品之间势必争夺人们的注意力，否则，它们就会在变化无常的超市竞技场上功亏一篑。原创摩托精神的单件产品设计要求每个产品都必须与品牌步调一致（见图 21.13）。

你有多少次是仅仅因为喜欢包装而购买或差点购买某样东西？有些人只买装在透明塑料壶里的牛奶而不买不透明包装纸包装的牛奶，虽然这种纸会减少光线造成的营养损失。包装不应再只关注多用途和食品安全等，而应将重点更多地转向纯粹的美观。改造新产品有风险，如果一件产品和之前看上去相差很大，企业就可能疏远自己的忠诚顾客。例如，当雀巢决定将奇巧（KitKat）的金属箔包装换成塑料纸包装后，虽然新包装能让产品的保鲜时间延长三倍，但对产品感情深厚的顾客还是对这种变化表示了不满。

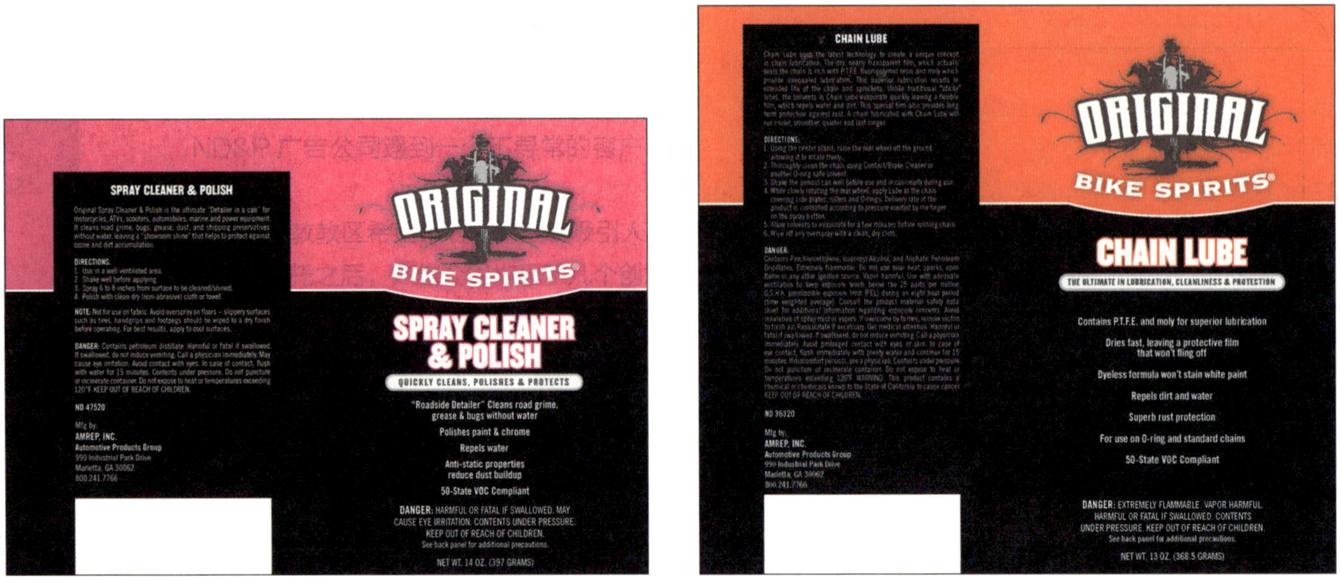

Courtesy of Arras Group.

图 21.13

每个产品标签都要和品牌步调一致。

产品包装

产品包装不只是一个容器，它必须在设计上考虑一些元素。首先，它必须保护内容物（见图 21.14），相对于作为容器这一功能，包装的其他考虑都是次要的。其次，包装必须满足合理的成本标准。因为对大多数企业来讲，产品包装都是一笔不小的支出，因此应当尽可能地控制成本。

一旦满足了保护内容物和控制成本这两个要求，我们就转向与包装有关的营销问题了，包括在零售层面有益于争取货架空间的包装。奇怪的尺寸、显著的附加物或表面凹凸不平的独特包装会遭到许多零售商的拒绝。包装必须好拿、好储存、好摆放，所占的货架空间不能超过同一区内的其他产品，而金字塔形的瓶子就会占用较多空间。奇形怪状的包装容易让人怀疑它们是不是易碎，高耸的包装容易让人担心它们是不是会倒。包装应该抗污。它是否有足够且方便的空间印商标？因此，产品应该采用常规的尺寸和包装。

图 21.14

电视广告称牛奶罐能保护牛奶的口味和维生素。

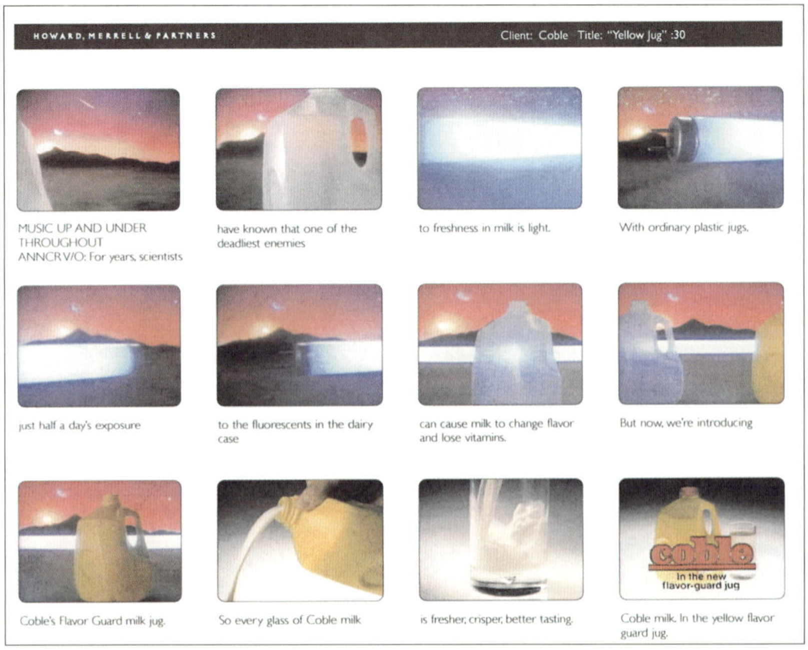

Courtesy of Howard, Merrell & Partners, Raleigh.

对于那些购买时需要检查的商品，如男士衬衫，包装最好是透明的。一家商店是否会进某个产品，包装至关重要。

小件产品要装在塑料圆顶下的卡上，这叫作吸塑卡，以便整理货品，也可以防盗。这些吸塑卡通常安装在一块大板子上，大板子挂在墙上，以便充分利用空间。记住，买主对商店货品陈列效果的评价将有助于商店而非生产商。

想清楚零售渠道的要求后，我们就可以专心去设计既实用又吸引人的容器了。毕竟，包装是向消费者进行销售的最后一个机会，也是最实用的售点广告形式。因此，应该将它设计成能在货架上造成最大冲击力的样式。在杂货店这类零售店做到鹤立鸡群非常重要，因为顾客要在数以百计的竞争品牌中挑选产品。

改变包装设计和市场战略

设计公司为既有产品适应不断变化的市场战略而重新设计包装，为推出新产品而开发新的包装概念。1998 年，速易洁革命开始了，它向全世界传递出快捷清洁的概念。今天，市场上有数不清的速易洁产品：Swiffer Wet、WetJet、Max、除尘器等。宝洁公司在设计包装上非常小心：包装必须既引起人们的注意，又能装下不同的物品（见图 21.15）。

人们会追随包装设计中的一些趋势：一是越来越趋向于用包装提升商店的品牌；二是用精致的设计方法和独特的包装树立高档自有品牌的优质形象。与此同时，在包装的开启、使用方面，包装有从方便生产商向方便消费者转变的趋势。简而言之，包装设计正在顺应更加老练、更加成熟的消费者的要求。

就因为消费者抱怨说他们无法区分无果肉果汁、传统果汁和其他口味的果汁，百事公司的纯果乐产品（Tropicana Products）果汁部不得不在刚刚大力宣传新设计的卡通包装六周后就放弃了这个设计。消费者们说，纯果乐的新包装看起来和其他品牌区别不大，它又没强调里面果汁的类型。公司承诺一个月内回归原来的包装设计。纯果乐发言人杰米·斯坦恩（Jamie Stein）说："我们听到了消费者的反映，听取了他们的意见。"[18] 毫无疑问，纯果乐倾听了消费者的声音。

包装与营销

6 认识包装和市场营销。

曾经，产品包装的作用一般仅限于保护产品，只有包装标签与促销活动有关。尤尼塔饼干 1899 年推出的包装被公认为是第一个用来进行促销的包装，但只有屈指可数的几家公司跟随尤尼塔的潮流。

图 21.15

产品的包装必须在商店货架上鹤立鸡群才有效果。

优势 21.2

原创摩托精神

恩立（Amrep）是一家大型化学公司，它邀请科斯塔梅萨的阿瑞斯集团（Arras）为他们新生产的摩托车护理产品策划名字、外观和营销。下面简要介绍阿瑞斯集团的计划。

重要事实

- 恩立正在推广一个新品牌，一个摩托车护理的短线产品。
- 本田正在推广自己的全线化学产品，包括抛光喷雾和清洁剂，但他们没有原创化学配方。因此，我们必须快速评估他们正在推广的产品的品质。
- 我们有望在价格上比本田的产品优惠 20%。
- 我们必须在本田经销网的网内和网外都开展恩立的经营活动。

目标受众

我们必须了解并商议如何以独特的方式去满足目标客户的需要和要求，然后将合适的信息在合适的时间、地点通过合适的途径传递给他们，促使他们采取行动（订购）。

销售商	批发商
Principals	Tucker Rocky
地区经理	大区经理
消费者	其他批发商

目标

- 提高原创摩托精神在摩托车行业媒体和意见领袖中的识别度。
- 将“本田资产”转变为原创摩托精神品牌，以此推动经营、提高销售。
- 扩大原创摩托精神对非本田经销商和批发商的吸引力。

战略

Courtesy of The Arras Group.

- 给恩立的销售人员和经销商的销售人员提供有力的销售工具和培训，以此支持产品的快速推进、保持持续的销售努力。
- 针对摩托车行业的重要媒体和意见领袖进行有力而持续的公关活动。
- 针对贸易渠道影响力人物和消费者进行刺激而有效的广告活动。
- 利用销售的威力在售点触达并推动消费者。
- 利用商业展览、消费者展会以及其他事件，让消费者体验原创摩托精神。
- 帮助人们体验使用当中的原创摩托精神。
- 触达草根发烧友。

战术

下面简要介绍我们对如何充分利用营销传播战术的建议：

- 销售支持。
- 公共关系。
- 广告。
- 直销。
- 销售。
  - 销售支持
  - 产品信息表

    利用现有的摄影技术（四色、双面 $8\frac{1}{2}\times 11$）
  - 样本

    产品活动抽样规模
  - 四种产品的价格表
  - 订单

在 20 世纪 30 年代的大萧条中，包装作为促销工具的角色迅速发生了变化。这一时期，大多数企业的广告费都不充裕，因此他们便将包装作为一种促销的手段。他们的努力取得了巨大的成功，生产商开始普遍认可包装在营销组合中的作用。面对北美市场的销售颓势，可口可乐及其瓶装厂转而将包装当作区分产品的一个重要手段，试图借此带来新鲜感。于是他们将包装视为营销工具，可口可乐北美公司碳酸软饮料品

- 刮痕一喷净（促销活动概念）
- 展位
- 公共关系

为提高原创摩托精神在摩托车行业媒体及意见领袖中的辨识度和知名度，公共关系必不可少。

为留住本田的经销商和消费者，吸引新的经销商和消费者，同时传达这样的讯息：原创摩托精神就是之前以本田包装示人的信得过产品。

我们坚信，阿瑞斯完全可以在摩托车行业有效地引发媒体对原创摩托精神的报道并留下好印象。

1. 公关元素

发布会工具

- 背景资料夹

新闻发布会

- 开发、分销、媒介接触

专题报道

- 开发、比稿、设施

2. 参展

印第安纳摩托车展

- 印第安纳摩托车展是摩托车行业最大的贸易事件。恩立的原创摩托精神必须在展会上引人注目。我们可以在展会上有效地触达行业意见领袖、批发商和经销商。

国际摩托车展

- 展位
- 抽样 / 展示活动
- 展示活动
- 活动广告（刮痕一喷净）
- 免费赠送（头盔贴纸、T 恤等）

3. 草根活动

为了与摩托车文化同步，原创摩托精神必须与摩托车手同步。有几场横跨全国的大型摩托车赛车拉力赛，大批消费者都可以同时参加。拉力赛覆盖了正式赛（想想本田金翼）、巡回赛、赛车赛以及盛装赛，因此它能覆盖原创摩托精神的所有目标受众。某些赛事甚至还吸引了 50 000 多摩托车发烧友。摩托车发烧友有激情，喜欢保养自己的摩托车。只需要几个关键因素，原创摩托精神即可在我们最重要的消费者（摩托车发烧友）中产生持久的印象。

潜在活动

- Sturgis 摩托车拉力赛——650 000
- Daytona 摩托周——550 000
- Laconia 摩托周——400 000
- Myrtle 海滩摩托周——300 000

元素

- 原创摩托精神的拥护者
- 赞助
- 抽样 / 展示
- 活动广告
- 广告

同业广告

广告规格：整版，四色；6 × buy

推荐出版物：

《摩托车产品新闻》（*Motorcycle Product News*）

《经销商新闻》（*Dealer News*）

《强劲体育商业》（*Power Sports Business*）

- 消费者广告

广告规格：$\frac{1}{3}$的垂直版面，四色；6 × buy

消费者媒体计划侧重于几个细分市场的重点全国性刊物：

- 《在路上》（*On Road*）
- 《骑者》（*Rider*）
- 《公路 / 越野》（*On/Off Road*）
- 《美国摩托发烧友》(*American Motorcylist*)
- 《摩托车新闻》(*Cycle News*)
- 《摩托车世界》(*Cycle World*)
- 《摩托发烧友》(*Motorcylist*)
- 《美国钢铁》（*American Iron*）

牌部主管亨德里克·斯泰克汉（Hendrik Steckhan）认为 2 升的包装瓶形状有问题。他说可口可乐不应该用其他品牌都用的 2 升包装，于是他们测试并采用了 2 升经典玻璃瓶。随着时间的推移，消费者将会在超市和便利店看到更多规格的可口可乐产品，而经典的玻璃瓶外形会永葆青春。下面是可口可乐为触达消费者而设计的一些包装变化：[19]

2 升经典玻璃瓶采用标志性经典外形，它已在全国推广了多年。

50 盎司两件套，每个约 1.5 升，可供家人和朋友分享。

如果 20 盎司瓶装可口可乐太大太贵，16 盎司瓶装可口可乐售价 99 美分可发挥进入门槛的作用。

8.5 盎司听装可口可乐可供饭店、俱乐部和高档宾馆使用。

绝大多数产品的包装设计都和广告活动的设计过程相差无几。尽管每一个包装都要以独一无二的方式进行开发、设计和推广，但如何将包装当作营销工具而加以成功利用还是有一些共同点的。

1. *产品的类型和包装的功能*。产品是否易碎？消费者是不是直接从包装中拿出产品来用？产品有没有特殊的储藏、运输问题？
2. *产品营销渠道的类型*。如果产品在不同的售点销售，是否要求采用特殊的包装？零售层面是否会以特殊的方式陈列包装？产品是否有特殊的销售地点？
3. *产品的主力预期对象*。成人、儿童、高收入家庭或年轻单身人士是否是最倾向于购买该产品的人？哪种包装风格对目标市场最具有吸引力？
4. *产品的促销、广告及其包装*。包装是否能对其他促销活动产生补充作用？有没有考虑附带优惠券或赠品？标准包装创意是否能应用到正在考虑中的特别促销努力上？
5. *与同一产品线中其他包装的关系*。产品是否按不同的规格进行销售？产品是否属于整体促销的产品线的一员？该产品线是否采用同样的品牌和包装风格？
6. *消费者的产品使用特色*。包装会不会在家里保存很长时间？产品是否要求冷藏或冷冻？是否只有包装内的产品才会投入使用？

只有通过仔细调查，才能解答这些问题。因此，包装设计必须在创意和功能这两者之间取得平衡。

包装与色彩

广告主非常清楚色彩对人们的潜意识所产生的影响，清楚每一种颜色所引起的心理反应。人们对颜色的心理反应既可能是愉快，也可能是不快。颜色可以让消费者知道包装内大概是什么类型的产品，从而影响他们对产品质量、价值以及纯度的判断。因此，包装颜色是营销传播的一个重要工具。强生集团为了其新款袋装早餐（Breakfast in a Bag）就设计了一堆产品包装（见图 21.16）。

如果将同一种咖啡分别冲在蓝色咖啡杯、黄色咖啡杯、棕色咖啡杯和红色咖啡杯里，消费者的心里会是什么感受？他们对咖啡的感受会一样吗？大概不会。调查显示，蓝色杯中的咖啡让人感受到一种温和的香气，黄色杯中的咖啡让人感受到淡淡的混合味，棕色杯中的咖啡让人感觉太浓，而红色杯中的咖啡则让人感觉口味丰富浓郁。

柯达采用蓝色包装，富士采用绿色包装，联合包裹服务公司（United Parcel Service）采用棕色包装，而家得宝则采用橙色包装。颜色对产品有很大的影响，理应仔细考虑。颜色是包装设计者用于影响购买决策的一件重要工具，消费者对颜色的反应是感性而非理性的。因为大约 80% 的购买决策都是在商店里做出的，而其中的

Courtesy of The Johnson Group.

图 21.16

袋装早餐产品线运用颜色来区别不同产品。

60% 是冲动性购买。因此，营销商必须认识到颜色在产品成败方面所起的重大作用。

下次购物的时候，观察一下自己对以下几种颜色包装的产品的反应和大多数购物者是否相同。

- 红色包装（或粗大的品牌名称）让我们心跳加快、肾上腺素上升，这个颜色传递出有力量、有活力的感觉并激发人的征服欲。红色还代表着条理、感性、实用和可信。品牌咨询公司——朗涛公司将红色屋顶作为标识符号，最终帮助必胜客加强了品牌识别度。为了进一步区分品牌，他们还用一种手写字体搭配整个标识图像，以此表明其食材的新鲜，最终给必胜客创造了一个符合其希望的品牌联系。其后的包装盒以及促销材料也都采用了这个设计。
- 黄色是所有颜色中最容易识别的颜色（这就是它用作路标的原因），并可以使包装显得更大。柯达就是黄色的。黄色也是打折促销的标志色，但一旦使用不当，就会给人造成产品质量打折的感觉。
- 蓝色代表干净、纯洁，能勾起人们对水和天空的想象。它通常传递出诚信、声望、自信、博识和可信的感觉。想想蒂芙妮的蓝色盒子是如何铭刻在消费者心中的。
- 白色给人以清新、轻松的感觉，通常用于低脂肪和减肥产品中，总是和奶制品联系在一起。因此，它代表着绝对的新鲜和纯度。在德国，白色代表着优质；而在英国，白色则代表着低价优质。
- 黑色始终与优雅、精致联系在一起，因而生产商总是用黑色暗示其产品的品级和品质。

包装调研

7 认识包装和市场调研。

设计包装之前应该做大量的调查，以了解品牌的主要资本：有些资本是明面上的，有些可能是潜在的，还有一些则是尚未发现的。品牌体验会影响消费者的感受和决策，因而应该在此时对基于消费者的品牌体验调查进行评估，在此之后，包装设计方案才能真正地、直接地传递品牌价值，并有望与消费者建立一种情感联系。

如今，有效的包装已经成为产品营销的一个关键元素，而测试包装设计好坏的唯一办法，就是在一个试验市场环境中销售商品。包装设计从识别度、形象、结构和行为等几个方面来评估。

- *识别度*。包装必须将注意力引向自己，以便消费者在零售环境下轻松地识别包装。包装的识别属性可以测量，通过调查可以判断消费者花了多少时间才识别出包装、哪些元素最好记。
- *形象*。尽管包装必须做到好认，但它所反映出的品牌形象还必须与企业的品牌形象目标相一致。包装既可以强化广告，也可以弱化广告。
- *结构*。结构的目的是判断消费者指出的结构性问题，而这些问题有可能妨碍消费者再次购买产品。包装是否好拆？是否好封？是否好处理？是否好用？
- *行为*。行为调查可能是包装调查中成本最高的一种方法，这种方法往往要求向受试人群提供模拟货架，然后监测人们是否挑选或购买某件产品。

包装差异化

12 名郊区女性围坐在焦点组的桌子旁，兴趣盎然地聊了两小时猫粮。整个晚上，只有两件事让她们兴奋：有机会描述她们的猫和箔纸真空袋装猫粮。

即使尚未打开猫粮包装，她们当中的绝大多数人也表示，出于对高科技砖形包装袋的兴趣，她们会购买这种产品。这种包装设计她们曾在咖啡货架上见过，但从没在罐装、盒装和袋装的宠物食品中见过。

正是这一点迫使越来越多的食品、健康、美容产品和非处方药营销商意识到：包装即品牌。

如今，由于太多的产品不相上下，因此营销商不得不更加重视包装设计。如果口味、颜色以及其他产品元素区别不大，包装就会起到关键作用。[20] 百事可乐的例子就能充分说明这一点。2007 年，为了引人注目，百事可乐决定冒险重新设计百事可乐的易拉罐。在过去的 109 年中，百事一直严密保护自己的包装，但从那时起，他们决定每三四周设计一款新的易拉罐包装。新图案是百事可乐大型新主题活动的一部分，旨在强调百事可乐品牌“好玩、积极、年轻的精神”。专家说，对于那些依赖视觉线索识别品牌的消费者，百事可乐的这种包装设计就可能面临着混淆、疏远消费者的风险。[21]

品牌识别

品牌识别涉及视觉元素和文字要素的特定组合，目的是帮助成功的品牌实现以下目标：建立知名度；形成差异；塑造品牌形象；将所有品牌传播与该品牌挂钩；最为重要的一点是，成为企业的资产，即公司合法拥有该品牌的所有权。

构成品牌识别的元素少得惊人，这其中包括品牌名称，即对名字的设计；标志；其他图案；颜色；包装结构以及永久性支持讯息——广告口号、广告歌谣。品牌识别公司配合广告公司、企业或二者共同设计包装，或许还参与企业或品牌的整体概念设计。比如，在你想到麦当劳公司——卖汉堡的家伙——的时候，你会想到什么？金色拱门？员工制服？杯子设计？纸和盒子的设计？标识？纸袋？奖品？信纸抬头？出版物？有很多元素可以用来识别麦当劳，对于新顾客来说，每个元素都有名字或标识。企业的设计人员会帮助营销商（有时是广告公司）设计强大的企业视觉传播活动。

包装设计

产品的包装是必要的生产支出，因此必须更加关注包装在整合营销和关系营销中的作用，尤其要注意品质和互动媒介。从促销功能上讲，包装和媒介所起的作用完全一样；在销售环节，包装本身即可发挥告知、吸引和提醒消费者的作用；而在产品使用环节，它又可以发挥强化购买决策的作用。品质和价值被视为相对较新的营销概念，但早在18年前，设计和市场调查实验室（Design and Market Research Laboratory）就表明，品质感是评估包装的关键指标之一。不过，品质和价值一直是营销和包装方程式中的组成部分。

既然包装是营销武器库中的一件重要武器，那么包装设计就应该像其他营销元素一样，通过调查尤其是目标用户调查而完成。Blattner数字公司的客户芝宝有很多优质产品，其产品设计无疑是包装设计的一部分，但它同时也必须适用于网络。图21.17向我们展示了一组在线故事板的动画效果。

JTF营销/工作室（JTF Marketing/Studio）主席弗兰克·托博斯基（Frank Tobolski）说，调研技巧可以测量包装图像的传播力度，可以回答如下问题：图像传播效果如何？图像是否强化并提高了形象定位？产品和包装是否具有销售力？弗兰克举了某玩具厂为其产品线设计新包装的例子。新包装在诊断实验室进行了感觉和形象评价，揭示出一些问题和潜在的负面销售影响，为了获取行为销售数据，调查人员通过等量商店测试法对包装进行了定量测试。在圣诞季的6周内，18家商店进新包装产品，18家商店进原来的对照组包装产品。在进行商店配对时，玩具的特殊性、折扣、百货店以及团购商店等因素皆纳入了考虑。到6周后的截止日期时，发现控制组的包装比实验组的包装多卖出63%。即使调整了测试商店数后，新包装产品的销量依然少35%。[22] 这个测试避免了重大的销售损失。如果当初全部采用新包装铺货，可想而知损失会有多大。

图21.17

如果想让人们认识品牌，产品设计就必须以网络化思维进行处理。

Courtesy of Brunner Digital and Zippo.

当今的包装商品营销经理一直都面临着如何从投资回报率的角度调整支出的艰巨任务，虽然他们大多都能立即给你销售数据，但极少有人知道货架媒介所产生的最新收益，具体而言，就是包装设计带来的收益。

这是为什么？越来越多的证据表明，包装设计对销售的影响比人们想象中的大得多。

每个品牌经理都会告诉你，包装在品牌资产中占有很大的比重。在我们发出“可口”这个音时，我们脑海里出现的应该不只是商标或漏斗状瓶子的形象。

一项包装价值（Package Value）调查研究表明，营销商会参照自己的品牌资产要求衡量新包装提案。这项研究访问了共计 251 名男性和女性，全部为杂货店的主力买主。研究人员给受访者看一张印有品牌名称的卡片，然后要求他们在一个 5 分量表（1，非常认同；5，非常不认同）上给品牌打分。采用顶框法，只有对所有选项均表示“非常认同”的受访者才被计入最终结果。

然后向受访者展示实际包装的照片，分别记录受访者在知道品牌名称和受到实际包装影响后打的分，正是两组分数之间的差别让这项研究产生了更大的吸引力。比如，当要求受访者给汰渍的品质打分时，品牌和包装都得了 61 分。[23]

未来预测 尽管只是预测，但我们通常可以根据过去和现在的发展趋势，对未来做出明智而合理的预测。借助这个预测，朗涛的品牌标识专家艾伦·亚当森（Allen Adamson）预测了可能影响品牌术未来发展的五个方向。[24]

1. 消费者对产品性能的感受决定着产品的成败。因为一个品牌代表着一个承诺，因此必须保证每一个承诺在每一次购物中都能兑现。
2. 消费者随时随地都在与品牌互动。360 度品牌术是站稳脚跟的保障，人们不仅仅在销售地点才做出购买决策，因此，企业必须尽其所能向顾客传递一致而连贯的品牌识别表达。
3. 品牌可以大力延展，但收效甚微，则会伤及品牌资产。大多品牌都可以延伸到很多产品品类中，但一般来讲，范围越小，品牌越强悍。
4. 所有营销战术都应该在将品牌视为长远资产的前提下付诸行动。与非传统公司中的竞争对手结为伙伴固然可以提升品牌的价值，但选错伙伴则可能造成持久的伤害。和人一样，品牌的价值由持有它们的企业所决定。[25]
5. 品牌是组织的灵魂，理解品牌的核心价值是组织中每一个人的责任。每一个接触点（不仅仅是广告和促销）都必须以品牌为中心，组织中的每一个人都有责任明白这个品牌到底意味着什么。

趋势一旦被文化同化，它就不再成其为趋势。

品牌是长远资产，因而，就应该像管理长远资产一样管理品牌。想想未来，观照眼下正在演变的趋势有助于未来更好地给品牌定位。要想在明天给品牌创造价值，就必须观察今天正在发生的变化。

变化通常很微弱，很少突然发生。品牌管理者在发现趋势变化的时候一定会做出相应的反应，他们了解消费者的思想变化，观察消费者行为中微小的变化，因为即便是很小的变化，随着时间的推移，也会演变成大的趋势。一旦变化发生，迅速识别这种变化并根据这种变化及时调整品牌，就变成了一件极具挑战性的事情。

小 结

包装是品牌资产方程式中的一个重要组成部分，一直被冠以国际品牌术中唯一真实的方法。

产品的商标如同一个人的姓名，它给了产品一个身份，能让消费者确保每次购买的产品品质相同。此外，商标还给广告和促销创造了条件。对于已站稳脚跟的产品来说，商标是企业最宝贵的资产。可口可乐、百事可乐、IBM、梅赛德斯等品牌的商标价值很难估算，因此企业会竭力保护自家的商标。

商标可以是一个字、一个设计或两者的结合，形态上可以包含字母、数字、口号、几何图形、颜色组合等。如果商标是一幅图或其他设计，我们将其称为标识（logo）。商标保护原则同样适用于标识，就像它同样适用于品牌一样。成功的商标有多种形式，但不管怎样，它们都必须朗朗上口、与产品有共性并能融入各式各样的广告和设计风格。

包装设计的开发和广告活动相差无几。在销售地点，它本身即可发挥告知、吸引和提示消费者的作用；而在产品使用阶段，它又可以发挥强化购买决策的作用。包装是一件重要的营销工具，应该以目标群体调查为基础。品牌识别仍将是一个重要课题。

复习题

1. 什么是商标？
2. 什么是服务商标？
3. 企业是如何失去商标的？
4. 控制商标所有权要采取哪些步骤？
5. 请说出与包装相关的几个营销问题。

第二十二章

Courtesy of Rawle-Murdy and Piggly Wiggly Carolinas.

完整的广告战役

当今的广告主通常要求广告战役符合其整合营销传播计划，而不仅仅是创作广告本身。▶

本章学习目标

1. 了解形势分析。
2. 认识创意目标及创意战略。
3. 认识媒介目标及媒介战略。
4. 了解促销计划。
5. 了解事后测试。

对于任何品牌来说，广告（广义上的）也许都不是其整合营销战役的首要营销工具。在第三章，我们就一再强调一个前提：品牌是通过传播而建立起来的活的实体，它有历史，代表着品牌所累积起来的资本。但它还必须通过自己的存在、主权和领地继续打造新的传播力。因此，它必须保持连贯一致的识别标识。品牌传播（整合营销）行动计划由四部分构成（见图 22.1），这些行动包括广告、促销、公关、直接营销、网络、手机、包装设计、口碑传播等，选择余地很大。大多数广告主和广告公司将自己的营销传播活动视为“媒体折中活动”，也就是说，广告主不会为了获得最大的投资回报而偏向以广告或其他某个手段作为自己的主力传播工具。在某些情况下，传统广告不一定非得纳入行动计划，至少它不应该成为计划的主导。广告主最关心的问题还是触达每个消费者的“触动点”。

拉开广告战役

本章，我们将具体讨论如何打响广告战役——《韦伯斯特大词典》（*Webster's*）将“战役”一词定义为“一系列计划中的行动”。

我们已经知道了广告流程的重要组成部分——战略发展、媒介、调研、印刷广告以及广播广告，它们都极为重要。我们一般不考虑单条广告，因为大多数品牌广告都要靠一组广告经过一段时期才能树立起来，换句话说，要依靠广告战役。

广告战役与单个广告

营销商深知，品牌不是一朝一夕建立起来的，成功需要经年累月的努力。可口可乐不是一夜之间成长起来的，宝马也经过了 30 多年的苦心经营才成为汽车企业中的

图 22.1

如何在营销传播计划中培育强大的品牌价值。

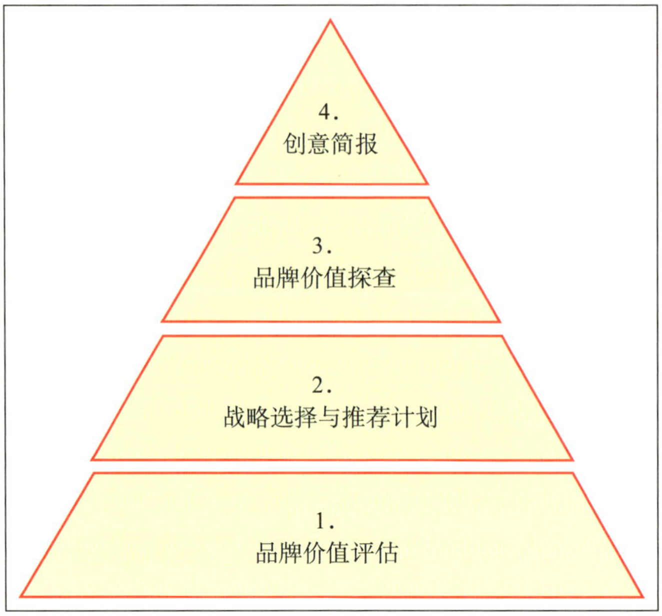

精英。我们不可能单凭一条广告梦想成真，但凭借强大的广告战役，我们或许可以到达彼岸。抑或，我们可以凭借企业或品牌的所有整合营销传播，协调品牌的所有其他讯息或曝光。

广告战役不受所谓的奇妙时间的约束。不过，除非特例，通常情况下，在设计广告战役时都要想到其持续的时间应该超过单条广告。区域性或全国性系列广告的平均持续时间为 17 个月左右，当然，持续 3～4 年的系列广告也并非凤毛麟角，还有一些系列广告的持续时间更长。随着新的讯息传递交互功能（及高效测量方式）的出现，会出现很多持续时间更短的、针对“利基”目标的分战役。还记得第三章曾提过的新开拓期吗？

1929 年，美国杜邦公司开始采用“通过化学，生产更好的产品、创造更好的生活”这个广告主题。55 年后，这个主题发生了改变，其中的“通过化学”被删去。此举创造了巨大的品牌价值，保留的讯息更加贴近最初的广告主题。然后，有些广告战役就必须全面改动。例如，福特汽车卡车部的“福特之乡”广告战役才刚刚打响一年就遭抛弃，转而回到可靠的“制造高品质福特汽车”这个主题上来。卡车部认为，“制造高品质福特汽车”更接近雪佛兰的“坚如磐石”，而“福特之乡”并不具备此意。这一点充分说明，广告主必须了解自己的产品和消费者处在这个多变的市场环境中会是什么样子。为了改变而改变毫无道理，很多营销专家认为许多广告主在放弃很多广告战役时未免太仓促了。

改变战役的风险

我们无法担保下一场广告战役与上一场一样精彩，甚至更精彩。一些企业不断努力，希望能探索出更成功的广告战役，但却收效甚微。比如，在 20 世纪 70 年代中期，汉堡王的“我的汉堡我做主”或许可以算得上其最著名的广告战役了，但他们却认为该改改了。随后他们进行了 16 次以上不同的广告战役，期盼自己能成功。从“难道现在不特想汉堡王么？”到“在汉堡王，我们做得和你一样”，再到“让你的汉堡物有所值”。2004年，汉堡王根据市场需求，围绕着自己的不老神话“我的汉堡我做主”推出了一系列新品，希望借此打个翻身仗。汉堡王首席营销官拉斯·克莱因（Russ Klein）称，汉堡王再也不会像换汉堡那样频繁地更换广告战役了：在过去的八年中，汉堡王几乎每年都要换一名营销主管，换一套广告。他说：“现在这个团队绝对全身心地投入‘我的汉堡我做主’的品牌定位和广告战役。”[1]

奥美环球公司前任首席执行官肯·罗曼（Ken Roman）说，即便最成功的广告战役也要随着时间的推移而不断注入新鲜血液。人在变，产品在变，市场在变。有时候，仅仅因为市场或竞争的变化需要新的广告，原来的广告战役就落伍了。[2]

百事可乐因“百事一代”广告而广为人知，但在整个过程中，百事采用了不同的广告战役来吸引人们的注意，进而取得成功。其中的一些广告与之前的截然不同，一些则只是在讯息或战略上有所出入。

“百事一代”广告主题

1979 跟上百事精神。
1982 百事，你一生的味道。
1984 百事，新一代的选择。
1989 领先一代。
1995 百事，舍我其谁。
1997 下一代的选择。
1999 可乐，倍添欢乐。
2000 百事可乐，倍添欢乐。
2003 百事可乐，真正的可乐。
2007 真正的可乐。
2009 革新一切（Refresh Everything.com）（与“真正的可乐”相比变化不大）

记得我们在第三章的“广告螺旋”中讲过，有时，一些企业会通过不同的促销努力扩大自己的目标消费群。士力架公司之所以将广告战略从“饥饿”转向“满足”，是因为后者的含义更加宽泛。“最令人满意的”广告系列包括电视广告、病毒式广告和户外广告。电视广告表现一名歌手弹着吉他，随意地唱着士力架的主题曲。他还在病毒式广告中出现，而网络则被用作了歌曲爱好者们写歌和发送讯息的平台。[3]

网络广告与电视广告的配合提高了人们的品牌意识，但根据动力逻辑公司（Dynamic Logic）的研究，这样做的结果并不会对销售产生什么影响。尽管广播广告使品牌与广告或价值定位之间的联系提高了13个百分点，但网络广告只提高了7个百分点。电视广告对人们购买决策的影响可以提高近6%，而网络广告的影响仅为0.4%。网络广告在提高品牌意识、加强产品联系中的作用远远大于对购买决策的影响。[4]

广告战役的多样性

假设你是广告主，你如何处理广告战役的多样化问题？将针对非裔美国人、西裔美国人和亚裔美国人的广告分开？全球性产品专门办？这完全有可能成为一个问题。

在第四章，我们讲了如何瞄准不同的人群。20世纪80年代和90年代，如果广告不是专门针对特定人群的——如亚洲人、非裔美国人、西裔美国人等，广告主就会刻意在广告中表现多种族面孔。全球连锁服装公司贝纳通（Benetton）于 20 世纪 80 年代推出了一套突破性的广告，重点突出不同种族的模特，每一位都与众不同、特点分明。现在，有 700 多万美国人自认为是多种族的后代。美国的面貌已经发生了变化。最近，《纽约时报》报道说，在艺术指导和演员代理圈，大家越来越感觉到对金发碧眼模特的需求在逐渐下降，许多广告甚至故意突出一些有种族特征的模特。《纽约时报》将这个现象称为“种族模糊的一代”（Generation E.A）。所有广告都必须将我们讲过的所有广告元素整合成一个统一的整体，这就要求有一个周密的广告计划。我们曾强调，优秀的广告始于对长期和短期营销目标的清晰理解。这些目标往往以某预算内、某时间期限内实现多少销售额或市场份额来表示。

有了营销目标后，我们便从形势分析入手，开始制订广告计划。

形势分析

1 了解形势分析。

为了策划和创作后续的广告，我们必须设定一个现行基准点或起始点——这就是形势分析的职责所在。形势分析有两个时间方向：过去和现在。换句话说，形势分析要提出两个基本问题：我们目前在哪里？我们如何到那里？广告计划的其余部分则提出第三个问题：我们将去往何处？

形势分析是开展广告战役的第一步。图 22.2 向我们展示了早已在本书第三章讲过的策划流程，策划流程必须按照战略步骤来。广告是策划出来的，不会自然发生。

产品

成功的广告和营销都始于优质的产品和服务。在这个环节，我们要客观地分析产品的优势和劣势，产品失利的绝大多数原因都在于对产品过于乐观。常提的问题有以下几个：

1. 产品将给消费者带来哪些特殊利益？
2. 相对于预定价格，产品有什么价值？
3. 是否有足够的分销渠道？
4. 产品的质量控制是否能持之以恒？

图 22.2
策划圆环

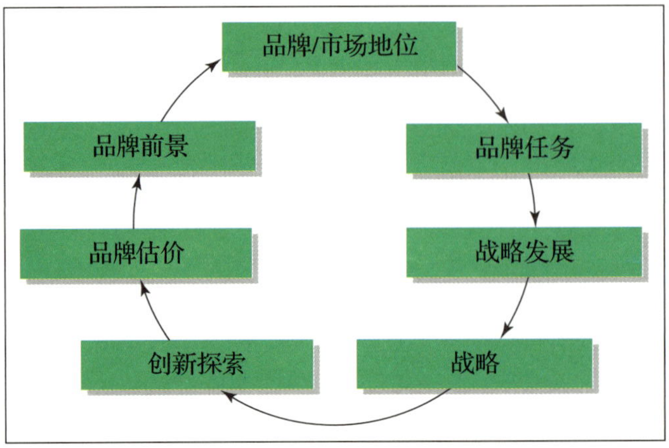

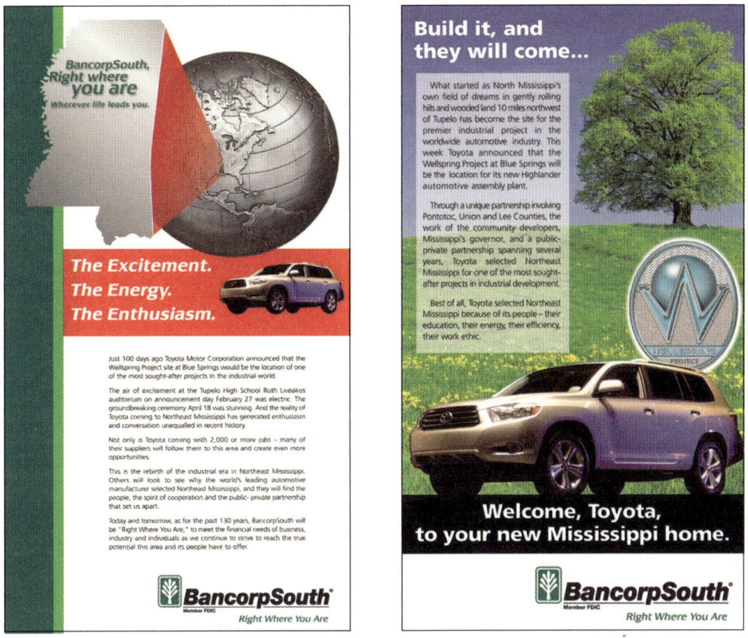

Courtesy of BancorpSouth and Robinson & Associates.

图 22.3
这些广告看起来既相似又有区别，显然出自同一广告系列。

BancorpSouth 公司的广告让人一看就知道它们出自同一家公司，每一条都不同，但每一条看上去都是一个整体的一部分。请看图 22.3 中的两条广告。

主力目标识别

如果我们的主力目标对象的人数足以让我们的产品从中赢利，那么接下来我们就应该找到这些主力目标对象。我们在第四章已经讲过，辨别主力消费者的途径有很多种。

谁购买我们的产品？他们有哪些人口特征和心理特征？我们心里是否有这些消费者的模样？谁是产品的重度消费者，即主力目标对象？请牢记 80/20 规则。我们是否应该找出那些重度消费我们产品的细分市场，然后找出将其与大众消费者区分开的因素？最后，我们必须研究主力目标对象的问题所在。他们对产品或这类产品的需求和欲望是什么？

竞争气候与营销气氛

我们要仔细评估竞争的各个方面，包括直接竞争者与间接竞争者。具体是哪个品牌或产品在和我们竞争？它们属于哪一种产品品类。激浪是在和七喜（7-Up）或雪碧（Sprite）竞争还是在和落日（Sun Drop）、Crush 竞争？或者是在可乐、冰茶或牛奶市场中插一脚？如果是这样，它们之间的竞争有多激烈？

在 2009 年的经济衰退期间，美国最大的快餐连锁店赛百味通过推广 5 美元的三明治而实现了销售额的大幅增长。这次成功致使赛百味对部分三明治实行永久促销，他们向消费者提出“5，5，5 元 1 尺长”的口号，推出 12 英寸长的三明治，消费者想要哪种面包就选哪种，想加多少浇头就加多少，而且立等可取。这一促销活动后来逐渐演变成了广告战役，而该战略的成功则成了“特价”的标准，并将麦当劳、阿贝兹（Arby’s）、奎兹诺斯以及其他品牌推进了“价格模式”。麦当劳在某些市场的路牌广告上就宣称自己的巨无霸、炸薯条和饮品套餐只售 5 美元。[5] 几年前，塔可钟公司（Taco Bell）也启动了其快餐的“超值菜单”。

创意目标与战略

2 认识创意目标及创意战略。

在这个环节，我们着手选择那些最有可能驱动我们主力目标对象的广告主题和销售诉求。正如在第十六章所讲，广告通过针对人们的问题、欲望和目标展开诉求而驱动他们，如果广告无法卖出产品，那就谈不上有创意。一旦我们确定了文案的整体目标，接下来，文案就要说明这个创意计划将对实现预定营销目标产生多大的作用。

1. 确定可用于广告文案的具体承诺，如果承诺多于一个，则按重要性排列先后。
2. 考虑多种广告实施方案。
3. 在创意流程的最后一步构思广告文案、制作广告。

广告创意标准

绝大多数广告专家都认为，系列广告要想取得成功，每条广告之间就必须保持一定的相似性，即一致性。一致性用来体现各条广告在整个广告活动中的关系，这种相似性或一致性既可以表现为视觉上的、文字上的，也可以表现为听觉上的、态度上的。[6]

视觉相似性 同一广告系列中的所有印刷广告都应该采用相同的字体或基本相同的版式，这样消费者才能一眼就认出广告主是谁。与此同时，这也要求在各条广告中采用相同大小的插图和长短相同的标题。有些系列广告已经在本书中出现过，如芝宝、福来鸡、佐治亚旅游局、佛克斯、梅肯交响、金公鸡咖啡馆等。佐治亚旅游广告系列中的每一幅插图都在视觉上运用了统一风格（见图 22.4），每条广告中的照片也摆放在相似的位置上，从而给人以似曾相识的感觉。这一点与“梅肯，找到它”系列广告异曲同工。针对不同的客户和读者，广告可以采用相似的风格，但其中一定要有一致性（见图 22.5）。每条广告要给人相同的视觉感受，我们强调的是视觉一致性，不是相同性。这些例子虽然适用于印刷广告，但它们的外观很容易移植给电视广告或直接营销（见图 22.6），而媒介之间的高度一致性可以强化传播。这种一致性同样可以应用于整合营销传播的所有元素（比如促销、网络等）。

另一种方法是系列广告中的所有广告都用同一个代言人或具有延续性的角色，还

图 22.4

有效的系列广告可以让每条广告中的图片体现出完美的创意、色彩和高度的一致性。

Courtesy of the Georgia Department of Economic Development and McRae Communicatons.

克莱普纳观点 22.1

梅根·琼·索尔文（Megan Jean Sovern）

旧金山Goodby，Silverstein伙伴公司文案

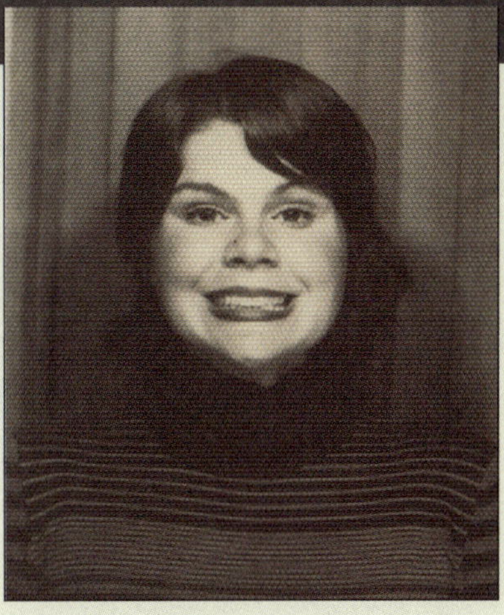

梅根·琼·索尔文

艺术是否能在广告中生存？

偷偷塞进去

大二那年，我违背父母的意愿，选择主攻诗歌。为此，母亲和我断绝了关系，父亲则终日借酒消愁。于是我不得不妥协，向他们宣布自己选了广告作为第二专业，并说服自己：我完全可以外表当文案内心做诗人。现在，身为Goodby，Silverstein伙伴公司的文案，我仍然希望没人发现我内心深处的想法，我把诗集藏在办公室的广告年刊中，只有在家，觉得安全了，我才会带上贝雷帽，喝着拿铁。这种双面生活是否充满艰辛？有时如此，但我并不孤单，还有很多作家、画家、音乐家、电影制作人都干着同样的事。下面就来看看我们（或许有一天，还有你）如何将艺术融入广告之中。

1. **把握正确时机。** 并非每次任务都可以“改变世界”。例如，假如你试图将诗歌纳入某金融机构的条幅广告，就可能会出现下面这场对话：诗人说“大家好，我是诗人，我想美化你们”；条幅广告则说“闭嘴，就说能不能给我们免费检查吧”。你一定觉得备受侮辱，而你的创意指导还叫你待在办公室里反省。但是，一旦有机会让你舞文弄墨，为糖果公司创作新广告，你仍然会竭尽全力发挥自己的艺术才能。
2. **了解受众，紧抓不放。** 人们要找的是好喝而不胀肚的啤酒，但这一点对诗人来说显然很难接受。嗯，有些人或许可以，但他们对此秘而不宣。尽管如此，你也不要气馁。不管哪里的受众，大家总希望能依赖什么，不过最不希望的就是依赖广告。

   耐克在广告中将振奋人心的运动员刻画成英雄，比如将迈克尔·乔丹刻画成这个时代的大卫，他的声音和他的身材一样充满力量，人们不仅是因为崇拜而赞美他，同时也希望有朝一日可以赞美自己。不仅仅只有他们这么想，家庭主妇也需要欣赏，环境学家追求进步，大学生渴望引领风尚，他们都需要发出自己的声音，而我们不过是代表他们而已。

   不错，我们是在卖东西，但我们也肩负着社会责任。如果给你30秒钟和一张8.5×11的纸，要你不仅在销售上制造出动静，还要影响自己的受众，那他们会不会记住你的广告？他们会不会把你的广告撕烂或拿去糊墙？他们会不会太爱你的广告以致陷入品牌而不能自拔？但愿如此，因为一旦出现这种情形，就说明艺术已经与广告碰撞出了灵感的火花。
3. **艺术的广告必须从艺术中而非广告中吸取灵感。** 广告人常犯的致命错误是从广告中寻求灵感。千万不可这样！广告年刊有助于我们开阔视野、增长知识，但它们不能给我们的工作提供解决之道；相反，只会让你生一肚子闷气。如果你需要助力才能开始工作，不妨去看看电影，留意每一个让观众开心、激动甚至哭泣的细节，留意让观众去上卫生间的桥段。还可以读读书、翻翻杂志，或者冲个热水澡。有位教授曾让我每个周日都看一下《纽约时报》，我试了。不看的时候，我把它放在咖啡桌上，这样一旦有客人来访，我就会显得超级智慧。你们也该这么做。

   如果你是艺术家，观摩其他艺术家可以开阔自己的思路。我的阅读量大于写作量，现在，我在写作上游刃有余。通过学习其他文案的遣词造句，我学会了如何提高自己的写作水平。

   你正在形成自己的风格、特色，形成别人无法取代或模仿的东西。你正在一点点地将自己的艺术才华织进自己的职业，有人会因为你聪明、淳朴、富有而欣赏你、爱你。请相信我。

嗯，我还有一个建议，那就是不要被这个充斥着大广告的世界所束缚。艺术不是在截止期或创意指导的压力下产生的，它只会在无意间浮出水面。因此，不要寄希望于在电脑前辛苦几小时就发现灵感。不如从油画、白纸、笔记乃至场景入手，然后，打开自己的秘密抽屉，拿出那顶贝雷帽，创作出吓着父母的东西。因为它真的会吓着你的父母，它一定会。

(a-c)Courtesy of Bright Ideas; (d-e). Courtesy Adler Chomsky & Warshavsky (Grey Israel) and Delonghi

图 22.5

这些广告具有很强的一致性。

有一种方法也可以达到视觉上的一致，那就是在投放于不同媒介的广告中用同样的展示。比如联合包裹服务公司就通过同一种棕色让自己的广告稍微保持一致。

文字相似性 让系列广告中的每一条都用特定文字或短语来归纳产品优点的做法并不鲜见，这些短语不仅朗朗上口，还肩负着用一组文字给广告增光添彩、浓缩语言并成为品牌专用语的重任。比如，联合包裹服务公司不仅自 1920 年以来一直沿用“棕色”卡车和制服，而且还有一句广为人知的广告词“棕色能为您做些什么？”；雪佛兰卡车的“坚如磐石”则用了十几年。

下面我们就来看看几个卓有成效的广告短语：

姆……好！

金宝汤

终极驾驶工具。

宝马

永远有盏灯为您而留。

汽车旅馆 6

滴滴香浓，意犹未尽。

麦斯威尔

想象起航。

通用电气

Courtesy of Brunner Digital.

图 22.6

每条互动动画广告之间具有一致性。

百事可乐运用“你们是百事一代”来帮助自己确立在年轻受众中的地位，同时让可口可乐尽显老态。但百事广告并未将“百事一代”高调、自我的定位局限于13～24岁的年轻人，而是扩大到每个想加入“百事一代”的人。这不是年龄的问题，而是观念的问题。无论什么年纪，你都可以成为“百事一代”中的一员。虽然今天百事的用词已经不同，但他们所追求的感觉却极为相似。20世纪70年代中期，联邦快递开始经营包裹投递业务，他们的尾标（即品牌承诺）明确说明了自己投身这个行业的原因——“绝对，一夜必达”。[7] 精彩的文字和精彩的战略成就精彩的广告活动。以下是一些成功的广告语和经典的广告战略：

难道您还对 Dial 不满吗？难道不想每个人都做？

好事达，巧呵护。

没有它，别离家，美国运通。

汉堡王，我的汉堡我做主。

金发真的更迷人？做伊卡璐金发女郎，我们拭目以待！

歇一歇，今天就在麦当劳。

想做就做，耐克。

在每条广告中都重复产品的好处、主题、文案要点，有利于广告在所有媒介中表现一致，帮助品牌形成个性。

在本书的前半部分，我们介绍了金公鸡咖啡馆的部分广告，以便大家真正体会他们的广告战役。这些广告都是在介绍新餐厅，每一条都在这样说。广告还在视觉、文字以及态度上非常相似（见图22.7）。

广告必须灵活多变，这样才便于广告与广告之间的起承转合。盖璞宝贝公司

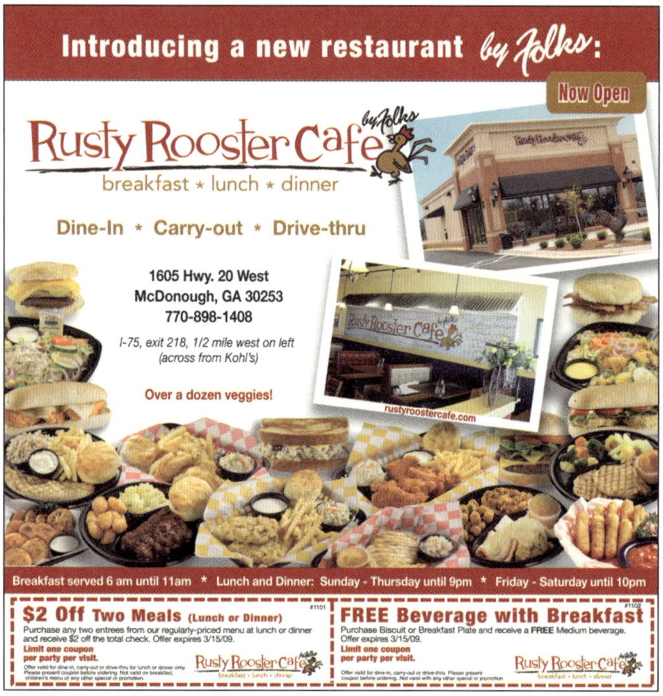

Courtesy of Lane Bevil+Partners and Rusty Rooster Cafe.

图 22.7

每一条广告都在介绍一家新餐厅，每一条都这么说。它们高度一致，因而读者一眼就能认出这些广告。

（Baby Gap）就用了一组可以持续开发的文字概念，请看：

盖璞宝贝，送给宝宝的礼物。

盖璞宝贝，新生儿 ABC。

盖璞宝贝，宝宝的春天。

听觉相似性 如果有意，我们还可以在广播广告中做到声音一致，即在每一条广告中采用相同的音乐或广告歌。在每条广告中采用同一名播音员的声音也有助于达到一致性。比较经典的做法是“这是汽车旅馆 6，我是汤姆 · 伯德”，相同的音效足以使广告脱颖而出。比如，雅芳（Avon）多年来一直在其“雅芳在召唤”广告中运用门铃声；麦斯威尔的“经典混合”运用热情洋溢的声音，形成了特定的听觉信号；而

Courtesy of McRae Communications.

图 22.8

这些广告瞄准了电影、音乐和娱乐业。

马自达则在广告中用了轰鸣声。

态度相似性 有些广告没有承上启下的主题句，只在广告与广告之间表现出一致的态度。每条广告都对产品及其用户表现出一致的态度，广告的态度就是品牌个性的一种表现。百事的“百事一代”广告不仅有字面意义，还传递出对青年一辈消费者和老一辈消费者的态度。说到这里，我们就不得不讲讲耐克运动鞋的广告“想做就做”，或那套钩形广告。

耐克是世界上最强大的品牌之一，原因不单纯在于它的产品棒。关于这一点，大家毫无异议。耐克的气场和辨识度都非常强大，因此很多人都希望自己能和这个品牌沾上边，它代表了形象、帅气和强悍，还有酷酷的迷人感。无论面向谁，耐克在每一条广告中传递的都是这个形象。耐克成功的秘密就在于持之以恒地从感情上将消费者与企业、与运动之乐捆绑到一起。[8] 在实际整合营销活动中，耐克通过企业文化和广告，将自己的个性传递给了所有人：包括员工、利益相关者和消费者。

态度的一致性不一定不能用图形和文字的一致性加以表现，佐治亚电影、音乐及数字娱乐署（Georgia Film，Music & Digital Entertainment Office）针对利基市场的这套广告就在视觉上表现出极强的一致性（见图 22.8）。

媒介目标

3 认识媒介目标及媒介战略。

尽管在阐述媒介目标之前我们已讨论了媒介的创意战略，但在广告战役中，两者必须同时加以考虑。创意策划和媒介策划都以营销战略和预期对象识别为基础，两者不可分离而孤立存在。媒介要尽量做到“媒介中立”。媒介计划包括三个主要大层面：战略、战术和排期。

媒介战略

在媒介策划的最初阶段，媒介在广告战役中的常见用法和角色取决于以下几个方面：

1. *预期对象识别*。无论是在媒介战略还是在创意战略中，主力预期对象都至关重要，但媒介策划人员还有识别预期对象的额外压力。媒介战略必须将特定媒介——无论是传统媒介还是替代性媒介——的使用者与产品的预期对象匹配起来。这就要求在识别预期对象时必须考虑他们是否与传统媒介受众细分相吻合。
2. *时机*。所有媒介（直邮或许可以除外）都按照它们自己而非广告主的排期运行。因此，媒介策划人员必须考虑时机的方方面面，如：媒介截稿期、广告制作周期、广告战役长度以及购物环节所需的广告曝光次数。
3. *创意因素*。媒介和创意团队必须互相配合，创意团队必须清楚广告投向哪里，媒介在触达和吸引消费者的方式上必须有新意。

媒介战术

在这个环节，媒介策划人员确定媒介载体以及每种载体的广告投放量。此时，必须考虑触达与频率这对矛盾以及预算分配。媒介努力也必须创新。还记得婚礼上那些不速之客在礼品盒中留下的卡片吗？美国 Healthtex 童装就用图 22.9 中的广告支援科尔斯百货公司（Kohls）。

媒介排期

最后，正如第七章所讲，媒介策划人员还需要制订媒介排期并进行调整。

促销计划

4 了解促销计划。

和任何整合传播策划一样，消费者促销计划要尽早讨论，它与广告（以及其他传播活动）之间的关系也要明确。促销活动涉及商店陈列、店内促销、赠品、联合广告以及优惠赠券等。

图 22.9

移动广告。

Courtesy of Trone.

一旦传播主题确定下来，策划人员便开始着手促销材料的创意，然后连同消费者广告资料一起提交给相关人员终审批准。当然，广告和促销材料要相互促进、相得益彰。一旦促销材料获得批准，策划人员便开始周密地制订制作计划，以便所有促销材料在消费者广告推出之前各就各位。

其他整合因素

最近，激浪大幅削减了其媒介预算，转而大力打造亚文化产品品牌，如极限运动（激浪之旅）、独立音乐和视频游戏，意在通过此举超越“触达”和“贴合度”的经典定义，找到一条赋予品牌勃勃生机的道路。这就是“30 秒广告”。[9]

不要忘记，整合营销传播的每一个元素都是合唱队的一员，都具有举足轻重的作用，而对品牌或定位的关注则应该贯彻到整个营销组合中。丰田通过多种平台向 18～34 岁的消费者推出雅力士（Yaris），希望 30% 的买主为 30 岁以下的年轻人。为了吸引更年轻的受众，雅力士的经销商必须保证哪里有这些消费者，哪里就有雅力士的身影。广告没有描述是谁在驾车，而是重点突出车头和车身。媒介计划基本上就是为屏幕量身定做的：广告投放到手机服务上，斯普林特用户可以观看《越狱》（*Prison Break*）的 26 集；每两分钟手机剧前都插入一条 10 秒广告。后来，雅力士的广告还出现在网上，在网上举办消费者自制广告大赛、进行 MySpace 画像、组建 Facebook.com 社区、推广视频游戏，还通过一系列素描在福克斯的喜剧节目《疯狂电视》（*MadTV*）中植入产品。目标受众的确会消费大众媒介，只是不会以大规模的方式去消费[10]。这就是一个含有一系列整合讯息的创意媒体计划。

因此，整合营销传播应该跨度无限、天衣无缝。至于包装，还记得蒂芙尼的蓝色包装盒吗——那就是奢华的象征。品牌角色完全可能演变成品牌象征，并成为整个广告战役的一部分，例如麦当劳叔叔、温蒂、埃克森老虎、小丑杰克、面团宝宝以及美国家庭人寿保险公司那只会说话的鸭子。千万别忘了品牌代言人或发言人，营销传播的每一个元素都可以整合，包括网络的每一份力量。

广告活动的批准

现在，我们已经有了一个完整的广告战役：广告、媒介排期、销售推广材料、各项成本明细。万事俱备，只等管理层的最后批准了。为了通过批准，聪明的做法是陈述公司的营销目标，如：推出一款新产品，将销售额提高 x%，将公司的市场占有率提高 z%，或促进公司的某项服务。接下来，阐述广告的理念和战略，同时说明为什么相信本计划有助于实现上述目标。接着演示广告，同时附上媒介提案和计划，以便所有努力与销售部门的努力协调作战、形成合力。

本计划中每一条广告的推荐理由是什么？这些预算数据是以什么为依据计算出来的？这些决策是以哪些调研为依据而做出的？如果能有结果，初步测试的结果是什么？竞争处于什么状态？有哪些备选方案？总成本有多少？最后，整个广告战役对公司的投资回报率有多大贡献？那些掌握财权的人只有得到以上问题的明确答案后才会批准整个广告计划。

调查——事后测试

5 了解事后测试。

广告战役的最后一步是测试战役是否成功。事后测试分为两个相关联的阶段。第一阶段，用具体且可测量的条件，界定所期望的结果：我们期望广告战役得到什么结果？通常为品牌知名度提高 10% 或广告回忆度提高 25%。

第二阶段，调查真正展开，以检验这些目标是否实现了。对于一些互动广告，结果几乎马上就能出来。无论采用哪种调查技巧（如测验市场、消费者抽样框等），关键是要将受广告影响的结果与消费者在非广告影响状态下的行为区分开来。也就是说，如果我们在广告战役的尾声发现有 20% 的消费者认识我们的品牌，我们就要考虑：如果没有广告，认知会达到什么水平？为了解答这个问题，我们往往会设计一个事前调查，目的不光是为广告战役提供一个基准，也是给后续的广告提出合理的目标。

广告档案

世纪家具 家具广告一般只能展示几件家具，在你看过的家具广告中，不带家具的家具广告有几条？我敢打赌，没几条。该广告战役就向我们展示了诸多“无限可能性”和“无限关注”，从而将读者吸引到世纪家具的网站（CenturyFurniture.com）。图 22.10 为其中的两条广告。

阿巴拉契亚炉具公司 阿巴拉契亚炉具公司（Appalachian Stove）的广告极具视觉冲击力，但其幽默的文案却大得足以吸引读者并将读者的目光引向产品（见图 22.11）。

图 22.10

夸张的图片和文字处理方式有力地传达出文字的含义。

Courtesy of Trone.

Courtesy of Blattner Brunner.

图 22.11

这几条机智的巨型插图和标题将人们的眼球引向了炉具。

小　结

组织一场全国性广告战役的步骤如下：

1. 形势分析
   - **a.** 产品分析
   - **b.** 主力目标对象识别
   - **c.** 主力目标对象的问题分析
   - **d.** 竞争气候与营销气氛
2. 创意目标与战略
   - **a.** 具体文案承诺的界定
   - **b.** 各种广告实施手段
   - **c.** 广告（及其他整合传播）创意
3. 媒介目标
   - **a.** 媒介战略——包括预期对象识别、时机及创意因素
   - **b.** 媒介战术
   - **c.** 媒介排期
4. 促销计划（及其他整合因素）
5. 广告审批
6. 事后测试

通常，同一战役中的广告之间应该有一定的相似性，这种相似性可以是视觉上的、文字上的、听觉上的甚或态度上的。广告战役理应具有延续性，不能仅仅因为你厌倦了它们就去改变它们。

复习题

1. 广告战役的基本目的是什么？
2. 什么是广告的一致性？
3. 形势分析涉及哪些内容？
4. 为了保证广告的一致性，可以采用哪些手段？

奥兰多 / 橘县会议及游客管理局：他们在促销和标识中用了“奥兰多让我微笑”这个符号

背景

作为迪士尼世界度假村、奥兰多环球影城度假村、奥兰多海洋世界、世界级高尔夫球场以及购物度假的大本营，奥兰多无疑是世界顶级旅游胜地之一，以众多的旅游景点和明媚温暖的佛罗里达气候而举世闻名。旅游业是奥兰多的支柱产业，每年约有 5 000 万游客来此旅游并带来约 296 亿美元的旅游收入。

1984 年，奥兰多 / 橘县会议及游客管理局（简称奥兰多 CVB）成立，作为一个私营非营利性组织，该组织的主要目的是将奥兰多打造成为世界顶级休闲、会议、商务度假胜地。

从成立之初，奥兰多 CVB 一步步见证了奥兰多从曾经一度前景良好的产橘大县成长为世界闻名的度假天堂和美国最大的会议中心之一。在奥兰多 CVB 的不懈努力下，奥兰多一直是世界各国游客休闲度假的首选之地。

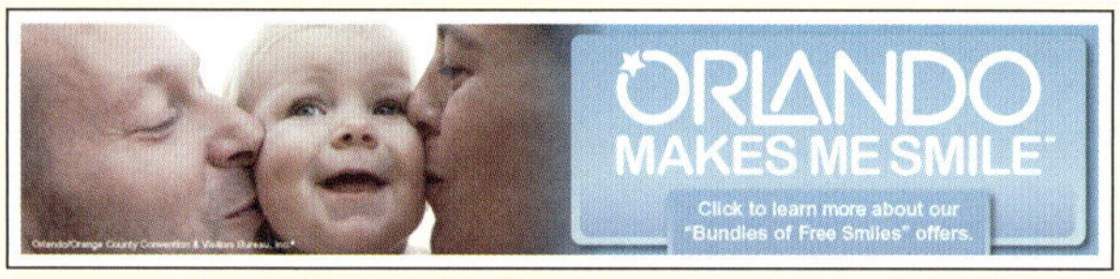

ORLANDO
MAKES ME SMILE℠

目标

奥兰多 CVB2008 年进行的调查表明，奥兰多必须拿出一个全面定位战略，并将重点放在建立人际联系和游客在目的地的情感体验上。

奥兰多 CVB 与当地的一家广告、品牌及网络公司——普适公司联手打造奥兰多的广告战略和创意执行，以支持奥兰多的新型关系中心品牌定位，即“人际关系蓬勃发展之地”。

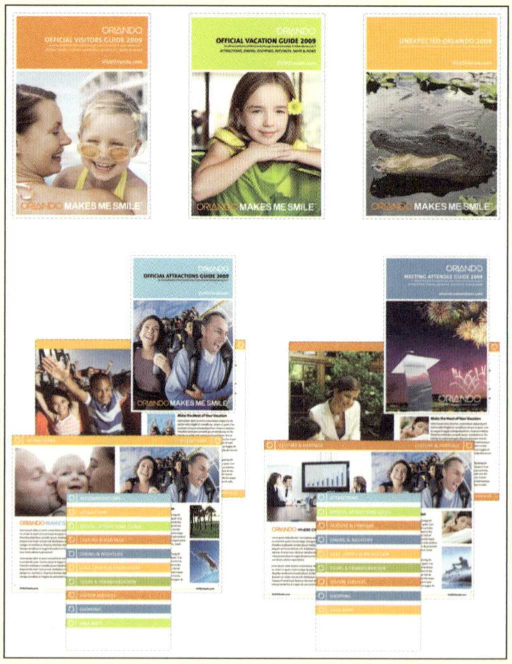

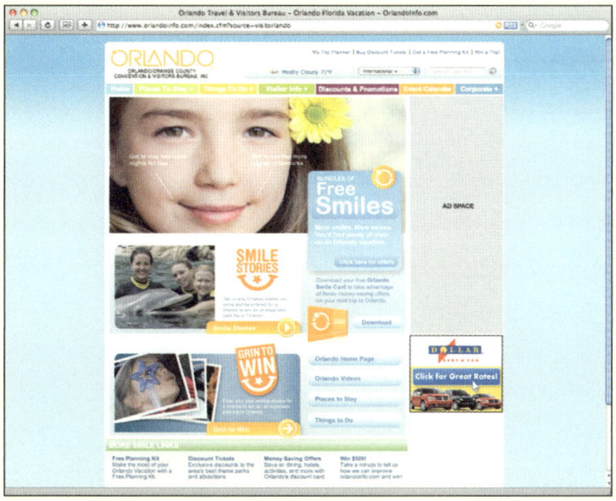

奥兰多 CVB 聚焦于游客间的不同关系，希望提高奥兰多在游客中的知名度，希望有更多的人不仅仅将奥兰多视为家庭旅游目的地。这项计划还打算扩大自己的触达范围，将成家前和成家后的家庭（比如未结婚的情侣和空巢老人）纳入休闲游客细分，当然，商务游客也在考虑范围之内，因此要表现出奥兰多所具备的老少皆宜的旅游体验。

根据美瑞迪斯旅游营销集团（Meredith Corporation Travel Marketing Group）的调查，旅游计划的关键决策人70% 都是女性，每 5 个女性中有 4 个说假期中到离家至少 50 英里远的地方旅游是“必不可少的”。基于这些事实，女性成了奥兰多 CVB 的主要目标。具体而言，奥兰多广告的目标消费受众是 25—54 岁、居住在密西西比河东岸、家庭收入超过 7.5 万美元的女性。

品牌战略

普适公司肩负着开发品牌战略和为奥兰多 CVB 构思创意的重任，于是选择了良好人际关系中最有代表性、最能反映愉悦体验的符号——微笑。

由此形成的广告活动“奥兰多让我微笑”，不仅发挥了尾标的作用，更成了奥兰多的永恒承诺。承诺以“我”代替“你”，从而使得自己更富于人情味，使得消费者感觉更亲切。

至于在执行上如何让奥兰多广告战役富于新意，普适公司从一个出人意料之处找到了灵感，这就是马克 . 吐温。

这位美国作家曾写过这样一句话：“皱纹只能表示曾经微笑过。”普适公司首席创意官克里斯 · 罗布（Chris Robb）看到了这句话与奥兰多新广告战役之间的直接联系，稍加琢磨便想到了奥兰多广告的创意方向。

作为一场针对人际关系的广告战役，“奥兰多让我微笑”

突出表现单身出游或结伴而游的每一名游客，人人都面带微笑。他们的微笑、皱纹甚至酒窝在向人们讲述他们在奥兰多的精彩经历，每一个开心的表情背后都有一段令人愉悦的故事。

例如，在一个最初的印刷广告中，一个女孩列出了一堆主题公园来解释面部一侧的微笑，而在面部的另一侧，只有一个记录其重要性的记号——和妈妈一起 Spa 的日子。这种情感联系对该广告战役而言至关重要，因为它瞄准的是身为家庭主要决策人的女性，而她们通常也是制定家庭旅行最终方案的人。

实施

“奥兰多让我微笑”在一年中最令人开心的夜晚——2008 年的新年前夜——正式推出。当时，该广告战役的重头戏是在波士顿著名的“第一夜晚”庆祝活动现场，用巨幕向数千人播放广告；与此同时，纽约时代广场的户外数字显示屏也向人们播放广告。

2009 年伊始，一个整合计划全面启动，主要包括联合杂志、联合电视广告、印刷广告及互动在线图片广告、促销、在线营销以及奥兰多 CVB 网站品牌推广、宣传倡议和合作伙伴关系等。

为了触达这些女性目标观众，“奥兰多让我微笑”广告投放到了一些流行杂志上，如《美好家居与花园》(*Better Homes and Gardens*)、《妇女家庭杂志》以及《廉价游》。

在理解了美国经济对旅行决策的影响后，奥兰多 CVB 便利用旅游目的地的众多价值观，与普适公司联手推出配合广告战役的“无限免费微笑”促销活动。消费者只需要从广告所设计的消费者在线网页上下载奥兰多微笑卡，就可以享受一系列目的地免费服务，从一夜免费宾馆到儿童免费食品，再到免费特别之夜，甚至更多。同时，VisitOrlando.com 上的微型网站“奥兰多让我微笑”也重点突出与广告相关的特别内容，以帮助游客策划自己力所能及的假期旅行。这些内容包括涉及免费、实惠活动的信息，便于搜索的便宜旅馆数据库，以及一份整个佛罗里达中部大事件日历。

结果

尽管该个案研究当时还算比较新，但它的结果还是在很短的时间内就明显地显现出来了。游客们不仅注意到了奥兰多这个目的地，而且对它的兴趣还与日俱增，而这一切的发生只用了四个月。

奥兰多 CVB 网站以“奥兰多让我微笑”为品牌塑造的重点，目前的独立访问量已经超过了其目标的 16%。如果逐月比较其独立访问量，或者拿 2009 年的独立访问量与活动启动前 2008 年的同期相比，则独立访问量的涨幅超过 27%。

奥兰多微笑卡的下载量已经达到数万份，人们甚至打印了更多的与网站相关的优惠券。

奥兰多 CVB 的 150 多家会员公司及组织通过相关广告和促销参与了这场广告战役，其直接结果是，这些会员公司经由“奥兰多让我微笑”网页获得的点击量增长了近 5 万次。

基于“奥兰多让我微笑”广告在本地获得的巨大成功，奥兰多 CVB 决定在 2009 年的余下时间里，将广告拓展到国外，以期触达巴西、英国、爱尔兰和加拿大的潜在游客。

Courtesy of PUSH and the Orlando/Orange County Convention & Visitors Bureau, Inc.

斯莫基烧烤餐厅

背景

2000 年，斯莫基烧烤餐厅以 Smokey Bones BBQ & Grill 这个名字开业。达顿餐厅（Darden Restaurant）拥有并自行运营着奥利佛花园（Olive Garden）、红龙虾（Red Lobster）等大牌餐厅，他们之所以推出斯莫基烧烤餐厅，是志在创建一家全国性连锁烧烤企业。

经过 8 年对斯莫基烧烤的建设和扩张，达顿餐厅将这个品牌卖给了阳光资本伙伴公司（Sun Capital Partners）。后者是一家私营企业，旗下餐厅包括波士顿市场（Boston Market）和甜甜女孩（Sweet Tomatoes）。当时，斯莫基烧烤眼见着客流和销量都江河日下，而阳光资本伙伴公司正好想给自己的品牌注入新鲜血液。

洞察与挑战

从被卖给阳光资本伙伴公司后，斯莫基烧烤便着手寻找广告公司帮助自己提高销量。他们聘请了设在奥兰多的广告、品牌及互动公司——普适公司——作为自己的广告公司。

体验调查发现，斯莫基的餐厅主题既无法引起很多客人的共鸣，也无法与烧烤这一中心产生良好的关联，还无法在整个营销或广告活动中综合反映这个品牌。

在看到必须改变斯莫基定位的需求后，普适公司建议餐厅首先致力于打造一个强大的品牌，延长寿命、加速成长，然后再将重心转向销售这个长期目标。

目标受众

斯莫基烧烤的传统受众由喜爱烧烤和折扣晚餐的家庭或老年人构成。遗憾的是，由于烧烤的重口味特性，大多数人通常不以烧烤作为晚餐的食物。

为了保证斯莫基烧烤餐厅能够触达适合其产品的消费群

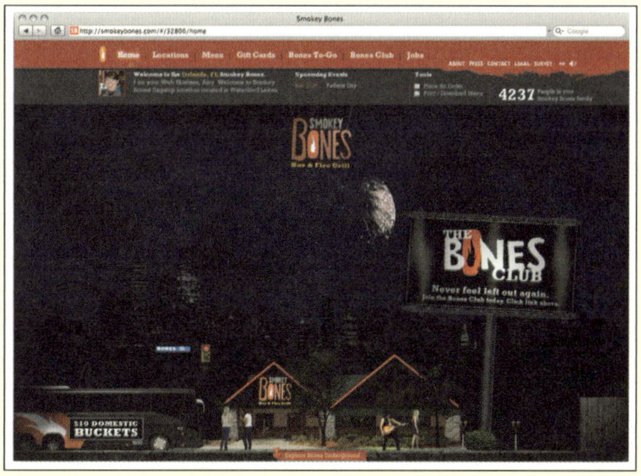

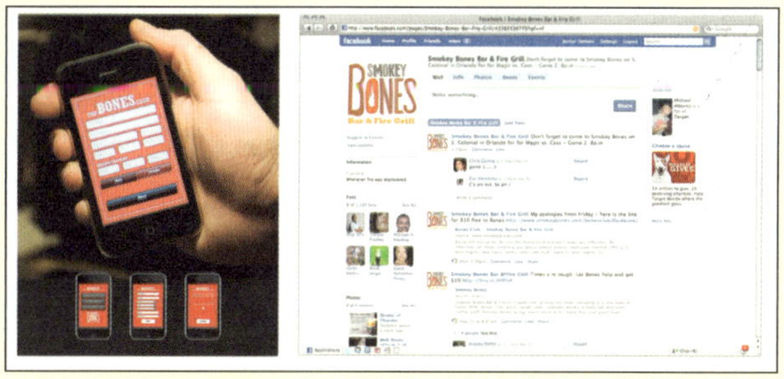

体，普适公司开始关注一些出于社交需求而非生理需求进餐的消费群体，因为这个群体外出就餐的概率更大。

有这种就餐心态的消费者被称为“社交达人”，鉴于他们的可支配收入和外出就餐习惯，他们无疑是斯莫基餐厅的理想目标群体。就“社交达人”一词而言，这些消费个体关心的是社交、约会，喜欢能满足其不同社交需求的场所，或通宵达旦或随意小酌。

解决方案

为了屏蔽斯莫基的烧烤重口味，迎合社交达人的喜好，斯莫基将品牌重新定位为刺激体验，将重点落在酒吧上。于是斯莫基烧烤重塑了品牌，更名为斯莫基酒吧烧烤餐厅。

接下来的目标是寻找时机开始打造新品牌。

- 借改变设计风格而开张酒吧，并在营销和广告中突出酒吧，以鼓励和提高酒水的销量。
- 利用社交媒体重建斯莫基的官方网站，以吸引社交达人，目标是将客流量提高 20%。
- 建立斯莫基消费者数据库，增加斯莫基俱乐部（一个免费加入的鼓励性俱乐部）的会员人数，以提高消费者的忠诚度。

酒吧开业

斯莫基开始推出新品牌餐厅，突出新的氛围和酒吧。除其他设计以外，为全面展现这个新个性，斯莫基还设计了新标识、菜单及标志系统。此外，普适公司还制作了一条品牌培训视频，专门针对这次品牌转型对员工进行培训。

斯莫基还开始赞助并参与当地的一些球队和俱乐部，在比赛日为球队提供特饮。

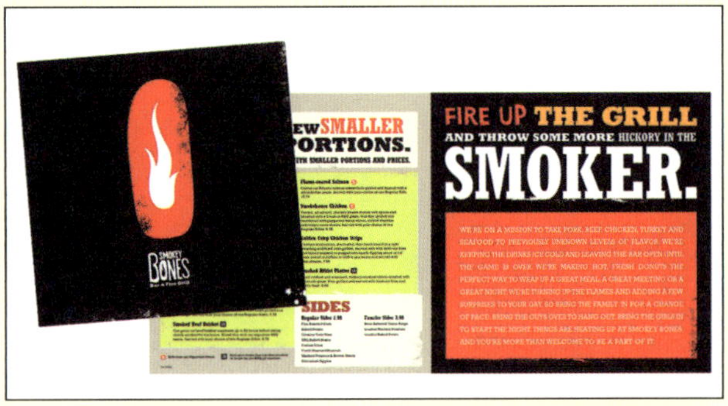

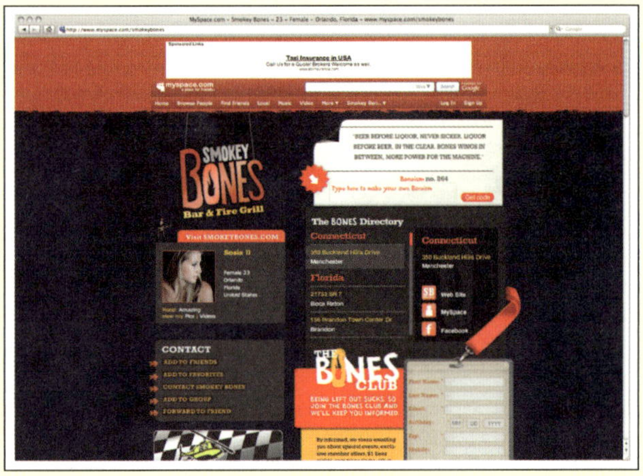

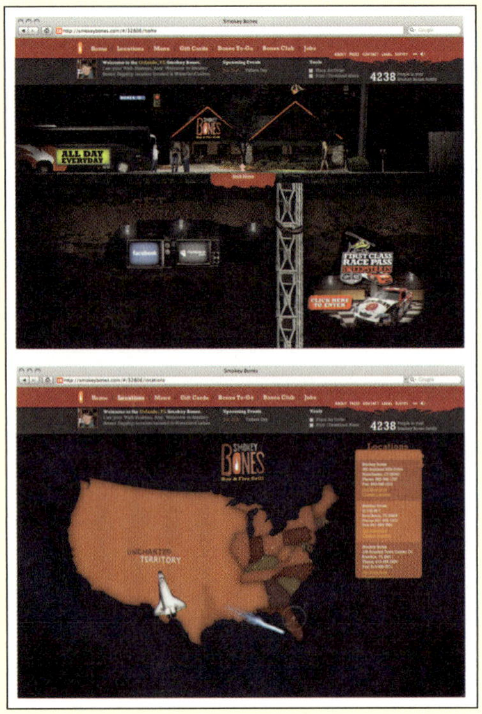

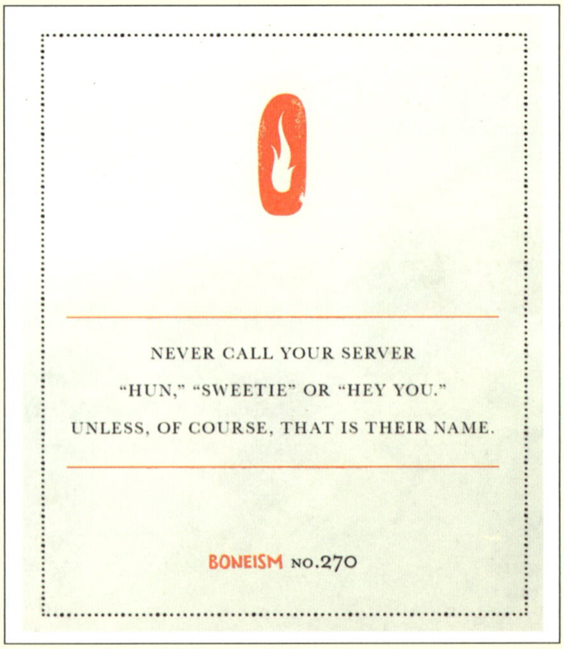

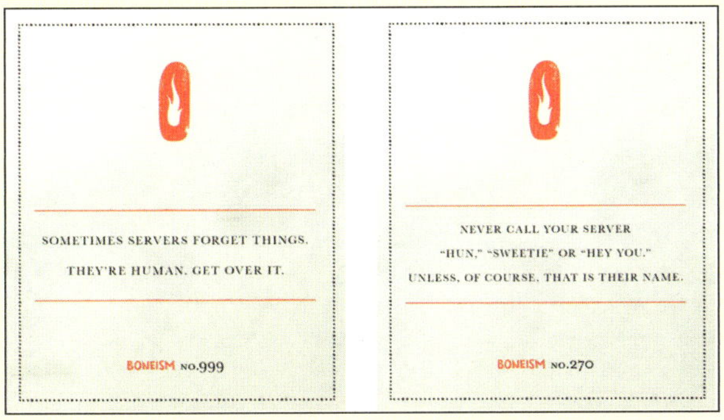

社交媒体和网络

自从各斯莫基餐厅的品牌重塑工作逐步展开以来，通过社交达人看重的媒体重建新品牌便成了一种必不可少的方式。因此，斯莫基不看重传统广告，而是打算通过社交媒体影响社交达人。2009 年年初，斯莫基推出了一个新网站（SmokeyBones.com）。这是一个独特的网站，它可以将每一个访问者的经历本土化。因此，无论当地的斯莫基餐厅是否已经完成了品牌重塑，它都可以通过品牌独特的能量触达潜在顾客。斯莫基共创办了 68 个子网站，每一个对应国内的一家斯莫基餐厅，访问者可以输入邮政编码直接链接至当地最近的餐厅网站。

每一家斯莫基餐厅都有一名成员负责监管这种本土化体验，他们的职责是充当“网管”。这些网管的职责是将自己的个性融入品牌，管理官网上各地餐厅的网页内容，同时管理自己的斯莫基 Facebook 和 MySpace 网页（这种管理模式在全国性餐厅品牌中尚属首例）。

斯莫基俱乐部

斯莫基俱乐部必须触达社交达人，以便将他们纳入自己的电子邮件和数据库。于是，普适公司研发了一款餐厅专用iPhone 程序，仅供网管使用。网管可以通过 iPhone 程序登记俱乐部客人名单、编辑成员信息，还可以轻松地将 iPhone 拍摄的照片上传到当地餐厅的网站上。

结果

斯莫基烧烤餐厅华丽转身，变成了一家全新的餐厅。

斯莫基餐厅将品牌内的任意或全部客户接触点改变成互动、刺激及个性化的接触点，从而使消费者的餐厅体验焕然一新。社交媒体反映出的新广告和形象让我们清楚地看到，这种变化甚至在餐厅的位置上都表现得非常明显，必须全面重塑品牌。此外，社交达人也开始逐渐听到这条信息。

在我们编写这个案例研究时，斯莫基餐厅取得了以下初步成绩：

- 2009 年第一季度的酒水销量超过了预期目标。
- 2009 年圣帕特里克节当天，酒水销量创该品牌 10 年来的新高。
- SmokeyBones.com 网站的点击量上涨了 50%，超过最初目标 20 个百分点。
- SmokeyBones.com 网站当选为顾客最喜爱的餐厅网站，荣获 2009 年“威比人民之声奖”。
- 餐厅的社交网络努力催生了一个由数千 Facebook 和 MySpace 朋友组成的网络，涉及所有的斯莫基餐厅。
- 斯莫基俱乐部的会员人数在短短两个半月内上涨了 30% 多。

正是由于有一个强大、有凝聚力的品牌和一套恰如其分的战略，斯莫基餐厅才能取得优异的成绩，并继续看到其社交达人队伍的壮大。

Courtesy of Push and Smokey Bones Bar & Fire Grill.

个案研究

西半球旅行动议

美国海关与边防局（U.S. Customs and Border Protection，CBP）、美国国家安全部（Department of Homeland Security）与华盛顿特区的一家广告公司Elevation合作，于2008年年底联手推出了一个面向公众的大规模活动。9/11委员会提议寻找一条更快捷、更可靠的途径来处理每天从美国各海陆口岸入境的超过79万游客的身份鉴别和安检问题，这次广告活动便是CBP实施该提议的结果。这项活动被称为“西半球旅行动议”，简称WHTI（读作witty）。活动针对从美国、加拿大经由陆路入境和从加拿大、墨西哥、百慕大和加勒比海地区经由海路入境的游客推出新的旅行证件要求。这次活动的目的是向广大游客宣传新的要求，并告知游客在此新规定于2009年6月生效前他们还需携带哪些证件。此次活动分三个步骤展开：

1. **完善你的旅行。** “完善你的旅行”作为开场的广告，就2008年夏季即将开始的出入境口岸新技术改造事宜，向出入境市场传递出一些地方性讯息。此举的目的，一方面是告知公众出入境口岸的改建会导致一定的旅行延误；另一方面也提醒游客，为了有一个更高效、安全的出入境口岸，他们的付出完全值得。
2. **让我们送你到家——第一步。** “让我们送你到家”的第一步于2008年秋季开始实施，是一场覆盖面广、错综复杂的全国性和国际性广告战役。该广告活动意在向游客介绍WHTI计划并引导游客登录官网，了解入境旅游应携带哪些文件、如何申请这些文件。广告表现了游客们在不同环境下的阳光形象，给人以热情、好客、爱国的感觉，目的是消除游客心中的疑虑，以平易近人的方式祝愿游客旅途愉快。游客通过申请WHTI旅游卡，不仅可以简化安检程序，同时也可以为保卫未来的边境安全尽一份义务。
3. **让我们送你到家——第二步，号召行动。** 第二步运用全国性电视，辅以局部电视、广播、报纸、杂志、网络及与边境州的公共关系，于2009年春季拉开帷幕，直接号召大家采取行动，同时提醒游客，若想赶上2009年6月的截止日期，现在就该开始申请了。

第三步以幽默的手法来表现“有”和“无”之间的

差异："有"即遵守 WHTI 文件；"无"则没有该文件。广告向人们展示了这张高科技卡片：卡片只要接触游客即可在照片处显示游客的现场头像。人们形容这次广告活动的性调非常"不像政府"。CBP 和美国国家安全部这次选择了手把手地引导游客怎么做，而不是强制他们遵守。

战役组合

以下是 WHTI 项目的几个组成部分。

- 在全国广播公司和旅游频道投放电视广告，替换针对小目标航班的国家加强版驾照。
- 局部市场和边境州开始投放广播广告。
- 在《时代周刊》、《新闻周刊》、《旅游与休闲》（*Travel & Leisure*）、《旅游者》（*Conde Nast Traveler*）、《廉价游》以及报纸上投放印刷广告。
- 沿边境线投放户外广告牌。
- 在旅游城网站、旅程网等旅游网站投放在线广告，如：
  - 条幅广告
  - 带地理定位功能、可查明用户注册位置的富媒体条幅广告
  - 卡片中的头像可从中爬出来的 Flash 视频
- 推出官网 www.GetYouHome.gov。
- 推出适用于 XP 系统、Vista 系统以及苹果电脑的各类 WHTI 插件、程序。
- 公益广播广告覆盖美国及加拿大地区，如：
  - 雪莉・迈尔斯（Shirley Myers）和格伦・弗雷（Glenn Frey）的画外音
- 在以下地点投放海报：
  - 入境口岸
  - 机动车部
  - 火车站
  - 城市公交车
- 西班牙语电视台（包括德莱门多和环球电视台）、电台、微型网站、路牌以及招贴均开始投放广告。
- 在加拿大开展的广告战役"了解您的边界"开始纳入法语电视频道、公益广告、微型网站和招贴。

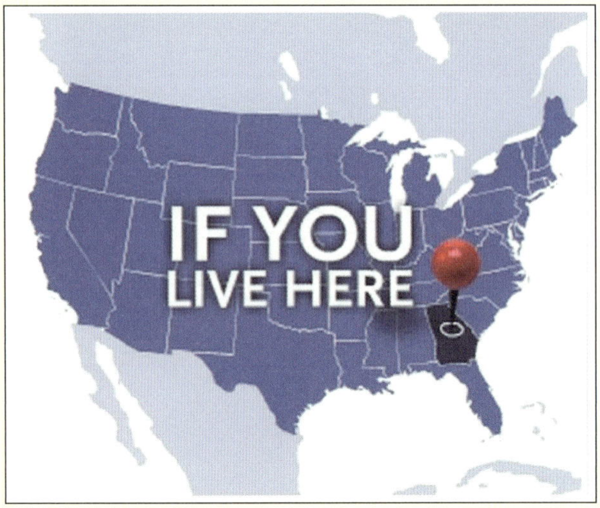

Courtesy of Elevations, Ltd., Washington, DC, Credits:, President, CEO: Jim Learned, Account Service: Pablo Izquierdo, Gregg Rappaport, and Tiffany Goodyear, Project Management: Jim Learned, Creative Director: Matt Herath, Creative Director/Copywriter Hispanic: Rodolfo Hernandez, Creative Director Canada: Terry O'Riley, Art Directors: Alex Dobert and Mike Martin, Copywriters: Matt Herath and Mike Martin, Interactive Designer: Alex Dobert, Interactive Flash Design: Toolbox #9, Atlanta, Georgia, TV Director: Sam Crawford, ZOO Pictures Los Angeles, California, TV Producer: Darrin Ball, TV Editor: Jeff Jay, Jam Edit, Atlanta, Georgia, Sound Engineering: Mixology Lab, New York City, Compositing: Pirate Sound, Toronto, Canada, Web Video Production: Magick Lantern, Atlanta, Georgia.

结果

最初的迹象表明，广告战役极其成功。广告（如航班广告、夹页广告、网络广告和户外广告）与专为此而创办的官网（www.GetYouHome.gov）的访问量之间有着紧密的联系。根据 Quantcast 公司的测评结果，网站的月访问量已经从 2008 年 12 月的微量上升到了 2009 年 4 月的近 16 万次。

地方性市场旨在触达边境市场的常旅客，主要包括以下地点：

- 北部边境
  - 西雅图
  - 底特律
  - 水牛城
  - 伯灵顿
  - 班戈
- 南部边境
  - 圣地亚哥
  - 尤马
  - 图森
  - 埃尔帕索
  - 圣安东尼奥
  - 拉雷多
  - 布朗斯维尔

影响广告的其他环境因素

第六编将讲解全球性广告和跨国广告及与之相关的经济、社会和法律因素。

- **第二十三章**将讲解广告和营销的全球性。全球性不再停留在理论上，而已成为企业在全世界实施其日常战略的一部分。此外，在美国，广告主更要考虑跨国广告所涉及的各种相关因素。
- **第二十四章**将重点讲解在公众强烈要求广告主付出更多诚意、政府给予更多保护的条件下，广告面临的各种法律、规章以及伦理约束。本章不仅要探讨法律和规章制度，还将侧重于21世纪后半叶的新环境给大多数广告主提出的公共责任。

Dell Plaza
TSUTAYA
パーティー館
カラオケ
大江戸
朝賀ビル
VIDEO
MEDAL
PRINT PARTY
ゆっくりくつろげます
JBS
街路灯完成記念
新宿
武蔵野商栄会
ビデオDVD販売
お好み焼ともんじゃ焼
もんじゃ

第二十三章

Courtesy of Heinz and Adler Chomsky & Warshavsky (Grey Israel).

国际广告

在为世界各地——从某些方面来讲，甚至美国境内——的消费者量身打造全球性广告活动时，广告主对待语言和文化的方式都可以用“全球本土化”一词来形容。▶

本章学习目标

1. **了解美国营销商在寻求全球销售时面临的四大难题。**
2. **理解“全球本土化”的概念。**
3. **了解跨国广告公司如何发展。**
4. **认识国际营销中的创意与文化因素。**
5. **认识影响营销的三大多元化趋势。**
6. **认识多元化将如何影响美国的广告业。**

曾经一度，美国企业是将自己的国际营销和国内销售、促销分别加以考虑的。然而，随着尼桑在田纳西州建厂、本田在俄亥俄州组建装配线、梅赛德斯和宝马在美国南方腹地生产豪华轿车，地球村已然在我们的后院诞生。全球化远不止在国外开展经营那么简单，跨国企业要在文化、政治、交流和经营问题交错的环境中运营，在这样的环境中为争夺当地顾客而正面交锋。例如，在以色列投放的这条广告中，亨氏番茄酱正在展示其“洁食”认证标签，卖力地宣传自己如何美味：“孩子钟爱的味道！”本章，我们将分析像亨氏那样不得不在全球范围内不断争夺顾客的企业所面临的挑战。

迈向全球

购买外国商品的消费观念在美国经济中早已根深蒂固，以致我们常常忘记全球市场其实是相对新兴的事物。例如，第一种丰田汽车——丰田皇冠（Toyopet Crown），直到 1957 年才引入美国，而在进入美国后的头 14 个月只卖出了 288 辆。之后，丰田于 1961 年退出美国市场。1965 年，丰田推出了科罗娜（Corona），使之在设计上更适合美国人。到 1972 年，丰田的年销售额达到了 100 万美元，并于 2009 年坐上了世界头号汽车生产商的交椅。[1]

全球广告和营销的这种风云变幻只需观察美国企业和广告公司如何与来自全世界发达国家的跨国企业展开竞争即可一目了然。例如，最近的一项关于青少年最喜爱品牌的全球调查显示，排名前三的品牌分别是索尼（日本）、诺基亚（芬兰）和阿迪达斯（德国）。可口可乐尽管在熟悉度方面排名第一，但在青少年最喜爱的品牌中却排

图 23.1

对营销商和广告主而言，亚洲代表着未来增长的主力。

在第八位，是美国排名最靠前的品牌。[2] 正如在美国现行经济不平衡中反映出的问题，美国消费者在很多主要产品品类中都倾向于购买外国制造的商品。

经济正以远高于北美和欧洲发展的速度增长，从而创造了更大的进步空间。1950 年，纽约和伦敦分列全球 30 大城市的前两位。在随后的 10 年中，纽约下降到了第七，而伦敦则干脆名落孙山。总体而言，近年，全球前 10 大城市中有 7 个都在亚洲，其中的排头兵则是拥有 2 700 万人口的东京。在前 30 大城市中，只有两个城市在北美和欧洲——纽约和巴黎。[3] 随着经销商不断为自己的商品和服务寻求新客户，营销和广告的未来发展将更多地向远东、中东和拉丁美洲地区倾斜（见图 23.1）。这一趋势已经持续了一段时间，众多美国大企业将 50% 以上的广告预算都投到了国外。

在第一章，我们讨论了在经济、社会和文化等诸多因素的影响下，早期的美国广告业是如何发展的，而今的全球市场在很多方面也表现出与之类似的特征。因而，只有了解了这些问题，我们才能看清全球经济扩张的全貌。有人认为，过去 10 年的全球商业革命，本质上就是通信革命，正是在一个又一个国家蔓延的通信革命，导致了人们对更加开放的政治制度的渴求，进而不可避免地带来了人们对更多的经济选择的需求。没有通信技术的发展，恐怕就很难有当前的政治和经济环境。

没有哪种国际营销支出的增长幅度能超过全球性广告的支出。美国早已失去以往的支配地位，现在只有约一半广告主——全球广告主 25 强中的 13 家公司，将总部设在美国（见图 23.2）。国际营销和广告扩张之际，正值全球关系剧烈变化之时。这种变化不仅体现在不同国家、大洲间的关系上，也体现在消费者个体对提高生活水平的渴望上。全球性营销商都面临着这样的困境，那就是既要解决全球消费者之间的显著

排名 2007	排名 2006	广告主	总部所在地	全球可测媒体支出（百万美元）2007	全球可测媒体支出（百万美元）2006	变化（%）
1	1	宝洁公司	美国，辛辛那提	9 358	8 419	11.2
2	2	联合利华	英国，伦敦；荷兰，鹿特丹	5 295	4 535	16.7
3	5	欧莱雅	法国，克里希	3 426	3 060	12.0
4	3	通用汽车公司	美国，底特律	3 345	3 375	−0.9
5	4	丰田汽车公司	日本，丰田市	3 202	3 129	2.3
6	6	福特汽车公司	美国，迪尔伯恩	2 902	2 778	4.5
7	7	强生公司	美国，新布伦瑞克	2 361	2 192	7.7
8	10	雀巢	瑞士，韦威	2 181	2 046	6.6
9	12	可口可乐公司	美国，亚特兰大	2 177	1 909	14.0
10	11	本田汽车公司	日本，东京	2 047	1 957	4.6
11	9	时代华纳	美国，纽约	2 022	2 048	−1.3
12	21	利洁时	英国，伯克希尔郡斯劳	1 983	1 487	33.4
13	8	索尼公司	日本，东京	1 886	2 080	−9.3
14	16	卡夫食品	美国，诺斯菲尔德	1 853	1 682	10.2
15	14	尼桑汽车公司	日本，东京	1 826	1 770	3.2
16	13	葛兰素史克	英国，米德尔塞克斯郡布伦特福德	1 802	1 821	−1.0
17	17	麦当劳公司	美国，伊利诺伊州，奥克布鲁克	1 740	1 609	8.2
18	18	大众汽车	德国，沃尔夫斯堡	1 729	1 585	9.1
19	20	玛氏公司	美国，弗吉尼亚州，麦克莱恩市	1 708	1 561	9.4
20	15	华特迪士尼公司	美国，加利福尼亚州，伯班克	1 677	1 709	−1.9
21	19	百事可乐公司	美国，纽约州，珀切斯	1 553	1 583	−1.9
22	22	克莱斯勒汽车	美国，密歇根州，奥本希尔斯	1 319	1 373	−3.9
23	28	达能集团	法国，巴黎	1 306	1 088	20.0
24	26	标致雪铁龙	法国，巴黎	1 292	1 132	14.2
25	23	通用电气公司	美国，康涅狄格州，费尔菲尔德	1 277	1 318	−3.1

资料来源：Reprinted with permission from the December 10, 2008 issue of *Advertising Age*. Copyright, Crain Communications Inc. 2008.

图 23.2

全球营销商 25 强。

差异，同时还要寻找不同市场之间的某些共性，以此作为品牌讯息的基础。例如，营销商们发现，尽管中国的城市青少年是一个潜力巨大的市场，但他们却和那个国家的许多变革相矛盾。“这一代人的选择，比中国历史上任何时期都多，但是面对这些选择，他们并非完全感到舒服。他们想表达自己，但却只能在一个安全的、社会可接受的环境下进行。”[4]

1 了解美国营销商在寻求全球销售时面临的四大难题。

正如我们将在本章探讨的问题，美国企业在全球竞争中也面临着一大堆问题，其中一大挑战便是如何应对外国激烈的反美情绪。产生这些态度的根源各不相同，但大多与美国产品的营销有关。例如：

- *剥削*。感觉美国企业获取多、付出少。
- *腐化影响*。认为美国品牌所强调的思维和行为方式与当地传统相冲突，并使当地文化或宗教规范趋于堕落。
- *整体麻木与自大*。许多文化都认为美国人以为每个人都希望和他们一样。
- *超消费主义*。正如我们将在本章中看到的，跨国企业及其广告代理公司一直面临着如何找到不同国家间的共有情感和观点，从而保证其产品讯息连贯一致的挑战。与此同时，这些企业还必须敏于察觉消费者对自己国家及文化遗产的不同感受和自豪感。

跨国公司

跨国公司的出现是全球经济发展的必然结果。这些巨型公司在数百个国家运营，销售价值数亿美元的产品和服务，其经济实力甚至可以和许多小国家相匹敌。它们的地位远不止是商品的卖主那么简单，这些公司的首席执行官发挥着类似政治和文化领导人的作用，只不过这些影响力过去不为人知而已。然而，不管其影响如何，这些跨国公司的基本动机与街角的比萨店并无二致，那就是获取利润，扩大消费群体。

无论公司规模大小，基本的赢利模式都是一样的。当公司在既有市场达到饱和点时，他们便开始寻求新的买主，以保持销量和利润率的双增长。因此，当美国和其他发达国家达到市场饱和水平时，即时通信技术和快速运输手段便使全球贸易成为可能。

第二次世界大战末期，美国经济在战后重建过程中处于先锋地位，首先影响西欧，而后扩展到亚洲。在全球扩张初期，跨国营销大多仅限于美国公司，外国竞争对手屈指可数。然而，自 20 世纪 70 年代以来，美国就不得不与许多总部在美国境外的公司分享国际市场了。

事实上，许多产品品类早已不见美国制造的身影，如纺织品和电子产品；而在其他行业中，美国的市场份额也在过去的 20 年中缩减了一半多，如汽车行业。同样，长期以来被视为美国发明的广告业，虽然仍然拥有众多美国明星广告公司，如智威汤逊，但如今已然成了一个全球性行业，被外国控股公司所掌控。

在这场充满讽刺意味的转变中，那些一度只被视为美国和欧洲企业利润新增长点的新兴外国市场，却越来越成为激烈竞争的源头。更让一些大企业气馁的是，有些企业参与竞争的产品几乎和原创公司的产品一样。

全球营销和广告的另一个重要特征是，国际交流能力的提高和与之相伴的在多国不断滋生的民族主义及对外来影响的怀疑态度之间的悖论。显然，通信技术的发展、开放贸易的举动以及运输能力的加强，提高了国际营销和广告的效率。但日益强烈的民族主义意识和变本加厉的贸易保护主义，却阻碍了企业向国外许多市场的扩张。也许，人们反对通信革命，是担心它会对文化的差异性造成威胁。比如，考虑到委内瑞拉的民族情感，现在所有的电视和广播广告都必须在该国境内制作。[5] 这就意味着，在别国制作的广播和电视广告必须由委内瑞拉制作团队重新拍摄。无论原因是什么，日益强烈的孤立主义情绪都是国际营销商需要谨慎权衡的一个因素。

全球本土化

在某些情况下，如果对其他文化较为敏感，孤立主义可以部分得到解决，比如愿意学习当地的习俗，对新观念持开放心态。在应对当地文化同时享受全球营销的优势和效率的尝试中，许多企业接受了**全球本土化**（glocalization）这一概念。该术语由英国社会学家罗兰德·罗伯森（Roland Robertson）于 20 世纪 90 年代提出，旨在将全球化和本土化这两个目标结合起来，通常表示下述某一观点或二者兼有：

1. 产品或服务是针对全球市场或跨区域市场而发明或销售的，必须根据当地的法律或风俗习惯而进行调整。
2. 利用电子通信技术，如网络，在全球或跨区域范围内提供地方性讯息。[6]

全球本土化

一个杂交词，表示使全球营销（产品和广告讯息）适应当地市场和当地文化。

全球本土化旨在强调，只有在企业根据某一地区的具体情况调整产品或广告的条件下，产品的全球销售才有可能获得成功。例如，在针对以色列正统派犹太教信徒发布广告时，诺基亚发布了第一款“犹太认证手机”（见图 23.3）。全球各地麦当劳餐厅

2 理解“全球本土化”的概念。

Courtesy of Nokia and Adler Chomsky & Warshavsky (Grey Israel).

图 23.3

在向以色列的特定细分市场发布广告时，诺基亚就推出了“犹太认证手机”。

的不断增加，也是全球本土化的表现；同时，菜单乃至不同市场麦当劳餐厅本身的建筑风格，也都在试图融入当地的文化，这都是全球本土化的例子。为了在法国进行促销，麦当劳用“高卢勇士阿斯特里克斯”（Asterix the Gaul）取代了人们熟悉的经典形象麦当劳叔叔。[7] 全球本土化的重点不在于具体的战略，而在于这个概念。不过这也提醒我们，本土化的市场战略必须做到经营和企业公民意识俱佳。

对当地国家传统的敏感可能比商业专长更重要，但即使是最机敏的营销商，有时也难免错误地理解当地的习俗。例如，沃尔玛发现，自己在美国大获成功的一站式折扣销售却不一定适用于所有海外市场。2006 年，沃尔玛退出德国和韩国市场，退出这些市场的原因众多，但核心还在于沃尔玛未能适应当地的文化。例如，德国消费者看到收银台服务员朝他们微笑会感到不舒服，而这却是沃尔玛一贯坚持的做法。另外，德国顾客喜欢就单件商品货比三家，而不喜欢在一家商店里买很多东西。韩国客户更看重服务而不是低廉的价格，该国消费者更喜欢像小型百货商店一样的商店而不是仓储式商店。[8]

在国际舞台上，必须客观看待人们在生活方式、传统习俗以及消费行为上的差异，而不是对世界其他地区的习俗或文化大加评判。尽管经济衰退，但在越来越多的国家中涌现出的中产阶层将推动全球经济持续发展。另外，通信技术也给广告主触达以前根本无法触达的预期买主创造了条件。不断增长的全球需求和人们生活水平的提高必将共同推动广告业在全球的蓬勃发展。

中国成为举足轻重的全球市场

多年来，伴随着“中国制造”这个几乎无处不见的产品标签，人们更多地通过中国的出口而非进口知道了中国。今天，中国凭借着自己的成长型市场潜力（见图 23.4）

图 23.4

对如今的品牌而言，中国民众代表着一个巨大的市场。

Comstock/Jupiter Images.

而争得了一席之地，一是因为它的规模，中国拥有近 14 亿人口，占世界人口的 20% 以上，无疑是营销商的一个梦想；二是因为中国日益成长的中产阶层的购买力。到 2013 年，中国零售业销售额预计将达到 32 000 亿美元；与 2007 年 12 000 亿美元的零售业销售额相比，这一数据显得异常惊人。[9] 截至 2009 年 1 月，中国已超过美国而成为世界最大的汽车市场。目前，中国还是啤酒和香烟的主力市场，同时还号称是最大的网络和移动电话市场。[10]

然而，有人却警告营销商们在接近这个市场时要小心谨慎。除了前面提到的民族主义的高涨，中国还是一个非常多元且异质的市场。例如，人们经常将在中国投放广告比作全球市场营销，因为中国有 34 个省级行政区、跨 5 个时区，有近 300 个人口过百万的城市。《广告时代》最近发表了一份白皮书《想在世界增长最快的市场上取得成功的营销人员 10 项须知》，以帮助营销商探测中国市场上的陷阱，避开文化谜团。很明显，在世界各地的企业寻找增长机遇之时，进入中国市场将变成一个颇具吸引力的选择，值得去冒险。

互联网与国际传播

尽管推动国际营销发展的因素很多，但通信技术的发展却是全球商务活动拓展的一个必要因素，特别是在发展中地区。“第三世界的人们渴望获得第一世界的生活标准，他们的这种渴望，是通过看电视，通过看第一世界城镇中的消费品广告，通过观察来本国旅游的第一世界游客而形成的。如今，即使在最偏远的村庄和难民营，人们也都知道外面的世界。”[11]20 世纪 60 年代初，印刷媒体和广播媒体开始向海外市场扩张，这些媒体有时在当地制作，有时则由《时代周刊》《新闻周刊》这类新闻杂志以及《华尔街日报》这类商业报刊提供国际版。不过，这些媒体只能面向经济发达的国家，而且还必须同时是新闻自由的国家。直到卫星通信技术的出现，名副其实的全球传播才成为现实。

1962 年，美国宇航局的工程师通过远程卫星（TelStar）向英国的接收站传输了一张模糊的图片。就在 14 年后的 1976 年，家庭影院公司（HBO）开始利用卫星传输电视节目，泰德·特纳（Ted Turner）的 TBS 超级电视台也紧随其后采用此项技术并使之成为常态，从而开启了商业卫星电视的发展前景。现如今，全世界的观众都可以通过广播卫星直接接收信号，或通过若干有线运营商的卫星地面站接收信号。自 1975 年起，印度就已经在尝试将卫星通信延伸至乡村地区，中国也已经开始实施一项宏大的计划，将通信技术延伸到农村。

卫星电视的应用，使信息、娱乐和广告触达全球大多数人的设想成为可能，也使企业得以更快更高效地向更多的国家拓展，其发展的脚步远远快于 20 年前梦寐以求的速度。不过，尽管卫星技术的发展前景令人激动，但与互联网技术的传播和应用情况相比，却相形见绌。

全球网络的应用

没有哪种通信技术的发展速度比得过网络。最新的数据显示，互联网的用户数已经达到16亿，并将很快突破20亿大关。在世界的每一个角落，网络通信的普及率都在增长，只有非洲仍落后于平均使用率。网络未来的发展潜力显然在美国和欧洲之外的地区。一方面，如图23.5所示，中国的互联网用户数占全球用户数的18%以上，但网络在总人口中的普及率却只有22.4%。另一方面，由于75%的美国人已经在使用网络，因而美国的增长速度正趋于缓慢（见图23.5）。

图 23.5
网络用户大国 10 强

排名	国家	2008年人口（百万）	网络普及率（%）	占世界网络用户百分比（%）	2000—2008年增长率（%）
1	中国	1 330	22.4	18.7	1 244
2	美国	304	74.7	14.2	138
3	日本	127	73.8	5.9	100
4	印度	1 148	7.1	5.1	1 520
5	巴西	196	34.4	4.2	1 250
6	德国	82	67.0	3.5	130
7	英国	61	71.8	2.7	184
8	法国	62	65.7	2.6	381
9	俄罗斯	141	27.0	2.4	1 126
10	韩国	48	76.1	2.3	93

资料来源：Adapted from www.InternetWorldStats.com.

互联网为营销商即时触达世界各地的用户提供了途径，这是传统传播技术根本无法企及的。“网络的互动和动态特性，使之成了市场营销的有力工具……”网络营销的最神奇之处在于，它适用于任何类型的产品，并且还能提供以个人销售访问量为标准的用户互动平台。[12]

如今，全球传播的技术问题大多已经解决，但是，互联网和卫星通信仍然面临着如何在多样化的国际社会中利用这些技术的挑战：“……尽管全球网络营销的优势显而易见，面对其他国家及其人民，营销商们却不能想当然。欧洲国家就是一个很好的例子。欧洲人生活在一块完整的大陆上，边界开放，贸易自由，并正朝着经济联合体的方向发展。但是，每个国家却仍然保持着独特的性格和自己的语言。因此，就营销而言，每个国家的个体对促销的反应完全可能各不相同。”[13]

正如本章后面将要探讨的，全球营销的制胜法宝在于找到适用于全球的基本诉求（例如母亲关心自己孩子的健康）。与此同时，营销商还必须了解哪些内在差异能使这些普适性诉求适应不同的市场。

国际法律问题

除了语言、文化这些基本差异之外，跨国营销商还面临着国与国之间在隐私、法律和规范标准上的差异。比如，在韩国，如果广告主未对广告讯息予以标明而导致接收者退出收件人名单，将有可能被处以80万美元以上的罚款。马来西亚没有制定特别的法律约束电子邮件广告，而德国则要求此类广告必须清晰地予以标明。西班牙严格禁止广告邮件，除非事先征得了收件人的同意，即使如此，这些邮件也必须标上

"广告"字样。因此，在线营销商必须清楚，各国的规制相差甚远，向全球用户发送的网络广告至少需要包含以下几个要素[14]：

1. 给收件人决定是否继续接收邮件提供机会。
2. 提供真实可信的信息。
3. 避免使用随机抽选的地址。
4. 制定标准，以免从授权的电脑转发邮件。

如果提出的优惠条件或广告主题在某些国家违法但却广泛传播，那么无国界传播的优势就变成了一个严重问题。广告主往往会在网站上发布一份声明，表示该促销活动只针对某个国家，或某些国家不允许的优惠活动应该视为无效。对他们自己来说，这些措施可能无法消除这些问题，但至少可以表明公司的诚信，降低一切潜在的法律法规风险。虽然互联网和卫星传输能为企业提供全球即时通信服务，但仍有很多问题有待解决。

全球营销与广告的开发

前面已经讲过，二战刚结束时，美国的国际贸易就意味着将美国的产品、营销和广告搬到国外。在世界上大多数国家开始艰难的战后重建时，美国企业出口了各种各样的商品。如今，美国在全球经济中已经不再占有统治地位，其广告和营销已经真正全球化了。随着跨国公司在国际舞台上的角逐，我们通过国际品牌的发展路径，甚至通过不同文化、不同社会中的人们所用的产品和广告的相似性，看到了全球化的作用。许多美国消费者和国外的消费者一样，不了解也不关心某一品牌是否产自外国企业。美国消费者在喝立顿，在用多芬香皂洗手，或者在用赫尔曼（Hellman）蛋黄酱做三明治时，很少会想到这些产品是一家荷兰企业——联合利华——生产的。美国企业非常走运，国外那些使用宝洁旗下汰渍、帮宝适和嘉敏的消费者，对这些品牌的感觉一如美国消费者。

曾经一度，是否进入国际市场对很多美国企业来说是一项重大战略决策。如今，登上国际舞台对大多数企业而言已成为一个必要条件，要决定的是如何更好地在全球竞技场上参与竞争。不仅美国企业的成功更加有赖于产品出口，甚至连那些只在境内销售产品的企业也明显感受到了各品类进口产品所带来的竞争压力。在打算进入外国市场时，企业必须就这一举措的可行性以及实施过程中所涉及的战略和战术问题做出一系列决策：

1. 从营销、生产和财务的角度考量，公司的组织结构是否能在国际市场竞争中获得成功？
2. 哪些市场的成功概率最大、风险最低、利润潜力最大？
3. 公司以什么形式进入全球市场最佳？企业一般采用以下三种基本方式中的一种。
   a. 向东道国的独立批发商和零售商出口产品。这种战略风险最低，并且视地域的关系，这还可能是进入市场的最快方式。不过，这种方式的利润潜力通常也是最低的，而且往往还要让渡对定价、促销以及消费者调查等营销战略的控制权。在正常情况下，那些产品线或投资有限的小企业会采用这种战略。

b. 与当地企业合作，成立合资企业。这种方法能获得更大的营销战略控制权，还能从当地合作伙伴那里查明最适合当地的经营方式。在很多国家，开办合资企业是让产品集中崭露头角的唯一合法渠道，因为有些国家不允许外国人持有公司的大部分股份。

c. 成立独资企业。有些企业在海外市场成立了独资的子公司，包括生产车间、分销系统以及促销与广告公司控制权。这种方法的优势在于可以完全掌控营销和生产流程，但速度最慢、代价最高。企业通常只会在取得市场成功之后才直接投资开办公司。例如，丰田、本田和尼桑都是在向美国出口多年之后才在美国投资建厂。

哪种营销活动和营销组织最有效？全球主题是否可以移植给当地消费者？还是应当采用本土化的讯息和营销技巧？是应该聘请当地的广告公司和促销公司，还是应该聘请可以拿出同样水平的广告计划的跨国公司？

由于每家企业面临的问题不同，解决途径也天差地别，因而很难给全球商务制定出一份严格的指南。一般来讲，美国企业，特别是那些跨国经验少的美国公司，在国外市场的失败主要归因于他们在对待外国市场时，一直将外国消费者当作在人口统计和产品偏好方面完全同质的群体。国内市场的各细分市场和地理区域之间具有很大的差异性，对此，美国企业毫不怀疑，但他们有时却不能将这个观念应用到国外市场上。在一定程度上，这种思维定式源于缺少研究，但更多的是源于对当地文化传统的漠视。

全球营销与广告

全球营销

表示在全球范围内运用广告和营销战略的一个术语。

全球营销（global marketing）一词因哈佛教授西奥多·莱维特的经典文章《全球化的市场》（The Globalization of Markets）而广为人知。这一概念的核心是，假定全球消费者的需求基本相同，且不论其文化差异如何，都将对相似的诉求做出反应（见图 23.6）。此外，莱维特还认为，通信技术和营销效率的提高，将使各经济体通过开发和营销全球性品牌而达到前所未有的规模。对莱维特的观点进行较为合理的解读便可得知，他提倡在适当的时候运用全球战略，并鼓励企业随时寻找这样的机遇。

全球营销要求既要借广告降低成本，又要与当地消费者进行有效的沟通，要在这

图 23.6

市场的复杂性随着区域的不同而不同。

两者之间保持平衡。理想状况下，企业可以在全球范围内采用同一个广告和营销战略，每个产品的开发、广告主题和媒介、分销渠道和目标营销都完全相同。采用这种战略，仅广告制作成本一项即可为大型跨国营销商节省数百万美元。2009 年，可口可乐在向全球推出“畅爽开怀”（Open Happiness）这一广告战役时，其主管们就是这样做的。他们试图通过创建“商业清算所”来精简工作，以便面对类似的本土化困境的经理们使用相同或类似的作品，而不必自己白手起家从头开始。[15]

意大利人喝的瓶装水比世界上任何一个国家的都多——几乎是美国人的三倍。然而，大多数意大利人都认为在餐桌以外的地方吃喝有失风度，甚至在报摊这种场所销售食物和水都属违法。雀巢试图改变这种根深蒂固的户外食品消费习惯，但却遭遇了巨大的挑战。在被问及对边走边吃的看法时，一名意大利律师说：“想想就让我起鸡皮疙瘩。”[16] 在伊斯兰教神圣的斋月期间，白天是忠诚的斋戒，与家人共享盛宴的时刻从日落时开始。在小开斋或开斋期间，看电视是一项庆祝活动的核心，高收视率会一直持续到夜晚。许多中东营销商的年度广告预算有一多半是在斋月期间支出的；而在埃及，30 秒插播广告的售价可以高达 7 000 美元，是平时的两倍。[17]

上述例子，以及全球各地的许多其他例子，向我们显示了采用一套真正的全球营销计划有多么困难。不过，也有外部环境适宜采用全球营销战略的时候。比如，2006 年，世界杯足球赛在 189 个国家播出，对于跨国公司来讲，这是利用高收视率节目触达全球观众的难得机会。安海斯 - 布希和万事达卡国际等公司都纷纷采用了强化品牌识别的广告和缩短文化差距的简单讯息。例如，万事达卡国际的广告表现了 30 个不同国家的兴高采烈的球迷和一条尾标“足球热潮，无价之宝”。正如其客户主管所言，该广告的普适性诉求适用于任何语种。[18] 沃尔玛为了吸引美国国内的西裔顾客，拓展海外销量，制定了一系列与世界杯相关的营销战略，希望能借此销售各种与比赛相关但又富有民族特色的商品。[19] 可以说，世界杯营销是一个应用核心主题但却根据不同市场的消费者的不同兴趣而进行调整的典范。

区域性自由贸易协议所遭遇的问题是全球营销过程中典型的固有难题。区域性自由贸易的努力最为人所知的成果便是**欧洲联盟**（European Union，EU，通常简称欧盟），欧盟许诺要建立一个泛欧洲市场，以在消费者开支和商品总值方面与美国抗衡。尽管欧盟采取了一系列重要举措，包括在 1998 年引入欧元作为共同货币，但要完全实现欧洲联盟并非易事。有些国家几个世纪以来都在政治和经济上彼此竞争，他们必须放下分歧，为寻求共同利益而做出巨大的让步。2005 年 5 月 29 日，欧盟遭遇挫折，55% 的法国选民拒绝欧盟提议的宪法条约，三天后，荷兰紧随法国，在一项不具约束力的全民公投中，62% 的荷兰人投了反对票。同样的问题在全球贸易协议中也出现过。在美国，中美洲自由贸易协定（Central America Free Trade Agreement，CAFTA）和**北美自由贸易协定**（North American Free Trade Agreement，NAFTA）旨在开放美国与北美、南美等不同地区间的边界，但在有些地方，人们却谴责这些机构是反环境的，是对工人和小农场主的剥削。同样，远东地区的自由贸易协定中也夹杂着政治宿敌之间挥之不去的猜疑。无论是试图实施自由贸易这类大型计划，还是仅仅在国外发布新产品，许多国家不断扩大的民族主义问题都使得企业对全球消费者的了解变得前所未有的迫切。

组建成功的跨国营销组织的过程中，许多地区无法回避。

欧洲联盟

发展中的欧洲经济联合体，2010 年每个市场的潜在消费者达 5 亿。

北美自由贸易协定

旨在消除美国、墨西哥和加拿大之间贸易壁垒的一个协议。

管理

无论一家企业采用哪种具体的营销战略，它都会由高层管理者来协调，这一点始终不会变。不过，管理协调并不会严重妨碍低层决策的自由度。让雀巢这种跨国企业在瑞士总部沃韦完全控制 7 000 多个全球品牌和地方品牌，其中还包括 Polo 服饰和三花奶（Carnation milk）这些完全不同品类的产品，这种想法是不现实的。不过，雀巢完全可以建立并保有非常成熟的控制中心，以便根据自己对产品、广告、促销和经销的一贯质量标准来营销产品。跨国公司经常采用的管理手段包括加强总公司的战略管理决策，赋予地方经理在这些基本原则范围内灵活采取具体措施的权力。

跨国企业管理所面临的一大挑战，就是如何策划能轻松适用于全球的品牌战略计划和广告主题。解决这一问题的方法是将主力品牌视作一把伞，伞下有众多可供营销的相关产品，而不是将每个品牌都视为一种孤立的产品。例如，宝洁公司正开始将帮宝适纸尿裤品牌变成一条婴儿保健产品线；而宝洁公司在亚洲主营的护肤产品 SK-II 则正作为一条完整的护肤产品线进入美国市场，期待解决女性面临的任何皮肤问题；不仅如此，公司还在测试 Mr. Clean AutoDry 和 Mr. Magic Eraser，希望将这个品牌延伸到其他的消费市场上。[20] 宝洁这类成熟的企业都非常清楚，它们提供的产品必须能满足不同文化的独特需求。

全球品牌建设可以让广告和促销利用一个集中主题，在不同情形下给一个核心品牌旗下的多种产品提供支持。2009 年，Visa 打响了新的全球主题广告战役“更多人用维萨”。据维萨首席营销官安东尼奥·卢西奥（Antonio Lucio）说，广告的措辞可以根据地区或国家而定，但意思要一致。“我们称之为‘全球本土化’……从一开始，这就是一个不完全自由的广告战役——戴着非常紧的枷锁。”[21]

具有讽刺意味的是，曾以广告公司合并而服务于全球客户为特点的营销集中制度，在许多企业中正让位于分权管理。曾经一度，即使最大的企业，其广告代理公司也不超过四家，而且现在许多企业依然如此。但其他跨国企业已经转而雇请更多的本土广告公司，以便充分利用当地的风格，而这却是远离本土市场的全球广告公司做不好的。国际营销和广告的实施分为两种：一种，广告公司愿意承担为应对众多本土广告公司而产生的额外开销和管理难题；另一种，集中控制可以减少雇用的广告公司的数量，从而提高效率，值得为此而失去本土特色。完全采用其中一种战略的企业屈指可数；相反，他们开发出了一套两者兼顾的管理风格。

广告实施

无论企业采用哪种组织配置，其国际广告和营销战略都必须在一定程度上适用于它将进入的国家。不过，这些活动都有一些共同的基本决策点。跨国企业最经常碰到的三个问题如下：

1. *语言差异*。在开发全球广告时，语言差异无疑是最明显的一个问题，也是陷阱最多的一个地方，因广告翻译不当而让品牌陷于窘境的奇怪案例比比皆是。今天，大型国际广告主不仅雇用翻译文字的翻译公司，还聘请经验丰富的目的国语言专家精雕细琢，这个过程就是语言本土化，而不是简单的翻译。

2. *媒体研究与使用*。很多国家都没有媒体研究，或者研究所依据的数据不可靠。另外，全球很多地方的媒体用法都和美国的不同。例如，电影广告在欧洲某些地区非常流行，而印度的报纸阅读率则远高于美国。同样，日间电视的家庭收视时间在日本平均接近 8 小时，而在英国仅为 3 小时。
3. *文化因素*。或许，国际广告的最难之处在于解决多文化元素构成的公司如何与潜在消费者进行沟通的问题。广告要展示产品和服务如何解决问题，还要在各国消费者舒服且能理解的语境下为他们带来益处。要想理解这些文化元素，跨国企业往往需要兴办合资企业，至少也要在目的国雇用当地员工。

科技和高效的交通运输随时可得，从而使国际广告和全球营销的观念变成了现实。不过，想让一个营销战略适应所有的文化差异和民族差异几乎是不可能的。从成本和效率的角度而言，全球营销的确是一个诱人的概念，备受企业青睐，即使它存在明显的陷阱。也许有人会说，全球营销的滥用会导致企业优先考虑自身的利益。图 23.7 向我们展示了统一战略、统一实施的全球统一营销方案与在各国采用不同战略、不同实施的消费者导向营销方案。

如图 23.7 所示，全球营销很少是非此即彼的决策，相反，它是涉及众多步骤的统一体，要判断哪些产品和营销战略必须互为补充。以下列情形为例：

1. *将产品和广告出口至别国*。“将产品和广告均出口至其他国家”是对全球营销最严谨的阐释。就此理解，产品（包括名称和标识）和营销战略在每个国家都可能完全相同，星巴克就是一个接近这种模式的例子。星巴克在 43 个国家有 11 000 多家店面，一直保持在美国遍地开花的“咖啡屋”形象。然而，只有少数企业像星巴克那么幸运，靠产品本身形成这种营销方法。这种战略在效率和成本上具有十分明显的优势，但有些全球营销方式却是大多数企业难以企及的。
2. *专为国际市场和大区域市场制订产品和营销计划*。企业为欧洲、亚洲等地区制定专门的产品、品牌和营销战略是常有的事，这种方法与全球营销密切相关，但也非常清楚，即使销售广泛的产品也需要一定的本土化。
3. *出口产品，但改名称*。联合利华以众多的品牌名称出售其优质清洁剂，包括在美国使用的威斯克（Wisk），在欧洲部分地区使用的斯基普（Skip），在全球市场使用的奥妙（Omo）。在构想产品的全球广告战役时，联合利华及其广告公司灵狮环球保留了现有品牌标识，但以“脏就是好”（Dirt is good）为主题开发了一套统一的广告。广告实施突出表现了这样的场景：孩子弄脏衣服父母却不担心，而是用联合利华清洁剂解决问题。广告展示了孩子弄脏衣服

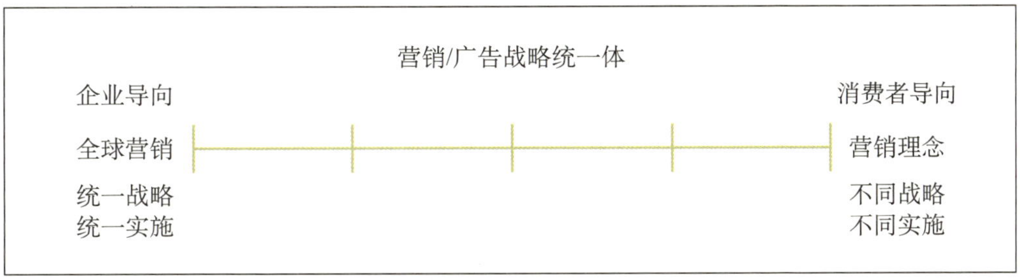

图 23.7
跨国企业制订的营销计划往往是消费者需求与企业需求互相妥协的结果。

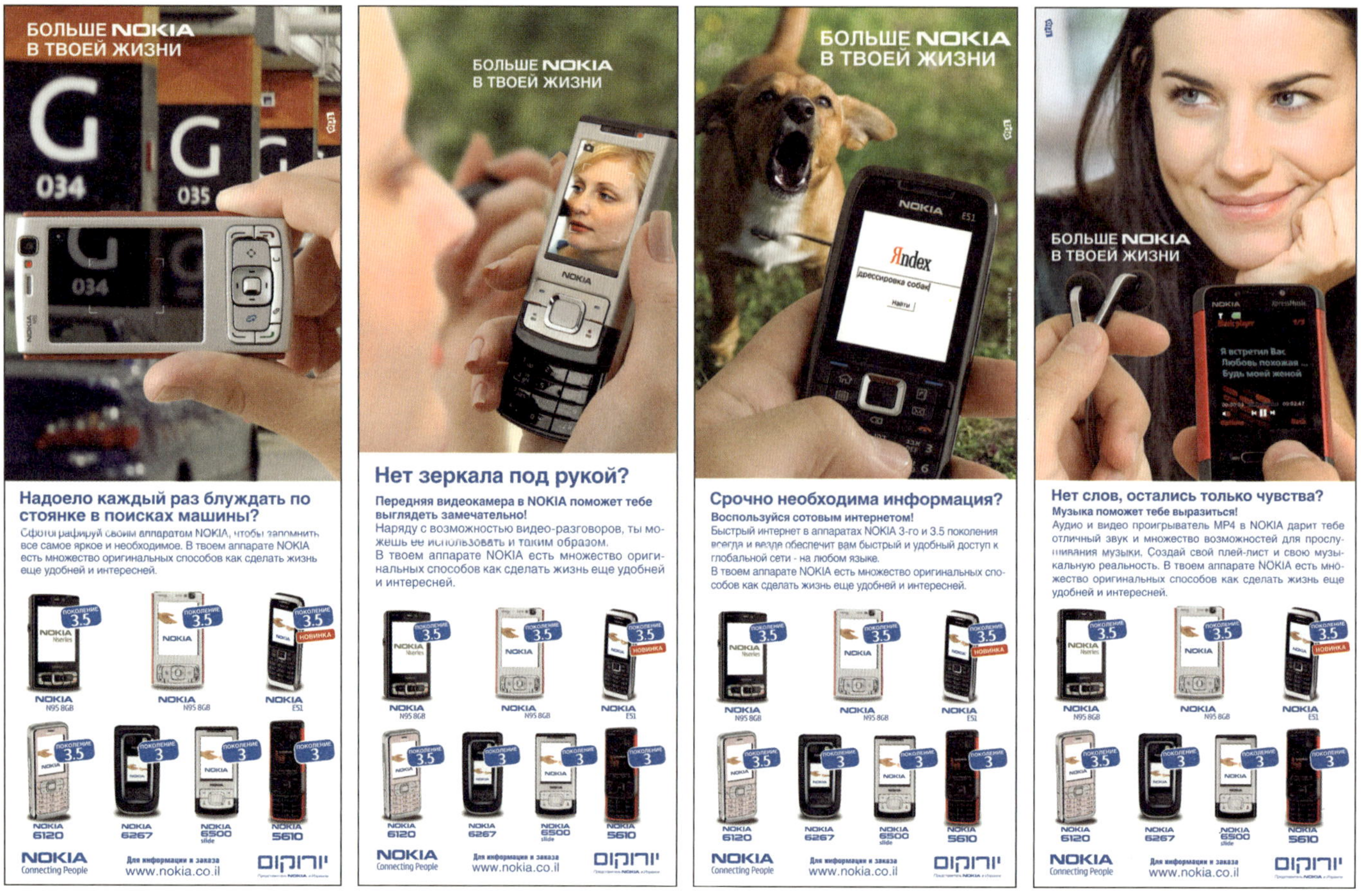

Courtesy of Nokia and Adler Chomsky & Warshavsky (Grey Israel).

图 23.8

在以色列媒体中出现的俄语广告。标题为“更多诺基亚伴您生活”。尽管存在语言差异，但诺基亚仍然希望用户不只是将手机当作一部简单的电话。

的乐趣，并宣扬“孩子对弄脏衣服的看法是不同的”，并邀请父母一起来弄脏衣服。[22]

4. *保留品牌名称及广告战略，但随国家不同而调整产品。*澳大利亚杰卡斯酒业（Jacob’s Creek Wines）在比利时销售赛蜜蓉莎当妮（Semillon Chardonnay）葡萄酒，但不在巴西销售；同样，该公司在加拿大销售的梅洛（Merlot）葡萄酒也没在比利时和巴西销售。不过，该公司在全球采用了同样的品牌和包装，只是根据国家的不同改变了酒的口味而已。

5. *保留品牌名称和产品，但随国家不同而调整广告。*保留品牌名称和产品不变而调整各国广告是跨国企业的常用战略之一。虽然采用这种战略成本很高，但却比改变各国的基本产品、包装和品牌名称便宜很多。同时，企业通过这种方法还可以突出产品用途和定位上的差异。全球手机销售商诺基亚根据各市场的不同而调整广告，图 23.8 中的广告是在以色列播出的，但却是专门为吸引讲俄语的犹太移民而精心制作的。

6. *产品和广告双调整。*视各国国情不同而对产品和广告全部进行调整的做法是费用最高的一种战略，但也是最能满足消费者促销本土化和产品本土化需求的一种战略。不过，很少有企业能承担全面采用这种战略的费用，也很少有产品需要采用如此极端的方法。

在这些设计当中，每一种都有多种变体，关键在于没有哪种方法能放之四海而皆准。即使看上去可能适用于全球的主题，在不同国家的采纳与接受度也有明显的差异。

敏感性

跨国贸易的一个积极作用，就是让人们更深入地认识和理解文化的多样性，但消费者行为及这种行为所表现出来的欲望却与一种文化的根本核心价值观有关。近年来，虽然跨国企业深知在开拓产品新市场和剥削之间存在着一条微妙的界线，但大量针对它们在发展中国家运行的投诉还是将它们搞得焦头烂额。这已经不是什么问题了。1621 年，荷兰西印度公司（Dutch West India Company）章程就这样概括自己的责任：“……保护当地应有的良好秩序、治安并保障公平。”鲜有企业承担如此重大的责任。然而，要想实现全球化和有效管理，就必须首先培养企业对目的国的敏感意识。如果严格遵循集权管理，那么决策者就很难具备当地管理人员那样的洞察力，从而有效地管理多样化的市场，只有当地的管理人员才与他们的消费者拥有相同的文化和视角。近几年来，跨国企业对自己以客人身份在东道国做生意的责任感已经大为提高。

跨国营销和跨国商业关系中的许多问题都源自跨国企业不了解不同文化中的消费者如何看待传播和其他活动，因此，广告讯息不仅要重视精确性，还要重视文化适切性。例如，为表彰并鼓励参加最近一次世界杯运动的 24 个国家，某大型国际公司推出一套印有各国国旗的图片广告，其中沙特阿拉伯的国旗上印有关于真主安拉的描述。这次展览冒犯了许多伊斯兰教信徒的感情——他们担心这些陈列品可能最终被丢进垃圾桶，使他们的宗教蒙羞。一名主管对这一突发事件评论道：“在今天的商业竞争环境中，企业无法承担在全球经济中沿用国内方法经营而产生的后果。因此，对于想触达多民族市场的企业而言，跨文化交流的能力必不可少。”[23]

营销敏感性包含着一系列因素，而有更多的企业表明，它们知道要在追求销售和利润最大化与做负责任的企业之间保持一个重要的平衡。显然，全球营销这个概念中包含的文化和政治因素不可忽视。

跨国广告公司

3 了解跨国广告公司如何发展。

第二次世界大战后，随着美国企业进入全球市场，它们的广告代理公司也紧随其后进入了全球市场。早些年，这些全球广告公司的基本组织机构和实践运行与其在美国过去百年间的发展模式十分相似。也就是说，它们大多是全面服务广告公司，按客户的需求，根据各国具体情况的不同而开展各种广告活动。当代国际广告公司与 20 世纪四五十年代开创时期的广告公司已大不相同，那时，麦肯广告公司（McCann Erickson）和智威汤逊广告公司正带领着美国广告公司走向全球舞台。他们通常在各国创办外国分公司，一般让当地分公司负责美国的大客户在少数几个国家的广告业务。

但用这种方法做国际广告不仅成本极其高昂，而且也无法保障这些外国分公司能充分地满足和协调其客户的国际营销需求。20 世纪 70 年代，美国广告公司纷纷从独资持有外国分公司转向开办合资企业或少量持有股份。这种方案不仅可以解决新公司启动时间过长的难题，还可以给广告主提供能反映当地商业运行和文化特色的广告计划。合资企业也深知，本土广告人才的专业技能正在日益提高，许多海外广告公司为客户提供的服务也足以与美国大型广告公司相媲美。不过，在 20 世纪 90 年代之前，客户的广告事务仍然由广告公司负责，其全球广告的操作方式与国内相差不大。

在过去的 20 年中，站在广告公司的角度看，国际广告经历了许多重大变化，其中最值得注意的一大趋势可能就是越来越多的客户开始自行承担大部分营销传播功能。这一功能性变化在许多广告公司的职位名称中表现得较为明显，如今，国际营销计划由那些拥有"全球品牌经理"和"全球营销官"这类头衔的主管负责实施。在很多情况下，广告公司对客户来说从长期合作伙伴变成了实施特定创意或媒介购买的专家。"将策划从创意中剥离出来和客户开发内部战略能力的提升，使营销商得以自由地购买创意服务——现如今，这些客户凭借着数据库技术的支持，比任何外部合作伙伴都更了解自己的消费者的真实行为。"[24] 这一变化带来的最明显的结果，就是跨国企业如今为了创意而联手小广告公司。而在过去，这些小广告公司可能因缺乏全面服务方面的员工而被广告组合拒之门外。

广告公司的另一大变化趋势是不再建立那种办事处过百的大型全球网络，而是转向少而精的办事处或微型网络，并以争取客户为战略出发点加以部署。例如，阿诺德公司在美国设有三个办事处，在伦敦有一个办事处，目前正计划设立第四个办事处，以适应越来越多的本国客户进入外国市场的现状。他们可能会选择布拉格，因为烈酒卖家杰克·丹尼尔斯（Jack Daniels）是他们的一个客户，并且在该地区的销量也高于平均值。同样，Crispin Porter+ Bogusky 公司也打算在海外市场设立几家办事处，以便公司在任何时区对客户的需求做出反应。"……我们认为，我们需要三家，最多可能四家工厂，配一家 CPB 办事处，这样才能供潜在客户使用。"亚历克斯·博古斯基（Alex Bogusky）这样说。[25]

接下来，我们从广告公司客户的角度分析全球广告业的一些主要地区。

主要增长点集中在美国以外地区

美国的广告收入占全球广告收入的 40%，然而，这些广告大多却是由外国广告公司投放的。1987 年 6 月 26 日，马丁·索罗（Martin Sorrell）收购智威汤逊并将其纳入总部设在伦敦的 WPP 集团，从此改变了美国在广告业中的统治地位。在随后的 20 年中，马丁·索罗又并购了其他几家具有标志性意义的美国广告公司，如奥美、扬·罗比凯和精信全球集团。[26]WPP 集团的海外控股公司还收购了另外几家历史悠久的美国广告公司，如李奥贝纳。除了这些收购活动，我们还可以从最大的全球营销机构名录中看到全球广告业的变化图景（见图 23.9），在前十大广告公司中，只有两家总部在美国。

这些巨型企业的海外收入往往还不到企业总收入的一半，更为重要的是，在前十大企业中，美国境外收入增长的幅度总是大于境内。正如之前我们讨论的那样，营销商之所以向国外拓展，主要在于有可能获得更高的收入和利润。同样，广告公司和营销公司也发现，相对于成熟的美国和西欧经济体而言，很多地区的新兴市场更具增长潜力。人们很难准确地预测跨国市场的发展趋势，不过可以肯定的是，在未来 20 年甚至更长的时间内，全球的发展中地区将持续释放出巨大的增长潜力。

图 23.9
世界营销代理公司 25 强
根据 2008 年全球收入排名。

排名 2008	排名 2007	代理公司名称	总部	全球收入（百万美元）2008	全球收入（百万美元）2007	百分比变化（%）
1	2	WPP 集团	伦敦	13 598	12 383	9.8
2	1	宏盟集团（Omnicom Group）	纽约	13 360	12 694	5.2
3	3	埃培智集团（Interpublic Group of Cos.）	纽约	6 963	6 554	6.2
4	4	阳狮集团（Publicis Groupe）	巴黎	6 900	6 393	7.9
5	5	电通（Dentsu）	东京	3 296	2 932	12.4
6	6	安吉斯集团（Aegis Group）	伦敦	2 490	2 215	12.4
7	7	哈瓦斯（Havas）	法国，叙雷纳	2 307	2 094	10.2
8	8	博报堂（Hakuhodo DY Holdings）	东京	1 560	1 392	12.1
9	9	MDC Partners	多伦多 / 纽约	585	534	9.5
10	11	旭通（Asatsu-DK）	东京	503	454	10.8
11	10	联合数据（艾斯隆 Epsilon）	达拉斯	491	469	4.8
12	12	Media Consulta	柏林	427	415	3.1
13	13	微软（睿域 Razorfish）	华盛顿州，雷德蒙	409	368	11.1
14	15	Photon Group	悉尼	383	314	21.9
15	14	卡尔森营销集团（Carlson Marketing）	明尼阿波利斯	367	349	5.1
16	16	Chell 国际（Chell Worldwide）	首尔	340	300	13.4
17	17	IBM 公司 [IBM Interactive（IBM 互动）]	纽约州，阿蒙克	313	278	12.6
18	19	Sapient 公司（Sapient Interactive）	马萨诸塞州，坎布里奇	306	241	27.0
19	26	InVentiv Health（InVentive Communications）	俄亥俄州，韦斯特维尔	280	204	37.1
20	22	ABC 集团	圣保罗	280	228	22.6
21	20	STW 集团	澳大利亚，圣伦纳兹	256	235	9.0
22	25	LBI 国际（LBI International）	斯德哥尔摩	241	211	14.2
23	23	克莱蒙格集团（Clemenger Group）	墨尔本	239	220	8.5
24	24	珂赛特传播集团（Cossette Communication Group）	魁北克	238	218	9.6
25	18	乔治 · P. 约翰逊公司（George P. Johnson Co.）	密歇根州，奥本希尔斯	238	256	−7.0

资料来源：Reprinted with permission from the April 27, 2009, issue of *Advertising Age*. Copyright, Crain Communications Inc. 2009.

全球广告公司的整合营销传播效应

回想一下，我们在第二章介绍了“整合营销传播”这一概念。我们发现，营销商更感兴趣的是如何以最有效的途径触达消费者，而不是如何将他们的营销传播人为地分成广告、推广等等。这一点在全球营销中表现得更为明显，他们更喜欢让广告讯息覆盖广泛的传播途径，包括户外广告、产品植入、手机以及其他新技术和传统广告媒

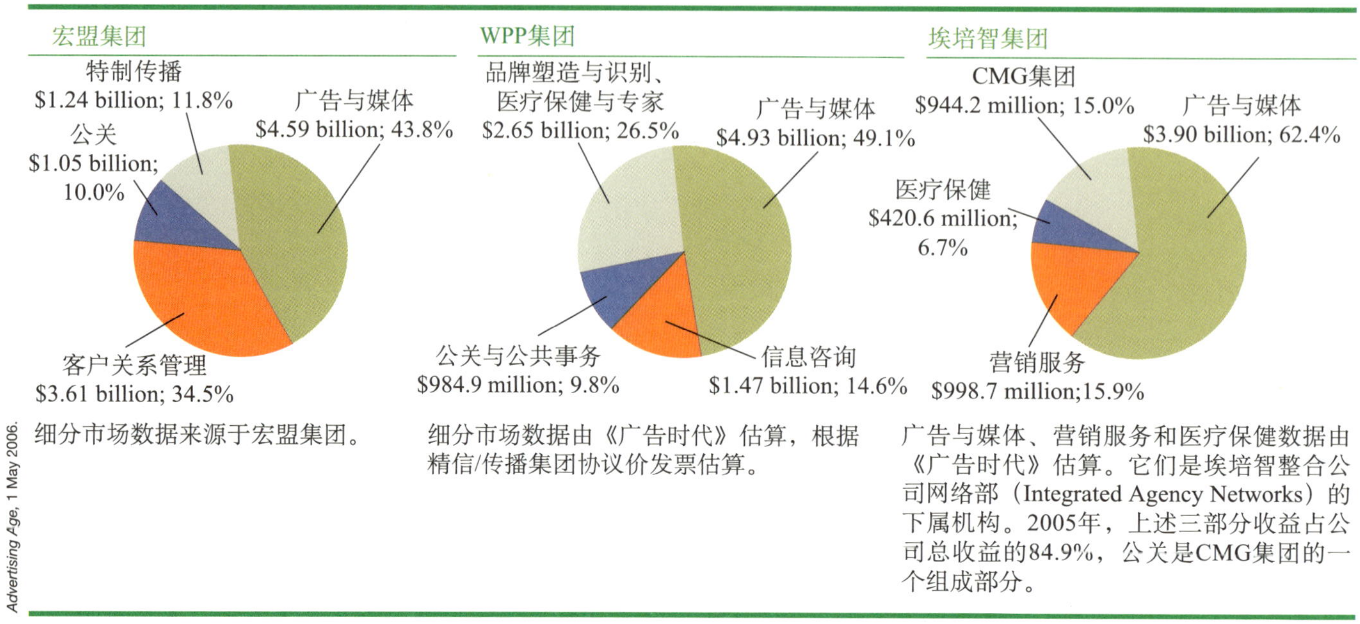

图 23.10

全球收入类别

体。为了服务客户，广告公司不得不将自己再造成营销传播机构，以满足跨国客户的多样化需求。

2001 年是大型广告控股公司的一个分水岭，那一年，所谓的“三巨头”（埃培智集团、宏盟集团和 WPP 集团）从广告服务中的获利还不到其总收入的一半，其余的收入则来自公关、销售推广、特制公司和调查服务。图 23.10 展示了这三家最大的控股公司的各种收入来源。我们也可以在各种营销公司中看到类似的情形。例如，未来，这些公司中的大部分将通过开发互联网和其他利用视频游戏或互动媒体的专门传播方式获取大量收益。

尽管过去 20 年经历了国际广告公司的快速增长和多元发展，但最近几年，逆潮流而动的分权管理趋势却表现得非常明显，众多大型跨国营销商都选择了雇用多家小型广告公司而非一两家大公司来处理自己的全球品牌，这种做法在创意上表现得最为明显。由于企业自行负责整个广告战略并选择独立媒介购买机构来处理自己的全球媒介投放业务，于是他们便雇用多家广告公司，希望自己的全球品牌能在创意上有更多的选择余地。

现在，客户不再要求由一家全球广告公司来提供创意，而是向多家小公司征求创意。有时候，小公司确实是在给在某一个国家投放的广告构思主题，但很多时候，这些小公司设计的广告实施却被推向了全球。尽管摩托罗拉、索尼和迪士尼曾一度青睐独家一流广告公司这样的操作理念，但现在也都选择了分权管理的发展路线。相对于轻松的一站式购物，客户们似乎更喜欢有选择、有整合的竞争模式。[27] 不过，雇用的广告公司一多，势必就会产生负面作用，即品牌形象与定位是否一致的问题，以及不同声音难以管理的潜在问题。在操作的层面上，大型广告控股公司建立了巨大的全球组织，但却发现自己可能要与之前从未视作对手的地方竞争者竞争。

调研与跨国消费者

国际广告代理公司与广告客户之间的关系变化在哪个领域的表现都不及在市场调

研中那么明显。长期以来，营销商一直认为了解一个品牌的全球消费者是一项特殊的挑战。跨国调研，尤其是那种试图辨别多国消费者行为共性的调研，要解决国内营销调研中极少面对的问题。正是由于跨国调研中的这些特殊难题，在过去的十年中，消费者调研的主要职责是由跨国营销商来承担的。针对跨国品牌的调研最能反映出集权化的优势，在这里，集权化远比许多创意或媒介执行所用的本土化方法更能发挥作用，更有成本效益，更可靠。

没有集中策划，调研结果就无法在国与国之间进行对比，全球战略决策就寸步难行。随着全球营销的日益错综复杂，广告公司将更加依赖客户针对具体项目而收集并提供给自己的调查数据。

可口可乐最近刚刚组建了一个内部客户策划与调研小组，旨在通过这个集中策划与调研部门，帮助公司洞察全球消费者。这种集中度可以使可口可乐更好地理解不同国家的消费者与公司的各品牌之间有什么关系，更好地认识如何让传播活动在不同国家的消费者之间引起共鸣。这个部门可以使公司了解“……广告公司通过数据无法获得的消费者行为和消费者洞察……客户更关心营销，而广告公司更关心传播……我们（可口可乐）希望找到那么几个能适应不同地域的创意”[28]。正如某大型跨国广告公司的一位首席执行官所言：“我看到越来越多的企业要求用全球化的视角来评估自家消费者的价值，在与福特汽车公司和 IBM 公司打交道的时候，你不能只让一个国家或地区站在他们的立场、按照他们的方法来收集数据……（而是要求）有一个人站在高处，统筹整个流程。”[29]

尽管近些年来全球调研在数据的可靠性上大有进步，但国际公司在解读调研结果上却遇到了巨大的麻烦，即使想拿出一个能为若干国家理解且行之有效的标识都会障碍重重。调研流程的核心就是设法将关键的广告和营销信息有效地转化为广告在全球执行。虽然传统的语言翻译非常重要，但在移植过程中还必须理解一个国家文化传统的细微差别。

从这个意义上讲，**营销移植**（marketing translation）指在多个国家执行同一个基本营销计划的过程。这种移植不仅仅关系到语言及其含义上的细微差别，还影响到媒介在使用与便利性、促销的法律规范以及广告基本操作上的差异。因此，鲜有哪个广告计划在推向全球之前没经过大量的修改。

营销移植
将一个统领性营销计划移植到跨国环境的过程。

移植过程中的一个决定性因素是品牌检验，目的是了解用户对特定品牌的感觉，以判定某个品牌对世界各地用户的意义，然后制定相应的市场战略，提升品牌的未来销售潜力。品牌检验往往表明，企业对其品牌的总体感知与特定国家消费者对该品牌的总体认知不一致。例如，汰渍洗衣粉发现，“亮白”是消费者在选择清洁产品时的一个接触点，于是，宝洁公司便以亮白为卖点，在各个国家的广告移植中都利用了这一点。同样，宝洁公司还围绕着去屑有益于秀发健康这一主题，为海飞丝创作跨国广告（见图 23.11）。

不管是什么职能——创意、媒介或调研，广告公司在满足客户需求时都会面临两大问题：

1. *第一个问题，他们必须适应客户的组织架构。*有多个国际客户的广告公司往往都会发现，对不同的客户要采取不同的具体管理措施。事实上，有些广告公司发现，他们的每个客户都要配以不同的管理组织。

（a）

（b）

（c）

（d）

（e）

（f）

图 23.11

宝洁公司为若干核心品牌开发了全球主题。

（a）和（e）由盖勒・尼西／李奥贝纳以色列公司和宝洁公司提供；（b）（c）（d）由三重奏广告公司（Trio Advertising）提供；（f）由 Bauman Ber Rivnei Saatchi-Saatchi 以色列公司提供。

2. *跨国广告公司面临的第二大问题是如何集中管理和本土传播*。“全球化思考，本土化执行”对每个广告公司而言都是一个两难境地。广告公司必须将宽泛的客户营销战略转化为针对各国具体客户的营销战略。

跨国广告策划

正如我们所见，国际广告不只是将广告输出到国外，它还要求广告公司具有丰富的经验和处理细微差别的能力。很多时候，在国际环境中做广告决策不得不更多地依赖直觉和可信度更低的调研。尽管存在这些差异，但无论在什么地方，广告的基本功能还是一样的。所有的广告都源于扎实的策划和对基本营销战略的遵守。虽然在海外营销中更难判断消费者的偏好，但差异化的品牌优势仍然是构成大多数广告讯息中心主题的必要条件。和在国内的做法一样，国际营销传播的所有活动都应该是协调的、整合的，而不是一堆毫不相干的广告和促销讯息。

尽管广告的基本要素是一致的，但国际广告主在不同国家的执行和实践过程中却会遇到各不相同的问题，跨国营销商们将发现，广告的用法、接受度及其目的和基本目标都会表现出巨大的多样性。随着企业在全球范围内推出自己的产品，企业还会遇到其他一些难题，比如产品品类竞争这类常见问题，再比如劝服消费者改变既有习惯或克服针对某些产品的传统文化禁忌等更为复杂的难题。

不管国际广告活动的目标是什么，广告主都必须解决每个国家所特有的问题。这里，我们将讨论国际广告公司及其客户主要关心的两大领域：（1）创意与文化因素；（2）媒介策划与购买程序，包括法律规章制度。

创意与文化因素

4 认识国际营销中的创意与文化因素。

国际广告讯息不只是单纯销售产品。虽然销量和利润仍然是所有促销讯息的主要目标，但跨国广告主对创意功能的期待近几年已经发生了翻天覆地的变化，他们越来越意识到自己的广告无法回避社会和文化因素，有时甚至还必须考虑政治因素。外国产品的泛滥，特别是在发展中国家的泛滥，导致消费者指责跨国公司是在利用和漠视本土文化。因此，单凭推出新产品，然后依靠对销量和利润的潜在需求已经不够了。民族主义意识在全球方兴未艾，因而广告在全球范围内传播时，必须采用当地用户可以接受的本土语言来传播有意义的讯息。传播既可以消解当地消费者的担忧，也可以加深当地消费者的担忧，而广告处于传播的最前沿。

除销售产品和服务之外，广告还在许多社会和文化层面不经意地发挥着作用。

> 广告可以施加塑形影响，它既有劝服力又有普遍性……即使在改编成当地情节和角色的地方，广告仍然经常表现社会中的部分人，比如处于上升态势的城市中产阶层，他们更愿意拥抱或接受西方的价值观和道德观……与此同时，国际广告还充当着跨越国界的整合力量，它采用通用符号和标语散播讯息，并在世界各地区的目标受众之中建立起一套共同的传播模式……因此，人们可以将广告视作一种力量，通过它可以整合社会，建立共同的联系、通用符号以及全球不同地区的人际传播模式。[31]

Courtesy of Heinz and Adler Chomsky & Warshavsky (Grey Israel).

图 23.12

亨氏以阿拉伯人的传统食材为广告创意，面向讲阿拉伯语的父母展开宣传。

如果广告不尊重当地文化，就可能引发严重问题并导致消费者对某一品牌的态度经年不变。输出美国广告的一大问题在于，作为消费者，美国人可以接受的讽刺、幽默、隐喻和修辞在其他国家很可能不受欢迎。例如，耐克在中国播放的一条广告描述了 NBA 明星勒布朗·詹姆斯（LeBron James）击败了一个卡通功夫形象和两条龙，中国的许多观众投诉说这条广告将中国人刻画成了软弱无力、无法保卫自己的形象。所以，该广告在中国遭到了抵制。中国国家广播电影电视总局称：“所有广告都必须维护国家尊严和国家利益，并尊重本国文化。”[32]

在国际广告中，想要避免所有的文化过失是不可能的。不过，跨国广告主如今比过去更了解潜在的陷阱，并正在采取措施防止这种事情的发生。现在，许多广告代理公司都在聘请专家，如文化人类学家，同时更加充分地利用目的国的调研和顾问，以便更全面地了解买主的消费习惯。成功的创意执行始于对一个国家的文化、习俗和消费习惯的深入了解。有时，这种分析非常简单，就像了解当地节日、庆祝仪式以及联合促销是否适宜一样简单。

例如，设想一下，针对同一地区的两个不同群体，亨氏该如何裁剪自己的广告讯息？消费者洞察显示，讲阿拉伯语的族群间，番茄酱配热狗和炸薯条这类“非传统”食品的频率较高，图 23.12 中的广告表现了孩子对番茄酱的喜爱度，还表明了他们为不吃豆子（majadara）、茄子汤（mnazalah）和肉拌秋葵等传统食物而用的借口；而瞄准以色列人的广告突出表现洁食认证标志和孩子们对番茄酱的喜爱度（见图 23.13）。

图 23.13

亨氏向以色列父母宣传带犹太洁食认证标志的番茄酱，指出孩子们对番茄酱的喜爱度。

从考虑本地饮食到考虑全球假期，如犹太新年，再到某一国家特有的庆祝活动，如德国统一日，广告主必须知道围绕这些活动的当地习俗是什么、将它们商业化是否适宜。

我们已经知道，广告创意已不再由美国人垄断，广告公司和广告客户都对世界各地的广告创意敞开了大门。过去，创意战略通常源于美国并推广到国外；现在则不同，现在我们经常在全球广告中看到产自某一国外市场的创意和广告执行。越来越多的广告主已经意识到海外广告操作的复杂性，因此，采用美国广告创意的观念也已经被联手本土广告公司的观念所取代，这些本土公司既了解海外广告主的才华，也清楚他们更有助于了解国际传播。在过去的 30 年中，我们见证了跨国企业日趋成熟的进化过程，该过程大致分为三个基本阶段：

1. *进入外国市场。*第一阶段事关企业做出的进入国际市场的决策。虽然许多大型企业在第二次世界大战前只是有限度地进军国际市场，但到了 20 世纪后半叶，在全球范围内销售产品已经成了许多企业的常态。
2. *在营销战略中强调本土特色。*自 20 世纪 80 年代，企业便开始采用更实用、更注重当地特点的营销和广告计划。企业深知，那种以不变应万变的战略根本不奏效，于是他们开始从更加个体化的视角来看待市场。遗憾的是，这些本土化的努力大多缺乏扎实的信息基础，而且更倾向于程式化而非以事实为基础。

3. *以调研为基础的本土化和细分。*就目前而言，我们看到很多市场都在实行以消费者为基础的营销战略，它们都以美国和其他发达广告市场所奉行的众多共同概念为指导思想。尽管大多数国家还需要很多年才能达到美国的研究深度和消费者了解度，但很多企业实际上已经意识到了尊重消费者需求和愿望的必要性，这是他们向正确方向迈出的一大步。

媒介策划：全球视角

从历史上看，媒介部门曾遭遇国际广告中的三大问题：

1. *媒介的可获得性或使用水平。*虽然有了卫星电视，有了更高的全球家用电视机渗透率，有了若干覆盖全球的电视网，媒介策划对跨国企业而言仍然是一个复杂的难题。不过，CNN 国际新闻网络、在 60 多个国家运作的迪士尼频道以及在多个国际市场运作的 ESPN 等媒体却可以大大方便全球营销商进行统一传播。但是，有些国家，特别是中国，虽然家用电视渗透率非常高，却不允许播放外国节目。CCTV 电视网允许播放海外企业的广告，其总收入的 90% 来自广告，其中许多来自像宝洁这样的全球企业。[32]

   造成媒介可获得性差异的还有其他原因。例如，格鲁吉亚人、俄罗斯商业顾问基维·托普斯基希维里（Givi Topschishvili）建议，媒介策划在俄罗斯发布广告时要对意想不到的状况有所准备：“在将媒介计划综合到一起的时候，某个媒体存在的意外停播风险可能就显现出来了。”[33] 除了显而易见的问题，停播还会导致金钱损失和媒体目标混乱。

   这种国际企业可以和地方性或地区性台网联手给广告主提供机会，如此一来，无论广告主是为全球性品牌选择综合频道，还是为针对某个国家或地区的特定品牌选择更专精的频道，都有选择的余地。此外，全球电视的推出，还为广告主采用相似于发达国家所用的那种品牌战略创造了机会。尽管卫星电视为媒介策划增添了一个重要的选项，但众多的印刷媒体，特别是《时代周刊》和《华尔街日报》这类新闻期刊和商业期刊，都有完善的国际版触达上层目标消费者。

   在国际媒体可获得性不断提升的同时，不应忽略这样一个事实，即国与国之间的媒体使用状况相差甚远。例如，电影广告在美国被视作非常小众的媒介，但却是亚洲和欧洲部分地区的主力载体；户外广告和广播广告在很多国家也极为重要。

2. *法律限制。*每个允许投放广告的国家都会设定某种形式的管理法规，管理的程度和类型主要针对以下两个问题：

   a. 广告的时间长度及其复杂程度。
   b. 企业和媒体所享受的自由度。广告管理的范围与一个国家的媒体自由度直接相关。例如，最近委内瑞拉对媒体自由的控制就影响了广告的发展。据该国一位广告公司主管的说法：“限制媒体自由的法令严重打击了当地广告业的勇气……而这是我们（经历的）创造水平低下的主要原因之一。”[34]

虽然在广告管理法规和控制方面存在诸多差异，但就通行的广告限制形式而言，发达国家大多高度一致。绝大多数大型广告市场对广告的约束是通过自律和法律两者的共同作用来实现的，这与美国联邦贸易委员会以及许多商贸组织——如商业促进局委员会——的作用相似。例如，英国的主要自律组织是广告标准局（Advertising Standards Authority），它受理民众对误导性广告的控诉，并向广告主推荐各种自愿解决方案。与它类似的一个组织是欧洲广告标准联盟（European Advertising Standards Alliance，EASA），其职能是协调整个欧洲大陆上 28 个自律组织的工作（见图 23.14）。为了强调在全球范围内做好自律的重要性，国际商会（International Chamber of Commerce）宣布对其 1937 年起草的基本法令进行修改，而在很多国作为自律基础的 2006 年版守则，也试图在考虑新技术和新传播方式的情况下定义营销和广告。[35]

除正式的法律监管外，全球还有很多行业自律组织与美国的相关组织类似。例如，欧盟饮料协会（Union of European Beverage Associations）发布了一份涉及面广泛的计划，以限制小学的自动售货机销售软饮料。面对向 12 岁以下儿童销售高糖饮料而导致的批评，许多组织都采取了与欧盟饮料协会类似的举措。另外，食品营销商联盟也承诺实施一项计划，促进“健康、饮食和体力活动”[36]。全球营销的一个后果就是，随着消费者的日趋成熟，随着他们逐渐行使监督广告的权力，在美国建立的法律和自律系统扩散到了很多国家。

国际广告的许多限制条款与美国国内的广告限制条款相似，例如，所有媒体或有些媒体可能限制或排斥烟酒广告和某些产品品类的广告。此外，由于各个国家对在不同媒体上投放的讯息类型有很多限制，因此国际媒介策划

图 23.14

全欧洲的自律管理越来越一致（西西里岛马泰拉）。

必须与创意执行紧密合作。虽然我们没有足够的篇幅来探讨各个国家所执行的广告监管条款，但我们可以在此重点讲一些全球广告监管机构通用的且更为常见的限制条款。

- *比较广告*。在美国，广告主可以在广告中点名道姓地提出竞争者；但在其他很多国家，比较广告都是被严格限制或完全禁止的，这些国家认为比较广告是一种不正当的竞争形式。由于对比较广告普遍禁止，因此大多数国际广告活动都不建议采用比较广告。
- *面向儿童的广告*。同样，美国是世界上对儿童广告持最为宽容态度的国家之一。许多国家禁止一切面向儿童的广告，并在儿童节目中排除一切广告，即使在其他情况下，允许向儿童发布广告的时间也是非常有限的。禁止发布针对儿童的广告会涉及一系列问题：瑞典和挪威禁止所有针对儿童的电视广告；荷兰不允许在直接面向儿童的广告中使用名人代言；西班牙禁止在电视食品广告中采用虚构形象，若采用则属违法行为。因此，按照美国标准将直接面向儿童的广告活动推及美国之外的设想恐怕就很难付诸实践。[37]
- *网络广告*。随着越来越多的企业转而将网络当作发布产品信息、进行促销和实施消费者调研的一种途径，遵守国际商务规则变得困难起来。因为网络不允许企业限制覆盖区域，因此很多广告主都会在广告中附一份声明，称所有产品均遵守美国（或广告想要投放的其他国家）的法律和监管标准，针对的是这些国家的居民。虽然这并不能为企业未来将要承担的责任提供一个万全之策，但一旦有人在外国法庭提出上诉，这的确可以为公司提供一份抗辩证据。就此而言，法学家们正在就网络营销所应承担的责任大小而展开讨论。“如果一家公司在芝加哥、波士顿或纽约的服务器上投放广告……全球都可能看到这些广告。从法律的角度来看，问题是美国之外的国家是否对……被他们视为不合法的广告材料行使司法管辖权。”[38]
- *事实标准*。在美国和西欧的大部分国家，幽默、夸大和夸张都是可接受的广告形式；大多数消费者和监管人员也认为，为了引起受众的兴趣，创意有时可以偏离原本的产品事实。不过，跨国广告主却可能因在产品承诺方面极端保守而犯错。在美国，用神奇、超级棒或非常了不起等字眼来形容产品功效的广告可能会被视为可接受的夸大，但在国外却可能以巨额赔偿而告终。

3. *可信受众调研的缺乏*。随着客户和媒体转向全球谋求更多的市场份额和受众数量，媒介策划也必须和所有广告主管一样，用国际化的视角看待问题。过去的 20 年中，国际媒介购买部门的作用发生了翻天覆地的变化。跨国客户一方面要追求成本效益，一方面又意识到了国际媒介购买中存在的独有问题，于是他们要求广告公司给自己提供特殊的专业服务。在这种环境下，对跨文化媒介调研的需求变得更加强烈。

在几个大的广告市场之外，媒介调研要么没有，要么数据十分不可靠。即使是基本的信息，如印刷媒体的订阅发行量，往往也无法获取；即使有数据，也是未经审核的数据。例如，一家在中国经营的大型广告公司的一名主管这样评论传媒发行数据：“媒体总收入极端夸大，已经到了在别的国家可能被当作犯罪的地步。”[39] 除了基本的媒介调研之外，媒介策划往往还缺少目标受众的基本信息，包括购买习惯数据和媒介使用习惯数据。

虽然缺少受众和市场数据一直是跨国营销商们担忧的一个问题，但在过去的 10 年中，与媒介策划有关的问题已经有了大幅改善（见图 23.15）。例如，近些年，可以收集到电视收视率的国家已扩展至全球范围，其中包括肯尼亚、乌干达、科威特、泰国甚至伊朗。虽然全球媒介策划仍然面临着严峻的挑战，但以下两大因素已显著提高了广告主触达目标对象的能力：

1. *高效全球传播的迅速发展*。有线电视和卫星电视频道，加上电影的全球发行以及网络和移动电话，为数百万的全球曝光量创造了切实可行的机会。

2. *全球零售商的扩展*。正如我们前面在沃尔玛一案中所谈到的，消费者未见得会一直接受一种标准模式的营销和购物体验。不过，从长远来看，全球消费者有可能变得更习惯于接受相似的产品和货物，因此，媒介和创意战略也将变得更加标准化。

除了媒介目标的具体实施之外，媒介策划还必须处理在开发和设计国际战略计划时遇到的特殊问题。大型跨国广告主的媒介购买极为复杂，因而媒介职能越来越向大型媒介战略策划公司或媒介经纪人集中，后者往往为大批广告公司购买媒介。这些媒介专家，如位于伦敦的实力传媒集团，有实力雇用训练有素的人员实施跨国受众调研，建立大型数据库，而这是大多数个体广告公司的财力无法承担的。这些组织中的策划人员也可以将客户集中起来购买媒介而非逐个购买，从而获得媒体的大幅折扣。

图 23.15
全球手机使用量的加大进一步加强了媒体的曝光机会。

Courtesy of Nokia and Adler Chomsky & Warshavsky (Grey Israel).

美国的广告及种族多样性

前面已经讲过，全球营销已经成为许多美国企业的核心战略。不过，美国企业不必非得到国外去处理跨文化营销难题。美国人口普查局的最新数据显示，19% 以上的美国居民倾向于在家中使用另一种语言而非英语，这一趋势在以下几个州表现得更为明显：加利福尼亚州（42%），新墨西哥州（36%），得克萨斯州（33%），纽约州（28%）和亚利桑那州（27%）。[40] 虽然我们更想突出少数几家全球企业的营销实践，但是在美国，即使最小的零售商也面临着触达多元人口的难题，而且在一定程度上，他们还要解决许多全球企业才会面临的营销和推广问题。美国三大少数族裔是西裔美国人、亚裔美国人和非裔美国人，原住民占总人口的比例还不到 1%。

5 认识影响营销的三大多元化趋势。

回顾过去的 10 年，展望未来的 25 年及之后的岁月，多种族营销将更加复杂，但与此同时，企业与这些不断壮大的族群之间成功沟通的机会也在不断增加。不过，下面三大趋势会增加多种族人口营销的难度：

1. *多数种族向少数种族的转变*。市场变化之快让许多企业无所适从。非西裔白人数量占得克萨斯州、加利福尼亚州、新墨西哥州和夏威夷州人口的比例不到一半；另外九个州，如纽约州和佛罗里达州这些主要地区，很快也将赶上这一发展趋势。

2. *种族确认的难度增加*。在 2000 年的人口普查中，几乎 700 万参与调查的人列出了不止一个种族背景，其中包括全部儿童的 4%。未来，传统种族称谓的关联度将降低。

3. *世界公民*。通过网络和其他技术，移民可以更轻松地与家庭和祖国保持联系，因而社会同化和文化适应的时间将会更长。[41]

如第四章所述，无论是在国家层面还是在本地层面，营销商都不能忽视人口多元化的日益重要性。例如，西裔美国人和非裔美国人已分别占美国总人口的约 16% 和 13%。2003 年，西裔美国人的人口数量超过了非裔美国人的人口数量，其增长速度在未来几十年内都将快于所有其他族群。5% 的美国人口是亚裔，这一族群在 20 世纪 90 年代增长了 30%。有人估计，到 2050 年，超过 50% 的美国人口将由这些族群构成，其中西裔美国人将占到美国总人口的三分之一。

传统上，美国的少数族裔人口集中在美国少数几个地区和城市中心地带，例如，得克萨斯州有 8 个县的总人口中至少 90% 为西裔，而 51% 的亚裔美国人只住在 3 个州内（加利福尼亚州、纽约州和夏威夷州）。大型美国企业都在竭尽全力讨好美国国内和国外的西裔消费者（见图 23.16）。不过，在过去的 10 年中，少数族裔人口的明显增长却发生在众多的不同区域。例如，西裔人口增长最快的 3 个州是北加利福尼亚州、佐治亚州和阿肯色州，这些州中有些县 1990—2000 年的人口普查显示，西裔人口增长了 500% 甚至更多。如图 23.17 所示，少数族裔人口正在向年轻族群倾斜，表明未来西裔人口会出现迅速增长的趋势。跨文化消费者的崛起与其显著提高的购买力或许是近些年营销的重大发展。

图 23.16

触达国内外的新市场。

跨文化市场的力量

6 认识多元化将如何影响美国的广告业。

许多产品品类的企业都注意到了多种族消费者的重要性。跨文化市场不仅扩张速度快于总人口的增长速度，而且其购买力也在加速提高。《华尔街日报》在一篇特别报道中分析了多元化所带来的机遇和挑战，报道指出："如果企业计划在全球销售产品和服务，那么它们的员工队伍必须要由视角不同、经历不同的人构成，还要能理解不同国家、不同文化的高层管理人员。"[42] 报告继而分析了哈雷摩托车如何在过去的 10 年中成功地将客户群从单纯的白人男性扩展到了白人女性和其他肤色的消费者。为了向这些族群销售产品，公司副总裁及经理所占的比例从 10 年前的 5% 发展到了今天的 25%，其高级经理所占的比例在 10 年间也从 15% 增加到了 25%。如该公司所言，它所需要的管理团队和营销团队必须要能反映出公司所希望吸引的客户基础。

企业逐渐认识到，单纯识别种族细分市场根本不够。广告主们知道，他们不仅要开发出能真正满足这些消费者特殊需求的产品和讯息，同时还要在可信的传播环境中向他们传递讯息。企业还意识到，这个细分市场非常大、发展速度非常快，因而任何一个企业都会将它视为自己未来计划的一个重要组成部分。根据美国人口普查局的数据推测，截至 2010 年，单是西裔市场就将增长三分之一。多年来，像美国银行和汉堡王这些不断进取的企业已经给自己的拉丁客户提供了一系列服务，如西班牙语语音信箱、精通西班牙语的雇员以及双语菜单。如今，大多数大型企业在针对少数族裔消费者的广告和营销计划中变得越来越积极主动。例如，美国全国性广告公司协会的一项调查发现，略超过一半的被调查企业成立了处理跨文化营销业务的独立部门，而且它们当中的将近三分之一要承担独立的预算责任。该报告的作者总结说："设立一

图 23.17

生命周期：美国消费者

人口生命周期如何提高了美国社会的多样性。

出生：至2006年

出生：0～12	13～17	18～34	35～54	55+
1994—2006	1989—1993	1972—1988	1952—1971	至1951年

2006年美国人口：298.2（百万）

出生：0～12	13～17	18～34	35～54	55+
17.6%	7.2%	23.2%	29.0%	23.0%

性别

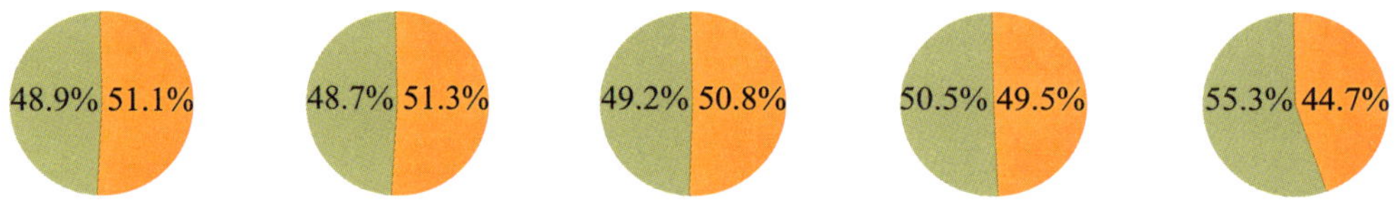

种族

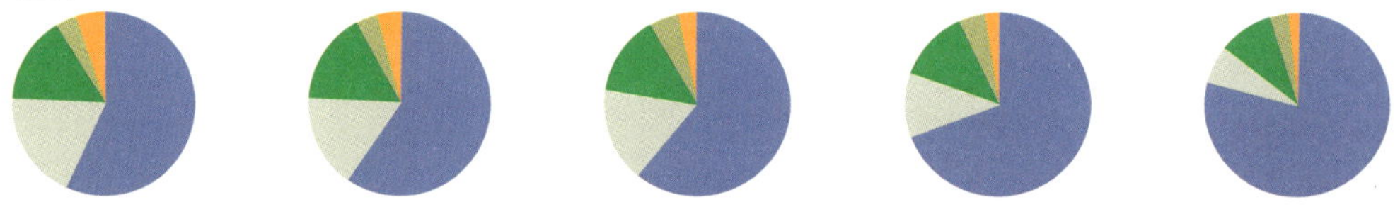

西班牙血统（所有种族）

出生：0～12	13～17	18～34	35～54	55+
20.7%	18.0%	18.3%	12.5%	7.1%

最常用男性名字

出生：0～12[1]	13～17[2]	18～34[3]	35～54[4]	55+[5]
雅各布	迈克尔	迈克尔	大卫	詹姆斯
迈克尔	克里斯多夫	克里斯多夫	迈克尔	罗伯特
马修	马修	詹森	詹姆斯	约翰

最常用女性名字

出生：0～12[1]	13～17[2]	18～34[3]	35～54[4]	55+[5]
艾米丽	杰西卡	詹妮弗	玛丽	玛丽
汉娜	艾什丽	阿曼达	苏珊	芭芭拉
麦迪逊	布莱尼	杰西卡	琳达	帕特丽夏

1.2000年常用名字。2.1990年。3.1980年。4.1960年。5.1940年。

人口数字为约整数。更多信息请登录 census.gov;ssa.gov。信息来源：人口普查局2006年人口规划；美国社会安全局（姓名）。

个具有盈亏目标的独立部门是这些组织真正推动自己的跨文化营销取得成功的关键因素。”[43]

企业对西裔市场的关注度一般高于非裔市场和亚裔市场，原因有二。首先，亚裔美国人和非裔美国人的社会同化和文化适应度远远高于西裔美国人。虽然亚裔美国人人口数量很大，但他们在总人口中所占的比例相对较低，迫使他们不得不比西裔美国人更快地融入美国社会。有关完成高中和大学学业、收入以及英语流利程度的调查数据显示，在很多方面，亚裔美国人都是文化主流中的一员。因此，虽然亚裔美国人表现出特定的产品偏好，但他们的总体市场规模却意味着针对他们的市场支持不会太多。同样，有关非裔美国人的数据显示，在很多方面，他们与普通美国人群惊人地相似。众多调查显示，在收入不变的情况下，非裔美国人的购买行为与高加索人的购买行为非常相似。然而，尽管存在这些相似之处，仍然有研究表明，所有少数族裔都会对针对其个体需求及偏好进行直接营销和广告活动的企业和品牌做出较好的反馈。

营销商之所以必须付出更多的营销努力才能触达西裔市场，还有一个原因：语言差异。虽然其他少数族裔市场接受英语的速度都很快（肯定在一代人之内），但西裔市场却大为不同，即使西裔美国人的英语已经很流利，但西班牙语仍是他们很多人偏爱使用的语言。只需留意一下商店的标识、广告、西班牙语广播和印刷媒体的数量，我们就能了解这个占相当大人口比例的细分市场将英语当作首选语言的缓慢程度。缓慢的社会同化速度、对西班牙主题产品的高度偏爱，以及持续增长的市场潜力，促使企业不得不对这一少数族裔人群给予更多的关注。图 23.18 表明，在大多数情况下，针对西裔市场的主力营销商和针对普通买主的营销商毫无差别。这再一次证明这一细分市场一直备受主流广告主的关注。

多样性与美国广告

广告主如何处理美国的种族多样性？这是一个既敏感但又有利可图的问题。曾经一度，广告主们认为，他们只要在外语或少数族裔媒体上投放一定比例的广告，就可以给这些市场提供充足的便利条件。不过，语言或媒体已经不是少数族裔市场的决定性力量。如今，如何解决文化差异特征成了一个更为重要的问题——这些差异超越了年龄、地域和语言的限制。根据皮尤西裔中心（Pew Hispanic Center）的数据，72% 的第一代西裔移民以葡萄牙语为主，47% 的第二代西裔移民讲双语，78% 的第三代西裔移民以英语为主。[45] 不过，正如企业很快发现的那样，语言并不能限定一个人如何看待自己的文化根源，即使是说英语的西裔移民，或者不说西班牙语的西裔移民，他们都和那些说西班牙语的移民一样，具有强烈的西裔社区价值观。

相对于语言驱动营销战略而言，价值驱动营销战略的出现是种族营销战略及其执行的主要变化，而争论的焦点也已经从语言是否是社会同化的晴雨表，转向了语言是否是少数族裔的一种自我认知。正如一名营销主管所言：“西裔移民没有被同化且将来也不会像之前的移民群体那样被同化，这一事实催生了一种新的营销规则。简单的移植已经无法再被这个越来越老道的消费群体所接受，单凭大众市场广告中的西班牙面孔也无法奏效。要想向美国的西裔移民进行营销，就要具备前所未有的消费者洞察力以及文化和语言技巧。”[45]

图 23.18

西班牙语媒体广告主 25 强

排名	企业名称	2008年广告支出（$）	百分比变化（%）
1	宝洁公司	183 720	15.4
2	Lexicon Marketing Corp.（Inglés sin Barreras）	138 588	-36.5
3	美国电话电报公司	109 411	-8.0
4	弗莱森电信公司	101 995	27.8
5	麦当劳	94 300	4.7
6	强生公司	93 930	21.3
7	通用汽车公司	92 978	-6.7
8	广播媒介伙伴公司（Broadcasting Media Partners, Univision）	90 869	-18.8
9	丰田汽车公司	88 851	8.3
10	直播电视集团（DirecTV Group）	78 342	NA
11	国家农业互助保险公司（State Farm Mutual Auto. Ins. Co.）	75 313	NA
12	沃尔玛	66 878	12.7
13	西尔斯控股公司	61 352	-23.4
14	迪士尼公司	59 769	-10.1
15	斯普林特公司	59 612	12.1
16	英国南非美乐酒业（SABMiller）	58 172	-9.9
17	德国电信（Deutsche Telekom）	52 584	5.1
18	TVAtlas.com	52 268	-5.1
19	America Directo	52 168	-0.6
20	尼桑汽车公司	52 149	-13.8
21	塔吉特公司	49 711	47.2
22	儿童国际（Children International）	48 648	NA
23	福特汽车公司	47 040	-32.9
24	杰西潘尼公司（J.C. Penney Co.）	46 528	12.1
25	好事达公司	46 221	-1.6

注：美元以千为计算单位。媒体数据源自特恩斯媒体情报公司（TNS Media Intelligence），涵盖了广播电视和有线网、西班牙语杂志（包括 PIB 监控的 4 家西班牙语杂志）、西班牙语报纸、西班牙语电视台以及西班牙语网站。百分比变化根据 2007 年的数据计算。

资料来源：Reprinted with permission from the 2009 Hispanic Fact Pack issue of *Advertising Age.* Copyright, Crain Communications Inc. 2009.

在尝试触达美国少数族裔市场时，营销商们遇到了一个有趣的困境：一方面，这些企业知道自己必须了解越来越多元化的消费者，这样才能在产品营销中获利；另一方面，所有人口细分——特别是青少年——越来越能接受多元的文化，这说明，未来将是一个不断借鉴多种文化识别的社会（见图 23.19）。按照斯蒂芬·帕拉西奥斯（Stephen Palacios）的观点，内省文化主义——美国年轻人更倾向于接受自身文化之外的文化传统和观念——正在变成一种社会规范。另一位营销主管则说，“……根据种族垂直线进行营销的日子正渐行渐远”，它正在被针对特定欲望和生活方式的诉求取代，这些欲望和生活方式能适应多种文化特质。[46]

每个主力种族群体都给营销和广告带来了特殊的挑战与机遇。正如我们将在本章后面探讨的，每个群体内都存在着许多亚文化。例如，日本血统的亚裔美国人对产品的偏好可能大不同于韩国或越南血统的亚裔美国人。下一章，我们将探讨面向不同群

Bananastock/Jupiter Images.

图 23.19

相较于年长者，文化差异对青少年和年轻成年人而言更加模糊。

体进行营销时将要用到的一些元素。

媒体 在一定程度上，种族市场的发展速度及同化程度是通过种族媒体的增长来估算的，外语媒体和种族媒体的数量代表了这些人口的规模和购买潜力。由于种族报纸的市场进入成本相对较低，因而，从数量上讲，它可以算是最大的媒体（尽管其受众规模小于面向种族观众的电视台）。图 23.20 为西班牙语媒体广告概况，这是迄今为止美国最大的种族媒体类别。每个西班牙语媒体都在以远高于主流媒体的增长速度发展。很多时候，大型出版商和广播网都在这些群体中办有全资或合资媒体，以确保自己能触达这一潜力巨大的广告市场。印刷媒体发行量大、文章质量高、广告成熟，而种族报纸则为触达每一个可以想到的目标群体提供了精准的空间。

可以看到，以俄罗斯裔、华裔、韩国裔、菲律宾裔、亚美尼亚裔和非裔美国人为

图 23.20

稳步增长

排名	媒体	美国西语媒体广告支出 2008（百万美元）	2007（百万美元）	百分比变化（%）	2006（百万美元）
1	广播网 / 全国电视台	1 807.3	1 789.4	1.00	1 733.9
2	地方电视台	707.4	707.0	0.05	690.1
3	全国广播	221.8	221.3	0.20	214.3
4	地方广播	529.2	524.1	0.98	511.7
5	全国报纸（不含分类）	124.0	123.8	0.19	120.7
6	地方报纸（不含分类）	186.2	185.7	0.25	182.0
7	网络	225.5	179.9	25.40	132.0
8	杂志	115.4	110.6	4.34	100.2
9	户外媒体	86.9	86.2	0.79	83.9
10	总计	4 003.7	3 927.9	1.93	3 768.7

资料来源：Reprinted with permission from the 2009 Hispanic Fact Pack issue of Advertising Age. Copyright, Crain Communications Inc. 2009.

目标读者的报纸数量很少，它们当中既有发行量在几百份的不定期刊物，也有读者人数超过 10 万的大型日报。在过去的 10 年中，大多数以种族读者为目标的出版物的发行量和广告都呈现出了大幅增长，但非裔美国人媒体是一个例外。相较于 20 世纪 40 年代的鼎盛时期，面向非裔美国人社区的报纸的发行量都在严重下滑，鲜有例外。非裔美国人媒体之所以衰落，主要原因有两个：

1. 20 世纪 60 年代和 20 世纪 70 年代的民权运动，推动主流媒体在地方报纸的带领下，开始对非裔美国人社区进行更为平衡的报道。随着主流报纸开始赢得非裔美国读者，他们的发行和广告收入便从非裔美国人刊物转向了传统刊物。例如，具有百年历史的《芝加哥捍卫者》（*Chicago Defender*）是非裔美国人刊物当中的杰出代表，目前发行量为 15 000，而 20 世纪 60 年代鼎盛时期的发行量为 250 000。[47]

2. 造成非裔美国人刊物衰落的另一个原因是，相较于其他族裔，非裔美国读者更容易为主流报纸所同化，对非裔美国人社区的传播不存在语言障碍，因此广告主无须就选择英语还是母语做决策。虽然非裔美国人在媒体使用和产品偏好上存在一些差异，但与亚裔美国消费者和西裔美国消费者相比，他们这个市场却表现出更加明显的同质性。

过去，种族报纸大多为小型独立出版商所有，但是现在，大型报业连锁也开始积极进军种族刊物市场，特别是西班牙语市场。在迈阿密《新先驱报》（*El Nuevo Herald*）、洛杉矶《回顾》（*La Opinion*）以及纽约和芝加哥《今日》（*Hoy*）的带领下，这些报纸为读者和广告主提供了针对西班牙移民市场的新闻和产品信息（见图 23.21）。西裔杂志在这个市场中也极受欢迎。该细分市场的主要刊物以时尚、魅力和名人为重点内容，近些年一直获利颇丰。至于网络广告（见图 23.22），我们看到大多数西班牙语网站的广告主都和主流网站的广告主相似，这一有趣的现象足以向一般广告主表明这个市场的重要性。

尽管印刷媒体在触达种族市场方面取得了成功，但在过去的 10 年中，种族广告的大部分广告支出却是投向电视媒体的。触达种族市场并不是什么新战略，在将近 30 年的时间里，《心灵列车》（*Soul Trains*）这类辛迪加电视节目就一直以非裔美国观众为目标受众。直到 20 世纪 90 年代，主流市场中的种族节目还主要局限于辛迪加节目和少数本地节目。不过，有线电视给广告主提供了触达零散观众的机会，而这是通过广播电视不可能实现的。正如有线电视让历史迷、高尔夫迷和烹饪迷拥有了专门满足其兴趣爱好的频道一样，它给小众的种族节目提供了切实可行的机会。黑人娱乐网络（Black Entertainment Network，BET）等频道的推出为非裔美国受众提供了主流网络不予播放的娱乐节目和信息。

西裔市场也采用了同样的模式。拉丁语电视市场由美国全国广播公司环球（NBC Universal）旗下的 Univision & Telemundo 掌控。它现在已成为争夺各语种年轻观众的主力军，而非在大型竞争电视台的缝隙中求生存的角色，偶尔还能在收视率大战中取胜。不过，主流广播电视台并没有失去人气，他们为争取西班牙语观众采取了一系列措施。例如，2005 年，美国广播公司决定将全部黄金时段电视节目表改为双语节目表。目前，美国广播公司不惜花费巨资替换了所有节目，并为人气最高的 4 个节目配音、配字幕，包括《绝望主妇》和《迷失》（*Lost*）。[48]

图 23.21

西裔报纸 25 强

排名	报纸名称	2008年广告收入（$）	百分比变化（%）
1	El Nuevo Herald（迈阿密）	72 776	-19.5
2	La Opinion（洛杉矶）	35 193	-23.2
3	El Diario La Prensa（纽约）	25 732	0.1
4	El Diario（Juarez，墨西哥）	25 308	-24.9
5	Hoy（芝加哥）	21 709	8.1
6	El Norte（El Paso，得克萨斯/Juarez，墨西哥）	12 100	12.5
7	La Razza（芝加哥）	10 234	-12.1
8	Hoy（芝加哥）	10 150	-21.4
9	Washington Hispanic	8 910	-14.3
10	El Sentinel（Miami-Fort Lauderdale）	8 189	33.2
11	La Voz de Phoenix	8 038	27.4
12	Al Dia（达拉斯）	6 800	5.8
13	Hoy（纽约）	6 460	-39.2
14	Diario Las Americas（迈阿密）	6 047	1.3
15	La Voz de Houston	4 194	9.6
16	Prensa Hispana（凤凰城）	3 792	-2.1
17	Vida en El Valle（加州 Fresno）	3 568	-5.7
18	Al Dia（宾夕法尼亚）	3 534	10.0
19	TV y Mas（凤凰城）	3 512	-48.5
20	Mundo L.A.（洛杉矶）	3 031	NA
21	El Latino（圣地亚哥）	2 799	-11.2
22	Lawndale News（芝加哥）	2 713	-29.8
23	El Especial（纽约）	2 522	-11.1
24	Excelsior（加州橘县）	2 185	-3.2
25	El Mensajero（旧金山）	2 153	-10.5

注：美元以千为计算单位。报纸广告支出源自特恩斯媒体情报公司，该数据不含分类广告、地方性零售品类、网络广告和发行收入。数据未提及所有广告版本，百分比变化根据上述数据计算而得。

资料来源：Reprinted with permission from the 2009 Hispanic Fact Pack issue of *Advertising Age*. Copyright, Crain Communications Inc. 2009.

图 23.22

西班牙语网站广告主 10 强

排名	公司名称	2008年广告支出（$）	百分比变化（%）
1	广播媒介伙伴公司	9 463	-55.3
2	斯普林特公司	2 613	-43.5
3	凯业必达（CareerBuilder）	2 308	6.4
4	IAC/InterActiveCorp	2 280	-10.1
5	益百利集团（Experian Group）	2 152	NA
6	弗莱森电讯公司	1 931	-34.9
7	Grupo Televisa	1 801	NA
8	洛杉矶汽车展（Los Angeles Auto Show）	1 769	-59.1
9	西班牙裔信贷公司（Hispanic Credit Solutions）	1 367	-3.3
10	欧莱雅	1 297	60.3

注：美元以千为计算单位。网站广告支出源自特恩斯媒体情报公司，该公司监测了 44 家西语网站，付费搜索和宽带视频除外。百分比变化根据 2007 年数据计算。

资料来源：Reprinted with permission from the 2009 Hispanic Fact Pack issue of *Advertising Age*. Copyright, Crain Communications Inc. 2009.

在主流广播网节目开发中，西裔电视及其影响力也表现出强劲的增长势头，《乔治·洛佩兹秀》(*George Lopez*)这类节目显然非常吸引西裔受众，但广播网也不甘人后，模仿流行西班牙语肥皂剧设计了节目模式。一般来说，这些肥皂剧与那些在美国可能一播几十年的肥皂剧不同，它们是短故事，又叫“电视小说”，一般播 13 周即结束。广播网希望通过制作这些节目吸引不同背景的年轻女性观众。不过，他们也承认，这是与不断增多的西裔观众产生联系的一种途径，也是与西班牙语广播公司竞争的一种途径。[49]

语言仍然是触达跨国受众的主要障碍。虽然西班牙语媒体取得了成功，但我们却看到更多面向双语或英语市场的英语节目和广告。例如，西裔市场有两家英语有线媒体，SiTV 和 Mun2.SiTV，后者于 2004 年创办，全部采用英语。SiTV 旨在触达以英语为主要语言的年轻拉美裔，其次是针对非裔美国人、亚裔美国人和其他喜欢拉丁流行文化但不会讲西班牙语的人。[50] Mun2（读作 Mundos，即“两个世界”）是 NBC Telemundo 的姊妹媒体，旨在利用英语节目的优势占领拉丁裔年轻人市场。

亚裔美国人市场在一个相对较小的市场范围内就存在着多种语言，因而更加难以掌控。目前，有两家亚洲语种的电视网络，ImaginAsia 电视和 AZN 电视，两者都只能在有限的范围内收到。但亚裔美国人市场收入高、受教育水平高，这些特点使它深受那些试图进入该市场的广告主的欢迎。大多数广告主采用的流行战略，是将广告投放到主流媒体上那些针对高层次种族受众的节目，例如，《周一足球之夜》在非裔美国人和年轻西裔男性当中有很高的收视率，而像《绝望主妇》和《迷失》这类节目则在西裔女性当中拥有大批粉丝。无论广告主具体采用哪种广告计划，在每个大型企业的营销战略中，种族市场显然都是一个基本组成部分。

讯息 营销商无论是使用英语媒介还是其他外语媒介进行传播，都必须谨慎对待自己传播的讯息及其文化内涵，有时，这些问题甚至只是一些类似于如何用广为人知的标语去适应不同市场的基础性问题。例如塔可钟（Taco Bell）的尾标“Think Outside the Bun”，本意是吸引消费者远离传统的快餐连锁餐厅，但译文却是“人不止以面包为食”。[51] 很显然，广告主正在努力以多种方法解决广告触达这些受众的固有问题，而他们现在所表现出的敏感度，却正是早些年所缺乏的，这不能不说是一件憾事。

我们已经看到，广告主现在有能力通过众多的媒体与少数族裔买主沟通。不过，触达美国种族市场所面临的挑战与跨国广告主在海外遇到的挑战相似。广告主拿出的讯息必须既对特定种族的文化保持敏感，同时又提供有效的销售讯息。主流广告主为开发触达这些市场的广告而付出的努力，推动了专注于少数族裔营销的广告公司的大发展。图 23.23 根据专长列出了总部在美国的顶尖跨文化广告公司。总部在达拉斯的迪斯特公司（Dieste）创造了 4 400 多万美元的收入，最近还因帮助尼桑、全国保险、好时和百事等客户触达西裔市场所付出的努力而跻身于《广告时代》一流跨文化广告公司之列。

塔吉特百货、西尔斯百货和杰西潘尼等大广告主正在制作西班牙语的广告宣传册和店内标识，有些广告主，如沃尔玛，甚至还在具有浓厚西裔传统的商场免费提供西班牙语杂志。沃尔玛还利用自己成熟的库存跟踪系统，在墨西哥和美国之间协调各店面的销售及广告活动。例如，墨西哥的沃尔玛给婴儿和儿童服饰开辟出巨大的空间，然后进了一大批带有卡通人物的精选商品并大获成功。公司根据墨西哥沃尔玛的销量，调整了美国沃尔玛的库存，以适应西裔人口的需求。沃尔玛的这些努力以及其他付出都取得了不俗的成绩，最近的一份调查显示，36% 的西裔顾客将沃尔玛评为他们

图 23.23
大型跨文化广告公司

排名 2008	排名 2007	广告公司名称	总部	2008年美国收入($)	2008年百分比变化(%)
西裔美国人市场					
1	1	迪斯特(奥姆尼康)Dieste	达拉斯	44 900	11.1
2	2	Vidal Partnership	纽约	35 000	12.9
3	3	布拉沃集团 [WPP(Y&P)] Bravo Group	迈阿密	31 500	5.0
4	7	GlobalHue	密歇根州南菲尔德	28 178	37.2
5	4	Lopez Negrete Communications	休斯敦	24 150	1.6
6	8	Zubi 广告公司	佛罗里达州科勒尔盖布尔斯	21 500	9.7
7	5	布罗姆利传播公司(阳狮集团) Bromley Communications(Publicis)	圣安东尼奥	21 100	−6.6
8	6	Conill[阳狮集团(盛世)] Conill[Publicis(Saatchi)]	迈阿密	19 900	−3.9
9	9	Latin Works(奥姆尼康)	得克萨斯州奥斯汀	17 440	1.5
10	12	阿尔玛恒美广告[奥姆尼康(恒美)] Alma DDB [Omnicom(DDB)]	佛罗里达州科勒尔盖布尔斯	14 800	13.0
非裔美国人市场					
1	4	GlobalHue	密歇根州南菲尔德	25 900	31.6
2	1	UniWorld 集团 [WPP]	纽约	25 668	−4.0
3	2	Carol H. Williams Advertising	加利福尼亚州奥克兰	23 900	−5.9
4	3	Burrell 传播集团(Burrell Communications Group)[Publicis]	芝加哥	22 000	−4.3
5	5	Sanders/Wingo	得克萨斯州艾尔帕索	14 350	21.5
6	8	Fuse	圣路易斯	9 351	14.5
7	9	Images USA	亚特兰大	9 253	47.9
8	7	足迹(Footsteps)[奥姆尼康]	纽约	7 000	−14.6
9	6	马特洛克广告公关公司 Matlock Advertising & Public Relations	亚特兰大	5 107	−38.3
10	11	Moroch Partners	达拉斯	5 000	6.4
亚裔美国人市场					
1	1	Kang & Lee 广告公司 [WPP(Y&P)]	纽约	15 500	3.3
2	3	Admerasia	纽约	10 250	−2.4
3	2	InterTrend Communications	加利福尼亚州长滩	10 245	−15.5
4	4	IW 集团 [埃培智]	加利福尼亚州西好莱坞	9 085	−10.8
5	7	亚洲广告(AdAsia Communications)	纽约	7 059	22.3
6	5	时代广告(Time Advertising)	加利福尼亚州密尔布莱	5 800	−18.3
7	6	PanCom International	洛杉矶	5 103	−13.5
8	9	全球广告战略(Global Advertising Strategies)	纽约	5 000	11.1
9	8	ES Advertising	洛杉矶	4 486	−5.0
10	11	Aaaza	洛杉矶	3 000	71.4

资料来源：Reprinted with permission from the 2009 Hispanic Fact Pack issue of *Advertising Age*. Copyright, Crain Communications Inc. 2009.

Photo.com/Jupiter Images.

图 23.24

广告将越来越多地反映变化中的美国消费者构成。

最喜欢的商店，其余被提及的零售商，没有哪一家在这个数据上超过 4%。[52]

尽管许多企业在过去 20 年采取了诸多积极的措施，但在通往种族市场的道路上，仍然有诸多的困扰阻碍着企业为之努力。正如一位西裔营销主管所言："广告主及其营销部门纷纷将西裔社区视为一个集体，而事实上，这个'集体'是由许多因子组成的，因此广告主及其营销部门必须考虑多样性，包括祖籍国别的差异、是第一代还是第二代移民以及大体分布……对于专为住在纽约州或住在佛罗里达州迈阿密的第二代拉丁裔移民所做的广告，住在得克萨斯州的第二代拉丁裔移民的反应大不相同。"[53] 例如，通用汽车就曾在迈阿密投放了一条土星车的广告，广告表现了一个身穿墨西哥服饰、站在阿拉莫（Alamo）的女人。遗憾的是，迈阿密西裔社区中绝大多数的居民是古巴裔美国人，因而这条广告与他们没有多少关系甚至根本没有关系。[54]

在大型营销商继续在利基媒体上投放专为特定目标细分制作的讯息，希望借此触达种族市场的同时，他们也意识到了种族产品、娱乐和讯息日益融入主流美国文化和媒体这一趋势。大多数网络对少数族裔人口的刻画仍落后于现实，但我们也看到了不少突出种族性的娱乐和广告主题（见图 23.24）。2005 年，为庆祝佳洁士牙膏 50 周年纪念，宝洁公司决定重新发布"佳洁士儿童牙膏"系列广告。该系列广告的最后一次投放是在 1960 年，以孩子大声呼喊"看，妈妈，没有蛀牙"为主要特色。在新版本中，广告以在古巴出生的恩雅·马丁内斯（Enya martinez）为主角，她的纯洁笑容使得她从 3 000 名应征者中脱颖而出。

在过去的几年中，许多企业通过改变自家产品的形象来反映不断变化的人口构成，"1989 年，百事公司桂格燕麦的煎饼糖浆产品让自己的女性代表形象杰迈玛阿姨（Aunt Jemima）拿掉了发带，换了新发型，穿上了带蕾丝领的服饰，还戴了珍珠耳环。随着对拉丁裔美国人、非裔美国人及其他人群的购买力的认同度提高，许多广告主希望能确保自己的品牌装备——口号、标识和代言人——能与时俱进。"[55] 随着这些市场的人口数量和购买力不断增长，针对种族市场进行特定营销和向主流广告文化靠拢的趋势将继续下去。

企业的促销组合在传达文化多样性时，通常都表现得很有创意。例如，麦当劳、克莱斯勒和金快活龙舌兰（Jose Cuervo）等已经启动了庆祝“五月五”（Cinco de Mayo）的促销活动，“五月五”是墨西哥为纪念 1862 年墨西哥自卫队战胜法国军队而设立的一个小型节日。“精明的卖家盯上了迅速发展的西裔市场——甚至，针对西裔文化的跨种族诉求，在过去的 5 年中，自制墨西哥食品、墨西哥流浪乐队和阔边帽已经让位于麦当劳资助的街头节庆、巨型金快活马格列特和 900 磅的克莱斯勒车形彩饰陶罐。”[56]“五月五”这类活动比其他促销活动更表明了这样一个事实：同化不是单行道。就像美国移民接受了许多美国产品和风俗习惯一样，美国消费者也接受了莎莎舞、中国食品等一切外来产品和风俗，并将这些产品变成了“大熔炉”整体构造的一部分。这一同化过程可以追溯到对将近一半第三代拉丁裔将与非拉丁裔结婚的预测，而这对未来的营销战略具有重要的意义。

产品 多年来，所有的跨文化营销计划其实都牵扯到如何为不同种族细分市场量身定制产品和品牌。然而，随着这一人群数量的增长，我们看到美国从国外引进了很多品牌：向美国移民市场出口名牌产品的，既有总部在美国的跨国企业，也有总部在国外的企业。艾伦（Alen）是一家墨西哥家用清洁产品大型生产商，他将自己的品牌出口到了美国。公司相信在美国有一个现成的由墨西哥移民组成的市场，这些人熟知他们的品牌。同样，百事和高露洁这类企业也都在墨西哥开办了强大的分公司，已经将他们的一些产品引入了美国。例如，百事可乐引进了芒果口香糖心的辣味棒棒糖，高露洁棕榄公司（Colgate-Palmolive）也引入了自己最受欢迎的两个品牌——织物柔顺剂品牌 Suavitel 和清洁剂品牌 Fabuloso。这些公司制定了双重策略，即主要吸引西裔消费者，同时通过普通消费者的交叉培养未来的销售市场。

尽管这些品牌具有已在别国“经市场检验”的优势，但如何成功地将这些品牌引入美国仍然面临着许多挑战。或许，最大的障碍就是要认识到一点：即使品牌相同，消费者也不同，这些差异必须在广告和促销中反映出来。一位西裔广告主管曾评论说，将广告和产品一同引入是浪费钱的绝佳途径，“我们（移民）的生活实情不同，我们生活在国外，周围没有家人，一切都是用的不同语言。人们会被同化，品味也各不相同。有人或许会看西班牙语电视短剧，但却是彻头彻尾的美剧”[57]。无论产品是如何进入美国市场的，这个市场的图景都展示了企业如何让自己的产品适应种族市场的大量实例（见图 23.25）。

Courtesy of the Charleston Metro Chamber of Commerce.

图 23.25

“Muchas Conexiones”，欢迎光临查尔斯顿都市商会。

调研 多年来，营销商要么忽视种族市场，要么依靠不可靠的调研或刻板印象来做决策。之所以缺乏可靠的调研，原因主要在于以下几个方面：

- 调研人员缺乏甚或根本不具备种族市场营销经验。
- 受访者有时由于语言障碍或缺乏对调研目的的全面了解而不予配合。
- 无法获得针对种族市场的辛迪加调研资料。
- 在权衡调研样本时未充分考虑种族人口，特别是一些主要市场的种族人口。

无论原因是什么，结果都是有关跨文化市场信息的匮乏。如今，这种状况发生了变化，受销量和利润增长的驱动，为开发这一细分市场，许多企业在营销努力方面进行了巨额投资。调研经费，和所有经营支出一样，也会受投资回报潜力的驱动。就广告调研而言，调研经费的增加与种族广告预算的增加具有直接的关系。如果广告预算较少，企业多半会凭直觉而非扎实的数据做决策；但如果计划花费数百万美元触达跨文化市场，企业就不能在广告投资决策上冒险。总人口的增加和购买力的提高，将继续使种族市场成为一个不可忽视的市场。

种族市场调研的提升，还使得人们对这些群体内显示出的巨大差异有了更加现实的认识，同时还帮助企业规避了可能导致惨重损失的刻板印象，而刻板印象往往会在企业努力培养的特定市场中引发敌意。和任何市场调研一样，种族市场调研的主要目的也是通过提供最贴合消费者需求的产品和广告讯息，更好地服务于目标细分市场。在一项针对西裔消费者的大型调研中，《人物西班牙语版》(*People en Espanol*)发现了西班牙消费者与美国大众之间的巨大差异[59]，其中包括如下发现：

1. 西裔更喜欢逛街，56% 的西裔同意“我爱逛街”的说法，而美国大众中只有 39% 的人同意这一说法。
2. 与美国大众相比，西裔更容易受广告的影响，他们可能因品牌形象而购买产品，也可能因感觉品牌新潮流行而购买产品（见图 23.26）。
3. 他们更喜欢付现金，只有 15% 的西裔消费者用信用卡，而美国普通市场中有 40% 的消费者用信用卡付款。
4. 西裔人口中喜欢下载音乐的人比美国大众中喜欢下载音乐的人高出 40%，不过，在西班牙人集中的地区，网络用户总数却相对较低（11%）。
5. 也许最重要的发现是，出现了复古文化的迹象。即使是以讲英语为主的西班牙移民，也正在语言和媒介偏好上回归其拉丁之根。

后来的发现对企业进军西裔市场的方式方法大有帮助，在产品、媒介和语言方面，企业必须在触达这些市场的方式方法上保持高度的敏感。这次调研清楚地表明，无论西裔人口偏爱什么语言，他们的种族传统自豪感都越来越强，在构思广告实施方案时必须倍加留心这个事实。

广告主和媒体投入的资金最能说明种族调研的重要性。尼尔森媒介研究（Nielsen Media Research）通过其全国西裔人员仪（National Hispanic People Meter）抽样提供全国电视收视率，该公司还测量了 19 个大型西裔市场的本地西裔电视受众；同样，阿比创西裔市场服务公司（Arbitron Hispanic Market Service）也提供 24 个大型西裔市场的收视率。收视率调查公司还可以提供类似的非裔美国广播受众收视率服务。至

图 23.26

无论采用哪种语言，麦当劳的鸡肉三明治都看上去很好吃。

于印刷媒体，大多数大型种族印刷刊物由几家提供可靠发行量数据的公司中的一家负责审核。跨文化调研揭示了这样一个事实，即跨文化消费者具有传统的购买习惯和风俗，广告和促销活动必须反映这些习惯和风俗。不过，调研也表明，一旦一个品牌在种族社区中得到认可，这个品牌及其生产企业就可以获得极高的忠诚度，这意味着企业付出的努力将给自己带来极其丰厚的利润。

小 结

很显然，无论是在国内市场还是在全球市场，跨国广告都已经从特定的利基市场转变成了大部分企业促销计划的一个组成部分。在美国，即使是最小的零售商也都在自己或买或卖的商品上进行某种形式的国际营销。随着越来越多的国家改善了经济状况，提升了对别国贸易的开放程度，我们将看到更多在全球运营的企业。

尽管跨国营销有许多独一无二的特点，但所有促销活动的终极目的都是帮助企业获取利润。跨国营销背后的驱动力，就是美国、日本和欧洲等成熟的经济体要到中国和印度等新兴工业大国中寻找新市场。从很多方面来看，自 15、16 世纪早期的荷兰、英国和西班牙商人——甚至史前时期的腓尼基人开始，寻找海外市场就是对外贸易的动力。

国际广告中的许多新发明，是在新型传播技术的推动下产生的。20 世纪 70 年代，大型美国出版商开始在全球发行外语版本，电视信号的卫星传输则紧随纸质媒体的步伐奔向全世界，而最近出现的媒介是网络和移动设备。它们都为广告和营销在全球的更快传播做出了贡献。

若以同等付出计算，在新兴国家进行营销的潜在回报比在美国国内大得多。不过，跨国企业也知道，海外营销和广告大不同于传统的美国广告，尽管其基本功能可能一致，但在全球经济背景下运营远比在国内复杂得多，还要考虑企业及其广告代理公司测试策划方案、调研以及管理能力。

有一件事是可以肯定的：广告将在企业转向更多的海外市场的过程中扮演重要角色。最成功的品牌往往是那些冒险在新兴市场第一个建立滩头阵地的品牌。美国广告的通行标准是千人成本、每收视点成本、审计发行量和核定收视率，以及短期投资回报率，而这些在很多国外市场中都无法适用；相反，经验、判断和风险预测倒是应对错综复杂的国际营销的必需品。

另外，即使那些不参与跨国广告活动的美国企业也将面临美国种族多样性的挑战。非裔美国市场、西裔美国市场和亚裔美国市场规模的扩大以及其购买力的提高，将愈加要求广告主以创新的方式运用媒体、促销和销售讯息触达这些中间市场。这种新环境不仅要求广告主具备商业专长，同时还要对文化、语言和人们的价值观高度敏感。不过，对于那些愿意花时间学习多元化市场运行的企业，回报也将是丰厚的。很显然，在这 10 年中，跨文化广告仍将经历剧烈的变化。

复习题

1. 网络在国际营销中的优势和劣势分别是什么?
2. 法律法规对跨国营销有什么影响?
3. 请从全球营销的角度探讨营销概念。
4. 自由贸易协定的潜在优势和劣势分别是什么?
5. 请讨论国际广告实施过程中文化因素的重要性。
6. 请讨论美国企业在进入国外市场时所采取的主要手段。
7. 请讨论产品开发在满足国际营销需求和美国少数族裔人口需求上有什么作用。
8. 文化同化对美国营销有什么影响?
9. 请讨论作为工具,广告调研如何克服种族刻板印象。

第二十四章

Courtesy of The Nature Conservancy.

广告的经济、社会与法律作用

广告不是在孤立的环境中运行的，营销商、政策决策者和倡议团体都在努力维护一个公平、透明的环境，以期推动交换。▶

本章学习目标

1. 了解广告批评的三个时期。
2. 认识对广告经济作用的争论。
3. 认识广告在无意和有意间扮演的社会角色的不同。
4. 认识社会对广告的批评。
5. 了解倡导性广告和公益广告之间的区别。
6. 了解联邦贸易委员会在广告管理中的作用。
7. 掌握中央哈德森四步测试法的组成元素。
8. 举出比较广告的三个负面影响。
9. 了解全国广告审查委员会、国家广告审查局和儿童广告审查处在支持广告管理上的主要作用。

由于广告是企业公开面向大众的一面，因此，与营销组合中的其他部分相比，它受到的监督更多。从政府管理者、法院到写信投诉电视广告的愤怒的消费者，企业非常清楚自己所传递的讯息能够产生深远的影响——既有积极的，也有消极的。由于广告无处不在，因此，在它为扩大经济效应服务的同时，它还肩负着遵守高标准的道德和商业诚信的特殊职责。广告还可以倡导社会公益，转移公众舆论对争议事件的关注，体现企业的公民责任，就像自然资源管理委员会（The Nature Conservancy）的这条广告一样。本章将观照广告主用作经济和社会传播工具的多种手段以及他们在工作中面临的各种限制。

图 24.1
磁疗机和专利药品一度被作为解决健康问题的万能药品销售。

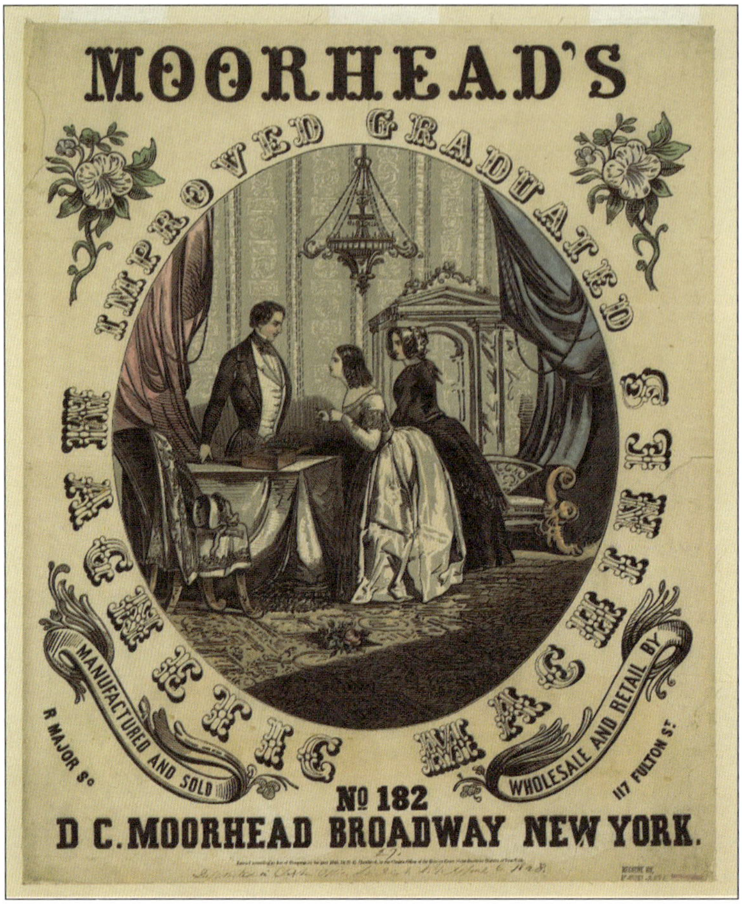

"Moorhead's," 1848, Library of Congress, Prints and Photographs Division [LC-DIG-pga-02095].

广告批评：一种历史观点

1 了解广告批评的三个时期。

广告批评并不是一个新现象，但在过去的 150 年间，公众对广告的认知和期望发生了显著的变化。在讨论当今广告评估的某些领域之前，让我们首先追溯一下广告批评的历史。

1. *过度承诺时期（1865—1900）*。这一时期，大多数人将广告视为一种“买家小心”的讯息，广告可以提出任何产品承诺。这一时期的一些广告，尤其是专利药品广告（见图 24.1），怪异得让人怀疑是否有人相信这些广告。

2. *公众知晓时期（1900—1965）*。正是在 1900—1965 年这一时期，公共管理部门和政府管理部门都开始抵制放任自由、不受制约的经济体制观念。20 世纪之交，1906 年《纯净食品药品法案》等法律的制定表明，国会已经认识到公众对清除垄断和虚假产品 / 服务描述的需求，而后者在当时非常盛行。随着欺诈性广告在 19 世纪末的流行，许多负责任的广告主非常担心这一行业的存亡。也正是在这一时期，聪明的媒介主管和广告主开始意识到向消费者提供有用信息的大好机会已经来临，进而改善自己的公众形象和企业收益。

3. *社会责任时期（1965 至今）*。经过 45 年的漫长发展，广告主已经意识到，仅有真实并不能满足伦理广告的要求。企业深知，他们必须达到更高的社会责任标准，而不是单纯地发布内容真实的广告。就此而论，广告批评家和广告主在理念上达成了微妙的平衡，双方都不全盘否定理性买家的古典经济观念，都认为消费者的确应该受到一定程度的保护。消费者保护这一概念引发了20世纪60年代的消费者运动，带动了对环境安全的监管，也强化了对当代广告所特有的各种承诺的认知。

企业责任的作用

在20世纪的大部分时间里，企业一直在朝着承担更多社会经济责任、支持公益事业、保护环境、协助解决诸多社会问题的方向发展。在一些经济学家看来，将企业当作社会组织的观念是与其作为营利机构的初衷背道而驰的，他们认为，从长远来讲，相对于以一种冷漠的态度对待社会进步，将企业的资源转让给社会对二者的伤害更大。

200多年前，亚当・斯密（Adam Smith）在其经典著作《国富论》（*The Wealth of Nations*）中提出了一个后来广为人知的观念：个人应当追寻一条自私自利的路线，作为回报，作为一个整体的社会将会因此而变得更好。书中还探讨了可以解释自由市场优势的知识框架，而最使他声名鹊起的是他提出的“无形的手”这一概念。他用“无形的手”说明自私自利如何在一个国家的经济生活中引导资源的最高效利用，而公共福利只是一个副产品。为了强调其自由放任主义的观念，亚当・斯密认为，与不受约束的市场力量相比，国家和个人对增进社会福祉的努力是徒劳的。[1] 亚当・斯密这样解释自己的理念：“每个个体都在竭尽全力为自己所能支配的资本找到最有利的用途，他看重的实际上是他自身的利益，而不是社会的利益。但是，对自身利益的权衡自然，或者说必然，会促使他选择以对社会最有利的方式来利用资源。”[2]

在当今的全球商业环境下，亚当・斯密的理论已很难适应复杂的商业气候。企业应该扮演什么社会角色才恰如其分？这个问题回答起来并不容易。一位企业责任批评家写道：“20世纪证明（亚当・斯密是正确的）——在政府的适度监管和资金扶持下，那些追求利润的企业对全球福利的贡献远比臃肿的、‘肩负社会责任’的政府多。21世纪正在再次证明这一点——中国对亚当・斯密理论的推崇使这个国家的贫困程度降到了历史最低点。”[3]

雨林行动网络（Rainforest Action Network）的伊利斯・霍嘉（Ilyse Hogue）持相反的观点：“公民和进步企业越来越意识到当今经济体制正在努力克服的一种错误划分。难道我们不得不在追求更高的季度回报和保证子孙后代未来的健康之间做选择？更多的人对此是持否定意见的。一定会有一个两全其美的办法。”[4] 显然，公众施加给企业的社会责任有时自相矛盾，产生了许多问题，而这些问题如何解决却并没有确切的答案。同样，广告，作为企业理念的传播者，往往会成为这场争论的焦点。

作为经济和社会机制的广告

尽管对于企业到底应该扮演什么社会角色才恰当仍然存在着争论，但大多数消费者和营销人员都一致认为，广告的社会要素和经济要素互不排斥。销售主管们也是社会的一员，他们凭借着强烈的环境意识、良好的教育以及广告引发的和公众关注的其他社会问题而获得利益。无数的研究表明，买主会支持那些因履行了社会公民责任、积极推动其慈善事业而享有声望的企业和品牌。出于同样的原因，从广告有助于促进经济发展这个层面来讲，广告主和公众都有了更高的生活标准。

广告的经济作用

广告的主要作用是传播信息，对此基本没有异议，主要分歧在于这些信息对消费者是否有帮助。一方是广告的支持者，他们认为广告提供了必需的信息，从而使得消费者能在知情的情况下对新产品做出选择，并选择最好的品牌来解决问题（见图 24.2）；另一方是广告的反对者，他们认为广告给消费者提供的有用信息极为有限，广告主更感兴趣的不是提供有用的信息，而是劝服预期目标以高价购买其并不需要的产品。这场关于“劝服与信息”的争论永远不会平息，因为这是两股力量共同作用的结果：一是广告支持者和广告反对者这两个阵营各自的偏向；二是广告的确在劝服消费者和提供信息这两方面都能发挥作用。

如果我们认为广告（或营销手段）并不是在努力影响人们的行为，那我们就太幼稚了。企业之所以开展经营，目的就是销售商品和服务，并将产品的最好一面展现出来。只要这种讯息是真实和准确的，广告就能达到买卖双方都认同的目的。同理，我们希望依靠某一品牌优势的可靠信息来进行有力的劝服。“劝服与信息”争论的另一个焦点是广告的简洁性。也就是说，无论口号、路牌或标题写得多么有创意，都很少甚至根本没有透露信息。广告主认为他们的讯息应该从长计议，而不是一条一条地考虑。像可口可乐、汰渍、索尼、丰田这些品牌在消费者之间享有很高的品牌熟悉度，因此他们的大多数广告都旨在努力维持自己在消费者心目中的首选地位，而非传统意义上的销售。

图 24.2

广告使消费者在更知情的情况下做出选择。

有的经济学家将对广告劝服的批评扩展为“广告对市场准入的阻碍”。也就是说，因为广告提供的信息十分有限，因此会阻碍新产品进入市场。他们认为，广告的作用是鼓励消费者在既有品牌之间转换品牌，而不是让消费者对进入市场的新产品进行信息选择。在这些极端的争论之中，很多涉及广告经济价值的支持和反对观点非常具体。现在就让我们来看看赞成和反对广告的经济作用的主要观点。

支持广告的经济学观点

2 **认识对广告经济作用的争论。**

1. 广告给消费者提供信息，帮助他们在知情的状态下对新产品、购买途径、价格以及产品利益做出决策。“品牌和广告是人们可以看见、触摸的，他们知道，如果企业的广告和品牌真的如其所说的那么可靠，那么毁掉一个烂产品的最快办法就是为它大做广告，因为消费者会尝试它，然后亲身体验到它有多么差劲。”[5]
2. 广告可以极大地帮助那些将新闻与娱乐分开的自由媒体。除了给独立的新闻媒体带来社会收益，广告也可以为这些媒体创造数以千计的编辑、制作和管理岗位。
3. 通过宣传产品的差异性，广告可以促进产品的不断改进，促进创新性产品以及服务的引入（见图 24.3）。为了保住市场份额，竞争对手们不得不强化自家产品的优势。
4. 大众广告有利于企业在生产中实现规模经济，加上对手品牌之间的竞争，不仅可以抵消广告的单位成本，还可以降低价格。
5. 广告可以增加普通商品和品牌商品的消费，从而有助于提升总体经济效益。例如，面对麦片消费量的持续下降，四大麦片生产商（家乐氏、通用磨坊、Post 以及桂格食品）就联合提出了“更营养早餐”广告活动，宣传麦片的营养和便利性。[6]

反对广告的经济学观点

1. 广告的目的是劝服消费者而不是提供信息。批评家们反对广告传递信息是为了帮助消费者在更知情的状态下做出选择的观点，他们坚称，广告传递了夸张的产品承诺，充其量也只是提供品牌的正面信息，因而大错特错。
2. 从宏观经济学的角度讲，广告支出在很大程度上是一种浪费，因为只是让消费者从一个品牌转向了另一个品牌，并没有为社会带来经济净增长。
3. 许多经济学家反对广告降低了产品和服务价格的观点，相反，他们指责说广告的一大目的就是通过突出情感诉求来弱化价格对比在购买决策中的重要性，从而将品牌从价格竞争中抽离出来。
4. 许多产品品类需要巨大的广告支出才能进入市场，这就加大了其新产品进入市场的难度。比如，在烟酒和洗涤用品品类，两三家大公司把持着市场，鲜有其他公司的产品。

回顾关于广告经济作用的争论，我们能得出什么结论？实际上，无论是对广告持

图 24.3

广告引起竞争、加速产品的革新。

Courtesy of Blattner Brunner, Pittsburgh, Atlanta, Washington.

肯定还是否定的观点，都自有其证据。我们完全可以找到广告催生利润高的新品牌或产品品类的实例，然而，大量的产品品类实例证明，广告的目标是保住市场份额，鼓励消费者用一个品牌替换另一个品牌。

即使在某些貌似能证明非此即彼的产品品类中，出现中间地带也是常有的事。例如，毫无疑问，许多食品和家用品细分市场的确被少数几家企业所把持，然而，虽然一些全国性企业占有绝大部分市场份额，但沃尔玛、克罗格等零售店品牌的出现却在纸尿裤、电池、垃圾袋和软饮等产品方面给消费者提供了众多低价位的选择余地。

广告的经济价值很难从总体上进行评估。广告对产品销售的贡献取决于每件产品所面临的诸多特殊情况。在卫星广播等相对新兴的产品品类中，广告的效用完全不同于以固定价格销售和品牌转移为特征的烟酒类商品。然而，如果精明的跨国企业投入巨资进行广告宣传，那么显然，广告就必须要对其利润有所贡献。

广告的社会角色

尽管人们普遍认为广告在经济与文化层面与消费者紧密相连，但近年来，正是广告对社会的影响引起了最大的关注，也招致了许多争议。也许，从社会对广告的批评这个角度来看，广告的根本问题是它到底是塑造和定义了文化，还是单纯反映正在进步中的社会。我们会发现，答案其实两者兼而有之。当然，将广告视为一种社会动力的研究和批评是一个持续了 50 多年的话题，早在半个世纪前，戴维・波特（David Potter）就对广告的经济和文化角色进行过比较：

> 受这种强有力的机制影响最大的，不是经济分配制度，而是我们的社会价值观。如果说经济影响的目的是让购买者喜欢自己购买的东西，那么从一个平行但更广阔的意义上讲，其社会影响的目的则是让个人喜欢已拥有的东西，即强化已有的态度，减少选择的范围，在物质极大丰富的条件下，鼓励物质消费。[7]

在过去的 20 年中，许多研究者明显改变了自己的文化和广告研究手段，广告文化效应的两大类型之间一度还出现了明显的对立。

3 认识广告在无意和有意间扮演的社会角色的不同。

1. *广告的潜在社会角色*。关注广告潜在社会效应的学者通常以这样一种观点来研究广告，即广告通过大众传媒广而告之的大量讯息导致受众改变了自己回应环境的方式。这种观点假设广告传递了大量的无意识的讯息，但这些涉及整个社会或某些细分市场的信息却是片面的。广告全凭曝光力度来构建自己期待的社会议程，告诉人们什么正在流行、什么符合大众品味。这种影响对年轻人、受教育程度低的人和缺乏主见的人尤其有效。通常，处于所谓“文化批判”模式下的研究者将广告带给社会的影响视为绝对负面的。
2. *广告的公开社会角色*。广告的社会、文化角色对广告这个社会变化动因的影响是一个研究甚少的次要领域。也就是说，那些活动的首要目的是促进社会议程。每一天，我们都会遇到广告讯息，有宣传安全驾驶的，有消除成年文盲的，有倡导环保事业和其他社会活动的（见图 24.4）。由于广告能有效地推动商品销售，因此承认广告价值和效率的特殊利益团体越来越多也就不足为奇了。

在过去的 10 年中，我们看见了关于广告及其文化效应的一个新观点的出现。一个新的研究流派正在研究广告接受各种技巧的趋势，而作为广告战略的组成部分，这些技巧的作用一度是隐形的。根据这一观点，广告文化离不开其身处的经济环境。就此而论，消费是在社会和集体的背景中进行的，脱离了这种背景的消费是无法理解的。此外，广告主在将文化符号纳入广告的同时又利用广告来创造新的文化符号。“……文化是一个组织或社会的成员共同尊崇的含义、仪式、准则和传统的集合。消费选择是在文化语境下做出的，如果不考虑文化背景，人们很难进行消费选择：人们正是透过文化这个透镜来看待产品的。”[8]

这一研究学派认为，广告不再促销产品，而是将品牌定位成人们文化体验的一部分。如今，人们在购买产品时对功能的考虑少了，对自我表达的考虑多了。如此一来，品牌仍然能发挥差异化的作用，但却更多地被用作受众细分战略而非强调产品的特性。以这种观点来看，企业“通过赞助文化活动……不再单纯地为自己的产品打造

图 24.4

这些广告鼓励青年人追求长远目标、接受完整的高中教育。

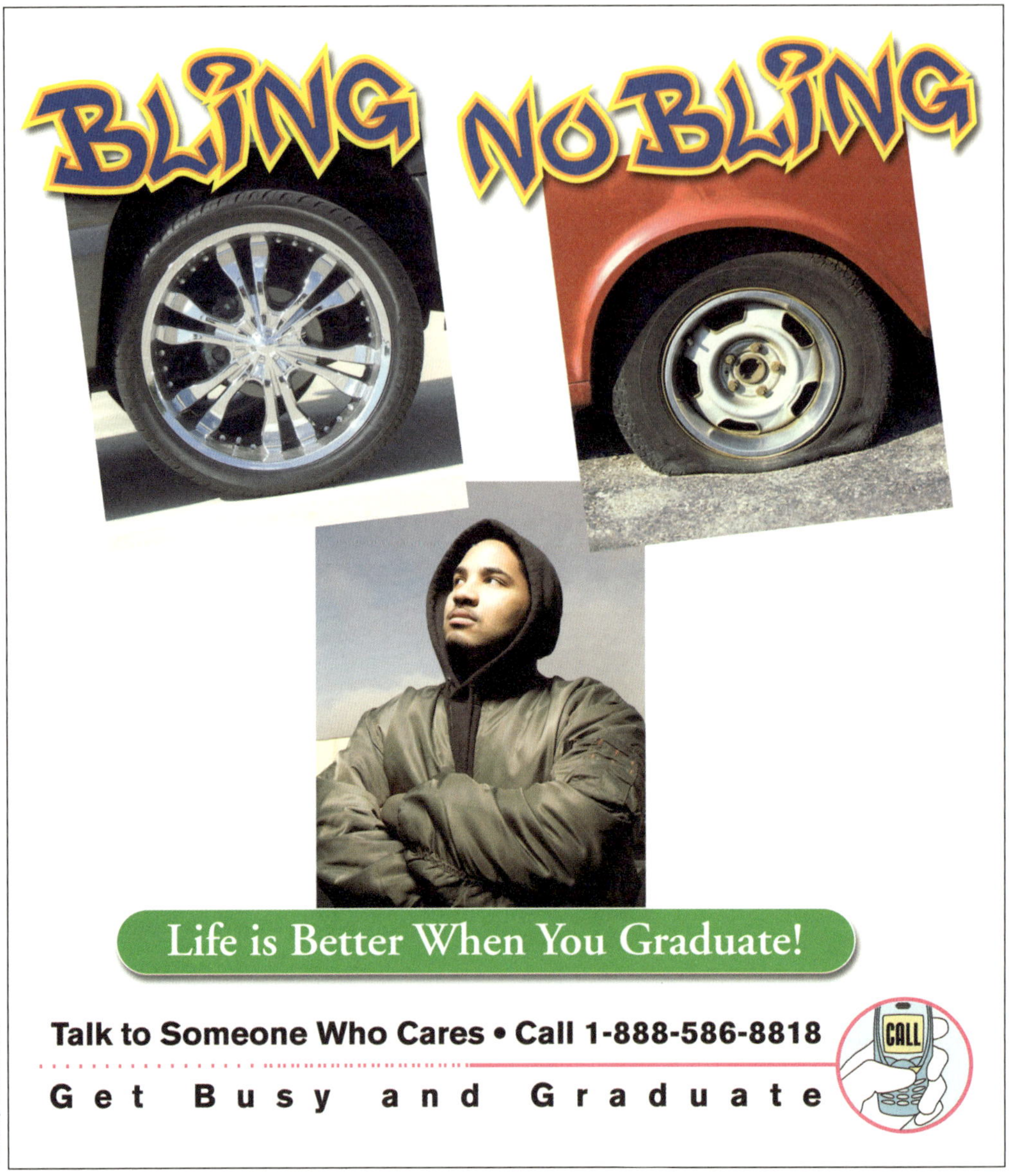

品牌，也在为外部文化打造品牌，他们走向世界，将每一寸土地都视为品牌名称的前沿阵地”[9]。

成熟的研究技巧逐渐让营销商们懂得，为什么消费者会越过产品的功能优势而更多地关注品牌传递给特定消费者或细分市场的象征意义，从而购买某一个品牌的产品。这样一来，广告主便可以既创造产品，又创造与潜在消费者的世界观相匹配的形象。“优秀的广告主知道如何分析某个产品和服务的哪些属性与消费者的需求最合拍。而要想做到这一点，广告主就必须深入了解文化要素对每个消费者而言具有什么意义。”[10]

广告迅速发展到了所谓的次要和潜在影响成为众多广告主的首要主题的阶段。随着产品的日趋同质化，卖家开始将广告和品牌当作区别于他人的竞争砝码。前面已经谈到，差异化并不在于产品本身，而在于消费者的感觉；更为重要的是，一旦一个品牌凭借形象和文化关联在消费者心中占据了主导地位，那么较之有形的产品差异，对手更难以在这一点上展开竞争。

虽然关于广告与文化角色的争论从未停歇，但毫无疑问，广告主们深知，有效的广告只有成功地将消费者的偏好转换成了购买特定的产品，才算得上是有效的广告，才能反映社会和文化价值观。广告主们知道，人们会对一个产品所处的整个环境——包括媒体、讯息、展示——产生积极或消极的反应，因此，广告主必须谨慎对待自己赋予营销的有意和无意信号。

社会对广告的一些批评

4 认识社会对广告的批评。

自 19 世纪 80 年代后期，广告便成了各方批评的焦点。近年来，社会对于广告的批评多于对其经济效应的认可，批评的对象包括广告战略、广告实施、目标受众，乃至利用广告的团体。在广告的社会范畴内，每个人、每件事都是可抨击的对象。以下是社会对广告批评的几个典型实例：

- *隐私之忧*。近年来，消费者变得越来越关心隐私问题。这种意识越来越强，很大程度上是成熟的通信技术造成的。垃圾邮件、其他不请自来的电子邮件，以及射频识别电子标签和文件等追踪装置的侵入让消费者们开始认识营销商和其他人用来追踪他们行为的众多技巧。旨在限制电话营销的《不要电话注册》法规清楚地表明，公共团体和立法机构都非常重视公众的隐私担忧问题。在致联邦贸易委员会的一封信中，美国广告联盟称自己支持隐私保护立法，"这一原则旨在说明，个人信息不得在本人不知情和未授意的情况下利用。如果该信息的使用方式不可预知，则消费者不要默许同意"[11]。
- *产品植入*。产品植入并是不一项新技巧。据说哥顿金酒（Gordon's Gin）就曾邀请凯瑟琳·赫本（Katharine Hepburn）在电影《非洲女王号》（*The African Queen*）中将自己的产品从甲板上扔出去。自从 Reese's Pieces 在电影《E.T》中出现并取得骄人的销售业绩后，这种技巧就开始流行起来。[12] 然而，随着公众对传统媒体广告的抵触情绪越来越高，广告主便开始将不同的植入技巧当作核心营销战略的一部分而不是营销计划中的一个小元素。事实表明，《实习生》（*The Aprrentice*）这类节目完全是围绕着植入的产品来结构剧本的，虽然许多观众看似对这种做法并不介意，但批评家们仍然质疑其中涉及的伦理问题。"产品植入本身就是一种欺骗，因为很多人根本没意识到它们实际上是广告。我们正开展一场运动，要求公布在所有媒体，包括电视、电影、录影、电子游戏、书籍和广告歌曲中植入的广告。"[13]
- *广告对肥胖的作用*。大量的诉讼指向快餐连锁店销售的高热量食物和高脂肪菜品，指控它们导致了诸多的健康问题，尤其提出了连锁店长期重点针对儿童进行销售的问题。

社会对广告的具体批评

限于篇幅，我们就不在此一一讨论广告在社会层面的应用和其受到的指责，但人们认为，企业不仅应该对自己提供的产品和服务负责，也应该对帮助产品和服务的广告和促销负责。虽然我们之前分析过的每一种社会批评观点都有其独特之处，但它们大多侧重于以下四个方面：

1. *广告内容*。迄今为止，广告最为人所诟病的地方便是内容。批评家们指出了一系列滥用内容的情形，包括性主题、夸张表述、低俗语言、刻板形象，以及利用不切实际的承诺操控儿童。1957 年，万斯·帕卡德（Vance Packard）在《隐藏的说服者》（*The Hidden Persuaders*）一书中提出了广告主通过“阈下知觉”秘密操控消费者的观点。帕卡德采用动机研究方法，声称广告在电视节目和电影中运用了隐藏讯息或闪烁图标，它们不会被人们有意觉察到，但却可以改变受众的购买行为。虽然大多数心理学家认为帕卡德夸大了动机研究的用途和价值，但他的那本著作的确给广告带来了更多的公共监督。例如，虽然没有证据证明媒体参与其中，但大型广播电视网络都发表声明，称自己不会允许这种行为。[14]

   绝大多数反对的声音都针对广告中的夸大表述。许多批评家指责广告没有提供有用的消费信息，更多的反而是误导信息、负面内容，某些时候甚至是公然的谎言。本章稍后将会提到，很少有企业会在广告事务上给自己戴上更多的政府和规章枷锁。不过，抛开这些正式约束不谈，广告主非常清楚误导消费者会带来不良后果。虽然虚假或误导广告可以促使消费者做出第一次购买决策，但一旦第一次购买后发现不满意，他们就很难成为回头客。

   广告长期饱受批评的一个地方就是对社会不同细分的刻画。许多观察家指责说，广告经常将老人、妇女和少数族裔刻画成令人反感的刻板形象。但近年来，即便是那些对广告最为苛刻的批评家也承认，在刻画这些角色方面，绝大多数大型营销商已经向前迈进了一大步，在用更加真实、更加讨人喜欢的方式刻画这些群体。不过，也有人看到广告还有显著的提升空间。“在女权运动为妇女争取到更多平等和广泛的社会地位后 30 年，少数媒体批评家仍然为麦迪逊大道刻画裸露、极端瘦弱、淫荡甚至受虐的女性形象而感到悲哀。批评家们认为，广告对身材和情欲的双重强调，会导致受众对自己的身材不满，刺激依赖，并潜移默化地将暴力和奴役合法化。”[15]

   具有讽刺意味的是，在为广告真实而奋斗的过程中，丧失立场的一个受众细分反倒好像是男性。近年来，许多广告中出现了大量描述“笨男人”的场景。比如，许多广告表现出来的主体都是，即使是最简单的家务事，尤其是照看小孩一类事情，也已经超出了男性的能力范围。在一条电视广告中，“脑残”的丈夫竟然允许孩子们穿着 T 恤在雪地里玩耍，而后，妻子则必须照顾家里的孩子（此时出现合适的抗充血药物）。在其他情况下，男性则被描绘成荷尔蒙高涨的形象，以致一见到迷人的女性便不自觉地情欲大发、风度尽失。最近，全球大型广告代理公司之一，智威汤逊公司针对这一问题说：“男性已经集体沦为了傻瓜，就好像《杰卡西》（*Jackass*）、《男人秀》（*The Man Show*）和《辛普森一家》（*The Simpsons*）凑到了一起。因此，我们接近男性市场的方式早该改朝换代了。”[16] 图 24.5 这条阿巴拉契亚暖炉（Appalachian Stove）广告中的男人形象完全颠覆了“笨男人”这一根深蒂固的印象。

Courtesy Blattner Brunner and Appalachian Stove Company.

图 24.5

虽然饱受批评，虽然时不时会挖苦一下环保组织，但多数广告表现出来的人物形象还是健康向上的。

除了公正地对待各个细分人群，人们也逐渐意识到广告应该呈现更加真实的现实生活。例如，耐克和多芬香皂等广告主最近就推出了一批广告，放弃了身穿小号衣服、骨瘦如柴的传统女性形象。批评家们一直谴责广告和媒体将女性形象塑造得遥不可及，导致普通女性自我评价降低，甚至饮食不规律。许多观察家对多芬的“真美广告系列”大加赞赏，因为它突出表现了各种身材和体型的女性。《魅力》杂志的出版人评论说：“当今社会，自我接纳和自我欣赏大有市场。”[17] 虽然批评家们尖锐地指出，要想客观、准确地描绘社会，依旧任重而道远，但也有越来越多的迹象表明这个行业已经意识到了问题的存在，正在着手纠正过去的许多弊端。

尽管大家普遍担心对不同细分人群仍然会出现程式化的描述，但对广告的不满大多集中在某一条广告的具体实施上。近年来，大量广告讯息因对某些群体漠不关心而饱受指责。比如，尼桑大力神（Titan）卡车的一条广告利用了电影《桂河大桥》（*The Bridge on the River Kwai*）的主旋律，而那部电影描写的是二战中日本战俘营的惨状。许多观众认为给一家日本企业用这样的主旋律太欠考虑，于是，那段音乐很快便被换掉了。

显然，广告主在如何推广产品的问题上必须小心谨慎。在消费者越来越谙熟广告的大背景下，营销商必须对那些有可能让部分受众不快的东西保持高度的敏感，在创作广告讯息时，在不当的幽默、低俗的品位（尤其是性主题）、含暴力的内容以及程式化的描述方面必须慎之又慎。媒介的碎片化和受众触达途径的多样化导致一些被大众媒介拒之门外的内容在一些小众媒体那里找到容身之处，如互联网，一旦广告主真切地意识到这些问题，他们便会陷入矛盾之中。

Courtesy Bright Ideas Group.

图 24.6

这条广告旨在抗击赌瘾以及对赌博的宣传。

2. *特定产品品类的广告*。前面已经讲过，广告最为人所诟病的地方是广告所用的主题和诉求。然而，一些批评家认为，不管广告的实施多么到位、多么精彩，某些产品品类就不应该做广告（见图 24.6）。通常，在广告的可接受度方面，广告主和媒体都持更宽容的态度。目前，烟草广告事实上已经从主流媒体上消失了，剩下的最具争议的主要有以下几类产品：

- *白酒类（相对于啤酒和葡萄酒而言）*。广告界一直自觉恪守的一个禁忌便是广播媒体不宣传烈酒广告。20 世纪 90 年代中期以前，杂志广告和户外广告也都严格限制烈酒广告。但是，这个行业最终进入了有线电视，甚至在某些情况下还进入了无线电视和地方电视。2004 年，美国国家赛车协会（National Association of Stock Car Auto Racing）首次同意烈酒厂家赞助赛车。由于比赛期间的电视转播中会出现赛车的特写镜头，因此很多人认为这是一种变相挤进普通电视广告行列的做法。但美国国家赛车协会的这种联姻方式实际上却伴随着危险。“尽管白酒厂商看到了机遇，但风险同时存在。眼看一辆带着威士忌广告的赛车以每小时180英里的速度在赛道上蛇形飞驰，人们自然会产生抵触情绪。而且，赛车还吸引着成千上万不到法定饮酒年龄的青少年。”[18] 在烟草、酒精，以及近期发生的高脂肪、高含糖食品案例中，争论的焦点已不再是广告实施是否与产品相得益彰。例如，一项调研表明，74%的被调查者认为，电视上的酒精广告会鼓动青少年饮酒。[19] 如果个人或团体认为某类产品对消费者有害，那就没必要再对这个品牌的广告进行评估了。

- *安全套*。在过去的20年中，健康专家一直在倡导普及安全套，以抗击性传播疾病。但是，即便面临着艾滋病流行的威胁，大多数电视台仍然禁止发布安全套广告，许多公共卫生团体认为电视台的这一立场非常不合理，但大型电视网络害怕保守的媒体监督人和众多的宗教团体会非难自己。20世纪90年代，一些晚间电视节目中出现了安全套广告的身影，2005年，在美国全国广播公司的带领下，特洛伊安全套广告终于获准在黄金时段播出，但必须按要求强调产品对健康的好处。
- *针对儿童的广告*。广告批评的一个特殊分支涉及针对儿童的促销讯息。许多产品，如软饮料、快餐食品和麦片等，在普通广告中可以大行其道，但却不能进入针对儿童的节目。由于每档节目实际上都会有一定数量的年轻观众，因此，即便是最谨小慎微的广告主也难免触达相当数量的儿童。然而，只针对儿童市场的广告，包括在网络游戏、视频以及传统电视节目上的广告，在投放场所上的不断拓展引发了对儿童营销的激烈争论。

3. *广告泛滥*。在这一范畴，针对广告的批评大多是指向电视的，因为只需翻页，印刷品上的广告就可以轻易地被略过。大约25%的电视网时间被商业广告所占据，而在地方台，无论是深夜时段还是白天时段，这个比例都会更高。面对希望给他们施加法律管理的批评家，直邮广告主和电话营销商的抗争就没有停歇过。最近，垃圾邮件已经被纳入法规的监管范围之内，并有可能很快作为一种“受邀发送”的媒介加入电话销售的队伍。不请自来的广告令人烦恼，此外，在复杂的数据库陪伴下，新技术已经提高了消费者对隐私问题的关注度。

   除了针对广告泛滥而制定的公共政策外，广告业界也有不少人认为广告的泛滥完全可能导致投资回报率降低。传播研究证实，一个商业区内的广告数量和广告顺序（即第一、中间、最后）会对广告的回忆度和效果产生影响。为了应对广告主对行业混乱状况的指责，全美最大的电台清晰频道通信公司（Clear Channel）宣布削减其电视台的广告时间。初步结果显示，收听时间增加了——这项实验是否能从经济上长期坚持下去，结果还有待观察。[20] 不管怎样，这都表明，广告的泛滥是受众和广告业界都非常关切的一个问题。

4. *广告对社会的不良影响*。对广告最苛刻的批评家认为，劝服性广告内容背离了消费者的根本利益。对此的批评牵扯到一系列广告滥用的问题，这一派观点的主要论点是：广告促使人们购买他们自己并不想要或根本不需要的东西，降低了人们的道德标准，通常还会利用社会中最没主见的细分群体。但是，大多数调研表明，大众传媒，特别是像广告这种公开劝服的媒介，要想对人们的行为意图或态度做出一点点改变，那也是非常艰难的。那种认为单凭广告就可以影响消费者行为的观点实际上有悖于所有的传播理论。

广告与社会公益事业——广告委员会

社会公益的最大组织力量就是广告委员会，多年来，该机构一直在推动广告业为众多社会公益事业提供支持。广告委员会自二战期间作为战时广告委员会成立以来，已经走过了 60 年的历程，刚刚庆祝完自己的 60 周年纪念日。在这 60 年间，广告委员会推出过一些广为人知的公益广告，承担了很多项目，如种族包容问题、平等权利问题、就业问题、廉租房问题、健康意识问题和教育问题（见图 24.7）。

广告委员会将继续充当传播社会公益讯息的主力军，有证据显示，它所做的努力的确极大地推动了社会发展。广告委员会的成功故事包括：

- 申请加入大哥大姐协会（Big Brothers and Big Sisters）的人数从一年 9 万飙升至 9 个月内 62 万，增长了 7 倍。
- 在美国国土安全部筹备活动推出的头 10 个月，Ready.gov 网站的访问人数超过了 1 800 万。
- 自安全带广告（Safety belt）于 1985 年推出以来，安全带的使用率从 14% 上升到

图 24.7

很多组织都在使用广告委员会的服务。

了79%，其间挽救了约8.5万条生命，避免了32亿美元的损失。

- 从1972年开始，黑人大学联合基金会（The United Negro College Fund）帮助筹集了22亿多美元，并在“浪费心智是最大的不智”这一口号的配合下，帮助35万少数族裔学生完成了大学学业。
- 在广告委员会发起的“良师益友”广告战役的头18个月，6 000名儿童得到了辅导员的一对一帮助。
- 自“防止林火”广告推出以来，野火造成的森林损失从每年2 200万英亩减少到了每年低于860万英亩。
- 自“环境守护”广告推出以来，废品回收量在1995年至2000年间提高了24.4%，若从20世纪80年代算起，则这一数字提高了385.4%。[21]

广告委员会依靠的是来自业界各个角落的志愿者，大部分广告是大型广告公司无偿制作完成的，媒体则贡献时间和版面来发布这些广告。广告委员会自成立以来得到的广告到底相当于多少有偿广告，很难估算，但肯定能达到数十亿美元之巨。

曾经一度，广告委员会是推动公益广告或相关理念的当仁不让的机构。然而，许多其他机构也开始在其成功的基础上将广告当作传播社会讯息的首要手段。过去30年，包括全国妇女组织（National Organization for Women）、反醉驾母亲协会（Mothers Against Drunk Drivers）、双亲计划协会（Planned Parenthood）等在内的组织纷纷推出广告，与广告委员会争夺创意服务和捐赠时间及版面，许多以付费广告宣传公益相关产品的企业也加入了这些私立组织。下一节我们将对这些营销推广展开探讨，它们为广告委员会的公益广告提供了另一种选择。

广告委员会面临的第二个挑战是如何找到其成立之初随处可见的刺激性话题。在战时广告委员会成立之时，它们的战时努力催生了大批深受人们喜爱的广告。那时，无须动员，人们便自觉地储存罐头和脂肪，不谈轮船运行和工厂产量。哪怕到了战后，那些预防林火和倡导环保的广告同样深受大多数人的欢迎。不同于战时广告委员会的战时努力，也不同于广告委员会的早期广告，如今的广告更多地涉及环境、资本主义、家庭角色、预防艾滋病，乃至反恐战争手段和军需援助。而这些正是容易导致重大争议的话题。

最近推出了一系列教育家长利用暴力节目过滤芯片来屏蔽有害电视节目的广告，但即使这些看上去毫无恶意的广告也引起了儿童保护者的不满，他们认为这样做还远远不够，而民权自由主义却认为这是向媒体审查制度迈出的第一步。不过，虽然存在着这些问题，广告委员会仍然会继续筛选、界定和处理国家最急迫的问题。今年，委员会的项目将争取到折合15亿多美元的时间和版面赞助。在很多方面，委员会都给广告推广创意和观念提供了扮演新角色的机会。对于广告在宣传公益组织和社会问题方面的作用，虽然有人持保留意见，但支持者们却认为，在向公众传递讯息方面，没有比这效率更高、成本更低的途径了。

倡导性广告

5 了解倡导性广告和公益广告之间的区别。

广告同样可以用来影响舆论，影响涉及医疗改革、能源、贸易政策等政治问题的立法。1994年，医疗保险公司投放了以可爱的哈里和路易斯（Harry and Louise）为主角的广告，导致了克林顿医疗草案的流产，随后，这种广告形式异军突起。伴随着游说团体提出问题、尝试解决问题、吸引公民和政策制定者的举动，2009 年，美国的倡导性广告收入有望超过 10 亿美元。[22]

和大多数品牌广告不同，这类广告的性调大多消极负面，因为这些团体要阻碍立法提案的通过或指出反方计划中的缺陷。近期，在华盛顿特区甚至全国范围内涉及广告的事件包括最高法院的一项任命、医疗卫生、环境、贸易以及能源政策。为了左右论战的结果，美国石油学会（American Petroleum Institute）、资源保护国际基金会（Conservation International）以及 MoveOn.org 网站等组织可以投入数百万美元打响广告战役，动用包括广告、公关和媒体购买等在内的力量。

广告与公益捆绑型营销

1983 年，美国运通公司推出了一系列广告，承诺用户每使用一次运通信用卡，公司便会为自由女神像的修缮捐一次款。人们普遍认为这次广告就是公益捆绑型营销的雏形。企业用支票和曝光机会来支持慈善事业的时代已经快结束了，如今，大公司都忙于战略性慈善，在这种慈善活动中，他们像营销产品一样营销善举。正如一位广告主管所说："……企业的社会责任倡议……发挥了广告和品牌塑造的作用……产品通过各种渠道给消费者留下印象，但如果消费者相信一家公司是好公民，他们就会对这家公司的品牌产生更加正面的感觉。"[23]

公益捆绑型营销的支出已经从 1990 年的 1 亿美元上升到 2009 年的 16 亿美元，年增长率超过 8%，更多的大企业看到了参与公益事业的好处（见图 24.8）。企业也会在自己的慈善活动中用到战略策划，"企业纷纷集中力量，他们不大包大揽，而是瞄准那些有利于企业前景和员工需求的项目，他们寻找影响力巨大的项目，这样才能真正显出差别。"[24]

大部分针对公益捆绑型营销的调研表明，消费者不会仅仅因为一家公司支持了自己喜欢的某个公益项目就做出购买决策；但调研同时也显示，这种支持会成为消费者在同类品牌中进行选择的关键因素。也就是说，这成了产品差异化的另一来源。例如，爱德曼公司最近针对全球 6 000 名消费者的一份调查显示，75% 的受访者表示愿意购买那些捐助慈善事业的品牌的产品。这些结果在同等质量和价位的产品中表现得非常明显，并将贯穿整个经济低迷期。[25]

实施公益捆绑型营销的企业通常围绕着以下几个概念进行战略策划：

> 联合包裹服务公司将其慈善重心集中在识字率、饥饿和员工志愿者上。2005 年，公司 43 000 名员工参与志愿者项目的时间超过了 46 万小时。公司重视草根的力量，希望借此证明这是当地社区的重要组成部分。
>
> 麦当劳与儿童之间的悠久关系使得"麦当劳之家"（Ronald McDonald Houses）这一为病患儿童家庭提供援助的慈善机构显得恰如其分。
>
> 家得宝公司通过在儿童活动空间、保障性住房、灾难救助志愿者方面的努力和经济支持，彰显自己的家居建材产品。
>
> 和其他进行公益捆绑型营销的企业一样，雅芳也通过自己在抗击乳腺癌方面所做的努力，将自己的品牌与目标市场的关注点连接了起来。

过去，由于担心消费者会将自己的努力视为一种利用，很多企业都不碰公益捆绑型营销。但大量的调查研究表明，消费者其实非常乐于通过自己的购买行为参与有意

Courtesy of The Home Depot Foundation.

图 24.8

家得宝基金是众多依靠企业资助的非营利性机构之一。

义的公益事业，他们也会回报那些为之而付出过努力的企业。图 24.9 列出了全球消费者最为关心的公益事业，成功的企业往往就是那些能够在促进销售的同时创造性地支持这些公益事业的企业。

公益捆绑型营销一般采取以下几种战术：[26]

1. *交易型战术*。即企业对公益事业的支持建立在消费者购买品牌产品的基础上。比如，每当消费者将印有特殊标记的包装寄回玛氏公司，玛氏公司便为特殊奥运会捐出 50 美分。

2. *讯息扩散型战术*。即将品牌与某一公益项目的信息捆绑在一起，如预防皮肤癌。佳洁士牙膏通过美国男孩女孩俱乐部（Boys and Girls Clubs of America），用“健康微笑 2010”活动来支持牙齿卫生计划。

3. *许可型战术*。即允许企业在广告中使用慈善机构的标识。比如，康尼格拉公司携手美国二次收获公司（America’s Second Harvest），将“儿童更佳喂养”（Feeding Children Better）活动作为公司许多促销活动的重点。

克莱普纳观点 24.1

凯莉 · 卡法瑞里（Kelly Caffarelli）

家得宝基金执行总监

凯莉 · 卡法瑞里

通过慈善实现社会和企业目标

在解释企业为什么要回报社会时，“做好事，好成事”是使用频率较高的一个短语。企业经常标榜自己要做好的企业公民、要成为受欢迎的邻居。那我们不禁要问，慈善是不是企业的分内之事？这正是诺贝尔奖得主米尔顿 · 弗里德曼（Milton Friedman）在其著名的《企业的社会责任就是增加自己的收入》（*the social responsibility of Business is to increase its profit*）一文中提出的疑问。[1] 我认为，战略性的善举，再辅以企业在吸引各种利益相关者时所表现出的声望和力量，足以给企业带来极大的好处。

如果想在慈善事业上取得立竿见影的成效，慈善组织所关注的领域就必须与相关企业关注的领域相吻合。只有去适应逐利的赞助商的力量，社会力量才有可能兑现自己的承诺。按照弗里德曼等人的观点，慈善活动还应该侧重于给企业带来直接的好处。比如，家得宝基金的工作重点就是建设人人买得起的房屋。如果一家经营房屋装修的企业能帮助那些无力实现住房梦的人，那该多有意义。正是对社会的付出给企业提供了施展才华、服务公益的机会；此外，业主更多也意味着顾客更多、收益更高。

对于慈善事业来说，专注同等重要。毫无目标地许诺或有求才应都会阻碍企业对社会施加正面影响，更有甚者，它还会使组织难以清晰地表明自己是如何回报社会的，更难以彰显自己的善举。而要做到专注，组织就必须：（1）找出一个尚未得到满足的需求；（2）设想满足这一需求的手段；（3）找出必要的资源，发挥它们的作用；（4）设定预期的结果。[2] 只有符合这些标准，企业才有信心说自己的社会投入确实产生了影响。公益事业面对的问题通常需要长期的观察，因此，每一个可见的步骤和目标都必须清晰地加以说明。

家得宝在住房方面的努力固然很有意义，但要做到专注，它还必须将自己的工作重心放到建设廉价房屋和“绿色”房屋上。这个尚未得到满足的需求就是中低收入家庭买得起、住得起的住房，这无疑是一个大家广泛关注的社会需求。满足这个需求的一个途径就是多生产节能、环保、资源浪费少、采用耐用材料并能保证室内空气质量的平价家居产品，而家得宝基金可资利用的资源就是筹集资金、自愿者的时间、培训以及技术支持。通过与成功的非营利性组织合作，家得宝基金现在已能充分利用自己的资源并确保有效地完成工作，希望建成的住房不仅能让居民买得起、住得起，还能给他们提供有利健康和可持续发展的环境。

当然，最终的问题还在于结果。战略性慈善投资将基金与其重要利益相关者——股票持有人、供应商、消费者、员工以及社区领袖连接了起来，从而给企业创造了名利双收的机会。因此，越来越多的投资人开始利用社会和环保元素来筛选互利基金。例如，2005 年，这些基金所持有的资产就超过了 1 790 亿美元。[3] 随着企业的日益全球化，竞争日趋激烈，因而更需要吸引、刺激和保住有才能的员工，企业的声誉也变得更加重要了。研究表明，消费者和员工称他们会因为一个企业发挥了优秀公民的作用而“推荐”该企业的产品和服务，或向他人推荐其工作机会。[4]

1. Milton Friedman, “The social responsibility of business is to increase its profits,” *New York Times Magazine*, 13 September 1970.
2. Richard Mittenthal, “Effective philanthropy: The importance of focus,” *Briefing*, The Conservation Company, 2002, 2.
3. Joshua Humphreys, Research Director, “2005 Report on Socially Responsible Investing Trends in the United States,” *Social Investment Forum*, 24 January 2006, iv.
4. Golin Harris Study, “Doing Well by Doing Good.”

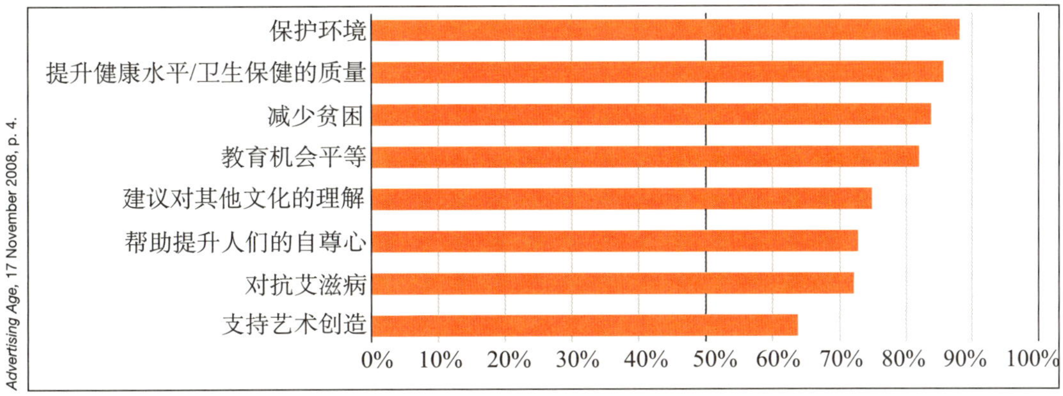

图 24.9

全球消费者最为关注的公益事业

不管是否专门实施公益捆绑型营销，公众都应将它视为有助于满足某些社会需要的更为合法的手段，而不仅仅是企业营销计划的扩展。“就公益营销而论，企业是在为正确的目的做正确的事和为树立良好形象而做大家期待的事之间走钢丝，营销商如果不了解其中的区别，就可能遭遇体无完肤的批评，但那些将社会责任融入自己遗传基因的企业却可以大有收获。”[27]

广告对编辑决策的影响

给媒介提供经济支持的途径有很多，比如政府和政党、教会附属组织、工会等其他利益团体、受众的全力支持以及广告。历史上，上述每个途径都曾给媒介提供过支持，而在美国，广告与订阅费用的结合是公认的最佳途径。将广告作为媒介资金主要来源的理论依据是：如果将经济支持惠及广大广告主，就可以保证任何实体都无法对编辑内容施加不利的影响。

认为广告与评论之间的隔阂不会消除，这种想法无疑是幼稚的，但这的确是媒介的指导原则。在现代广告时期，观念上的第一个重大变化出现在无线广播的早期，随后发展到电视领域。那时，电视广播网和地方台的节目为赞助商所制作和拥有，而绝大多数受众认为这种做法可以接受，因为播放的是娱乐节目而非新闻和信息。然而，到 20 世纪 70 年代，任何一个广告主要想承担节目的全部制作成本，都会觉得不堪重负。这标志着“全额赞助”节目的终结，《汎司通时光》（*The Firestone Hour*）、《美国钢铁时光》（*The United States Steel Hour*）、《卡夫音乐殿堂》（*The Kraft Music Hall*）之类的节目被电视广播网的节目所取代，广告主则以购买插播广告的方式参与其中。至此，至少在理论上，他们已经失去了对节目决策的控制权。20 世纪 50 年代的智力竞赛节目丑闻也推动了由独家赞助向购买广告时间的转变，涉嫌丑闻的智力竞赛在事前将答案告知了参赛选手，于是国会和公众要求电视广播网加强对节目内容的管控。

如今，我们看到广告主主导的节目又出现了死灰复燃的迹象。比如，在消费者新闻与商业频道（CNBC）针对糖尿病患者的连续剧 *dLife* 中，一位独立制片人买下了一个半小时的时间段，然后以节目参与、分段赞助和屏幕标识的形式卖出，最后，节目以医疗信息、娱乐和教育的结合体推出。[28] 一些观察家认为，由于针对消费者的传统药品广告饱受指责，因而那些具有教育意义、目标明确的节目也许会取代这类广告。

大量的调查研究表明，大部分公众认为广告主会对编辑内容施加影响。美国报业编辑协会（American Society of Newspaper Editors，ASNE）和美国广播电视新闻主管联合会（Radio-Television News Directors Association）近期对数千名市民和新闻记者进行了一次调查，结果令人担忧：

- 美国报业编辑协会称，79% 的美国公众认为“特殊利益团体可以轻而易举地操纵新闻出版行业”（55% 的新闻记者赞同此观点）。
- 美国广播电视新闻主管联合会称，84% 的美国人认为“地方电视台的新闻报道受到了广告主的不当影响”，其中 51% 的人认为这种情况经常出现，33% 的人认为这种情况偶尔出现（43% 的电视新闻主管赞同此观点）。[29]

正如许多观察家所指出的，一旦媒体失信于受众，则将对媒体自身和使用它们的广告主造成伤害。遗憾的是，许多事例证明，在评论与广告内容之间确实存在灰色地带。下面就让我们来看看广告主与媒体之间的关系是怎么变化的。

1. *以扣留广告为手段控制编辑决策*。控制编辑独立性的最常见方式就是广告主威胁说扣留广告费，除非媒体做出有利于某企业的编辑决策：有时是广告主希望对企业进行正面报道；有时则是企业希望媒体删除对企业不利的信息。无论是哪一种情况，这种要求都需要媒体在道德和经济上做出选择。在 2005 年的一起非同寻常而又报道极多的案件中，通用汽车公司撤下了其投放在《洛杉矶时报》上的全部广告，据公司说理由是报纸对企业的报道“出现了事实错误和错误表述”。后来，随着事态的缓和，通用汽车公司又开始投放广告。媒体与广告主之间的这种公开敌对现象非常罕见，但最近几年，一些企业要求报纸优先将报道内容透露给自己，因为这事关企业的广告排期。前英国石油公司（British Petroleum）和摩根士丹利（Morgan Stanley）就要求媒体在出现负面报道时通知自己，以便及时撤下广告。正如一位前编辑所说，这“引起了道德问题。如果编辑们知道广告可能会被撤下，势必会压制自己的判断和报道意愿”[30]。而这往往正是广告主要求这种特权的目的。
2. *自己投资制作*。扣留广告是媒体与广告主敌对关系的一种典型表现，是一种对双方都不利的局面。近年来，大批广告主开始联合地方和网络电视运营商共同制作节目，友好家庭论坛（Family Friendly Forum）便是这种广告主参与制作的一个例子。友好家庭论坛是一个由大型广告主组成的联合体，资助面向家庭的网络电视节目的开发。根据其宗旨，这个论坛旨在“支持和促进所有频道晚 8 点至晚10点这一时段‘有利于家庭’的电视节目的开发，这一时段，成人和儿童最有可能一起收看电视”。友好家庭论坛倡导了一系列行动来实现这个宗旨：
    - 剧本开发基金（Script Development Fund），旨在为家庭友好型剧本提供资金支持。
    - 奖学金项目（Scholarship Program），旨在为参与家庭友好型项目的学生提供帮助。
    - 年度座谈会（Annual Symposium），旨在吸引和培训电视网络工作者、作家、制作人和出版社。
    - 年度家庭电视奖（Annual Family Television Awards），旨在表彰优秀的家庭电视作品。[31]

虽然很少有人质疑这些企业将家庭娱乐搬上电视的动机，但许多评论家却将广告与节目之间的牵连视为担忧的根源。

电视领域中历来被视为产品植入禁区的地方就是新闻节目。但近年来，面对传统广告费的竞争压力，保护新节目免受产品植入影响的屏障正在土崩瓦解。“产品植入、媒体和品牌娱乐代理公司说，越来越多的地方电视台向他们发出招标通知，这无疑给他们将客户产品植入新闻节目以换取媒体购买和植入费用提供了机会。”[32] 虽然人们要求电视台公开广告主购买节目片段的事实，批评者们仍然担心忙碌的观众不会真正去关心这种免责声明，并将这些节目视为新闻和信息而非产品促销。

类似的情形还在 NBC 的《今日秀》(*Today show*）中出现过：《今日秀》由于没有透露节目中出现的某些产品专家是被推荐品牌花钱请来的而受到批评。《广告时代》杂志在一份措辞最为激烈的声明中提出，以新闻形态隐藏销售信息的做法大有愈演愈烈之势，“新闻记者在电视新闻和谈话节目中兜售产品、从中获利的行为是可耻的，这样做的记者应当解雇。电视台网必须向观众披露自己的电视台、职员或直播嘉宾是否是有偿在节目中推荐产品”[33]。

一些媒体监管人和媒体行业协会非常担心新闻弱化的问题，于是出台了一系列准则来限制这类节目的扩展和产品植入。其中比较典型的一条便是由波因特学院制定的：

新闻操作应当有选择地使用新闻发布和视频新闻发布，且只能在新闻合法的前提下使用。如果企业、公关公司、新闻发布机构、广告主或其他非新闻记者向你（媒体）提供在新闻报道中使用的素材，新闻记者应当将这一事实明确地告知观众和听众；如果政客、政党、电影制片厂、主题公园或其他团体、个人为新闻记者用于进行新闻报道的卫星设备、光纤或拍摄时间支付过费用，也应告知听众和观众。[34]

联邦通信委员会已经加入要求彻底公开信息的队伍中。2005 年 4 月，联邦通信委员会坚持要求广播公司在播放所谓的视频新闻时发布免责声明。虽然这一指令是专门针对视频新闻发布的，但毫无疑问，这一法令的精神要求公开新闻节目中存在的任何第三方商业机构的信息。

3. *产品植入*。过去 10 年，与编辑内容结合的最为流行的促销方式便是产品植入。曾经一度，产品植入只限于在电视和电影中植入特定的产品，而且这种植入一般还不像场景中偶然出现的可乐贩卖机那么唐突。但是，随着观众对广告的反感度越来越高，随着争夺目标对象的竞争广告越来越多，产品植入技巧显得愈发重要起来，与节目编排之间的关系也变得更加正规。例如，肥皂剧《我所有的孩子》(*All My Children*）将魅惑香水（Enchantment Perfume）植入医院的场景中，而电视剧《综合医院》(*General Hospital*）中的杰克（Jack）和菲利斯（Phyllis）则大谈通用汽车的 OnStar 系统如何有助于在暴风雪天驾驶。

过去，产品植入大多局限于电影和电视节目。不过，最近几年，印刷媒体在编辑内容中给产品植入提供机会的情形也越来越多，而且这种植入有时还非常明显，例如，《纽约时报》曾宣布计划在股票行情等某些编辑内容上添加“品牌水印”。此外，出版商、编辑也和广告主一起开发出了一些让产品露脸的办法，比如在厨房场景中使用某一品牌的家电，或者在时尚拍摄的背景中使用特定的车型。杂志很少为换取广告费而给广告主提供讲故事或推荐产品的机会，但很多出版物都感受到了来自广告主的压力，因为他们从电视上获得了大量的产品植入机会，因此希望杂志也能做出同样的考虑。

不光传统媒体在向产品植入转型，电子游戏的风靡也为大批产品，尤其是针对年轻男性的产品的植入创造了现成的市场。现在，电子游戏制造商也纷纷像电视运营商那样将产品植入游戏故事情节中，吉普、彪马、摩托罗拉等营销商不过是在电子游戏中植入产品的几个大广告主而已（见图 24.10）。电子游戏中的产品植入产值已经从 2004 年的 3 400 万美元增长到了 2009 年的近 5.62 亿美元，成为一大现象。[35] 最新出现的电子游戏广告被称为“广告游戏”（advergames），这种电子游戏是专为推广某产品而制作的，它们一般通过网络提供，而且与快餐零售店或青少年产品的促销活动相连。

毫无疑问，未来我们还将看到更多的产品植入的实例。随着数字技术的产生，生产商现在可以随时将产品植入节目中，他们可以为区域性消费者改变品牌，还可以在节目首播之后很久再植入产品。例如，假如有一天《安迪·格里菲斯秀》（*Andy Griffith*）重播，也许就会出现这样的场景：泰勒一家坐下吃饭，桌上放着一盒家乐氏玉米片或一瓶亨氏 57 酱汁。

图 24.10

电子游戏中的广告讯息和产品植入越来越多。

BananaStock/Jupiter Images.

4. *软文广告*。多年来，企业和其他组织一直通过广告表达自己对某些事件和公共政策的观点，与工会谈判，甚至应对企业面临的潜在法律问题。这些宣传观念而非产品的有偿广告讯息就叫**软文广告**（advertorials），是广告与社论观点相结合的一种产物。一旦将这种表现形式明确地定义为广告，它便成了一种完全可以接受的表达观点、争取公众支持的手段。

软文广告
宣传理念而非产品或服务的广告。

但是，从 20 世纪 80 年代初开始，软文广告的应用发生了巨大的变化，而批评家认为情况更糟。如今，许多软文广告在设计上表现得更像评论内容或电视节目，有些软文广告甚至长达数页，并与广告一同刊出，因而看起来跟普通文章一样。广告文案或公共关系专家创作的是软文广告而非评论，评论不过是广告讯息的延伸，而且由广告主掌控。

广告主与其支持的媒体之间往往关系并不太和谐。批评家指出，由于印刷媒介 50%～75% 的收入依靠发行，而广播电视 100% 的财政收入依靠广告，因此期待所有出版商和电视台不受广告主的影响的想法是不合理的。编辑方和节目制作方都希望凭借利用争议和小众话题的能力完全掌控节目内容，而广告主则将媒体视为触达目标市场的工具，因此，他们自然会避免与可能给品牌带来负面影响的内容产生联系。

广告的法律法规环境

成功的广告主深知，他们所依靠的是消费者对他们长远成功的信任，而真实可信的广告在树立消费者信心的过程中发挥着极为重要的作用。虽然广告主之间存在着本章前面谈过的一些理念上的分歧，但大多数广告主还是非常清楚，自己的广告讯息要遵纪守法、合乎伦理，并努力规范自己的行为。此外，在过去的 50 年中，许多政府机构、行业团体和消费者维权团体也在监督和管理广告。如今，广告运作处在空前的大众监督和管理之下。例如，2008 年，沃尔玛遭到一名已故临时工家属的起诉，起因是黑色星期五当天，疯狂的消费者人群导致该临时工窒息而死，其家属声称沃尔玛的广告有意“吸引大量人流，为疯狂和伤害行为创造了环境”。[36]

研究表明，大多数公民都认为，无论是从公共管理还是从法庭的角度来讲，在保证产品信息准确性方面，政府都应该发挥管理职能。因为可信的广告是自由市场经济的一个重要元素，如果发布虚假或误导性广告，消费者与广告主之间的关系就会遭受损害，市场便随之崩塌。

如今，不仅公众，广告行业本身也认为，那些使用非法和不道德广告战略的企业理应受到严厉的处置。虚假广告不仅有失公平，而且还会造成公众对整个广告行业丧失信任，从而给诚实守信的企业有效地宣传产品及服务增加难度（见图 24.11）。对广告行业的三种基本约束如下：

1. 国会和联邦通信委员会等合法机构制定的法律和规章。
2. 媒体依据广告许可准则实施的管控。
3. 遵循不同贸易操作规范和行为准则的广告主和广告公司的自我约束。

在商品交换的初期，企业在 **caveat emptor**（买家留意）这一自由主义观点的指导下开展经营活动。“买家留意”的概念建立在古典经济学的自由市场概念之上，它假

caveat emptor
“买家留意”的拉丁语，意为政府不应干预市场。

图 24.11
规章制度可以营造出良好的营销环境，在缺乏诚信的家具市场中给世纪家具（Century Furniture）这类广告主提供保护。

Courtesy of Trone and Century Furniture.

定市场活动的参与者处于完全知情的状态。也就是说，假定买卖双方都拥有对等的信息，且双方会在政府不干预的状态下做出正确的经济选择。

在 20 世纪，市场的复杂性导致“买家留意”的许多原则遭到抵制。企业和公众都意识到，买家得到的信息远不及卖家，因此广告承诺必须真实，这样才能从法律上给他们提供保障。为了保护公众免受虚假广告和误导性广告的侵害，相关部门通过了许多法律，其中最重要、也是我们首先要讨论的便是《联邦贸易委员会法案》（Federal Trade Commission Act）。

《联邦贸易委员会法案》

我们在第一章曾大致讲到，1914 年，《联邦贸易委员会法案》是为了应对公众和国会对许多行业中大企业驱逐弱小对手的担忧而通过的。当时，石油、铁路、钢铁、运输和一些其他重要行业逐渐被一两家公司把持，这些大公司经常推出一些现今被认定为贸易限制的经营方式，而在当时这种行为却是合法的。

《联邦贸易委员会法案》宣称，“在竞争中使用不正当手段即为不合法”。在法案推行之初，国会认为不正当竞争手段只涉及商家之间的交易，并未赋予联邦贸易委员会监管消费者广告和其他与消费者相关的活动的权力。这一时期，联邦贸易委员会的首要任务是保护本地零售商免遭大型全国性连锁店不正当定价行为的伤害。

直到 1922 年的联邦贸易委员会诉温斯特针织品公司（Winsted Hosiery Company）一案，最高法院才认定虚假广告属不正当商业行为。1938 年，**《惠勒里亚修正案》**（Wheeler-Lea Amendments）获得通过，该修正案对原法案进行了扩充，纳入了联邦贸易委员会保护消费者和企业不受虚假广告侵害的条款。如今，联邦贸易委员会对州际贸易活动中几乎所有产品的广告都享有管辖权。

《惠勒里亚修正案》

将消费者广告纳入联邦贸易委员会管辖范围内的一个法案。

联邦贸易委员会在监管虚假广告中扮演的角色

6 了解联邦贸易委员会在广告管理中的作用。

联邦委员会的目标之一是在传播完整、真实、可靠的广告的基础上建立一个自由市场（见图 24.12）。因此，除了监督广告外，联邦贸易委员会还要调查各种销售行为和非法定价活动。联邦贸易委员会的重要任务之一便是确保消费者不受虚假广告的侵害，而联邦贸易委员会行使权力的核心，就是广告主必须**证实**（substantiate）自己的承诺，判定一条广告是否为虚假广告，关键就在于广告主是否能证实广告的承诺。按照联邦贸易委员会的规定，委员会通过一个三步测试来判定广告是否为虚假广告：

证实

联邦贸易委员会行使权力的关键在于广告主必须证实其在广告中提出的承诺。

1. *必须有可能误导消费者的表述、省略或行为*。欺骗并非一定要靠不实陈述，有时，广告主的承诺从字面上看是真实的，但广告从整体而言却带有误导性。
2. *必须站在理智的消费者的立场上考虑该行为*。换句话说，广告主无须对消费者的每一种解读负责，不管这种解读多么不合理。
3. *广告中的表述、省略或行为必须是实实在在的*。也就是说，即使广告承诺是不真实的，也必须是在确认它对消费者决策产生了影响的基础上才能如此判定。例如，法院规定软饮料广告中使用塑料冰块不属于欺骗，因为广告中的承诺不是针对冰块的。

大多数时候，一旦联邦贸易委员会怀疑一条广告承诺的真实性，被调查的公司要么提供证据，要么同意停止传播问题广告。例如，神奇面包（Wonder Bread）的制造

Courtesy of Homer TLC Inc.

图 24.12

家得宝公司真实可信的广告提高了消费者的信任度。

商曾在广告中承诺自己的面包富含钙质，不仅强健骨骼而且有助于儿童记忆，联邦贸易委员会质疑该承诺，说他们的证据缺乏科学依据，而生产商又无法证实该承诺。虽然没有认错，但这家公司还是同意了停播广告。[37]

联邦贸易委员会实施方法

联邦贸易委员会可以采取多种方式对付欺骗性广告。除非握有欺诈的证据，否则，联邦贸易委员会要么与广告主一起证实广告承诺，要么让广告主停播欺骗性广告。大多数情况下，广告主会与联邦贸易委员会就被调查的广告承诺达成妥协，调查随即终止。但是，如果广告主拒绝终止涉嫌欺骗性宣传的广告，则双方都会采取进一步措施。以下大致描述了联邦贸易委员会介入欺骗性广告调查的相关步骤。

1. *联邦贸易委员会接到反映欺骗性广告的投诉*。这类诉求可能来自普通公众、特殊利益群体、竞争者（目前为止投诉的主要来源），也可能来自联邦贸易委员会的工作人员。
2. *联邦贸易委员会收到广告主要求对方提供证据的请求，开始调查*。在这个问题上，许多广告主不是提供证据，而是自愿承诺在后续广告中删除受到质疑的表述。但是，如果有证据证明其涉嫌欺骗，而广告又仍在传播，则联邦贸易委员会将进入下一步骤。
3. *如果联邦贸易委员会发现广告的真实性无法证实，则可据此判定其属欺骗*。此时，联邦贸易委员会要求广告主签署**同意书**（consent decree），同意终止欺骗性广告宣传。绝大多数投诉都是通过这种方式解决的。如果广告主签署同意书后仍然继续传播欺骗性广告，则将面临每天1万美元的罚款。
4. *如果广告主拒绝签署同意书，则联邦贸易委员会将签发**终止-撤销令**（cease-and-desist order）*。在这一命令生效前，行政法官会主持听证会。行政法官有权撤销案件并驳回终止-撤销令，如果维持判决，则企业有权上诉。
5. *即使广告主同意执行终止-撤销令，联邦贸易委员会也可能发现单纯终止某条广告并不能补偿已产生的损失*。为了消除欺骗性广告的残留效应，联邦贸易委员会可能要求企业制作**更正广告**（corrective advertisements），以“消除欺骗性广告的影响”。签发更正广告命令并非联邦贸易委员会的特权，2006年8月，美国法官格雷迪斯·凯斯勒（Gladys Kessler）就曾命令四家大型烟草公司以电视广告、报纸广告、包装和店内标识的方式更正之前隐瞒了吸烟危害的烟草广告。[38]
6. *如果企业无法与联邦贸易委员会达成一致，下一步将面对联邦法院*。首先是联邦上诉法院，最后是最高法院。

只有极少数案子能坚持到终止-撤销令这一步。企业都知道，即使最终打赢了官司，自己也会承担高额的诉讼费；更重要的是，大多数企业不愿背负因与联邦贸易委员会的持续争执而产生的持续负面曝光。由于品牌价值和品牌名誉对于绝大多数企业而言至关重要，因此，一旦广告或销售遭到质疑，企业首先会担心是否由此而让公众感到困惑。

同意书

由联邦贸易委员会签发，广告主签署同意书，同意在调查的基础上终止广告，但无须认罪。

终止-撤销令

如果广告主拒绝签署同意书，联邦贸易委员会可签发终止-撤销令，处以广告主每天1万美元的罚款。

更正广告

为纠正前面欺骗性广告造成的不良后果，联邦贸易委员会可要求广告主在后续的广告空间和时间中披露前面的欺骗行为。更正广告开始的时间约为20世纪60年代后期。

联邦贸易委员会规章及指南

联邦贸易委员会的主要职责是保护消费者利益免遭欺骗性广告、促销和销售技巧的侵害。作为这一使命的一部分，联邦贸易委员会广泛参与教育企业和消费者的活动，告知其享有什么权利，就联邦贸易委员会规章和其他有可能影响他们的法律实施细节，给企业提供建议。联邦贸易委员会主要负责三方面的实施和教育工作。

1. *国会通过的联邦法律*。早在 19 世纪后期，国会已通过了一系列涉及公平贸易、经营实践和消费者权益保护的法律。随着这些法律的颁布，一些机构必须承担执法的重任，这项任务逐渐落到了联邦贸易委员会的头上。比如，联邦贸易委员会制订了一项计划来监管《公平债务催收作业法案》(Fair Debt Collection Practices Act)。这一法案赋予公众多项权利来应对收债人员，包括电话联络时间问题（早 8点至晚 9点）、在什么情形下可在工作时间联络的问题，等等。

2. *联邦贸易委员会行业正式规章*。《联邦贸易委员会法案》的实施范围极为广泛，但没有哪个机构能够毫无遗漏地监管所有的消费者广告和市场行为。因此，联邦贸易委员会往往将精力集中在那些影响绝大多数消费者和顾客投诉最集中的领域，其中的一部分努力便是发布规章，在某些引人瞩目的行业为消费者和企业提供指南。这类规章涉及的领域包括：

   - *《电话营销管理条例》*。联邦贸易委员会负责国家拒绝来电登记（National Do Not Call Registry）以及《电话营销及消费欺诈和防止滥用法案》（Telemarketing and Consumer Fraud and Abuse Pretvention Act）。这一法案中的好几个条款均要求呼叫方提供自己的身份信息，公开自己及其公司的部分信息，严格禁止未经授权的账单。参照一些州的法律，登记于 2003 年 10 月开始生效，每拨打一次未经许可的电话将可能面临最高 1.1 万美元的罚款。触犯联邦贸易委员会相关规定的电话营销商会发现，违反规定的代价将十分高昂。例如，2005 年，直接电视公司（Direct TV）因为向拒绝来电登记名单中的数千个家庭拨打电话而被联邦贸易委员会处以 530 万美元的罚款。[39]
   - *《旧车管理条例》*。多年来，旧车销售行业是消费者投诉的重灾区。据联邦贸易委员会称，《旧车管理条例》(Used Car Rule) 旨在防止口头欺诈和旧车经销商对保修范围的刻意省略。
   - *《隐形眼镜管理条例》*。联邦贸易委员会管理规定还会涉及许多我们不一定会认为应该引起特别重视的行业。然而，颁布规定的首要标准是公众的投诉数量以及在联邦贸易委员会眼中该问题对消费者保护的重要性。《隐形眼镜管理条例》(Contact Lens Rule) 针对的一大问题就是病人无法获取处方的复印件。在该条例的其他条款中，联邦贸易委员会规定病患享有获得处方的强制性权利。

联邦贸易委员会一直在对消费者投诉进行监管，并采取积极主动的姿态将自己的期望和理解传达给商界和公众。虽然规章制度必然带有一定的惩戒性，但联邦贸易委员会的目的之一还是希望在广告主无意违反相关规定之前，向他们提供与规章制度和实施标准有关的帮助和建议。

联邦贸易委员会的规定通常适用于某一个行业，但联邦贸易委员会也一直在监管普通的广告和营销活动。例如，它最近完善了针对病毒式营销、社交媒体和博客的相关规定。任何通过口头或其他病毒元素有偿地为营销商散播信息的人，将会“与产品的营销商一起，对其所推广的产品的任何不实言辞负责”[40]。和针对特定行业的规定一样，联邦贸易委员会主要针对的是那些容易引起消费者困惑和明显带有欺骗性的行为。这些一般性规定通常称作指导方针，以与更为正式、以行业为中心的规定形成对比。以下是联邦贸易委员会重点调查并发布针对性指导方针的几个常见领域。[41]

环保诉求 近年来，许多企业都声称自己的产品有益于环境。联邦贸易委员会要求与环境相关的承诺必须具备资质，企业在做出这类承诺之时清楚地说明该好处的具体属性。比如，垃圾袋可以标注“可回收”字样，但是，由于垃圾袋并没有与其他垃圾分开，因此可回收垃圾袋并不具备任何环保功能。

广告中的“免费赠送” “买一赠一”或“二合一特惠”等促销手段已然非常普遍，且滥用成灾，为此，联邦贸易委员会针对如何不带欺骗性地使用“免费”一词出台了一份四页的指南。该指南强调，一旦使用“免费”一词，消费者就有权相信商家不会因自己购买另一件商品而收取任何费用。“二合一特惠”则要求第一件商品以正常价格或 30 天内的最低价销售。联邦贸易委员会还要求公布任何优惠价时都必须在紧邻优惠价的位置以清楚明白的方式广而告之。换言之，采用细小印刷脚注这一方式行不通。[42]

美国制造 联邦贸易委员会的指导方针要求产品一旦在广告中宣称或标注为“美国制造”，该产品就必须“完全或几乎完全”在美国制造。这一规定将那些从国外进口主件或部件、在美国组装的产品排除在了“美国制造”的范畴之外。

充当契约的广告 广告有很多灰色地带，其中一个便是广告与消费者之间的协定具有多大的约束力。就大多数情况而言，法院和联邦贸易委员会都认为，期望广告包含正式合同所应有的细节是不切实际的想法，在联邦贸易委员会看来，合同细节是最终销售谈判的一部分，而广告通常是交易的第一步。因此，如果无欺诈意图的广告出现定价失误的情况，法院会持宽容的态度。比如，有报纸因印刷问题而误将一辆车定价为 2 000 美元，其经销商并不会因此而被强制要求将车以这一价格售出，因为法院认定任何理智的顾客都明知交易不可能以那种条件完成。

然而，在某些情况下，广告会被视为做出了强制性价格承诺。比如，如果有具体的承诺，广告中又不存在任何错误，且被告能够控制其潜在可能性，则法院可以认定广告公布的价格带有强制性。比如，如果零售商承诺了一种价格但却无意以该价格出售，而是试图将潜在消费者引向更高的价格，则他们必须对广告中的承诺负责。这种“偷梁换柱”的伎俩一直被视为欺诈行为，会被处以大笔罚金，违法使用这种伎俩的企业还将面临其他处罚。总的来说，广告主必须谨慎对待某些广告承诺，将它们与具有约束力的契约等而视之。

事实与夸大 “夸大由夸张的观点组成，通常达到夸张的顶点。夸大意味着要使用各种最高级的表达，如‘最好’或‘出众’。你这样夸大自己的产品……味道最好、最好看、最持久……或者就是最好。”[43] 夸大的使用和界限颇具争议（见图 24.13），一些批评家将所有字面上不真实的陈述均列为虚假的范畴，但**夸大**（puffery）的法律

夸大

广告主对产品的一种带倾向性但合法的描述。

定义是："使用宽泛、模糊、称赞的语言而做出的一种夸大或言过其实的表述，有别于针对产品特性的错误描述或虚假表述，因此，夸大不应被起诉。"但广告主必须提高警惕，不得越过夸大的界限。比如，在幽默或夸张与误导言辞之间就很容易越界。

证言 传播理论界和广告调研界一贯认为人们愿意与榜样人物和名人保持一致。这正是证言式广告的核心。这种广告邀请体育明星、娱乐名人或知名专家来推荐品牌，借此提高品牌的声誉。对证言式广告尤其是名人代言广告的管理一度非常宽松，但是近年来，联邦贸易委员会对产品代言采取了更为明确的管理。具体而言，联邦贸易委员会规定：

- 代言必须反映代言人的真实观点、发现、想法或经验。
- 尤其在广告宣称代言人使用其产品时，代言人必须确实在代言期间使用其产品。[44]

联邦贸易委员会和法院认为，如果代言人蓄意参与欺诈，则将与广告主一起对造成的损失负责。这一规定使得许多潜在代言人不得不三思。此外，2009 年提出的条例规定，名人一旦在博客或脱口秀中提及品牌，就必须公布自己与该品牌的经济关系。[45] 近年来，许多名人携手大型生产商推出自己的化妆品、香水和服饰产品线。这种做法不仅给打造品牌知名度带来了明显的营销优势和名人魅力，还减少了第三方代言有可能带来的潜在问题。

担保与保证 联邦贸易委员会要求，凡售价超过 15 美元的消费品，出售之时必须提供有效的质量保证信息。尽管任何一个产品品类和行业都极为关注质量保证，联邦贸易委员会还是认为有必要发布"售前书面保证条款"的相关规定。指导方针还要求像"保证满意"或"保证退款"这类担保必须要有书面条款的保证。

Courtesy of The Johnson Group.

图 24.13

好广告鼓励表现客观事实，如图中这条广告。

《罗宾逊 – 帕特曼法案》与联合广告

《罗宾逊 – 帕特曼法案》

联邦贸易委员会颁布的一项联邦法律，要求生产商给市场中彼此竞争的所有经销商提供同等折扣待遇和广告津贴，目的是保护弱小的商家免于大型买家的不公平竞争。

联邦贸易委员会还通过其反垄断部门执行另一项对营销和广告均有影响的法案——**《罗宾逊 - 帕特曼法案》**（Robinson-Patman Act）。《罗宾逊 - 帕特曼法案》与另外两部法案共同构成了一个三部法整体，这一整体已经过近 50 年的发展，具体名称和目的如下：

1. *1890 年的《联邦谢尔曼反垄断法案》*。《联邦谢尔曼反垄断法案》（Federal Sherman Antitrust Act）的目的在于防止企业联手抵制竞争。
2. *1914 年的《克莱顿反垄断法案》*。《克莱顿反垄断法案》（Clayton Antitrust Act）对《联邦谢尔曼反垄断法案》进行了修订，取消了生产商将商品卖给零售商时享有的优惠价格待遇。
3. *1936 年的《罗宾逊 - 帕特曼法案》*。《罗宾逊 - 帕特曼法案》对《克莱顿反垄断法案》进行了修订，旨在预防生产商单独向某一个零售商或批发商提供促销津贴，若提供则也必须给其他竞争对手同等的待遇。在《罗宾逊 - 帕特曼法案》出台前，一些制造商利用《克莱顿反垄断法案》的漏洞，以促销津贴的形式将钱返还给大客户。比如，大型零售商可以得到联合广告补贴，而小型零售商却得不到，这实际上降低了大型零售商卖给优质客户的商品的价格。因此，促销津贴实际上是一种暗中回扣的形式。

随着媒体环境的愈加复杂，随着生产商与零售商之间的关系不断变化，联合广告津贴的管理也在不断发展。在《罗宾逊 - 帕特曼法案》刚通过时，零售广告资金的绝大部分是投向报纸的；如今，随着地方性广告机会的日益增加，联邦贸易委员会要求零售商必须在各种媒介和促销手段中进行选择。比如，考虑到小型市场中的许多零售商可能找不到投放电视广告的途径，生产商就可能不会强行要求联合广告资金必须投向电视媒体。这种优惠条件便称为“倾斜结构方案”。

生产商与零售商之间的关系也是自《罗宾逊 - 帕特曼法案》通过之时起便在不断变化、演进的一个方面。就联邦贸易委员会本身而言，法案的主要意图是保护零售商的利益不受生产商的侵害。如今，许多管理者更关注大型零售连锁商会采用什么手段与生产商抗衡。例如，绝大多数大型零售商都向生产商收取占用货架空间的**上架费**（slotting fees），零售商认为黄金货架位置就是自己的“产品”，商店理应为准备这些空间收取费用。

上架费

生产商为获得货架空间而支付给零售商的费用。

联邦贸易委员会对上架费进行了长时间的审查，担心上架费有可能阻碍新品牌进入市场或者高得离谱的上架费妨碍小型零售商接触引进名牌。与其他促销支出一样，上架费只有在限制竞争时才会违法。

《联邦食品、药品和化妆品法案》

由于民众对被曝光的肉类包装厂卫生条件恶劣、食物中含有危险添加剂的情形提出强烈抗议，加上与专利药品相关的各种丑闻，1906 年 6 月 30 日，国会通过了西奥多·罗斯福总统签署的《食品药品法案》（Food and Drug Act），法案严禁在州际贸易中出现假冒伪劣食品、饮料和药品。1938 年，国会通过了《联邦食品、药品和化妆品法案》（Federal Food，Drug，and Cosmetic Act），并组建了食品药品管理局。《联邦食品、药品和化妆品法案》取代了之前的法案，并赋予食品药品管理局以下职责：

- 管理化妆品和治疗仪器。
- 要求新药上市之前提供安全证明——建立药品管理新体系。
- 废除《雪莉修正案》（Sherley Amendment）中关于假冒药品案件需要证明蓄意欺诈的要求。
- 设定不可避免之有害物质的安全容忍度。
- 批准食品身份、质量及容器填充标准。
- 批准出厂检验。
- 将法院禁令补救办法加进之前没收和起诉的处罚中。

食品药品管理局的法规中最活跃、最具争议的一个部分是针对消费者的处方药广告。在美国，1997 年之前，制药公司只能面向医生发布处方药广告。直到 1997 年，处方药广告才获准面向消费者。截至 1999 年，药品公司面向消费者的处方药广告支出已超过 10 亿美元，这一数字到 2005 年上升到 50 亿美元，许多消费者权益维护者和医生都担心很多广告承诺无法达到食品药品管理局对此类广告的要求（见图 24.14）。食品药品管理局已经打响了促销执法的进攻战，经常向药品公司发出正式警告函。

食品药品管理局曾要求拜耳旗下的避孕药品牌悦姿（Yaz）发布 6 个月的更正广告，此举实属罕见。食品药品管理局认定悦姿的广告有欺诈嫌疑，并对该品牌的痤疮和经前综合征疗效进行了虚假宣传。[46] 食品药品管理局要求悦姿拿出前一年广告预算的三分之一，即 2 000 万美元，纠正有可能造成的误解，而且其随后 6 年的所有广告都必须事先得到批准。

一些药品企业大幅削减广告预算，批评食品药品管理局执法过度，食品药品管理局的一位发言人则辩解称“这（目前正进行的执法活动）并非镇压打击，而是执行法律。我们将继续严密监管……我们准备采取一切必要的手段阻止误导性推广”[47]。

Brand X Pictures/Jupiter Images.

图 24.14

药品营销商每年用于处方药广告的资金超过 50 亿美元。

国会于1990年通过了《营养标识与教育法案》(Nutritional Labeling and Education Act),从而加强了食品药品管理局管控标签的权力。自2006年1月1日起,食品药品管理局在标签问题上享有了更大的执法权,要求标签信息中必须包含反式脂肪、过敏源族群及全谷物成分等数据信息。消费者权益保护团体非常欢迎新的执法活动,将其视为让消费者全面了解食品成分的进步之举。有了新的权威,食品药品管理局在涉及标示健康承诺和包装的执法问题上就可能变得更加积极主动,当然,有时还要借鉴联邦贸易委员会的经验。

食品药品管理局最近就通用磨坊麦圈麦片品牌的宣传而致该公司的一封信函引起了食品营销商和广告界的关注。麦圈在产品标签中宣称自己有降低胆固醇的功效——6周内降低4%～6%,因此,食品药品管理局认定这款麦片所宣传的健康状态与药品类似。[48] 如果这款麦片继续使用胆固醇这个讯息,它就必须接受更为严格的检测,甚至有可能接受临床试验。

美国邮政总局

本杰明·富兰克林于1772年创立了美国邮政总局的前身。美国内战末期,邮件欺诈泛滥,于是国会于1872年通过了美国最早的联邦消费者保护法令——《邮件欺诈法令》(Mail Fraud Statute)。邮件欺诈指通过美国邮政总局的任何渠道提供欺诈性产品、服务或投资机会而获取钱财的行为。如果要定罪,邮政督查人员必须证明:(1)该行为是蓄意的虚假陈述;(2)美国邮政被用作了欺诈工具。邮政督查人员要调查大量犯罪活动,特别是要保护邮政用户,包括老年人和其他弱势群体的利益不受邮件广告和促销宣传的侵害。

早在很多年前,美国邮政总局就已享有通过获得邮件终止令来抵制企业发送虚假广告的权力。但直到最近,终止令不附带处罚条款的情形才有所改观。1999年,《欺诈邮件预防和执行法案》(Deceptive Mail Prevention and Enforcement Act, DMPEA)赋予了美国邮政总局更多的权力来处理邮件欺诈行为,该法案带来的首要变化就是美国邮政总局可以根据涉案邮件的数量对初犯者处以最高100万美元的民事处罚。[49]

广告与第一修正案

第一修正案的表述并未将广告或商业言论与其他表达形式加以区分。但在20世纪70年代以前,各法院都规定广告不享有其他言论形式所拥有的任何权利,开放的创意市场不仅从未被视为广告的特权,反而还必须遵守比其他表现形式更为严格的标准(见图24.15)。

除了要面对各种限制,广告主还被最高法院针对商业言论而做出的摇摆不定且时常自相矛盾的决定搞得灰心丧气。虽然广告的行事原则不适用于其他言论形式,但经过60年的发展,商业言论已得到了更多的法律保护。不过,尽管广告的环境已比过去更加开放,支持商业言论的司法意见仍然否认第一修正案对广告给予了全面保护。为了了解法律对于商业言论的保护,下面我们列出法院对广告的主要观点。[50]

1942年 最高法院规定广告无权得到第一修正案的保护,对政府禁止商业言论的权力不加限制。

Courtesy of Huey+Partners and Atlanta History Center.

图 24.15
创意市场使众多组织得以传递产品和服务信息。

1964 年 最高法院规定，就公共问题表达意见的广告只有在不含商业言论的情况下，才能受到第一修正案的保护。

1975 年 最高法院推翻了弗吉尼亚州将本州报纸刊登他州堕胎诊所广告视为刑事犯罪的相关法律，这是最高法院第一次给广告以法律保护。但这条规定却将那些不涉及观念或争议性公共话题的商业言论保护问题搁置了起来。

1976 年 在弗吉尼亚州医药委员会诉弗吉尼亚州公民消费者委员会一案中，最高法院认为弗吉尼亚州无权禁止广告宣传处方药的价格。许多广告主将此案视为商业言论保护方面的一个重大突破，据说，社会实际上可以通过自由流动的商业信息受益，这和通过政治观念的自由交换受益是一个道理。

1979 年 广告主认为自己终于得到了法律的全面保护，但这种乐观状态转瞬即逝。在弗里德曼（Friedman）诉罗杰斯（Rogers）一案中，最高法院支持得克萨斯州禁止验光师使用“除自己在得克萨斯州获得的验光执照之外的假名、企业名、商标名或其他任何名义”。最高法院在裁定中指出，第一修正案对商业言论的保护不是绝对的，即便某些限制在“非商业表述领域”是不合法的，也应该遵守针对商业言论的有关规定。

1980 年 在这之前，最高法院似乎对涉及商业言论的案件都进行个案裁决。即便案件已经结案，广告主也很少得到指导，也很少有先例可资参考。但是，1980年，美国最高法院就商业言论的法律保护制定了一系列清晰明白的指导方针，并在中央哈德森电气公司（Central Hudson Gas & Electric）诉纽约公共服务委员会（Public Service Commission of New York）一案中提出了这套方针。

7 掌握中央哈德森四步测试法的组成元素。

本案的焦点是纽约公共服务委员会针对效能性广告的禁令，纽约州的依据是该禁令符合公众对能源保护的担忧。在推翻这一禁令的过程中，最高法院提出了一种四步测试法，以此来判断商业言论在什么情况下应受到法律保护、在什么情况下应受到约束。中央哈德森四步测试法即：

1. *商业表述是否具备受第一修正案保护的条件*？也就是说，该商业言论是否既没有欺骗性也没有推广非法活动？未通过这一测试的商业言论不能得到法律保护。
2. *政府利益是否可以通过对表达的管理得到体现*？该测试要求对广告进行管理的出发点必须是维护州的主要利益，而非那些微不足道、突发奇想或反复无常的原因。
3. *如果通过了前两项测试，最高法院则会考虑对广告的管理是否推动了政府所关注的事业的发展*。也就是说，如果我们假定一项活动受到政府的正当关注，那么，对该商业言论的禁止是否有利于推进政府目标的实现？
4. *如果前三项测试都通过了，最高法院就必须最终判断法规对于满足政府利益是否超过了必要限度*。也就是说，是否存在更为宽松却同样能够实现既定目标的管制办法？

在中央哈德森一案中，最高法院认为该案虽然满足了前三条标准，但对效能性广告的全面禁止确实超过了必要限度。因此，该案未能通过第四项测试，被判定为违法。现在，针对中央哈德森电气公司的指导方针仍是大多数商业言论案例的判断基础（见图 24.16）。

1986 年 大多数广告主认为，中央哈德森电气公司一案的指导方针在限制各州禁止合法广告方面提供了重要的保护。然而，在波多黎各酒店协会（Posadas de Puerto Rico Associates）诉波多黎各旅游公司（Tourism Company of Puerto Rico）一案中，最高法院似乎再次加强了州的广告管理权力。该案涉及一条禁止向波多黎各居民发布赌博广告的法律，但赌场在波多黎各合法，且赌场可以在波多黎各以外的地区发布广告。通过 5∶4 的表决，最高法院裁定该禁令满足中央哈德森四步测试法的所有要求。

1988 年 许多法律学者认为，1988 年不仅标志着最高法院对广告的态度的一次重大转变，也标志着其对中央哈德森四步测试法的解读发生了转变。纽约州立大学

Ad courtesy of The Martin Agency.

图 24.16

Barely There 运用视觉隐喻来强调产品属性。

董事会（Board of Trustees of the State University of New York）诉福克斯公司一案针对的便是限制校区私营商企的校规。学生们对这一规定提出了质疑，认为“特百惠（Tupperware）派对”等事件讨论的都是非商业话题，而由于这一规定对商业和非商业言论的效力相同，过于宽泛，因而无法满足中央哈德森四步测试法第四项的要求。

遗憾的是，对于商业言论的支持者而言，最高法院对学校的规定持支持态度。最高法院认为，管理规定必须“缩小范围”，但不必非得“限制在最小范围内”。针对这一裁定，批评者们指出“缩小范围”的说法比较模糊，有削弱中央哈德森四步测试法保护力度的风险。

1993 年 在辛辛那提市（City of Cincinnati）诉探索网（Discovery Network）一案中，最高法院貌似让支持第一修正案商业言论保护的人取得了胜利。通过 6∶3 的表决，最高法院认定辛辛那提市政府禁止报栏张贴免费促销刊物但却允许张贴传统报纸的行为违反了第一修正案。最高法院认为，由于禁令完全是针对报栏上的刊物内容的，不能满足“缩小范围”这一要求。业界普遍将该案视为商业言论自由的一场胜利。

1996 年 法律学者认为，1996 年的两个案例对为商业言论提供更为完善的法律保护具有重要意义。在 44 Liquormart 公司诉罗德岛（Rhode Island）一案中，最高法院认定罗德岛针对烈酒价格广告的禁令属不合法。最高法院参考了中央哈德森判例，认定罗德岛的法律无法证明价格促销禁令对于该州的禁酒运动能起推动作用（也就是说，未能通过中央哈德森四步测试法第三项）；再者说，就实现该州的目标而言，这项法规已经超过了必要限度（未能通过中央哈德森四步测试法第四项）。

约翰·保罗大法官（Justice John Paul）给最高法院的大部分法官写道："针对真实、非误导性商业讯息的禁令很难保护消费者免受此类伤害；相反，这类禁令通常只能使政府原本不借助言论管制就能执行的基本政策变得更难理解。"[51] 美国广告协会（AAF）主席沃利·施耐德（Wally Snyder）这样评论广告业，"最高法院的决定代表了迄今为止最为强烈的、从政府审查的角度保护真实广告"的观点。[52]

在当年随后的一个案子中，最高法院退回了第四巡回上诉法院（the Fourth Circuit U.S. Court of Appeals）关于巴尔的摩市禁止酒精饮料广告牌一案，从而进一步加强了罗德岛一案的裁定。在啤酒制造商安海斯 - 布希公司诉史莫克（Kurt Schmoke）一案中，前者质疑该市否认第一修正案的言论自由有法可依，然而，上诉法院维持了原判，认定由于酒精饮料公司有其他广告途径，所以该禁令的限制范围并不像罗德岛的法律那么宽泛，因而是合法的。该案充分证明了广告案件处理过程中的不可预见性。

1999 年 大新奥尔良广播协会（The Greater New Orleans Broadcasters Association）试图推翻 1934 年颁布的《通信法案》（Communication Act）中严禁播放赌场广告的禁令。禁令的支持者们认为，保护赌徒不受赌场的诱惑是政府的正当义务。第五巡回上诉法院（the Fifth Circuit Court of Appeals）支持这一禁令，认为这种限制是适当的，因为"电视和广播能传递出赌博强烈的感官诱惑"[53]。

1999 年 6 月，案件移交到最高法院，根据之前中央哈德森四步测试法的指导原则，下级法院的判决被推翻。根据该指导原则，政府对真实商业言论的任何限制都必须证明其能增加政府的利益，且不超出必要限度。最高法院认定赌场广告禁令既不能充分帮助政府达到保护赌徒的目的，也无法以伤害最小的方式做到这一点。[54]

大新奥尔良广播协会一案或许意味着第一修正案提高了对广告的保护力度，甚至可能意味着取消禁止播放烟草广告的禁令，这无疑让部分广告主感到振奋。但是，最高法院依旧在形成文字决定时非常谨慎地缩小了范围，"关注其对广告主不加区分的不合理性，同时建议应该大力支持更加统一和连贯的广告限制政策……为最高法院在以后的案件中支持限制其他合法产品的广告敞开大门"[55]。

21 世纪的广告与第一修正案 21 世纪初，有许多案件都涉及广告和商业言论，但是它们的重要性都无法与中央哈德森这类案件的判决相提并论，而且，它们似乎还延续了商业言论判决的不可预见性。这些案件主要包括以下几个：

1. *罗瑞拉德烟草公司*（Lorillard Tobacco Co.）*诉雷利*（Reilly）*案*。2000 年，马萨诸塞州首席检察官公布了对该州烟草广告的一系列限制——包括取缔中小学及游乐场周边 1 000 英尺内的所有户外烟草广告，限制零售店内的烟草广告。有几家烟草公司对此提出上诉，理由是这些限制侵犯了他们的言论自由权利。限令在上诉阶段得到了支持，但最高法院于 2001 年推翻了该州的法规，理由是那些法规"侵犯了烟草公司的言论自由权利"。
2. *食品药品管理局在烟草营销中所扮演的角色*。2002 年，最高法院规定，食品药品管理局在管理药品和相关产品的营销传播上的权力必须遵循第一修正案的某些方针。最高法院特别规定，食品药品管理局无权禁止烟草商在广告和售点材料中使用特定类型的形象和颜色。广告业认为该决定是在强烈声明规章制度所提出的要求必须要顾及第一修正案，因而得到了广告业的欢迎。然而，在写作本书时，由民主党主导的国会已经在烟草管理方面赋予了食品药品管理局更大的权力。

3. *卡斯基诉耐克案*。在该案中，加利福尼亚州最高法院和美国最高法院似乎对第一修正案中的商业言论保护发出了复合信号。控方多年来一直控告耐克公司对海外工厂糟糕的工作环境视而不见，为了反驳对自己的批评，耐克向新闻媒体提交了信息表明自己的立场。马克·卡斯基（Marc Kasky）提出诉讼，声称耐克公司的言论属于商业言论，因此不应享有第一修正案赋予政治表达的完全保护，完全可以像产品广告一样受到质疑。2002 年，加利福尼亚州最高法院通过 4∶3 的投票表决，认定耐克公司的言论形同广告，因此命令其按照该州不公平行为法案的规定做到言论真实。2003 年 6 月，最高法院将此案退回加利福尼亚州最高法院，未做任何结论。2003 年 9 月，耐克公司与卡斯基达成庭外和解，结果导致企业言论和相关广告的法律定位搁浅。

4. *家乐氏与公共利益科学中心*（Center for Science in the Public Interest）。公共利益科学中心和其他一些消费者保护者威胁说要提起一场标的 20 亿美元的诉讼，起诉家乐氏公司向儿童销售在他们看来不健康的食品。这场诉讼将对第一修正案赋予广告主的权利产生深远的影响。许多营销和广告团体对这一举动提出了尖锐的批评，其中许多都站在第一修正案的立场上。引用美国广告公司协会一位发言人的话说，“这一举动有意忽视第一修正案向我们所有人承诺的保护，令人震惊”。与此同时，全国广告主协会的一名代表表示，该诉讼是“对第一修正案的极端曲解”[56]。

由于传播的特性，最高法院也许永远都无法颁布能涵盖商业言论所有情形的最终决定；相反，法院考虑的大多数判决都涉及狭义定义的问题，而这些问题通常与行业或产品品类讯息相关。这些判决强调每个案例都有自己与众不同的因素，未见得能供其他情形参考。当然，最高法院在同意任何针对商业言论的禁令以前，无疑都会继续要求政府满足高标准的公共利益。

瞄准网络广告

鉴于利用互联网达到商业目的的现象日益增多，国会通过了《2003 年非自愿色情和营销攻击控制法案》（Controlling the Assault of Non-Solicited Pornography and Marketing Act，简称 CAN-SPAM 法案），制定了针对广告电子邮件发件人的要求，明确规定了利用垃圾邮件为自己的产品做广告的个人和企业一旦违法将会面临的处罚，同时赋予了消费者要求发件者停止邮件骚扰的权利（见图 24.17）。

这部于 2004 年 1 月 1 日生效的法律针对的是那些旨在广告宣传、促销商品或服务的电子邮件，包括网站上的内容。“交易或关系讯息”——加速已商定交易或更新原经营圈中顾客的电子邮件——不得包含虚假或误导性路径信息，除此之外便不受该法案绝大多数条款的限制。

联邦贸易委员会 CAN-SPAM 法案也赋予了司法部行使刑事制裁的权力。其他国家级和州一级机构在自己的权限范围内对组织行使该法案，提供互联网接入服务的企业则可以起诉违法者。以下为该法案的主要条款。

图 24.17
CAN-SPAM 法案能在一定程度上保护人们避开垃圾邮件并接收适宜的讯息。

- *禁止虚假或误导性抬头信息*。电子邮件中的发件人、收件人和路由信息——包括域名和地址——必须准确，并能让人识别出邮件原创者。
- *严禁欺诈性主题句*。主题句不得在内容和讯息上误导收件人。
- *邮件必须告知收件人拒收的方法*。必须向收件人提供邮件回复地址或其他基于互联网的反应机制，以便收件人提出停止向该地址发送邮件的申请。
- *商业邮件必须标明广告身份并包含发件人的有效物理邮寄地址*。邮件信息中必须清楚地标注此讯息为广告，并告知收件人有权拒绝接收，同时还必须含有发件人的物理邮寄地址。[57]

有关垃圾邮件的法规加强了第一修正案和商业言论限制的一个主题，即无论在什么情况下，法院都不得给不真实或误导性言论提供任何保护。广告业并不期待会出现这种法外开恩的特例，但却希望真实的广告将来能得到法律的全面保护。

企业言论与广告

近年来，我们看见鼓吹某个观点或理念而非销售产品或服务的企业广告在大幅增长。和所有其他形式的商业言论一样，企业广告也有灰色地带。对此，最高法院做出了与商业言论相似的判决，规定企业广告在一定条件下可以得到保护。在波士顿第一国家银行（First National Bank of Boston）诉白劳迪（F X Bellotti）一案中，最高法院推翻了州一级法律对全国性银行利用企业资金宣传投票反对修订州宪法的禁令，而州宪法修正案允许立法机关实施累进所得税制。

最高法院近年来制定了一些针对企业言论的法则：

1. 花钱发表言论本身不会导致丧失第一修正案所赋予的权利。
2. 评论商业主题无须承担丧失第一修正案权利的责任。

3. 为经济利益团体代言无须承担丧失第一修正案权利的责任。[58]

值得注意的是，最高法院所强调的是，言论中的商业内容并不一定会剥夺第一修正案所赋予的权利。但是，其对立观点也不会自动将这些权利赋予广告或企业言论。

广告与宣传的权利

任何个人的隐私权都受到保护，其肖像未经允许不得出现在广告内。各州的法律不尽相同，但都有针对个人隐私权的法律法规。在许多司法管辖区，未事先征得同意而使用某人名字或照片的行为属于轻罪，但广告主更应该关注那些有可能涉及金钱判罚的民事责任。

通常，法院认定包括名人在内的公众人物在隐私权方面受到的保护少于普通大众。不过，法院近年来已经证明，这种公众与个人之间的差异与新闻报道有关，与广告或其他商业用途无关。司法先例清楚地表明，公众人物的名字或肖像受到保护，可免于像知情权所规定的那样用于商业目的（与隐私权相反）。

过去，大多数隐私问题涉及的仅仅是在世的名人。但是，部分州，尤其是加利福尼亚州，近年来却处理了多起已故名人的问题。经其允许，约翰·韦恩（John Wayne）、亨弗莱·鲍嘉（Humphrey Bogart）及其他一些已故明星出现在了许多广告中。由于各州法律差异较大，广告主在使用名人的姓名和肖像时必须极其谨慎。广告主或代理公司的常规做法是征得法律许可后才使用模特、人物特征或肖像。比如，法院已经对许多未经本人允许便在广告中使用模仿演员的广告主做出了不利的判决。

专业服务广告

涉及商业言论的一个最具争议的领域是专业广告，尤其是律师和医疗供应商的广告。直到 20 世纪 70 年代中期，专业广告才被国家医疗团体或律师协会等同业协会禁止。对专业广告禁令持批评意见的人声称，同业协会之所以支持禁令，主要是想减少既有专业人员之间的竞争，而实际上那只会限制贸易（见图 24.18）。

调查表明，在医生这一群体中，使用广告频率最高的是从业时间最短的内科医生、实践机会少的医生和女医生。[59] 这一调查结果支持了这一观点。1977 年的贝茨（Bates）诉亚利桑那州律师协会（State Bar of Arizona）案撤销了对律师广告（延伸到大多数其他职业）的绝对禁止，部分原因就在于人们担心禁令会对市场准入形成阻碍。依照第一修正案，最高法院认定禁止律师广告的州法律违宪。为贝茨案判决提供支撑的不是 1977 年的事件，而是中央哈德森四步测试法的第四项。也就是说，大多数法律学者认为全面限制某一类广告的禁令一般都无法通过第四项测试，因为这种全面禁止会被视为超过了必要的限度。专业协会仍然有权对准确性和表现等问题行使一定的管理权限，但却不能禁止自己的成员发布广告。

1988 年，最高法院扩大了律师的权利，允许他们发布专业服务广告。理查德·夏皮罗（Richard Shapero）是一名来自肯塔基州的律师，因为触犯了该州关于严禁向面临丧失赎回权的人发送针对性招揽邮件的法令而被传唤。最高法院认为，虽然可以禁止律师的个人接触，但信件并不会给面临法律诉讼威胁的消费者带来压力。夏皮罗一案产生了立竿见影的效果：25 个州撤销了之前对针对性信件的禁令。

Courtesy of Robinson.

图 24.18

内科医生们希望借这条广告为自己的诊所建立知名度。

1993 年，最高法院对不同的专业广告进行了一个有趣的区分。佛罗里达州会计师委员会严禁以人员接触或电话接触的方式招揽客户。在伊登菲尔德（Edenfield）诉费恩（Fane）一案中，最高法院推翻了该禁令，通过这种做法在律师和会计师之间划清了明确的界限。最高法院认为，注册会计师（CPAs）与律师不同，他们没有接受过劝服术方面的训练，他们的客户可能之前就与之有职业关系，而且注册会计师的客户也不会承受律师的潜在客户所面临的那种压力。最高法院认为注册会计师的潜在客户多半不会“不知情默认”，而律师的客户却可能这样（见图 24.19）。

1995 年的一个案例表明，法院在判定专业广告时考虑了诸多情况，而且并不准备大规模地否定大多数州一级规定。最高法院赞同佛罗里达州律师协会禁止律师向事故受害者发送直接邮件的规定，他们认为，相对于面临丧失赎回权的人——夏皮罗案中的情形，事故受害者的心理状态更为脆弱。参考中央哈德森四步测试法的指导原则，“各州在保护法律体系完整性的问题上享有充分的权限”[60]。

与广告相关的州法律和地方法律

大型企业与联邦贸易委员会等联邦机构之间就广告规定方面的争执出尽了风头，但是，大多数企业都是面向本地或区域市场的小企业，他们资源有限，因而经常在联

Courtesy of Idea Engineering.

图 24.19

人们会将这条广告视为专业服务广告的例子吗？

邦管理部门的视线之外运作。联邦政府对广告和营销活动的大多数管控措施都是专门针对本州的。

20 世纪初，大型广告主们意识到必须采取一些行动打击诈骗，以防止这些行为危害毫无戒心的公众，从而导致他们对所有广告失去信任。然而，他们的大部分努力却投向了全国性广告，基本上忽视了地方性广告的滥用。当时的同业杂志领头羊《印墨》针对日趋严重的虚假广告问题，提出了几条州和地方广告规定，希望以此管理“失实、虚假或误导性广告”。然而，直到刚刚过去的 10 年，地方一级的执法才成为广告管理的一支主要力量。地方一级的广告管理一直主要由全国大律师协会（National Association of Attorney General，NAAG）负责，该机构后来在解决包括广告在内的诸多贸易问题方面变得非常激进，对地方性消费者产生了不小的影响。

例如，大多数人会认为对大型烟草公司数百亿美元的制裁是联邦政府处罚的结果。实际上，美国的 46 个州和 5 个地区于 1988 年联手制定了《大和解协议》（Master

Settlement Agreement），该协议非常引人注目，由全国大律师协会的成员们起草，主要针对烟草的广告和促销方式。但是，这只不过是由州一级大律师提出的涉及全国性企业的诉讼之一。例如，鉴于某经纪公司一些经纪人的活动，大律师会与该经纪公司达成 100 万美元的协议，调查制药行业的定价策略，并对大型电信和医疗保险公司提起诉讼。

如今，全国大律师协会仍然承担着国家层面的许多提议职责，也经常让成员赴国会作证，对新的法规提出建议或支持某项待决的全国性法律。以下是全国大律师协会正在考虑的、对广告和运营具有重要意义的话题：

1. 互联网和电信隐私问题。
2. 搬家公司实践。
3. 掠夺式贷款担忧。
4. 汽车和轮胎安全。
5. 电话营销诈骗。

2005 年，百事达答应了全国大律师协会提出的 63 万美元和解赔偿，全国大律师协会宣称百事达公司发布的“滞纳金”广告并未向消费者充分说明迟交或不退租金可能面临的处罚。作为与 47 个州及哥伦比亚特区签署的和解协议的一部分，百事达同意偿还消费者因不理解公司政策而支付的相关费用。[61]

表面上看，对于企业或广告主应该为自己的行为负责而无论其工作疏漏是由地方权力机构造成的还是由州或国家权力机构造成的，没有人会提出质疑。但是，对于各州到底允许在多大限度上超越国家法律或与之相抵触，许多广告主提出了质疑。以前，州与联邦执法的界限比较明确，但在过去的 10 年中，控制权开始明显向州一级倾斜。因此，如果全国性广告必须满足一系列地方标准，就会产生潜在的问题。不过，全国大律师协会认为，通过各州大律师的共同努力，针对诸多问题的州一级标准化法规即将出台，但各州在实施中存在的执法力度不均等问题仍然有待解决。

比较广告

广告最具争议之处便是一个品牌与其一个或多个竞争对手之间的比较。斯特林·格彻尔（J.Sterling Getchell）是公认的运用比较广告的第一人：20 世纪 30 年代，格彻尔广告公司在推介克莱斯勒汽车时邀请消费者“三辆车都试试”。

在联邦贸易委员会 1972 年大力推广比较广告后，比较广告开始广为使用。委员会力主美国广播公司（ABC）和哥伦比亚广播公司允许广告提及竞争对手的名字，而在此之前，只有全国广播公司能接受这种广告讯息，美国广播公司和哥伦比亚广播公司只允许不指名道姓地与“某品牌”进行比较，不能直接提出竞争对手的名字而只能暗示。联邦贸易委员会坚持倡导比较广告，甚至对贸易协会禁止此类比较的行业准则提出了警告。

8 举出比较广告的三个负面影响。

尽管比较广告这种广告技巧方兴未艾，但许多营销商却担心比较广告会给其使用者带来风险。以下是比较广告存在的三个主要问题：

- 由于比较广告会提及竞争对手的名字，因而存在无意中推广竞争品牌或为竞争品牌建立可信度的风险。按照逻辑，在比较过程中被提到名字的品牌都是真正具有竞争力的品牌。
- 某些比较广告的技巧对于消费者来讲也许有失公允，这不仅会损害品牌的名誉，也会损害整个广告行业。
- 企业通常担心比较广告会招致其他企业的法律诉讼，因为其他企业或许会认为自己的品牌遭到了不公平的诋毁。大多数投诉与法律诉讼都是由那些认为某企业的比较广告虚假失真的竞争对手提出的。如果使用比较广告，企业遭到反对的概率就会上升。

诉讼带来的经济和公共关系后遗症可能极为严重。例如，布洛克公司（H&R Block）向联邦法院提起诉讼的后果就是报税软件 Turbo Tax 的生产商财捷公司（Intuit）不得不同意对广告中的说明进行更改。其广告称“Turbo Tax 去年给大家准备的退税额超过了布洛克所有商店的总和”。布洛克公司的投诉得到了地方法院的支持，而财捷公司虽然对调查结果提出了异议，却仍然同意了删除那种说法。[62]

比较广告也可能招致竞争品牌的反击。最近，金宝汤业和浦氏就针对各自的口味偏好和配料的安全性展开了一场“汤之战”。金宝汤打响了战争的第一枪，用一条整版广告对自己的收获精选（Select Harvest Line）和浦氏的意式婚宴汤（Italian-Style Wedding Soup）的配料进行了对比；浦氏则回之以广告，称将从产品中去除谷氨酸钠（即味精），同时指出金宝汤有 95 种产品含有这种成分。虽然观察家们声称这种颇具杀伤力的广告会让汤的消费者望而却步，但两个品牌的销量都提高了。[63] 正如本章前面所指出的，产品证言在任何广告中都极为重要，但是对于比较广告，则广告主不仅要证明自家品牌的质量，还要证明与之进行比较的品牌的质量。

广告清理过程

虽然广告主的运行处在州一级和联邦一级的严密管控之下，但一些最有效的广告评判却是由广告业本身做出的。大多数广告主不仅想制作真实可信的广告，也非常希望确保同行们遵守行规。广告自律既有理念的一面，也有操作的一面。一方面，如果消费者被虚假广告所误导，那么所有的广告主都将为失信付出代价；另一方面，如果消费者相信了某个品牌的虚假广告，则竞争对手的销量和利润都会受到伤害。因此，广告主、广告公司和广告媒介在确保广告服务公众利益的过程中都发挥着各自的作用。

媒体代表了独立的广告讯息观察者，因而是**广告清理过程**（advertising clearance process）的一个主要组成元素。媒体禁播某些产品品类广告的例子数不胜数，比如 NC-17 电影广告、酒精广告和特定类型的情趣产品广告；有时，有些个人广告也会因看上去带有欺骗性或者贬低了竞争对手而被拒之门外。有一点必须牢记：一般而言，媒体的审查过程是自愿的，其标准也是自己设定的——不同媒体的眼界与用心程度大不相同。

广告清理过程
从内部清理出版物和广播电视广告的过程，主要由广告公司及其客户来完成。

广告行业协会、独立媒体和媒体集团往往会设定各自的道德准则，一些报纸和杂志在接受广告前会不同程度地调查广告主的可信度，某些出版商对是否接受广告有着严格的规定，以避免出版虚假或夸大的承诺，保持其出版物的审美格调。大多数出版物都会明确地标注可能与编辑内容混淆的广告。

电台、电视台在播放可能误导和引起争议的广告前，通常会尽量调查这家公司及其产品。例如，广播电视网和全国广播工作者协会（National Association of Broadcasters）就制定了准则来管理医疗产品和竞赛广告、赠品以及其他优惠条件，所有广播电视网都设有所谓的受理部门对商业或非商业脚本进行筛选，对任何可疑材料的真实性提出质疑或否决。

美国广告联盟是一个由全国性一流广告主组成的组织，长期致力于“真实广告”的宣传。宣传道德标准的其他组织还包括美国广告公司协会和全国广告主协会。户外广告协会则鼓励成员改进广告招贴和标识的设计，更为重要的是，要确保自己投放广告牌的地点不会破坏风景或冒犯公众。[64]

有时我们很难预测某条广告何时会被叫停。有这么一个例子，据报道，一家广播电视网因为模特没有佩戴婚戒，即使广告背景已经清楚地表明他们住在一起，这家广播电视网仍然回绝了这条电视广告。另一个例子是，哥伦比亚广播公司和美国全国广播公司认定美乐酒业（Miller Brewing）不恰当地贬低了安海斯 - 布希的百威啤酒和百威淡啤，结果停播了米勒酒业的广告。[65] 大型电视网对面向儿童的广告尤为警惕，譬如玩具广告就是审查最严格的广告类别之一。广播电视网将学前时段的广告时间（有限的广告）限定在节目的开始或结尾而非插入中间，竭尽全力地保证儿童能区分广告和节目。玩具广告的几条基本准则包括：

- 玩具必须直接而真实地呈现。
- 一条插播广告中的动画时长限定为 10 秒钟左右。
- 文案必须清楚地说明部件是否可以分开销售、电池是否包含在内。[66]

虽然许多媒体在广告审查方面做得非常好，但媒体机构的激增和由此产生的广告收入压力却导致部分媒体降低了审查标准。1998 年，联邦贸易委员会发布了《媒体指南》（*Guide for the Media*），强调了媒体在终止失实广告上的重要性，从而更加突出了媒体审查过程的重要性。在该指南的序言中，联邦贸易委员会指出：“法律一旦遭受侵犯，政府部门和自律组织可以介入，但只有媒体可以在虚假广告传播前将其终止。”[67]

媒体准则的执行不严或对欺骗和误导广告的明显忽视会对媒体造成重大影响。因此，媒体应该仔细审查自己所接受的广告，将其视为公众对自己的信任，如果在接受广告时掉以轻心，也会招致法律责任。如果广告中的声明虚假不实或恶意中伤，那么媒体和广告主都会被起诉。而 2002 年联邦贸易委员会时任主席蒂莫西 · 缪里斯（Timothy Muris）的一番话更加坚定了这种观念。那年，蒂莫西 · 缪里斯提出：投放明显误导性广告的媒体应该受到法律的制裁。于是，许多媒体同业组织投诉说这种带有威胁性的行为有悖言论自由的原则，是违宪的；但缪里斯回应称“没有哪条宪法赋予任何人发布虚假广告的权利”[68]。

对可疑广告的控制

联邦贸易委员会的重点监管对象是那些发布虚假食品和减肥广告的媒体，而对媒体的疏忽大意采取强硬手段显然非常奏效。联邦贸易委员会的一项调查显示，所谓的

“红旗”减肥广告（即带有明显虚假承诺的广告）从2005年1月占所有广告的50%下降到了当年5月的15%。对此，联邦贸易委员会主席狄波拉·梅杰拉斯（Deborah Majoras）说：“超重是一个社会问题，要求个人、政府和企业都负起责任。”[69]

2005年，司法部在长期致力于消除美国网络赌博活动的基础上发起了又一波猛攻，他们宣称与《体育新闻》（*The Sporting News*）就该公司的网站、出版物和电台接受境外赌博网站广告一事达成了一份价值720万美元的和解协议。通过这一举动，政府充分表明了监管虚假广告的重要性。长期以来，司法部一直认为境外赌博网站在美国是非法的，援助和支持瞄准美国消费者的境外网站实体——包括接受这类广告的媒体——必须为触犯赌博法规而负责。这项调查的最新结果便是《体育新闻》提出的和解方案。虽然《体育新闻》并不承认自己触犯了法律，但仍然同意支付720万美元——420万美元的罚款和300万美元的更正广告，后者以反赌博公益广告的形式出现。这一和解金额反映了《体育新闻》从2000年春到2003年年底经由发布网络赌博广告而获得的利润。[70]

虽然面临着正式法律制裁的危险，但是从现实的立场出发，除非媒体有意接受欺骗性广告或恶意中伤的广告，否则其承担法律责任的概率并不大。不过，媒体更为现实的顾虑在于，如果允许欺骗性广告出版或播出，那么其在受众中建立起来的信誉就会蒙受损害。因此，没有哪家负责任的广告公司或媒体会理直气壮地创作或发布欺骗性广告。

全行业团体的自律

广告行业的自律不是什么新鲜事，但在过去的25年中，它的作用和效果已经逐渐显现出来。如今，确保广告真实性的措施有很多，其中一些由特定的行业团体执行，还有一些则针对更为大众化的广告。行业自律除了要确保广告的信息含量更丰富、更真实可信，还要为以下两个重要目的服务：

- 展现广告界为推行负责任的广告而付出的努力，以此提高公众对广告的认识。
- 强有力的自律可以预防政府进行更严格的管制。例如，有两条最激进的行业自律倡议便涉及制药业和饮料业，这两个行业都处在管理机构和消费者保护团体的监督之下。

美国药物研究及制造商组织（Pharmaceutical Research and Manufacturers of America，PhRMA）针对大家对直邮广告的担忧，提出了一套意义深远的行为准则。准则不仅要求美国食品药品管理局要优先对所有广告进行审核，还探讨了药品所存在的风险和利益，同时清楚地表明了药品的健康用途。一些观察家认为，随着美国食品药品管理局开始讨论药品广告的相关规定，这一准则变成了一种谈判工具。“这一期待已久的行为准则……由制药行业提出，而这个行业一直在努力阻止政府对直销药品广告进行限制。许多人认为它在设计上软弱无力，只不过是讨价还价的开始。”[71]对于这个行业的动机，这种观点固然略带嘲讽，但无论这个观点是否正确，它的确指出了在非危机状态下遵守这种行业准则的益处。

与此相似，饮料企业正面临着限制或禁止在校园内销售软饮料的诸多规定，此外还有要求在软饮料标签上贴上政府强制的健康警示标识的呼声。面对这一批评，美国

克莱普纳观点 24.2

彼得·克雷西博士（Dr. Peter Cressy）

蒸馏烈酒理事会主席/首席执行官

彼得·克雷西博士

企业在广告中的社会责任：蒸馏烈酒业的探索之路

在这个企业失去信任、社会责任备受瞩目的时代，蒸馏烈酒理事会（Distilled Spirits Council，DISCUS）通过自己的《酒精饮料广告及营销责任操作准则》（*Code of Responsible Practices for Beverage Alcohol Advertising and Marketing*，简称《DISCUS准则》）为企业如何做一个好公民探索出了一条成功之路。虽然公共事务官员、管理机构以及第三方倡导机构对很多产品广告的审查越来越严格，但蒸馏烈酒业却一直能在广告行为方面站在潮头，成为有效地进行广告自律的典范。

70多年来，蒸馏烈酒企业一直恪守《DISCUS准则》。该准则由蒸馏烈酒行业协会颁布，企业自愿遵守，是规范烈酒广告/营销内容及投放的一套指导方针和引导性准则。数十年来，随着社会伦理、市场条件以及科学技术的变化，这些准则也几经修订。

纵观其历史，准则的核心原则一直并将仍然是：以负责且得当的方式向成年人销售酒精饮料。作为一个产业，酿酒业一直遵循严格的广告和营销准则，并以远高于法律或规章的标准严格要求自己。自律比较灵活、敏感，尤其适用于根据第一修正案而提出的问题；否则，根据政府广告管理条例，这些问题同样也会有人提出来。

与其他行业的准则不同，烈酒行业准则催生了准则审议委员会（Code Review Board）。该委员会由业内高级成员企业代表组成，负责审议对广告和营销材料的投诉。在收到投诉后，委员会将判定广告是否与准则相符，如果认定广告违规，委员会将该判定转呈广告主，并敦促其修改或撤回该广告。对于DISCUS成员公司的广告而言，投诉的受理和委员会采取行动之间往往只是几天时间的工夫。对于委员会的决议，公司成员百分之百地服从，甚至非DISCUS

饮料协会（American Beverage Association）和可口可乐、百事可乐等知名成员提出了一条自愿条例，以防止更为严格的法规出台。该协会花费了数百万美元推广这个自愿条例，从而限制了碳酸饮料的销售，尤其是在中小学内的销售。[72]

最近，网络广告主公布了自己在消费者隐私和消费行为追踪问题上的自我管理方针。这些方针由美国广告公司协会、全国广告主协会、商业促进局委员会以及直接营销协会共同起草，所有努力的出发点都是增加透明度以及就网络行为广告教育民众。

不要以为只有身处困境中的行业才制定广告准则，大多数同业协会都有针对营销和广告的指导方针，广告业本身就在宣传广告的真实性方面拥有悠久的历史（见成员公司也会在很大限度上服从。

几十年来，蒸馏烈酒业在解决烈酒广告投诉方面一直卓有成效，但直到最近，准则审议委员会才开始公开处理决定。因此，之前大多数公众无从得知委员会审查流程的严格，也无从得知企业在遵守委员会的决议。为了使行业审议过程更透明、更易于为公众所理解，蒸馏烈酒理事会从2005年开始发布《半年公告》（*Semi-Annual Report*），详细记录针对烈酒广告的投诉、准则审议委员会的处理决定以及各广告主的反应。通过公布投诉处理决定，酿酒业的广告准则在操作上与其他行业准则产生了巨大的差异。就我们所知，蒸馏烈酒理事会是全美商业界第一个发布自律公告，向公众说明行业自律行为的行业组织。这种新的透明措施使大多数公众得以更好地评估《DISCUS准则》的审议流程，而负责广告监察的联邦机构联邦贸易委员会则反复指出蒸馏烈酒业的自律远超其他行业，堪称自律的楷模。

《DISCUS准则》审议流程的透明化产生了积极的、立竿见影的影响。成员公司在继续完全遵循决议的基础上，反应时间进一步缩短，非成员公司的遵守率也不断提高。我们相信，《半年报告》在企业的长期努力中发挥着重要作用，而酿酒业的透明报告体系也被管理机构和行业评论家视作其他行业的典范，并在商业界广受好评。

2006年6月，《半年报告》荣获公关新闻企业社会责任奖（PR News Corporate Social Responsibility Awards）颁发的最佳商业道德传播奖（Business Ethics Communications）。企业社会责任奖的得主是那些在过去12个月中非常成功地完成了企业社会责任的公司以及合伙人，公关新闻公司则将该奖称为“全世界企业公民及传播界的黄金标准”。美国商业大奖（American Business Awards℠）也因为我们的报告体系而提名蒸馏烈酒理事会为“最佳企业社会责任计划”的决赛候选人。

出版商和其他媒体主管也对蒸馏烈酒企业自愿遵守的严格广告标准做出了回应。2003年，蒸馏烈酒业对广告行为准则进行了进一步规范，规定只有在某个媒体至少有70%的受众达到21岁或以上时，酒精饮料才能在这个媒体上投放广告；而一些时尚杂志则推出了只供订阅的版本，以配合那个“70%成年受众”的要求，从而确保蒸馏烈酒企业能满足这一标准。

我们相信，这些努力所产生的影响不会仅限于酒精饮料行业，该行业的广告准则以投诉审议程序的公开透明而成了行业如何有效地进行自律、企业如何落实社会责任、如何提升公众信心的生动实例。

（彼得·克雷西博士为蒸馏烈酒理事会主席兼首席执行官，曾任位于达特茅斯的马萨诸塞大学校长、马萨诸塞州海事学院院长，是一名退役的海军少将。）

图24.20）。事实上，联邦贸易委员会前主席鲍勃·皮托夫斯基（Bob Pitofsky）就曾评论说：“当今广告业的自律体系超过全国所有的行业。”[73] 广告业的自律努力为公众、竞争对手以及其他利益团体提供了一个自愿协商的论坛，而无须动用正式法律或监管机构来裁判分歧。企业可以通过广告公司团体、媒体协会以及同业和专业协会制定的各种指导方针和行为准则来推广更好的广告，其中一个推动真实、伦理广告的领导性广告团体便是美国广告联盟。美国广告联盟的主要目的是通过地方性广告俱乐部来促进广告的真实性和公正性。

尽管联邦管理机构、媒体和广告主们倾尽了全力，大多数消费者还是坚持认为广

图 24.20

广告公司肩负着发布真实广告的责任。

Creative Code of the American Association of Advertising Agencies

ADOPTED APRIL 26, 1962

The members of the American Association of Advertising Agencies recognize:

1. That advertising bears a dual responsibility in the American economic system and way of life.

To the public it is a primary way of knowing about the goods and services that are the products of American free enterprise—goods and services that can be freely chosen to suit the desires and needs of the individual. The public is entitled to expect that advertising will be reliable in content and honest in presentation.

To the advertiser it is a primary way of persuading people to buy his goods or services, within the framework of a highly competitive economic system. He is entitled to regard advertising as a dynamic means of building his business and his profits.

2. That advertising enjoys a particularly intimate relationship to the American family.

It enters the home as an integral part of television and radio programs, to speak to the individual and often to the entire family. It shares the pages of favorite newspapers and magazines. It presents itself to travelers and to readers of the daily mails. In all these forms, it bears a special responsibility to respect the tastes and self-interest of the public.

3. That advertising is directed to sizable groups or to the public at large, which is made up of many interests and many tastes.

As is the case with all public enterprises, ranging from sports to education and even to religion, it is almost impossible to speak without finding someone in disagreement. Nonetheless, advertising people recognize their obligation to operate within the traditional American limitations: to serve the interests of the majority and to respect the rights of the minority.

Therefore we, the members of the American Association of Advertising Agencies, in addition to supporting and obeying the laws and legal regulations pertaining to advertising, undertake to extend and broaden the application of high ethical standards. Specifically, we will not knowingly produce advertising that contains:

- **a.** False or misleading statements or exaggerations, visual or verbal.
- **b.** Testimonials that do not reflect the real choice of a competent witness.
- **c.** Price claims that are misleading.
- **d.** Comparisons that unfairly disparage a competitive product or service.
- **e.** Claims insufficiently supported, or which distort the true meaning or practicable application of statements made by professional or scientific authority.
- **f.** Statements, suggestions, or pictures offensive to public decency.

We recognize that there are areas subject to honestly different interpretations and judgment. Taste is subjective and may even vary from time to time as well as from individual to individual. Frequency of seeing or hearing advertising messages will necessarily vary greatly from person to person.

However, we agree not to recommend to an advertiser and to discourage the use of advertising that is in poor or questionable taste or is deliberately irritating through content, presentation, or excessive repetition.

Clear and willful violations of this Code shall be referred to the Board of Directors of the American Association of Advertising Agencies for appropriate action, including possible annulment of membership as provided in Article IV, Section 5, of the Constitution and By-Laws.

Conscientious adherence to the letter and the spirit of this Code will strengthen advertising and the free enterprise system of which it is a part.

告要么具有欺骗性，要么提供的信息不充分。鉴于企业在广告上投入那么大，消费者的这种观念无疑是所有诚信企业必须解决的一个大问题。我们将在下一小节看到，广告行业在抵制欺骗性广告上投入巨大。

商业促进局

在维护真实诚信广告方面最著名、最积极、最为成功的组织之一是与商业促进局委员会密切配合的商业促进局全国网络。如今的商业促进局的前身可以追溯到 1905 年，那一年，各地区的广告俱乐部成立了一个全国性组织，即今天为人所知的全国广告联盟（National Advertising Federation）。1911 年，这一组织在地方治安委员会的配合下发起了一场运动，呼吁维护广告的真实性。1916 年，这些地方委员会采纳了商业促进局这个名字并在 1926 年成为自主团体。如今，商业促进局在美国和加拿大约有 128 个地方局。

在许多方面，商业促进局委员会的工作都反映出联邦贸易委员会的工作，但不具法律效力。人们对商业促进局委员会及其附属机构的担忧主要涉及网购、质保、比较价格承诺、证言和信用欺诈等领域。该组织的努力主要是推出两卷本的《广告中的注意事项》（*Do's and Don'ts in Advertising*），以此作为教育广告主的基础。这个两卷本就企业可能遇到的大部分基本问题向他们提出建议，其中的“基本原则”对商业促进局的自律理念进行了概括：

- 保证广告的真实、诚信是广告主的主要职责。广告主应该在广告出版和播出前做好证实其承诺的准备，并应要求及时向广告媒体和商业促进局提交证据。
- 任何不真实、误导、欺骗、欺诈以及恶意诋毁竞争对手或不诚实的广告努力都应该杜绝。
- 即使广告中的每一句话分开看都是真实的，整个广告也有可能误导消费者。不仅陈述失实可能造成表达失实，遗漏或掩盖事实也可能造成表达失实。[74]

尽管商业促进局不具法律权威，但它对广告的真实性和准确性却有重大影响。商业促进局可以利用舆论力量和同行压力形成一股自觉的力量，解决有可能出现的误导或欺骗性广告。

全国广告审查委员会自律计划

9 了解全国广告审查委员会、国家广告审查局和儿童广告审查处在支持广告管理上的主要作用。

全国广告审查委员会（National Advertising Review Council，NARC）成立于1971年，目的是应对消费者要求政府加强广告管理的各种运动，回应大型广告主对业界忽略广告诚信的担忧。当时，一些广告组织骨干——美国广告联盟、美国广告公司协会、全国广告主协会——联手商业促进局委员会组建了全国广告审查委员会，主要目的是“组建一个善用同行劝服力、努力自愿消除从专业角度审视涉嫌欺骗的广告的组织”，其目标是“通过自愿的自律行为，维护全国性广告的真实性和准确性的高标准”。起初，投诉欺骗性广告的是消费者和消费者权益保护者，但很快，广告主便成了监管主力，并将大部分投诉指向了他们的竞争对手。这个现象一直持续到今天。“全国广告审查委员会之所以能开展工作，是因为它的严厉处罚能满足消费者权益保护者，它的商业头脑充分尊重了广告在营销过程中的角色，并有效地阻挡了联邦贸易委员会的介入。”[75]

全国广告审查委员会下设几个部门，均由商业促进局委员会管理（见图24.21），主要负责调查的部门是商业促进局委员会**全国广告处**（National Advertising Division，NAD）。该部门由全职律师组成，负责处理竞争对手和消费者的投诉以及商业促进局移送的案件。与此同时，他们还监督全国性广告。2008年，该部门处理的案件超过179个，其中84个涉及广告主对竞争对手承诺的质疑，较上一年上升了58%。如果广告主对全国广告处的判决提起上诉，全国广告审查局（The National Advertising Review Board，NARB）就会给他提供一个由同行组成的陪审团。1974年，为应对公众对儿童广告的担忧，儿童广告审查处（The Children's Advertising Review Unit，CARU）成立。本节的后半部分将对此进行详细讨论。2004年，电子零售业自律计划（the Electronic Retailing Self-Regulation Program）出台，对直接反应广告，包括信息式广告中的广告承诺进行审查。

全国广告处
全国广告审查委员会自律计划下设的一个调查机构。

这些部门“只审查全国性广告，即在全国或广大区域发布的广告……全国性广告中的产品性能承诺、产品优越性承诺以及所有科技方面的承诺都属于全国广告处的受理范围。全国广告处不受理涉及广告品位、商品伦理或政治广告的投诉”[76]。

收到投诉后，全国广告处首先明确问题，然后收集、评估数据，对广告承诺是否

图 24.21

全国广告审查委员会审理过程的出发点是确保公平，并对广告进行客观的审查。

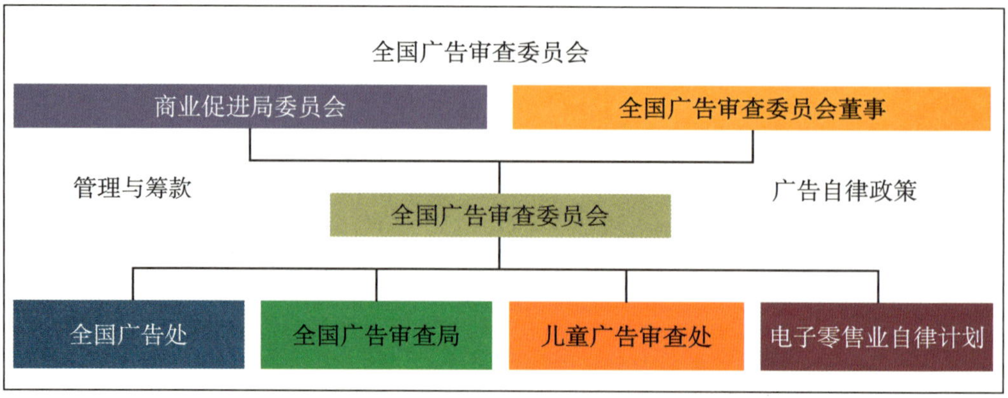

属实做出初步判定。如果证据充分，证明属实，全国广告处会对外公布该事实；如果证据不足，则全国广告处会建议广告主修改争议部分或终止不实承诺。如果广告主拒绝参加自律活动或拒绝执行全国广告处的处理决定，可以向其他联邦办事机构提出诉讼，或者提出进一步审理的要求；如果广告主不同意全国广告处的判决，也可以向全国广告审查委员会提起上诉，全国广告处的判决将直接送交媒体，并在《全国广告处/儿童广告审查处案例报告》（*NAD/CARU Case Reports*）月刊中公布。

全国广告审查局由 70 名成员组成：广告主代表 40 人，广告代理公司代表 20 人，公共管理部门代表 10 人。然后照此比例指定 5 人组成听证小组。如果审议小组支持全国广告处的决议，而广告主拒绝更正广告中的欺骗性元素，则全国广告审查委员会可以将广告提交给相应的政府机构。由于广告主强调广告承诺的竞争特质，因而迄今为止，全国广告处审理的案件大多来自竞争者。根据全国广告处的数据，以下六个领域为最受质疑的领域：

1. 产品测试。
2. 消费者感知调研。
3. 味道/感官承诺。
4. 定价。
5. 证明/趣闻证据。
6. 演示。

很多案件都涉及比较广告。例如，如果在产品测试或产品演示过程中贬低其他品牌，就很容易招致质疑。说到投诉，被投诉得最多的产品品类当属保健品，食品和饮料紧随其后。这并不是巧合，而是因为这两个产品品类竞争最激烈。

通过对全国广告处和全国广告审查委员会审理过程的研究，现在我们知道它做不到以下几点：

- 命令广告主终止某条广告。
- 处以罚款。
- 禁止某人进行广告活动。
- 联合抵制某个广告主或产品。

它能做的是，让广告主的同行们来评判某个企业的广告是否诚实可信，是否有损于整个行业、有损于公众、有损于对手。这一观点具有巨大的道德力量。如果不接受提交给全国广告审查委员会的上诉的裁定，则整个案件将转到相应的政府部门，并同时对外公布。广告主们深知这一点，因而这一观点无形中得到了强化。商业自律机制中的这一独到之处不仅可以使企业避免触犯反垄断法，而且可以将整个事件放到公众的视线之内，同时还能让广告主遵守联邦贸易委员会的广告管理。

商业促进局委员会儿童广告审查处

广告主和消费者团体早就意识到了针对儿童的广告与针对成人的广告有着本质的区别。由于针对儿童的广告处在特殊的环境之下，因此全国广告审查委员会便与广告界联手，于 1974 年组建了**儿童广告审查处**，主要负责处理以下几方面的工作：

儿童广告审查处

儿童广告审查处的职能与全国广告处极为相似，主要审理针对儿童的广告的投诉。

- 产品表现与承诺。
- 销售压力。
- 信息披露及免责声明。
- 比较性承诺。
- 节目或个人代言与促销。
- 赠品、促销和抽奖。
- 安全。
- 互动电子媒体。

总体上讲，儿童广告审查处的使命与全国广告处的使命相似，只是前者考虑了儿童广告所触达的受众的特殊处境。在过去的几年中，儿童保护团体最为关注的两个领域是食品广告和互联网在销售领域的工具化。2000 年 4 月，《儿童网络隐私保护法案》（Children's Online Privacy Protection Act）开始生效，要求商家未经父母许可不得收集 13 岁以下儿童的个人信息，从而保护 13 岁以下儿童的隐私。该法案中的有些条款要求广告主必须执行隐私政策，在收集孩子信息时需要通知其父母，并保证所搜集信息的保密与安全。《儿童网络隐私保护法案》主要由联邦贸易委员会监督执行，儿童广告审查处定期审查网页内容，以确保网站符合儿童广告审查处和《儿童网络隐私保护法案》的规定。从 2008 年至 2009 年上半年，儿童广告审查处公布了 50 多起与网络隐私有关的判决。

肥胖问题　第二个重点关注领域是食品广告及其造成的儿童肥胖问题。这与 20 世纪 90 年代的反烟草广告斗争极为相似。肥胖议题的重要性可以从 2005 年全国广告审查委员会公布的长达 92 页的《食品广告自律指导方针》白皮书中看出。食品行业受到国会、消费者权益保护团体、医疗及科学团体的猛烈攻击，律师们也威胁说会像以前对待烟草公司那样采取类似的法律措施。就是在这样的环境下，儿童广告审查处于 2006 年发布了一套审查指导方针，由商业促进局委员会董事局独立董事、联邦贸易委员会消费者权益保护局（Bureau of Consumer Protection at the FTC）前主任琼·伯恩斯坦（Joan Z. Bernstein，即乔迪）牵头负责。在评估过程接近尾声时，儿童广告审查处对指导方针做了几个重要修改。商业促进局委员会则更进一步，提出了“儿童食品、饮料广告议案”（Children's Food and Beverage Advertising Initiative，CF），以鼓励广告主宣传健康的产品和生活方式。

对食品营销最不满的两个声音，一个来自爱荷华州议员汤姆·哈金（Tom Harkin），一个来自国家科学院（National Academy of Science）的一个附属机构——医学研究所（Institute of Medicine）。哈金议员对儿童广告审查处在行业自律强制执行方面的失职严加苛责，但对指导方针的评估和随之而来的“儿童食品、饮料广告议案”则赢得了他的赞赏。2007 年 7 月，哈金这样评价道：“近来，很多食品饮料公司纷纷开始迎接挑战，努力推广更加健康的食品。就在上个星期，11 家大型食品饮料企业宣布，他们将让面向 12 岁以下儿童的广告瞄准更富营养的食品，他们还同意只让符合营养标准的产品使用带许可字样的广告。”[77]

儿童食品、饮料广告议案

2006 年 11 月，商业促进局委员会提出“儿童食品、饮料广告议案”，给那些面向儿童发布食品、饮料广告的企业提供透明而可靠的自律指导方针，目的是确保面向 12 岁以下儿童发布的食品、饮料广告讯息能鼓励孩子们选择健康的饮食和生活方式。目前，已有 15 家大型食品和饮料企业采纳了这个议案，包括汉堡王、麦当劳、可口可乐、卡夫食品等。2004 年，这些企业的广告支出估计占到了所有儿童食品、饮料广告支出的三分之二以上。[78]

按照议案提出的条件，参加的企业必须承诺至少将 50% 以上面向儿童的广告用于推广健康饮食、均衡营养或健康的生活方式（见图 24.22）。判断产品是否“对你更好”的标准要与现有标准相符，如《美国农业部饮食指南》（*USDA Dietary Guidelines*）、食物金字塔（MyPyramid）和食品药品管理局健康承诺。除此之外，参加的企业还必须同意以下措施：[79]

- 如果广告讯息主要面向 12 岁以下儿童，但不符合议案所要求的产品或讯息标准，则少用第三方认证字样。
- 不在面向 12 岁以下儿童的文章或娱乐内容中有偿或主动地植入食品和饮料的广告。
- 对面向 12 岁以下儿童、含食品或饮料品牌的网络游戏进行修改，使之包含的讯息展现更有益于健康的食物和更健康的生活方式。

此外，参与的企业还必须同意不在小学中发布食品或饮料广告。“儿童食品、饮料广告议案”和儿童广告审查处联手在食品饮料营销中推广均衡的膳食，倡导向儿童发布真实诚信的广告，希望以此赢得市场的信任。

正像围绕着食品广告的争论一样，与儿童广告相关的问题也很难回答。对于那些批评儿童广告的人来说，即使广告采用了最严格的指导标准，也无法让他们满意。但是，鉴于媒体借助广告所获得的经济支持，这种禁令出台的可能性很小。所有相关各方（媒体、广告主、家长、特殊利益群体以及政府）必须共同努力，以保证儿童广告的内容适宜儿童。在舆论不利的情况下，广告主必须非常谨慎地对待儿童广告的内容。

Courtesy of Robinson.

图 24.22

该广告鼓励青少年假期去打工，做一个阳光少年。

小 结

本章讨论了广告操作中的种种限制，包括法律、道德、社会以及经济因素。虽然法律和管理机构对虚假和误导性广告的监管力度越来越大，但我们应该牢记，诚实、道德的广告操作基本上不是法律威慑和处罚的产物；相反，广告主、广告代理公司以及主流媒体都知道，关注广告内容和表现中的道德及社会问题，关注产品品类、产品承诺以及广告操作的接受度，既是好事也是作为负责任的企业公民应尽的义务。虽然对广告的法律限制是广告环境的一个重要组成部分，但大型广告主很少单纯因为政府法规而制定广告战略。

正如我们在本章开头所说，相比于 25 年前的前辈，现在的广告主对自己的受众更为敏感。就在几年前，广告主们还很少考虑市场多样化、媒体碎片化以及公共政策（如对消费者隐私保护的诉求）等话题。广告主如果忽视消费者对社会问题的敏感，就可能在不经意间让自己陷入公关危机之中。

我们不敢确定广告将来会遇到什么社会问题和文化问题，但我们知道，广告正处在一个变革和适应的时期，公共利益将在当代广告主的议程中占有越来越重要的位置——其重要性将远远超过正式的法律限制。我们知道，公众不容忍虚假、误导和欺诈的广告。但除了真实以外，当代广告还必须体现社会责任感，并将其作为营销计划的常态。作为这种社会责任的一部分，广告将被当作引领社会变化的工具而得到广泛的应用，其作用将不再仅仅局限于销售产品和服务，而更多地在于表明广告主对众多社会问题的观点和态度。

广告应该真实、公平、遵从法律的文字和精神，对此，大广告主们毫无异议。不法分子销蚀了公众的信任，给广告主造成了巨大的麻烦，广告主是铲除这些不法分子的主力军。在可预见的将来，广告主将不得不与众多不断变化、有时甚至自相矛盾的广告法规做斗争。

复习题

1. 请比较广告操作中涉及的社会问题与经济问题。
2. 请说明支持和反对广告的两种意见。
3. 请说明广告在有意和无意中扮演的社会角色有什么区别。
4. 广告委员会在倡导社会性广告中扮演着什么角色？
5. 为什么将证实视为联邦贸易委员会的执法基础？
6. 联邦贸易委员会执法过程中的终止 - 撤销令有什么重要意义？
7. 请简述中央哈德森四步测试法。
8. 夸大在加强广告监管的过程中发挥了什么作用？
9. 比较广告的缺点是什么？
10. 请说明媒体清除流程与广告自律的作用。
11. 请描述全国的整个广告自律体系。

词汇表

A

Account planner 客户策划 英国广告公司结构发展的一个产物，在英式结构中，策划负责提出和审核调查并参与创意过程。在某些广告公司，策划被视为消费者的代言人。

Advertising clearance process 广告清理过程 广告投放到报纸杂志和广播电视前的一个自查过程，主要由广告公司和客户实施。

Advertising Council 广告委员会 一个致力于通过广告而推动社会项目的非营利性广告公司网络。

Advertising goals 广告目标 为完成整个营销计划中的特定任务而设定的传播目标。

Advertising 广告 广告由可识别的赞助人的有偿讯息构成，一般通过传播媒介发布。

Advertorial 软文广告 推广某个观念而非产品的广告。

American Association of Advertising Agencies (AAAA，4As) 美国广告广告公司协会 广告公司的一个全国性组织。

Amplitude modulation (AM) 调幅 通过转变电磁波大小而非频率来传输电磁信号的一种方式，质量不及调频，但传输距离更远，尤其在夜间。

Animation 动画 通过将动画物体放置在动画摄影机前并逐帧拍摄而赋予其生命并使之运动起来的一种表现手法。

Appeal 诉求 广告所针对的动机，旨在将人导向广告所设定的某个目标。

Arbitron Inc. 阿比创公司 辛迪加收听率调查公司。

Audience fragmentation 受众碎片化 因媒介多样性而导致的大众媒介受众向更细碎的群体分化的现象。

Audit Bureau of Circulations 发行量稽核局 由出版商、广告公司及广告主联合主办的一个负责审核发行状态的组织。

Average Quarter-Hour（AQH）一刻钟平均听众数 收听率的一种表达方式，其数值包括了一刻平均听众人数（AQHP）、收听率（AQHR）以及受众占有率（AQHS）。大都市调查区域的人口数可用来确定受众占有率。

B

Barter syndication 交换辛迪加 电台电视台无偿获得节目的操作方式，节目中预售全国性广告时间，供地方性插播广告购买。

Barter 易货贸易 广告主或广告公司以运行资本或商品交换广告时间的做法，不涉及现金。

Behavioral research 行为研究 旨在判断购买行为基本属性的市场调查。

Bleed 出血 户外广告或印刷版面中将印刷对象延伸至版面外而不留任何空白的一种版式设计。

Brand 品牌 旨在标记并区别产品或服务的一个名称、词语、记号、设计或几者的一个集合体。

Brand equity 品牌资产 相对于竞争对手，消费者、分销商以及零售商在一段时间内赋予某个品牌的价值感。

Brand extension 品牌延伸 在既有品牌下推出的新产品，以利用既有品牌资产。

Brand loyalty 品牌忠诚 消费者对特定品牌的偏好与执着。

Brand name 品牌名称 商标中用书面或口语表述的那一部分，相对于图形记号而言；商标符号。

Business-to-business advertisers 行业对行业广告主 通过面向生产商、分销商或零售商的同业或行业刊物宣传商品的广告主。

C

Cable television 有线电视 通过电缆传送到用户家中的电视信号。来自有线电视运营商的节目通过高架天线、卫星接收碟或运营商节目编排传送给用户。

Category manager 品类经理 一个相对较新的企业岗位。品类经理负责某一产品品类中各品牌的所有事务，包括市场调研、生产、销售及广告。每位产品广告经理向品类经理负责。比如，宝洁公司的汰渍和奇浪洗涤剂的广告经理向同一位品类经理负责。

Caveat emptor 买家留意 拉丁语，表示政府不应干预市场。

Cease-and-desist orders 终止撤销令 如果广告主拒绝签署同意书，则联邦贸易委员会可以下达终止－撤销令，其每天的罚金可高达 1 万美元。

Centralized exchange 集中交换 通过专门的中间人进行贸易或营销而非买卖双方直接交换商品的一种贸易体系。

Children's Advertising Review Unit（CARU）儿童广告审查处 儿童广告审查的职能更像全国广告处，也是审理针对儿童广告的投诉。

Classified advertising 分类广告 发布在报纸或杂志中专为特定商品或服务种类开辟的、注明为“分类广告”区域中的广告，如招聘广告。

Clearance 空出率 同意为播出电视网的节目而腾出时间的联播电视台所占的百分比。

Closing date 截稿期 所有广告材料必须全部交给媒介的最后期限。

Clutter 广告拥堵 某个媒体中广告过多的情形，这势必会降低每一条广告讯息的冲击力。

Coined word 生造词 生造出来的词，大量用于商标之中，如 PoFolks、Mazola、Gro-Pup、Zerone 等，是相对于字典中的词而言的。

Comparative advertising 比较广告 直接将广告主的产品与竞争者的产品进行对比的广告。

Compensation 补偿 电视网因地方电视台播出电视网而补偿给地方台的费用。

Competitive stage 竞争期 产品所处的一个广告阶段，此时，产品相对于类似产品的优势已经确立。请见开拓期、维持期。

Comprehensive 末稿 大小、颜色、线条以及其他必要细节已各就各位、可看出广告最终模样的布局图；仅供提案用，不可用于复制。

Computer-generated imagery（CGI）电脑合成图像 技术使电脑操作人员得以为电视生成多种电子效果，如压扁、拉伸或挤压，其速度远非过去的任何工具可比，还可以同时添加图层。

Concept testing 概念测试 目标受众对备选创意战略的评估，旨在将好创意与烂创意区分开，并洞察是哪些因素促使目标受众接受或拒绝该创意。

Conjoint analysis 综合分析 一种调查技术，意在判断消费者心目中最重要的产品利益是什么。

Consent decree 同意书 由联邦贸易委员会下达，广告主签署此书，终止发布被调查的广告，但无须认罪。

Consumer advertising 消费者广告 针对自用产品的人的广告，与同业广告、工业广告或专业广告相对。

Contest 竞赛 一种促销活动，消费者通过竞赛获得奖品，获胜者严格按照竞技水平挑选。

Continuous tone 连续调 非网屏照相图片或图像，在纸张或胶片上呈现为从白色过渡至黑色的所有色值变化。

Controlled circulation 赠阅发行 无偿赠送给购买决策人的出版物。要想进入这个名单，人们必须说明自己在企业中的职位；而要想待在这个名单中，则必须每年都提出申请。又叫优质发行量。

Convergence 融合 营销职能和传播技术的不同层面融合到一起，形成更高效、更强大的合力。

Cooperative（co-op）advertising 联合广告 全国性广告主（生产商）和地方性零售商联手为在零售店销售的生产商的产品而发布的广告。

Copy approach 文案技巧 展开广告正文的方法，主要有写实法、想象法、抒情法。

Copy testing 文案测试 对广告效果进行测量。

Corrective advertising 更正广告 为纠正欺骗性广告产生的后遗症，联邦贸易委员会可能要求广告主在后续广告中拿出时间和版面披露此前的欺骗性信息。更正广告大约始于 20 世纪 60 年代。

Cost per rating point（CPP）收视率单位成本 收视率单位成本用于比较在几个电视节目中投放广告的成本。

Cost per thousand（CPM）千人成本 对发行量不同的媒体进行成本对比的一种方法。比外，每一千人发行量加权或人口统计成本也要计算 CPM，但只用该媒体落在主要预期对象类别中的那部分受众。

Council of Better Business Bureaus 商业促进局委员会 协调各种地方性和全国性消费者保护倡议的一个全国性组织。

Coupon 优惠券 最常见的销售推广技巧。

Cross-media buy 跨媒介购买 将几家媒介或载体打包销售给广告主，从而在销售之时和之处形成合力传播效应的做法。

Customer relationship marketing（CRM）顾客关系营销 围绕顾客需求来组织生产的一种经营理念。

D

Direct premium 直接赠品 在消费者购物时赠予消费者的一种促销品。

Direct-response advertising 直接反应广告 在直接营销活动中发布的任何广告，可采用任何类型的媒介：直邮、电视、杂志、报纸、广播；替代“直接订购广告”一词，请见直接营销。

Display 图片广告 在报纸分类广告栏中发布的除纯文字广告以外的广告。图片广告一般尺寸更大，有颜色、图片或插画等，以吸引读者注意产品。

Distribution channel 分销渠道 控制商品流通（从生产商到消费者）的各个中间环节，如零售商。

Dot-coms 域名 参与网络商务活动的企业通用名称。

E

Eight-sheet poster 8 幅招贴 用于城区、大小约为标准 30 幅招贴的四分之一的户外招贴，又叫“小招贴”。

Electroencephalography 脑电图 通过放置在头部的电焊条而对脑电活动的记录。

End-product advertising 制成品广告 通过宣传产品原料——如特氟龙和阿斯巴甜——来刺激消费者需求的广告。

Engagement 黏性 主动型消费者从媒体载体向广告的流动。

European Union (EU) 欧洲联盟 发展中的欧洲经济联合体，2010 年每个市场的潜在消费者达 5 亿。

Exclusionary zones (outdoor) 隔离带 户外广告业行为准则，即禁止在教堂、学校或医院 500 英尺内投放禁止向未成年人出售之商品的广告。

Executional idea 实施性概念 以语言、符号、声音、色彩、形状、形式的组合对如何抽象地满足已知欲望或需求加以表现。

Experiential sampling 体验式样品试用 企业采用专车接送、赠送样品，以吸引消费者、加强其接触体验的做法。

F

Family life cycle 家庭生命周期 反映个人或家庭随生命历程变化而变化的购买行为的一个概念。

Fast-close advertising 快捷广告 有些杂志社的广告截稿期极短，有时甚至需支付高额费用。

Federal Communications Commission (FCC) 联邦通信委员会 美国联邦政

府中给电台、电视台颁发执照，并将给“公共”电台和电视台分配波长的权力机构。

Flat rate 统一价 在不考虑广告空间大小和投放频率的情况下对媒介广告空间收取的统一价格；如果统一价行不通，则可在广告时间或质量上给予优惠。

Flighting 间歇式排期 间歇式排期指一个广告战役所需的时长，可以是一天、一周或一月，但不能是一年。间歇式排期采用活跃期与非活跃期交替出现的形式。

Focus group 小组访谈 针对群体而非个体进行深度访谈的一种定性调查方法。

Four-color process 四色印刷 通过一组黄、蓝、红和黑的印版（顺序可能不同）而制作彩色图像的工艺。这些版称为套色版。

Frequency 频率 在媒体接触中，在给定时间内，个人或家庭接触到一个具体品牌的广告载体次数。

Frequency modulation(FM) 调频 一种通过改变电波频率而非幅度（如调幅）来传输的无线传输电波。一个调频电波的宽度是调幅电波的 20 倍，因此它的音质更好。要传输这样的电波，必须将它置于电磁波谱的高频率段，以免调幅电波和静电的干扰，这样才能得到出色的音质。

Fulfillment firm 承兑公司 承兑公司即处理优惠券兑换过程的公司，包括接收、验证和支付，它同时也负责竞赛和抽奖。

Full-service agency 全面服务广告公司 为广告客户处理广告策划、创意、制作和投放的广告代理公司。全面服务广告公司也可以处理销售推广以及客户所需的其他相关服务。

G

Global marketing 全球营销 表示在全球范围内运用广告和营销战略的一个术语。

Glocalization 全球本土化 一个杂交词，表示使全球营销（产品和广告讯息）适应当地市场和当地文化。

Gross rating points（GRPs）总收视率 每一个收视率代表被测量市场整体的 1%。在电视中，指该地区电视家庭的 1%。

H

HD radio 高清广播 支持地面电台在同等带宽上以优质音频传输额外节目，它要求采用特制接收器。

Highway Beautification Act of 1965《1965 年高速公路美化法案》 规范非商业区、非工业园区的户外广告的联邦法律。

Hoarding 广告牌 最早的户外印刷标记——现代户外广告的前身。

Horizontal publication 横向刊物 面向各行各业中同岗位那些人的 B2B 出版物，比如《采购杂志》。

House mark 企业商标 企业的主要商标，通常与产品商标搭配使用。通用磨坊是一个企业商标，而贝蒂脆酥（Betty Crocker）则是一个商标；杜邦是一个企业商标，而特氟龙则是一个商标。

I

Idea advertising 观念广告 用于宣传观念或慈善而非销售产品或服务的广告。

Illuminated posters 发光招贴 70%～80% 的户外招贴都有照明，24 小时暴露。

In-house agency 专属广告公司 广告主在指派广告总监的指导下按需购买下属广告公司某一项广告服务（如创意、媒介服务和广告投放）的做法。

Incentives 奖励 针对批发商、零售商或公司销售人员的销售推广。

Industrial advertising 工业广告 针对购买机械、设备、原料和生产产品所需零件的生产商的广告。

Informercial 电视直销广告 以电视节目的形态推广产品的长篇电视广告。

Institutional advertising 机构广告 各种组织为言明自己的工作目标和问题，以赢得公众的好感和支持而非销售具体产品而发布的广告，有时候也被称作公关广告。

Integrated marketing communication (IMC) 整合营销传播（IMC） 将营销传播涉及的所有领域综合起来加以策划、实施和协调的传播活动。

Interactive era 交互时期 消费者逐渐掌握传播的主导权，能够自行决定收到促销讯息的时间和地点。

Interconnects 联播 同一市场中两个或以上有线电视系统的联合销售机会。

J

Jingle 广告歌谣 与音乐匹配的整条广告或部分广告，通常包含广告口号或广告主题，可以使品牌名称或广告口号更便于记忆。

L

Layout 布局 显示广告模样的工作指示图（也可以是电脑绘图）。印刷厂的布局是一套指令加一分文案，表明该如何组合这些元素。也有草图布局、完工布局和版面组合布局。它们代表了布局的不同层次。布局这一概念也用在广告的整体设计中。

Letterpress 凸版印刷 在浮雕般或凸起的表面印刷。凸起的表面上涂有油墨，然后直接接触纸张，原理就像橡皮图章。

Lettershop 信件公司 不仅在邮件信封上填写地址，而且还拥有夹页机械设备，并负责盖章、贴邮票，直至根据邮寄要求将信件投递到邮局的公司。

Lifestyle segmentation 生活方式细分 通过综合一系列人口统计学特征和生活方式特征来识别消费者。

List broker 名录经纪人 在直邮广告中将甲广告主的客户名录转租给乙广告主的中间人。名录经纪人就此项服务向卖方收取代理费。

List manager 名录经理 将客户的名录推销给潜在承租人和买主的代理人。

Logotype/logo 标识 以独特的字体形式或设计来体现的商标或商号。典型代表：可口可乐。

M

Magazine networks 杂志网络 杂志网络指广告主通过一张广告订单和一张发票即可购买的一组杂志。

Make-goods 赔偿 如果媒介没有达到约定的受众人数，则广告主可以得到赔偿。多见于电视和杂志。

Market 市场 指可以通过相同特征、相同兴趣或相同问题加以识别的群体，他们为了方便而使用特定的产品，有能力购买它，并可以通过某些媒介被触达。

Market profile 市场描述 对一个产品的市场中消费者或家庭人口统计学和消费心理学的描述，它还可以包含某区域内的经济信息和零售信息。

Market segmentation 市场细分 根据消费者的相似之处将整个市场中的消费者划分为组的做法，他们之间的相似性为针对其需求的产品提供了市场。

Marketing communication 营销传播 营销传播成分，包括公共关系、广告、人员销售及销售推广。

Marketing concept 营销理念 将消费者的需求视为企业成功基础的一种管理导向。

Marketing goals 营销目标 企业希望通过其营销计划达到的总体目标。

Marketing mix 营销组合 用于促销商品的各营销功能——包括广告——的组合。

Marketing translation 营销移植 将一个统领性营销计划移植到跨国环境的过程。

Mass communication era 大众传播时期 18世纪至20世纪上半叶，广告主能够通过大众媒体触达更多的人口细分。

Mass production 批量生产 采用专业化和通用部件来提高生产效率的一种生产技术。

Media buyers 媒介采购 执行并监控出自媒介策划之手的媒体排期的人员。

Media plan 媒介策划 对广告战役中的媒介部分的整体分析和实施。

Media schedule 媒介排期 表明何时发布广告以及在何种媒体上发布的详细计划或日程安排。

Media/communication planner 媒介/传播策划 负责整个媒介策划战略的人员。

Merga/purge 合并/清除 直接反应广告主在利用不同邮寄名录邮寄同一邮件时用来清除重复名字的一个系统。广告主将邮寄名录送到某一合并/清除中心，通过电子技术自动去除重复名字，从而节省邮递成本。这系统对于那些一次性发送数百万邮件的公司来说尤为重要，同时还可以避免损害公众利益。

Morphing 变形 将一个图像变成另一个图像的一种电子技术。

N

National advertising 全国性广告 通过不同经销商销售商标产品或服务的营销商所发布的广告，与地方性广告相对。

National Advertising Division (NAD) 全国广告处 全国广告审查委员会自律计划下设的一个调查机构。

Networks 广播电视网 同时播出广播电视节目的联播电台电视台网络。

Newspaper Association of America (NAA) 美国报业协会 美国报纸业的营销和行业组织。

Niche marketing 利基营销 产品和目标市场战略的结合，是一种侧攻战略，专注于某一产品或行业大市场中的利基市场或相对狭小的市场，信奉“以己之长攻其之短”的原则。

Nonwired networks 无线电视网 由销售代表们同时统一销售广告时间的电台、电视台群落。

North American Free Trade Agreement (NAFTA) 北美自由贸易协定 旨在消除美国、墨西哥和加拿大之间贸易壁垒的一个协议。

O

Off-network syndication 网下辛迪加 已在大型电视网上播过的辛迪加节目。

Offset lithography 平版胶印 平版印是一种印刷方式，它用一种油脂物在特制的石板上勾勒出图像，然后将这个设计转印到纸上。如今，比较常用的印刷方式是平版胶印，不过石板已经被更薄、更柔韧的金属板所替代。在这一过程中，图像从金属板上“拓印”到胶皮上，然后再印到纸上。

Open rate 公开价 在印刷广告中最高的广告价格，但包含了所有优惠。

Opt-in 选择接受 一种许可营销形式，即企业只有在消费者与企业之间建立了关系后方可向其发送广告讯息，而只有征得消费者的许可，企业才可以与其建立联系。

Opt-outs 选择拒绝 收件人知会广告主，希望不再收到广告讯息的一个程序。该术语通常与在线促销关联

Opticals 视幻艺术 后期添加到胶片上的视觉效果，非原始拍摄素材。

Outdoor Advertising Association of America (OAAA) 美国户外广告协会（OAAA） 代表户外广告行业的主要同业和游说组织。

Outside producer 外请制作人 广告公司雇来按照其规格要求创作广告的制作公司人员。

P

Partial runs 局部区域版 当杂志社只拿出全部发行量的一部分供广告主使用时，即称为局部区域版。局部区域版包括人口版、地理和多胞胎版。

Penny press 便士报 美国大众报纸的先驱，19世纪30年代首次出现。

Per inquiry (PI) 单位查询成本 企业按得到的受众反应人次而支付的广告时间和空间成本。

Permission marketing 许可营销 指在向消费者寄送广告或其他营销传播讯息之前先征得消费者的许可或“选中”。

People meter 人员仪 用于测量个人而非家庭使用电视的情况的仪器。

Pica 派卡 印刷宽度计量单位。6派卡等于1英寸，一个24派卡的版面等于4英寸宽。

Pioneering stage 开拓期 产品的广告阶段，在该阶段，消费者尚未意识到

对这个产品的需要，因而必须培养对它的需求；或者消费者已经有了这个需求但产品尚未完全满足这个需求。见竞争期、维持期。

Pixel 像素 电脑图形的最小构成单位，是单个的图形元素。

Plant 路牌广告公司 在户外广告业，指出租、竖立、维护户外广告牌并出售其广告空间的地方性户外广告公司。

Point(pt) 磅 磅是字的计量单位，约为$\frac{1}{72}$英寸高，字的大小取决于磅数，如8磅、12磅、24磅和48磅等等。磅也是纸张厚度的计量单位，相当于0.001英寸。

Point-of-purchase 售点广告 由生产商准备、供产品销售地点使用的广告展示物。

Positioning 定位 通过开发可以满足选定组群的需求的产品或通过针对特殊组群的需求的特殊广告来细分市场，但不改变有形产品本身的一种市场细分方法。

Potential Rating Index by ZIP Market (PRIZM) 邮编市场潜力等级指数（PRIZM） 尼尔森公司发明的受众细分方法。

Preditor 预剪师 预剪师集制作人、摄影师和剪辑师于一身，指一群新兴的视频制作人员。

Premarketing era 前营销时期 史前时代—18世纪，在这一时期，买卖双方以非常原始的方式进行交易。

Premium 赠品 为刺激消费者购买某产品而额外赠送的物品，既有非购物赠送（比如包装袋上的赠品、包装盒内的赠品以及容器本身），也有凭购买或付款证明赠送（如自偿式赠品）。

Printer's Ink Model Statute (1911)《印墨》模式 由广告杂志先驱《印墨》（Printers' Ink）杂志赞助和起草，旨在打击虚假广告的法规。

Product advertising manager 制成品广告 通过宣传产品原料——如聚四氟乙烯和阿斯巴甜——来刺激消费者需求的广告。

Product differentiation 产品差别化 能够将不同品牌区别开来的独特的产品特质。

Product life cycle 产品生命周期 一个品牌从推出到成熟，最终不改良则亡的过程。

Product-user segmentation 产品用户细分 根据产品的消费量来识别消费者。

Professional advertising 专业广告 针对专业人员的广告，如医药、法律或建筑专业人员，他们的职业使得他们可以向客户推荐使用某种特殊的产品或服务。

Psychographics 专业广告 针对专业人员的广告，如医药、法律或建筑专业人员，他们的职业使得他们可以向客户推荐使用某种特殊的产品或服务。

Public relations 消费心理学 根据消费者的态度、评价、兴趣、看法、性格以及生活方式等这些构成市场的因素而对市场进行的描述。

Puffery 夸大 广告主对产品的一种带倾向性但合法的描述。

Pure Food and Drug Act《纯净食品药品法案》 1906年出台，是联邦政府最早颁布的一部保护消费者权益的法律。

Q

Qualitative research 定性调研 定性调研旨在了解人们的想法或情感，本质上通常表现为探索性、诊断性调查。

R

Radio Advertising Bureau (RAB) 广播广告局（RAB） 倡导将广播用作广告媒介的一个协会。

Radio All-Dimension Audience Research (RADAR) 广播全面受众调查统计调查服务公司，是广播网收听率的主要来源。

Rate base 费率基准 广告据此计费的发行量水平。

Rating point 收视率 某市场中一家电视台的一档节目触达的电视家庭百分比，该百分比随时间的变化而变化。一家电视台的收视率可能早上6:00—6:30为10，而晚上9:00—9:30则为20。

Rebate 退款 媒体在未达到广告主要求的质量标准时应退还广告主的金额。

Representative (rep) 销售代表 在媒体所在城市之外的地方代表其销售广告时间或空间的个人或机构。

Research era 调查时期 近年来，广告主通过复杂的调查方法细致区分受众群的能力越来越强。

Response lists 反应名录 曾经回复过直邮广告的预期对象的名字列表。

Retail advertising 零售广告 直接面对消费者的零售商所发布的广告。

Retentive stage 零售广告 直接面对消费者的零售商所发布的广告。

Return-on-investment (ROI) 投资回报率 衡量公司效率的标杆之一就是在不同业务功能上，包括广告，一定程度的投资所得回报的比率。

Ride-alongs 搭车邮件 与其他邮件（如账单）一并投递的直邮件。

Robinson-Patman Act《罗宾逊·帕特曼法案》 联邦贸易委员会颁布的一项联邦法律，要求生产商给市场中彼此竞争的所有经销商提供同等折扣待遇和广告津贴，目的是保护弱小的商家免于大型买家的不公平竞争。

Rotary bulletin (outdoor) 巡回路牌（户外） 按固定间隔，从市场上的某一点移到另一点的喷涂路牌。地点事前由广告主勘察和选定。

Rotogravure 照相凹版 一种印刷方式，该方式通过化学蚀刻的滚筒勾勒出图像，然后放到轮转印刷机上印刷，十分适合大批量印刷图片。

S

Sales promotion 销售推广 （1）辅助、协调并促使人员销售和营销有效运作的各种销售活动，如展览；（2）广义地讲，销售推广即人员销售、广告和所有辅助性销售活动的结合。

Same-day coupons 当日优惠券 要求即时或当日使用的优惠券。

Sampling 样品试用 商家免费或折价提供小包装或完整试用装，向消费者介绍或宣传商品的做法。

Satellite radio 卫星广播 订购即可获得，夹带的广告数量极少，要求采用特制接收器，音质接近 CD。

Scatter plan 分散计划 为尽量触达某一市场内的受众而在不同电视网节目和电视台发布公告的一种计划。

Screen printing 丝网印刷 丝网印刷是一种简单的印刷方式，采用漏字板进行印刷。它比较经济，但还原质量有限。

Selective binding 选择性装订 针对不同的读者细分，在同一期杂志中装订不同内容的做法。

Self-liquidating premium 自偿式赠品 消费者支付成本和手续费即可拥有的赠品

Service advertising 服务广告 用于推广服务而非产品的广告。

Service mark 服务商标 与产品商标相似，是销售服务时用于标明一家公司的服务并将其与别家服务区分开来的文字或名称，例如，赫兹自驾租车服务（Hertz Drive Yourself Service）、减肥中心节食疗程（Weight Watchers Diet Course）。

Share of audience 受众份额 市场中收看某一特定电视节目的受众户数所占百分比。

Short rate 差额价 如果广告主一年中投放的广告量低于其估算量，并在合同中注明了支付有利的价格，此时广告主必须支付的差额就叫差额价。差额价既可以在年终计算，也可以在广告主无法达到排期数量后即刻计算，此时广告的单价计费高出合同价。

Simmons Market Research Bureau (SMRB) and Mediamark Research, Inc.(MRI) 西蒙斯市场调研局和媒介标尺调查公司 为若干媒介提供受众数据的两大竞争性公司，两者均以杂志调查著称。

Siquis 圣职招聘公告 英国 16—17 世纪的手写海报——现代广告的前身。

Situation analysis 形势分析 广告策划中能够回答以下问题的那部分：我们如今处于什么位置？我们如何到达今天这个位置？它涉及品牌的过去和现在。

Slotting fees 上架费 生产商为获得货架空间而支付给零售商的费用。

Social storytelling 群口故事 讲故事是建立社会联系的一种有效方式。群口故事的结局是开放的，有无限种可能性，因而故事的讲法必须给消费者留下发挥的余地，让他们去给故事主线添枝加叶。

Spam 垃圾邮件 通常指不请自来的在线广告讯息。

Specialty advertising 广告礼品 为鼓励消费者购买商品而赠送的礼品。

Spot radio 点播广播 全国性广告主按市场购买地方广播时间的做法。

Spot television 电视点播广告 从地方电视台购买的广告时间，相对于从电视网购买的广告时间而言。

Standard Advertising Unit（SAU）标准广告单位 标准广告单位使全国性广告主得以在不同报纸上按照标准单位购买报纸广告空间。

Standard Rate and Data Service（SRDS）《标准收费与数据服务》《标准收费与数据服务》出版一系列的指南，介绍媒介及制作信息。

Storyboard 故事板 用于展现广告提案的一系列图画，由关键表演（视频）图示组成，加上与之相配的音频。供广告主审批和广告制作参考之用。

Stripping 连播 以一周五天为一单位安排辛迪加节目排期的做法。

Substantiate 证实 联邦贸易委员会行使权力的关键在于广告主必须证实其在广告中提出的承诺。

Sweepstakes 抽奖 完全凭借运气决定赢家的促销活动，若买主必须花钱才能参加则属非法。

Sweeps weeks 普查周 在这一时期，要统计所有电视市场的收视率。

T

Target audience 目标受众 组成某产品或服务当前和潜在消费者的那个群体。

Target marketing 目标营销 确定主要潜在主顾并与之沟通。

Theater of the mind 想象剧场 在广播中，文案通过不同的音效在听众脑海中描绘出各种画面。

Time-shift viewing 时移观看 在录像机上录下节目以备日后观看。

Total market coverage（TMC）总体市场覆盖（TMC） 报纸通过直邮或顾客来提高其发行量，以全面覆盖该市场内所有家庭的做法。

Total survey area 总覆盖区域 电台或电视台信号可覆盖的最大区域。

Trade advertising 行业广告 针对批发商、零售商或经销商这些产品销售渠道而发布的广告。

Trade name 商号 指代整个一家企业的名称，不用于单件产品。

Trade paper 同业刊物 面向采购产品用于再销售的人的 B2B 出版物。

Trademark 商标 界定一个产品的起源，说明其由谁制造或由谁出售的任何图案或文字。不得与商号混淆。

Traffic Audit Bureau for Media Measurement (TAB) 媒介客流测量审核局（TAB） 致力于测量有多少人经过并看见某指定户外广告的机构，目的在于建立测量市场客流的方法。

Traffic-building premium 揽客赠品 商家为鼓励消费者进店、进而完成交易而提供的购物奖励。

TVQ 一种营销评估服务，用于测量电视节目和名人（受众观点而非受众规模）的受欢迎程度。

Typography 排版工艺有效利用字体、字号的一门艺术。

U

Up-front buying 预购全国性广告主 购买电视网第一批时间的行为，是最贵的电视网广告。

V

Value gap 价值差距 产品标价和消费者认为的产品价值之间的心理差距。

Value-added opportunities 附加值机会媒介能为广告主提供的、能为其所购买的媒介时间和空间增加价值的东西。

Values and Lifestyle System (VALS) 价值观和生活方式细分系统 由斯坦福研究院提出，为预测消费者行为而根据一系列变量来划分消费者的一个系统。

Vendor program 零售商活动 联合广告的一种特殊形式，由零售商设计活动方案并向广告商寻求支持。

Vertical publication 纵向刊物针对某一特定行业问题的 B2B 出版物，如《连锁店时代》《国家石油新闻》(National Petroleum News)、《纺织世界》(Textile World)等。

W

War Advertising Council 战时广告委员会 成立于 1942 年，旨在进行第二次世界大战动员，之后发展为广告委员会。

Wheeler-Lea Amendments 《惠勒里亚修正案》 将消费广告纳入联邦贸易委员会管辖范围内的一个法案。

Y

Yield management 产量管理 为控制供需而实行的产品定价策略。

Z

Zoning 分区发行 报纸为广告主部分覆盖某一市场的做法，通常为每周向该市场的特定区域发行夹页。

注释

CHAPTER 1

1. J. Robert Moskin, *The Case for Advertising* (New York: American Association of Advertising Agencies, 1973), 7.
2. Roland Marchand, *Advertising the American Dream* (Berkeley: University of California Press, 1985), 76.
3. Paul Verna, "A spotlight on UGC participants," *eMarketer,* www.emarkter.com, 19 February 2009.
4. Randall Rothenberg, "The advertising century," *Advertising Age: Special Issue*, 1999, 12.
5. George Burton Hotchkiss, *An Outline of Advertising* (New York: Macmillan, 1957), 10.
6. James Playsted Wood, *Magazines in the United States* (New York: The Ronald Press, 1949), 99.
7. "The Industrial Revolution," www.4.ncsu.edu, 23 August 2005.
8. John McDonough, "From a birth in lower Manhattan to an unmatched global reach," *Advertising Age*, 18 March 2002, C8.
9. Frank Deford, *The Old Ball Game* (New York: Atlantic Monthly Press, 2005), 91, 95.
10. Cynthia Crossen, "Fraudulent claims led U.S. to take on drug makers in 1900s," *Wall Street Journal*, 6 October 2005, B1.
11. James Harvey Young, "The story of the laws behind the labels," www.cfsan.fda.gov, 3–4.
12. From the Federal Trade Commission Mission Statement.
13. Ralph M. Hower, *The History of an Advertising Agency* (Cambridge, MA: Harvard University Press, 1949), 180.
14. Edward Robinson, "Businessman of the century," *Fortune*, 6 September 1999, 227.
15. "Radio captivates a nation," *Advertising Age*, 28 March 2005, 34.
16. Louis Vloedbeld, "The rise of the Bakelite and Catalin radio in the U.S. during the 1930s," www.2.let.uu.nl, 5 January 2006.
17. Lydia Boyd, "Brief history of the radio industry," John W. Hartman Center, Duke University, www.scriptorium.lib.duke.edu/radio, 2.
18. "Brief history of World War Two advertising campaigns: Conservation," John W. Hartman Center for Sales, Advertising and Marketing History, Duke University Library, http://scriptorium.l.b.duke.edu/adaccess/.
19. John McDonough, "Ad Council at 60—Facing a crossroads," *Advertising Age*, 29 April 2002, C-4.
20. Herbert Zeltner, "Proliferation, localization, specialization mark media trends in past 50 years," *Advertising Age*, 30 April 1980, 148.
21. "TV turns on America," *Advertising Age*, 28 March 2005, 44.
22. This section is adapted from Cait Murphy, "Introduction: Wal-Mart rules," *Fortune*, 15 April 2002, www.fortune.com.
23. Alice Z. Cuneo, "Marketers get serious about the 'third screen'," *Advertising Age*, 11 July 2005, 6.
24. "2000s Madison & Vine and ROI," *Advertising Age*, http://adage.com/article?article_id=102708, 28 March 2005.
25. "TV costs and CPM trends," Television Bureau of Advertising Research Central, www.tvb.org/rcentral/adrevenuetrack/media/media.asp?c=1b, 23 March 2009.
26. Bob Garfield, "The chaos scenario," *Advertising Age*, 4 April 2005, 1.

CHAPTER 2

1. Brian Steinberg and Suzanne Vranica, "The ad world's message for 2005: Stealth," *Wall Street Journal*, 30 December 2004, B1.
2. Brian Steinberg, "TV on-demand may make ads more targeted," *Wall Street Journal*, 9 November 2005, B1.
3. Noreen O'Leary, "They want the world, and they want it now," *Adweek.com*, 20 December 2005.
4. Kevin Maney, "A very different future is calling—on billions of cell phones," *USA Today*, 27 July 2005, 3B.
5. Adapted from David W. Schropher, *What Every Account Executive Should Know about a Marketing Plan* (New York: American Association of Advertising Agencies, 1990).
6. Rance Crain, "Emirates' lead agency: A network of partners," *Advertising Age*, 3 April 2006, 14.
7. Jack Neff, "Reckitt Benckiser Ratchets up spending, posts 8% jump in organic sales growth," *Advertising Age,* 11 May 2009, 14.
8. Mathew Creamer, "Engaged: Ad groups take on ROI," *Advertising Age*, 25 July 2005, 4.
9. A term coined in the early 1930s by Professor Neil H. Borden of the Harvard Business School to include in the marketing process such factors as distribution, advertising, personal selling, and pricing.
10. Rich Thomaselli, "Selling drugs: Glaxo's crafty plan," *Advertising Age*, 20 February 2006, 1.
11. Jonah Bloom, "With PR on the rise, here's a refresher course in the basics," *Advertising Age*, 11 May 2009, 22.
12. Bloom, "Agencies that attempt to reinvent via half measures are set up to fail," *Advertising Age*, 27 February 2006, 32.
13. Scott Davis, "Fixing brand bloat: Put focus on consumer-centric portfolio strategy," *Point*, July 2005, 5.
14. Jim Lentz, "Marketing isn't one-size-fits all," *Advertising Age*, 21 February 2005, 22.
15. Matthew Creamer, "Ogilvy looks to the power of one," *Advertising Age*, 31 October 2005, 8.
16. Rance Crain, "Marketers look at new ideas, and PR becomes the closer," *Advertising Age*, 29 July 2002, 15.
17. "The times of our lives: Temporalities of social institutions," www.trinity.edu, 17 January 2006.
18. James W. Carey, "Advertising: An institutional approach," in C. H. Sandage and Vernon Fryburger, *The Role of Advertising* (Homewood, IL: Richard D. Irwin, 1960), 4.
19. David Futrelle, "Are your kids normal about money?" *Money*, December 2005, 55.
20. Susan Linn, "Marketing blitz out of control," *Atlanta Journal-Constitution*, 28 February 2005, A9.
21. Kenneth E. Clow and Donald Baack, *Integrated Advertising, Promotion, and Marketing Communication* (Upper Saddle River, NJ: Prentice Hall, 2004), 80.
22. Michael R. Solomon, *Consumer Behavior* (Upper Saddle River, NJ: Prentice Hall, 2004), 230.
23. Geoffrey A. Fowler, "Buying spree by China firms is a bet on value of U.S. brands," *Wall Street Journal*, 23 June 2005, B1.
24. Scott Leith, "New sodas flood market," *Atlanta Journal-Constitution*, 6 September 2002, F-1.
25. Viewpoint, "No shame in KFC's real name," *Advertising Age*, 2 May 2005, 26.
26. Harper W. Boyd Jr., Orville C. Walker Jr., John W. Mullins, and Jean-Claude Larreche, *Marketing Management* (New York: McGraw-Hill/Irwin, 2002), 267.
27. Mya Frazier, "Big Lots makes big money as land of marketers' misfit ploys," *Advertising Age*, 30 May 2005, 49.
28. Clayton M. Christensen, Scott Cook, and Taddy Hall, "It's the purpose brand, stupid," *Wall Street Journal*, 29 November 2005, B2.

29. "Listening to customers in the electronic age," *Fortune*, 1 May 2000, 318.
30. Gina Chon, "Mercedes seeks to recapture luxury rankings," *Wall Street Journal*, 30 January 2006, B4.
31. "Question of the day," *Wall Street Journal*, 10 January 2006, D6.
32. David J. Pike, "Product by design," *American Demographics*, February 2001, 38.
33. Jack Neff, "P&G kisses up to the boss: Consumers," *Advertising Age*, 2 May 2005, 18.
34. Ann Zimmerman, "Wal-Mart sets out to prove it's in vogue," *Wall Street Journal*, 25 August 2005, B1.
35. Jeffrey McCracken and Joseph B. White, "Ford will shed 28% of workers in North America," *Wall Street Journal*, 24 January 2006, 1A.
36. Lee Hawkins Jr., "GM plan to take toll on sales volume, personnel," *Wall Street Journal*, 28 March 2006, A3.
37. Sarah Ellison, "Colgate's fight for market share will likely erode profit," *Wall Street Journal*, 13 December 2004, C1.
38. Jack Neff, "Why some marketers turn away customers," *Advertising Age*, 14 February 2005, 1.
39. Beth Snyder Bulik, "Cool hunting goes corporate," *Advertising Age*, 1 August 2005, 3.
40. Aaron O. Patrick, "Making P&G's skin products manly," *Wall Street Journal*," 5 August 2005, B4.
41. Gina Chon, "Fuel economy has returned as a marketing tool," *Wall Street Journal*, 26 September 2005, B4.
42. Stephanie Thompson, "Nestle, Hershey figure sticks will be big sellers," *Advertising Age*, 3 October 2005, 3.
43. Kris Oser, "Expecting? Buy those Huggies now," *Advertising Age*, 16 May 2005, 8.
44. Ernest Sander, "Pizza-delivery teams are training hard for Sunday's game," *Wall Street Journal*, 31 January 2006, 1A.
45. Bernard Ryan Jr., *It Works!* (New York: American Association of Advertising Agencies, 1991), 19.
46. Jean Halliday, "Volvo touts models' safety—and style," *Advertising Age*, 5 September 2005, 8.
47. Alice Z. Cuneo, "RAZR," *Advertising Age*, 7 November 2005, S-6.
48. Jack Neff, "Moving to margins in a new marketing age," *Advertising Age*, 24 July 2006, 1.
49. Joyce M. Rosenberg, "Costs, competition help decide prices," *Atlanta Journal-Constitution*, 22 February 2005, C3.
50. Mya Frazier, "Sales may go out like last year's winter coat," *Advertising Age*, 25 April 2005, 16.
51. James B. Arndorfer and Rich Thomaselli, "United to tap draft for part of $60M direct biz," *Advertising Age*, 9 January 2006, 4.
52. Stephanie Thompson, "In-crowd: Paris Hilton, Lucky the Leprechaun," *Advertising Age*, 20 February 2006, 8.
53. Stephanie Thompson, "Frito-Lay defends its snack turf against all comers, salty or sweet," *Advertising Age*, 16 May 2005, 16.
54. Rebecca Weeks, "Buying consumers search for auto research," www.imediaconnection.com, 26 January 2006.
55. Susan Kuchinskas, "Saw it online, paid for it off," www.ecomerce-guide.com, 21 October 2005.
56. "Women's use of Internet affects purchasing decisions," www.microsoft.com/presspass/pass, 26 January 2006.
57. James B. Arndorfer, "Depending on direct: Discipline grows to $161B," *Advertising Age*, 24 October 2005, 6.
58. Michael R. Solomon, *Consumer Behavior* (Upper Saddle River, NJ: Prentice Hall, 2004), 403.

CHAPTER 3

1. Antonio Marraza, "The very tangible value of the brand," www.landor.com, 2000.
2. David Martin, *Romancing the Brand* (New York: Amacon, 1989), xiv.
3. Allen Adamson, "Marketers, don't make promises you can't keep," Forbes.com, 20 January 2009.
4. Norman Berry, "Revitalizing brands," *Viewpoint*, July–August 1987, 18.
5. Allen P. Adamson, *BrandDigital* (New York: Palgrave Macmillan, 2008), 94.
6. Howard, Merrell & Partners, "Introduction," 2000.
7. Allen P. Adamson, *BrandDigital* (New York: Palgrave Macmillan, 2008), 72–73
8. Interbrand.com.
9. Charlie Wrench, "Brand integration: A tough nut to crack," www.landor.com, May 2003.
10. Allen P. Adamson, *BrandSimple* (New York: Palgrave Macmillan, 2006), 10–12.
11. Alan M. Webber, "What great brands do," *Fast Company*, August–September 1997, 96–100.
12. "Retailers cut back on variety, once the spice of marketing," *Wall Street Journal*, 28 June 2009, 1.
13. Robert Berner, "P&G. New and improved," *BusinessWeek*, 7 July 2003, 52–63.
14. Scott Berkun, "The greatest product demo ever and what to learn from it," http://discussionleader.hbsp.com/berkun/2009/01/draft-lessons-from-the-mother.html, 5 January 2009.
15. Laura Petrecca, "PedEgg hatches surprising sales," *USA Today*, 25 August 2008, 7B.
16. Steve Rubel, "Why the print industry should subsidize the Kindle," *Advertising Age*, http://adage.com/article?article_id=135284, 17 March 2009.
17. Steve Smith, "Back to Kindle-garten," *Media Post*, 7 April 2009.
18. Mark McClusky, "The Nike experiment: How the shoe giant unleashed the power of personal metric," *Wired*, 22 June 2009.
19. Bruce Tait, "A brand new idea," *Brand Marketing*, February 2002, 23.
20. Steven Rosenbush, "Verizon's gutsy bet," *BusinessWeek*, 4 August 2003, 53.
21. Bruce Tait, "A brand new idea," *Brand Marketing*, February 2002, 23.
22. "Royal Crown plotting a comeback with new owners' financial support," *Atlanta Journal-Constitution*, 6 March 1994, C8.
23. Stephanie Thompson, "EZ being green: Kids line is latest Heinz innovation," *Advertising Age*, 10 July 2000, 3.
24. Charlotte Moore, "Glowing reports about the health benefits of inexpensive aspirin are still emerging," *Atlanta Journal-Constitution*, 13 May 2003, E1.

CHAPTER 4

1. Rex Briggs and Greg Stuart, *What Sticks* (Chicago: Kaplan, 2006), 218–219.
2. Joe Marconi, "Targets big enough to miss," *American Demographics*, October 1996, 51–52.
3. John McManus, "Street wiser," *American Demographics*, July/August 2003, 32–35.
4. Allison Stein Wellner, "The next 25 years," *American Demographics*, April 2003, 24–31.
5. Christine Bunish, "Multicultural guide," *Advertising Age*, 3 November 2003, M1.
6. William H. Frey, "Revival," *American Demographics*, October 2003, 26–31.
7. Haya El Nasser, "39 million Hispanics largest U.S. minority group," *USA Today*, 19 June 2003, www.usatoday.com/news/nation/census/2003-06-18-Census_x.htm.
8. Marissa Miley, "Don't bypass African-Americans," *Advertising Age*, 2 February 2009, 3, 27.
9. Christine Bunish, "Multicultural guide," *Advertising Age*, 3 November 2003, M1.
10. "Where to find the bright spots in 2009," *Advertising Age*, 12 January 2009, 1, 24–25.
11. Speech by Carl Kravetz, at the Association of National Advertisers Multicultural Marketing Conference, 13 November 2006, at Fairmont Miramar Hotel, Santa Monica, CA.

12. Laurel Wentz, "New data repaints demographic picture of U.S. Hispanics," *Advertising Age*, http://adage.com/article_id=110568, 14 November 2006.
13. Christine Bunish, "Multicultural guide," *Advertising Age*, 3 November 2003, M1.
14. "Disney's Davila: Multicultural 'not a fad,'" *Advertising Age*, 3 November 2003, M3.
15. Marcia Mogelonsky, "America's hottest markets," *American Demographics*, January 1996, 20–27.
16. Michelle Conlin, "The new gender gap," *BusinessWeek*, 26 May 2003, 74–80.
17. Beth Snyder Bulik, "Technology no longer just kid stuff," *Advertising Age*, 2 February 2009, 12.
18. James Morrow, "A place for one," *American Demographics*, November 2003, 24–29.
19. Cheryl Wetzstein, "More homes in U.S. go solo," *Washington Times*, http://washtimes.com/functions/print.php?Story, ID=20050817-123759-7286r, 17 August 2005.
20. Alison Stein Wellner, "Generational divide," *American Demographics*, October 2000, 52–58.
21. Elwood Carlson, "20th-century U.S. generations," *Population Bulletin*, 64, no. 1, 2009.
22. Natalie Zmuda, "Teens, too, are tightening budgets," *Advertising Age*, 27 April 2009, 6.
23. Edna Gundersen, "Where will teens taste land next?" *USA Today*, 22 September 2000, E1–E2.
24. Sholnn Freeman and Norihiko Shirouzu, "Toyota's gen Y gamble," *Wall Street Journal*, 30 July 2003, B1.
25. Gina Piccalo, "Girls just want to be plugged in—to everything," *Los Angeles Times*, www.latimes.com/business/la-et-polltween11aug11,1,1040639.story?coll=la-headlines-business, 11 August 2006.
26. David F. D'Alessandro, *Brand Warfare* (New York: McGraw-Hill, 2000), 38–39.
27. Philip Kotler, *Marketing Management*, 8th ed. (Upper Saddle River, NJ: Prentice Hall, 1994), 18–21.
28. Frederick E. Webster Jr., "Executing the new marketing concept," *Marketing Management*, 3, no. 1, 9–16.
29. Robert C. Blattberg, Thomas Buesing, and Subrata K. Sen, "Segmentation strategies for new national brands," *Journal of Marketing*, Fall 1980, 60.
30. David J. Lipke, "Head trips," *American Demographics*, October 2000, 38.
31. Rebecca Piirto Heath, "The frontier of psychographics," *American Demographics*, July 1996, 40.
32. Kevin J. Clancy and Robert S. Shulman, *The Marketing Revolution* (New York: Harper Business, 1991), 63.
33. Jack Trout, *Differentiate or Die* (New York: John Wiley & Sons, 2000), 185.
34. Alvin Achenbaum, "Understanding niche marketing," *Adweek*, 1 December 1986, 62.
35. Ira P. Scheiderman, "Niche marketers should follow old rules," *Brand Marketing*, August 2000, 6.
36. Jeff Neff, "Huggies Little Swimmers tests out a new niche," *Advertising Age*, 25 August 1997, 8.
37. Lisa Sanders, "Startup shop Amalgamated targets big-spending bobos," *Advertising Age*, 9 September 2003, 89.
38. Kevin J. Clancy and Robert S. Shulman, *The Marketing Revolution* (New York: Harper Business, 1991), 84–87.
39. Jack Trout and Al Ries, *The Positioning Era* (New York: Ries Cappiello Colwell, 1973), 38–41.
40. David A. Aaker, *Managing Brand Equity* (New York: The Free Press, 1991), 114–115.
41. Philip Kotler, *Kotler on Marketing* (New York: The Free Press, 1999), 57–58.
42. David N. Martin, *Be the Brand* (Richmond: New Marketplace Books, 2000), 88–98.
43. Scott Leith, "For a limited time," *Atlanta Journal-Constitution*, 9 September 2003, C1.
44. "Coffeehouses and donut shops—US—May 2009," Mintel, Market Research Report, May 2009.
45. Jack Neff, "The 80% of sales comes from some 2% of buyers," *Advertising Age*, 8 December 2008, 4.
46. Beth Snyder Bulik, "How personality can predict media use," *Advertising Age*, 4 May 2009, 12.
47. Jeffry Scott, *Atlanta Journal*, July 2, p. 13, 2001.
48. Acxiom, www.acxiom.com/default.aspx?ID=2521&DisplayID=18, 12 November 2006.

CHAPTER 5

1. James Melvin Lee, *History of American Journalism*, rev. ed. (Boston: Houghton Mifflin, 1933), 74.
2. "Crispin, Porter+Bogusky," www.creativereview.co.uk/crblog/, 2009.
3. Ken Roman and Jane Maas, *How to Advertise* (New York: St. Martin's Press, 2003), 216.
4. Ann Cooper, "Bernbach's children come of age," *Adweek*, 25 March 1996, 33–36.
5. Daniel Gross, "The scramble on Mad. Ave," *Fortune*, 8 August 2005, 63–64.
6. Jeff Weiner, "Anxious ranks," *Agency*, Spring 1994, 42.
7. Jan Larson, "It's a small world, after all," *Marketing Tools*, September 1997, 47–51.
8. Ken Roman and Jane Maas, *How to Advertise* (New York: St. Martin's Press, 2003), 43–44.
9. "How does global marketing benefit consumers?" *Adweek*, 17 November 2003, 96.
10. "Coke seeks ad formula with global appeal," *Atlanta Journal-Constitution*, 18 November 1991, A5.
11. Ashish Banerjee, "Global campaigns don't work; multinationals do," *Advertising Age*, 18 April 1994, 23.
12. Catharine P. Taylor, "Are holding companies obsolete?" *Adweek*, 9 June 2003, 30–31.
13. Jeff Neff, "The newest ad agencies: The major media companies," http://adage.com/agencynews/article?article_id=132190, 3 November 2008.
14. Interview with Kristen Kyle, 5 December 2000.
15. Leon Stafford, "Tourism officials barter to stretch tight advertising budgets," *Atlanta Journal-Constitution*, 15 May 2003, D1.
16. Kal Liebowitz, "Bring barter back: Marketing needs alternative energy," *MediaWorks*, 16 October 2008, p. 13.
17. David Aaker, "The agency as brand architect," *American Advertising*, Spring 1996, 18–21.
18. Jeff Neff, "Coke pushes pay-for-performance model," *Advertising Age*, 27 April 2009, p. 1.
19. Noreen O'Leary, "Agencies in catch-22 over client finances," *Adweek*, 18 May 2009.
20. Terrence Poltrack, "Pay dirt," *Agency*, July/August 1991, 20–25.
21. Stan Beals, "Fresh approaches to agency compensation," *Advertising Age*, 29 August 1994, 20.

CHAPTER 6

1. Ken Bernhardt, "New consumer is a savvy user of new media," *Atlanta Business Chronicle*, 28 July 2006, 3B.
2. Jack Neff, "P&G recategorizes marketing directors," *Advertising Age*, 31 March 2003, 6.
3. Scott Hume, "Integrated marketing: Who's in charge here?" *Advertising Age*, 23 March 1993, 3.
4. William N. Swain, "An exploratory assessment of the IMC Paradigm: Where are we, and where do we go from here?" *Integrated Marketing Communication Research Journal*, 9, Spring 2003, 3–11.
5. Ibid.
6. Interbrand.com, 7 June 2009.

7. Don Schultz, "Managers still face substantial IMC questions," *Marketing News*, 27 September 1993, 10.
8. Ibid.
9. Marian Burk Wood, "Clear IMC goals build strong relationships," *Marketing News*, 23 June 1997, 11.
10. Al Ries, "Why marketing people get it wrong," AdAge.com, 17 March 2003.
11. Leslie H. Moeller, Sharat K. Mathur, and Randall Rothenberg, "The better half: The artful science of ROI marketing," *Strategy+Business*, Spring 2003, 32–45.
12. Rex Briggs and Greg Stuart, *What Sticks* (Chicago: Kaplan, 2006), 213–215.
13. Jack Neff, "Future of Advertising? Print? TV, Online Ads," http://adage.com/article?article_id=136993, 1 June 2009.
14. Steve McKee, "Best foot forward from the start," *BusinessWeek*, 17 April 2006.
15. www.martinowen.tv/whatwedo_brandedcontent.html, July 2, 2009.
16. Louise Story, *New York Times*, www.nytimes.com, 2 November 2006.
17. Christopher Vollmer, John Frelinghuysen, and Randall Rothenberg, "The future of advertising is now," *Strategy+Business*, Summer 2006, 38–51.
18. John Gerzema and Ed Lebar, "The trouble with brands," *Strategy+Business*, Summer 2009, 48–57.
19. Michele Gershberg, "U.S. advertising goes digital to track ads," *USA Today*, www.usatoday.com, 14 February 2005.
20. Joe Mandee, "How far is too far?" *Agency*, May/June 1991, 9.
21. Eleftheria Parpis, "More to come," *Adweek*, 18 September 2000, 28.
22. asoy.com, 6 January 2007.
23. Stuart Elliott, "Advertiser-agency relationships turn a bit brighter," *New York Times*, 6 November 2006, www.nytimes.com, 11 November 2006.
24. Jeff Neff, "Recently named Clorox CEO sets sights on trade marketing," *Advertising Age*, www.adage.com, 31 August 2006.
25. Karen Benezra, "Sea change: Agencies diversify to regain client trust," *Adweek*, 19 April 1999, 42–43.
26. Jennifer Comiteau, "Power play," *Adweek*, 10 June 1996, 33–38.
27. Laura Petrecca, "The year in review: Is it a record pace?" *Advertising Age*, 2 June 1997, 1.
28. Suzanne Vranica, "Marketers shop for fresh creativity," *Wall Street Journal*, 28 July 2003, B3.
29. Russell H. Coilley, *Defining Advertising Goals for Measured Effectiveness* (New York: Association of National Advertisers).
30. Jack Neff, "Half of your advertising isn't wasted—just 37%," *Advertising Age*, 7 August 2006, 1.
31. Tom Patty, "Mastering the new five P's of marketing," TBWA/Chiat/Day web site, 1997.

CHAPTER 7

1. "U.S. ad spending totals by medium," TNS Measured Media Spending, *Advertising Age*, 22 June 2009, 23.
2. Frank Langfitt, "In the Camaro, a glimmer of hope for GM," www.npr.org/templates/story/story.php?storyId=106811668, 21 July 2009.
3. W. Ronald Lane, Karen W. King, and J. Thomas Russell, "An interview with Judy Franks," Viewpoint 7.2, in *Kleppner's Advertising Procedure,* 17th ed. (Upper Saddle River, NJ: Pearson Prentice Hall, 2008), 238.
4. Erwin Ephron, "Preventing dis-engagement," www.ephrononmedia.com, 8 May 2006.
5. Dan Ouellette "Best use of mobile—OMD," *Adweek*, 15 June 2009, 17.
6. Katy Bachman, "Best use of radio—Butler, Shine, Stern & Partners," *Adweek*, 15 June 2009, 14.
7. Erik Sass, "Mag bag: 'Rachael Ray' goes out-of-home," www.mediapost.com/publications/?fa=Articles.san&s=96054&Nid=50073&p=342208, December 2008.
8. Mickey Marks, "Millennial satiation," *Advertising Age,* 14 February 2000, S16.
9. Erwin Ephron, "A new media-mix strategy," *Advertising Age,* 28 February 2000, S10.
10. From www.claritas.com, 15 April 2009.
11. Allen Brivic, *What Every Account Executive Should Know about Media* (New York: American Association of Advertising Agencies, 1989), 14.

CHAPTER 8

1. David Fisher and Marshall Jon Fisher, *Tube: The Invention of Television* (Washington: Counterpoint, 1996), 22.
2. TVB, Nielsen Media Research Custom Survey 2008, www.tvb.org/nav/build_frameset.aspx, 15 June 2009.
3. www.tvb.org/nav/build_frameset.aspx, 7 June 2009.
4. Barry L. Sherman, *The Television Standard* (New York: Gerson Lehrman Group, 1999), 2.
5. TNS Media Intelligence as reported in "U.S. ad spending totals," *Advertising Age*, 22 June 2009, 23.
6. Jane Dalzell, "Who's on first," *Advertising Age, 50 Years of TV Advertising*, Spring 1995, 8.
7. www.tvb.org/rcentral/adrevenuetrack/media/media.asp?c=1b. 30 June 2009.
8. "Marketers claim they can wait until networks drop their upfront prices," http://adage.com/mediaworks/article?article_id=137872, 13 July 2009.
9. Brian Steinberg and Suzanne Vranica, "Madison Avenue sifts through 'clutter,'" *Wall Street Journal Online*, www.wsj.com/article/SB116778101889165317, 7 January 2007.
10. Scott Woolley, "Zap," *Forbes,* 29 September 2003, 77.
11. www.tvb.org/nav/build_frameset.aspx, 30 June 2009.
12. Brian Steinberg and Suzanne Vranica, "Madison Avenue sifts through 'clutter,'" *Wall Street Journal Online*, www.wsj.com/article/SB116778101889165317, 7 January 2007.
13. "Prime-time TV commercial prices plummet, CBS faces biggest drop," www.mediapost.com/publications/?fa=Articles.showArticle&art_aid=99628, 3 February 2009.
14. "What a spot costs," *Advertising Age*, 29 December 2008, 43.
15. The term *scatter plan* has two definitions. The first refers to buying a group of spots across a number of programs. The second refers to those spots that are still available after the up-front buying season is completed.
16. From www.fcc.gov/ownership/rules.html, 15 January 2007.
17. TNS Media Intelligence as reported in "U.S. ad spending totals," *Advertising Age*, 22 June 2009, 23.
18. "2009 TV facts," Cable Television Advertising Bureau, http://thecab.tv/main/resources/tvfacts09/cable-penetration.stml, 3 July 2009.
19. "1995 cable TV facts," a publication of the Cable Advertising Bureau, 72.
20. Fern Siegel, "Magazine rack: *Nick Jr. Family Magazine*," MediaPost Publications e-newsletter, magazinerack@mediapost.com, 16 August 2006.
21. "A guide to cable interconnects 2001/2002," *Advertising Age*, 1 October 2001, A3.
22. Ibid.
23. From www.marketingvox.com/archives/2006/05/04/jupiter_dvr_ad_skipping_threatens_8b_in_advertising/, 5 January 2007.
24. "DVR penetration and growth," http://blog.nielsen.com/nielsenwire/wp-content/uploads/2009/04/dvr_tvlandscape_043009.pdf, 30 April 2009.
25. "Timeshifting lifts *House*, *The Office*," www.marketingcharts.com/television/us-dvr-penetration-172-timeshifing-lifts-house-lost-the-office-306, 7 May 2007.

26. "Commercials you can't zap," www.nytimes.com/2009/06/07/arts/television/07stan.html?_r=1&emc=eta1&pagewanted=all, 8 June 2009.
27. Ibid.
28. Paul J. Gough, "New TV ratings system tracks product placement, sponsorship," *MediaPost's Media Daily News*, www.mediapost.com, 28 October 2003.
29. Information in this section is from Nielsen Media Research.

CHAPTER 9

1. "Nielsen begins ratings; 'Lux,' 'Lone Ranger' lead," *Advertising Age,* 19 April 1999, 89.
2. http://tvlistings.zap2it.com/ratings/season.html, 16 June 16, 2009.
3. "Arbitron-persons using radio," http://wargod.arbitron.com/scripts/ndb/ndbradio2.asp, 10 June 10, 2009.
4. "Nielsen: Radio still tops with teens," www.mediapost.com/publications/?fa=Articles.showArticle&art_aid=108870, 30 June 2009.
5. "How can I stand out from the competition?" www.rab.com, 24 May 2000.
6. "Radio facts and figures," www.newgeneration.com/radio_resources/info.html, 30 June 2009.
7. "More than 235 million listen to the radio each week reports Arbitron," http://arbitron.mediaroom.com/index.php?s=43&item=599, 12 June 2009.
8. "Radio facts and figures," www.newgeneration.com/radio_resources/info.html, 30 June 2009.
9. "Nielsen: Radio still tops with teens," www.mediapost.com/publications/?fa=Articles.showArticle&art_aid=108870, 30 June 2009.
10. "Radio facts and figures," www.newgeneration.com/radio_resources/info.html, 30 June 2009.
11. TNS Media Intelligence as reported in "U.S. ad spending totals," *Advertising Age*, 22 June 2009, 23.
12. Ibid.
13. www.arbitron.com/downloads/bluebook_sp09.pdf, 22 June 2009.
14. www.mediapost.com/publications/?fa=Article&art_aid=107282, 7 June 2009.
15. http://arbitron.mediaroom.com/index.php?s=43&item=40, 30 June 2009.
16. Ibid.
17. "National advertisers ranked 1 to 25," *Advertising Age*, 22 June 2009, 12.
18. www.arbitron.com/downloads/hispanicradiotoday08.pdf, 29 June 2009.
19. www.arbitron.com/downloads/Black_Radio_Today_08.pdf, 29 June 2009.

CHAPTER 10

1. "Total paid circulation," *Trends and Numbers* (Newspaper Association of America), www.naa.org/TrendsandNumbers/Total+Paid+Circulation.aspx, 7 June 2009.
2. "2008 daily and Sunday newspaper audience report," *Trends and Numbers* (Newspaper Association of America), www.naa.org/TrendsandNumbers/2008_Audience_Report_Active, 7 June 2009.
3. "Total paid circulation," *Editor and Publisher Yearbook, 2009*, www.naa.org/TrendsandNumbers/Total-Paid-Circulation.aspx, 15 June 2009.
4. "Advertising expenditures," *Business Analysis and Research, NAA,* www.naa.org/TrendsandNumbers/Advertising-Expenditures.aspx, 15 June 2009.
5. "U.S. ad-spending totals by medium" (TNS: Measured Media), *Advertising Age*, 22 June 2009.
6. "Advertising spending, annual classified," *Business Analysis and Research, NAA,* www.naa.org/TrendsandNumbers/Advertising-Expenditures.aspx, 15 June 2009.
7. Adapted from Leo Bogart, "Newspapers," *Media Studies Journal*, Spring/Summer 1999, 68.
8. "Advertising expenditures," *Business Analysis and Research, NAA,* www.naa.org/TrendsandNumbers/Advertising-Expenditures.aspx, 15 June 2009.
9. Ibid.
10. CareerBuilder.com, www.careerbuilder.com, 15 June 2009.
11. "The history of ABC," www.accessabc.com/press/Introduction.htm, 15 June 2009.
12. Christine Silk, "Newspaper websites are not keeping viewers reading, says Nielsen Report," www.editorsblog.org/multimedia/2009/05/newspaper_online_sites_are_yet_to_keep_v.php, 5 May 2009.
13. www.mediakit.parade.com, 28 June 2009.
14. www.business.weekend.com/circulation/, 28 June 2009.

CHAPTER 11

1. Unless otherwise noted, the source of information in this chapter is the Magazine Publishers of America, www.magazine.org.
2. "A magazine for everyone," www.magazine.org/handbook_2009/2010, 8, 13 July 2009.
3. Aimee Deeken, "Service upgrades," *Mediaweek*, 2 December 2002, 45–46.
4. "Magazines: The A-list," *Advertising Age*, 6 October 2008, 1.
5. James Playsted Wood, *Magazines in the United States* (New York: The Ronald Press Company, 1949), 104.
6. Hall's Magazine Reports, www.magazine.org/handbook_2009/2010, 2009, 13, 7 July 2009.
7. PriceWaterhouseCoopers Financial Survey, www.magazine.org/handbook, 20, 7 July 2009.
8. Dylan Stableford and Kristina Joukhadar , "Why Wal-Mart cut 1,000 magazine, titles," www.foliomag.com/2008/why-wal-mart-cut 1-000-magazines, 18 January 2008.
9. McPheters & Co. Audience Lab, 2008, www.magazine.org/handbook, 21, 7 July 2009.
10. Dynamic Logic Ad Reaction 4, 2007, and The Futures Company Yankelovich Monitor/Sequent Partners, 2008, www.magazine.org/handbook, 31, 13 July 2009.
11. "A Profile of the National CRMA Audience," www.citymag.org/, 20 July 2009.
12. Hissan Fattah, "Custom publishing grows up," *American Demographics*, July/August 2002, 26.
13. "About the Good Housekeeping Seal," www.goodhousekeeping.com/product-testing/seal-holders/about-good-housekeeping-seal, 15 July 2009.
14. Ann Marie Kerwin, "Time Inc. buys sampling biz to help bolster 'Parenting,'" *Advertising Age*, 2 November 1998, 6.
15. Kate Fitzgerald, "Food magazines rev up event marketing," 16 December 2002; www.adage.com QuikFIND ID:AAO28P, 29 July 2003.
16. Erik Sass, "Mag bag: Rachel Ray goes out-of-home," www.mediapost.com/publications/?fa=Articles.san&s=96054&Nid=50073&p=342208, December 2008.
17. "Elle Magazine Media Kit," www.hfmus.com/media_kits/fashion_beauty/elle/audience/circulation_1, 15 July 2009.
18. "Research brief: B2B media and trade shows most important to executives," Center for Media Research E-Newsletter (research@mediapost.com), 3 August 2006.
19. "The value and role of corporate advertising for business-to-business marketers," *Cahners Advertising Research Report*, #2000.15.
20. *Cahners Advertising Research Report*, www.cahnerscarr.com, # 2000.
21. Marc Spiegler, "Hot media buy: The farm report," *American Demographics*, October 1995, 18.

CHAPTER 12

1. Unless otherwise noted, material for this chapter was provided by the Outdoor Advertising Association of America.

2. "Outdoor facts and figures—Mobility," www.oaaa.org/marketingresources/factsandfigures/mobility.aspx, 6 June 2009.
3. Joesph Carroll, "Workers' average commute round-trip is 46 minutes in a typical day," www.gallup.com/poll/28504/workers-average-commute-roundtrip-minutes-typical-day.aspx, 3 July 2009.
4. Eugene Morris, "O-O-H—Media's plain Jane sister," *Inside Out of Home*, January 2000, 7.
5. Carol Krol, "Life after tobacco," *Advertising Age*, 19 April 1999, 48.
6. "Industry Code," www.oaaa.org/about/industrycode.aspx, 7 July 2009.
7. Erwin Ephron, "About the medium," Outdoor Advertising Association of America, www.oaaa.org, 11 November 2003.
8. "Wall to wall walls," *Inside Out of Home*, April 1999, 1.
9. "Creating award winning outdoor," www.oaaa.org, 7 March 2009.
10. "The new audit," www.tabonline.com/thenewaudit.aspx, 7 July 2009.
11. "What Simmons Measures," www.smrb.com/web/guest/what-experian-simmons-measures, 2 July 2009.
12. www.oaaa.org/outdoor/councils/transit.asp.
13. Hoag Levins, "New York subway sells ads on outside of cars," http://adage.com/video/article?article_id=131461, 3 October 2008.
14. "Transit TV: A really mobile medium," http://publications.mediapost.com/index.cfm?fuseaction=Articles.san&s=39071&Nid=18225&p=342208.
15. "Eller goes whole hog to promote transit shelter O-O-H," *Inside Out of Home*, April 1998, 4.
16. "Teens pay attention to mall advertising," www.mediapost.com/publications/?fa=Articles.showArticle&art_aid=107361, 5 June 2009.
17. Eric Sass, "Screenvision adds 675 screens, NCM reports strong results," www.mediapost.com/publications/?fa=Articles.showArticle&art_aid=101883, 5 March 2009.
18. "Place based advertising," www.arbitron.com/downloads/digital_ooh_webinar_1_09.pdf, 13 January 2009.
19. Katy Bachman, "Walmart to roll out 'smart network,'" www.mediaweek.com/mw/content_display/news/out-there/digital/e3i0532517b5fc5d6afaaab1547bd63fc39, 3 September 2008.
20. "Reaching the unreachable," *Marketing Magazine*, 1 August 2005.
21. Michael Bush, "Wedding crashers: Is that a mortgage company by the gift table?" www.adage.com, 12 June 2009.
22. "Charmin rolls out 20 restrooms in Times Square," *USA Today*, 22 November 2006, 6A; and "P&G brings potty to parties," *Advertising Age*, 17 February 2003.
23. "Garbage trucks: The new hot spot for advertisers," http://adage.com/article?article_id=114665, 31 January 2007.
24. "'Desperate' for suds, duds," http://hollywoodreporter.com/thr/television/brief_display.jsp?vnu_content_id=1001021171, 25 August 2005.
25. Abbey Klaassen, "The hottest out-of-home technologies," http://adage.com/mediaworks/article?article_id-112204, 3 October 2006.

CHAPTER 13

1. "First-time vehicle buyers eschew traditional media," www.business-journal.com/AutoMediaObsolete.asp, 31 January 2006.
2. Robert McKim, "Strengthen affinities with spiral branding," *DMNews*, 19 June 2000, 32.
3. Bill Hopkins and Britton Manasco, "The new technologies of marketing," *DMNews*, 22 May 2000, 51.
4. Steve Diller, "Direct marketing's role in a new society," *DMNews*, 1 May 2000, 22.
5. "Top 20 countries with the highest number of internet users," www.internetworldstats.com/top20.htm, 14 August 2009.
6. Joe Mandese, "Ad execs see TV budgets moving into online video," http://publications.mediapost.com/index.cfm?fuseaction=Articles.san&s=51103&Nid=25091&p=342208, 14 November 2006.
7. "Interactive marketers lean on search," *eMarketer.com*, 21 July 2009.
8. Mark Walsh, "eMarketer: Online ad spending growth to slow," http://publications.mediapost.com, 27 February 2007.
9. Jack Neff, "'Passion for digital' pumps P&G's spending," *Advertising Age*, 8 June 2009, 3, 18.
10. Abbey Klaassen, "Why the click is the wrong metric for online ads," *Advertising Age*, 23 February 2009, 4.
11. Abbey Klaassen, "Online CPM prices take tumble," *Advertising Age*, 26 January 2009, 1, 39.
12. "Email marketing and click-through rates: Part II," *eMarketer*, 27 July 2009.
13. Natalie Zmuda, "How e-mail became a direct-marketing rock star in recession," *Advertising Age*, 11 May 2009, 27.
14. H. Robert Wientzen, "Tackling the spam issue," www.the-dma.org/memberguide/tacklingspam.shml, accessed 6 January 2004.
15. Association of National Advertisers (ANA), www.ana.net, 14 October 2003.
16. Zachary Rodgers, "Financial services customers warmed by e-mail," http://cyberatlas.internet.com, 8 December 2003.
17. Jefferson Graham, "Facebook's a great friend to businesses," *USA Today*, 8 May 2009, 3B.
18. Ibid.
19. Emily Bryson York, "DiGiorno turns to Twitter for flatbread-pizza launch," *Advertising Age*, 8 April 2009, http://adage.com/digital/article?article_id=135876.
20. *Social Marketing Playbook*, Interactive Advertising Bureau, 2009.
21. Michael Learmonth, "Why free-ride YouTube is finally winning ad dollars," *Advertising Age*, 13 April 2009, 1, 21.
22. Mary Madden, "The audience for online video-sharing sites shoots up," Pew Internet & American Life Project, 29 July 2009, www.pewinternet.org/Reports/2009/13—The-Audience-for-Online-VideoSharing-Sites-Shoots-Up.aspx, 15 August 2009.
23. Stuart Elliott, "Online, P&G gets a little crazy," www.nytimes.com/2006/12/14/business/media/14adco.html?_r=1&oref=slogin, 14 December 2006.
24. Nate Elliott, "Online video contests can help marketers listen to and energize their customers," *The Forrester Blog for Interactive Marketing Professionals*, 7 July 2009.
25. Ibid.
26. Emma Hall, "How to get the most out of social networks and not annoy users," *Advertising Age*, 27 April 2009, 30.
27. "Monetizing mobile ads," *eMarketer*, 4 August 2009, www.emarketer.com/articles/print.aspz?1007209, accessed 11 August 2009.
28. Rita Chang, "Mobile effort gets more to say 'I can' purchase a Porsche," *Advertising Age*, 9 February 2009, 18.
29. "Kraft provides recipe for mobile-marketing success," *Advertising Age*, 26 January 2009, 12.
30. David Goetzl, "Nissan backs online series *StarTomorrow*," http://publications.mediapost.com/index.cfm?fuseaction=Articles.san&s=45549&Nid=21709&p=342208, 14 July 2006.
31. "Interact & integrate," *Advertising Age*, 19 June 2000, S40.
32. Rebecca Flass, "Web supplants TV as teen media hub," www.mediaweek.com, 30 August 2003.
33. Rebecca Gardyn, "Born to be wired," *American Demographics*, April 2003, 14.
34. Flass, "Web supplants TV as teen media hub."
35. "New white paper from online publishers association identifies, examines and characterizes Internet dayparts," www.online-publishers.org, 6 February 2003.
36. *Direct Marketing Course Rationale*, a publication of the Direct Marketing Educational Foundation, 1.
37. Jeff Caplan, "Predictive data: It's the real-time thing," *DMNews*, 24 May 1999, 34.
38. Jack Neff, "Wait, there's more! DRTV is gaining mainstream appeal," *Advertising Age*, 23 March 2009, 17.

39. Denny Hatch, "Making DRTV work for you," *Target Marketing*, September 1999, 76.
40. Jack Neff, "Marketing's new red-hot seller: Humble Snuggle," *Advertising Age*, 26 January 2009, 1, 36.
41. Jack Neff, "Amid cutbacks, ShamWow marches on," *Advertising Age*, 23 March 2009, 1, 14.
42. National Trust for Historic Preservation, www.nationaltrust.org/help/mail_order_home.html, 5 January 2003.
43. "Limited Brands reports January 2009, fourth quarter 2008 and fiscal 2008 sales," prnewswire.com, 5 February 2009.
44. Jack Schmid and Steve Trollinger, "Who's making the Net work?" *Target Marketing*, June 1999, 73.
45. "U.S. ad spending totals by medium," *Advertising Age*, 29 December 2008, 10.
46. Lewis Rashmir, "The first compiler was Charles Groves," *DMNews*, 15 February 1993, 35.
47. "E-mail marketers fail the test," *eMarketer*, www.emarketer.com/articles/print.aspx?1007225, 12 August 2009.

CHAPTER 14

1. David Vacek and Richard Sale, "100 years of promotion," *PROMO*, August 1998, 142.
2. Betsy Spethmann, "Is advertising dead?" *PROMO*, September 1998, 32.
3. Peter Breen, "Seeds of change," *PROMO*, May 2000, A5.
4. Russell Bowman and Paul Theroux, "By the book," *PROMO*, March 2000, 95.
5. From www.partnerslevit.com/ConferenceRoom/Sales_Promotions_and_Sweepstak/sales_promotions_and_sweepstak.html. February, 2006.
6. Andrew Hampp, "Mtn Dew banks on branded entertainment," http://adage.com/Madisonandvine/article?, 4 June 2009.
7. Richard Tedesco, "VROOOM!" Promo magazine online, http://promomagazine.com/eventmarketing/sponsoring_nascar_0301/?imw=Y, 1 March 2008.
8. Amy Corr, "If only finding a man was this easy . . .," *Media Post*, 10 November 2008.
9. Matthew Futterman, "A safety for Giants as the clock counts down on stadium," *Wall Street Journal Online*, http://online.wsj.com/article/SB124519330320920791.html, 17 June 2009.
10. Stephanie Thompson, "Despite tough third quarter, will still emphasize in-store," AdAge.com, 16 October 2006.
11. Steve McClellan, "Study: Sponsorships yield superior ROI," *Adweek*, 8 January 2007, 7.
12. J. Jeffrey Inman and Russell S. Winer, "Where the rubber meets the road: A model of in-store consumer decision making," Working Paper, Marketing Science Institute, October 1998, 25.
13. "Out of sight, out of mind," *PROMO*, March 1996, 16.
14. Richard Sele, "The display police," *PROMO*, March 1999, 80.
15. Kate Bertrand, "Premiums prime the market," *Advertising Age*, May 1998, S6.
16. "Rewarding the faithful," promomagzine.com, 1 April 2006.
17. Patricia Odell, "Promote fruit parfaits," *PROMO*, 1 January 2009, 2.
18. Andrew Scott, "The new frontier," *PROMO*, 1 April 2005, 23.
19. David Goetzl, "Card me: Anheuser-Busch kicks off Bud.TV post-Super Bowl with age verification system," MediaPost.com, 23 January 2007.
20. Patricia Joyce, "NFL players send voice messages," *PROMO*, http://promomagazine.com/news/nfl_players, 24 January 2007.
21. Andrew Hampp, "Chipotle picks its YouTube winners: Inside view of a consumer-generated campaign," AdAge.com, 14 November 2006.
22. Unless otherwise noted, material in this section was provided by the Promotional Products Association International.
23. Research by Louisiana State University and Glenrich Business Studies reported in www.ppai.org, 2005.
24. Christa Hoyland, "KFC scrambles to recover from Oprah coupon nightmare," www.qsrweb.com/article, 7 May 2009.
25. Natalie Zmuda, "Coke: Buy one rival, get our brand free," Adage.com, 9 March 2009.
26. Amy Johnannes, "Playing the game," http://promomagazine/research/industry trends/, 9 April 2007.
27. Brian Quinton, "Kleenex seeks artists to design Hispanic-themed packaging," *PROMO*, http://promomagazine.com/contests/109-kleenex-contest-seeks-artists, 1 January 2009.
28. Ira Teinowitz, "Marketers yield to sweepstakes curbs," *Advertising Age*, 24 May 1999, 61.
29. Yellow Pages I.M.A., www.yellowpagesima.org/advertising/aboutcfm, 30 Ocotber 2003.
30. Paul Nolan and Vincent Alonzo, "Making the mark," *Incentive*, August 1999, 30.

CHAPTER 15

1. Sergio Zyman, *The End of Marketing as We Know It* (New York: HarperCollins, 1999), 62.
2. Jon Steel, *Truth, Lies and Advertising* (New York: John Wiley & Sons, 1998), 36.
3. Ibid., 43.
4. David Goetzl, "O&M turns reality TV into research tool," *Advertising Age*, 10 July 2000, 6.
5. Natalie Perkins, "Zeroing in on consumer values," *Advertising Age*, 22 March 1993, 23.
6. "Schwarzenegger campaign uses data on consumer buying habits to identify supporters," www.iht.com/articles/ap/2006/10/26/america/NA_POL_US_Schwarzenegger.php, 27 October 2006.
7. Kenneth Hein, "Study: Obama a BMW, McCain a Ford," *Brandweek*, 21 October 2008.
8. www.us.nielsen.com/products/cps_spectra_apps_hispaniq.shtml, 29 July 2009.
9. James A. Bayton, "Motivation, cognition, learning—Basic factors in consumer behavior," *Journal of Marketing*, January 1958, 282.
10. Jack Neff, "Mucus to maxi pads: Marketing's dirtiest jobs," *Advertising Age*, 16 February 2009, 9.
11. SRI Consulting Business Intelligence, www.sric-bi.com/VALS, 9 September 2006.
12. "MindBase® Attitudinal Segmentation—Who Will Buy—and Why?" www.yankelovich.com/index.php?option=com_content&task=category&sectionid=21&id=42&Itemid=88. 5 July 2009.
13. Christine Hansen, "Brainscan," *Deliver*—a magazine for marketers, November 2006, 18–23.
14. www.nytimes.com/2008/03/31/business/media/31adcol.html?sq=emsense, 31 March 2008.
15. Christine Hansen, "Brainscan," *Deliver*—a magazine for marketers, November 2006, 18–23.
16. Martin Lindstrom, "Why 'Idol' works for Coke—but not for Ford," *Advertising Age*, November 2008, 19.
17. Mark Walsh, "Nielsen: This is your brain on advertising," www.mediapost.com/publications/?fa=Articles.san&s=93319&Nid=48678&p=342208, 23 October 2008.
18. Christine Hansen, "Brainscan," *Deliver*—a magazine for marketers, November 2006, 18–23.
19. Beth Snyder Bulik, "Technology no longer just kids stuff," *Advertising Age*, 2 February 2009, 12.
20. Ben Kunz, "Advertising Outcasts," *Adweek*, 3 August 2009, 1.
21. PACT—Positioning Advertising Copy Testing, The PACT Agencies Report 1982, 6–25.
22. www.gfkamerica.com/practice_areas/brand_and_comm/starch/adnorms/index.en.html, 5 July 2009.
23. Lisa Sanders and Jack Neff, "Copy tests under fire from new set of critics," *Advertising Age*, 9 June 2003, 6.
24. Ibid.

CHAPTER 16

1. Abby Klaassen, "Apple ads breathe new life into online creative," Adage.com. March 30, 2009. http://adage.com/digitalalist09/article?article_id=135592.
2. Gregory Solman, "These Tags are it," *Adweek,* June 9, 2008 www.adweek.com/aw/content_display/creative/news/e3i1751753614c1db7755935f78a85069c5.
3. "Great advertising—It's simply a must," *Viewpoint*, January 1999, 12–13.
4. Scott Scaggs, "8 examples of creative marketing using new media," www.trone.com/index.php/tag/creative/, 9 July 2009.
5. Kenneth Roman and Jane Maas, *How to Advertise*, 3rd ed. (New York: St. Martin's Press, 2003), 215.
6. Jack Myers, "Can the rules of research change?" http://blogs.mediapost.com/tv_board/?p=8, 5 January 2007.
7. Lisa Sanders, "Ignore the research and trust your gut, Euro's David Jones tells Idea Conference to take back creativity from consumers," adage_daily@adage.com, 8 November 2006.
8. Jim Aitchison, *Cutting Edge Advertising* (Singapore: Prentice-Hall, 1999), 31–35.
9. Stefano Hatfield, "World's hot shop is in Paris, and it's Veruroegen's TBWA," *Advertising Age*, 4 August 2003, 16.
10. Jon Steel, *Truth, Lies, and Advertising* (New York: John Wiley & Sons, 1998), 141.
11. Luke Sullivan, *Hey Whipple, Squeeze This: A Guide to Creating Great Ads* (New York: John Wiley & Sons, 1998), 60–65.
12. John Hegarty, "My apologies for this letter being so long. Had I more time it would have been shorter," *Creativity*, March 1997, 12.
13. Jim Aitchison, *Cutting Edge Advertising* (Singapore: Prentice-Hall, 1999), 31–35.
14. Barry Wacksman, "You've got to tell to sell," *Adweek*, 6 October 2008, 14–15.
15. www.theadclass.com/education/storytelling-this-american-life-ira-glass. "American Storytelling-Ira Glass," September 8, 2009.
16. Tom Ehrenfeld, "Starbucks and the power of story" www.strategy-business.com/press/freearticle/08211.
17. Scott Scaggs, "Advertising shouldn't never not be negative. No?" www.trone.com/index.php/tag/creative/, 15 January 2009.
18. Abby Klaassen, "Apple ads breathe new life into online creative," Adage.com, http://adage.com/digitalalist09/article?article_id=135592, 30 March 2009.
19. Ron Huey, interviews by W. Ronald Lane, September 1994, September 1997, August 2003, October 2006.
20. David Martin, *Romancing the Brand* (New York: Amacom, 1989), 134–36.
21. From an American Association of Advertising Agencies speech, 17 May 1980.
22. Dick Costello, "The big picture," *Adweek*, 29 March 1999, 25.
23. The term *copy* is a carryover from the days in printing when a compositor, given a manuscript to set in type, was told to copy it. Before long, the manuscript itself became known as copy. In the creation of a printed advertisement, copy refers to all the reading matter in the advertisement. However, in the production of print advertising, copy refers to the entire subject being reproduced—words and pictures alike. This is one of those instances in advertising when the same word is used in different senses, a practice that all professions and crafts seem to enjoy because it bewilders the uninitiated.
24. Luis Bassar, "Creative paths to great advertising," *Viewpoint*, September/October 1991, 23–24.
25. Steve Lance and Jeff Woll, *The Little Blue Book of Advertising* (New York: Penguin Group, 2006), 189.
26. Ibid.
27. Dean Rieck, "Build consumer confidence with testimonials," *DMNews*, 8 February 1999, 12.
28. Leslie Picot-Zane, "Is advertising too emotional?" www.centerforemotionalmarketing.com, 9 January 2006.
29. From www.ftc.gov/bcp/policystmt/ad-compare.htm.
30. Stuart Elliott, "Dueling brands pick up where politicians leave off," *New York Times,* 3 November 2008. B-1
31. Michael McCarthy, "Imagination at work for GE," *USA Today*, 5 May 2003, 7B.
32. Gregory Solman, "These tags are it," *Adweek*, www.adweek.com/aw/content_display/creative/news/e3i1751753614c1db7755935f78a85069c5, 9 June 2008.
33. *Starch Tested Copy*, a publication of Roper Starch Worldwide.
34. Carnet Williams, "Advertising," http://digital.venturebeat.com/2009/07/15/five-rules-of-thumb-for-social-media-advertising/, 15 July 2009.
35. Gavin O'Malley, "Digital marketer of the year: Nike," *Advertising Age*, 16 October 2006.
36. Maxine Clark, *The Bear Necessities of Business* (Hoboken, NJ: John Wiley & Sons, 2006), 334–336.
37. Jeremy Mullman, "Southern Comfort pours entire media budget into digital," Adage.com, http://adage.com/article?article_id=138202, 30 July 2009.

CHAPTER 17

1. John Butler, "Want to make art?" *Adweek*, 26 May 2003, 20.
2. Noreen O'Leary, "Does creative count?" *Adweek*, 11 December 2000, 32.
3. George Parker, *MadScam* (New York: Entrepreneur Media, 2007), 98.
4. Ryan Underwood, "Ruling the roost," *Fast Company*, April 2005, 70.
5. Al Ries, "Are you a left brainer or a right brainer?" *Advertising Age*, 3 February 2009. http://adage.com/columns/article?article_id=134291.
6. Kate Macarthur, "FCB's Taco Bell success might give it edge in KFC review," *Advertising Age*, 5 August 2003, 2.
7. Roper Starch Worldwide, Inc., *Starch Tested Copy* 5 (no. 3, 4).
8. Jim Aitchison, *Cutting Edge Advertising* (Singapore: Prentice-Hall, 1999), 112–165.
9. Ibid.
10. colormarketing.org, 2009, October 6, 2009.
11. From www.pantone.com/pages/pantone/Pantone.aspx?pg=19382&ca=29, 4 January 2007.
12. www.dexigner.com/design_news/pantone-2010-multi-discipline-forecast.html, October 8, 2009.
13. Ilene Strizver, "Do you believe in magic?" *HOW*, February 2007, 60–63.
14. *Cahners Advertising Research Report* (CARR) No. 118.5 (Newton, MA: Cahners, n.d.), 4.
15. Jim Aitchison, *Cutting Edge Advertising* (Singapore: Prentice-Hall, 1999), 243–244.
16. Augustine Fou, The ClickZ Network, 23 October 2008.

CHAPTER 18

1. Allan Haley, "Using all capitals is a graphic oxymoron," *U & lc*, Fall 1991, 14–15.
2. William Ryan and Theodore Conover, *Graphic Communications Today*, 4th ed. (Clifton Park, NY: Thomson, 2004), 308–309.

CHAPTER 19

1. IAB Guidelines, 2009. www.iab.net/iab_products_and_industry_services/1421/1443/1452.
2. Michael Griffin, "In-stream standardization: publishers, haven't we been here before," MediaPost's Videoinsider, 8 July 2009.
3. Kristof Harling and Camilla Day, "Online video creativity and execution," www.iabuk.net/en/1/onlinevideomarketingcreativityandexecution.html, January 2009.
4. Teressa Iezzi, "Creatives and producers grapple with a new era of production," *Creativity*, 11 August 2008.

5. Interview with Ernie Mosteller, January 2009.
6. "TV advertising still has a future," The Guradian/Adverblog, August 2, 2005.
7. Cyndee Miller, "Celebrities hot despite scandals," *Marketing News,* 28 March 1994, 1–2.
8. Michael Goldman, "Legato's Laboratory," *Millimeter*, September 2005, 31–36.
9. Steve Lance and Jeff Woll, *The Little Blue Book of Advertising* (New York: Penguin Group, 2006), 166–167.
10. *Music—How to Use It for Commercial Production,* a publication of the Television Bureau of Advertising, New York.
11. Stefano Hatfield, "Music to watch sales by," *Creativity,* July 2003, 34–35.
12. Warren Burger, "Action fever," *Creativity,* June 2000, 47–49.
13. Bart Cleveland, "Producing quality TV spots on a shoestring," http://adage.com/small agency, 27 July 2006.
14. SAG & AFTRA News Release, 1 April 2009.
15. AFTRA, www.aftra.org/member/irates.html, 15 January 2004.

CHAPTER 20

1. Tom Monahan, "Advertising," *Communication Arts*, July 1994, 198.
2. Erik Gruenwedel, "Net radio daze," *Adweek*, 1 May 2000, IQ26–27.
3. "Google exits radio but will explore online streaming audio," http://google-tmads.blogspot.com/2009/02/.
4. www.motel6.com/about/bodett.aspx, 2009.
5. J. Patrick Coolican, "Jingles drop out of favor," The Associated Press, 5 September 2006.
6. Aaron Baar, "Advertising saves the radio star," *Adweek*, 6 November 2006, 12–13.
7. Stuart Elliott, "Bringing back the Slinky," www.newyorktimes.com, 3 May 2005.
8. Bruce Bendinger, *The Copy Workshop Workbook* (Chicago: Bruce Bendinger Creative Communications, Inc., 1988), 214.
9. www.soundofmusic.org/, August 16, 2009.
10. Mike Tierney, "Radio ads that fly under the radar," *Atlanta Journal-Constitution*, 17 July 2005, Q1–4.

CHAPTER 21

1. Beth Snyder Bulik, "The brand police," *Business* 2.0, 28 November 2000, 144–148.
2. Roger Sametz, "Moving from corporate identity to brand identity: A great logo only gets you so far," www.sametz.com, 20 January 2004.
3. www.lippincott.com/services/timeline.shtml, 2009.
4. "The Lanham Act: Alive and well after 50 years," International Trademark Association, www.inta.org/lanham.htm, 20 June 2000.
5. Natalie Zmuda, "What went into the updated Pepsi logo," *Advertising Age*, http://adage.com/article?article_id=132016, 27 October 2008.
6. Rupal Parekh, "Breathtaking is one word for purported Arnell Pepsi doc," *Advertising Age*, http://adage.com/agencynews/article?article_id=134552, 11 February 2009.
7. Richard A. Costello, "Focus on the brand," *The Advertiser*, Spring 1993, 11–18.
8. Stuart Elliott, "Questions and Answers, "www.nytimes.com/2008/12/15/business/media/15adnewsletter2.html?8ad&emc=seiaa3, 15 December 2008.
9. Judy Artunian, "Change of name can come with risk," *Chicago Tribune*, 19 May 2006, B-1.
10. Allen P. Adamson, *BrandSimple* (New York: Palgrave Macmillan, 2006) 160.
11. Daniel L. Doden, "Selecting a brand name that aids marketing objectives," *Advertising Age*, 5 November 1990, 34.
12. Al Ries and Laura Ries, *The Immutable Laws of Internet Branding* (New York: HarperBusiness, 2000), 59–70.
13. Julie Cottineau, *Interbrand Special Report: The 'Name Game,'* 2002, August 30, 2009.
14. "Why do so many corporations choose blue?" www.lippincott.com/services/why_so_blue.shtml, September 2, 2009.
15. Richard Linnett, "Anderson's accenture gets $175 mil ad blitz," *Advertising Age*, 4 December 2000, 20.
16. David Goetzl, "Delta flies toward $1 billion in web sales," *Advertising Age*, 11 September 2000, 54–56.
17. www.brandchannel.com/papers_review.asp?sp_id=1270, 12 January 2007.
18. Patrick Conlon, "Tropicana to abandon much-maligned juice carton," *Wall Street Journal,* 23 February 2009; and http://online.wsj.com/article_email/SB123544345146655887lMyQjAxMDI5MzI1NDQyNDQzWj.html.
19. Joe Guy Collier, "Coca-Cola hands its fans new bottles to hold onto," *Atlanta Journal-Constitution*, 5 July 2009, B-1.
20. www.edf_org/edf/atissue/vol4–1, 22 January 2004.
21. Betsy McKay, "Pepsi's new marketing dance: Can can," *Wall Street Journal*, 12 January 2007, B3.
22. Frank Tobolski, "Package design requires research," *Marketing News*, 6 June 1994, 4.
23. Terry Lofton, "If your brand's number two, get with the package program," *Brandweek*, 27 June 1994, 26.
24. Allen Adamson, "Future of branding based on current trends," Landor.com, 21 January 2004.
25. Allen Adamson, "Future of branding based on current trends," www.landor.com/index.cfm?fuseaction=cBranding.getArticle&storyid=264, 12 March 2004.

CHAPTER 22

1. Theresa Howard, "Burger King appeals to young workers with 'Your Way' ads," *USA Today*, 18 April 2005, M2.
2. Kenneth Roman and Jane Maas, *How to Advertise* (New York: St. Martin's Prcss, 2003), 48–49.
3. Andrew McMains, "First Snickers work from TBWA/C/D," *Adweek*, 12 June 2006, 8.
4. Ann M. Mack, "Web ads score on recognition factor," *Adweek*, 19 January 2004, 12.
5. Emily Bryson York, "Subway's $5 foot-long becomes the yardstick for fast-food deals," *Advertising Age*, 8 June 2009, 8.
6. Kenneth Roman and Jane Maas, *The New How to Advertise* (New York: St. Martin's Press, 1992), 71–78.
7. Steve Cone, *Powerlines*, (New York: Bloomberg Press, 2008), 12.
8. Lisa Siracuse, "Looks aren't everything: An examination of brand personality," *Integrated Marketing Communications Research Journal*, Spring 1997, 38–39.
9. Andrew Hampp, "Mountain Dew banks on branded entertainment," *Advertising Age*, http://adage.com/madisonandvine/article?article_id=137086, 4 June 2009.
10. Marc Graser, "Totota hits touch points as it hawks Yaris to youth," *Advertising Age*, 1 May 2006, 28.

CHAPTER 23

1. "The biggest moments in the last 75 years of advertising history," *Advertising Age*, 28 March 2005, 12.
2. Clayton Collins, "Status of U.S. brands slips globally among teens," *Christian Science Monitor*, as reported in *Advertising Age*, 27 February 2006, 26.
3. "The world's largest cities," *Atlanta Journal-Constitution*, 16 November 2005, D3.
4. Normandy Madden, "Reaching China's youth: A balancing act," *Advertising Age*, 6 June 2005, 14.
5. Valentina Vescovi and Aiza Rocca, "Advertising faces uncertain future under Chavez's rule," *Advertising Age*, 15 June 2009, 12.
6. "Glocalization," www.en.wikipedia.org, 30 January 2006.
7. "Glocalization," www.searchcio.techtarget.com, 30 January 2006.

8. Mark Landler and Michael Barbaro, "No, not always," *New York Times*, 2 August 2006, C1.
9. Normandy Madden, "China's retail sales will reach $3.2 trillion by 2013," *Advertising Age*, http://adage.com/china/article?article_id=137899, 15 July 2009,
10. Normandy Madden, "Looking to grow in China? Ad Age has 10 surefire tips," *Advertising Age*, 4 May 2009, 3, 27.
11. Jared Diamond, *Collapse* (New York: Penguin Books, 2005), 495.
12. "Background: Global Internet solutions," www.tvpress.com, 31 January 2006.
13. Barry Silverstein, "Going global with Internet marketing," www.clickz.com, 30 January 2006.
14. Elizabeth Lloyd, "Marketing to the global inbox," www.imediaconnection.com, 31 January 2006.
15. Natalie Zmuda, "'Open Happiness' opens regional dialogue," *Advertising Age*, 15 June 2009, 4.
16. Deborah Ball, "Italian challenge, water everywhere, but not on the go," *Wall Street Journal*, 23 May 2005, 1A.
17. Eric Pfanner, "On advertising: Ad agencies see revenue in Ramadan," www.nytimes.com, 3 October 2005.
18. Aaron O. Patrick, "World Cup's advertisers hope one size fits all," *Wall Street Journal*, 28 March 2006, B7.
19. Cecilie Rohweddere, "Wal-Mart's big goal," *Wall Street Journal*, 7 June 2006, B1.
20. John Galvin, "The world on a string," *Point*, February 2005, 13.
21. Beth Snyder Bulik, "Visa introduces global campaign with 'golocal' approach," *Advertising Age*, 15 June 2009, 12.
22. Erin White and Sarah Ellison, "Unilever ads offer a tribute to dirt," *Wall Street Journal*, 2 June 2003, B3.
23. "Marketing and image consulting," www.multilingualplanet.com, 1 February 2006.
24. Scott Donaton, "Partners are for dances. To thrive, big agencies need to provide ideas," *Advertising Age*, 9 May 2005, 34.
25. Rupal Parekh, "Agency ambitions: Get global without being everywhere," *Advertising Age*, 15 June 2009, 1, 28.
26. "WPP buys J. Walter Thompson," *Advertising Age*, 21 March 2005, 12.
27. Andrew McMains, "Debunking the consolidation myth," www.adweek.com, 20 February 2006.
28. Kate Macarthur, "This woman scares big agencies," *Advertising Age*, 25 April 2005, 1.
29. Cara B. Dipasquale, "Making data more relevant at Wunderman, byte by byte," *Advertising Age*, 2 September 2002, 24.
30. Susan P. Douglas and C. Samuel Craig, "International advertising," www.pages.stern.nyu.edu, 2 February 2006.
31. Geoffrey A. Fowler, "China bans Nike's LeBron ad as offensive to nation's dignity," *Wall Street Journal*, 7 December 2004, B4.
32. Normandy Madden, "How China buys and sells TV," *Advertising Age*, 8 May 2006, 26.
33. Givi Topschishvili, "How to make it in risky but rewarding Russian market," *Advertising Age*, 15 June 2009, 14.
34. Valentina Vescovi and Aiza Rocca, "Advertising faces uncertain future under Chavez's rule," *Advertising Age*, 15 June 2009, 12.
35. Ira Teinowitz, "International advertising code revised," *Advertising Age*, 23 January 2006, 3.
36. Laurel Wentz, "Pop stops kids' marketing in Europe," *Advertising Age*, 30 January 2006, 8.
37. Doreen Carvajal, "Processed foods? Read this, France says," *International Herald Tribune*, 2 October 2005, www.iht.com, 3 February 2006.
38. Lewis Rose and John Feldman, *Internet Marketing*, quoted at www.usability.com, 3 February 2006.
39. "Tips for tapping China's explosive growth," *Advertising Age*, 16 January 2006, 10.
40. Bradley Johnson, "Looking to experience a foreign culture? Plan a vacation to California," *Advertising Age*, 21 August 2006, 17.
41. Brad Edmondson, "America, new and improved," *Advertising Age*, 2 January 2006, 31.
42. Carol Hymowitz, "In a global economy, it's no longer about how many employees you have in this group and that group. It's a lot more complicated—and if you do it right, a lot more effective," *Wall Street Journal*, 14 November 2005, R1.
43. Laurel Wentz, "Marketers hone focus on minorities," *Advertising Age*, 1 November 2004, 55.
44. Laurel Wentz, "Multicultural? No, mainstream," *Advertising Age*, 2 May 2005, 3.
45. Alex Lopez Negrete, "Marketers, don't assimilate your Hispanic ads," *Advertising Age*, 31 October 2005, 25.
46. Tiffany Meyers, "Cultural mosaic," *Advertising Age*, 13 March 2006, S-1.
47. Jeremy Mullman, *Advertising Age*, 14 August 2006, 11.
48. Brooks Barnes, "Getting 'Housewives' to speak Spanish can turn desperate," *Wall Street Journal*, 13 December 2005, 1A.
49. Brooks Barnes, "U.S. networks try crafting their own Spanish-style soaps," *Wall Street Journal*, 5 January 2006, A13.
50. About Si TV, www.sitv.com/about-us, accessed October 5, 2009.
51. Kate Macarthur, "Taco Bell tries to solve its Hispanic conundrum," *Advertising Age*, 4 September 2006, 36.
52. Ann Zimmerman, "Wal-Mart's Hispanic outreach," *Wall Street Journal*, 31 May 2005, B9.
53. "New age media concepts and Hispanic advertising," www.namct.com, 9 February 2006.
54. Lee Hawkins, Jr., "Behind GM's slide: Bosses misjudged new urban tastes," *Wall Street Journal*, 8 March 2006, 1A.
55. Brian Steinberg, "P&G brushes up iconic image of 'Crest Kid' in new campaign," *Wall Street Journal*, 29 March 2005, B9.
56. Amy Chozich, "Marketers join Cinco de Mayo party," *Wall Street Journal*, 4 May 2005, B8.
57. Laurel Wentz, "Marketers move popular brands north of border," *Advertising Age*, 16 May 2005, 49.
58. Laurel Wentz, "Survey: Hispanics 'passionate' about shopping," *Advertising Age*, 18 July 2005, 29.

CHAPTER 24

1. www.lucidcafe.com, 14 February 2006.
2. www.blupete.com, 14 February 2006.
3. Alan Murray, "Will 'social responsibility' harm business?" *Wall Street Journal*, 18 May 2005, A2.
4. "Corporate social responsibility: Good citizenship or investor rip-off?" *Wall Street Journal*, 9 January 2006, R6.
5. Rance Crane, "Now here's a radical theory: Ads last bastion of honesty," *Advertising Age*, 1 July 2002, 32.
6. Stephanie Thompson, "Cereal consortium tests TV effort," *Advertising Age*, 15 July 2002, 6.
7. David M. Potter, *People of Plenty: Economic Abundance and the American Character* (Chicago: University of Chicago Press, 1954), 188.
8. Michael R. Solomon, *Consumer Behavior* (Upper Saddle River, NJ: Pearson Prentice Hall, 2004), 562.
9. Naomi Klein, *No Logo* (New York: Picador, 2002), 28.
10. Kim Sheehan, *Controversies in Contemporary Advertising* (Thousand Oaks, CA: 2004), 25.
11. www.ftc.gov/bcp/privacy/wkshp97, 15 February 2006.
12. www.howstuffworks.com, 15 February 2006.
13. www.commercialalert.org, 15 February 2006.
14. "Vance Packard's 'hidden persuaders,'" *Advertising Age*, 7 March 2005, 14.
15. Marilyn Gardner, "Body by Madison Avenue," www.csmonitor.com, 24 November 1999.

16. Rosie Murray, "Adland pulls plug on man's lustful ineptitude," www.telegraph.co.uk, 22 August 2005.
17. Rich Thomaselli, "Beauty's new, er, face," *Advertising Age*, 15 August 2005, 1.
18. James B. Arndorfer, "Raising their spirits," *Advertising Age*, 14 February 2005, S-1.
19. Matthew Grimm, "A spirited debate," *American Demographics*, April 2002, 48.
20. Abbey Klaassen, "Clear Channel loses despite gains," *Advertising Age*, 15 August 2005, 8.
21. "Its all about results," www.adcouncil.org, 16 February 2006.
22. Michael Bush, "Boom in issues advertising could net agencies $1 billion," *Advertising Age*, 1 June 2009, 3, 53.
23. Carol Hymowitz, "Asked to be charitable, more CEOs seek to aid their business as well," *Wall Street Journal*, 22 February 2005, B1.
24. Laura Raines, "Corporate citizens," *Atlanta Journal-Constitution*, 20 August 2006, G1.
25. Michael Bush, "Consumers continue to stand by their causes during downturn," *Advertising Age*, 17 November 2008, 4, 49.
26. "Cause market forum," a supplement to *Advertising Age*, 28 July 2003, 2.
27. James Tenser, "The new Samaritans," *Advertising Age*, 12 June 2006, S-1.
28. Rich Thomaselli, "Steady ratings for 'dLife' get marketers' attention," *Advertising Age*, 16 January 2006, 8.
29. www.gradethenews.org/dreamhost, 17 February 2006.
30. Mathew Creamer, "Ad-pull edicts elicit nary a whimper of protest," *Wall Street Journal*, 30 May 2005, 3.
31. "The family friendly programming forum," www.ana.net, 17 February 2006.
32. Gail Schiller, "Advertisers get piece of local news shows," www.hollywoodreporter.com, 16 March 2006.
33. "News is no placc for shady shills," *Advertising Age*, 25 April 2005, 32.
34. Al Tompkins, "Balancing business pressure and journalism values," www.poynter.org, 17 February 2006.
35. "Advertisers rush to insert products into video games," *Atlanta Journal-Constitution*, 22 May 2005, F9.
36. Jack Neff, "Marketing blamed in Walmart death," *Advertising Age*, 8 December 2008, 23.
37. Ira Teinowitz, "FTC whacks professor wonder," www.adage.com, 17 April 2002.
38. Ira Teinowitz, "Tobacco firms must air spots, judge says," www.tvweek.com, 18 August 2006.
39. Christopher Conkey, "DirecTV to pay $5.3 million for calling consumers on the 'Do Not Call' list," *Wall Street Journal*, 14 December 2005, D1.
40. Michael Bush, "Bloggers be warned: FTC may monitor what you say," *Advertising Age*, 13 April 2009, 3, 21.
41. For a more complete listing of FTC Rules and Guidelines refer to www.ftc.gov.
42. Arthur Winston, "How to define the concept 'free' via the FTC," *DMNews*, 24 June 1996, 15.
43. Ivan Preston, *The Tangled Web They Weave* (Madison: University of Wisconsin Press, 1994), 103.
44. "FTC guides concerning use of endorsements and testimonials in advertising," www.ftc.gov, 16 April 2000.
45. "Celebrities in ads: FTC proposes new rules," *Consumer Reports*, September 2009, 9.
46. Rich Thomaselli, "What Bayer campaign means for pharma ads," *Advertising Age*, 16 February 2009, 3, 19.
47. Rich Thomaselli, "FDA scrutiny threatens DTC media bonanza," *Advertising Age*, 25 April 2005, 1.
48. Rich Thomaselli, "Cheerios first in FDA firing line. Who's next?" *Advertising Age*, 18 May 2009, 1, 41.
49. Andrew B. Lustigman, "DMPEA gives USPS sweeping powers," *DMNews*, 6 December 1999, 14.
50. Stephen R. Bergerson, "Supreme Court strikes a blow for commercial speech," *American Advertising*, Summer 1993, 24.
51. "High court's hard line on ad bans," *Advertising Age*, 20 May 1996, 57.
52. "Advertising alcoholic beverages," *Advertising Topics*, a publication of the Council of Better Business Bureaus, May 1996, 2.
53. "High court overturns broadcasting ban on gambling advertising," *Advertising Topics*, 14 July 1999, 1.
54. Richard Carelli, "Supreme Court rejects ban on casino ads," www.nytimes.com, 14 June 1999.
55. Linda Greenhouse, "Justices strike down ban on casino gambling ads," www.nytimes.com, 15 June 1999.
56. Ira Teinowitz, "Ad, food groups indignant," *Advertising Age*, 23 January 2006, 25.
57. www.ftc.gov, 13 February 2006.
58. Candiss Baksa Vibbert, "Freedom of speech and corporations: Supreme Court strategies for the extension of the First Amendment," *Communications*, Vol. 12, 1990, 26.
59. Boris Becker and Dennis O. Kaldenberg, "To advertise or not to advertise? Advertising expenditures by professionals," *Proceedings of the American Academy of Advertising*, 1995, Charles S. Madden, ed.
60. Rosalind C. Truitt, "The cases for commercial speech," *Presstime*, March 1996, 31.
61. "Blockbuster to reimburse consumers for late fees," *Advertising Age*, 4 April 2005, 18.
62. *Wall Street Journal*, January 19, 2006, D4.
63. Emily Bryson York, "The gloves are off: More marketers opt for attack ads," *Advertising Age*, 25 May 2009, 4, 22.
64. www.encarta.msn.com/encyclopedia, 13 February 2006.
65. "NBC, CBS to drop some of Miller's ads," *Atlanta Journal-Constitution*, 18 December 2004, F3.
66. Abbey Klaassen, "Toy industry looks to tots for boost," *Advertising Age*, 28 February 2005, 8.
67. "Screen advertisement: A guide for the media," www.ftc.gov, issued September 1998.
68. John R. Wilke, "FTC asks media to reject false ads," *Wall Street Journal*, 20 November 2002, A3.
69. "FTC cites drop in fraudulent diet ads," *Advertising Age*, 7 February 2005, 16.
70. "*The Sporting News* and DOJ agree to $7.2M settlement regarding acceptance of offshore gambling site ads," www.manatt.com, 10 March 2006.
71. Rich Thomaselli, "Drug industry ad code seen as negotiating play," *Advertising Age*, 8 August 2005, 8.
72. Caroline Wilbert, "Beverage industry ads tout new school policy," *Atlanta Journal-Constitution*, 13 October 2005, F1.
73. Rance Crain, "Self-regulation shouldn't be advertising's best-kept secret," *Advertising Age*, 23 February 2009, 11.
74. "Basic principles of the Better Business Bureau Code of Advertising," www.bbb.org, 19 June 2002.
75. "National Advertising Review Council," *Advertising Age*, 28 March 2005, 12.
76. Statement from the NAD, www.narc.org, 14 February 2006.
77. Harkin statement on Better Business Bureau's Children's Food and Beverage Advertising Initiative, http://harkin.senate.gov/pr/p.cfm?i=301493, 29 July 2008.
78. Children's Food and Beverage Advertising Initiative, www.bbb.org/us/children-food-beverage-advertising-initiative/, 6 October 2009.
79. About the Initiative, www.bbb.org/us/about-children-food-beverage-advertising-initiative/, 6 October 2009.

图书在版编目（CIP）数据

克莱普纳广告学 /（美）W. 罗纳德·莱恩，（美）卡伦·怀特希尔·金，（美）汤姆·赖克特著；程言等译. —北京：中国人民大学出版社，2019.3

书名原文：Kleppner's Advertising Procedure, 18e

ISBN 978-7-300-25598-9

Ⅰ.①克… Ⅱ.①W… ②卡… ③汤… ④程… Ⅲ.①广告学 Ⅳ.①F713.80

中国版本图书馆CIP数据核字（2018）第032902号

克莱普纳广告学（第18版）

W. 罗纳德·莱恩
[美] 卡伦·怀特希尔·金 著
汤姆·赖克特
程 言 王佳雯 刘 倩 张 华 李思汀 译
程 平 丁俊杰 审校

Kelaipuna Guanggaoxue

出版发行	中国人民大学出版社		
社 址	北京中关村大街31号	邮政编码	100080
电 话	010-62511242（总编室）		010-62511770（质管部）
	010-82501766（邮购部）		010-62514148（门市部）
	010-62515195（发行公司）		010-62515275（盗版举报）
网 址	http:www.crup.com.cn		
	http:www.ttrnet.com（人大教研网）		
经 销	新华书店		
印 刷	北京瑞禾彩色印刷有限公司		
规 格	215mm×275mm 16开本	版 次	2019年3月第1版
印 张	51.25 插页4	印 次	2019年3月第1次印刷
字 数	1 420 000	定 价	498.00元